Stefanie van de Kerkhof

Waffen und Sicherheit im Kalten Krieg

Jahrbuch für Wirtschaftsgeschichte

Im Auftrag der Herausgeber des Jahrbuchs für Wirtschaftsgeschichte herausgegeben von Alexander Nützenadel und Jochen Streb

Beiheft 24

Stefanie van de Kerkhof

Waffen und Sicherheit im Kalten Krieg

Das Marketing der westdeutschen Rüstungsindustrie 1949–1990

DE GRUYTER
OLDENBOURG

ISBN 978-3-11-053907-3
e-ISBN (PDF) 978-3-11-054116-8
e-ISBN (EPUB) 978-3-11-053915-8

Library of Congress Control Number: 2019944333

Bibliografische Information der Deutschen Nationalbibliothek
Die Deutsche Nationalbibliothek verzeichnet diese Publikation in der Deutschen Nationalbibliografie; detaillierte bibliografische Daten sind im Internet über http://dnb.dnb.de abrufbar.

Coverabbildung: Rheinmetall-Archiv B 521/1: Argumente für die Sicherheit.
Satz: Integra Software Services PVt. Ltd.
Druck und Bindung: CPI books GmbH, Leck

www.degruyter.com

Vorwort

Die vorliegende Arbeit ist das Ergebnis eines lang anhaltenden Forschungsinteresses, das sich schon in den frühen 1990er Jahren herauskristallisierte. Mich interessierte schon während des Studiums, welche Bedeutung die moderne Waffenproduktion und der Waffenhandel für die Kriege der Gegenwart haben und welche Mentalitäten das Denken und Handeln von Mitarbeitenden in Rüstungsunternehmen prägen. Um diese Fragen kreisten daher schon meine Forschungen zur Geschichte des Rüstungskomplexes der USA und zur Schwerindustrie im Ersten Weltkrieg. Intensiv konnte ich mich dann in der vorliegenden, für die Publikation stark gekürzten Habilitationsschrift diesen Problemstellungen aus einer wirtschafts- und unternehmenshistorischen Perspektive widmen. Ein wichtiger Ausgangspunkt für die Beschäftigung mit dem Marketing von Waffenproduzenten bildeten dabei die Diskussionen beim Aufbau eines interdisziplinären Masterstudiengangs in Friedens- und Konfliktforschung an der FernUniversität in Hagen sowie innerhalb der Arbeitsgemeinschaft Friedens- und Konfliktforschung und ihren Arbeitskreisen für Historische Friedensforschung und Curriculum, die ich in den Jahren 2004 bis 2008 begleitet habe. Hier danke ich für inhaltlich produktive Anstöße zur Entwicklung des Projektes insbesondere Hartwig Hummel, Hanne-Margret Birckenbach, Christian Wellmann, Tanja Brühl und Una Dirks. Ein weiterer Ausgangspunkt war die gemeinsame Vorstandsarbeit im Arbeitskreis Kritische Unternehmens- und Industriegeschichte, die mein Interesse an theoriegeleiteter Arbeit weiter gefördert hat, wofür ich stellvertretend Christian Kleinschmidt, Alfred Reckendrees, Ruth Rosenberger, Boris Gehlen und Florian Triebel herzlich danke. Profitieren konnte ich von den fruchtbaren und für mich sehr hilfreichen Diskussionen im Arbeitskreis Marketinggeschichte der Gesellschaft für Unternehmensgeschichte, den Hartmut Berghoff und Paul Erker initiiert und geleitet haben bzw. Christian Kleinschmidt und Ingo Köhler derzeit leiten.

Ein Thema wie das Rüstungsmarketing im Kalten Krieg bietet viele Anknüpfungspunkte an andere Forschungsbereiche und erregt auch wissenschaftlich einige Aufmerksamkeit. Daher konnte ich Anregungen für meine Forschungen in vielfältiger Weise bei Vorträgen im In- und Ausland aufnehmen. Hilfreich waren dabei besonders Vorträge auf der European Business History Association Conference, auf dem World Economic History Congress, den Jahrestagungen des Arbeitskreises Militärgeschichte und den Symposien der Gesellschaft für Unternehmensgeschichte. Inspiriert haben mich auch die Kolloquien und Oberseminare von Christoph Nonn und Susanne Hilger (Düsseldorf), Jost Dülffer, Margit Szöllösi-Janze und Ralph Jessen (Köln), dem verstorbenen Klaus Tenfelde (ISB Bochum), Werner Abelshauser (Bielefeld), Dieter Ziegler und Helmut Maier (Bochum), Christian Kleinschmidt und Eckart Conze (Marburg), Jochen Streb (Mannheim) sowie Peter Brandt, Hajo Schmidt und Wolfgang Kruse (Hagen). Diskutieren konnte ich auch mit den aufgeschlossenen

https://doi.org/10.1515/9783110541168-201

Wissenschaftler/innen des Militärgeschichtlichen Forschungsamtes in Potsdam, denen ich für Informationen und Kritik zu Dank verpflichtet bin.

Hilfreiche Diskussionen über inhaltliche, methodische und organisatorische Fragen konnte ich jederzeit mit Christoph Nonn, Hartwig Hummel, Margit Szöllösi-Janze und Jochen Streb führen, wofür ich mich ganz herzlich bedanke! Verschiedenartige Unterstützung erhielt ich dankenswerter Weise von meinen Eltern Renate und Anton van de Kerkhof, meinem Mann Jürgen, Regina Plasswilm, Werner Bührer, Stephanie Decker, Barbara Lengsfeld, Martin Mäusezahl, Martin Arnold, Kurt Heiler, Bonnie Oostenbrug, Margarete Hubrath und Iris Koall, Susanne Oelkers, Jan-Niko Kirschbaum, Hendrik Fischer und Friederike Braun.

Die Fertigstellung des Manuskripts verdanke ich der Förderung durch zwei wichtige Institutionen: dem Selma-Meyer-Mentoring-Programm der Heinrich-Heine-Universität Düsseldorf, in dessen neue Linie PROF für junge Professorinnen und Habilitandinnen ich 2011 aufgenommen wurde, und einem Fellowship des Hamburger Instituts für Sozialforschung. Ein besonderes herzliches Dankeschön für diese Unterstützung insbesondere an Bernd Greiner und Jan-Philipp Reemtsma sowie der 2017 leider verstorbenen Sanda Grätz. Die Mannheimer Fakultät für Volkswirtschaftslehre und Rechtswissenschaften gewährte mir großzügig den notwendigen Freiraum während der Lehrstuhlvertretung, um das Fellowship antreten zu können.

Besonderen Dank schulde ich den Gutachtern der Habilitationskommission an der Universität Mannheim, Jochen Streb, Julia Angster, Philipp Gassert und dem auswärtigen Gutachter Harm Schröter (Bergen, Norwegen) sowie insbesondere Christian Leitzbach, clhistoria und Leiter des Rheinmetall-Archivs. Er hat mich äußerst großzügig in jeder Form unterstützt und Materialien zugänglich gemacht. Den Mitarbeitern und Mitarbeiterinnen des Bayerischen Wirtschaftsarchivs, des Historischen Archivs Krupp, des Politischen Archivs des Auswärtigen Amtes, Hessischen Wirtschaftsarchivs und Landesarchivs Nordrhein-Westfalen sei ebenfalls herzlich für ihre freundliche Unterstützung bei der Archivrecherche gedankt.

Schließlich freue ich mich sehr, dass die Herausgeber Alexander Nützenadel und Jochen Streb meine Arbeit begutachtet und in die Schriftenreihe zum Jahrbuch für Wirtschaftsgeschichte aufgenommen haben. Ein Dankeschön auch an Florian Hoppe und David Jüngst vom De Gruyter Verlag, die mit Geduld und Fingerspitzengefühl das Werk bis zur Publikation begleitet haben.

Inhaltsverzeichnis

Abkürzungsverzeichnis

AA	Auswärtiges Amt
ABC	Atomar, Biologisch, Chemisch
ABM	Anti-Ballistic Missile
ACDA	Arms Control and Disarmament Agency der USA (Washington)
a.D.	außer Dienst
ADC	Air Defense Command
ADM	Atomic Demolition Munition
AEG	Allgemeine Elektricitäts-Gesellschaft
AFB	Air Force Base
AfS	Archiv für Sozialgeschichte
AG	Aktiengesellschaft
AHR	American Historical Review
AKW	Atomkraftwerk(e)
ALB	Air-Land Battle
ALCM	Air-Launched Cruise Missile
ami	antimilitarismus-information (Zeitschrift)
APuZ	Aus Politik und Zeitgeschichte
Art.	Artikel
AS	Air-to-Surface Cruise Missile
AWG	Außenwirtschaftsgesetz
BA	Bundesarchiv
BAFA	Bundesamt für Wirtschaft und Ausfuhrkontrolle
BA-MA	Bundesarchiv-Militärarchiv
BAW	Bundesamt für Wirtschaft, Eschborn
BDA	Bundesvereinigung der Deutschen Arbeitgeberverbände
BDI	Bundesverband der Deutschen Industrie
BdO	Bund deutscher Offiziere
BDLI	Bundesverband der Deutschen Luft(- und Raum)fahrtindustrie e.V. (Erweiterung seit 1961)
BHR	Business History Review
BMI	Bundesministerium des Innern
BMVg	Bundesministerium der Verteidigung
BMWi	Bundesministerium der Wirtschaft
BND	Bundesnachrichtendienst
BRD	Bundesrepublik Deutschland
BSP	Bruttosozialprodukt
BW	Bundeswehr
BWB	Bundesamt für Wehrtechnik und Beschaffung
CDU	Christlich-Demokratische Union
CEH	Central European History
CETME	Centro des Estudios Técnicos Materiales Especiales
CI	Corporate Identity
CIA	Central Intelligence Agency (USA)
COIN	Counter-Insurgency-Strategy
COMECOM	Council for Mutual Economic Assistance
CSSR	Tschechoslowakische Sozialistische Republik
CSU	Christlich-Soziale Union

https://doi.org/10.1515/9783110541168-202

DAG	Dynamit-Actien-Gesellschaft vormals Alfred Nobel & Co., Hamburg
DDR	Deutsche Demokratische Republik
DFG-VK	Deutsche Friedensgesellschaft-Vereinigte Kriegsdienstgegner
DGB	Deutscher Gewerkschaftsbund
DGW	Deutsche Gesellschaft für Wehrtechnik
DHT	Deutscher Handelstag
DIA	Defense Intelligence Agency (USA)
DIHT	Deutscher Industrie- und Handelstag
DJb	Düsseldorfer Jahrbuch
Dju	deutsche journalisten-union (im DGB)
DJV	Deutscher Journalisten-Verband
DKP	Deutsche Kommunistische Partei
DM	Deutsche Mark
DPRG	Deutsche Public Relations Gesellschaft e.V.
DV	Datenverarbeitung
EG	Europäische Gemeinschaft
EHR	English Historical Review
ERP	European Recovery Program
EU	Europäische Union
EVG	Europäische Verteidigungsgemeinschaft
EWG	Europäische Wirtschaftsgemeinschaft
FAZ	Frankfurter Allgemeine Zeitung
fdl.	feindlich(e/r)
FDP	Freie Demokratische Partei
FH	Feldhaubitze
FINBEL/FINABEL	Westeuropäischer Ausschuß zur Heeresrüstungskooperation (**F**rankreich, **I**talien, **N**iederlande, **Be**lgien, **L**uxemburg, seit 1956 Beteiligung der BRD = **A**llemagne, ab 1973 mit UK)
Fla	Flugabwehr, Flugabwehrkanonen
FOFA	Follow-on-Forces Attack
FORTRAN	Formula Translator
FR	Frankfurter Rundschau
FROG	Free-Rocket-Over-Ground
GG	Geschichte und Gesellschaft
GJ	Geschäftsjahr
GmbH	Gesellschaft mit beschränkter Haftung
GMWG	Grundzüge der modernen Wirtschaftsgeschichte (Reihe)
GWU	Geschichte in Wissenschaft und Unterricht
HBS	Harvard Business School
HEKO	Heckler & Koch
HJb	Historisches Jahrbuch
HVA	Hauptverwaltung Aufklärung
HZ	Historische Zeitschrift
IB	Internationale Beziehungen, Teilgebiet der Politologie
ICBM	Intercontinental Ballistic Missile
i.d.R.	in der Regel
i.G.	im Generalstab
IG	Interessengemeinschaft
IHK	Industrie- und Handelskammer

ILA	Internationale Luftfahrt-Ausstellung
IMF	International Monetary Fund
INF	Intermediate-range Nuclear Forces
IP	Industrial Police (der US Army)
IP-Stab	Informations- und Pressestab der Bundeswehr
IPPNW	International Physicians for the Prevention of War
ITO	International Trade Organization
IVG	Industrieverwaltungsgesellschaft
IWF	Internationaler Währungsfonds
IWKA	Industriewerke Karlsruhe AG
JCEA	Journal of Central European Affairs
JCH	Journal of Contemporary History
JEH	Journal of Economic History
JfG	Jahrbuch für Geschichte
JWG	Jahrbuch für Wirtschaftsgeschichte
k.A.	keine Angabe
KfW	Kreditanstalt für Wiederaufbau
KGaA	Kommanditgesellschaft auf Aktien
Kominform	Kommunistisches Informationsbüro
KP	Kommunistische Partei
KPD	Kommunistische Partei Deutschlands
KPdSU	Kommunistische Partei der Sowjetunion
KSE	Konventionelle Streitkräfte in Europa
KSZE	Konferenz über Sicherheit und Zusammenarbeit in Europa
KWKG	Kriegswaffenkontrollgesetz
LDC	Less Developed Countries
LGM	Launched Ground Missile
Lkw	Lastkraftwagen
MAD	Mutual Assured Destruction
MBB	Messerschmidt-Bölkow-Blohm GmbH, München
MBFR	Mutual Balanced-Forces Reduction Tasks
MC	Military Committee (of NATO)
MDAP	Military Defense Assistance Programs
MdB	Mitglied des Bundestages
MfS	Ministerium für Staatssicherheit
MG	Maschinengewehr
MGFA	Militärgeschichtliches Forschungsamt
MGM	Militärgeschichtliche Mitteilungen
MIC	Military-Industrial Complex
MID	Military Intelligence Division
Mio.	Million, Millionen
MIRV	Multiple Independently Targetable Reentry Vehicle
MIT	Massachusetts Institute of Technology
M	Mark
MP	Maschinenpistole
Mrd.	Milliarde, Milliarden
MSA	Mutual Security Agency (Marshallplan)
MTU	Maschinen-Turbo-Union
MX	Missile X

NA	Neuauflage
NAAG	NATO Army Armament Group
NAM	Non-aligned Movement
NASA	National Aeronautics and Space Administration
NASMO	NATO Starfighter Management Organization
NATO	North Atlantic Treaty Organisation, westliches Militärbündnis
ND	Nachdruck
NDB	Neue Deutsche Biographie
NDR	Norddeutscher Rundfunk
NGO	Non-Government Organization
NPL	Neue Politische Literatur
NORAD	North American Air/Aerospace Defense
NORC	Naval Ordnance Research Calculator
NPT	Treaty on the Non-Proliferation of Nuclear Weapons
NRW	Nordrhein-Westfalen
NSA	National Security Agency
NSC	National Security Council
NSDD	National Security Division Directive
NVA	Nationale Volksarmee
OA	Originalauflage
o.A.	ohne Autorenangabe
OHG	Offene Handelsgesellschaft
OPEC	Organization of Petroleum Exporting Countries
OSS	Office of Strategic Services
PA	Politisches Archiv
PAK	Panzerabwehr-Kanone
PNE	Peaceful Nuclear Explosions
P-O	Presse- und Öffentlichkeitsarbeit, Abteilung bei Rheinmetall
PR	Public Relations
PTBT	Partial Test Ban Treatment
PVS	Politische Vierteljahrsschrift
Pz.	Panzer
R&D	Research & Development, Forschung und Entwicklung
RF	Referat
RGW	Rat für Gegenseitige Wirtschaftshilfe
Rh, RH	Rheinmetall
riw	Rheinmetall Industriewerbung GmbH
RLM	Reichsluftfahrtministerium
RM	Reichsmark
RMP	Rheinmetall Meß- und Prüftechnik
RP	Reprint bzw. Rheinische Post
RWWA	Rheinisch-Westfälisches Wirtschaftsarchiv
SAC	Strategic Air Command
SAGE	Semi-Automatic Ground Environment
SALT	Strategic Arms Limitation Talks
SAM	Surface-Air-Missile
SBZ	Sowjetische Besatzungszone (Deutschlands)
SDI	Strategic Defense Initiative
SHAPE	Supreme Headquarters Allied Powers Europe

SIPRI	Stockholm International Peace Research Institute
SLBM	Sea-Launched Ballistic Missile
SLCM	Sea-Launched Cruise Missile
SM	Standard Missile
SMAD	Sowjetische Militäradministration in Deutschland
SPD	Sozialdemokratische Partei Deutschlands
SPG	Special Procedures Group
SS	Surface-to-Surface
SS-N	Surface-to-Surface-Naval
START	Strategic Arms Reduction Talks
t	Tonne, Tonnen
TAC	Tactical Air Command
TZN	Technologie-Zentrum Nord (Rheinmetall), Unterlüß
UdSSR	Union der Sozialistischen Sowjetrepubliken
UN(O)	United Nations (Organization)
UNCTAD	United Nations Conference on Trade and Development
USAF	United States Air Force
USIA	United States Information Agency
USS	United States Ship
v. a.	vor allem
vdK	van de Kerkhof (Ergänzungen)
VEB	Volkseigener Betrieb
VfZ	Vierteljahrshefte für Zeitgeschichte
VIP	Very Important Person, Prominenter
VR	Volksrepublik
VS-Sache	Verschluß-Sache (geheim eingestufte Akten)
VSWG	Vierteljahrschrift für Sozial- und Wirtschaftsgeschichte
WASAG	Westfälisch-Anhaltische Sprengstoff-Actien-Gesellschaft
WEU	Westeuropäische Union
WWMCCS/WIMEX	Worldwide Military Command and Control System
z. B.	zum Beispiel
ZfG	Zeitschrift für Geschichtswissenschaft
Z-OW	Zentrale Öffentlichkeitsarbeit der Rheinmetall Berlin AG
ZUG	Zeitschrift für Unternehmensgeschichte

1 Einleitung

1.1 Einführung: Waffen und Sicherheit im Kalten Krieg

Sicherheit ist – nicht erst seit 9/11 – ein intensiv diskutiertes Thema in Politik, Gesellschaft und Wissenschaft. Historiker wie Eckart Conze und Thomas Mergel sehen die „Suche nach Sicherheit" als wesentliche Erklärung für die bundesdeutsche Entwicklung im Kalten Krieg, messen aber dem Faktor Ökonomie in ihren Werken nur eine geringe Rolle bei.[1] Wie der Amerikanist Bernd Greiner gezeigt hat, lassen sich aber schon in der Ära Roosevelt enge Verflechtungen zwischen *national security* und *industrial security* feststellen. In der Weltwirtschaftskrise verband der US-Präsident in seiner Krisenrhetorik „Sicherheit der Arbeitsplätze, der Märkte, der Finanzwelt, Sicherheit in der Lebensplanung" mit der „Freiheit vor Furcht". Für Roosevelt war „Sicherheit nur als unteilbare vorstellbar".[2] Diese frühe Form der Entgrenzung des Sicherheitsbegriffs wird gegenwärtig auch durch die politikwissenschaftliche Forschung vertreten, die für eine konstruktivistische Erweiterung plädiert.[3] Dies ermöglicht, Sicherheit als schillerndes, wenig trennscharf definierbares und normativ aufgeladenes Konstrukt im Wandel zu untersuchen.[4] Sicherheit als Forschungsparadigma bietet zudem Möglichkeiten, wie Conze anknüpfend an Beobachtungen von Arnold Sywottek offeriert, die Diskursebene einzubeziehen. Zudem können gängige Periodisierungen

1 Eckart Conze: Die Suche nach Sicherheit. Eine Geschichte der Bundesrepublik Deutschland von 1949 bis in die Gegenwart, Berlin 2009; Thomas Mergel: Propaganda nach Hitler. Eine Kulturgeschichte des Wahlkampfs in der Bundesrepublik 1949–1990, Göttingen 2010, S. 18. Vgl. Gert-Joachim Glaeßner: Sicherheit und Freiheit, in: Aus Politik und Zeitgeschichte (APuZ) B 10–11/2002, S. 3–13.

2 Bernd Greiner: Antikommunismus, Angst und Kalter Krieg, in: APuZ 61,51–52 (2011), S. 44–49, hier S. 46.

3 Er wird heute auf eine große Vielzahl nicht-militärischer Felder der internationalen Politik angewandt wie Hunger, Armut und neue Krankheiten (AIDS, SARS). Corinna Hauswedell: Erweiterte Sicherheit und militärische Entgrenzung, in: Blätter für deutsche und internationale Politik 51, 6 (2006), S. 723–732; Lothar Brock: Der erweiterte Sicherheitsbegriff. Keine Zauberformel für die Begründung ziviler Konfliktbearbeitung, in: Die Friedens-Warte, 79, 3–4 (2004), S. 323–344; Barry Buzan/Ole Waever/Jaap de Wilde: Security: A New Framework for Analysis, Boulder 1998. Vgl. Thorsten Bonacker: Virus und Subjekt. Zur Sicherheitssemantik im AIDS-Diskurs, in: Körper-Verständnis-Erfahrung, Hessische Blätter für Volks- und Kulturforschung 31 (1996), S. 103–122.

4 Glaeßner: Sicherheit, S. 3; Franz-Xaver Kaufmann: Sicherheit als soziologisches und sozialpolitisches Problem. Untersuchungen zu einer Wertidee hochdifferenzierter Gesellschaften, Stuttgart 2. Aufl. 1973, S. 341. Vgl. Werner Conze: Art. Sicherheit, Schutz, in: Otto Brunner u. a. (Hg.): Geschichtliche Grundbegriffe. Historisches Lexikon zur politisch-sozialen Sprache in Deutschland, Bd. 5, Stuttgart 1984, S. 831–862.

https://doi.org/10.1515/9783110541168-001

hinterfragt und politikhistorische, transnationale, sozial- und wirtschaftshistorische Ansätze miteinander verknüpft werden.[5]

Sicherheit als Diskurs ist allerdings eng verflochten mit konkurrierenden Hauptdiskursen wie „Freiheit“ und „Gerechtigkeit“, mit denen er in Beziehung gesetzt werden sollte.[6] Diese Diskurse werden nicht nur von Akteuren im politischen Feld, sondern auch von wirtschaftlich relevanten und potenten Akteuren wie den Rüstungsunternehmen gespeist, die sich selbst sogar als „Produzenten von Sicherheit“ verstanden und bewarben.[7]

In der deutschen, aber auch internationalen Öffentlichkeit werden Waffenhersteller bis heute dagegen häufig als „Produzenten des Todes“, „Merchants of Death“ oder „blutige Geschäftemacher“ gebrandmarkt.[8] Die Branche gilt als ebenso mächtig wie verschwiegen. Insbesondere ihre korrupten Praktiken wurden seit den späten 1960er Jahren in den Medien ausführlich erörtert, obwohl wir über ihre Produkte, ihre Märkte und Absatzpraktiken bislang nur wenig wissen. Meist fanden Rüstungsskandale wie die Lieferung von Waffenfabriken oder Waffensystemen in den Nahen Osten oder überteuerte Projekte wie der „Jäger 90“ ein breites öffentliches Echo, seltener aber ökonomische Bedingungen und Strukturelemente der Waffenproduktion samt ihrer nationalen wie

---

5 Conze: Suche, S. 17; Arnold Sywottek: „Wohlstand“ – „Sicherheit“ – „Frieden“. Beobachtungen zur westdeutschen Entwicklung, in: Thomas Kühne (Hg.): Von der Kriegskultur zur Friedenskultur? Zum Mentalitätswandel in Deutschland seit 1945, Münster 2000, S. 243–261, v. a. S. 252.

6 Eckart Conze: Sicherheit als Kultur: Überlegungen zu einer „modernen Politikgeschichte“ der Bundesrepublik Deutschland, in: Vierteljahrshefte für Zeitgeschichte (VfZ) 53, 3 (Juli 2005), S. 357–380; Ders.: Suche, S. 17. Ein gutes Beispiel für den Diskurs ist Helga Haftendorn: Sicherheit und Entspannung. Zur Außenpolitik der Bundesrepublik Deutschland 1955–1982, Baden-Baden 1983 und dies.: Sicherheit und Stabilität. Außenbeziehungen der Bundesrepublik zwischen Ölkrise und NATO-Doppelbeschluß, München 1986. Vgl. Wolfgang Sofsky: Das Prinzip Sicherheit, Frankfurt a.M. 2005.

7 Vgl. Wolfgang Bonß: Die gesellschaftliche Konstruktion von Sicherheit, in: Ekkehard Lippert u. a. (Hg.): Sicherheit in der unsicheren Gesellschaft, Opladen 1997, S. 21–41. Zur deutschen Waffenkultur sind außerdem zwei Monographien von Dagmar Ellerbrock (Technische Universität Dresden) im Erscheinen.

8 Stellvertretend für viele: Richard J. Barnet: Der amerikanische Rüstungswahn oder Die Ökonomie des Todes, Reinbek 1971; Robert H. Ferrell: The Merchants of Death, Then and Now, in: Journal of International Affairs 26 (1972), S. 29–39; Anne Trotter: Development of the Merchants-of-Death Theory, in: B.F. Cooling (Hg.): War, Business, and American Society. Historical Perspectives on the Military-Industrial Complex, London u. a. 1977, S. 93–104. Vgl. Andrew Feinstein: Waffenhandel. Das globale Geschäft mit dem Tod, Hamburg 2012, S. 35 ff.; Michael Brzoska u. a.: Das Geschäft mit dem Tod. Fakten und Hintergründe der Rüstungsindustrie, Frankfurt a.M. 1982; Hauke Friederichs: Bombengeschäfte. Tod made in Germany, St. Pölten 2012; Jürgen Grässlin: Schwarzbuch Waffenhandel. Wie Deutschland am Krieg verdient, München 2013.

internationalen Märkte.[9] Diskutiert und skandalisiert wurden aber nicht nur Exportpraktiken bundesdeutscher Rüstungsunternehmen, somit ihr Einfluss auf das internationale Konfliktgeschehen, sondern auch ihre politische Legitimität, die Sicherheit der Produktionsverfahren, die volkswirtschaftliche Bedeutung und last but not least die Höhe der Gewinne. Eine Reihe von politikwissenschaftlichen, finanzsoziologischen und ökonomischen Studien hat sich in den letzten Jahrzehnten darum bemüht, Licht in das Dunkel dieser umstrittenen Branche zu bringen. In der historischen Forschung fristet sie dagegen immer noch ein Schattendasein.[10] Seit über 30 Jahren gilt ein Diktum Michael Geyers:

> „Insbesondere die Geschichte der Rüstungsindustrie, ganz zu schweigen von der Geschichte der Forschung und Entwicklung, aber auch der personellen Rüstung ist noch nicht geschrieben."[11]

Zwar gab es in der letzten Dekade wegweisende Fortschritte in der unternehmenshistorischen Forschung, v. a. zur Rolle der Unternehmen in der nationalsozialistischen Rüstungspolitik.[12] Doch Lücken blieben vor allem in der Untersuchung der traditionellen deutschen Waffenschmieden wie Rheinmetall, Krauss-Maffei, Mauser, IWKA oder Diehl und beim Rüstungsgeschäft von diversifizierten Großkonzernen wie Daimler-Benz, Siemens, Thyssen oder Krupp. Das von Geyer schon 1981 postulierte Desiderat ist also immer noch gültig. Dies erstaunt, denn nach dem Ende des Zweiten Weltkriegs vollzog die Rüstungsindustrie der Bundesrepublik (BRD) einen kometenhaften Aufstieg von einer verbotenen Branche zum drittgrößten Waffenexporteur der Welt.[13] Wie gelang den deutschen Rüstungsunternehmen dieser weitgehend unbemerkte Aufstieg? War es die Qualität ihrer Produkte, die Organisation der Unternehmen, die Struktur ihrer Märkte oder eine neue Absatzpolitik

---

9 Stiftung Haus der Geschichte der BRD (Hg.): Skandale in Deutschland nach 1945, Bonn u. a. 2007, S. 76–85, 115–119; Alexander Szandar: Die Rüstungslobby. Korruption und Skandale im militärisch-industriellen Komplex, in: Norbert F. Pötzl/Rainer Traub (Hg.): Der Kalte Krieg, München 2009, S. 283–291.

10 Die einzige, allerdings politologische Überblicksdarstellung: Norbert Zdrowomyslaw/Heinz-J. Bontrup: Die deutsche Rüstungsindustrie. Vom Kaiserreich bis zur Bundesrepublik, Heilbronn 1988.

11 Michael Geyer: Deutsche Rüstungspolitik 1890–1980, Frankfurt a.M. 1981, S. 242.

12 Ralf Banken: Der Nationalsozialismus in der Unternehmensgeschichte. Hinterlässt die Sonderkonjunktur Spuren?, in: Akkumulation 20/2004, S. 1–18; Stefanie van de Kerkhof: Rüstungsindustrie und Kriegswirtschaft, in: Thomas Kühne/Benjamin Ziemann (Hg.): Was ist Militärgeschichte?, Paderborn 2000, S. 175–194.

13 Vgl. Rüstungsexportbericht 2009, 2010; Rheinische Post, 7.12.2011, „Deutschland exportiert deutlich mehr Waffen"; Hans-Jürgen Leersch: Deutsche Waffen für Nahost, in: Das Parlament, Nr. 13/14, 28.3.2011, S. 4. Neuerdings dazu auch Dieter H. Kollmer (Hg.): Militärisch-Industrieller Komplex? Rüstung in Europa und Nordamerika nach dem Zweiten Weltkrieg. Freiburg 2015.

Abb. 1: Rheinmetall-Anzeige in Zeitungen und Zeitschriften, nach 1979.
Quelle: Rheinmetall-Archiv B 521/1: Rheinmetall Wehrtechnik. Argumente für die Sicherheit. Rheinmetall-Insertionen als Diskussionsgrundlage.

im Kalten Krieg? Und welche Rolle spielte der Faktor Sicherheit? Eine erste Antwort darauf gibt eine ungewöhnliche Quelle, eine Zeitungs-Kampagne bundesdeutscher Rüstungshersteller zu Beginn der 1980er Jahre, in einer Hochphase des Kalten Kriegs.[14] Sie wandte sich explizit nicht nur an Unternehmensmitarbeiter und Kunden, sondern auch an die breite Öffentlichkeit (Abb. 1).

---

14 Obwohl der Beginn des Systemkonflikts häufig auf die Konferenzen von Potsdam 1944 und Jalta 1945 terminiert wird, soll hier die Zeit ab Gründung der BRD 1949 betrachtet werden. Weiter kann untergliedert werden in drei Phasen mit hoher Konfliktintensität: Berlin-Blockade und Korea-Krieg 1948–1953, Berlin- und Kuba-Krise 1958–1962 und Mittelstreckendebatte bzw. NATO-Nachrüstung 1979–1983. Dazwischen lagen Phasen der Entspannung, v. a. die Détente 1974–1979. Gegenläufige Entwicklungen finden sich auch in diesem Zeitraum, der in einigen britischen und amerikanischen Studien als „Second Cold War" bezeichnet wird. Der Betrachtungszeitraum endet wie die meisten Studien in den späten 1980er Jahren, wofür v. a. die Quellenlage ursächlich war. Jost Dülffer: Europa im Ost-West-Konflikt

In verschiedenen bundesdeutschen Printmedien, wie z. B. der „Süddeutschen Zeitung“, der „Zeit“, aber auch in militärtechnischen und rüstungswirtschaftlichen Fachjournalen wie „Soldat und Technik“ oder „Wehrtechnik“ wurden diese Anzeigen lanciert. Die Werbekampagne unterbreitete der Öffentlichkeit konkurrierende Bilder zu den „Produzenten des Todes“ oder „blutigen Geschäftemachern“, über die in den Medien zu diesem Zeitpunkt, auf dem Höhepunkt der NATO-Nachrüstungsdebatte diskutiert und deren Exportpraktiken skandalisiert wurden.[15] Betrachtet man das Textregister der Anzeigen, so fällt auf, dass Rüstungsunternehmen wie Rheinmetall nicht nur versprachen, den Einzelnen zu schützen, sondern Waffen sollten auch allgemein der „Sicherheit des Friedens“, der „Sicherheit der Freiheit“, „der freien, sozialen Marktwirtschaft, der Grundlage unseres Wohlstandes“ dienen. Die Anzeigen propagierten, dass „sichere Waffensysteme für einen sicheren Frieden“ eine fundamentale Voraussetzung sind. Das Nordatlantische Militärbündnis (NATO) versprach darüber hinaus sogar den Schutz des Einzelnen in einer internationalen Gemeinschaft. Diese Aussagen stehen teilweise in diametralem Gegensatz zu den Werbebildern, die Treibkäfiggeschosse mit martialisch anmutenden Spitzen oder standardisierte Einzelteile wie Panzerchassis mit Geschützrohren zeigen. Wie erklärt sich dieser Gegensatz? Warum wurde diese Anzeigenserie entwickelt? Warum ließen die Kampagnen den Einsatzzweck und die Wirkung von Waffen nahezu völlig außer Acht z. B. bestehende internationale Konflikte und die Blockkonfrontation des Kalten Krieges? Und schließlich ergeben sich auch methodische Fragen wie die Funktion und Relevanz dieser visuellen Quellen für die unternehmens- und wirtschaftshistorische Forschung, die einer genaueren Klärung bedürfen.

Rüstungsproduzenten wie etwa die Rheinmetall GmbH, Diehl und Krauss-Maffei, die diese Anzeigenserie mehrfach veröffentlichten, begründeten sie mit einem umfassenden Anspruch:

> „Wehrtechnische Anzeigen wozu? Diese Frage stellt sich berechtigt für den, der an Produktwerbung denkt. Mit der Hardware produziert die wehrtechnische Industrie nicht nur Spitzentechnologie, sie produziert Sicherheit. Mit den aktuellen Wehrtechnik-Anzeigen will Rheinmetall auf

---

1945–1991, München 2004, S. 4 f. und 191; David C. Engerman: Ideology and the Origins of the Cold War, in: Melvyn P. Leffler/Odd Arne Westad (Hg.): The Cambridge History of the Cold War, Vol. I, Cambridge u. a. 2010, S. 20–43; Bernd Stöver: Der Kalte Krieg 1947–1991. Geschichte eines radikalen Zeitalters, München 2007; Bernd Greiner u. a. (Hg.): Krisen im Kalten Krieg. Hamburg 2008; Dies. (Hg.): Heiße Kriege im Kalten Krieg, Hamburg 2006; Klaus Jürgen Gantzel/Torsten Schwinghammer: Die Kriege nach dem Zweiten Weltkrieg, 1945–1992, Münster 1995; Hartmut Kaelble: Kalter Krieg und Wohlfahrtsstaat: Europa 1945–1989, München 2011.

15 Christoph Becker-Schaum u. a. (Hg.): „Entrüstet Euch!“ Nuklearkrise, NATO-Doppelbeschluss und Friedensbewegung, Paderborn 2012; Philipp Gassert u. a. (Hg.): Zweiter Kalter Krieg und Friedensbewegung. Der NATO-Doppelbeschluss in deutsch-deutscher und internationaler Perspektive, München 2011; Holger Nehring: Diverging Perceptions of Security: NATO and the Protests Against Nuclear Weapons, in: Andreas Wenger u. a. (Hg.): Transforming NATO in the Cold War: Challenges beyond Deterrence in the 1960s, London 2006, S. 131–147.

diesen Zusammenhang hinweisen: Wer JA sagt zur Bundeswehr, wird auch die Wehr-Industrie nicht zur Disposition stellen können."[16]

Doch inwiefern können Waffen überhaupt Sicherheit „produzieren"? Warum sollten sich Menschen im Kalten Krieg sicher fühlen, wenn sie umgeben waren von Technik, die nicht nur der Abschreckung diente, sondern im atomaren Rüstungswettlauf auch zur Auslöschung menschlichen Lebens auf der Erde führen konnte? Stand diese Werbung für ein umfassendes Sicherheitskonzept der Unternehmen, dass nicht nur militärischer, sondern auch wirtschaftlicher und sozialer Sicherheit diente oder ist es eher als eine spezifische Form der Unternehmenskommunikation zu werten, die Marketingzwecke verfolgte und damit einer marketingwissenschaftlichen Untersuchung bedarf? Diente Sicherheit gar als bloßes Werbeversprechen für einen Markt, der durch Krisen und Skandale erschüttert wurde?

Hier setzt die vorliegende Arbeit an und analysiert die Entwicklung der traditionellen bundesdeutschen Rüstungsindustrie, also der Heerestechnik,[17] und ihrer Märkte von einer „Branche in Trümmern" bis zum drittgrößten Exporteur der Welt. Sie geht dabei aus von der Hypothese, dass nicht nur die konjunkturelle Entwicklung der Branche im Kalten Krieg, sondern auch die „Konjunkturen" der öffentlichen Meinung entscheidende Auswirkungen auf ihr Marketing hatten.

1.2 Rüstungsmarketing als Forschungsgegenstand

Das Marketing von Rüstungsunternehmen stand bislang ebenfalls nicht im Fokus einer größeren wirtschafts- oder unternehmenshistorischen Untersuchung.[18] Neben allgemeinen wirtschaftswissenschaftlichen Studien zum Beschaffungsmarketing

16 Rheinmetall-Archiv, B 521/1, Broschüre, 4 S., vermutlich Mai 1983, Anzeigen von Anfang 1981. Abdruck z. B. in Soldat und Technik (1981), S. 171.

17 Moderne Waffensysteme werden von einer Vielzahl von Produzenten und Zulieferern hergestellt, die teilweise überwiegend zivile Güter herstellen. Die daraus resultierende Abgrenzungsproblematik spiegelt sich auch in den unternehmenshistorischen Quellen wider, da die Unternehmen in ihren Statistiken die zivile oder militärische Verwendung der späteren Produkte nicht verzeichnet haben (dual-use-Problematik). Vgl. Zdrowomyslaw/Bontrup: Rüstungsindustrie, S. 46 ff. und meine Ausführungen in: Der „Military-Industrial Complex" in den USA, in: Jahrbuch für Wirtschaftsgeschichte (JWG) 1999, S. 103–134.

18 Siehe meine Vorstudien: Werbung für Waffen. Marketingstrategien deutscher Rüstungsunternehmen, in: W & F 2006/1, S. 36–39; Dies.: How to Sell Weapons – How to Analyse Marketing Strategies. International Fairs and Communication Policy of Arm Producers in the 19th/20th Centuries, Conference Paper, 9th Conference of the European Business History Association, Frankfurt a. M. 2005, http://www.unternehmensgeschichte.de/ebha2005/

öffentlicher Güter, etwa von Laffont/Tirole,[19] thematisierten lediglich drei ökonomische Untersuchungen der 1960er und 1980er Jahre zeitgenössische Probleme des Waffenkaufs.[20] Dies gilt auch für Arbeiten aus dem Umkreis des Bundesamtes für Wehrtechnik und Beschaffung, die aus einer bürokratischen Perspektive die organisatorische Struktur des Beschaffungswesens behandelten.[21]

Zur bundesdeutschen Rüstungsindustrie liegen v. a. Arbeiten vor, die finanzwissenschaftliche Aspekte von Militärbudgets betrachten[22] oder die Luft- und Raumfahrtproduktion genauer untersuchten.[23] Es fehlt aber an Marktanalysen nicht nur der Eisen- und Stahlindustrie, deren Anteil an der Produktion von Gewaltmitteln bislang kaum einzuschätzen ist, sondern auch der Aluminium- und Metallunternehmen, der Maschinenbauindustrie sowie der Sprengstoff-, Chemie- und Elektronikbranche. Zudem herrscht immer noch ein eklatanter Mangel an historischen Studien, die sich mit dem internationalen Absatz und Handel von Waffen sowie mit der sektoralen Verteilung von Rüstungsunternehmen und Standortfragen dieser Wachstumsbranchen nach 1945 eingehender beschäftigen.[24] Bezüglich

---

19 Jean-Jacques Laffont/Jean Tirole: A Theory of Incentives in Procurement and Regulation, Cambridge, Mass. u. a. 1. Aufl. 1993. Vgl. z. B. P. Hammann/W. Lohrberg: Beschaffungsmarketing, Stuttgart 1985; H. U. Küpper: Beschaffung, in: Vahlens Kompendium der BWL, München 1984, S. 187–240; O. Gandenberger: Öffentliche Auftragsvergabe, in: HdWW Bd. 5, Stuttgart 1980, S. 405–412.

20 Franz-Josef Wissing: Das Beschaffungswesen der Bundesrepublik Deutschland, Diss. Bonn 1967; G. Aberle/W. Hänsel: Langfristig effizienter Einsatz öffentlicher Mittel durch Sicherung wettbewerblicher Marktstrukturen – Zur Problematik der öffentlichen Auftragsvergabe auf Verteidigungsmärkten, in: Jahrbuch für Sozialwissenschaft 34 (1983), S. 165–183; J. Anspach/H. Walitschek: Die Bundeswehr als Auftraggeber, Koblenz 1984.

21 Siehe die Arbeiten von Hartmut Schustereit, Theodor Benecke/Günther Schöner, Hans-Günther Bode, Siegfried Mann, Elmar Caspar und Konrad Steinbrink in der Bibliographie. Vgl. Dieter H. Kollmer: Rüstungsgüterbeschaffung in der Aufbauphase der Bundeswehr. Der Schützenpanzer HS 30 als Fallbeispiel (1953–1961), Stuttgart 2002, S. 13.

22 Lutz Köllner: Militär und Finanzen. Zur Finanzgeschichte und Finanzsoziologie von Militärausgaben in Deutschland, München 1982; Norbert Zdrowomyslaw: Wirtschaft, Krise und Rüstung. Die Militärausgaben in ihrer wirtschaftlichen und wirtschaftspolitischen Bedeutung in Deutschland von der Reichsgründung bis zur Gegenwart, Bremen 1985; Walter Wittmann: Militärausgaben und wirtschaftliche Entwicklung, in: Zeitschrift für die gesamte Staatswissenschaft 122 (1966), S. 109–129.

23 Vgl. Lutz Budraß: Flugzeugindustrie und Luftrüstung, Düsseldorf 1997; Ralf Schabel: Die Illusion der Wunderwaffen. Die Rolle der Düsenflugzeuge und Flugabwehrraketen in der Rüstungspolitik des Dritten Reiches, München 1994; Christopher Magnus Andres: Die bundesdeutsche Luft- und Raumfahrtindustrie 1945–1970, Frankfurt/M. u. a. 1996.

24 Vgl. van de Kerkhof: Rüstungsindustrie. Ausnahmen: Hartwig Hummel: Rüstungsexportbeschränkungen in Japan und der Bundesrepublik Deutschland, Hamburg/Münster 1991; Michael Brzoska: Rüstungsexportpolitik. Lenkung, Kontrolle und Einschränkung bundesdeutscher Rüstungsexporte in die Dritte Welt, Frankfurt a.M. 1986; Herbert Wulf: Waffenexport aus Deutschland. Geschäfte mit dem fernen Tod, Reinbek 1989; Ulrich Albrecht/Randolph Nikutta: Die sowjetische Rüstungsindustrie, Opladen 1989; Keith Krause: Arms and the State: Patterns of Military Production

der technologischen Entwicklung von Waffen und Waffensystemen haben Innovations- und Diffusionsprozesse, Rentabilitätsberechnungen, Spin-off-Effekte der militärischen auf die zivile Produktion und andere wirtschaftswissenschaftliche Konzepte in der wirtschaftshistorischen Forschung bisher kaum eine Rolle gespielt.[25] Neuere Veröffentlichungen über die Geschichte diversifizierter Konzerne wie der Daimler AG, Siemens, Thyssen, MAN, Quandt und Krupp nach 1945,[26] streifen die Waffenproduktion – wenn überhaupt – nur am Rande oder widmen sich eher der Familiengeschichte.[27] Viele Informationen über historische Waffen und ihre technischen Details finden sich dagegen in Werken von Militaria-Sammlern oder -Experten, die wissenschaftlichen Ansprüchen nach Überprüfbarkeit aber nicht immer genügen.[28]

Analog zur Rüstungsforschung bestehen in der Marketinggeschichte noch Desiderate, da sich die deutsche Forschung erst in den letzten Jahren intensiviert hat, um den Blick stärker von der Produktion auf die Konsumption zu lenken und Anschluss an internationale Standards zu erreichen.[29] Die vorliegende

and Trade, Cambridge 1992; William W. Keller: Arm in Arm. The Political Economy of the Global Arms Trade, New York 1995. Neuere Fallstudien: Dorothea Schmidt: Denn sie wissen, was sie tun. Das Geschäft mit Kleinwaffen, in: Prokla 36, 143 (2006), S. 185–202; Dies.: Kleinwaffen in „alten" und „neuen" Kriegen, in: Prokla 31, 127 (2002), S. 271–295.

25 Helmuth Trischler: Nationales Sicherheitssystem – nationales Innovationssystem. Militärische Forschung und Technik in Deutschland in der Epoche der Weltkriege, in: Bruno Thoß/Hans-Erich Volkmann (Hg.): Erster Weltkrieg – Zweiter Weltkrieg. Ein Vergleich, Paderborn u. a. 2002, S. 107–133.

26 Wenig ergiebig für die Rüstungsproduktion nach 1945 ist Lothar Gall (Hg.): Krupp im 20. Jahrhundert. Die Geschichte des Unternehmens vom Ersten Weltkrieg bis zur Gründung der Stiftung, Berlin 2002, S. 446–589.

27 Arbeiten von Gall (Hg.), Schöllgen und Seibold siehe Bibliographie. Vgl. Joachim Scholtyseck: Der Aufstieg der Quandts. Eine deutsche Unternehmerdynastie, München 2011, S. 809–817 und Rüdiger Jungbluth: Die Quandts. Ihr leiser Aufstieg zur mächtigsten Wirtschaftsdynastie Deutschlands, 4. Aufl. Bergisch Gladbach 2006, S. 263–270.

28 Hilreich: Wolfgang Seel: Mauser – Von der Waffenschmiede zum Weltunternehmen, Dietikon-Zürich 1986; Alois Auer (Hg.): Krauss-Maffei. Lebenslauf einer Münchener Fabrik und ihrer Belegschaft, München 1988.

29 In den USA entstand Marketing schon Ende des 19. Jahrhunderts als praxisorientierte Vermarktungskunde, die sich nach den Überproduktions- und Unterkonsumptionskrisen akademisierte. Bubik: Geschichte der Marketing-Theorie, S. 50. Zur deutschen Entwicklung Uwe Spiekermann: „Der Konsument muß erobert werden!" Agrar- und Handelsmarketing in Deutschland während der 1920er und 1930er Jahre, in: Berghoff (Hg.): Marketinggeschichte, S. 123–147; Ursula Hansen/Matthias Bode: Marketing & Konsum. Theorie und Praxis von der Industrialisierung bis ins 21. Jahrhundert, München 1999; Barbara Wolbring: Krupp und die Öffentlichkeit im 19. Jahrhundert. Selbstdarstellung, öffentliche Wahrnehmung und gesellschaftliche Kommunikation, München 2000. Vgl. Berghoff (Hg.): Marketinggeschichte; Kleinschmidt/Triebel (Hg.): Marketing, S. 9 ff.

Arbeit versteht sich daher als ein Beitrag zu einer theoriebasierten „Marketinggeschichte als Unternehmensgeschichte", wie sie etwa Hartmut Berghoff, Christian Kleinschmidt und Roman Rossfeld vertreten.[30]

Marketing wird hier als ein Leitkonzept des Managements in Unternehmen verstanden, dass eine „ziel- und wettbewerbsorientierte Ausrichtung der Aktivitäten der Unternehmung" auf den Markt vornimmt.[31] Es ist somit mehr als klassische Werbung, denn es enthält eine integrative und normativ ausgerichtete, zentrale Funktion innerhalb der Unternehmung. Untersucht werden hier von den klassischen marketingpolitischen Instrumenten vor allem Produkt- und Programmpolitik, Kommunikationspolitik (Werbung, *Corporate Identity* und *Public Relations*) und Distributionspolitik, während die Kontrahierungspolitik (Preise und Konditionen) aufgrund der eingeschränkten Quellenlage nur partiell analysiert werden kann. Von daher können nicht alle Elemente des Marketing-Mix oder der sog. „4 P" (*product, promotion, place, price*) gleichgewichtig untersucht werden.[32]

In Investitionsgüterbranchen wie der Rüstungsindustrie spielen im Marketing die direkten Absatzformen, wie z. B. Verhandlungen mit Ingenieuren, Vertretern der Abnehmerseite und Spitzenmanagern, eine größere Rolle als im Konsumgütermarketing. Ursächlich dafür ist der komplexe und technologisch ambitionierte Charakter der Produkte. Neben direkten Verhandlungen und speziellen Kundenseminaren gelten als „Klassiker" geführte Werksbesichtigungen, spezielle „Events", Messen und Ausstellungen. Die Werbung in Fachzeitschriften und Zeitungen hat eher eine unterstützende als bedarfsweckende Funktion.[33] Trotzdem werden auch Kommunikationsmittel der *Public Relations* oder Werbemittel im Maschinenbau gezielt zur Schaffung von Vertrauen eingesetzt.[34] Zugleich kann Marketing nach Bubik als ein Indikator für konjunkturelle Einschnitte und gleichzeitig Motor zur Überwindung von Krisen gesehen werden.[35]

---

30 Roman Rossfeld: Unternehmensgeschichte als Marketinggeschichte. Zu einer Erweiterung traditioneller Ansätze in der Unternehmensgeschichtsschreibung, in: Kleinschmidt/Triebel (Hg.): Marketing, S. 17–39; dezidiert Berghoff: Marketing, S. 26. Zu älteren Ansätzen wie der Nürnberger Schule und Absatzkunde siehe die Aufsätze in Berghoff (Hg.): Marketinggeschichte.

31 Ausgeblendet bleibt die weite, auf Karl Mannheim (1935) bezogene Definition als Sozialtechnik zur Gestaltung sozialer Beziehungen. Vgl. Hartmut Berghoff: Marketing im 20. Jahrhundert. Absatzinstrument – Managementphilosophie – universelle Sozialtechnik, in: Ders. (Hg.): Marketinggeschichte, S. 11–58, v. a. S. 12.

32 Gablers Wirtschaftslexikon, Art. Marketing; Bubik: Geschichte der Marketing-Theorie; Bode/Hansen: Marketing & Konsum sowie zur Geschichte der „4 P" neuerdings Kazuo Usui: Precedents for the 4Ps Idea in the USA, 1910s-1940s, in: European Business Review 23,2 (2011), S. 136–153.

33 Bubik: Geschichte der Marketing-Theorie; K. Backhaus: Investitionsgütermarketing, München 1982; W. H. Engelhardt/B. Günter: Investitionsgütermarketing, Stuttgart u. a. 1981.

34 Britta Stücker: „Werbung um Vertrauen durch Schaffung eines positiven Firmenbildes" – die Öffentlichkeitsarbeit der Bielefelder Anker-Werke, in: Peter Borscheid u. a. (Hg.): Unternehmenskommunikation deutscher Mittel- und Großunternehmen. Theorie und Praxis in historischer Perspektive, Dortmund 2003, S. 181–213, hier S. 186.

35 Vgl. Bubik: Geschichte der Marketing-Theorie, S. 50.

Neben den politischen und militärischen Krisen des Untersuchungszeitraums haben programmatische Studien u. a. von Anselm Doering-Manteuffel, Lutz Raphael und Werner Plumpe zum Ende des Nachkriegsaufschwungs wichtige Fragen nach den Veränderungen im deutschen Produktionssystem seit den 1970er Jahren aufgeworfen.[36] Dabei müssen zukünftig Branchentrends und allgemeine sozio-ökonomische Entwicklung differenziert betrachtet werden.[37] Schließlich befand sich die westdeutsche Rüstungsindustrie als Teil des Maschinenbaus in einer doppelten Krise: neben einer ökonomischen Schwäche offenbarte sich eine Legitimitätskrise, traten doch in Demonstrationen deutliche Zweifel an der Sicherheit von Waffen und Rüstung offen zutage.[38] Verschärft wurde diese Kritik durch die damit einhergehende generelle Kapitalismusskepsis, in der auch vice versa die zeitgleichen konjunkturellen Einschnitte wie die Ölkrisen rezipiert wurden.[39] Daher wird die Krisenperzeption von Öffentlichkeit und Unternehmen genauer analysiert, wie sie sich in den Neuen Sozialen Bewegungen d. h. der Friedens-, Umwelt- und Anti-Atomkraft-Bewegung bzw. den Unternehmensreaktionen artikulierten. Kritiker stellten nicht nur die Profitorientierung und Gewinnmaximierung der Unternehmen infrage, sondern auch die gesellschaftliche Legitimität von Rüstungsunternehmen als Lieferanten staatlicher Gewaltmittel und somit als Garanten von Sicherheit. Diese Krise spiegelte sich schließlich im Marketing mit einflussreichen neuen Ansätzen wie *Social Marketing* gegen die öffentlich angeprangerten „geheimen Verführer“ in Werbung und *Public Relations* wider.[40]

---

36 Anselm Doering-Manteuffel: Nach dem Boom. Brüche und Kontinuitäten der Industriemoderne seit 1970, in: VfZ 55 (2007), S. 559–581; Ders./Lutz Raphael: Nach dem Boom. Perspektiven auf die Zeitgeschichte seit 1970, 3. Aufl Göttingen 2012; Morten Reitmayer/Ruth Rosenberger (Hg.): Unternehmen am Ende des ‚goldenen Zeitalters'. Die 1970er Jahre als Gegenstand der Unternehmens- und Wirtschaftsgeschichte, Essen 2008; Werner Plumpe: 1968 und die deutschen Unternehmen. Zur Markierung eines Forschungsfeldes, in: Zeitschrift für Unternehmensgeschichte (ZUG) 49 (2004), S. 44–65.

37 Erste Ansätze in Ralf Ahrens u. a. (Hg.): Die „Deutschland AG“. Historische Annäherungen an den bundesdeutschen Kapitalismus, Essen 2013.

38 Detlef Bald: Die Bundeswehr: eine kritische Geschichte 1955–2005, München 2005; Ders.: Bundeswehr und gesellschaftlicher Aufbruch 1968. Die Widerstände des Militärs in Unna gegen die Demokratisierung, in: Westfälische Forschungen, 48/1998, S. 297 ff.; Ders.: Die Macht- und Militärpolitik der Bundesrepublik, Bonn 2006. Vgl. als Quelle Institut für Demoskopie Allensbach (Hg.): Die Ablehnung des Militärs. Eine psychologische Studie der Motive, Allensbach 1961.

39 Dieter Rucht: Protest in der Bundesrepublik Deutschland. Strukturen und Entwicklungen, Frankfurt a.M. 2001.

40 Roland Bubik: Geschichte der Marketing-Theorie. Historische Einführung in die Marketing-Lehre, Frankfurt a.M. 1996. Vgl. Vance Packard: Die geheimen Verführer. Der Griff nach dem Unbewussten in jedermann, Düsseldorf 1958 (am. OA 1957); Stuart W. Ewen: Captains of Consciousness. Advertising and the Social Roots of Consumer Culture, New York 1976 und zur deutschen Kritik Christian Kleinschmidt: „Konsumerismus" versus Marketing – eine bundesdeutsche Diskussion der 1970er Jahre, in: Ders./Florian Triebel (Hg.): Marketing. Historische Aspekte der Wettbewerbs- und Absatzpolitik, Bochum 2004, S. 249–260.

Public Relations (PR) ist begrifflich wie inhaltlich ein umstrittenes Feld,[41] wird hier aber medienwissenschaftlich als Beeinflussung der Öffentlichkeit oder relevanter Teilöffentlichkeiten durch Selbstdarstellung definiert. Sie wird bewusst, geplant und dauerhaft eingesetzt. Nach Michael Kunczik zielt Öffentlichkeitsarbeit darauf ab, „ein positives Image generell oder bei bestimmten Teilöffentlichkeiten aufzubauen oder zu stabilisieren bzw. ein negatives Image abzubauen." Dabei umfasst sie wie die Begriffe Propaganda oder Agitation „auch Bemühungen, Feindbilder aufzubauen".[42]

Feindbilder gehörten im Kalten Krieg allgemein zum klassischen Repertoire des militärisch-intellektuellen Komplexes, wie Robin insbesondere für die USA gezeigt hat.[43] Im Unterschied zu Kunczik wird der ältere Propaganda-Begriff, der früher häufig mit Reklame bzw. Produktwerbung gleichgesetzt wurde,[44] nicht synonym genutzt, sondern stattdessen gemäß modernem Begriffsverständnis als politische „Werbung im Dienste einer Idee oder Ideologie zur Gewinnung und Sicherung einer Anhängerschaft" verstanden.[45] Für die PR der Rüstungsindustrie sind neben der externen Variante auch die interne PR, u. a. mit Mitteln der Unternehmenskommunikation[46] z. B. „soziale Leistungen für Mitarbeiter, berufliche Förderung, Freizeitveranstaltungen, Werkszeitschriften und Werksbibliotheken" relevant.[47]

Im Gegensatz zur **Werbung** als Teil der Unternehmenskommunikation, die hier als Einflussnahme auf die öffentliche Meinung durch spezielle Kommunikationsmittel (Werbebriefe, Prospekte, Plakate, Festschriften, Präsente etc.) definiert wird, werden Lobbyismus und Eventmarketing in dieser Arbeit zur PR gezählt. Im Bereich der Hörfunk-, Film- und Fernsehwerbung sowie in jüngerer Zeit beim Sponsoring (Vereine,

---

41 Wichtig u. a. Bentele/Fröhlich/Szyska (Hg.): Handbuch der Public Relations, Wiesbaden 2005; Michael Kunczik: Geschichte der Öffentlichkeitsarbeit in Deutschland, Köln 1997; Ders.: Public Relations. Konzepte und Theorien, Köln 2002 (1. Aufl. 1993); Heribert Meffert: Marketing. Grundlagen der Absatzpolitik, Wiesbaden 1991; Franz Ronneberger/Manfred Rühl: Allgemeine Theorie der Public Relations, Opladen 2001.

42 Kunczik: Geschichte der Öffentlichkeitsarbeit, S. 3 f.

43 Ron Robin: The Making of the Cold War Enemy: Culture and Politics in the Military-Intellectual Complex, Princeton 2001.

44 Vgl. Christof Dipper/Wolfgang Schieder: Propaganda, in: Brunner u. a. (Hg.): Geschichtliche Grundbegriffe, Bd. 5, S. 69–112, hier S. 100–112; Otto Basler/Fritz Redlich: Reklame. Die Bezeichnung und ihre Geschichte, in: Preußische Jahrbücher 234 (1933), S. 244 ff.; Carl Hundhausen: Wirtschaftswerbung, Essen 1963, S. 52 ff.

45 Ebenda und Konrad Fuchs/Heribert Raab: Wörterbuch zur Geschichte, München 7. Aufl. 1990, S. 647 f. Vgl. Jürgen Wilke (Hg.): Pressepolitik und Propaganda. Historische Studien vom Vormärz bis zum Kalten Krieg, Köln u. a. 1997; Ute Daniel/Wolfram Siemann (Hg.): Propaganda, Meinungskampf, Verführung und politische Sinnstiftung 1789–1989, Frankfurt a.M. 1994.

46 Clemens Wischermann u. a. (Hg.): Unternehmenskommunikation im 19. und 20. Jahrhundert. Neue Wege der Unternehmensgeschichte, Dortmund 2000 und Ansgar Zerfaß: Unternehmensführung und Öffentlichkeitsarbeit. Grundlegung einer Theorie der Unternehmenskommunikation und Public Relations, 2. erg. Aufl. Wiesbaden 2004.

47 Kunczik: Geschichte der Öffentlichkeitsarbeit, S. 11.

Schulen u. ä.) sind die Grenzen allerdings fließend.[48] Insbesondere die Film-, Funk- und Fernsehwerbung als Teilbereich der PR entwickelte sich nach 1945 zu einem eigenständigen Markt mit neuen Produktions- und Absatzbedingungen, aber auch beständig sich wandelnden Stil- und Sprachmitteln.[49] Jan-Otmar Hesse hat zu Recht darauf hingewiesen, dass die Entstehung eigenständiger Werbeunternehmen in Deutschland seit den 1960er Jahren wie die sog. „Neuen Medien“ (Privatfernsehen, Internet u. ä.) nur wenig erforscht ist.[50] Dagegen wurde Werbung als Teilaspekt des Marketings seit den 1990er Jahren intensiv betrachtet im Zusammenhang mit einer neuen Kultur- und Alltagsgeschichte, die sich auch Phänomenen des Konsums öffnete. Dabei wurde Werbung nicht nur im Hinblick auf die Entstehung einer Konsumkultur,[51] sondern auch als Bedarfswecker oder als Konsumverstärker[52] grundlegend erforscht. Bisweilen wurde sie dabei sogar in ihrer Funktion als Teil einer staatlich gelenkten Konsumpolitik gesehen, die in Aufrüstungs- und Kriegszeiten wie im Nationalsozialismus eine wichtige systemstabilisierende Aufgabe hatte.[53] Alexander Schug und Thomas Mergel sprechen in diesem Zusammenhang nicht nur von *History Marketing*, sondern auch von Politischem Marketing und setzen damit politische Werbung und Öffentlichkeitsarbeit vergleichend in einen weiteren Kontext.[54] Diese Forschungen blieben allerdings weitgehend auf die Konsumgüterindustrie, ihre Werbung und Produktkommunikation beschränkt.[55] Dies

48 Gundolf Meyer-Hentschel: Art. Werbung, in: Gabler Wirtschaftslexikon, 12. Aufl. Wiesbaden 1988, Bd. 6, Sp. 2660–2663.

49 Jürgen Wilke (Hg.): Mediengeschichte der Bundesrepublik Deutschland, Köln u. a. 1999, v. a. S. 167–194, 518–569.

50 Jan-Otmar Hesse: Medienunternehmen in der deutschen Unternehmensgeschichte, in: Knut Hickethier (Hg.): Mediengeschichte als Unternehmensgeschichte. Überlegungen zu einem neuen Paradigma, Hamburg 2006, S. 29–38, hier S. 36, ähnlich in: akkumulation 23/2006, S. 1–8. Ausnahmen sind: Jürgen Wilke: Grundzüge der Medien- und Kommunikationsgeschichte, 2. erg. Aufl. Köln u. a. 2008, S. 326 ff.; Knut Hickethier: Geschichte des deutschen Fernsehens, Stuttgart/Weimar 1998; Konrad Dussel: Deutsche Rundfunkgeschichte. Eine Einführung, Konstanz 1999; Ders.: Hörfunk in Deutschland. Politik, Programm und Publikum, Potsdam 2002.

51 Stefan Haas: Sinndiskurse in der Konsumkultur. Die Geschichte der Wirtschaftswerbung von der ständischen bis zur postmodernen Gesellschaft, in: Michael Prinz (Hg.): Der lange Weg in den Überfluss. Anfänge und Entwicklung der Konsumgesellschaft seit der Vormoderne, Paderborn u. a. 2003, S. 291–314.

52 Wolfgang König: Geschichte der Konsumgesellschaft, Stuttgart 2000, S. 394–406.

53 Hartmut Berghoff: Von der Reklame zur Verbrauchslenkung. Werbung im nationalsozialistischen Deutschland, in: Ders. (Hg.): Konsumpolitik. Die Regulierung des privaten Verbrauchs im 20. Jahrhundert, Göttingen 1999, S. 77–112.

54 Alexander Schug: Hitler als Designobjekt und Marke. Die Rezeption des Werbegedankens durch die NSDAP bis 1933/34, in: Berghoff (Hg.): Marketinggeschichte, S. 325–345; Thomas Mergel: Verkaufen wie Zahnpasta? Politisches Marketing in den bundesdeutschen Wahlkämpfen, 1949–1990, in: ebenda, S. 372–399; Ders.: Propaganda. Vgl. auch Lars Rademacher: Politik nach Drehbuch. Von der Politischen Kommunikation zum Politischen Marketing, Münster u. a. 2005, v. a. S. 13–29.

55 Hansen/Bode: Marketing & Konsum.

gilt auch für erste Studien über das Wirken von Werbeunternehmern und -agenturen, v. a. von den USA ausgehend.[56] Zudem wird in der bisherigen Forschung einer Einbeziehung von Marketing als übergeordnetem unternehmensleitendem Konzept wenig Raum gegeben, v. a. in den historisch ausgerichteten Untersuchungen.[57] Neuerdings widmen sich zwar sozial- und kulturhistorisch arbeitende Forscherinnen und Forscher verstärkt der Bedeutung von Markenartikeln und Produktkommunikation, auch im globalen Umfeld,[58] zudem entstehen größere Projekte über die Konsumgesellschaft, sie spielen in dieser Studie aber nur bezüglich von Werbediskursen eine Rolle.[59]

Im Vergleich zur relativ gut erforschten Geschichte der Marketingwissenschaft existieren vor allem Forschungslücken für die Einführung, Umsetzung und Entwicklung von Marketing in den Unternehmen des deutschen und europäischen Raums nach 1945.[60] Die von Christian Kleinschmidt/Florian Triebel und Hartmut Berghoff herausgegebenen richtungsweisenden neueren Sammelbände zum Marketing machten deutlich, dass der weitere Weg der Marketinggeschichte über die steinigen Pfade der Empirie führen wird.[61] Nur wenige deutsche Studien befassten sich aber bisher mit der frühen Marketingwissenschaft und ihrer Anwendung in den deutschen Unternehmen. Hier liegen bislang Einzelstudien v. a. zur Farben-, Schokoladen- und Automobilindustrie sowie zu den Sparkassen vor.[62] Untersuchungen zu Absatzstrategien

56 Douglas B. Holt: How Brands Become Icons. The Principles of Cultural Branding, Boston 2004.

57 Christian Kleinschmidt/Florian Triebel: Plädoyer für eine (unternehmens-)historische Marketing-Forschung, in: Dies. (Hg.): Marketing, S. 9–11.

58 Rainer Gries: Produkte als Medien. Kulturgeschichte der Produktkommunikation in der Bundesrepublik und der DDR, Leipzig 2003; Dirk Schindelbeck: Marken, Moden und Kampagnen. Illustrierte deutsche Konsumgeschichte, Darmstadt 2003; Angelika Epple: Das Unternehmen Stollwerck. Eine Mikrogeschichte der Globalisierung, Frankfurt a.M./New York 2010.

59 Zum Beispiel das britische Großprojekt zur *Consumer Society*. Vgl. Frank Trentmann: Herrschaft der Dinge. Die Geschichte des Konsums vom 15. Jahrhundert bis heute, München 2017; Ders.: Beyond Consumerism. New Historical Perspectives on Consumption, in: Journal of Contemporary History 39, 3 (2004), S. 373–401.

60 Bubik: Geschichte der Marketing-Theorie. Zu den Unternehmen: Harm G. Schröter: Erfolgsfaktor Marketing. Der Strukturwandel von der Reklame zur Unternehmenssteuerung, in: Wilfried Feldenkirchen u. a. (Hg.): Wirtschaft, Gesellschaft, Unternehmen. Festschrift für Hans Pohl zum 60. Geburtstag, Bd. 2, Stuttgart 1995, S. 1099–1127, hier S. 1101 ff.; Berghoff: Marketing, S. 13–15, 24 ff.; Pierenkemper: Unternehmensgeschichte, S. 164–176; Schwerpunktheft 2004 der *Business History* mit dem Thema „The Emergence of Modern Marketing“ (darin: Tedlow, Fear und Jones).

61 Vgl. meinen Bericht „Marketingwissenschaft und Unternehmensstrategien“ über die 2. Sitzung des AK Marketinggeschichte der GUG, http://hsozkult.geschichte.hu-berlin.de/tagungsberichte/id=1 und Rossfeld: Unternehmensgeschichte als Marketinggeschichte, S. 17 f.

62 Z. B. Roman Rossfeld und Ingo Köhler, in: Berghoff (Hg.): Marketinggeschichte, S. 87–119 und 259–295; Köhler Marketingmanagement als Strukturmodell. Der organisatorische Wandel in der deutschen Automobilindustrie der 1960er bis 1980er Jahre, in: ZUG 53,2 (2008), S. 216–239; Florian Triebel und Alexander Engel, in: Kleinschmidt/Triebel (Hg.): Marketing, S. 67–83 und 61–86; Johann Peter Murmann: Knowledge and Competitive Advantage. The Coevolution of Firms, Technology, and National Institutions, Cambridge/New York 2003, S. 147: Bayer als "perhaps the most marketing-driven

in Unternehmen haben erste Grundlagen gelegt,[63] die wie andere Teilaspekte des Marketings ansatzweise oder anhand von Fallstudien[64] analysiert wurden. Die Frage, wie sich Marken herausbildeten, wie sie ökonomisch und rechtlich durchgesetzt wurden, aber auch die Entwicklung spezifischer und normierter Warenqualitäten wurden bislang eingehender, v. a. für die Frühphase des Markenrechts, untersucht.[65]

Offen blieb dabei allerdings, zu welchem Zeitpunkt und aus welchen Gründen Marketing als integrierte Unternehmensstrategie in den Unternehmen eingeführt wurde – also wann die von Richard J. Keith, Patrick Fitzgerald und Kleinschmidt postulierte „Marketingrevolution" zu terminieren sei.[66] Einzelne Elemente wie Marktforschung, Werbekampagnen, Öffentlichkeitsarbeit und neue Distributionstechniken weisen laut Kleinschmidt/Triebel auf einen Paradigmenwechsel zu einer stärkeren Marktorientierung von Unternehmen hin, die mit der Umstellung von Verkäufer- auf Käufermärkte einherging. Dabei wurden Marketingabteilungen als „Schnittstelle zwischen F&E-Aktivitäten und Markterschließung" bislang nur wenig untersucht.[67] Ungeklärt ist noch, wie die Einführung von Marketing als integriertes Führungskonzept zeitlich in unterschiedlichen Branchen und Räumen anzusetzen ist. Denn dass sich dieser Paradigmenwechsel – wie in der älteren Forschung behauptet – erst in den 1950er/60er Jahren vollzog, ist durchaus umstritten. Kleinschmidt/Triebel und Rossfeld haben beispielsweise gefragt, ob der Übergangsprozess nicht auch im deutschsprachigen Raum deutlich früher anzusetzen sei. Rossfeld hat

---

organization in the entire dye industry"; Rebecca Belvederesi-Kochs: Von der «moralischen Anstalt zum vertriebsorientierten Finanzdienstleister. Der unternehmenskulturelle Wandel des Deutschen Sparkassen- und Giroverbands im Spiegel seiner Marketingstrategie, in: ZUG 53, 2 (2008), S. 192–215. Vgl. Bode/Hansen: Marketing & Konsum, S. 53 und Kleinschmidt/Triebel: Plädoyer, S. 11.

63 Fritz Blaich und Hermann Sabel, in: Hans Pohl (Hg.): Absatzstrategien deutscher Unternehmen. Gestern – Heute – Morgen, Wiesbaden 1982, S. 5–46 und 47–66; Hans Pohl (Hg.): Geschichte der Organisationsformen im Absatzbereich von Unternehmen in den alten und neuen Bundesländern, Stuttgart 1996.

64 Kleinschmidt: Blick, S. 221–259; Schröter: Erfolgsfaktor Marketing; Ders.: Marketing als angewandte Sozialtechnik und Veränderungen im Konsumverhalten: Nivea als internationale Dachmarke 1960–1994, in: Hartmut Kaelble u. a. (Hg.): Europäische Konsumgeschichte. Zur Gesellschafts- und Kulturgeschichte des Konsums, Frankfurt a.M./New York 1997, S. 615–647.

65 Z. B. Rainer Stahlschmidt: Recht, Funktion und Gestaltung des Warenzeichens (1300–1900), in: Günter Bayerl/Wolfhard Weber (Hg.): Sozialgeschichte der Technik, Münster/New York u. a. 1998, S. 55–66.

66 Robert J. Keith: The Marketing Revolution, in: Journal of Marketing 24 (1960), S. 35–38, der zwischen drei Perioden (Produktions-, Verkaufs- und Marketingorientierung) unterschied. Vgl. Patrick Fitzgerald: Rowntree and the Marketing Revolution, 1862–1969, Cambridge 1995; Christian Kleinschmidt: Der produktive Blick. Wahrnehmung amerikanischer und japanischer Management- und Produktionsmethoden durch deutsche Unternehmer 1950–1985 (JWG Beihefte 1), Berlin 2002, S. 221 f.; Berghoff: Marketing, S. 18 f. und 27 f.; Schröter: Erfolgsfaktor Marketing, S. 1101 ff.

67 Kleinschmidt/Triebel: Plädoyer, S. 11.

in diesem Sinne die enorme Bedeutung des Marketings für die Industrialisierungsforschung betont.[68] Berghoff und Ingo Köhler haben auf die Rolle der Stagflation in den 1970er Jahren hingewiesen, die zu stärkerer Segmentation einzelner Teilmärkte führte.[69] Mit Bezug auf die internationale Rüstungsindustrie wurde von Forschern des Stockholm International Peace Research Institute (SIPRI) dagegen die These vertreten, der Übergang liege erst in den 1980er Jahren und sei somit für die Rüstungsbranche deutlich später zu terminieren.[70] Damit ergeben sich offene Fragen zur Periodisierung einzelner Branchen, die sich erst nach genaueren Analysen der Einzelunternehmen wie der Vorliegenden beantworten lassen werden.

In dieser Hinsicht muss auf ein weiteres bedeutendes Forschungsparadigma der Gegenwart hingewiesen werden: die **Vertrauensforschung.**[71] Vertrauen ist als fundamental für eine effiziente Marktbeziehung zwischen Anbietern und Nachfragern identifiziert worden.[72] Vertrauen auf die Qualität der Produkte, auf die Normierung, die Zahlungsfähigkeit des Nachfragers, auf die Gestaltung der Vertragsverhandlungen, auf die Seriosität der Vertragspartner. Diese heute selbstverständliche Auffassung hat mit der Industrialisierung eine entscheidende Wendung vollzogen, worauf verschiedentlich hingewiesen worden ist. Der frühere Krupp-Werbechef Carl Hundhausen versuchte seit den 1930er Jahren *Public Relations* in Deutschland als „Vertrauenswerbung" zu etablieren.[73] Dies demonstriert deutlich, dass mit der Entpersonalisierung des Produzent-Abnehmer-Verhältnisses auch bei Gütern wie Eisen, Stahl und Waffen

---

68 Ebenda; Rossfeld, in: ebenda, S. 30 ff. sowie die Periodisierungsdebatte bei Berghoff: Marketing, S. 18–31.

69 Ingo Köhler: Overcoming Stagflation. Innovative Product Policy and Marketing in the German Automobile Industry of the 1970s, in: Business History Review 84 (2010), S. 53–78; Hartmut Berghoff: Moderne Unternehmensgeschichte. Eine themen- und theorieorientierte Einführung, Paderborn 2004, S. 326–328, mit Bezug auf das 4-Phasen-Marketing-Modell Richard Tedlows.

70 Vgl. Frank Barnaby: Arms Industry – A Sellers' Market, in: Bulletin of Atomic Scientists 37,5 (1981), S. 10 ff. und Hummel: Rüstungsexportbeschränkungen, v. a. S. 79.

71 Ausführlicher in meinem Beitrag: „It's good to have a reliable navy!" – Zur Rolle von Vertrauen und Sicherheit im Marketing deutscher Rüstungsunternehmen. In: Christian Hillen (Hg.): „Mit Gott!" Zum Verhältnis von Vertrauen und Wirtschaftsgeschichte, Köln 2007, S. 107–124. Vgl. Ute Frevert (Hg.): Vertrauen – historische Annäherungen, Göttingen 2003.

72 Hartmut Berghoff: Vertrauen als ökonomische Schlüsselvariante. Zur Theorie des Vertrauens und der Geschichte seiner privatwirtschaftlichen Produktion, in: Ellerbrock/Wischermann (Hg.): Die Wirtschaftsgeschichte, S. 58–71; Richard Tilly: Trust and Mistrust: Banks, Giant Debtors, and Enterprise Crises in Germany, 1960–2002, in: JWG 2005/1, S. 107–135, Martin Fiedler: Vertrauen ist gut, Kontrolle ist teuer. Vertrauen als Schlüsselkategorie wirtschaftlichen Handelns, in: GG (2001), S. 576–592; Toni Pierenkemper: Unternehmensgeschichte. Eine Einführung in ihre Methoden und Ergebnisse, Stuttgart 2000, S. 258 f.; Wolfgang Bonß: Vom Risiko. Unsicherheit und Ungewissheit in der Moderne, Hamburg 1995; Kenneth J. Arrow: The Limits of Organization, New York 1974; Frank H. Knight: Risk, Uncertainty and Profit, New York 1921. Kritisch dagegen Timothy W. Guinnane: Trust: A Concept Too Many, in: JWG 2005/1, S. 77–92.

73 Kap. 3.1 und Elisabeth Binder: Die Entstehung unternehmerischer Public Relations in der Bundesrepublik Deutschland, Münster 1983, S. 263 ff.

es notwendig wurde, Vertrauen mit neuen Mitteln zu generieren. Dies galt also nicht nur für häufig nachgefragte Produkte des täglichen Bedarfs.[74] Da Qualitäts- und Sicherheitsstandards industriell gefertigter Massenprodukte für den Käufer schwierig zu überprüfen sind, dienen Reklame und Werbung als vertrauensfördernde Maßnahmen, die die Qualität, Solidität und Sicherheit von Produkten verbürgen und öffentlichkeitswirksam medial propagieren. Neuere Arbeiten u. a. von Peter Borscheid/Clemens Wischermann, Dirk Reinhardt, Christiane Lamberty, Rainer Gries, Volker Ilgen und Dirk Schindelbeck[75] über Produktkommunikation, den amerikanischen Einfluss auf Werbung in Deutschland, über Werbung als Teil der Konsumkultur,[76] als Konsumverstärker[77] oder als Aspekt der Konsumpolitik[78] zeigen dies deutlich. Aktuelle Studien der kulturwissenschaftlichen Unternehmens- und Werbeforschung, etwa von Victoria de Grazia und Angelika Epple, berücksichtigen dabei auch intensiver bildwissenschaftliche Aspekte.[79]

Ausgehend von Arbeiten mit Bezug zur *Principal-Agent-Theory* wurde auch die Mikroebene des Unternehmens genauer betrachtet.[80] Nach Pierenkemper befasst

---

74 Berghoff: Prometheus, S. 160; Gries: Produkte; Schindelbeck: Marken. Vgl. Martin Held (Hg.): Reputation und Vertrauen, Marburg 2005 sowie die jährliche Umfrage „Most Trusted Brand“, in: Reader’s Digest.

75 Peter Borscheid/Clemens Wischermann (Hg.): Bilderwelt des Alltags. Werbung und Konsumgesellschaft des 19. und 20. Jahrhunderts, Stuttgart 1995; Dirk Reinhardt: Von der Reklame zum Marketing. Geschichte der Wirtschaftswerbung in Deutschland, Berlin 1993, zugl. Diss. Münster 1991; Christiane Lamberty: Reklame in Deutschland. 1890–1914. Wahrnehmung, Professionalisierung und Kritik der Wirtschaftswerbung, Berlin 2000; Rainer Gries/Volker Ilgen/Dirk Schindelbeck: „Ins Gehirn der Masse kriechen!“ Werbung und Mentalitätsgeschichte, Darmstadt 1995.

76 Siehe den Schwerpunktteil des JWG 1997/1, Werbung; mit kulturwissenschaftlichem Zugang auch Stefan Haas: Sinndiskurse in der Konsumkultur. Die Geschichte der Wirtschaftswerbung von der ständischen bis zur postmodernen Gesellschaft, in: Michael Prinz (Hg.): Der lange Weg in den Überfluss. Anfänge und Entwicklung der Konsumgesellschaft seit der Vormoderne, Paderborn u. a. 2003, S. 291–314.

77 König: Geschichte der Konsumgesellschaft, S. 394–406.

78 Berghoff: Von der Reklame zur Verbrauchslenkung, S. 77 ff.

79 Angelika Epple: Wer nicht fühlen kann, muss sehen. Wirtschaftswerbung am Beginn des 20. Jahrhunderts, in: Gerhard Paul (Hg.): Das Jahrhundert der Bilder, Göttingen 2009, S. 84–92; Dies: Das Auge schmeckt Stollwerck. Die Bildsprache einer „Weltmarke“ zwischen Imperialismus und Globalisierung, in: Globale Waren, Themenheft von Werkstatt Geschichte, 2007, Heft 1, S. 13–32; Pamela E. Swett/S. Jonathan Wiesen/Jonathan R. Zatlin: Selling Modernity. Advertising in Twentieth-Century Germany, Durham, NC u. a. 2007; Victoria de Grazia: Irresistible Empire. America’s Advance through 20th-Century Europe, Cambridge, Mass./London 2005.

80 Ekkehard Wenger/Eva Terberger: Die Beziehung zwischen Agent und Prinzipal als Baustein einer ökonomischen Theorie der Organisation, in: Wirtschaftswissenschaftliches Studium 17 (1988), S. 506–514; Kenneth J. Arrow: The Economics of Agency, in: John W. Pratt u. a. (Hg.): Principals and Agents: The Structure of Business, Boston/Mass. 1985, S. 37–51; Armen A. Alchian/Harold Demsetz: Production, Information Cost and Economic Organization, in: American Economic Review 62,2 (1972), S. 777–795.

sich nur die Institutionenökonomik mit geeigneten Problemlösungen: „Als eine Möglichkeit des Gegensteuerns der Unternehmensleitung erweist sich die Bildung von Vertrauen zwischen den Angehörigen eines Unternehmens. Der Aufbau einer ‚Corporate identity' kann daher von ganz entscheidender ökonomischer Relevanz für ein Unternehmen sein."[81] Also kann der weiche, kulturelle Faktor einer Unternehmensidentität fundamental für das Überleben am Markt sein. Die interne und externe Unternehmenskommunikation kann durch die gezielte Förderung einer *Corporate Identity* somit auch Vertrauen generierend oder stabilisierend wirken. Die Wirkung interner Unternehmenskommunikation bei der Förderung von Vertrauen und Kooperation hat unlängst Wischermann in einem grundlegenden Beitrag zur Anwendbarkeit institutionenökonomischer Theorie verdeutlicht.[82] Es mangelt aber noch an empirisch validen Studien, die sich mit der Entwicklung von Vertrauen in und zwischen Unternehmen befassen. Die Neue Institutionenökonomik vermag hier oft nur Hypothetisches beizutragen, denn es „dominieren institutionelle Arrangements, also Verfügungsrechte, Verträge, Strukturen und Sanktionsmechanismen, die Vertrauen gleichsam herbeiorganisieren."[83] Dies spricht für eine empirische unternehmenshistorische Analyse, die kulturwissenschaftliche Ansätze und Methoden einbezieht und operationalisiert.[84]

Insbesondere die deutsche Unternehmensgeschichte hat in den letzten beiden Jahrzehnten ihre Wurzeln in Jubel- bzw. Festschriftentradition und Hagiographie deutlich gekappt.[85] Sie fühlt sich stattdessen den theoretisch informierten und

---

81 Pierenkemper: Unternehmensgeschichte, S. 258 f. Vgl. Stephen Nicholas: The New Business History: Theory, Quantification and Institutional Change, in: Graeme Donald Snooks (Hg.): Historical Analysis in Economics, London 1993, S. 143–157.

82 Clemens Wischermann: Kooperation, Vertrauen und Kommunikation – ein Rahmenmodell des Unternehmens auf institutionenökonomischer Grundlage, oder: Was macht ein Unternehmen handlungsfähig?, in: Wischermann u. a. (Hg.): Unternehmenskommunikation, S. 76–92. Vgl. Werner Abelshauser (Hg.): Neue Institutionenökonomik als Historische Sozialwissenschaft, Themenheft der GuG 27 (2001), Heft 4.

83 Berghoff: Zähmung, S. 146. Vgl. dagegen Karl-Peter Ellerbrock/Clemens Wischermann (Hg.): Die Wirtschaftsgeschichte vor der Herausforderung durch die New Institutional Economics, Dortmund 2004; Jan-Otmar Hesse u. a. (Hg.): Kulturalismus. Neue Institutionenökonomie oder Theorienvielfalt – Eine Zwischenbilanz der Unternehmensgeschichte, Essen 2002.

84 Beispielhaft: Clemens Wischermann u. a. (Hg.): Unternehmenskommunikation, S. 31 ff. und Hartmut Berghoff: Moderne Unternehmensgeschichte. Eine themen- und theorieorientierte Einführung, Paderborn 2004 sowie ders.: Wozu Unternehmensgeschichte? Erkenntnisinteressen, Forschungsansätze und Perspektiven des Faches, in: ZUG 2004, S. 131–148.

85 Kim C. Priemel: Gekaufte Geschichte. Der «Freundeskreis Albert Vögler», Gert von Klass und die Entwicklung der historischen Unternehmensforschung nach 1945, in: ZUG 52 (2007), S. 177–202; Manfred Rasch: Von Festschrift und Hagiographie zur theorie- und methodengeleiteten Darstellung? Unternehmens- und Unternehmergeschichtsschreibung zur Stahlindustrie im Ruhrgebiet in den letzten hundert Jahren, in: Ferrum 74 (2002), S. 1–48; Pierenkemper: Unternehmensgeschichte mit weiterer Literatur.

methodisch reflektierten allgemeinen Geschichtswissenschaften verpflichtet, wobei das Spektrum von der Alltags- und Mikrogeschichte bis hin zur medialen und visuellen Geschichte reicht.[86] Toni Pierenkemper, Berghoff, Paul Erker, Kleinschmidt, Werner Plumpe, Hesse und andere haben sich dezidiert für eine theoriegestützte Unternehmensgeschichtsschreibung ausgesprochen, die zudem systematisch und reflektiert die methodischen und theoretischen Angebote der Sozial- und Wirtschaftswissenschaften, partiell auch der Kulturwissenschaften nutzt.[87] Diesem Anspruch ist auch die vorliegende Arbeit verpflichtet, die in einer langfristigen Perspektive zeigen kann, wie wichtig bei der Vertrauensgenerierung für Unternehmen die kulturelle Seite, d. h. der Aufbau einer *Corporate Identity* mit verschiedenen Mitteln der PR, ist. Dazu gehörten in der zweiten Hälfte des 20. Jahrhunderts neben neuen betriebswirtschaftlichen Praktiken auch immer stärker marketingwissenschaftliche und visuelle Strategien, die der Entwicklung eines *Corporate Images*, eines spezifischen Bilds vom Unternehmen, dienten.[88] Daher sind sowohl die ökonomischen und kommunikationswissenschaftlichen Ansätze der Marketingwissenschaften als auch die Ansätze einer *Visual History* oder der historischen Diskursanalyse geeignet, um diese Praktiken und Strategien an Fallbeispielen genauer zu erforschen.

1.3 Fallbeispiele und Quellenlage

Für eine Untersuchung von bundesdeutschen Rüstungsunternehmen kommt grundsätzlich eine Reihe bedeutender Unternehmen in Frage, deren Archive bislang aber kaum für die unabhängige Forschung zugänglich waren. Aufgrund des desolaten Forschungsstands spricht daher vieles dafür, sich zunächst aus der

---

86 Paul Erker: “Externalisierungsmaschine” oder “Lizenznehmer der Gesellschaft”? Trends, Themen und Theorien in der jüngsten Unternehmensgeschichtsschreibung, in: Archiv für Sozialgeschichte 46 (2006), S. 605–658; Ders.: „A new business history“? Neuere Ansätze und Entwicklungen in der Unternehmensgeschichte, in: AfS 2002, S. 557–604; Ders.: Aufbruch zu neuen Paradigmen. Unternehmensgeschichte zwischen sozialgeschichtlicher und betriebswirtschaftlicher Erweiterung, in: AfS 37 (1997), S. 321–365.

87 Vgl. Hartmut Berghoff/Jakob Vogel (Hg.): Wirtschaftsgeschichte als Kulturgeschichte – Dimensionen eines Perspektivenwechsels, Frankfurt 2004; Hesse u. a. (Hg.): Kulturalismus; Pierenkemper: Unternehmensgeschichte; Ulrich Pfister/Werner Plumpe: Einleitung: Plädoyer für eine theoriegestützte Geschichte von Unternehmen und Unternehmern, in: Westfälische Forschungen 50 (2000), S. 1–21.

88 John T. Balmer/Stephen A. Greyser (Hg.): Revealing the Corporation. Perspectives on Identity, Image, Reputation, Corporate Branding, and Corporate-Level Marketing, London/New York 2003; Roland Marchand: Corporate Soul. The Rise of Public Relations and Corporate Imagery in American Big Business, Berkeley 1998; Heribert Meffert (Hg.): Strategische Markenführung und Marketing, Wiesbaden 1988. Vgl. Epple: Wer nicht fühlen kann”.

Perspektive einer der wichtigsten Akteure über eine Fallstudie zu nähern und in einem zweiten Schritt andere Unternehmen vergleichend in die quellenmäßig gut erfassbare Analyse des Marketings einzubeziehen. Mit der Rheinmetall Berlin AG bzw. ihrer Rüstungssparte in Form der Rheinmetall GmbH sowie der Krauss-Maffei AG wurden zwei Unternehmen ausgewählt, die marktbeherrschende Positionen erlangt haben. Rheinmetall war in den frühen 1970er Jahren außerhalb der breit diversifizierten Luftfahrtindustrie der größte deutsche Waffenproduzent.[89] Im „Aufwärtstrend" des Rüstungsgeschäfts nach 9/11 stand Rheinmetall mit Rüstungsverkäufen im Wert von knapp 2,7 Milliarden Dollar deutschlandweit auf Platz 1 und weltweit auf Platz 31 der größten Rüstungskonzerne.[90] Im Jahr 2009 wurde die Rheinmetall AG europäischer Marktführer im Bereich Heerestechnik,[91] was die Forschung bislang kaum gewürdigt hat. Eine Ausnahme stellt die repräsentative zweibändige Festschrift des langjährigen Konzernarchivars Dr. Christian Leitzbach dar, die 2014 unterstützt durch den Konzern erschien und auf breiter Quellengrundlage eine informative Unternehmenschronik bietet.[92] Der Verzicht auf Quellennachweise in diesem Werk könnte mit der Verschwiegenheit der früheren Haupt-Aktionäre zusammenhängen.[93]

Für die vorliegende Untersuchung konnten aber erstmals bedeutendere Quellenbestände aus dem Archiv der Rheinmetall AG (vormals Rheinmetall Berlin AG) unabhängig ausgewertet werden. Dazu zählen insbesondere Quellen des Marketing-Bereichs, während andere Geschäfts-, Personal- oder Exportakten nur zufällig eingesehen werden konnten.[94] Inwieweit politisch und juristisch heikle Quellen in das

---

89 O.V.: Rüstung: „Da tummelt sich die Elite", Der SPIEGEL Nr. 28 (1972), S. 30–49.

90 Zeitungsartikel zum SIPRI-Bericht 2011 (27.02.2012) unter http://www.gmx.net/themen/finanzen/wirtschaft/668u1qq-waffenverkaeufe-steigen-weiter#.A1000146.

91 Ingo Faust: Rheinmetall setzt in der Krise auf Rüstung, in: Westdeutsche Zeitung vom 26.3.2009, S. 16.

92 Christian Leitzbach: Rheinmetall. Vom Reiz, im Rheinland ein großes Werk zu errichten, 2 Bde, Köln 2014. Im Anhang finden sich lediglich grobe Bestandsangaben, die die intersubjektive Überprüfbarkeit der Darstellung nicht sicherzustellen vermögen. Ähnlich auch unveröffentlicht im Archiv: Rheinmetall GmbH (Hg.): 100 Jahre Rheinmetall 1889–1989, Düsseldorf 1989. Die Projektleitung und Redaktion hatte Rheinmetall-Mitarbeiter Anton Fabry, die wissenschaftliche Beratung und Teile verantwortete PD Dr. Volker Schmidtchen (ohne Quellenbelege). Vgl. Heinrich Ehrhardt: Hammerschläge, Leipzig 1922.

93 Bislang war das Archiv der Röchlingschen Eisen- und Stahlwerke GmbH, der heutigen Industrieverwaltung Röchling, Mannheim, wohl nur Gerhard Seibold zugänglich, der für die Familiengemeinschaft eine Festschrift verfasst hat: Röchling – Kontinuität im Wandel, Stuttgart 2001 (ohne genauere Quellenbelege).

94 Eingesehen wurden alle Geschäftsberichte und Wirtschaftsprüfungsprotokolle, Marketing-Quellen, Berichte einzelner Geschäftsfelder. Ausgewertet wurden partiell auch Bestände zu Exportgeschäften. Allerdings wurde umfassendere Findbuch- und Akteneinsicht erst sukzessive im Verlauf der Arbeit ermöglicht. Ein Archivplan oder eine Beständeübersicht existieren nicht, was eine Planung der Archivarbeit erschwerte. Die Findmittel wurden nach und nach in elektronischer Form

Archiv kamen, kann nur im Einzelfall beantwortet werden. Bei seiner Gründung im Jahre 1987 wurde zumindest diskutiert, welche Akten in das Archiv gelangen sollten.[95] Bei der Sammlung von Archivalien und Artefakten im Unternehmen, die auch der Vorbereitung des im Jahr 1989 anstehenden 100. Gründungsjubiläums des Unternehmens diente,[96] wurde vorgeschlagen „ein für interne und externe (soweit nicht VS-Sachen betreffend) Interessenten zugängliches Rheinmetall-Museum und Rheinmetall-Archiv zu etablieren".[97] Demgemäß sollten also nur Akten gesammelt werden, die nicht geheim als Verschluss-Sache (VS) klassifiziert worden waren. Es handelt sich i. d. R. also um Geschäftsakten, die nicht von Sicherheitsbelangen tangiert waren oder sind. Das überlieferte Archivgut stammt aus drei Hauptüberlieferungssträngen: erstens ältere Akten der Rheinmetall AG und Borsig AG aus der Zeit bis 1956, zweitens Akten der Rheinmetall Berlin AG, Rheinmetall AG und Rheinmetall GmbH aus der Zeit nach 1956 (hierin auch einzelne wehrtechnische Produkte, Tochterfirmen der Rheinmetall Berlin AG nach 1956, Presse intern und Presseberichterstattung) und drittens Akten von Jagenberg und Pierburg als den beiden größten zivilen Tochterunternehmen.[98] Vorhanden sind neben der eigenen Überlieferung der Rheinmetall Berlin AG und der Rheinmetall GmbH auch Bestände zu Konkurrenzunternehmen, die vergleichend für die Analyse hinzugezogen werden konnten.

Eine ähnliche Überlieferungsstruktur liegt bei dem Bestand Krauss-Maffei im Bayerischen Wirtschaftsarchiv München vor. Eine Vielzahl von einzelnen Akten und Faszikeln sind als Depositum vorhanden, wobei die Presse- und Werbematerialien den weitaus größten Teil ausmachen. Zwar sind einzelne Geschäftsberichte, Marktuntersuchungen und Projektberichte durch die Krauss-Maffei AG abgegeben worden, allerdings gelangte kaum Schriftverkehr der Unternehmensleitung und des jahrzehntelangen Mehrheitseigners, des Flick-Konzerns, in das Wirtschaftsarchiv.

---

offeriert. Inwieweit die vorhandenen Findbücher vollständig einsehbar waren, war nicht ersichtlich. Zumindest bei den Beständen zur Wehrtechnik und zur Infanterieproduktion gab es Hinweise auf Archivbestände, die nicht in den Findmitteln auftauchten.

95 Ausführlich dazu Christian Leitzbach: Das Zentralarchiv der Rheinmetall AG – Geschichte und Tradition in einem sich wandelnden Konzern, in: Archiv und Wirtschaft 37/1 (2004), S. 32–36; ders.: Das Archiv der Rheinmetall AG und seine Bestände, in: Archiv und Wirtschaft 32/2 (1999), S. 57–69.

96 Es wurde seit 1978 aufgebaut, zunächst als wehrtechnische Studiensammlung und Werbearchiv, später als gut geordnetes Konzernarchiv unter Leitung eines professionellen Historikers, Dr. Christian Leitzbach, der früher als angestellter Mitarbeiter beschäftigt war und das Archiv nun selbständig firmierend unter CL historia betreut.

97 Rheinmetall-Archiv B 595, PR-Konzeption Rheinmetall von Hans-Ulrich Pieper, Leiter der PR, hier: PR-Konzeption Rheinmetall 1987, Entwurf, Oktober 1986 P-O/VO-10, 46 S., S. 37.

98 Das Archivgut im Rheinmetall-Archiv wurde mehrfach neu geordnet und klassifiziert, dabei wurde teilweise nach Pertinenz- und teilweise nach Provenienz-Prinzip vorgegangen.

Diese Quellen sollen im Archiv der Buderus AG vorliegen, sind aber ähnlich wie beim Familienunternehmen Diehl bislang nicht zugänglich.[99] Die im Krauss-Maffei-Bestand vorhandenen Quellen sind für eine vergleichende Perspektive unverzichtbar, weil auch Archivgut anderer Unternehmen durch die Krauss-Maffei AG gesammelt wurde. Dies gilt in ähnlicher Form für den Nachlass Quandt, der seit einigen Jahren im Hessischen Wirtschaftsarchiv Darmstadt aufbewahrt wird. Es handelt sich zwar wohl nur um einen Teilnachlass, der aber insbesondere über die frühe Nachkriegszeit und den Wiederaufbau des Rüstungsgeschäfts von IWKA und den Mauser-Werken einigen Aufschluss bietet.[100] Weitere unternehmenshistorische Quellen konnten in beschränktem Maße in den Archiven der Thyssen-Krupp AG untersucht werden. Hier interessierten für die vorliegende Arbeit vor allem Akten zur PR, Rüstungswerbung und Rüstungsikonographie bei Krupp. Umfassendere Bestände konnten dagegen im Politischen Archiv des Auswärtigen Amtes in Berlin eingesehen werden, die nicht nur die Sicht der Diplomaten und Mitarbeiter des Ministeriums wiedergeben, sondern auch die Gegenüberlieferung des Bundeswirtschaftsministeriums in Rüstungsfragen enthalten. Ebenfalls vorhanden sind die Stellungnahmen des Bundesministeriums der Verteidigung (BMVg), weshalb auf eine tiefergehende Analyse der zugänglichen Quellen des BMVg verzichtet wurde. In diesem Zusammenhang konnte auch auf eine Vielzahl an gedruckten Quellen (z. B. die Weißbücher) und „graue" Literatur zurückgegriffen werden. Insbesondere aus den Neuen Sozialen Bewegungen wie der Friedensbewegung, aber auch der Friedens- und Konfliktforschungsinstitute sowie aus der Fach- und Qualitätspresse konnten viele Informationen, v. a. über die Marktentwicklung der Branche gewonnen werden. Dies gilt auch für einige Unternehmens-Festschriften und Militaria-Literatur, die fehlende technische Angaben ergänzen konnten. Lücken in der Überlieferung konnten partiell auch durch Interviews gefüllt werden.[101]

Bei den in der Rüstungswerbung engagierten Medien- und Werbeunternehmen bestehen ebenfalls Probleme des Quellenzugangs, die nicht nur auf die Masse der Produkte bezogen sind. Bei Großunternehmen wie der Springer AG oder BBDO, ist der Archivzugang zu diesen Themen stark eingeschränkt oder versperrt, bisweilen sind auch keine Bestände vorhanden. Für viele mittelständische und kleine Werbeunternehmen oder Verlage gilt gleichermaßen, dass häufig archivalisch nur geringes oder ungeordnetes Material vorhanden ist, was eine historische Erforschung von Medienunternehmen zusätzlich erschwert und beispielsweise dazu führte, dass

99 Eine Anfrage der Verfasserin auf Einsicht der wehrtechnischen Akten bei Buderus wurde abschlägig beschieden. Die Leitung des Diehl-Archivs meldete sich auf Nachfrage nicht.

100 Findbücher mit genauerer Einschätzung des Bestandes existieren zwar nicht, dafür aber ein Zugang zu den knapp 100 Akten per Datenbankrecherche.

101 Vor allem mit Dr. Christian Leitzbach, Rheinmetall-Archivar, und mit Jochem Peelen, langjähriger freier Mitarbeiter der Zeitschrift „Soldat und Technik".

kein Quellenmaterial einer für die frühe Rüstungswerbung zentralen Agentur wie der Dorland hinzugezogen werden konnte.[102]

Eine wichtige Quelle für die Werbeanstrengungen der Rüstungsunternehmen stellen daneben – wie andere periodisch erscheinende Zeitungen und Zeitschriften – besondere Fachzeitschriften für Militär, Politik und Rüstungsindustrie dar, wie die Zeitschriften „Soldat und Technik" oder „Wehrtechnik".[103] Diese staatlich überwachten Militärfachzeitschriften konstituieren einen öffentlichen Interaktionsraum, der Fachleute aus Militär, Militär-Verwaltung und Rüstungsindustrie dezidiert anspricht, aber auch andere Interessentengruppen wie Politik, Unternehmen, Medien, Reservisten sowie militär- und technikbegeisterte Laien integriert. Forschungen zur Pressegeschichte haben bislang aber ihr Hauptaugenmerk auf politische Fragen gelegt und Spezialzeitschriften weniger beachtet.[104] Auch in der Medien- und Kommunikationsgeschichte wurde diese Art von Quellen bislang nur zögernd in Forschungen einbezogen. Daher ist die vorliegende Untersuchung auch gut geeignet, dieses neue Quellenmaterial erstmals einer ausführlicheren Analyse mit Hilfe der noch vorzustellenden Methoden (siehe Kap. 4.1.) gezielt zuzuführen.

1.4 Aufbau und Ziele der Arbeit

Zunächst wird im **zweiten einführenden Kapitel** dargestellt, wie sich die bundesdeutsche Rüstungsindustrie und ihre Märkte nach dem Kriegsende 1945 entwickelten. Insbesondere die Markt- und Nachfragestruktur inklusive des rechtlichen Rahmens wird hier eingehender vor dem Hintergrund eines wahren „Wiederaufrüstungsbooms" analysiert. Die Untersuchung des Direktmarketings differenziert hier zwischen den nationalen Akteuren, die erstmals eingehender dargestellt werden, und den internationalen Märkten, die nicht nur durch Rüstungsexporte, sondern auch durch auswärtige Militärhilfe gekennzeichnet sind. Aufbauend auf dieser Basis werden im **dritten Kapitel** spezifische Aspekte des Rüstungsmarketings im Kalten Krieg in drei Phasen (Wiederaufrüstung, Krisen, Ende des Kalten Krieges) untersucht. Es wird dabei argumentiert, dass neue Marketinginstrumente entwickelt wurden, um den Rüstungsabsatz in den ersten Nachfragekrisen nach der Expansion der 1950er

102 Das Unternehmen verfügt über keinerlei Archiv oder historische Akten, die erhalten wären. Freundliche Auskunft von Frau Melanie Buss, Senior Art Director der Dorland, Berlin, 15.5.2012.

103 Vgl. Stefanie van de Kerkhof: Militärfachzeitschriften als Quellen einer Marketinggeschichte der europäischen Rüstungsindustrie im Kalten Krieg, in: Markus Pöhlmann (Hg.): Militärfachzeitschriften im 20. Jahrhundert, Paderborn 2012, S. 71–91; Andreas Böhn/Andreas Seidler: Mediengeschichte, Tübingen 2008.

104 Z. B. Pressepolitik und Propaganda. Historische Studien vom Vormärz bis zum Kalten Krieg, hg. von Jürgen Wilke, Köln u. a. 1997; Propaganda, Meinungskampf, Verführung und politische Sinnstiftung 1789–1989, hg. von Ute Daniel und Wolfram Siemann, Frankfurt a.M. 1994.

Jahre zu stabilisieren. Ausgehend vom Beginn des Kalten Krieges wird zunächst gefragt, wie sich die Marktbeziehungen in den langfristigen Kundenbeziehungen gestalteten und welche PR-Instrumente bei den Abnehmern zunächst eine Rolle spielten. Dazu wird gezeigt, wie sich „Netzwerke des Vertrauens" in der Absatzpolitik der Unternehmen auf ihr Marketing auswirkten und wie es zu einem segmentierten Marketing kam. Gefragt wird dabei insbesondere, inwiefern Elemente eines allgemeinen Investitionsgütermarketings angewendet oder für die Branche speziell modifiziert wurden. Waren durch das Beschaffungsmarketing schon klientelistische Absatzbeziehungen per se vorhanden, die nicht nur auf Lobbyismus als aktiver Absatzstrategie, sondern auch auf ältere Formen der Patronage und der Korruption zurückgriffen? Gefragt werden soll insbesondere danach, wann der Übergang von Verkäufer- zu Käufermärkten stattfand und welche Auswirkungen die übergroße Nachfrage und darauf folgende Krisen für das Rüstungsmarketing der untersuchten Unternehmen hatten. Dabei wird anhand der Fallbeispiele auch eine Kernfrage der Arbeit geklärt, die die Marketingforschung intensiv beschäftigt: nämlich wann und wie die Einführung von Marketing als Führungskonzept sich auf verschiedenen Unternehmensebenen vollzog.

Es wird desweiteren danach gefragt, welche Rolle einerseits die wirtschaftlichen Krisen der 1960/70er und andererseits die Legitimationskrisen der 1980er Jahre nach dem Nachrüstungsbeschluss für die Rüstungsunternehmen spielten. Der Blick auf ihre strategische Ausrichtung und ihre Marketingkonzepte erlaubt es, in die „Blackbox" Unternehmen einen tieferen Einblick zu gewinnen.[105] Wie prägten neue Marketingbegriffe und -perspektiven die deutschen Rüstungsunternehmen? Wann ging Marketing über bloße Produktwerbung und -kommunikation hinaus und wurde als nahezu holistisches Konzept in den Unternehmen verstanden? Welche Konzepte aus der Marketingforschung wurden dabei rezipiert und in den Unternehmen implementiert? Auf welche Weise ging diese Implementierung vonstatten, d. h. welche Widerstände mussten bei den Waffenherstellern überwunden werden oder an welche bereits etablierten Instrumente konnte angeknüpft werden?

Dieser sozio-ökonomische Kontext bettet die visuelle und diskursanalytische Untersuchung von Rüstungswerbung im **vierten Kapitel** ein. Hier soll am Beispiel des Sicherheitsdiskurses ausgelotet werden, inwieweit neue kulturwissenschaftliche Zugänge für die Unternehmens- und Wirtschaftsgeschichte fruchtbar gemacht werden können. Um die Weiterentwicklung bildlicher und sprachlicher Mittel im Kalten Krieg untersuchen zu können, wird nach einer Theorie- und Methodendiskussion zunächst die Entwicklung von Rüstungswerbung und Waffenikonographie analysiert. Da auf die Methode der seriell-ikonografischen Analyse und auf die Ikonologie Erwin Panofskys

---

105 Zum Unternehmen als „Black box" vgl. Jan-Otmar Hesse: Intentionalisten und Funktionalisten in der Unternehmensgeschichte, in: akkumulation 17/2003, S. 1–6, hier S. 3.

und Aby Warburgs zurückgegriffen wird, ist es notwendig, nicht nur die Voraussetzungen dieser Analysetools, sondern auch die langfristige Entwicklung der Rüstungswerbung für die ikonologische Analyse in den Blick zu nehmen. Dazu gehört die Einbettung in den längerfristigen (bild-)historischen Kontext, etwa die Klärung, welche Bilder von Rüstung und den Rüstungsunternehmen vorhanden waren, auf die die Produzenten zurückgreifen konnten. Wie entwickelten und gestalteten sich diese Bilder? In welchem Verhältnis stehen die modernen Bilder von Rüstung zu den ikonographischen Motiven, die als Vorläufer identifiziert werden konnten und wie entwickelten sich die neuen Bilder von Rüstung im Verlauf des Kalten Krieges? Können bestimmte Typen und Formen der Darstellung identifiziert werden, die sich zeitübergreifend herausbildeten? Gab es ein Genre und bestimmte Frames oder Codes, die von den Rüstungsunternehmen entwickelt oder genutzt wurden? Wie wurden traditionelle Motive wie Schwarz-Weiß-Bilder, Schatten oder archaische Formen eingesetzt?

Im Mittelpunkt der Untersuchung stehen hier die Bilder von Sicherheit und angrenzende Diskurse wie Abschreckung, die zur Anreicherung genutzt wurden. Eine wichtige Frage wird dabei sein, ob ein Sicherheitsbedürfnis über die Formierung von Bedrohungsszenarien und das Schüren von Ängsten produziert oder zumindest unterstützt bzw. genutzt wurde. Anschließend wird eingehend untersucht, wann, in welcher Form und mit welchen Bildern, sprachlichen und stilistischen Mitteln bundesdeutsche Rüstungsunternehmen versprachen, „Sicherheit zu produzieren". Welche Bilder von Sicherheit wurden gezeichnet, wie stehen diese im Verhältnis zueinander, wie wurde der Sicherheits-Diskurs visuell und sprachlich ausgestaltet und welche alternativen Diskurse wurden genutzt? Welche Begründungsebenen und Idealtypen von „Sicherheit" wurden angesprochen, wie wurden diese Bilder, Stereotypen und Symbole vermittelt und rezipiert? Welche Funktionen nahm die Werbung für Sicherheit in den verschiedenen Medien des Rüstungsmarketings der Unternehmen ein und inwiefern waren sie spezifisch oder knüpften an allgemeine Trends an? Genauer beleuchtet werden soll in diesem Zusammenhang auch die Frage nach den transnationalen Aspekten dieser diskursiven Strategien: Gab es unterschiedliche Formen des Sicherheitsdiskurses, je nachdem an welche Rezipienten sich die Unternehmen wandten, oder gab es transnational verständliche Formen der Waffenikonographie, die sich im dominanten Sicherheitsdiskurs niederschlugen? Wie warben Rüstungsunternehmen um öffentliche Zustimmung? Wie erschufen sie ein *Image* oder gar eine *Corporate Identity*, die sowohl die Kunden als auch die öffentliche Meinung von ihrer sicherheitsproduzierenden Leistung überzeugte und so Vertrauen schuf? Hierzu soll vor allem die bundesdeutsche Perspektive betrachtet werden, die aber durch einen international vergleichenden Blick erweitert wird.

Die Arbeit schließt im **fünften Kapitel** mit der Zusammenfassung, einem Ausblick auf das Ende des Kalten Krieges und die aktuelle Diskussion um „Sicherheit". Eine interdisziplinär erweiterte Marketinggeschichte bietet sich an als Bindeglied zwischen der ökonomischen Logik der Märkte, der kulturellen Logik der öffentlichen Wahrnehmung und der politischen Logik der Sicherheits- und

Rüstungspolitik. Mittels einer Auswertung von visuellen Quellen mit Methoden der seriell-ikonographischen Analyse soll deutlich gemacht werden, wie „Bilder von Sicherheit" von den untersuchten Rüstungsunternehmen im Kalten Krieg konstruiert und in verschiedenen Teilöffentlichkeiten etabliert wurden. Es wird dabei die These vertreten, dass im Verlauf des Kalten Krieges Diskurse von Frieden und Sicherheit so untrennbar mit Waffenproduktion verknüpft wurden, dass dieses Amalgam sich der öffentlichen Diskussion zunehmend entzog. Kriegswaffen und ihr Handel wurden damit unhinterfragbar.

Methodisch sind Studien zum Marketing, zur Werbe- und Produktkommunikation bisher zumeist einer deskriptiven Herangehensweise verhaftet und setzten bildliche Quellen in aller Regel nur zu illustrativen Zwecken ein. Zwar wurde Konsum dabei intensiver erforscht und in den historischen Kontext eingebettet, ein analytischer Zugang fehlte allerdings vielfach. Dies bedeutet, dass eine kulturhistorisch erweiterte Marketingforschung sich zweifach gut begründen lässt: Erstens sind Instrumente des Marketings wie Preispolitik und Absatzpolitik zwar hinsichtlich ihrer ökonomischen Logik gut zu untersuchen. Eine solche Herangehensweise scheitert aber sowohl bei der Beschäftigung mit Kommunikations- und Produktpolitik, als auch bei der Erforschung von Marketing als Managementkonzept mit normativer Ausrichtung. Zweitens ist auch bei der Analyse von Instrumenten der Kommunikationspolitik eine über die reine Deskription hinausgehende Methodik dringend vonnöten. Insbesondere bei bildlichen und werbenden Quellen, die sich mit Sicherheit und der Legitimation von Sicherheit befassen, wird deutlich, dass neben bildwissenschaftlichen auch psychologische und diskursive Aspekte zu berücksichtigen sind. Daher ist ein Plädoyer für eine konzeptionelle Erweiterung der historischen Marketingforschung angebracht, die nicht nur ökonomische, sondern auch analytische Theorien mittlerer Reichweite, Konzepte und Methoden der Kultur- und Sozialwissenschaften einbezieht. Sinnvoll erscheint es, ein solches integratives Programm zunächst in bescheidenem Umfang anhand einer Branche wie der Rüstungsindustrie, die visuelle Quellen in größerem Umfang hinterlassen hat, zu testen.

Den methodischen Ausgangspunkt der Untersuchung bildet zunächst die Betrachtung der Marktsituation mit ökonomischen Verfahren und Kennzahlen. Hier ist unternehmenshistorisch zu klären, wie sich die bundesdeutschen Rüstungsunternehmen in der frühen Nachkriegszeit wieder auf nationalen und internationalen Märkten etablieren konnten und welche Marketinginstrumente dafür verantwortlich waren. Ihre Darstellung ist dabei der vorgestellten institutionenökonomischen und absatztheoretischen Methodik verpflichtet, bezieht dagegen neuere Ressourcen-orientierte Ansätze nicht explizit in das Spektrum genutzter Analysetools mit ein.[106] Im Mittelpunkt stehen

106 Vgl. Heiko Braun: „Die „Pharmamarketing-Revolution"? – Eine Marketinggeschichte der Pharmabereiche von Bayer, Merck und Schering in den 1950er bis 1970er Jahren, in: akkumulation 32/2012, S. 1– 12.

eher Fragen nach der Generierung von Vertrauen durch Marketinginstrumente sowie der Implementierung von Marketingansätzen in der Organisationsstruktur einzelner Unternehmen. Hier werden zudem neuere Netzwerkansätze einbezogen, um ein differenziertes Bild der Ausrichtung auf die Märkte zu erlangen und zu den Periodisierungsfragen der Marketingforschung beitragen zu können.[107] Eine genauere Differenzierung zwischen einzelnen Branchen soll in vergleichender Weise vorgenommen werden, doch das Hauptaugenmerk liegt auf der Rüstungsbranche.

107 Grundlegend Berghoff/Sydow (Hg.): Unternehmerische Netzwerke.

2 Direktmarketing im „Wiederaufrüstungsboom": Märkte, Akteure und institutioneller Rahmen für Waffen

Wie entwickelte sich die bundesdeutsche Rüstungspolitik nach dem Ende des Zweiten Weltkriegs? Wie wurden die Waffenhersteller innerhalb kürzester Zeit nicht nur konkurrenzfähig in Europa, sondern sogar führend in wirtschaftlicher und technologischer Hinsicht? War der Boom nach der Nachkriegsrekonstruktion hierfür ursächlich oder entstand eine eigene Dynamik der Branche?[1] Der schnelle Aufstieg erstaunt, stand in den ersten Jahren nach dem Kriegsende doch anscheinend der Umgang mit der Teilung in Besatzungszonen und den Flüchtlingsströmen, der Wiederaufbau von Wohnraum, ziviler Industrie und Infrastruktur im Mittelpunkt und weniger die außen-, militär- und rüstungspolitischen Ambitionen vormaliger Eliten.[2] Welche Rolle die nationalen und internationalen Akteure, die Märkte und die konjunkturelle Entwicklung spielten, soll daher hinterfragt werden, um eine differenzierte Untersuchung und Bewertung des Rüstungsmarketings westdeutscher Unternehmen in den beiden folgenden Kapiteln (3 und 4) vornehmen zu können.

2.1 Wiederaufrüstung und die Rolle der „Security Communities"

Die Aufstellung eigener Streitkräfte und die Wiederbewaffnung standen in der deutschen Öffentlichkeit zunächst im Hintergrund, nicht zuletzt wegen der Demilitarisierungspolitik der Besatzungsmächte. Sie hatten schon im Kommuniqué der Jalta-Konferenz im Februar 1945 beschlossen:

> „(...) alle deutschen Streitkräfte zu entwaffnen und aufzulösen; den deutschen Generalstab, der wiederholt zum Wiedererstehen des deutschen Militarismus beigetragen hat, für alle Zeiten zu zerschlagen; alle militärischen Einrichtungen Deutschlands zu beseitigen oder zu zerstören; die gesamte deutsche Industrie, die zur Rüstungsproduktion verwendet werden könnte, zu liquidieren oder unter Kontrolle zu stellen; alle Kriegsverbrecher einer gerechten und schnellen Bestrafung zuzuführen sowie Entschädigung in Form von Naturalleistungen für die Zerstörungen zu fordern, die von den Deutschen verursacht worden sind."[3]

1 Zum Boom vgl. Hartmut Kaelble (Hg.): Der Boom 1948–1973. Gesellschaftliche und wirtschaftliche Folgen in der Bundesrepublik Deutschland und in Europa, Opladen 1992.

2 Ausführlich Abelshauser: Deutsche Wirtschaftsgeschichte, S. 60–89; Ders.: Hilfe und Selbsthilfe; Ders.: Wiederaufbau vor dem Marshallplan. Westeuropas Wachstumschancen und die Wirtschaftsordnungspolitik; Gerd Hardach: Der Marshall-Plan. Auslandshilfe und Wiederaufbau in Westdeutschland 1948–1952, München 1994 und Plumpe: Vom Plan zum Markt.

3 Siehe z. B. Kurzfassung in Neugebauer (Hg.): Grundkurs deutsche Militärgeschichte, Bd. 3, S. 27 oder Conze: Die Suche, S. 21–29.

https://doi.org/10.1515/9783110541168-002

Für die BRD – wie auch für die DDR – galt daher nach deren Gründung 1949 zunächst ein strenges Produktionsverbot für Kriegswaffen aller Art. Dies war neben der Sorge vor Strafverfolgung eine wesentliche Ursache für die Abwanderung von Rüstungsspezialisten und Unternehmen in andere Staaten.[4]

Wissenschaftler und Techniker wurden nicht nur von USA und UdSSR umworben und eingestellt, sondern auch von Frankreich, Spanien, Ägypten und Argentinien, später Indien, angeheuert. Der Flugzeughersteller Messerschmidt ging zunächst nach Spanien, das noch unter der faschistischen Diktatur Francos stand; andere Kleinwaffenhersteller produzierten im autoritär regierten Portugal Salazars.[5] Trotz des expliziten Bestrebens der Besatzungsmächte gegen Militarismus und Nazismus der Deutschen entschieden vorzugehen, stand die Forderung nach einem deutschen Militär schnell wieder auf der politischen Agenda – und dies nicht erst mit der Gründung der Bundesrepublik Deutschland oder der schrittweisen Wiedererlangung außenpolitischer Souveränität im Rahmen internationaler Vereinbarungen, wie dies die Aufnahme in die NATO 1954 darstellte.[6]

Spätestens im November 1945 begannen prominente ehemalige Wehrmachtsgeneräle die Remilitarisierung Deutschlands zu planen, wie Detlef Bald, Thomas Vogel und Oliver Haller gezeigt haben.[7] An Debatten um die konkrete Ausgestaltung beteiligt war eine breite, aber öffentlich zurückhaltende „*security community*" (Detlef Bald) aus den über 3.000 ehemaligen höheren Offizieren der Wehrmacht und Politikern, die teils juristisch noch als Kriegsverbrecher verfolgt wurden.[8] Mitglieder dieser Kreise gruppierten sich auf der einen Seite um den späteren BND-Präsidenten und vormaligen Wehrmachtsgeneral Reinhard Gehlen und auf der anderen Seite um die

---

4 Die Abwerbung und Abwanderung der Führungs- und Fachkräfte, v. a. der Waffenkonstruktion, beschreibt auch die unveröffentlichte Rheinmetall-Geschichte „100 Jahre Rheinmetall 1889–1989", S. 52 oder Seel: Mauser, S. 129 ff.

5 Wulf: Waffenexport, S. 80 f. Zur Tätigkeit deutscher Waffenkonstrukteure in Frankreich auch Werner Abelshauser: Wirtschaft und Rüstung in den Fünfziger Jahren (Anfänge westdeutscher Sicherheitspolitik 1945–1956, Bd. 4/1, hg. v. MGFA), München 1997, S. 70.

6 Kollmer: Rüstungsgüterbeschaffung; Werner Abelshauser: The Burden of Power. Military Aspects of International Financial Relations During the Long 1950s, in: C.-L. Holtfrerich/H. James (Hg.): The International Financial System: Past and Present, Cambridge/New York 2003, S. 197–212; Ders.: Rüstung, Wirtschaft, Rüstungswirtschaft: Wirtschaftliche Aspekte des Kalten Krieges in den fünfziger Jahren, in: K. A. Maier/N. Wiggershaus (Hg.): Das Nordatlantische Bündnis 1949–1956, München 1993, S. 89–108; Ders.: The Causes and Consequences of the 1956 West German Rearmament Crisis, in: F. H. Heller/J. R. Gillingham (Hg.): NATO: The Founding of the Atlantic Alliance and the Integration of Europe, Oxford 1992, S. 311–334.

7 Die erste Studie wird Generalleutnant a.D. Dr. Hans Speidel zugesprochen. Vgl. Bald: Die Bundeswehr, S. 20 ff.; Thomas Vogel: The Himmerod Memorandum and the Beginning of West German Security Policy, in: James S. Corum (Hg.): Rearming Germany, Leiden/Boston 2011, S. 3–28 und Oliver Haller: German Industry, the Cold War, and the Bundeswehr, in: Ebenda, S. 145–175.

8 Bald: Die Bundeswehr, S. 20 und 22. Vgl. auch Alaric Searle: Wehrmacht Generals, West German Society, and the Debate on Rearmament, 1949–1959, Westport, Conn./London 2003.

Historical Division der amerikanischen Besatzungsmacht. Daher wird hier auch nicht von einer homogenen, sondern von mehreren, durchaus abweichende Positionen vertretenden *security communities* ausgegangen.[9]

Die deutschen Mitglieder der *Historical Division* unter Generalfeldmarschall a.D. Erich von Manstein und Generaloberst a.D. Franz Halder arbeiteten seit 1946 mit mehreren Hundert ehemaligen NS-Generalstabsoffizieren u. a. daran, Strategie und Taktik des nationalsozialistischen Ostfeldzugs zu ergründen, um daraus Lehren für zukünftige bewaffnete Konflikte mit der UdSSR zu ziehen.[10] Diese paradox erscheinende Kooperation „erleichterte die freiwillige Amerikanisierung dieser Vertreter der deutschen Militärelite". Sie wollte nach Bald gemeinsam mit den amerikanischen Streitkräften die „Bedrohung aus dem Osten" zukünftig bekämpfen und befand sich damit in einer Traditionslinie mit den vormaligen Wehrmachtsstrategien.[11] Seit 1947 hatten sich Militärs wie Adolf Heusinger, Hans Speidel und Johann Adolf Graf Kielmansegg auch in privaten Gesprächskreisen mit Konrad Adenauer, Theodor Heuss und Carlo Schmid zu Diskussionen über die zukünftige deutsche Streitmacht getroffen. Sie fertigten seit 1948 eine Reihe von Memoranden und Argumentationspapieren für die politische Bühne an, die für eine Wiederaufrüstung Westdeutschlands mit „modern bewaffnete[n] und ausgerüstete[n] Einheiten, mit panzerbrechenden Waffen und mit Panzern" warben.[12]

Verständlich werden diese Rüstungsaktivitäten der vormaligen militärischen Elite vor dem Hintergrund des anhaltenden Konflikts zwischen den ehemaligen Alliierten, der sich seit den Konferenzen von Jalta und Potsdam verschärfte. Als Bedrohung für die westdeutsche Sicherheit wurde insbesondere die seit Juni 1948 anhaltende Blockade Berlins durch die sowjetischen Streitkräfte gesehen. Die Gründung der NATO am 4. April 1949 kann als eine Reaktion darauf gedeutet werden,

---

9 Vgl. Klaus Naumann: Generale in der Demokratie. Generationsgeschichtliche Studien zur Bundeswehrelite, Hamburg 2007, S. 115–131, über Gruppenbildung in der Militärelite der frühen BRD, wobei er den Mainstream als „konservative Gewaltexperten" beschreibt.

10 Bald: Die Bundeswehr, 22ff.; Bernd Wegner: Erschriebene Siege. Franz Halder, die „Historical Division" und die Rekonstruktion des Zweiten Weltkrieges im Geiste des deutschen Generalstabes, in: Ders./Ernst Willi Hansen/Gerhard Schreiber (Hg.): Politischer Wandel, organisierte Gewalt und nationale Sicherheit. Beiträge zur neueren Geschichte Deutschlands und Frankreichs. Festschrift für Klaus-Jürgen Müller im Auftrag des MGFA (Beiträge zur Militärgeschichte 50), München 1995, S. 287–302; Klaus Naumann: Der Beginn einer wunderbaren Freundschaft. Beobachtungen aus der Frühzeit der deutsch-amerikanischen Militärbeziehungen, in: Heinz Bude/Bernd Greiner (Hg.): Westbindungen. Amerika in der Bundesrepublik, Hamburg 1999, S. 138–180, v. a. S. 142–149; Georg Meyer: Adolf Heusinger. Dienst eines deutschen Soldaten, 1915 bis 1964, Hamburg u. a. 2001, S. 324 ff. und Ders.: Zur Situation der deutschen militärischen Führungsschicht im Vorfeld des westdeutschen Verteidigungsbeitrages 1945–1950/51, in: Anfänge westdeutscher Sicherheitspolitik Bd. 1, S. 577–735, v. a. 680ff.

11 Bald: Die Bundeswehr, S. 22.

12 Ebenda, S. 21. Zur Rolle von Heusinger und zur Zusammenarbeit mit Speidel mit interessanten Details die hagiographische Studie von Meyer: Heusinger, S. 354–463.

und auch die sukzessive Gründung der beiden deutschen Staaten wurde durch diese Entwicklung forciert.[13] Nach dem ersten Atombombenversuch der UdSSR im August 1949 und mit dem Beginn des Korea-Kriegs im Juni 1950 mündete die Konfrontation der beiden Blöcke in die erste Hochphase des Kalten Krieges ein.[14] Der Konflikt verschärfte sich damit so eindrücklich, dass Bundeskanzler Adenauer am 3. Dezember 1949 zum ersten Mal in der Öffentlichkeit von einem eigenständigen westdeutschen „militärischen Beitrag“ sprechen konnte. In einem Interview Ende Dezember 1949 forderte er dezidiert die Aufstellung eines „deutschen Kontingents im Rahmen der Armee einer europäischen Föderation“, ohne dass die drei westlichen Besatzungsmächte protestierten.[15] Eine Basis boten zudem die seit Beginn des Koreakriegs 1950 dem Bundeskanzler auf seine Bitte hin unterbreiteten Konzepte. Sie plädierten dafür, eine mit den West-Alliierten gleichberechtigte neue deutsche Militärmacht in das transatlantisch-westeuropäische Bündnis einzubauen. Die am 7. August 1950 von den drei ehemaligen Wehrmachtsgenerälen Speidel, von Heusinger und Foertsch überreichten „Gedanken zur äußeren Sicherheit der Bundesrepublik“ formulierten damit ein zukunftsweisendes Leitmotiv deutscher Militär- und Rüstungspolitik.[16]

Insgesamt betonten die *security communities* nahezu gebetsmühlenartig die Gefährdung der Sicherheit Westdeutschlands und begegneten damit einer möglichen Kritik an Remilitarisierungsplänen schon prophylaktisch. Die Diskussionen in westdeutschen Militärkreisen der späten 1940er und frühen 1950er Jahre werfen auch neues Licht auf die Frage, inwieweit die westdeutsche Wiederaufrüstung von den USA forciert wurde. Volker Berghahn ging als profunder Kenner der deutsch-amerikanischen Beziehungen in seinem Standardwerk 1985 noch davon aus, dass Bundeskanzler Adenauer „mit seinem Angebot vom 30. August 1950 (…) von Washington dazu animiert worden“ sei, einen eigenen deutschen Militärbeitrag anzubieten. Denn

---

13 Hans-Jürgen Rautenberg/Norbert Wiggershaus: Die „Himmeroder Denkschrift“ vom Oktober 1950. Politische und militärische Überlegungen für einen Beitrag der Bundesrepublik Deutschland zur westeuropäischen Verteidigung, Karlsruhe 1985, S. 3 (135)ff. Vgl. Neugebauer (Hg.): Grundkurs deutsche Militärgeschichte, Bd. 3, S. 56. Zur Rolle der BRD in NATO und WEU ausführlich Bruno Thoß: Der Beitritt der Bundesrepublik Deutschland zur WEU und NATO im Spannungsfeld von Blockbildung und Entspannung (1954–1956), in: Anfänge westdeutscher Sicherheitspolitik Bd. 3, S. 1–234 und Christian Greiner: Die militärische Eingliederung der Bundesrepublik Deutschland in die WEU und die NATO 1954 bis 1957, in: Ebenda, Bd. 3, S. 561–850.

14 Ausführlicher Abelshauser: Wirtschaft und Rüstung, S. 10 und 13 ff.; Gunther Mai: Westliche Sicherheitspolitik im Kalten Krieg. Der Korea-Krieg und die deutsche Wiederbewaffnung 1950, Boppard 1977.

15 Karl Bauer: Deutsche Verteidigungspolitik 1948–1967, Dokumente und Kommentare, Boppard 4. Aufl. 1968, S. 6 und 48. Vgl. Leitzbach: Rheinmetall. Vom Reiz, S. 472.

16 Das Memorandum wurde verfasst von Generalleutnant a.D. Speidel, Generalleutnant a.D. von Heusinger und General der Infanterie a.D. Hermann Foertsch. Vgl. Rautenberg/Wiggershaus: Die „Himmeroder Denkschrift“, S. 12 (144) und Bald: Die Bundeswehr, S. 28 f.

„spätestens seit 1947 war die amerikanische Politik mehr oder weniger offen auf den wirtschaftlichen Wiederaufbau Europas gerichtet, wobei die westdeutsche Industrie als ‚Zugmaschine' dienen sollte".[17] Schließlich habe der Kanzler im Jahr 1950 auch eine Reihe von Gesprächen mit US-amerikanischen und britischen Regierungsvertretern geführt, die Rolf Steiniger detailliert nachgezeichnet hat.[18] Gegen den Widerstand der amerikanischen Besatzungsmacht konnte Adenauer deutsche Wiederaufrüstungspläne also sicherlich nicht durchsetzen. Auf der anderen Seite stützte er sich aber auf die ehemalige Wehrmachtselite, die eine Rückkehr zur militärischen Potenz Deutschlands forcierte. Dies erklärt möglicherweise auch, warum der Bundeskanzler unter Umgehung seines Kabinetts am 30. August 1950 der Alliierten Hohen Kommission sein „Memorandum über die Sicherung des Bundesgebietes nach innen und außen" übergab. Die darin enthaltene aktive Forderung nach Gründung einer „internationalen westeuropäischen Armee" mit einem deutschen Beitrag in Form von Truppenkontingenten führte zu einem Konflikt innerhalb der Regierung. Bundesinnenminister Heinemann trat zurück und lehnte den Vorstoß des Kanzlers mit einer umfassenden Denkschrift ab, denn „wir legitimieren unser Deutschland selbst als Schlachtfeld, wenn wir uns in die Aufrüstung einbeziehen."[19]

Die Warnung blieb unberücksichtigt, denn Adenauer selbst berief schon am 6. Oktober 1950 eine geheim im Kloster Himmerod in der Eifel tagende Kommission ein, die den deutschen Wehrbeitrag im Rahmen der NATO diskutieren und detaillierter konzeptionieren sollte. Die sog. „Himmeroder Konferenz" versammelte eine illustre Runde von 15 ehemaligen Geheimdienst-, Wehrmachts- und Marinespitzen, nur teilweise aus dem militärischen Widerstandskreis des 20. Juli stammend, die in der Bundeswehr später Spitzenpositionen bis hin zum Generalinspekteur einnehmen sollten. Während des Korea-Kriegs arbeitete diese Kommission daran, ein eigenes bundesdeutsches Militär innerhalb der NATO aufzustellen und auszurüsten.[20]

---

17 Volker Berghahn: Unternehmer und Politik in der Bundesrepublik, Frankfurt a.M. 1985, S. 259.

18 Rautenberg/Wiggershaus: Die „Himmeroder Denkschrift", S. 13 f. (145 f.) und ausführlich Rolf Steininger: Die Entscheidung für einen westdeutschen Verteidigungsbeitrag: Adenauer und die Westmächte 1950. Eine Darstellung auf der Grundlage unveröffentlichter britischer und amerikanischer Akten, Erlangen 1989 und Roland G. Foerster: Innenpolitische Aspekte der Sicherheit Westdeutschlands 1947–1950, in: Anfänge westdeutscher Sicherheitspolitik, Bd. 1, S. 405–575 hier: S. 556–570.

19 Rautenberg/Wiggershaus: Die „Himmeroder Denkschrift", S. 16 f. (148 f.). Gekürzte Version des sicherheitspolitischen Memorandums und die Reaktion Heinemanns auf Adenauers Aufrüstungspolitik vom 13.10.1950 auch in: Werner Bührer (Hg.): Die Adenauer-Ära. Die Bundesrepublik Deutschland 1949–1963, München 1993, S. 65–68 und 72 f. sowie noch knapper in Neugebauer (Hg.): Grundkurs deutsche Militärgeschichte, Bd. 3, S. 54 f.

20 Kommentierender Text zur Denkschrift in Rautenberg/Wiggershaus: Die „Himmeroder Denkschrift", S. 17–34 (149–166). Vgl. Bald: Die Bundeswehr, S. 29–35. Zur Rolle Baudissins: Klaus Naumann: Ein staatsbürgerlicher Aristokrat. Wolf Graf von Baudissin als Exponent der militärischen Elite, in: Rudolf J. Schlaffer/Wolfgang Schmidt (Hg.): Wolf Graf von Baudissin 1907–1993. Modernisierer zwischen totalitärer Herrschaft und freiheitlicher Ordnung, München 2007, S. 37–54.

Ihre „Denkschrift des militärischen Expertenausschusses über die Aufstellung eines Deutschen Kontingents im Rahmen einer übernationalen Streitmacht zur Verteidigung Westeuropas vom 9. Oktober 1950“[21] stellt eines der wesentlichsten Dokumente für die deutsche Militärpolitik der Nachkriegszeit dar. Klaus Naumann und Detlef Bald haben sie gar als „Magna Charta der deutschen Wiederbewaffnung“ bezeichnet.[22] Während in der Forschung v. a. das Konzept der „Inneren Führung“ (hier noch „Inneres Gefüge“ genannt), die Generalamnestie und Rehabilitierung der Wehrmachtssoldaten untersucht wurde,[23] blieb die bedeutende materielle Dimension und die Rolle der westdeutschen Rüstungsindustrie bislang weitgehend außer Betracht.

Strategisch sollten die neuen „Wehrmachtsteile in Deutschland“ explizit der Verteidigung gegen Angriffe der „in der Ostzone untergebrachten Verbände der Roten Armee“ dienen. Als problematisch beurteilt wurde aber, dass der deutschen Bevölkerung „noch der *Wehrwille*“ fehle.[24] Durchaus zutreffend sahen die Autoren der Denkschrift die mangelnde Aufrüstungsbereitschaft der Bevölkerung, hatten bei einer Meinungsumfrage des Emnid-Instituts 1949 doch über 74 % der Männer im Westen es abgelehnt „je wieder Soldat zu werden“.[25] Daher war vorgesehen, den Aufbau der neuen Bundeswehr im Rahmen eines internationalen Bündnisses offen zu vollziehen,

---

21 BA-MA BW 9/3119, zit. nach: Rautenberg/Wiggershaus: Die „Himmeroder Denkschrift“, S. 36 (168)-58 (190). Gekürzte Fassung auch in: Bührer (Hg.): Die Adenauer-Ära, S. 68–72.

22 Naumann: Der Beginn, S. 152; Bald: Die Bundeswehr, S. 29.

23 Ausführlich dazu neben Klaus Naumann: The Battle over “Innere Fuehrung”, in: James S. Corum (Hg.): Rearming Germany, Leiden u. a. 2011, S. 205–220; Ders.: Generale in der Demokratie; Ders.: Ein zäher Wandel: Deutsche Sicherheits- und Militärpolitik, in: Bernd Greiner/Tim B. Müller/Klaas Voß (Hg.): Erbe des Kalten Krieges, Hamburg 2013, S. 209–226; Ders.: The Great Tradition and the Fates of Annihilation. West German Military Culture in the Aftermath of the Second World War, in: Frank Biess/Robert G. Moeller (Hg.): Histories of the Aftermath. The Legacies of the Second World War in Europe, New York u. a. 2010, S. 251–268; Helmut R. Hammerich/Rudolf J. Schlaffer (Hg.): Militärische Aufbaugenerationen der Bundeswehr 1955 bis 1970. Ausgewählte Biografien, München 2011; Frank Pauli: Wehrmachtsoffiziere in der Bundeswehr. Das kriegsgediente Offizierskorps der Bundeswehr und die Innere Führung 1955 bis 1970, Paderborn u. a. 2010; Frank Nägler: Der gewollte Soldat und sein Wandel. Personelle Rüstung und Innere Führung in den Aufbaujahren der Bundeswehr 1956 bis 1964/65, München 2010; Bert-Oliver Manig: Die Politik der Ehre. Die Rehabilitierung der Berufssoldaten in der frühen Bundesrepublik. Göttingen 2004. Vgl. auch Bald: Die Bundeswehr, S. 29 ff.; Ders./Andreas Prüfert (Hg.): Innere Führung. Ein Plädoyer für eine zweite Militärreform, Baden-Baden 2002; Wolfram Wette: Die Bundeswehr im Banne des Vorbildes Wehrmacht, in: Ders./Detlef Bald/Johannes Klotz: Mythos Wehrmacht. Nachkriegsdebatten und Traditionspflege Berlin 2001, S. 66–115; Hilmar Linnenkamp/Dieter S. Lutz (Hg.): Innere Führung. Zum Gedenken an Wolf Graf von Baudissin, Baden-Baden 1995; Georg Meyer: Zur inneren Entwicklung der Bundeswehr bis 1960/61, in: Anfänge westdeutscher Sicherheitspolitik Bd. 3, S. 851–1162.

24 Rautenberg/Wiggershaus: Die „Himmeroder Denkschrift“, S. 36 bzw. 168. Hervorhebung durch die Verf.

25 Leitzbach: Rheinmetall. Vom Reiz, Bd. 1, S. 471.

um den „Anklang an ≫Schwarze Reichswehr≪ und dergleichen" d. h. die klandestine, illegale Wiederbewaffnung der Zwischenkriegszeit zu vermeiden.[26]

Kernstück der Denkschrift war die Aufstellung von Truppenverbänden des Heers im Umfang von 12 Panzerdivisionen mit 250.000 Mann, der Luftwaffe und der Marine bis zum Jahresende 1951. Die materielle Ausrüstung spielte eine wesentliche Rolle, denn sie sollte „nicht aus veraltetem Material der Westmächte bestehen, sondern aus neuzeitlichen Waffen und Gerät." Die zukünftige deutsche Rüstungsproduktion sollte sich an amerikanischen Typen und Standards orientieren, um den Nachschub und die Instandsetzung zu erleichtern.[27] Im Luftwaffenbereich wurden aber erst mit dem Inkrafttreten der Pariser Verträge und der Wiedererlangung der Lufthoheit 1955 die seit 1951 laufenden Planungen einer eigenen bundesdeutschen Luftwaffe legitimiert. Staatliche Stellen, einzelne Bundesstaaten wie Bayern, interessierte Unternehmen wie BMW und ihre Lobbyverbände arbeiteten aber schon zuvor intensiv am Aufbau eines militärischen Flugzeugsektors.[28] Insgesamt war im Himmeroder Konzept für die noch schwer kriegszerstörte BRD eine ungeheure Menge an Rüstungsmaterial vorgesehen, das ab 1951 einsatzbereit sein sollte: u. a. 3.600 Panzer, 750 Artillerie-Geschütze, 150 schwere und 220 mittlere Flugabwehrkanonen, 800 Sturmgeschütze oder Panzerabwehrkanonen auf Selbstfahrlafette und 350 Granatwerfer.[29]

Als Unterstützung des Heeres sollten Fliegerverbände dienen, was Klaus Naumann als innovatives und integratives Konzept für die spätere NATO-Strategie ansah. In der Debatte um die Amerikanisierung der deutschen Außen- und Sicherheitspolitik spricht er daher auch von einer ambivalenten Beziehung zwischen deutschem und amerikanischem Militär – keineswegs also von einer entsprechend des Kriegsausgangs zu erwartenden hierarchischen Beziehung zwischen Siegern und Besiegten.[30] Der Luftwaffenhistoriker Wolfgang Schmidt deutet das vorgesehene Konzept dagegen als eingeschränktes, aus amerikanischer Sicht geradezu naiv anmutendes Heeresluftwaffenmodell. Die Beschränkung der Luftwaffe auf reine Unterstützungsverbände sei „dem Erfahrungshintergrund der ehemaligen Heeresgenerale geschuldet, die in den Debatten zu Beginn der westdeutschen

26 Rautenberg/Wiggershaus: Die „Himmeroder Denkschrift", S. 45 bzw. 177. Zur Praxis in den 1920er Jahren: Jun Nakata: Der Grenz- und Landesschutz in der Weimarer Republik 1918–1933. Die geheime Aufrüstung und die deutsche Gesellschaft, Freiburg i. Br. 2002; Bernhard Sauer: Schwarze Reichswehr und Fememorde. Eine Milieustudie zum Rechtsradikalismus in der Weimarer Republik, Berlin 2004.

27 Rautenberg/Wiggershaus: Die „Himmeroder Denkschrift", S. 44 f. bzw. 176 f.

28 BMW gründete z. B. 1954 eine Studiengesellschaft für Triebwerksbau GmbH, die an die Kriegs- und Vorkriegsaktivitäten anknüpfte und den militärischen Bereich aufgrund von Rentabilitätserwägungen vorrangig vor dem zivilen Sektor ausbaute. Jürgen Seidl: Die Bayerischen Motorenwerke (BMW) 1945–1949. Staatlicher Rahmen und unternehmerisches Handeln, München 2002, S. 156 ff. Andres: Luft- und Raumfahrtindustrie.

29 Rautenberg/Wiggershaus: Die „Himmeroder Denkschrift", S. 44 f. bzw. 176 f.

30 Naumann: Der Beginn einer wundervollen Freundschaft, S. 150 ff.

Aufrüstungsüberlegungen den Ton angaben.“ Insbesondere in der Luftwaffe sei es zu einer wesentlich umfassenderen Amerikanisierung gekommen als allgemein für die Bundeswehr bislang angenommen.[31] Erklärt werden kann diese gegensätzliche Bewertung wohl aus der unterschiedlichen zeitlichen Dimension: während sich Naumann intensiver mit frühen strategischen Überlegungen der Luftwaffe in der Mitte der 1950er Jahre befasste, richtete sich der Fokus von Schmidt eher auf die langfristigen Tendenzen zur Amerikanisierung innerhalb der Luftwaffe.

Allerdings sollten die hybriden und ambivalenten Entwicklungen nicht aus dem Blick geraten, bei denen sich amerikanische und deutsche Traditionen, Kompetenzen und Diskurse miteinander verflochten. Klaus Naumann pocht hier zu Recht auf den „Eigensinn“ der deutschen Akteure, der eine schnelle Adaption verhinderte und eine komplexere Integration bedeutete.[32] Mit Philipp Gassert könnte man auch von einem breit gefächerten Spektrum der Amerikanisierung sprechen, das unterschiedliche Positionen zuließ und offen war für Wandel.[33] Dies galt insgesamt für die Außen- und Rüstungspolitik Adenauers im Kalten Krieg. Erhalten blieb aber die von ihm vertretene bipolare Struktur der deutschen Wiederaufrüstung: „Die Verhandlungen um einen [deutschen] Militärbeitrag seit 1949 offenbaren das Grundmuster des wechselseitigen Nutzens der Politik Adenauers, jenes ≪do ut des≫, das eine aktive Mitwirkung an der westlichen Blockbildung zusicherte und zugleich westdeutsche Handlungsfreiheit von den Besatzern zu erreichen suchte.“[34] Klaus Naumann ist daher zuzustimmen, dass Adenauer die „≫indirekte Strategie≪ der amerikanischen ≫Angebotspolitik≪“ bewusst nutzte, um Handlungsspielräume zu vergrößern und die materielle Ausrüstung der Streitkräfte sicherzustellen.[35]

2.1.1 Das „Amt Blank“ und der Aufbau eigener Kapazitäten

War die Vorbereitung der umfassenden Rüstungskonzeption seit Ende Mai 1950 in einer Stabsabteilung im Bundeskanzleramt durch die „Zentrale für Heimatdienst“ unter General der Panzertruppe a.D. Gerhard Graf von Schwerin betrieben worden, so wurde der

---

31 Wolfgang Schmidt: Die Amerikanisierung der Luftwaffe von 1955 bis 1975, in: Ders./Eberhard Birk/Heiner Möllers (Hg.): Die Luftwaffe in der Moderne (Schriften zur Geschichte der Luftwaffe 1), Essen o.J. [2012], S. 95–123, hier S. 95–97, Zitat S. 97. Vgl. auch ders.: „Briefing statt Befehlsausgabe“. Die Amerikanisierung der Luftwaffe 1955 bis 1975, in: Bernd Lemke u. a. (Hg.): Die Luftwaffe 1950 bis 1970, München 2006, S. 649–691.

32 Klaus Naumann: Integration und Eigensinn – Die Sicherheitseliten der frühen Bundesrepublik zwischen Kriegs- und Friedenskultur, in: Thomas Kühne (Hg.): Von der Kriegskultur zur Friedenskultur? Zum Mentalitätswandel in Deutschland seit 1945, Münster u. a. 2000, S. 202–218.

33 Philipp Gassert: The Specter of Americanization: Western Europe in the American Century, in: Dan Stone (Hg.): Oxford Handbook of Postwar European History, Oxford 2012, S. 182–200.

34 Bald: Die Bundeswehr, S. 20.

35 Naumann: Der Beginn einer wunderbaren Freundschaft, S. 141.

Aufbau einer eigenen Militärmacht 1950 unter dem CDU-Bundestagsabgeordneten Theodor Blank konkretisiert. Die „Dienststelle Blank" als Vorläufer des Bundesverteidigungsministeriums erhielt den verschleiernden Titel „der Bevollmächtigte [später: Beauftragte] des Bundeskanzlers für die mit der Vermehrung der alliierten Truppen zusammenhängenden Fragen".[36] Erst am 8. Juli 1955 nach dem Abschluss der vorbereitenden Maßnahmen, die bislang für den Rüstungsbereich nur ansatzweise erforscht sind, wurde Blank zum ersten Bundesminister für Verteidigung offiziell ernannt.[37] Zuvor waren beide Behörden, die „Zentrale" und die „Dienststelle", dem Bundeskanzler als Stäbe unterstellt und somit der Kontrolle durch Parlament und Kabinett weitgehend entzogen.[38]

In der Aufbauphase der Bundeswehr mussten nach den Plänen Adenauers und des Amts Blank zunächst massenhaft Rüstungsgüter aus dem Ausland beschafft werden, da die eigenen, im Wiederaufbau befindlichen Industrieanlagen schnell an Kapazitätsgrenzen stießen. Zudem war 1950 noch mit dem Pleven-Plan vorgesehen, das deutsche Militär in eine westeuropäische Verteidigungsarmee zu integrieren und damit die sicherheitsrelevanten Bedenken Frankreichs und Großbritanniens vor einem Wiedererstarken Deutschlands zu mindern. Zwar fand die Unterzeichnung des Plans 1952 als Zusatzprotokoll zum Vertrag für eine Europäische Verteidigungsgemeinschaft (EVG) statt, scheiterte bekanntlich aber 1954 mit der Ablehnung des EVG-Vertrages durch die französische Nationalversammlung.[39]

---

36 Ebenda, S. 10 bzw. 142 und 16 bzw. 148. Hier auch mehr zu den Hintergründen der Abberufung von Schwerins. Vgl. Dieter Krüger: Das Amt Blank. Die schwierige Gründung des Bundesministeriums für Verteidigung, Freiburg 1993, S. 17–28.

37 Bald: Die Bundeswehr, S. 37 ff., auch knapp zur Entwicklung zwischen 1950 und 1955. Ausführlicher Krüger: Das Amt Blank; Christian Greiner: Die Dienststelle Blank. Regierungspraxis bei der Vorbereitung des deutschen Verteidigungsbeitrages von 1950–1955, in: MGM 17 (1975), S. 99–124 und Militärgeschichtliches Forschungsamt (Hg.): Anfänge westdeutscher Sicherheitspolitik 1945–1956, Bd. 4/1.

38 Bald: Die Bundeswehr, S. 36; Rautenberg/Wiggershaus: Die „Himmeroder Denkschrift", S. 16 f. bzw. 148 f.; Searle: Wehrmacht Generals und neuerdings auch James S. Corum: Adenauer, Amt Blank, and the Founding of the Bundeswehr 1950–1956, in: ders. (Hg.): Rearming Germany, Leiden/Boston 2011, S. 29–52.

39 Aufbau einer europäischen Verteidigungsarmee, Militärischer Ausschuß, Sitzungsprotokolle, in: PA AA B 14 Handakte zum Pleven-Plan Nr. 1–22, 67. Vgl. Leitzbach: Rheinmetall. Vom Reiz, Bd. 1, S. 472 f.; Guido Thiemeyer: Europäische Integration. Motive – Prozesse – Strukturen, Köln u. a. 2010, S. 97–99; Norbert Wiggershaus: Von Potsdam zum Pleven-Plan. Deutschland in der internationalen Konfrontation 1945–1950, in: Anfänge westdeutscher Sicherheitspolitik, Bd. S. 3–118, hier S. 100 ff. sowie ders.: Die Entscheidung für einen westdeutschen Verteidigungsbeitrag 1950, in: Ebenda, Bd. 1, S. 325–402, hier S. 390–400; Hans Ehlert: Innenpolitische Auseinandersetzungen um die Pariser Verträge und die Wehrverfassung 1954 bis 1956, in: Anfänge westdeutscher Sicherheitspolitik Bd. 3, S. 235–560; Klaus A. Maier: Die Auseinandersetzungen um die EVG als europäisches Unterbündnis der NATO 1950–1954, in: Werner Bührer/Ludolf Herbst/Hanno Sowade (Hg.): Vom Marshall-Plan zur EWG. Die Eingliederung der Bundesrepublik Deutschland in die westliche Welt, München 1990, S. 447–474 und Rautenberg/Wiggershaus: Die „Himmeroder Denkschrift", S. 9 f. (141 f.). Zeitgenössisch: Der SPIEGEL 2/1952, S. 14–16.

Allerdings wurden in der Folge verschiedene Einzelprojekte der Luftwaffe in deutsch-französischer Rüstungskooperation entwickelt und produziert.[40] Nach Werner Abelshauser besaß auch die Gründung der Europäischen Gemeinschaft für Kohle und Stahl eine sicherheitspolitische Relevanz, v. a. für die Westalliierten, die an einer Einbindung der westdeutschen Wirtschaft interessiert waren.[41] Sie versuchten „das Prinzip der Sicherheit *für* und *durch* die Bundesrepublik mit dem der Sicherheit *vor* ihr zu verbinden." So verflochten sich bei diesem, von Hans-Erich Volkmann in seiner Ambivalenz so luzide beschriebenen Konzept einerseits Investitionsprogramme wie der Marshallplan und andererseits Kontrolle durch die NATO-Struktur sowie Disziplinierung durch Demontagen.[42] Insgesamt bewertet er daher den „Rüstungskomplex als dynamisierendes Element europäischer Vertragspolitik". Wie Abelshauser vertritt er zu Recht die These, „daß z. B. die Römischen Verträge zur Gründung der Europäischen Wirtschaftsgemeinschaft ihr Zustandekommen einer kurzzeitig alle wirtschaftlichen Bedenken überlagernden sicherheitspolitischen Motivation verdanken."[43]

Geplant war zunächst, ab Mai 1952 auch in der BRD Rüstungsgüter produzieren zu lassen, wovon Flugzeuge und Panzer bis 1955 ausgenommen sein sollten.[44] Für die Erstausstattung der Bundeswehr waren insgesamt Panzerkraftwagen (1 Mrd. DM), Artillerie und Küstenschutz (750 Mio. DM), Leichte Waffen (500 Mio. DM), Munition (600 Mio. DM), Stahlprodukte (450 Mio. DM) und Luftwaffenausrüstung (100 Mio. DM) vorgesehen. Das Gesamtvolumen betrug über 3,35 Mrd. DM. Schon ab Januar 1954 sollten monatlich 100 bis 200 Geschütze geliefert, dazu Granaten verschiedenen Kalibers je 50.000 bis 250.000 Stück pro Monat hergestellt werden.[45]

Um diese enorme Menge an Rüstungsgütern zu beschaffen, wurde im Amt Blank neben den allgemeinen Abteilungen schon 1952 eine Unterabteilung Wirtschaft installiert. Sie sollte die rüstungswirtschaftlichen Bestimmungen des EVG- und Truppenvertrages der Besatzungsmächte verfolgen.[46] Im Jahr darauf folgten

---

40 Abelshauer: Wirtschaft und Rüstung, S. 25–47, v. a. S. 34. Vgl. Pierre Guillen: Frankreich und die NATO-Integration der Bundesrepublik, in: Bührer u. a. (Hg.): Vom Marshall-Plan, S. 427–446.

41 Abelshauer: Wirtschaft und Rüstung, S. 20–25.

42 Hans-Erich Volkmann: Einleitung, in: Anfänge westdeutscher Sicherheitspolitik, Bd. 4, S. VIII. Vgl. auch Gerd Hardach: Der Marshall-Plan in Deutschland 1947–1952, in: Dietmar Petzina (Hg.): Ordnungspolitische Weichenstellungen nach dem Zweiten Weltkrieg, Berlin 1991, S. 67–100. Vgl. Mark Spoerer/Jochen Streb: Neue deutsche Wirtschaftsgeschichte des 20. Jahrhunderts, München 2013, S. 215 ff., die die Wirkung des Koreakrieges als bedeutender für das Starten des deutschen „Konjunkturmotors" einschätzen. Vgl. Bernd Stöver: Geschichte des Koreakriegs. Schlachtfeld der Supermächte und ungelöster Konflikt, München 2013.

43 Volkmann: Einleitung, S. XV und Abelshauer: Wirtschaft und Rüstung, S. 22 ff.

44 Vgl. Leitzbach: Rheinmetall. Vom Reiz, Bd. 1, S. 473 ff.

45 Abelshauser: Wirtschaft und Rüstung, S. 62–64. Kollmer: Rüstungsgüterbeschaffung.

46 Krüger: Das Amt Blank, S. 79 ff. Zum EVG-Vertrag ausführlich die Beiträge von Klaus A. Maier, Wilhelm Meier-Dörnberg und Hans-Erich Volkmann, in: Anfänge westdeutscher Sicherheitspolitik Bd. 2, S. 1–756.

eigene Unterabteilungen für den Beschaffungsbedarf von Besatzungsmächten und eigener Truppe u. a. mit Waffen, Munition, Fahrzeugen, Pioniergeräten, Feinmechanik/Optik, Marine- und Luftwaffenbedarf, ABC-Ausrüstung sowie Fernmeldemitteln.[47] Sie erhielten bis Oktober 1953 jeweils 25 Stellen in Koblenz. Dies war eine vergleichsweise schmale Ausstattung gegenüber anderen EVG-Staaten, die zeitgleich rund 500 Stellen dafür aufwendeten.[48] Der mangelnde personelle Aufwand war nach Abelshauser auch ein Grund für das Scheitern von Blank im Amt des Verteidigungsministers. Daneben müssen aber auch Zeitknappheit für die Aufstellung und Ausrüstung einer bis zu 600.000 Mann starken Truppe, Kompetenzstreitigkeiten mit dem Wirtschaftsministerium, Finanzierungskonflikte mit dem Finanzministerium und mangelnde öffentliche Unterstützung aus Kreisen der Besatzungsverwaltungen und der Industrie, v. a. vom Bundesverband der Deutschen Industrie (BDI), in Anschlag gebracht werden.

Dieses Ursachenbündel führte dazu, dass Blank schon am 16. Oktober 1956 seinen Platz für den jungen CSU-Aufsteiger Franz Josef Strauß räumen musste,[49] obwohl das „Amt Blank“ durchaus Erfolge in der Ausstattung verzeichnen konnte. Die deutsche Industrie profitierte z. B. von der frühen Wiederaufrüstung mit Aufträgen von fast 2,5 Mrd. DM bis 1957 – eine enorme Summe für diese Zeit.[50] An die noch im Wiederaufbau befindliche Luftfahrtindustrie wurden Aufträge für den Nachbau französischer und italienischer Flugzeuge sowie die Dornier-Produktion in Spanien im Wert von rund 390 Mio. DM vergeben, für Schiffe und armierte Begleitfahrzeuge wurden rund 407 Mio. DM an Aufträgen verbucht, für Kampffahrzeuge 311 Mio. DM, für Artillerie-Bedarf rund 115 Mio. DM, für leichte Waffen 46 Mio. DM und für ABC-Abwehrgerät 14 Mio. DM ausgegeben. Lediglich Munition sollte in geringerem Umfang von ca. 5 Mio. DM in der BRD produziert werden, während der Löwenanteil der Aufträge für großkalibrige Munition (760 Mio. DM) an die Türkei ging. Hauptziel war dabei, das Handelsbilanzdefizit auszugleichen, was Mängel in der Qualität der gelieferten Waren, von denen Kollmer berichtet, wohl milderte.[51]

47 Krüger: Das Amt Blank, S. 79 ff., S. 234 und 237.

48 Abelshauser: Wirtschaft und Rüstung, S. 76.

49 Ebenda, S. 75 ff., 88 ff., 156 ff. und 170. Abelshauser schreibt, Blank wäre im Juni 1954 „noch nicht über die Organisation von »Musterschauen« für Unterkunftsgerät und ähnlichem sowie informellen Absprachen mit der Industrie hinaus gelangt, die diese aus konjunkturellen Gründen immer weniger zu honorieren bereit war.“ Ebenda, S. 76.

50 Vom Beginn der Amtszeit Blanks 1950 bis März 1957 fertigte das Amt 1.225 Beschaffungsanweisungen über 11.200 Positionen im Wert von rund 6,3 Mrd. DM aus. Dies entsprach etwa 7.000 Aufträgen, die allerdings wertmäßig zur Hälfte an das Ausland gingen. Dazu kamen noch Lieferungen aus den US-Programmen im Umfang von etwa 5 Mrd. DM. Vgl. Abelshauser: Wirtschaft und Rüstung, S. 157.

51 Ebenda, S. 158 f., 161 und 163 f. Abelshauser nennt hier in seiner Übersicht auf S. 158 f. nur internationale Rüstungsunternehmen, die Aufträge erhielten, aber keine deutschen Waffenproduzenten. Kollmer: Rüstungsgüterbeschaffung, S. 88 f.

Eine wichtige Rolle für die frühe Aufrüstung spielten auch Einheiten der Polizei, in den Westzonen stationierte Besatzungstruppen und der ab 1948/49 aufgebaute Bundesgrenzschutz (30.000 Mann) als Vorläufer eines regulären Militärs.[52] Zudem wurden erste Aufträge für Waffen über die Lizenzfertigung Schweizer Rüstungsunternehmen wie Hispano-Suiza in diesem Rahmen anscheinend schon 1953/54 an die Rheinmetall-Borsig AG vergeben.[53]

Eine genaue Quantifizierung des Umfangs der im Rahmen diverser Investitionsprogramme importierten Rüstungsgüter kann nicht geleistet werden, weil die USA einen großen Teil an Waffen und Ausstattungsmaterial nicht als reguläre Exporte lieferten, sondern über rüstungswirtschaftliche Hilfsprogramme für den Neuaufbau der Militärmächte Westeuropas abwickelten. Dazu zählen etwa die Direktlieferungen schwerer Waffen im Rahmen der „Nash-Liste“, Investitionen und Hilfsgelder im Rahmen von MSA (Mutual Security Agency, Behörde zur Verwaltung der rüstungswirtschaftlichen Marshallplan-Gelder) und MDAP (Mutual Defense Assistance Programs).[54] Die militärische Komponente des Marshallplans darf also insgesamt nicht unterschätzt werden, obwohl sich auch schon in den frühen 1950er Jahren Forderungen nach einem finanziellen Beitrag des prosperierenden Westdeutschlands an den Lasten des Kalten Krieges und am *military keynesianism* in den USA erhoben.[55]

Auch Lieferungen aus Großbritannien, Frankreich und Italien sowie der Türkei und Kanada sind zu nennen (38,9 Mrd. DM von 1951 bis 1956 bzw. 47 Mrd. DM von 1955 bis 1968). Sie trugen erheblich zur Erstausstattung mit Rüstungsgütern bei und halfen zugleich den Westalliierten, ihre Besatzungskosten zu senken.[56] Wie die Tabelle (Tab. 1) zeigt, war eine Reihe von Ländern an den Importen beteiligt.

---

52 Bernhard R. Kroener: Militär, Staat und Gesellschaft im 20. Jahrhundert (1890–1990), München 2011, S. 37 und Wolfgang Krieger: Die Ursprünge der langfristigen Stationierung amerikanischer Streitkräfte in Europa, in: Bührer/Herbst/Sowade (Hg.): Vom Marshall-Plan, S. 373–398.

53 Leitzbach: Rheinmetall. Vom Reiz, Bd. 1, S. 477 f., ohne Quellenangabe. Die Aufträge erfolgten über das Bundesinnenministerium, waren für den See-Grenzschutz bestimmt und sahen die Lizenzproduktion von 2-cm-Kanonen HS durch Rheinmetall-Borsig vor.

54 Abelshauser: Wirtschaft und Rüstung, S. 113–120 und 162; Kollmer: Rüstungsgüterbeschaffung, S. 88 f. Zur Eingliederung Westdeutschlands in die OEEC im Rahmen des Marshallplans ausführlich Werner Bührer: Westdeutschland in der OEEC. Eingliederung, Krise, Bewährung 1947–1961, München 1997, S. 98 ff. Anders nuanciert Hans-Peter Schwarz: Die Eingliederung der Bundesrepublik in die westliche Welt, in: Bührer/Herbst/Sowade (Hg.): Vom Marshall-Plan, S. 593–611.

55 Berghahn: Unternehmer, S. 263–266. Vgl. Robert M. Collins: The Business Response to Keynes, 1929–1964, New York 1981, der den Begriff für militärisches *deficit-spending* prägte, sowie David C. Engerman: Die USA und die Ökonomie des Kalten Krieges, in: Greiner u. a. (Hg.): Ökonomie im Kalten Krieg; Ders.: Ideology and the Origins of the Cold War, in: Melvyn P. Leffler/Odd Arne Westad (Hg.): The Cambridge History of the Cold War, Vol. I, Cambridge u. a. 2010, S. 20–43.

56 Abelshauser: Wirtschaft und Rüstung, S. 161 f.; Kollmer: Rüstungsgüterbeschaffung, S. 88 f.

Tab. 1: Rüstungsgüterimport des BMVg (1951–1956).

Land	**Summe in Mio. DM**
Großbritannien	1.826,6
Türkei	740,0
Frankreich	465,2
Kanada	352,9
Italien	281,6
Belgien	102,6
Niederlande	102,0
USA	13,1
Dänemark	3,4
Norwegen	0,5
Insgesamt	3.887,9

Quelle: Abelshauser: Wirtschaft und Rüstung, S. 162; Kollmer: Rüstungsgüterbeschaffung, S. 89.

Finanziert werden konnten diese Lieferungen ab 1955 über den regulären Bundeshaushalt, ohne dass ein *deficit-spending* – wie bei anderen NATO-Mitgliedern – notwendig geworden wäre.[57] Zu Beginn standen allerdings amerikanische Hilfen in verschiedenen Formen im Vordergrund. Zur Ausstattung der in Himmerod geplanten Divisionen und zur Beschaffung des Luftwaffen- und Marinematerials begrenzte der stellvertretende amerikanische Verteidigungsminister Frank C. Nash am 7. April 1953 gegenüber dem Bundeskanzler die Lieferung von schweren Waffen zunächst auf 3,8 Mrd. DM (sog. Nash-Liste). Weitere, dringend erwartete Mittel sollten je nach Aufrüstungsfortschritten der Bundeswehr zugeteilt werden. Konsequenterweise wurden sie nach ausbleibenden Erfolgen im Herbst 1953 gekürzt. Zusammen mit der Fehleinschätzung bezüglich weiterer amerikanischer Rüstungskredite, die nicht erfolgten, entstand bis zum Jahr 1958 eine Produktionslücke für Waren im Wert von 12,6 Mrd. DM. Ohne zusätzliche Haushaltsmittel mussten die Programme daher gestreckt werden.[58] Zudem

57 Zur Finanzierung ausführlicher Lutz Köllner/Hans-Erich Volkmann: Finanzwissenschaftliche, finanzwirtschaftliche und finanzpolitische Aspekte eines deutschen Beitrags zur EVG, in: Anfänge westdeutscher Sicherheitspolitik Bd. 2, S. 757–873, hier: S. 842 ff.; Abelshauser: Wirtschaft und Rüstung, S. 88–113 und Kollmer: Rüstungsgüterbeschaffung, S. 30–44. Vgl. auch Berghahn: Unternehmer, S. 271 f. zum „Juliusturm" (den Rücklagen) des Finanzministers Fritz Schäffer.

58 Abelshauser: Wirtschaft und Rüstung, S. 76 f. und 114–116; Kollmer: Rüstungsgüterbeschaffung, S. 44 f. Weitaus niedrigere Zahlen (Rüstungsaufträge an die USA im Wert von 1,8 Mrd. Dollar) nannte Verteidigungsminister Strauß in einer Rede am 16.1.1961, die den „deutschen Beitrag zur Verteidigung des Westens" öffentlich legitimieren sollte. Bührer (Hg.): Die Adenauer-Ära, S. 167 f.

wurde durch die Produktionsausfälle bei Rüstungsgütern und den anhaltenden Korea-Boom mit steigenden Exporten die Ausweitung eigener bundesdeutscher Kapazitäten immer wichtiger. Dies brachte auch die Demontagen von Industrieanlagen und die Anstrengungen der Alliierten zur Entnazifizierung in den Nürnberger Prozessen und Nachfolgeverfahren zum Erliegen.[59] Die drei Westmächte gingen in ihren jeweiligen Zonen dabei recht unterschiedlich mit den gesetzlichen Auflagen der Demontage von Rüstungsbetrieben um.[60]

In der wirtschaftshistorischen Forschung hat sich inzwischen eine differenzierte Sicht auf die Demontagepolitik der Westalliierten zu Recht durchgesetzt. Zwar unterlagen die Einzelunternehmen teils harten Auflagen bezüglich der Demontage, doch ist Abelshauser zuzustimmen, dass auf volkswirtschaftlicher Ebene „die Substanz des industriellen Anlagevermögens nicht entscheidend getroffen“ wurde.[61] Dies hing auch mit dem enormen Ausbau der deutschen Produktion unter der Vier-Jahres-Plan-Ägide seit 1936 zusammen. So befand sich der Stand des industriellen Anlagevermögens im Jahre 1948 sogar 11 % über dem von 1936. Abelshauser sieht daher v. a. zwei Auswirkungen der Demontagepolitik: eine psychologische Dimension mit Auswirkungen auf die breite Bevölkerung, die sich partiell produktionshemmend auswirkte einerseits und ein gewichtiges Argument in der „Alltagsrhetorik“ industrieller Interessenvertreter gegenüber dem Staat andererseits. Nicht nur bei der Gewährung von Wiederaufbauhilfen, „Remontagekrediten“ und der schrittweisen Abwehr von Verwertungsaktionen an Werksbesitz konnte dieses Argument sehr dienlich sein, sondern auch bei der steuerlichen und finanzpolitischen Begünstigung von Abschreibungen und Unternehmensbewertungen bei der Eröffnungsbilanz in DM, wie auch das Beispiel Quandt zeigt.[62] Volker Berghahn sah darüber hinaus zutreffend die Verhandlungen um einen westdeutschen Militärbeitrag als Druckmittel gegen die Demontage und Entflechtungspolitik der Alliierten.[63]

59 Dazu ausführlich: Manfred Kittel: Nach Nürnberg. „Vergangenheitsbewältigung“ in Japan und Westdeutschland 1945 bis 1968, München 2004; Kim C. Priemel/Alexa Stiller (Hg.): Reassessing the Nuremberg Military Tribunals. Transitional Justice, Trial Narratives, and Historiography, Oxford/New York 2012.

60 Berghahn: Unternehmer und Politik, S. 69 ff.; Wolfgang Benz: Von der Besatzungsherrschaft zur Bundesrepublik. Stationen einer Staatsgründung 1946–1949, Frankfurt a.M. 1989 und Ders. (Hg.): Deutschland unter alliierter Besatzung. Ein Handbuch, Berlin 1999, S. 21–72.

61 Abelshauser: Wirtschaft und Rüstung, S. 49. Vgl. J. Scherner/J. Streb/S. Tilly: Supplier Networks in the German Aircraft Industry during World War II and their Long-Term Effects on West Germany's Automobile Industry during the 'Wirtschaftswunder', in: Business History 56, 6 (2014), S. 996–1020.

62 Ebenda und ausführlich Martina Köchling: Demontagepolitik und Wiederaufbau in Nordrhein-Westfalen, Essen 1995. Vgl. Hessisches Wirtschaftsarchiv Bestand Nr. 2017 NL Familie Quandt Nr. 30, 41 und 45.

63 Berghahn: Unternehmer, S. 135 und 261. Vgl. das geschickte Lavieren der Rheinmetall-Gremien um die „Sonderfertigung“ seit 1951/52 bei Leitzbach: Rheinmetall. Vom Reiz, Bd. 1, S. 470 ff.

Abelshauser ging aufgrund seiner auf die staatliche Überlieferung beschränkten Analyse bislang davon aus, dass Rüstungsbetriebe noch „bis in die Mitte der 1950er Jahre und teilweise darüber hinaus Produktionsverboten unterlagen". Zudem berichtet er, dass Ende 1950 „aus außenpolitischen Gründen noch nicht an den Wiederaufbau ‚reiner' Rüstungsindustrien in Westdeutschland zu denken" war.[64] Andere grundlegende Studien über den Wiederaufbau, die Entflechtung und Besatzungspolitik, v. a. der Eisen- und Stahlkonzerne tragen zu dieser Frage – wohl aufgrund der schlechten Archivlage – nur wenig bei.[65] Dass diese Thesen infrage zu stellen sind, hat Oliver Haller in einem Beitrag über die frühe Rüstungsproduktion in den Berliner Alkett-Werken unlängst gezeigt.[66]

Für die gesamte deutsche Industrie kann gelten, dass zwar die „totale Entwaffnung der Deutschen" und konsequente Beseitigung aller Wehranlagen geplant war, die Realität aber anders aussah.[67] Die Übersicht von Torsten Diedrich zeichnet ein detaillierteres Bild davon: „Die geplante ökonomische Entwaffnung Deutschlands gestaltete sich schwierig. (...) Gemäß der Kontrollratsdirektive Nr. 39 vom 2. Oktober 1946, die die Liquidierung des Kriegspotentials forderte, hatten die Amerikaner 77 Betriebe vollständig eliminiert, die Briten 248 Rüstungsbetriebe und 348 verbotene Werke ‚neutralisiert', jedoch nur 7 % davon vollständig beseitigt, die Franzosen, die eigentlich die gesamte deutsche Industrie als Kriegspotential betrachteten, darum nur sechs liquidiert. Die Mehrzahl der erhaltenen Werke wurde in die zivile Produktion überführt. Sie bildeten die Basis des wirtschaftlichen Aufschwungs der Bundesrepublik. Neue Überlegungen führten zur Erhöhung der Quoten erlaubnispflichtiger Produktion und zum Bestreben, das Demontageprogramm abzuschließen."[68] Im Zuge der Wiederaufrüstung wurden also Demilitarisierung, Demontage und Entnazifizierung zügig beendet, aber zeitlich durchaus differenziert wie Fallbeispiele (s. Kap. 3.1.) zeigen.

64 Abelshauser: Wirtschaft und Rüstung, S. S. 56–58, Zitat S. 58.

65 Dies zeigen z. B. Isabel Warner: Steel and Sovereignty. The Deconcentration of the West German Steel Industry 1949–54, Mainz 1996; Klaus-Dietmar Henke: Die amerikanische Besetzung Deutschlands, München 1995; Jeffry M. Diefendorf/Axel Frohn/Hermann-Josef Rupieper (Hg.): American Policy and the Reconstruction of West Germany 1945–1955, Cambridge u. a. 1993; Werner Plumpe: Wirtschaftsverwaltung und Kapitalinteresse im britischen Besatzungsgebiet 1945/46, in: Dietmar Petzina/Walther Euchner (Hg.): Wirtschaftspolitik im britischen Besatzungsgebiet 1945–1949, Düsseldorf 1984, S. 121–152; Conrad F. Latour/Thilo Vogelsang: Okkupation und Wiederaufbau. Die Tätigkeit der Militärregierung in der amerikanischen Besatzungszone Deutschlands 1944–1947, Stuttgart 1973.

66 Haller: German Industry, the Cold War, and the Bundeswehr, S. 150 ff.

67 Torsten Diedrich: Art. Entmilitarisierung, in: Benz (Hg.): Deutschland unter alliierter Besatzung, S. 342–346, hier S. 343.

68 Ebenda, S. 344. Vgl. Gunther Mai: Westliche Sicherheitspolitik im Kalten Krieg. Der Korea-Krieg und die deutsche Wiederbewaffnung 1950 (Militärgeschichte seit 1945, 4), Boppard 1977 und Gerhard Wettig: Entmilitarisierung und Wiederbewaffnung in Deutschland 1943–1955: internationale Auseinandersetzungen um die Rolle der Deutschen in Europa, München 1967.

2.1.2 Die Industrie und der Aufbau bundesdeutscher Waffenproduktion

Die Regierung Adenauer traf in der militärischen Aufbauphase eine bewusste Entscheidung für die privatwirtschaftliche Fertigung von Rüstungsgütern. Sie knüpfte damit einerseits an deutsche, andererseits auch US-amerikanische Traditionen der privaten Rüstungsfertigung an, während sie sich von der Dominanz staatlicher Produktion in Frankreich und Großbritannien deutlich unterschied.[69] Die deutsche Waffenproduktion sollte nach Vorstellung des Bundes allerdings möglichst *dual-use*-Funktionen haben, um die Abhängigkeit der Unternehmen von staatlichen Rüstungsaufträgen zu mindern. Das Credo strikt privatwirtschaftlicher Rüstungsproduktion macht auch ein späteres Zitat aus dem Weißbuch des BMVg deutlich:

> „Die deutschen Rüstungskapazitäten sind parallel zum Aufbau der Bundeswehr entstanden. Sie weisen einen international anerkannten hohen Leistungsstand auf. (...) Die Rüstungskapazitäten in der Bundesrepublik sind in das marktwirtschaftliche System integriert. Es gibt grundsätzlich keine staatlichen Rüstungsbetriebe, und nur wenige der Firmen sind ausschließlich für Rüstungsaufträge tätig. Vielmehr verfügen die Unternehmen in der Regel neben ihren Kapazitäten für zivile Produkte auch über wehrtechnische Entwicklungs- und Fertigungsmöglichkeiten. (...) Die Bundesregierung kann und will nicht die unternehmerische Verantwortung für die rüstungsgüterproduzierende Industrie übernehmen. Sie ist zwar bemüht, die für die Bundeswehr unverzichtbaren Rüstungskapazitäten möglichst kontinuierlich auszulasten, übernimmt aber keine Beschäftigungs- und Auftragsgarantien.“[70]

Nicht nur von Seiten der ehemaligen Generalität, sondern auch von Unternehmensleitungen wie der Rheinmetall-Borsig AG wurde die Haltung des Bundes in den frühen 1950ern als zu zögerlich empfunden. Die Regierung wollte nicht selbst in die Waffenfertigung bei Rheinmetall investieren und stattdessen eine Privatisierung abwarten, was bei den Befürwortern einer schnellen Wiederaufrüstung kritisch kommentiert wurde.[71] Doch der Bundesminister der Verteidigung unterstrich auch 1979 dieses Konzept nochmals. Nicht nur durch die Diversifikation der Rüstungsunternehmen in zivile Märkte seit Ende der 1950er, sondern auch auf ausdrücklichen Wunsch der Bundesregierung kam es zum Aufbau einer *dual-use*-Produktion im Rüstungsgüterbereich, die insgesamt zu einer mangelnden Abgrenzbarkeit von ziviler und militärischer Produktion führte.[72]

---

69 Vgl. van de Kerkhof: Der „Military-Industrial Complex“; Florian Seiller: Rüstungsintegration. Frankreich, die Bundesrepublik und die Europäische Verteidigungsgemeinschaft 1950–1954 (Entstehung und Probleme des Atlantischen Bündnisses 9), Berlin/Boston 2015 (Diss. Mainz 2011); Kollmer (Hg.): Militärisch-Industrieller Komplex.

70 Bundesminister der Verteidigung (Hg.): Weißbuch 1985. Zur Lage und Entwicklung der Bundeswehr, Bonn 1985, S. 368 f. Vgl. Bontrup/Zdrowomyslaw: Rüstungsindustrie, S. 131.

71 Leitzbach: Rheinmetall. Vom Reiz, Bd. 1, S. 473 ff., allerdings ohne genaue Quellenangabe.

72 Vgl. van de Kerkhof: Rüstungsindustrie; Zdrowomyslaw/ Bontrup: Rüstungsindustrie, S. 46 ff.

Die Haltung von Rheinmetall widerspricht der wiederholt vertretenen These von der bewussten Zurückhaltung der Unternehmensvertreter gegenüber einer Wiederaufnahme der Rüstungsproduktion.[73] Volkmann ging z. B. ganz allgemein davon aus, dass „die in den Nachkriegsgerichtsverfahren der Öffentlichkeit deutlich gewordene und politisch bewußt gemachte Verstrickung der Industrie mit dem NS-Regime (...) seinen mentalen Niederschlag in der distanzierten Haltung weiter Wirtschaftskreise gegenüber möglichen Aufrüstungsaufträgen" fand. Neben der Ent-Nazifizerung macht er auch die „spezifischen Bedingungen des Rüstungsgeschäfts" dafür verantwortlich. Er spricht noch für das Jahr 1955 vom „verbalen Protest" der Unternehmer, der aber leiser geworden sei.[74] Auch andere Militär- und Zeithistoriker vertreten die These von der erst seit Mitte der 1950er weichenden Skepsis der Unternehmen, Rüstungsproduktion für den Staat aufzunehmen.[75]

Ähnliches gilt auch für die wirtschaftshistorische Forschung. Die umfangreichste und quellenmäßig differenzierteste Diskussion bietet Berghahn. Er zitierte beispielsweise zwei Umfragen der amerikanischen RAND-Corporation aus den frühen 1950er Jahren, die die westdeutsche Unternehmerschaft nach ihrer Haltung zur EVG und zur Wiederaufrüstung befragte. Dass sich jeweils zwischen 64 und 68 % der Unternehmer positiv und nur 22 bis 25 % negativ zu EVG und Re-Militarisierung aussprachen, sah Berghahn skeptisch. Die Befragungen seien insgesamt nur wenig repräsentativ und nicht ausreichend differenziert in der Fragetechnik gehalten.[76] Stattdessen verwies er in Übereinstimmung mit dem BDI-Kenner Bührer auf öffentlichkeitswirksame Publikationen des Deutschen Industrie- und Handelstages (DIHT) und des BDI, in denen sich sowohl BDI-Präsident Fritz Berg als auch der DIHT kritisch gegenüber der Wiederaufrüstung geäußert hätten:

„Zwar sprach der mittelstands- und exportorientierte DIHT noch in seinem Tätigkeitsbericht 1955/56 davon, daß es ‚schwerwiegende psychologische Widerstände, herrührend von noch recht frischen Erfahrungen der Unternehmerschaft', gebe, die die Spitzenverbände zögern ließen, an rüstungsorganisatorischen Vorbereitungen voll teilzunehmen; aber zu den ‚wohlerwogenen Gründen', aus denen sich der DIHT zurückgehalten hatte, gehörte zunehmend auch eine Überzeugung, die der BDI in seinem Jahresbericht 1954/55 artikulierte. Darin bedauerte der Verband, dass immer wieder ‚Lesarten auftauchten, als dränge die Industrie geradezu

73 Berghahn: Unternehmer; Werner Bührer: Unternehmer und Frieden. Internationale Kooperation als Friedenskonzeption deutscher Unternehmer im ersten Nachkriegsjahrzehnt?, in: Detlef Bald/Wolfram Wette (Hg.): Friedensinitiativen in der Frühzeit des Kalten Krieges 1945–1955, Essen 2010, S. 33–48; Volkmann: Einleitung; Krüger: Das Amt Blank und Kollmer: Rüstungsgüterbeschaffung. Vgl. Gerhard Brandt: Rüstung und Wirtschaft in der Bundesrepublik (Studien zur politischen und gesellschaftlichen Situation der Bundeswehr 3), Witten/Berlin 1966.

74 Volkmann: Einleitung, in: Anfänge westdeutscher Sicherheitspolitik, Bd. 4, S. XIV. Vgl. auch Otto Greve: 20 Jahre BWB-Arbeit für die Bundeswehr, in: Wehrtechnik 1 (1976), S. 7–17, hier S. 9.

75 Krüger: Das Amt Blank, S. 104; Bührer: Unternehmer und Frieden, S. 43 ff.

76 Berghahn: Unternehmer, S. 267 f.

nach Rüstungsaufträgen‘. In Wahrheit seien weite Zweige ‚zur Aufrechterhaltung ihrer Vollbeschäftigung durchaus nicht auf Rüstungsaufträge angewiesen‘. Ja, man scheint den konjunkturpolitischen Einfluß von Rüstungsausgaben sogar direkt gefürchtet zu haben“.[77]

Berghahn sah die Gründe für die Zurückhaltung auch darin, dass „die westdeutsche Industrie nach ihrer jahrelangen Zurückhaltung 1956/57 weder mit der Entwicklung solcher Waffen weit genug vorangeschritten war noch die erforderlichen Investitionen für deren Serienproduktion getätigt hatte.“ Erst seit 1958 sei es nach und nach zur größeren Akzeptanz von Rüstungsaufträgen im BDI gekommen.[78]

Widersprüchlich ist diese Argumentation insofern, als Berghahn selbst davon berichtete, „daß der BDI im Jahre 1953 einen ‚Ausschuß für verteidigungspolitische Fragen‘ gebildet hatte, während Berg noch betonte, daß sich die Industrie nicht nach Rüstungsaufträgen dränge.“ Dieser Ausschuss verfügte über Arbeitsgruppen „fast aller Rüstungssparten, und es ist nicht zuletzt deren Planungen und dem diskreten Lobbyismus des Ausschusses zuzuschreiben, daß die Wehrexperten in der CDU/CSU bald immer nachdrücklicher zu fordern begannen, ‚die Bundesrepublik müsse auch für schweres Kriegsmaterial eine eigene Rüstungsindustrie aufbauen‘“, so Berghahn. Zudem sei ab 1956 schon die Rüstungsproduktion bei Henschel, Hanomag, Walther und Rheinmetall angelaufen.[79] Darüber hinaus waren de facto in den frühen 1950er Jahren schon erste Rüstungsexporte von den deutschen Werften (Abeking & Rasmussen-Werft Lemwerder, Lürssen-Werft Bremen, Hitzler-Werft Regensburg und Gebr. Schürenstedt Bardenfleth) erfolgt.[80] Auch traditionelle Heerestechnikunternehmen wie Rheinmetall begannen mit ersten Umstellungen von ziviler auf militärische Produktion (s. Kap. 3). Berghahn meinte zudem

---

77 Ebenda, S. 269 f.; Bührer: Unternehmer und Frieden, v. a. S. 43–45.

78 Ebenda, S. 275. Vgl. Dieter H. Kollmer: „Klotzen, nicht kleckern!“ Die materielle Aufrüstung des Heeres von den Anfängen bis Ende der sechziger Jahre, in: Ders. u. a.: Das Heer 1950 bis 1970. Konzeption, Organisation, Aufstellung, München 2006, S. 485–614, hier S. 500: „Erst als die Hochkonjunktur Anfang der 60er Jahre erwartungsgemäß ein wenig an Schwung verlor, wurde auch die Schwerindustrie in der Rüstung wieder aktiv, so z. B. Flick, Krupp, Thyssen, Siemens, Haniel und MAN.“

79 Berghahn: Unternehmer, S. 276 f. Vgl. o.V.: Waffenproduktion. Die neuen Hoflieferanten, in: Der SPIEGEL 45/1956 (7.11.56), S. 19–23. Leitzbach: Rheinmetall. Vom Reiz, Bd. 1, S. 429–455, schreibt auf S. 455, dass 1956 „hinter vorgehaltener Hand (...) das Düsseldorfer Rheinmetall-Werk bereits längst für die wehrtechnische Produktion vorgesehen“ gewesen wäre und beschreibt – allerdings ohne Quellenangabe – ausführlicher die Vorbereitungen bei Rheinmetall und Röchling seit 1951 (vgl. 3.1.).

80 Statistische Übersicht Kriegsschiffexporte deutscher Werften seit 1954 [de facto 1952], in: Wehrtechnik 2 (1978), S. 18. Hitzler lieferte 1953/56 sechs Patrouillenboote an Belgien, die Gebr. Schürenstedt-Werft 1954 sechs Patrouillenboote an Ecuador, die Fr. Lürssen-Werft 1952/57 11 Schnellboote an Schweden und 1955 ein Patrouillenboot an Kolumbien, Abeking & Rasmussen Schiffs- & Yachtwerft 1954/57 fünf Minensuchboote an Indonesien. Das Unternehmen ist auch heute noch Weltmarktführer bei Minensuchbooten.

wie Krüger, dass der BDI unter Fritz Berg 1952/53 angestrebt habe, als korporative Vertretung der deutschen Wirtschaft in traditioneller Weise Rüstungsaufträge mit dem BMWi abzustimmen und zu regulieren. Insbesondere Ludwig Erhard habe sich eindeutig dagegen ausgesprochen, dass das neue Beschaffungsamt des BMVg (BWB) in Koblenz „mit planwirtschaftlichen Vorstellungen erfüllt [ist, vdK], die an die Vergangenheit anknüpfen wollen" und eine „Vergabe nach den Grundsätzen des freien Marktpreises" ablehne. Der Schwerindustrie an der Ruhr, die im BDI schwerpunktmäßig vertreten war, sei es daher nicht gelungen, die alten Traditionen der engen Verflechtung mit dem Heereswaffenamt („System von Hoflieferanten") wiederzubeleben, und sie habe gegenüber dem DIHT – der sich zwar öffentlich gegen die Wiederbewaffnung aussprach, intern in Rüstungsfragen aber auf der marktwirtschaftlichen und exportorientierten Linie Erhards lag – das Nachsehen gehabt. Dies habe allerdings auch mit verstärkten staatlichen Investitionen in die süddeutsche exportorientierte Hochtechnologie-Industrie zu tun gehabt.[81]

Um eine Erklärung für diese Widersprüche und gleichzeitig ein deutlich differenzierteres Bild zu gewinnen, muss auf eine größere Quellenbasis wie die rege zeitgenössische Berichterstattung zurückgegriffen werden. Die schon vor Gründung der BRD in den interessierten Kreisen von Politik und Militär kursierenden sicherheitspolitischen Denkschriften wurden auch in der Öffentlichkeit intensiv wahrgenommen z. B. im Nachrichtenmagazin „DER SPIEGEL".[82] Hier wurden zwar nicht die Befürchtungen der Bevölkerung, nur wenige Jahre nach Kriegsende und vor dem Hintergrund der noch in Trümmern liegenden Städte und Tausenden Kriegsversehrten wieder eine deutsche Wehrmacht zu installieren, thematisiert. Schließlich nahmen breite Kreise zu Militärdienst und Krieg damals eine „Ohne-mich-Haltung" ein.[83] Führende Intellektuelle und Politiker wie Alfred Weber, Erich Ollenhauer, Helene Wessel und Gustav Heinemann hatten sich seit 1955 in der militärkritischen Paulskirchenbewegung versammelt, die

---

81 Berghahn: Unternehmer, S. 277–279 und Krüger: Das Amt Blank, S. 104. Vgl. auch Brandt: Rüstung, S. 57 ff. und Eberhard Schmidt: Die verhinderte Neuordnung 1945–1952. Zur Auseinandersetzung um die Demokratisierung der Wirtschaft in den westlichen Besatzungszonen und in der Bundesrepublik Deutschland, Frankfurt a.M. 2. Aufl. 1977.

82 Bericht über den möglichen Aufbau von acht deutschen Divisionen zur Verteidigung gegen die UdSSR unter dem Titel „Couverture", in: Der SPIEGEL 3/1952, S. 3; Bericht über die Gründung der EVG: O.V.: Wehrhoheit. Veröffentlicht wird nichts, in: Der SPIEGEL 37/1952, S. 5 sowie über das Scheitern, in: Der SPEGEL 8/1953, S. 5 f. und 14/1953, S. 10–12. Detaillierte Berichte über das Aufrüstungsprogramm: O.V.: NATO-Waffenproduktion. Die Ruhr muß ran, in: Der SPIEGEL 5/1952, S. 16 f.; o.V.: Rüstung. Die Sparbüchse verstopft, in: Der SPIEGEL 43/1954, S. 8–13 und o.V.: Waffenproduktion. Die neuen Hoflieferanten, S. 19 ff. Vgl. auch Bericht über die ersten deutschen Flugzeuglizenzen an Dornier und Willy H. Schlieker in: Der SPIEGEL 39 /1956.

83 Rautenberg/Wiggershaus: Die „Himmeroder Denkschrift", v. a. S. 4 bzw. 136. Vgl. zur Kritik an der Wiederaufrüstung der BRD: Detlef Bald/Wolfram Wette (Hg.): Alternativen zur Wiederbewaffnung, Essen 2008 und Karlheinz Lipp/Reinhold Lütgemeier-Davin/Holger Nehring: Frieden und Friedensbewegungen in Deutschland, 1892–1992, Essen 2010.

bis zum bundesdeutschen NATO-Beitritt innerhalb kürzester Zeit „mehrere hunderttausend Anhänger für die Bewegung gewinnen" konnte.[84] Gesellschaftliche Kritik, Protest und Widerstand gegen Wiederbewaffnung und deutsche Waffenproduktion in den 1950er und 1960er Jahren führte auch in der Bundeswehr und ihren Teilstreitkräften zu einer langsamen und oft mühevollen, bis in die Gegenwart andauernden Verarbeitung nationalsozialistischer Traditionen. Sie spiegelte sich auch in der Diskussion um die „Innere Führung", den Staatsbürger in Uniform und die Traditionserlasse der Bundeswehr sowie neuen Methoden der Soldatenwerbung und Rekrutierung geeigneten Nachwuchses, wider.[85]

Industrielle äußerten sich dagegen kaum in einem kritischen oder ablehnenden Sinne und standen eher der auf Restitution gerichteten Außenpolitik Adenauers näher, wie auch Bührer zutreffend betont hat.[86] Der SPIEGEL griff diese öffentlich ausgetragenen Konflikte um die Wiederbewaffnung allerdings nur am Rande auf, vielmehr wurden Interna aus den Spitzenverbänden der deutschen Wirtschaft und den beteiligten Ministerien ausgebreitet. Vor dem Hintergrund des amerikanischen Rüstungsbooms – ausgelöst durch den Koreakrieg – wurde bereits 1950 eingehend das Für und Wider einer bundesdeutschen Waffenproduktion erörtert. Debattiert wurde etwa, ob neben Vorprodukten aus Eisen und Stahl, die zu diesem Zeitpunkt bereits für die amerikanische Rüstungsproduktion massenhaft in die USA exportiert wurden, auch Waffen und Kriegsgerät in der BRD produziert werden sollten.[87]

Die Vertreter der deutschen Eisen- und Stahlindustrie in der Wirtschaftsvereinigung Eisen und Stahl standen diesem Vorschlag zum Waffenexport, der auch von Seiten des französischen Außenministeriums befürwortet wurde, zwar skeptisch gegenüber. Argumente die dazu vorgebracht wurden, waren freilich nicht moralischer, sondern ökonomischer Art. Denn die Ruhrunternehmen kamen wegen der guten Auslastung ihrer Werke mit ziviler und *dual-use*-Produktion kaum nach. Zudem tauchte argumentativ immer wieder die Sorge vor einer Besetzung des Ruhrgebiets

---

84 Bald/Wette (Hg.): Alternativen; Ders.: Die Bundeswehr; Ders.: Die Atombewaffnung der Bundeswehr. Militär, Öffentlichkeit und Politik in der Ära Adenauer, Bremen 1994.

85 Thorsten Loch: Das Gesicht der Bundeswehr, München 2008; Detlef Bald/Johannes Klotz/Wolfram Wette: Mythos Bundeswehr. Nachkriegsdebatten und Traditionspflege in der Bundeswehr, Berlin 2001; Wolfram Wette: Die Bundeswehr im Banne des Vorbildes Wehrmacht, in: Bald/Klotz/Wette: Mythos Wehrmacht, S. 87 ff. Vgl. Neugebauer (Hg.): Grundkurs deutsche Militärgeschichte, Bd. 3, S. 58 f. mit weiterer Literatur.

86 Werner Bührer: Der BDI und die Außenpolitik der Bundesrepublik in den fünfziger Jahren, in: VfZ 40 (1992), S. 241–261. Vgl. auch Karlheinz Höfner: Die Aufrüstung Westdeutschlands. Willensbildung, Entscheidungsprozesse und Spielräume westdeutscher Politik 1945–1950, München 1990, v. a. S. 181 ff. und zur Außenpolitik Adenauers Gregor Schöllgen: Die Außenpolitik der Bundesrepublik Deutschland. Von den Anfängen bis zur Gegenwart, München 1999.

87 O.V. Artikel „Rüstungsvorbereitung. Heißes Eisen", in: Der SPIEGEL 31/1950, S. 19–21. Vgl. zu den wirtschaftspolitischen und wirtschaftstheoretischen Hintergründen auch Abelshauser: Wirtschaft und Rüstung, S. 16–19.

durch die russische Besatzungsmacht auf. Denn „falls Amerika Westdeutschland aktiv mit in das Rüstungsgeschäft hineinzieht, würde das Ruhrgebiet strategisch noch begehrenswerter." Daher plädierten die Stahlproduzenten für „eine Erhöhung der beengenden Stahlquote über friedliche Produktion", die ihnen „lieber wäre als über die heißen Eisen der Rüstungs- oder Rüstungsvorlieferungen" zu sprechen.[88] Erste Engpässe in der Versorgung mit Arbeitskräften und Kohle traten bereits Anfang der 1950er Jahre auf.[89] Für das Jahr 1953 berichtete der SPIEGEL z. B. über eine Auslastungsquote der Ruhrhütten von 90 % und den Facharbeitermangel. Verbunden mit den geringen Anteilen (3–4 %) von leichten Waffen an der Stahlproduktion waren dies sicherlich Argumente gegen den Auf- und Ausbau eigener Rüstungskapazitäten.[90] Andererseits machen Berichte über die NATO-Tagung in Lissabon 1952 und eine detaillierte Beschreibung des angeblich mangelhaften technischen Zustands der US-Waffen deutlich, dass nicht nur Großbritannien und die USA Pläne hatten, „die deutsche Rüstungsproduktion wieder voll in Gang zu bringen", sondern dass auch deutsche Kreise durchaus interessiert waren.[91]

Anlässlich einer Beschwerde des BDI in Köln im Jahre 1956 teilt der Spitzenverband mit, dass „bereits seit 1953 unter der Leitung des BDI-Präsidenten Fritz Berg ein Ausschuß für Verteidigungswirtschaftliche Angelegenheiten [besteht, vdK], in dem von der ‚Arbeitsgruppe gepanzerte Fahrzeuge' bis zur Gruppe für Annäherungszünder und Raketengeschosse Fachleute aller Rüstungssparten bereitstehen." Und der Bericht fügt nebst einer ausführlichen Besprechung einzelner Rüstungsprojekte an: „Darüber hinaus zeigt sich, dass die Vorbereitungen für das Rüstungsgeschäft in Westdeutschland bereits weiter gediehen sind, als das gemeinhin angenommen wird und der Öffentlichkeit bekannt ist."[92] Abelshauser belegte eindeutig, dass sich im Arbeitskreis für Rüstungsfragen schon einzelne Arbeitsgruppen (AGs) gebildet hatten, in denen die Mitgliedsverbände des BDI je nach Produktionsschwerpunkt und Interesse vertreten waren. So entstanden die AGs „Gepanzerte Fahrzeuge", „Pulver, Sprengstoffe und Vorprodukte", „Luftfahrtgeräte", „Schiffbau" und die AG „Waffen"

88 Ebenda.

89 Abelshauser: Wirtschaft und Rüstung, S. 18 und 60 f.

90 O.V.: Rüstung. Die Sparbüchse verstopft, in: Der SPIEGEL 43/1954, S. 8–13, hier: S. 10. Siehe auch Abelshauser: Wirtschaft und Rüstung, S. 25 f. mit einer möglichen Quelle für die Hintergrundinformationen des SPIEGELS, dem Leiter der Planungsgruppe in der Militärischen Abteilung des Amtes Blank, Oberst a.D. von Bonin. Vgl. Heinz Brill: Bogislaw von Bonin im Spannungsfeld zwischen Wiederbewaffnung-Westintegration-Wiedervereinigung. Ein Beitrag zur Entstehungsgeschichte der Bundeswehr, Baden-Baden 1987. Zum akuten Facharbeitermangel im Herbst 1953 auch Abelshauser: a. a.O., S. 68 f.

91 Die umfangreichen Hintergrundinformationen lassen vermuten, dass der Bericht möglicherweise aus interessierten Kreisen der Ruhr lanciert wurde. Siehe o.V.: NATO-Waffenproduktion. Die Ruhr muß ran, in: Der SPIEGEL 5/1952, S. 16 f., hier: S. 17.

92 Ausführlicher Bericht o.V.: Waffenproduktion. Die neuen Hoflieferanten, S. 19. Vgl. auch Berghahn: Unternehmer, S. 276 f.

mit Untergruppen zu leichten und schweren Waffen sowie die AG „Munition“ mit drei Untergruppen. In mehreren dieser AGs saßen die Vertreter der Wirtschaftsvereinigung Eisen- und Stahlindustrie sowie des Wirtschaftsverbandes Eisen-, Blech- und Metallwarenindustrie, die sowohl für Großunternehmen als auch den Mittelstand als Lobby fungierten.[93] Ende 1956 wurden aus diesen Reihen Stimmen laut, die neben der leichten und mittelschweren Waffenfertigung auch einen Einstieg der bundesdeutschen Rüstungsunternehmen in die Produktion schweren Kriegsmaterials forderten. Diese Position vertraten gleichzeitig auch die in der Schwerindustrie tätigen Rüstungsexperten der CDU.[94]

Falls nicht schon die Denkschriften der Militärs aus den Jahren 1945 bis 1950 in Kreisen der an Rüstungsproduktion interessierten Industriellen kursierten, so dürfte zumindest diese mediale Berichterstattung in den Unternehmen und den Spitzenverbänden wahrgenommen worden sein.[95] Schließlich erklärten sich bis November 1956 schon fast 400 bundesdeutsche Unternehmen beim BMWi oder BMVg schriftlich bereit, Waffen, Teile von Rüstungsgütern oder Munition zu produzieren. Ein Bericht aus internen Quellen des BDI, des BMWi und BMVg, der im SPIEGEL am 7. November 1956 erschien, gab folgende Zahlen an: sechs große und fast 20 kleine westdeutsche Waffenfabriken für die Gewehr- und Maschinenpistolen-Produktion, rund 150 Firmen für Raketen oder Teile von Raketengeschossen und mehr als 200 Firmen für Munition bis zu 4 cm (davon 50 Bewerber für die Produktion größerer Kaliber). Von den letztgenannten Firmen habe ein Teil der Interessenten schon 1953 erste Gespräche im BWMi geführt. Raketenproduzenten war schon vor 1956 ein „umfassender Entwicklungsauftrag“ zugefallen. Die 26 Waffenfabriken produzierten zwar noch Sport- und Jagdwaffen, waren aber für eine militärische Produktion durchaus bereit.[96] Auch Thyssen startete früh den Wiedereinstieg in das Rüstungsgeschäft: wie aus einer Eigenwerbung der 1980er Jahren hervorgeht, produzierte das Unternehmen seit 1956 Rüstungsgüter im Stahlwerk Annen in Witten.[97] Zudem hatte sich eine Arbeitsgemeinschaft interessierter Unternehmen zusammengeschlossen, die den Schützenpanzer HS 30 aufgrund des noch bestehenden Verbots der Herstellung schwerer Kriegswaffen als Lizenzbau des Schweizer Waffenproduzenten Hispano-Suiza (HS) produzieren wollten. Zu diesen Unternehmen gehörte die Henschel & Sohn GmbH in Kassel, die erst 1950 mit dem

93 Abelshauser: Wirtschaft und Rüstung, S. 160 f. und 171–178. Detaillierter zur Politik des BDI und Deutschen industrie- und Handelstages (DIHT) in der Rüstungsfrage auch ebenda, S. 146–156.

94 O.V.: Waffenproduktion. Die neuen Hoflieferanten, S. 19. Vgl. Berghahn: Unternehmer, S. 276 f.

95 Dazu liegen allerdings keine Hinweise aus den untersuchten Archiven der Rüstungsunternehmen vor. Dies hängt auch damit zusammen, dass die Quellenüberlieferung bei Rheinmetall und Krauss-Maffei bis in die späten 1950er Jahre insgesamt relativ dünn ist, verglichen beispielsweise mit den Beständen des Krupp-Archivs für denselben Zeitraum. Vgl. die Darstellung von Berghahn: ebenda.

96 O.V.: Waffenproduktion. Die neuen Hoflieferanten, S. 19 f.

97 O.V.: Thyssen – Moderne Technik für sicheren Einsatz, in: Wehrtechnik 8/1984, großformatige Werbeanzeige, Umschlagseite innen.

Wiederaufbau begonnen hatte, die Hanomag in Hannover und Bosch in Stuttgart.[98] Dieser Schützenpanzer wurde 1956 mit mehr als 10.000 Stück der erste Großauftrag des BMVg, bei dem als Zulieferer in der BRD, v. a. Hanomag, Henschel und Wegmann, involviert waren.[99] Die ersten Kanonen HS 820 produzierte Rheinmetall mit einer Lizenz des Schweizer Unternehmens.[100]

Die Verträge mit Hispano Suiza richteten sich zunächst nach den angegebenen Selbstkosten, aus denen später Selbstkostenfestpreise ermittelt werden sollten. Abelshauser fand, dass diese Praxis „große Spielräume für Willkür und Betrugsmöglichkeiten [eröffnete], so daß im September 1959 im Verteidigungsministerium ein Sonderreferat HS 30 gebildet werden mußte, das den zahlreichen Verdachtsmomenten nachgehen sollte."[101] Weitere Ermittlungen zu dieser Beschaffungsmaßnahme folgten von 1966 bis 1969, die mehrere Verdächtige, u. a. den persönlichen Referenten von Verteidigungsminister Strauß und einen CDU-Politiker wegen Korruptionsdelikten ins Visier nahmen. Die gesamte Beschaffung erhielt durch einen Bundestags-Untersuchungsausschuss und verschiedene politische Veröffentlichungen „ein sehr großes öffentliches Interesse", wie Dieter Kollmer gezeigt hat.[102] Auch wenn die politischen Hintergründe der Korruptionsaffäre kaum aufgeklärt werden können, hatte sie dennoch langfristige Auswirkungen. Dazu zählen auch indirekte Nutznießer in der deutschen Industrie, denn die Affäre um den HS 30 beförderte, dass noch vorhandene Beschränkungen für deutsche Waffenlieferanten verschwanden und die Neu- oder Wiedergründung von Rüstungsunternehmen bzw. die Umstellung früherer deutscher Waffenschmieden von ziviler auf militärische Produktion sich schnell amortisierte. Nur in wenigen Bereichen, etwa der Herstellung von Militärflugzeugen oder Atomwaffen, blieben bekanntlich noch länger Restriktionen bestehen.[103]

---

98 O.V.: Waffenproduktion. Die neuen Hoflieferanten, S. 19 f.

99 Ausführlich dazu Kollmer: Der Schützenpanzer sowie Witzke: WT Industrieporträt – Wegmann & Co. Kassel, S. 75. Wegmann fertigte auch leichte Türme für den Hotchkiss-Panzer. Zum HS 30 Wulf: Waffenexport, S. 78.

100 O.V.: Rheinmetall: Vom MG bis zur Haubitze, S. 693.

101 Abelshauser: Wirtschaft und Rüstung, S. 167, zit. nach: BA-MA, BW 1/5865, Vermerk vom 17.9.1959 und Bericht im SPIEGEL: o.V.: PANZERKAUF. Die Null-Serie, in: Der SPIEGEL 34 (1958), S. 13 f.

102 Eingehend dazu Kollmer: Rüstungsgüterbeschaffung. Vgl. Peter Barth: Rüstung und Öffentlichkeit in den fünfziger und sechziger Jahren – das Beispiel HS 30, in: Jost Dülffer (Hg.): Parlamentarische und öffentliche Kontrolle von Rüstung in Deutschland 1700–1970. Beiträge zur historischen Friedensforschung, Düsseldorf 1992, S. 219–240 und zeitgenössisch: Bernt Engelmann: Schützenpanzer HS 30, Starfighter F 104 G oder Wie man einen Staat zugrunde richtet, München 1967 und ders.: Das neue Schwarzbuch: Franz Josef Strauß, Köln 1980, S. 56–65, der angeregt wurde durch die Artikelserie: Peter Miska: Das Geschäft mit der Rüstung (I-XI), in: Frankfurter Rundschau, 12.4.-12.9.1957 und ders.: Das Geschäft seines Lebens, in: Frankfurter Rundschau, 6.-16.12.1958.

103 Manfred Kersten/Walter Schmid: HK Heckler & Koch. Die offizielle Geschichte der Oberndorfer Firma Heckler & Koch. Einblicke in die Historie – Beschreibung der Waffenmodelle – Darstellung der Technik, Wuppertal 1999, S. 20–24; Karl Helmut Schnell: 30 Jahre Rüstung. Herausforderung

Die ersten Produzenten und mit ihnen verbundene Politiker dachten bereits 1956 ernsthaft über die Produktion schwerer Waffen in Form eines bundesdeutschen Panzers mittleren oder schweren Typs nach. Dazu gehörte nicht nur der Bonner Lobbyist für Henschel, General Philipp, der die Erfahrungen des „Tiger“-Baus im Nationalsozialismus nutzen wollte. Daneben war der CDU-Wehrexperte Fritz Berendsen einer der eifrigsten Forderer. Er war hauptberuflich Prokurist von Klöckner & Co., die die Lizenz für die Produktion des französischen Hotchkiss-Schützenpanzers erworben hatten und kurz vor der Serienproduktion standen. Die dem Klöckner-Humboldt-Deutz-Konzern zugehörige Vereinigte Westdeutsche Waggonfabriken AG wollte wie die Kruppsche Lokomotivfabrik ebenfalls gerne freie Produktionskapazitäten mit Rüstungsaufträgen füllen, wie der SPIEGEL berichtete.[104]

Eine wichtige Rolle spielte dabei freilich die konjunkturelle Entwicklung nach dem Ende des Korea-Booms 1955, wie auch Mitglieder des Bundestags-Verteidigungsausschusses einräumten. Den Unternehmen war es sehr daran gelegen, „für den Fall einer Absatzflaute sichere Staatsaufträge in der Hinterhand zu haben“. Denn „manche Firmen, die der Aufnahme einer Rüstungsproduktion noch vor Jahresfrist ablehnend gegenüberstanden, sind nach den ersten Anzeichen einer Konjunkturabschwächung anderen Sinnes geworden. Trotz der noch vor kurzem oft beschworenen Erinnerung an den Nürnberger Prozeß gegen deutsche Rüstungsindustrielle setzt sich die Tendenz durch, mehr Rüstungsgüter im Inland herzustellen.“[105] Diese durchaus plausible Einschätzung des SPIEGELS galt auch für die Luftfahrtindustrie, wo schon im Januar 1955 Vorplanungen zum Wiederaufbau im Amt Blank verfasst wurden. Daher kann es nicht überraschen, dass sich 1956 bereits eine Reorganisation der für die Kriegführung im Zweiten Weltkrieg zentral verantwortlichen Unternehmen ergab. Die im Süden gelegenen Reste von Heinkel, Messerschmitt und Dornier schlossen sich zur „Süd-Union“ zusammen, da sie einzeln zu wenig Kapital für den Aufbau neuer Produktionseinrichtungen besaßen und starteten mit Lizenzfertigung und Neubau von Flugzeugen. Die Produzenten Weserflugzeugbau, Blohm & Voss, Henschel, Siebel und Focke-Wulf bildeten die nördliche Gruppe und produzierten in deutsch-französischer Koproduktion und in italienischer Lizenz. Zudem planten die Großunternehmen Krupp, Stinnes und die Deutsche Bank Ende 1955 eine deutsch-amerikanische Rüstungskooperation im Luftwaffenbereich, die wegen Finanzmangels aber nicht zustande kam.[106]

---

der Zukunft, in: Wehrtechnik 4 (1988), S. 13–19, v. a. S. 13f. Vgl. Carl-Gero von Ilsemann: 25 Jahre Bundeswehr – Eine Bilanz, in: Wehrtechnik 7 (1980), S. 19–28, hier S. 26f.

104 O.V.: Waffenproduktion. Die neuen Hoflieferanten, S. 20–22.

105 Ebenda, S. 20.

106 Abelshauser: Wirtschaft und Rüstung, S. 168f. Vgl. Paul Erker: Ernst Heinkel. Die Luftfahrtindustrie im Spannungsfeld von technologischem Wandel und politischem Umbruch, in: Ders./Toni Pierenkemper (Hg.): Deutsche Unternehmer zwischen Kriegswirtschaft und Wiederaufbau. Studien zur Erfahrungsbildung von Industrie-Eliten, München 1999, S. 217–290 und Budraß: Flugzeugindustrie und Luftrüstung.

Parallel zur Beschaffung von Rüstungsgütern aus dem Ausland begann der Aufbau eigener Rüstungskapazitäten, der am Ende der 1950er Jahre der westdeutschen Industrie geradezu einen „Ausrüstungsboom“ bescherte. Gleich nach der Unterzeichnung des EVG-Vertrages starteten schon im Mai 1952 die Verhandlungen mit potentiellen bundesdeutschen Rüstungslieferanten. Für die Lieferung von Kraftfahrzeugen wurde mit Volkswagen, Daimler-Benz, Ford, Hanomag und Humboldt-Magirus-Deutz verhandelt, für Nachrichtengeräte mit Siemens, AEG, Schaub und Blaupunkt, während für die Produktion von leichten Waffen (MG 42, Sturmgewehr 44, Granatwerfer) und Munition die Vorkriegslieferanten wie Walther, die Merzwerke in Frankfurt am Main und Krieghoff in Ulm angesprochen wurden. Eine Reihe ehemaliger Rüstungsbetriebe mit guter Facharbeiterausstattung fertigten vor 1954 für Bundesgrenzschutz, Polizei und Besatzungstruppen einzelne Waffenlieferungen „in einer Grauzone zur Legalität“ und betrieben zudem Neuentwicklungen. Dazu gehörten auch Heckler & Koch, die die Facharbeiter der demontierten Mauser-Werke aus der Region übernommen hatten und unter diesen günstigen Bedingungen sowohl Sturmgewehre, als auch MG und Pistolen innerhalb eines Jahres liefern konnten.[107] Wichtige traditionelle Rüstungslieferanten von Heer, Marine und Luftwaffe standen also schon zwei bis vier Jahre vor Gründung der Bundeswehr für die Waffenfertigung parat und konnten bei Bedarf auch auf zusätzliche, technisch versierte exilierte deutsche Fachkräfte zurückgreifen. Auch der ehemalige Wehrmachtsproduzent Wegmann & Co. in Kassel, der auf Konstruktion und Bau von Panzertürmen spezialisiert war, begann schon 1955 wieder mit Neuentwicklungen im traditionellen Gebiet, wie die Unternehmensleitung im Interview mit der Zeitschrift „Wehrtechnik“ später berichtete.[108]

Die frühe Rückkehr zu den Vorkriegsschwerpunkten in der Rüstungsfertigung wird durch die Zusammenarbeit von ehemaligen Wehrmachtsoffizieren mit der Industrie in den ersten militärischen Fachjournalen deutlich belegt. So knüpfte beispielsweise Generalleutnant a.D. Dipl.-Ing. Erich Schneider mit der Wiederaufnahme der „Wehrtechnischen Monatshefte“ im Jahr 1953 fast nahtlos an seine Vorkriegs- und Kriegstätigkeit wieder an.[109] Er kann als Vertreter einer dritten, bislang in der Forschung unbeachtet gebliebenen *security community* gesehen werden. Dieses Netzwerk von Rüstungsspezialisten setzte sich seit Anfang der 1950er Jahre intensiv dafür ein, „der Wehrtechnik den ihr zukommenden lebenswichtigen Platz einzuräumen zu helfen“.[110] So sollte dafür gesorgt werden, dass „durch modernste technische

107 Abelshauser: Wirtschaft und Rüstung, S. 64–66. Vgl. Berghahn: Unternehmer, S. 275 f.

108 Heinz-Jürgen Witzke: WT Industrieporträt – Wegmann & Co. Kassel: 60 Jahre Wehrtechnik, in: Wehrtechnik 2 (1977), S. 75–84, hier S. 75.

109 Blume/Musset: Jubilatio für Generalleutnant a.D. Dipl.-Ing. Erich Schneider zum 75. Geburtstag [am 12.8.1969], in: Wehrtechnik 8 (1969), S. 284 und Werner Magirius: Großes Bundesverdienstkreuz für General Schneider, in: Wehrtechnik 10 (1971), S. 422 f.

110 Jubilatio Schneider, in: Wehrtechnik 8 (1969), S. 284.

Kampfmittel die deutsche und westliche Verteidigungsbereitschaft gestärkt wird“.[111] Rüstungspropagandist Schneiders letzte Stellung während des Zweiten Weltkriegs war seit 1943 Chef der Amtsgruppe für Entwicklungs- und Prüfwesen des Heeres. Als Verantwortlicher für die Entwicklung und Erprobung allen Heeresgeräts hatte er intensiv die Zusammenarbeit zwischen Militär und Industrie auch gegen Widerstände vorangetrieben.[112] Nach 1945 war Schneider nicht nur Hauptschriftleiter der „Wehrtechnischen Monatshefte“, die nach einer inhaltlichen Erweiterung 1969 in „Wehrtechnik“ umbenannt wurden. Er gründete auch 1957 die „Arbeitsgemeinschaft für Wehrtechnik“ (seit 1967 Deutsche Gesellschaft für Wehrtechnik, DGW), die ihn zum Vorsitzenden ernannte.[113] Seine Tätigkeit war allerdings nicht unumstritten, denn er setzte sich „in der Aufbauphase der Bundeswehr mit bisweilen hartem Meinungsaustausch“ für die Sache der Wehrtechnik ein, geizte nicht mit „konstruktiv-kritischen Stellungnahmen“ und war dabei „wohl bisweilen unbequem“, wie sein Nachfolger als Präsident der Gesellschaft zu Schneiders 80. Geburtstag resümierte.[114]

Unternehmen wie der Rheinmetall Borsig AG bzw. später der Rheinmetall Berlin AG war Schneider nach Ansicht des Konzernarchivars „sehr verbunden“ und unterstützte Ernst Röchling bei seinen Kaufabsichten im Januar 1956 in nahezu unverhohlener Vorkriegs-Rhetorik: „Wir brauchen in Deutschland für die Truppen, die den Osten in Schach halten sollen, die große führende Waffenfirma. Sie haben es in der Hand, Rheinmetall wieder an ihre historische Aufgabe heranzuführen.“ Insgesamt hatte er sich bereits vor Gründung der Bundeswehr „jahrelang um die Etablierung einer deutschen Rüstungsindustrie bemüht und dabei im bundesdeutschen Verwaltungsapparat häufig gegen Windmühlen gekämpft.“[115] Diesem Kampf diente auch die von ihm geführte DGW, die bis in den frühen 1970er Jahren mehrere hundert hochrangige Offiziere, einflussreiche Vertreter der Rüstungsindustrie und Wissenschaftler zu Vortragsveranstaltungen, Kontaktanbahnung und Austausch versammelte. Der Verein

111 Erich Schneider: Nachruf auf General a.D. Emil Leeb, in: Wehrtechnik 10 (1969), S. 382.

112 Er hatte im Ersten Weltkrieg als Artillerist an der Front gedient, und in der Zwischenkriegszeit wurde er als Hochschuloffizier zum Studium der Technischen Physik an die TH Stuttgart abkommandiert. Neben militärischen Einsätzen im Truppendienst fand er zunehmend Verwendung in wehrtechnischen Positionen, beginnend mit dem Referat für Ballistik und Raketen im Heereswaffenamt. Jubilatio Schneider, in: Wehrtechnik 8 (1969), S. 284. Vgl. auch Dr.-Ing. Gerd Stieler von Heydekampf, Präsident der Deutschen Gesellschaft für Wehrtechnik: Jubilatio Generalleutnant a.D. Dipl.-Ing. Erich Schneider 80. Jahre, in: Wehrtechnik 8 (1974), S. 280; Magirius: Großes Bundesverdienstkreuz, S. 422.

113 Ebenda und Magirius: Großes Bundesverdienstkreuz, S. 423.

114 Stieler von Heydekampf: Jubilatio Schneider 80 Jahre.

115 Leitzbach: Rheinmetall. Vom Reiz, Bd. 1, S. 482 und 489, Zitate S. 489, ohne Quellenbeleg.

stellte somit eines der wesentlichen Netzwerke der militärisch-industriellen Zusammenarbeit in der bundesdeutschen Nachkriegsgesellschaft dar.[116]

Schlüsselpositionen besetzten in der DGW führende Wehrmachtsoffiziere wie Schneider und General a.D. Leeb, der u. a. von April 1940 bis zum Kriegsende der Chef des Heereswaffenamts bzw. Wehrmachtrüstungsamts gewesen war.[117] Leeb hatte im Aufsichtsrat der Hermann-Göring-Werke gesessen und war neben dem Reichsminister für Rüstung und Kriegsproduktion verantwortlich für die NS-Heeresrüstungsproduktion. Wie Schneider hatte er seine militärische Ausbildung und erste Fronteinsätze noch im Kaiserreich absolviert. Er leitete ab 1933 bis zu seiner Ernennung zum Chef des Heereswaffenamts 1939 das XI. Armeekorps in Polen.[118] Laut Ernst Klee und Erhard Geißler hatte er die biologische Kampfführung in einer Arbeitsgemeinschaft („Blitzableiter") vorbereitet und dafür plädiert, die Bewohner Leningrads verhungern zu lassen.[119] Nach dem Krieg war er Mitbegründer, Ehrenmitglied und Alterspräsident der DGW. Seine einstigen leitenden Mitarbeiter gehörten nach 1945 zu den ersten aktiven Mitgliedern.[120]

Mit weiteren hochrangigen Offizieren und technischen Rüstungsmanagern wurden auch Ministerialbürokratie und Rüstungsindustrielle durch den Redaktionsbeirat der Zeitschrift „Wehrtechnik" in das Netzwerk eingebunden.[121] Dieses Militärfachjournal wurde für die DGW von Schneider herausgegeben und erschien ab 1969 monatlich.[122] Enger Mitarbeiter Schneiders als Schriftleiter wurde Dr.-Ing. Werner Magirius, der über gute Kontakte in die Ministerien und das BWB, aber auch in die Industrie verfügte. Vertrauen für eine enge Zusammenarbeit erwuchs

---

116 Magirius: Großes Bundesverdienstkreuz, S. 422. Vgl. auch Walter Tetzlaff: Zum militärisch-industriellen Komplex, in: Wehrtechnik 8 (1974), S. 281–283.

117 Erich Schneider: Nachruf Generalleutnant a.D. Dipl.-Ing. Richard Schimpf, in: Wehrtechnik 2 (1973), S. 82. Weitere Beispiele: o. V.: Nachruf Oberst i.G. Dr. phil. Karl Klee, in: Wehrtechnik 2 (1973), S. 82; O.V.: Das Heeresamt in Köln und Kurzlebenslauf Amtschef des Heeresamtes Generalleutnant Heinz-Georg Lemm, in: Wehrtechnik 4 (1978), S. 58.

118 Magirius: Großes Bundesverdienstkreuz, S. 422 und Schneider: Nachruf Leeb. Geb. am 17.6.1881 in Passau, am 7.7. 1901 als Fähnrich in das Kgl. Bayr. 4. Feldartillerie Regiment „König" eingetreten, Erster Weltkrieg im Front- und Generalstabseinsatz. Am 1.4.1935 übernahm er die 15. Division in Würzburg und war nach seinem Ausscheiden 1945 noch in verschiedenen Organisationen aktiv.

119 Ernst Klee: Das Personenlexikon zum Dritten Reich, Wer war was vor und nach 1945, Frankfurt a.M. 2003, S. 361; Erhard Geißler: Biologische Waffen – nicht in Hitlers Arsenalen, Münster 1988.

120 Schneider: Nachruf Leeb.

121 O.V.: Aus der Deutschen Gesellschaft für Wehrtechnik. Nachrufe Otto Fenselau und Walter Rau, in: Wehrtechnik 8 (1978), S. 72.

122 Zum Redaktionsbeirat gehörten z. B. in den späten 1970er Jahren der Vizepräsident Technik des BWB Dipl.-Ing. Dr. Heinz Barlet, Dr.-Ing. Hans L. Hockel (Rheinmetall-Vorstand), Dr.-Ing. Helmut Schönefeld (Erster Vorsitzender der DWT), Ministerialdirektor a.D. Dipl.-Ing. Albert Wahl (bis Juli 1975 Leiter der Abteilung Rüstung im BMVg). Siehe das Impressum in Wehrtechnik 11 (1979), S. 1. Vgl. die näheren Ausführungen zu Militärfachzeitschriften als Quelle in Kapitel 4.3.

hier aus „vielen gemeinsamen Erlebnissen in bewegten Zeiten im und nach dem 2. Weltkrieg“, so Schneider.[123] Magirius war Adjutant Wernher von Brauns in Peenemünde gewesen, bei der Aktion *Paperclip* mit über 100 Raketenspezialisten durch die Amerikaner nach El Paso ausgeflogen worden und betätigte sich nach seiner Rückkehr nach Deutschland umgehend wieder in der Wehrtechnik.[124]

Es kann aufgrund der hochrangigen Luftwaffenoffiziere in diesen Gremien auch davon ausgegangen werden, dass enge Verbindungen dieser *security community* zu den Beschaffungsstellen, besonders zum BWB bestanden. Denn der erste Direktor, Dipl.-Ing. Werner Bohn, war im Krieg schließlich zum Abteilungschef im Reichsluftfahrtministerium (RLM) avanciert. Er konnte nach einer Station bei Siemens & Halske seit 1957 wieder beim BWB als Rüstungsmanager einsteigen.[125] Eine Karriere im RLM als Chef des Planungsstabes des Generalluftzeugmeisters konnte auch Generalingenieur a.D. Dipl.-Ing. Heinrich Seilschopp vorweisen, der bis 1933 als Ingenieur für die Heinkel-Flugzeugwerke in Warnemünde tätig war, bevor er 1956 in das Ministerium und 1958 in das BWB wechselte. Persönliche Bekanntschaften verbanden Seilschopp mit der DGW, wie aus einem Nachruf hervorgeht.[126]

Für die gesamte Führungsspitze des Heeres der Bundeswehr gilt bis auf eine einzige Ausnahme, dass sie „in Ausbildung und Werdegang entscheidend durch den Krieg und dessen Folgen geprägt“ waren.[127] Sie entstammten fast alle den Jahrgängen 1919 bis 1924, waren kaum volljährig in die Wehrmacht eingetreten und hatten im Krieg als junge Offiziere, zumeist auch mit Frontverwendung gedient und damit eine sehr frühe Prägung durch militärische Sozialisation und Kriegserlebnisse erhalten. Hier

123 Der Hauptschriftleiter [Erich Schneider]: Dr.-Ing. W. Magirius übergibt die Schriftleitung der „Wehrtechnik“, in: Wehrtechnik 7 (1972), S. 305.

124 Ebenda und Klee: Lemma Wernher von Braun, in: Personenlexikon, S. 72. Er verließ die Wehrtechnik-Schriftleitung 1972 und wurde 1978 Geschäftsführer des Bundesverbandes der Deutschen Luft- und Raumfahrtindustrie (BDLI). REUSS Jahrbuch 1978.

125 Werner Bohn: Art. Projektmanagement und Kurzlebenslauf, in: Wehrtechnik 1 (1975), S. 8–10. Er war bis 31. Mai 1969 Abteilungsleiter für Luftfahrtgerät, danach Chefingenieur und zuletzt Leiter des Projektbereiches (ChefIng).

126 Die frühe Nachkriegszeit verbrachte er mit Tätigkeiten in der Industrie, organisierte ab 1956 im BMVg den Wiederaufbau „der deutschen Flugzeugindustrie“. Im BWB Abteilungsleiter für Luftfahrtgerät. Th.B.: Nachruf Generalingenieur a.D. Dipl.-Ing. Heinrich Seilschopp, in: Wehrtechnik 12 (1975), S. 657.

127 W.F. [Wolfgang Flume]: Bundesministerium der Verteidigung. Eine Generation tritt ab – Gedanken zur Verabschiedung von Ministerialdirektor Hans Eberhard, in: Wehrtechnik 7 (1981), S. 20. Vgl. die Aussagen von Jochem Peelen aus München im Interview zur Zeitschrift „Soldat und Technik“ am 24.9.12 in Mannheim. Er war von 1977 bis 1987 freier Mitarbeiter der Militärfachzeitschrift, kannte sie aus seiner Bundeswehr-Zeit 1971 bis 1973 und korrespondierte mit der Redaktion vorwiegend über Briefwechsel. Seiner Erinnerung nach waren Chefredakteur Neher und Redakteur Mende, „früher bei der Wehrmacht gewesen, aber … nicht bei der Bundeswehr“. Allerdings wurde von ihm mit der Redaktion „über die Wehrmachtszeiten nicht gesprochen, außer einmal, als es um Minen in Afrika, in Nordafrika ging, die da heute noch liegen, aus der Rommel-Zeit“.

wäre zukünftig in sozialhistorischen Studien noch genauer zu fragen, ob diese Gruppe ebenso wie die von Michael Wildt untersuchten Führungsspitzen des Reichssicherheitshauptamtes oder die von Ulrich Herbert untersuchten Studentengruppen um Werner Best als „Generation des Unbedingten" oder „Generation der Sachlichkeit" bezeichnet werden können, die sich durch Härte, Willensstärke und technokratische Sachlichkeit hervortaten.[128] Zwar hat Bernd Weisbrod zu Recht vor einem emphatischen Generationsbegriff gewarnt, der differenzierte Ursache-Wirkungs-Zusammenhänge vernachlässige.[129] Dennoch ist auffällig, dass diese jungen „Experten des Krieges" alle 1956 wieder in die Bundeswehr eintraten – vier von ihnen waren zwischen 1952 und 1954 schon in Vorläuferinstitutionen wie den Bundesgrenzschutz bzw. den Zolldienst eingetreten. Ein großer Teil, mindestens neun von ihnen, hatte im Krieg an der Ostfront gekämpft, genau so viele wurden nach dem Krieg in der Industrie tätig, acht absolvierten noch ein Studium. Ein verschwindend kleiner Teil von zwei Offizieren dieser Führungsgruppe war in Kriegsgefangenschaft an der Ostfront gewesen und nur einer hatte eine militärische Auszeichnung, das Ritterkreuz, erhalten.[130]

Sowohl der Kriegseinsatz als auch die vorübergehende Tätigkeit in der Industrie wurde in der nachträglichen Bewertung durch die DGW als besonders positiv für den „Erfahrungsschatz" und die „Detailkenntnisse" dieser ersten Generation von Rüstungsmanagern der Bundeswehr wie Bohn, Lemm und Seilschopp hervorgehoben.[131] Dies mag auch erklären, warum nicht nur die ranghöchsten Offiziere, sondern auch das mittlere Management für den Aufbau der bundesdeutschen Rüstungsverwaltung aus den Reihen der ehemaligen Wehrmacht-Offiziere mit Industrie- oder Wissenschaftserfahrung rekrutiert wurde, wie die Beispiele des

---

128 Michael Wildt: Generation der Unbedingten. Das Führungskorps des Reichssicherheitshauptamtes, Hamburg 2002; Ders./Ulrike Jureit (Hg.): Generationen. Zur Relevanz eines wissenschaftlichen Grundbegriffs. Hamburg 2005; Ulrich Herbert: Best. Biographische Studien über Radikalismus, Weltanschauung und Vernunft 1903–1989, Bonn 1996; Ders., „Generation der Sachlichkeit". Die völkische Studentenbewegung der frühen zwanziger Jahre, in: ders.: Arbeit, Volkstum, Weltanschauung. Über Fremde und Deutsche im 20. Jahrhundert, Frankfurt a.M. 1995, S. 234–242. Vgl. zur militärischen Dimension Klaus Naumann: Generale sowie ders.: Kriegserfahrung und Streitkräftegründung: Russlandheimkehrer als Generäle der Bundeswehr, in: Thomas Jäger u. a. (Hg.): Sicherheit und Freiheit. Außenpolitische, innenpolitische und ideengeschichtliche Perspektiven, Baden-Baden 2004, S. 254–267; Ders.: „Brave Nazis" für die Bundeswehr? Rußlandheimkehrer als Generäle und Offiziere der bundesdeutschen Streitkräfte, in: Zeitgeschichte 30, 4 (2003), S. 211–224.

129 Bernd Weisbrod: Generation und Generationalität in der Neueren Geschichte, in: APuZ 8 (2005), S. 3–9. Als alternatives Konzept böte sich hier neben dem von Weisbrod vorgeschlagenen Gruppenbegriff die Integration hin zu einer Sicherheitselite für die sozialhistorische Forschung an. Vgl. Klaus Naumann: Sicherheitselite und außenpolitischer Stil. Elitenwandel und Konsensbildung in der Frühgeschichte der Bundesrepublik, in: Mittelweg 36, Nr. 8, 5 (1999), S. 4–22.

130 O.V.: Die Führungsspitze des Heeres, in: Wehrtechnik 4 (1978), S. 56 f.

131 W.F.: Bundesministerium der Verteidigung.

Ministerialdirigenten der Rüstungsabteilung und des Beauftragten für Wehrtechnische Forschung im BMVg demonstrieren.[132]

Von Seiten der Industrie waren z. B. Rüstungsmanager von Rheinmetall früh in der DGW aktiv. Der Direktor der Rheinmetall Berlin AG, Otto Paul Caesar, zählte neben Schneider und Leeb zu den Mitbegründern und aktiven Förderern. Laut Generalleutnant a.D. Schneider engagierte er sich durch „Ratschläge, ideelle und materielle Unterstützung und die aktive Mitwirkung zahlreicher Angehöriger der Firma Rheinmetall“. Besondere Anliegen waren für Caesar „die Förderung der wehrtechnischen Führung und Ausbildung, der wehrtechnischen Forschung und Entwicklung und der Verteidigungswirtschaft.“ Dies demonstriert eindrücklich die enge Kooperation von militärischer Führung, industrieller Produktion sowie wissenschaftlicher Forschung und Entwicklung. Caesar war dem Kreis um Schneider und Leeb vermutlich schon aus der Vorkriegszeit bekannt, gehörte er doch seit 1936 als Justitiar zur Geschäftsleitung des Röchlingschen Hüttenwerkes in Völklingen bzw. war Vorstandsmitglied der Stahlwerke Röchling-Buderus AG in Wetzlar.[133] Dies galt auch für seinen Vorstandskollegen bei Rheinmetall, Direktor Dipl.-Ing. Ernst Blume. Er war als studierter Maschinenbauer schon in jungen Jahren vom Betriebsdirektor (1938) zum Vorsitzer der Werksdirektion Rheinmetall-Borsig (1940) aufgestiegen und mit 15.000 Mitarbeitenden für einen bedeutenden Teil der Rüstungsproduktion im Krieg verantwortlich. Bis in die frühen 1950er Jahre konnte er nach einem Berufsverbot in der Rüstungsindustrie seine frühere Position wiedererlangen. Seit 1954 war er in den Wiederaufbau des Rheinmetall-Werkes in Düsseldorf-Rath involviert und wurde als „Motor der deutschen Wiederaufrüstung“ erst Vorstandsmitglied (seit 1958), später Aufsichtsratsmitglied der Rheinmetall Berlin AG. Daneben promotete er als Mitglied und später, bis kurz vor seinem Tod 1974 auch als Präsident der DGW und Vorsitzer der Carl-Cranz-Gesellschaft öffentlich die bundesdeutsche Rüstungsproduktion und die Förderung des wehrtechnischen Ingenieurnachwuchses.[134]

---

132 Bruno Abild/Peter Gaertner: Die Rüstungsabteilung: Aufgaben, Organisation, Verfahren und Kurzlebenslauf Abild, in: Wehrtechnik 7 (1977), S. 43–47; Wolfgang Strathmann: Wehrtechnische Forschung und Kurzlebenslauf, in: Wehrtechnik 7 (1977), S. 36–40.

133 Erich Schneider: Direktor Otto Paul Caesar 65 Jahre, in: Wehrtechnik 10 (1971), S. 423.

134 Erich Schneider: Nachruf auf Präsident Ernst Blume, in: Wehrtechnik 12 (1974), S. 465. Die als gemeinnützig anerkannte Carl-Cranz-Gesellschaft e.V. erhielt in den Jahren 1978 und 1979 je 87 bzw. 86 Mio. DM aus dem Verteidigungshaushalt (Wehrforschung). Die Zeitschrift Wehrtechnik berichtet über „wehrtechnische Aus- und Weiterbildung von Absolventen und Studenten von Hochschulen und anderen wissenschaftlichen Ausbildungsstätten im Rahmen von Vorträgen, Seminaren, Aufbaulehrgängen und ähnlichen Veranstaltungen. Die Veranstaltungen sollen dazu dienen, junge Wissenschaftler und Techniker für die Wehrtechnik und damit als Nachwuchs für die verschiedenen Bedarfsträger zu gewinnen.“ O.V.: Art. Carl-Cranz-Gesellschaft, in: Wehrtechnik 12 (1978), S. 50. Vgl. o.V.: Anzeige Lehrgänge der Carl-Cranz-Gesellschaft e.V. im 2. Quartal 1983, in: Wehrtechnik 3 (1983), S. 94.

2.2 Nationale Akteure der Nachfrageseite im Kalten Krieg

2.2.1 Das „diabolische Prinzip" des Rüstungsmanagements – BMVg, Heeresamt und BWB als Mehrebenenakteure

Rüstungsgüter werden meist vom Staat als wichtigstem Abnehmer gekauft. Er hat – sieht man vom Rüstungsexport ab – eine monopolartige Stellung als Nachfrager.[135] Was bedeutet dies aber in der Praxis? Insgesamt wissen wir über die Beschaffungspraxis der staatlichen Akteure nur wenig. Sie ist auch aufgrund der Quellenlage ein wenig erforschter Bereich. Wie wurden Waffen erworben, entwickelt und bestellt? Wie müssen wir uns die Vergabepraxis und die Vertragsgestaltung vorstellen? Zur Beantwortung dieser Fragen ist ein genauerer Blick auf die entscheidenden Institutionen, die sowohl die Marktstrukturen als auch die *property rights* beeinflussen, hilfreich. Berghoff/Kolbow gehen übereinstimmend mit Keller/Kotler davon aus, dass „politische Weichenstellungen zu antizipieren und für das eigene Geschäft zu nutzen, (...) zu den Grundlagen effizienten Marketing-Managements" gehört, und dies gelte für Investitionsgüterunternehmen wie für den Konsumgüterbereich.[136] Diese These wird auch bestätigt durch Forschungen zum Beschaffungsmarketing von öffentlichen Gütern allgemein, die zeigten, dass die staatliche Rahmenordnung die wettbewerbliche Gestaltung des Marktumfelds entscheidend tangiert.[137] Um zu überprüfen, wie sich dieser Einfluss auf die Rüstungsmärkte gestaltete, sind die inländischen Abnehmer zu differenzieren: das BMVg, die mit Rüstung betrauten Abteilungen in der Bundeswehr selbst, z. B. im Heer als der größten Teilstreitkraft, und die Beschaffungsstellen im Bundesamt für Wehrtechnik und Beschaffung (BWB). In den 1980er Jahren kritisierte ein langjährig Verantwortlicher die Kooperation dieser Ebenen untereinander: Das vorgeschriebene „dialogische Prinzip" der steten Absprache und Fühlungnahme sei „von Eiferern beider Seiten zum diabolischen Prinzip mißbraucht" worden.[138]

Das Bundesministerium der Verteidigung als Nachfrageinstitution

Die Ursachen dieses „diabolischen Prinzips" liegen in der Gründungsphase der Bundeswehr. Als das „Amt Blank" 1955 in das neu gegründete BMVg überführt

135 Otto Greve: Bundesamt für Wehrtechnik und Beschaffung. 25 Jahre Rüstungsarbeit, in: Wehrtechnik 11 (1982), S. 15–18, hier S. 17; Kollmer: Rüstungsgüterbeschaffung; Ders.: „Klotzen", S. 485–614; Werner Abelshauser: Rüstung, Wirtschaft, Rüstungswirtschaft: Wirtschaftliche Aspekte des Kalten Krieges in den fünfziger Jahren, in: Maier/Wiggershaus (Hg.): Bündnis, S. 89–108.

136 Hartmut Berghoff/Berti Kolbow: Konsumgütermarketing im Rüstungsboom. Wachstumsstrategien der IG-Farben-Sparte Agfa, 1933 bis 1945, in: ZUG 2010, 2, S. 129–160, hier S. 138. Vgl. Kevin Lane Keller/Philip Kotler: Marketing Management, Upper Saddle River 2006, S. 93.

137 Berg: Beschaffungsmarketing; Hammann/Lohrberg: Beschaffungsmarketing und Treis: Beschaffungsmarketing, S. 249 ff.; Aberle/Hänsel: Langfristig effizienter Einsatz, S. 165 ff.

138 Schnell: 30 Jahre Rüstung, S. 16.

wurde, waren die ersten Schritte zur Ausrüstung der Truppen schon getan. Im Sommer 1953 war die Rüstungsabteilung V von Bad Homburg nach Koblenz umgezogen, danach wurden die Abteilungen von fünf auf 11 sukzessive ausgebaut.[139] Ende 1955 unterstanden Blank fast 1.000 Mitarbeiter, 1962 schon 4.400, was die rasch zunehmende Bedeutung des Ministeriums demonstriert.[140] Unter Blanks Nachfolger Strauß wurden ab 1956 eine Reihe von organisatorischen Umstellungen vorgenommen und die Rüstungsbemühungen des BMVg neu geordnet. Es wurden eigene Führungsstäbe für die Bereiche Bundeswehr, Heer, Luftwaffe, Marine sowie Sanitäts- und Gesundheitswesen eingeführt, 1957 zudem die Position des Generalinspekteurs (Heusinger) geschaffen.[141] Diese Veränderungen zeigen sich auch im Organigramm des Ministeriums aus dem Jahre 1956 (Abb. 2).

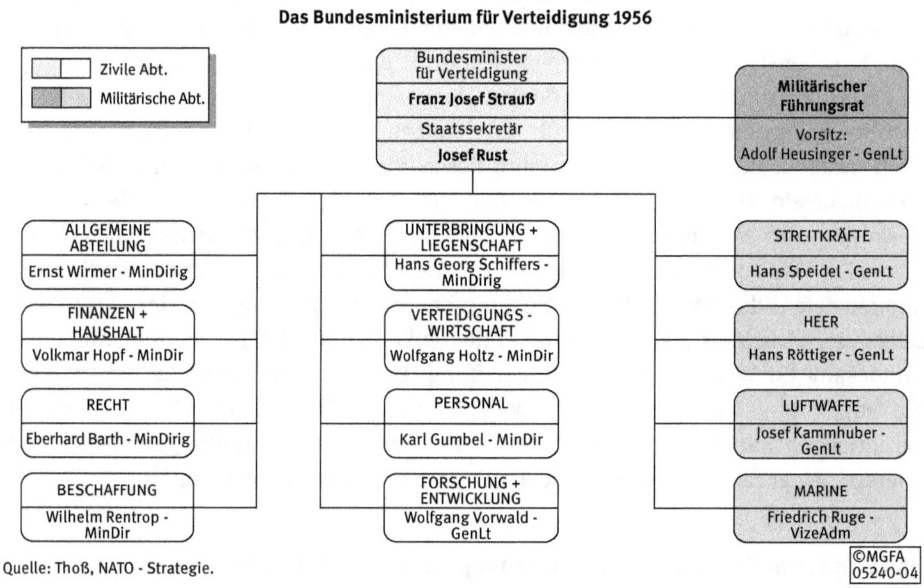

Abb. 2: Organigramm des BMVg.
Quelle: Grundkurs deutsche Militärgeschichte 3, S. 92 und Thoß, NATO-Strategie.

---

139 O.V.: 30 Jahre BWB, in: Wehrtechnik 1 (1988), S. 32.

140 Grundkurs deutsche Militärgeschichte 3, S. 92; Thoß: NATO-Strategie; Kollmer: „Klotzen“, S. 485 ff.

141 Grundkurs deutsche Militärgeschichte 3, S. 92; Dieter H. Kollmer/Michael Creswell: Power, Preferences or Ideas? Explaining Germany’s Arms Strategy, 1955–1972, in: Journal of Cold War Studies 15,4 (2013), S. 55–103 und Thoß, NATO-Strategie.

Auf die mehrfache Änderung der Binnengliederung des Ministeriums wird noch zurückzukommen sein. Gleichwohl lässt sich schon eine anhaltende Problematik der Organisationsstruktur beschreiben: eine Art „polykratisches Chaos" (Ludolf Herbst) der Abnehmer- und Entscheidungsseite. Betrachtet man die Struktur des Bundesministeriums der Verteidigung genauer, werden zu diesem frühen Zeitpunkt schon Konkurrenzen deutlich: Sowohl die Abteilung Finanzen und Haushalt, als auch die Abteilungen Beschaffung, Verteidigungswirtschaft sowie Entwicklung und Forschung waren 1956 als Ansprechpartner für die Rüstungsunternehmen zuständig. Die strukturelle Unübersichtlichkeit im Ausrüstungsbereich verstärkte sich noch durch die Betonung der Teilstreitkräfte in der neuen Organisationsstruktur des Ministeriums. Je Truppengattung wurden zusätzlich einzelne Dienststellen und Abteilungen geschaffen, die die Entwicklung, Erprobung und Beschaffung von Rüstungsgütern verwalteten und mit Herstellern und Entwicklern verhandelten. Diese Struktur blieb bis nach dem Ende des Kalten Krieges bestehen.[142]

Rüstungsabteilungen der Teilstreitkräfte am Beispiel des Heeres

Alle drei Teilstreitkräfte hatten bis Ende 1964 im Truppenamt eine sog. Inspektion der Waffengattung, die für sie maßgeblich die Ausstattung verantwortete. Um Rüstungsprodukte, die in mehreren Truppenteilen benötigt wurden, gemeinsam anzuschaffen, stand zwar ein Offizier mit Stabsfunktion als Koordinator zwischen den drei Teilstreitkräften bereit. Doch da dieser mit der Zunahme von Großprojekten ab den 1960er Jahren an Effizienzgrenzen stieß, trachtete das zuständige Ministerium nach Abhilfe. Für den Bereich der Heeresrüstung wurde daher in den frühen 1960ern eine Außenstelle des Führungsstabes des Heeres (Gruppe Forderungen des Heeres an das Material, GFHMat) installiert. Sie war dem Führungsstab direkt unterstellt, gehörte aber gliederungsmäßig zum Truppenamt.[143]

Doch auch diese Trennung der Zuständigkeiten funktionierte nicht effizient. 1965 wurde nach Vorarbeiten einer Studienkommission eine neue Instanz geschaffen, die zentral für das Heer verantwortlich sein sollte. Dieser neuen, wie das BWB nach Fachtechniken gegliederten „Inspektion für Forderungen an die Heeresrüstung" war aber ebenfalls kein dauerhafter Erfolg beschieden. Zunächst 1969 umbenannt in „Inspektion für Heeresangelegenheiten der Rüstung" wurde sie nach der Reorganisation des Heeresamtes 1975 durch eine, in diesem Amt neu geschaffene Abteilung III für Heeresrüstung ersetzt.[144] Das Heeresamt war nicht nur für Ausrüstung und Kontrolle der Materialerhaltung, sondern auch für die Ausbildung von

142 Ebenda und Homepage des BMVg unter www.bmvg.de (15.05.2007).

143 Peter Schmidt u. a.: Abteilung Heeresrüstung im Heeresamt. Vielfältige Aufgaben im Rüstungsmanagement, in: Wehrtechnik 7 (1984), S. 28–58.

144 Schmidt u. a.: Abteilung Heeresrüstung, S. 28–33. Vgl. auch o.V.: Das Heeresamt in Köln, S. 58.

Soldaten in den Schulen des Heeres und in Lehrtruppen zuständig. Es umfasste Ende der 1970er Jahre insgesamt 28.000 Soldaten und 5.400 zivile Mitarbeiter.[145]

Die Abteilung III war nach dem Rüstungsrahmenerlass wie ihre Vorgängerinstitutionen für die Vorbereitung, Durchführung und Bewertung von Beschaffungsvorhaben, die Rüstungsplanung, den Rüstungshaushalt, die internationale Rüstungszusammenarbeit und den „Dialog mit der Industrie im Bereich der Heeresrüstung“, d. h. die militärisch-industrielle Zusammenarbeit zuständig.[146] Geleitet wurde sie von einem General der Heeresrüstung, dem eine Gruppe für Grundsatzangelegenheiten und vier Fachgruppen für Systeme/Geräte in den einzelnen Truppenteilen des Heeres unterstanden. Ihm war allerdings nicht das Materialamt des Heeres zugeordnet, das direkt die Anweisungen des Amtschefs erhielt.[147] Daneben gab es weiterhin beim Führungsstab des Heeres im BMVg eine Stabsabteilung VII Rüstung, die im Unterschied zur Abteilung III bei der Truppe (= Bedarfsträger) als Bedarfsdecker definiert wurde und einen Systembeauftragten in die jeweilige Planungsgruppe entsandte.[148]

Anforderungen für neue Waffen und Waffensysteme sollten generell aus den Teilstreitkräften kommen, was die hohe Relevanz des Heeresamts erklärt. Rüstungstechnischer Bedarf wurde hauptsächlich von der Truppe selbst angemeldet, spielte aber sicherlich auch auf der ministeriellen und politischen Ebene eine Rolle. Formal zeichnete allerdings im Unterschied zu den Großwaffen (Systemen), für die der Führungsstab des Heeres die oberste Verantwortung trug, für alle heerestechnischen Geräte (Waffen, Munition) das Heeresamt verantwortlich. Vorgesehen war, dass „bei Auftreten einer Ausrüstungslücke (...) auf der Basis eines ‚Initiativantrages‘ nach einer Realisierbarkeitsuntersuchung des BWB durch die Abteilung Heeresrüstung eine Taktische Forderung erarbeitet“ wird. Dazu wurde auch unverzüglich das Dezernat Planung und Haushalt der Abteilung Heeresrüstung eingeschaltet, das die Passgenauigkeit in die Gesamtplanung überwachen sollte. Der Führungsstab war wiederum verantwortlich für diesen Bundeswehrplan, der alle Beschaffungsvorhaben im Zeitraum von 15 Jahren enthielt und jährlich modifiziert wurde. Bevor ein Projekt in diesen Plan aufgenommen wurde, mussten erste grobe Schätzungen „über die voraussichtlich benötigten Stückzahlen, Entwicklungs- und

145 O.V.: Das Heeresamt in Köln, S. 58.

146 Schmidt u. a.: Abteilung Heeresrüstung, S. 29.

147 Ebenda, S. 28–34. Neben der Gruppe 1 für Grundsatzfragen umfassten die vier Fachgruppen jeweils Systeme/Geräte für Führungstruppen/Technische Aufklärung (2), Kampftruppen (3), Kampfunterstützungstruppen (4) und Technische Truppen (5). Gruppe 2 war u. a. zuständig für EDV, Fernmeldetechnik und elektronische Kampfführung, Gruppe 3 für Panzer, Panzeraufklärer, Infanterie, Munition, Heeresflieger und Optik/Nachtsicht, Gruppe 4 für Artillerie, Heeresflugabwehr, Pioniere und ABC-Abwehr, Gruppe 5 für Transport-Kfz, Prüfgeräte, Unterstützungsgerät, Kampfmittelbeseitigungsgerät, Bekleidung und Einsatzverpflegung.

148 Schmidt u. a.: Abteilung Heeresrüstung, S. 35.

Beschaffungskosten vorliegen.“ Anträge für neue Projekte sollten zudem jeweils zwei Jahre vor dem Haushaltsjahr gestellt werden.[149]

Dieses komplexe und langfristig ausgerichtete bürokratische Verfahren sollte Planbarkeit, Effizienz und schnelle Beschaffungsvorgänge sicherstellen. Nach der Heeresdienstvorschrift 100/100, Truppenführung, war die militärische Führung dazu angehalten, „die Möglichkeiten der fortschreitenden Technik rechtzeitig zu erkennen, wesentliche Entwicklungen voranzutreiben und ihre Ergebnisse zur Erhöhung der Kampfkraft zu nutzen. (...) Die Rüstung hat die Aufgabe, den Streitkräften ausgereifte und erprobte Mittel von hoher Qualität rechtzeitig und in ausreichender Zahl zu liefern.“[150] Zwar war die Zielrichtung des Beschaffungsvorgangs beim Heer damit vorgegeben, allerdings erzeugte das komplexe System mit Verantwortlichkeiten in Heer, Ministerium und BWB eine Reihe von unvorhergesehenen Schwierigkeiten. Generell kann davon ausgegangen werden, dass zwischen der Hauptabteilung Rüstung im BMVg und den für Rüstung zuständigen Dienststellen in Heer, Luftwaffe und Marine wie den Inspektionen bzw. der Abteilung III als Nachfolgerin eine Informationsasymmetrie herrschte. Die Teilstreitkräfte-Ämter verfügten in der Regel über genauere Kenntnisse über Bedarf, Material und Einsatzmöglichkeiten ihrer jeweiligen Waffengattungen. Andererseits hatten die Ämter in der Hauptabteilung Rüstung und das BWB größere Einflussmöglichkeiten auf die zivilen Entscheidungsstrukturen des Ministeriums und eine engere Fühlungnahme zur Industrie, verfügten daher ebenfalls über Insiderwissen und Verhandlungsmacht. Da der leitende Systemoffizier als Vorsitzender nur koordinierende Funktionen hatte, „ohne jedoch den Mitgliedern seiner Arbeitsgruppe fachliche Weisungen zu erteilen“, setzte dies nicht nur einen „kooperativen Führungsstil“ voraus. Wie zu Recht von Seiten des Heeresamtes festgestellt wurde, verlangte dieses System auch „von allen Beteiligten ein hohes Maß an Kooperation und Kompromißbereitschaft“.[151] Allerdings konnte dieses auf Dialog, Kooperation und Kompromiss abgestellte Prinzip bei Konflikten und Interessendivergenzen in einem hierarchisch angelegten Umfeld zum Problem werden. Dies war möglicherweise auch der Grund dafür, dass die „Matrixorganisation“ und das „dialogische Prinzip“ zu Beginn der 1980er Jahre auf dem Prüfstand landeten und die Hauptabteilung Rüstung ein neues Forschungs- und Technologiekonzept entwickelte.[152]

Im Oktober 1983 wurde von Verteidigungsminister Wörner eine Weisung erlassen, die „der Straffung der Aufgabenwahrnehmung auf dem Gebiet der Rüstung“ dienen sollte und damit eine neue Grundlage für die Heeresrüstung darstellte. Nun übernahm der Systembeauftragte eine leitende Managementfunktion für alle Systeme und Systemanteile im Bereich der Heeresrüstung. Dass das Heeresamt für die

149 Ebenda, S. 43.

150 Schmidt u. a.: Abteilung Heeresrüstung, S. 33.

151 Ebenda, S. 37.

152 Ebenda und Schnell: 30 Jahre Rüstung, S. 15.

Durchführung dieser Systembeschaffung sowie für alle Gerätebeschaffungen federführend war, wurde „erneut und eindeutig festgelegt“. Da der Geräteoffizier im Heeresamt für die Beschaffung aller komplexen Geräte zuständig war, bezeichneten ihn die Mitarbeiter im Heeresamt auch als „ < kleiner > Systembeauftragter der Ämterebene“.[153] Dies deutet auf Wertehierarchien und Abgrenzungsbestrebungen der institutionellen Akteure im Beschaffungsvorgang hin.

Beschaffungsstellen im Bundesamt für Wehrtechnik und Beschaffung

Ein weiterer wichtiger Akteur im staatlichen Rüstungsmanagement war seit 1958 das BWB in Koblenz. Es galt als zentrale Dienststelle für die „Durchführung der Entwicklung und Beschaffung von Wehrmaterial“. Daneben existierten aber noch weitere dezentrale Dienststellen mit ähnlichen Aufgaben: Beschaffungsstellen von Marine und Luftwaffe, Erprobungsstellen, Marinearsenale und dem BWB nachgeordnete Dienststellen, der Güteprüfdienst der Bundeswehr, Wehrbereichsverwaltungen, Standortverwaltungen, Wehrbereichsverpflegungsämter, Truppenteile für den Sofortbedarf und Verbindungsstellen in den USA und Kanada. Welche Güter dezentral beschafft werden sollten, war durch eine Liste geregelt.[154] Die zentrale Beschaffung sollte das BWB im Zusammenspiel mit den Teilstreitkräften bewältigen, doch gab es eine Reihe von weiteren Konkurrenzen im Beschaffungssystem.[155] Nach Gründung des BMVg entstanden aus schon bestehenden Abteilungen neue Dienststellen, die sich der Entwicklung und Beschaffung von Rüstungsgütern annehmen sollten. Deren Zusammenführung in ein zentrales Rüstungsamt unterblieb nach Kollmer aber aufgrund der „innerministeriellen Widerstände und (...) Widerspruch aus der Wirtschaft“. Insbesondere seien schon in den frühen 1950er Jahren „innerministerielle Rangeleien um Kompetenzen und Zuständigkeiten, Ämter und Posten, Rechte und Pflichten“ entbrannt. Partiell beigelegt wurde dieser Konflikt erst, nachdem sich Blank und Wirtschaftsminister Erhard Ende 1954 auf „Leitsätze für die Zusammenarbeit zwischen dem BMWi und dem Verteidigungsressort“ geeinigt hatten. Am 14. November 1957 wurde dann nach weiterem Kompetenzgerangel die Abteilung XI „Planung und Beschaffung“ per Erlass von Verteidigungsminister Strauß als „Amt für Wehrtechnik und Beschaffung“ (AWB) aus dem BMVg zum 1. Dezember 1957 ausgegliedert und als eine dem BMVg unmittelbar nachgeordnete Oberbehörde ab September 1958 in BWB umbenannt.[156] Dem BWB entzogen wurde zuvor allerdings der Bereich der

---

153 Schmidt u. a.: Abteilung Heeresrüstung, S. 35 bzw. 38.

154 Liste z. B. in VMBl. 1964, S. 336 ff. Vgl. Heinz Gläser: Rüstungsbereich und Industrie, in: Soldat und Technik (1972), S. 111–113, hier S. 111; Kollmer: „Klotzen“, S. 504; Caspar: BWB – Ein Amt stellt sich vor, S. 39. Vgl. Wissing: Das Beschaffungswesen, S. 89–94 und Greve: 25 Jahre, S. 16.

155 Elmar W. Caspar: BWB – Ein Amt stellt sich vor, in: Wehrtechnik 7 (1987), S. 37–39, hier S. 37.

156 Kollmer: „Klotzen, nicht kleckern!“, S. 503 f. und Eigendarstellung des BWB unter http://www.bwb.org (13.4.2009). Den Zweck des BWB stellt in groben Zügen Art. 87b des Grundgesetzes

Forschung und Entwicklung (Unterabteilung XI C), der im BMVg verblieb und sich hier als eine neue Abteilung formierte.[157]

Das BWB als neue Behörde war von Beginn an von mittlerer Größe und wuchs wie das BMVg recht schnell von 1.000 Mitarbeitenden auf 14.100 (1982) an, von denen aber nur 7.100 in Koblenz beschäftigt waren. Hinzu kamen 5.500 Beschäftigte des Marinearsenals in Wilhelmshaven, die dem BWB unterstellt waren (Abb. 3).[158]

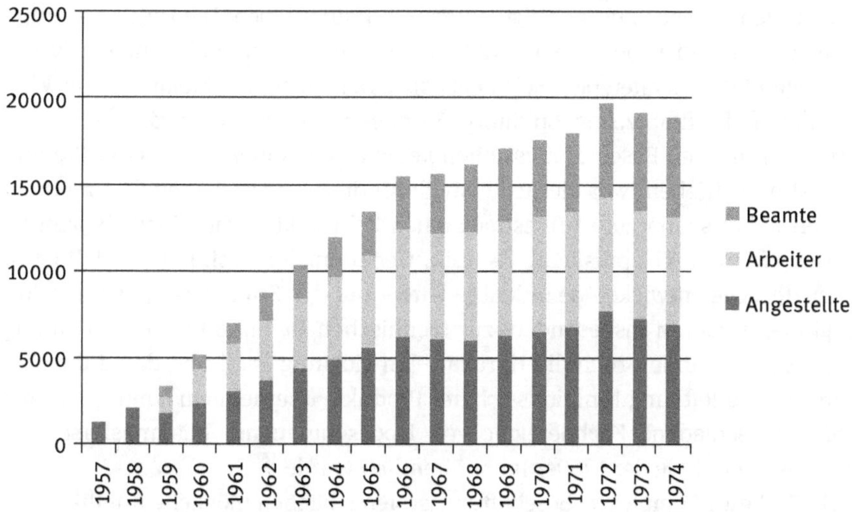

Abb. 3: Personalbestand des BWB, 1957–1974.
Quelle: Eigene Darstellung nach Greve: 20 Jahre BWB-Arbeit, S. 16.

Zwar gab es schon in den 1970er Jahren einen leichten Rückgang des Personals. Aber erst von 1980 bis 1986 wurden 10 % der Stellen abgebaut, obwohl sich die Aufgaben von 80 auf 160 Großprojekte enorm ausweiteten. Davon waren 50 international und damit verhandlungs- und personalintensiv.[159] Nach Angaben des BWB betrieb die BRD von allen NATO-Partnern „die größte Anzahl übernationaler Vorhaben".[160] Während die Zahl der Gerätevorhaben von 1972 bis 1987 weniger stark (von 900 auf 1.190) anstieg, nahm auch die Anzahl der beschafften Waffensysteme um mehr als das Doppelte zu (von 33 auf 71). Auch die Zahl der beschafften Ersatzteile stieg in diesem Zeitraum von 30.000 auf 105.000 an, was sich das BWB durch die zunehmende

(„Deckung des Sachbedarfs der Streitkräfte") dar. Vgl. Greve: 25 Jahre Rüstungsarbeit, S. 15–18 und Caspar: BWB – Ein Amt stellt sich vor, S. 37.

157 O.V.: 30 Jahre BWB, in: Wehrtechnik 1 (1988), S. 32.

158 Greve: 25 Jahre Rüstungsarbeit, S. 15.

159 Greve: 20 Jahre BWB-Arbeit, S. 16.

160 Caspar: BWB – Ein Amt stellt sich vor, S. 37–39 und D. Willikens: Das BWB im Rüstungsbereich, in: Wehrtechnik 1 (1972), S. 5–10, hier S. 6.

Komplexität von Geräten und Waffensystemen erklärte. Im Jahre 1987 betrug die Zahl der Haushaltsstellen im BWB 18.537, während die Rüstungsabteilung im BMVg nur 506 Stellen besaß.[161] Die Aufgaben des BWB waren vielfältig und von großer Tragweite, neben der zentralen und Steuerung der dezentralen Beschaffung, auch die Erprobung und Qualitätssicherung von Rüstungsgütern.[162] Standen am Beginn der Arbeit des BWB „der Kauf der am Markt verfügbaren Geräte“ im Vordergrund, weil die Entwicklung im BMVg betrieben wurde, so änderte sich diese Arbeitsteilung langsam. Nach und nach wurden Entwicklungsaufträge an das BWB abgegeben. Die Untergliederung des BWB entsprach dabei zuerst dem Funktionsprinzip, dann bis zu Beginn der 1970er Jahre vorwiegend den Gerätetypen. Seit 1958 existierten einzelne Abteilungen für Waffen und Munition, Kraftfahrzeuge, Luftfahrt-, Marine- und Fernmeldegerät.[163]

Da Ministerium und Beschaffungsstellen keine eigene Entwicklung oder Produktion von Waffen betrieben, war dies exklusiv der Industrie vorbehalten.[164] Unternehmen wurden daher schon zum frühestmöglichen Zeitpunkt in die Rüstungsplanung eingebunden, wie der Vizepräsident Technik, Generalmajor Dipl.-Ing. D. Willikens, 1972 abgrenzte: „Die entwickelnde Industrie wird – mit den Studien während der Vorphase beginnend bis hin insbesondere zur technischen Definition – in der Planung so beteiligt, daß sie ohne Bruch die Hartware-Entwicklung [sic!] und damit die Verantwortung zur Ablieferung funktionssicherer Produkte übernehmen kann.“[165] Daneben wurden verschiedene Fachbereiche von Hochschulen mit Rüstungsforschung beauftragt, was erst Ende der 1960er Jahre öffentlich wurde.[166]

Innerhalb dieses komplexen Beschaffungssystems blieben mögliche Konfliktlagen mit dem BMVg, seinen Rüstungsabteilungen sowie den Rüstungsämtern der Teilstreitkräfte durch die Aufgabenverteilung erhalten. Beim Ministerium verblieben „Grundsatzplanung, Forschung, wesentliche Entscheidungen im Verfahrensablauf sowie die einleitende Objektplanung der Vorhaben mit besonderem finanziellem, wirtschaftlichem und bündnispolitischem Gewicht“. Dies bedeutete, dass alle größeren Rüstungsprojekte je nach Entscheidung des Ministeriums in das BWB abgegeben werden konnten. Es wurde dem BWB als zentraler Beschaffungsstelle lediglich zugestanden, dass „alle ausführenden, vollziehenden Aufgaben von der Entwicklung über die Beschaffung bis zur Materialerhaltung (. . .) dem BWB in enger Verbindung mit den Teilstreitkräften“ obliegen sollten. Um diese Kooperation für beide Seiten erfolgreich zu

161 Caspar: BWB – Ein Amt stellt sich vor, S. 37–39; Schnell: 30 Jahre Rüstung, S. 16.

162 Kollmer: „Klotzen, nicht kleckern!“, S. 504. Vgl. Caspar: BWB – Ein Amt stellt sich vor, S. 37 und Willikens: Das BWB im Rüstungsbereich, S. 5–10.

163 So erinnerte sich 1982 der Präsident des BWB, Dr. Otto Greve: 25 Jahre Rüstungsarbeit, S. 16.

164 Caspar: BWB – Ein Amt stellt sich vor, S. 38 f.

165 Willikens: Das BWB im Rüstungsbereich, S. 6.

166 Ebenda. Vgl. Erich Schneider: Hochschulen und Wehrforschung. Die Mißstände an den deutschen Hochschulen, in: Wehrtechnik 12 (1969), S. 436 f.; Mitteilung des BMVg vom 10.2.1970 zu Forschungsaufträgen der Bundeswehr, in: Wehrtechnik 3 (1970), S. 92.

gestalten, war das dialogische Prinzip eingeführt worden.[167] Doch Rivalitäten und Konkurrenzen um Projekte und Planungen waren schon qua Struktur der staatlichen Beschaffungsorganisation angelegt. Ob die dialoggebundene Steuerung in der Praxis funktionierte, hing stark von den einzelnen Akteuren und ihrer Interessenlage ab. Ministerialdirektor Karl Helmut Schnell, Hauptabteilungsleiter Rüstung im BVMg sprach schließlich angesichts einer Rückschau auf 30 Jahre Rüstungsbeschaffung des BWB sogar davon, dass dieses Mehrebenen-Prinzip in den 1970ern und frühen 1980ern „von Eiferern beider Seiten zum diabolischen Prinzip mißbraucht" worden sei. Erst seit Mitte der 1980er Jahre hätten beide Seiten intensiver und in zeitlich ausreichendem Maße miteinander kommuniziert.[168]

Dies lag auch daran, dass eine Prinzipal-Agenten-Problematik in diesem System strukturell impliziert war, da klare zentrale Steuerungselemente fehlten. Das Wissen um die Bedürfnisse im Einsatz war z. B. in den Teilstreitkräften deutlich größer, während das Ministerium die politischen und internationalen Belange besser im Blick hatte und auf der anderen Seite das BWB eine engere Zusammenarbeit mit Unternehmen pflegte. Zwar war als eine Lehre aus dem Weltkrieg „im Gegensatz zur Regelung bei der früheren Wehrmacht (...) bewußt und gewollt die exekutive Durchführung der Ausstattung der Streitkräfte nicht nach Waffengattungen oder Teilstreitkräften dezentralisiert, sondern die sogenannte Bundeswehrlösung, d. h. die zentrale Bearbeitung für alle Teilstreitkräfte" eingeführt worden. Doch ob damit „eine echte Koordinierung aller Bedarfsträger auf dem Gebiet der Ausstattung" und ein rationeller Einsatz von Haushaltsmitteln zustande kamen, wie die Spitzen des BWB 1987 in der Rückschau meinten, darf bezweifelt werden.[169]

Dass die Beschaffungspraxis nicht so reibungslos von statten ging, wie die Akteure es bisweilen darstellten,[170] zeigen neben kräftigen Kostensteigerungen auch drei größere organisatorische Nachjustierungen: erstens die Abkehr vom Funktionsprinzip und Einführung des Geräteprinzips sowie Schaffung von Bereichen wie „Zukunftstechnik Luftfahrt" und „Zukunftstechnik Waffen und Munition" 1958, zweitens die Neuorganisation 1971/72 und die betriebswissenschaftlich orientierte Matrix-Organisation als neues Forschungs- und Technologiekonzept in den frühen 1980er Jahren sowie viertens eine letzte Umorganisation 1988. Diese Neuordnungen machen nicht nur deutlich, dass das BWB sich sukzessive an neuen Organisations- und Managementpraktiken der Wirtschaft (Divisionalisierung, Projektorientierung, Beratermatrix) orientierte. Sie zeigen auch, dass es wiederholt zu Konflikten kam,

---

167 Caspar: BWB – Ein Amt stellt sich vor, S. 38. Vgl. Schnell: 30 Jahre Rüstung, S. 16.

168 Schnell: 30 Jahre Rüstung, S. 16.

169 Z. B. der Vizepräsident Wirtschaft des BWB, Dr. Elmar W. Caspar: BWB – Ein Amt stellt sich vor, S. 37 f.; Generalmajor Willikens: Das BWB im Rüstungsbereich, S. 5. Vgl. Wieck: Bedeutung, S. 238.

170 Vgl. etwa die trotz Erwähnung von Rüstungsskandalen und Ministerrücktritten sehr positive Darstellung bei Carl-Gero von Ilsemann: 25 Jahre Bundeswehr – Eine Bilanz, in: Wehrtechnik 7 (1980), S. 19–28, hier S. 22.

die effizientes Arbeiten behinderten und Reorganisationen provozierten. Die große Neuordnung 1971 ist besonders hervorzuheben, denn das BWB wurde fast zeitgleich zu den westdeutschen Großunternehmen reorganisiert.[171] Dies manifestierte sich in einer neu gegründeten Abteilung „Projektbereich", in der „Projektbeauftragte" in speziell eingerichteten Unterabteilungen nun „Projekte" durchführen sollten. Dabei war vorgesehen, dass diese Arbeitsgänge „vergleichbar einem ‚Generalunternehmer' in der Industrie" durchgeführt würden, um den Wettbewerb zu forcieren und stärker Verantwortung für die Funktionstüchtigkeit an die Industrie zu übertragen.[172]

Ausschlaggebend für diese Neuausrichtung waren auch Anforderungen technischer Art an die immer komplexer werdenden Waffensysteme.[173] Zwar wurden auch zuvor schon Praktiken des Projektmanagements implizit genutzt, doch mit der Neuordnung 1971/72 sollte „die Form des Projektmanagements innerhalb eines neuen Gesamtmanagementmodells schließlich theoretisch" durchgreifend implementiert werden. Im Hintergrund der Reorganisation standen Überlegungen, zukünftig bei komplexeren Waffensystemen die unterschiedlichen technologischen Kompetenzen besser bündeln, Termine genauer einhalten und die Kosten senken zu können.[174] Eine weitere Ursache mögen auch schwelende Konflikte der Beteiligten gewesen sein, denn der erste Direktor des Projektbereiches und Chefingenieur beim BWB, Dipl.-Ing. Werner Bohn, behauptete, die Neuordnung „intensiviert den Dialog zwischen dem militärischen Bedarfsträger und dem bedarfsdeckenden Rüstungsbereich, der seither zu wünschen [übrig] ließ."[175]

Allerdings war der Projektbegriff im Projektmanagement von BWB und BMVg durchaus enger definiert und wurde genau vom Waffensystem abgegrenzt. Nach internationalen Regeln des militärischen Beschaffungswesens wurde als Projekt „das Vorhaben verstanden, die Lösungsidee einer technischen Aufgabe komplexer Natur in einem Entwicklungs- und/oder Fertigungsprozeß zum truppenverwendbaren Produkt zu führen. (...) Ein Projekt ist demnach nur der technische Anteil eines Waffensystems."[176] Eine ständige Studiengruppe im BMVg entschied bei jedem größeren Beschaffungsvorgang darüber, ob es sich um ein Projekt oder Waffensystem handelte – oder ob sogar nur ein Gerät, d. h. ein weniger komplexes Produkt wie ein

171 Schnell: 30 Jahre Rüstung, S. 15; Greve: 20 Jahre BWB-Arbeit, S. 14 f. Vgl. Caspar: BWB, S. 37 und Reitmayer/Rosenberger (Hg.): Unternehmen am Ende des „goldenen Zeitalters".

172 Caspar: BWB, S. 38. Vgl. Abild/Gaertner: Die Rüstungsabteilung, S. 46 f. und Eigendarstellung des BWB unter http://www.bwb.org (abgerufen am 13.4.2009).

173 Greve: 25 Jahre Rüstungsarbeit, S. 16.

174 Werner Bohn: Projektmanagement im BWB, in: Wehrtechnik 1 (1972), S. 8–10 und z. T. wortgleich ders.: Art. Projektmanagement und Kurzlebenslauf, in: Wehrtechnik 1 (1975), S. 8–10.

175 Bohn: Projektmanagement (1972), S. 9. Dieser Ansatz wies durchaus Parallelen zur Projektarbeit in den Unternehmen auf, wie sie Luc Boltanski/Ève Chiapello als zentrale organisatorische Veränderung der 1970er Jahre sahen. Vgl. dies.: Der neue Geist des Kapitalismus, Konstanz 2003.

176 Bohn: Projektmanagement (1975), S. 8. Vgl. auch ders.: Projektmanagement (1972), S. 8.

Gewehr, zu beschaffen war. Sie entschied damit auch über die sog. Taktischen Forderungen (TaF), die die Entscheidungen über technische Details des zu beschaffenden Systems in der ersten Projektphase (Phasenvorlauf) bindend festhielten.[177]

Genauer festgelegt wurde nun auch der Verantwortungsbereich des Projektbereiches und den daneben weiter bestehenden, technologisch gegliederten Fachabteilungen des BWB gegenüber dem Ministerium. Im BMVg war dem Projektbeauftragten des BWB für das jeweilige Projekt ein Systembeauftragter zur Seite gestellt, der dem Inspekteur der jeweiligen Teilstreitkraft direkt unterstand und somit Verbindungen nicht nur zur ministeriellen Seite, sondern auch zu den militärische Bedarfsträgern in der Truppe halten konnte. Damit wurden neben den bisherigen vertikalen Organisationseinheiten in den Fachabteilungen für Gerät auch neue vertikale eingezogen, die zudem dialogisch und vernetzend tätig werden sollten. Der Projektbeauftragte, der direkt vom Präsidenten des BWB bestellt wurde, war zudem nicht mehr in die klassischen Hierarchien eingebunden, sondern durfte sowohl mit dem Systembeauftragten als auch mit dem Führungsstab der Teilstreitkräfte direkt amtlich verkehren. Er erhielt eine wesentlich erweiterte Machtfülle, denn er war auch die „alleinige Ansprechstelle der Industrie für das Projekt“ und konnte sogar Störungen in den zuständigen Fachabteilungen beseitigen lassen. Seine Tätigkeit endete erst mit der „Auslieferung des letzten Serienstückes bzw. mit der Indienststellung.“[178] Der Projektbeauftragte und seine Arbeitsgruppen wurden in der jeweiligen Projektabteilung noch ergänzt durch jeweils ein Referat für Materialgrundlagen, für Planung und Planungshilfen sowie für Vertragsgestaltung. Für die Kostenkontrolle gab es ein Referat für die Regulierung aller Preisfragen, das dem stellvertretenden Leiter des Projektbereiches direkt unterstellt war.[179]

Problematisch war an dieser Neuordnung allerdings, dass neue Stellen und die Reorganisation ohne jegliche Investitionen von Seiten des Ministeriums gestemmt werden sollten. Weder wurden zusätzliche Materialmittel noch Personalstellen gewährt, sondern es sollte „aus der Substanz vor der Neuordnung“ gelebt werden, „obgleich die Forderung nach einem speziellen Projektbereich aus der Unzufriedenheit mit der bisherigen Organisation entsprang, die hauptsächlich darauf zurückzuführen war, daß das Projektmanagement und die Bereitstellung der Komponenten für das Projekt zusammen im Fachbereich und zum Teil in derselben Hand lagen und wegen Überforderung des Projektbeauftragten durch Referatstätigkeit und

177 Bohn: Projektmanagement (1972), S. 8 f.; Abild/Gaertner: Die Rüstungsabteilung, S. 46 f. Dem Phasenvorlauf folgten fünf weitere Phasen: (1) Konzeptphase (Leistung-, Zeit- und Kostenrahmen mit Erstellung der Militärisch-Technischen Zielsetzung, MTZ), (2) Definitionsphase (Präzisierung der MTZ zur Militärisch-Technisch-Wirtschaftlichen Forderung, MTWF), (3) Entwicklungsphase (Einführungsgenehmigung), (4) Beschaffungsphase und (5) Nutzungsphase in der Truppe, die auch Instandsetzungsarbeiten miteinschloss.

178 Zitat aus Bohn: Projektmanagement (1972), S. 8 f. Vgl. ders.: Projektmanagement (1975), S. 9 f.

179 Bohn: Projektmanagement (1972), S. 9.

Projektsteuerung das Projektmanagement sehr oft zu kurz kam“, so Bohn 1975.[180] Insgesamt wurde seit 1972 das Personal reduziert und zwar von fast 20.000 Mitarbeitenden auf unter 19.0000.[181] Seitens des BMVg zielte diese Kürzung darauf ab, dass „der Truppe leistungsfähige Waffensysteme nach dem neuesten Stand der Technik zur Verfügung gestellt, dadurch Schlagkraft und Selbstvertrauen gestärkt, die Abschreckungswirkung gesteigert und damit der Frieden sicherer gemacht werden“[182] würde, wie es die Heeresdienstvorschrift 100/100 forderte. Allerdings scheint in anderen Veröffentlichungen auch das Ziel des Ministeriums durch, Grundsatzentscheidungen aus dem BWB abzuziehen. Denn das Ministerium sollte nun nicht mehr nur für Grundsatzplanung und Forschung, sondern auch für „wesentliche Entscheidungen im Verfahrensablauf“ und die „einleitende Objektplanung der Vorhaben mit besonderem finanziellen, wirtschaftlichen und bündnispolitischen Gewicht“ zuständig sein.[183] Dies zeigt, dass in den 1970er Jahren mit Zunahme größerer Rüstungsprojekte das Ministerium sich nicht nur die Grundsatzentscheidungen, sondern die ersten Planungen der kostspieligen Projekte vorbehalten und dem BWB nur die operativen Schritte überlassen wollte.

Bis zu Beginn der 1980er Jahre war das BWB mit der Beschaffung der zweiten Waffengeneration nach eigenen Angaben stark ausgelastet.[184] Danach traten 1981 nicht nur Aufgabenausweitungen sondern auch Verschiebungen ein, gegen die sich die Leitung des BWB zu wehren versuchte. Beklagt wurde zum einen die Zunahme von Beschaffungen auf Kosten des Entwicklungsbereiches. Unternehmen im Bereich der Rüstungsentwicklung hätten nun kaum Möglichkeiten zur Umstellung auf zivile Entwicklung und würden bei einem längerfristigen Rückgang von Entwicklungsaufträgen spezialisierte Fachkräfte unwiederbringlich abbauen und damit zu einer Abwanderung von Entwicklungsaufträgen in das Ausland und stärkerer Abhängigkeit vom Export beitragen. Zum anderen richtete sich das Augenmerk des BWB auf eine Kostenreduktion der Waffen und Geräte im Einsatz (sog. Nutzungsphase). Hier würden seit geraumer Zeit deutlich höhere Kosten anfallen als bei der Entwicklung und Beschaffung. Das Verhältnis von Entwicklung zu Beschaffung und zu Unterhalt in der Nutzung habe sich von 1: 7: 15 verschoben, der Unterhalt war also mehr als doppelt so teuer wie die Beschaffung einer Waffe. Kostensteigerungen seien insbesondere durch den Einsatz und Verschleiß der Waffen zu verzeichnen. Daher müsse insbesondere in der Nutzungsphase auf

180 Bohn: Projektmanagement (1975), S. 9 f.

181 Otto Greve: 20 Jahre BWB-Arbeit für die Bundeswehr, in: Wehrtechnik 1 (1976), S. 7–17, hier S. 17. Der Höchststand im Jahr 1972 lag bei 19.672 (1971 dagegen noch 17.985) und wurde 1973 auf 19.148 bzw. 18.884 im Jahre 1974 verringert.

182 Abild/Gaertner: Die Rüstungsabteilung, S. 47.

183 O.V.: 30 Jahre BWB, in: Wehrtechnik 1 (1988), S. 32.

184 Greve: 25 Jahre, S. 15.

Wirtschaftlichkeit, Effizienz und Reparaturfreundlichkeit stärker geachtet werden, um Kosten zu reduzieren.[185]

Nimmt man die veröffentlichten Angaben 1971 als Anhaltspunkt, so werden die Dimensionen deutlich: ein Kampfpanzer Leopard schlug mit jährlichen Unterhaltskosten von 55.000 DM zu Buche, ein Starfighter immerhin schon mit 640.000 DM, ein Lenkwaffenzerstörer mit 6,3 Millionen DM und eine ganze Panzerbrigade kostete 52 Millionen DM jährlich. Vom Kampfpanzer Leopard bestellte die Bundeswehr Ende der 1960er Jahre 1.845 Stück bei Krauss-Maffei, was theoretisch jährliche Unterhaltskosten von 10,15 Mio. DM nach sich zog.[186] Aufgrund dieser umfänglichen Ausgaben für die Instandhaltung wird verständlich, warum Diskussionen über die Senkung von „Lebenszeitkosten" von Waffen und Waffensystemen auch in den folgenden Jahren anhielten. Sie führten letztlich dazu, dass schon in der Konzeptphase, d. h. sechs bis zehn Jahre vor Auslieferung von Serien an das Heer, differenzierte Kostenplanungen für die Lebenszeit des Rüstungsmaterials erstellt werden sollten. Analyseverfahren mussten daher bis Mitte der 1980er Jahre verfeinert werden, um die Kosten-Nutzen-Abwägung über die gesamte Einsatzzeit möglichst genau prognostizieren zu können, insbesondere für die neuen, technologisch avancierten Waffensysteme der 1990er Jahre.[187]

Weitere umwälzende Veränderungen sah Greve in der „stürmischen Entwicklung der Elektronik seit Mitte der 50er Jahre" und die „noch schnellere" Entwicklung im Bereich Datenverarbeitung, die die Beschaffungsstellen besonders bei der Software-Bearbeitung vor große Herausforderungen stellte. Reagiert habe das BWB auf die neuen Ansprüche, die zudem von Seiten der Ergonomie und des ABC-Schutzes erfolgten, durch neue Managementpraxen wie die Schaffung des Projektbeauftragten als zentralen Manager und die Einführung von Generalunternehmen.[188]

Die Bewertung von Greve für diese Neuerung im Rahmen internationaler Kooperationen fiel zwiespältig aus: „Positiv ist: die nationale Ersparnis, wenn man die Kosten des nationalen Programms dem nationalen Kostenanteil in internationaler Kooperation gegenüberstellt, die Standardisierung, der Know-how-Gewinn, das work-sharing, negativ ist: der größere Zeitbedarf, die höheren Gesamtkosten, die Abgabe von Know-how und das work-sharing."[189] Auch andere Akteure wie der Hauptabteilungsleiter Rüstung im BMVg beurteilten den Erfolg des Generalunternehmer-Erlasses durchaus skeptisch. Vorteilhaft sei, dass nicht mehr alle

---

185 Ebenda, S. 17. Vgl. zu den Lebenszeitkosten Peter Schmidt u. a.: Abteilung Heeresrüstung im Heeresamt. Vielfältige Aufgaben im Rüstungsmanagement, in: Wehrtechnik 7 (1984), S. 28–58, hier: S. 48 f.

186 Claus Grossner: „Wir wurden schon kräftig hereingelegt." Die Verflechtung von Rüstungswirtschaft, Militär und Politik in der Bundesrepublik, in: Der Spiegel, 6/1971, S. 84–94, Duplikat aus: Rheinmetall-Archiv B 51 Nr. 71a.

187 Schmidt u. a.: Abteilung Heeresrüstung, S. 51.

188 Greve: 25 Jahre, S. 18. Vgl. Schmidt u. a.: Abteilung Heeresrüstung, S. 54–57.

189 Greve: 25 Jahre, S. 18. Vgl. Wieck: Bedeutung, S. 234 zur NATO-Rüstungskooperation.

kleinteiligen Käufe von Seiten des BWB hätten erledigt werden müssen. Doch durch die Einsetzung eines Generalunternehmers wäre es bei den Wünschen der direkten Nachfrager nach technischer Perfektionierung immer wieder zu Auswüchsen bei den Kosten gekommen, z. B. hätten sie die „Kosten eines zunächst simplen Ersatzteils von 3,50 DM auf 1.750 DM ansteigen“ lassen. Zudem sei es für die Projektbeauftragten und ihre Mitarbeiter in der Definitionsphase schwierig, die Kosten bis zur Serienproduktion richtig einzuschätzen. Die Industrie kalkuliere häufig mit dem Einstiegspreis und Aufschlägen für technische Ausstattung. Selbst erfahrene und kompetente Mitarbeiter des BWB hätten Schwierigkeiten gehabt, festzustellen, ob in den Angeboten der Unternehmen tatsächlich alle notwendigen Einzelposten berücksichtigt würden oder stetige Kostensteigerungen zu erwarten seien. Daher habe man in den späten 1980er Jahren Kostenerfassungsblätter zur besseren Kostenschätzung und Kostenprüfung eingeführt. Weitere Möglichkeiten des BWB und des BMVg, die Kosten zu reduzieren, wurden in einem stärkeren „Einsatz des Wettbewerbs auch in einem eingeengten Markt, zum gespielten Ins-Spiel-bringen inländischer oder auch ausländischer Firmen, um Monopole zu brechen“, gesehen. Die Nutzung von Konkurrenzen habe beim Kampflugzeug Tornado gut funktioniert. Daher seien bürokratische Hemmnisse wie die Einsetzung eines Bewilligungsausschusses als Kontrolleur völlig unnötig gewesen.[190]

Zu einer weiteren Änderung der Vertragsstruktur zwischen den Beschaffungsstellen und den Rüstungsunternehmen kam es wegen der anhaltenden Kostenexplosion in den Jahren 1987 und 1988. Den von den Akteuren im Ministerium problematisierten Hintergrund bildete eine massive Kürzung der im US-Verteidigungshaushalt vorgesehenen Gelder für Rüstungsgüter um satte 15 %, deren Auswirkung auf die internationalen Rüstungsmärkte befürchtet wurde. Früher übliche Verquickungen von Sanierungsaktionen für in Schieflage geratene Rüstungsunternehmen mit Beschaffungsaufträgen seien daher jetzt und zukünftig „nicht mehr haltbar“. Verteuert wurden Rüstungsgüter zudem durch die grassierende „Konferenzeritis“ und „Kooperationseuphorie“, die der Hauptabteilungsleiter Rüstung im BMVg zukünftig nicht mehr hinnehmen wollte. Er kritisierte die zunehmenden „Kadenz von Konferenzen auf höchster Ebene, besser noch durch Konferenzen völlig unzuständiger Gremien“ sowie die „Geld-, Zeit-, Personal- und Verständigungsschwierigkeiten“ der NATO-Rüstungskooperation. Konflikte schwelten also weiter oder entbrannten durch die zunehmende internationale Kooperation neu. Andererseits war den Beteiligten klar, dass kostspielige Waffenkäufe in „dieser Größenordnung erst recht nicht mehr im nationalen Alleingang möglich sind.“[191] Von 1972 bis 1987 vervierfachte sich die Anzahl der Forschungsvorhaben annähernd von 68 auf 335. Die Projekte verdoppelten sich im selben Zeitraum von 80 auf 162,

190 Schnell: 30 Jahre Rüstung, S. 14 f.

191 Ebenda, S. 18 f.

davon waren je 20 bzw. 50 internationale Kooperationsvorhaben. Die aufwändigeren internationalen Vorhaben stiegen also relativ stärker an. Auch die anderen europäischen Länder sollten daher durch eine „stärkere Nutzung des Wettbewerbs, des Marktes“ die europäische Rüstungsbranche stärken und Kosten reduzieren.[192] Das BMVg setzte die „altbewährte“ Vertragsstruktur mit nach oben begrenzten Selbstkostenrichtpreisverträgen auf den Prüfstand und unterzog sie Veränderungen. Die Industrie sollte sich nun stärker als zuvor an finanziellen Risiken des Entwicklungsprozesses beteiligen. Es sollte „mindestens ein Teil des in der Entwicklung liegenden Risikos gemeinsam von der Amtsseite und der Industrie“ getragen werden. Vorgesehen war dabei, „daß die zu erbringende Leistung zunächst einmal präzise festgelegt werden muß, nachdem die Forderungen der Amtsseite gründlich abgespeckt und auf das absolut Notwendige zurückgeführt worden sind, und, wenn zeitlich machbar auch eine technisch/wirtschaftliche Wertanalyse stattgefunden hat. Bis zu dem – dann möglichst im Wettbewerb zu findenden – Zielwert werden die Kosten erstattet – einschließlich des normalen Gewinns. Gelingt es der Industrie nicht, die geforderte Entwicklungsleistung mit Einsatz dieser Kosten zu erbringen, wird der Auftraggeber für einen begrenzten zusätzlichen Ansatz nur noch jeweils 50 Pfennig von jeder zusätzlich erforderlichen Mark bezahlen. Für alles, was darüber hinaus erforderlich ist, hat die Industrie zu 100 % aufzukommen (...) Die Zeiten, in denen die Bundeswehr in der Lage war, sich auf die Entwicklung größerer Vorhaben einzulassen, ohne vorher – d. h. am Ende der Definitionsphase – genau zu wissen, was es kostet, sind vorbei.“[193] Diese Hoffnungen auf grundsätzlich kostensenkende Adjustierungen erwiesen sich aber als trügerisch, wie Beschaffungsprojekte der Gegenwart wie der A 310 nahe legen.

Neben den in der Organisationsstruktur des Ministeriums angelegten Konkurrenzen wurden die Beschaffungsprozeduren und damit der Absatz für die Rüstungsproduzenten durch häufige Reorganisationsprozesse noch unterhalb der Hauptabteilungsebene erschwert. Diese fanden nicht nur regulär nach Regierungswechseln, sondern auch während der Legislaturperioden fortlaufend statt.[194] Diese Neu- oder Umbesetzungen von Stellen wurden in Rüstungsunternehmen wie Rheinmetall genau registriert, da durch die langwierigen Entwicklungs- und Produktionszyklen eine enge Fühlungnahme mit Abnehmern von großer Relevanz war.[195] Deutlich geworden sind somit nicht nur die Ungleichgewichte im Beschaffungssystem, sondern auch die Möglichkeiten für verschiedene Akteure ihre Interessen durchzusetzen und die Konfliktanfälligkeit etwa bei plötzlich ansteigender staatlicher Rüstungsnachfrage und hohem Zeitdruck.[196]

192 Schnell: 30 Jahre Rüstung, S. 15–19.

193 Ebenda, S. 18.

194 Vgl. Detlef Bald: 50 Jahre Bundeswehr.

195 Vgl. Rheinmetall-Archiv, B 522/3 Rheinmetall GmbH Marketingberichte 1972–1979.

196 Schmidt u. a.: Abteilung Heeresrüstung, S. 35 f.

Diese Vielzahl an Beteiligten wirkt auf den ersten Blick sehr komplex und förderte Kompetenzgerangel und Abgrenzungsprobleme. Anzunehmen ist, dass die Teilstreitkräfte eher auf den technologischen Fortschritt fokussiert waren, während sich Ministerien und Beschaffungsstellen möglicherweise stärker an Prinzipien der Planbarkeit und Wirtschaftlichkeit orientierten. Ebenso konnte mangelnde Transparenz zu Preissteigerungen bei Waffenprojekten führen. Wie schon erwähnt, enthielten die Verträge häufig Garantien für technische Weiterentwicklungen und steigende Kosten, die dann zu einem signifikanten Anstieg der Waffenpreise führen. Dafür ursächlich waren auch die Gleitpreise, die die Bundeswehr nach der Bundespreis-Verordnung VOPR 30/53 zahlte. Dass die Gleitpreisklausel häufig Anwendung fand, wird in den Preissteigerungen deutlich, die der Politologe Ulrich Albrecht für Großwaffensysteme in den späten 1960er Jahren ermittelte (Tab. 2).

Tab. 2: Preissteigerungen für Rüstungsgüterbeschaffung der BRD.

	Ausgaben im Basisjahr 1965	Anstieg in 5 Jahren	Durchschnittl. Anstieg pro Jahr
	Mio. DM	Mio. DM	%
Schnellbootgeschwader	14,0	5,0	+ 7,1
Panzerbrigade	43,0	9,0	+ 4,2
Jagdgeschwader	63,7	12,2	+ 3,8

Quelle: Ulrich Albrecht: Rüstung und Inflation, in: Philipp Sonntag (Hg.): Rüstung und Ökonomie (Arnoldshainer Schriften zur interdisziplinären Ökonomie 5), Frankfurt a.M. 1982, S. 209–236, hier S. 219. Daten aus Weißbuch 1970, S. 167.

Insbesondere im Marinebereich wurden, z. B. bei den Schnellbootgeschwadern, Steigerungsraten von durchschnittlich über 7 % im Jahr erzielt. Im Heer stiegen die Preise für eine Panzerbrigade ebenfalls um satte 4,2 % pro Jahr, während die Jagdgeschwader der Luftwaffe immerhin noch einen Anstieg von 3,8 % zeigten. Dies deutet darauf hin, dass das „diabolische" Nachfragesystem und die Marketingstrategien der Rüstungsunternehmen für steigende Umsätze der Hersteller sorgten.

2.2.2 Umfang und Varianzen der staatlichen Rüstungsgüternachfrage

Für die Größe und Varianzen des nationalen Marktes liegen bislang keine genauen Daten vor. Daher müssen Hilfsgrößen zur Quantifizierung hinzugezogen werden, z. B. die Militär- oder auch Verteidigungsausgaben.[197] Für Waffen relevanter wären

197 Der Begriff der „Militärausgaben" ist wie der der „Rüstungsindustrie" sowohl terminologisch als auch inhaltlich umstritten und wird z. T. durch die Begriffe „Kriegsausgaben", „Rüstungsausgaben"

die Militärausgaben i. e.S. und dabei die Untergruppe Rüstungsausgaben i. e.S., die allerdings auch noch nicht gleichzusetzen sind mit den Ausgaben für Waffen und Waffensysteme. Der Begriff der „Verteidigungsausgaben" ist zwar weitgehend identisch mit „Militärausgaben", soll aber fälschlicherweise insinuieren, Rüstung diene nur zu Verteidigungszwecken.[198] Er wird hier daher nur als Quellenbegriff eingesetzt. Militärausgaben i. e.S. werden weiter unterteilt, zum einen nach den Teilstreitkräften (Heer, Marine, Luftwaffe) und nach Personal- oder Sachausgaben, zum anderen bei den Sachausgaben noch einmal in Rüstungsausgaben i. e.S. (Bomber, Panzer, Kleinwaffen etc.) und i.w.S. (Kasernen, Bekleidung u. ä.). Zu den Militärausgaben i. e.S. zählen neben Kriegsausgaben auch die Ausgaben mit funktionalem Charakter bzw. Kosten, die als Konsequenz von Rüstung entstehen (so für Forschung und Entwicklung, Zinsen, Schaffung von Infrastruktur u. a.).[199]

Als Bezugsgrößen für den internationalen Vergleich dienen beispielsweise die Staatsausgaben, Bevölkerungszahl, das Staatsgebiet, Bruttosozialprodukt (BSP) oder Nettosozialprodukt (NSP), die allerdings einer eigenen Entwicklungsdynamik unterliegen und nicht zwangsläufig mit den Militärausgaben korrelieren.[200] Außerdem fehlen Statistiken und Untersuchungen zu dieser Thematik weitgehend.[201] Ausnahmen sind die folgenden drei statistischen Reihen: der NATO-Brief des NATO Information Service in Brüssel, „The Military Balance" vom International Institute for Strategic Studies in London und das SIPRI-Yearbook vom Stockholm International Peace Research Institute (SIPRI) in Schweden. Ihre Daten unterscheiden sich

oder „Verteidigungsausgaben" ersetzt. Sie werden zumeist gleichbedeutend, aber in unterschiedlicher Absicht verwandt. Ausführlich dazu van de Kerkhof: Der „Military-Industrial Complex", S. 103 ff.; Wittmann: Militärausgaben, S. 109–121; Ders.: Rüstungswirtschaft II: Verteidigungsausgaben, in: HdWW, Bd. 6, Stuttgart u. a. 1981, S. 513–522; Zdrowomyslaw: Wirtschaft, S. 38 ff. und Ders./Bontrup: Rüstungsindustrie, S. 19 ff.; Lutz Köllner: Militärausgaben und Militärstruktur in Deutschland,München 1980, v. a. S. 1–16.

198 Wittmann: Rüstungswirtschaft, S. 514. Dagegen definierte Hans G. Jaeger nach NATO-Kriterien, vgl. Hans G. Jaeger: Wirtschaftliche Auswirkungen der Verteidigungsausgaben. Ein Problembeitrag am Beispiel der Bundesrepublik Deutschland, der Vereinigten Staaten von Amerika und Großbritanniens, Diss. Darmstadt 1967, v. a. S. 16–31.

199 Zdrowomyslaw: Wirtschaft, S. 38 ff.; Ders./Bontrup: Rüstungsindustrie, S. 19 ff.; Wittmann: Rüstungswirtschaft, S. 514.

200 Köllner: Militärausgaben, S. 3–16; Ders.: Militär und Finanzen, S. 134 f.; Wittmann: Militärausgaben, S. 109 ff. und ders.: Rüstungswirtschaft, S. 514 f.

201 So M. S. Kendrick: A Century and a Half of Federal Expenditures, New York u. a. 1955, S. 13–37; Herman E. Krooss: American Economic Development. The Progress of a Business Civilization, Englewood Cliffs, N.J. 1974, S. 502–523 und 547–553; Claudia D. Goldin: War, in: Encyclopedia of American Economic History. Studies of the Principal Movements and Ideas, hg. v. Glenn Porter (EAEH), Bd. 3, New York 1980, S. 935–957; Paul A. Koistinen: The Military-Industrial Complex, New York 1980, S. 108; Willi A. Boelcke: Rüstungswirtschaft I: Kriegswirtschaft, in: HdWW, Bd. 6, Stuttgart u. a. 1981, S. 503–513; Fritz Vilmar: Rüstung und Abrüstung im Spätkapitalismus. Eine sozioökonomische Analyse des Militarismus in unserer Gesellschaft, Frankfurt a.M. 1970, S. 36 f.

nur unwesentlich, sind aber wenig aussagekräftig für die Untersuchung von Rüstungsmärkten, da sie Militärausgaben i.w.S. auflisten, d. h. auch Personal und weiteren Bedarf. Bis auf kleinere Ausnahmen orientieren sich die Herausgeber bei ihrer Datenerhebung an den NATO-Kriterien. Diese umfassen neben allen laufenden Ausgaben für Streitkräfte, ihre Behörden, für militärische Forschung und Entwicklung auch Pensionen ehemaliger Soldaten und Bediensteter der Streitkräfte sowie Ausgaben für auswärtige Militärhilfe. Dagegen sind Ausgaben für zivile Verteidigung (z. B. Bunker), Zinsen auf Kriegsschulden und Kriegskontributionen i. d. R. nicht in der NATO-Definition enthalten.[202]

Will man nun die Militärausgaben der BRD analysieren, so darf man nicht nur die Einzelhaushalte des BMVg (z. B. Einzelplan 14) erfassen, denn eine Vielzahl von Militärausgaben wird auch von anderen Institutionen bzw. Ministerien bereitgestellt. Hier sind insbesondere zu nennen der Deutsche Bundestag (Einzelplan 02: Wehrbeauftragter, Nordatlantische Versammlung), das Auswärtige Amt (Einzelplan 05: NATO-Verteidigungshilfe, Rüstungssonderhilfen, Beiträge zum NATO-Zivilhaushalt und zur WEU) und das Bundesministerium des Innern (BMI, Einzelplan 06: Bundesgrenzschutz).[203] Dies bedeutet, dass Ausgaben für Waffen nicht nur in den Haushalten des BMVg, sondern auch in denen des Auswärtigen Amtes und des BMI enthalten sein können. Zudem ist auch der Einzelplan 14 des BMVg im Aggregat nur bedingt aussagekräftig, da die Personal- und Verwaltungsausgaben deutlich größer sind als die Sachausgaben für Waffen, Systeme und Munition.

Mithilfe einer Analyse und eines Vergleichs der Verteidigungsausgaben können also nur bedingt Aussagen über die Rüstungsproduktion und den Umfang der Rüstungsmärkte getroffen werden. Aber die Statistiken bieten die einzige Möglichkeit, die Bedeutung des militärischen Sektors international vergleichend einschätzen zu können. Dies gilt etwa für die teilweise publizierten NATO-Statistiken, die den Anteil der Sachausgaben an Militärausgaben der Mitgliedsstaaten vergleichen. Betrachtet man beispielsweise den Anteil, den die jeweiligen NATO-Mitgliedsländer in den 1970er und 1980er Jahren in ihre Verteidigungshaushalte für Rüstung i.w.S. einstellten, so wird deutlich, dass die BRD seit Mitte der 1970er Jahre ihren Anteil innerhalb der NATO nicht nur deutlich steigerte, sondern beinahe verdoppelte (von 5,8 auf 10,2 % im Jahre 1975 bzw. 10,4 % 1980). Erst Mitte der 1980er Jahre sank der bundesdeutsche Anteil wieder ab, um dann am Ende der Dekade wieder deutlich anzusteigen (auf 7,7 bzw. 7,6 %) (Tab. 3).

202 Manfred Berger u. a.: Produktion von Wehrgütern in der Bundesrepublik Deutschland, München 1991, S. 15 f.

203 Außerdem Ausgaben des Bundesministeriums für Arbeit und Soziales (Einzelplan 11: Leistungen aufgrund des Bundesversorgungs- und Soldatenversorgungsgesetzes) und des Bundesministeriums der Finanzen (Einzelplan 33: Ruhegehälter früherer Soldaten, d. h. der Wehrmacht und ziviler Bediensteter; Einzelplan 35: Verteidigungslasten, d. h. Stationierungskosten der Alliierten; Einzelplan 60: anteilige Personalverstärkungsmittel). Ebenda, S. 16 f.

Tab. 3: Anteile an Verteidigungsausgaben der NATO-Mitglieder 1970–1988.

Land	1970	1975	1980	1985	1986	1987	1988
Belgien	0,7	1,3	1,6	0,7	0,8	0,9	0,9
BRD	5,8	10,2	10,4	5,6	6,8	7,7	7,6
Dänemark	0,4	0,6	0,6	0,4	0,4	0,5	0,5
Frankreich	5,5	8,7	10,3	5,8	6,9	7,8	7,8
Griechenland	0,4	1,0	0,9	0,7	0,6	0,7	0,7
Großbritannien	5,8	8,3	10,5	6,6	6,7	7,1	7,6
Italien	2,3	3,2	3,7	2,7	3,3	4,1	4,4
Kanada	1,8	2,2	1,9	2,1	1,9	2,0	2,2
Luxemburg	0,0	0,0	0,0	0,0	0,0	0,0	0,0
Niederlande	1,0	1,9	2,1	1,1	1,3	1,5	1,5
Norwegen	0,4	0,6	0,7	0,5	0,5	0,6	0,6
Portugal	0,4	0,5	0,3	0,2	0,2	0,3	0,3
Spanien	0,4	0,9	1,9	1,1	1,3	1,6	1,6
Türkei	0,5	1,5	1,0	0,7	0,7	0,7	0,6
USA	74,6	59,1	54,1	71,8	68,6	64,5	63,7
NATO-Länder %	100,0	100,0	100,0	100,0	100,0	100,0	100,0
In Mrd. US-$	107	150	256	359	410	445	460

Quelle: Berger u. a.: Produktion von Wehrgütern, S. 23. Island entfiel hier (ohne Beiträge).

Betrachtet man zusätzlich die realen Militärausgaben (hier Verteidigungsausgaben genannt), die von 1970 an kontinuierlich stiegen und sich im Zeitraum von 1970 bis 1980 mehr als verdoppelten (von 107 Mrd. US-$ auf 256 US-$), so wird die starke bundesdeutsche Ausgabensteigerung im Rüstungsbereich offenbar. Vergleichbare Steigerungen erfolgten in Frankreich und Großbritannien, die bis 1980 nachzogen und ihren Ausgabenanteil nahezu verdoppelten (Frankreich von 5,5 auf 10,3 %, Großbritannien von 5,8 auf 10,5 %). Weniger große Anteile, aber dennoch deutliche Erhöhungen um bis zu 300 % erbrachten auch NATO-Mitgliedsländer wie Belgien, Griechenland, die Niederlande, Spanien und v. a. die Türkei. Spanien war das letzte Beitrittsland der NATO (1982), während Griechenland und die Türkei (1952) sowie die BRD (1955) recht früh beitraten. Diese erhöhten Anteile zogen einen deutlich niedrigeren Anteil der Weltmacht USA nach sich. Er sank ab Mitte der 1970er von fast 75 % auf unter 60 % ab und stieg erst mit der republikanischen Regierung Reagans wieder auf fast 72 % an. Erst gegen Ende der 1980er Jahre, zu einer Zeit, als sich die realen Ausgaben nochmals beinahe verdoppelten (von 256 auf 460 Mrd. US-$), sank der US-amerikanische Anteil wieder auf knapp über 60 % ab.

Betrachtet man zusätzlich die realen Ausgaben der einzelnen NATO-Mitglieder, so fällt nicht nur die durchschnittliche jährliche Wachstumsrate von 1970 bis 1988 ins Auge, sondern auch die punktuelle Verteilung der Ausgabenerhöhungen auf einzelne Jahre. Dies deutet nicht nur auf gestiegene Ausgaben für militärische Beteiligung an Konflikten oder Kriegen hin, sondern auch auf Großprojekte im Rüstungsbereich. Bei der BRD sind besonders auffällige Steigerungen für 1975, 1980 und am Ende der 1980er Jahre festzustellen. Der niedrige Wert der 1970er Jahre wurde nicht mehr erreicht, stattdessen verfünffachten sich die Militärausgaben zwischen 1970 und 1988, so dass die durchschnittliche jährliche Wachstumsrate 10 % betrug. Deutlich höhere Wachstumsraten hatten nur wenige Länder, v. a. Luxemburg (mit insgesamt sehr niedrigen Ausgaben) und Spanien.[204]

Die volkswirtschaftliche Bedeutung der Verteidigungsausgaben in den 1970er und 1980er Jahren schwankte in der BRD nur leicht. Im Aufschwung 1970 bis 1975 stieg der Anteil der Militärausgaben am Bruttoinlandsprodukt (BIP) von 3,3 auf 3,7 % an. Nach der Ölkrise sank er bis 1988 wieder auf 3,2 bis 2,9 % ab. Ein ähnliches Ergebnis ist auch bei den französischen und britischen Ausgaben festzustellen, die real stark anstiegen, mit dem Wachstum des BIP aber durchaus Schritt hielten.[205] Dagegen gab es in den USA nur einen moderaten Anstieg der realen Verteidigungsausgaben, die volkswirtschaftliche Belastung stieg aber am Ende der 1980er Jahre gemessen am BIP ähnlich stark an wie in Luxemburg und waren mit über 6 % des BIP wie in Griechenland eine größere volkswirtschaftliche Last. Bei den anderen Mitgliedsländern der NATO pendelten sich die Werte dagegen zwischen 2 und 4 % ein.[206] Nimmt man an, dass mit den Militärausgaben auch die Käufe von Rüstungsgütern i. e.S. anstiegen, so kann gefolgert werden, dass die Inlandsmärkte in den NATO-Ländern sich unstetig vergrößerten. Nahmen sie von 1970 bis 1980 in der BRD und in Europa deutlich zu, so folgte einer zwischenzeitlichen Stagnation wiederum eine deutliche Steigerung.

Um den westdeutschen Inlandsmarkt genauer und langfristig zu erfassen, kann der Einzelplan 14 des Verteidigungshaushalts herangezogen werden, zumal sich die Ausgabenpositionen in Kategorien wie militärische Beschaffungen, Materialerhaltung sowie Forschung & Entwicklung (F&E) bzw. Erprobung unterteilen lassen. Zusätzliche Daten sind allerdings notwendig, da der Einzelplan 14 wie gezeigt nicht alle Ausgaben für Rüstungsgüter enthält (z. B. Militärhilfe oder Waffenaufträge für Polizei und Bundesgrenzschutz des BMI).[207]

Der Einzelplan 14 zeigt, dass sich schon in den ersten beiden Jahren der Bundeswehr die Zahlungen an Rüstungsunternehmen von 2 auf 4 Mrd. DM nahezu verdoppelten, wenn man Materialerhaltung und F&E einbezieht. Danach sind die Steigerungsraten bei den Ausgaben nicht mehr ganz so rasant, die Grenze von 8 Mrd. DM wird beispielsweise erst 1962 erreicht. Bis zu diesem Zeitpunkt stiegen auch die Ausgaben für F&E und militärische Erprobung deutlich an, danach ist ein

204 Besonders niedrige jährliche Wachstumsraten sind nicht nur – wie zu erwarten – bei den USA, sondern auch bei Portugal festzustellen, das erst am Ende der 1980er eine wirtschaftliche Erholung und erhöhte Verteidigungsausgaben aufwies. Berger u. a.: Produktion von Wehrgütern, S. 21.

205 Ebenda.

206 Vgl. Tabelle und Berger u. a.: Produktion von Wehrgütern, S. 23 ff.

207 Ausführlich dazu auch Zdrowomyslaw, Wirtschaft, S. 108–112.

leicht abgeschwächtes Wachstum zu verzeichnen. Nur 1966/67 gab es wieder eine rasante Zunahme, ebenso wie ab 1983 nach dem Regierungswechsel wieder ein deutlicher Anstieg zu sehen ist. Insgesamt wuchs dieser Ausgabenbereich von 1956 zunächst drastisch, dann kontinuierlich langsam an und verzehnfachte sich von 1960 bis 1987 (von 244 Mio. auf 2,8 Mrd. DM, s. Tab. 4).

Tab. 4: Langfristige Entwicklung des Einzelplans 14, 1955 bis 1987 in Mio. DM.

	Materialerhaltung	F & E, Erprobung	militärische Beschaffungen	Personalausgaben
1955		1	13	25
1956	10	9	2.067	407
1957	113	32	2.869	891
1958	267	111	3.519	1.253
1959	617	156	3.803	1.544
1960	861	244	4.356	1.953
1961	820	381	4.478	2.571
1962	1.246	409	6.411	3.151
1963	1.616	546	7.562	3.739
1964	2.020	646	6.539	4.244
1965	1.974	699	5.367	4.857
1966	1.877	755	4.654	5.680
1967	1.930	963	5.446	6.021
1968	1.771	979	4.046	6.175
1969	1.752	1.054	5.029	6.979
1970	1.898	1.144	3.910	7.966
1971	2.272	1.230	3.544	9.299
1972	2.739	1.302	4.173	10.540
1973	2.953	1.371	4.833	11.805
1974	2.977	1.405	5.370	13.500
1975	3.068	1.449	5.711	14.049
1976	3.134	1.606	6.373	14.426
1977	3.267	1.595	6.641	15.090
1978	3.407	1.712	7.216	15.799
1979	3.477	1.819	7.963	16.528
1980	3.536	1.666	8.839	17.596
1981	3.790	1.525	10.646	18.710
1982	4.179	1.664	11.089	18.821
1983	4.338	1.826	11.940	19.418
1984	4.272	1.948	12.128	19.835
1985	4.296	2.461	11.605	20.616
1986	4.338	2.580	11.946	20.901
1987	4.582	2.802	11.987	21.604

Einzelplan 14 enthält keine Pensionen, keine auswärtige Militärhilfe (Einzelplan 05 des AA), keine Berlin-Ausgaben, keine Stationierungs- und Besatzungskosten. 1960 Haushaltsjahr von 9 Monaten auf 12 Monate hochgerechnet. 1986 + 1987 = Sollzahlen. 1977 D = inkl. 330 Mio. DM aus früheren Transferzahlungen nach den USA. Quelle: Bontrup/Zdrowomyslaw: Rüstungsindustrie, S. 37 f.

Die militärischen Beschaffungen als größter Ausgabenposten stiegen ebenfalls bis 1963 an. Danach folgte bis 1968 ein leichter und in den Jahren der Ölkrise von 1970 bis 1973 ein starker Rückgang. Anschließend fand ein kontinuierlicher Anstieg mit einer deutlichen Steigerung im Jahr 1981 von 8,8 auf über 10 Mrd. DM statt. Erst ab 1985 ist ein leichter Rückgang in den Ausgaben für militärische Beschaffungen zu verzeichnen. Interessant sind dabei auch die Werte für die Materialerhaltung, die seit 1960 einen immer größeren Ausgabenposten bildeten. Innerhalb von drei Jahren, nämlich von 1960 bis 1963, verdoppelte sich dieser Posten auf über 1,6 Mrd. DM und stieg danach bis 1964 weiter an (s. Tab. 4).

Bis zum Jahr 1970 wurden die Ausgaben für Instandsetzung im Einzelplan 14 leicht gedrosselt, erst ab 1972 stiegen die Werte wieder deutlich an. Im Zeitraum von 1970 bis 1980 verdoppelten sich die Ausgaben in diesem Bereich nahezu von 1,9 auf ca. 3,5 Mrd. DM. Bis 1985 hielt der Trend zu stetig zunehmenden Investitionen in die Aufarbeitung gebrauchter Rüstungsgüter an, wie die oben stehende Tabelle 4 deutlich macht. Wirft man noch einen Blick auf die nominalen und realen Veränderungen bei den einzelnen Posten des Einzelplans 14, so wird deutlich, dass sowohl nominal, als auch real die Ausgabensteigerungen im Zeitraum zwischen 1970 und 1980 bei den Beschaffungen am höchsten waren, direkt gefolgt vom Bereich Forschung und Entwicklung, dessen Mittel zu diesem Zeitpunkt ja schon v. a. an Rüstungsunternehmen vergeben und weniger an die Erprobungsstellen des BWB verteilt wurden.[208]

Die investiven Kosten, also die Anteile für militärische Beschaffungen, machten in einzelnen Jahren zusammen mit Materialerhaltung sowie Forschung & Entwicklung insgesamt einen Umfang von 35 bis 40 % am Verteidigungshaushalt der BRD aus. Dabei nahmen die Ausgaben für Rüstung im Verhältnis zu Personalausgaben und Unterbringung ab Anfang der 1980er Jahre kontinuierlich zu (s. Tab. 5 und 6).

Veränderungen in der Rüstungsgüterbeschaffung ergaben sich auch in räumlicher Hinsicht. Am Ende des Kalten Krieges verlagerte sich die regionale Verteilung der staatlichen Rüstungsaufträge innerhalb der BRD deutlich. Bis in die 1980er erhielten die drei Bundesländer Bayern, Baden-Württemberg und Nordrhein-Westfalen fast 80 % aller inländischen Beschaffungsaufträge des BWB, allein Bayern erhielt 30 % aller Aufträge. Andere Flächenländer wie Niedersachsen, Rheinland-Pfalz oder das Saarland genau wie der Stadtstaat Hamburg als ehemaliger Werftenstandort waren nur mit einem geringen Anteil von unter 2 % an der inländischen Rüstungsproduktion beteiligt.[209] Im Fall von Bayern machte sich nicht nur die Standortwahl traditionsreicher

208 Vgl. Hummel: Rüstungsexportbeschränkungen.

209 Jörg Huffschmidt u. a.: Neue Rüstung – neue Armut. Aufrüstungspläne und Rüstungsindustrie in der Bundesrepublik Deutschland bis zum Jahr 2000, Köln 1986, S. 90. Vgl. Angerer/Schmidt-Eenboom: Rüstung in Weiß-Blau, S. 68.

Tab. 5: Rüstungsausgaben im Bundeshaushalt, BRD (Einzelplan 14), Mrd. DM.

	1970	1980	Veränderungen real
Einzelplan 14	19.414	39.364	+ 25,5 %
Forschung und Entwicklung	1.141	1.665	+ 28,3 %
Beschaffungen	3.910	8.838	+ 28,9 %
Gesamt	24.465	49.867	

Quelle: Günter Kirchhoff: Betriebswirtschaftliche Sicht der Rüstungsproduktion und der militärisch-industriellen Zusammenarbeit, in: Philipp Sonntag (Hg.): Rüstung und Ökonomie (Arnoldshainer Schriften zur interdisziplinären Ökonomie 5), Frankfurt a.M. 1982, S. 48–63, hier S. 58.

Tab. 6: Anteile am Verteidigungshaushalt der BRD in %.

	1970–1980	1981	1982	1983	1984	1985
Beschaffungen	19,4	25,4	20,2	27,4	27,1	26,7
Materialerhaltung	9,4	9,0	9,0	9,0	9,2	9,9
Forschung und Entwicklung	5,0	3,6	3,7	3,8	4,0	4,3
Gesamt	33,8	38,1	32,9	40,2	40,3	40,9

Quelle: Kirchhoff: Betriebswirtschaftliche Sicht der Rüstungsproduktion, S. 59.

heerestechnischer Unternehmen wie Diehl und Krauss-Maffei bemerkbar, sondern auch die Wirtschaftspolitik der CSU mit schwerpunktmäßiger Ansiedlung von Luft- und Raumfahrtindustrie, die hohe Auftrags- und Produktionsvolumina aufwiesen.[210] In Bezug auf ein mögliches Ungleichgewicht der regionalen Verteilung konnte Kollmer feststellen: „Der wirtschaftliche Aufschwung Bayerns seit 1960 ist eng verbunden mit dem Aufbau der Rüstungsgüterproduktion in der Bundesrepublik. Firmen mit Sitz im Freistaat erhielten, aufgrund der damals schlechten wirtschaftlichen Situation desselben in den 1950er Jahren, bevorzugt Aufträge des Bundes. BMW, Krauss-Maffei, Messerschmitt, Dornier, Siemens und andere Großunternehmen profitierten von dieser Wirtschaftspolitik ebenso wie das Land Bayern."[211] Daher kann die Rüstungsgüterbeschaffung auch als Mittel industrieller Strukturpolitik des Bundes und der Länder gesehen werden:

> „In Phasen der Konjunkturschwäche wurde und wird die Rüstungsgüternachfrage deshalb häufig als Mittel der Wirtschaftspolitik eingesetzt. So hat die Bundesregierung in verschiedenen Fällen die Beschaffung von Wehrmaterial dazu genutzt, bedrängten Großunternehmen zu helfen. Diese

210 Vgl. ausführlich Angerer/Schmidt-Eenboom: Rüstung in Weiß-Blau.

211 Kollmer: „Klotzen, nicht kleckern!", S. 501. Vgl. Andres: Die bundesdeutsche Luft- und Raumfahrtindustrie 1945–1970.

> Form der verdeckten Subvention kam etwa in den 1950/60er Jahren Unternehmen wie BMW oder Henschel zugute, Beispiele aus der jüngeren Vergangenheit sind die Beschaffung des Geländewagens ‚Iltis' von Volkswagen und die Stützung der DASA durch Großaufträge für die Luftwaffe (Jäger 90/2000/Eurofighter). Hierbei handelte es sich oftmals um Beschaffungsmaßnahmen, die tatsächlich dringlichere Anschaffungen für die Bundeswehr blockierten!"[212]

Ob die These, dass die Beschaffungsmaßnahmen als wenig zielführend für die Sicherheit zu beurteilende Subventionen für wirtschaftlich kriselnde Großunternehmen eingesetzt wurden, zutrifft, müsste noch genauer geprüft werden. Hier scheinen die häufigen Klagen aus der Truppe selbst, dringlichere Anschaffungen seien nicht durchgeführt wurden, eine Rolle in der Argumentation gespielt zu haben.[213] Eine regionale Konzentration lässt sich aber auch in anderen Ländern, z. B. den USA feststellen. Mit der Zuwendung zur Hochtechnologie änderte sich wie in der BRD die geographische Verteilung der Rüstungsaufträge. Daraus resultierte eine teils starke Abhängigkeit von Regionen gegenüber einzelnen Branchen wie Heeresbedarf, Schiffbau oder Luftfahrt – mit allen Konsequenzen.[214]

2.2.3 Die Ausgaben des BWB und ihre Struktur

Betrachtet man die Ausgaben des Bundes genauer, so fällt auf, dass beim BWB anhand eigener Angaben für die Jahre von 1955/56 bis 1981 nach Einzeletats sowohl die Kosten für Entwicklungen als auch für Beschaffungen und Dienstleistungen stark schwankten. Dagegen stiegen die Kosten, die für Instandsetzungen im Rahmen von festen Verträgen aufgebracht werden mussten, kontinuierlich seit 1959 an und betrugen seit 1972 stetig ungefähr 1 bis 1,2 Mrd. DM pro Jahr. Zuvor fanden Ausgabensteigerungen für den Reparatur- und Bereithaltungsbereich v. a. in den Jahren 1961, 1962 und 1965 statt.[215] Die Ausgaben für Entwicklungen waren volatiler.[216] Ähnlich unregelmäßig erfolgten auch die Steigerungen bzw. Minderungen in den Ausgaben für Beschaffungen und Dienstleistungen, die das BWB verwaltete. Erst seit einer massiven Ausweitung der Beschaffungen 1969 (8,9 Mrd. DM) lagen die Ausgaben für diesen Bereich immer deutlich über 3,5 Mrd. DM. Eine leichte

212 Kollmer: „Klotzen, nicht kleckern!", S. 500 f.

213 Vgl. auch Kollmer: Rüstungsgüterbeschaffung.

214 Markusen: Rise, v. a. S. 12 ff., 22 f., 258–262; Soppelsa: Géographie, S. 158–186.

215 Greve: 25 Jahre, S. 15. 1961 von 76,2 auf 177 Mio., 1962 332, 1965 von 463 auf 569 Mio. DM.

216 Ebenda. Entwicklungsetat 1959–1965 3,2 Mrd. DM, 1966 bis 1969 leichtes Ansteigen von 564 Mio. DM auf 731 Mio. DM, abfallend 1970 auf 219 Mio. DM, 1971/72 auf 409 bzw. 817 Mio. DM ansteigend. 1974 und 1975 Verdopplung von 647 Mio. auf 1,35 bzw. 2,17 Mrd. DM, 1976 und 1977 Minderungen um 213 und 117 Mio. DM, seit 1978 Werte zwischen 381 und 868 Mio. DM.

Stagnation erfolgte während der Ölkrise 1970 bis 1973, danach stiegen sie bis 1977 diskontinuierlich an bis auf 18,9 Mrd. DM. Zwar wurden die Ausgaben dieses Etatpostens danach wieder reduziert, doch folgte 1981 ein weiterer Anstieg.[217]

Auch die Ausgaben des BWB stiegen aufgrund dieser starken Schwankungen sehr diskontinuierlich an. Vom niedrigen Start 1955/56 mit 4,66 Mrd. DM bewirkte der Ausstattungsboom einen schnellen Anstieg bis auf fast 7 Mrd. DM im Jahr 1960, wo die Ausgaben bis 1963 verharrten. In den Jahren 1965 bis 1968 gingen trotz steigender Instandsetzungs- und Entwicklungsausgaben die Anweisungen insgesamt auf 3 bis 3,5 Mrd. DM p. a. massiv zurück.[218] Dieser Kurs wurde erst nach der Rezession der Jahre 1967/68 mit einer massiven Investition aufgegeben. Eine starke Ausgabensteigerung erfolgte in den Jahren 1974 und 1977, danach sanken sie bis 1981 wieder ab.[219] Im Jahr 1987 betrugen die immer stärker angestiegenen Ausgaben des BWB insgesamt, d. h. für Forschung, Entwicklung, Beschaffung und Materialerhaltung, 15 Milliarden DM.[220]

Analysiert man dagegen die Ausgaben des BWB in Relation zum Verteidigungshaushalt der BRD, so kann mit Willikens festgestellt werden, dass „das BWB (…) für Entwicklung und Beschaffung neuen Ausrüstungsmaterials, für Sanitätsmaterial, Bekleidung und Verpflegung sowie Betriebsstoffe jährlich etwa 30 % – schwankend je nach übergeordneten Einflüssen – des gesamten Verteidigungshaushaltes“ umsetzte.[221] Mitte der 1970er Jahre war dies auch ungefähr der Anteil der gesamten Rüstungsausgaben (33 %) an den Verteidigungsausgaben, wie Regierungsdirektor Klaus Spychalski in der Zeitschrift „Wehrtechnik“ zeigen konnte. Von dieser Summe wurde zu diesem Zeitpunkt etwa 80 % im Inland ausgegeben, d. h. der Rüstungsabsatz aller bundesdeutschen Unternehmen, der aus dem Verteidigungshaushalt finanziert wurde, belief sich 1975 auf ca. 8 Mrd. DM. Dies machte ca. 2 % der Wertschöpfung des verarbeitenden Gewerbes in der BRD aus.[222] Allerdings fehlen in diesen Werten neben den Ausgaben aus anderen Haushaltsposten (z. B. 1972 und 1973 aus dem Einzelplan 60 Verstärkungsmittel für Rüstungsausgaben) auch die

217 Greve: 25 Jahre, S. 15. vom 1.10.1955 bis 1961 mit Ausnahme 1958 (Rückgang auf 1,6 Mrd. DM) deutliche Steigerung der Beschaffungsanweisungen von 4,7 Mrd. DM auf 6,9 Mrd. DM, danach bis 1968 mit Ausnahme 1964 immer wieder Rückgänge auf 2,5 Mrd. DM. Dann 10,2 Mrd. DM 1978, 7,9 Mrd. DM 1979, 6,5 Mrd. DM 1980 und über 10 Mrd. DM 1981.

218 Ebenda.

219 Greve: 25 Jahre, S. 15. Von 10,5 Mrd. 1969, 5–6,3 Mrd. DM 1970–73, auf 8,3 Mrd. DM 1974 und 1977 von 12,6 auf 19,8 Mrd. DM, Absinken auf 9–12 Mrd. DM bis 1981.

220 Caspar: BWB, S. 37.

221 Willikens: Das BWB, S. 7.

222 Klaus Spychalski: Rüstungswirtschaft in Zahlen, in: Wehrtechnik 7 (1977), S. 101. Vgl. Karl Bauer: Die wirtschaftliche Bedeutung des BWB, in: Wehrtechnik 1 (1976), S. 27–36 und Siegfried Sadtler: Fragen der Verteidigungswirtschaft im Rahmen der Volkswirtschaft, in: Bundeswehrverwaltung Nr. 7/1976.

Exportdimension. Die Kosten für Materialerhaltung wie Ersatzteile und Instandsetzung sind enthalten, können aber nur teilweise als Rüstungsausgaben gelten.[223]

Versucht man die Rüstungsausgaben des BWB wie Spychalski stärker zu systematisieren, so „lassen sich zwei Phasen unterscheiden: In der Aufbauphase der Bundeswehr stiegen die Ausgaben für die Rüstung mit Ausnahme des Jahres 1960 rapide an, um 1963 mit 9,124 Mrd. DM einen vorläufigen Höhepunkt zu erreichen. Ihr Anteil an den Verteidigungsausgaben schwankt in dieser 1. Phase (abgesehen von 1955) zwischen 45 und knapp über 60 %, was sich ohne weiteres aus dem Erstausstattungsbedarf der Bundeswehr erklärt. Ab 1964 gingen die Rüstungsaufwendungen absolut und relativ zurück, um dann erst zehn Jahre später, 1973, wieder das Volumen von 1963 zu erreichen. Seit Beginn der 70er Jahre wuchsen die Rüstungsausgaben zwar stetig, doch verminderte sich ihr Anteil am Verteidigungshaushalt ziemlich abrupt von ca. 40 % auf etwa ein Drittel und scheint sich auf diesem Niveau einzupendeln."[224] Andererseits gab es einzelne Unternehmen wie Rheinmetall, die in den 1970er Jahren ihre Anteile an den Beschaffungsausgaben des Bundes paradoxerweise noch steigern konnten. So konnte der Aufsichtsrat der Rheinmetall Berlin AG im Jahre 1977 vermelden: „Der Anteil der militärischen Beschaffungen sinkt um 2 %, was real eine weit größere Verringerung bedeutet. Trotz der real großen Abnahme der Beschaffungen des Bundes zeigt aber unsere Umsatzplanung eine deutliche Steigerung. Der Anteil Rheinmetalls an den gesamten Beschaffungen des Bundes nimmt also ständig zu."[225]

Otto Greve erklärte anlässlich des 20-jährigen Bestehens des BWB die bis zu den frühen 1960er Jahren anhaltenden Schwankungen in den BWB-Ausgaben mit volatilen Beschaffungsanforderungen. Dagegen seien aber die „ab 1963 sich abzeichnenden, teilweise erheblichen Schwankungen (...) nicht mehr bedarfsbedingt zu werten; hier müssen vielmehr die Ursachen im wirtschaftlich-konjunkturellen Bereich gesucht werden bzw. im Bemühen einer haushaltsrechtlichen Beeinflussung der Bedarfsdeckung." Während der Bedarf des Militärs grundsätzlich konstant sei, habe die Politik in den Jahren 1966 bis 1968 die Ausgaben für Rüstungsbeschaffungen gedrosselt, was dann 1969 einen Nachholbedarf und höhere Ausgaben produziert hätte. Eine gegensätzliche Entwicklung sah er in den frühen 1970er Jahren, denn im Rückgang der Ausgaben ab 1973 sei „das Bemühen um Drosselung einer überschäumenden Konjunktur bemerkbar." Den Erfolg dieser konjunkturpolitischen Maßnahmen beurteilt er eher negativ, denn nur bei verstärkten Ausgaben sei eine leicht konjunkturfördernde Tendenz, bei der Drosselung nur ein als „verschwindend gering" zu bezeichnender Effekt zu erzielen gewesen. Zudem erzeuge diese Konjunkturpolitik auch weitere negative Auswirkungen, dadurch dass der

223 Spychalski: Rüstungswirtschaft in Zahlen, S. 10.

224 Ebenda.

225 Rheinmetall-Archiv A 23 Nr. 38, Aufsichtsratssitzung vom 28.4.1977, Arbeitsunterlagen, Bl. 14 f.

Zeitabstand zwischen Anweisung des BWB und Abrechnung durch die Lieferanten bei Großaufträgen bis zu zwei Jahren betrage und bei der Konjunktursteuerung nicht berücksichtigt würde. Er plädierte daher für eine kontinuierlichere Auftragsvergabe an die Industrie, die dieser Planungssicherheit gebe und sich damit nicht nur bei den Unternehmen positiv auswirke, sondern auch „als Ersparnis im Rüstungsaufwand bemerkbar machen" würde.[226] Schließlich habe man von der Gründung des BWB bis Mitte der 1970er Jahre insgesamt Aufträge in Höhe von 70 Mrd. DM an die westdeutsche Industrie vergeben. Diese Aufträge würden zunehmend weniger termingerecht ausgeführt, was dann nachfolgende Jahresetats belaste und damit möglicherweise weitere Verzögerungen verursache. In letzter Konsequenz führe diese Politik zu einer „Minderung der Verteidigungsfähigkeit unserer Streitkräfte".[227]

Der schiere Umfang der Beschaffungsvorgänge wird deutlich daran, dass bei einem Funkgerät 500, bei einem Panzer 10.000 und bei besonderen Waffensystemen über 100.000 Ersatzteile vom Materialamt zu administrieren waren. Alle Teile mussten bei den Herstellern nachbestellbar sein.[228] Im Jahr 1988 betrug die Zahl der für die Bundeswehr zu beschaffenden Versorgungsartikel insgesamt 1,8 Millionen. In 30 Jahren Rüstungsbeschaffung wurden insgesamt über 300.000 Verträge abgewickelt. Karl Helmut Schnell hat darauf hingewiesen, dass „der sehr wichtige Bereich Versorgungsartikel/Mengenverbrauchsgüter sehr viel Arbeit geleistet und insgesamt einwandfrei funktioniert hat." Probleme und „nahezu täglich – und z. T. harsche Kritik" sei dagegen am Anfang gegenüber der Waffenbeschaffung geäußert worden, was sich in den 1980er Jahren aber gelegt habe.[229]

Die Vielzahl der Neuentwicklungen für die Bundeswehr ab dem Jahre 1962 erklärt sich auch durch die SPIEGEL-Affäre als erster großer Medien- und Rüstungsskandal der Bundesrepublik. Das Magazin hatte in dem auf Insider-Informationen beruhenden Artikel „Bedingt abwehrbereit" im Herbst 1962 dargestellt, dass sich die Bundeswehr beim internationalen Militärmanöver „Fallex 62" in einem desolaten Zustand befand: „Die an dem Manöver teilnehmenden Beamten und Zuschauer, darunter der Bonner Historiker Professor Walther Hubatsch sowie Vertreter des Bundesverbandes der Industrie waren von dem Manöververlauf erschüttert." Tatsächlich ordnete das NATO-Oberkommando die Bundeswehr in der vierstufigen Rangfolge der alliierten Streitkräfte nur in die letzte Stufe „bedingt abwehrbereit" ein.[230] Militärhistoriker Bernhard Kroener erklärte die mangelhafte Leistung in der

---

226 Greve: 20 Jahre BWB-Arbeit, S. 9.

227 Ebenda, S. 10 und 12.

228 O.V. [vip]: Materialamt der Bundeswehr. Eine Million Versorgungsartikel gespeichert, in: Wehrtechnik 1 (1975), S. 10.

229 Schnell: 30 Jahre Rüstung, S. 13.

230 O.V.: Bedingt abwehrbereit, in: Der SPIEGEL Nr. 41 vom 10.10.1962. Auszugsweise publiziert in: Bührer (Hg.): Die Adenauer-Ära, S. 319–326, hier: S. 320. Vgl. zum Überblick aus SPIEGEL-

Rückschau mit dem „überhastet durchgeführte[n] Aufbau der Bundeswehr, durch den möglichst rasch die dem Bündnis zugesagten 500.000 Soldaten unter Waffen gestellt werden sollten“ sowie dem Problem „seit Jahren steigender Verteidigungsausgaben“. Strauß nur bedingt legales Eingreifen gegenüber dem SPIEGEL, der schon zuvor für den Verteidigungsminister nachteilige Interna aus dem BMVg und BWB offengelegt hatte, führte langfristig mit einem Grundsatzurteil des Verfassungsgerichts 1966 zur Stärkung der Pressefreiheit, kurzfristig aber zur Skandalisierung und zum Rücktritt Strauß‘. Angesichts der damit einhergehenden Regierungskrise „forderten die Traditionalisten in der Bundeswehr unter Hinweis auf die spezifischen Anforderungen des Soldatenberufs eine Rückwendung zu den militärischen Leistungen der Vergangenheit und damit zu mehr Professionalität. Gleichzeitig versuchten Reformer die Armee als Spiegelbild der gesellschaftlichen Verhältnisse behutsam zu modernisieren.“[231] Detlef Bald ging allerdings davon aus, dass diese Modernisierung unter Strauß Nachfolger Kai-Uwe von Hassel (1963–1966) nur wenig Fortschritte machte, was nicht an der konservativen Ausrichtung des CDU-Ministers gelegen habe. Die öffentlichen Debatten über Ausstattung und Selbstverständnis der Bundeswehr hielten mit durchaus guten Gründen an. Nicht nur der Beschaffungsskandal um den Schützenpanzer HS 30, sondern auch die mangelhafte Ausstattung der Luftwaffe, die sich in 63 Abstürzen des in Lizenz nachgebauten „Starfighters“ und anderen Fluggeräten zeigte, wurden ebenso wie der Untergang eines U-Bootes mit 19 toten Marine-Soldaten 1966 intensiv in den Medien diskutiert.[232] Der SPIEGEL berichtete in den Jahren 1963 und 1964 beständig und ausführlich über menschenunwürdige Schikanen, rigide Befehle und Demütigungen bis hin zu schlimmen Misshandlungen. Insbesondere die Skandale an der Iller (1957) mit 19 ertrunkenen Soldaten und in einer Fallschirmjägerkaserne in Nagold (1962, ein Toter, vier Verletzte), wo noch „Schleifermethoden der Vergangenheit“ herrschten, warfen ein fragwürdiges Licht auf Menschenbild, Personal- und Bildungspolitik der Bundeswehr. Dies galt umso mehr für höchste Offizierskreise, die völkisches, autoritäres oder anti-demokratisches Gedankengut vertraten, sogar in Lehrveranstaltungen der Führungsakademie in Hamburg.[233] Beobachter konstatierten zudem, dass die Bundeswehr insgesamt über kein

---

Perspektive: Martin Doerry/Hauke Janssen (Hg.): Die SPIEGEL-Affäre. Ein Skandal und seine Folgen, München 2013 und Horst Pöttker: Meilenstein der Pressefreiheit – 50 Jahre „Spiegel“-Affäre, in: APuZ 62, 29–31 (2012), S. 39–46.

231 Ebenda, v. a. Pöttker: Meilenstein, S. 44. Zitat bei Kroener: Militär, Staat und Gesellschaft, S. 44 f.

232 Vgl. zum politisch und militärisch umstrittenen Projekt des sog. Starfighters als nur bedingt geglückter Übernahme US-amerikanischer Rüstungstechnologie: Claas Siano: Der Starfighter als größtes Rüstungsprojekt der BRD, Diss. Bochum 2009; Ders.: Die Entwicklung eines Rüstungsprojektes – Die militärische und wirtschaftliche Eigendynamik des Waffensystems F-104 G Starfighter, in: Akkumulation 23 (2006), S. 8–17.

233 Bald: Die Bundeswehr, S. 66–69. Aus der umfangreichen Berichterstattung sei nur zitiert: o.V.: BUNDESWEHR: ILLER-KATASTROPHE – Der Tod von Kempten, in: Der SPIEGEL 24 (1957), S. 13–19; o.V.: REKRUTEN. Tauglich II – BUNDESWEHR, in: DER SPIEGEL 34 (1963), S. 20–22; o.V.: NAGOLD:

modernes Management verfüge und noch „technisch zurück“ liege. Dies deutet darauf hin, dass im „Wiederaufrüstungsboom“ zwar intensiv an der Beschaffung von ausreichendem Personal und technisch fortschrittlichem Gerät gearbeitet worden war, rückwärtsgewandte Tendenzen aber mit modernem, technologisch fortschrittlichem Gedankengut eine ungute Melange eingingen. Das ambivalente Zusammenspiel von „Integration und Eigensinn“, wie es Klaus Naumann so treffend formuliert hat, blieb also weiterhin bestehen.[234]

Probleme bereiteten auch die langen Beschaffungszeiten der Maßschneider, denn der Hauptabteilungsleiter Rüstung berichtete in seinem Rückblick auf die Waffenbeschaffung der Bundeswehr: „Rüstungsvorhaben sind angelegt auf 20 und mehr Jahre“.[235] Dabei kam es immer wieder zu gescheiterten Rüstungsprojekten, die von Schnell bildhaft als „Lehrgeld“, „Ruinen“, „Erlkönige“ oder „unbewohnt geblieben Schlösser“ bezeichnet wurden, z. B. „Panzerhaubitze 70 – wohl mehr eine Ruine, eine Kooperationsruine, Erlkönige wie die Senkrechtstartflugzeuge VJ-101, VAK-191 und Do-31 als jedenfalls in Deutschland unbewohnt gebliebene Schlösser, die von anderen Ländern ausgebaut wurden. Zum Lehrgeld – beispielsweise zur Erkenntnis, wie man Kooperationsvorhaben anlegen darf – und damit zum letzten Endes fruchtbringenden Lehrgeld gehören auch sie.“ Dagegen zählte er die nach der „Überwindung dieser Lernzeit“ entwickelten Waffensysteme und Projekte zu den „Gesellenstücken“ oder „Meisterstücken“. Dazu gehörten seiner Ansicht nach u. a. die Panzer Leopard 1 und 2 sowie der Gepard. Dagegen seien andere Projekte wie der HS-30 „nicht so schlecht wie die Lautstärke des mit ihnen verbundenen Skandals den Anschein erweckte“. Es sei vor allem von „zum Skandal aufgebauten Vorfällen“, weniger von „einzelnen skandalösen“ Schwachstellen zu sprechen. Als ursächlich für die lange Lernzeit sah Schnell auch die immer komplexer werdenden Waffensysteme, die sowohl von Industrieseite technisch beherrscht als auch von Beschaffungsbürokratieseite organisatorisch gemanagt werden mussten. Schnell rekapitulierte die Organisationsgeschichte der Rüstungsbeschaffung rückblickend: „Die Industrie mußte sich aus dem genialen Konstruktionsschuppen, aus guten Werkstätten zum Systemhaus entwickeln, die Amtsseite der Rüstung

Tiefste Gangart – BUNDESWEHR, in: Der SPIEGEL 46 (1963), S. 52–59; o.V.: NAGOLD. Solche Bengels – BUNDESWEHR, in: Der SPIEGEL 51 (1963), S. 25; Moritz Pfeil: Endet Verantwortung beim Gefreiten?, in: Der SPIEGEL 52 (1963), S. 14; o.V.: Beschwerderecht: Bauch im Dreck – BUNDESWEHR, in: Der SPIEGEL 6 (1964), S. 23–26; o.V.: NAGOLD: Eine gewisse Lächerlichkeit – BUNDESWEHR, in: Der SPIEGEL 24 (1964), S. 33; Gerhard Mauz: Fallschirmjäger hier und da. SPIEGEL-Reporter Gerhard Mauz über den Tod des Rekruten Anton Deigl, in: Der SPIEGEL 31 (1964), S. 23; Ders.: Liegestütz im Weinlokal. Heye im Nagold-Prozeß und Titelthema „Die Bundeswehr – ein Staat im Staate?“, in: Der SPIEGEL 26 (1964), u. a. S. 26.

234 Bald: Die Bundeswehr, S. 68; Naumann: Integration und Eigensinn. Vgl. ders.: Ein zäher Wandel.

235 Schnell: 30 Jahre Rüstung, S. 19.

mußte lernen, auch komplexe Waffensysteme konzeptionell anzulegen und durch die verschiedenen Phasen zum einsatzbereiten System zu führen."[236]

Wie schon ausführlich gezeigt, kamen die Unternehmen durch lange Entwicklungszeiten, enge Abstimmungen und wechselnde Anforderungen der Nutzer also zwangsläufig zu einer engen Kooperation mit den Abnehmern. Aufgrund der signifikanten Abhängigkeit von der Nachfrageseite mit ihren instabilen und komplexen Strukturen engagierten sich die Rüstungsunternehmen intensiv im Direktmarketing und Lobbyismus bei den verschiedenen Beschaffern von Ausstattung für die Sicherheit der Bundesbürger. Verstärkend wirkten hier die strengen gesetzlichen Ausfuhrrestriktionen, die die Möglichkeit zum Waffenexport bei nachlassender Inlandsnachfrage eng begrenzten.

2.3 Die Struktur internationaler Rüstungsmärkte nach 1945

Die Systemkonkurrenz zwischen den USA und der UdSSR beeinflusste in hohem Maße die Entwicklung der Waffenproduktion sowie die Dynamik aller Rüstungsmärkte im Kalten Krieg. Während die Entwicklung der osteuropäischen Länder nach der Integration in das Warschauer-Pakt-System dem Einfluss der UdSSR unterlag, war die Rüstungsindustrie der west-, nord- und südeuropäischen Länder von den USA abhängig.[237] Dies galt nicht nur auf politischem und finanziellem Gebiet, sondern umfasste auch technologische und kulturelle Aspekte. Nahezu alle europäischen Staaten im NATO-Bündnis erhielten Rüstungsgüter in größerem Umfang von den USA geliefert, um ihre Arsenale nach dem Kriegsende wieder aufzubauen oder aufzustocken. Wie gezeigt, erhielt die BRD zur Gründung der Bundeswehr allein militärisches Großgerät wie Panzer, Geschütze, Flugzeuge, Zerstörer und Fregatten im Wert von 4 Mrd. Mark. Sie wurde damit wie andere Staaten auch von den Standards amerikanischer Rüstungsgüter und Produzenten abhängig, denen bei der Überarbeitung der gebrauchten Waffen und bei der Wartung bzw. Betreuung der Waffensysteme zugearbeitet wurde.[238] Andererseits entwickelten sich in den europäischen Ländern aber nach ersten Lizenzbauten durchaus eigenständige nationale Rüstungsmärkte. Sie waren durch zunehmende Integration und Konzentration gekennzeichnet. Nicht nur Lizenzen wie der Schützenpanzer HS 30, Hawk oder der „Starfighter" F 104 G mussten an deutsche und europäische Bedingungen angepasst werden. Auch bi-, tri- und multilaterale Kooperationen wie der Kampfpanzer 70 (mit den USA), die Transall (mit Frankreich) und die Feldhaubitze FH 155 (FH 70, mit Großbritannien und Italien) gewannen seit den 1960er Jahren an Bedeutung. Sie

236 Ebenda, S. 13 f.

237 Bontrup/Zdrowomyslaw: Rüstungsindustrie, S. 129 ff.

238 Neben Kollmer: Schützenpanzer auch H.-G. Wieck: Bedeutung des deutschen Rüstungsbeitrages in der Sicherheitspolitik der Bundesregierung, in: Wehrtechnik 6 (1972), S. 232–238, hier v. a. S. 234.

waren aber bis auf die Transall und die FH 70 technologisch wie wirtschaftlich nur mäßig erfolgreich.

Insbesondere mit den deutschen Eigenentwicklungen im Rahmen der NATO kamen auch Exportfragen auf die Tagesordnung. Dazu zählten der Kampfpanzer Leopard, der Kanonenjagdpanzer, der Raketenjagdpanzer, der Schützenpanzer Marder und die Maschinenkanone MK 20 mm. Während im Marinebereich verschiedene Zerstörer, Fregatten, U- und S-Boote ebenfalls schon in den 1960er Jahren vollständig von westdeutschen Unternehmen entwickelt und produziert wurden, gelang dies in der Luftrüstung nicht. Hier waren der Aufwand und die technische Kompetenz nur durch multilaterale Zusammenarbeit mehrerer Staaten zu bewältigen. Zwar konnten alle diese Rüstungsgüter an NATO-Partner ohne jegliche Exportbeschränkungen geliefert werden. Doch galt dies nicht für die Ausfuhr in andere internationale Märkte.[239] Die deutsche Wiederbewaffnung war in diesem Bereich sowohl außenpolitisch und militärisch, als auch wirtschaftspolitisch von Beginn an in europäische und transatlantische Integrationsprozesse eingebunden und unterlag zunächst strengen rechtlichen Restriktionen, die sich erst im Verlauf des Kalten Krieges lockerten.[240]

2.3.1 Institutioneller Rahmen: AWG und KWKG als normierende Barrieren

Nach dem Zweiten Weltkrieg erhielten BRD und DDR bei Produktion und Absatz von Rüstungsgütern i. e.S. harte Auflagen der Alliierten. Beim Rüstungsexport galt zunächst ein striktes Ausfuhrverbot von Kriegswaffen, das später auf bestimmte Waffengattungen beschränkt wurde.[241] Zwar konnten Rüstungsgüter i. e.S. erst ab den frühen 1960er Jahren legal exportiert werden. Im Zuge der Militärhilfe waren aber schon zuvor partiell Exporte möglich.

Der verfassungsrechtliche Rahmen für die Herstellung und den Handel mit Waffen wurde in der BRD zunächst durch die Bestimmungen des Grundgesetzartikels 26 „Verbot der Vorbereitung eines Angriffskrieges“ festgelegt. Hier wurden nicht nur jegliche Handlungen für verfassungswidrig erklärt, „die geeignet sind und in der Absicht vorgenommen werden, das friedliche Zusammenleben der Völker zu stören“. Artikel 26 schränkte weiterhin ein, dass „zur Kriegführung bestimmte Waffen (…) nur mit Genehmigung der Bundesregierung hergestellt, befördert und in Verkehr gebracht werden“ dürfen. Festgelegt wurde im Grundgesetz auch, dass die näheren Bestimmungen durch ein Bundesgesetz geregelt werden. Dieses Gesetz, das Kriegswaffenkontrollgesetz (KWGK), wurde allerdings erst zusammen mit dem Außenwirtschaftsgesetz (AWG) im

239 Wieck: Bedeutung, S. 234–237; von Ilsemann: 25 Jahre, S. 26 f.; Brandt: Rüstung, S. 157.

240 Ebenda; Werner Abelshauser: The Re-Entry of West Germany into the International Economy and Early European Integration, in: C. Wurm (Hg.): Western Europe and Germany. The Beginnings of European Integration 1945–1960, Oxford u. a. 1995, S. 27–53; Seiller: Rüstungsintegration.

241 Wulf: Waffenexport, S. 80.

Frühjahr 1961 verabschiedet,[242] so dass zuvor die Regelungen der alliierten Devisengesetze – zumindest für den Export von Waffen – die alleinige Rechtsnorm neben dem Grundgesetzartikel 26 bildeten.[243]

Das KWKG erlaubte es den Ministerien und Behörden nicht nur, die Produktion und den Handel mit Waffen zu kontrollieren und zu regulieren. Es verlangte nach § 2 und 4a darüber hinaus von den Produzenten der im Anhang zum Gesetz aufgeführten Liste, die Produktion von „Kriegswaffen“, den Verkauf, innerhalb oder außerhalb des Bundesgebietes sowie auch die Vermittlung oder Überlassung solcher Verträge genehmigen zu lassen. Auf die Genehmigung bestand zudem nach § 6 Abs. 1 kein Rechtsanspruch.[244] Als „Kriegswaffen“ galten alle in der Kriegswaffenliste aufgeführten „Gegenstände, Stoffe und Organismen“, die immer wieder „entsprechend dem Stand der wissenschaftlichen, technischen und militärischen Erkenntnisse“ aktualisiert wurden. Dazu war nur eine Rechtsverordnung der Bundesregierung unter Zustimmung des Bundesrates notwendig (siehe KWKG § 1). Eine striktere strafrechtliche Verfolgung von Verstößen gegen das KWKG fand erst Anfang der 1990er Jahre statt; danach wurden die Bestimmungen bezüglich ABC-Waffen, ballistischer Raketen, Antipersonenminen und Streumunition verschärft.[245]

Als Ausnahmen wurden in der Kriegswaffenliste als Anlage des KWKG „alle Vorrichtungen, Teile, Geräte, Einrichtungen, Substanzen und Organismen, die zivilen Zwecken oder der wissenschaftlichen, medizinischen oder industriellen Forschung auf den Gebieten der reinen und angewandten Wissenschaft dienen“, aufgeführt. Befreit von der Genehmigungspflicht war ferner nach § 5 Abs. 3, „wer die tatsächliche Gewalt über Kriegswaffen der Bundeswehr, dem Beschaffungsamt des Bundesministeriums des Innern, der Zollverwaltung, einer für die Aufrechterhaltung der öffentlichen Sicherheit zuständigen Behörde oder Dienststelle oder einer Behörde des Strafvollzugs überlassen oder von diesen zur Instandsetzung oder zur Beförderung erwerben will“. Im Umkehrschluss konnten auch die genannten Institutionen selbst Kriegswaffen ohne Genehmigung erwerben, befördern oder einem Unternehmen zur Instandsetzung überlassen.[246] Weitere Ausnahmen galten beispielsweise für einzelne Waffengattungen und -typen. Bei den Rohrwaffen, die für die Heerestechnikproduzenten besondere Relevanz hatten, waren nach der Kriegswaffenliste Maschinengewehre mit Wasserkühlung von der Genehmigungspflicht ausgenommen, zudem alle Maschinenpistolen, vollautomatischen Gewehre

242 Das KWGK wurde am 20. April 1961 verabschiedet und trat am 1. Juni 1961 in Kraft, siehe BGBl, I, S. 444. Das AWG wurde am 28. April 1961 verabschiedet und trat am 1. September 1961 in Kraft, siehe BGBl, I, S. 481, 495.

243 Vgl. Hummel: Rüstungsexportbeschränkungen, S. 312 ff.

244 KWKG, § 2 Herstellung und Inverkehrbringen und § 4a Auslandsgeschäfte. § 6 Versagung der Genehmigung.

245 Hummel: Rüstungsexportbeschränkungen, S. 315. Vgl. Brzoska: Rüstungsexportpolitik, S. 112.

246 KWKG, § 5 Befreiungen. Vgl. auch § 15 Bundeswehr und andere Organe.

und halbautomatischen Gewehre, die als Modell vor dem 2. September 1945 bei einer militärischen Streitkraft eingeführt wurden, sowie Jagd- und Sportgewehre. Die Ausnahmeregelungen waren also bis auf Großwaffen ziemlich weitgehend. Zuständig für die Überwachung der Genehmigungen war das Bundesministerium für Wirtschaft und Technologie, für die Überwachung der Einfuhr, Ausfuhr und Durchfuhr dagegen das Bundesministerium der Finanzen und die von ihm bestimmten Zolldienststellen. Die Ein- und Ausfuhr der Großwaffen musste dem Bundesamt für Wirtschaft und Ausfuhrkontrolle (BAFA) gemeldet werden.[247]

Weitere Regelungen für die internationalen Absatzmärkte der Rüstungsunternehmen lieferte das AWG. Es forderte in § 1 grundsätzlich einen „freien Waren-, Dienstleistungs-, Kapital-, Zahlungs- und sonstige[n] Wirtschaftsverkehr mit fremden Wirtschaftsgebieten". Aber in § 7 sah es Beschränkungen vor, wenn es „die wesentlichen Sicherheitsinteressen" oder die „auswärtigen Beziehungen" der Bundesrepublik Deutschland" betraf oder um „eine Störung des friedlichen Zusammenlebens der Völker zu verhüten". Festgelegt wurde in § 7, welche Güter in der Ein-, Aus- und Durchfuhr beschränkt werden können, um den „Schutz der Sicherheit und der auswärtigen Interessen" zu gewährleisten. Im Unterschied zum KWKG konnten nach dem AWG nicht nur Im- und Exporte von Waffen, Munition und Kriegsgerät oder Geräten, die zu deren „Entwicklung, Erzeugung oder dem Einsatz (...) nützlich sind", limitiert werden. Zusätzlich wurden hier auch Konstruktionszeichnungen und Fertigungsunterlagen für Waffen und Kriegsgerät genannt, Kauf von Rüstungsunternehmen durch ausländische Privat- oder juristische Personen und „gewerbliche Schutzrechte, Erfindungen, Herstellungsverfahren und Erfahrungen" in der Produktion von Waffen. Die Spezifikationen der Güter wurden wie beim KWKG durch eine Ein- und Ausfuhrliste in der Anlage zum Gesetz veröffentlicht. Dies gewährleistete neben einer genaueren Zuordnung und der Möglichkeit der statistischen Erfassung der Güter auch die Anpassung der aufgelisteten Güter an den technischen Fortschritt. Solche aktualisierten Fassungen wurden mehrmals im Jahr veröffentlicht.[248]

Zwar konnten alle diese Waren und Rechtsgüter in Ein- und Ausfuhr sowie deren Veräußerung beschränkt werden, sie unterlagen aber nur einer indirekten Kontrolle durch das BAFA. Nach § 26a konnte nur für „Waren und Technologien im kerntechnischen, biologischen oder chemischen Bereich des Teils I der Ausfuhrliste" per Rechtsverordnung eine Meldepflicht angeordnet werden.[249] Zusätzliche Einschränkungen gab es im Bereich der Lizenzen für die Herstellung von Kriegswaffen, Teilen oder Munition. Hier waren zumindest im KWKG weder Barrieren noch Prüfungen vorgesehen, was von

247 KWKG, Anlage Kriegswaffenliste.

248 Siehe AWG, Gesetzestext auch auf den Webseiten des Bundesministeriums der Justiz.

249 Ebenda.

Kritikern der bundesdeutschen Rüstungsexporte als wenig restriktive Norm gekennzeichnet wurde.[250]

Weitere Normen unterhalb der Gesetzesebene unterstrichen zwar die Absicht der Bundesregierung und des Bundessicherheitsrats, Rüstungsexporte möglichst restriktiv zu handhaben und eine „Lieferung in Spannungsgebiete" zu vermeiden, sind aber nicht als gesetzliche Barriere zu verstehen. Hier sind die „Politischen Grundsätze der Bundesregierung für den Export von Kriegswaffen und sonstigen Rüstungsgütern", verabschiedet durch den Bundessicherheitsrat, weitere Anpassungen von 1971 bzw. 1982 und Grundsatzentscheidungen des Bundessicherheitsrats zu nennen. Kritiker vermissten insbesondere eine Regelung, die den internationalen Waffenhandel über die NATO-Länder stärker begrenzte. Denn bei „der Ausfuhr von Kriegswaffen in Nato-Staaten oder ihnen gleichgestellte Länder wird deren Endverbleib beim Empfänger vorausgesetzt bzw. die politische Verantwortung an den Empfänger übertragen." Die Bundesregierung behalte sich nur vor, „darauf ‚hinzuwirken', dass bei Re-Exporten aus diesen Staaten das schriftliche Einverständnis der Bundesrepublik Teil der Ausfuhrvereinbarung sein kann, ein Einspruchsrecht gegen entsprechende Handlungen des Empfängers impliziert dies jedoch nicht. Lieferungen z. B. eines Lizenznehmers in Spannungsgebiete sind letztlich nicht zu verhindern." Zwei Beispiele wurden für die gesetzlich legitimierte Ausfuhrpraxis, die indirekte illegale Lieferungen möglich machte, angeführt: die Lieferung eines Leopard 2 und eines Testmodells des in deutsch-französischer Kooperation entwickelten und hergestellten Kampfhubschraubers „Tiger" durch Frankreich an die Türkei. Diese indirekte Lieferung von Waffen in Spannungsgebiete wurde möglich, obwohl der Bundessicherheitsrat damit noch nicht einmal befasst gewesen war. Eine Diskussion dieser Praxis hält bis in die Gegenwart an.[251]

Kritisch hinterfragt wurde von Seiten der Friedens- und Konfliktforschung seit den 1980er Jahren auch die Rolle der Bundesregierung bei der Finanzierung von Rüstungsexporten. Hier wurde insbesondere auf die Finanzpolitik in Form von Krediten und Bürgschaften des Bundes (v. a. über die Hermes-Bürgschaften) als restriktives Steuerungsinstrument verwiesen. Diese Regulierungsfunktion, die über die normative Ebene hinausgeht, wurde nach Ansicht der Friedens- und Konfliktforschung jedoch nur selten genutzt, da sich insbesondere das BMWi als Förderer des Außenhandels und der Exportwirtschaft verstand. Dabei wurden die deutschen Großunternehmen eher als Fördersubjekte gesehen denn als internationale *Player* des Waffenhandels, deren Märkte durch institutionelle Barrieren des Staates in Form von Gesetzen reguliert werden können.[252]

250 Anlage KWKG Kriegswaffenliste. Vgl. Bernhard Moltmann: Rechtliche Normen für den deutschen Rüstungsexport, in: Anne Jenichen u. a. (Hg.): Rüstungstransfers und Menschenrechte, Berlin u. a. 2002.

251 Vgl. z. B. der Hamburger Friedensforscher Hans J. Gießmann: Die Regierung muss belegen, warum ein Waffenexport gewollt ist, in: Frankfurter Rundschau vom 1.12.1999.

252 Hummel: Rüstungsexportbeschränkungen, S. 316 f. Vgl. dazu auch insbesondere folgende Bestände des Politischen Archivs des Auswärtigen Amts (PA AA): B 14, B 23 und B 43.

2.3.2 Internationaler Waffenhandel

Die Dimensionen der internationalen Rüstungsmärkte und die Höhe der Exporte sind noch schwieriger einzuschätzen als der nationale Rahmen. Denn der globale Waffenhandel kann als ein der (wirtschafts-)historischen und politologischen Forschung nur schwer zugängliches Gebiet betrachtet werden. Nicht nur ist die Quellenlage aufgrund mangelnder staatlicher Überlieferung und aus Geheimhaltungsgründen als ausgesprochen schlecht zu bewerten. Auch die Struktur der Branche – teils Einzelpersonen, die sich auf internationalem Parkett geschickt über nationale Grenzen hinweg bewegen, teils Unternehmen, teils Staaten – trägt sicherlich zu der bislang völlig unzureichenden Überlieferungsbasis bei. Nur wenige Ausnahmen von einzelnen Geschäftsabschlüssen, Akteuren und ihren Praktiken finden sich in den Quellen der Unternehmen sowie der zuständigen Ministerien und Ämter. Einzelne Geschäftsabschlüsse sind in den Quellen des Auswärtigen Amtes angedeutet, aber über den genauen Umfang der Geschäfte lässt sich auf dieser dünnen Quellenbasis, die auch durch Unternehmensarchive nur wenig erweitert werden kann, keine valide Aussage treffen.[253] Auffällig ist, dass Vermerke in den Akten häufiger bei nicht zustande gekommenen Geschäften oder im Falle betrügerischer Händler hinterlassen wurden. Ob diese Feststellung allerdings generell getroffen werden kann, muss zukünftiger Forschung nach der Öffnung weiterer Aktenbestände vorbehalten bleiben. Dies gilt auch für die Frage, inwiefern der Rüstungsabsatz durch marketingpolitische Instrumente wie Rüstungsmessen gesteigert werden konnte. Bezüglich der Rüstungsmessen kann bislang aufgrund mangelnder Quellen der großen und mittelständischen Messegesellschaften keine genauere quantifizierende oder qualitative Analyse vorgenommen werden.[254]

Will man den Anteil der bundesdeutschen Rüstungsproduktion am internationalen Waffenhandel einschätzen, so kann man als Maßstab die Höhe der bei den Behörden angegebenen Rüstungsexporte heranziehen. Die legal gemeldeten Ausfuhren können ihrem Umfang nach in vier Phasen unterteilt betrachtet werden: 1954–1964, 1965/66–1972/73, 1982–1985 und 1985–89/90. Im ersten Jahrzehnt nach der Gründung der Bundeswehr (1954–1964) bestand für die westdeutschen Rüstungsproduzenten im heerestechnischen Bereich wenig Anlass zu exportieren, da die Kapazitäten noch im Aufbau und die Produktionsanlagen voll ausgelastet waren. Nach dem Ende der ersten Ausstattungswelle der Bundeswehr und konjunkturellen Abschwächungen des Nachkriegsbooms gab es aber schon Mitte der 1960er Jahre erste Bestrebungen, die Exportmenge zu vergrößern. Eine plausible Erklärung für die deutlichen

253 Etwa Informationen über den Waffenhändler Seidenschnur, der auch bezüglich der Erstausstattung der Bundeswehr für Cummings in Monte Carlo tätig gewesen sein soll. PA AA, Bestand B 57 Nr. 355 Abkommen und Verträge auf dem Gebiet der Rüstung, 1961 f.

254 Kleinere Unternehmen verfügen über keine nennenswerten Quellenbestände und selbst der DLRV als Veranstalter der ILA unterhält nach Auskunft seiner Kommunikationsabteilung kein Archiv.

Anstrengungen zur Exportsteigerung bieten die oben dargestellten Ausgaben für Beschaffungen im Rahmen des Einzelplans 14. Da diese Ausgaben ab 1965 stark zurückgingen, versuchten Rüstungsunternehmen, die große Produktionskapazitäten im Rüstungsbereich aufgebaut hatten, bei nachlassender Nachfrage auf dem Inlandsmarkt fast zwangsläufig, ihre Überkapazitäten in internationalen Märkten abzusetzen, um ihre Anlagen auszulasten.[255]

Betrachtet man die langfristige Entwicklung der Rüstungsexporte (Graphik in Abb. 4), so ist ein zweiter großer Einschnitt während der Ölkrisen festzustellen. In den 1970er und 1980er Jahren nahmen Rüstungsexporte aus der BRD deutlich, massiver noch – sowohl nominal, als auch zu konstanten Preisen – zu Beginn der Kanzlerschaft von Helmut Kohl und zu den Hochzeiten der *Reagonomics* zu. Obwohl auch die Beschaffungen des BMVg im Rahmen des Einzelplans 14 anstiegen, verdoppelten sich 1983 und 1984 die Exporte jährlich. Einen (vorläufigen) Rückgang brachte erst das Ende des Kalten Krieges 1988/89 mit sich.

Vergleicht man diese Entwicklung im Bereich der Rüstungsexporte nun mit der allgemeinen Exportquote der bundesdeutschen Industrie (Abb. 5), so ist eine Reihe von Auffälligkeiten zu konstatieren.[256]

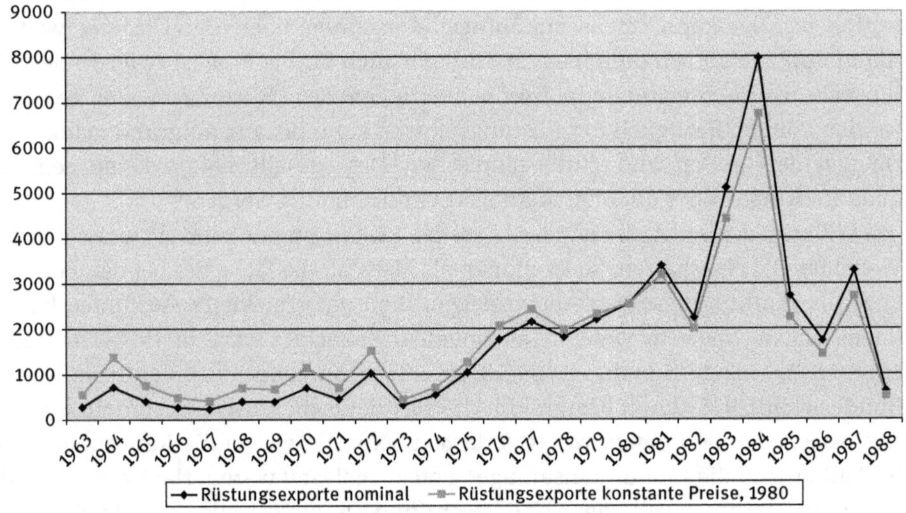

Abb. 4: Rüstungsexporte BRD, 1963–1986 in Mio. DM.
Quelle: Hummel: Rüstungsexportbeschränkungen, S. 296.

255 Siehe beispielsweise Rheinmetall-Archiv Bestand A 23 Nr. 39. Vgl. Wulf: Waffenexport, S. 79; Hummel: Rüstungsexportbeschränkungen, S. 224–230 und 270–272.

256 Ebenda, S. 296 f.

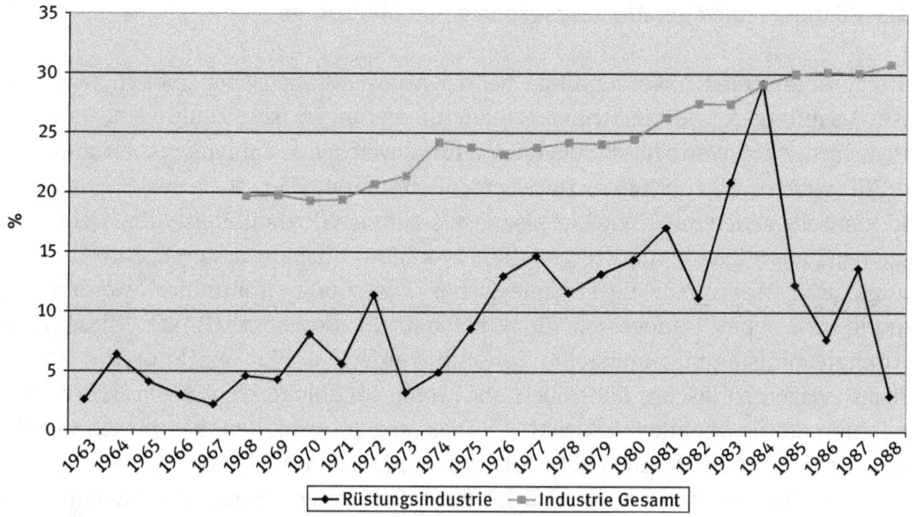

Abb. 5: Exportquote der deutschen Industrie, 1963–1988.
Quelle: Hummel: Rüstungsexportbeschränkungen, S. 297.

Während die Exportquote der Rüstungsindustrie hoch volatil ist und starken Schwankungen unterliegt, steigt die Exportquote der deutschen Industrie insgesamt ab Ende der 1960er Jahre langsam und – bis auf Ausnahmen im Jahr der Ölkrise 1973 und im Jahr der konservativen „Wende" 1982 – recht kontinuierlich an. Zwar ist die Exportquote der bundesdeutschen Industrie insgesamt mit 20 bis 30 % deutlich höher als die Quote der Rüstungsindustrie. Insgesamt kommt die Rüstungsindustrie aber – trotz der hohen gesetzlichen Barrieren für Exporte im KWKG und AWG – zu erstaunlichen Werten: in den 1960er Jahren immerhin schon auf um die 5 %, nach der Ölkrise zwischen 10 und 15 % und in den 1980er Jahren auf fast 30 %. Erst mit dem Ende des Kalten Krieges ist ein Abfallen der Exportquote im Rüstungsgüterbereich zu beobachten.[257]

Wie kann der Umfang von Rüstungsexporten im Kalten Krieg ermittelt werden und wie können sie von Militärhilfe abgegrenzt werden? Wie nutzten nicht nur Regierungen militärische Unterstützung anderer Länder, sondern auch Konzerne die Instrumentarien der auswärtigen Militärhilfe oder Rüstungsexporte, um ihren Absatz im Rahmen eines integrierten Marketings zu steigern? Welche Märkte wurden dabei auf welche Weise neu erschlossen? In welche Länder exportierten die BRD und andere europäische Staaten die meisten Waffen? Schon die Beantwortung dieser scheinbar einfachen Fragen wirft eine Reihe von methodischen, statistischen, aber auch grundlegenden Problemen auf, denen kurz nachgegangen werden soll, um eine Basis für die Analyse des Rüstungsmarketings zu erhalten.

257 Hummel: Rüstungsexportbeschränkungen, S. 297. Vgl. Brzoska: Rüstungsexportpolitik.

2.3.3 Rüstungsaufträge, Rüstungsexporte und Militärhilfe

Deutlich unterschieden werden muss bei der Analyse statistischer Quellen zwischen Rüstungsaufträgen und tatsächlich erfolgten Lieferungen bzw. Zahlungen, da diese unterschiedlichen Werte häufig ursächlich für abweichende Zahlenangaben sind. Für die BRD werden Rüstungsgüter unterschiedlich erfasst. Hier ist nach der Erfassung und Kontrolle durch das KWKG im Gegensatz zum AWG zu differenzieren. Beide Gesetze regeln den Export von Kriegswaffen, Munition, Rüstungsmaterial, Nukleartechnologie und Waren sonstiger strategischer Bedeutung. Kontrolliert werden die Exporte u. a. vom Bundesamt für Wirtschaft in Eschborn (BAW). Diese dem Wirtschaftsministerium unterstellte Behörde wurde laut Wulf am Ende des Kalten Krieges „wegen zu lascher Kontrollen und wenig sorgfältiger Prüfungen in den letzten Jahren häufig öffentlich kritisiert“.[258] Dies mag auch mit dem komplexen Genehmigungsverfahren für kommerzielle Rüstungsexporte zu tun haben.

Unternehmen mussten zwar zunächst einen Genehmigungsantrag auf Export beim BAW stellen, danach wurde aber je nach Fall unterschiedlich weiter verfahren.[259] Wurde ein Ausfuhrantrag für Kriegswaffen gestellt, so wurde dieser an die Ministerialebene weitergeleitet. Dagegen wurde bei einem Antrag für sonstige Rüstungsgüter im Routinefall direkt, meist auf niedrigster Referentenebene, entschieden. Bei schwierigen Fällen erfolgte ebenfalls eine Weiterleitung. Danach wurden verschiedene Ministerien mit den Anträgen befasst: Zuerst kommentierte das BMWi unter wirtschaftspolitischen Aspekten, dann nahm das Auswärtige Amt unter außenpolitischen Aspekten bzw. das BMVg unter sicherheitspolitischen Aspekten Stellung. Die letzte Entscheidungskompetenz lag beim Bundessicherheitsrat, der bei brisanten Fällen eingeschaltet wurde. Kriterien für eine Befassung des Sicherheitsrats waren: erstmaliger Export von neuen Waffensystemen bzw. in neue Empfängerländer, Exporte mit Anschlusslieferungen, ein außergewöhnlicher Umfang, besonders moderne Waffen, alle Kriegsschiffexporte sowie bestimmte Länder. Zudem konnte der Bundessicherheitsrat bei Ausfuhrfragen eingeschaltet werden, wenn die anderen Ministerien uneinig waren. Danach erst gab das BMWi die Anweisung, eine Ausfuhrgenehmigung zu erteilen oder zu verweigern. Die Erteilung oder Verweigerung der Genehmigung wurde durch das BAW ausgeführt. Erst nach Erhalt der Genehmigung konnte ein Unternehmen dann Rüstungsgüter exportieren.[260] Aufgrund dieses Genehmigungsverfahrens führte das BAW auch genaue Statistiken über Rüstungsexporte. Diese sind der Forschung nicht zugänglich, was bereits mehrfach kritisch angemerkt wurde. Daher ist man nicht nur bezüglich Produktionsumfang und Gewinnen von Rüstungsunternehmen, sondern auch bezüglich ihres Absatzes auf verschiedene internationale Schätzungen angewiesen.

---

258 Wulf: Waffenexport, S. 157.
259 Ebenda, S. 106.
260 Vgl. Wulf: Waffenexport, S. 106.

Die Daten des internationalen Forschungsinstituts SIPRI und der US-Behörde ACDA gelten als die verlässlichsten Schätzungen, sind aber mit einigen Einschränkungen bzw. definitorischen Schwächen belastet. Die Statistiken von SIPRI erfassen nicht sämtliche Rüstungstransfers, sondern nur Großwaffensysteme in fünf Kategorien: militärisch genutzte Flugzeuge, Kriegsschiffe, Raketen, Radar- und Führungssysteme sowie Kanonen mit einem Kaliber über 100 mm. Zudem wird nicht der gezahlte Preis aufgeführt, sondern es werden mit einem Schema die Transfers bewertet, in US-Dollar umgerechnet und mittelfristige Trends im Waffenhandel angegeben.[261]

Dagegen werden von der ACDA (*Arms Control and Disarmament Agency*), einer US-Regierungsbehörde in Washington, alle Rüstungstransfers regelmäßig registriert und in „World Military Expenditures and Arms Transfers" jeweils für eine 10-Jahres-Periode veröffentlicht. Zusätzlich zu den von SIPRI erhobenen Daten der konventionellen Waffen werden hier neben Kleinwaffen, Munition, Infanteriewaffen, Bauteilen, logistischen Geräten und Militärelektronik auch Rüstungsgüter i.w.S. wie Fallschirme, Uniformen, nicht-gepanzerte Militärfahrzeuge in die Statistik aufgenommen. Ausgeschlossen bleiben aber auch hier Nahrungsmittel für die Truppen, Treibstoffe, Bauleistungen, medizinische Geräte und Ausrüstung. Während SIPRI die Im- und Exporte nur in Festpreisen erhebt, werden von der ACDA sowohl inflationsbereinigte Festpreise, als auch laufende Preise publiziert. Ungenauer als SIPRI ist die ACDA-Statistik in Bezug auf die Rüstungsgüter selbst, da nur die reinen Ausgaben in Dollar, keine Geräte und Systeme benannt werden. Zudem werden die Quellen nicht angegeben, die laut Wulf in der Regel Angaben der beiden US-Geheimdienste *Defense Intelligence Agency* (DIA) und *Central Intelligence Agency* (CIA) sind. Für die BRD wird neben den statistischen Erhebungen des BAW auch beim Statistischen Bundesamt in Wiesbaden eine Außenhandelsstatistik zur Rüstung geführt, die gleichfalls der Geheimhaltung unterliegt. Nach Wulf wurden diese statistischen Angaben als geheim eingestuft, weil „Firmeninterna" nicht veröffentlicht werden sollten.[262]

Insgesamt werden in den jeweiligen Länderstatistiken, aber auch in den internationalen Reihen in der Regel nur legale Rüstungsexporte erfasst, die entsprechend der jeweiligen nationalen Gesetzgebung als Rüstungsgüter kategorisiert werden. Militärhilfe wird in der Regel nicht erfasst. Wulf geht davon aus, dass ihre Bedeutung für die USA durchaus hoch zu bewerten ist, während sie für die BRD und die UdSSR wesentlich geringer ausfalle. Die USA exportierte Waffen u. a. im Rahmen des *Military Assistant Program* (steuerfinanziertes Militärhilfeprogramm), im *Foreign Military Sales Program* (Verkäufe gegen Kredit oder direkte Zahlung)

261 Ebenda, S. 156.
262 Vgl. Wulf: Waffenexport, S. 156 f.

oder im *Commercial Sales Program* (Verkäufe von US-Firmen).[263] Dabei wurde in den USA Militärhilfe im Unterschied zu Rüstungsexporten i. d. R. vollständig vom Steuerzahler finanziert, während Rüstungsexporte wie in der BRD häufig nur staatlicherseits vorfinanziert oder durch Kredite und Bürgschaften abgesichert wurden. In den USA wurden die Rüstungsexporte schon in den 1950er Jahren mit dem Koreakrieg stark ausgeweitet.

In der ersten Hochphase des Kalten Krieges waren die USA eindeutig der größte Rüstungsexporteur der Welt. Dies galt auch für die Ausfuhr in Entwicklungsländer, denn bis Mitte der 1950er Jahre stammten 50 % aller in den Statistiken erfassten Großwaffen der Entwicklungsländer aus den USA. Erst danach folgten Großbritannien und die UdSSR, die bis dahin nur innerhalb ihres Blocks absetzte. Unter dem Eindruck der *Containment-Policy* wurden Großwaffen von den USA v. a. an Staaten wie Griechenland, die Türkei, den Iran, Taiwan, Südkorea und die Philippinen geliefert, die der Sowjetunion und der VR China benachbart waren. Diese Exportländer wurden als *forward defense countries* bezeichnet und erhielten neben Waffen auch Militärhilfe: Ausrüstung, Infrastruktur, Ausbildung und Training von Offizieren, Soldaten und rüstungstechnisch versierten Ingenieuren oder sogar der Aufbau eigener Produktionskapazitäten für militärisches Gerät oder Ausstattung.[264]

Ziel der Militärhilfe war es, die politische und militärisch-technologische Entwicklung in diesen Ländern zu beeinflussen und die Systemkonkurrenz in diesem Sinne für sich zu entscheiden. Zwar wurden die durch die Militärhilfeprogramme gelieferten Waffen und Waffensysteme häufig kostenlos transferiert, verbunden waren damit in der Regel aber militärische und wirtschaftliche Abkommen, die die Integration in westliche Militär- und Wirtschaftsbündnisse zusicherten: „Verschiedene Allianzen entstanden, nicht nur die NATO in Europa, sondern ebenso der Bagdad-Pakt (später CENTO) im Mittleren Osten, die SEATO in Südostasien sowie zahlreiche bilaterale Militärpakte mit Ländern, die an den Block der kommunistischen Staaten grenzten."[265] Die von den USA exportierten Großwaffen wie Flugzeuge, Panzer, Kriegsschiffe und Artillerie stammten allerdings zunächst noch häufig aus Beständen des Zweiten Weltkriegs oder Koreakriegs, weshalb sie kostenlos oder mittels günstiger Kredite abgegeben wurden.[266]

---

263 Ebenda, S. 157 f.; Monika Medick: Waffenexporte und auswärtige Politik der Vereinigten Staaten. Gesellschaftliche Interessen und politische Entscheidungen, Meisenheim am Glan 1976, S. 14–17 und 34 f.; van de Kerkhof: Der Military-Industrial Complex.

264 Wulf: Waffenexport aus Deutschland, S. 15 f. Vgl. Bernhard Chiari/Magnus Pahl (Hg.): Auslandseinsätze der Bundeswehr, Paderborn u. a. 2010.

265 Wulf: Waffenexport, S. 16.

266 Ebenda, S. 19. Vgl. auch Greiner u. a. (Hg.): Ökonomie im Kalten Krieg, v. a. die Aufsätze von Conteh-Morgan und Boden sowie William H. Mott: United States Military Assistance: an Empirical Perspective, Westport 2002.

In den frühen 1950er Jahren waren die größten Konkurrenten der amerikanischen Rüstungsunternehmen die britischen und französischen Hersteller, doch zunächst mit wenig Rivalitäten, da die westlichen Militärhilfeprogramme abgestimmt und jeweils unterschiedliche Abnehmerländer beliefert wurden. Während britische Unternehmen ihre Entwicklungs- und Produktionskapazitäten auslasteten, um v. a. ihre ehemaligen Kolonien Indien und Pakistan, aber auch per Abkommen den Mittleren Osten zu beliefern, stattete Frankreich seine ehemaligen Kolonien in Afrika aus. Dabei waren Militärabkommen die Regel, die den neuen Nationalstaaten in Asien, Afrika und Südamerika halfen, innere und äußere Sicherheit zu garantieren. Erst ab Mitte der 1950er Jahre traten weitere Länder (VR China, Kanada, Italien, Schweden, CSSR, BRD und Polen) mit Rüstungsexporten für die Entwicklungsländer in den Markt ein. In der BRD hatte die schon dargestellte Wiederaufnahme der Rüstungsproduktion zum verstärkten Drang in den weltweiten Export geführt. Die Rüstungsunternehmen legitimierten dies v. a. mit der zu niedrigen Bundeswehr-Nachfrage und der damit einhergehenden ungenügenden Auslastung der Kapazitäten.[267]

Hinzu traten die Bundeswehrverkäufe von billig produzierter und rasch ausrangierter Erstausstattung, die teils geheim in Spannungsgebiete verkauft wurde. Zwar können aufgrund der Geheimhaltung von wesentlichen Akten der Außenhandelsstatistik und der nur schätzungsweise erfolgten Aufstellung durch das SIPRI keine genauen Zahlen genannt werden. Es steht aber fest, dass in den 1950er und 1960er Jahren der Anteil der westdeutschen Exporte an der weltweiten Ausfuhr von Großwaffen insgesamt nur gering war (1950er 0,6 %, 1960er 0,9 %).[268] Auch die UdSSR erzielte mit Exporten nach Nordkorea, in die VR China und die Warschauer Pakt-Staaten bis Mitte der 1950er Jahre nur geringe Marktanteile (siehe Tab. 7).

Tab. 7: Anteile am Rüstungsexport von Großwaffen, 1951–1959.

	1951–1955	1956–1959
USA	52,4 %	31,4 %
Großbritannien	26 %	23,3 %
UdSSR	9,9 %	15,9 %
Frankreich	6,5 %	6,8 %
Sonstige	5,1 %	22,6 %

Quelle: Wulf: Waffenexport, S. 15 und SIPRI-Daten.

267 Wulf: Waffenexport, S. 17. Ausführlicher siehe Kap. 3.1.

268 Wulf: Waffenexport, S. 80 ff. Vgl. PA AA Bestand B 57 III A 4; Peter Karmann: Militärhilfe der Bundesrepublik Deutschland in Afrika, München 1988; Jürgen Schäfer: Deutsche Militärhilfe an Südamerika, Düsseldorf 1974; Ulrich Albrecht: Deutsche Waffen für die Dritte Welt, Reinbek 1972; Helga Haftendorn: Militärhilfe und Rüstungsexporte der BRD, Düsseldorf 1971.

Das deutliche Ansteigen des sowjetischen Anteils an den Rüstungsexporten von Großwaffen zum Ende der 1950er Jahre signalisiert daher einen strategischen Wechsel in der sowjetischen Außenpolitik: War noch unter Stalin neuen Staaten wie Indien unter Nehru, Indonesien unter Sukarno und Ägypten unter Nasser eher Misstrauen entgegengebracht worden, so änderte sich dies mit Chruschtschows Prinzip der Koexistenz verschiedener sozialistischer Systeme. Danach wurden auch nicht eindeutig sozialistische Staaten wie Indien, Afghanistan, Nordkorea, China, Nordvietnam, Guatemala, Syrien und der Irak wirtschaftlich und militärisch stärker unterstützt. In den 1960er Jahren wurden zudem die Beziehungen zu einigen afrikanischen Ländern intensiviert.[269]

Insbesondere die militärischen Lieferungen konterkarierten den US-amerikanischen Gürtel der *forward defense countries* und verschärften zusammen mit dem sozialistischen Erfolg auf Kuba die Systemkonkurrenz.[270] Die Antwort der USA auf die revolutionären Bestrebungen in lateinamerikanischen, afrikanischen und asiatischen Ländern wurde erst nach der Ablösung Eisenhowers durch John F. Kennedy 1962 formuliert: die *Counter-Insurgency-Strategy* (COIN). Sie setzte nicht mehr auf massive Eindämmung der sowjetischen Expansion, sondern verband eine militärische Anti-Guerilla-Strategie mit verstärkter Entwicklungs- und Wirtschaftshilfe, um innergesellschaftlichen Unruhen entgegenzuwirken oder sie gewaltsam zu unterdrücken. Damit einher ging auch eine veränderte Marktsituation für die Hersteller von Rüstungsgütern i. e.S. Waren zuvor vorwiegend Großwaffen wie Flugzeuge, Schiffe und Panzer im Rahmen der Militärhilfe exportiert worden, so wurde unter Verteidigungsminister McNamara neben wirtschaftlichen Aufbaumaßnahmen nun verstärkt auf den Export von Kleinwaffen, Lastkraftwagen und Polizeiausrüstung gesetzt. Bis zum Beginn des Vietnamkriegs wurde diese neue Strategie auch unter Präsident Johnson fortgesetzt und von den Entwicklungsländern eine Umstellung von modernen Waffensystemen auf einfachere und kostengünstige Waffen gefordert. Die frei werdenden oder eingesparten Mittel sollten für Entwicklungsprogramme eingesetzt werden. Denn schnelle ökonomische Erfolge hatten sich unter den unterstützten Politikern Nehru, Sukarno, Tschou En-Lai, Nasser und Peron noch nicht eingestellt. Zudem wurden zahlreiche Militärregime unterstützt, die als Reaktion auf die Entwicklungskrisen gegen demokratische Regierungen geputscht hatten. Wulf urteilte dazu: „Die Stützung reaktionärer Regime (Tschiang Kaischek in China, Samoza in Nicaragua, Markos auf den Philippinen, der Schah im Iran) und die Destabilisierung nationaldemokratischer Reformregierungen (Mossadegh im Iran, Arbens in Guatemala, Allende in Chile) zieht sich wie ein roter Faden durch die Außen- und Militärhilfepolitik der USA.“ Begründet wurde die Unterstützung autoritärer

---

269 Wulf Waffenxport, S. 17. Vgl. William H. Mott: Soviet Military Assistance: an Empirical Perspective, Westport 2001.
270 Wulf: Waffenexport, S. 18–20.

Militärs damit, dass sie Ordnung, Sicherheit und Stabilität herstellen, Entwicklung fördern und technisches Know-how sowie Managementfähigkeiten zu Verfügung stellen könnten.[271]

Dieser Strategie begegnete die UdSSR in den 1960er Jahren u. a. mit verstärkten Waffenlieferungen und wurde konsequenterweise 1962 der größte Waffenlieferant der Entwicklungsländer weltweit. Insgesamt erhielten 29 unterentwickelte Staaten bis zum Jahr 1970 Großwaffen aus der UdSSR. Neben geringen Exporten in afrikanische Länder wie Algerien, Marokko, Guinea, Ghana, Somalia, Mali, Sansibar/Tansania, Sudan und Kongo-Brazzaville galt das sowjetische Engagement in den frühen 1960er Jahren v. a. zwei Herden militärischer Spannungen: dem arabisch-israelischen und dem chinesisch-indischen Konflikt. Unter den arabischen Ländern war es insbesondere Ägypten, das eine umfassende Militärhilfe erhielt. So waren 1961 ca. 1.300 militärische Berater der Warschauer-Pakt-Staaten dort tätig, um das ägyptische Militär an sowjetischen Waffen zu schulen und Ausrüstungshilfe zu leisten. Noch intensiver war die sowjetisch-indische Kooperation gegen die VR China. Denn „Indien war und ist bis heute das einzige Land außerhalb des Blocks sozialistischer Länder, in das die UdSSR Produktionslizenzen für moderne Waffen (Kampfflugzeuge, Kriegsschiffe, Hubschrauber, Lenkwaffen, Panzer) vergibt.“ Im Gegenzug ließ sich Indien dafür erst ab Ende der 1970er Jahre von westlichen Staaten wie Frankreich, Großbritannien und der BRD beliefern.[272] Wulf sah wie Ragna Boden zudem – trotz einiger spektakulärer Hilfsprojekte wie dem Assuan-Staudamm – nur wenig langfristige Bindungen der postkolonialen Staaten an die Militär- und Entwicklungshilfe der UdSSR. Da die Kooperation häufig auf reine Waffenlieferungen beschränkt blieb, konnte sich die Sowjetunion trotz ideologischer Übereinstimmungen ihre Einflusszonen in Indonesien, Ghana, Mali, Somalia, Ägypten und Afghanistan nicht dauerhaft erhalten.[273]

Eine entscheidende Wende im globalen Handel mit Rüstungsgütern i. e.S. sah Wulf in der peruanischen Bestellung einer Schwadron Kampfflugzeuge im Jahr 1965, zufällig am Beginn der Absatzstagnation in Europa. Nachdem die USA die Lieferung wegen entwicklungspolitischer Bedenken abgelehnt hatte, nutzte der französische Hersteller Dassault-Breguet die Absage der Konkurrenz, um mit Hilfe von Regierungskrediten seinen Absatzmarkt für Mirage-Kampfflugzeuge zu vergrößern. Dieses Beispiel machte in anderen südamerikanischen Ländern Schule und

---

271 Ebenda, S. 18–23, Zitat S. 21. Vgl. Earl Conteh-Morgan: Die US-Entwicklungshilfe während des Kalten Krieges, in: Greiner u. a. (Hg.): Ökonomie im Kalten Krieg, S. 63–81 und zur COIN auch Bernd Greiner: Krieg ohne Fronten. Die USA in Vietnam, Hamburg 2007.

272 Wulf: Waffenexport, S. 18–30, hier S. 23. Ausführlich auch Albrecht: Deutsche Waffen für die Dritte Welt und Hummel: Rüstungsexportbeschränkungen, S. 186 ff.

273 Ebenda, S. 18–24; Ragna Boden: Das Scheitern der sowjetischen Modernisierungsoffensive in Indonesien, in: Greiner u. a. (Hg.): Ökonomie im Kalten Krieg, S. 104–123; Dies.: Soviet Aid to Indonesia, in: Journal of Cold War Studies 10 (2008), S. 110–128 und dies.: Die Grenzen der Weltmacht. Sowjetische Indonesienpolitik von Stalin bis Breznev, Stuttgart 2006.

führte nicht nur zur Diversifikation und zu größerer Konkurrenz auf den Exportmärkten, sondern auch zur Durchsetzung eines verkaufstaktischen Arguments mit langfristiger Gültigkeit: Die Phrase „wenn wir nicht liefern, dann liefern die anderen" dient bis heute der Legitimation oder Exkulpation des eigenen Rüstungsabsatzes in Kriegs- und Krisengebiete.[274]

In der BRD waren die Rüstungsexporte bis zur Mitte der 1970er Jahre, mit Ausnahme der Krisenjahre 1964 und 1972/73, gemessen an der inländischen Nachfrage deutlich geringer. Beide Größen sind aber positiv miteinander korreliert. Die westdeutschen Rüstungsunternehmen haben also – betrachtet man allein den nominalen Umfang – bei nachlassenden Absatzzahlen im Inland durchaus Exporte genutzt, um ihre zu Beginn des Kalten Krieges aufgebauten Produktionskapazitäten auslasten zu können (Abb. 6).

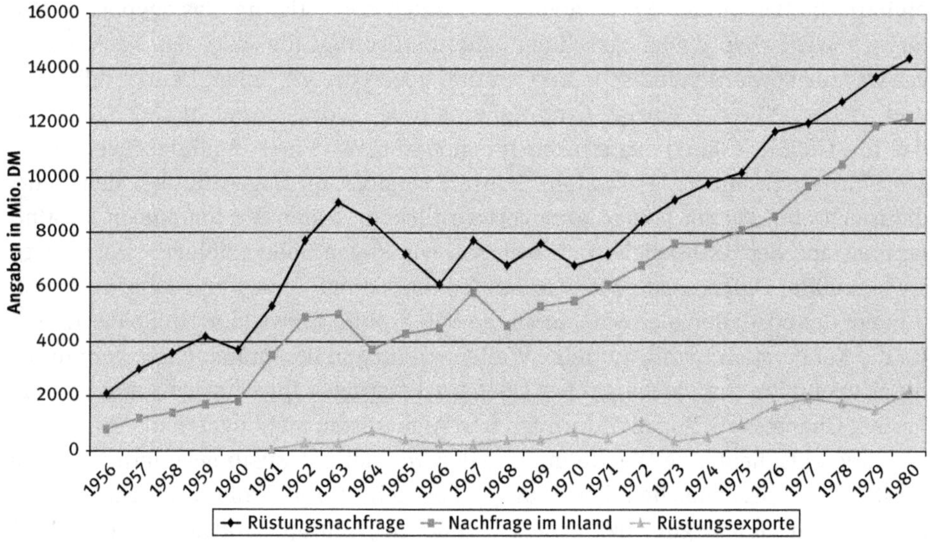

Abb. 6: Rüstungsnachfrage und Rüstungsexporte, 1956 bis 1980 in Mio. DM.
Quelle: Darstellung nach: Brzoska: Rüstungsexportpolitik, S. 79 mit weiteren Quellen.

Andererseits betrug der Anteil der Rüstungsexporte, sowohl von Seiten der Unternehmen als auch von der Bundeswehr, an den westdeutschen Gesamtexporten im Jahr 1971 nur 0,3 %, während die USA (3,8 %), Frankreich (3,1 %) oder die Schweiz (0,8 %) teils deutlich höhere Werte zu verzeichnen hatten und somit der Rüstungsexport auch eine größere volkswirtschaftliche Bedeutung einnahm.[275]

Zusätzlich zu den Rüstungsexporten müssen aber noch die Zahlungen für Militärhilfe betrachtet werden, die teilweise aus anderen Etats finanziert wurden (z. B. aus dem

274 Wulf: Waffenexport, S. 18–22 f.
275 Wieck: Bedeutung, S. 235 f.

BMWi und BMI). Von einer niedrigen Ausgangsbasis zu Beginn der 1960er Jahre startend, haben sich die Militärhilfe-Zahlungen der BRD – betrachtet man die realen Zahlungen mit Preisindex von 1975 – insbesondere in den frühen 1960ern und 1980ern enorm gesteigert. Dabei waren durchaus schwankende Anteile der reinen Ausrüstungshilfe zu verzeichnen, die am Ende der 1970er Jahre ihren größten Umfang erreichten. Die Ausbildungshilfe für Schulungen und Fortbildungen von Offizieren, Soldaten, Wissenschaftlern, Ingenieuren und Technikern machte dagegen insgesamt nur einen kleinen Teil der Militärhilfeausgaben aus (Abb. 7).

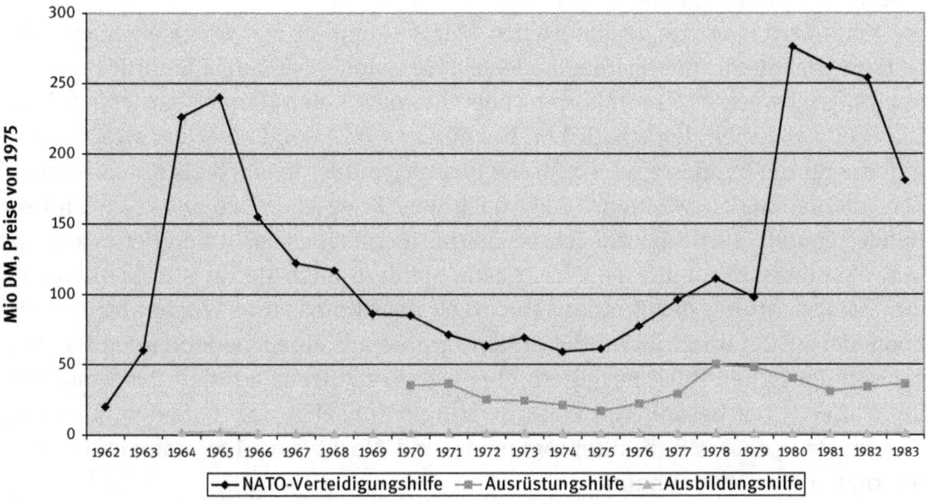

Abb. 7: Militärhilfe der BRD von 1962 bis 1983 in Mio DM, Preise von 1975.
Quelle: Bundeshaushaltsplan, versch. Jge. zit. nach: Brzoska: Rüstungsexportpolitik, S. 79. Für 1982 und 1983 Haushaltsansatz.

Verglichen mit den britischen und französischen Militärhilfeausgaben hielt die BRD also durchaus mit den Siegermächten des Zweiten Weltkriegs mit. Im Jahre 1964 lagen die deutschen Ausgaben nur knapp unter den französischen, während die britischen etwas höher ausfielen. Nur zwei Jahre später hatten die deutschen Ausgaben die französischen schon überholt, lagen aber nun deutlicher hinter den britischen zurück. Die USA zahlten in diesen Jahren übrigens mehr als das Zwanzigfache Großbritanniens an Militärhilfe.[276] Dies unterstreicht sowohl die Rolle der USA als auch der Militärhilfe in der internationalen Politik nochmals.

Zwar versuchten Waffenproduzenten ihre internationalen Verträge und Verkäufe zu steigern, wozu sie auch das Potential oder Interesse der sog. Entwicklungsländer benutzten. Militärhilfen wurden auf diese Weise ebenso wie Rüstungsexporte

276 Helga Haftendorn: Militärhilfe und Rüstungsexporte der BRD, Düsseldorf 1971, S. 51.

eingesetzt, um ausländische Märkte für die europäischen Rüstungsunternehmen zu erschließen, zu entwickeln oder zu stabilisieren. Auf der anderen Seite diente die Militärhilfe den NATO-Staaten aber als ein Instrument, um sich einen stärkeren internationalen Einfluss und wichtige geostrategische Sphären zu sichern – insbesondere in der Rivalität mit der Sowjetunion und den Warschauer-Pakt-Staaten.[277] Insgesamt nahmen Export und Militärhilfe im Verlauf des Kalten Krieges für die Staaten und ihre Waffenproduzenten deutlich an Relevanz zu, obwohl sie durch gesetzliche Normen und politische Regulierungen beschränkt waren. Daher kam dem Inlandsabsatz in der BRD eine hohe Bedeutung zu, der durch sein komplexes Mehrebenensystem ja eine Reihe von Besonderheiten aufwies.

Veränderungen der ausländischen Märkte konnten insgesamt einerseits eine stärkere Nachfrage generieren, anderseits konnten aber auch Einbrüche in der Nachfrage zu verstärkter Konkurrenz oder internationalen Handelsbarrieren führen. Die USA war neben den staatlichen Nachfragern im Inland einer der wesentlichen Akteure für die bundesrepublikanische Rüstungsindustrie, auch als Konkurrent auf den internationalen Märkten. Direkt nach dem Kriegsende waren die USA für die Bundesrepublik allerdings zunächst nicht nur Besatzungsmacht und der mächtigste und ökonomisch potenteste Verbündete, sondern auch der größte Lieferant für die Erstausstattung der Bundeswehr. Nach dem Korea- und Wiederausrüstungsboom der 1950er und frühen 1960er Jahre wurde aus einem bedeutenden Nachfrager von deutschen Rüstungsgütern aber eine Konkurrenz auf den Exportmärkten für Waffen. Über besonderen Einfluß verfügten die USA dabei als dominierender Partner deutscher Militärhilfeprogramme und Markt- wie Technologieführer im internationalen Waffenhandel.

Konstitutiv für die amerikanische Rüstungspolitik nach 1945 war die Nationale Sicherheitspolitik (*National Security Policy*), die von den wechselnden Haltungen gegenüber der UdSSR bestimmt wurde.[278] Nach der Phase der Eindämmungsstrategie unter den Präsidenten Truman und Dulles, in die auch der Koreakrieg und die Kuba-Krisen fielen, folgte unter Präsident Nixon eine Ära der Entspannungspolitik. Damit einher ging auch die Abwendung vom strategischen Prinzip der massiven Vergeltung (*massive retaliation*) zum System der flexiblen Abwehr (*flexible response*) unter Verteidigungsminister McNamara. In der zweiten Hälfte der 1970er Jahre verschärfte sich der Ost-West-Konflikt, und damit wurden auch die Rüstungsanstrengungen durch den Expansionismus der UdSSR in Afrika, Mittelamerika, Südostasien und im Mittleren Osten verstärkt. Eine Reaktion der USA zur Sicherung

277 Vgl. Brzoska: Rüstungsexportpolitik und Greiner u. a. (Hg.): Ökonomie im Kalten Krieg, v. a. die Aufsätze von Conteh-Morgan und Boden.

278 Vgl. Daniel Yergin: Shattered Peace: The Origins of the Cold War and the National Security State, Boston 1977, jüngst Greiner: Antikommunismus, Angst und Kalter Krieg.

des Abschreckungsprinzips war in den 1980er Jahren die von Präsident Reagan forcierte „strategische Verteidigungsinitiative" (*SDI*).[279]

Diese politische Entwicklung spiegelte sich auch in der diskontinuierlichen Höhe der Militärausgaben,[280] auch wenn sie Prozentanteile von unter 20 % wie in der Zeit vor dem Zweiten Weltkrieg in der gesamten Nachkriegsphase nicht mehr erreichten. Vielmehr hat sich der Anteil der Militärausgaben am Zentralbudget mit einem Wert um 40 % z. T. mehr als verdoppelt und konstant in dieser Höhe gehalten. Man kann also mit Berenice A. Carroll von einer *permanent war-like economy* der USA sprechen.[281] Dieses ist v. a. auf den Ost-West-Konflikt und eine zurückhaltende Demobilisierung zurückzuführen.[282] Zu enorm verstärkten Ausgaben und Waffenkäufen kam es nach 1945 aber erst mit größeren Kriegen wie dem Korea- und dem Vietnamkrieg, nach deren Beendigung die Ausgaben jeweils wieder zurückgefahren wurden.

In der Zeit des Kalten Krieges entstanden neue Rüstungsindustrien und Rüstungsmärkte v. a. in Entwicklungs- und Schwellenländern, in denen es latente Konflikte oder auch gewaltsame Versuche der Dekolonisierung gab. Die dortigen Strukturen wurden ebenso wie in den USA als „Military-Industrial Complex" bezeichnet.[283] Dies ist auch auf die amerikanische Vergabepraxis, die sich im Verlauf des Zweiten Weltkrieges mit seinen um das 60 fache gestiegenen staatlichen

279 Siehe Kurt R. Spillmann: Aggressive USA? Amerikanische Sicherheitspolitik 1945–1985, Stuttgart 1985, S. 29–89, 103–125, 180–218; Görtemaker/Wettig: USA – UdSSR, S. 18 ff. Vgl. Robert S. McNamara: Die Sicherheit des Westens. Bedrohung und Abwehr, Wien u. a. 1969; Robert J. Art u. a. (Hg.): Reorganizing America's Defense. Leadership in War and Peace, Washington u. a. 1985, v. a. S. 207–254; Bernd W. Kubbig, Rüstungssteigerung oder Arbeit und Wohlfahrt. Die USA in der ersten Amtszeit Reagans, in: Peter Steinweg (Red.): Rüstung und soziale Sicherheit, Frankfurt a.M. 1985, S. 81–104 und Carl-Ludwig Holtfrerich (Hg.): Economic and Strategic Issues in U.S. Foreign Policy, Berlin/New York 1989, v. a. S. 165–222.

280 Vgl. Gavin Kennedy: Defense Economics, New York 1983.

281 Stanley Lieberson: An Empirical Study of Military-Industrial Linkages, in: Rosen: Testing the Theory, S. 61–83, hier S. 72. Vgl. Greiner u. a. (Hg.): Krisen im Kalten Krieg; Gert Krell (Hg.): Die Rüstung der USA: gesellschaftliche Interessen und politische Entscheidungen, Baden-Baden 1981, S. 218; Dieter Senghaas: Rüstung und Militarismus, Frankfurt a.M. 1972, S. 298.

282 Vgl. J. S. Ballard: The Shock of Peace: Military and Economic Demobilization after World War II, Washington D.C. 1983.

283 SIPRI Yearbook 1993, S. 121–130. Vgl. Kollmer (Hg.): MIC; Alex Mintz: The Military-Industrial Complex: American Concepts and Israeli Realities, in: JCR 29, 4 (1985), S. 623–639; Michael Checinski: The Warsaw Pact/COMECON and the Polish and Czechoslovak Military-Industrial Complex, in: Osteuropa-Wirtschaft 33,1 (1988), S. 37–56; Lutz Köllner u. a.: Rüstung und Entwicklung. Politische, wirtschaftliche und finanzielle Voraussetzungen und Folgen in Entwicklungsländern, München u. a. 1986; Ulrich Albrecht/Randolph Nikutta: Die sowjetische Rüstungsindustrie, Opladen 1989, v. a. S. 253–262 und 297–309.

Rüstungskäufen herausgebildet hatte, zurückzuführen.[284] Damit ging zwar eine Vervielfachung der Vertragspartner auf über 18.000 Firmen (1944) einher, aber nur etwa 30 davon erhielten ungefähr 50 % der Verträge. Mehr als die Hälfte der Hauptkontrakte wurde mit wenigen Großunternehmen geschlossen, der Markt war also stark konzentriert.[285] Bei den Hauptlieferanten der USA gab es eher geringfügige Veränderungen in der Zusammensetzung, denn große Konzerne wie Boeing, General Electric, IBM, ITT, General Motors, Chrysler und Ford dominierten im Rüstungsgeschäft.[286] Bundesdeutsche oder andere europäische Unternehmen waren nicht darunter.[287]

Die enorm ausgeweitete Rüstungsproduktion veränderte auch die Beziehungen zwischen staatlichen Stellen und Rüstungsproduzenten und führte zu einer neuen Qualität von Rüstungskooperationen. Ein Strukturmerkmal war die zunehmende Einbeziehung von Industriellen in die kriegswirtschaftlichen Planungen der verschiedenen zivil-militärischen Ausschüsse und Planstellen.[288] Eine weitere Veränderung war, dass Verträge für Rüstungsprojekte ab 1941 nicht mehr nach Angeboten, sondern durch direktes Aushandeln mit lediglich einem Anbieter, dem Hauptkontraktor, geschlossen wurden, womit ein regulärer Wettbewerb – sowohl national, als auch international – oftmals ausgeschlossen war. Diese hohen Markteintrittsbarrieren, v. a. für die internationale Konkurrenz, die weniger gute Kontakte zu den amerikanischen Beschaffungsbehörden hatte, blieben auch ein wesentliches Merkmal des US-Rüstungsmarktes der Nachkriegszeit.[289]

Zudem hatte der Rüstungswettlauf zwischen den USA und der UdSSR weitreichende Auswirkungen,[290] da insbesondere bei den Sachausgaben durch technische Weiterentwicklungen eine enorme Steigerung zu verzeichnen war.[291] Gansler, Weidenbaum und viele andere beschäftigten sich mit den Besonderheiten des

284 Robert Higgs: Introduction: Fifty Years of Arms, Politics, and the Economy, in: Ders. (Hg.): Arms, Politics, and the Economy, Oakland 1990, S. XVII und Roger A. Beaumont: Quantum Increase: The MIC in the Second World War, in: Cooling, S. 118–132, hier S. 126.

285 Koistinen: The MIC, S. 68–96, hier S. 70.

286 Michael Kidron: Rüstung und wirtschaftliches Wachstum, Ein Essay über den westlichen Kapitalismus nach 1945, Frankfurt a.M. 1971, S. 63 ff. und Ann Markusen: The Rise of the Gunbelt: The Military Remapping of Industrial America, New York 1991, S. 33 f.

287 Vgl. Senghaas: Rüstung und Militarismus, S. 159.

288 Van de Kerkhof: Military-Industrial Complex; Koistinen: The MIC, S. 47–67; Markusen: Rise, S. 91; Bruce G. Brunton: Institutional Origins of the Military-Industrial Complex, in: Journal of Economic Issues 22 (1988), S. 599–606; Wyn Grant u. a. (Hg.): Organising Business for War. Corporatist Economic Organisation during the Second World War, New York/Oxford 1991.

289 Higgs: Introduction, S. XXVIf. Siehe auch Geofrey T. Mills/Hugh Rockoff: The Sinews of War. Essays on the Economic History of World War II, Ames 1993.

290 Zum Rüstungswettlauf v. a. Ann Markusen: The Militarized Economy, in: World Policy Journal 3, 3 (1986), S. 495–516; Hooks: Forging, S. 257–263.

291 Vgl. Personalstärke der Streitkräfte bei Senghaas: Rüstung und Militarismus, S. 299 und die Militärausgabenverteilung bei Markusen: Rise, S. 11.

Rüstungsmarktes, der deutliche Abweichungen von anderen Branchen zeige.[292] Er sei grundsätzlich eher monopsonistisch organisiert, d. h. der Staat als einziger Nachfrager steht wenigen, meist spezialisierten Anbietern gegenüber. Diese Tendenz unterlag aber im Verlauf des Kalten Krieges einem deutlichen Wandel, denn durch die zunehmenden Auslandsverkäufe stieg auch der Wettbewerbsdruck.[293]

Da nur wenige Anbieter, manchmal nur ein Anbieter, für bestimmte Produkte existieren, gibt es auch eine oligopolistische Grundstruktur von Rüstungsmärkten. Dies hat für die Nachfrager ernste Konsequenzen, denn ihre Verhandlungsmacht bei Preisen und Konditionen ist nur sehr gering. Dies führt möglicherweise auch dazu, dass der Kaufpreis bei Rüstungsgütern i. e.S. oft zu einem vernachlässigbaren Aspekt wird. Ein weiterer Grund dafür mag sein, dass bei den militärstrategischen Planungen den technischen Innovationen und der engen Abstimmung eine so hohe Bedeutung zugemessen wird, dass die Preise demgegenüber zur quantité negliable werden.[294]

In den USA kommt hinzu, dass ein Wettbewerb zwischen den Rüstungsunternehmen nur bei der Verteilung von staatlichen Forschungs- und Entwicklungsgeldern (*R&D, Research and Development*) existiert. Wenn die Unternehmen ihre Forschungsaufträge erst einmal erhalten hätten, würde meist auch der Kauf ihrer Neuentwicklungen folgen, womit das jeweilige Unternehmen zum Monopolisten würde, so Jacob Stockfisch. Weil von der amerikanischen Regierung wie von den deutschen Beschaffungsbehörden zumeist nur große Waffensysteme in unregelmäßigen Abständen angekauft werden, könne ein Auftragsverlust für ein Unternehmen schwerwiegende Konsequenzen nach sich ziehen. Deshalb versuchten die Unternehmen mit allen Mitteln, Aufträge zur Auslastung ihrer Anlagen zu erlangen.[295] Die amerikanische Regierung habe ebenfalls ein starkes sicherheitspolitisches Interesse am Überleben der Rüstungsunternehmen, weshalb entsprechenden Firmen diverse Vergünstigungen gewährt würden, um ihr Abwandern in zivile Bereiche zu verhindern. Dieses bedinge außerdem, wie auch William Kovacic und Seymour Melman zeigten, dass die Rüstungsindustrie so stark wie keine andere Industriesparte von der Regierung reglementiert werde.[296]

Ein weiteres, häufig erwähntes Merkmal des US-Rüstungsmarktes ist die Verteilung der großen Aufträge, die auch in den USA an Hauptlieferanten

---

292 Jacques Gansler: The Defense Industry, Cambridge 1980; William L. Baldwin: The Structure of the Defense Market, 1955–1964, Durham, N.C. 1967; Morton Halperin u. a.: The Political Economy of the Military-Industrial Complex, Berkeley 1973, S. 21–96; Seymour Melman: The Permanent War Economy: American Capitalism in Decline, New York 1974, NA 1985, S. 27–58; Higgs: Introduction, S. XXVf.

293 Vgl. Baldwin: The Structure, S. 79–110.

294 Ebenda, S. 111–146.

295 Vgl. Jacob A. Stockfisch (Hg.): Planning and Forecasting in the Defense Industries, Belmont 1962.

296 Melman: Pentagon Capitalism, S. 35–96; William E. Kovacic: The Sorcerer's Apprentice: Public Regulation of the Weapons Acquisition Process, in: Higgs (Hg.): Arms, S. 104–131.

(*prime-contractors*) vergeben werden, welche dann selbständig weitere Aufträge an Zulieferer (*subcontractors*) weiterreichen.[297] Negative Erscheinungen, die häufig kritisiert wurden, sind auch hier die Art der Verträge (*cost plus*), die häufig Verteuerungen nach sich zögen, und die Beschaffenheit der Waffensysteme, die ständige Neuankäufe nötig machten (*follow-on-imperative*).[298] Auch für die USA fehlen weitgehend genauere Daten über die Rüstungsproduktion, Beschäftigtenzahl, Umsatz, Gewinne u. ä.[299]

Für die Lieferung von amerikanischen Waffen, Munition und Ausrüstung nach Westdeutschland können dagegen recht genaue Zahlen benannt werden. Die westlichen Alliierten unterstützten den Aufbau der Bundeswehr nicht nur politisch und militärisch, sondern auch physisch mit Waffen im Wert von 4 Mrd. Dollar: „Das große Anweisungspaket zur Erstausrüstung der jungen Bundeswehr spiegelt die Beschaffung überwiegend zum kurzfristigen Erwerb angebotenen Geräts wider“.[300] Erst in einer zweiten Phase verloren diese Lieferungen der USA ihre übergroße Bedeutung, denn schon bald traten mit Frankreich, Großbritannien und den Niederlanden weitere große Rüstungslieferanten auf den Plan, die schließlich den deutschen Rüstungsimport dominierten (s. Tab. 8). Kollmer schätzte den Anteil der anfangs an Unternehmen in verbündeten Staaten erteilten Beschaffungsaufträge auf etwa 60 %, v. a. an Großbritannien, Frankreich, Italien und die Türkei. Die beiden Letzteren produzierten allerdings mit vielen technischen Mängeln, während Großbritannien und Frankreich laut Kollmer für teure Produkte und veraltete Produktionstechniken standen.[301]

Für das große Volumen der von 1957 bis 1976 an das Ausland vergebenen Aufträge im Umfang von 24 Mrd. DM sprachen aber trotz Einschränkungen bei manchen Herstellern wohl auch ganz handfeste technologische und ökonomische Gründe, wie die gemeinsame Standardisierung und damit Verbilligung der Produktion, der Austausch von Know-how (z. B. durch Lizenzierung) oder der Ausgleich von Handelsbilanzdefiziten.[302]

Verglichen mit der Rolle der USA für die Rüstungsindustrie der Bundesrepublik nahm die europäische Ebene im ersten Nachkriegsboom bis zur Mitte der 1960er Jahre nur eine untergeordnete Position ein, sieht man einmal von der Beschäftigung

---

297 Vgl. Baldwin: Structure, S. 28–41.

298 Siehe z. B. James R. Kurth: The Political Economy of Weapons Procurement: The Follow-On Imperative, in: AER 57,2 (1972), S. 304–311; Rosen: Testing the Theory, S. 247–265 und 157–196; Mary Kaldor: The Weapons Succession Process, in: World Politics 38,4 (1986), S. 577–595.

299 Baldwin: Structure.

300 Greve: 20 Jahre BWB-Arbeit, S. 7.

301 Kollmer: Klotzen, S. 499.

302 Greve: 20 Jahre BWB-Arbeit, S. 14 und 9 f.

Tab. 8: Auslandsaufträge des BWB (ohne Geschäftsbereich), in den Jahren 1955 bis 1974.

Land	Mrd. DM	Anteil in Prozent
Frankreich	6,962	28,8
USA	4,387	18,1
Großbritannien	2,960	12,2
Niederlande	2,200	9,1
Belgien	1,533	6,3
Italien	1,514	6,2
Kanada	0,889	3,7
Türkei	0,749	3,1
Schweiz	0,667	2,8
Norwegen	0,605	2,5
Liechtenstein	0,414	1,7
Portugal	0,336	1,4
Schweden	0,336	1,4
Griechenland	0,128	0,5
Dänemark	0,049	0,2
Sonstige	0,483	2,0
Insgesamt	24,212	

Quelle: Greve: 20 Jahre BWB-Arbeit, S. 14.

der Waffentechniker und Ingenieure in Spanien und Portugal unmittelbar nach dem Zweiten Weltkrieg ab. Zwar hatte die Einbindung in das westeuropäische Verteidigungsbündnis und die Rüstungskooperation auf der Ebene der Teilstreitkräfte eine Relevanz. Dies bedeutete aber nicht, dass für die Rüstungsunternehmen die europäische Kooperation schon eine größere Rolle gespielt hätte. Dies veränderte sich erst am Ende des Kalten Krieges, wozu die zunehmende internationale Konkurrenz und Marktkonzentration sicherlich beitrug.[303]

In der Regel verlief der Abstimmungsprozess gleichförmig und orientierte sich an nationalen Beschaffungsprozeduren: zunächst wurden auch hier Konzeptionen und daraus resultierende TAF erstellt. Übereinkommen von deutschen mit internationalen Partnern über gemeinsame Projekte im Heeresbereich wurden beispielsweise im FINABEL-Ausschuss,[304] im NAAG Panel XI (NATO Army Armament Group,

303 Vgl. Karl Carstens/D. Mahnke (Hg.): Westeuropäische Verteidigungskooperation, München/Wien 1972, S. 194–206 und Thiemeyer: Europäische Integration; vgl. auch PA AA B 201 Europa-Abteilung und B 21 Europarat u. a., ständiger Rüstungsausschuss, wo sich kein relevantes Material über Rüstungsunternehmen oder größere Rüstungsprojekte findet.

304 FINBEL bzw. FINABEL bezeichnet den Westeuropäischen Ausschuß zur Kooperation in der Heeresrüstung/Landstreitkräftebereich. Er bestand zuerst aus den Mitgliedern **F**rankreich, **I**talien, **N**iederlande, **Be**lgien, **L**uxemburg, seit 1956 unter Beteiligung der BRD (= **A**llemagne). Im Jahre 1973 wurde noch der UK aufgenommen, bis weitere Neuaufnahmen in den 1990er Jahren erfolgten.

Untergruppe XI) oder bei US/GE-Heeresgeneralstabsbesprechungen getroffen. Bis zur Entwicklungsphase sollten Planungen in Abstimmung der NATO-Gremien untereinander erfolgen, danach fanden „sich dann nur noch die Staaten zusammen, die einen wirklichen Bedarf haben, den sie auch in einer Kooperationslösung decken wollen.“ Daran schloss sich dann das bi- oder multilaterale Vorhabenmanagement an. Nur von der Vorphase bis zur Konzeptphase wurde in den internationalen Rüstungsgremien eine gemeinsame konzeptionelle Basis von Rüstungsgütern für die NATO erstellt.[305]

Ausnahmen von dieser internationalen Beschaffungspraxis innerhalb der NATO-Planungen gab es nur für die bilaterale Rüstungszusammenarbeit mit dem Hauptverbündeten USA. Absprachen wurden dazu wiederum im Heeresamt in der Arbeitsgruppe Heeresrüstung vorbereitet, denn „im Rahmen der deutsch-amerikanischen Heeresgeneralstabsgespräche hat auf deutscher Seite die Abteilung Heeresrüstung die Federführung, und zwar für Systeme und Geräte.“ Doch auch hier gelte das dialogische Prinzip der Rüstungsbeschaffung, die eine enge Abstimmung zwischen der Abteilung Heeresrüstung, BWB und dem Führungsstab des Heeres, Abteilung VII erforderlich mache. Von den noch intensiv zu behandelnden Rüstungsprojekten der 1980er Jahre standen im Heeresbereich v. a. die Kooperationen in der Produktion und Weiterentwicklung (z. B. Kampfwertsteigerung) des Kampfpanzers Leopard 1, Kooperationslösungen wie die Panzerhaubitze 70 und die integrierten Lösungen wie die Panzerabwehrraketen HOT/MILAN im Vordergrund. Für letzteres Projekt bestand ein ministerieller Lenkungsausschuss, Koordinierungsgruppen und weitere Programmbüros.[306] Insgesamt führte die Europäisierung und die Einbindung der NATO-Gremien in die Rüstungsbeschaffung durch Zunahme von Absprachen und Kooperationsprojekten zu einer weiteren Bürokratisierung und Unübersichtlichkeit mit Kosten für beide Seiten des zivil-militärischen Systems der Beschaffung.

Zusammenfassung: Wiederbewaffnung, *Security Communities* und Export

Für die Waffenproduzenten gab es also ähnlich wie für die militärische Führungsriege keinen völligen Neubeginn.[307] Damit kann nun eindeutig belegt werden, „daß es eine völlige Einstellung der Rüstungsproduktion nicht gegeben hat und die Rüstungsindust-

305 Abild/Gaertner: Die Rüstungsabteilung, S. 46 f.

306 Ebenda.

307 Vgl. Leitzbach: „Rheinmetall-Borsig in der Stunde null“, in: ders.: Rheinmetall. Vom Reiz, Bd. 1, S. 429–439. Dagegen Bernd-A. Rusinek (Hg.): Kriegsende 1945. Verbrechen, Katastrophen, Befreiungen in nationaler und internationaler Perspektive, Göttingen 2004.

rie nicht am Punkt Null begann."[308] Ursächlich dafür war auch, dass sowohl Demontage als auch Demilitarisierung wenig konsequent durchgeführt wurden. Die Wirkung der Demontage und Entnazifizierung auf der diskursiven und psychologischen Ebene darf aber nicht unterschätzt werden, zumal es im Einzelfall auch massive Auswirkungen auf die Existenz und die Prosperität von Unternehmen gab. Insgesamt hatten aber die drei *security communities* und die Aufrüstungspolitik der Regierung Adenauer spätestens seit 1949 eine sowohl drängende als auch unterstützende Rolle beim Wiederaufbau westdeutscher Rüstungskapazitäten. Die erste Hochphase des Kalten Krieges mit Berlin-Blockade, Korea-Krieg, Gründung zweier deutscher Staaten und Aufbau eigener Streitkräfte wirkte beschleunigend auf diesen Prozess. Allerdings kann trotz eindeutiger Westbindung eine ambivalente Beziehung zu den Westalliierten festgestellt werden: Sowohl in Politik als auch im Militär gab es zwar Tendenzen der Amerikanisierung und der Europäisierung. Diese Entwicklung verlief aber nicht in Form einer hierarchischen Sieger-Besiegten-Konstellation, sondern wies gegenläufige Tendenzen z. B. in der Persistenz von Feindbildern oder beim Beharren auf Traditionen auf. Während für Luftwaffe und Flugzeugproduzenten die US-amerikanische Technologie vorbildhaft war, galt dies für das Heer und die klassischen Rüstungsgüterproduzenten in minder starkem Maße. Die Einbindung in das westliche Bündnis beinhaltete aber waffentechnische Unterstützung der USA, der NATO-Verbündeten und vieler Entwicklungsländer, eine rasche Wiederaufrüstung und militärische Planung einer zahlenmäßig starken Bundeswehr mit vorwiegend konventioneller Bewaffnung.[309] Michael Geyer sah die forcierte, generalstabsmäßig geplante Aufrüstung der 1950er und 1960er nicht nur als einen Primat der Adenauerschen Außenpolitik, sondern auch als eine gesellschaftliche Vereinbarung weiter Kreise wie Industrie, Gewerkschaften und Kirchen, für die „die Aufrüstung eine Art Eintrittskarte in das atlantisch-westeuropäische Bündnis bildete, dessen Hauptwert nicht in der militärischen, sondern in der politischen Rückversicherung bestand." Bei den Rüstungszielen trat die personelle Rüstung zunächst hinter die materielle, material- und technologieintensive Ausstattung zurück.[310] Entsprechend strebte seit 1949/50 eine Reihe von Rüstungsgrößen der Vorkriegszeit wie Rheinmetall, Flick, Quandt, Diehl und Krauss-Maffei auf diese neuen Märkte und nahmen nach einer kurzen Phase rein ziviler Produktion die Waffenfertigung ohne Zögern wieder auf. Die Führungselite in den deutschen Rüstungsunternehmen blieb nach 1945 ebenfalls erstaunlich stabil und demonstrierte wie in anderen Branchen ein Bild der Kontinuität.[311] Doch wie stellte sich diese Entwicklung in den Einzelunternehmen dar?

---

308 Zdrowomyslaw: Wirtschaft, Krise und Rüstung, S. 113; Brzoska u. a.: Das Geschäft, S. 9 ff.

309 Geyer: Deutsche Rüstungspolitik, S. 209.

310 Ebenda, S. 209 f. und 218 f.

311 Vgl. Hervé Joly: Kontinuität und Diskontinuität der industriellen Elite nach 1945, in: Ziegler (Hg.): Großbürger, S. 54–72; Andrea Rehling: Die deutschen Wirtschaftseliten in der öffentlichen Wahrnehmung am Beispiel von „Spiegel", „Stern" und „Quick", in: Akkumulation 18 (2003), S. 1–13.

3 Rüstungsmarketing im Kalten Krieg – Vom Aufholen zur Internationalisierung

Die erste Phase der Wiederaufrüstung war militärstrategisch bis weit in die 1960er Jahre noch vom Prinzip der „massiven Vergeltung", der „totalen Atomwaffen-Abschreckung" geprägt. Dies manifestierte sich auch in einem Aufholprozess bei der materiellen Bewaffnung. Erst unter Präsident Nixon und seinem Sicherheitsberater Kissinger entwickelten sich langsam Ansätze einer Entspannungspolitik.[1] Damit einher ging auch die Abkehr vom strategischen Prinzip der massiven Vergeltung (*massive retaliation*) zum System der flexiblen Abwehr (*flexible response*), das Verteidigungsminister McNamara Ende der 60er Jahre entwickelt hatte.[2] Die Adenauer-Regierung hielt bis zu diesem Zeitpunkt noch hartnäckig die Hallstein-Doktrin gegenüber den Warschauer Pakt-Staaten, insbesondere der DDR hoch, während aus den USA schon zuvor Zeichen der Entspannung, der Détente, gekommen waren. Wie Bald und andere zu Recht festgestellt haben, spielte dabei der Mauerbau 1961 eine bedeutende Rolle für die strategische Fixierung der bundesdeutschen Sicherheitspolitik, v. a. im Bereich der konventionellen Rüstung.[3]

Allerdings ist festzustellen, dass die Bundeswehr bereits 1959 tiefgreifend neu gegliedert wurde, um die einzelnen Verbände auf die Bedingungen des Atomkriegs umzustellen. Die nächste Umorganisation wurde von den Rüstungsunternehmen für das Jahr 1968 erwartet und sollte „der Eingliederung der 1. Generation moderner Großwaffen dienen, die in nächster Zeit der Bundeswehr zugeführt werden".[4] Die Einschnitte 1959 und 1968 böten somit, wie von Conze und anderen gefordert, die Möglichkeit, verschiedene Phasen der Sicherheitspolitik sinnvoll voneinander abzugrenzen und den Kalten Krieg als Epoche weiter zu untergliedern. Allerdings sollte eine solche Periodisierung auch weiteren Kriterien genügen, insbesondere strategische, politische, ökonomische und technologische Argumente müssen hier in Anschlag gebracht werden. Zwar gingen die Politologen Brzoska e.a. und Zdromyslaw davon aus, dass die Phase des Ausrüstungsbooms bis 1961 anhielt und geprägt war von der Wiederaufrüstung, dem langsamen Aufbau eigener Kapazitäten und der Lizenzproduktion verbunden mit relativ starken Importen einzelner Bauteile aus dem Ausland. Eine dritte Phase setzten sie nach 1961 an, die ihrer

1 Siehe Willi Paul Adams, Die Vereinigten Staaten von Amerika, Frankfurt a. M. 1977, S. 433 ff.; Manfred Görtemaker/Gerhard Wettig (Hg.): USA – UdSSR: Dokumente zur Sicherheitspolitik, Opladen 1987, S. 18 ff.

2 Ebenda; McNamara: Die Sicherheit; William W. Kaufman: The McNamara Strategy, New York/London 1964.

3 Bald: Die Bundeswehr, S. 70 f.

4 Umgliederung in der Bundeswehr in Verbindung mit Einführung neuer Waffen, hier Pak 90 mm, Vermerk, 20.10.1965, in: Rheinmetall-Archiv Bestand B 51 Wehrtechnik, Nr. 77, 1958–1969.

https://doi.org/10.1515/9783110541168-003

Ansicht nach 1973 mit den ersten technisch komplexeren Lizenzproduktionen wie dem sog. „Starfighter" und ersten neuartigen Eigenproduktionen wie dem Leopard 1 endete und die zu einer zweiten Beschaffungswelle der Bundeswehr führte.[5] Obgleich es für diese Periodisierung nach Technologiestufen gute Gründe gibt, die auch durch die schon dargestellte Stagnation im Rüstungshaushalt ab 1963 unterstützt werden, wird hier anders gegliedert.[6] Ausschlaggebend sind dafür einschneidende militärisch-strategische und ökonomische Veränderungen, die 1966/67 anzusetzen sind und die für die zweite Phase (Kap. 3.2.) untersucht werden.

Denn Kennedys „Strategie des Friedens" und Egon Bahrs Konzept des „Wandels durch Annäherung" setzten sich in der offiziell vertretenen Sicherheitsdoktrin 1967 mit dem Harmel-Bericht durch. Dass die internationalen Verhandlungen des belgischen Ministerpräsidenten Pierre Harmel zum Abbau der Blockkonfrontation erfolgreich waren, ist auch durch den Wechsel der Regierungsverantwortung auf Bundeskanzler Kurt-Georg Kiesinger, Außenminister Willy Brandt als Vizekanzler und Gerhard Schröder als Verteidigungsminister zurückzuführen. Sie unterstützten die Initiative Harmels, der Ende 1967 einen grundlegenden Strategiewechsel der NATO forderte: „Militärische Sicherheit und eine Politik der Entspannung stellen keine Widersprüche, sondern eine gegenseitige Ergänzung dar."[7] Diesem Leitbild der Entspannungspolitik unter Verwendung der Strategie der *Flexible Response* folgte die Bundeswehr konsequent und gab daraufhin neue Richtlinien aus, die allerdings Offiziere, Soldaten und andere Mitglieder der traditionsbewussten *security communities* verunsicherten. Detlef Bald meinte: „Das Feindbild der Bedrohung durch die Sowjetunion aufzugeben, rührte an den Kern der Legitimität. Bedrohung aus dem Osten als Motivation zum Dienst in der ‚neuen Wehrmacht' hatte Tradition, die ideologisch den Kampf für die Freiheit des Abendlandes mit dem Drang des Ritterordens nach Osten verklärte und mit der Tilgung der Schmach von Stalingrad vermengte." Somit führte die Akzeptanz des Harmel-Berichts in der Bundeswehr auch zu einer tiefer gehenden und länger anhaltenden Sinnstiftungskrise. Militärstrategisch zeigte sich die neue Doktrin schon 1968 bei der Niederschlagung der tschechischen Aufstände durch die Sowjetunion, als die deutschen Panzertruppen, die bereits von Regensburg aus in Bewegung gesetzt worden waren, auf NATO-Weisung zurückgeführt werden mussten. Zudem zerschlugen sich alle Hoffnungen der BRD auf eine Zukunft als eigenständige Atommacht mit der Unterzeichnung des Nichtverbreitungsvertrages von Atomwaffen (NPT) durch Willy Brandt Ende 1969. Dies zeigte deutlich: „die Aufweichung und dann die Auflösung der starren

5 Zdrowomyslaw: Wirtschaft, Krise und Rüstung, S. 113 und Brzoska/Guha/Wellmann: Das Geschäft mit dem Tod, S. 9 ff.

6 Otto Greve: 20 Jahre BWB-Arbeit für die Bundeswehr, in: Wehrtechnik 1 (1976), S. 7–17, hier S. 9 f. und ausführlicher in dieser Arbeit Kapitel 3.1.

7 Abdruck in: Günter Walpuski: Verteidigung + Entspannung = Sicherheit. Texte und Materialien zur Außen- und Sicherheitspolitik, Bonn 1973, S. 35. Siehe Ebenda, S. 71 f., Zitat S. 72. Vgl. Haftendorn: Sicherheit und Entspannung.

Nachkriegsordnung war bereits 1968 praktizierte Bündnispolitik" der NATO. Eine lang anhaltende „Fundamentalopposition des konservativen Teils der alten Sicherheitseliten" war die Folge, die sich letztlich auch in den Äußerungen der wehrtechnischen Zirkel unter Regierungsbeteiligung bis in die 1980er Jahre widerspiegelte.[8]

Ursächlich dafür mag auch die ökonomische Zäsur der Jahre 1966/67 gewesen sein, denn obwohl es schon seit 1963 verringerte Ausgaben für Rüstungsgüter im Verteidigungshaushalt gab, endete der Wiederaufrüstungsboom der Bundeswehr endgültig erst mit der Rezession 1967 und rief tiefgreifende Veränderungen in den beteiligten Rüstungsunternehmen hervor.[9] Technologische Argumente sprechen ebenfalls nur bedingt für eine früher anzusetzende Zäsur im Jahre 1961, wie sie Brzoska e.a. und Zdrowomyslaw vorgeschlagen haben. So entwickelte beispielsweise Rheinmetall im Zeitraum von 1956 bis Anfang der 1960er Jahre die 20 mm Maschinenkanone MK 1 durch erhebliche Konstruktionsarbeiten bis zur Serienreife, eine dazugehörige neue Munition, die Waffenanlage und das Geschütz für den Kanonenjagdpanzer, Teile des Turms vom Leopard 1, die 90 mm Panzerabwehrkanone mit Hilfsantrieb, den 20 mm Zwilling, einen 50 t Schlingerstandes für die Bundesmarine, eine Artillerierakete mit dazugehörendem automatischen Raketenwerfer, die Waffenanlage für einen 30 mm Fliegerabwehrpanzer und verschiedenste Munitionen.[10]

Zwar folgte ab 1962 eine Reihe von weiteren bundesdeutschen Neuentwicklungen, so etwa begannen Planungen für das System MILAN, das das System COBRA ablösen sollte (im Dienst seit 1960). Doch die Beschaffungsentscheidung für MILAN fiel erst im Jahr 1974. Auch das System HOT wurde ab dem Jahre 1963 geplant und löste die SS 11 ab, die erst 1976 in Dienst gestellt wurde (Beschaffungsentscheidung HOT 1975). Beim System ROLAND wurde 1968 mit der Entwicklung begonnen, 1975 folgte der Auftrag. Weitere Heeresgeräte, die in den 1960er Jahren im nationalen Alleingang

---

8 Bald: Die Bundeswehr, S. 72–74; Frank Reichherzer: Zwischen Atomgewittern und Stadtguerilla. Gedanken zum Kriegsbild westdeutscher Wehrexerten von den 1950er Jahren bis zum NATO-Doppelbeschluß, in: Patrick Bernhard/Holger Nehring (Hg.): Den Kalten Krieg denken. Beiträge zur sozialen Ideengeschichte seit 1945 (Frieden und Krieg 19), Essen 2014, S. 131–160. Vgl. Manfred Wörner: Thesen zur Sicherheitspolitik, in: Wehrtechnik 10 (1978), S. 23–25; Ders.: »Wer seine Freiheit preisgibt, verspielt auch den Frieden«, in: Wehrtechnik 7 (1983), S. 16–22, 93 ff.; o.V.: »Es ist ein Irrtum zu glauben, daß Sicherheit allein auf Rüstungskontrolle basieren kann«. wt-Gespräch mit dem ehemaligen Generalinspekteur Jürgen Brandt, in: Wehrtechnik 4 (1987), S. 17 f.; o.V.: Abrüstung ist nur dann gerechtfertigt, wenn sie unsere Sicherheit erhöht und den Frieden sicherer macht. Der bayerische Ministerpräsident zu Bayern, Luftfahrt, Rüstungsexport, Abrüstung, in: Wehrtechnik 7 (1987), S. 16–29.

9 Ausführlicher dazu das nächste Unterkapitel und Kapitel 3.2.

10 Memorandum zur rüstungswirtschaftlichen Situation der Rheinmetall GmbH, insbesondere zur Frage der Einrichtung einer zweiten Fertigungsstätte für das MG 1, Düsseldorf, den 23.9.1965, Bl. 4, in: Rheinmetall-Archiv Bestand B 51/81: Wehrtechnik. Vgl. Wolfgang Flume/Heinz-Jürgen Witzke: WT Industrieporträt: Rheinmetall – Waffe und Munition aus einem Guß, in: Wehrtechnik 6 (1977), S. 72–78.

entwickelt wurden, waren der GEPARD und der LEOPARD 2, die beide ab 1965 konstruiert wurden. Sie sollten auf die Fla 40 mm L 60 M 42 bzw. den Panzer M 48 folgen, die 1965 bis 1984 in Dienst waren. Die Feldhaubitze FH 155-1 (FH 70) wurde gemeinsam mit Italien und Großbritannien seit dem Beginn der Rezession 1968 entwickelt und 1975 bestellt. Sie löste mehrere Geräte wie die Gebirgshaubitze 155 sowie die

Tab. 9: Technologische Entwicklung von Waffensystemen, USA versus **UdSSR**.

Waffensysteme	1940er	1950er	1960er	1970er	1980er
Raketenabwehrsystem					
B 2 – Stealth-Bomber					1989
SDI (Star-Wars-Programm)					1985
Neutronenbombe					1981
Präzisions-Marschflugkörper (Cruise Missiles)				1976	
Raketen mit steuerb. Mehrfachsprengk. (MIRV)				1970 **1975**	
Raketen mit Mehrfachsprengkörpern			1964	**1972**	
Anti-Raketen-Raketen (ABM)			1960 **1961**		
U-Boot-Raketen (SLBM)		1959	**1964**		
Atom-U-Boote		1956	**1962**		
Interkontinentalraketen		1955 **1957**			
Taktische Nuklearwaffen		1955 **1956**			
Mittelstreckenraketen		1954 **1958**			
Wasserstoffbombe		1952 **1953**			
Langstreckenbomber	1944	**1953**			
Atombombe	1945 **1949**				

Quelle: Jürgen Bruhn: Der Kalte Krieg, zit. nach: Fred Schmid/Claus Schreer: NATO. Rüstung. Krieg. Grafiken, Fakten und Karten zur Militarisierung, in: isw-Grafik-Report 12 (2009), S. 5. Daten der UdSSR sind durch Fettdruck markiert.

Feldhaubitzen FH-105 und FH-155 M1 A2 aus US-Produktion ab, die meist seit 1956 genutzt worden waren. Schließlich wurde seit 1969 für das Heer noch die Panzer-Haubitze 155-1 (PzH 70) als trinationales Projekt entwickelt, die ebenfalls ein seit 1963 eingesetztes Vorgängermodell (PzH M-109G) ablöste.[11] Es waren also vorwiegend Waffen oder Waffensysteme, die die Erstausstattung der Bundeswehr ersetzen sollten.

Auch bei den großen technologischen Sprüngen, ist die Zäsur 1961 nur schwer erkennbar, waren doch Atom- und Wasserstoffbombe, Langstreckenbomber, Mittelstrecken- und Interkontinentalraketen sowie Atom-U-Boote zu diesem Zeitpunkt schon vom westlichen Bündnis entwickelt worden (Tab. 9). In der Regel folgte, wie aus der Tabelle ersichtlich wird, die Sowjetunion in relativ kurzem Abstand mit Entwicklungen dieser Waffen nach und setzte einen neuerlichen Rüstungswettlauf um die modernste Technologie in Gang. Hier traten einschneidende Veränderungen erst ab Mitte der 1970er Jahre auf, als die Sowjetunion mit den schnellen technologischen Innovationen der USA nicht mehr mithalten konnte und zu einer Antwort etwa auf das moderne SDI-Programm oder den B2-*Stealth*-Tarnkappen-Bomber finanziell nicht mehr in der Lage war. Dies zog auch Konsequenzen für die NATO-Verbündeten nach sich.

3.1 Von Verkäufer- zu Käufermärkten? Die Wiederaufrüstungsphase 1945 bis 1967

Parallel zu diesem Aufbau der Bundeswehr und ihrer Beschaffungsorganisationen sowie zu den neuen westdeutschen Großprojekten und der Wiederbelebung der internationalen Rüstungsmärkte vollzog sich eine Entwicklung in den Rüstungsunternehmen, die bislang kaum untersucht worden ist. Insbesondere interessiert dabei, wann und wie sich der Übergang von Verkäufer- zu Käufermärkten gestaltete. Wann und auf welche Weise wurden in den Rüstungsunternehmen neuen Marketingstrategien mit Instrumenten wie Marktforschung, Werbung, PR, Verkaufsplanung und Absatzkontrolle eingeführt und weiter entwickelt?[12] Wie zeigte sich die zunehmende Markt-Orientierung in diesem Übergang und wann wurde Marketing zur Schnittstelle zwischen F&E-Aktivitäten und Markterschließung?[13] Am Fallbeispiel Rheinmetall soll geklärt werden, wann und auf welche Weise ein integrierter Marketingansatz seinen Eingang in die Unternehmensstrategien von Rüstungsunternehmen fand und welche Konflikte in Unternehmen dabei entstehen konnten. Es soll

---

11 Albert Wahl: Rüstungstechnik und Rüstungswirtschaft, in: Wehrtechnik 4 (1977), S. 31–38, hier S. 32.

12 Vgl. etwa Schröter: Erfolgsfaktor Marketing, S. 1101 ff. und ders.: Marketing als angewandte Sozialtechnik, S. 619 ff. und 636.

13 Christian Kleinschmidt/Florian Triebel: Plädoyer für eine (unternehmens-)historische Marketing-Forschung, in: Dies. (Hg.): Marketing, S. 11 und Rossfeld: Unternehmensgeschichte, ebenda.

dabei auch fokussiert werden, ob das Marketing von Investitionsgütern, zumal solchen die in bürokratischen Beschaffungsprozeduren entwickelt und verkauft werden, besonderen Bedingungen unterlag. Diese Strukturen sind bislang in der Forschung zumeist als „Military-Industrial Complex“, d. h. als eine intensive Verflechtung von Anbieter und Nachfrager, gekennzeichnet worden. Schuf der Kalte Krieg anschließend an den Zweiten Weltkrieg neue Absatzstrukturen, die als Verkäufermärkte gekennzeichnet werden können? Wie veränderten sich die Kundenbeziehungen und die Marketingstrategien der Rüstungsunternehmen in den Krisenjahren der späten 1960er? Abschließend wird mit der Produktpolitik noch ein dritter Bereich neben der Kommunikations- und Distributionspolitik thematisiert, der für das Marketing von großer Bedeutung war.

3.1.1 Wiederaufbau und frühe Absatzpolitik bei Rheinmetall

Dass die westdeutsche Rüstungsindustrie nach 1945 nicht am „Punkt Null“ begann, gilt auch für Rheinmetall als eines der bedeutendsten deutschen Rüstungsunternehmen. Im Boom der Zweiten Industriellen Revolution und der Aufrüstungsphase des späten Kaiserreichs 1889 als Rheinische Metallwaaren- und Maschinenfabrik Actiengesellschaft (kurz Rheinmetall AG) von dem aus Thüringen stammenden Ingenieur Heinrich Ehrhardt in Düsseldorf gegründet, wuchs die Rüstungsproduktion schnell an.[14] Ursächlich dafür war auch ein Großauftrag für Waffen, den der Hoerder Verein als Mitfinanzier des Unternehmens vermittelt hatte. Rheinmetall expandierte schnell und erreichte schon 1890 eine Belegschaft von rund 1.400 Mitarbeitern, die bis zum Beginn des Ersten Weltkriegs auf 8.000 anstieg. Während des Kriegs versechsfachte sich diese Zahl auf 48.000, sank aber mit der Umstellung auf Friedenswirtschaft bis auf 26.000 Beschäftigte ab.[15]

Das Unternehmen verfügte aus der Zeit des Produktionsverbotes nach dem Ersten Weltkrieg über implizites Wissen, wie völkerrechtlich bindende Verbote für die Rüstungsgüterproduktion zu umgehen waren. Nach der Demontage der Fertigungsanlagen ging man wie andere Rüstungsunternehmen schon im Jahre 1921 unter Umgehung der Versailler Vertragsbestimmungen wieder zum Bau von schweren Kriegswaffen über. Man gründete eine neue und moderne „Abteilung Geschützbau“ und handelte über die schweizerische Tochtergesellschaft Solothurn AG. Die dazu

---

14 100 Jahre Rheinmetall, S. 9–12 und 66. Neuerdings Leitzbach: Rheinmetall. Vom Reiz, S. 27 ff.

15 Leitzbach-Studie im Archiv der Rheinmetall AG. Vgl. 100 Jahre Rheinmetall, S. 13, 24, 26 und Leitzbach: Rheinmetall. Vom Reiz, Bd. 1, S. 42 und 61 ff.

notwendigen großen Investitionen und eine Verdoppelung des Aktienkapitals von 12 auf 25 Millionen Reichsmark (RM) trug auch die Fried. Krupp AG als Großaktionär mit. Zudem betätigten sich die obersten Spitzen der Unternehmensleitung in der „Statistischen Gesellschaft“, die gemeinsam mit Angehörigen des Heereswaffenamtes seit 1925 eine planmäßige Wiederaufrüstung Deutschlands mit modernen Waffensystemen vorbereitete.[16] Erst die inflationsbedingten Probleme der Jahre 1924/25 und eine anschließende Kapitalerhöhung führten zum Verlust der Aktienmajorität von Krupp und zur Übernahme von 50 Prozent des Kapitals durch die staatliche Holdinggesellschaft Vereinigte Industrieunternehmungen AG (VIAG).[17] Die Weltwirtschaftskrise am Ende der 1920er Jahre überstand das Unternehmen unter anderem durch den Ausbau ziviler und militärischer Produktion sowie die Halbierung der Beschäftigtenzahl von 5.150 (1929) auf 2.500 (1932).[18] Unter anderem mit finanzieller Beteiligung der VIAG weitete Rheinmetall in den frühen 1930er Jahren sein verdecktes Rüstungsprogramm in den Niederlanden und der Schweiz aus. Seit Ende 1930 beteiligte sich Rheinmetall an der Produktions- und Handelsgesellschaft „Siderius“ N.V. in Rotterdam, die ebenso wie die erweiterte Solothurn AG die in Deutschland nicht erlaubten schweren Waffen und Geschütze produzierten und international vertrieben – bis zur Rückverlagerung unter nationalsozialistischer Ägide 1933. Für die Geschichte des Kalten Krieges zeigt sich hier insofern eine Pfadabhängigkeit, als bei der Gründung der schweizerischen Produktionsstätte 1923 schon die Waffen- und Munitionsfabrik Fritz Werner in Berlin involviert war, die an verschiedenen umstrittenen Waffenexporten im Kalten Krieg maßgeblich beteiligt war und mit Rheinmetall um den Auslandsabsatz konkurrierte. Beide Unternehmen griffen in den 1930er Jahren auf Lizenzproduktion im Ausland zurück, um restriktive Normen der Waffenproduktion zu umgehen und ihren Absatz im In- und Ausland aufrecht zu erhalten bzw. zu steigern. Diese Praxis erwies sich somit als stilbildend für die Zeit nach dem Zweiten Weltkrieg.[19]

---

16 100 Jahre Rheinmetall, S. 30f. Vgl. Ernst Willi Hansen: Reichswehr und Rüstungsindustrie. Rüstungswirtschaftliche Zusammenarbeit und wirtschaftliche Mobilmachungsvorbereitungen 1923–1932, Boppard 1978; Karl-Heinz Ludwig: Strukturmerkmale nationalsozialistischer Aufrüstung bis 1935, in: Friedrich Forstmeier/Hans-Erich Volkmann (Hg.): Wirtschaft und Rüstung am Vorabend des Zweiten Weltkrieges, Düsseldorf 1974, S. 39–64 und Bernhard R. Kroener: Mobilmachungsplanungen gegen Recht und Verfassung. Kriegsvorkehrungen in Reichsheer und Wehrmacht 1918 bis 1939, in: Thoß/Volkmann (Hg.): Weltkrieg, S. 57–77. Zu Krupp als Aktionär seit 1904–1909 (bis zu 40 % des Aktienkapitals) siehe Leitzbach: Rheinmetall. Vom Reiz, Bd. 1, S. 34f. Dort auch zur Umgehung des Versailler Vertrages in den 1920er Jahren S. 87–139, 157–173, v. a. S. 117ff. und 157ff.

17 100 Jahre Rheinmetall, S. 34. Keine Angaben dazu bei: Manfred Pohl/Andrea H. Schneider: VIAG Aktiengesellschaft 1923–1998. Vom Staatsunternehmen zum internationalen Konzern, München, Zürich 1998.

18 Leitzbach: Rheinmetall. Vom Reiz, Bd. 1, S. 36.

19 Ebenda, S. 158ff. und Bd. 2, S. 618 sowie Peter Hug: Schweizer Rüstungsindustrie und Kriegsmaterialhandel zur Zeit des Nationalsozialismus, Zürich 2002, v. a. S. 182ff.

Kurz nach dem Beginn der nationalsozialistischen Herrschaft erwarb Rheinmetall mit Zustimmung des Heereswaffenamtes 1933 den renommierten, aber wirtschaftlich wenig florierenden Eisenbahn- und Maschinenbauer August Borsig GmbH und firmierte am 1. Januar 1936 zur Rheinmetall-Borsig AG mit Sitz in Berlin um. Mitte 1938 wurde die Aktienmehrheit der VIAG schließlich von der Reichwerke AG für Erzbergbau und Eisenhütten Hermann Göring übernommen. Rheinmetall blieb aber nach außen hin selbständiges Unternehmen, das im Krieg enorm vergrößert wurde.[20] Nach internen Aufzeichnungen am Kriegsende wurde das Aktienkapital von 12 Mio. RM (1927) zunächst auf 50 (1937) und schließlich auf 75 Mio. RM (1941–44) erhöht. Die Majorität von 52 Prozent übernahm 1942 die Bank der Deutschen Luftfahrt AG von den Reichswerken Hermann Göring. Der Rest verteilte sich auf in- und ausländischen Streubesitz, z. B. von der Belgischen Staatsbank und Werkspoor in Amsterdam. Bereits seit den 1930er Jahren als bedeutender Rüstungsproduzent von Militär und Politik wieder hoch geschätzt, stiegen mit dem Kriegsausbau auch die Beschäftigtenzahlen: von 47.000 (1939) auf mehr als 85.000 Angestellte, Arbeiter, Zwangsarbeiter, Zivilarbeiter und Kriegsgefangene in der Rüstungsproduktion (Ende 1944).[21]

Die Produktionspalette des Unternehmens im Bereich der Waffenfertigung weitete sich entsprechend aus. Durch eine Reihe von technischen Neuerungen und erweiterte Absatzgebiete lieferte man nicht mehr nur an Marine und Heer, sondern auch für die militärische Flugzeugfertigung.[22] Dazu verhalfen Innovationen im Leichtmetallbau mit verschiedenen Schmiede- und Pressteilen, neuartige Legierungen sowie Flugabwehr- und Flugzeugbordwaffen. Die Rheinmetall-Borsig AG wurde durch diese Produktpolitik, die nun an alle drei Truppengattungen absetzte, bis 1937 zum zweitgrößten Rüstungsunternehmen Deutschlands.[23]

---

20 100 Jahre Rheinmetall, S. 38–44; Leitzbach: Rheinmetall. Vom Reiz, Bd. 1, S. 139, 177–193.

21 Ebenda, S. 197–212 und 269 ff. Vgl. dagegen 100 Jahre Rheinmetall, S. 39, wo bereits von 50.000 Mitarbeitern 1937 die Rede ist, allerdings beide ohne Quellenbeleg. Auch 100 Jahre Rheinmetall, S. 37 ff. zum Borsig-Erwerb. Benjamin Ferencz berichtet von mehr als 5.000 KZ-Insassen beim Unternehmen. Ferencz: Lohn des Grauens. Die Entschädigung jüdischer Zwangsarbeiter – Ein offenes Kapitel deutscher Nachkriegsgeschichte, Frankfurt a.M. /New York 1979, S. 165–169, 171 und 54. Leitzbach: Rheinmetall. Vom Reiz, Bd. 1, S. 385–427, auf S. 387 für 1944 von ca. 35.000 ausländischen kriegsgefangenen und deportierten Zwangsarbeitern in Rheinmetall-Werken. Vgl. ders./Danijela Brekalo: Ich träume aus Lager weggehen. Briefe ehemaliger Fremdarbeiter der Rheinmetall-Borsig in Düsseldorf, in: Düsseldorfer Jahrbuch 78 (2008), S. 145–194.

22 Zur Luftfahrzeugindustrie grundlegend: Lutz Budraß: Flugzeugindustrie und Luftrüstung, Düsseldorf 1997 und für die Nachkriegszeit Christopher Magnus Andres: Die bundesdeutsche Luft- und Raumfahrtindustrie 1945–1970: Ein Industriebereich im Spannungsfeld von Politik, Wirtschaft und Militär, Frankfurt a.M. 1996, zugl. Diss. Univ. München 1995. Zur Vielfalt der Entwicklungen im NS sehr ausführlich Leitzbach: Rheinmetall. Vom Reiz, Bd. 1, S. 212–293, ohne Quellenbeleg.

23 Rheinmetall-Archiv B 300/16, Rheinmetall-Borsig AG 1938–1951, Berichte über die Rheinmetall-Borsig AG und ihre Beteiligungen: Bericht 1945, o.V. o.D.

Die Wehrmacht wurde schon in der Vorkriegszeit zum größten Abnehmer, am Kriegsende verblieben nur noch 10 Prozent des Umsatzes, die in den Export gingen. Geliefert wurde an alle mit Deutschland verbündeten Länder in Europa sowie u. a. Afghanistan, China und die Türkei. An das Ausland lieferte die Rheinmetall-Borsig AG nur gegen Schatzbonds und Wechsel der betreffenden Länder, die durch Bürgschaften des Reichs abgesichert wurden. Dagegen wurde das inländische Geschäft bis Kriegsende aus Vorauszahlungen des Reichs getätigt. Auf diese Weise mussten nur wenige Bankkredite genommen werden, wodurch der gesamte Grundbesitz des Unternehmens bei Kriegsende unbelastet war. Allerdings bestanden im September 1946 noch Forderungen aus dem Waffengeschäft mit dem Ausland, v. a. der Schweiz, Spaniens, Argentiniens, Griechenlands, Italiens, den Niederlanden und Rumäniens, in Höhe von 219 Milliarden RM.[24] Ein enormer Wert, der sich zumindest teilweise aus den überhöhten Preisen der an das Ausland gelieferten Waffen erklärt.[25] Im Jahr 1944 lag der Umsatz der Rheinmetall-Borsig AG bei über einer Milliarde RM.[26]

Der Expansionskurs des Konzerns zeigte sich ebenso deutlich im Bereich der Standortpolitik, die bis 1938 durch das Heereswaffenamt, das Marinewaffenamt und das Großtechnische Amt des RLMs mitbestimmt wurde. Neue militärische Produktionseinrichtungen wurden für die Fertigung bestimmter Waffen oder Waffenteile eingerichtet oder neu erbaut. Dazu gehörten das Werk Maget (Maschinen- und Gerätebau) in Berlin-Tegel für Maschinengewehre und die Altmärkische Kettenfabrik GmbH (Alkett) in Berlin für Panzerfahrzeuge. Ab 1939 folgte der Bau von zwei Werken in Apolda für Munitions- und Zünderfertigung, das Werk Guben für die Produktion von Flugzeugkanonenlafetten und Fliegerbordwaffen, das Werk Breslau für elektrische Zünder von Bomben und Geschossen und schließlich das Werk Marienfelde für Bomben und Raketen.[27] Hinzu kamen noch gepachtete Werke in Paris, Lüttich, Sachsen, Thüringen, Annaberg und Sternberg, die von der Luftfahrtanlagen GmbH, Berlin-Apolda, deren Kapital ebenfalls von der Bank der Deutschen Luftfahrt AG gehalten wurde, an Rheinmetall überlassen wurden. Ein Teil dieser Werke gehörte wie bei anderen Unternehmen wohl zu den Beuteobjekten der besetzten Gebiete.[28]

---

24 Ebenda. Vgl. Leitzbach: Rheinmetall. Vom Reiz, Bd. 1, S. 343–358.

25 An das Ausland wurde z. T. schon vor Beginn der Serienfertigung geliefert, während die Wehrmacht zu günstigeren Serienpreisen bestückt wurde. Rheinmetall-Archiv B 300/16, Bericht über die Abwicklung von Auslandsgeschäften während des Krieges, 17. 4.1948, Groupe Francais du Conseil de Controle, Division Finances, Investigations Financières.

26 Rheinmetall-Archiv B 300/16, Bericht 1945. Vgl. Leitzbach: Rheinmetall. Vom Reiz, Bd. 1, S. 359–384.

27 Ebenda und 100 Jahre Rheinmetall, S. 44.

28 Rheinmetall-Archiv B 300/16, Bericht 1945. Zur Ausbeutung von Pachtobjekten auch: Elena Dickert, Die Rolle der Auto Union AG bei der „Nutzbarmachung" ausländischer Unternehmen.

Nicht erst in der Nachkriegszeit, sondern schon während des Zweiten Weltkrieges gehörten sowohl Heeresmaterial, wie Flak-Geschütze, Maschinen- und Panzerkanonen, Feldhaubitzen und Geschütze, als auch Luftrüstung, wie Flugzeugbordwaffen und Munition aller Art, zum Produktionsprogramm des Unternehmens. Eine stark standardisierte Monokultur entstand also während des Nationalsozialismus nicht, sondern das Unternehmen blieb seinem Ruf als innovativer Lieferant einer breiten Palette an *High-Tech*-Waffen treu. Bis in die letzten Kriegsjahre entwickelte es neue, technologisch weit entwickelte Waffensysteme, wie moderne Raketen („Rheintochter" und „Rheinbote"), Rollbomben („Kurt I" und „Kurt II"), Lenkbomben („Fritz X") und schwerste Geschütze wie den 60 cm-Kaliber Mörser „Karl" (genannt „Thor"), der noch im Krieg zum Einsatz kam. In den letzten beiden Kriegsjahren versuchte das Unternehmen wie andere Rüstungsproduzenten der Bombardierung durch die Alliierten mittels stetiger Verlagerung von Produktionsbetrieben beizukommen. Zudem intensivierte Rheinmetall gegen Kriegsende das Auslandsgeschäft. Hier wurden Lizenzen für deutsche Waffen, Geräte und Munition an Japan vergeben, der bestehende Waffenexport nach Spanien, Schweden und die Schweiz gesteigert und die Beteiligung an Rüstungsbetrieben in Argentinien, Belgien, Frankreich und den Niederlanden intensiviert. Das Ende der Rüstungsproduktion trat für die Werke der Rheinmetall-Borsig AG zu unterschiedlichen Zeitpunkten 1944/45 – mit dem Vorrücken der Fronten – ein. Allen Betrieben gemeinsam war aber, dass nach dem Kriegsende der gesamten Belegschaft zum 30. Juni 1945 gekündigt wurde.[29]

Die Zeit nach der Kapitulation des Deutschen Reiches bis zur Wiederaufnahme der Produktion liegt in der Unternehmensgeschichte von Rheinmetall – trotz erster interner Forschungen – noch nahezu im Dunkeln.[30] Als gut belegt kann gelten, dass der Konzern unter das totale Produktionsverbot für Rüstungsgüter im engeren Sinne fiel. Gemäß Gesetz Nr. 52 der Westalliierten und Befehl Nr. 124 der Sowjetischen Militäradministration in Deutschland (SMAD) wurde zudem das Vermögen des Konzerns unter Kontrolle der jeweiligen Militärregierung gestellt.[31] Anders sieht es dagegen mit den konzerninternen Schilderungen der „Stunde Null" aus. Hier wurde in den 1970er Jahren zwar berichtet, dass „Rheinmetall zum Zeitpunkt der Übernahme durch die Familie Röchling noch in Trümmern [lag]; zu einem Zeitpunkt also, an dem die deutsche Industrie ihre erste Aufbaustufe schon hinter sich hatte. Was nicht den Bomben und der nachfolgenden Demontage zum Opfer gefallen war, war durch 11

Auftragsverlagerungen in die besetzten Gebiete während des Zweiten Weltkrieges, in: ZUG 58, 1 (2013), S. 28–53.

29 Dickert, Die Rolle, S. 48 f. und Leitzbach: Rheinmetall. Vom Reiz, Bd. 1, S. 359–384 zu den Tochtergesellschaften und Beteiligungen sowie S. 212–251 zur Waffenentwicklung. Zur Kündigung der Mitarbeiter ebenda S. 439.

30 Dazu nun Leitzbach: Rheinmetall, Bd. 1, S. 429 ff. Vgl. Kollmer: Rüstungsgüterbeschaffung.

31 100 Jahre Rheinmetall, S. 49 f. und Leitzbach: Das Archiv der Rheinmetall AG, S. 58.

Jahre Untätigkeit verrottet. Ein tragfähiges Produktionsprogramm, auf dem hätte aufgebaut werden können, war nicht vorhanden."[32]

Nach neuen Quellenfunden ist aber davon auszugehen, dass die Werke in sehr unterschiedlichem Maße von den direkten Kriegseinwirkungen getroffen wurden und die Waffenfertigung schon mehrere Jahre vor der Übernahme durch Röchling vorbereitet wurde.[33] Während die Produktionsstätten in Unterlüß, Apolda, Guben und Breslau völlig zerstört waren und das Werk in Sömmerda in den Besitz der Sowjetunion überging, betrugen die Kriegsschäden der Werke in Tegel bzw. Düsseldorf 80 Prozent bzw. 60–70 Prozent.[34] Trotz dieser Zerstörungen wurde bald nach Kriegsende von den verbliebenen Mitarbeitern versucht, eine Produktion wieder aufzunehmen. Das in einer internen Rheinmetall-Unternehmensgeschichte behauptete Ende „aller Aktivitäten des Unternehmens" durch das Produktionsverbot ist nicht überzeugend.[35] Denn selbst die Beschlagnahmung gemäß Befehl 124 der SMAD bestimmte: „Der übliche Geschäftsablauf wird hierdurch nicht berührt. (...) Darüber hinausgehende Rechtshandlungen bedürfen der vorherigen Genehmigung des Wirtschaftsamtes Mitte."[36] Auf diese Weise erhielt wohl auch Oberingenieur Hermann Schiele, der die Rheinmetall-Borsig AG nach den neuen Vorschriften wieder registrieren lassen wollte, am 24. Mai 1945 die „vorläufig Genehmigung zur Weiterführung der AG". Die Werke in Berlin waren zu diesem Zeitpunkt und zumindest bis Ende Januar 1946 noch von den Kommandos der sowjetischen Armee besetzt und sollten kurz darauf wieder frei zugänglich sein. Allerdings war der Maschinenpark massiv durch die Demontagen geschmälert und sowohl Vorstand als auch Aufsichtsrat befanden sich in Westdeutschland.[37] Dennoch wurde in den Berliner Restwerken, v. a. der Maget und der Alkett, versucht, den Betrieb wieder aufzunehmen. Zuständig war in der russischen Zone zunächst der Treuhänder Alfred Silber, über dessen Tätigkeit nur wenig bekannt ist.[38] Im französischen Sektor

---

32 Rheinmetall-Archiv B 51, Rheinmetall GmbH, Wehrtechnik bei Rheinmetall. O.V., Presse-Information zur Situation der Rheinmetall-Wehrtechnik, undatiert [70er Jahre].

33 Vgl. Leitzbach: Rheinmetall. Vom Reiz, Bd. 1, S. 470 ff., allerdings ohne nähere Quellenangabe.

34 Rheinmetall-Archiv B 300/16, Bericht 1945.

35 100 Jahre Rheinmetall, S. 49. Die Chronik vermerkte zu den Produktionsverboten: „Das setzte allen Aktivitäten des Unternehmens ein vorläufiges Ende". Ähnliche Praxis bei BMW, wo kurz nach Kriegsende versucht wurde, die Produktion in allen Werken wieder aufzunehmen und Demontagen zu verhindern. Seidl: Die Bayerischen Motorenwerke, S. 14–28.

36 Rheinmetall-Archiv B 300/16, Rheinmetall-Borsig AG 1938–1951, Berichte über die Rheinmetall-Borsig AG und ihre Beteiligungen: Brief vom 30.1.1946 Parchow an die Rheinmetall-Borsig AG.

37 Da alle Personalakten bei Bombardierungen des Werkes Unterlüß vernichtet wurden und entsprechende Überlieferungen aus der frühen Nachkriegszeit fehlen, ist nicht nachzuvollziehen, ob sie sich bewusst abgesetzt hatten, um Festnahme und Bestrafung durch die Alliierten zu entgehen. Rheinmetall-Archiv B 300/16, Brief vom 21.1.1946 und Abgrenzung Borsigs von Rheinmetall, Bericht 18.6.1945.

38 Rheinmetall-Archiv B 302/21 Rheinmetall-Borsig AG Vorstand, Brief an Treuhänder Alfred Silber über dessen Vollmachten in der russischen Zone vom 22.10.1946.

Berlins war bis Dezember 1946 der Treuhänder Wilhelm Sosnosge verantwortlich, danach übernahm bis 1952 der Treuhänder Geheimrat Theodor Thurmann die Verwaltung des Aktienpakets und die Verhandlungen mit den Besatzungsbehörden, z. B. über den Betrieb der Anlagen, den Abtransport von Maschinen und Rohstoffen sowie die Beschlagnahme von Lagerplätzen.[39]

Im Werk Düsseldorf scheint – ähnlich wie in Berlin – bald nach Kriegsende mit den Aufräumarbeiten und der Aufnahme der Produktion begonnen worden zu sein. Hinweise dazu gibt es beispielsweise aus einem Jahresprüfbericht, der belegt, dass schon 1950 eine Lizenz auf dem Gebiet schraubloser Klemmvorrichtung erworben wurde. Darüber gab es zumindest bis 1957 anhaltende Rechtsstreitigkeiten mit dem Patentinhaber.[40] Über die ersten Schritte der Aufräumarbeiten und die Demontagen finden sich kurze Berichte in den frühen Akten des Wirtschaftsministeriums in Nordrhein-Westfalen.[41] Auch die Behauptung, dass erst ab 1951 unter der Aktienmehrheit und Kontrolle des Bundes in den Westzonen wieder produziert werden durfte, trifft genauso wenig zu, wie die These, alle in der sowjetischen Zone liegenden Betriebe seien direkt enteignet worden.[42] In beiden Teilbetrieben der besetzten Gebiete wurde zu diesem Zeitpunkt wieder in geringerem Umfang produziert. Bestätigt werden kann anhand des archivalischen Befundes dagegen, dass die erste Bilanz 1951 rückwirkend für das Jahr 1948 verfasst wurde.[43] Die Gründungsprüfung der Deutschen Revisions- und Treuhand AG bei der Rheinmetall AG, Düsseldorf, fand schon am 12. Oktober 1950 statt. In Folge dieser Prüfung wurde festgestellt:

> „Die Rheinmetall-Borsig AG hat für ihr Stammwerk I in Düsseldorf-Derendorf laut Mitteilung des Wirtschaftsministeriums des Landes Nordrhein-Westfalen vom 23. August 1950 von dem Regional Economic Officer für das Land Nordrhein-Westfalen am 17. August 1950 die Arbeitserlaubnis erhalten. Der Arbeitsausschuß des Beirates dieser Gesellschaft hat daraufhin am 11. September 1950 beschlossen, daß das Werk wieder aufgebaut und vor der Wiederaufnahme

39 Rheinmetall-Archiv B 302/1 Akten des Treuhänders Geheimrat Thurmann, darin: Abschiedsankündigung des Treuhänders Wilhelm Sosnosge an die Belegschaft der Maget, 20.12.1946, Bestand B 302/6 und /22 Verordnungen der französischen Militärregierung, Befehl Nr. 54, 24.2.1950: Ernennung Thurmanns zum Treuhänder für den Besitz von Rheinmetall-Borsig im französischen Sektor Groß Berlins, Bestand B 302/13 Notvorstand und Bestand B 302/16.

40 Rheinmetall-Archiv A 21/1, Rheinmetall Berlin AG, Bericht Nr. 21 421 der Deutschen Revisions- und Treuhand AG Wirtschaftsprüfungsgesellschaft (Treuearbeit) Berlin über die bei der Rheinmetall Berlin AG vorgenommene Prüfung des Jahresabschlusses zum 31. Dezember 1956, Bl. 16 f.

41 Landesarchiv NRW Abteilung Rheinland Bestand NW 203 Nr. 121 Rheinmetall-Borsig.

42 100 Jahre Rheinmetall, S. 49 f. und Leitzbach: Das Archiv der Rheinmetall AG, S. 58. Vgl. dagegen Norbert Frei/Ralf Ahrens/Jörg Osterloh/Tim Schanetzky: Flick. Der Konzern, die Familie, die Macht, München 2009, S. 445–462, die 1948 als Datum der endgültigen Enteignungsbefehls für die Unternehmern ehemaliger Kriegsverbrecher angeben und Rainer Karlsch/Jochen Laufer (Hg.): Sowjetische Demontagen in Deutschland 1944–1949. Hintergründe, Ziele und Wirkungen, unter Mitarbeit von Friederike Sattler, Berlin 2002.

43 100 Jahre Rheinmetall, S. 49 f. und Leitzbach: Das Archiv der Rheinmetall AG, S. 58.

der Produktion eine neue Betriebsgesellschaft in Form einer Aktiengesellschaft, die mit einem Kapital von 1 Million Deutscher Mark auszustatten sei, gegründet wird. (...)

Die Oberfinanzdirektion Düsseldorf, als Verwaltungsstelle für Reichs- und Staatsvermögen, hat auf Grund einer ihr von der Britischen Militärregierung erteilten Befugnis Herrn Diplom-Kaufmann Robert H. Heidt, Düsseldorf, unter dem 25. September 1950 die Ermächtigung gegeben, für das in den Westzonen belegene Vermögen der Rheinmetall-Borsig AG, unter der Firma Rheinmetall-AG mit dem Sitz in Düsseldorf und einem Grundkapital von 1 Million Deutsche Mark eine AG zu gründen. Diese Ermächtigung war erforderlich, weil das Deutsche Reich am Kapital der Rheinmetall-Borsig AG mit 51 % beteiligt war und damit das Einverständnis des Mehrheitsaktionärs mit der Neugründung zum Ausdruck gebracht wurde, und weil die Rheinmetall-Borsig AG unter die Bestimmungen des Gesetzes Nr. 52 der Militärregierung fällt."[44]

Vom Grundkapital der neu gegründeten Rheinmetall AG in Düsseldorf von 1 Million DM steuerte die Rheinmetall-Borsig AG als Muttergesellschaft mit Gewinn- und Verlust-Übernahmevertrag 996.000 DM bei. Daneben waren vier teils private, teils staatliche Banken jeweils mit 1.000 DM beteiligt, nämlich die RW Bank, Rhein-Ruhr-Bank, C.G. Trinkaus und die Bank für Gemeinwirtschaft.[45] Der Handelsregistereintrag erfolgte schließlich am 30. Dezember 1950.[46]

Zunächst produzierte das Unternehmen vorwiegend zivile Produkte wie Dampfkessel, Maschinen und Transporteinrichtungen. Das Produktionsprogramm in den späten 1940er und frühen 1950er Jahren war noch vom Treuhänderbeirat geprägt, der neben dem Bau von Transport- und Verladeanlagen auf die Konstruktion neuer Büromaschinen, analog der in Sömmerda der UdSSR zugefallenen Maschinenproduktion, setzte: „Hier wollte man die Tradition des in der Ostzone gelegenen und nach Kriegsende enteigneten Werkes Sömmerda fortsetzen."[47] Dass diese frühe Produktion noch auf verhältnismäßig niedrigem Niveau stattfand, verdeutlichen die Belegschaftszahlen: so waren am 31.12.1950 nur 39 Personen inklusive Hilfsarbeiter bei der Rheinmetall AG, Düsseldorf, beschäftigt. Passende Fachkräfte waren auch danach noch schwierig zu finden, weshalb sich die Zahl der Mitarbeiter und Mitarbeiterinnen zwar von 232 (31.12.1951) auf 440 (31.12.1952) fast verdoppelte, insgesamt aber noch nicht das Niveau eines Großunternehmens erreichte.[48]

44 Rheinmetall-Archiv B 344/1 Rheinmetall AG, Geschäftsberichte bis 1957, Prüfungsbericht D 1454 Bl. 1 f.

45 Ebenda, Anlage mit Satzung. Vgl. Landesarchiv NRW Abteilung Rheinland Bestand NW 91 Nr. 123 Rheinmetall AG, Düsseldorf.

46 Rheinmetall-Archiv B 344/4 Rheinmetall AG, Geschäftsberichte bis 1957, Auszüge aus Bericht Nr. D 1688 über Abschlüsse 31.12.1949, 31.12.1950 und 31.12.1951.

47 Ebenda.

48 Ebenda. Vgl. Leitzbach: Rheinmetall. Vom Reiz, Bd. 1, S. 439 ff.

Allerdings konnte auch bei vergleichbaren Werken kein annähernd hoher Stand wie in der Vorkriegszeit erreicht werden. Traditionelle Rüstungsunternehmen wie die IWKA, Mauser und Donauwörth/Siebel konnten aber ebenfalls bis Mitte der 1950er Jahre eine nennenswerte Produktion im Rüstungsbereich wieder aufnehmen.[49] Beim Drägerwerk in Lübeck, das zivil-militärische Produkte wie Atemmasken sowohl für den Bergbau als auch für Militärtaucher herstellte und im Zweiten Weltkrieg zu den rüstungsrelevanten Betrieben zählte, nahm das Wachstum erst nach 1952 langsam Fahrt auf. Bernhard Lorentz macht in seiner eingehenden Untersuchung dafür nicht nur den 1951 einsetzenden Nachfrageboom im Inland, sondern v. a. den Beginn verstärkter Auslandsnachfrage verantwortlich. Mit der Entwicklung neuer Produktlinien sei v. a. das Exportgeschäft zur „treibenden Kraft bei der Weiterentwicklung des Unternehmens" geworden.[50] Dies ist nur bedingt zutreffend für Rheinmetall, wo die Wiederaufnahme der Rüstungsproduktion eine gewichtige Rolle für die Unternehmensexpansion nach 1945 spielte.

Bei Rheinmetall in Düsseldorf waren für die zunächst geringe Produktionsleistung und das langsame Wachstum aber nicht nur die schwierigen Produktions-, Arbeits-, Lebens- und Verkehrsbedingungen in der frühen Nachkriegszeit ursächlich. Eine Rolle spielte bei der per se schwierigen Umstellung von der Kriegs- auf die Friedenswirtschaft[51] auch die wenig innovative Produkt- und Absatzpolitik der Geschäftsführung. So schreibt der Geschäftsbericht 1951:

> „Der Gesellschaft war eine Aufgabe gestellt worden, deren Schwierigkeit anfangs anscheinend nicht voll erkannt war. Es mußten nicht nur die Fabrikationseinrichtungen hergerichtet und beschafft, sondern auf den beiden ersten Arbeitsgebieten [Transport- und Verladeanlagen sowie Büromaschinen, vdK] auch die Konstruktionen vervollkommnet bzw. neu entwickelt werden. Dazu kam für den Büromaschinenbau die Ausbildung und Umschulung von Facharbeitern zur Fertigung und Montage feinmechanischer Teile, da der alte Facharbeiterstamm unserer Firma keine derartigen Kenntnisse besaß und eine Aufnahme geeigneter Kräfte aus dem Düsseldorfer Raum nur in sehr geringem Maße möglich war. Die Produktion war daher Anfang 1951 noch außerordentlich gehemmt und konnte erst am Ende der Berichtszeit in etwas erweitertem Rahmen aufgenommen werden."[52]

---

49 Vgl. Scholtyseck: Der Aufstieg der Quandts, S. 263–270 und 810–817. Bei Donauwörth/Siebel startete die Rüstungsproduktion 1956. Siehe Frei u. a.: Flick, S. 865.

50 Bernhard Lorentz: Industrieelite und Wirtschaftspolitik 1928–1950. Heinrich Dräger und das Drägerwerk, Paderborn u. a. 2001, S. 351–353, Zitat S. 352.

51 Vgl. für die Eisen- und Stahlindustrie nach dem Ersten Weltkrieg, v. a. Krupp, Stefanie van de Kerkhof: Von der Friedens- zur Kriegswirtschaft. Unternehmensstrategien der deutschen Eisen- und Stahlindustrie vom Kaiserreich bis zum Ende des Ersten Weltkrieges (Bochumer Schriften zur Unternehmens- und Industriegeschichte 15), Essen 2006, zugl. Diss. Köln 2004 und dies.: Krieg als Unternehmenskrise? Wahrnehmung und Verhalten schwerindustrieller Unternehmer und Manager im Ersten Weltkrieg und in der Nachkriegszeit, in: Jahrbuch für Wirtschaftsgeschichte 2/2006, S. 31–61.

52 Rheinmetall-Archiv 344/4 Rheinmetall AG, Geschäftsberichte bis 1957, Auszüge aus Bericht Nr. D 1688 über Abschlüsse 31.12.1949, 31.12.1950 und 31.12.1951, hier: Geschäftsbericht 1951, Bl. 2.

Auch in den beiden folgenden Jahren ging die Umstellung auf die Friedensproduktion langsam voran. Aber 1953 wurde die Gesenkschmiede in Halver (Westfalen) wieder dem Unternehmen eingegliedert, und man konnte im kleinen Zweigbetrieb Rehau in Bayern mit der Konstruktion und Fertigung von Gerberei- und Lederverarbeitungsmaschinen starten. Zudem erweiterte sich das zivile Geschäft durch die Fabrikation großer Stoßdämpfer für Schienenfahrzeuge und kleinerer Dämpfer für Straßenfahrzeuge.[53] Beide Produkte fanden im Jahr 1954 auch schon einen verstärkten Absatz, weshalb der Output in Düsseldorf und Halver gesteigert und das Werk Düsseldorf sogar ausgebaut werden konnte. Mit dem Bau von Transport- und Verladeanlagen, den man als weitere zivile Neuerung geplant hatte, war Rheinmetall weniger erfolgreich und stellte 1954 die Produktion ein. Hier machte sich schon bald nach Kriegsende wieder unternehmerisches Kalkül bemerkbar: als der Absatz für Transport- und Verladeanlagen stockte, setzte man auf „Konzentration des Fabrikationsprogramms", die „den verbleibenden Fertigungen zugute kommen" sollte.[54]

Größere Schwierigkeiten gab es bei der Konstruktion von Büromaschinen, die in der Weimarer Zeit exklusiv im Werk Sömmerda betrieben worden war. Dies erschwerte den Anlauf der Nachkriegsproduktion im Westen, musste doch das Knowhow entweder aus dem östlichen Werk transferiert oder durch neue Konstruktionen erst aufgebaut werden. Die Entwicklung neuer Schreibmaschinen und Kalkulatoren erwies sich daher auch zu Beginn als „sehr kostspielig", wie der Geschäftsbericht 1951 belegt. Rheinmetall rechnete allerdings schon 1954 damit, zu Jahresende „mit den ersten neuen Erzeugnissen auf den Markt kommen" zu können. Weitere Neuentwicklungen sollten dann „in systematischem Aufbau (...) folgen". Zwar zogen sich „die konstruktiven und betrieblichen Vorbereitungs- und Anlaufarbeiten auf dem Büromaschinengebiet bis zur Mitte des Jahres 1954 hin", aber schon zum Jahresende konnte man die ersten Erfolge auf dem Weg zur Marktreife verzeichnen: „Die ersten Addiermaschinen sind jetzt auf den Markt gebracht worden. Mit einem normalen Ausstoß ist im Laufe des nächsten Jahres zu rechnen. Eine Erweiterung des Fabrikationsprogramms für Büromaschinen ist vorgesehen."[55] Hier zeigte sich neben den Umstellungsschwierigkeiten auf die Friedenswirtschaft auch, dass ein diversifiziertes Unternehmen wie Rheinmetall beim Verlust einzelner für den gesamten Konzern notwendiger Betriebe, z. B. durch Kriegseinwirkungen, mit massiven Umstellungsproblemen zu rechnen hatte.[56]

Offen für die frühe Nachkriegszeit ist allerdings noch die Frage, wann mit den ersten Planungen für eine wehrtechnische Fertigung begonnen wurde. Ein internes

53 Ebenda und Rheinmetall-Archiv B 505/12, Rheinmetall GmbH 1962–1966, Bericht über die Rheinmetall GmbH zur 36. Aufsichtsratssitzung vom 3.12. 1965, Bericht als Anlage, Bl. 1.

54 Rheinmetall-Archiv B 344/4 Rheinmetall AG, Geschäftsberichte bis 1957, Auszüge aus Bericht Nr. D 1688, hier: Geschäftsbericht 1951, Bl. 2.

55 Ebenda. Siehe auch Leitzbach: Rheinmetall. Vom Reiz, Bd. 1, S. 449 ff.

56 Vgl. Stefanie van de Kerkhof: Von der Friedens- zur Kriegswirtschaft.

Memorandum zur rüstungswirtschaftlichen Situation der Rheinmetall GmbH, insbesondere zur Frage der Einrichtung einer zweiten Fertigungsstätte für das MG 1 vom September 1965 gibt dazu zwar genauere Auskunft, muss aber quellenkritisch aufmerksam betrachtet werden. Denn das Memorandum diente dem Unternehmen zur Argumentation gegenüber dem BMVg, um weitere Subventionen zu erhalten. So wurde berichtet, dass erst die Übernahme der Aktienmehrheit der Rheinmetall GmbH durch die Röchlinggruppe im Jahre 1956 „zur Wiederbelebung des durch Kriegs- und Nachkriegsereignisse völlig zerstörten und stillgelegten Unternehmens führten.“[57] Zudem stellt die Eingabe die Übernahme Rheinmetalls durch Röchling als einen Gnadenakt des Konzerns dar, der eine zivile Ausrichtung erwartet hatte und nur widerwillig in die Rüstungsproduktion wieder einstieg:

> „Bei den ersten Verhandlungen über den Erwerb der Aktienmehrheit an der damaligen Rheinmetall-Borsig Aktiengesellschaft beabsichtigte die Bundesregierung, der Gruppe Röchling den Erwerb einer industriellen Igelstellung im Bundesgebiet zu ermöglichen, um ihr damit den erforderlichen Rückhalt für die Auseinandersetzungen mit Frankreich um das Hüttenwerk in Völklingen zu ermöglichen. Als dann aus Gründen der Außenpolitik im Jahre 1955 Röchling veranlasst wurde, der Bundesregierung und der französischen Regierung gemeinsam eine Option zum Erwerb des Hüttenwerkes einzuräumen, sollte Rheinmetall als Basis einer neuen industriellen Betätigung der Röchlinggruppe, und zwar ausdrücklich auf dem zivilen Sektor, dienen.
>
> Diese Entschädigungsabsicht entfiel, als sich nach der Saarabstimmung die Rückkehr der Röchlinggruppe in ihr Hüttenwerk Völklingen abzeichnete. Inzwischen war im Zusammenhang mit der allgemeinen Militärpolitik auch die Entscheidung getroffen worden, daß für die Bundeswehr konventionelle Waffen in Deutschland hergestellt werden sollten, und zwar nicht in Staatsregie, sondern durch private Unternehmen. Diese Absicht fand in der Industrie wenig Anklang; auch Interessenten für Rheinmetall hatten sich aus diesem Grunde zurückgezogen.
>
> Jetzt trat der Bund an die Familie Röchling heran mit der Frage, ob sie bei Erwerb der Majorität an Rheinmetall bereit sei, dort für die Bedürfnisse der Bundeswehr die Fertigung von konventionellen Waffen aufzunehmen, Über diese Frage fand in Bonn eine Reihe von Besprechungen statt, insbesondere mit dem damaligen Staatssekretär Westrick, Ministerialdirektor Rust und Ministerialrat Birnbaum sowie dem Minister Blank.
>
> Die Gruppe Röchling stellte sich damals hinter die Absichten der Bundesregierung und erklärte sich bereit, die Wehrfertigung bei Rheinmetall aufzubauen. Damit mussten die Pläne für eine Zivilfertigung aus personellen und finanziellen Gründen zurückgestellt werden. Um die terminlichen Wünsche der Bundeswehr einhalten zu können, wurde schon vor Erwerb der Rheinmetall-Majorität ein Auftrag auf die Fertigung von Maschinengewehren von der Hessische Industriewerke GmbH – eine Tochtergesellschaft von Röchling – übernommen. Unter erheblichen Aufwendungen wurden die patentrechtlichen Voraussetzungen für diese Fertigung geschaffen. (…)

57 Rheinmetall-Archiv Bestand B 51/81: Wehrtechnik. Vgl. für den Zusammenhang wie hier angegeben auch Bestand B 513/40 (nicht im Findbuch enthalten).

> Die für die Übernahmebedingungen maßgebenden Zusagen des Bundes waren naturgemäß mitentscheidend für den Entschluß des Mehrheitsaktionärs, beim Wiederaufbau des Unternehmens auf Kosten der Zivilproduktion die Aufnahme der Wehrfertigung voranzutreiben."[58]

Wie gezeigt wurde, war der Aufbau der Nachkriegsproduktion zwar zunächst aufgrund der Umstellungs- und Entwicklungsschwierigkeiten nicht von großem Erfolg gekrönt. Aber schon seit mindestens 1949 wurde im Werk Düsseldorf nicht nur wieder produziert – in zugegeben bescheidenem Umfang, v. a. verglichen mit der ungeheuren Kriegsexpansion. Es erfolgte darüber hinaus auch eine geregelte Betriebsführung und Rechnungslegung, so dass schon ein Geschäftsbericht erstellt werden konnte. Zudem fand sich mindestens seit Dezember 1954 eine Vielzahl von Interessenten an Rheinmetall, die mit dem Bund über eine Beteiligung oder Übernahme verhandelten. Zu diesen gehörten neben Röchling nicht nur ehemalige deutsche Rüstungskonzerne wie Phoenix Rheinrohr, Krupp, Hoesch, DEMAG und Mannesmann, sondern auch die Bayerische Vereinsbank, die Schweizer Rüstungsgrößen Hispano Suiza und Bührle-Oerlikon sowie eine amerikanische Gruppe und Remington Band.[59] Zur Vielzahl der Interessenten dürfte auch die von Leitzbach – leider ohne genaueren Quellennachweis – berichtete frühe Information über die im Rahmen der Wiederaufrüstung an Rheinmetall zu vergebenden Waffenaufträge beigetragen haben. Der Vorstandsvorsitzende der Rheinmetall-Borsig AG, Dr. Werner Köttgen, war spätesten seit 1951 darüber informiert und forderte eine Berücksichtigung des Unternehmens bei etwaigen Aufträgen u. a. gegenüber dem BMWi, dem Amt Blank und den US-Besatzungsbehörden. Nicht nur betraute man eigens einen Lobbyisten mit der Kontaktanbahnung und den Verhandlungen, sondern sammelte auch auf verschiedenen Wegen Konstruktionspläne, Literatur und erste Lizenzen.[60] Verschiedene ehemalige leitende Mitarbeiter des Konzerns fanden sich anscheinend auch in Arbeitsgruppen im Ausland zusammen, etwa um den ehemaligen Exportchef Major a.D. Waldemar Pabst in der Schweiz oder in Spanien, Frankreich und den USA, worüber die amtierende Führungsebene spätestens seit 1952 informiert war.[61]

Dass die Übernahmeverhandlungen des Aktienpakets vom Bund mit verschiedenen Interessenten scheiterten, hatte durchaus unterschiedliche Gründe. In den Akten taucht allerdings die Skepsis vor der Wiederaufnahme der Rüstungsproduktion kaum auf. Vielmehr wurden die Kaufpreisentwicklung, die Unsicherheit über

58 Memorandum zur rüstungswirtschaftlichen Situation der Rheinmetall GmbH, Düsseldorf, insbesondere zur Frage der Einrichtung einer zweiten Fertigungsstätte für das MG 1 vom 23.9.1965, in: Rheinmetall-Archiv Bestand B 51/81: Wehrtechnik. Vgl. Bestand B 513/40 und Leitzbach: Rheinmetall. Vom Reiz, Bd. 1, S. 485 ff.

59 Ausführlich Rheinmetall-Archiv B 302/7-/12 und /21, Vorstandsakten. Vgl. Leitzbach: Rheinmetall. Vom Reiz, Bd. 1, S. 470–493.

60 Leitzbach: Rheinmetall. Vom Reiz, Bd. 1, S. 473–475, 479 ff. Der Dienste von Waldemar Pabst wollte man sich jedoch nicht versichern, vgl. Leitzbach: Rheinmetall, Bd. 1, S. 475 f.; Klaus Gietinger: Der Konterrevolutionär. Waldemar Pabst – eine deutsche Karriere, Hamburg 2009, S. 345–367.

61 Gietinger: Der Konterrevolutionär, S. 360 f.

den Umfang der Waffenproduktion und der hohe Aktienkurs für das Zurücktreten von den Verkaufsverhandlungen verantwortlich gemacht. Schließlich berichtet auch das Rheinmetall-Memorandum über den hohen Preis: „Alle diese Vorbereitungen für die Wehrfertigung und die entsprechenden Zusicherungen des Bundes wirkten sich in der Schlussverhandlung mit der Bank der deutschen Luftfahrt, bei der das Aktienpaket formell lag, erhöhend auf den Kaufpreis aus, weil die Bank – nach den vorangegangenen Verhandlungen mit einem gewissen Recht die Fertigungschancen in die Bewertung des Unternehmens einbezog. Bei einem Börsenkurs der Aktien von 150 zahlte die Gruppe Röchling an den Bund einen Kurs von 227,5."[62] Ursächlich für den trotz gehörigen Nachlasses noch hohen Kaufpreis war allerdings letztlich auch, dass die Röchlings im Vergleich zu anderen Interessenten wie Krupp, Mannesmann und DEMAG Ende Juli 1955 erst spät ihr Kaufinteresse bekundet hatten, wobei anscheinend auch die Vermittlung durch Hispano Suiza eine Rolle spielte.[63]

Nach den Angaben von Abelshauser gab es einen engen Kontakt zwischen dem Schweizer Rüstungsproduzenten und den deutschen Unternehmen Hanomag und Rheinmetall, wobei es v. a. um die Lizenzproduktion des Schweizer Schützenpanzers HS 30 ging. Zwar wurde die Gruppe Hanomag der Hauptkontraktor, doch den Auftrag für die 20-mm-Bordkanone im Wert von 250 Mio. DM erhielt Rheinmetall als Spezialist für Panzerbewaffnung.[64] Da die Verhandlungen über dieses Großprojekt schon länger andauerten, ist davon auszugehen, dass es eine eingehendere Abstimmung der Unternehmen über die schweizerisch-deutsche Koproduktion gegeben hatte.[65] Als die Röchlingsche Eisen- und Stahlwerke GmbH am 23. Juni 1956 die Aktienmehrheit vom Bund übernahm, konnte sie daher zügig mit der wehrtechnischen Fertigung beginnen.[66] Dabei half ein Großauftrag für Maschinengewehre, der im selben Jahr einging. Das von der Wehrmacht im Zweiten Weltkrieg massenhaft eingesetzte Maschinengewehr „MG 34" war von seinem Konstrukteur Johannes Großfuß aus Döbeln schon zum „MG 42" modernisiert worden. In einer weiter überarbeiteten Version ging es als neues Standardgewehr der Bundeswehr „MG 3" Ende 1956 bei Rheinmetall in

62 Rheinmetall-Archiv Bestand B 51/81: Wehrtechnik. Vgl. Bestand B 513/40 und Leitzbach: Rheinmetall: Vom Reiz, Bd. 1, S. 485 ff.

63 Rheinmetall-Archiv B 302/7-/12 und /21, Vorstandsakten. Dort angegeben Bundesarchiv Koblenz Bestand B 136 Bundeskanzleramt Nr. 2347: Preisgestaltung, Umfang, Wert und Produktionsanteil der Bundesunternehmen, darin u. a.: Verkauf der Beteiligung der Bank der Deutschen Luftfahrt A.G. in Liquidation an der Rheinmetall-Borsig A.G. an die Röchling'sche Eisen- und Stahlwerke G. m.b.H. und Bestand B 146 Bundesministerium für den Marshallplan / Bundesministerium für wirtschaftliche Zusammenarbeit Nr. 1551: Verkauf der Beteiligung der Bank der Deutschen Luftfahrt AG i.L. an der Rheinmetall-Borsig AG an die Röchling'sche Eisen- und Stahlwerke GmbH, 1956. Leitzbach: Rheinmetall. Vom Reiz, Bd. 1, S. 470–493, allerdings ohne genauere Quellenangabe.

64 Abelshauser: Wirtschaft und Rüstung, S. 167.

65 Dazu allerdings nur wenig Genaues bei Kollmer: Rüstungsgüterbeschaffung.

66 100 Jahre Rheinmetall, S. 49 f. und Leitzbach: Das Archiv der Rheinmetall AG, S. 58.

Düsseldorf in die Serienproduktion, wie „Der SPIEGEL" und die „Wehrtechnik" berichteten.[67]

Keine Rolle für die Übernahme Rheinmetalls durch Röchling spielte jedenfalls die Belastung von Unternehmern und Managern durch Waffenproduktion und Zwangsarbeitereinsatz im Nationalsozialismus. Wie Benjamin Ferencz, der Chefankläger im Prozess gegen die Einsatzgruppen des Sicherheitsdienstes der SS vor dem Nürnberger Militärgericht 1947/48 zeigte, waren sowohl Mitglieder der Familie Röchling als auch der neue Vorstand früh der NSDAP beigetreten und teils von französischen Gerichten als Kriegsverbrecher verurteilt worden. Die beiden neuen Direktoren des Unternehmens, Otto Paul Caesar und Ernst Blume, traten vor Kriegsbeginn 1937 bzw. 1935 der Partei bei und waren Mitglied weiterer NS-Organisationen. Dies galt auch für zwei weitere Aufsichtsratsmitglieder aus der weitverzweigten Röchling-Familie u. a. Dr. Karl Guth. Stellvertretender Vorstandsvorsitzender und langjähriger Berater von Rheinmetall wurde der ehemalige Marinerichter Dr. Otto Kranzbühler, der nicht nur Hitler-Nachfolger Admiral Dönitz, sondern auch Industrielle wie Alfried Krupp von Bohlen und Halbach und Friedrich Flick in den Nürnberger Prozessen bzw. Nachfolgeprozessen öffentlichkeitswirksam verteidigt hatte und wie Guth enge Kontakte zu ehemaligen NS-Größen im Waffengeschäft unterhielt. Im Rastatter Prozess hatte er 1948/49 Hermann Röchling gegen die Anklage der französischen Militärgerichtsbarkeit als Strafverteidiger beigestanden.[68]

Es erscheint insgesamt nur wenig überzeugend, dass die Familie Röchling durch den Staat zum Einstieg in die Rüstungsproduktion bei Rheinmetall gezwungen wurde. Dass sich bereits 1954 eine Vielzahl von Rüstungsproduzenten für das Unternehmen interessierte und auch die Röchlings bereit waren, einen zumindest hohen, wenn nicht gar überhöhten Preis für das Unternehmen zu akzeptieren,

67 O.V.: Waffenproduktion. Die neuen Hoflieferanten, S. 19. Siehe auch o.V.: Rheinmetall – Vom MG bis zur Haubitze, in: Wehrtechnik 12 (1975), S. 692–694, hier S. 693. Zur Fertigung in Döbeln auch Leitzbach: Rheinmetall. Vom Reiz, Bd. 1, S. 365. Auf welche Weise Großfuß aus der Sowjetischen Zone in den Westen gelangte, bedarf noch weiterer Forschung. Seine Lack- und Metallwarenfabrik wurde beschlagnahmt, teilweise demontiert und am 1. Juli 1948 in den VEB Metallbau Döbeln umgewandelt. Vgl. Staatsarchiv Sachsen: Regest der Findmittel zum VEB Metallbau Döbeln unter http://www.archiv.sachsen.de/archive/leipzig/4218_3230383838.htm (15.7.2012). Leitzbach berichtet von einer Internierung „bis Mitte 1954 im ‚Zuchthaus Waldheim' in sowjetischer Gefangenschaft". Leitzbach: Rheinmetall. Vom Reiz, Bd. 2, S. 546.

68 Dr. Karl Guth und Dr. Curt Freiherr von Salmuth (Parteieintritt 1935 bzw. 1940). Ferencz: Lohn des Grauens, S. 171. Zur Familie auch Seibold: Röchling, Anhänge mit Stammtafeln. Zu Kranzbühler u. a. Ferencz, ebenda, S. 10 f., 167 und 179. Zu den Kontakten zu Pabst, der als Direktor der Rheinmetall-Borsig-Abteilung Waffenexporte und Vertrauter von General Thomas den ausländischen Waffenhandel koordinierte und zu den Initiatoren des Kapp-Putsches gezählt hatte, Leitzbach: Rheinmetall. Vom Reiz, Bd. 1, S. 169, 475 ff., Bd. 2, S. 522; Gietinger: Der Konterrevolutionär, S. 345 ff. Zur Tätigkeit Kranzbühlers gegen die Forderungen von KZ-Häftlingen u. a. Norbert Frei: Vergangenheitspolitik, München 1996, S. 163–167.

spricht jedenfalls nicht für diese Argumentation. Die Fertigung von Büromaschinen erschien sicherlich auch Mitte der 1950er Jahre nicht als ein langfristig umsatzträchtiger Markt. Eher ist davon auszugehen, dass der Wiedereinstieg in die Rüstungsproduktion ab 1954 auch von der Familie Röchling bewusst und geplant vorgenommen wurde. Intensivere Aktivitäten für eine Ausweitung der Friedensproduktion wurden nach der Übernahme der Aktienmehrheit durch Röchling nicht eingeleitet, Hinwiese auf eine Diskussion über Rüstungskonversion fehlen gänzlich, und eine Rüstungsproduktion in den im Familienbesitz befindlichen Hessischen Industriewerken wurde schon vor Erwerb der Aktienmajorität von Rheinmetall initiiert.[69] Zudem berichtet Rheinmetall-Chronist Leitzbach, dass die „Firmengruppe Röchling, obwohl die Verhandlungen über die Privatisierung von Rheinmetall noch lange nicht abgeschlossen waren, bereit war, Rheinmetall einen Überbrückungskredit für die Finanzierung der Anlaufkosten zu gewähren." Der seit 1954/55 geplante Wiederaufbau der Rüstungsproduktion sollte bis 1964 insgesamt mehr als 100 Mio. DM kosten, allein der vorsorgliche Erwerb der Waffen-Patente von Großfuß im April 1955 schlug mit 1,55 Mio. zu Buche und gibt somit einen guten Eindruck von Umfang und Zielen des Röchlingschen Engagements.[70] Da die Familie u. a. mit den Hessischen Industriewerken und der kurz vor der Rückgabe stehenden Völklinger Hütte über große Kapazitäten in der Eisen- und Stahlproduktion verfügte, werden sicherlich auch Skalen- und Synergieeffekte beim Kauf der Rheinmetall-Majorität eine wesentliche Rolle gespielt haben. Sie können aber aufgrund des unzugänglichen Röchling-Archivs derzeit nicht genauer erforscht werden.

3.1.2 Aufnahme und Expansion der Rüstungsfertigung

Nachdem die Röchlingsche Eisen- und Stahlwerke GmbH die Aktienmehrheit vom Bund am 23. Juni 1956 übernommen hatte, begann unverzüglich die wehrtechnische Produktion von Waffen im großen Stil. Im August 1956 wurde die eher zivil ausgerichtete Tochtergesellschaft Borsig AG an die Salzgitter AG verkauft und im November beschloss die Hauptversammlung dann die Umbenennung des Restkonzerns in „Rheinmetall Berlin AG". Die Veröffentlichungspflicht war wohl auch einer der Hauptgründe dafür, dass der wehrtechnische Produktionsteil in Düsseldorf seit 1957 als Rheinmetall GmbH firmierte. Betriebliche Daten tauchten danach i. d. R. nur noch in konsolidierter Form in den Konzernbilanzen auf.[71]

Zeitgleich mit der Aufstellung der Bundeswehr knüpfte die Rheinmetall GmbH wieder an ihr wehrtechnisches Fertigungsprogramm an und begann,

69 Vgl. Beschwerden um die späte Waffenproduktion bei Leitzbach: Rheinmetall, Bd. 1, S. 470 ff.
70 Ebenda, Bd. 2, S. 547.
71 Rheinmetall-Archiv Bestand A 21. Vgl. Leitzbach: Rheinmetall. Vom Reiz, Bd. 2, S. 506 und 524 f.

Maschinengewehre (MG), Maschinenkanonen (MK) und Munition zu produzieren. Der Wiederaufbau war herausfordernd. Wie im Aufsichtsrat später berichtet wurde, „mussten nacheinander die Aufträge Sturmgewehr, MG, MK 20 und Munition durchgezogen werden. Hierbei war auch auf eine strenge Kostenabgrenzung für die Zwecke der Abrechnung zu achten, ganz abgesehen von den Problemen, die sich aus den zur Verfügung stehenden Finanzierungsmitteln ergaben.“[72] Eines der ersten Produkte war eine Lizenzproduktion: das MG 1 bzw. MG 3, eine Weiterentwicklung des Wehrmachtsmodells MG 42.[73] Die spätere Standardwaffe der Bundeswehr wurde wohl schon vor der Aufstellung des westdeutschen Heers von bewaffneten deutschen Formationen eingesetzt, die die Alliierten als Diensteinheiten und Industriepolizei nutzten. Der Bundesgrenzschutz soll sie als MG 1 verwendet haben.[74]

Leitzbach berichtet in der neuen Rheinmetall-Festschrift darüber, dass der Bundesgrenzschutz noch mit alten Weltkriegs-Maschinengewehren der bei den Alliierten gesammelten Bestände versorgt worden wäre.[75] Allerdings sind hier ebenfalls weitere Forschungen notwendig, denn die Geschichte der 1947 aufgestellten bewaffneten Einheiten muss als durchaus umstritten und sogar fundamental für die Aufstellung von Nationaler Volksarmee (NVA) der DDR und der Bundeswehr bezeichnet werden. Die US Army selbst berichtet davon, dass die Industriepolizei (Industrial Police, IP) von ihr begründet und ausgestattet worden sei. Es waren ehemalige deutsche Soldaten, häufig auch Flüchtlinge und *Displaced Persons*, die ausgestattet und mit einer Schusswaffe (i. d. R. Karabiner M1) bestückt wurden, um amerikanische Gelände, besetzte Militär- und Industrieanlagen zu bewachen, da die deutsche Polizei mit der Vielzahl dieser Aufgaben überfordert gewesen sei. Ende 1947 umfassten diese Einheiten insgesamt ca. 13.000 Personen, von denen aber nach der Berlin-Blockade 1948 ca. 3.500 wieder entlassen wurden. Immerhin noch 12.500 Offiziere der IP wurden 1949 in die Dienstgruppen des German Labor Service überführt.[76]

Die Dienstgruppen umfassten dagegen wesentlich größere Einheiten und wurden von allen drei Westalliierten genutzt, um Kriegsgefangene zu Arbeits-, Sicherungs- und Wachdiensten zu verpflichten. Im Mai 1945 sollen nach Studien des MGFA zunächst etwa 750.000 deutsche und italienische Soldaten für die amerikanischen Streitkräfte in Europa gearbeitet haben, die sich größtenteils aus kriegsgefangenen

72 Stellungnahme Caesar über den Wiederaufbau, Protokoll der Aufsichtsratssitzung vom 5.4.1974, Bl. 3, in: Rheinmetall-Archiv Bestand 505 Aufsichtsrat GmbH Nr. 23 Aufsichtsratssitzungen.

73 Günter Wollert/Reiner Lidschun/Wilfried Kopenhagen: Schützenwaffen heute (1945–1985), Bd. 1, 1. Aufl. Berlin [Ost] 1986, 4. überarb. u. aktual. Aufl. Berlin 1996, S. 154.

74 Ebenda.

75 Leitzbach: Rheinmetall. Vom Reiz, Bd. 2, S. 548. Hinweise für die Entwicklung oder Serienproduktion bei Rheinmetall vor 1955 liegen nicht vor, obwohl alle zugänglichen Bestände über die MG-Produktion im Rheinmetall-Archiv gesichtet wurden.

76 Siehe http://www.usarmygermany.com/ext/LaborService/history.ip.htm. Vgl. o.V.: Benehmen in und außer Dienst. Es heißt zivil „Herr Schulze“, in: Der SPIEGEL 3/1949, S. 6 f.

Soldaten rekrutierten.[77] Befürchtet wurde in der SBZ 1947, wie der SPIEGEL berichtete, dass nun wieder „die schwarze Reichswehr marschiert (...) in smarten Uniformen, wie die Leibstandarte (...) werden sie in gut preußischem Drill ausgebildet: Exerzieren, Fußdienst, Schießübungen mit Gewehr, Pistole, Granatwerfer, leichtem MG. Die Disziplin ist eisern."[78] Deutlich abweichende Artikel im SPIEGEL berichteten 1956 sowohl bei den Dienstgruppen als auch bei der IP von zivil organisierten Arbeitsverhältnissen von 10.000 in selbständigen Pionier-, Nachrichten- und Wachbataillonen zusammengefassten Deutschen.[79]

Verschiedene Gespräche der Bundesregierung mit den Westalliierten wurden seit 1950 auf unterschiedlichen Ebenen bilateral und international geführt. Dabei wurde diskutiert, inwieweit die Dienstgruppen in die Bundeswehr aufgenommen werden konnten. Die Dienststelle Schwerin sprach sich in einem Memorandum vom 15. Juli 1950 für ihren Ausbau auf 200.000 Mann aus, die als unbewaffnete „Kader für deutsche Truppenteile zu verwenden" seien.[80] Geplant wurde unter Zustimmung des stellvertretenden US-Hochkommissars General Hays auch, „unter nützlicher Tarnung eine Reorganisation vorzunehmen, die schließlich zu Kaders führen würde, die, selbst wenn eine Bewaffnung noch nicht möglich sei, den Vorteil hätte, waffenfähige Männer militärisch vorzubilden und organisatorisch zusammenzufassen. Man könne solche Verbände auch leichter aus dem Kampfgebiet herausführen, um sie an entfernterem Ort zu aktiven Truppen umzustellen." Auch wenn über die Frage der Bewaffnung dieser Gruppen zunächst noch nicht entschieden wurde, weil Hays auf Weisung aus Washington wartete, so waren die Dienstgruppen doch als militärische Einsatzgruppen im Konfliktfall vorgesehen.

Bei der Einbeziehung von Einheiten der Landespolizei bereitete aber die „starke kommunistische Durchsetzung einiger Landespolizeien" sowohl der deutschen als auch der amerikanischen Seite durchaus Sorgen. Für die Dienstgruppen entschied die amerikanische Seite im August 1950, sie zu kasernieren und wie zuvor die *Industrial Police* mit leichten Waffen auszustatten, wie die Analysen des MGFA belegen. Nach langwierigen Verhandlungen über diese bewaffneten Truppen wurde im Oktober 1954 eine vertragliche Grundlage über die noch in der BRD anwesenden ausländischen Streitkräfte geschaffen (Vertrag über den Aufenthalt ausländischer

77 Rein organisationsgeschichtlich: Heinz-Ludger Borgert/Walter Stürm/Norbert Wiggershaus: Dienstgruppen und westdeutscher Verteidigungsbeitrag. Vorüberlegungen zur Bewaffnung der Bundesrepublik Deutschland (Militärgeschichte seit 1945, hg. vom MGFA, Bd. 6), Boppard am Rhein 1982, S. 2f. Vgl. Lutz Hoeth: Die Wiederbewaffnung Deutschlands in den Jahren 1945–1958 und die Haltung der Evangelischen Kirche, o.O. 2008; O.V.: KRIEGSGEFANGENE. Freie Gefangene, Dichtung und Dienstgruppen, in: Der SPIEGEL 4 (1947), S. 8.

78 O.V.: Benehmen in und außer Dienst.

79 O.V.: DIENSTGRUPPEN, in: DER SPIEGEL 24/1956, S. 11. Vgl. Borgert u. a.: Dienstgruppen, S. 113f. und 193f.

80 Borgert u. a.: Dienstgruppen, S. 138, 144.

Streitkräfte in der Bundesrepublik Deutschland oder kurz Truppenvertrag). Dabei entschied das Amt Blank allerdings kein Gesamtkontingent aus diesen Truppen zu übernehmen, sondern nur Einzelpersonen auf Antrag in die noch zu gründende Bundeswehr zuzulassen. Dies dürfte den meisten Dienstgruppenangehörigen aufgrund besserer Besoldung bei den Westmächten auch zupass gekommen sein.[81]

Die Frage, wie IP und Dienstgruppen in den verschiedenen Besatzungszonen ausgerüstet waren, muss zukünftiger Forschung in den Archiven von Bundeswehr und Westalliierten vorbehalten bleiben. Erhielten sie neue Waffen oder wurden sie mit Altbeständen aus dem Krieg ausgestattet? Welchen Anteil hatten deutsche Produzenten wie Rheinmetall oder Mauser an ihrer Ausstattung? Zwar können diese Fragen erst nach der Öffnung weiterer Archivbestände beantwortet werden. Geklärt werden kann dagegen der genaue Beginn der Waffenproduktion bei der Rheinmetall Berlin AG im Zuge der Wiederaufrüstung. Denn nicht erst 1959, wie früher angegeben, sondern schon Mitte 1956 begannen die Hessischen Industriewerke als Röchling-Tochterunternehmen mit der Serienproduktion des leicht modifizierten MG 42. Schon im Januar 1955 erfolgte die erste Kontaktaufnahme mit dem in den Westen gelangten Entwickler Großfuß und ab Februar die Vertragsverhandlungen mit ihm, zunächst noch mit der Rheinmetall-Borsig AG.[82] Großfuß hielt eine ganze Reihe von Patenten auf die Entwicklung von Maschinengewehren und Komponenten, bei denen teilweise auch Dr.-Ing. Werner Gruner und Kurt Horn aus Döbeln als Erfinder genannt waren. Die meisten Patente wurden 1943 in Deutschland, Frankreich und der Schweiz eingereicht, aber erst nach dem Krieg von 1955 bis 1959 genehmigt und als Patente eingetragen. Über die Planungen mit der Großfuß-Waffe berichtete die westdeutsche Presse bereits Mitte 1955.[83]

Allerdings waren noch einige Hürden zu überwinden, bevor Rheinmetall mit der Produktion der Waffe beginnen konnte. Dies betraf beileibe nicht nur die technische Seite der Modernisierung und mögliche Anpassung an US-Kriterien sowie die

81 Ebenda, S. 135–146 und Vertrag zwischen der Bundesrepublik und acht Ländern als Vertragspartner siehe BGBl. II 1955, S. 253.

82 Kontaktaufnahme mit Johannes Großfuß, Schreiben, 23.1., 27.1., 1.2., 15.2.1955; Empfehlung: Einführung des MG 42 bei den deutschen Streitkräften, Besprechungsvermerk, 11.2.1955; Interesse Rheinmetalls an Zusammenarbeit mit Großfuß, Schriftwechsel, 17.2., 21.2., 23.2., 24.2., 28.2., 17.3.1955 und Vertrag zwischen Johannes Großfuß und Rheinmetall-Borsig AG zur Verwertung der Großfuß-Patente durch die Rheinmetall AG, in: Rheinmetall-Archiv Bestand 5130 Rheinmetall GmbH, MG 42 Nr. 1. Vgl. Leitzbach: Rheinmetall. Vom Reiz, Bd. 1, S. 485 ff.

83 Beispielsweise Eidgenössisches Amt für geistiges Eigentum, Patentschrift 3066750 (1955); Deutsches Patentamt, Patentschrift Nr. 1039413 (1959). Großfuß wohnte in den 1950er Jahren erst in Hennef/Sieg und später in Wiesbaden (1959), siehe Website des Deutschen Patent- und Markenamts mit Patentschriften, unter https://depatisnet.dpma.de. Vgl. Rheinmetall-Archiv Bestand 5130 Rheinmetall GmbH, MG 42 Nr. 1, 2, 3, 4, 13 und 34. O.V.: Modernisiertes MG 42 für künftige Landser, Westdeutsche Allgemeine Zeitung, 18.6.1955 und Diskussion über Artikel in „Welt am Sonnabend“ über Verkauf von Unterlagen nach Spanien durch Großfuß 06/1955.

Übernahmeverhandlungen mit Röchling, die bis 1956 abgeschlossen wurden.[84] Problematisch war vielmehr, dass zum einen Zeichnungen und Patente von den Alliierten mit nach England und in die USA verbracht worden waren, zudem Konstruktionsunterlagen bei der Schweizer Rüstungsfirma SIG vorlagen.[85] Die SIG hatte ein großes Interesse an einer Übereinkunft mit Großfuß, da sie das MG 42 unterdessen, anscheinend mit Hilfe der ruhenden Großfuß-Patentanträge aus dem Krieg zum MG 50 weiterentwickelt hatte und im Jahre 1955 auf dieser Grundlage mit der Produktion eines eigenen MGs, des SIG 55, begann.[86] Auch andere Interessenten, vorneweg die Rheinmetall-Konkurrenz Mauser und Heckler & Koch (HEKO), wollten sich gerne am bedeutenden Produktionsumfang beteiligt wissen, drohten auch z. T. mit Klagen gegen die Patentrechte von Großfuß.[87] Die Rheinmetall AG erwarb aber letztlich die Schutzrechte vom Döbelner Waffenkonstrukteur inklusive einer Generallizenz in mehreren Etappen am 15. April 1955 für 1,55 Mio. DM.[88] Unterstützt wurde Rheinmetall bei den Plänen zur MG-Fertigung nicht nur vom BMVg, sondern auch von einem Mitglied der wehrtechnischen *security community*, Oberst a.D. A. Butz, der mehrere Manuskripte über das MG 42 „und seine Bedeutung für die neue deutsche Wehrmacht“ verfasste.[89]

---

84 Entwicklungsauftrag zwischen der BRD und den Hessischen Industriewerken, hiw, zur Umkonstruktion des MG 42 auf NATO-Patrone, Entwürfe, 7.4., 12.4., 19.4. und 21.4.1956, in: Rheinmetall-Archiv Bestand 5130 Rheinmetall GmbH, MG 42, Nr. 3. Vgl. Nr. 34.

85 Rückführung der Produktionsunterlagen aus England, Schriftwechsel, 13.12., 14.12.1955, in: Ebenda, Nr. 2 und Rückführung der Produktionsunterlagen aus England, Aktennotiz, 7.1.1956, Schreiben, 12.1., 19.1., 25.1.1956 und MG-42- Zeichnungen im Besitz der SIG, Schreiben, 17.1.1956, in: Ebenda, Nr. 3 und Originalunterlagen im Besitz der SIG, Schreiben, 20.5.1955, in: Ebenda, Nr. 1.Vorhandensein von Konstruktionsunterlagen im Pentagon und deren Rückführung, Schreiben, 5.4., 5.4., 9.4., 14.4.1955, Telefonnotiz, ?.4.1955, Aktennotiz, 20.4.1955, Vermerk, 21.4.1955, Schreiben, 10.5.1955, Vermerk, 10.5.1955, Schriftwechsel, 16.5., 23.5.1955 (mit Übersetzung), 24.5., 25.5.1955, Schreiben, 24.6.1955, in: Ebenda, Nr. 1.

86 Rechte Großfuß gegenüber SIG (MG 50), Gutachten, 12.7.1950, Erwiderung, 4.8.1955, Schreiben, 10.8., 13.8.1955, Schriftwechsel, 17.8., 22.8.1955, Nachtrag zum Gutachten, 27.8.1955, Schreiben, 31.8., 22.11., 23.11.1955, Aktennotiz, 30.11.1955, in: Rheinmetall-Archiv Bestand 5130 Rheinmetall GmbH, MG 42, Nr. 2. Dies findet sich nicht bei Leitzbach: Rheinmetall.

87 Interessensbekundung von Heckler & Koch an Zusammenarbeit, Schreiben, 15.2., 25.2.1955, Interessensbekundung von Mauser an MG-Fertigung, Schreiben, 16.2.1955, in: Rheinmetall-Archiv Bestand 5130 Rheinmetall GmbH, MG 42, Nr. 1; Interessensbekundung Mauser an Fertigung MG 42, Patentlage, 9.7. und 8.9.1955 sowie Anfrage des BMVg an Rheinmetall, Mauser, Sauer, Heckler & Koch, Federführung bei Rheinmetall, Aktennotiz, 23.11.1955, in: Ebenda, Nr. 2; Patentbestreitung durch Mauser und SIG, 10.7.1956, in: Ebenda, Nr. 4; zum Interesse Mausers Schriftwechsel, 21.8., 15.9.1956, Aktenvermerke, 26.10., 27.10., 18.12.1956, in: Ebenda, Nr. 5.

88 Vertrag Rheinmetall AG – Großfuß, 15.4.1955; Vertrag zwischen Rheinmetall AG und Johannes Großfuß über den Erwerb der Schutzrechte betr. MG 42, 28.2.1957; Vertrag zwischen Rheinmetall AG und Johannes Großfuß über die Erteilung einer Generallizenz über Schutzrechte, 28.2.1957, in: Ebenda, Nr. 1 und Nr. 6. Vgl. Leitzbach: Rheinmetall. Vom Reiz, Bd. 2, S. 546 f.

89 Fertigung des MG 42 in Deutschland, Schreiben von Butz, an Rheinmetall-Vorstand Erich Mez, 16.10.1955, mit Manuskripten, in: Ebenda, Nr. 7.

Als Rheinmetall 1955 beantragte, in den Wirtschaftsverband Eisen-, Blech- und Metallwarenindustrie wegen des Produktionsstarts des MG 42 aufgenommen zu werden, hielten die Verhandlungen mit Röchling und den anderen Interessenten noch an.[90] Möglicherweise führten die Verhandlungen auch zur Verzögerung des Produktionsbeginns, der erst nach der Unterzeichnung des ersten Vertrages über insgesamt 16.400 MG im Juli/August 1956 eintrat.[91] Eine zweite große Charge von 7.300 MGs wurde mit Zusatzausstattung und Ersatzteilen im Jahre 1964 bestellt.[92]

Nach Angaben aus Literatur und Archivmaterialien von Rheinmetall erhielt die umgerüstete Waffe die Typen-Bezeichnung MG 42/59, obwohl die Serienfertigung bei einem Zweigwerk der Hessischen Industriewerke bereits 1956 und in den neu aufgebauten Produktionseinrichtungen in Düsseldorf bereits im Juni 1957 begannen.[93] Die Unternehmensleitung nannte bei der Auslieferungsfeier mit Vertretern des BMVg verschiedene Gründe für diese schnelle Serienfertigung:

> „Erst als klar wurde, dass wir neben dem MG-Auftrag mit einem grossen Auftrag von automatischen Kanonen, auf Munition und schliesslich auf Lafetten rechnen konnten, haben wir uns für den Standort Düsseldorf entschieden. Aber auch das erst, nachdem eingehende Gutachten von Sachverständigen ergaben, dass die Restwerte der zerbombtem Gebäude, insbesondere aber die zum Teil noch intakten Versorgungskanäle, Schienenstränge usw. usw. einen Wiederaufbau in Düsseldorf zu wesentlich geringeren Beträgen ermöglichten als das an jedem anderen Ort, insbesondere auf der grünen Wiese, der Fall gewesen wäre. Letztlich, aber nicht zum geringsten Teil ist der Standort Düsseldorf deshalb ausgewählt worden, weil uns Termine für die Fertigung aufgegeben worden sind, die niemals bei einem Wiederaufbau auf der grünen Wiese, sondern überhaupt nur dadurch eingehalten werden konnten, wenn wir die zwar schwer zerbombten aber zum Teil noch vorhandenen Gebäude zum Wiederaufbau benutzen."[94]

Während der Nutzung dieser Waffe durch NATO und Bundeswehr ergaben sich später weitere Umbenennungen, so wurden Altbestände der Waffe mal als MG 2 und mal

---

90 Antrag auf Aufnahme der Rheinmetall AG in den Wirtschaftsverband Eisen-, Blech- und Metallwarenindustrie wegen bevorstehender Fertigung des MG 42, 11.5.1955, in: Ebenda, Nr. 1 und Nr. 6.

91 Unterzeichnung des Vertrages über 16.400 MG 42 beim BMVg am 21.8.1956, Aktennotiz, 22.8.1956, Vermerk, 22.8.1956, Berichtigung des Vertrages, 23.8.1956., in: Ebenda, Nr. 5. Vgl. den Bericht in Rheinmetall-Archiv Bestand B 51 Nr. 64.

92 Vertrag zwischen der Bundesrepublik Deutschland und der Rheinmetall GmbH über die Teilleistung zur Vorbereitung der Herstellung und Lieferung von 7.300 Maschinengewehren MG-1 mit Zusatzausstattung und Ersatzteilen, nicht unterschriebene Kopie, undatiert, 1964, in: Rheinmetall-Archiv Bestand 5130 Rheinmetall GmbH, MG 42 Nr. 41; Leitzbach: Rheinmetall, Bd. 2, S. 548.

93 Hier kann im Gegensatz zu Wollert/Lidschun u. a.: Schützenwaffen heute, Bd. 1, S. 155 eine genauere Terminierung vorgenommen werden, siehe Rheinmetall-Archiv Bestand 5130 Rheinmetall GmbH, MG 42 Nr. 34, verschiedene Schriftwechsel bzgl. MG 42/59 und Leitzbach: Rheinmetall. Vom Reiz, Bd. 2, S. 548 und 550.

94 Standortwahl Düsseldorf, Aufbau der Gebäude 12 und 27, Vertragsunterzeichnung MG und 2-cm-Kanone und erste Auslieferungen, Rede zur Begrüßung von Besuchern aus dem BMVg, u. a. Herr Bohlan, 13.2.1958, in: Rheinmetall-Archiv Bestand B 51 Wehrtechnik Nr. 64.

als MG 1 bezeichnet, auch die neue Version firmierte sowohl unter MG 1 als auch unter MG 3, obwohl die Versionen als MG 1A1, MG 1 A2 und MG 1 A3 hätten geführt werden müssen. Dies war aber freilich für den Dienstgebrauch bei den Panzergrenadieren und der Polizei umständlich und bürgerte sich nicht ein.[95] Die Waffe war so technisch überlegen und erfolgreich, dass Rheinmetall selber in einem Interview mit der Zeitschrift „Wehrtechnik" angab, bis 1975 insgesamt 170.000 Stück als Handfeuer- und Einbauwaffe in Serie gebaut zu haben. Davon sei rund ein Drittel exportiert worden.[96] Konzern-Archivar Leitzbach nennt dagegen nur einen Umfang von 139.000 Stück bis zum Jahr 1979 für das In- und Ausland produzierten MGs. Danach lief die Produktion aus und wurde nur in den Jahren 1988 bis 1992 für Lieferungen an die Bundeswehr und das US-Militär in Deutschland wieder aufgenommen (ca. 8.400 Stück).[97]

Verhandlungen mit dem BMVg waren stete Grundlage für weitere Anschlussaufträge, z. B. für Zubehörteile und Fortentwicklungen, die Rheinmetall vom Ministerium selbst und dem BWB erhielt. Beispielsweise wurde seit 1957 zunächst begonnen, Lafettierungen für das MG zu entwickeln, die dann auch in größere Waffensysteme von Heer und Marine eingebaut werden konnten, wie z. B. in Panzerjäger bzw. die amerikanischen Panzer M 47/48. Auch eine Dreibein-Lafette wurde bereits 1959 konstruiert, was deutlich macht, dass Rheinmetall die neue Waffengeneration nicht nur massenhaft in Serie produzieren konnte, sondern auch Kapazitäten für Entwicklungen schaffte.[98] Seit 1958 wurde zudem neben dem MG und dem auf den Konstruktionen Großfuß' beruhenden Sturmgewehr G 3 auch eine Maschinenkanone bei Rheinmetall produziert. Allerdings war dies

95 Wollert/Lidschun u. a.: Schützenwaffen heute, Bd. 1, S. 155. Das Handbuch schreibt dazu: „Um die immer noch geführten Maschinengewehre aus dem Zweiten Weltkrieg von denen der Nachkriegsproduktion besser unterscheiden zu können, wurden alle Waffen dieses Modells mit 7,62 mm Kaliber als MG 1A1 bezeichnet. Nach Aussonderung der alten Bestände gab man dann den Maschinengewehren mit NATO-Kaliber offiziell den Namen MG 2, benutzte jedoch – das hatte sich eingebürgert – inoffiziell auch weiterhin die alte Bezeichnung MG 1. Exakt muß allerdings zwischen den Versionen MG 1A1, MG 1 A2 und MG 1 A3 unterschieden werden: Die erstgenannte Version war lediglich für die Verwendung von 50-Schuß-Munitionsgurten des Typs DM 1 aus der BRD vorgesehen. Für Waffen der Version MG 1 A2 konnte man außerdem auch Gurte des US-amerikanischen Typs M 13 benutzen. Maschinengewehre der Version MG 1 A3 dagegen sind geringfügig modifiziert worden: Die Laufmündung wurde anders gestaltet." Leitzbach berichtet dagegen von der Fortentwicklung des MG 1 A3 zum MG 1 A6, welches dann seit Oktober 1966 in MG 3 umbenannt worden sei. Leitzbach: Rheinmetall. Vom Reiz, Bd. 2, S. 533.

96 O.V.: Rheinmetall – Vom MG bis zur Haubitze (Wehrtechnik 12/1975), S. 693.

97 Leitzbach: Rheinmetall. Vom Reiz, Bd. 2, S. 554.

98 Bau von Lafetten; Auftragserteilung durch BWB, Verhandlungen mit dem BWB, Lafette, Einbau in Panzerjäger, Schriftwechsel u. a., 14.5.1957–19.12.1957; Lafettenentwicklung, Zubehörteile, 21.1. 1958–18.6.1958 sowie MG 42/59, Anschlußaufträge, Exportaufträge, Munition, Zubehör, großer Umbau, geänderte Kadenz, Ersatzteile, 26.1.1959–11.12.1959, in: Rheinmetall-Archiv Bestand 5130 Rheinmetall GmbH, MG 42 Nr. 6 und 34. Siehe auch Rheinmetall-Archiv Bestand B 51 Wehrtechnik, Nr. 128, Verhandlungen mit dem BMVg und AWB, 1958.

zunächst noch eine Lizenzproduktion der Hispano Suiza, die HS 820. Die Entwicklungskapazitäten scheinen allerdings schrittweise ausgebaut worden zu sein, denn bereits in den 1960er Jahren wurde diese in Lizenz gebaute Waffe von Rheinmetall an die USA als M 139 ausgeliefert und dort massenhaft bei der *US Army* eingeführt.[99]

Dass in Rheinmetall-Publikationen davon berichtet wird, dass erst 1964 der Wiedereinstieg in das frühere Kerngeschäft gelang, d. h. in die Produktion von Geschützrohren, Lafetten und entsprechender Munition, liegt möglicherweise auch an der übermäßigen Auslastung der Produktionsanlagen mit leichteren Waffen bis zu diesem Zeitpunkt. Erst danach konnte auch die Fertigung schwerer Waffen, also von Geschützrohren und Lafetten, in das Produktionsprogramm der Rheinmetall GmbH aufgenommen werden. Sie war aber schon Mitte der 1950er Jahre geplant. Das Unternehmen begann mit der Ausstattung von Panzern und Artilleriegeschützen und entwickelte in Düsseldorf eine Jagdpanzer-Kanone, einen Standard-Panzerturm und eine Panzer-Haubitze.[100] Eine alternative Erklärung für die Jahresangabe 1964 bietet sich mit dem intern geäußerten Protest der Unternehmer gegen die schlechte Auslastung und Kontinuität der Vergabe durch das BMVg an. Zurück ging der Unmut auf die schon dargestellten erst stagnierenden und dann im Vergleich zum „Erstausstattungsboom“ der 1950er Jahre sinkenden Ausgaben für die materielle Rüstung, gegen den sich Einzelunternehmer und der BDI wehrten.[101] Dieser Protest äußerte sich auch in einer Eingabe der Rheinmetall GmbH, die sich über verschiedene Mängel im Umgang des BMVg mit Lieferanten beklagte und Verbesserungen offensiv einforderte.[102] Das Unternehmen betonte, dass es von Seiten des Bundes dazu gebracht worden sei, die „Fertigung von konventionellen Waffen aufzunehmen“, obwohl dies in der Industrie insgesamt „wenig Anklang“ gefunden habe: „auch Interessenten für Rheinmetall hatten sich aus diesem Grunde zurückgezogen.“[103] Seit der Übernahme bis in das Jahr 1964 habe Röchling großzügige Erweiterungen der Produktionsanlagen vorgenommen und „über 100 Millionen DM bei Rheinmetall investiert, von denen bisher durch Abschreibungen nur die knappe Hälfte finanziert werden konnte“. Diese

99 Ebenda und o.V.: Rheinmetall – Vom MG bis zur Haubitze, S. 693. Ausführlich zu den Problemen des amerikanischen Geschäftes Leitzbach: Rheinmetall. Vom Reiz, Bd. 2, S. 575 ff. und 620–626.

100 100 Jahre Rheinmetall, S. 49 f. und Leitzbach: Das Archiv der Rheinmetall AG, S. 58.

101 Siehe Front der Unternehmer gegen die Willkür der Behörden und das BMVg, Schriftwechsel, Caesar, Guth, Ernst Röchling 1963; Etatschwierigkeiten des BMVg nach dem 13. August 1961 und die Auswirkungen auf die Auftragsvergabe des Beschaffungsamtes an die deutsche Industrie, Schreiben an BDI 1963; Wehrwirtschaftliche Planungen, Inanspruchnahme der Rheinmetall GmbH zur logistischen Unterstützung der Streitkräfte in Spannungszeiten 1964, in: Rheinmetall-Archiv Bestand B 51 Nr. 77.

102 Rheinmetall-Archiv Bestand B 51/81: Wehrtechnik: Memorandum.

103 Ebenda, siehe auch oben. Das Unternehmen betonte auch, es sei „ganz überwiegend mit der Entwicklung, der Konstruktion und der Fertigung von Waffen und Munition beschäftigt. Die zivile Fertigung macht nur einen bescheidenen Teil der Umsätze des Werkes aus.“

umfangreichen Mittel seien geflossen zur „Fertigung des Maschinengewehres, der Aufnahme der teilweise durch die gleichen Patente geschützten Produktion des Sturmgewehres G 3, der Herstellung der 20 mm Maschinenkanone MK 1, die erst durch erhebliche Konstruktionsarbeiten serienreif gemacht wurde, der zur Maschinenkanone gehörenden und von Rheinmetall weiterentwickelten 20 mm Munition sowie für die Einrichtung der später folgenden Werkstätten für den Kanonenbau, den Bau von Panzertürmen und den Bau von Lafetten und schließlich für die Einrichtung der Entwicklungsabteilungen mit dazugehörendem Versuchsbetrieb und der Wiederherrichtung des firmeneigenen Schießplatzes“.[104] Zwar seien Anlagen nur in notwendigem Maße errichtet und Unteraufträge auf Wunsch des Bundes an andere Lieferanten vergeben worden, es seien aber „in der Entwicklungsabteilung auf dem Rüstungssektor (...) zur Zeit 170 Wissenschaftler und Konstrukteure sowie über 300 technische Spezialisten und Fachkräfte beschäftigt. Mehr als 40 Millionen DM Kapital sind zur Durchführung allein der Entwicklungsaufgaben ständig gebunden“. Nicht nur auf diese enorme Expansion wurde verwiesen, sondern insbesondere Verluste betont. Denn obwohl das Unternehmen neben der Fortentwicklung des MG 42 und G 3 eine Reihe von weiteren Konstruktionsaufgaben übernommen habe, u. a. den Turm des LEOPARD 1 entwickelt, die 90 mm Panzerabwehrkanone und andere leichte und schwere Waffen konstruiert habe, mache die Entwicklungsabteilung jährlich einen Verlust von 400.000,- DM, weil keine kontinuierlichen Aufträge eingingen und damit Rationalisierungen unterbleiben müssten, das Unternehmen durch Verhandlungen mit der Konkurrenz zu Dumping-Preisen gezwungen werde und einige Neukonstruktionen dem zweijährigen Auftragsstopp seit 1963 „zum Opfer gefallen“ seien.[105] Dies sei auch der Grund dafür, dass sich das Unternehmen trotz der Versprechungen auf zusätzliche Aufträge für schwere Geräte (Kanonenjagdpanzer, Standardpanzer und M 109) beschwerte, „daß weitere die Rendite beeinträchtigende Wünsche des nahezu monopolistischen Auftraggebers nicht einfach hingenommen werden können. Eine solche Maßnahme stellt die Absicht des Verteidigungsministeriums dar, eine zweite Fertigungsstätte für das MG 1 in der Bundesrepublik einzurichten, und zwar ungeachtet der ohnehin nur noch bescheidenen künftigen Aufträge auf MGs, die – auch wenn sie ausschließlich von Rheinmetall gefertigt würden – zu keiner vollen Auslastung des MG-Betriebes führen würden.“[106]

Trotz der unmissverständlich vorgebrachten Warnung vor dem Ins-Spiel-Bringen von Konkurrenz durch den Nachfrager Staat in Form des BMVg und BWB war Rheinmetall für die schweren Waffen und die entsprechende Munition häufig direkter Lieferant oder Auftragnehmer anderer Rüstungsunternehmen wie Krauss-Maffei, die die Generalunternehmerschaft erhielten. Aber sowohl Maschinenkanonen als auch

104 Ebenda, Bl. 2 f.
105 Ebenda, Bl. 4 f.
106 Rheinmetall-Archiv Bestand B 51/81: Wehrtechnik, Memorandum, Bl. 5.

Panzerhaubitzen wurden bei Rheinmetall wieder hergestellt oder kampfwertgesteigert, entweder für die Bundeswehr, andere NATO-Staaten und schnell auch für den Export.[107] Ab 1956 verhandelte das Unternehmen nicht nur über automatische Waffen, sondern auch über die Lieferung von Flak und Panzer-Waffenanlagen mit dem Bund.[108] Seit den 1960er Jahren war die selbst weiterentwickelte Maschinenkanone Rh MK 20 (bzw. intern Rh 202 genannt) internationaler Standard im Waffengeschäft und wurde auch an die US-Truppen verkauft. Bei den Feld- und Panzerhaubitzen wurden bis in die 1970er Jahre v. a. technische Verbesserungen an der Bewaffnung (Leistungs- oder Kampfwertsteigerungen) durchgeführt.[109] Dies zeigt, dass bezüglich der Produktpolitik bewusst entschieden worden war, die Fertigung von leichten Kriegswaffen auf schwerere Kaliber auszuweiten und damit Synergieeffekte und eine Absatzstabilisierung zu erreichen. In der Distributionspolitik entschied die Unternehmensleitung von Rheinmetall klar für eine Expansion in den Exportbereich. Doch wie gingen die Verantwortlichen dabei mit der Problematik der rechtlichen Barrieren um? Gab es Alternativen und wurden diese bewusst gesucht?

3.1.3 Export oder frühe Produktdiversifizierung (1958–1966)?

Zum Wiederaufbau der Rüstungsproduktion trat ab 1958 eine weitere Sparte hinzu: Rheinmetall expandierte in neue Bereiche des zivilen Maschinenbaus. Dabei wurden Synergieeffekte zur militärischen Produktion bewusst gesucht. Dies war eine relativ frühe Diversifizierung, während andere Rüstungsproduzenten noch weitgehend monostrukturell fertigten.[110] Ab 1958 wurden dazu von Rheinmetall mehrere kleine Unternehmen erworben, v. a. im Bereich des Spezialmaschinenbaus.[111] Ursächlich dafür war neben den erzielten Gewinnen auch die spezifische Marktstruktur. Für Rüstungsunternehmen mit Absatzproblemen bieten sich hauptsächlich zwei Strategien an, dem Nachfragemonopol des eigenen Staates zu begegnen: Erschließung neuer Märkte durch Export oder organisatorische Anpassungen zur Absatzausweitung und Kosteneinsparung, z. B. in Form von Vertikalisierung oder Diversifizierung.[112]

Insbesondere das modifizierte MG 42 war im Export und für die Lizenzfertigung in Krisen- und Kriegsgebieten überaus gefragt. In der waffentechnischen Literatur

107 Vgl. Leitzbach: Rheinmetall. Vom Reiz, Bd. 2, S. 622 ff.

108 Ebenda, S. 575.

109 O.V.: Rheinmetall – Vom MG bis zur Haubitze, S. 693 f.

110 Siehe z. B. Kim Christian Priemel: Flick. Eine Konzerngeschichte vom Kaiserreich bis zur Bundesrepublik, Göttingen 2007; Ders.: Industrieunternehmen, Strukturwandel und Rezession. Die Krise des Flick-Konzerns in den siebziger Jahren, in: VfZ 57 (2009), S. 1–34.

111 100 Jahre Rheinmetall, S. 49 f. und Leitzbach: Das Archiv der Rheinmetall AG, S. 58.

112 Vgl. Kollmer: Rüstungsgüterbeschaffung; Abelshauser: Wirtschaft und Rüstung.

wird berichtet, dass die Waffe ab den 1950er Jahren international insgesamt stark nachgefragt wurde und zwar nicht nur in NATO-Ländern wie Dänemark, Norwegen, Italien, Österreich und Spanien. Sie wurde wohl auch nach Chile, Nigeria, in den Iran, Sudan, nach Pakistan, Saudi-Arabien, die Türkei und Portugal exportiert. Von der Rheinmetall GmbH lizenziert soll sie in Griechenland, Italien, Portugal, Spanien und Pakistan produziert worden sein.[113] Bestätigt werden kann zumindest die Annahme, dass schon in den 1950er Jahren erste Exporte erfolgten, denn staatliche Genehmigungen dazu wurden Rheinmetall schon 1957 erteilt.[114] Zudem berichtet Leitzbach in seiner Unternehmenschronik über den frühen Verkauf Ende der 1950er Jahre an Dänemark und Norwegen, etwas später an die Niederlande, Italien, Burma und Pakistan, letzteres im Rahmen deutscher Militärhilfe. Über die „bundeseigene Exportberatungsfirma Fritz Werner“ wurde auch ab 1966 die Lizenzproduktion im Iran abgewickelt, später folgten Verkäufe an den Sudan, Chile, während Absatzverhandlungen mit Nigeria, Jordanien, dem Libanon, Kolumbien, Malaysia, Mexiko, Brasilien, Argentinien, Saudi-Arabien und Kuwait anscheinend nicht so erfolgreich waren.[115]

Lizenzen wurden u. a. 1960 an italienische Produzenten verkauft, die das Gewehr somit in Italien ohne Bindung an AWG, KWKG und andere rechtliche Barrieren produzieren konnten.[116] Eine US-Anfrage erfolgte 1961, die chilenische Polizei und die norwegischen Armee fragten schon 1956. In Portugal fand ein Versuchsschießen mit der Waffe im Jahre 1964 statt, wo bis 1967 eine MG-Produktionsstätte in Oeiras geplant wurde, letztlich aber auf den Bau wegen mangelnder Aufträge Portugals bzw. der Entscheidung der Portugiesen zugunsten des Konkurrenten HEKO und dessen MG HK 21 verzichtet wurde.[117]

Im Jahr 1967 exportierte Rheinmetall nach eigenen Angaben in verschiedene NATO-Länder und an andere Interessenten. An Belgien wurden beispielsweise sowohl MG 42 (650 MG 1 A 3 mit Ersatzrohr) als auch Sturmgewehr G 3 (5.000 Stück) geliefert (Gesamtwert DM 3,41 Mio.). Dänemark erhielt Ersatzteile für

---

113 Wollert/Lidschun u. a.: Schützenwaffen heute, Bd. 1, S. 155.

114 Exportgenehmigungen, Schreiben, 13.3.1957, in: Rheinmetall-Archiv Bestand 5130 Rheinmetall GmbH, MG 42 Nr. 6.

115 Leitzbach: Rheinmetall. Vom Reiz, Bd. 2, S. 614–618.

116 Lizenzvertrag MG 42/59 zwischen Rheinmetall GmbH und der Sviluppe Applicasiani Brevetti Armi, Turin, über das ausschließliche Herstellungsrecht des MG 42/59, Konstruktion Rheinmetall, in und für Italien durch SABA, 1.7.1960, mit Begleitschreiben, 1.7.1960, in: Rheinmetall-Archiv Bestand 5130 Rheinmetall GmbH, MG 42 Nr. 30. Vgl. Rheinmetall-Archiv Bestand B 520 Nr. 76 (Findbucheinsicht) und o.V.: Rheinmetall – Vom MG bis zur Haubitze, S. 693.

117 Rheinmetall-Archiv Bestand 5130 Rheinmetall GmbH, MG 42 Nr. 4, 5, 34, 35 und 40. Siehe auch Errichtung einer MG-Fertigung bei der Fabrik Fundiçao e Construçao Mecanicas Sarl, Oeiras, in: Rheinmetall-Archiv Bestand 5130 Rheinmetall GmbH, Nr. 39, MG1 A3 – Errichtung einer 2. Fertigungsstätte, Schriftwechsel, Aktennotizen, Besuch-, Besprechungs- und Erprobungsberichte, Vertragsentwürfe, Vertragsunterlagen, 25.11.1964–28.11.1967. Vgl. Leitzbach: Rheinmetall. Vom Reiz, Bd. 2, S. 552f.

das MG, und man verhandelte ebenso wie mit Holland über die 155 mm Panzerhaubitze M 109 (Wert: TDM 124 für DK und TDM 89 für NL). An Italien lieferte Rheinmetall trotz Lizenzauftrag noch MG-Ersatzteile (rd. TDM 718) und verhandelte über 15.000 MG-Rohre (Wert: rd. DM 3 Mio.). Das norwegische Verteidigungsministerium verhandelte über das BWB mit Rheinmetall einen Vertrag über die Lieferung von 5.000 MG mit Ersatzrohr und Verschluss (Wert: DM 7,5 Mio.). Auch an die USA wurden große Mengen an Waffen und Munition geliefert, obgleich ein Vertrag 1967 um rd. DM 1,8 Mio. (für Ersatzteile) auf DM 20 Mio. gekürzt wurde. Eine weitere Vorauszahlung im Umfang von DM 34,7 Mio. sollte im November 1967 bzw. März 1968 erfolgen. Portugal erhielt ebenfalls Zubehör wie Dreibeinlafetten (224 Stück im Werte von TDM 330). Mit dem Iran und der Türkei sollten Lizenzverträge zum Nachbau in beiden Ländern geschlossen werden, an denen auch andere deutsche Unternehmen und der Bund beteiligt waren.[118] Die Einrichtung der Lizenzproduktion zog sich allerdings über Jahre hin. Denn erst 1970 konnten der Iran und Pakistan mit den Lizenzfertigungen des MG 3 beginnen, während die Türkei noch über Zusatzeinrichtungen und weitere deutsche Militärhilfe verhandelte.[119] Den meisten Exporten und Lizenzproduktionen gingen aber eingehende Verhandlungen mit dem BMVg voraus, das somit informiert gehalten wurde.[120] Dies hing auch mit Konflikten der deutschen Waffenhersteller untereinander zusammen, die teils von staatlichen Stellen genutzt wurden, um die Konkurrenten gegeneinander auszuspielen. Ein gutes Fallbeispiel dafür ist das Standardgewehr der Bundeswehr.

118 Bericht zum 30.9.1967, Rheinmetall GmbH, Herrn Dr. Schwarting, Auftrags- und Umsatzentwicklung, Bl. 7–10, in: Rheinmetall-Archiv Bestand 505 Aufsichtsrat Rheinmetall GmbH Nr. 13. An Burma sollten 1.200 MG und G 3-Sonderbetriebsmittel (Wert: ca. DM 2,5 Mio.) geliefert werden, über die 1967/68 entschieden wurde. Zuvor waren schon diverse MG- und G 3-Teile (TDM 95) beauftragt. Chile erhielt 700 MG mit Zubehör, Ersatzteilen und 100 Dreibeinlafetten (Wert: DM 3,2 Mio.) sowie weitere MG-Ersatzteile (TDM 92). An den Iran vergab Rheinmetall Lizenzen für den Nachbau und das Know-how für das MG 1 A 3 (Netto-Wert: DM 2 Mio.), was die bundeseigene Firma Fritz Werner GmbH abwickelte. Außerdem sollten noch Sonderbetriebsmittel (Wert: ca. DM 1 Mio.) gestellt werden. Dagegen bekam Nigeria 160 MG 1 A 3 mit Ersatzrohren, Ersatzteilen und Lehren (113.000 DM). Pakistan erwarb Schmiedeteile (Wert: TDM 380) und Betriebsmittel für das MG 1 A 3 (Wert: TDM 975), die zu einem Gesamtauftrag von ca. DM 12,8 Mio. gehörten. Eine größere Lieferung an MG wollte Spanien noch 1967/68 erwerben (2.000 MG mit Ersatzteilen, Gesamtwert: ca. DM 7,7 Mio.). Der Sudan erhielt auf einen Auftrag aus dem Jahr 1966 insgesamt über 5.000 G 3 (Wert ca. 2.7 Mio. DM) sowie 500 MG mit Ersatzteilen (Wert: rd. DM 1,1 Mio.). Auch die Türkei erhielt wie Pakistan einen Lizenzvertrag für Nachbau und Konstruktions-Know-how des MG 1 A 3 (Wert DM 2 Mio.), der verbunden war mit der Lieferung von 1.360 MG. Siehe dazu auch weniger detailliert und ohne Quellenangabe Leitzbach: Rheinmetall. Vom Reiz, Bd. 2, S. 613 ff.

119 Bericht der Geschäftsführung über die Geschäfts- und Finanzlage der Gesellschaft unter Vorlage der Monatsbilanz zum 30. 9. 1970, Bl. 4 f., in: Rheinmetall-Archiv Bestand 505 Aufsichtsrat Rheinmetall GmbH Nr. 13.

120 Rheinmetall-Archiv Bestand 5130 Rheinmetall GmbH, MG 42 Nr. 43.

Da dies einer der ersten Großaufträge der Bundeswehr für das Heer war, konkurrierten die beiden Oberndorfer Rivalen HEKO und Mauser ab den frühen 1950er Jahren heftig miteinander, später trat noch die Rheinmetall-Borsig AG mit Patentansprüchen auf den Plan. Die Waffe resultierte wie das MG 42 noch aus einer Entwicklung während des Zweiten Weltkriegs. Dieses Sturmgewehr G 3 war von den Mauser-Werken und der Erprobungsstelle Heer in Kummersdorf entwickelt und bereits erprobt worden. Es sollte während des Krieges aber nicht mehr in Serienproduktion gehen.[121] Mit dem Zuschlag an HEKO für die Ausstattung der neuen Bundeswehr mit dem Gewehr im Januar 1956 unterlagen die Mauser-Werke der stadtinternen Konkurrenz, was vor allem an knappen Produktionskapazitäten und unklaren Patentrechten auf Seiten Mausers lag. Zudem hatten Heckler und Seidel schon seit 1953 mit deutschen ausgewanderten Mauser-Entwicklern in Spanien kooperiert, die eine Vorversion des G3, das sog. CETME-Gewehr, entwickelt hatten. Materiallieferungen für das in Spanien produzierte Gewehr erfolgten mindestens seit 1957 auch von der Württembergischen Maschinenfabrik WMF, die später von der Rheinmetall Berlin AG übernommen werden sollte.[122] Dabei verfolgten HEKO das Ziel, die Konzeption dieses CETME-Gewehrs auf eine neue Maschinenpistole anzuwenden. Zunächst wurde aber 1958 die eigene Serienfertigung des G3-Gewehrs aufgenommen, wozu die IWKA später die von der niederländischen de Kruithoorn S. A. gehaltenen weltweiten Lizenzen aufkauften und an den Bund abtraten.[123]

Das CETME (Centro des Estudios Técnicos Materiales Especiales) als spanische Entwicklungsinstitution, die im Auftrag des faschistischen Generals Franco in den 1950er Jahren an neuen Waffen arbeitete, hatte sich vom deutschen Ingenieur Werner Heynen, dem früheren Generaldirektor der Gustloff-Werke und Vorsitzender des Hauptausschusses „Automatische Waffen" unter Speer, schon 1949 eine erste Entwickler-Gruppe für ein Sturmgewehr zusammenstellen lassen. Später sollte noch ein zweites Team folgen. An der Entwicklung des halbstarren Rollenverschlusses war zuerst der ehemalige Mauser-Entwickler Ludwig Vorgrimmler maßgeblich beteiligt. Prototypen wurden 1951 und 1952 zunächst Franco und dem US-Botschafter vorgeführt; offizielle Kontakte zum deutschen Grenzschutz, der Verbindungsstelle im Wirtschaftsministerium und der Dienststelle Blank erfolgten erst Ende April 1953. Leitzbach berichtet zudem von einer Beteiligung des ehemaligen Rheinmetall-Metall-Ingenieurs Hartmut Menneking, der für automatische Bordwaffen in Flugzeugen spezialisiert war, an der zweiten Gruppe.[124]

---

121 Leitzbach: Rheinmetall. Vom Reiz, Bd. 2, S. 554 f.

122 Schreiben über von WMF hergestelltes Material für Cetme-Gewehr, 14.2.1957, in: Rheinmetall-Archiv Bestand B 5130 MG 42, Nr. 6.

123 Kersten/Schmid: HK, S. 23 f. und 136 ff.; Seel: Mauser, S. 129 f.

124 Vgl. ebenda; Kersten/Schmidt: HK, S. 370; Leitzbach: Rheinmetall: Vom Reiz, Bd. 2, S. 554 f. und Jan-Philipp Weisswange: Handwaffen und Panzerabwehrhandwaffen der Bundeswehr. Geschichte, Taktik, Technik, Hamburg 2011, S. 38 f.

Von den Entwicklungen in Spanien durchaus angetan, versuchte der Bund seit 1953 mit der CETME über Lizenzen zu verhandeln, die allerdings bereits mit HEKO vor Vertragsabschluss standen. Daher verliefen auch die späteren Verhandlungen von Rheinmetall bzw. Röchling mit der CETME im Jahr 1955 im Sande, obwohl sie auf Synergieeffekte in der Produktion, die parallel zum MG eingerichtet werden könne, verwiesen.[125] Zudem konnte Rheinmetall ebenfalls auf eine eigene Vorkriegsentwicklung in Kooperation mit Krieghoff in Suhl zurückblicken, bei der die Erprobung bis 1943 angedauert hatte. Danach forderte das Heereswaffenamt für die deutsche Infanterie die Massenproduktion des sog. Sturmgewehrs 44. Kurz vor Ende des Krieges zum leichteren STUGEW 45 (M) weiterentwickelt, bildete es zusammen mit der Konstruktion von 1944 die Grundlage für „alle weiteren Sturmgewehre wie AK's, M-16, CETME und das STUG 57".[126] Eine Rolle spielten allerdings wiederum die Patente von Großfuß, die als Komponenten in die Konstruktion des G 3 eingingen und die sich Rheinmetall für alle Waffengattungen gesichert hatte. Dies erklärt auch das anhaltende Verhandeln von Rheinmetall mit dem Bund, der schon früh einen Erstauftrag an HEKO über 5.000 Gewehre zur Truppenerprobung vergab. Diese sollten vergleichend zu den Gewehren der Fabrique Nationale (FN) in Herstal (Belgien) erprobt werden. Der belgische Primus im Schusswaffenbereich, bis 1945 Tochter des Quandt-Unternehmens Deutsche Waffen- und Munitionsfabrik (DWM), stellte mit verschiedenen Mauser-Patenten sowohl für HEKO als auch für Rheinmetall eine ernstzunehmende Konkurrenz dar und lieferte einen Teil der Erstausstattung der Bundeswehr.[127] Da nun HEKO als noch junges Unternehmen nicht über genügend Kapital und Produktionskapazitäten für die schnelle Massenproduktion von etwa 100.000 Gewehren verfügte, verhandelte Heckler mit Rheinmetall und Röchling. Sie konnten einen Kredit über die Röchling-Bank verschaffen und Kapazitäten in Düsseldorf in Aussicht stellen. Nachdem HEKO aber 1956 den Nullserienauftrag erhalten hatte, plante das Unternehmen ohne die Düsseldorfer weiter. Jahrelange Patentauseinandersetzungen mit der Rheinmetall GmbH, die auf einer Beteiligung an der Serienproduktion bestand, waren die Folge.[128]

Zunächst versuchten die Beschaffungsstellen beide Unternehmen zu einer Einigung zu bewegen, indem sie die belgische Konkurrenzwaffe als Druckmittel ins Spiel brachten. Doch die Waffe der FN erwies sich letztlich laut Leitzbach als zu teuer und zu schwer. Erst 1959 entschied der Bund endgültig, das nun als G 3 bezeichnete Gewehr als Ordonnanzwaffe der Bundeswehr einzuführen, einen Produktionsauftrag über 150.000 Stück an Rheinmetall zu vergeben, dabei aber HEKO als Generalunternehmer zu verpflichten. Die als salomonisch gedachte Lösung zeigte

125 Leitzbach: Rheinmetall. Vom Reiz, Bd. 2, S. 555.

126 N.C.v.C.: Rasante Entwicklung, S. 20.

127 Auguste Francotte/Claude Gaier/Robert Karlshausen: Ars Mechanica. Le grand livre de la FN, une aventure industrielle extraordinaire, Herstal 2008, S. 247 ff.

128 Kersten/Schmid: HK, S. 24 und Leitzbach: Rheinmetall. Vom Reiz, Bd. 2, S. 556.

sich in der Folge aber eher als Rohrkrepierer denn als Erfolgsmodell. Da die Oberndorfer die Hoheit über Konstruktion und Zeichnungssätze besaßen, die sie nach Gutdünken an Rheinmetall als Hauptproduzenten und die Unterauftragnehmer ausliefern konnten, kam es in der Folgezeit immer wieder zu Konflikten der Beteiligten. Zudem hatte der Bund ein zusätzliches Prinzipal-Agenten-Problem geschaffen, denn die Verantwortung für die massiven Produktions- und Lieferverspätungen, die auch aus Abstimmungsmängeln der Rheinmetall-Abteilungen untereinander resultierten, konnte während der Serienproduktion wiederholt auf die Konkurrenz geschoben werden. Der Ende 1958 vergebene Auftrag war auf diese Weise bis Ende 1966 mit unter 10.000 Gewehren nur zu etwa 6 % ausgeführt. Rheinmetall zahlte Vertragsstrafen für diese Verspätungen wie bei anderen Projekten bereits ab 1964 an den Bund. Doch durch den vorgezogenen Export des G 3 nach Indonesien konnte es diese Kosten anscheinend verschmerzen. Leitzbach bestätigt diese Annahme: „Die Verluste, die Rheinmetall 1960 mit dem Bundeswehrauftrag einfuhr, konnten durch den ‚preislich bedeutend günstigeren Indonesienauftrag' ausgeglichen werden. ‚Daher konnte der gesamte bisherige Umsatz dieser Sparte ohne Verluste abgerechnet werden.“[129] Eine Reihe von weiteren Exporten des Gewehrs, auch unter Beteiligung der bundeseigenen Fritz Werner GmbH, nach Dänemark, Pakistan, Paraguay, Mexiko und Brasilien folgte. Dabei kamen sich die beiden Hauptkonkurrenten immer wieder in die Quere, so dass das BMVg schlichten musste.[130] Hier wird auch schlaglichtartig deutlich, dass die deutsche Rüstungsindustrie an den Konflikten im Dekolonisierungsprozess in Südamerika und Asien, aber auch der am Kalten Krieg indirekt beteiligten Länder wie Indonesien profitierte.[131] Möglicherweise erklärt die Konkurrenz mit Rheinmetall um die Sturmgewehr-Aufträge auch, warum nicht nur der Düsseldorfer Rüstungskonzern, sondern auch der Oberndorfer Mittelständler an den Exporten nach Portugal beteiligt wurde. So wurde ab Mitte der 1960er Jahre nicht nur das G 3, sondern auch ein Maschinengewehr, das MG HK 21, von HEKO genau wie das Rheinmetall-MG nach Portugal exportiert.[132]

Der Verkauf von Waffen an andere Staaten bzw. deren Regierungen oder militärische Dienststellen barg allerdings nicht nur Probleme und Risiken. Wie Abelshauser festgestellt hat, ist ein „Kern des Beschaffungsproblems“, dass „die meisten Rüstungsgüter (...) nicht auf Märkten angeboten [wurden], so daß zuverlässige Anhaltspunkte für die Preisbildung fehlten. Der Preis vieler Rüstungsgüter, insbesondere der im Ausland beschafften, war nicht zuletzt auch ein politischer und das Beschaffungswesen

129 Leitzbach: Rheinmetall. Vom Reiz, Bd. 2, S. 556–561, Zitat S. 557.

130 Ebenda, S. 561.

131 Vgl. Christian Kleinschmidt/Dieter Ziegler (Hg.): Dekolonisierungsgewinner. Deutsche Außenpolitik und Außenwirtschaftsbeziehungen im Zeitalter des Kalten Krieges, Berlin 2018.

132 Siehe Rheinmetall-Archiv Bestand 5131 Rheinmetall GmbH, Nr. 39, MG1 A3 – Errichtung einer 2. Fertigungsstätte, Schriftwechsel, Aktennotizen, Besuch-, Besprechungs- und Erprobungsberichte, Vertragsentwürfe, Vertragsunterlagen, 25.11.1964–28.11.1967.

insoweit Instrument der auswärtigen Politik.“[133] Verschiedene Möglichkeiten des Exports wurden zwar genutzt, allerdings waren hier durch Besatzungsrecht, Politik und die deutsche Gesetzgebung zunächst enge Grenzen gesetzt. Anders sah es dagegen bei der Preisgestaltung aus. Konnten schon im Inland in der Regel recht hohe Preise verlangt werden, so galt dies wie vor 1945 umso mehr für die nachfragestarken Auslandsmärkte in Krisengebieten. Die Preisbildung war eben nicht nur eine politische, sondern auch stark nachfragegesteuert, d. h. in Kriegs- und Krisengebieten werden Preise eine geringere Bedeutung als die unverzügliche Lieferung gespielt haben. Dies erklärt auch, dass Rheinmetall-Chronist Leitzbach für die frühe Waffenproduktion des Unternehmens in der Nachkriegszeit diagnostizieren konnte: „An der Situation, dass Exportgewinne die Inlandsverluste aufwiegen mussten, sollte sich auch in den kommenden Jahren nichts ändern.“[134] Zudem konnten für den Export bereits durch den deutschen Staat als Nachfrager bezahlte Entwicklungs- und Produktionsanlagen weiter genutzt werden. Ein SPIEGEL-Artikel berichtete in den frühen 1970er Jahren über die Probleme der Behörden bei Preisprüfungen, die teils über Jahrzehnte andauerten. Gemeinkosten, d. h. allgemeine Verwaltungskosten der Hersteller, Spesen und Spenden seien in ihrer Höhe von den Beschaffungsämtern kaum nachprüfbar. Da die Bundeswehr schon seit der Wiederaufrüstung mit Preisgleitklauseln gearbeitet hatte, war „das Geschäft (...) mündelsicher“, wie ein Panzergetriebe-Hersteller sich dem SPIEGEL gegenüber erfreut zeigte. Bei den Gleitpreisen zahlte die Bundeswehr nach der Bundespreis-Verordnung VOPR 30/53 sämtliche tatsächlich entstandenen Kosten, die das Unternehmen nachwies, zuzüglich eines Gewinnaufschlags von drei bis fünf Prozent. Kaum verwunderlich, dass der SPIEGEL kritisch bemerkte: „Das westdeutsche Rüstungsgeschäft erweist sich somit von Verlustrisiken befreit und von Preisprüfungen wenig berührt.“ Zudem kamen noch Forschungs- und Entwicklungsgelder hinzu, die zwar für militärische Zwecke angefordert, aber auch für zivile Projekte genutzt werden konnten.[135]

Weitere Möglichkeiten, Gewinne zu steigern, aber auch eine größere Unabhängigkeit vom Nachfragemonopol des Staates zu erreichen, eröffnete die Strategie der Diversifizierung. Insbesondere nach dem Ende der expansiven Erstausstattungsphase oder bei anderen Rückgängen der Waffennachfrage bot der Einstieg in neue Geschäftsfelder gute Möglichkeiten, die Monostruktur wehrtechnischer Produktion zu überwinden. Zudem war Diversifizierung mit weiteren Unternehmenszielen, wie z. B. Skalenvorteile zu erzielen, Synergien zu nutzen und damit Wachstum zu steigern, gut zu verknüpfen. Die Rheinmetall Berlin AG setzte nach dem Zweiten Weltkrieg früh auf ein solches Konzept, obwohl Rheinmetall-Archivar Leitzbach berichtet, dass innerhalb der Familiengemeinschaft Röchling als Mehrheitseigner dazu durchaus unterschiedliche Positionen

---

133 Abelshauser: Wirtschaft und Rüstung, S. 169.

134 Leitzbach: Rheinmetall. Vom Reiz, Bd. 2, S. 556 f., Zitat S. 557.

135 O.V.: SPIEGEL-Titel Rüstung: „Da tummelt sich die Elite“, Der SPIEGEL Nr. 28 (1972), S. 30–49, hier S. 46 f.

vorhanden gewesen seien.[136] In den 1980er Jahren stellte der Geschäftsführer der Rheinmetall GmbH in einem Interview deutlich klar, „die grundsätzliche Zielsetzung der Diversifikation geht in die 60er Jahre zurück, als man versuchte, die Abhängigkeit von der Wehrtechnik durch den Kauf kleinerer mittelständischer Maschinenbau-Firmen der Umformtechnik zu reduzieren."[137] Jedenfalls stimmten die Röchlings als Großaktionär der zivilen Diversifizierung zu, die durchaus breiter angelegt war. Denn ab 1958 wurden in schneller Folge mit den sprudelnden Rüstungsumsätzen mehrere Unternehmen des Maschinenbaus, auch außerhalb der Umformtechnik erworben. Sie waren durchaus geeignet, die eigene zivile Fertigung, v. a. die Kleinserien im Fahrzeugbau und Zulieferbereich, zu arrondieren und ließen sich bei Bedarf meist zügig auf militärische Produktion umstellen, waren also *dual-use*-fähig.

Eine weitere Alternative stellte die Gründung neuer Gesellschaften gemeinsam mit anderen Firmen oder der Kauf von Anteilen an Unternehmen dar. Auch auf diese Strategieoption wurde bei Rheinmetall schon ab 1958 gesetzt: zunächst wurde, wohl auch wegen des Namens, der Getränkeautomaten-Hersteller Tornado GmbH und dann die Tornado GmbH & Co. in Lintorf bei Düsseldorf bis 1960 komplett gekauft. Danach folgte ein mittelständischer Hersteller von Verpackungsmaschinen, die offene Handelsgesellschaft Benz & Hilgers Düsseldorf bzw. die umfirmierte Benz & Hilgers GmbH 1962. Zwei Jahre später kam noch die Rheinmetall Schmiede- und Presswerk Trier GmbH hinzu und 1966 wurde die frühere Waffenfertigung von Rheinmetall-Borsig, die Alkett Maschinenbau GmbH, Berlin, in die Deutsche Industrieanlagen GmbH, Berlin, eingegliedert.[138]

Doch ökonomisch und sicherheitspolitisch betrachtet ging 1967/68 eine Ära des Wachstums und der Eindeutigkeit, ein „goldenes Zeitalter" der Nachkriegsrekonstruktion, dem Ende entgegen.[139] Der seit 1949 bis 1966/67 anhaltende Wachstumstrend mit durchschnittlichen jährlichen Wachstumsraten von rund 7,1 % endete. Die kurze Rezession der Jahre 1966/67 machte den Anfang mit einem negativen Ergebnis beim Bruttoinlandsprodukt (BIP) von – 0,3 %.[140] Zwar erholte sich die Volkswirtschaft 1968/69 schnell und wies 1969 und 1970 wieder eine reale Wachstumsrate von 8,1 bzw. 4,9 % auf. Strukturelle Probleme, die akute Krisen verstärken konnten, wie steigende Lohnkosten und Preisvolatilität blieben allerdings erhalten. Für die

136 Diese werden allerdings von ihm nicht genauer benannt. Leitzbach: Rheinmetall. Vom Reiz, Bd. 2, S. 649 f. Bei Seibold: Röchling, werden diese Konflikte nicht behandelt.

137 Harald Helex: Marketing-Report – Firmenporträt Rheinmetall GmbH – Die Zukunft meistern, in: Wehrtechnik 2 (1988), S. 42–47, hier S. 42.

138 Zur Vorkriegsproduktion bei der Alkett II auch Rheinmetall-Archiv Bestand 5130 Rheinmetall GmbH, MG 42, Nr. 1. Zu den Käufen Leitzbach: Rheinmetall. Vom Reiz, Bd. 2, S. 650–675.

139 Vgl. etwa Rosenberger/Reitmayer (Hg.): Unternehmen am Ende des „goldenen Zeitalters" oder Tony Judt: Postwar. A History of Europe since 1945, London 2007, S. 453.

140 Hans-Jürgen Schmahl: Der lange Weg von der Stabilisierungskrise zum selbsttragenden Aufschwung, in: Armin Gutowski/Bruno Molitor/Werner Krone (Hg.): Hamburger Jahrbuch für Wirtschafts- und Gesellschaftspolitik, Tübingen 1980, S. 111–121, hier S. 112 f.

Unternehmen vergrößerte sich zudem die Schere zwischen sinkender Produktivitätssteigerung und Nachfrage bei bestimmten Konsumgütern einerseits, verteuerten Krediten wegen der restriktiven Geldpolitik der Bundesbank andererseits. Dies bedeutete auch, dass die Investitionen privater Unternehmen seit 1965 zurückgingen und die Industrieproduktion in der BRD 1966/67 stagnierte, was in Konsequenz wiederum Auswirkungen auf das BIP hatte.[141]

Wie Werner Bührer richtigerweise zusammengefasst hat, schien „Mitte der sechziger Jahre (…) das Ende des Booms gekommen zu sein (…) Aber auch die politischen Verhältnisse änderten sich mit dem Regierungsantritt der Großen Koalition Ende 1966. Für die große Mehrzahl der Unternehmer bedeutete dies, Abschied zu nehmen von einer problemlosen ≫Unternehmerwelt≪."[142] Sie reagierten daher in ihrer Verbandspolitik, v. a. im Spitzenverband BDI mit Forderungen nach einem veränderten Verhältnis vom Staat zur Wirtschaft und einer stärkeren Hinwendung zu korporatistischen Strukturen, die sich allerdings laut Bührer nicht durchsetzen konnten.[143] Aber auch in den Einzelunternehmen entbrannten nun Debatten darüber, wie „Rezession, politischer Umschwung und ≫Kulturrevolution≪" zu bekämpfen seien.[144]

Dies galt auch für die westdeutsche Rüstungsindustrie, die schon seit Mitte der 1960er Jahre durch den dargestellten nachlassenden Auftragseingang (s. Kap. 2.2.) in die Krise steuerte. Freudig wurde in einem Unternehmen wie Rheinmetall daher zur Kenntnis genommen, dass „mit dem Jahr 1967 (…) die Periode der Konsolidierung der Bw [Bundeswehr] zu Ende [geht], in der Änderungen oder Umgliederungen, soweit sie nicht dringlich sind, unterbleiben. Mit dem Jahr 1968 wird die Durchführung aufgeschobener Planungen wieder einsetzen." Die Geschäftsleitung wurde darüber informiert, dass das größte Augenmerk auf „die Erhöhung der Schlagkraft der Streitkräfte, d. h. auf Gliederung und Bewaffnung der Verbände" gelegt werde. Zwar sollte die Personalzahl von 500.000 Mann trotz neuer Waffen zunächst in der Bundeswehr nicht erhöht werden, man rechnete allerdings bereits mit der „Bildung evtl. neuer Einheiten" und versuchte daher, die „Stärke ihrer Bewaffnung und damit Errechnung der Stückzahlen für die Beschaffung" vorzunehmen, auch wenn umfangreichere

141 Priemel: Industrieunternehmen, S. 10. Vgl. Streb/Spoerer: Neue deutsche Wirtschaftsgeschichte des 20. Jahrhunderts, München 2013, S. 215 ff.

142 Werner Bührer: Auf eigenem Weg. Reaktionen deutscher Unternehmer auf den Amerikanisierungsdruck, in: Heinz Bude/Bernd Greiner (Hg.): Westbindungen. Amerika in der Bundesrepublik, Hamburg 1999, S. 181–201, hier S. 196. Vgl. ausführlich Abelshauser, Wirtschaftsgeschichte der BRD (1945–1980), S. 98–101. Die Ambivalenz des Umbruchs verdeutlicht Konrad H. Jarausch: Krise oder Aufbruch? Historische Annäherungen an die 1970er Jahre, in: Zeithistorische Forschungen 3 (2006), S. 334–341.

143 Werner Bührer: Der Bundesverband der Deutschen Industrie und die Wirtschaftskrise der 1970er Jahre, in: Laurent Commaille (Hg.): Entreprises et crises économiques au XXe siècle, Metz 2009, S. 245–263.

144 Bührer: Auf eigenem Weg, S. 196 ff. Zitat hier 197.

Bestellungen erst einige Jahre später unter Verteidigungsminister Helmut Schmidt einsetzten.[145] Doch die gute Stimmung nach dem Ende der kurzen Rezession 1967/68 manifestierte sich bei Rheinmetall darin, dass die „Einkaufstour" der Diversifizierung fortgesetzt und weitere Beteiligungen oder Tochterunternehmen erworben wurden, wie noch zu zeigen sein wird (s. Kap. 3.2. und 3.3.).[146] Weitere Elemente des frühen Marketings bei Rheinmetall waren die Kommunikations-, Distributions- und Produktpolitik.

3.1.4 Beginn der institutionalisierten Öffentlichkeitsarbeit bei Rheinmetall

Für die Heeresrüstungsproduzenten spielten wie für Konsumgüterproduzenten die persönlichen Verbindungen zu den direkten Abnehmern und staatlichen „Kunden" in Verkaufsverhandlungen, eine prominente Rolle. Ursächlich ist dafür u. a. der komplexe und technologisch ambitionierte Charakter der Produkte. Das zu Recht von Forschung und Protagonisten im Rheinmetall-Vorstand als „Maßschneiderei" gekennzeichnete Produktionssystem mit engem Produzent-Nachfrager-Verhältnis scheint einer der Hauptgründe dafür zu sein, dass auch im Marketing von Rüstungsproduzenten der persönlichen Kommunikation mit Abnehmern ein großer Stellenwert zugemessen wird.[147] Bislang liegen aber keine Untersuchungen vor, die Einblick in das Direktmarketing bundesdeutscher Rüstungsunternehmen z. B. in Beschaffungsvorgängen des Bundes geben könnten. Daher bieten die ausführlichen Marketing-Berichte der Rheinmetall GmbH eine einzigartige Quelle für die Rüstungsgeschichte der BRD.[148] Gleichzeitig können sie der marketinghistorischen Forschung wertvolle Vergleichsmöglichkeiten eröffnen – etwa im Hinblick auf verwandte Branchen wie den Automobilbau, der im Gegensatz zur Rüstungsindustrie nicht durch öffentliche Beschaffungsvorschriften reguliert wird.[149] Die bei

---

145 Umgliederung in der Bundeswehr in Verbindung mit Einführung neuer Waffen, hier Pak 90 mm, Vermerk der Geschäftsführung an Vorstand und Betriebsleiter Wehrtechnische Konstruktion, Düsseldorf, 20.10.1965, in: Rheinmetall-Archiv Bestand B 51 Nr. 77.

146 Rheinmetall-Archiv A 21, mehrere Bände. Aufgliederung des Unternehmens in Sparten im Jahre 1969 s. A 21/16. Vgl. Hoppenstedt: Großunternehmen, mehrere Jgg.

147 Rheinmetall-Archiv A 24 Nr. 21 hierin: Protokoll über die Vorstands-/Abteilungsleitersitzung am 25. Februar 1976 in Düsseldorf. Der Vorstand führte hier diese Problematik explizit aus: „Zusätzliche Schwierigkeiten dürfte bereiten, daß auch bei einer Programmbereinigung ein spezielles Problem bleiben wird: von Serienfertigung kann weitgehend nicht gesprochen werden, die ‚Maßschneiderei' wird als Aufgabe bleiben."

148 Rheinmetall-Archiv B 522/3 Rheinmetall GmbH Marketingberichte 1972–1979.

149 Vgl. Köhler: Marketingmanagement und ders.: Marketing sowie Alexander Engel: Farben der Globalisierung. Die Entstehung moderner Märkte für Farbstoffe 1500–1900, Frankfurt a.M./New York 2009; Kleinschmidt: Der produktive Blick, S. 221 ff. sowie Susanne Hilger: „Amerikanisierung"

Rheinmetall überlieferten vertraulichen Berichte von einem ehemaligen Bundeswehr-Oberst, Lobbyisten und Mitarbeiter des Unternehmens, zeigen deutlich, wie sich der Verkehr mit den Beschaffungsämtern, dem BMVg allgemein und den auswärtigen Militärattachés gestaltete.[150]

Nach den Darlegungen des Hauptabteilungsleiters Rüstung im BMVg ist davon auszugehen, dass die Berichte dieses Einzelunternehmens auch für die 1950er und 1960er Jahre als repräsentativ für die gesamte Branche gelten können. Er berichtete nämlich davon, dass in der Erstausstattungsphase „der fast legendäre Ludwig Bölkow" als Vertreter von MBB sogar mit den amtlichen Akten „über die Flure der Hardthöhe wandernd die Mitzeichnungen einsammelte, um zu seinem Geld zu kommen, das er sehr dringend benötigte". Diese „Art der Managementunterstützungsleistung" des persönlichen und direkten Eingreifens in den Beschaffungsvorgang im Amt Blank und späteren BMVg sah Schnell zwar als „Wildwuchs" an, dennoch blieb ein „konsequenter Dialog" zwischen Staat und Unternehmen erhalten.[151] Dies zeigt sich auch in den Rheinmetall-Berichten deutlich. Hier wird ausführlich und genauer informiert über die Inhalte dieses Dialogs: über geplante Beschaffungsvorhaben, konkrete Planungen für beschlossene Systeme, den Stand der technischen Entwicklungen, Projekte anderer Firmen, Konkurrenzsituationen und weitere wichtige Richtlinien des Rüstungsabsatzes.[152]

Im Rheinmetall-Konzern wurden die Berichte von der für Marketing zuständigen Abteilung an die Direktoren der Rheinmetall GmbH, die Vorstände der Rheinmetall Berlin AG, sowie den Leiter der Entwicklungsabteilung verteilt. Dies demonstriert eindeutig, wie wichtig die Informationen aus den Ämtern für das Unternehmen, seinen Absatz und seine Planungen von den Vorständen bis hin zur Entwicklung war. Im Jahre 1972 wurden beispielsweise zahlreiche Projekte in verschiedenen Sitzungen und Besprechungen mit Mitarbeitern der Beschaffungsstellen v. a. der Inspektionen des Heeres erörtert.[153] Diese Stellen waren für die Vergabe von Aufträgen an die heerestechnischen Unternehmen zuständig, aber auch für die Abstimmung zwischen

---

deutscher Unternehmen. Wettbewerbsstrategien und Unternehmenspolitik bei Henkel, Siemens und Daimler Benz 1945–1975, Stuttgart 2004.

150 Rheinmetall-Archiv B 522/3 Rheinmetall GmbH Marketingberichte 1972–1979. Die Marketingberichte (= Berichte der Abteilung P-FGF (Marketing) vom 23.6.1972 bis 6.12.1979 sind fast lückenlos vorhanden und wurden komplett durchgesehen. Namen wurden anonymisiert.

151 Schnell: 30 Jahre Rüstung, S. 15. Erst Schnell habe dann diesen „Wildwuchs der Gründerjahre" durch ministeriale Weisungen nach und nach abstellen lassen.

152 Rheinmetall-Archiv B 522/3 Rheinmetall GmbH Marketingberichte 1972–1979.

153 So wurde die Abt. T im Ministerium angesprochen, das Referat II 3 im Bundesamt für Wehrtechnik und Beschaffung (BWB/RF II 3), daneben im Heeresamt die Inspektion Heeresrüstung und die Inspektion Artillerie. Ebenda.

den militärischen Nutzern in der Bundeswehr sowie der Forschung, Entwicklung und Erprobung in den Unternehmen.[154]

Deutlich wird in den Marketing-Berichten von Rheinmetall auch, wie stark das Unternehmen strukturelle Veränderungen im Ministerium betrafen. Re-Organisationen des Ministeriums, wie kurz vor der Bundestagswahl im Sommer 1972, wurden in der Marketing-Abteilung sondiert und genauestens vermerkt; die neuen Ansprechpartner wurden ausfindig gemacht, um eine kontinuierliche Arbeit zu gewährleisten. So zeigt eine tabellarische Zusammenstellung detailliert, wie die Planung und Rüstung im Führungsstab des Heeres im BMVg im Jahre 1972 nach dem Rahmenneuordnungserlaß organisiert wurde.[155] Verantwortliche der Stabsabteilungen, der einzelnen Referate mit genauem Zuschnitt und Systembeauftragte wurden hier persönlich mit Titel und Stellung in den Marketing-Berichten des Unternehmens benannt.[156] Aus der Anlage ging zudem genauer hervor, welche deutschen wehrtechnischen Attachés im Ausland eingesetzt waren bzw. neu eingesetzt werden sollten.[157] Neue Referatszuschnitte, Änderungen in der Stellenbesetzung, neue Kontaktleute – dies alles war ein Hauptbestandteil der Berichterstattung an die Marketingabteilung. Deutlich wird dabei auch der enge Kontakt von Mitarbeitern des Rüstungsunternehmens mit den Beamten oder Angestellten der Ministerien und der Beschaffungsstelle. Nur partiell gab es solche engen Kontakte auch für ausländische Nachfrager, die gleichwohl als wichtiger Akteur des Rüstungsmarktes in Betracht gezogen werden müssen. Hier wären z. B. gemeinsame Veranstaltungen, großzügige Abendessen, Produktvorführungen zu nennen, die Rheinmetall in Düsseldorf oder Unterlüß für Politiker und hochrangige Militärs aus aller Herren Länder abhielt.[158]

Die Bevorzugung von Direktmarketing in der Absatzgestaltung galt partiell auch für den gesamten Rheinmetall-Konzern. Doch die ersten Ansätze zur gezielten und professionalisierten Öffentlichkeitsarbeit für die Waffensparte des Konzerns gingen in der Phase stagnierender staatlicher Beschaffungen Mitte der 1960er Jahre von der Konstruktionsabteilung d. h. vom Bereich Forschung und Entwicklung aus. Aus einem internen Exposé über die Organisation dieses Bereichs aus dem Herbst 1966 geht die Problematik klar hervor:

---

154 Vgl. dazu Grundkurs deutsche Militärgeschichte Bd. 3 und Hammerich u. a.: Das Heer 1950–1970.

155 Name von der Verf. anonymisiert. Siehe Rheinmetall-Archiv B 522/3 Rheinmetall GmbH Marketingberichte 1972–1979, 4.7.72 Neugliederung auf dem Gebiet von Planung und Rüstung im Führungsstab des Heeres/BMVg.

156 Ebenda, 4.7.72, Neugliederung auf dem Gebiet von Planung und Rüstung im Führungsstab des Heeres/BMVg. Hervorhebungen im Original.

157 Rheinmetall-Archiv B 522/3 Rheinmetall GmbH Marketingberichte.

158 Gedenkbuch für O. P. Caesar zum 65. Geburtstag, in: Rheinmetall-Archiv Bestand B 503 Nr. 13.

> „Der Bereich WK – Waffenkonstruktion – ist gegenwärtig vorwiegend – entsprechend der Aufgabenstellung – als Ingenieurbereich mit angehängter Verwaltung organisiert. Dabei liegt der Schwerpunkt gemäß der bisherigen Aufgabenstellung auf dem Gebiet der Konstruktion. Die Konstruktionsabteilungen nehmen zugleich den größten Teil von Aufgaben wahr, die sich auf Prinzip- und Erprobungsüberlegungen beziehen. In einer angegliederten Studien- und meßtechnischen Abteilung werden Sonderprobleme behandelt, die jedoch in der Regel nur in entferntem Zusammenhang mit den Aufgaben der Hauptabteilungen stehen."[159]

Der nach dem Bedarf der Ingenieure organisierte Bereich WK war aus verschiedenen Gründen nicht fähig, neue Herausforderungen in der Krise zu bewältigen. Aus dem Exposé und weiteren Konzeptstudien wird deutlich, dass „durch die zunehmend komplizierter werdende Waffentechnik und die Ausweitung von Waffenanlagen zu Waffensystemen (...) es notwendig [wurde], die Systemüberlegungen von den Konstruktionsdurchführungen zu trennen. In Anlehnung an entsprechende Vorbilder unter Abwandlung auf die RHEINMETALL-Situation ist eine Organisationsform zu finden, die die Forderungen nach umfassender technischer Betrachtung mit einer einwandfreien konstruktiven Ausführung sowie Systemführung und kaufmännischer Kontrolle optimal verbindet." Vorgeschlagen wurde daher, die zum „Bereich Entwicklung" umbenannte „Waffenkonstruktion" in fünf selbständige Bereiche aufzuteilen. Der Leiter des Bereichs Entwicklung sollte die Verantwortung weitgehend delegieren, um für andere Aufgaben entlastet zu werden. Die fünf untergeordneten Bereiche, die durch Synergieeffekte effizienter arbeiten sollten, waren: Systemtechnik, Konstruktion, Ballistik, Betriebswirtschaft und Versuche. Intern wurde die am 2. Januar 1967 in Kraft gesetzte Neugliederung zunächst mit der „ständigen Ausweitung der Anforderungen an unsere Waffenkonstruktion und der fortschreitenden Differenzierung auf dem Sektor Versuche und Erprobungen" begründet.[160] Die fünf untergeordneten Bereiche wurden zu Gruppen zusammengeschlossen, die spezielle Kürzel erhielten. So wurde die Bereichsgruppe Betriebswirtschaft fortan als „WK-W" bezeichnet. Zum Bereichsgruppenleiter dieser Abteilung wurde Frank Bär ernannt, der 1966 Prokura erhielt und später Geschäftsführer der Rheinmetall GmbH werden sollte.[161] Er nannte in einem internen Memorandum auch weitergehende Argumente, die der Neuorganisation des Bereichs zugrunde lagen:

- „Fortschreitende Technik, komplizierter werdende Waffensysteme, immer größer werdende Bereiche der Technik mit den unterschiedlichsten Fachbereichen,
- Verantwortlichkeit der Hauptunternehmer, nicht nur reine Waffenanlagen sondern auch für die anderen Gebiete wie Radartechnik, Rechnerprobleme, Telemetrie, Werkstoffragen,

159 Rheinmetall-Archiv B 51 Nr. 84 Wehrtechnik, Organisation des Bereiches Entwicklung 1966–1968. Internes Exposé, ca. Oktober 1966.

160 Ebenda.

161 Rheinmetall-Archiv B 51 Nr. 84 Organisation des Bereiches Entwicklung 1966–68. Rheinmetall GmbH, Organisationsanweisung Nr. 1/67, 30.12.1966 an alle Bereichs-, Betriebs- und Abteilungsleiter.

- Voraussetzung ist die Beherrschung wissenschaftlicher Methoden der Systemanalyse, insbesondere Operations Research Verfahren, Netzplantechniken usw.
- Rheinmetall-Entwicklung muß durch rechtzeitiges Erkennen des Bedarfs für die 70er Jahre die Waffenentwicklung in der richtigen Weise lenken.
- Für Großprojekte müssen die wirtschaftlichen, organisatorischen und Koordinations-Probleme der Leitung solcher Projekte gelöst werden.
- Trotz komplizierter werdender technischer Probleme ist die zur Verfügung stehende Entwicklungszeit nicht länger geworden. Die zur Verfügung stehenden Geldmittel sind beschränkt. Ein schneller kostenoptimaler Ablauf hängt jedoch in vielen Fällen im wesentlichen von intensiver wissenschaftlicher Vorarbeit und grundsätzlichem Durchdenken des Problems vor Beginn der Konstruktion ab."[162]

Hintergrund war also v. a. die Krise durch Absatzstockungen bei der Wehrtechnik, die durch grundlegende und tief greifende Änderungen der Rüstungsmärkte bedingt war. Dazu trat das komplizierte Verhältnis zu den Beschaffungsstellen in den verschiedenen Phasen des Abstimmungs- und Entwicklungsprozesses. Neue Waffensysteme wurden zudem technisch immer anspruchsvoller und wurden zunehmend mit Elektronikbauteilen ausgerüstet, die es für die Unternehmen und ihre Mitarbeiter notwendig machten, sich in völlig neue Gebiete einzuarbeiten: Radartechnik, Computertechnologie, Telemetrie und neue Materialien – um nur einige Stichpunkte zu nennen.[163] Zudem waren Kenntnisse auf neuen Wissenschaftsgebieten nicht nur in der Entwicklung selbst, sondern auch in der betriebswirtschaftlichen und verwaltungstechnischen Zuarbeit, z. B. Operations Research-Methoden, notwendig. Die komplexer werdenden Aufgaben der Zukunft, die prospektiv für die nächsten 10 bis 20 Jahre geplant werden mussten, verlangten nach einer umfassenden Koordinationsleistung, die Technik und Organisation in Großprojekten integrativ miteinander verband. Es kam also nach einem Abrücken von der reinen Konstruktionsleistung, die bisher im Mittelpunkt gestanden hatte, zu einer stärkeren Vernetzung und Arbeiten in Projekten. Der rein ökonomische Zwang durch kürzere Entwicklungszeiten und beschränkte Finanzmittel stand aufgrund stark wachsender Konkurrenz hier im Vordergrund. Dies mag auch einer der Gründe für das Ansiedeln der Abteilung Öffentlichkeitsarbeit und Projektkoordination in die-

162 Ebenda, Notiz Bär vom 2.1.1967: Organisationsplan Entwicklung WK.

163 Vgl. Helmut Maier: „Wehrhaftmachung" und „Kriegswichtigkeit". Zur rüstungstechnologischen Relevanz des Kaiser-Wilhelm-Instituts für Metallforschung in Stuttgart vor und nach 1945, Berlin 2002 und Lutz Budraß/Stefan Prott: Demontage und Konversion. Zur Einbindung rüstungsindustrieller Kapazitäten in technologiepolitische Strategien im Deutschland der Nachkriegszeit, in: Johannes Bähr/Dietmar Petzina (Hg.): Innovationsverhalten und Entscheidungsstrukturen. Vergleichende Studien zur wirtschaftlichen Entwicklung im geteilten Deutschland 1945–1999, Berlin 1996, S. 303–340.

sem Bereich gewesen sein: Marketing und Auftritt in der Öffentlichkeit wurden im Wettstreit mit den Konkurrenten als Verkaufsargumente immer wichtiger. Der Übergang von Verkäufer- zu Käufermärkten, die intensiver von Seiten der Unternehmen bearbeitet werden mussten, hatte sich also vollzogen. Dies zeigt sich deutlich daran, dass die Abteilung Öffentlichkeitsarbeit und Projektkoordination im Bereich WK-W angesiedelt und ab Februar 1967 aufgebaut wurde. Bereichsgruppenleiter Bär forderte am 13. Februar 1967 zusätzliche Mitarbeiter an, da im Bereich Entwicklung „geeignete Mitarbeiter für diese Aufgaben, die umgesetzt werden könnten, nicht vorhanden" seien. Da die Besetzung dieser Stellen dringend notwendig sei, bat er zudem um schnelle Genehmigung.[164] Dies demonstriert zugleich, dass sich der Übergang im Unternehmen eher eruptiv entwickelte und relativ kurzfristig Veränderungen eingeleitet wurden.

Wesentliche Impulse erhielt die Werbung durch Anton Fabry, der seit 1967 in der Rheinmetall GmbH für Werbung eingesetzt wurde.[165] Er war zuständig für die Werbematerialien, Präsente und Kommunikationsmittel, die für das Direktmarketing, insbesondere im Rüstungsbereich benötigt wurden. Trotz der zivilen Diversifizierung des Rheinmetall-Konzerns in Maschinenbau und Elektronik seit Ende der 1950er Jahre wurde die vollständige Restitution der Produktpalette der Vorkriegs- und Kriegszeit unter Hochdruck angesteuert. Ab 1964 konnten die ehemaligen Vorzeigeprodukte und Hauptprofitbringer des Konzerns wieder öffentlich vermarktet werden: Kanonenrohre und Geschütze. Dass die traditionelle Produktpalette auch ein ökonomischer Erfolg war, lässt sich an den Werbekampagnen für diese Produkte ablesen. Verschiedene Werbeanzeigen wurden von Fabry und von ihm beauftragten Werbeagenturen entwickelt und vielfältig in Massenmedien präsentiert: Nicht nur Fachzeitschriften und Truppenjournale wie „Soldat und Technik", „Armada", „Internationale Wehrrevue" und „Unsere Kampftruppen" druckten diese Werbung ab, sondern auch die Qualitätspresse wie die „Süddeutsche", der „Stern" und der „Spiegel". Hinzu kamen Filmvorführungen, Broschüren, Flyer und später auch Fernsehbeiträge, v. a. nach der Entstehung privater Fernsehsender. Letztere waren schon früh und beständig auf der Suche nach Inhalten, die sie möglichst kostengünstig erhalten und mit steigenden Werbeeinnahmen gewinnbringend ausstrahlen konnten.[166]

Ein weiteres Beispiel für die frühe Tätigkeit der Werbeabteilung im Bereich WK bilden die Werbegeschenke, die an die direkten Abnehmer und Interessenten im Ministerium gemacht wurden. Eine gute Möglichkeit, stabile Kontakte zum Ministerium, der Truppe und den Beschaffungsämtern aufzubauen, zu intensivieren oder

164 Rheinmetall-Archiv B 51/84 Wehrtechnik, Organisation des Bereiches Entwicklung 1966–1968. Aufbau der Abteilung Öffentlichkeitsarbeit und Projektkoordination bei WK-W, Aktennotiz Bär an Dir. Blume, Dir. Dr. Clauser und Dir. Schaadt, 13.2.1967.

165 Rheinmetall-Archiv B 5307/18 Geschäftsunterlagen der riw GmbH, 1973–1985.

166 Rheinmetall-Archiv, v. a. Bestände B 522 und B 51, vgl. Kap. 3.2 und 3.3.

einfach zu pflegen, boten die alljährlichen Festtage wie Ostern und Weihnachten, zu denen Präsente verschiedener Art überreicht wurden. Dass die Übergabe kleinerer Geschenke auch als mögliche Einflussnahme des Unternehmens auf die Käufer im Heeresamt und im Material-Amt Heer gesehen werden kann, zeigt die Diskussion in diesen Ämtern um die Annahme solcher Gefälligkeiten. Im Jahr 1972 sollte zu Weihnachten den Angehörigen der Inspektion Heeresrüstung ein Handbuch überreicht werden, das eigens vom Rheinmetall-Konzern publiziert worden war. Dieses „Waffentechnische Taschenbuch" von Rheinmetall war ein mehrfach aufgelegtes und stets aktualisiertes Standardwerk zur militärischen Technologie verschiedenster Waffenarten, das für die Beamten und Angestellten der Bundeswehr einen hilfreichen Überblick bot und daher mit großem Interesse angenommen wurde.[167] So konnte denn auch der Marketing-Bericht vom Ende 1972 berichten: „Alle besuchten Stellen warten mit Interesse auf das zu Weihnachten angekündigte ‚Waffentechnische Taschenbuch' von Rheinmetall." Doch die Annahme dieser Geschenke wurde wohl in den Beschaffungsämtern im Vorfeld kritisch diskutiert, wie aus einem Reisebericht des Marketing-Mitarbeiters Oberst a.D. F. aus dem Heeresamt und Material-Amt des Heeres hervorgeht:

> „BG (...) hat mir versichert, er habe keine Bedenken dagegen, daß die Angehörigen der InH-Rüst das Taschenbuch unentgeltlich von RH annehmen. Er bitte jedoch, ihm bzw. seinem Chef des Stabes die der Inspektion zugedachten Exemplare geschlossen zu überreichen, zur Weiterverteilung an seine Herren. B-BGF wird das übernehmen. Nachdem die mit der Auswahl des Gerätes befasste Stelle des Heeresamtes somit keine Bedenken hat, dürfte die Verteilung an andere Stellen des Amtes erst recht problemlos sein."[168]

Insgesamt wurden die Präsente letztlich gern angenommen. Aber auch Rheinmetall-intern gab es Konflikte um die Verteilungsaktionen. So beklagte sich der Marketingberater über die schlechte Koordinierung der Werbegeschenk-Verteilung, die durch die Einmischung der Rheinmetall-Öffentlichkeitsarbeit erfolgt sei:

> „Trotz allen Bemühungen zur Koordinierung bzw. Abstimmung kam es wieder zu einzelnen Pannen, so daß z.B. ein General des Heeresamtes zunächst übergangen wurde, ein für Rheinmetall wichtiger Stabsoffizier so gut wie nichts bekam. In beiden Fällen war P-2 [d .h. die Öffentlichkeitsarbeit des Konzerns, vdK] gebeten worden, die Betreuung anderen Herren von Rheinmetall zu überlassen.
>
> Ich schlage vor, in Zukunft die Angehörigen der Führungsstäbe des BMVg, der Luftwaffenstäbe in Porz-Wahn und des Heeresamtes mit nachgeordneten Dienststellen (Schulen, Material-Ämter) nur noch von V-1 (...) und P-2 (Oberst a. D. F.) betreuen zu lassen."[169]

---

167 Vgl. die mehrfachen Auflagen des Taschenbuches im Rheinmetall-Archiv Bestand B51.
168 14.5.1973, Marketing-Bericht Nr. 5/73 und Reisebericht über die Besuche am 27.4.73 beim Heeresamt, am 7.5.73 beim Material-Amt Heer, Bad Neuenahr und Heeresamt, am 10.5.73 beim Heeresamt, Rheinmetall-Archiv B 522/3 Rheinmetall GmbH Marketingberichte 1972–1979.
169 Marketingbericht Nr. 1/74 vom 18.1.1974, Rheinmetall-Archiv B 522/3.

Im Zuge von Präsentaktionen konnte das Unternehmen letztlich nicht nur engere Kontakte knüpfen oder Beziehungen pflegen, es konnten auch neue Erkenntnisse über Rüstungsprojekte oder über Erfahrungen mit Waffen in Kriegseinsätzen gewonnen werden. So berichtete der Marketing-Beauftragte Oberst a.D. F. zum Jahreswechsel 1972/73 umfassend über Interna der Kriegsführung im laufenden israelisch-syrischen Krieg und vermeldete, dass seine Erkenntnisse und Informationen „teils mit V-1 (...) zusammen, teils allein – im Zuge der vorweihnachtlichen Werbeaktion sowie bei Besuchen nach Neujahr“ gesammelt worden seien. Somit konnten gute Beziehungen nicht nur den Absatz stabilisieren und fördern, sondern auch wertvolles Wissen um mögliche neue Nachfrager oder über technische Entwicklungen der internationalen und nationalen Konkurrenz erbringen.[170]

Die Werbemittel der Rheinmetall GmbH und anderer Konzerntöchter wurden v. a. an die direkten Abnehmer im Militär, in den Ministerien und Beschaffungsämtern verteilt. So geht aus einem anderen Bericht der Marketing-Abteilung hervor, dass die Nico-Pyrotechnik im Juli 1972 mit einem farbig bebilderten, ausführlichen Prospekt beim verantwortlichen Sachbearbeiter in der Inspektion für Heeresangelegenheiten der Rüstung für ihre neue Munition warb.[171] Bei einer Vorführung des neuen Projekts „Hellebarde“ im Heeresamt bei der Inspektion des Heeres, Rüstungsabteilung, zeigte sich auch, wie wichtig diese Kontakte waren und wie die Werbung für Munition und Geschosse ihre Wirkung entfalten konnte: Im Mai 1973 konnte der zuständige Oberleutnant von den Rheinmetall-Produkten überzeugt werden. So berichtete der Kontaktmann des Unternehmens darüber: „Von der Hellebardevorführung zeigte er sich beeindruckt und wird das Projekt befürworten. Er hofft, daß in absehbarer Zeit der Firma Rheinmetall Geld für die Weiterentwicklung gegeben werden wird.“[172] Der Nutzen, den die Werbemittel brachten, verweist auch auf die Bedeutung von Präsenten im Rüstungsmarketing, dessen Ausgestaltung, insbesondere bezüglich der kommunikationspolitischen Instrumente noch genauer untersucht werden wird (s. Kap. 4).

Diese Werbetätigkeit der Öffentlichkeitsarbeit um den Lobbyisten und der Werbeabteilung unter Fabry macht deutlich, dass Rheinmetall als bedeutendes deutsches Heerestechnikunternehmen in der Öffentlichkeit wahrgenommen und Werbung bei den Nachfragern treiben wollte. Dazu diente auch die spätere Gründung der Rheinmetall Industriewerbung GmbH im Jahre 1972 als selbständiges Profit-Center (s. Kap. 3.2.).

170 18.1.1974, Marketingbericht Nr. 1/74, wurde u. a. übergeben an den Vorstand, Abteilungsleiter, die Öffentlichkeitsarbeit des Konzerns, Rheinmetall-Archiv B 522/3.

171 Notiz vom Juli 1972, o.S., Rheinmetall-Archiv B 522/3.

172 F., 14.5.1973, Anlagen zum Marketing-Bericht Nr. 5/73, Rheinmetall-Archiv B 522/3.

3.1.5 „Netzwerke des Vertrauens“ in der Absatzpolitik

Stabile Kundenbeziehungen und Vertrauen zu den Kunden wurden im Direktmarketing bewusst aufgebaut und gepflegt. „Vertrauen ist der Anfang von allem“ – so warb auch die Deutsche Bank in den 1980er Jahren um Glaubwürdigkeit bei ihren Kunden und Geschäftspartnern.[173] Der Kategorie „Vertrauen“ als Fundament für wirtschaftliche Transaktionen hat sich, wie schon in der Einleitung dargestellt, in den letzten Jahren sowohl die Soziologie als auch die Ökonomie in Gestalt der Neuen Institutionenökonomik zugewandt.[174] Insbesondere auf die Rolle von kommunikationspolitischen Marketinginstrumenten wie der Schaffung einer *Corporate Identity* zur Lösung von Asymmetrien in der Prinzipal-Agenten-Beziehung wurde verschiedentlich hingewiesen.[175] Dies gilt in besonderem Maße für Rüstungsunternehmen i. e.S., denn hier haben vertrauensbildende Maßnahmen zwischen Mitarbeitern und Unternehmensführung, wie der Aufbau einer stabilen Unternehmenskultur, eine besondere Relevanz, um Geheimhaltung gegenüber der Unternehmensumwelt sicherzustellen.[176] Durch den Geheimhaltungsbedarf von Unternehmen, Politik, Beschaffungsstellen und Militär ist für zufriedenstellende Geschäftsbeziehungen ein höherer Grad an Loyalität zwingend notwendig. Vertrauen spielt für Rüstungsunternehmen aber auch auf anderen Ebenen eine wichtige Rolle. Hier lassen sich neben dem Vertrauensverhältnis zu den Mitarbeitern vier weitere Akteursgruppen unterscheiden: Abnehmer, Aktionäre, Anwohner und Bevölkerung.

Direktmarketing und Maßschneiderei als Grundlage

Im Direktmarketing von Rüstungsunternehmen wie Rheinmetall ist es nicht nur für die Absatzmenge, sondern auch für die technologische Abstimmung effizient, dass zwischen Rüstungsproduzenten einerseits, BMVg, Beschaffungsbehörden und direkten Nutzern in der Bundeswehr andererseits enge „Netzwerke des Vertrauens“ bestehen. Sie sind aufgrund des langfristigen Zeithorizonts von Entwicklung, Erprobung und Serienproduktion notwendig, die schon genauer dargestellt wurden. Dieses System der „Maßschneiderei“ bedingt enge Produzenten-Abnehmer-Relationen, in denen Vertrauen in verschiedener Hinsicht unverzichtbar ist. Darauf wird auch von den maßgeblichen Akteuren wie dem Hauptabteilungsleiter Rüstung im BMVg unmißverständlich hingewiesen: „Rüstungsvorhaben sind angelegt auf 20 und mehr Jahre. Das heißt, diejenigen, die an den komplizierten Kreisläufen teilhaben

173 Pierenkemper: Unternehmensgeschichte, S. 258 f.

174 Siehe bibliographische Angaben zu Niklas Luhmann, Kenneth Arrow u. a. in der Bibliographie.

175 Pierenkemper: Unternehmensgeschichte, S. 258 f.; van de Kerkhof: „It's good to have a reliable navy!“; Wischermann: Kooperation, Vertrauen und Kommunikation; Ders.: Wischermann: Unternehmensgeschichte als Geschichte der Unternehmenskommunikation.

176 Vgl. Hanne Birckenbach/Christian Wellmann: Die Thematisierung von Rüstung in den Werkzeitschriften von rüstungsproduzierenden Unternehmen in der BRD – Eine Inhaltsanalyse, Frankfurt a.M. 1976 (unveröff. Diplomarbeit, Masch., 326 S.), hier S. 166.

und von deren Mitwirkung der Erfolg des Systems abhängt, müssen in ihrer Leistung und Zuverlässigkeit so bewährt sein, daß man mit ihnen den ganzen Weg gehen kann." Er forderte daher am Ende seiner Laufbahn im Jahre 1988 ein „Mehr an Vertrauen" – sowohl zwischen den am Beschaffungsprozess beteiligten Akteuren als auch von den für Rüstungsfragen zuständigen Ausschüssen im Bundestag: „Der Eckstein Vertrauen und Verläßlichkeit erscheint mir ganz besonders wichtig, gleich ob es um das Verhältnis zu den Streitkräften, um das Verhältnis zwischen der Bundeswehr und der Industrie oder das Verhältnis zwischen den Nationen geht."[177]

Systematisiert man das Vertrauensverhältnis im Beschaffungsvorgang noch einmal stärker, so ist festzustellen, dass auf der Abnehmerseite die Gewährleistung technologischer Handhabbarkeit, Verlässlichkeit bei Preisen und Entwicklungszeiträumen im Vordergrund stehen. Für die Rüstungsunternehmen sind dagegen Informationen von Seiten der Beschaffungsstellen und militärischen Anwender nicht nur notwendig, um Produktmodifikationen vorzunehmen und neue Absatzmöglichkeiten zu erschließen. Sie dienen darüber hinaus auch dazu, die Unsicherheiten in einem auf lange Dauer angelegten Entwicklungs- und Produktionsprozess handhabbar zu machen oder zu minimieren. Worauf bisher in der gesamten Debatte um „Vertrauen" selten hingewiesen worden ist, ist eine weitere Ebene, in der Vertrauen eine wichtige Rolle spielt: das Vertrauensverhältnis zwischen Vorstand, Aufsichtsrat und Aktionären. Auf die Notwendigkeit, „good-will" bei den Aktionären zu fördern, indem hohe Renditen in Aussicht gestellt werden, ist von Seiten der Friedens- und Konfliktforschung schon hingewiesen worden.[178] Hier ist aber auch das Instrument des Vertrauensentzugs als Grund zur Abberufung von Vorstandsmitgliedern durch die Hauptversammlung eines Unternehmens von Relevanz.[179]

In Bezug auf die Umwelt des Unternehmens ist es wichtig, insbesondere am Standort, dass Anrainer darauf vertrauen können, dass die Produktionsmethoden sicher sind, dass keine Gifte entweichen oder Sprengstoffe unsicher gelagert werden. Bisher sind die externe und interne Unternehmenskommunikation von Rüstungsunternehmen auf diese Fragen hin nur selten untersucht worden. Dies gilt auch für die weitere Perspektive, nämlich für den Blick auf die gesellschaftlichen Rezipienten. Denn in einem weiteren, politischen Kontext ist für die Absatzgestaltung von Rüstungsgütern relevant, dass die Gesellschaft darauf vertrauen kann, dass die vom Staat und seinen zuständigen Ämtern beschafften Rüstungsgüter gesellschaftliche Sicherheit gewährleisten sowie Eigentum und persönliche Unversehrtheit garantieren. Zur Vermittlung von Sicherheit im öffentlichen Raum kann

---

177 Schnell: 30 Jahre Rüstung, S. 19. Vgl. auch Rheinmetall-Archiv A 24 Nr. 21 Vortrag von Gripp mit Problematisierung der Maßschneiderei.

178 Birckenbach/Wellmann: Thematisierung, S. 166.

179 Gabler Wirtschaftslexikon, Wiesbaden 12. Aufl. 1988, Bd. 6, Sp. 2472.

den Rüstungsunternehmen eine Vielzahl von Kommunikationsmitteln dienen, die für den speziellen Bedarf und Einsatzbereich jeweils modifiziert werden können. In der Vermittlung von Sicherheit und Vertrauen kommt dabei dem Marketing und verschiedenen Public Relations-Instrumenten eine entscheidende Bedeutung zu (s. Kap. 4).[180] Bei produktpolitischen Entscheidungen sind die Vertrauenseigenschaften von großer Bedeutung, bei der Preisfindung z. B. das Preisvertrauen. In der Distributionspolitik entscheidet das Vertrauen in die Absatzwege über den Erfolg eines Produkts, und die Kommunikationspolitik soll das Vertrauen in die Aussagen der Werbung langfristig sicherstellen. Entscheidend ist Vertrauen schließlich auch im Markenmanagement: Dort spricht man vom Markenvertrauen als einer der wesentlichen Einflussgrößen der Kundenloyalität. Diese Kundenbeziehungen sollen im Übergang von Verkäufer- zu Käufermärkten nun noch genauer in den Blick genommen werden.

Vertrauensnetzwerke oder Militärisch-industrieller Komplex?

Zeitungen und Journale wie die ZEIT und der SPIEGEL berichteten im Kalten Krieg ausführlich über die Verflechtungen zwischen Militär und Wirtschaft und sprachen dabei in den 1970ern von einem „militärisch-industriellen Komplex, der (nötig oder unnötig) um seine Absatzchancen zu kämpfen versteht."[181] Das Aufgreifen des US-amerikanischen Konzeptes vom MIC, das von einer Verschmelzung von Rüstungsindustrie, Militär und Politik ausgeht, war auch zurückzuführen auf Neuerungen im Verhältnis zwischen Auftraggebern und -nehmern in der BRD. Dieses Verhältnis gestaltete sich zunehmend enger, wie sich anhand von verschiedenen formalisierten Arenen des Austauschs sowie am Personal- und Wissenstransfer zeigen lässt. Bei den organisierten Veranstaltungen spielte zum einen der Austausch auf Regierungs- und Ministerialebene, zum anderen die Arbeitnehmervertretung und schließlich das Modell gemischt-wirtschaftlicher Unternehmungen von Staat und Privaten eine Rolle.

Zum **formalisierten Austausch** gehörte die DGW, deren Tätigkeit als *security community* seit den 1950er Jahren ebenso wie die BDI-Arbeitskreise bereits dargestellt wurde (siehe 2.1.). Im Jahre 1971 wurde nun als Spitzengremium auf der Bonner Hardthöhe der „rüstungswirtschaftliche Arbeitskreis" (Rü Ak) konstituiert. Er trat in dieser krisenhaften Phase der Wirtschaftsentwicklung im 3-Monats-Rhythmus zusammen und bildete eine halbformelle Austauschmöglichkeit von Beamten des BMVg, Militärs und Politikern mit den Granden der deutschen Rüstungsindustrie. Der SPIEGEL nannte in diesem Zusammenhang u. a. den Vorstandsvorsitzenden Otto Paul

---

180 Heinz Schwalbe/Ernst Zander: Vertrauen ist besser. Kontaktpflege, Imagebildung und Öffentlichkeitsarbeit in der modernen Industriegesellschaft, Wiesbaden 1989.

181 O.V.: SPIEGEL-Titel Rüstung: „Da tummelt sich die Elite", Der SPIEGEL Nr. 28 (1972), S. 30–49, hier S. 49. Neuerdings vergleichend Kollmer (Hg.): Militärisch-Industrieller Komplex? Siehe auch Jürgen Roth: Die illegalen deutschen Waffengeschäfte und ihre internationalen Verflechtungen, Frankfurt a.M. 1988.

Caesar von der Rheinmetall Berlin AG, Helmut Wolf von Krauss-Maffei, Wolfgang Pohle als Vertreter für Flick, Gerhard Vieweg von Quandt, Toni Schmücker von Rheinstahl, Günter Vogelsang von Krupp und die Eigentümerunternehmer Karl Diehl, Claudius Dornier und Ludwig Bölkow.[182] Der frühere Rüstungs-Manager Ernst Wolfgang Mommsen, nun Staatssekretär im BMVg, sah diese Entwicklung laut SPIEGEL als positiven Fortschritt und bezeichnete die illustre Runde als „Partnerschaft zwischen Wirtschaft und Bundeswehr".[183] Aus Hintergrundberichten über den Arbeitskreis im Fachjournal „Wehrtechnik" geht dagegen hervor, dass dieses Gremium durchaus schon auf eine längere, aber wechselvolle Geschichte zurückblicken konnte, als es die Berichterstattung im SPIEGEL nahelegt. Schon unter Verteidigungsminister Kai-Uwe von Hassel war der informelle Arbeitskreis 1964 zunächst als beratendes Gremium für den Minister gegründet worden, aber gegen Ende der 1960er Jahre schwanden mit den sinkenden Aufträgen auch die Sitzungsintensität und Bedeutung. Erst Rüstungsstaatssekretär Mommsen belebte das Gesprächsforum „zur Intensivierung des Dialogs zwischen Ministerium und Industrie" wieder mit regelmäßigen Treffen.[184] Themenschwerpunkte waren Sicherheits- und Rüstungspolitik, Bundeswehr- und Haushaltsplanung. Allerdings sollten keine konkreten Einzelprojekte und Aufträge besprochen werden. Trotz dieser Einschränkung waren die exklusiven Informationen, die Unternehmer und Manager dort erhalten konnten, von großer Tragweite, „entsprechend groß [war] auch der Andrang aus der Industrie, dort Mitglied zu werden". Bis zum Amtsantritt von Verteidigungsminister Manfred Wörner (CDU) im Jahre 1982 waren die vom Minister ad personam ernannten Mitglieder im Grunde lebenslänglich in das Gremium bestellt. Erst danach wurde die Mitgliedschaft auf die Legislaturperiode beschränkt. Zwar wurden keine Unternehmen per se berücksichtigt, allerdings sollte eine Mischung hergestellt werden, indem sowohl Unternehmer und Manager aus Großunternehmen (d. h. deren Vorstandsvorsitzende) als auch aus kleinen und mittelständischen Betrieben bedacht werden sollten. Hinzu traten zwei Verbandsvertreter vom BDI und vom Zentralverband des Deutschen Handwerks. Ausgeschlossen blieben die Gewerkschaftsvertreter, selbst aus den betroffenen Wirtschaftsbereichen und Unternehmen. Im Jahre 1985 hatte das Gremium insgesamt 25 Mitglieder, davon 14 Vorstandsvorsitzende, z. B. von AEG-Telefunken, Rheinmetall und ZF sowie (ehemalige) Eigentümerunternehmer wie Bölkow und Dornier. Neue Mitglieder und ein Sprecher von Seiten der Industrie wurden nach Absprache mit dem BDI ernannt. Diese ehrenvolle Aufgabe hatte in den 1980er Jahren der vormalige Vorsitzende des Arbeitskreises, Dipl.-Ing. Otto Voisard, der

---

182 Ebenda, S. 39–42. Desweiteren wurden genannt: Werner Knieper (VFW), Joachim Zahn (Daimler-Benz), Erhard Löwe (AEG), Josef Schniedermann (Siemens), Alfred Rennert (Dynamit Nobel), Michael Budczies (Blohm + Voss). Aufzählung auf S. 41.

183 Ebenda, S. 41.

184 W.F. [Wolfgang Flume]: Der Rü AK. Beratergremium oder Gesprächsforum?, in: Wehrtechnik 3 (1985), S. 89.

Vorstandsvorsitzende der MAN, inne.[185] Unter Verteidigungsminister Helmut Schmidt kam diese Aufgabe noch dem CSU-Bundestagsabgeordnetem Pohle zu, der zugleich auch stellvertretendes Mitglied im Verteidigungsausschuß war. Beruflich ging er einer ebenso relevanten Tätigkeit nach: er gehörte „zur Konzernspitze des Flick-Konzerns".[186]

Wurde der Arbeitskreis über ein Jahrzehnt von Industrievertretern wie Pohle und Voisard geleitet, so übernahm den Vorsitz des nun einmal jährlich tagenden Gremiums seit 1982 der für Rüstung zuständige Staatssekretär im BMVg, Prof. Dr. Manfred Timmermann. Neben ihm nahmen von Seiten des Bundes auch der Verteidigungsminister, der Generalinspekteur der Bundeswehr, die Dreier-Spitze der Rüstungsabteilung, der Präsident des BWB, der Abteilungsleiter Haushalt und der Leiter Planungsstab des BMVg sowie der Staatssekretär des BMW oder sein Vertreter und das eigene Sekretariat des Arbeitskreises (gestellt durch Referat Rüstung VIII 1) teil.

Die offenbar gewordenen Nachteile des „dialogischen Prinzips" konnten auf diese Weise möglicherweise minimiert werden. Der auf der Hardthöhe tagende Arbeitskreis Rüstung hatte bis in den 1980er Jahren insgesamt eine schwer steuerbare Größe von 40 Personen erreicht. Dies war eine der wesentlichen Ursachen, weshalb man auf die Idee verfiel, drei neue Fachkreise auszugründen. Auch diese kleinen, nicht mehr als zehn Personen umfassenden Fachkreise wurden neben den Mitgliedern des Arbeitskreises mit weiteren Fachleuten auf Vorschlag des BDI bestückt. Vorsitzende wurden aus den federführenden Referaten des BMVg ernannt, Co-Vorsitzende von Seiten der Industrie. Thematisch sollten diese Fachkreise sich mit Standardisierung von Datenverarbeitung (DV), Forschungs- und Technologiekonzepten sowie Kostenschätzung befassen und die Leitung des Arbeitskreises in diesen Fragen beraten. Inwieweit diese Beratung wirksam wurde, hing nicht nur von der Fachkompetenz der Beteiligten ab, sondern „auf der einen Seite von der Realität und Praxisnähe der Vorschläge und Ratschläge der industriellen Rü-Ak-Mitglieder, auf der anderen Seite vom Willen der BMVg-Spitze, sich beraten zu lassen und Ratschläge anzunehmen".[187]

Um den Austausch zwischen Bundeswehr und Industrie zu fördern, wurde 1970 ein weiterer formaler Informationskanal geschaffen: die „Gesellschaftspolitischen Seminare". Sie wurden gemeinsam von der Bundesvereinigung der

185 Ebenda. Die Berufung von Vorstandsvorsitzenden der großen Konzerne anstelle der Abteilungs- oder Wehrspartenleiter, d. h. der Wehrtechnikexperten, rief auch Kritik von Seiten der Fachberichterstatter hervor, die Zweifel an der „fachlichen Kompetenz in Wirtschafts- und Rüstungsangelegenheiten" der Vorstände äußerten.

186 Claus Grossner: „Wir wurden schon kräftig hereingelegt." Die Verflechtung von Rüstungswirtschaft, Militär und Politik in der Bundesrepublik, in: Der Spiegel 6/1971, S. 84–94, hier: S. 84, Duplikat aus: Rheinmetall-Archiv B 51 Nr. 71a.

187 W.F. [Wolfgang Flume]: Der Rü AK, S. 89.

Deutschen Arbeitgeberverbände (BDA) und dem Deutschen Bundeswehrverband, der Interessenvertretung der bundesdeutschen Soldaten mit rund 250.000 Mitgliedern, jährlich organisiert. Bis zu Beginn der 1980er Jahre waren diese Veranstaltungen ein erfolgreiches Instrument, denn bis 1982 „besuchten rund 500 militärische und zivile Führungskräfte die Gesellschaftspolitischen Seminare der Bundesvereinigung der Deutschen Arbeitgeberverbände und des Deutschen Bundeswehrverbandes. Dabei war die Zusammensetzung der Teilnehmer stets paritätisch“, und die Nachfrage stieg ständig, wie die Zeitschrift der Arbeitgeberverbände zu berichten wusste. Von Seiten des BDA nahmen nicht nur Funktionäre teil, sondern auch selbständige Arbeitgeber und Führungskräfte der deutschen Großunternehmen. Seitens des Bundeswehrverbandes rekrutierten sich die Teilnehmer v. a. aus Unteroffizieren (30 % Teilnehmer zwischen 20 und 30 Jahren), aber auch Offizieren höherer Dienstgrade bis hin zum General. Der Bildungsstand war beachtlich, denn viele jüngere Offiziere waren zugleich auch Absolventen der Bundeswehrhochschulen. Als Referenten wurden Botschafter und Militärattachés, Professoren ziviler und bundeswehreigener Hochschulen, hohe NATO-Generäle und Bundeswehr-Experten wie Publizisten eingeladen. Moderne Pädagogik und Gruppenarbeit wurde angeblich angewandt wie „Rollenspiele, Fallstudien, Debatten, Podiumsdiskussionen und Sachverständigenbefragungen zu verschiedenen Teilaspekten der Themenbereiche“. Die Seminare sollten sich „aktuellen Gegenwartsfragen“ widmen, genauer waren damit sicherheits- und rüstungspolitische Themenkreise wie „Führung in Bundeswehr und Wirtschaft“, „Jugend in Bundeswehr und Wirtschaft“, „Gesellschaft und Verteidigung“, die „geistigen Grundwerte in unserer freien Welt“, „Extremismus in der Bundeswehr und Wirtschaft“ oder der „sicherheits- und gesellschaftspolitische Auftrag der NATO in den 80er Jahren“ gemeint.[188]

Im Unterschied zum Arbeitskreis Rüstung, in dem es zwar nicht konkret, aber auf einer allgemeinen Ebene um die Beratung des BMVg und der Beschaffungsämter v. a. bezüglich der materiellen Ausstattung der Bundeswehr und um Projektmanagement ging, dienten die Seminare der Information und Diskussion eher allgemeiner politischer, militärischer, sozialer und ökonomischer Fragen. Sie waren bestens dazu geeignet, übereinstimmende Ziele und Strategien aufzuspüren oder zu entwickeln. Die Suche nach Übereinstimmungen, möglicherweise punktuell auch nach Differenzen von Militär und Wirtschaft kann auch als Beginn einer Militarisierung der Wirtschaft einerseits und Ökonomisierung des Militärs andererseits gesehen werden. Ohne eine genauere Analyse der Inhalte und der Debatten kann aber letztlich der Grad der wechselseitigen Durchdringung der Sphären von Wirtschaft und Militär als gesellschaftlicher Subsysteme nicht treffsicher fixiert werden. Gleichwohl gab es gerade beim Thema Führung und Jugend sicherlich Gemeinsamkeiten in traditionell-konservativen

188 Dipl.-Pol. Hermann Linke/Oberstlt. Dr. Dieter Portner: BUNDESWEHR/WIRTSCHAFT. Gesellschaftspolitische Seminare, in: der arbeitgeber 4/34 (1982), S. 181.

und bisweilen auch autoritären Denkmustern und Menschenbildern, denen größere Teile des Managements in der BRD auch durch Ausbildung in Kaderschmieden wie der Harzburger Akademie noch anhingen.[189]

Hier zeigt sich auch die nur langsam und selektiv vorgenommene Adaption an US-amerikanische Management- und Marketingkonzepte. Werner Bührer erklärte nämlich das Beharren auf traditionelle Führungskonzepte gegenüber einer Amerikanisierung von Managementmodellen und Ideen in der ersten Nachkriegszeit durch die Harzburger Lehrstätte: „Am meisten Zulauf hatte zunächst jene Schule, die militärische Führungs- und Organisationsgrundsätze auf die Betriebe zu übertragen versuchte und dem amerikanischen Modell am stärksten widersprach: die Harzburger Führungsakademie unter der Leitung des ehemaligen SS-Gruppenführers Reinhard Höhn." Wichtiger Zwischenschritt zur Amerikanisierung seien dann die deutsch-amerikanischen Unternehmergespräche in Baden-Baden (zunächst noch in Vorkriegsrhetorik „Betriebsführergespräche" genannt) gewesen, die von „Karl Guth, ehemals Hauptgeschäftsführer der Reichsgruppe Industrie, Wolf-Dietrich von Witzleben, Offizier im Ersten Weltkrieg und Mitglied des Aufsichtsrates von Siemens, sowie Ludwig Vaubel vom Vorstand der Vereinigten Glanzstoff-Fabriken organisiert wurden. Vaubel hatte 1950 wohl als einer der ersten Deutschen an dem dreizehnwöchigen »Advanced Management Program« an der Harvard Business School teilgenommen. Wie seine Mitstreiter legte er freilich Wert darauf, die amerikanischen Leitlinien und Methoden nicht unbesehen auf die Ausbildung in der Bundesrepublik zu übertragen." Auch in Baden-Baden dominierten laut Bührer „zumindest zu Beginn, eindeutig traditionelle Leitbilder", obwohl die Schulung im Gegensatz zu Höhns Fortbildung von aktiven Unternehmern geleitet und dort unterrichtet wurde.[190] Erst langsam sahen deutsche Unternehmer und Manager „in puncto Marketing und Public Relations ihren Nachholbedarf" ein „und erklärten bereitwillig, von den Amerikanern lernen zu wollen".[191] Bis in die 1980er Jahre spielte die Harzburger Akademie eine

189 Kleinschmidt: Der produktive Blick, S. 173 ff. und 293 ff. Vgl. auch Hickel: Eine Kaderschmiede bundesrepublikanischer Restauration. Ideologie und Praxis der Harzburger Akademie für Führungskräfte der Wirtschaft; Daniel C. Schmid: „Quo vadis, Homo Harzburgensis?", in: ZUG 59,1 (2014), S. 73–98 und Adelheid von Saldern: Bürgerliche Werte für Führungskräfte und Mitarbeiter in Unternehmen. Das Harzburger Modell, 1960–1975, in: Gunilla Budde u. a. (Hg.): Bürgertum nach dem bürgerlichen Zeitalter. Leitideen und Praxis seit 1945, Göttingen 2010, S. 165–184.

190 Werner Bührer: Auf eigenem Weg. Reaktionen deutscher Unternehmer auf den Amerikanisierungsdruck, in: Heinz Bude/Bernd Greiner (Hg.): Westbindungen. Amerika in der Bundesrepublik, Hamburg 1999, S. 181–201, hier S. 194 f. Zu Höhn vgl. Berghahn: Unternehmer, S. 254 f. und Kipping: The Hidden Business Schools, allgemeiner zur Management Ausbildung.

191 Bührer: Auf eigenem Weg, S. 188 f. und ähnlich S. 190. Vgl. Mathias Kipping/Ove Bjarnar (Hg.): The Americanization of European Business. The Marshall Plan and the Transfer of US Management Models, London/New York 1998; Jacqueline McGlade: The US Technical Assistance and Productivity Program and the Education of Western European Managers, 1948–1958, in: Terry Gourvish/Nick Taratsoo (Hg.): Missionaries and Managers: American Influences on European

wichtige Rolle in der Fortbildung und in der Formierung eines traditionellen, konservativen, hierarchischen und partiell auch militärisch geprägten Selbstverständnisses von Führungskräften. Danach verlor sie deutlich an Nachfrage.[192]

Diese traditionsverhaftete Mentalität kam auch in den militärisch-industriellen „Netzwerken des Vertrauens“ zur Geltung, die zumeist in beiderseitigem Interesse waren. An einzelnen Fallbeispielen lässt sich diese Verschmelzung von Ideen und Interessen sehr gut demonstrieren: so war Wolfgang Pohle, der den Arbeitskreis zunächst leitete, neben seiner Tätigkeit in der Rüstungsindustrie als CSU-Schatzmeister auch für Industriespenden zuständig und diente zugleich bis zu seinem Tod als stellvertretendes Mitglied im Verteidigungsausschuß des Bundestages. Er pflegte die militärisch-industriellen Kontakte somit in mehreren Gremien und auf verschiedenen Ebenen. Einmal im Jahr gehörte er auch zu den Teilnehmenden des Austauschs der Rüstungsunternehmen mit dem Verteidigungsausschuß des Bundestages, wo sie beim geschlossen durchgeführten Besuch ihre „Wünsche vortragen“ konnten.[193] Andere Politiker wie CDU-MdB Lothar Haase und Mitglied bzw. stellvertretendes Mitglied von Verteidigungs- und Haushaltsausschuß des Bundestages nutzten Kontakte zur Industrie, um „bei den Unternehmen auch Parteigelder [zu] schnorren. (...) Wenn ich im Haushaltsausschuß sitze, lasse ich doch keine Gelder an der Fulda vorbeifließen. Da müßte ich ja ein Narr sein“, so Haase im Gespräch mit dem Nachrichtenmagazin SPIEGEL.[194]

Die Informationsgespräche waren also auf verschiedenen Ebenen in gegenseitigem Interesse: suchten die Unternehmer nach Informationen über neue Rüstungsprojekte, Ausstattungsbedarf, Haushaltsengpässe oder -überschüsse und hilfreiche Kontakte, so versuchten sich die Politiker, Militärs und staatlichen Beschaffungsexperten einen Überblick über die industriellen Kapazitäten, technologischen Entwicklungen, Liefer- und Terminschwierigkeiten, aber auch konjunkturelle Probleme zu verschaffen – und bisweilen auch handfeste ökonomische oder parteipolitische Vorteile im Wahlkreis zu erzielen. Der Austausch kann insgesamt als wichtiger Versuch

Management Education, 1945–1960, Manchester/New York 1998, S. 13–33. Zu den Baden-Badener Unternehmergesprächen auch Kleinschmidt: Der produktive Blick, S. 173 ff. und 293 ff.

192 Ausführlich Schmid: „Quo vadis ... “.

193 Pohles Funktion bei Flick war seit 1959 die eines Generalbevollmächtigten der KG. Seit 1965 war er auch persönlich haftender Gesellschafter. Zuvor hatte der studierte Jurist während des Krieges und in den frühen 1950er Jahren bei der Mannesmann AG gearbeitet (Chefjustitiar, Generalbevollmächtigter, Vorstand) und in den Nürnberger Folge-Prozessen für Krupp (d. h. Friedrich von Bülow), Flick und Hermann Reusch (Gutehoffnungshütte) als Verteidiger bzw. Anwalt gearbeitet. Seine Spendentätigkeit führte er auch im Rahmen der Staatsbürgerlichen Vereinigung der CDU/CSU durch, wo er Vorsitzender im Vorstand des politischen Seminars war. Siehe neben ebenda auch Barbara Gerstein: Art. Pohle, Wolfgang, in: Neue Deutsche Biographie 20 (2001), S. 587 f. (Onlinefassung URL: http://www.deutsche-biographie.de/pnd124953921.html) und o.V.: SPIEGEL-Titel Rüstung, S. 41.

194 O.V.: SPIEGEL-Titel Rüstung: „Da tummelt sich die Elite“, S. 41.

gesehen werden, vorhandene Informationsasymmetrien zwischen Auftraggebern und Produzenten abzubauen. Dies lag im beiderseitigen Interesse, besaßen doch die Unternehmen einen deutlichen Wissensvorsprung, sowohl wenn es um die Festlegung der Preise für Rüstungsgüter ging, als auch im bisweilen recht großzügigen Umgang mit festgesetzten Lieferterminen, die herausgeschoben wurden und damit häufigen Anlass zu Unmut in der Truppe gaben.[195] Otto Greve beschrieb den Nachteil der Auftraggeber im Poker um möglichst günstige Preise recht anschaulich: „Der Preisermittlungs- und Prüfdienst im Dienste des öffentlichen Auftraggebers ist ohnehin – da betriebsfern – in seinen Möglichkeiten den firmeneigenen Kräften unterlegen; daher sollte dieser wenigstens die Möglichkeiten, die er hat, voll nutzen, um einem im gesunden Wettbewerb gebildeten Preis möglichst nahe zu kommen."[196] Wie oben dargestellt, wurden Preise in der Regel nicht nach marktwirtschaftlichen Prinzipien von Angebot und Nachfrage, sondern entweder von vornherein Verträge mit Gleitpreisklauseln ausgestattet und/oder bei Abnahme durch die Bundeswehr in einem komplizierten bürokratischen Verfahren gebildet, bei dem es deutliche Vorteile für die Unternehmen gab. Diese Vorteile konnten die Unternehmen noch ausbauen, indem sie enge Kontakte auf Ämterebene in solchen formalisierten Austauschveranstaltungen pflegten. So berichtete ein Artikel in der Fachzeitschrift „Wehrtechnik": „Auch mit der Industrie gibt es eine Art Personaltausch, wenn auch mehr zu Fortbildungszwecken für eine kurze Zeitspanne. Zwischen 1973 und 1986 gingen 819 BWB-Mitarbeiter für durchschnittlich zwei bis fünf Wochen zur Industrie. Auch hier kam aber keine richtige Zweibahnstraße zustande: Nur 58 Mitarbeiter von 16 Firmen bildeten sich im BWB weiter für durchschnittlich eine Woche. Weit intensiver ist die Fortbildung von Wehringenieuren (und seit drei Jahren auch von Betriebswirtschaftlern und Juristen) in den USA. Pro Halbjahr sind es 15 junge Beamte, die für etwa ein Jahr in die USA gehen. Im März 1988 wird der Tausendste < gefeiert >."[197] Neben dem Arbeitskreis gab es also noch weiteren formalisierten Austausch, der hilfreich für alle Seiten, Politik, Militär, Bürokratie und Industrie, sein konnte.

Eine weitere Erklärung für die engen Kontakte von Unternehmen wie Rheinmetall mit Bundesbehörden wie dem Heeresamt oder dem Material-Amt des Heeres findet sich in einem Marketing-Bericht von Rheinmetall aus dem Jahr 1973. Hier wird belegt, dass es ein gegenseitiges Interesse an einer engen Abstimmung gab und wie die Beziehungen ausgestaltet wurden. So fragten anlässlich eines Besuches des

195 Greve: 20 Jahre BWB-Arbeit für die Bundeswehr, S. 12. Siehe auch zu Lieferengpässen bei Rheinmetall und HEKO u. a. Leitzbach: Rheinmetall. Vom Reiz, Bd. 2, S. 556–561.

196 Greve: 20 Jahre, S. 12.

197 O.V.: Kurze Berichte über Neuigkeiten in: Wehrtechnik 1/1988, S. 32. Vgl. Claus Grossner: „Wir wurden schon kräftig hereingelegt." Die Verflechtung von Rüstungswirtschaft, Militär und Politik in der Bundesrepublik, in: Der Spiegel 6/1971, S. 84–94, Duplikat in: Rheinmetall-Archiv B 51 Nr. 71a.

Marketing-Mitarbeiters im Heeresamt sowohl der Inspektor der Heeresrüstung, als auch die Gruppenleiter Infanterie und Panzer-Abwehrtruppe nach, sogar zum wiederholten Male, „wann sie Gelegenheit bekämen, Herrn Dr. Krempel kennenzulernen." Der Vorgänger von Dr. Krempel habe als Geschäftsführer der Rheinmetall GmbH für den Bereich Entwicklung nämlich häufig Besuche im Heeresamt abgestattet, daher „besteht der dringende Wunsch, mit seinem Nachfolger Kontakt zu bekommen". Im Zuge dieser Beschwerde über mangelnde Kontaktpflege mit dem Heeresamt, das ja ein wichtiger Nachfrager der Produkte Rheinmetalls sei, klärte der Rüstungslobbyist von Rheinmetall auch generelle Fragen zum Abstimmungsbedarf und damit zum Verhältnis zwischen Industrie und Militär. In seinen Marketing-Reporten beschrieb er diese Beziehung ausführlich, denn er „wies auf die Notwendigkeit eines <u>engen Kontaktes zwischen Industrie und Verbraucher</u>, hier Heeresamt, hin. Dieser Kontakt müsse frühzeitig aufgenommen und laufend gehalten werden; <u>von Zeit zu Zeit</u> müsse man sich über laufende Projekte <u>abstimmen</u>, damit einerseits die Industrie nicht am Interesse des Verbrauchers vorbei konstruiere. Andererseits die Grenzen unrealistischer militärischer Forderungen durch die Industrie aufgezeigt werden könnten."[198]

In diesem Zitat werden also die Strategien und Ziele von Produzent und Nachfrager in den Beschaffungsprozessen der 1970er und 1980er Jahre auf den Punkt gebracht: Um die Produkte für den Verbraucher, sprich die Bundeswehr, so passgenau, effizient und schnell wie möglich zu konstruieren, war eine enge Abstimmung zwischen Produzent auf der einen und Konsument auf der anderen Seite zwingend notwendig. Darüber hinaus sollte der Produzent, sprich Rheinmetall, regulierend in die Produktspezifikationen eingreifen, sofern diese technisch wenig sinnvoll, zu kostspielig oder langwierig erschienen. Dies deutet auf eine sehr enge Verflechtung auf Grund gemeinsamer Interessen und eine Ausschaltung von Marktfunktionen hin.

Neben dem Lobbyismus der Unternehmensleitung und der Marketingabteilungen entstand eine weitere institutionalisierte Form des Rüstungslobbyismus: die **Mitarbeiterlobby**. Die kritische Friedens- und Konfliktforschung der 1970er Jahre widmete sich in einigen Studien dieser Interessenpolitik von Mitarbeitenden der Rüstungsunternehmen intensiver. So konstatierten Hanne Birckenbach und Christian Wellmann in einer umfassenden Untersuchung der Werkszeitschriften von Rüstungsunternehmen, dass seit Beginn der 1970er Jahre die „Arbeiter (vornehmlich Betriebsräte) rüstungsproduzierender Konzerne sich für die weitere Ausdehnung der Rüstungsproduktion in der BRD

198 Marketing-Bericht Nr. 5/73 und Reisebericht über die Besuche am 27.4.73 beim Heeresamt, am 7.5.73 beim Material-Amt Heer, Bad Neuenahr und Heeresamt, am 10.5.73 beim Heeresamt, Verteiler Rheinmetall-Vorstände, Geschäftsführung, verschiedene Abteilungen, hier S. 6f., Rheinmetall-Archiv B 522/3. Unvollständiger Satzbau und Hervorhebung im Original.

(vermittelt über die Angst um den Arbeitsplatz) instrumentalisieren lassen und für die rüstungsproduzierenden Unternehmen lobbyistische Funktionen ausüben.“ Beispielhaft werden hier die Aktivitäten des Dynamit-Nobel-Betriebsrates vom Werk Liebenau, des Kieler SPD-Bundestagsabgeordneten für den MaK-Maschinenbau und von neun Betriebsräten wehrtechnischer Unternehmen genannt, die mit einer öffentlichen Stellungnahme für eine Erweiterung der Rüstungsproduktion und/oder eine Lockerung der gesetzlichen Hürden für Rüstungsexporte eintraten.[199] Dies zeigt deutlich das Spannungsverhältnis, in dem sich politische Interessen hier verwoben.

Als Gründe für den Lobbyismus der organisierten Arbeiterbewegung – sei es von Betriebsräten, sei es von Parteimitgliedern – führten Birckenbach/Wellmann nicht nur den Erhalt eigener Arbeitsplätze oder derjenigen von Funktionären an, sondern auch den gesellschaftlichen und politischen bzw. polizeilich-geheimdienstlich-militärischen Druck, um eine Erforschung oder Berichterstattung von bzw. über Rüstungsproduktion zu vermeiden. Dabei diente der Vorwurf, Spionage für „den Osten“ oder „Wehrkraftzersetzung“ zu betreiben, als legitimierendes Argument, um kritisch ausgerichtete Tagungen, Veröffentlichungen und Studien zu unterdrücken oder zumindest zu behindern.[200] In der internen Kommunikation der Rüstungsunternehmen wurde auch die „Faszination an der technischen Perfektion der Rüstungsmaschinerie“, die „Rüstungsapologetik“ und das „ideologische Strukturmuster dieser Kernlegenden“, das Rüstung sinnvoll und friedenstiftend sei, bei Betriebsleitung wie Arbeitskräften deutlich.[201]

Insgesamt blieb der Mitarbeiterlobbyismus, der sich bis in gewerkschaftliche Kreise zog, bis nach dem Ende des Kalten Krieges eine wichtige Konstante. Wellmann diagnostizierte in den 1980er Jahren zunehmend lobbyistische Strategien von Mitarbeitenden der Rüstungsunternehmen, um vermehrte Rüstungsproduktion oder die Aufweichung von Exportverboten für Waffen zu forcieren. Dieses bislang noch kaum erforschte Engagement hält bis in die Gegenwart im „Arbeitskreis der Betriebsräte in Wehrtechnik, Luft- und Raumfahrt“ an. Er schreibt unter der Parole „Wer Frieden will und ja sagt zur Bundeswehr, muß auch ja sagen zum Fortbestand der wehrtechnischen Industrie in Deutschland“ eindeutig Argumentationsmuster

---

199 Birckenbach/Wellmann: Thematisierung, S. 2. Vgl. Wehrdienst, 18.2.1974; Wehrdienst 24.4.1973; Stellungnahme der Betriebsräte der großen deutschen wehrtechnischen Unternehmen, dokumentiert in: Evangelische Akademie Arnoldshain u. a. (Hg.): Militärpolitik Dokumentationsdienst, Nr. 1 Rüstungswirtschaft und Dritte Welt, S. 79.

200 Birckenbach/Wellmann: Thematisierung, S. 2–4. Vgl. Jahrbuch für Friedens- und Konfliktforschung Band 6, Frankfurt a.M. 1976; Studiengruppe Militärpolitik: Ein Anti-Weißbuch. Materialien für eine alternative Militärpolitik, Hamburg 1974; Ulrich Albrecht: Das Tabu ‚Sicherheitspolitik‘, in: Frankfurter Hefte 12 (1974), S. 867–874 und Reiner Steinweg: Zur Situation der Militärpublizistik in der BRD, in: ami 3/76, S. III-59 und III-155–165.

201 Birckenbach/Wellmann: Thematisierung, S. 4f.

aus der Zeit des Kalten Krieges fort, die schon in den Werbekampagnen der Einleitung gezeigt wurden und noch genauer im Folgenden (Kap. 4) analysiert werden.[202]

Als letzte formalisierte Form der militärisch-industriellen Verflechtung müssen noch die teils privaten teils staatlichen Unternehmensgründungen im Rüstungsbereich benannt werden. Für die heerestechnischen Unternehmen spielten solche **gemischt-wirtschaftlichen Formen der Zusammenarbeit** aber eine im Vergleich zur Marine- und Flugzeugproduktion eher untergeordnete Rolle. Insgesamt bildeten sich drei große Planungsgesellschaften heraus, die zwar privatwirtschaftlich organisiert waren, aber Aufgaben der öffentlichen Hand übernahmen. Die Marinetechnik-Planungsgesellschaft (MTG), die Elektronik-System-Gesellschaft (ESG) und die Gesellschaft für Führungssysteme (GFS) waren im Besitz großer Konzerne wie Siemens, AEG, SEL, VFW, HDW, Blohm + Voss sowie Krupp (Atlas-Elektronik). Sie erstellten mit staatlicher Finanzierung einen Löwenanteil der Planungen für neue Waffen- und Nachrichtensysteme und fixierten Waffenprojekte, die nach Ansicht eines Gutachtens von Ministerialdirektor Günther Bode „ihrer Natur nach vom Bundeswehrbeschaffungsamt oder den logistischen Dienststellen der Bundeswehr wahrgenommen werden sollten." Er war der Ansicht, beim Zusammenspiel von Bund und Planungsgesellschaft „können Interessenskollisionen nicht ausbleiben" und dass die Planungshoheit der MTG „die Entscheidungsfreiheit des Auftraggebers (...) erheblich einschränkt."[203] Insgesamt war diese gemischt-wirtschaftliche Kooperation die am stärksten formalisierte und vertragsrechtlich fixierte Form der militärisch-industriellen Zusammenarbeit. Wie schon bei den *Public Private Partnerships* des Ersten Weltkriegs herausgebildet, entstanden hier Bereiche der intensiven Verflechtung staatlicher, militärischer und industrieller Aufgaben, die ungeachtet der erheblichen Interessengegensätze weiter fortbestanden und Folgeprojekte bis heute bedingen.[204]

Eine Reihe weiterer Berichte über **personelle Verflechtungen** und Netzwerke von Militärtechnikern und Beratern sind ebenfalls höchst aufschlussreich für die Frage, inwiefern es in der Bundesrepublik im Kalten Krieg einen militärisch-industriellen Komplex oder einen militärisch-wissenschaftlich-industriellen Komplex gegeben hat. Ein prägnantes Beispiel für die engen Verflechtungen,

---

202 Vgl. Christian Wellmann, Gewerkschaftliche Interessenvertretung zwischen Lobbyismus und Alternativplanstrategie, in: Ders./Michael Brzoska/Anton-Andreas Guha: Das Geschäft mit dem Tod. Fakten und Hintergründe der Rüstungsindustrie, Frankfurt a.M. 1982, S. 123–163. Siehe auch die Website der Betriebsräte in der Wehrtechnik unter: http://www.gmmb.de/wlr-ak/index_1.html (15.12.2015).

203 SPIEGEL-Titel Rüstung: „Da tummelt sich die Elite", S. 46.

204 Vgl. Stefanie van de Kerkhof: Public-Private Partnership im Ersten Weltkrieg? Kriegsgesellschaften in der schwerindustriellen Kriegswirtschaft des Deutschen Reiches, in: Hartmut Berghoff/Jürgen Kocka/Dieter Ziegler (Hg.): Wirtschaft im Zeitalter der Extreme. Beiträge zur Unternehmensgeschichte Deutschlands und Österreichs. Im Gedenken an Gerald D. Feldman (Schriftenreihe zur Zeitschrift für Unternehmensgeschichte 20), München 2010, S. 106–132.

die nach Bruno Latour und Mark Granovetter auch als Netzwerke bezeichnet werden können,[205] findet sich im Frühjahr 1972, als der Verfasser der Marketing-Berichte im Heeresamt zwei Sachbearbeiter im Dienstrang eines Oberst aufsuchte, aber auch dem BMVg einen Besuch abstattete. Dabei traf er auf einen anderen bekannten Berater, der aus dem aktiven Militärdienst ausgeschieden und bei der Röchling-Industrieverwaltung beschäftigt war. Wie aus dem Bericht ersichtlich wird, wurde intensiv miteinander diskutiert: „Durch Zufall traf ich bei Oberst B. [dem Sachbearbeiter] den Oberst a.D. D., der bei Röchling-Industrieverwaltung als Berater tätig ist; er hat daher die Orientierung, die Oberst B. mir gab, mit angehört. Die Angaben über den ‚Vorentwurf' von FINABEL über die ‚Schwere Unterstützungswaffe' sind durch Herrn [Oberst a.D.] D. aus dem französischen Text (der deutsche war nicht zur Hand) mündlich bei der Besprechung übersetzt worden."[206]

Weiterhin wurde mitgeteilt, dass ein Oberst von der Aufklärungs-Truppe noch vor der Bundestagswahl am 1. Oktober 1972 Nachfolger als Chef des Stabes bei der Inspektion Heeresrüstung im Heeresamt würde.[207] Trotz Bundestagswahl am 19. November 1972 wurden also beim Heeresamt zuvor noch Neubesetzungen vorgenommen. Rheinmetall-Informant Oberst a.D. F. berichtete daher vertraulich am 10. November darüber, dass er alle Stellenbesetzungen der für die Rheinmetall GmbH interessanten Inspektionen beim Heeresamt recherchiert habe: „Nach dem wichtigen Versetzungs- und Entlassungstermin Oktober 1972 habe ich die Listen der Stellenbesetzungen neu angelegt und im Heeresamt überprüft; eine ganze Reihe von Stellen ist neu besetzt worden. Die Listen liegen bei mir zur Einsicht bzw. Auskunfterteilung."[208] Diese Pflege von Personallisten der Beschaffungsämter verdeutlicht nochmals, welches Gewicht der Kontaktpflege zum Kunden im Unternehmen beigemessen wurde und wie groß das Bedürfnis nach gezielter Information über die Kunden im Konzern war.

Nach der Stellenumbesetzung startete das Unternehmen im April und Mai 1973 zudem ein umfassendes Besuchsprogramm mit Antrittsbesuchen oder Kontaktpflegegesprächen im Heeresamt und Material-Amt Heer der Bundeswehr. Besucht wurden im Heeresamt insgesamt sechzehn, meist hochrangige Mitarbeiter, im Material-Amt Heer weitere sieben Bundeswehrmitarbeiter.[209] Auffällig daran ist, dass in der Regel

205 Vgl. Hartmut Böhme u. a.: Netzwerke. Eine Kulturtechnik der Moderne, Köln 2004; Mark Granovetter: The Strength of Weak Ties, in: American Journal of Sociology 78,6 (1973), S. 1360–1380.

206 Marketing-Bericht Nr. 3/72, Thema: Kombi-Waffe Mörser PAW, Rheinmetall-Archiv B 522/3.

207 11.9.1972, Marketing-Bericht Nr. 5/72, Thema: A. Rohrbelastung der Leopardrohre in der Bundeswehr, B. Verschiedenes, Rheinmetall-Archiv B 522/39.

208 10.11.1972, Marketing-Bericht Nr. 9/72, in: Ebenda.

209 Sie werden in den Marketing-Berichten alle namentlich und mit Funktion benannt. Siehe Bericht vom 14.5.1973, Marketing-Bericht Nr. 5/73 und Reisebericht über die Besuche am 27.4.73 beim Heeresamt, am 7.5.73 beim Material-Amt Heer, Bad Neuenahr und Heeresamt, am 10.5.73 beim Heeresamt, in: Rheinmetall-Archiv B 522/39.

nur die leitenden Chargen besucht oder Einzelgespräche mit Mitarbeitern geführt wurden, die für den Absatz der Rheinmetall-Produkte unmittelbar von Interesse waren, z. B. in der Inspektion des Heeres Rüstung MK 20 mm oder im Dezernat Fahrzeug/Kette.

Eine wichtige Marketingstrategie für den direkten Absatz des Rüstungskonzerns war auch die Sammlung weiterer Informationen, z. B. über die neue Gliederung des Material-Amts Heer zur Mitte des Jahres 1973 oder über ausscheidende Offiziere der Inspektion Heeresrüstung und deren wahrscheinliche Nachfolger (vgl. Abb. 8).[211]

Die Gliederung des Material-Amts Heer sollte wie folgt aussehen:

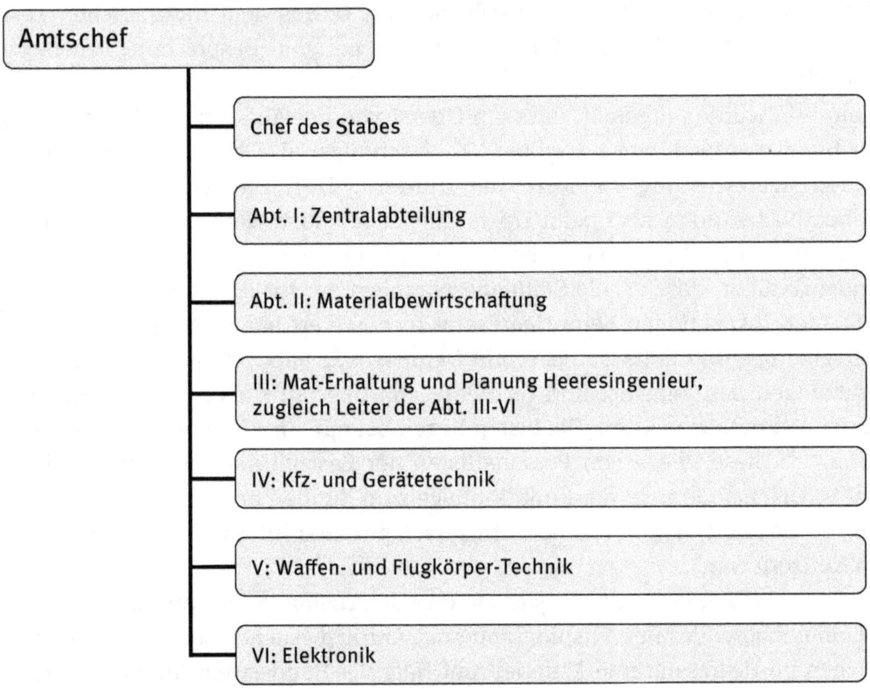

Abb. 8: Neue Gliederung des Materialamts Heer 1973.[210]
Quelle: Rheinmetall-Archiv B 522/3 Rheinmetall GmbH Marketingberichte 1972–1979.

Durch die genaue Kenntnis der Gliederung der jeweiligen Abteilungen, Referate und Stäbe samt Stellenbesetzungen erhielt das Unternehmen für das Direktmarketing wertvolle Informationen. Ansprechpartner wurden im Unternehmen bekannt gemacht, Kontakte hergestellt, und es wurde versucht, schon zuvor bestehende persönliche Bekanntschaften, z. B. ehemaliger Offiziere in Diensten Rheinmetalls, zu

210 Ebenda.
211 Ebenda.

ermitteln. Über diese Verbindungen verfügten allerdings auch andere Unternehmen, wie beispielsweise aus den Marketingberichten hervorgeht.[212]

Ein weiterer wichtiger Punkt, über den ein detaillierter Austausch bis über die Grenze des Erlaubten hinweg stattfand, waren die Besuche **ausländischer Militärs**, Diplomaten und Entscheidungsträger beim BMVg, bei der Bundeswehr (z. B. bei Truppenvorführungen) oder in Bundesbehörden. So wurde im Herbst 1972 festgehalten, dass in den nächsten Tagen der australische Generalstabschef, die amerikanischen CINC/CENTAG [NATO-Heeresgruppe, vdK] aus Heidelberg und japanische Vertreter, „die sich besonders die MK 20 mm RH 202 von der Truppe vorführen lassen wollen, in verschiedenen Gefechtsfahrzeugen" nach Munster kämen. Bezüglich der Japaner „monierte er, daß ‚die Industrie' (hier Rheinmetall gemeint) nicht immer die Bestimmung einhalte, daß die Genehmigung des BMVg einzuhalten sei, wenn Ausländern Waffen vorgeführt werden sollen; als Beispiel brachte er den Besuch der Japaner in Unterlüß."[213]

Häufige Mitteilungen, über die nur kurz berichtet wurde, waren auch Informationen über den Stand von **Beschaffungsvorhaben** oder -verfahren, Rüstungskäufe, Waffenentwicklungen, Probleme bei der Fertigung oder den Truppenversuchen. Diese kurzen Berichte waren von enormer Bedeutung, weil sie nicht nur die Informationen aus den Beschaffungsämtern präsentierten, sondern darüber hinaus einen Kontakt zu den direkten Anwendern in der Truppe herstellten. Zudem wurde Rheinmetall während des gesamten Beschaffungsprozesses, der sich bis zur Bestellung der Serienproduktion hinziehen konnte, über die Diskussionen in den Beschaffungsstellen national und international auf dem Laufenden gehalten. Der Verfasser eines Marketing-Berichts vom September 1972 vermerkte beispielsweise, er habe erfahren, „daß eine Entscheidung über Lieferung von Mk 20 mm RH 202 an Brasilien immer noch nicht gefallen sei."[214] Auch wurde zu Beginn des Jahres 1972 berichtet, das Speer-Projekt 1972 sei „tot"; anscheinend lebte es aber später wieder auf.[215]

In den 1960er und 1970er Jahren müssen diese beiderseits nützlichen „Netzwerke des Vertrauens" im Zuge der Krise insgesamt einen bedeutenderen Umfang eingenommen haben, wie auch aus der militärnahen Berichterstattung aus dem Bundestag in der Fachzeitschrift „Wehrtechnik" und einem älteren SPIEGEL-Artikel hervorgeht. Dies betraf nicht nur ausgeschiedene Soldaten oder Offiziere in Diensten von Unternehmen, sondern es kam anscheinend auch zu einer Verquickung von militärischer und industrieller Beratertätigkeit. Von 1961 bis 1970 sprach der SPIEGEL von „rund 300 zugelassenen oder abgelehnten Lobbyisten (einschließlich der ins Zivilleben zurückgekehrten

212 Ebenda.

213 11.9.1972, Marketing-Bericht Nr. 5/72, Thema: A. Rohrbelastung der Leopardrohre, B. Verschiedenes, Rheinmetall-Archiv B 522/3 Rheinmetall GmbH Marketingberichte 1972–1979.

214 Ebenda.

215 Rheinmetall-Archiv B 522/3.

Offiziere), die seit 1961 beim Antikorruptionsreferat ES (Ermittlung in Sonderfällen) registriert wurden.[216] Im Zeitraum von 1967 bis 1978 waren dann schon über 700 Anträge von ehemaligen Bundeswehr-Angehörigen beim BMVg gestellt worden, „die bei ihrer Tätigkeit in der Wirtschaft zugleich auch als Gesprächs- oder Verhandlungspartner in den Geschäftsverkehr mit der Bundeswehr eingeschaltet werden sollen." Nach einem Erlass war die Aufnahme eines solchen Engagements zustimmungsbedürftig. Rund 120 Anträge wurden „wegen konkreter Gefahr einer Interessenkollision" abgelehnt, wie der Parlamentarische Staatssekretär im BMVg, Dr. Andreas Bülow (CDU), auf eine Anfrage des Bundestagsabgeordneten Jürgen W. Möllemann mitteilte. Rund 580 ehemalige Bundeswehr-Angehörige waren also zu diesem Zeitpunkt zweifelsfrei mindestens in einer Position tätig, die Zweifel an einer Interessenkollision vermuten ließen.[217] Zudem institutionalisierten sich die Lobbyisten der Rüstungsunternehmen und gründeten sogenannte „Verbindungsbüros", „Verbindungsstellen", „Behördenbüros" oder „Verkaufsbüros" zur Bearbeitung des BMVg, von denen insgesamt ca. 180 um die Bonner Hardthöhe bis in die frühen 1970er Jahre entstanden. Die Luft- und Raumfahrtindustrie plante zudem ein „Haus der Luftwaffe", das in „zwangloser Klubatmosphäre" Lobbyisten und aktive Soldaten bzw. Generäle zusammenführen sollte.[218]

Einige besonders problematische Fälle wurden auch in der Öffentlichkeit diskutiert. Wie die ZEIT und der SPIEGEL von 1969 bis 1972 berichteten, wechselten aus der Bundeswehr mit Beschaffungsvorhaben befasste hohe Offiziere direkt in die Rüstungsindustrie über. Neben Rheinmetall zählten auch Bell-Aerospace, MBB, Dornier, Blohm + Voss sowie McDonnell-Douglas und Europavia zu den bevorzugten Unternehmen dieses Personal- und Wissenstransfers. Eine lange Liste dieser Fälle macht deutlich, dass es sich nicht um Ausnahmen, sondern um den Regelfall handelte.[219] Auch niedrigere Dienstgrade wurden übernommen, sofern sie zuvor mit entsprechenden Beschaffungsprojekten zu tun gehabt hatten.[220]

---

216 Hoffmann: Generale, S. 3. Der Leiter des ES, Schnell, beklagte sich denn ob der Zustände 1969 öffentlich darüber: „Ich bin doch die Bundeswehr-Putzfrau für Spezialdreck". O.V.: BUNDESWEHR / LOBBY. Goldener Oktober, in: DER SPIEGEL 8/1969 vom 17.02.1969, S. 60f., hier S. 60.

217 Artikel „Ehemalige Bundeswehrangehörige als Mitarbeiter in Unternehmen", in: Wehrtechnik 12/1978, S. 16.

218 O.V.: SPIEGEL-Titel Rüstung: „Da tummelt sich die Elite", Der SPIEGEL Nr. 28 (1972), S. 30–49, hier S. 41. und Wolfgang Hoffmann: Generale in privatem Sold. Die Wirtschaft nutzt immer häufiger die Verbindungen ehemaliger Offiziere, in: Die ZEIT vom 5. Juni 1970, S. 1–4, hier S. 3.

219 So wechselten hohe Offiziere in folgende mit Rüstungsaufträgen befasste Industrieunternehmen: Dornier, MBB, Blohm + Voss, Howaldtswerke-Deutsche Werft, Philips, Boeing International, Europavia, Röchlingsche Industrie-Werke Saar GmbH (Instandsetzungsaufträge für die Bundeswehr), Fritz Hellige und Co. GmbH, Matra S. A. und Conti-Flug. Die vollständige Namenliste in: o. V.: SPIEGEL-Titel Rüstung: „Da tummelt sich die Elite", S. 41; Hoffmann: Generale in privatem Sold, S. 1f.; O.V.: BUNDESWEHR / LOBBY.

220 Beispielsweise von McDonnell Douglas (Bonn), der Marinetechnik Planungsgesellschaft und den Bremer Flugtechnischen Werken VFW. Siehe o.V.: BUNDESWEHR / LOBBY.

Für Rheinmetall wurden gleich zwei ranghohe Offiziere tätig, zum einen Generalleutnant a.D. Hellmuth Mäder, vormals Chef des Truppenamtes als Berater und zum anderen der mit Franz Josef Strauß befreundete Brigadegeneral Herbert Becker.[221] Mäder, der im Zweiten Weltkrieg als Generalmajor eine Panzergrenadier-Division befehligt hatte, war aus sowjetischer Gefangenschaft erst 1955 aus Sibirien zurückgekehrt und trat 1957 in die Bundeswehr ein. Schon wenige Jahre später übernahm er 1960 im Range eines Generalmajors das Heeresamt in Köln. Er geriet nicht nur als Pensionär im Herbst 1976 in die Schlagzeilen, als ihn das Kölner Landgericht „wegen Betrugs und fortgesetzter Bestechlichkeit zu zwei Jahren Haft ohne Bewährung" verurteilte und er als Konsequenz auch Titel und Pension verlor.[222] Schon bei seinem Wechsel zu Rheinmetall wurde öffentlich im SPIEGEL über seine Interessenkonflikte diskutiert: „In diesem Licht scheint auch die Tätigkeit von Generalmajor Mäder bei Rheinmetall problematisch. Als Chef des Truppenamtes waren ihm nahezu sämtliche Heeresplanungen bis ins Detail bekannt. Ein Verteidigungsexperte des Bundestages meinte daher ironisch: ‚Auf die Dauer muß der Industriejob eines Ex-Generals mit der Pflicht zur Verschwiegenheit doch zu einer Persönlichkeitsspaltung führen.'"[223]

Ähnliche Kritik verlautete auch über Strauß-Intimus Brigadegeneral Becker, dem wie Mäder nachgesagt wurde, er habe nur eine Aufgabe: er solle „in Bonn Türen öffnen und Kontakte machen. (...) Hochdotierte Türöffner erscheinen der Rüstungsindustrie deshalb so wertvoll, weil ein neuer Auftragssegen ins Haus steht: Nach der CSSR-Krise wird die Ausrüstung der Bundeswehr verbessert; überholte Waffensysteme sollen abgelöst oder ergänzt werden." Becker war noch vor dem Ende der krisenhaften Ausgabenstagnation für die Bundeswehr in einer heiklen Mission tätig gewesen: in der Zeit der autoritären portugiesischen Diktatur war er für den Aufbau der von Strauß eingefädelten gigantischen deutschen Luftwaffen-Basis in Beja zuständig und überwachte zudem schwerpunktmäßig die Munitionsaufträge der zentralen deutschen Verbindungsstelle in Portugal (im Wert von über 120 Mio. DM). Unmittelbar nach seiner Pensionierung heuerte er zunächst bei der portugiesischen Munitionsfabrik an, die an die Bundeswehr Granaten und Patronen lieferte. Danach erfolgte der Wechsel zu Rheinmetall, das sich damit nicht nur der

221 Hoffmann: Generale, S. 1–3.

222 Er musste seine Strafe trotz Bestätigung durch den Bundesgerichtshof niemals antreten. Im Jahre 1984 verstarb Mäder, „seine Familie vermerkte in der Todesanzeige als letzten Dienstgrad des Verstorbenen: ‚Generalmajor der Wehrmacht'." O.V.: GESTORBEN. Hellmuth Mäder, in: DER SPIEGEL 21/1984, S. 124. Vgl. Dermot Bradley (Hg.): Die militärischen Werdegänge der Generale und Admirale der Bundeswehr 1955–1997, Bd. 3, Osnabrück 2005 S. 156 ff. Einzelheiten zum Prozess in: General a.D. hat den Bund betrogen. Zwei Jahre Haft für Hellmuth Mäder, Hamburger Abendblatt Nr. 246, Jahrgang 29, 21. Oktober 1976, S. 26.

223 Hoffmann: Generale, S. 2. Vgl. o.V.: BUNDESWEHR / LOBBY, S. 60 f.

Dienste eines „Türöffners" und erfahrenen Lobbyisten versichern konnte, sondern auch den Transfer von relevantem Spezialwissen sicherstellte.[224]

Besonders hart kritisiert wurde auch die Tätigkeit von Oberstleutnant a. D. Siegfried R. Schweinhagen als Militärberater von Powell & Co. Er war kurz zuvor noch im Luftwaffenamt für den Such- und Rettungsdienst tätig gewesen und beriet nun im Dienste von Powell die Westland Aircraft Ltd., die sich um einen Auftrag für 22 Such- und Rettungsdiensthubschrauber bemühte. Ähnlich wie bei der Beratungstätigkeit von Mäder, Becker und Brigadegeneral a. D. Kurt Gieser für die BASF-Automation liegt hier der enge Zusammenhang zwischen ehemaligem Dienstherr und privater Beratertätigkeit auf der Hand. Gieser war „für die Heidelberger BASF-Automation unterwegs und kontaktiert dabei auch alte Kameraden. (...) Gieser ließ dann durchblicken, wie gut seine Kontakte zu diesem einflußreichen Obristen der Truppe seien. Und voller Stolz konnte Gieser seine Firma auch darüber informieren, daß es ihm mit Hilfe eines anderen Obristen gelungen war, den Beschaffungsauftrag eines Konkurrenzunternehmens ‚abzudrehen'. Giesers eigenes Gerät konnte der Truppe angedient werden."[225]

Eine frühe Vorbildfunktion für diesen Wechsel vom Militär zur Industrie hatten schon hohe ehemalige NS-Offiziere wie General der Kavallerie a. D. Siegfried Westphal gehabt. Er war ein enger Vertrauter von Generalfeldmarschall Erwin Rommel im Afrika-Feldzug gewesen und wurde in den 1950er Jahren Direktor der Rheinischen Stahlwerke, bevor sie ihre Rüstungsbasis in den 1960er Jahren mit dem Kauf von Henschel und Hanomag ausbauten. Der ehemalige Fliegergeneral Adolf Galland machte sich mit dagegen auf angestammtem Terrain mit der Galland Industrieberatung selbständig.[226] Unternehmerisch wertvollen Personal- und Wissenstransfer vollzogen auch Dornier, die einen General beschäftigten, oder die Thyssen-Röhrenwerke, die mit Wolf Ernst Mommsen einen engen Mitarbeiter Speers als Direktor installierten. Er hatte während des Zweiten Weltkrieges für die Kriegswirtschaft und Munitionsbeschaffung sowie als Verbindungsmann zwischen Industrie und Militär gedient. Im Jahr 1970 wurde er als Vertrauter von Verteidigungsminister Helmut Schmidt für drei Jahre Rüstungsstaatssekretär mit Schwerpunkt auf der materiellen Ausrüstung. Nach seinem Ausscheiden aus dem Staatsdienst wurde er dann Vorstandsvorsitzender der Fried. Krupp AG und blieb damit seinem Metier durchaus treu.[227]

Zeitgenössische Berichte gingen davon aus, dass die genannten Beispiele eine Schrittmacherfunktion besaßen, denn „sie ebneten schon bald nach dem Krieg den

---

224 O.V.: BUNDESWEHR / LOBBY. Vgl. o.V.: BUNDESWEHR/ FEHLPLANUNG. Germanische Größe, in: Der SPIEGEL 34/1968 vom 19.8.1968.

225 Hoffmann: Generale, S. 1–3.

226 Ebenda und SPIEGEL-Titel Rüstung: „Da tummelt sich die Elite", S. 41.

227 Siehe u. a. ebenda, S. 31 und 41f.; Gertrud Milkereit: Mommsen, Ernst Wolf, in: NDB Bd. 18, Berlin 1997, S. 28f. und Abelshauser: Rüstungsschmiede der Nation, S. 397.

Weg zur Industrie, dem später andere folgten.“[228] Aus dem BMVg schied zudem Staatssekretär Werner Knieper aus und übernahm bei VFK sogar die Geschäftsleitung. Ob dieser Fälle urteilte der SPIEGEL im Jahr 1972: „Die Kameraderie zwischen Bundeswehr und Industrie fördert den Lobbyismus wie nirgendwo sonst in der gesamten Wirtschaft. (…) Wo die Generalslobby nicht die Wirtschaft mit dem Militär verfilzt, sind es zumindest ausgediente Obristen, Oberstleutnante und Majore – so bei Standard Elektronik Lorenz (SEL), so bei Krupp, so bei der Motoren- und Turbinen-Union (MTU). Es gibt kaum noch ein Rüstungsunternehmen, das nicht Bundeswehroffiziere unter Vertrag hält. Ihre militärischen Insider-Kenntnisse helfen den Firmen bei der Planung und beim Verkauf; ihre ehemaligen Untergebenen bleiben – wie der Bundesrechnungshof in einem Gutachten feststellte – bei Verhandlungen mit ihren Ex-Chefs selten unbefangen.“[229] Zwar berichtete Wolfgang Hoffmann für die ZEIT aus einem Gespräch mit General a.D. Panitzki auch über Offiziere mit „Ressentiments gegen eine Tätigkeit in der Wirtschaft. Dahinter steht so eine Art Standesdenken, aber auch in der Wirtschaft meinen die Leute oft, da kommt jetzt so ein General und hat es auf unsere zivilen Posten abgesehen.“[230] Doch obwohl es die meisten Offiziere nicht wie Westphal in die Führungsspitze von Unternehmen schafften, so waren sie durch ihre frühe Berentung im Alter zwischen 52 und 60 Jahren doch häufig an einer Tätigkeit in der Industrie interessiert, zumal sie hier ihre Kenntnisse und ihr Wissen weiterhin einbringen und sowohl ökonomisch als auch politisch verwerten konnten.[231]

Die Qualität und Quantität dieser Verflechtungen muss im Verlauf der 1960er Jahre rasant angewachsen sein, so dass der Verteidigungsminister und spätere Bundeskanzler Helmut Schmidt nach Jahren der Verhandlungen 1971/72 striktere gesetzliche Regelungen einführte. Offiziere, die pensioniert wurden, durften nun nach ihrem Ausscheiden aus der Bundeswehr drei Jahre lang kein Stellenangebot der Rüstungsindustrie annehmen.[232] Ob sich diese Regelung allerdings durchsetzte und auch für nebenberufliche Beratertätigkeiten galt, muss noch an Einzelfällen geklärt werden, sobald die Personalakten der Bundeswehr und des Antikorruptionsreferats ES geöffnet werden. Zudem gab es auch weiterhin Möglichkeiten auf eher indirektem Wege auf Wissen aus dem Militär zurückzugreifen, indem Unternehmen beispielsweise einen Personaloffizier einstellten, der informell aber auch über Wissen in Beschaffungsprojekten verfügte.[233]

Insgesamt kann also resümiert werden, dass wie in verschiedenen Gutachten von Bode und Dr. Schaefgen, Leiter des Antikorruptionsreferates ES im Verteidigungs-

228 Hoffmann: Generale, S. 1.
229 SPIEGEL-Titel Rüstung: „Da tummelt sich die Elite“, S. 41.
230 Hoffmann: Generale, S. 3.
231 Ebenda, S. 2.
232 SPIEGEL-Titel Rüstung: „Da tummelt sich die Elite“, S. 44; Hoffmann: Generale, S. 3.
233 Hoffmann: Generale, S. 3.

ministerium, Interessenkollisionen zwischen der Tätigkeit ehemaliger Offiziere bei den Rüstungsunternehmen und den Anforderungen des vormaligen Dienstherren teils sicher belegt, teils nur vermutet werden konnten. Auch Bundesrechnungshofpräsident Volkmar Hopf, früher Staatssekretär im Verteidigungsministerium, fand in einem Gutachten „die Tätigkeit der Offiziere in der Rüstungswirtschaft bedenklich und stellte fest, daß ehemalige Mitarbeiter und Untergebene bei Gesprächen und Verhandlungen mit dem Ex-Chef nicht unbefangen bleiben."[234] Zusammengenommen bezeugen die dargestellten verschiedenen formalisierten und informellen Transfer- und Kooperationsbereiche, dass erhebliche Verflechtungen von militärisch-industriellen und partiell auch politischen Interessen während des gesamten Kalten Krieges in der BRD vorlagen. Bei einigen prominenten Fallbeispielen konnte eine wenig formalisierte, persönliche Einflussnahme festgestellt werden, die sich schon mit dem Wechsel hoher Offiziere in die Industrie nach dem Kriegsende in den frühen 1950er Jahren vollzogen hatte. In anderen Fällen kam es zu formellen Netzwerken oder sogar intensiver Verschmelzung von staatlich-militärischen mit privat-industriellen Aufgaben und Zielen, die insgesamt betrachtet seit den späten 1960er Jahren zunahmen. Vieles spricht dafür, dass die ökonomische Krisensituation hier eine entscheidende Rolle spielte. Die Vielzahl der Netzwerke, Transferbereiche und Organisationsformen der militärisch-industriellen Zusammenarbeit ließe sich insgesamt auch unter dem Begriff des militärisch-industriellen Komplexes fassen, obgleich eine genaue Abgrenzung schwierig erscheint.

Für die USA wurden die Dimensionen des militärisch-industriellen Komplexes und die Reichweite des Lobbyismus' genauer in einer Vielzahl von ökonomischen und soziologischen Studien untersucht. Dabei wurden auch Pfadabhängigkeiten, die aus der Rüstungsexpansion des Zweiten Weltkriegs herrührten, bereits in den Blick genommen.[235] Ähnlich wie in der BRD gab es einen übersichtlichen Kreis von Auftragnehmern des Staates, der in den 1970er Jahren aus etwa 100 Rüstungsunternehmen bestand. Sie beschäftigten im Jahr 1973 über 3.000 ausgediente Offiziere, also ein zahlenmäßig deutlich umfangreicherer Transfer von Personal als in der BRD. In die Gegenrichtung wechselten 275 frühere Rüstungsindustrie-Manager, die höhere Positionen im US-Verteidigungsministerium besetzten. Auffällig fanden wissenschaftliche Studien daran, dass 57 der Regierungskäufe im selben Jahr ohne öffentliche Ausschreibungen und Wettbewerb abgeschlossen wurden.[236] Dies weist auf einen Amalgamierungsprozess hin, der deutlicher die Grenzen überschritt als im Westdeutschland der Nachkriegszeit.[237] Zudem gab es wie in der BRD eine

234 Ebenda, S. 2. Vgl. o.V.: BUNDESWEHR / LOBBY. Goldener Oktober, S. 60 f.

235 Vgl. van de Kerkhof: Military-Industrial Complex mit ausführlichen Literaturhinweisen.

236 Alvin R. Sunseri: The Military-Industrial Complex in Iowa, in: Cooling, S. 158–170, hier S. 158 f. Vgl. William Proxmire: Report from Wasteland. America's Military-Industrial Complex, New York u. a. 1970, S. 123–176.

237 Gordon Adams: The Iron Triangle. The Politics of Defense Contracting, New York 1981, S. 227 ff.

Grauzone zwischen Beeinflussung und Korruption, die teils mit hohen Zahlungen einhergingen.[238] Etwa 100 Mio. Dollar fragwürdiger Zahlungen sollen zwischen 1970 und 1979 von den US-Rüstungsgrößen Boeing, Lockheed und McDonnell Douglas auch an überseeische Regierungen, Politiker und Militärs geflossen sein.[239] Verteidigt wurden illegale Zahlungen z. B. mit der Begründung, dass diese Praxis auch bei anderen Unternehmen durchaus üblich sei.[240]

Trotz weitergehender legaler und illegaler Kontakte im Rüstungssektor konnten allerdings keine Aussagen darüber gemacht werden, ob und inwieweit die versuchte Einflussnahme tatsächlich erfolgreich war. Somit kann die Frage, ob die Rüstungsindustrie relevanten Einfluss auf Militär und Politik ausübte oder ob der Primat nicht doch bei den politischen Entscheidungsträgern lag, auch in diesem Fall trotz des umfangreichen erhobenen Materials nur bedingt valide beantwortet werden. Doch eindeutig liegen auch hier während der 1970er Jahre quantitative Steigerungen der Verbindungen von Industrie zu Militär und Regierung vor. Inwieweit damit auch eine qualitative Veränderung verbunden war, lässt sich allerdings aus zwei Gründen kaum klären: Zum einen müssten zunächst genauere Kriterien dafür aufgestellt werden, wie Abweichungen von der früheren Praxis festgestellt und bewertet werden könnten, d. h., woran letztendlich das spezifisch MIC-hafte festgemacht werden kann.[241] Zum anderen fehlen aufgrund der Quellenlage noch eingehendere Studien mit quantitativer Grundlage und eindeutigen Belegen. Festzuhalten bleibt für die Struktur der politisch-militärisch-industriellen Beziehungen, dass nicht nur ein deutlicher Lobbyismus auftrat, sondern auch aufgrund der hohen Zahlungen von illegalen Einflussnahmen in Form von Korruption, allerdings in verschiedenen Ausprägungsformen ausgegangen werden muss. Zwar kann für die BRD nach der eingehenden Betrachtung davon ausgegangen werden, dass sich das Lobbywesen weniger ausgeprägt als in den USA gestaltete. Doch nahm die Zahl der formellen und informellen Verflechtungen im Verlauf der 1970er Jahre – ähnlich wie in den USA – deutlich zu, so dass im Ergebnis von einer Veränderung der Marketinginstrumente in staatlichen Beschaffungsprozessen durch die erste Nachkriegsrezession 1966/67 ausgegangen werden muss.

---

238 Ebenda, S. 110 ff. und 134 ff.

239 Ebenda, S. 200 ff., 309 ff. und 333 f. Vgl. Anthony Sampson: Die Waffenhändler. Von Krupp bis Lockheed. Die Geschichte eines tödlichen Geschäfts, Reinbek 1977.

240 Adams: The Iron Triangle, S. 311–313 und 335 f.; Markusen: Rise of the Gunbelt, S. 34. Zahlungen von Lockheed sollen an politische Größen in den Niederlanden, in Japan und Italien, aber auch an Personen in Südafrika, Nigeria, Spanien, Taiwan, Malaysia, Mexiko, Kuwait, Argentinien, Kolumbien, Peru, Venezuela, Saudi-Arabien und die Türkei geflossen sein.

241 Vgl. Edward P. Levine: Methodological Problems in Research on the Military-Industrial Complex, in: Rosen: Testing the Theory, S. 291–307.

3.1.6 Produktpolitik als Marketinginstrument

Waffen und Waffensysteme verfügen als langfristig entwickelte und teilweise stark arbeitsteilig von vielen Unterlieferanten produzierte Investitionsgüter ähnlich wie Maschinen über eine andere Produktqualität als Konsumgüter.[242] Dies hat in der Konsequenz deutliche Auswirkungen auf das Marketing, nicht nur was die bereits betrachteten Kommunikations- und Distributionspolitiken angeht. Auch die Produktpolitik wurde in den engen Produzenten-Abnehmer-Beziehungen vom Marketing stetig genutzt, um den Absatz zu steigern, wie an den Fallbeispielen Rheinmetall und Krauss-Maffei gezeigt werden kann.

Erfolgsmodell Kampfpanzer Leopard und seine Weiterentwicklung

Ein wichtiges Produkt der bundesdeutschen Rüstungsproduzenten war der Kampfpanzer LEOPARD, der in Bundeswehrkreisen als internationales Erfolgsmodell galt, aber stetiger Weiterentwicklung bedurfte. Der LEOPARD 1 als erste bundesdeutsche Eigenproduktion im Panzerbau sollte ab 1955 die amerikanischen M 47 und M 48-Panzer in Diensten der Bundeswehr ablösen. Er entstand zunächst aufgrund der Entscheidung Frankreichs, Italiens und der BRD, einen mittleren Kampfpanzer gemeinsam zu entwickeln.[243] Doch das bundesdeutsche Heer ging bald darauf wieder eigene Wege: Im Jahre 1959 begannen zwei konkurrierende deutsche Firmengruppen mit der Konstruktion eines Prototyps. Dem Zusammenschluss von MaK, Jung, Luther und Jordan sowie Porsche (Firmengruppe A) einerseits standen auf der anderen Seite als Firmengruppe B Rheinstahl-Hanomag, Henschel und das Ingenieurbüro Warnecke gegenüber. Nach der Erprobungsphase erhielt die erste Firmengruppe um die spätere Krupp-Tochter MaK den Zuschlag, da das Konkurrenzprojekt „wesentlich fortschrittlicher war und viel mehr Zeit bis zur Produktionsreife benötigt hätte“.[244] Doch auch die Firmengruppe B ging nicht ganz leer aus, denn ein Konsortium von Thyssen und Henschel erhielt – allerdings aus Argentinien – einen Auftrag zum Bau von 250 schweren Panzern auf der Grundlage des deutschen Schützenpanzers „Marder“. Ausgestattet war er in einer Exportversion mit einer Rheinmetall-Kanone (Rh-105–30), die über bessere Eigenschaften und modernere Ausstattung als das argentinische Standardmodell verfügte.[245]

---

242 Vgl. konsumgüterorientiert dazu Gries: Produkte als Medien.

243 Stadt Munster (Hg.): Deutsches Panzermuseum Munster mit Lehrsammlung gepanzerte Kampftruppen der Panzertruppenschule, bearb. von Oberstabsfeldwebel a.D. und Museumsleiter Walter Grube, 6. Aufl. Munster o.J. [2003], S. 25. Roger Ford: Panzer von 1916 bis heute, Erlangen o.J. [2000], S. 151, berichtet lediglich von gemeinsamen deutsch-französischen Plänen, die schnell aufgegeben worden seien.

244 Ford: Panzer von 1916 bis heute, S. 151.

245 Ebenda, S. 149.

Die Firmengruppe A um Porsche als einer der bedeutendsten Rüstungskonstrukteure des Zweiten Weltkriegs erhielt dagegen den scheinbar lukrativen Auftrag für den Prototypenbau des LEOPARD 1. Das aus kleineren Spezialisten bestehende Konsortium konnte die ersten Panzer 1962 für Truppenversuche auf den erst sechs Jahre zuvor wieder in Betrieb genommenen Truppenübungsplatz in Munster in der Lüneburger Heide schicken. Aufgrund von viel versprechenden Zwischenergebnissen entschied sich die Bundeswehrführung bereits 1963, den LEOPARD 1 in Serie zu beschaffen. Nachdem insgesamt 26 Prototypen und 50 Vorserienmodelle entwickelt worden waren, begann ab 1965 die Serienproduktion.[246] Unklar ist bislang, warum nun die zum Flick-Konzern gehörige Münchner Krauss-Maffei AG zum Generalunternehmer für den LEOPARD wurde. Ausschlaggebend mag dafür gewesen sein, dass zum einen noch relativ großes Know-how in der Entwicklung von Kettenfahrzeugen aus der NS-Rüstungswirtschaft vorhanden war. Möglicherweise spielten aber auch die militärisch-industriellen Netzwerke zwischen der Flick-Gruppe und dem BMVg eine Rolle. So schrieb Auer in seiner Unternehmensgeschichte von Krauss-Maffei: „Wenn auch vorderhand keine Rüstungsaufträge in Sicht waren, blieb man in Allach keineswegs untätig. Anknüpfend an das know-how, das Krauss-Maffei vor 1945 mit dem Bau der Halbkettenzugmaschine erworben hatte, begannen die Konstrukteure nun, Kettenfahrzeuge zu entwerfen – in enger Abstimmung mit der Strategischen Abteilung des Generalstabs, wie in einem internen Bericht ausdrücklich vermerkt wird. Als dann Anfang der 60er Jahre die Vergabe von Bundeswehr-Großaufträgen für Schützenpanzer anstand, hatte Krauss-Maffei gute Karten. Es kam hinzu, daß Flicks Generalbevollmächtigter Rohde ein alter Bekannter von Kai-Uwe von Hassel war. Hassel hatte Strauß nach der ‚Spiegel-Affäre' als Verteidigungsminister abgelöst." Von daher sei es auch wenig glaubwürdig, dass „Konzernherr Friedrich Flick, der ja nach 1945 von den Alliierten wegen seiner Kriegsgeschäfte zu einer langjährigen Haftstrafe verurteilt worden war, ursprünglich keinerlei Interesse gezeigt haben [soll], sich an der Ausschreibung des Verteidigungsministeriums zu beteiligen. Erst als ihm versichert wurde, daß die Panzerkanone in England produziert werden würde, überlegte er es sich angeblich anders. Sollten ihm die langjährigen Vorbereitungen, die in Allach für den Wiedereinstieg ins Rüstungsgeschäft getroffen worden waren, tatsächlich entgangen sein?"[247]

Der im August 1963 abgeschlossene Vertrag über den Leopard sah vor, dass Krauss-Maffei Generalunternehmer von „zunächst 1.500 deutschen Standardpanzern" werden sollte.[248] Der sichere Auftrag im Wert von 1 Mio. DM pro Stück, d. h. insgesamt

246 Ebenda.

247 Alois Auer (Hg.): Krauss-Maffei. Lebenslauf einer Münchener Fabrik und ihrer Belegschaft. Bericht und Dokumentation von Gerald Engesser, München 1988, S. 254–256. Keine weiteren Informationen dazu bei Johannes Bähr/Paul Erker/Maximiliane Rieder (Hg.): 180 Jahre KraussMaffei. Die Geschichte einer Weltmarke, München 2018, S. 284 ff.

248 Ebenda, S. 256 f.

1,5 Mrd. DM „bescherte dem Allacher Unternehmen umsatzmäßig wahre ‚Leopardensprünge'" (Zeitungsüberschrift) und schaffte Pfadabhängigkeiten für die spätere Produktion ähnlicher Projekte z. B. die Flakpanzer Gepard und CA 1 oder den Kampfpanzer LEOPARD 2. Doch trotz des hohen Auftragsvolumens wurden bei Krauss-Maffei selbst, in „der Produktion (...) durch den Panzerbau kaum neue Arbeitsplätze geschaffen. Der Eigenanteil an der Gesamtherstellung beträgt nämlich nur weniger als 20 % und umfaßt im wesentlichen die Endmontage. Der Rest wird durch über 1.500 Zulieferfirmen erledigt. Nur etwa 15 % – 20 % des Rüstungsumsatzes wird im Werk selbst erwirtschaftet, der große Rest geht als Durchlaufposten an die Zulieferer weiter, von denen viele sicher nicht ungern ihren Anteil am Rüstungsgeschäft hinter dem Namen Krauss-Maffei verstecken. Von den gegenwärtig ca. 5.000 Beschäftigten sind etwa 1.700 im Unternehmensbereich Wehrtechnik tätig, davon aber nur 400 in der Produktion, alle anderen in den Verwaltungs- und Konstruktionsabteilungen", so Auer.[249]

Einzelne Komponenten des Kampfpanzers entstanden bei Spezialisten, so wurde z. B. der Turm in einem Stück bei Rheinmetall gegossen. Auch die italienische Rüstungsgröße OTO Melara in La Spezia wurde in gewissem Umfang beteiligt und erhielt eine Lizenz für den Nachbau, um das italienische Heer auszustatten. Von 1965 bis 1981 konnten aus deutscher Produktion insgesamt 4.804 Kampfpanzer an NATO-Staaten und Australien ausgeliefert werden. Zudem wurden diese teils noch um Sonderausstattungen erweitert oder im Kampfwert gesteigert. Im selben Zeitraum wurden auch die Chassis für mehrere hundert Bergungspanzer, Pionierpanzer und Panzerbrücken sowie den Jagdpanzer Gepard ausgeliefert.[250]

Dass der LEOPARD nach Beginn der Serienproduktion stetig weiterentwickelt werden musste, lag nicht nur an den erforderlichen Instandsetzungszyklen, sondern auch am dargestellten Absatzdilemma der Unternehmen. Wollten sie ihre Produktionskapazitäten nach dem Auslaufen der Serienfertigung aufrechterhalten, mussten sie entweder ihr Heil im Export suchen oder nach neuen Möglichkeiten der Weiterentwicklung bestehender oder ähnlicher Produkte suchen. Der LEOPARD bot sich hier als langfristiges Projekt an, das mit verschiedenen Marketingmitteln im Absatz gesteigert werden sollte. Neue Möglichkeiten zum Absatz mussten dazu von den Marketingverantwortlichen der Rüstungsunternehmen stetig ausgelotet werden. Dies galt beim LEOPARD insbesondere für die Hauptverantwortlichen Krauss-Maffei als Generalunternehmer und Rheinmetall als Entwickler und Produzent von Turm und Bewaffnung.

Hier bot die schon erwähnte Überreichung von Werbepräsenten an Mitarbeiter der Beschaffungsämter einem Unternehmen wie Rheinmetall nicht nur die Möglichkeit, in persönlichen Gesprächen detaillierter über laufende, beabsichtigte und neue Aufträge informiert zu werden, sondern bildete auch wie der AK Rüstung und die

249 Auer (Hg.): Krauss-Maffei, S. 254–256.

250 Ebenda, S. 151 f. und Stadt Munster (Hg.): Deutsches Panzermuseum Munster, S. 25.

„Gesellschaftspolitischen Seminare" einen Rahmen für allgemeinere Erörterungen der Militärstrategie. Tiefe Einblicke bieten auch hier wieder die Marketingberichte der Rheinmetall GmbH. So ergab sich für Rheinmetall-Mitarbeiter Oberst a.D. F. kurz vor Weihnachten am 19. Dezember 1972 eine Gelegenheit, bei seinen Besuchen in Bonn als Begleiter von Rheinmetall-Vorstand Dr. Hockel militärstrategische und rüstungswirtschaftliche Gespräche mit den wichtigsten Beschaffungsoffizieren zu führen.[251] Die Herren teilten dem Rheinmetall-Informanten mit, dass für die nächsten Jahre das Panzer-Stärkenverhältnis potentieller Gegner der NATO in Mitteleuropa wesentlich sei. Dabei sei zu berücksichtigen, „daß die Sowjets etwa 3:1 stärker sind im Angriff. Das bedeutet, daß ein deutscher Pz Leopard im Schnitt 3–4 fdl. Pz. [feindliche Panzer, vdK] abschießen kann, dann aber selbst vernichtet wird." Eine Schlussfolgerung, die bei diesen Gesprächen möglicherweise gemeinsam entwickelt und dann gezogen wurde, war, dass nicht die quantitative „Unterlegenheit" beseitigt, wohl aber die qualitative Ausrüstung verbessert werden könne. Drei Möglichkeiten zur Verbesserung wurden dabei angesprochen: größere Schnelligkeit, verbesserte Erstschusstreffwahrscheinlichkeit und stärkere Querbeschleunigung. Da bislang zwei bis vier Schuss nötig gewesen seien, um einen gegnerischen Panzer lahmzulegen (hier *complete kill* genannt), wurden insgesamt nur vier Möglichkeiten zur Modifizierung von Panzern gesehen: Zwillingsbewaffnung des Panzers, eventuell dazu Scheitellaffettierung, asymmetrische Justierung oder eine halbstarre Waffe. Auf der Grundlage dieser wichtigen Informationen sollte das Unternehmen nun seine Planungen für größere Schießvorführungen bei den Abnehmern im Januar 1973 gestalten. Dies bedeutete, dass gezielte Vorabsprachen für Produktmodifikationen und Entwicklungs- bzw. Forschungsmöglichkeiten schon im Vorfeld erörtert worden waren.[252] Ähnlich wichtige Informationen erhielt F. auch 1973, da er in seinem Marketing-Bericht vom 14. Mai über die Bestände an M 48, Bestände an US-Panzern in der Bundeswehr, zur Ausmusterung vorgesehene Bestände, Verschiebung und Umrüstungen berichten konnte.[253]

Eine besondere Nachricht konnte der Rheinmetall-Informant dann im Dezember 1973 übermitteln. Seine Telefonnotiz fasst die Ergebnisse einer Besprechung von Oberst a.D. F. und Rheinmetall V-1 mit dem Inspektor der Heeresrüstung, einem General vom Heeresamt zusammen. In der Regel stammten Testergebnisse von Produkteinsätzen aus Versuchs- oder Probeschießen, seltener aus Einsätzen bei Manövern. Diesmal konnten die Marketingfachleute dem Unternehmen

251 Bericht vom 20.12.72, Aktennotiz (Reisebericht) über die Dienstreise nach Bonn (BMVg) und Köln (Heeresamt) am 19.12.72, Rheinmetall-Archiv B 522/3 mit Namen.

252 F., 20.12.72, Herrn Direktor Dr. Falcke, GF-V, Aktennotiz (Reisebericht) über die Dienstreise nach Bonn (BMVg) und Köln (Heeresamt) am 19.12.72, Rheinmetall-Archiv B 522/3 Rheinmetall GmbH Marketingberichte 1972–1979.

253 F., Marketing-Bericht Nr. 5/73, 14.5.1973, Rheinmetall-Archiv B 522/3 Rheinmetall GmbH Marketingberichte 1972–1979.

genauere technische Daten von Bundeswehr-Kreisen aus einem Kriegseinsatz, nämlich dem Jom-Kippur-Krieg, übermitteln, was eine besondere Ausnahme darstellte. Sie berichteten, dass die Israelis einen ursprünglich sowjetischen T 62 erbeutet hätten, der völlig unbeschädigt gewesen sei, da der Treibstoff ausgegangen war. Sie zitierten zudem die Zürcher Zeitung mit der Nachricht, dass der Panzer über ein Geschütz mit 115 mm glattem Rohr verfügt hätte und daraus „angeblich immer nur H-Ladungs-Muni[tion] verschossen worden [sei]; die Treffsicherheit wäre nicht groß gewesen, starke Streuung". Da es sinnlos sei, aus einem glatten Rohr keine Wuchtgeschosse zu verschießen, sondern H-Ladung, wurde geschlossen, dass „die Russen nicht die wirklich dazugehörige Munition geliefert hätten, damit sie nicht in westliche Hände fallen soll."[254] Die Schlussfolgerungen, die der General aus diesen Mitteilungen zog, machen die engen Kontakte des Unternehmens zu den Entscheidungsträgern besonders deutlich: „Im Club der Benutzer von Leo ist Italien noch nicht Mitglied, hat aber gerade die Mitgliedschaft beantragt. General L. bittet Sie – mit Ihren Beziehungen – der Leitung seines Hauses den Gedanken nahezubringen, dass bei diesem Club bei einer nächsten Sitzung vorgeschlagen werden müsste, daß alle Leo-Benutzer aufgrund der Erfahrung Israel auf 105 mm glatt umrüsten sollten."[255] Hier zeigt sich, dass es eine enge Kooperation gab, die auch eine Einflussnahme des Unternehmens auf die Entscheidungsträger im Ministerium nicht ausschloss. Dies weist auf eine Interessenkongruenz hin, die beide Seiten gemeinsam verfolgten – auch gegen Interessen aus dem Militär bzw. der Ministerialbürokratie selbst. Diese Erkenntnis kann sich auch auf weitere Quellen von Anfang 1974 stützen, die der Rheinmetall-Informant an die Direktoren des Rheinmetall-Konzerns sowie die Geschäftsführung und weitere Abteilungsleiter der Rheinmetall GmbH schickte.[256]

Das Projekt „Gewehr der 1980er Jahre"

Insgesamt tauchen verschiedene wichtige Rüstungsprojekte in den Marketing-Berichten der frühen 1970er Jahre immer wieder auf, z. B. das „Gewehr der 80er Jahre". Als Nachfolgemodell für das G3 hatte es eine hohe militärische, aber auch ökonomische Relevanz für die Waffenproduzenten, die um den Zuschlag buhlten. Die Bezeichnung für die neu zu entwickelnde Waffe macht deutlich, wie lang im Unternehmen die Entwicklungszeit eingeschätzt wurde und wie wichtig es daher für das Unternehmen war, mit dem Nachfrager schon vorab in enger Fühlungnahme zu bleiben. Dies belegt auch ein Bericht aus dem Frühjahr 1973, der noch weitergehende Ansprüche thematisiert. Denn dem Gewehr der 1980er Jahre wurde so viel Gewicht beigemessen, weil die „BRD (...) von der NATO als ‚Pilotland' für

254 11.12.73, Telefonnotiz von Herrn F., in: Rheinmetall-Archiv B 522/3.
255 Ebenda.
256 F., 18.1.1974, Marketingbericht Nr. 1/74, in: Rheinmetall-Archiv B 522/3.

das Gewehr der 80-er Jahre bestimmt worden“ war. Der Zeitrahmen wurde von der NATO festgelegt. So waren beispielsweise fast drei Jahre einkalkuliert worden, um das gemeinsame NATO-Kaliber der Waffe auszuarbeiten und zu verhandeln. Zwar scheint der geplante Zeitraum von Mitte 1973 bis 1976 auf den ersten Blick als recht lang, allerdings wurde der Rheinmetall-Informant darüber aufgeklärt, dass bis dato nur Einzelstudien verschiedener Länder vorlägen, wobei bislang alle Arten von Gewehren vorkämen, z. B. Duplex, Triplex, Flechette oder Schrotgewehr. Im Bericht wird erwähnt, dass die „BRD (...) hülsenlose Munition“ anstrebe, allerdings wird nicht deutlich, ob der Vorschlag für diese Spezifikation von der Bundeswehr oder von konkurrierenden Produzenten stammte. Als mögliche Produzenten in der BRD wurden neben Rheinmetall auch die stärksten Konkurrenten auf dem inländischen Markt, HEKO, Diehl, Mauser und DLAG, genannt.[257]

Im Oktober 1975 informierte der Marketingkontaktmann die Geschäftsführung der Rheinmetall GmbH und den Vorstand der Rheinmetall Berlin AG von seinen Besuchen beim Heeresamt und Führungsstab des Heeres sowie beim Luftwaffen-Ausbildungs-Kommando. Dabei habe er in Erfahrung gebracht, dass HEKO sowie Mauser beim Gewehr der 1980er Jahre „schon ‚ziemlich weit‘ [sind], wenn auch HEKO noch Schwierigkeiten haben soll“. Dies bot anscheinend für Rheinmetall eine letzte Möglichkeit, bei diesem bedeutenden Rüstungsprojekt noch ins Geschäft zu kommen. Allerdings beurteilte der Rheinmetall-Informant die Aussichten nach seinen Gesprächen in den Dienststellen skeptisch: „Wenn Rheinmetall noch mit einer eigenen Lösung einspringen will, müßte das bald sein und eine überzeugend bessere Lösung bringen als die beiden beauftragten Firmen.“[258] Dies scheint Rheinmetall aber letztlich nicht gelungen zu sein, während die Düsseldorfer Waffenproduzenten bei einem weiteren Prestigeprojekt, dem „MG der 80er Jahre“, erfolgreicher waren.

Das Projekt „MG der 1980er Jahre“

Eine rückläufige Nachfrage war nach dem Ende der Erstausstattungsphase seit den 1960er Jahren nicht nur in den Ausgaben der Beschaffungsämter, sondern auch speziell bei einzelnen Produkten zu verzeichnen. Nach der Auftragsflut der Wiederbewaffnung galt es daher für die Hersteller, sich entweder neue Märkte zu erschließen oder im Servicebereich, z. B. in der Umrüstung alter Waffen mit neuen Teilen, tätig zu werden. Ein Bericht zeigt, wie aufwendig es für das Unternehmen war, an Informationen zu gelangen und wie eng die Abstimmung bezüglich einzelner Produkte erfolgte. Der Verfasser des Berichts, Oberst a.D. F., war dabei interessiert an der „angebliche[n] Umrüstung des MG 2 auf MG 3“ und recherchierte zu diesem Zweck beim Heeresamt, beim Material-Amt Heer, beim Marineamt in

257 F., 14.5.1973, Marketing-Bericht Nr. 5/73, S. 6 f., in: Ebenda.

258 7.10.1975, P-2 Franz an GF über Hockel, u. a., Marketingbericht Nr. 4/75, Betrifft: Mehrere Besuche von P-2 bei Heeresamt und Fü H sowie Lw.Ausb.Kdo., Porz-Wahn, Bl. 2, in: Ebenda.

Wilhelmshaven, beim BMVg und beim Führungsstab des Heeres. Beim Material-Amt Heer erfuhr der Informant, dass im Heer keine MG 2 mehr verwendet würden, da sie „längst ausgesondert" worden seien. Allerdings sei das Amt auch zuständig für die Ausrüstung der Marine mit MG, und er habe die genauen Zahlen der Ausstattung der Marine mit MG mit tagesaktuellem Stand erhalten. Hier konnte er nun in Erfahrung bringen, dass das MG 2 gegen das MG 1 oder MG 3 ausgetauscht werden sollte, wobei man nur einen Typ, entweder MG 1 oder MG 3, zu diesem Zweck bestellen wollte.[259]

Die Nachfrage nach Maschinengewehren war nach den Ausrüstungswellen jeweils zurückgegangen, was im genannten Bericht somit zum Ausdruck gebracht wurde. Um an zusätzliche Aufträge zu gelangen, versuchte das Unternehmen aber, bei weiteren Ausstattungswellen oder Aufträgen für eine Neuentwicklung berücksichtigt zu werden. Der Verfasser der Marketing-Berichte informierte sich deshalb im Mai 1973 ausführlich bei der Inspektion Heeresrüstung im Heeresamt über ein weiteres langfristiges Großprojekt: das „MG der 1980er Jahre". Danach konnte er berichten, dass „wie Deutschland Pilotland für das Gewehr, (...) Belgien Pilotland für das MG der 80er Jahre" sei. Dies bedeutete zwar, dass die Entwicklungsarbeit und die Entscheidungen in Belgien vollzogen werden sollten, nicht jedoch, dass deutsche Hersteller grundsätzlich von der Produktion ausgeschlossen werden würden. Eine Möglichkeit, deutsche Hersteller trotz der zunächst nachteiligen Vorentscheidung über das Pilotverfahren in Belgien ins Spiel zu bringen, war, die NATO-Abstimmungen im Vorfeld zugunsten der deutschen Hersteller und ihrer möglichen Produkt-Spezifikationen zu beeinflussen. So verlautete aus der Inspektion Heeresrüstung, dass es „der deutschen Vertretung im Finabelausschuß (...) gelungen [sei], die militärische Forderung (TAF) für das künftige MG so zu beeinflussen, daß sie auf das deutsche MG 3 paßt, ausgenommen das Gewicht."[260] Es sei allerdings noch weitere Überzeugungsarbeit zu leisten, denn die USA, Kanada und England forderten in diesem Ausschuss, dass zwei MG konstruiert werden sollten: „ein ‚leichtes MG', Wirkung bis 600 m, ein ‚mittleres MG', Wirkung bis 1200 m". Rheinmetall konnte aber vermutlich recht zuversichtlich sein, denn der Informant berichtete auch, „die Masse der NATO-Länder teilt den deutschen Standpunkt, daß ein mittleres MG genüge für alle Zwecke; jedoch soll das Gewicht unter 10 kg liegen". Weitere Anforderungen an das MG wurden Rheinmetall ebenfalls vertraulich mitgeteilt; so solle die Kadenz mindestens 1000 Schuss/Minute betragen, und bei der Munition seien mehrere Länder daran interessiert, dieselbe Munition für das MG wie für das Gewehr zu nutzen. „Die BRD" habe sich schon festgelegt

259 13.9.1972, Marketing-Bericht Nr. 6/72, Angebliche Umrüstung des MG 2 auf MG 3, Rheinmetall-Archiv B 522/3 Rheinmetall GmbH Marketingberichte 1972–1979.

260 F., 14.5.1973, Anlagen zum Marketing-Bericht Nr. 5/73, Bl. 4 f., Rheinmetall-Archiv B 522/3 Rheinmetall GmbH Marketingberichte 1972–1979.

und wolle „beim jetzigen Kaliber bleiben".[261] Diese Festlegungen würden dem Pilotland Belgien auch in den nächsten Tagen vom Heeresamt, Inspektion Heeresrüstung, als deutsche Stellungnahme mitgeteilt. Im März des nächsten Jahres müsste jedes NATO-Mitglied den Rüstungsdirektoren den genauen Bedarf (Zahl der MG, Kaliber, wirksame Schussentfernung) sowie den Entwicklungsstand anmelden.

Festzuhalten ist, dass Rheinmetall von der Inspektion Heeresrüstung nun bei diesen Mitteilungen an Belgien und die NATO insofern begünstigt wurde, als die Inspektion nicht nur das MG 3 für seine Anforderungen zugrunde legen wollte, sondern auch noch berichten wollte, „daß an der Gewichtserleichterung seit längerem gearbeitet, ein Gewicht von etwa 8,5 kg erreicht werde, und mit diesem leichteren MG in den Jahren 1975/1976 ein größerer Truppenversuch beabsichtigt sei." [alle Hervorhebungen im Original] Das Unternehmen wurde zudem darauf hingewiesen, dass es nun darauf ankomme, „die Arbeiten am gewichtserleichterten MG (dem Modell, bei dem alle Teile austauschbar sind, also MG e 2) zu beschleunigen". Denn es sei für 1973 nicht nur bei der Inspektion Heeresrüstung schon eine genauer beschriebene Vorführung mit Vorschießen des erleichterten MG von Rheinmetall geplant, sondern es solle auch möglichst bald eine Vorführung beim BWB stattfinden.[262] Mit diesen Informationen über Produktspezifikationen, Kundentests und Zeitabläufen war das Unternehmen also bestens vorbereitet für weitere Schritte im Beschaffungsprozess, ohne dass aufwändige Sitzungen oder direkte Verkaufsgespräche mit direkten Nutzern, Ministerium, Beschaffungsstellen etc. erfolgt wären. Somit wirkten die engen „Netzwerke des Vertrauens" nicht nur informativ für die Absatzpolitik, sondern auch kostensenkend für beide Seiten.

3.1.7 Massenmarketing im (Branchen-)Vergleich

Unternehmen der Rüstungsbranche waren, wie gesehen, bald nach Wiederbewaffnung und Produktionsbeginn wieder auf ausländischen Märkten aktiv. Denn der Export von Waffen durch Privatunternehmen und der internationale Waffenhandel spielten schon zu Beginn des Kalten Krieges eine gewichtige Rolle, die aber aufgrund mangelnder Daten nur schwer quantitativ einzuschätzen ist. Ein freier internationaler Handel existierte während der frühen Phase nicht, erste Waffenlieferungen wurden schon mit illegalen oder nur bedingt legalen Praktiken exportiert.[263]

Für Rüstungsproduzenten mit ihrem spezifischen Abnehmerkreis hatte die Marktstruktur auch besondere Auswirkungen auf die Preisgestaltung, da Preise nicht nach marktwirtschaftlichen Prinzipien fixiert, sondern bei den Beschaffungsstellen

261 Ebenda. Hervorhebungen im Original.

262 F., 14.5.1973, Anlagen zum Marketing-Bericht Nr. 5/73, Bl. 4f., Rheinmetall-Archiv B 522/3 Rheinmetall GmbH Marketingberichte 1972–1979.

263 Dazu ausführlich Brzoska: Rüstungsexportpolitik und Hummel: Rüstungsexportbeschränkungen.

in der BRD meist nach Gleitpreissystem gestaltet wurden, was ähnlich wie das US-Vertragswesen mit *cost-plus-contracts* und *follow-on-imperative* wirkte.[264] Dies bedeutete auch, dass die Preispolitik gegenüber den Abnehmern im Vergleich beispielsweise zum Konsumgütersektor zumindest im Inland nur eine geringe Rolle spielte, den Absatz nicht direkt beeinflusste und im Folgenden nur am Rande betrachtet werden wird. Bis zum Beginn der 1960er Jahre hatte auch die Distributionspolitik aufgrund der übergroßen Nachfrage insofern eine untergeordnete Funktion, als alle in- und ausländischen Märkte von den Unternehmen weder beobachtet noch entwickelt, sondern lediglich beliefert werden mussten.

Bei Investitionsgütern war es traditionell seit dem 19. Jahrhundert üblich, direkte Absatzformen, wie z. B. Verhandlungen mit Ingenieuren, Vertretern der Nachfrageseite und Spitzenmanagern häufiger einzusetzen als bei Konsumgütern.[265] Hier wurden etwa bei einem Unternehmen wie der IG-Farben-Sparte Agfa als Kamera- und Filmhersteller in den Jahren von 1935 bis 1940 rund 70 % des Werbebudgets für Anzeigen, Plakate, Prospekte und Schaufensterwerbung ausgegeben. Das Direktmarketing mit Events, Messen und Vertreterbesuchen blieb dahinter trotz insgesamt stark steigender Umsätze deutlich zurück. So gelang es Agfa laut Hartmut Berghoff und Berti Kolbow auch mit steigendem Budget für seine Kommunikationspolitik „bis weit in den Krieg hinein medial stark präsent zu sein."[266] Dagegen setzten andere Branchen wie die Chemieindustrie stärker auf direkte Kommunikation mit den Kunden. Jochen Streb und Alexander Engel konnten anhand detaillierter Studien zu den deutschen Chemieunternehmen im 19. und 20. Jahrhundert nachweisen, dass sie schon seit Ende des 19. Jahrhunderts Kundenberatung und -ausbildung einsetzten, um den Absatz in das In- und Ausland zu forcieren. Dass diese Strategie auch im Ausland erfolgreich war, wird daran deutlich, dass diese Marketinginstrumente von ausländischen Chemie- und Kunststoffproduzenten im Verlauf des 20. Jahrhunderts zunehmend stärker rezipiert und imitiert wurden.[267] Direktmarketing spielte wie bei Rheinmetall auch bei den Anker-Werken, die Büromaschinen produzierten, eine größere Rolle. Sie standen der klassischen Werbung

---

264 Vgl. Kaldor: The Weapons Succession Process, S. 577 ff. und Jochen Streb: Negotiating Contract Types and Contract Clauses in the German Construction Industry during the Third Reich, in: The RAND Journal of Economics 40 (2009), S. 364–379.

265 Stücker: „Werbung um Vertrauen durch Schaffung eines positiven Firmenbildes", S. 186 ff.; Jochen Streb: Kundenberatung und Kundenausbildung als innovative Marketingstrategien der deutschen Chemieindustrie im 19. und 20. Jahrhundert, in: Kleichmidt/Triebel (Hg.): Marketing, S. 85–104; Alexander Engel: Farben der Globalisierung. Die Entstehung moderner Märkte für Farbstoffe 1500–1900, Frankfurt a.M./New York 2009.

266 Berghoff/Kolbow: Konsumgütermarketing, S. 144.

267 Streb: Kundenberatung, S. 89 und 91 f. und ausführlicher zur Marketingentwicklung: Ders.: Staatliche Technologiepolitik und branchenübergreifender Wissenstransfer. Über die Ursachen der internationalen Innovationserfolge der deutschen Kunststoffindustrie im 20. Jahrhundert (Jahrbuch für Wirtschaftsgeschichte, Beiheft 4), Berlin 2003, S. 74–96 und 199 ff.

eher skeptisch gegenüber: „Werbung als sachorientierte Information des Kunden zu begreifen, sollte der Grundsatz, ja das Dogma der Ankerschen Öffentlichkeitsarbeit bis zum Ende bleiben. Den mehr oder minder subtilen Methoden der ‚geheimen Verführung' wurde die Überzeugungskraft guter Verkaufsargumente vorgezogen."[268] Bis heute tendieren Unternehmen des Investitionsgüterbereichs dazu, in einer solchen zurückhaltenden, „seriösen" Art zu werben und Direktmarketing den Vorzug zu geben.[269] Dies zeigt sich auch bei Automobilproduzenten wie Volkswagen und der Daimler Benz AG, die in der frühen Nachkriegszeit v. a. ihre Verkaufsabteilungen mit Werbung als Anhängsel betrieben und erst nach der Krise 1966/67 langsam eine Marketingorientierung entwickelten.[270] Ähnlich gingen nach neueren Forschungen wohl auch die Banken und Sparkassen vor.[271]

Wichtiger waren für die Rüstungsunternehmen zu Beginn des Kalten Krieg auch andere Marketinginstrumente wie die Produkt- und Kommunikationspolitik. Hier begannen schon mit der Gründung der Bundesrepublik erste Abstimmungen mit den Nachfragern aus Bund und Besatzungsbehörden über die Gestaltung neuer Produkte bzw. Anpassung von Vorkriegsmodellen an neue Erfordernisse. Wie gezeigt wurde, stand Direktmarketing auf diesem Verkäufermarkt während der ersten Ausstattungswelle der Bundeswehr zunächst im Vordergrund. Ein Massenmarkt entwickelte sich, auf dem im Grunde mit amerikanischen Konzepten des *mass marketings* agiert werden konnte – ohne dass diese so bezeichnet wurden. Dies entsprach auch den Marketingstrategien anderer Unternehmen aus dem Konsumgüter- und Automobilbereich. Beispielsweise verfolgte Kamera- und Filmproduzent Agfa bereits seit den späten 1920er Jahren dem anhaltenden Trend auf Massenmärkten, die Abnehmer „undifferenziert mit möglichst einheitlichen Produkten anzusprechen".[272]

Auch mittelständische Unternehmen wie die Dortmunder Brauereien oder die Herrenkonfektionsfirma PKZ Burger-Kehl & Co. richteten ihre Absatzstrategien mit Kundenstatistik und Werbung bewusst stärker auf die entstehende

268 Stücker: „Werbung um Vertrauen durch Schaffung eines positiven Firmenbildes", S. 186.

269 Siehe z. B. K. Backhaus: Investitionsgütermarketing, München 1982; W. H. Engelhardt/B. Günter: Investitionsgütermarketing, Stuttgart u. a. 1981; Werner Kirsch/Michael Kutschke: Das Marketing von Investitionsgütern, Wiesbaden 1978; Dieter J.G. Schneider: Ansatzpunkte für ein internationales Marketingkonzept, in: Der Markt 23, 3 (1984), S. 69 ff.; Ders.: Investitionsgüter-Marketing, in: Gabler Wirtschaftslexikon, 12. Ed. Wiesbaden 1988, Bd. 3, Sp. 2634–2639; Karl-Heinz Strothmann: Investitionsgütermarketing, München 1979; Frederick E. Webster/Yoram Wind: Organizational Buying Behavior, Englewood Cliffs, N.Y. 1972.

270 Köhler: Marketingmanagement, S. 220 ff. Kleinschmidt: Der produktive Blick, S. 226–259 stellt ausführlicher die langsame Hinwendung zur Marketingorientierung bei Unternehmen verschiedener Branchen wie VW, Bayer, Henkel, Glanzstoff, Mannesmann und REWE dar, legt aber sein Hauptaugenmerk auf die Frage der Adaption amerikanischen Marketingwissens und fokussiert daher stärker die Differenzen zwischen den Einzelunternehmungen als zwischen Branchen.

271 Belvederesi-Kochs: Von der moralischen Anstalt, S. 196 ff.

272 Berghoff/Kolbow: Konsumgütermarketing, S. 134 f.

Massenkonsumgesellschaft aus.[273] Schon vor der Nachkriegszeit waren solche Mengenstrategien, also bewusst auf Massenmärkten zu agieren, durchaus üblich gewesen. Dies zeigt auch das Beispiel Agfa, denn „die taktische Konzession des Regimes, apolitische Konsumsphären zu dulden, eröffnete dem Agfa-Marketing große Spielräume".[274] Seit den frühen 1930er Jahren konnte Agfa auch unter der NS-Wirtschaft nach marktwirtschaftlichen Bedingungen agieren und dabei zunehmend neue Abnehmergruppen spezifizieren.[275] Dies zeugt auch von dem langsamen Übergang von einer Betriebs-, d. h. Produkt- und Technologie- zur Marktorientierung, einer Phase, die in dieser Branche etwa von den 1920er Jahren bis zu den 1960er Jahren andauerte.[276] Eine ähnliche Periodisierung galt auch für die Sparkassen und Unternehmen verschiedener Branchen wie der Nahrungsmittel-, Chemie- und Textilindustrie.[277] Für die westdeutsche Automobilindustrie bzw. das Spezialchemieunternehmen Beiersdorf (Leukoplast, Nivea) setzen Ingo Köhler bzw. Harm G. Schröter den Zeitpunkt dieses Wandels dagegen deutlich später an und datieren ungefähr auf das Jahrzehnt 1966 bis 1974/75 – vom Beginn der ersten Absatzrezession bis zum Ende der ersten Ölkrise.[278] Köhler erklärt dies auch damit, dass der Wandel von der Produktionsperspektive hin

---

273 Tanja Bessler-Worbs: Die Annäherung an den Verbraucher. Werbe- und Marketingkonzeptionen Dortmunder Brauereien von den 1920er bis zu den 1970er Jahren, in: Kleinschmidt/Triebel (Hg.): Marketing, S. 135–157 und Stefan Altorfer: Werbeplakat und Kundenstatistik. Absatzkonzepte der Herrenkonfektionsfirma PKZ Burger-Kehl & Co. vor 1947, in: Ebenda, S. 43–65.

274 Berghoff/Kolbow: Konsumgütermarketing, S. 137 und 147.

275 Ebenda, S. 144 f. und 159. Vgl. auch Berghoff: Von der Reklame zur Verbrauchslenkung. Werbung im nationalsozialistischen Deutschland, in: Ders. (Hg.): Konsumpolitik. Die Regulierung des privaten Verbrauchs im 20. Jahrhundert, Göttingen 1999, S. 77–112 und Uwe Westphal: Werbung im Dritten Reich, Berlin 1989.

276 Berghoff/Kolbow: Konsumgütermarketing, S. 134. Alternative Datierungsvorschläge und Begriffe siehe: Blaich: Absatzstrategien deutscher Unternehmen, S. 11 f.; Ders./Geoffrey Jones (Hg.): The Rise and Fall of Mass Marketing, London 1993 v. a. S. 8 ff.; Keller/Kotler: Marketing Management, S. 240; D.G. Brian Jones/Alan J. Richardson: The Myth of the Marketing Revolution, in: Journal of Macromarketing 1 (2007), S. 15–24.

277 Belvederesi-Kochs: Von der «moralischen Anstalt», S. 193; Karl-Peter Ellerbrock: Konsumentenkredit und „Soziale Marktwirtschaft". Zum Wandel des Sparkassenbildes und des geschäftspolitischen Denkens in der Sparkassenorganisation zwischen Währungsreform und dem Beginn der „Marketing-Ära" in den 1970er Jahren, in: Kleinschmidt/Triebel (Hg.): Marketing, S. 105–134; Bessler-Worbs: Die Annäherung; Streb: Kundenberatung; Kleinschmidt: Der produktive Blick, S. 221–224 und 258 f. Vgl. auch Gries: Produkte als Medien und ders./Volker Ilgen/Dirk Schindelbeck (Hg.): „Ins Gehirn der Masse kriechen!".

278 Köhler: Marketing als Krisenstrategie, S. 259 ff. und Ders.: Marketingmanagement als Strukturmodell, S. 217 f.; Schröter: Erfolgsfaktor Marketing, S. 1106 ff. Ähnlich Gisela Hürlimann und Philipp Ischer für Schweizer Unternehmen des öffentlichen Sektors: Gisela Hürlimann und Philipp Ischer: Zwischen unternehmerischer Dynamik und institutioneller Kontinuität. Das Aufkommen und die Implementierung von Marketing in den 1970er und 1980er Jahren bei zwei öffentlichen Unternehmen der Schweiz, in: Kleinschmidt/Triebel (Hg.): Marketing, S. 159–182.

zum nachfrageorientierten Marketingmanagement in der Automobilindustrie „mit erheblichen betrieblichen Anpassungsproblemen“ einherging.[279] Zwar war – wie am Beispiel der Agfa gesehen – schon in den 1930er Jahren eine Hinwendung zum Massenmarkt mit verschiedenen Käuferschichten erfolgt. Berghoff/Kolbow gehen davon aus, dass auf diese Weise „das relativ undifferenzierte ≪mass marketing≫ durch die gezielte Ansprache bestimmter Kundengruppen im Sinne eines rudimentären ≪segment marketing≫ verzweigter und durchdachter [wurde]. Spätestens 1935 begann eine systematische geschlechterorientierte Segmentierung der Kundenansprache.“ Daneben setzte Agfa in den 1930er Jahren weiterhin auf Marktsicherungsstrategien in Form von korporativen Marktabsprachen wie Kartellen, Händlerrabatt- und Territorialabsprachen.[280] Andere Unternehmen des Automobilsektors wie BMW begannen schon seit den 1950er Jahren mit ersten Instrumenten der Marktforschung zur besseren Abgrenzung der Kundengruppen, die dann kurze Zeit später weiter ausgebaut wurden, wie Florian Triebel gezeigt hat.[281] Mannesmann folgte nach einem Kienbaum-Gutachten ab Mitte der 1960er Jahre.[282]

Zwar gab es sowohl in den USA als auch in Deutschland erste Bestrebungen einer solchen Erforschung des Absatzes bei den Herstellern von Konsum- oder Massengütern schon in den 1920er Jahren. In den USA richtete beispielsweise General Motors 1923 ein eigenes „*Customer Research Department*“ ein und erste Markt- und Meinungsforschungsinstitute wie Gallup entstanden sowohl dort als auch im Großbritannien der 1920er Jahre.[283] Die deutsche Werbewirkungsforschung richtete sich ab den 1920er Jahren entsprechend international aus und bot praxisnahe Hilfestellung für Unternehmen mit neu eingerichteten Presseabteilungen.[284] Produzenten

---

279 Köhler: Marketingmanagement, S. 218 und jüngst ders.: Auto-Identitäten.

280 Berghoff/Kolbow: Konsumgütermarketing, S. 145–147, Zitat S. 145.

281 Florian Triebel: Marktforschung bei BMW 1957–1961, in: Kleinschmidt/Triebel (Hg.): Marketing, S. 67–83.

282 Kleinschmidt: Der produktive Blick, S. 227.

283 Richard Tedlow: New and Improved. The Story of Mass Marketing in America, Oxford 1990; David W. Stewart: The Evolution of Market Research, in: Pauline Maclaran (Hg.): The SAGE Handbook of Marketing Theory, Los Angeles u. a., S. 74–88; Douglas B. Ward: A New Brand of Business: Charles Coolidge Parlin, Curtis Publishing Company and the Origins of Market Research, Philadelphia 2010; Stefan Schwarzkopf: A Radical Past? The Politics of Market Research in Britain, 1900–1950, in: Kerstin Brückweh (Hg.): The Voice of the Citizen Consumer. A History of Market Research, Consumer Movements, and the Political Public Sphere, Oxford u. a. 2011. Vgl. Berghoff: Moderne Unternehmensgeschichte, S. 321.

284 Bubik: Geschichte. Vgl. die Aufsätze von Günter Silberer/Oliver Büttner: Geschichte und Methodik der akademischen Käuferforschung und Günter Silberer/Gunnar Mau: Anfänge und Geschichte der Werbewirkungsforschung, in: Berghoff (Hg.): Marketinggeschichte, S. 205–230 bzw. 231–258 und Ursula Hansen/Matthias Bode: Entwicklungsphasen der deutschen Marketingwissenschaft seit dem Zweiten Weltkrieg, in: ebenda, S. 179–204.

des Konsumgütersektors gründeten 1934/35 mit einigen Verbänden und der Deutschen Arbeitsfront bereits die Gesellschaft für Konsumforschung (GfK). Allerdings erfuhr auch die GfK, wie andere privatwirtschaftliche Institute (Allensbach-Institut, Wickert), erst weit nach 1945 einen intensiven Aufschwung, als ihre Mitarbeiterzahl von 32 (1955) bis auf 4.700 (2002) stieg.[285] Diese Forschungseinrichtungen organisierten sich aber schon 1955 im Arbeitskreis Deutscher Marktforschungsinstitute verbandlich.[286]

Waren die Marketingstrategien der Vorkriegs- und Kriegszeit noch dezidiert einzelnen Instrumenten – v. a. der Werbung oder des Vertriebs – vorbehalten, so wandelte sich Marketing seit den 1950ern zu einem integrierten Führungsinstrument und verband damit auch organisatorisch zuvor getrennte Bereiche, Stabstellen, Divisionen oder Sparten miteinander. Dies galt im Fall von Nivea sogar für die Produktion, die seit 1973 und den Bereich der Forschung & Entwicklung, der seit Mitte der 1970er Jahre vom Marketing gesteuert wurde. Ab den 1980er Jahren kann man nach Schröter hier von einer integrierten, marktorientierten Unternehmenspolitik sprechen, in der alle Unternehmensaktivitäten marketingorientiert eingesetzt werden.[287] Diese Verflechtung und Entwicklung hin zum Führungsinstrument wird auch noch am Beispiel der Rheinmetall Öffentlichkeitarbeit und der mit ihr verbundenen riw GmbH als Werbegesellschaft deutlich werden (siehe 3.2. und 3.3.).

Zwar existierten verschiedene Traditionsbestände deutscher Werber und Absatzexperten – wie etwa der sog. „Nürnberger Schule" der Absatzwirtschaft, der Gesellschaft für Konsumforschung oder der akademischen Werbewirkungsforschung eines Wilhelm Vershofen oder der Motivforschung von Ernest Dichter.[288] Diese führten aber letztlich noch nicht dazu, dass eine Aufwertung von Marketing und ein Wandel hin zum Marketing-Management in den bundesdeutschen Unternehmen stattfanden. Vielmehr blieb der „Primat der Produktion" in den Unternehmen noch bis weit in die Nachkriegszeit erhalten. Um eine Marketing-Revolution hin zu einer marktorientierten Unternehmensführung zu erreichen, so meinte Peter F. Drucker, müsse erst „ein tief verwurzeltes, soziales Vorurteil überwunden werden, das gegen ‚Verkaufen' als niedrig und zugunsten von ‚Produzieren' als ehrenwert

285 Anja Kruke: Demoskopie in der Bundesrepublik Deutschland. Meinungsforschung, Parteien und Medien 1949–1990, Düsseldorf 2007. Vgl. Berghoff: Moderne Unternehmensgeschichte, S. 321, 325.

286 Ebenda und Anja Kruke: „Atomwaffe im Propagandakampf"? Markt- und Meinungsforschung in Politik und Wirtschaft der frühen Bundesrepublik, in: Berghoff (Hg.): Marketinggeschichte, S. 346–371.

287 Schröter: Erfolgsfaktor Marketing, S. 1121; Ders.: Marketing als angewandte Sozialtechnik, S. 625 f. und 636.

288 Vgl. Kleinschmidt: Blick, S. 221–224; Stefan Schwarzkopf: Ernest Dichter and Motivation Research: New Perspectives on the Making of Post-War Consumer Culture, London 2010.

vorhanden ist. Es ist allein dieser Grundeinstellung zuzuschreiben, wenn man in einem Unternehmen die Produktion als dessen entscheidende Hauptfunktion ansieht."[289] Diese strikte Hierarchisierung von Produktion und Handel und die damit einhergehende ablehnende Einstellung gegenüber Marketing unterlagen allerdings einer deutlichen Branchenabhängigkeit sowie aufgrund der psychologischen Dimension auch einer persönlichen Komponente. Hier spielten „persönliche Erfahrungen, Wahrnehmungen und Einstellungen" eine nicht zu unterschätzende Rolle, wie auch Christian Kleinschmidt am Beispiel diverser Großunternehmen wie Krupp, Mannesmann, Phoenix-Rheinrohr, Freudenberg, Glanzstoff, Reemtsma, Hüls, Henkel, REWE und Volkwagen nachgewiesen hat.[290]

Während die Konsumgüter- und Textilfaserindustrie – auch aufgrund von Wissensvermittlungen wie Unternehmerreisen, Amerika-Aufenthalten, Beratungen und Schulungen – schon zu Beginn der 1950er Jahre amerikanische Vorbilder imitierten und adaptierten, vertrat beispielsweise die bundesdeutsche Schwerindustrie bis Mitte der 1960er Jahre größtenteils eine ablehnende Haltung gegenüber Marketing, mit Ausnahme des Werbepioniers Krupp. Allerdings ist auch hier einschränkend zu bemerken, dass die Absatzstrategien bei Krupp sich teilweise noch stark am kartellorientierten Denken der Vorkriegs- und Kriegszeit ausrichteten.[291]

Carl Hundhausen (1893–1977), der seit 1944 Direktor der Kruppschen WIDIA-Stahlfabrik und seit 1954 Leiter der Abteilung „Presse und Werbung" unter Alfried Krupp von Bohlen und Halbach war, setzte zwar neue, teils selbständig entwickelte und theoretisierte Konzepte der *Public Relations* im Krupp-Konzern um, blieb dabei aber noch – wie die Großunternehmen Bayer, Volkswagen, Hüls, Henkel und Freudenberg in ihren Bemühungen um moderne Öffentlichkeitsarbeit – gänzlich der traditionellen Kommunikationspolitik verschrieben.[292] Er stand wie Hans Domizlaff (1892–1971) früh mit seinen einschlägigen Veröffentlichungen für eine intentionale und persuasive Sichtweise von Werbung und „Vertrauenswerbung", wie PR in

---

289 Johann Jirasek/Rosemarie Münzel: Marktorientierte Unternehmensführung. Erfahrungen aus der amerikanischen Praxis, Stuttgart 1962, S. 13 f. Vgl. Kleinschmidt: Der produktive Blick, S. 226.

290 Kleinschmidt: Der produktive Blick, S. 224–258, Zitat S. 226. Nach dem Abschluss dieses Manuskripts erschien dazu Ingo Köhler: Auto-Identitäten. Marketing, Konsum und Produktbilder des Automobils nach dem Boom, Göttingen 2018.

291 Vgl. ausführlicher Blaich: Absatzstrategien deutscher Unternehmen.

292 Kleinschmidt: Der produktive Blick, S. 209 und 224 ff. und umfangreiches Material zu Hundhausen im Krupp-Archiv siehe u. a. HA Krupp WA 66/105, WA 118/v96 und WA 152/v419-/v422. Vgl. Eva-Maria Lehming: Carl Hundhausen: Sein Leben, sein Werk, sein Lebenswerk. Public Relations in Deutschland, Wiesbaden 1997, S. 42–55, 72 und Binder: Entstehung, S. 197 f. Siehe auch sein eigener Reisebericht: Carl Hundhausen: Werbung und Public Relations der Eisen- und Stahlindustrie in den Vereinigten Staaten von Amerika, in: Stahl und Eisen 70 (1950), S. 1049 ff.

Deutschland vor 1945 häufig genannt wurden.[293] Die erst kürzlich kritisch betrachtete Tätigkeit von Hundhausen und Domizlaff, die von nationalsozialistischen Propaganda-Ideen keineswegs unberührt war,[294] bemühte sich um „Gewinnung der öffentlichen Meinung", „Meinungspflege" und „öffentliches Vertrauen".[295] Im Mittelpunkt von vertrauensfördernden Kampagnen waren daher nicht nur bei Bayer und Hüls als IG-Farben-Nachfolgeunternehmen in den 1950er Jahren, sondern auch bei Krupp der Name und das umfassende Image der Unternehmen zu finden.[296]

Hundhausens Hauptaufgabe im anziehenden Boom der 1950er Jahre war es, „dem Namen Krupp eine andere Bedeutung zu geben" und das Image der Waffenschmiede zugunsten einer friedlicheren Variante abzustreifen.[297] Vor dem Hintergrund der Verurteilung Krupps in den Nürnberger Kriegsverbrecherprozessen und den folgenden Verhandlungen um eine Verlängerung oder Aussetzung des „Mehlemer Vertrages", der v. a. die Veräußerung der Erz- und Kohlenbasis des Konzerns bis zum Jahre 1958 vorsah, war Hundhausens vordringliche Aufgabe die Generierung von „öffentlichem Vertrauen". Dies war eine Funktion, die er generell als Ziel guter PR ansah und in der Öffentlichkeit entsprechend verbreitete.[298] Diese Bemühungen sieht Kleinschmidt übereinstimmend mit Bruno Heini aber beileibe nicht

---

293 Hans Domizlaff: Typische Denkfehler der Reklamekritik (1929); Ders.: Die Gewinnung des öffentlichen Vertrauens. Ein Lehrbuch der Markentechnik 1. Aufl. 1939, 2. überarb. Aufl. 1951, 7. Aufl. Hamburg 2005; Carl Hundhausen: Public Relations, in: Zeitschrift für Betriebswirtschaft 15 (1938), S. 60; Ders.: Public Relations, in: Handwörterbuch der Sozialwissenschaften, Göttingen 1964, S. 653–658; Ders.: Werbung um öffentliches Vertrauen, 1. Aufl. 1951. Vgl. Binder: Die Entstehung unternehmerischer Public Relations und Fedor Bochow: Domizlaff, Hans Wilhelm, in: Sächsische Biografie, herausgegeben vom Institut für Sächsische Geschichte und Volkskunde e.V., bearbeitet von Martina Schattkowsky, Online-Ausgabe.

294 Siehe dazu insbesondere den Schriftwechsel Hundhausens mit dem ZAW in HA Krupp WA 152/v467 ZAW, 1950–59, hier Brief vom 20.8.1951 Hundhausen an Hans F.J. Kropff. Vgl. Kleinschmidt: Der produktive Blick, S. 206 und 220; Heinelt: ‚PR-Päpste', v. a. S. 22–63 zu Hundhausen und S. 189–209 allgemein; Westphal: Werbung; Hermann Wündrich: Wirtschaftswerbung während der NS-Zeit. Versuch einer Analyse, in: Werbung als Geschichte – Geschichte der Werbung, Geschichtswerkstatt 25, Bonn 1992, S. 5–12 und Erker/ Pierenkemper (Hg.): Deutsche Unternehmer, S. 1–18.

295 Christian Kleinschmidt: Von der Autarkie zur Weltwirtschaft. „Werbung um öffentliches Vertrauen" am Beispiel von I. G. Farben-Nachfolgeunternehmen, in: Werner Abelshauser u. a. (Hg.): Wirtschaftsordnung, Staat und Unternehmen. Neue Forschungen zur Wirtschaftsgeschichte des Nationalsozialismus: Festschrift für Dietmar Petzina zum 65. Geburtstag, Essen 2003, S. 205–219, v. a. S. 210 f. und ausführlich Peer Heinelt: „PR-Päpste". Die kontinuierlichen Karrieren von Carl Hundhausen, Albert Oeckl und Franz Ronneberger, Berlin 2003, zugl. politolog. Diss. Marburg.

296 Kleinschmidt: Von der Autarkie, S. 211 ff. Vgl. Pierenkemper: Unternehmensgeschichte, S. 258 f.

297 Kleinschmidt: Der produktive Blick, S. 206–219, Zitat S. 209.

298 Carl Hundhausen: Werbung um öffentliches Vertrauen, 1. Aufl. 1951. Siehe auch HA Krupp Bestand WA 46/141 Sekretariat Hardach.

nur auf die deutsche, sondern auch auf die amerikanische Öffentlichkeit gerichtet, die nach dem Zweiten Weltkrieg wiedergewonnen werden sollte.[299]

Verschiedene Briefe Hundhausens und die Studie von Kleinschmidt zeigen, dass Krupp „in zahlreichen Aktionen in Zeitschriften und anderen Printmedien in der Bundesrepublik, aber auch in Großbritannien und Frankreich, in Schulen und im Hörfunk (...) um das nationale und internationale ‚öffentliche Vertrauen'" warb: „Dabei ging es darum, den Namen Krupp in Zusammenhang mit einem modernen deutschen Produktionsunternehmen zu präsentieren. Insbesondere in den USA investierte das Unternehmen erhebliche Summen für Anzeigenserien in Zeitschriften wie ‚Fortune', ‚LIFE' und ‚Newsweek'."[300] Neben dieser PR als „Vergangenheitspolitik", wie es Norbert Frei so treffend in Abgrenzung zur ‚Vergangenheitsbewältigung' bezeichnet hat,[301] arbeitete Hundhausen an der Wiederaufnahme der Unternehmenszeitschrift „Kruppsche Mitteilungen", an Krupp-freundlichen und werbewirksamen Medien wie das Buch „Die drei Ringe" des Gert von Klass oder an Unternehmens- und Imagefilmen.[302] Als neue Wege einer amerikanischen Form der Public Relations wertete Kleinschmidt dagegen die Open-House-Policy zunächst seit 1955 bei der Krupp-Tochter WIDIA, später auch bei anderen Unternehmensbereichen, die sich an den Betriebstouren amerikanischer Unternehmen orientierten.[303] Auch in anderen Bereichen, z. B. „seiner Anzeigenwerbung orientierte sich Hundhausen ebenfalls an amerikanischen Vorbildern, insbesondere an der Kundenwerbung amerikanischer Banken. In seiner Pressearbeit bezog er sich auf amerikanische Leitfäden. Die Gestaltung amerikanischer Geschäftsberichte mit mehrfarbigen Umschlägen und Fotos von Fabrikanlagen, die einem modernen Magazin ähnelten und sich dabei von den deutschen, rein textorientierten und sachlichen

299 Kleinschmidt: Der produktive Blick, S. 209. Vgl. Bruno Heini: Public Relations. Die Vertrauenswerbung der Privatunternehmung. Mit besonderer Berücksichtigung amerikanischer Auffassungen und Methoden, Winterthur 1960, S. 22 und Heinz Flieger/Franz Ronneberger (Hg.): Public Relations Anfänge in Deutschland, Festschrift zum 100. Geburtstag von Carl Hundhausen (Studien zu Theorie und Praxis der Public Relations 23), Wiesbaden 1993.

300 Kleinschmidt: Der produktive Blick, S. 209. Genauere Angaben dazu in: HA Krupp, Bestand WA 94/32 Vorstandssekretariat Dr. Janssen, verschiedene Briefe Hundhausens an den Vorstand und HA Krupp WA 66/102 mit ausländischer Berichterstattung 1952/53 sowie HA Krupp WA 66/104.

301 Norbert Frei: Vergangenheitspolitik. Die Anfänge der Bundesrepublik und die NS-Vergangenheit, München 1996, S. 13f. Vgl. Kleinschmidt: Blick, S. 209f. und S. Jonathan Wiesen: Overcoming Nazism: Big Business, Public Relations, and the Politics of Memory, 1945–1950, in: Central European History 29, 2 (1996), S. 201–226.

302 Zu den Kruppschen Mitteilungen nach dem Kriege ausführlicher Briefwechsel Hundhausens in HA Krupp WA 7f. 1424, zu den Schriften Klass' und Hundhausens u. a. Schriftwechsel in HA Krupp WA 46/141 Sekretariat Hardach und HA Krupp WA 66/105, umfangreiches Material zu den Unternehmensfilmen mit durchgängig zivilem Image HA Krupp WA 118/v96 und WA 152/v419-/v422.

303 Kleinschmidt: Der produktive Blick, S. 210. Zum Beginn der Open-house-policy bei WIDIA siehe 12.4.1955 Hundhausen an Alfried Krupp von Bohlen und Halbach, Vorstand Dr. Janssen und Berthold Beitz, in: HA Krupp, Bestand WA 94/32 Vorstandssekretariat Dr. Janssen.

Geschäftsberichten deutlich unterschieden, bezeichnete Hundhausen ‚vorbehaltslos als ein nachahmenswertes Vorbild'", so Kleinschmidt.[304]

Hundhausen gehörte als Erster Vorsitzender zu den Fachleuten und Praktikern aus deutschen Unternehmen und Wirtschaftsverbänden, die schon 1958 die Deutsche Public Relations Gesellschaft e.V. (DPRG) gründeten und damit „einer jener Foren bzw. Mittlerorganisationen, die zu einer Verbreitung amerikanischer Managementmethoden in deutschen Unternehmen" wurden. Zu den weiteren Gründern zählten Walter Bachem von Bayer, Harry Damrow von Hoechst, Heinz Schmidt von Daimler-Benz, Albert Oeckl vom DIHT (später BASF) und Friedrich Kleinlein vom BDI.[305] Diese ersten Fachleute für PR „brachten einerseits ihre Erfahrungen dort ein und trugen umgekehrt die DPRG-Diskussionsergebnisse in ihre Unternehmen. Die Anwendung und Umsetzung der Public Relations-Methoden war dementsprechend nicht allein von den jeweils unterschiedlichen politischen und kulturellen Traditionen in den USA und der Bundesrepublik abhängig, sondern vor allem auch von den spezifischen Unternehmensverhältnissen."[306]

Ein wesentlicher Aspekt des Hundhausenschen PR-Verständnisses war der Faktor Vertrauen zur Gewinnung der öffentlichen Meinung, den er bei der Werbung der amerikanischen Banken sowie der US-Eisen- und Stahlindustrie in den 1920er und 1930er Jahren kennengelernt hatte.[307] PR wurden danach als Vertrauens- bzw. Imagewerbung verstanden und unterschieden sich damit von der traditionellen Produkt- und Verkaufswerbung in Printmedien und Leuchtreklamen.[308] Allerdings ging Kleinschmidt wie Hundhausen davon aus, dass es ein jahrzehntelanger Prozess war, die Übernahme amerikanischer PR-Strukturen und die entsprechend umfassende Finanzierung für PR-Maßnahmen wie in den USA zu erreichen.[309]

Hundhausen kann dagegen noch nicht als Vertreter einer marktorientierten Unternehmensführung gesehen werden, die in der Schwerindustrie insgesamt erst seit Mitte der 1960er Jahre langsam eingeführt wurde. Im Branchenvergleich liegt die deutsche Rüstungsindustrie bei der Einführung von Marketing-Management also mit der Schwerindustrie zeitlich gleichauf. Dieser Befund bestätigt durchaus zu erwartende Parallelen, denn beide industriellen Bereiche befanden sich bis zur ersten Nachkriegskrise 1966/67

---

304 Kleinschmidt: Blick, S. 210. Vgl. Gerulf Hirt: in: Verkannte Propheten? Zur Diskrepanz zwischen Status und Einfluss der Gründergeneration deutscher Werber in der westdeutschen Werbewirtschaft 1945 bis 1966/67, in: ZUG 56,1 (2011), S. 48–74.

305 Binder: Entstehung, S. 236 ff. Vgl. Kleinschmidt: Der produktive Blick, S. 206.

306 Kleinschmidt: Der produktive Blick, S. 206. Vgl. auch Peter Szyska (Hg.): Auf der Suche nach Identität. PR-Geschichte als Theoriebaustein, Serie Öffentlichkeitsarbeit, Public Relations und Kommunikationsmanagement 6, Berlin 1997.

307 Kleinschmidt: Der produktive Blick, S. 208. Vgl. Carl Hundhausen: Werbung und Public Relations der Eisen- und Stahlindustrie, später auch ders.: Werbung um öffentliches Vertrauen.

308 Kleinschmidt: Der produktive Blick, S. 208.

309 Ebenda, S. 208 f.

noch in der expansiven Nachkriegsrekonstruktion und konnten auf den Verkäufermärkten noch mit traditionellen Formen von Direkt- und Massenmarketing reüssieren.

3.1.8 Segmentiertes Marketing als Kriseninstrument?

Deutlich wird an diesen produktpolitischen Marketingstrategien von Rheinmetall auch, dass Rüstungsunternehmen nach dem Boom der 1950er und frühen 1960er Jahre neue Wege gehen mussten, um den Absatz zu sichern. Strategien des *mass marketing*, die zuvor wie in anderen Branchen angewendet werden konnten, führten entsprechend der Automobilindustrie in der ersten Nachkriegsrezession und der Stagflation der 1970er Jahre nicht weiter und mussten erweitert oder durch neue Mittel ersetzt werden.[310] Verstärkt wurden nun Direktmarketing, PR mit Lobbyismus bei den Kunden eingesetzt. Wie gezeigt, wurden hier insbesondere bei der Konzeption neuer Produkte oder bei laufenden Projekten intensive Absprachen gepflegt und nach Möglichkeit die Produktanforderungen an Kundenwünsche der verschiedenen Beschaffungsakteure adaptiert.

Ein weiteres Instrument zur Absatzentwicklung waren spezifische Rüstungsmessen, die hier nicht behandelt werden konnten, obwohl sie im Direktmarketing bei Vorträgen, Sitzungen und Hintergrundgesprächen durchaus absatzsteigernd wirksam waren. Waren die ersten Waffen deutscher Hersteller wie Krupp und Rheinmetall noch auf den großen Weltausstellungen des 19. und 20. Jahrhunderts an prominenter Stelle platziert und mit aufwändiger visueller Präsentation versehen (vgl. Kap. 4.2.),[311] so wandelte sich das Bild mit der zunehmenden Spezialisierung und Ausformung des Messewesens. Die letzte Präsentation bundesdeutscher Rüstungsgüter gab es auf der Brüsseler Weltausstellung 1958.[312] Danach lösten Spezialmessen wie die Internationale Luft- und Raumfahrtausstellung (ILA) in Hannover, die *Defence Systems and Equipment International* (DSEI) in London und später Waffen- oder Mikroelektronikmessen wie die Eurosatory für Rüstungselektronik am Flugplatz in Le Bourget bei Paris in den Werbestrategien der Graphik- oder

---

310 Vgl. auch Köhler: Overcoming Stagflation und ders.: Marketing als Krisenstrategie. Berghoff: Moderne Unternehmensgeschichte, S. u. a. S. 338 f.

311 Aufschlussreich sind Winfried Kretschmer: Geschichte der Weltausstellungen, Frankfurt/New York 1999; Horst A. Wessel: Mit Weltausstellungen fing alles an. It all began with World Fairs, in: Die Messen der Maschinenbauer, The Fairs of the Machine Manufacturers, Frankfurt 1987 und Evelyn Kroker: Die Weltausstellungen im 19. Jahrhundert. Industrieller Leistungsnachweis, Konkurrenzverhalten und Kommunikationsfunktion unter Berücksichtigung des Ruhrgebietes zwischen 1851 und 1880 (Studien zu Naturwissenschaft, Technik und Wirtschaft im Neunzehnten Jahrhundert 4), Göttingen 1975, zugl. Diss. Bochum 1973.

312 Siehe Ulrich Wengenroth: Das Gerüst der industriellen Welt. Stahltechnik auf Weltaustellungen, in: Ruprecht Vondran (Hg.): Stahl ist Zukunft. Von der Weltausstellung London 1851 bis zur EXPO 2000 in Hannover, Essen 1999, S. 27–60.

Marketingabteilungen die Weltausstellungen ab.[313] Leider können nur wenig Aussagen über diese Rüstungsmessen gemacht werden, weil die Quellenlage bei den Veranstaltern und Messegesellschaften nicht vorhanden oder ausgesprochen dünn ist.[314]

Insgesamt wird aber an den in diesem Kapitel analysierten Beispielen deutlich, wie Direktmarketing funktionierte und welcher Stellenwert dem engen Kontakt zu den Nachfragern, den Beschaffungsstellen und den Entscheidungsträgern in den Ministerien auf verschiedenen Ebenen beigemessen wurde. Unternehmen wie Rheinmetall profitierten zwar in den späten 1950er und 1960er Jahren von der Wiederaufrüstung und dem sich entwickelnden Kalten Krieg, v. a. von den ersten militärisch ausgetragenen Konflikten in Korea, Algerien und Israel-Ägypten. Nach der überhasteten Erstausrüstung der Bundeswehr, die teilweise noch aus Altbeständen und Exportwaffen bestückt werden musste, trat aber eine Phase größerer und lang anhaltender Kontinuität ein. Die seitdem vorherrschende Marktstruktur der Rüstungsindustrie ist, wie deutlich wurde, nur teilweise durch allgemeine konjunkturelle Entwicklungen gekennzeichnet. Vielmehr müssen auch Sonderkonjunkturen in der Beschaffungspolitik der nationalen Rüstungsbehörden in Anschlag gebracht werden, die etwa auf Sparbeschlüsse (unter Apel) oder Ausweitung der materialen Rüstung (unter Wörner) zurückzuführen waren. Die Rüstungsunternehmen mussten daher ihre Produkt- und Programmpolitik auf die nationale Rüstungspolitik, den Verteidigungshaushalt, das Feindbild und die Exportsituation ausrichten. Probleme ergaben sich dabei v. a. aus dem Produktlebenszyklus der Rüstungsgüter auf der einen und der langwierigen Entwicklungsphase auf der anderen Seite. Die Einsatzzeiten der Waffensysteme betrugen je nach System 15 bis 25 Jahre, während die Entwicklungszeiten für neue Geräte aufgrund der technologischen Komplexität, der Vielzahl beteiligter Unternehmen und der ständig wechselnden Anforderungen der Nutzer in der Erprobungsphase mindestens 10 Jahre, z. T. sogar bis zu 20 Jahre, betrugen.[315]

Die strukturellen Besonderheiten der Rüstungsgüterproduktion, die wie dargestellt von Unternehmen wie Rheinmetall zutreffend als Maßschneiderei bezeichnet worden sind, brachten die Unternehmen zwangsläufig in eine enge und langfristige

---

313 Vgl. die Berichterstattung in: Lutz Krusche (Paris): Gute Laune zwischen Panzern und Raketen. Die große Messe der Waffenhändler westlich von Versailles, in: FR 20.6.1979; Stefan Gose: ILA 2000: Öffentlichkeit bezahlt zweitklassige Rüstungsmesse, in: ami 6/00, S. 21–25; Christopher Steinmetz: ILA: Brandenburger Erdnüsse, in: ami 6/02, S. 3 f.; Nina Odenwälder: ILA 1998: Auch eine Rüstungsmesse, in: ami 7/98, S. 23 f.; O.V.: Europas größte Waffenmesse zeigt eine Branche im Umbruch. Auf der britischen Leistungsschau „DSEI" treffen sich 1200 Rüstungshersteller mit Chefeinkäufern internationaler Streitkräfte, in: FAZ vom 15.9.2005, Nr. 215, S. 19.

314 Auskünfte der Messegesellschaft Hannover und des Pressesprechers des DLVR, siehe Kap. 4.

315 Vgl. Rheinmetall GmbH, Aufsichtsratssitzung vom 28.4.1976, in: Rheinmetall-Archiv B 505 Nr. 34, S. 7 f.

Kooperation mit den Abnehmern.[316] Dies führte auf der einen Seite zu einer zuverlässigen Auslastung der Produktionskapazitäten nach erfolgter Entwicklung, Serienreife und Bestellung einer Waffe, eines Waffensystems oder seiner Komponenten, auf der anderen Seite aber auch zu einer deutlichen Abhängigkeit von der Nachfrageseite. Rüstungsunternehmen wie Rheinmetall versuchten, dieser Abhängigkeit ähnlich wie die Automobilbranche durch ein erweitertes Marketingkonzept zu entgehen, indem sie, ihre Produkt- und Programmpolitik durch Diversifizierung in zivilen Märkten zu modifizieren und ihren Absatz durch Exporte zu expandieren suchten. Eine dritte Strategie war es, die Produkt- und Programmpolitik mittels Direktmarketing eng mit den Nachfragern abzustimmen und „Netzwerke des Vertrauens" aufzubauen. Ein viertes Instrument, um den Absatz und die öffentliche Meinung durch Marketing gezielt zu beeinflussen, waren kommunikationspolitische Mittel im weitesten Sinne wie Public Relations, Lobbyismus und Werbung, die nun für die zweite große Beschaffungsphase im Kalten Krieg genauer betrachtet werden sollen.

3.2 Marketing als „Feuerwehr" nach dem Boom

Für die Bundeswehr bedeutete das Ende der Nachkriegsprosperität 1966/67 sowohl ein forciertes Fortschreiten auf dem schon eingeschlagenen Modernisierungspfad als auch ein andauerndes Ringen um finanzielle Mittel und Traditionsbestände aus der militärischen Vergangenheit. Insbesondere unter dem sozialdemokratischen Verteidigungsminister Helmut Schmidt (1969–1972) wurde der begonnene Umbau zu einer modernen Streitkraft forciert. Seine Parteikollegen und Nachfolger Georg Leber (1972–1978) und Hans Apel (1978–1982) führten die sicherheits- und militärpolitischen Neuerungen fort, die Schmidt dann als Bundeskanzler in Adenauerscher Manier eng begleitete. Nach ersten Eigenentwicklungen wie dem Kampfpanzer Leopard 1 schaffte die deutsche Waffenproduktion ab 1973 nicht nur den Anschluss an das international führende technologische Niveau von USA und UdSSR, sondern überholte mit eigenen Entwicklungen oder internationalen Kooperations-Produktionen noch Know-how und Produktionskapazitäten der Konkurrenz.[317] Dies galt für den Kampfpanzer Leopard 2, den MRCA-Tornado, die Panzerabwehrwaffen Milan, Hot

316 Vgl. Abelshauser: Wirtschaft und Rüstung in den Fünfziger Jahren, in: Militärgeschichtliches Forschungsamt (Hg.): Anfänge westdeutscher Sicherheitspolitik 1945–1956, Bd. 4/1.

317 Bontrup/Zdrowomyslaw: Rüstungsindustrie, S. 129 ff. Vgl. Hummel: Rüstungsexportbeschränkungen, S. 194 ff.; Art. Deutsch-französische Zusammenarbeit. Industrielle Partner in Frankreich, in: Wehrtechnik 16 (1984), S. 53–57; Siano: Der Starfighter und ders.: Die Entwicklung eines Rüstungsprojektes sowie Heiner Möllers: Auswege aus der „Starfighter-Krise". General Steinhoffs Ringen um Befugnisse, in: Ders. u. a. (Hg.) im Auftrag der Interessengemeinschaft Deutsche Luftwaffe e.V.: Die Luftwaffe zwischen Politik und Technik, Berlin 2012, S. 124–144.

und Roland, an deren Produktion u. a. Rheinmetall, die Krauss-Maffei AG, die Krupp-Tochter MaK und Diehl beteiligt waren.[318]

Zwar hielt die Entspannungspolitik bis zum Wendepunkt des Nachrüstungsbeschlusses 1979 und der Reagonomics der 1980er Jahre an, freilich unter der ständigen Bedrohung durch das atomare „Gleichgewicht des Schreckens". Eine vom Atomphysiker Carl Friedrich von Weizsäcker 1971 verfertigte Studie, machte deutlich, dass allein bei einem Einsatzszenario mit 20 oder 50 taktischen Atombomben „in Mitteleuropa für Jahrhunderte keine Überlebensmöglichkeit mehr für eine komplex organisierte Gesellschaft" bestehen würde. Wie Bald dargestellt hat, verfügte allein die Bundeswehr über einige tausend atomarer Trägersysteme (Kurz- und Mittelstreckenraketen, Flugzeuge und Kanonen), während der Höchststand von 32.500 Atomsprengsätzen 1967 beim amerikanischen Bündnispartner erreicht war und die Sowjetunion über weniger als 16.000 verfügte. Insgesamt blieb der Bestand der weltweit verfügbaren Atombomben bis Mitte der 1980er Jahre bei 45.000–50.000 relativ stabil. Unter den Bedingungen der „Mutual Assured Destruction" (MAD) wurden zwar einerseits intensive und erfolgreiche Verhandlungen zur Begrenzung des Wettrüstens und zur Rüstungskontrolle begonnen, wie die KSZE-Schlußakte 1975, die SALT- und später die START-Verträge (1969–1979 bzw. 1982–1991) demonstrierten. Andererseits versuchten die NATO-Partner neue Strategien unterhalb der Atomschwelle zu entwickeln, die gleichzeitig das militärische Gleichgewicht beibehielten oder herstellen sollten.

Das von Helmut Schmidt vertretene, taktierende Prinzip der „Sicherheit für beide Seiten" schuf zugleich neue strategische Möglichkeiten und auch Absatzmärkte für konventionelle Waffen. Dazu trug auch der KSZE-Prozess (1969–1975) bei, den Bald für deutlich unterschätzt hält. Die ausgetauschten militärischen und sicherheitspolitischen Informationen, gemeinsame Manöver und Verhandlungen hätten zum langfristigen Aufbau von Vertrauen zwischen den rivalisierenden Blöcken, zwischen NATO und Warschauer Pakt, entscheidende Beiträge geleistet. Erst durch die gegenseitige Anerkennung und den Austausch sei der zuvor proklamierte „Wandel durch Annäherung" möglich gewesen.[319] Mit wechselseitigen Informationen über militärische Güter und Demonstrationen neuester Technologien in den Manövern war aber auch ein Keim gelegt, der durch die anhaltende Systemkonkurrenz neue Absatzmöglichkeiten für innovative Wehrtechnik erblühen lassen konnte. Denn technologische pull-Faktoren beförderten den unter Schmidt eingeschlagenen neuen Kurs, wie Diskussionen in den wehrtechnischen Fachmagazinen belegen.[320]

---

318 Rheinmetall-Archiv Bestand B 51 und Krauss-Maffei-Archiv N 1–6. Vgl. Bontrup/Zdrowomyslaw: Rüstungsindustrie, S. 130.

319 Bald: Die Bundeswehr, S. 76–80.

320 Beispielhaft sind: H. G. Schiffers: Die Rüstung der Bundeswehr. Rückblick und Ausblick, in: Wehrtechnik 3 (1970), S. 77–80; H.-E. Abshoff: Technischer Fortschritt – Rüstung und Politik, in:

Schmidt setzte als Verteidigungsminister auf „Modernisierung, Effizienzsteigerung sowie Funktionsverbesserung der Rüstung und Kommunikation". Bald meinte daher: „Die Leistung der Crew um Schmidt bestand darin, die politisch-gesellschaftlichen Reformkräfte sowie die beruflich-technischen Fachleute unter den Soldaten anzusprechen und eine Mehrheit für die Reform hinter sich zu scharen." Diese Tendenz wurde unterstützt durch neue Anforderungen der NATO, die „verlangten Struktur und Organisation der Bundeswehr an Haupt und Gliedern umzubauen" – mit anhaltenden Auswirkungen auf Einsatzdoktrinen und neu zu beschaffende Waffensysteme.[321] Die 1965 begonnene Umgliederung in der Bundeswehr sollte aber die Akteure in Ministerium, Militär und Rüstungsindustrie noch einige Jahre beschäftigen. Vorgesehen war einerseits eine Neuorganisation der militärischen Verantwortungsbereiche, Verbesserung administrativer Abläufe, Modernisierung der Personalpolitik und Öffnung des Zugangs für breitere Bevölkerungsschichten. Damit verbunden war auch eine, zivilen Verhältnissen angepasste Bildungspolitik der Bundeswehr, z. B. wurden die Universitäten der Bundeswehr in München und Hamburg 1973 gegründet. Die Öffnung gegenüber bislang unterrepräsentierten Gesellschaftsgruppen gelang: der Anteil der Angestellten an den Offizieren erhöhte sich zwischen 1967 und 1975 von 26 auf 41 %, bei den Arbeitern gar von 4 auf 17 %, während der Anteil der Adligen von bis zu 15 auf unter 1 % sank. Waren protestantische Offiziere zuvor noch die Regel gewesen, so sank ihr Anteil ebenfalls auf unter 40 %. Mit dieser verbreiterten gesellschaftlichen Basis stieg auch die Chance, das zentrale Ziel Schmidts als Verteidigungsminister zu erreichen, nämlich „das Militär in die demokratischen Verhältnisse einzubinden".[322]

Diesem Ansinnen widerliefen aber die Aktivitäten konservativer bis antidemokratischer Kreise im höheren Offizierskorps, v. a. des Heeres. Stellvertretend für ihre Positionen können die unter dem in der DGW organisierten Inspekteur des Heeres, Albert Schnez, verfasste Studie vom Juni 1969 und das weitgehend identische „Unna-Papier" der Hauptleute vom Herbst 1969 gesehen werden, die partiell auch von Generalinspekteur de Maizière unterstützt wurden.[323] Beide

---

Wehrtechnik 6 (1970), S. 260–264; Hans Ambos: Wehrtechnische Planung unter Berücksichtigung von Entspannungspolitik und Budgetschere, in: Wehrtechnik 4 (1974), S. 131–134.

321 Bald: Die Bundeswehr, S. 82 f. Vgl. Naumann: Ein zäher Wandel.

322 Bald: Die Bundeswehr, S. 82–86.

323 Der SPIEGEL fasste Schnez Biographie 1970 knapp zusammen: „Bei Kriegsende war er Oberst im Generalstab und General des Transportwesens in Italien; unmittelbar danach leitete er als Kriegsgefangener im Auftrag der Alliierten den Wiederaufbau des norditalienischen Eisenbahnnetzes. Nach seiner Entlassung brachte Schnez es zum Prokuristen im Kölner Lkw-, Motoren- und Maschinenwerk Klöckner-Humboldt-Deutz. 1957 bewarb er sich bei der Bundeswehr und wurde mit dem Generalsrang in die neue Armee übernommen. Seine Berufung zum Nato-Oberkommandierenden Europa-Mitte scheiterte 1967 an Protesten der holländischen Presse wegen seiner Nazi-Vergangenheit. CDU-Verteidigungsminister Gerhard Schröder ernannte ihn beim nächstmöglichen Termin zum Inspekteur des Heeres." Siehe o.V.: ALBERT SCHNEZ, in: Der SPIEGEL 22 (1970), S. 68. Belege für seine industrielle Tätigkeit siehe: Aktennotiz, 9.4.1957, in: Rheinmetall Archiv B 51 Nr. 74.

Argumentationspapiere lehnten die Reformen Schmidts und eine Demokratisierung des Militärs weitgehend ab, forderten eine stärkere Aufrüstung, mehr Drill und Disziplinierung, widersprachen den Positionen einer Entspannungspolitik und pochten auf einer Kategorie Sui-generis für Soldaten und Offiziere, für die andere Maßstäbe als für den Rest der Bevölkerung gelten würden.[324]

Auch „Forderungen, die Grundrechte zu ändern und die Zuständigkeiten des Wehrbeauftragten zu beschneiden, fehlten gemäß dem traditionalistischen Credo selbstverständlich nicht", wie Bald urteilte. Mit dieser Haltung verzögerten oder verwässerten sie wesentliche Ziele der Schmidtschen Reformen, die nach 1975 nur noch mit wenig Elan fortgeführt wurden.[325] Schnez war zudem über die schon behandelte DGW eng mit der bundesdeutschen Rüstungsindustrie verbunden, denn er hatte einige Jahre für die Maschinenwerke Klöckner-Humboldt-Deutz gearbeitet.[326] Er gehörte somit ebenfalls zur schon erwähnten wehrtechnischen *security community*.

Hintergründe für dieses Pochen der Heeresgeneralität auf überkommenen Traditionen der Vorkriegszeit sind aber sicherlich nicht nur im rasanten Umbau des sozialen Gefüges und der kurzfristigen administrativen Neuerungen zu suchen, sondern auch im recht plötzlichen Generationswechsel des höheren Offizierskorps. Innerhalb kurzer Zeit schied Ende der 1960er/Anfang der 1970er Jahre quasi eine ganze Generation von Generalen und Admiralen (61 insgesamt) aus der Bundeswehr aus, die zumeist im Zweiten Weltkrieg gedient hatten. Zudem traten noch besonders konservative oder rechtsradikale Vertreter zu Beginn der 1970er Jahre unter öffentlicher Kritik am Stil Schmidts als Verteidigungsminister zurück.[327]

In Medien und öffentlicher Meinung blieb Kritik indes nicht nur auf interessierte politische und religiös motivierte Kreise beschränkt, sondern in den Jugend- und Studentenbewegungen seit Ende der 1960er Jahre wurde Militärkritik mit Zweifeln am ökonomischen, gesellschaftlichen und kulturellen Status quo offen, stark verbreitet und in neuen medialen Formen geäußert. Die Wehrverwaltungen klagten daher beileibe nicht nur über langhaarige und rebellische Rekruten, sondern auch die Zahl der Wehrdienstverweigerer nahm massiv zu. Waren es im Jahr 1968 gerade einmal über 10.000 Anträge, so schwoll die Antragsflut bis Anfang der 1970er auf 30.000, bis 1977 sogar auf 70.000 Anträge an. Zudem verweigerten im Zuge der Atomrüstungsdebatte schon 1967 mehr als 3.000 Soldaten ihren Dienst. Von den gesellschaftlichen Entwicklungen der Zeit konnte und sollte also die Bundeswehr nach dem Willen des

---

324 Bald: Die Bundeswehr, S. 68 f., 83 und 89–91. Vgl. o.V.: Rüstungskonzeption des Heeres. Nach einem Vortrag des Inspekteur des Heeres Generalleutnant Albert Schnez, gehalten auf der 26. Arbeitstagung der DGW am 25. April 1969 in Bad Godesberg, in: Wehrtechnik 6 (1969), S. 204–214.

325 Bald: Die Bundeswehr, S. 90. Diese politische Haltung weckte beim SPD-Sicherheitsexperten Erwin Horn auch deutliche Zweifel an der „demokratischen Zuverlässigkeit" der federführenden obersten Heeresgenerale. Ebenda, S. 89. Siehe auch S. 86 und 91 ff.

326 O.V.: Rüstungskonzeption des Heeres.

327 Bald: Die Bundeswehr, S. 88, vgl. Hammerich/Schlaffer (Hg.): Militärische Aufbaugenerationen.

Verteidigungsministers und späteren Bundeskanzlers Schmidt nicht länger entkoppelt sein, obwohl die Debatten um Innere Führung und Traditionen bis in die 1980er Jahre anhielten. Zudem wurden Kritik und Verweigerung als Krisensymptome in den *security communities* wahrgenommen. Doch die Aufhebung der Entwicklungs- und Beschaffungsstopps der 1960er Jahre unter Schmidt war erst der Beginn einer neuen Nachfragewelle für die bundesdeutsche Rüstungsindustrie, der mit der Amtszeit von Georg Leber verbunden ist. Detlef Bald meinte, dass er als „Minister des Militärs“ sogar „das Kunststück fertig brachte, in der Epoche der Entspannungspolitik eine einzigartige Aufrüstungspolitik zu betreiben.“ Mit seiner Erweiterung des Heeres von 33 auf 36 Brigaden, d. h. um 30.000 modern ausgestattete Soldaten, und massenhaften Rüstungsaufträgen fand eine verblüffende „materielle Mobilmachung“ (Bald) statt. Der Minister selbst mit seiner Nähe zu den leitenden Militärs betonte, dass er eine „Politik der systematischen Runderneuerung“ verfolge.[328]

Dazu gehörte, dass Leber trotz angespannter Haushaltslage eine komplette neue Garnitur von Hubschraubern, Jagdbombern, Haubitzen, Jagdpanzer, Fregatten, Transportern bis hin zu Raketen und Feldtelefonen genehmigte, teils sogar über die Wünsche der Generalität hinaus. Doch es „erwies sich schnell, dass die Kapazitäten der Hardthöhe überstrapaziert wurden. Die planerische, finanzielle und konzeptionelle Kontrolle ging verloren. Beschaffungsskandale waren an der Tagesordnung“, wie Bald überzeugend meinte. Ein besonders signifikantes Beispiel dieser Entwicklung stellte der MRCA-Tornado dar, für dessen Beschaffungsvorhaben eigens ein Parlamentarischer Untersuchungsausschuss die Rechtmäßigkeit prüfen musste. Die ausufernden Rüstungsbudgets waren laut Bald auch der Grund dafür, dass Leber von Schmidt im Frühjahr 1978 durch den vormaligen Finanzminister Dr. Hans Apel ersetzt wurde. Der lockere Spruch von Leber bei der Amtsübergabe an Apel, „Hans, ich habe alles bestellt, Du brauchst nur zu bezahlen!“, sollte sich mit einer Verdopplung der Militärausgaben bis weit in die 1970er Jahre hinein bewahrheiten, wie noch genauer erläutert werden wird. Die Vielzahl von neuen Projekten überforderte zudem die Beschaffungsämter, schaffte neue Unübersichtlichkeiten und half nur wenig beim Abbau von Haushaltslöchern. Die Haushaltslage war überdies eng mit den krisenhaften Konjunkturen der Volkswirtschaft in den späten 1960er und 1970er Jahren verbunden.

Deutlich markiert wurden „die Grenzen des Wachstums“ 1972 auch vom Bericht des neu formierten „Club of Rome“, der die „Lage der Menschheit“ in Bezug auf wirtschaftliche und ökologische Sicherheit als eine dauerhaft prekäre beschrieb.[329] Insbesondere die frühen 1970er Jahre können daher als Ausgangspunkt länger

328 Bald: Die Bundeswehr, S. 93–95.

329 Die Grenzen des Wachstums. Bericht des Club of Rome zur Lage der Menschheit. Aus dem Amerikanischen von Hans-Dieter Heck, Stuttgart 1972 und Reinbek 1973. Vgl. auch Rüdiger Graf: Die Grenzen des Wachstums und die Grenzen des Staates. Konservative und die ökologischen Bedrohungsszenarien der frühen 1970er Jahre, in: Dominik Geppert/Jens Hacke (Hg.): Streit um den Staat. Intellektuelle Debatten in der Bundesrepublik, Göttingen 2008, S. 207–228.

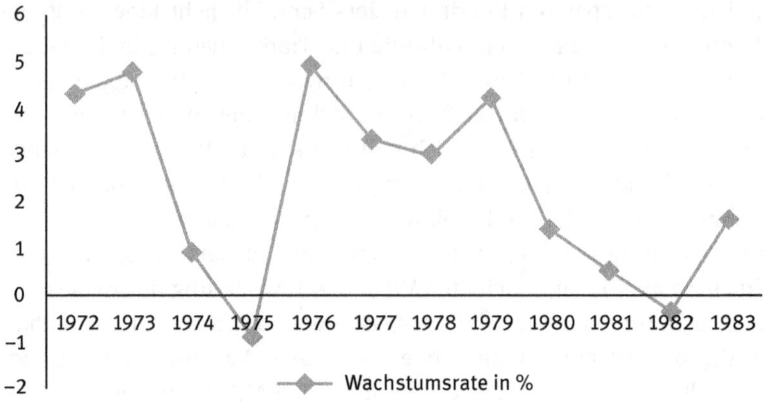

Abb. 9: Entwicklung des BIP der BRD, 1972–83.
Quelle: Statistisches Bundesamt (Hg.): Volkswirtschaftliche Gesamtrechnung 2012, Wiesbaden 2013, unter: www.destatis.de

anhaltender, deutlich wahr genommener Transformationsprozesse gelten, die Kim Priemel treffsicher mit „breitem Strich" skizziert hat: „die beschleunigte Integration globaler Märkte, die Friktionen im internationalen Währungssystem und die beiden Ölpreiskrisen, die dritte industrielle Revolution und volatilere Nachfrageformen, die Überforderung des Wohlfahrtsstaats und der Bruch mit einem keynesianisch inspirierten Steuerungsglauben." Die Auswirkungen trafen auch durchaus ein mit Aufträgen gut ausgelastetes Rüstungsunternehmen wie Flick.[330]

Zwar kam es danach noch einmal zu durchaus positiven Wachstumsraten von etwa 4–5 % jährlich, doch ab 1974 traten immer wieder zwei bis vier Jahre anhaltende Stagnations- oder gar Rezessionsphasen auf, z. B. 1974/75 oder 1979 bis 1983 (Abb. 9). Insgesamt waren Wachstumsraten von über 5 % seit diesem Zeitpunkt in der BRD nicht mehr zu realisieren, obwohl die Auslandsnachfrage wieder schnell anzog. Ein breites Ursachenbündel war für diese Entwicklung verantwortlich, wobei freilich die dramatische Ölpreisentwicklung an der Jahreswende 1973/74 und damit verbundene Auswirkungen eine wichtige Rolle spielten.[331]

330 Priemel: Industrieunternehmen, Strukturwandel und Rezession, S. 2 und 4f. Vgl. Judt: Post-War, S. 452ff. und Abelshauser: Wirtschaftsgeschichte S. 303ff.

331 Zur ersten Ölkrise ausführlich: Jens Hohensee: Der erste Ölpreisschock 1973/74. Die politischen und gesellschaftlichen Auswirkungen der arabischen Erdölpolitik auf die Bundesrepublik Deutschland und Westeuropa, Stuttgart 1996. Zu den Auswirkungen: Schmahl: Der lange Weg sowie Sachverständigenrat zur Begutachtung der gesamtwirtschaftlichen Entwicklung (Hg.): Jahresgutachten 1973/74. Mut zur Stabilisierung, Stuttgart 1973.

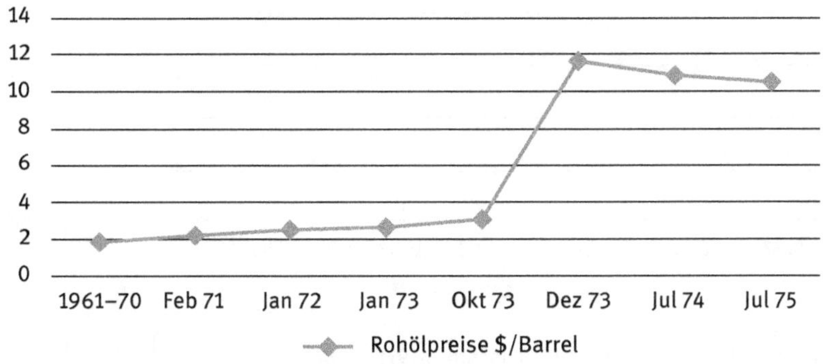

Abb. 10: Rohölpreisentwicklung 1961–1975.
Quelle: Hohensee: Ölpreisschock, S. 78.

Durch Nachfragerückgänge auf dem inländischen, teils auch auf internationalen Märkten und die massiven Erhöhungen des Ölpreises (vgl. Abb. 10) sank auch seit Mitte der 1970er Jahre die inländische Investitionsneigung, was durch eine restriktive Geld- und Finanzpolitik des Bundes bis zu Beginn der 1980er Jahre partiell verstärkt wurde.[332]

Auch steigende Löhne konnten die Preisentwicklung nicht abfedern, womit der private Konsum, insbesondere auch bei energieintensiven Gütern wie Automobilen stark zurückging. Die Sättigung der Automobilmärkte gepaart mit steigenden Energiepreisen und realem Lohnverlust führte dazu, dass die Kraftfahrzeugproduktion bis Mitte der 1970er Jahre um fast 20 % zurückging.[333] Diese Tendenzen hielten insbesondere in den Jahren der durch die Preispolitik der OPEC verursachten Ölpreiskrisen 1973 bis 1975 und 1978 bis 1983 an. Das Jahr 1979 mit dem letztmaligen

332 Zu den verschiedenen wirtschafts- und finanzpolitischen Steuerungsversuchen siehe Alexander Nützenadel: Stunde der Ökonomen. Wissenschaft, Politik und Expertenkultur in der Bundesrepublik 1949–1974, Göttingen 2008; Gabriele Metzler: Konzeptionen politischen Handelns von Adenauer bis Brandt. Politische Planung in der pluralistischen Gesellschaft, Paderborn 2005 und Bernhard Löffler: Soziale Marktwirtschaft und administrative Praxis. Das Bundeswirtschaftsministerium unter Ludwig Erhard, Stuttgart 2003.

333 Uwe Burghardt: Verkehr, in: Wolfgang Benz (Hg.): Die Geschichte der Bundesrepublik Deutschland, Bd. 2: Wirtschaft, Frankfurt a.M. 1989, S. 248–293, hier S. 290. Vgl. auch Stephanie Tilly/Dieter Ziegler (Hg.): Jahrbuch für Wirtschaftsgeschichte 2010/ 1, Themenheft: Automobilwirtschaft nach 1945: Vom Verkäufer- zum Käufermarkt?; Stephanie Tilly/Florian Triebel (Hg.): Automobilindustrie 1945–2000. Eine Schlüsselindustrie zwischen Boom und Krise, München 2013; Ingo Köhler: Marketing als Krisenstrategie. Die deutsche Automobilindustrie und die Herausforderungen der 1970er Jahre, in: Hartmut Berghoff (Hg.), Marketinggeschichte. Die Genese einer modernen Sozialtechnik, Frankfurt a.M./New York 2007, S. 259–295 und ders.: Overcoming Stagflation. Innovative Product Policy and Marketing in the German Automobile Industry of the 1970s, in: Business History Review 84 (2010), S. 53–78.

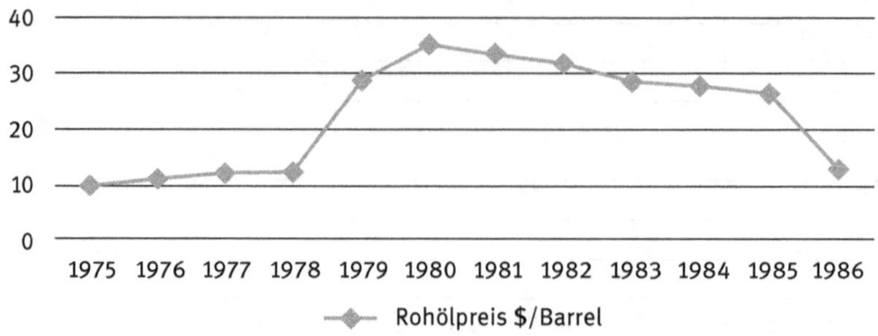

Abb. 11: Rohölpreis der OPEC-Mitglieder im Durchschnitt, 1975–1986.
Quelle: Mineralölwirtschaftsverband e.V. (Hg.): Statistiken-Preise. Rohölpreisentwicklung 1960–2012, unter: http://mwv.de/index.php/daten/statistikenpreise/?loc=4 [13.10.2013].

Erreichen von über 4 % Wachstumsrate stellt damit neben dem Jahr 1967 eine weitere wichtige Periodisierungsschwelle dar.[334]

Nach Beginn der zweiten Ölkrise 1978 kam es zu einem, bis in die frühen 1980er Jahre anhaltenden wirtschaftlichen Abschwung und stagnierendem Wachstum (Abb. 11). Öffentlich intensiv diskutiert wurden nun die Probleme, die durch eine kontinuierlich drehende Lohn-Preis-Spirale verursacht wurden. Das Ende des Nachkriegswachstums, des „Wirtschaftswunders“, war definitiv gekommen, auch wenn es nach der „Wende“ 1982 positive wirtschaftliche Signale gab.[335] Die seit 1978 enorm gestiegenen Ölpreise verteuerten die gesamte industrielle Produktion.

Zudem machten die Ölkrisen nicht nur für das bundesdeutsche Militär, sondern auch für die Öffentlichkeit sichtbar, dass die Öl- und Energieversorgung seit dem Yom Kippur-Krieg 1973/74 zu einem strategischen Objekt geworden war und sogar als ökonomisch wirksame „Waffe“ eingesetzt werden konnte. Der Ölboom der arabischen Staaten veränderte auch das internationale Machtgefüge. Obwohl die westlichen Industriestaaten verschiedene Maßnahmen zur Vorsorge ergriffen, wie etwa die verstärkte Einlagerung von Ölreserven, entstand in der Sicht von einflussreichen Militärs mit den Ölkrisen, dem Rohstoffmangel und der Preissteigerung eine fragile Sicherheitslage.[336]

---

334 Schmahl: Der lange Weg.

335 Sachverständigenrat zur Begutachtung der gesamtwirtschaftlichen Entwicklung (Hg.): Jahresgutachten 1982/83. Gegen Pessimismus, Stuttgart 1982, v. a. S. 3 f. und Abelshauser: Deutsche Wirtschaftsgeschichte. Siehe auch Entwicklung BIP, Statistisches Bundesamt (Hg.): VGR (Abb. 2.3).

336 Hans Christian Pilster, Generalmajor a.D.: Westliche Sicherheitsprobleme in den 80er Jahren. Die Sicherung unserer Rohstoff- und Energieversorgung, in: Europäische Wehrkunde 29,11 (1980), S. 543–550, hier: S. 546.

Ein bislang noch vernachlässigter wichtiger Akteur in diesem Prozess waren die Medien, die mit ihrer furchteinflößenden Krisenwahrnehmung das Vertrauen in die Energiesicherheit erschütterten, panikartige Reaktionen wie Hamsterkäufe und die Konsumzurückhaltung insgesamt wohl verstärkten.[337] Die Perzeption des „Ölpreisschocks“ in Medien und Öffentlichkeit spielte jedenfalls eine wichtige Rolle bei ihrer Bewältigung und der Wiederherstellung von Sicherheit und Vertrauen, worauf auch Gabriele Metzler und Rüdiger Graf zutreffend hingewiesen haben.[338] Neben außenpolitischer Sicherheit war nun auch die Debatte um Energiesicherheit konstitutiv für die politische Agenda von Parteien und Gruppierungen wie etwa der Umweltbewegung im Kalten Krieg.[339]

Alexander Nützenadel und Kim Priemel haben zu Recht daher unterstrichen, dass nicht nur in Ökonomenkreisen in den frühen 1970er Jahren intensiv darüber diskutiert wurde, ob denn die Krise von 1966/67 schon Hinweise darauf gab, dass die bundesdeutsche Volkswirtschaft wieder zu den Konjunkturzyklen der Vorkriegszeit zurückkehrte und ob nicht die Nachkriegsprosperität eine Sonderkonjunktur darstelle.[340] Andere Stimmen in BRD wie DDR sahen allerdings den sozio-ökonomischen Wandel in der Mitte der 1970er Jahre als Anzeichen für eine länger anhaltende Krise der

---

337 Beispiele sind o.V.: Ölkrise: Die würden uns auslutschen. Für 75 Tage reichen die Roh- und Heizöl-Reserven der Bundesrepublik – nicht lange genug, um einen ernsthaften Lieferboykott der Nahost-Länder durchstehen zu können, in: Der SPIEGEL 42 (1973), S. 25–27; o.V.: Immer knapper und teurer, in: Der SPIEGEL 43 (1973), S. 27 oder o.V.: Gehen in Europa die Lichter aus?, in: Die ZEIT vom 9.11.1973, S. 1. Siehe auch verschiedene SPIEGEL-Titel von 1973 („Die Erdöl-Erpressung“, „Öl-Scheichs gegen Europa“, „Folge der Ölkrise: Ende der Überfluggesellschaft“ und „Stop für Deutschlands Autofahrer“) unter http://germanhistorydocs.ghi-dc.org/sub_image.cfm?image_id=2422&language=german. Vgl. Steven M. Gorelick: Oil Panic and the Global Crisis. Predictions and Myths, Hoboken u. a. 2009.

338 Gabriele Metzler: Krisenbewusstsein, Krisendiskurse und Krisenbewältigung. Die Frage der „Unregierbarkeit“ in Ost und West nach 1972/73, in: Zeitgeschichte 34, 3 (2007), S. 151–161 und Rüdiger Graf: Making Use of the “Oil Weapon”. Western Industrial Countries and Arab Petropolitics in 1973/74, in: Diplomatic History 36.1 (2012), 185–208; Ders.: Gefährdungen der Energiesicherheit und die Angst vor der Angst. Westliche Industrieländer und das arabische Ölembargo 1973/74, in: Patrick Bormann, Thomas Freiberger und Judith Michel (Hg.): Angst in den internationalen Beziehungen, Göttingen/Bonn 2010, S. 73–92.

339 Rüdiger Graf: Das Petroknowledge des Kalten Krieges, in: Tim B. Müller/Bernd Greiner (Hg.): Macht und Geist im Kalten Krieg, Hamburg 2011, S. 201–222; Ders.: Between National and Human Security: Energy Security in the United States and Western Europe in the 1970s, in: Historical Social Research 35.4 (2010), S. 329–348.

340 Priemel: Industrieunternehmen, S. 10 f. und Nützenadel: Stunde der Ökonomen, S. 72 f. Vgl. Peter Temin: The Golden Age of European Growth Reconsidered, in: European Review of Economic History 6, 1 (2002), S. 3–22 und ders.: The Koreaboom in West Germany: Fact or Fiction?”, in: Economic History Review November, 1995, S. 737–753.

spätindustriellen Gesellschaften.[341] Es schien sich in den Krisensymptomen auch das Ende des industriellen Produktionsregimes und damit der Industriegesellschaft anzudeuten. Priemel sah daher „hinter dem abstrakten Konzept des Strukturwandels und seiner krisenhaften Wahrnehmung (...) somit konkrete Rationalisierungs- und Innovationsdefizite, die auf unternehmerische Pfadabhängigkeiten, individuelle und kollektive Präferenzen sowie strategische Entscheidungen zurückgingen." Denn der Druck der „revolutionären Wucht" (Doering-Manteuffel) kam auch aus den Unternehmen selbst: „Transformation und Krise wurden nicht nur erfahren, sondern (mit)gemacht."[342] Diese Einbettung der unternehmerischen Akteure in den Transformationsprozess galt auch für die bundesdeutschen Rüstungsunternehmen, die nach dem Ende der zweiten Ausstattungswelle der Bundeswehr den Einschnitt nach dem Boom deutlich wahrnahmen.[343]

Massendemonstrationen gegen die Lagerung von Atomwaffen, gegen den NATO-Nachrüstungsbeschluss und die Stationierung von Mittelstreckenraketen (Pershing II) in den 1980er Jahren forderten zudem mit ihren generellen Zweifeln an der Sicherheit von Waffen nicht nur die Bundeswehr heraus, sondern auch die Rüstungsunternehmen.[344] Verknüpft wurde diese Kritik mit einer generellen Kapitalismusskepsis, teils marxistisch-leninistischer Spielart und mit Unterstützung von Seiten der DDR-Politik. Dabei wurden auch die konjunkturellen Einschnitte wie die Ölkrisen und das Ende des Nachkriegsbooms intensiv rezipiert und als sozio-ökonomischer Niedergang gedeutet.[345]

3.2.1 Auswirkungen der Krisen auf die Rüstungsunternehmen

Insgesamt entwickelte sich der deutsche Rüstungsmarkt nach den „goldenen Jahren" der Wiederaufrüstung rückläufig, wenn man die Ausgaben des Bundes und

---

341 André Steiner: Bundesrepublik und DDR in der Doppelkrise europäischer Industriegesellschaften. Zum sozialökonomischen Wandel in den 1970er Jahren, in: Zeithistorische Forschungen 3 (2006), S. 242–262.

342 Priemel: Industrieunternehmen, S. 4 und Doering-Manteuffel: Nach dem Boom, S. 560.

343 Vgl. Mark Granovetter: Economic Action and Social Structure. The Problem of Embeddedness, in: American Journal of Sociology 91 (1985), S. 481–510.

344 Bald: Die Bundeswehr; Ders.: Bundeswehr und gesellschaftlicher Aufbruch 1968. Die Widerstände des Militärs in Unna gegen die Demokratisierung, in: Westfälische Forschungen, 48/1998, S. 297 ff. und Ders.: Die Macht- und Militärpolitik der Bundesrepublik, Bonn 2006, Beilage zu „Wissenschaft und Frieden" Vgl. als Quelle Institut für Demoskopie Allensbach (Hg.): Die Ablehnung des Militärs. Eine psychologische Studie der Motive, Allensbach 1961.

345 Vgl. Rucht: Protest. Aussagekräftig auch Vilmar: Rüstung und Abrüstung im Spätkapitalismus.

die geschätzten Rüstungsexporte nach SIPRI- oder ACDA-Kriterien betrachtet. Dies galt auch für die nominalen Zahlen, die sich erst ab der Mitte der 1970er Jahre wieder stabilisierten. Bis auf wenige Ausnahmen in den Jahren 1967 und 1969 sanken die Rüstungsaufträge auf dem deutschen Markt bis 1973 und stabilisierten sich dann auf einem leicht gestiegenen Niveau. Erst zu Beginn der 1980er Jahre ist ein Trend zu verstärkten Rüstungsaufträgen zu verzeichnen. Auffällig ist auch, dass ab 1973 die Rüstungsimporte, die schon im Zeitraum zwischen 1963 und 1968 abgesunken waren, real deutlich abnehmen (siehe Abb. 12).

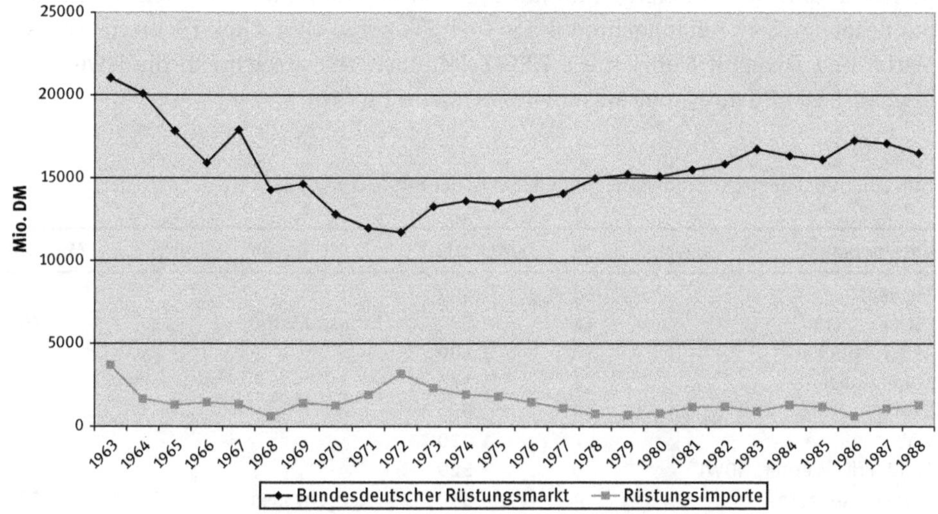

Abb. 12: Rüstungsmarkt der BRD in konstanten Preisen (1980=100), 1963–1988.
Quelle: Daten von Hummel: Rüstungsexportbeschränkungen, S. 296 f. Deutscher Rüstungsmarkt beinhaltet die Ausgaben des BMVg nach Einzelplan 14, Rüstungsim- und -exporte.
Die Rüstungsimporte werden noch gesondert ausgewiesen, um die Größenordnung zu verdeutlichen.

Ab den 1970er Jahren verfügt die Forschung in immer stärkerem Maße über quantitative Daten, die neben den Einzelunternehmen auch Branchenstrukturen in den Blick nehmen. Der Politologe Hummel hat bezüglich der Anbieterstruktur der 1970 und 1980er Jahre herausgearbeitet, dass in der BRD typischerweise nur zwei Arten von Rüstungsunternehmen existieren: meist Familienunternehmen bzw. von der öffentlichen Hand finanzierte Firmen als Spezialhersteller von Rüstungsgütern i. e. S. einerseits und stark diversifizierte Großkonzerne mit Tochterunternehmen oder Beteiligungen im Rüstungsbereich andererseits. Dabei zeigte sich für die 1970er und 1980er Jahre, dass „in der Bundesrepublik eine hochentwickelte und nach wie vor weitgehend durch inländische Unternehmen kontrollierte Rüstungsindustrie existiert, die allerdings durch eine heterogene Struktur gekennzeichnet ist. Die mit

Rüstungsproduktion beschäftigten Unternehmen unterscheiden sich hinsichtlich der Unternehmensgröße und der ,Rüstungsabhängigkeit', also des Anteils des Rüstungsumsatzes am Unternehmensumsatz, erheblich. Unternehmenszusammenschlüsse, Defusionen und Umgruppierungen sind häufig."[346]

Diese Struktur zeigt sich auch mit Blick auf die größten Auftragnehmer des BMVg gegen Ende der 1970er Jahre. Hier wird deutlich, dass nicht nur traditionelle Rüstungsproduzenten wie Rheinmetall und Diehl über eine umfangreiche militärische Produktionssparte verfügten, sondern auch diversifizierte, zivil dominierte Konzerne wie Siemens und AEG-Telefunken, die eine Vielzahl elektronischer Komponenten und Geräte lieferten. Im Jahre 1977 waren daher die höchsten Anteile der bundesdeutschen Rüstungsproduktion bei Siemens, den Flick-Töchtern Krauss-Maffei und Dynamit Nobel sowie AEG-Telefunken zu verzeichnen, die jeweils 1,4 bis 2 Mrd. DM Rüstungsumsatz aufwiesen (siehe Tab. 10).

Tab. 10: Branchenstruktur: Rüstungsproduktion in der BRD i. e.S., 1977.

Unternehmen	%	Mio. DM	Davon	%	Mio. DM
Siemens	14	2.000			
Flick Konzern	11	1.590	**Krauss-Maffei**	5	705
AEG-Telefunken	10	1.400			
Krupp Konzern	8	1.170			
MBB	7	1.080			
VFW	7	1.020			
Bund (Fritz Werner, HDW)	6	829			
Thyssen Konzern	4	580	**Thyssen Industrie**	2	330
Röchling, d. h. Rheinmetall	4	520			
MTU	3	550			
GHH, d. h. MAN	3	500			
Diehl	3	430			
Dornier	3	370			
Sonstige	19	4.231			
Gesamt	102	14.700			

Quelle: Hummel: Rüstungsexportbeschränkungen, S. 290. Hier auch weitere Quellenangaben.

Daneben gehörten aber auch der Krupp-Konzern mit seinen Rüstungstöchtern MaK und Atlas-Werke sowie die Luft- und Werftkonzerne MBB und VFW zu den größten Rüstungsproduzenten in der BRD. Neben dem recht hohen Anteil der bundeseigenen

346 Hummel: Rüstungsexportbeschränkungen, S. 292 und Zitat S. 289. Vgl. dazu auch Bontrup/ Zdrowomyslaw: Die deutsche Rüstungsindustrie, S. 46–48 und 129–153.

Gesellschaften wie Fritz Werner GmbH und HDW überrascht auch die umfangreiche Beteiligung der Thyssen-Tochter (Thyssen Industrie) und der Gutehoffnungshütte (GHH) mit ihrer Beteiligung MAN, die teils noch vor den traditionellen Heereslieferanten Rheinmetall und Diehl zu finden sind. Bemerkbar machte sich in dieser Zeit auch der steigende Einfluß der Luftrüstung, denn mit MTU und Dornier landeten zwei zunächst noch mittelständische Spezialisten im Feld der bundesdeutschen Rüstungsgrößen mit 550 bzw. 370 Mio. DM an Rüstungsaufträgen. Allerdings muss zum Aussagewert dieses Rankings deutlich gesagt werden, dass sich die Verteilung der Aufträge bzw. Rüstungsumsätze nahezu jährlich änderte und von der Vergabe besonders kostspieliger Rüstungsprojekte, v.a. im Luftwaffenbereich, aber auch beim Kampfpanzerbau und neuen Heeresprojekten, wie dem internationalen Kooperationsprojekt Feldhaubitze der 1970er Jahre, abhängig war. Unternehmen konnten daher nach Abschluss bzw. Beendigung eines einzigen lukrativen Großprojekts in diesem Ranking höher bzw. tiefer angesiedelt sein, als es ihrer langfristigen Stellung im deutschen Rüstungsmarkt entsprach.

Ein solches Projekt stellte im Bereich der traditionellen Heerestechnikproduzenten der Kampfpanzer Leopard 1 dar. Schon bevor verschiedene Kampfwertsteigerungen ihn weiterentwickelt und zu einer größeren technologischen Reife geführt hatten, wurde unter Verteidigungsminister Leber mit Planungen für ein völlig neues Modell, den Leopard 2, begonnen. Zwar waren zuvor erste gemeinsame Überlegungen von USA und BRD erfolgt, einen Kampfpanzer gemeinschaftlich (Bezeichnung MBT-70) zu entwickeln. Der Vertrag war noch unter Verteidigungsminister von Hassel 1963 geschlossen worden. Das Projekt gestaltete sich aber als kompliziert, langwierig und teuer. Bereits im Januar 1970 wurde es, v.a. auf deutschen Wunsch wieder aufgegeben, weshalb die USA den M1 Abrams weiterentwickelten. Da die Bewaffnung aus amerikanischer Produktion unzureichend war, setzten sie aber auf glatte 120-mm-Rohre von Rheinmetall. In den 1970er Jahren entstanden dann Überlegungen zum Bau eines deutsch-britischen Panzers, dem sog. MBT-80, die allerdings 1977 aufgegeben wurden, nachdem sich Großbritannien für den Bau des Challenger-Kampfpanzers entschieden hatte.[347]

Die BRD gab daher einem eigenen neuen Modell, dem Kampfpanzer Leopard 2, den Vorzug. Von 1970 bis 1975 wurden für den Leopard 2 insgesamt 16 Prototypen konstruiert, die unterschiedliche taktische Forderungen (TAF) erfüllen sollten. Eine entscheidende Verbesserung gegenüber dem britischen, seit 1961 gebauten Kampfpanzer Chieftain war die neue Panzerung, „die den Leopard nun auf eine Stufe mit dem Chieftain stellte, seinem größten Konkurrenten auf dem Exportmarkt“. Das britische Konkurrenzmodell wurde u.a. in den Iran, nach Jordanien, Kuwait und

347 Ebenda, S. 161f. Vgl. auch Leitzbach: Rheinmetall. Vom Reiz, Bd. 2, S. 575–595.

Oman sowie in veränderter Form nach Indien verkauft. Beim Leopard 2 kam die Hauptbewaffnung von Rheinmetall (120-mm-Kanone, Glattrohr).[348] Im Jahre 1977 erfolgte die Auftragsvergabe von 1.800 Leopard 2-Kampfpanzern an Krauss-Maffei als Generalunternehmer. Sie mussten aber schon ab 1978 nach und nach ausgeliefert werden. Nachfrager war nicht nur die Bundeswehr, sondern Holland und Schweden beschafften den Leopard 2 ebenfalls, Spanien sollte folgen, die Schweiz ließ ihn in Lizenz als Panzer 87 (Pz87) nachbauen.[349] Sowohl der Leopard 1 als auch das Nachfolgemodell erhielten mehrfach aufwändige Kampfwertsteigerungen, z. B. neue Rohre für die Bordkanone, bessere Panzerung und Feuerleitanlage, die in der Fachpresse intensiv besprochen wurden.[350]

Dies galt auch für das zweite große Heeresprojekt, die Feldhaubitze der 70er Jahre, abgekürzt FH 155 oder FH 70. Im ersten Jahr nach Beginn der Wirtschaftskrise wurde mit diesem groß angelegten Rüstungsprojekt begonnen, das im Rahmen der NATO schließlich drei Länder als Partner eines trinationalen Vorhabens vereinte. Zunächst begannen die BRD und Großbritannien 1968 nach einem bilateralen Regierungsvertrag mit der Definition gemeinsamer militärischer Forderungen an das neue Waffensystem: eine moderne Feldhaubitze für den Einsatz bei der Artillerie. Vergleichbare Geräte, die bis zu diesem Zeitpunkt eingesetzt wurden, stammten noch aus dem Zweiten Weltkrieg. Für die industrielle Entwicklung zeichneten die britischen und deutschen Vertragspartner bis zum Ende allein verantwortlich, aber für Produktion und Erprobung trat Italien als dritter Vertragspartner 1970 dem bilateralen Abkommen bei. Die gemeinsame Entwicklung und Erprobung schritt für ein komplexes Waffensystem mit internationaler Beteiligung und gegenseitiger Abstimmung sehr schnell voran, so dass im September 1972 ein noch als FH 70 bezeichnetes Vorführgeschütz vor NATO-Offizieren auf dem Rheinmetall-Versuchsschießplatz in Unterlüß demonstriert werden konnte. Nach weiteren Absprachen wurden dann 1973 die Vorverträge abgeschlossen, wobei Rheinmetall erfolgreich den Status des

348 Ebenda; Ford: Panzer von 1916, S. 153 und 159f., 163–170. Vgl. Bald: Die Bundeswehr und H. Wüst/E.Sch.: Kampfpanzer LEOPARD. Auslandserprobungen und Spezialprüfungen 1964–68. Vorabdruck aus dem in Kürze erscheinenden Buch KAMPFPANZER LEOPARD, hg. von Raimund Knecht, in Wehrtechnik 10 (1969), S. 368–374; Heinz Günther Guderian: Kampfpanzer und Panzerjäger, in: Wehrtechnik 2 (1971), S. 44–47; H. Lange: Die Aufgaben der deutschen Industrie in der Panzerbewaffnung. Beitrag zum Thema: Industrie und Wehrtechnik, in: Wehrtechnik 4 (1971), S. 139–143; o.V.: 1800 LEOPARD 2 für das Heer, in: Wehrtechnik 8 (1977), S. 26–28; o.V.: LEOPARD 2 der Fachpresse vorgestellt, in: Wehrtechnik 4 (1978), S. 65.

349 Ford: Panzer, S. 154.

350 Ebenda, S. 154; o.V.: Gepanzerte Fahrzeuge des Heeres, in: Wehrtechnik 8 (1977), S. 30–39; Horst Zobel: Wohin geht die Panzerentwicklung?, in: Wehrtechnik 2 (1978), S. 24 ff.; Wolfgang Flume: Kampfwertsteigerung oder neuentwickeln? Zur Panzerentwicklung in Deutschland, in: Wehrtechnik 8 (1986), S. 20–33.

Hauptauftragnehmers erhielt. Dies lag sicherlich auch daran, dass Rheinmetall den größten Anteil an der Bewaffnung, dem technisch anspruchsvollen Kernstück des Waffensystems, herstellte und dass die BRD von den 451 zu produzierenden Haubitzen nahezu die Hälfte (216) erwarb. Italien und Großbritannien erhielten mit 164 bzw. 71 Stück wesentlich geringere Abnahmekontingente.[351]

Nach den Vorverträgen wurden zunächst in drei Entwicklungsphasen 19 Prototypen hergestellt und getestet. Die Hauptserienfertigung konnte erst im Herbst 1975 starten, nachdem im Frühjahr und Sommer 1975 die 0-Serie produziert sowie die trilaterale Einführungsgenehmigung und Truppenverwendbarkeitserklärung abgeschlossen worden waren. Das Gesamtbeschaffungsvolumen der trinationalen Artilleriewaffe betrug 384,48 Mio. DM. Rheinmetall war als bundesrepublikanisches Unternehmen der Hauptkontraktor, daneben lieferten Leitz (Richtaufsatz, Rundblickperiskop) und Möller (Panzerzielfernrohr) nur kleinere, hoch spezialisierte Anteile am Geschütz. Oto Melara aus Italien und Vickers aus Großbritannien waren für Getriebe, Wiege und Halterungen (Oto) bzw. Lafette (Vickers) die internationalen Projektpartner.[352] Ausgeliefert wurde die Feldhaubitze dann an die Bundeswehr ab dem Jahre 1978.[353]

Unter der neuen Doktrin des NATO-Nachrüstungsbeschlusses wurde aber nicht nur der LEOPARD 1 kampfwertgesteigert, sondern auch der Nachfolger LEOPARD 2 wurde als taktische Waffe für Kampfszenarien in Europa fortentwickelt. Insbesondere im Luftwaffenbereich bahnten sich zudem komplexe, teils internationale Neuentwicklungen wie der MRCA-Tornado oder der Alpha Jet an oder wurden fortentwickelt.[354]

Welche Bedeutung hatte diese Steigerung an Rüstungsgütern und Entwicklungen nun für Rheinmetall als heerestechnischer Rüstungsspezialist in dieser Rüstungsphase?

---

351 Rheinmetall-Archiv B 5121 Nr. 1–6 Prospekte der FH 155/FH 70; Leitzbach: Rheinmetall. Vom Reiz, Bd. 2, S. 584 f. Vgl. o.V.: Heer erhielt Feldhaubitze 155–1, in: Wehrtechnik 12 (1978), S. 40 und Wolfgang Flume/Heinz-Jürgen Witzke/Hans-Ulrich Pieper: WT Firmenporträt: Rheinmetall GmbH – Das breite Spektrum bleibt erhalten, in: Wehrtechnik 8 (1980), S. 74–79, mit Abb. Übergabe.

352 Rheinmetall-Archiv A 21, div. Jge. O.V.: Heer erhielt Feldhaubitze 155–1; Horst Hildebrandt: Eine Verteidigungsarmee kann an Feuerkraft nicht stark genug sein, in: Wehrtechnik 12 (1978), S. 43 (Ansprache des Inspekteurs des Heeres, Generalleutnant Hildebrandt bei der Übernahme der ersten FH 155–1). Vgl. auch Wehrtechnik Heft 10 (1977).

353 Rheinmetall-Archiv B 5121 Nr. 10 Ansprache des Vorsitzenden der Geschäftsführung der Rheinmetall GmbH, Herrn Dipl.-Kfm. Frank Bär, anläßlich der Übergabe der ersten Feldhaubitzen 155–1 an die Truppe am 13.10.1978 in Unterlüß und Rede des Bundesministers Dr. Hans Apel anläßlich der Übergabe der Feldhaubitze 70 an die Truppe am Freitag, den 13.10.1978; O.V.: Heer erhielt Feldhaubitze 155–1.

354 Bontrup/Zdrowomyslaw: Rüstungsindustrie, S. 130. Vgl. Peter Schlotter: Rüstungspolitik in der Bundesrepublik Deutschland. Die Beispiele Starfighter und Phantom, Frankfurt a.M. 1975 und die Argumentation des BMVg: Walther Stützle: Nachrüstung – warum?, in: Wehrtechnik 8 (1981), S. 15 f.

3.2.2 Rheinmetall am Ende des Booms: Diversifizierung oder Exporte?

Die Rheinmetall Berlin AG begann unmittelbar nach der Krise 1966/67 weitere Käufe von Unternehmen, d. h. einen Kurs verstärkter Diversifizierung einzuschlagen. Dabei wurde erstmals nach 1945 auch ein internationales Unternehmen wie die Société d'Application Plastique, Mécanique et Electronique S. A., Paris (50,6 Prozent der Anteile) 1968 erworben. Im Laufe des Jahres und 1969 folgten weitere Aufkäufe von vielseitig nutzbaren mittelständischen Maschinenbauern wie die Ludwig Grefe Maschinenfabrik GmbH & Co. KG und die Grefe Verwaltungsgesellschaft mbH in Lüdenscheid, die Elan-Schaltelemente GmbH Kurt Maecker in Düsseldorf und die Laeis Werke AG in Trier. Die Benhil Verpackungsmaschinen GmbH in Düsseldorf wurde aus der vormaligen Benz & Hilgers heraus neu gegründet. Die wehrtechnischen Fortschritte im Bereich Elektronik zogen 1969 die ersten kleineren Umgruppierungen im Konzern nach sich. Die gesamte Produktion auf dem Elektronik-Sektor wurde bei der frisch erworbenen Beteiligung, der Elan Schaltelemente GmbH, durchgeführt. Die Entwicklung im Elektronik-Bereich wurde auf die in Rheinmetall Elektronik GmbH umbenannte Brandau-Messautomatik GmbH übertragen. Außerdem wurden die Aviatest GmbH und die Rheinmetall Elektronik GmbH noch von der Rheinmetall GmbH auf den Konzern übertragen.[355]

Bis zu diesem Zeitpunkt erstreckte sich das vielfältige Tätigkeitsgebiet der Rheinmetall Berlin AG schon auf Entwicklung, Herstellung, Montage und Vertrieb von Maschinen und sonstigen Gegenständen aus Metall oder anderen Stoffen sowie auf die Konzernverwaltung, d. h. die Abwicklung und Geschäftsführung des Rumpfkonzerns.[356] Doch damit war die aufwändige „Einkaufstour" noch nicht abgeschlossen: 1970 erwarb die Rheinmetall GmbH mit 51 Prozent die Mehrheit an der zivil und militärisch produzierenden NICO Pyrotechnik Hanns Jürgen Diederichs KG in Trittau. Sie entwickelte und produzierte bereits ab 1949 Leucht-, Signalmittel und unterkalibrige Übungssysteme für Mörser und Panzerabwehrwaffen (u. a. Panzerfaust Lanze, Armbrust, Carl Gustav und Bazooka). Die Übungssysteme für Mörserwaffen waren bei diesem, mit 300 Mitarbeitern recht überschaubaren Spezialhersteller 1963 entwickelt, 1967 in Belgien, 1969 bei der Bundeswehr und dann in 35 weiteren Ländern eingeführt worden, u. a. in Südkorea, Indien und Indonesien. Spezialisiert war Nico auch bei Nebelkörpern und Signalmunition, die zu Übungszwecken von Armeen weltweit vielfach eingesetzt wurden, z. B. von der *US-Army*. Das *dual-use*-Unternehmen fertigte aber auch Klein- und Großfeuerwerk für den Zivilbedarf, mit Umsatzspitzen zu Silvester.[357] Zwar gibt es keine näheren Produktion-, Umsatz- und Gewinnangaben über

---

355 Rheinmetall-Archiv A 21, mehrere Bände. Aufgliederung des Unternehmens in Sparten im Jahre 1969 s. A 21/16. Vgl. Hoppenstedt: Großunternehmen, mehrere Jge.

356 Hoppenstedt 1969/70.

357 Erhard Heckmann/Heinz-Jürgen Witzke: WT Firmenporträt: Nico Pyrotechnik KG, in: Wehrtechnik 11 (1980), S. 97–102; Erhard Heckmann/Harald Helex: Marketing-Report – Firmenporträt

einen längeren Zeitraum, aber Leitzbach berichtet, dass vom Gesamtumsatz von 11,8 Mio. DM 1970 mit 6,6, Mio. DM mehr als die Hälfte auf Bundeswehraufträge entfiel. Diese Werte brachen erst ab Mitte der 1970er Jahre ein.[358]

Bis 1970 wurde im rein zivil produzierenden Bereich zusätzlich noch die Maschinenfabrik Meyer, Roth & Pastor GmbH in Köln von der Rheinmetall Berlin AG akquiriert. Zwei Jahre später wurde der zivile Maschinenbaubereich mit 100-prozentigen Beteiligungen an der Malmedie & Co. Maschinenfabrik in Düsseldorf, der Fico Fischer & Co. Maschinenbau GmbH in Pforzheim und der Erwin Rudolf Kunzmann Werkzeugmaschinenfabrik GmbH in Nöttingen bei Pforzheim arrondiert. Im folgenden Jahr wurde außerdem eine 50-prozentige Beteiligung an der Hottinger Baldwin-Meßtechnik GmbH in Darmstadt und die Herlan & Co. Maschinenfabrik Karlsruhe erworben. Zudem kaufte die Rheinmetall Berlin AG die restlichen Anteile an der Schütz & Grieving GmbH, der Société d'Application Plastique, Mécanique et Electronique S. A. und der Vertriebsgesellschaft Plastikmaschinen mbH.[359]

In den Jahren 1974 und 1975 setzte der Konzern dann v. a. auf die Internationalisierung des zivilen Maschinenbausektors (jeweils 74,5-prozentige Beteiligung an der Auto Precision Group Ltd. und der Bristol Packaging Machines Ltd. in Bristol, 40-prozentige Beteiligung an der Metalúrgica Mauá S. A. in Belo Horizonte), erwarb aber auch zivil-militärisch produzierende und exportierende Unternehmen wie die Nieberding & Co. GmbH in Neuss und die NWM de Kruithoorn B.V. in s'Hertogenbosch in den Niederlanden. Bei Letzterer erfolgte der Ankauf durch die Rheinmetall GmbH. Zeitgleich mit dem Ankauf wurde das Portfolio neu geordnet: Die Beteiligungen der Rheinmetall Industrietechnik GmbH wurden auf die Rheinmetall GmbH, die Benhil Verpackungsmaschinen GmbH und die Schütz & Grieving GmbH wurden auf die Benz & Hilgers GmbH übertragen.[360]

Nach diesem umfassenden Konzernausbau wurde das Produktionsprogramm in den Jahren des Rüstungsbooms unter Verteidigungsminister Leber 1976/77 enorm ausgeweitet und für den außenstehenden Betrachter beinahe unübersichtlich. In der Wehrtechnik-Sparte wurden Turm- und Waffenanlagen für Kampf-, Schützen- und Spähpanzer, Panzerbordkanonen, -abwehrwaffen, -haubitzen und Artilleriegeschütze, Maschinenkanonen, Infanteriewaffen, in millionenfacher Stückzahl Munition für Gefecht, Übungen und Manöver sowie Raketen produziert. Zusätzlich wurden für die militärischen Abnehmer nun auch umfangreichere Systemstudien durchgeführt, elektronische Mess- und Steuersysteme entwickelt, und es gab eigene Abteilungen für die Planung und den Vertrieb von militärischen

---

NICO PYROTECHNIK. Neues von den Pyrotechnikern aus Trittau, in: Wehrtechnik 7 (1985), S. 72–77. Vgl. Leitzbach: Rheinmetall. Vom Reiz, Bd. 2, S. 636–641.

358 Leitzbach: Rheinmetall. Vom Reiz, Bd. 2, S. 638.

359 Ebenda, S. 676 ff.

360 Rheinmetall-Archiv A 21, mehrere Bände. Vgl. Hoppenstedt, mehrere Jge.

Produktionsanlagen.[361] Bis in die 1970er Jahre konzentrierte die Rheinmetall GmbH ihre Entwicklungsabteilungen in Düsseldorf, wo im Jahr 1975 „ca. 600 Mitarbeiter in Konstruktion und Entwicklung, in den Labors, im Versuchsbetrieb, der Prototypenfertigung und der Erprobung" eingesetzt wurden. Dazu kam noch der 50 km^2 große Versuchs- und Erprobungsplatz in Unterlüß in der Lüneburger Heide, wo auch spezielle Klima- und Beschussanlagen für Hochleistungstests erbaut worden waren.[362] Dies zeigt auch deutlich die Weiterentwicklung der Rüstungsbranche von der noch stark gewerblich geprägten Maßschneiderei hin zur modernen wissensgeleiteten, elektronisch ausgestatteten High-tech-Branche.

Eine ähnliche Tendenz zur technologischen Entwicklung zeigte sich auch im Bereich Umformtechnik, wo man Zieh-, Richt- und Abschneidemaschinen für Draht, Rohr und andere Profilarten produzierte und vertrieb sowie vollautomatische Kalt- und Warmpressen, Spezialpressen, Gewindemaschinen, Schraubenkopfschlitzmaschinen, Draht- und Bandabbiegeautomaten herstellte. Ein weiterer *dual-use*-Bereich waren Automaten und Anlagen für Ketten verschiedenster Anwendungsbereiche (z. B. für Anlagen oder Panzerausstattung, aber auch für die Schmuckfertigung). Auch andere zivile Bereiche konnten in wehrtechnischen Systemen genutzt werden, z. B. Universal-Fräsmaschinen, Maschinen und Anlagen zur Herstellung von Feuerfest- und Feinkeramik-Erzeugnissen, Werkzeug und Zubehör für Befestigungen und Verankerungen, Spezial-Kupplungen und Präzisionskleindrehteile. Für die Produktion von Maschinen, Automaten und kompletten Straßen zum Füllen und Verpacken von Nahrungsmitteln, chemischen, kosmetischen und pharmazeutischen Produkten sowie zur Herstellung von Dosen, Hülsen, Tuben, Thekenzapfgeräten und Getränkeautomaten war der Bereich Verpackungstechnik zuständig.[363]

Eine weitere Sparte des Konzerns, der mit den Zukäufen der frühen 1970er Jahre ausgebaut wurde, war die Mess- und Regeltechnik. In diesem *dual-use*-Bereich fertigten die Tochterunternehmen sowohl Geräte und Systeme zum elektrischen und elektronischen Messen, Steuern sowie Überwachen mechanischer und sonstiger nicht-elektrischer Größen in Forschung und Industrie als auch verschiedenste andere Registriergeräte, Steuer- und Regelanlagen, Prüfstände und Automaten. Kleinere Bereiche umfasste die Sparte Handel und Dienstleistungen, hier wurde nämlich der Handel mit Schrott, Stahl und Nichteisen-Metallen sowie die

361 Hierzu und zum Folgenden Hoppenstedt 1976/77. Vgl. o.V.: Wirtschaft – Rheinmetall: Vom MG bis zur Haubitze, in: Wehrtechnik 12 (1975), S. 692–694; Wolfgang Flume/Heinz-Jürgen Witzke: WT Industrieporträt: Rheinmetall – Waffe und Munition aus einem Guß, in: Wehrtechnik 6 (1977), S. 72–78; o.V.: Neue Maschinenkanonen von Rheinmetall, in: Wehrtechnik 8 (1978), S. 71.

362 O.V.: Rheinmetall – Vom MG bis zur Haubitze, S. 692. Zur Entwicklung des Rheinmetall-Standorts Unterlüß ausführlich Leitzbach: Rheinmetall. Vom Reiz, Bd. 2, S. 563–573.

363 Hoppenstedt 1976/77. Vgl. auch Helex: Marketing-Report, S. 472.

Planung und Verwaltung des umfassenden Bestandes an Werkswohnungen und die konzerneigene Industriewerbung abgewickelt (Portfolio Abb. 13).[364]

- **Wehrtechnik:** Turm- und Waffenanlagen für Panzer, MG, Geschütze, MK, Munition für Gefecht, Übung und Manöver, Raketen, Systemstudien, F & E, Anlagen
- **Umformtechnik:** Maschinen für Draht, Rohr u. a., Spezialpressen, Gewindemaschinen, Automaten und Anlagen für Ketten, Draht & Band, Fräsmaschinen, Werkzeug und Zubehör, Präzisionsdrehteile u. v. m.
- **Verpackungstechnik:** Maschinen, Automaten und Straßen zum Füllen & Verpacken von Nahrungsmitteln, chemischen, kosmetischen und pharmazeutischen Produkten, Thekenzapfgeräte und Getränkeautomaten
- **Meß- und Regeltechnik:** Geräte und Systeme zum Messen, Steuern und Überwachen u. v. m.
- **Handel und Dienstleistungen:** Schrott, Stahl und NE-Metalle, Werkswohnungen und Industriewerbung

Abb. 13: Übersicht Rheinmetall AG-Produktionsprogramm 1976.
Quelle: Rheinmetall-Archiv A 21, Wirtschaftsprüfungsbericht 1976.

Entsprechend der neu hinzu erworbenen Beteiligungen stieg nicht nur die Zahl der Werke und Beschäftigten, sondern auch der Umsatz steil an, wie untenstehende Graphik (Abb. 14) demonstriert. Die Rheinmetall Berlin AG zeigt dabei nur geringe Umsätze, da sie als Holding konzipiert war, unter deren Dach die verschiedenen Beteiligungen in Sparten, wie z. B. die Rheinmetall GmbH für die Wehrtechnik, oder in organisatorisch selbständigen Einheiten arbeiteten.[365] Nicht nur die ungeheure Breite des Produktionsprogramms führte in den 1970ern zur Infragestellung der expansiven Marschrichtung des Konzerns. Deutlich ist zu sehen, dass es im Jahre 1975 auch einen Einbruch und eine Verlangsamung des Umsatzanstiegs gab.[366]

364 Hoppenstedt 1976/77. Vgl. auch Leitzbach: Rheinmetall. Vom Reiz, Bd. 2, S. 696–705.

365 Der Löwenanteil der Umsätze kam aus dem Bereich Wehrtechnik, der Rheinmetall GmbH, die zivilen Bereiche (hier nicht einzeln ausgewiesen) verzeichneten deutlich geringere Umsätze, die Holding nur geringfügige Beträge. Für die Jahre ab 1980 liegt aggregiertes Datenmaterial noch nicht vor. Dies liegt auch an der schwierigen Zuordnung der Umsätze der WMF AG, die von 1980 bis 1986 vorbehaltlich der Entscheidung des Kartellamts zum Konzern gehörte, danach aber aufgrund des negativen Urteils aus dem Konzern ausschied.

366 Noch deutlicher als die Umsatzzahlen oder die Gewinndaten, die auch genannt werden könnten, sind die Analysen des neuen Rheinmetall Vorstands im Folgenden. Die mangelnde Aussagekraft geht darauf zurück, dass im Umsatz auch die z. T. exorbitant hohen Vorschusszahlen der Beschaffungsämter für die Wehrtechnik enthalten sind und die Gewinnzahlen der Rheinmetall AG nur bedingt aussagekräftig sind. Bilanzen und Prüfungsberichte geben nur eingeschränkt Auskunft über Geschäftserfolg oder -misserfolg, da sie durch Abschreibungen, Bewertung und ausländische Beteiligungen in die gewünschte Richtung verändert werden konnten. Sie sind insgesamt als soziale Konstruktionen zu sehen, die der Unternehmenspolitik in verschiedener Hinsicht dienen konnten. Hierauf haben für andere Unternehmen u. a. Hanf und Spoerer ausführlich hingewiesen: Reinhardt Hanf: Veröffentlichte Jahresabschlüsse von Unternehmen im deutschen Kaiserreich. Bedeutung und Aussagewert für

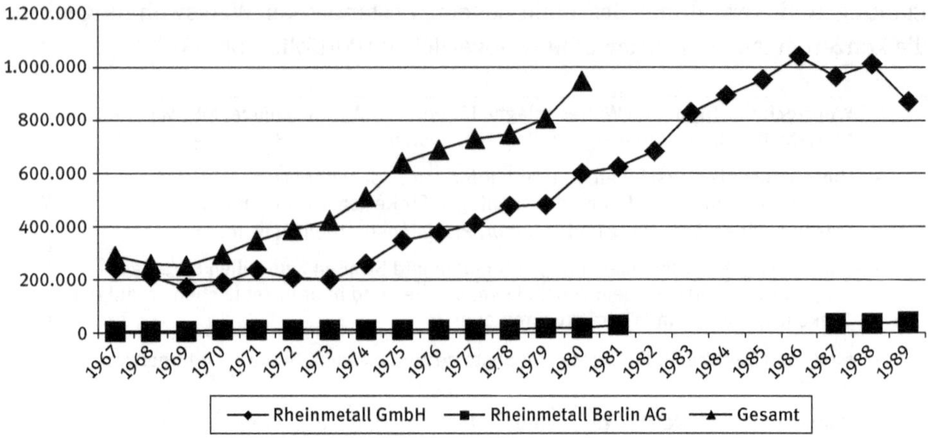

Abb. 14: Umsatz Rheinmetall, 1967–1989 in TDM.
Quelle: Rheinmetall-Archiv A 21, Wirtschaftsprüfungsberichte 1967–1989.

Rheinmetall wurde somit erst in den 1970ern zu einem *Global Player*, der bis 1986 mit über 15.000 Beschäftigten weltweit und fast 3 Milliarden DM Umsatz zu einem der größten deutschen Technologiekonzerne und weltweit führenden Rüstungshersteller anwuchs.[367] Andererseits bedeutete die Diversifizierung auch, dass aus dem ehemals eher monostrukturierten, klar gegliederten Unternehmen der späten 1950er Jahre eine neue, eher unübersichtliche Unternehmensorganisation erwachsen war.

Mitte des Jahres 1976 begann in Vorstand und Aufsichtsrat der Rheinmetall AG eine lang anhaltende Diskussion um diese Diversifikation des Unternehmens. Dabei spielten nicht nur externe konjunkturelle Ursachen eine Rolle, wie die Rezession nach der ersten Ölkrise 1973/74, der stark schwankende Waffenabsatz unter den Verteidigungsministern von Hassel, Schröder, Schmidt und Leber sowie ein Nachfragerückgang beim Spezialmaschinenbau. Primärer Auslöser für die Diskussion im Konzern war v. a. eine interne Veränderung: die Neubesetzung eines der beiden Vorstandsposten bei der Rheinmetall Berlin AG. Wie Hartmut Berghoff bei anderen Unternehmen festgestellt hat, machte sich auch bei diesem *business re-engineering* ein Generationswechsel im Management bemerkbar.[368] Der neue Vorstand für die zivile Produktionslinie und die Tochtergesellschaften fragte zügig nach seinem Amtsantritt 1976 in einem internen Memorandum an Vorstand und Aufsichtsrat provozierend:

---

wirtschaftshistorische Analysen, in: Zeitschrift für Unternehmensgeschichte 23 (1978), S. 145–172, hier: S. 147 ff.; Mark Spoerer: ‚Wahre Bilanzen!' Die Steuerbilanz als unternehmenshistorische Quelle, in: Zeitschrift für Unternehmensgeschichte 40 (1995), S. 158–1979.

367 Rheinmetall-Archiv A 21, mehrere Bände. Vgl. Hoppenstedt: Großunternehmen, mehrere Jgg.

368 Berghoff: Moderne Unternehmensgeschichte, S. 72. Vgl. Weisbrod: Generation und Generationalität; Wildt/Jureit (Hg.): Generationen. Zur Relevanz eines wissenschaftlichen Grundbegriffs und Stefanie van de Kerkhof: Auf dem Weg vom Konzern zum Netzwerk? Organisationsstruktur der

> „Soll man durch Diversifikation wachsen? Diversifikation mindert das Risiko von Monokulturen: mehrere Gäule vor dem Karren sichern dessen Vorwärtsbewegung besser als nur ein Gaul. Dies war die typische Ausgangsüberlegung bei Rheinmetall, die zum Aufbau des Zivilbereichs führte. Die Erfahrung bei Rheinmetall zeigt aber, dass das angestrebte Ziel bisher nicht erreicht worden ist. Rheinmetall hat keinen Stabilisator gegen die Risiken der Wehrtechnik aufgebaut; im Gegenteil: die Wehrtechnik zieht nicht nur den Gesamtkarren, sondern noch zusätzlich die hinzugekauften Gäule mit.“[369]

Belege für dieses harte Verdikt über die vorherige Unternehmenspolitik einer beständigen Diversifizierung in zivile oder zivil-militärische Bereiche fand das neue Vorstandsmitglied nach einer umfassenden Analyse der Bilanzen und der Vorgänge des Konzerns sowie der Tochterunternehmen bzw. Beteiligungen. Er rechnete Vorstand und Aufsichtsrat vor, dass die Wehrtechnik, v. a. die Rheinmetall GmbH, im Jahre 1974 in drei Unternehmen mit fünf Geschäftsführern einen Umsatz von rund 290 Millionen DM erwirtschaftet habe, der zivile Bereich im engeren Sinne (d. h. ohne die Finanzbeteiligungen Hottinger und Eisen & Metall) dagegen in 16 Unternehmen mit 25 Geschäftsführern nur knapp 250 Millionen. Das bereinigte Ergebnis dieser zivilen Unternehmen sei seit Beginn der 1970er Jahre stetig zurückgegangen und mache nur noch 0,9 Millionen DM aus. Zum Vergleich: 1972 kamen diese Tochterfirmen immerhin noch auf 10,3 Millionen, 1973 auf 7,8 Millionen DM beim bereinigten Ergebnis.[370] Er urteilte daher in einem ausführlichen Exposé über die bisherige Unternehmenspolitik:

> „Die Risikoprämie gegen die wehrtechnische Monokultur in Form breiter Produktdiversifikation ist augenscheinlich auf längere Sicht teurer als der Mehrertrag aus dieser Diversifikation. Statt eines zweiten Beins hat Rheinmetall sich offiziell deren drei, in Wirklichkeit mehr als zehn Diversifikationsbeine zugelegt. Dies hängt selbstverständlich mit dem Erwerb historisch gewachsener Firmen zusammen.“

Die geschilderte, fast zwanzig Jahre andauernde beständige Diversifizierung wurde vom neuen Vorstandsmitglied ausführlich analysiert und deutlich kritisiert:

> „Ich bin ebenso auch der Meinung, dass durch das ständige Hinzukaufen weiterer Firmen im Zivilbereich Scheinerfolge ausgewiesen worden sind. Die Tatsache, dass einzelne Firmen wie z. B. Malmedie, aber auch Herlan und Elan seit Erwerb ständig weiter abgesackt sind, konnte im Gesamtbild so lange zugedeckt werden, wie noch neue Firmen dazugekauft wurden. Da dies

---

Rheinmetall Berlin AG im Kalten Krieg, 1956–1989, in: Reitmayer/Rosenberger (Hg.): Unternehmen, S. 67–89.

369 Rheinmetall-Archiv, Bestand A 4, Nr. 50, unpaginiertes Exposé. Zu den Konflikten nach dem Amtsantritt von Gripp siehe nun auch Leitzbach: Rheinmetall. Vom Reiz, Bd. 2, S. 685–692, der dagegen die Mängel im zivilen Bereich stark betont.

370 D. h. Konzernanteil und Ergebnisverlagerungen von der Wehrtechnik zum Zivilbereich wurden in der Ergebnisberechnung bereinigt. Siehe Rheinmetall-Archiv, Bestand A 4, Nr. 50, Exposé.

> nun nicht länger der Fall ist, wird um so grausamer deutlich, wie wenig an den jeweils erworbenen Firmen hinsichtlich Organisation, Erzeugnisprogramm und Effizienz getan worden ist."[371]

Dies zeigt, dass nicht nur die Diversifikationsstrategie auf den Prüfstand gestellt wurde, sondern auch Unternehmenspolitik und Leistungen des bisherigen Vorstandes in prononcierter Form hinterfragt wurden. Hatten doch die schnelle und beständige Ausweitung des Geschäftsvolumens, die vergleichsweise hohe Produkt- und Standortdiversifikation sowie die überproportional hohen Fixkosten zu einer tief greifenden Krise und zum Konflikt über die Organisation des Konzerns geführt. Denn nicht nur das Ziel der Diversifizierung – nämlich der monostrukturierten Produktionspalette der Wehrtechnik entgegenzutreten – wurde verfehlt, sondern der gesamte Konzern wurde in seinem Bestand gefährdet. Als bedeutende strukturelle Ursachen für diese Krise des gesamten Konzerns sah das neue Vorstandsmitglied die zu breite Palette der zugekauften Firmen und Produkte. Das Portfolio sei zudem in seiner Struktur noch zu wenig in sich geschlossen und weise in den einzelnen Produktionsbereichen wie der Umformtechnik zu wenig gemeinsame Merkmale auf. Viele Produkte stünden noch in Konkurrenz zu stärker spezialisierten Unternehmen, die eine Marktführerstrategie verfolgten. Die einzelnen Firmen seien außerdem teilweise so klein, dass die Relation zwischen Overhead und Ertrag kaum tragbar sei und auch die größeren könnten sich keine modernen Systeme der Planung und Kostenüberwachung leisten. Dieses Fehlen eines betriebswirtschaftlich-planerischen Instrumentariums als Frühwarnsystem für die Holding, die Rheinmetall Berlin AG, sah das neue Vorstandsmitglied als ein entscheidendes Strukturproblem an, das dringend beseitigt werden müsse. Außerdem schätzte er die Lage des zivilen Bereichs insgesamt pessimistisch ein, denn „die Firmen des zivilen Bereichs sind überwiegend in Leichtbauweise aufgebaut, d. h. sie sind in ihrer Mehrzahl unterkapitalisiert, ihre Erträge sind in starkem Maße von der AG abgeschöpft worden, in ihren Bilanzen sind ziemlich optimistische Wertansätze enthalten, sie sind zum Teil als Betriebsgesellschaften mit erheblichen Mietkosten belastet, sie müssen teilweise Raten ihres eigenen Kaufpreises in Form von Lizenzen oder überhöhten Geschäftsführergehältern an frühere Inhaber zu Lasten ihres Ertrages zahlen usw. usw. Eine solche Leichtbauweise ist für die gegenwärtige und vermutlich auch künftige Schlechtwetterlage nicht besonders geeignet. Es fehlt an Manövriermasse in Form von Reserven. Insofern deckt die konjunkturelle Rezession nach meiner Auffassung gleichzeitig auch ernsthafte Strukturprobleme auf."[372]

Die durchaus zutreffende Kritik an der lang anhaltenden Diversifizierung übte der Vorstand also auch aus generellen Erwägungen: Denn jede Diversifikation erhöhe die Fixkostenschwelle, weil neue Produktgruppen separate Firmen, Fabriken u. a. erforderten. Kleine Firmen seien selten Marktführer, hätten keine Möglichkeit zu ausreichender Produktneuentwicklung und Investition. Zudem bedürften sie zur Kontrolle einer

371 Rheinmetall-Archiv, Bestand A 4, Nr. 50, vertrauliches Schreiben vom 14.9.1976.
372 Ebenda.

relativ großen Holding, um den Überblick zu behalten. Außerdem müssten nach der Diversifikation die hinzugekauften Firmen gestrafft, programmbereinigt, modernisiert, integriert und geführt werden, was einen hohen Führungs-, Planungs- und Verwaltungsbedarf nach sich zöge. Schließlich sei ein strategisches Denken notwendig, das sich nicht an den Konjunkturzyklen, sondern an strukturellen Erwägungen orientieren müsse: „Wo ist strukturelles Wachstum vom Marktbedarf her zu erwarten, wo gestattet die Wettbewerbslage ein Mitwachsen, wo ist es von der strukturellen Finanzierung her möglich? Die Beantwortung dieser Fragen ist ausserordentlich schwierig."[373]

Die heftige Diskussion über die anhaltende und in der Zeit der Krise nicht neu bedachte Diversifizierung macht deutlich, dass die Unternehmensorganisation in den 1970er Jahren zu den umkämpften Feldern gehörte, auf denen nach neuen Wegen gesucht wurde. Die zuvor recht selbständig arbeitenden kleinen Einheiten im zivilen Bereich wurden nun genauer auf ihren Erfolg und ihre Marktposition hin analysiert, und es wurde diskutiert, ob sie stärker in den Konzern und seine Unternehmenspolitik zu integrieren seien. Mit der Organisation wurde zugleich die zuvor eingeschlagene Unternehmensstrategie des Konzerns kritisiert. Eine lang anhaltende Phase relativ unreflektierter breiter Diversifikation neigte sich damit ihrem Ende zu und wich einem planvolleren, strukturellen und strategischen Denken und Lenken. Dies entsprach zudem den Vorstellungen von Managern und Beratern, die in den 1970er Jahren langsam zu einer Verwissenschaftlichung der Unternehmensführung beitrugen.[374] Gleichwohl wurden Diversifizierung und anschließende Integration in das Portfolio des Konzerns nicht infrage gestellt. Lockere Unternehmenszusammenschlüsse und Ausgliederungen in *profit-center* gehörten (noch) nicht zu den strategischen Mitteln, derer sich Vorstände bedienten.[375] Dagegen wurde auf Planung und stärkere Marktbeobachtung gesetzt, um die breitmaschige Holdingstruktur des Konzerns besser kontrollieren und leiten zu können. Das strategische und strukturelle Denken, das hier deutlich wurde, zeigte sich auch in den vorgeschlagenen Schritten, mit denen die Krise und die Strukturprobleme des Konzerns dann in den 1980er Jahren gelöst werden sollten. Zuvor spielten aber neben der Diversifizierung wie in der vorangegangenen Erstausrüstungsphase vor allem die Expansion in internationale Märkte eine Rolle.

---

373 Rheinmetall-Archiv, Bestand A 4, Nr. 50, unpaginiertes Exposé.

374 Vgl. dazu Mathias Kipping: American Management Consulting Companies in Western Europe 1920 to 1990: Products, Reputation, and Relationships, in: Business History Review 73,2 (1999), S. 190–220; Ders: Consultancies, Institutions and the Diffusion of Taylorism in Britain, Germany and France 1920s to 1950s, in: Business History 39 (1997), S. 67–83 und Kleinschmidt: Der produktive Blick. Grundsätzlicher auch Margit Szöllösi-Janze: Wissensgesellschaft in Deutschland: Überlegungen zur Neubestimmung der deutschen Zeitgeschichte über Verwissenschaftlichungsprozesse, in: Geschichte und Gesellschaft 30 (2004), S. 275–311.

375 Vgl. Alfred Kieser: Moden und Mythen des Organisierens, in: Die Betriebswirtschaft 56,1 (1996), S. 21–39.

3.2.3 Von der Militärhilfe zum „Rüstungsbasar"

Schon in den 1960er Jahren waren, wie schon dargestellt, im Zusammenhang mit dem Kauf des Schützenpanzers HS 30 von Hispano Suiza erste Vorwürfe illegaler Rüstungsgeschäfte und Korruption laut geworden und in einem Untersuchungsausschuss des Bundestages verhandelt worden.[376] Kleinere Affären der 1960er und 1970er Jahre drehten sich v. a. um die Ausweitung der Militärhilfe in Afrika (an Nigeria, Biafra) und im Nahen Osten (z. B. an Algerien, Ägypten und Israel), die militärisch-nukleare Zusammenarbeit mit Südafrika und die Eindämmung privaten Handels mit Altwaffen aus dem Vietnamkrieg. Selbst der spätere Bundespräsident Carstens war 1973 in der Merex-Affäre in den Export von Altwaffen durch die Firma Merex und den BND verwickelt, wobei das Verfahren mit einem Freispruch für die Manager des Handelsunternehmens endete.[377]

Doch war dies nur ein Auftakt zu einer regelrechten Welle von Rüstungsskandalen, die ab dem Beginn der 1980er Jahre in der Öffentlichkeit breit diskutiert wurden. Im Zentrum der Kritik standen dabei vor allem ausufernder Lobbyismus, Bestechung von Politikern und/oder Parteien sowie sinnlose, verschwenderische oder illegale Rüstungsgeschäfte, die gegen die Exportverbote von AWG und KWKG verstießen oder diese mit Hilfe von Lizenzvereinbarungen zu umgehen suchten.[378] Während es in der Lockheed- bzw. Starfighter-Affäre 1980, in der Flick-Affäre 1983, den Debatten um Alpha Jet, Tornado, Jäger 90 und Phantom im Wesentlichen um Korruption und überhöhte Preise für Rüstungsgüter ging,[379] standen in anderen Rüstungsskandalen die illegalen Exportpraktiken von Unternehmen im Zentrum der Aufmerksamkeit. Der Politologe Hartwig Hummel nennt hier insgesamt 19 größere Skandale oder Affären im Zeitraum von 1980 bis 1990, die sich allein auf die Rüstungsexportfrage bezogen. Bei den meisten Affären machte er als Skandalthema die fehlende Kontrolle von Waffenexporten oder ungenügende Restriktionen für Lieferungen in Spannungs-, Krisen- oder Kriegsgebiete aus. Involviert waren in die Skandale sowohl Politiker, staat-

376 Siehe Christine Landfried: Parteienfinanzen und politische Macht. Eine vergleichende Studie zur Bundesrepublik Deutschland, zu Italien und den USA, Baden-Baden 2. Aufl. 1994, S. 176–246; Kollmer: Rüstungsgüterbeschaffung.

377 Hummel: Rüstungsexportbeschränkungen, S. 270. Siehe auch PA AA Bestand B 57 Nr. 761–764.

378 Broszka und Hummel stimmen darin überein, dass die öffentliche Kritik an der Rüstungsexportpolitik bis in die 1980er Jahre noch insofern „diffus" gewesen sei, als es erst danach zu einer intensiveren Abrüstungsdiskussion gekommen und Rüstungsexporte, v. a. durch die Friedensbewegung, generell infrage gestellt worden seien. Brzoska: Rüstungsexportpolitik, S. 184 und Hummel: Rüstungsexportbeschränkungen, S. 269.

379 Landfried: Parteienfinanzen, S. 176–246; Alfred Mechtersheimer: Bestechende Beschaffungskonzepte. HS 30, Starfighter und so weiter, in: Georg M. Hafner/Edmund Jacoby (Hg.): Die Skandale der Republik, Hamburg 1990, S. 44–52; Klaus Bednarz: Der Jäger 90. Rüstung um jeden Preis, in: Ebenda, S. 59–65; Schlotter: Rüstungspolitik; Hans Werner Kilz/Joachim Preuss: Flick. Die gekaufte Republik, Reinbek 1983.

liche Institutionen oder bundeseigene Unternehmen (HDW, Fritz Werner GmbH, KfW, Hermes) als auch private Rüstungsunternehmen wie Rheinmetall, CES Kalthoff und Transnuklear.[380]

Im Fall von Rheinmetall ging es seit 1980 um verschiedene illegale Exporte, die das Unternehmen im Wesentlichen nach Südafrika, Argentinien bzw. durch Weiterverkauf nach Saudi-Arabien und Pakistan getätigt hatte. In einem breit öffentlich diskutierten Prozess am Landgericht Düsseldorf wurde die Beteiligung des Unternehmens d. h. vier der leitenden Manager der Rheinmetall GmbH an illegalen Praktiken genauer geklärt.[381] Hinterfragt wurde dabei nicht nur die Legalität von Waffenexporten, sondern auch die Legitimität des Unternehmens als Zulieferer für das staatliche Gewaltmonopol. Betrieben die Unternehmen Internationalisierung ihrer Distributionskanäle um jeden Preis? Welche Rolle spielten Unternehmensleitung und Marketingstrategien der 1970er und 1980er Jahre? Welche Konsequenzen zogen Rüstungsunternehmen wie Rheinmetall daraus, dass sie in der öffentlichen Meinung als „Händler des Todes", „skrupellose Geschäftemacher" und ähnliches bezeichnet und wahrgenommen wurden?

Der Absatz von Waffen im In- und Ausland verstärkte sich in den 1970er Jahren massiv. Dafür waren mehrere Ursachen ausschlaggebend, denn neben der Nixon-Doktrin waren auch der arabisch-israelische Krieg 1973 und die Ölpolitik wichtig als Triebkräfte für die weltweite Rüstungsexpansion. Die Nixon-Doktrin setzte auf der einen Seite auf einen amerikanischen Rückzug aus vielen Konfliktgebieten und auf der anderen Seite auf Aufrüstung von regionalen „Hilfspolizisten" wie des Irans[382] oder Ägyptens mit umfassenden privaten Waffenimporten, Militär- und Hilfsprogrammen. Eine für den Waffenexport entscheidende Veränderung bedeutete der Rückzug aus den großzügigen Militärhilfeprogrammen der 1950er Jahre (mehrfach über 5 Mrd. US-Dollar pro Jahr) und die Forcierung privater kommerzieller Waffenexporte. Da in den 1960er Jahren noch die US-Arsenale ausgemusterter Waffen geleert wurden, übte auch die Rüstungsindustrie zusätzlichen Druck auf die möglichst weitgehende Freigabe von Waffenexporten aus. Ihr Lobbyismus war erfolgreich, betrachtet man die steigenden Rüstungsexporte. Finanziert wurden Militärhilfe und Rüstungslieferungen sowohl für Israel, als auch

---

380 Hummel: Rüstungsexportbeschränkungen, S. 224–230 und 270–272.

381 Vgl. Hummel: Rüstungsexportbeschränkungen, S. 252 und 271; Hermann Müller: Rheinmetall, ein Staeck-Plakat und ein Flugzeug. Rüstungskonzern hofft auf neue Profite und agiert gegen die Friedensbewegung, in: die tat Nr. 51 vom 18.12.1981, S. 8 und Der Spiegel 17/1986, S. 49–51. Neuerdings auch Leitzbach: Rheinmetall. Vom Reiz, S. 628–634, ohne Quellenangabe.

382 Der Iran erhielt auf diese Weise bis 1973, dem Beginn der neuen iranischen Importstrategie des Schahs, 80 Phantom zum Preis von je 2,5 Mio. Dollar. Bestellt wurden zudem weitere 100 Phantom zu je 5 Mio. Dollar, 700 Hubschrauber, einschließlich 200 Gunships, 10 große Chinooks, 18 Antisubmarine-Warfare-Sikorskys, 800 Chieftain-Panzer von Großbritannien für insgesamt 480 Mio. Dollar. Durch die Modernisierung der vorhandenen 400 M-47-Panzer ergab dies eine Panzerstreitkraft von über 1.700. Die iranischen Waffenimporte stiegen von 140 Mio. US-Dollar (1968) auf fast 1 Mrd. Dollar (1974, Antritt Nixons) und je 2 Mrd. Dollar in 1975 und 1976. Ebenda, S. 25.

für dessen Kontrahenten Ägypten u. a. mit umfangreichen Hilfs- und Kreditprogrammen der US-Regierung.[383] Diese Praxis hatte langfristige Auswirkungen, denn sie etablierte generell Waffenlieferungen als ein „wichtiges und wirksames Instrument der Außenpolitik".[384]

Der durch die Diplomatie Henry Kissingers geschickt erreichte Aufbau des ägyptischen Militärs und die Investition in das Land insgesamt führten zur Abkehr Ägyptens von der UdSSR. Letztere verlor nach dem israelisch-arabischen Krieg 1973 zunehmend ihre Führungsposition im internationalen Waffenmarkt. Schuld daran war nach Wulf wohl auch die Weigerung, den Export moderner Waffen in die arabischen Staaten zu steigern. Abgesehen von den hohen Mengen an Lieferungen an Nordvietnam im Vietnamkrieg lieferte die UdSSR in den 1970er Jahren über 70 % ihrer Waffen an nur sieben unterentwickelte Länder: Irak, Libyen, Syrien, Ägypten, Indien, Algerien und Äthiopien. In Südamerika war der sowjetische Einfluss nur gering, v. a. Kuba und Peru wurden unterstützt (Tab. 11).[385]

Tab. 11: Hauptimporteure sowjetischer Waffen (Entwicklungsländer, in Mio. US-Dollar zu lfd. Preisen).

	1964–73	1974–78
Irak	740	3.600
Libyen	125	3.400
Syrien	1.150	2.700
Ägypten	2.305	430
Indien	1.270	1.600
Algerien	280	1.200
Äthiopien	k.A.	1.300
Kuba	310	675
Peru	k.A.	650
Nordvietnam	2.090	330
Iran	440	310
Nordkorea	615	220
GESAMT	**9.325**	**16.415**
Sonstige	1.570	4.485

Quelle: Wulf: Waffenexport, S. 28 und US-ACDA. K.A. = keine Angabe.

383 Wulf: Waffenexport, S. 18–30, hier S. 24–26. Ausführlicher zu den Exporten in Entwicklungs- und Schwellenländer auch Uli Jäger/Wolfgang Schwegler-Rohmeis/Wolfgang Berger: Rüstung ohne Grenzen? Die bundesdeutsche Rüstungsexportpolitik und die Militarisierung der Welt. Ein Hand- und Materialienbuch, Tübingen 1989. Zum Verhältnis der BRD zu Israel neuerdings Marcel Serr: Zur Geschichte der deutsch-israelischen Rüstungskooperation, in: APuZ 65, 6 (2015), S. 23–28.

384 Wulf: Waffenexport, S. 26.

385 Ebenda, S. 27 f.

Eine wichtige Rolle für die Entwicklung des internationalen Waffenhandels spielte in den 1970er Jahren die konjunkturelle Lage, die v. a. durch die Ölkrise des Westens bzw. den Ölboom des Nahen und Mittleren Ostens gekennzeichnet war. Waren zuvor Waffen, Subventionen, Geschenke, günstige Kredite u. ä. des westlichen und östlichen Blocks gegen militärische und politische Unterstützung in die späteren Ölländer geflossen, so änderte sich dieses System fundamental. Waffen wurden nun laut Herbert Wulf zu einem wichtigen Instrument, um die ausgegebenen Petrodollars wieder in die Banken der Industrieländer zurückzuspülen. Damit verbunden war ein geradezu sprunghafter Anstieg der weltweiten Rüstungsexporte: „Zweistellige jährliche Zuwachsraten – selbst bei Abzug der Inflationsrate – waren die Regel.“[386] Während im Jahr 1971 noch Rüstungslieferungen im Wert von 4,7 Mrd. US-Dollar an die Entwicklungsländer gegangen waren, so erreichten die Exporte Anfang der 1980er Jahre mit fast 40 Mrd. einen absoluten Spitzenwert und letzten Höhepunkt. Dabei stieg der Anteil der OPEC-Länder von 10 % auf ungefähr 30 %. Der Anteil der Länder des Mittleren Ostens an den weltweiten Rüstungstransfers erreichte bis zum Ende der 1980er Jahre einen Spitzenwert von fast 40 %.[387]

Bedenkt man, dass die Exporte innerhalb der Blocksysteme sogar in den Gesamtwert eingerechnet sind, so ergibt dies eine enorme Höhe und Konzentration von Waffen auf engstem Raum. Wulf meinte dazu: „Die militärischen Konflikte im Nahen und Mittleren Osten und die Verfügbarkeit harter Devisen aus dem Ölgeschäft eröffneten für viele Lieferfirmen und -länder zuvor nicht gekannte Exportmöglichkeiten. Nicht nur in den USA unter Nixon, sondern ebenfalls unter der sozialistischen Regierung in Frankreich, der konservativen Regierung in Großbritannien und der sozial-liberalen Regierung in der Bundesrepublik Deutschland wurden die Waffenexporte gefördert bzw. die Kontrollen gelockert.“[388] Dies war auch auf den schon beständigen Lobbyismus der Rüstungsunternehmen zurückzuführen, der schon analysiert wurde. Nach dem Regierungswechsel 1982 stieg die BRD hinter USA, UdSSR, Frankreich und Großbritannien zum fünftgrößten Waffenexporteur der Welt auf und lag damit noch vor China, der CSSR, Italien, der Schweiz und Schweden. Der größte Anteil des westdeutschen Waffenexporte ging in den 1980er Jahren in Entwicklungs- und Schwellenländer – allen voran Argentinien, dem die Türkei, Kolumbien und der Irak mit umfassenden Waffenlieferungen folgten (Tab. 12).

386 Wulf: Waffenexport, S. 29 f., Zitat S. 29. Vgl. auch sehr differenziert Thomas Scheben: Wachstumsstrategien im Nahen Osten während des Kalten Krieges, in: Greiner u. a. (Hg.): Ökonomie im Kalten Krieg, S. 124–162 und Graf: Making Use of the “Oil Weapon”.

387 Jäger u. a.: Rüstung ohne Grenzen?; Wulf: Waffenexport, S. 29.

388 Wulf: Waffenexport, S. 29 f. Vgl. Kap. 2 und 3.1.

Tab. 12: Hauptexportländer von Waffen, BRD, 1982–86 in Mio. US-Dollar.

	Waffenexporte in Mio. US-Dollar
Welt	6.545
Industrieländer	1.025
Entwicklungsländer	5.520
Argentinien	1.400
Türkei	850
Kolumbien	675
Irak	625
USA	460
Niederlande	310
Oman	240
Griechenland	220
Kuwait	210
Malaysia	200
Indien	130
Chile	130
Peru	110
Australien	90
Portugal	90

Quelle: Wulf: Waffenexport, S. 85 und US-ACDA, Washington, 1988.

Wirft man dagegen einen detaillierteren Blick auf die gesamte Ausrüstungshilfe der BRD in den Jahren von 1985 bis 1987, so wird deutlich, dass eine größere Zahl von Ländern nicht nur durch das BMVg unterstützt wurde, sondern auch das Bundesministerium des Innern investierte in Ausrüstungshilfe, z. B. in Algerien, Benin, im Jemen oder in Zaire (vgl. Tab. 13).

Die erstaunliche Vielzahl der Empfängerländer gibt einen guten Überblick über die internationalen Aktivitäten von bundesdeutschem Militär, Polizei und anderen mit Ausrüstungshilfe befassten Institutionen. Schwerpunkte der militärischen und polizeilichen Unterstützung lagen in Afrika, im Nahen Osten und Südamerika, insbesondere Niger, Somalia und Tunesien erhielten umfangreiche Lieferungen in einem zweistelligen Millionenwert (Tab. 13). Dies belegt auch indirekt, dass viele Unternehmen in der BRD ähnlich wie in anderen NATO-Mitgliedsländern bei Rüstungsexporten auf teils offene, teils verdeckte staatliche Rückendeckung hoffen konnten, indem Ausrüstungshilfe mit Waffen und anderem Material finanziert wurde. Dafür sprach auch, dass das einträgliche Auslandsgeschäft mit den Waffen „in der weltwirtschaftlichen Krisensituation mit negativen Wachstumsraten Arbeitsplätze sichern

Tab. 13: Finanzplanungstabelle für das Programm 1985–87 der Ausrüstungshilfe der BRD.

	Empfängerland	Programm 1982–84 Mio DM	Neuverpflichtung 1985–87 Mio DM	Abwicklung in Mio DM			Bemerkungen
				1985	1986	1987	
I. Länder aus Programm 1982–1984							
1	Algerien	(1,0)	2,3	0,8	1,0	0,5	BMI
2	Benin	(1,0)	1,0	0,0	0,5	0,5	BMI
3	Botsuana	(1,5)	2,5	1,0	1,0	0,5	BMVg
4	Burundi	(2,5)	4,0	1,5	1,2	1,3	BMVg
5	Costa Rica	(2,0)	2,0	0,5	0,7	0,8	BMI
6	Dschibuti	(2,5)	4,0	1,5	2,0	0,5	BMVg
7	Jamaika	(1,0)	0,5	0,5	0,0	0,0	BMI
8	Jemen (AR)	(4,0)	a) 4,0	1,0	1,0	2,0	BMVg
		(1,5)	b) 1,5	0,5	0,5	0,5	BMI
9	Kamerun	(5,0)	6,2	1,0	3,0	2,2	BMVg
10	Kenia	(4,0)	a) 5,2	1,2	2,0	2,0	BMVg
		(0,5)	b) 0,5	0,2	0,2	0,1	BMI

(fortgesetzt)

Tab. 13 (fortgesetzt)

	Empfängerland	Programm 1982–84 Mio DM	Neuverpflichtung 1985–87 Mio DM	Abwicklung in Mio DM			Bemerkungen
				1985	**1986**	**1987**	
11	Kongo	(0,6)	1,0	0,4	0,4	0,2	BMVg
12	Malawi	(3,75)	4,5	1,8	2,0	0,7	BMVg
13	Mali	(7,0)	8,5	3,0	2,25	3,15	BMVg
14	Marokko	(8,0)	8,0	1,5	3,0	3,5	BMVg
15	Niger	(10,5)	11,0	4,0	2,5	4,5	BMVg
16	Obervolta (Burkina Faso)	(5,0)	6,0	2,5	2,0	1,5	BMVg
17	Ruanda	(6,0)	6,5	1,5	2,5	2,5	BMVg
18	Sambia	(3,0)	3,0	1,0	1,0	1,0	BMI
19	Simbabwe	(5,0)	4,5	1,5	1,5	1,5	BMVg/ BMI
20	Somalia	(10,5)	a) 12,0	4,3	3,7	4,0	BMVg
		(0,3)	b) 1,5	0,5	0,5	0,5	BMI

21	Sudan	(11,0)	12,5	5,5	2,4	4,6	BMVg
22	Thailand	(3,0)	3,5	1,5	1,0	1,0	BMVg
23	Togo	(4,0)	5,8	2,5	2,3	1,0	BMVg
24	Türkei	(15,0)	3,0	0,0	1,5	1,5	BMI
25	Tunesien	(11,5)	a) 12,0	3,3	4,0	4,7	BMVg
		(2,5)	b) 3,0	1,5	1,0	0,5	BMI
26	Zaire	(4,0)	a) 5,5	2,5	1,0	2,0	BMVg
			b) 2,5	0,0	1,25	1,25	BMI
II 27	Kleinere Projekte in versch. Ländern	(7,6)			2,5	2,5	BMI/ BMVg
III. Neue Empfängerländer für Programm 1985–1987							
28	Guinea		5,0	2,0	1,5	1,5	
29	Jordanien		1,5	0,5	0,5	0,5	
30	Tansania		3,0	0,5	1,5	1,0	
	Insgesamt		165,0	54,0	55,0	56,0	

(= offizielle Angaben des Auswärtigen Amtes) Quelle: Rheinmetall-Archiv Bestand B 51 Wehrtechnik, Nr. 13 (Material von und zu Rüstungsgegnern).

und die Zahlungsbilanz verbessern" konnte.[389] Diese Praxis, durch Waffenexporte von Privatunternehmen das nationale Wirtschaftswachstum zu stabilisieren oder zu forcieren, hatte sich nicht nur in den Ländern des Westens, sondern in den frühen 1970er Jahren auch in der UdSSR durchgesetzt. Herbert Wulf belegt dies mit der sofortigen Zahlungsaufforderung an Ägypten während und unmittelbar nach dem Yom-Kippur-Krieg 1973. Die CIA schätzte die Waffenexporte auf insgesamt etwa 10 % der gesamten sowjetischen Exporte.[390] Also kam ihnen eine hohe volkswirtschaftliche Bedeutung zu.

Die teilweise kommerzialisierte Vergabepraxis sowjetischer Militärhilfeprogramme und die Profitorientierung ihrer Waffenexporte war einer der Gründe, weshalb die Verhandlungsinitiative Jimmy Carters zur Kontrolle des Transfers konventioneller Waffen in den Jahren 1977 und 1978 scheiterte.[391] Denn die USA verfolgte weiterhin einen Kurs, der die Entwicklungsländer in ihrer Rüstungsexpansion bestärkte und unterstützte, außerdem sah sie sich zunehmender Konkurrenz durch die westeuropäischen NATO-Partner ausgesetzt. Diese avancierten vom amerikanischen Junior-Partner der 1950er und 1960er Jahre zur echten Bedrohung der US-Marktanteile auf den internationalen Rüstungsmärkten. Westeuropäische Unternehmen sicherten sich, teilweise mit Unterstützung ihrer jeweiligen Regierungen, insbesondere Nischen-Märkte, z. B. überholten Frankreich, Großbritannien und die BRD die US-Exporte in Südamerika, und auch die früheren afrikanischen Kolonien und kleineren Länder der Golfregion wurden zu beliebten Ausfuhrländern für französische und britische Rüstungsproduzenten. Dies zeigte sich in den Wachstumsraten der Rüstungsexporte, die in den USA stagnierten bzw. inflationsbereinigt sogar fielen, während Frankreich und die BRD in der zweiten Hälfte der 1970er Jahre fast 100 % Zuwachs erzielten, was Großbritannien und die UdSSR sogar noch weit übertrafen. Zudem traten neue Konkurrenten wie Israel, Brasilien, Argentinien, Südkorea, Taiwan, Südafrika, Indien und Singapur mit neu aufgebauten oder modernisierten Rüstungsindustrien auf den Märkten erfolgreich auf.[392] Insbesondere die Entwicklungsländer und die erdölfördernden Länder, die ihren erfolgreichen Aufholprozess durch die Initiativen zur Kontrolle oder Einschränkung von Waffenexporten gefährdet sahen und Abrüstungsinitiativen demgemäß wenig aufgeschlossen gegenüberstanden, wurden zu Nachfragern immenser Mengen an Rüstungsgütern.[393] Auch der Versuch, zumindest regionale Einschränkungen im

389 Wulf: Waffenexport, S. 29 f.

390 Ebenda, S. 31.

391 Carter orientierte sich bei seinen Versuchen zur qualitativen und quantitativen Begrenzung von Waffenausfuhren an Vorbildern für Exportkartelle wie z. B. dem COCOM zur Kontrolle militärisch relevanter Technologielieferungen in die Warschauer-Pakt-Staaten und dem Londoner Suppliers Club, einem informellen Zusammenschluss der wichtigsten Produzentenländer, die rüstungsrelevante Kerntechnologie eingeschränkt verbreitet sehen wollten. Wulf: Waffenexport, S. 32.

392 Wulf: Waffenexport, S. 31 f. und 54.

393 Ebenda.

Rüstungstransfer z. B. in Ostasien und der Golfregion zu erreichen, scheiterte, wie unten stehende Tabelle demonstriert (Tab. 14 zum Iran und Irak).

Tab. 14: Die Hauptrüstungslieferanten an den Iran und Irak 1978–1986, in Mio. US-Dollar zu lfd. Preisen.

	Iran		Irak	
	1978–82	**1982–86**	**1978–82**	**1982–86**
UdSSR	1.000	240	6.500	15.300
Frankreich	140	40	1.800	4.500
VR China	50	1.200	490	3.300
USA	3.100	10	*	*
BRD	120	*	240	625
Polen	–	20	380	525
Rumänien	40	k.A.	825	k.A.
GB	230	80	220	70
Italien	350	k.A.	240	k.A.
CSSR	–	30	30	410
Sonstige	1.670	6.785	2.875	7.010
GESAMT	**6.700**	**8.405**	**13.600**	**31.740**

Quelle: Wulf: Waffenexport, S. 44 und US-ACDA.
* = illegal ausgeführte Aufträge in unbestimmbarer Höhe liegen vor.

Obwohl das Beispiel des indisch-pakistanischen Krieges 1965 gezeigt hatte, wie wirksam ein Stopp der Waffenzufuhr sein konnte, um die direkte Gewaltanwendung einzudämmen, misslangen Versuche zur Beschränkung des Rüstungswettlaufs. Schließlich taten am Ende der 1970er Jahre die innenpolitische Lage in den USA mit der Kritik am SALT-Abkommen und der sowjetische Einmarsch in Afghanistan ein Übriges, um die Rüstungsexportpraxis in den USA weiter zu liberalisieren.[394] Dies zeigt sich auch an der deutsch-israelischen Rüstungskooperation.

War Israel schon seit den frühen 1950er Jahren ein wichtiger Partner der bundesdeutschen Rüstungspolitik, so intensivierte sich die industriell-militärische Zusammenarbeit in den 1970er und 1980er Jahren weiter. In den frühen 1950er Jahren gehörte Israel mit dem Kauf von zwei Patrouillenbooten bei der Bremer Werft Burmester zu den ersten, öffentlich allerdings wenig bekannten Importeuren bundesdeutscher

394 Ebenda, S. 32–34.

Großwaffensysteme.[395] Unter Verteidigungsminister Strauß wurden die geheimen bundesdeutschen Lieferungen ausgemusterten und neuen Kriegsgeräts an Israel noch verstärkt. Im Austausch gab es neben außenpolitischer Anerkennung auch für Rüstungsunternehmen wie Rheinmetall und Krauss-Maffei wertvolle Auswertungen von erbeuteten sowjetischen Waffen (z. B. Panzer T-62). Von daher verwundert es auch nicht, dass sich bis zu den 1970er Jahren dieser Export nach Israel immer stärker ausweitete, zumal die Konflikte mit den Nachbarstaaten anhielten.[396] Vermutlich war auch Rheinmetall an diesen Exporten beteiligt.[397] Die deutsch-israelischen Forschungen an sowjetischen Panzern waren technologisch und ökonomisch verwertbar, flossen die Ergebnisse doch direkt in die neu entwickelte 120 mm Glattrohrkanone des Leopard II, aber auch in die Entwicklung des Schützenpanzers Marder, ein. Laut neueren Forschungen von Marcel Serr wurde „die gleiche Kanone Ende der 1980er Jahre auch im israelischen Merkava III[-Panzer] verbaut."[398] Da diese Kanone zu diesem Zeitpunkt von Rheinmetall gefertigt wurde, ist davon auszugehen, dass Rheinmetall größere Aufträge für die Bewaffnung des israelischen Panzers oder zumindest Gebühren für die Lizenzfertigung erhielt. In den 1980ern kam es nach dem Aufbau einer größeren israelischen Rüstungsindustrie, v. a. im Luftwaffenbereich, zu weiteren Kooperationen wie der Ausstattung deutscher Tornado-Kampfbomber mit israelischer Technologie.[399]

Durch die Diversifikation der Anbieter, wie am Beispiel Israels skizziert, verschob sich die Struktur des weltweiten Waffenmarktes grundlegend. Herbert Wulf sprach in diesem Zusammenhang von einer Art „Rüstungsbasar", „auf dem jeder zahlungskräftige Kunde praktisch sämtliches konventionelles Gerät erhalten kann." Dies zeige sich auch bei den Marketingaktivitäten, denn die großen Rüstungsmessen fänden nicht mehr wie zuvor die ILA oder die britischen und französischen Messen in den traditionellen westeuropäischen Exportländern, sondern zunehmend auch in Entwicklungsländern wie Chile, Malaysia, Singapur, Südkorea, Indonesien, Ägypten und Thailand

395 Serr: Zur Geschichte, S. 24. Vgl. auch Yeshayahu A. Jelinek: Zwischen Moral und Realpolitik. Deutsch-israelische Beziehungen 1954–1965, Göttingen 1997, S. 69 f.

396 Serr: Zur Geschichte, S. 24–26; Niels Hansen: Geheimvorhaben „Frank/Kol". Zur deutsch-israelischen Rüstungszusammenarbeit 1957–1965, in: Historisch-politische Mitteilungen 6 (1999), S. 229–264; Ottfried Nassauer: Besondere Beziehungen. Die deutsch-israelische Rüstungskooperation, Berlin 2010; Ders./Christoph Steinmetz: Rüstungskooperation zwischen Deutschland und Israel, 2. überarb. Aufl. Berlin 2004 und Shlomo Shpiro: Shadowy Interests. West German-Israeli Intelligence and Military Cooperation, 1957–1982, in: Clive Jones/Tore T. Petersen (Hg.): Israel's Clandestine Diplomacies, Oxford 2013, S. 169–188, v. a. S. 182 ff.

397 Nach Angaben in den Findbüchern zu Rheinmetall-Archiv Bestand B 51 Nr. 117 KWKG.

398 Serr: Zur Geschichte, S. 26.

399 Ebenda, S. 26 f.; Michael Brzoska/Peter Lock (Bearb.): Militärpolitik Dokumentation Jg. 11, Heft 59–61. Rüstungsproduktion und Nuklearindustrie in der Dritten Welt, Berlin 1987, S. 60–70; ausführlicher zu den Werbekampagnen siehe Kap. 4.

statt. Dies mache deutlich, dass die Kaufkraft der Importeure einen immer höheren Stellenwert erreiche.[400]

Wirtschaftshistorisch kann hier nach dem Übergang von Verkäufer- zu Käufermärkten von einer Internationalisierung oder sogar Globalisierung gesprochen werden, ein Wandel, der sich auch in der Wahl der Marketinginstrumente manifestierte.[401] Vermutlich kam es in den 1980er Jahren nicht nur im Produktions-, sondern auch im Marketingbereich auf allen Ebenen verstärkt zu (nicht immer erfolgreichen) Kooperationsbestrebungen zwischen NATO- und europäischen Staaten, v. a. in der Luft- und Raumfahrtindustrie, bei Antriebsmotoren und Schiffsbauindustrie, aber auch bei konventionellen Rüstungsgütern wie Panzern, Geschützen, Kleinwaffen und der notwendigen Munition und Ausstattung (siehe Tab. 15).[402] Weitere Ursachen für die Kooperationen sind in der zunehmenden Abstimmung der NATO-Partner und diverser europäischer Beschaffungsausschüsse sowie im technologischen Wissenstransfer zu sehen.[403]

Tab. 15: Kooperationsprojekte der BRD bei Großwaffensystemen 1964–1972.

Waffensystem	Kooperation mit	Verträge in
Hot	Aerospatiale, F	1964/65
Milan	Aerospatiale, F	1965
Roland	Aerospatiale, F	1969
Alpha Jet	Dassault, F	1969
MRCDA/Tornado	British Aerospace, GB und Aeritalia, I	1969
Transall	Aerospatiale, F	1969
155mm Feldhaubitze 70	Vickers, GB	1970
155mm Panzerhaubitze F 27	Oto Melara, I & Fokker, NL	1972

Quelle: Nach Brzoska: Rüstungsexportpolitik aus Hagelin 1977, Jane's Weapon System, London,
F = Frankreich, GB = Großbritannien, I = Italien und NL = Niederlande.

400 Wulf: Waffenexport, S. 34–36, Zitat S. 35.

401 Kleinschmidt/Triebel: Marketing.

402 Broszka: Rüstungsexportpolitik; Hummel: Rüstungsexportbeschränkungen; U.S.Arms Control and Disarmament Agency: World Military Expenditures and Arms Trade, Washington, 1955 ff., US Senate: Media Notice; Wehrtechnik 7/1977, S. 101–103, 2/1978, S. 46–50; 1/1981, S. 31; Weißbuch der Bundesregierung 1979, S. 36; Carola Bielfeldt: Rüstungsausgaben und Staatsinterventionismus, Frankfurt a.M. 1977, S. 88.

403 Vgl. Kap. 2.3. und 3.1.

Wulf ging zudem davon aus, dass die Abrüstungsbemühungen der Blöcke in der Entspannungspolitik des Kalten Krieges eher eine ungewollte Gegendynamik der Rüstungsexporte entfalteten: „Abrüstungsmaßnahmen zwischen Ost und West können sich als ungewollte Schubkraft für den Rüstungsexport erweisen, weil für viele Rüstungsfirmen deren Gewinne und Existenz auf dem Spiel stehen." Er urteilte richtiger Weise, dass in den 1970er und 1980er Jahren die Rüstungsunternehmen versucht hätten, „Umsatzverluste durch den Rückgang von Aufträgen der Armeen in den Industrieländern durch Rüstungsexporte in die Dritte Welt wettzumachen."[404] Insgesamt kam Wulf für die späten 1980er Jahre zu dem Schluss, dass der „Waffenhandel, der früher von einem Lieferkartell gesteuert war und zu einem Instrument der Ost-West-Auseinandersetzung in der Dritten Welt gemacht wurde, (...) damit primär nach kommerziellen weltwirtschaftlichen Prinzipien" funktionierte.[405] Auch Entwicklungsländer erhielten nicht mehr nur ausgemustertes Gerät und waren nicht mehr nur Adressaten von entwicklungspolitischen Militärhilfeprogrammen, sondern verfügten nun über die Möglichkeiten, modernstes militärisches Gerät bei einer diversifizierten Anbieterstruktur abhängig von ihren finanziellen Möglichkeiten zu erwerben und sich dabei größere politische Unabhängigkeit zu bewahren. Kontrollen der Rüstungstransfers waren bei dieser veränderten Praxis allerdings weiter massiv erschwert, denn die Zahl der Marktteilnehmer hatte sich in den 1980er Jahren drastisch erhöht und damit die Komplexität internationaler Verhandlungen. Druck auf die Regierungen wurde, wie gezeigt, auch von großen Rüstungsunternehmen wie Rheinmetall, Krauss-Maffei und HEKO aufgebaut, die wirtschaftlichen Krisen gegensteuern wollten, nachdem die aufwendige Produktion der gesamten Palette moderner Waffen und Waffensysteme in den westlichen Ländern „zum Aufbau erheblicher Überkapazitäten geführt" hatte. Mit Wulf ist daher zutreffend zu schließen, dass „Rüstungsfirmen, die mit einer zyklischen Unterauslastung ihrer Kapazitäten konfrontiert sind, (...) einen Ausgleich im Export zu finden" versuchen. Als Beispiel nannte er die französische Rüstungsindustrie.[406] Dies soll nun an anderen relevanten Fallbeispielen aus der Exportpraxis westdeutscher Unternehmen näher untersucht werden.

Saudi-Arabien und die Struktur deutscher Waffenexporte

Während die Waffenexporte bis zum Vietnamkrieg stagnierten, folgte ab den späten 1970er Jahren ein signifikanter Anstieg der Rüstungsausfuhr. Diese Rüstungsexpansion der 1970er und 1980er Jahre reflektierten die bundesdeutschen Waffenexporte

---

404 Wulf: Waffenexport, S. 14.

405 Ebenda, S. 36. Belege für diese These im Rheinmetall-Archiv A 24 Nr. 21–23 Protokolle über Vorstands-/Abteilungsleitersitzungen der Rheinmetall Berlin AG, 27. Februar 1976, Düsseldorf, Protokoll über die Vorstands-/Abteilungsleitersitzung am 25. Februar 1976, Bl. 2f.

406 Wulf: Waffenexport, S. 36f.

nach Saudi-Arabien.[407] Die streng islamische Monarchie am Persischen Golf stieg in der Nachkriegszeit nicht nur zum weltgrößten Erdölexporteur auf, sondern wurde durch bilaterale Militärabkommen 1975 ein enger Verbündeter der USA.[408] Für die BRD bedeutete dies ebenfalls eine Intensivierung des Handels mit Saudi-Arabien, der freilich im Falle der Waffenexporte nicht unproblematisch war.[409]

Schon in der Mitte der 1970er Jahre gab es Bestrebungen, die Rüstungsbemühungen der im Ölboom enorm reich gewordenen Saudis zu unterstützen. Ein Beispiel für diese Art der Kooperation ist der Bau einer Maschinengewehrfabrik in Saudi-Arabien selbst. Das Land lag in einem Spannungsgebiet und war daher nach KWKG und den Politischen Grundsätzen (vgl. Kap. 2.3.) generell von der Kriegswaffenlieferung ausgeschlossen. Daher wurden schon zu diesem Zeitpunkt Wege gesucht, die Barrieren für einen Absatz größerer Mengen Waffen nach Saudi-Arabien zu umgehen. Eine Möglichkeit war dabei, keine direkten Produktlieferungen zu leisten, sondern nur Teile oder Fertigungsanlagen zu exportieren. Ein solches Projekt wurde von der Rheinmetall Berlin AG präferiert, die ja nach den krisenhaften Entwicklungen der frühen 1970er Jahre ihre Absatzmärkte und Distributionskanäle zu erweitern suchte. Diese Fallstudie zeigt somit auch, wie im Rahmen eines integrierten Marketingbegriffs die Distributionskanäle erweitert und neue Absatzmärkte strategisch aufgebaut wurden.

Es scheint auch, dass das Unternehmen bei diesem Projekt aus gescheiterten früheren Genehmigungsverfahren lernte. Leitzbach berichtet in seiner Darstellung von einem Interesse Saudi-Arabiens und Kuwaits am Gewehr G 3 im Jahre 1962. Aufträge seien aber aufgrund fehlender Genehmigungen letztlich nicht angenommen worden.[410] In den Unterlagen des Unternehmens findet sich auch ein Angebot über 500 MGs 1 A3 aus dem Jahre 1964, für das keine Exportgenehmigung erteilt wurde.[411] Dies galt auch für die Beteiligung Rheinmetalls an den Panzerlieferungen des Leopard 2 nach Saudi-Arabien, die Bundeskanzler Helmut Schmidt laut Leitzbach zunächst befördern wollte, dann aber wie die ihm folgende Regierung Kohl nicht genehmigte.[412]

---

407 Vgl. nun ausführlicher Stefanie van de Kerkhof: Rüstungsexporte in Spannungsgebiete – Die Außenwirtschaftsbeziehungen westdeutscher Waffenhersteller zum Nahen Osten, in: Christian Kleinschmidt/Dieter Ziegler (Hg.): Dekolonisierungsgewinner. Deutsche Außenpolitik und Außenwirtschaftsbeziehungen im Zeitalter des Kalten Krieges, Berlin 2018, S. 103–126.

408 Henner Fürtig: Das Haus Saud und die Wahhabiyya, in: APuZ 64,46 (2014), S. 3–11, v. a. S. 9.

409 Zum Beispiel in Bezug auf die seit Adenauer gemachten Sicherheitsgarantien für Israel. Vgl. Heft 6/2015 der Zeitschrift Aus Politik und Zeitgeschichte mit mehreren Beiträgen zur deutschen Israelpolitik z. B. Markus Kaim: Israels Sicherheit als deutsche Staatsräson, S. 8–13; Guido Steinberg: Saudi-Arabien. Politik – Geschichte – Religion, München 2004.

410 Leitzbach: Rheinmetall. Vom Reiz, Bd. 2, S. 618 f. Ohne Quellenbelege.

411 Rheinmetall-Archiv Bestand B 520 Rheinmetall GmbH Nr. 83.

412 Leitzbach: Rheinmetall. Vom Reiz, Bd. 2, S. 626, ebenfalls ohne Quellenbelege. Vgl. auch Frankfurter Rundschau, dpa, 15.7.83 „Gutes Waffengeschäft erwartet. Rüstungskonzern Rheinmetall drängt

Ähnlich problematisch gestaltete sich in den 1970er und 1980er Jahren ein Rüstungsgeschäft Rheinmetalls im Gewehrbereich.

Wie aus den Sitzungsprotokollen des Aufsichtsrats hervorgeht, beabsichtigte das Königreich, schon bestehende Fertigungsanlagen für Sturmgewehre in Al Kharj, südlich von Riyadh, umfassend auszubauen und eine zusätzliche Fabrikation für Maschinengewehre zu errichten.[413] Seit 1975 wurde mit Rheinmetall über die Möglichkeiten verhandelt, wie ein solches Projekt zu realisieren sei. Ergebnis dieser Verhandlungen war, „daß zunächst ein Auftrag über den zu deckenden Grundbedarf an Geräten (Liefergeschäft) und im Anschluß daran ein Auftrag über die Errichtung der Fabrikationsanlage (Anlagengeschäft) erteilt werden sollte". Die Lieferung der Geräte umfasste dabei einen Auftragswert von 45 Mio. DM. Nachdem auch die Grundlagen für die Lieferung der Produktionsanlage geklärt waren, wurden im Frühjahr 1976 die Verträge für die Gerätelieferung unterzeichnet. Allerdings wurde über die Dimensionen noch weiter verhandelt, denn erst „nach Einleitung und Abschluß des Genehmigungsverfahrens in der Bundesrepublik" sollten die Verträge für den zweiten Teil des Projektes endgültig beraten und unterzeichnet werden. Obwohl Rheinmetall eine zügige Bearbeitung der Genehmigungen durch das BAW erwartet hatte, musste das Antragsverfahren aufgrund der schwierigen normativen Lage den oben dargestellten umständlichen Lauf durch die Referate nehmen und benötigte dafür ungefähr ein Jahr. Erst im Januar 1977 entschied die letzte Instanz, der Bundessicherheitsrat, die Ausfuhr für beide Projekte nach dem AWG zu genehmigen. Dies galt allerdings nur für das AWG, denn „eine Genehmigung nach dem Kriegswaffenkontrollgesetz (KWKG) ist nicht erteilt worden."[414]

Die fehlende Genehmigung bedeutete für das Unternehmen, dass weitere Umwegs-Konstruktionen geschaffen werden mussten, um umstrittene Teile, wie z. B. Munition zur Erprobung der MGs, nach Saudi-Arabien liefern zu können. Wie oben dargestellt, gab es Lücken, die es ermöglichten, die Beschränkungen des KWKG zu umgehen, wozu auch die Einschaltung ausländischer Lizenznehmer zählte. Diese Konstruktion wurde auch „zur Abwicklung des Liefergeschäfts" vorgesehen, denn es sollten „unter Zulieferung von Teilen aus der Bundesrepublik Geräte durch ausländische Lizenznehmer geliefert" werden. Dies galt außerdem für die notwendige

---

die Bundesregierung, in: Zweite Medienauswertung zur Bilanzpressekonferenz am 14. 7.1983 vom 22. 7.1983 im Rheinmetall-Archiv Bestand A 21 Nr. 83.

413 Rheinmetall-Archiv Bestand A 23 Nr. 39 Aufsichtsratssitzung der Rheinmetall Berlin AG vom 30.6.1977. Die bestehende Sturmgewehrfabrikation war möglicherweise durch die bundeseigene Fritz Werner GmbH errichtet worden, die im Zeitraum von 1973 bis 1977 eine Waffenfabrik in Saudi-Arabien gebaut hatte. Vgl. Hummel: Rüstungsexportbeschränkungen, S. 204. Siehe ohne Quellenbeleg auch Leitzbach: Rheinmetall. Vom Reiz, S. 628 und 631–633.

414 Hier wäre noch genauer zu klären, ob Rheinmetall nicht als Konkurrenz zur Fritz Werner GmbH gesehen wurde, die zuvor möglicherweise die Sturmgewehrfabrik aufgebaut hatte. Akten zur bundeseigenen Fritz Werner GmbH sind allerdings für die Nachkriegszeit nicht im Bundesarchiv vorhanden.

Munition, die „ebenfalls von ausländischen Herstellern bezogen werden" musste. Diese Konstruktion wurde als heikel angesehen, denn die ausländische Munition musste überprüft werden, um „eine Beeinträchtigung der Funktion der Geräte" auszuschließen. Auf diese Weise sollte der erste Teil des Projekts, das Liefergeschäft, bis Anfang 1979 durchgeführt sein, jedenfalls wenn das Akkreditiv zur Sicherung der Zahlungen eingegangen wäre.[415]

Der zweite Teil des Projekts, die Lieferung der kompletten Produktionsanlage, war mit kalkulierten 550 Mio. DM das deutlich umfangreichere und lukrativere Geschäft. Vorgesehen war der Bau „von zwei Fabrikhallen für eine Maschinengewehr- und Gurtgliederfabrik nebst Schießkanal und für eine Patronenkastenfabrik sowie 30 Wohneinheiten (…) die Fabrikationshalle wird auf einer Grundfläche von 280 x 54 m für eine Kapazität von 5.000 Stück MG pro Jahr ausgelegt und mit etwa 600 Maschinen mit zugehörigen Betriebsmitteln ausgestattet."[416] An Rheinmetall sollte dabei nicht nur ein Auftrag zum Bau der Fabrik und zur Lieferung, Aufstellung und Inbetriebnahme der Maschinen erteilt werden. Vielmehr sollte durch Rheinmetall auch das saudische Personal trainiert werden, was lukrative langfristige Service-Verträge nach sich ziehen konnte. Zunächst sollten „etwa 130 Saudi Araber jeweils innerhalb eines halben Jahres in Deutschland" in der Produktion von MGs ausgebildet werden, um später eine Gesamtbelegschaft von 800 Mitarbeitenden führen und anleiten zu können.

Schwierigkeiten wurden insgesamt durchaus in die Projektierung mit einbezogen, so wurde prognostiziert: „Es muß davon ausgegangen werden, daß die fachlichen und sprachlichen Vorkenntnisse der Kandidaten nur sehr gering sein werden." Diese asymmetrische Sicht auf die Arbeitskräfte aus Saudi-Arabien führte in der Folge zu der Notwendigkeit, „für die Zeit der Inbetriebnahme der Maschinen und Anlagen (…) etwa 80 deutsche Fachkräfte für einen Zeitraum von etwa zwei Jahren nach Saudi Arabien zu entsenden". Ein weiteres Problem war, dass es zwar um ein „schlüsselfertiges Projekt" ging, aber die Abnahme jeweils nach bestimmten Arbeitsgängen vorgenommen werden sollte. Hierbei wurde befürchtet, dass dies „voraussichtlich von beiden Vertragspartnern nicht zu schaffen sein" würde.

Insgesamt war nach Vertragsabschluss und Eröffnung des Akkreditivs eine Dauer von dreieinhalb Jahren bis zur ersten Abnahme vorgesehen, die Endabnahme sollte nach Auslaufen der Gewährleistungsfristen 15 Monate später erfolgen. Beide Teile

415 Rheinmetall-Archiv Bestand A 23 Nr. 39. Vgl. Rheinmetall-Archiv Bestand B 5130 Rheinmetall GmbH MG 42, Nr. 20 Maschinengewehr MG 3, Bericht Oktober 1976, Anlagenprojekt Saudi-Arabien, Schreiben, 30.10.1976.

416 Rheinmetall-Archiv Bestand A 23 Nr. 39. Es wurde davon ausgegangen, dass „die Abwicklung des Projekts (…) die Steuerpflicht für Rheinmetall in Saudi Arabien aus[löst]. Möglicherweise werden auch Sub-Unternehmen in Saudi-Arabien selbst steuerpflichtig. Nach den bisherigen Ermittlungen werden voraussichtlich DM 50–60 Millionen an Körperschaftssteuer anfallen." Dies bedeutet, dass der Bau der Anlagen ein ungleich größeres Geschäft für den Konzern darstellte als das Liefergeschäft, das gerade einmal einen Gesamtumfang von 45 Mio. DM hatte. Die Steuern sollten übrigens vom Vertragspartner, also Saudi-Arabien, übernommen werden.

des Projekts sollten dann im Sommer 1982 erfolgreich durchgeführt sein. Weitere Verzögerungen und Probleme wurden v. a. auf der saudischen Seite gesehen, denn die Geschäftsleitung von Rheinmetall war der Meinung, „das Verhalten des Vertragspartners bei den bisherigen Verhandlungen ist stark von der Tatsache geprägt, daß ihm eine zuverlässige fachliche Beurteilung des Vertragsgegenstands nicht möglich ist. (...) Kompromisslösungen in Zweifelsfragen sind daher so gut wie ausgeschlossen. Ferner wird ständig darauf hingewiesen, daß die Vereinbarung von Pflichten des Auftraggebers schon deshalb überflüssig sei, da die Vertragstreue des Königreichs Saudi Arabien über jeden Zweifel erhaben ist. Auch die Rechtsordnung dieses Staates würde in einem ernsthaften Streitfall nur schwerlich zu einer Lösung führen." Dies bedeutete für das Unternehmen insofern ein Risiko, als die Konsequenzen nicht abschätzbar waren, wenn „nicht absehbar ist, auf welche Weise die Fabrik nach Fertigstellung auch unter Einsatz des in Deutschland angelernten Personals auf die vorgesehene Leistung oder Teile davon gebracht werden kann; die Inbetriebnahme nicht nur aus Gründen, die der Vertragspartner zu vertreten hat, sondern offenkundig aus Zeitgründen nicht planmäßig erfolgen kann; und schließlich eine fertigungstechnische Diskrepanz bis zur Aufnahme der Fertigung nicht beseitigt ist, die sich daraus ergibt, daß das herzustellende MG 3 mit Polygon-Rohr nur mit zugehöriger (deutscher) Munition absolut funktionstüchtig ist. Die Beschaffung entsprechender Munition oder der Ersatz des Polygon-Rohres durch ein verchromtes Zugfeldrohr könnte hier den Weg zu einer Lösung des Problems weisen."[417]

Die dargestellten Überlegungen und darauf folgende Diskussionen im Aufsichtsrat rührten aus der unvermeidlichen Konstruktionsschwäche des Projekts her, ausländische Lizenznehmer einbeziehen zu müssen, deren Zuverlässigkeit und Professionalität nicht genau einzuschätzen war. Hier war Vertrauen in Fertigkeiten und Kenntnisse vonnöten, die schwer kalkulierbar waren. Es wurde daher im Aufsichtsrat des Konzerns eine genauere Risikoabschätzung vorgenommen, um zu klären, ob „eine Unterzeichnung des Vertrags erfolgt, obwohl dieser unter ungünstigen Umständen ganz oder teilweise nicht erfüllt werden kann".[418]

Die Zahlungsbedingungen wurden in die Betrachtung ebenfalls mit einbezogen, denn Saudi-Arabien sollte 20 % Anzahlung sofort leisten und 80 % des Vertrages bei Lieferung oder Leistung jeweils aus jährlich neu zu eröffnenden Akkreditiven zahlen. Rheinmetall musste dagegen nur 5 % des Auftragswerts als Erfüllungsgarantie für die gesamte Vertragsdauer sicherstellen, 20 % als Anzahlungsgarantie bis zur jeweiligen Lieferung garantieren und 10 % als Bürgschaft für die jeweils 80 %ige Restzahlung bis zur Abnahme des Liefer- und Leistungsgegenstands gewährleisten. Dies bedeutete, dass sich „bei vorsichtig geschätzten Aufwendungen/ Ausgaben (...) bei Beendigung

417 Rheinmetall-Archiv Bestand A 23 Nr. 39.
418 Ebenda.

des Vertrags ein maximal möglicher Unterschied zu den vertragsgemäßen Erlösen von DM 110 Millionen“ ergeben konnte. Falls das Projekt nach der Inbetriebnahme nicht weiterliefe und Saudi-Arabien die Zahlungen zurückhielte, wurde ein „maximales Verlustrisiko von DM 50 Millionen“ prognostiziert. Da zu diesem Zeitpunkt nur relativ niedrige Auslagen in Höhe von DM 1,0 Mio. pro Monat entstanden waren und die laufenden Arbeiten nur ca. 250.000 DM pro Monat erforderten, „befürwortet[e] die Geschäftsführung der Rheinmetall GmbH übereinstimmend die Durchführung dieses Projekts“. Argumentiert wurde dabei auch mit den langfristigen Chancen auf dem saudi-arabischen Markt und dem „absehbaren Auslauf von Großprojekten“ auf dem Inlandsmarkt. Auch der Aufsichtsrat wurde eingeschaltet, um das heikle Projekt zu genehmigen.[419] Nachdem das Akkreditiv eingetroffen war, sollte zunächst mit den Arbeiten für das Liefergeschäft begonnen werden, wie aus weiteren Berichten deutlich wird.[420]

Insgesamt macht das Projekt die Strukturen bundesdeutscher Rüstungsexporte in Entwicklungsländer und Gebiete mit Konfliktherden wie die Golfregion, die sog. „Spannungsgebiete“, in den 1970er und 1980er Jahren deutlich. Zwar wurden normative Beschränkungen des KWKG zur Ausfuhr von Kriegswaffen nicht beständig durchbrochen, aber die durchaus schwächer formulierten Barrieren des AWG halfen, Rüstungsprojekte in Konfliktländern zu realisieren. Mit Lizenzen und Teillieferungen konnten auch Projekte in Spannungsgebieten geplant werden, wenn auch mit größerem Aufwand und bisweilen auch im Konflikt zur Gesetzesgrundlage. Dafür war die Markt- und Absatzsituation der Rüstungsunternehmen im Wesentlichen verantwortlich: Insbesondere durch die Struktur der Großwaffenaufträge mit maßgeschneiderter Fertigung, immensen Produktionskapazitäten und beschränkter Laufzeit suchten die Unternehmen nach Auslaufen eines Großprojekts nach Möglichkeiten, die bestehenden militärischen Produktionskapazitäten weiterhin auslasten zu können. Hier war gezieltes Marketing erforderlich, um neue Distributionskanäle erschließen und auch mit schwierigen Vertragspartnern umgehen und handeln zu können.

Zudem suchte und beschritt die Rheinmetall Berlin AG – bzw. der wehrtechnische Unternehmenszweig in Form der Rheinmetall GmbH – neue Wege des Absatzes. Wie andere Heerestechnikproduzenten experimentierte das Unternehmen ebenfalls mit verschiedenen Varianten des Auslandsabsatzes. Schon seit den frühen 1960er Jahren erprobte Rheinmetall mit anderen Rüstungsgrößen wie Bölkow oder HEKO gemeinsame Absatzwege in neu gegründeten Exportbüros z. B. seit 1961 für den Absatz in Südamerika mit HEKO oder seit 1967 mit mehreren Rüstungsunternehmen unter der Ägide des umtriebigen Ludwig Bölkow. Beiden Projekten war allerdings wenig Erfolg beschieden.[421] Schon früh zu Beginn der Aufnahme deutscher Rüstungsfertigung,

419 Ebenda.

420 Rheinmetall-Archiv Bestand A 23 Nr. 38 Sitzung vom 28.4.1977.

421 In den Beständen zum Export, zu denen v. a. die ausführlichen Findbücher eingesehen werden konnten, finden sich Angaben dazu. Siehe Rheinmetall-Archiv Bestand B 520 Nr. 65 und 82.

spätestens seit 1958 wurden zudem Unteraufträge an ausländische Unternehmen wie die Nederlandsche Wapen- en Munitiefabriek (NWM) de Kruithoorn in s'Hertogenbosch als Munitionsproduzent vergeben, die für den Export genutzt werden konnten, teils sicherlich auch um Restriktionen zu umgehen. Dieses Unternehmen gehörte seit Beginn der 1960er Jahre als Mehrheitsbeteiligung zur Quandt-Gruppe (IWK) und wurde 1975 von Rheinmetall erworben.[422] Diskutiert wurden bei Rheinmetall in den Jahren 1957 und 1958 nicht nur Waffenexporte in die USA, sondern sogar schon Geschütze für die Türkei, Schützenpanzer und MG für Griechenland, Minen für Pakistan, MG für Kuwait, Saudi-Arabien, Brasilien, Sudan und Portugal, das zudem noch Pulverraketen erwerben wollte.[423]

Insgesamt kamen verschiedene Möglichkeiten zur Umgehung der strengen Normen bzw. der strengen Auslegung des KWKG und des AWG in Betracht: nicht nur der direkte Export von Produkten, der Anlagenbau im Ausland oder der Betrieb von Werken in Drittländern einschließlich Lizenzverfahren wie es Wehrtechnik-Vorstand Bär 1977 beurteilte, sondern auch indirektere Wege wie Vertreter oder Vertretungsunternehmen sowie die Einschaltung bundeseigener Unternehmen wie des Anlagenbauers Fritz Werner GmbH.[424] Einen Überblick über die „Aktivitäten in Drittländern", d. h. die Rheinmetall-Exportsituation und Perspektiven zur Ausweitung des Absatzes in Nicht-NATO-Länder, gab der Wehrtechnik-Vorstand auf der internen Konzerntagung der Rheinmetall Berlin AG im Oktober 1977:

> „Die Rheinmetall GmbH hat sich – von nicht unbeträchtlichen Verkäufen auf dem Gebiet des MG's abgesehen – in der Vergangenheit vorzugsweise mit dem Inlandsmarkt beschäftigt. Auch die Einschaltung in die Nato-Leopard-Programme erfolgte immer über den jeweiligen deutschen Hauptauftragnehmer, so daß es sich – von einzelnen Teilbereichen abgesehen – um Inlandsgeschäfte handelte. Die politischen und wirtschaftlichen Rahmenbedingungen, unter denen die Wehrtechnik zu sehen ist, erfordern jedoch, daß den Auslandsaktivitäten in Zukunft ein breiterer Raum vorbehalten wird. Hinzu kommt, daß Rheinmetall in den letzten Jahren eine Palette von Produkten entwickelt hat, die dank ihrer Technologie international konkurrenzfähig sind und deshalb einen entsprechenden Markt hätten. (...)

---

422 Lieferprogramm der Quandt-Gruppe mit Tochter- und Beteiligungsunternehmen 1964 in: Hessisches Wirtschaftsarchiv Darmstadt Abt. 2017, Nr. 51; Situation und Aussichten im Bereich Wehrtechnik. Referat, gehalten auf der Konzerntagung der Rheinmetall Berlin AG vom 4.-6.10.1977, siehe Rheinmetall-Archiv Bestand B 51 Nr. 18, Referat Bl. 10. Vgl. wiederum den Art. unter: https://nl.wikipedia.org/wiki/De_Kruithoorn. Ohne eindeutige zeitliche Angabe und Quellenbeleg Leitzbach: Rheinmetall. Vom Reiz, Bd. 2, S. 627.

423 Rheinmetall-Archiv Bestand B 520, Nr. 62 (Findbucheinsicht).

424 Referat vom 4./6.10.1977, siehe Rheinmetall-Archiv Bestand B 51 Nr. 18, Referat Bl. 9. Dies widerspricht auch der Darstellung von Leitzbach, das Unternehmen habe nur mit den Tochterunternehmen NWM de Kruithoorn in s'Hertogenbosch und Rheinmetall International S. A. in Brüssel neue Wege des Exports beschritten. Siehe Leitzbach: Rheinmetall. Vom Reiz, S. 627 und 629. Ausführlicher zu Vertretern und der Einschaltung der Fritz Werner GmbH siehe Rheinmetall-Archiv Bestand 520 Nr. 54, Nr. 91, Nr. 89, Nr. 56 (Burma) (Findbucheinsicht).

Der Export von Produkten der Wehrtechnik unterliegt vielfältigen gesetzlichen Beschränkungen. Es ist weiterhin damit zu rechnen, daß er – abgesehen von internationalen Programmen und Exporten in Nato-Länder – nur einen bescheidenen Raum einnehmen wird. Dazu kommt, daß die Devisensituation in potentiellen Käuferländern den Import moderner Waffensysteme außerordentlich erschwert. Der Exportanteil wird deshalb auch in Zukunft nur eine Zusatzfunktion haben, dessen Größe außerordentlich schwer abschätzbar ist.

In vielen Ländern wird es jedoch möglich sein, Betriebe zu errichten, die vom Kunden – meistens dem jeweiligen Staat – betrieben werden und in denen Produkte, häufig nach unserer Lizenz, hergestellt werden. Die Errichtung von entsprechenden Produktionsanlagen und der Verkauf von Lizenzen und Know-How wird in Zukunft immer größere Bedeutung gewinnen. Die Rheinmetall GmbH hat sich in diesen Markt in den vergangenen Jahren verstärkt eingeschaltet und beabsichtigt, auf diesem Weg expansiv weiterzugehen. Es besteht bei der Rheinmetall GmbH ein erhebliches Interesse daran, daß interessierte Gruppenfirmen aus dem Maschinenbaubereich, die sich selbst nicht in der Lage sehen, komplette Anlagen oder schlüsselfertige Fabriken zu liefern, sich der Rheinmetall Industrietechnik GmbH als Anlagenbaufirma bedienen, um gemeinsam derartige Geschäfte abzuwickeln. Eine weitere Möglichkeit ist das Betreiben von Werken in Drittländern. Die Rheinmetall GmbH hat für diesen Zweck in den Niederlanden eine Munitionsfabrik erworben, die gleichzeitig eine wertvolle Ergänzung des eigenen Produktionsprogrammes darstellt. Diese Firma – NWM De Kruithoorn B.V. – ist entsprechend den vorgenannten Leitlinien in die Gesamtkonzeption voll eingegliedert worden, arbeitet jedoch autonom im Markt mit dezentraler Gewinnverantwortung. Nach 2 Jahren Erfahrung kann gesagt werden, daß sich dieses Konzept voll bewährt hat."[425]

Wie dieses ausführliche Zitat belegt, richtete sich die Rheinmetall Wehrtechnik gemäß des oben dargestellten Gesamttrends am Ende der 1970er Jahre bewusst immer stärker auf den Export von Waffen und Know-how aus. Wie schon in Kapitel 2 und 3.1. ausführlich dargestellt, besaß Rheinmetall bereits in den 1950er und 1960er Jahren stabile Netzwerke mit auswärtigen Abnehmern und konnte auf Kontakte mit Militärs und Politikern bzw. Herrschern zurückgreifen. Das Unternehmen setzte in den 1970ern mit Bedacht auf indirekten Absatz im Rahmen von Lizenzproduktion in ausländischen Betrieben oder die Umgehung von Produktions- und Außenhandelsrestriktionen in der BRD über das niederländische Tochterunternehmen NWM de Kruithoorn. Deutlich wird an den internen Aussagen des Wehrtechnik-Geschäftsführers auch, dass es sich bei den stärker zu steigernden Ausfuhren um Exporte in Nicht-NATO-Länder handeln musste, denn ansonsten wäre diese umständliche Konstruktion nicht notwendig gewesen. Beispielsweise wurden seit 1960 erste Erprobungen mit Lizenzverträgen im italienischen Unternehmen SABA, das das MG 42 zunächst für die Verwendung in der italienischen Armee herstellen sollte, erfolgreich abgeschlossen.[426] Doch sollten solche einfachen Lizenzen für politisch heiklere Exporte nicht ausreichen, wie am Beispiel Nigeria, Türkei,

425 Situation und Aussichten im Bereich Wehrtechnik. Referat Bär, gehalten auf der Konzerntagung, Rheinmetall Berlin AG vom 4./6.10.1977, Rheinmetall-Archiv Bestand B 51 Nr. 18, Referat Bl. 9 f.

426 Ausführlich dazu Rheinmetall-Archiv Bestand B 520, Nr. 76 (Findbucheinsicht).

Sudan und Indien zu sehen ist. Hier wurden die bundeseigene Fritz Werner Anlagenbau GmbH in Geisenheim ebenso wie die Manufacture de Machines du Haut-Rhin (Manurhin) aus Frankreich in verschiedene Verhandlungen einbezogen.[427] Nach Rheinmetall-Archivar Leitzbach war „die zu 90 Prozent im Bundesbesitz befindliche Fritz Werner AG in Geisenheim, die bei diversen Exportgeschäften mitunter als Partner mitunter als Konkurrent zu Rheinmetall auftrat und im Zusammenhang mit dem geplatzten Nigeria-Auftrag sogar beide Rollen übernommen hatte, (...) direkt daran beteiligt."[428] Auch andere halbstaatliche Organisationen wie die KfW waren in die Rüstungsexporte involviert. So wurde am Ende der 1950er Jahre darüber diskutiert, Exporte der Rheinmetall GmbH und Hispano Suiza in die Türkei (MG 42 und HS 820) durch die USA oder die KfW finanzieren zu lassen.[429]

Dass die Rheinmetall GmbH nicht erst in den 1970er Jahren in größerem Umfang Waffen an Nicht-NATO-Länder exportierte, macht auch die von Rheinmetall geförderte Darstellung von Leitzbach deutlich, denn er führt aus: „Zu den Staaten, in denen Rheinmetall 1964 das G 3 und das MG 42/58 ebenfalls anbot und vorführte, gehörten unter anderem Jordanien, der Libanon, Kolumbien, Malaysia, Mexiko, Brasilien und Argentinien. Auch Chile erhielt bis Januar 1971 mehrere Tausend MG in diversen Ausführungen." Die Genehmigungen dafür waren nach Angaben von Leitzbach auf Grundlage des KWKG von der Bundesregierung erteilt worden.[430] Allerdings sah sich Rheinmetall durch die Neufassung des § 4 bzw. 4a des KWKG im Jahre 1978 – ausgelöst durch verschiedene Terroranschläge 1977 – dazu veranlasst, intensive Pressearbeit gegen die Neufassung zu betreiben und eine weitere Veränderung im Auslandsabsatz vorzunehmen. Die Neufassung des KWKG sollte dazu dienen, internationalen Waffenhandel über Deutschland zu verhindern und daher mussten nun auch für Geschäfte in Drittländern Genehmigungen eingeholt werden, was die Rüstungslobby auch öffentlich kritisierte.[431] Rheinmetall-Manager Bär beklagte stellvertretend für andere

---

427 Ebenda, Akten Nr. 77 (Nigeria), Nr. 80 (Türkei), Nr. 81 (u. a. Indien) und Nr. 83 (u. a. Sudan), alle Akten aus den 1960er Jahren (laut Findbuch).

428 Leitzbach: Rheinmetall. Vom Reiz, Bd. 2, S. 618. Unklar ist noch, ob hier tatsächlich die Fritz Werner AG oder die Fritz Werner GmbH eingeschaltet war, die beide spätestens seit 1965 Mehrheitsbeteiligungen des Bundes waren. Vermutlich war eher die GmbH eingeschaltet, die nicht veröffentlichungspflichtig war. Vgl. die firmeneigenen Festschriften Fritz Werner Werkzeugmaschinen AG: Gestern-Heute-Morgen, Berlin 1987; Werner und Kolb Werkzeugmaschinen GmbH: Hundertfache Kompetenz, Berlin 1989 und o.V.: Waffenhandel. Nichts gewußt. Staatsanwälte und Fahnder des Bundeskriminalamtes wurden fündig: Waffen des Rheinmetall-Konzerns gelangten illegal ins Ausland, in: Der SPIEGEL 33/1980 vom 11.8.1980, S. 28 f., hier S. 29: „Besonders profiliert im Waffengeschäft ist die Waffenfabrik Fritz Werner, ein Werk des bundeseigenen Diag-Konzerns." Das Unternehmen ist nach Kauf durch Ferrostaal übrigens im Besitz von Rheinmetall.

429 Rheinmetall-Archiv Bestand B 520, Nr. 87 (Findbucheinsicht).

430 Leitzbach: Rheinmetall. Vom Reiz, Bd. 2, S. 618.

431 Ebenda, S. 627; Dietrich Falcke [Mitglied der Geschäftsführung der Rheinmetall GmbH]: Zum berühmt-berüchtigten § 4a des Kriegswaffenkontrollgesetzes, in: Wehrtechnik 12 (1978), S. 43.

Unternehmen 1978 die Lage der deutschen „Wehrindustrie zwischen den Backen eines ökonomisch wirksamen Schraubstockes“ wie folgt: „Wir stellen heute fest, daß in zunehmendem Maße die ausländische Konkurrenz zu Lücken in der Auslastung unserer Kapazitäten beiträgt, während es für uns nahezu unmöglich ist, Produkte an NATO-Partner zu liefern, wenn es in den betreffenden Ländern geeignete Fertigungsstätten für diese Produkte gibt.“[432] Das Unternehmen „reagierte mit der Gründung einer neuen ausländischen Tochtergesellschaft, der Rheinmetall International S. A. als ‚künftige[r] Leitstelle für die wehrtechnischen Exportaktivitäten‘. Von dort aus konnten auch deutsche Mitarbeiter, die offiziell von der Rheinmetall GmbH nach Brüssel wechselten, das Exportgeschäft betreiben. (...) Die Errichtung weiterer ausländischer Produktionsstätten wurde bei Rheinmetall zwar diskutiert, aber nicht in nennenswertem Umfang durchgeführt“.[433]

Auf der für die Exportfrage bislang dünnen zugänglichen Quellengrundlage ist es schwierig, ein detaillierteres und differenzierteres Bild des Auslandsabsatzes, insbesondere des Absatzes in Nicht-NATO-Länder zu gewinnen. Genaue langfristige Exportzahlen sind entweder nicht vorhanden oder nicht zugänglich. Einzelgeschäfte mit Produktionszahlen und Umsatz, die in den eingesehenen Akten durchaus genauer dargestellt sind, können wie beim Fallbeispiel Saudi-Arabien die generelle Struktur des Auslandsabsatzes und ihre Problematiken demonstrieren, lassen sich aber nicht zu einem statistisch validen Gesamtbild aggregieren. Einen partiellen Ausweg aus dem Dilemma, keinen genaueren Größenvergleich zwischen inländischem und ausländischem Absatz vornehmen zu können, bieten für die 1980er Jahre die Umsatzzahlen des Gesamtkonzerns. In den Geschäfts- und Wirtschaftsprüfungsberichten der Rheinmetall Berlin AG finden sich jährliche Angaben nicht nur zu den konsolidierten Konzerngesellschaften, sondern partiell auch zu den ausländischen Tochterunternehmen wie die NWM de Kruithoorn, die Rheinmetall International S.A. und zusätzlich noch die Rheinmetall International. Anhand der Aussagen der Geschäftsführung der Rheinmetall GmbH und der Statistiken scheint aber eine andere Arbeitsteilung zwischen den Tochterunternehmen wahrscheinlicher zu sein, als die von Leitzbach angegebene. Der Geschäftsführer berichtete in einer internen Ansprache auf der Messe Naval Expo 1982 in Maastricht nämlich:

> „Unser holländisches Tochterunternehmen NWM de Kruithoorn B.V. ist spezialisiert auf die Produktion vielseitig verwendbarer Maschinenwaffenmunition und fertigt darüber hinaus Penetratoren für die 120 mm-Glattrohrkanone. Die 1948 gegründete Firma begann 1953 die Fertigung für militärische Zwecke. NWM de Kruithoorn ist stark exportorientiert: 90 % der Jahresproduktion

432 O.V.: Deutsche Wehrindustrie zwischen den Backen eines ökonomisch wirksamen Schraubstockes [Wiedergabe einer Ansprache von Frank Bär, Geschäftsführer Rheinmetall GmbH], in: Wehrtechnik 12 (1978), S. 40–42, Zitate S. 40 und 42. Abdruck der Rede des Vorsitzenden der Geschäftsführung der Rheinmetall GmbH, Dipl.-Kfm. Bär anlässlich der Übergabe der ersten Feldhaubitze FH 155–1 auf dem Rheinmetall-Schießplatz in Unterlüß an die Bundeswehr.

433 Leitzbach: Rheinmetall. Vom Reiz, Bd. 2, S. 629.

> geht an die NATO und gleichgestellte Länder [sic!]. Ein erfahrenes Team qualifizierter Techniker und Ingenieure garantiert ein Höchstmaß an Bearbeitungsqualität und Gütesicherung. (...).
>
> Am Sitz des Hauptquartiers der NATO in Brüssel obliegt der Rheinmetall International S.A. die Koordination der Rheinmetall-Aktivitäten gegenüber dem Bündnis, den NATO-Partnern und ausländischen Geschäftspartnern. Darüber hinaus wurde mit der Errichtung des Unternehmens am NATO-Hauptquartier die Kooperation und die Abstimmung in politischer, terminlicher und technischer Hinsicht, insbesondere bei multilateralen Projekten mit den Partnern vereinfacht und erleichtert. Darüber hinaus betrachten wir die Rheinmetall International als einen Beitrag zur Verbesserung der NATO-internen Kooperation im Hinblick auf eine verstärkte Standardisierung der Waffensysteme."[434]

Dieses Zitat zeigt damit deutlich, dass die NWM de Kruithoorn, die im Verlaufe der 1980er Jahre mit je eigenen Filialen für den Industrieanlagenbau und Systemtechnik erweitert wurde, den Auslandsabsatz v. a. im Munitionsbereich für die NATO-Länder übernahm. Die Rheinmetall International S. A. in Brüssel wurde dagegen als reine Koordinierungsgesellschaft am Standort des NATO-Hauptquartiers gegründet. Dies zeigen auch die Umsatzzahlen deutlich: die Rheinmetall International S. A. machte in den 1980er Jahren keinen Umsatz und wurde 1986 schließlich gelöscht. Anders dagegen die Rheinmetall International in Belgien. Dieses Tochterunternehmen bestand zwar auch nur einige Jahre, muss aber für den Export im Konzern zuständig gewesen sein, denn es verzeichnete in der ersten Gründungsphase zu Beginn der 1980er Jahre einen deutlich höheren Umsatz als die Rheinmetall GmbH. Er ging dann allerdings innerhalb weniger Jahre recht schnell wieder zurück. Dies weist insgesamt auch darauf hin, dass in den 1980er Jahren der Umsatz in Nicht-NATO-Länder über dieses Tochterunternehmen zunahm.[435] Ein weiterer Beleg für die Exportpraxis über belgische Subsidien findet sich auch in einem SPIEGEL-Bericht über die strafrechtlichen Ermittlungen und den folgenden Rheinmetall-Prozess in den 1980er Jahren. Der Rheinmetall-Konzern habe den Export dergestalt gehandhabt, „daß er zur Abwicklung der Waffengeschäfte eine Tochterfirma in Brüssel einschaltete. Über die Rheinmetall International SA liefen fast alle diese Exporte."[436]

Auch die Zahlen der NWM de Kruithoorn, der Töchter NWM Industrie und De Kruithoorn Systems sprechen eine eindeutige Sprache: in den 1980er Jahren machte der Umsatz in NATO-Länder über diese Unternehmen einen zunächst wachsenden

---

434 Rede des Vorsitzenden der Geschäftsführung der Rheinmetall GmbH, Frank Bär, anlässlich der Pressekonferenz zur Naval Expo '82 am 30. 3.1982 in Maastricht, 12 S., hier S. 9f., in: Rheinmetall-Archiv Bestand B 51 Nr. 15.

435 Ebenda.

436 O.V.: Waffenexport. Spur nach Marokko. Manager des Rüstungskonzerns Rheinmetall müssen sich wegen Waffenschiebungen verantworten – die Anklageschrift ist fertig, neue Ermittlungen laufen, in: Der SPIEGEL 35/1983, S. 89f. Vgl. auch o.V.: Waffenexporte. Im Zweifel passiv. Der Rüstungskonzern Rheinmetall soll auf dem Umweg über Spanien Kriegsmaterial nach Argentinien geschafft haben, in: Der SPIEGEL 29/1982 vom 19.7.1982, S. 22–24. Unklar bleibt hier, ob die Rheinmetall International Belgium oder die Rheinmetall International SA in Brüssel gemeint war.

Teil des Wehrtechnik-Umsatzes aus, schwankte allerdings sehr viel stärker als der Gesamtumsatz der Rheinmetall GmbH, der recht stetig bis 1988 zunahm (Tab. 16).[437]

Tab. 16: Umsatz der Rheinmetall-Konzerngesellschaften, Bereich Wehrtechnik.

	Rheinmetall GmbH in Tsd. DM	Gesamt in Tsd. DM	NWM de Kruithoorn in Tsd.	NWM Industrie in Tsd.	De Kruithoorn Systems in Tsd.	Rheinmetall International (Belgium)** in Tsd.	Rheinmetall International S. A. Brüssel in Tsd.
1975	346951	598349					
1976	375269	640418					
1977	411011	650637					
1978	476887	679370					
1979	483255	735469					
1980	598143	887327					
1981	620840		hfl 113635	hfl 92985	hfl 87558	hfl 915652	0
1982	681380		hfl 144588	hfl 6800	hfl 95039	bfr 555738	0
1983	828309		hfl 100826	hfl 5222	hfl 58976	bfr 446213	0
1984	894208		hfl 76214	hfl 5557	0	bfr 63930	0
1985	950062		hfl 62110	hfl 5929	0	bfr 1908	0
1986	1039151		hfl 95048	hfl 4046	0	gelöscht	gelöscht
1987	963563		hfl 98765	hfl 2739	*		
1988	1012113		hfl 102113	0			
1989	866969		hfl 70174	0			

*verschmolzen mit NWM de Kruithoorn/gelöscht
** B.V. s'Hertogenbosch, seit 1985 Industriele Exploitatiemaatschaapij Botterweg B.V., s'Hertogenbosch, 1988 verschmolzen mit der NWM Industrie B.V.
Quellen: Rheinmetall-Archiv Bestand A 21, Geschäfts- und Wirtschaftsprüfungsberichte, Nr. 1ff.

Erst nach dem Regierungswechsel zu Kohl wurde seit 1983 „das mittlerweile geringe Exportgeschäft wieder vornehmlich von der neubegründeten Rheinmetall International GmbH in Düsseldorf betrieben und der Geschäftsumfang der Rheinmetall International S. A. reduziert.“[438] Hilfreich waren dazu zum einen die langfristigen Verbindungen, die im Rahmen von Events wie Probeschießen und Materialvorstellungen geschaffen worden waren. Zum anderen fanden unterstützend Presse- und PR-Kampagnen statt, die im Falle öffentlicher Kritik diese normativ bedenklichen Geschäfte vermitteln und

437 Hoppenstedt kommt insgesamt auf einen Auslandsumsatz bei Rheinmetall von 35–36,6 % für die Jahre 1981 und 1982, was bezogen auf den Gesamtkonzern ohne ausländische Tochtergesellschaften zutreffend ist. Quelle: Hoppenstedt – Handbuch der deutschen Aktiengesellschaften Jg. 1991/92, S. 3516 f.

438 Ebenda, S. 629.

damit langfristig absichern sollten.[439] Bis zur Mitte der 1980er Jahre wurde beispielsweise erfolglos weiter Lobbyarbeit betrieben, um Panzeraufträge aus Saudi-Arabien erhalten und realisieren zu können.[440] Dies zeigt sich auch in deutlich gestiegenen Aufwendungen für Anzeigen- und Drucksachenwerbung, da diese „infolge starker Intensivierung" die Kostenseite der Rheinmetall GmbH belasteten.[441] Martin Grüner, der Staatssekretär im Wirtschaftsministerium, verteidigte die liberale Ausfuhrpraxis Mitte der 1980er Jahre wie folgt: „So hat z. B. die damalige Bundesregierung 1977 der Ausfuhr einer Fertigungsanlage für Maschinengewehre und einer Sprengstoffabrik nach Saudi-Arabien zugestimmt. Beide Projekte sind in der Folgezeit nicht verwirklicht worden, weil die deutschen Unternehmen nicht zum Zuge gekommen sind. Weitere positive Entscheidungen der früheren Bundesregierung betrafen die Lieferung eines Minenräumsystems im November 1978 und die Lieferung von 72 Feldhaubitzen, Kaliber 155mm, aus britischer Endfertigung im Oktober 1981. Außerdem wurden seit 1978 über mehrere Jahre fortlaufend Lieferungen von Komponenten für die Herstellung von Handfeuerwaffenmunition genehmigt", was auch später fortgeführt wurde.[442] Betrachtet man allein den Umfang der bundesdeutschen Rüstungsexporte nach Saudi-Arabien, so ist festzustellen, dass insbesondere seit dem Ende der 1970er Jahre die Ausfuhren massiv erweitert wurden. Besonders während der zweiten Ölkrise und der folgenden Rezession stiegen sie deutlich an, hielten sich aber auch im Zeitraum von 1982 bis 1986 auf hohem Niveau, wie die Statistik (Tab. 17) demonstriert.

Der im Jahr 1985 in der Frankfurter Rundschau veröffentlichten Einschätzung: „Die ‚Wende' gab der Rüstungsindustrie starken Auftrieb", kann daher nach den vorliegenden Zahlen im Fall von Saudi-Arabien nicht zugestimmt werden.[443] Zwar trifft es durchaus zu, dass sich die Rüstungsexporte nach dem Wechsel zur konservativ-liberalen Regierung Helmut Kohls Ende 1982 erhöhten, andererseits gab es auch in den späten 1970er und frühen 1980er Jahren partielle Steigerungen der Ausfuhr von Rüstungsgütern.

---

439 Vgl. dazu Rheinmetall-Archiv Bestand A 23 Nr. 39 Außerordentliche Aufsichtsratssitzung der Rheinmetall Berlin AG vom 21.8.1985. Niederschrift über die außerordentliche Sitzung des Aufsichtsrats am 21.8.1985 (enthält unter TOP 1: Information über den Stand des P 2-Projektes der Rheinmetall GmbH [= Lieferung einer Munitionsfabrik nach Saudi-Arabien]) und Berichte über Pressekampagnen. Dazu auch Rheinmetall-Archiv Bestand A 23 Nr. 100 (Außerordentliche Aufsichtsratssitzung der Rheinmetall Berlin AG vom 16.2.1984 über die Ermittlungen im Konzern), der nicht eingesehen wurde.

440 Hummel: Rüstungsexportbeschränkungen, S. 270 f.

441 Rheinmetall-Archiv A 21/19 RHEINMETALL BERLIN AG, Bericht Nr. 306687 der Deutschen Revisions- und Treuhand AG über die bei der Rheinmetall Berlin AG vorgenommene Prüfung des Jahresabschlusses zum 31.12.1970, Bl. 37: Kosten der Rheinmetall GmbH/sonstige Aufwendungen.

442 Deutscher Bundestag, 10. Wahlperiode, 165. Sitzung, 17.10.1986, S. 12335 f., zit. nach: Wulf: Waffenexport, S. 79 f.

443 FR vom 18. Februar 1985.

Tab. 17: Rüstungsexporte aus der BRD nach Saudi-Arabien, 1964–86.

	Mio. US-Dollar
1964–1973	16
1974–1978	20
1978–1982	550
1982–1986	90

Quelle: Wulf: Waffenexport, S. 98, US-ACDA, versch. Jahre.

Für die deutsch-saudische Rüstungskooperation können tatsächlich längerfristige Kontinuitätslinien ausgemacht werden, auch wenn sie unter der Regierung Kohl in größeren Dimensionen ausgebaut wurde: So hatte der Bundeskanzler im Herbst 1983 eine weitergehende Zusammenarbeit angeboten, davon aber den Kampfpanzer „Leopard 2“ ausgenommen.[444] Umgangen wurde die Hürde beim Export schwerer Kriegswaffen wie dem Kampfpanzer über eine Kooperation mit dem NATO-Mitgliedsland Türkei. Hier wurde nämlich im Nordwesten eine Panzerfabrik aufgebaut, die der deutsche NATO-Partner finanziell unterstützte. Dort bestand dann die Möglichkeit, nicht nur ältere Modelle, sondern auch den modernen Kampfpanzer Leopard 2 zu montieren. Nach zeitgenössischen Zeitungsberichten verhandelte der Hauptkontraktor der BRD für den Kampfpanzer, die Münchner Krauss-Maffei AG, mit der Türkei über die Details. Zeitgleich schloss die Türkei nicht nur mit Ägypten, einem weiteren Leopard 2-Aspiranten, sondern auch mit Saudi-Arabien Verträge zur Rüstungskooperation. Dass diese Rüstungslieferungen quasi „durch die Hintertür“ eine Umgehung der strengen normativen Hürden des KWKG und des AWG darstellten, wurde auch in der deutschen Presse durchaus kritisch aufgenommen.[445] Die Waffen- oder Know-how-Exporte durch Lizenzen bedeuteten allerdings keine grundsätzliche Neupositionierung der deutschen Außen-, Wirtschafts- und Militärpolitik, vielmehr bauten sie auf älteren Kooperationen und bestehenden Strukturen auf. Das Herrscherhaus in Saudi-Arabien versuchte noch bis in die Gegenwart, weitere Kampfpanzer, v. a. Leopard-Modelle, in Deutschland anzukaufen. Der Politologe Guido Steinberg berichtet in einer Analyse 2014: „Die saudi-arabische Führung hatte bereits Anfang der 1980er Jahre einen Anlauf gemacht, das Vorläufermodell [des Leopard 2A7 +] zu erwerben, doch verweigerte die Bundesregierung auf Druck Israels lange die Genehmigung.“[446]

444 Vgl. dazu auch Leitzbach: Rheinmetall. Vom Reiz, Bd. 2, S. 626.

445 FR vom 18. Februar 1985. Vgl. auch Rheinmetall-Archiv B 51 Wehrtechnik Nr. 13.

446 Guido Steinberg: Saudi-Arabien als Partner deutscher Politik, in: APuZ 64,46 (2014), S. 48–53, hier S. 52. Bis im Jahr 2011 konnte Saudi-Arabien insgesamt 700 Kampfpanzer erwerben, war aber

Unproblematisch war die Exportlage also insgesamt nicht, wie auch die anhaltende Pressearbeit der Rüstungsunternehmen gegen das KWKG eindrucksvoll demonstriert.[447] Dies mag auch erklären, dass Rheinmetall intensiver PR als ein Mittel nutzte, um die Aktivitäten im internationalen Absatz – sowohl in NATO-Mitgliedsländern als auch in Spannungsgebieten – der nationalen und internationalen Öffentlichkeit zu vermitteln, wie im Folgenden deutlicher werden wird.

3.2.4 Die Gründung der Rheinmetall Industriewerbung GmbH

Ein wichtiger Schritt zu einer selbständigen und professionellen Medienpolitik war die Gründung der „riw Rheinmetall Industriewerbung GmbH" (riw GmbH, Düsseldorf). Sie wurde als Tochterunternehmen der Rheinmetall GmbH, also der Wehrtechnik-Sparte des Konzerns, im Jahre 1972 gegründet und sollte als eine Art frühes Profit-Center für den Konzern und außenstehende Interessenten fungieren. Adressiert wurden v. a. Unternehmen und Verbände. Die riw wurde mit einem Stammkapital von 20.000 DM ausgestattet, das vollständig von der Rheinmetall GmbH gehalten wurde. Das Stammkapital wurde am 29. März 1983 (Tag der Eintragung in das Handelsregister) um 50.000 DM erhöht und befand sich weiterhin voll im Besitz der Rheinmetall GmbH.

Am 1. Januar 1977 war die riw GmbH finanziell, wirtschaftlich und organisatorisch durch Erwerb in die Rheinmetall GmbH eingegliedert worden.[448] Am 28. Februar 1977 wurde ein Gewinnabführungsvertrag zwischen beiden Gesellschaften geschlossen. Der Vorstand erklärte die Übertragung von der Rheinmetall Berlin AG zur Rheinmetall GmbH mit „organisatorischen Gründen, da die Gesellschaft kein eigenes Personal hat und sich zur Erledigung ihrer Aufgaben ohnehin der Abteilung Marktbetreuung bei der Rheinmetall GmbH bedienen muß."[449]

Zum Geschäftsführer der riw GmbH wurde Werbeleiter Anton Fabry bestellt, der schon seit 1967 in der Wehrtechnik-GmbH für Werbung zuständig war. Den Beirat der riw GmbH, die in das Handelsregister des Amtsgerichtes Düsseldorf (HRB 2978) eingetragen wurde, bildeten im Geschäftsjahr 1979 zwei Rheinmetall-Vorstände. Im Jahr 1981 kam noch Hans-Ulrich Pieper, der Pressesprecher der Rheinmetall Berlin

bis 2014 interessiert an weiteren Leopard-Panzern, deren Genehmigung umstritten war. Siehe ebenda. Zu Israel auch: Kaim: Israels Sicherheit.

447 Beispielsweise neben den „Rheinmetall-Argumenten für die Sicherheit" (siehe Kapitel 1 und 4) auch prominent in der Zeitschrift Wehrtechnik: o.V.: Kriegswaffenkontrollgesetz – Abseitsfalle des Rechts?, in: Wehrtechnik 9 (1983), S. 17–20. Vgl. auch Interview des Vorstandsvorsitzenden der Rheinmetall Berlin AG gegenüber der ZEIT, Dr. Hans-Ludwig Hockel, teilweise abgedruckt in: Leitzbach: Rheinmetall. Vom Reiz, Bd. 2, S. 630.

448 Rheinmetall-Archiv A 23/38 Aufsichtsratssitzung der Rheinmetall Berlin AG vom 28.4.1977, Arbeitsunterlagen.

449 Ebenda, Punkt 7, Verschiedenes: Übertragung der riw, S. 11.

AG hinzu, der durch einen Beschluss vom 23. April 1981 als weiteres Mitglied bestellt wurde.[450] Als Gegenstand des Unternehmens wurde „die Planung und Durchführung von Werbemaßnahmen und Werbemittlung“ angegeben, „insbesondere soll die RIW die werberischen Aktivitäten der Rheinmetall-Gruppe wahrnehmen“.[451] Wie zuvor die Werbeabteilung der Rheinmetall GmbH, sollte die riw GmbH „ihr Geschäft in den Räumen der Rheinmetall GmbH“ betreiben. Auch das Personal verblieb im Personalbestand der Wehrtechnik-GmbH. Das Tochterunternehmen wurde insgesamt wie eine Betriebsabteilung der Eigentümerin geführt. Nur nach außen sollte die riw GmbH „zur Wahrung des Agenturstatus im eigenen Namen für eigene Rechnung“ auftreten. Dazu konnte sie „Angebote und Ausgangsrechnungen (...) nach den für Werbeagenturen üblichen Grundsätzen“ erstellen. Auch Aufträge mit Unterlieferanten durfte die riw GmbH selbständig abwickeln. Das Auftragsergebnis verblieb aber in der Regel bei der Rheinmetall GmbH als Alleingesellschafterin.[452]

Kerngebiete dieses kleinen konzerninternen Unternehmens waren also Werbung, Medienforschung und PR – nicht nur für den Konzern selbst, sondern eben auch für andere Unternehmen, mit denen Rheinmetall kooperierte, wie z. B. Vickers, Oto Melara und die Röchling-Bank, aber auch für konservative Interessenverbände bzw. konservative Studentenverbindungen. Politische oder politiknahe Vereinigungen, die Aufträge an die riw GmbH vergaben, waren Corps Hassia Gießen zu Mainz (6.556,26 DM Umsatz in 1973) und der Verband Alter Corpsstudenten, Saarbrücken (57.511,43 DM Umsatz in 1973, aber nur 249,25 DM in 1974). Dies machte in 1973 über 30 % des Fremdumsatzes der riw GmbH aus (147.418,78 DM).[453]

Im Jahr 1973 wurde etwa die Hälfte des internen Umsatzes mit 16 Konzerngesellschaften gemacht (533.483 DM), die andere Hälfte der internen Einnahmen entfielen auf die Rheinmetall Berlin AG (112.656 DM) und v. a. auf die Rheinmetall GmbH (406.924 DM). Bei den Konzerngesellschaften wandten sich v. a. die Meyer, Roth & Pastor GmbH, Köln, die Malmedie GmbH, Düsseldorf und die Elan-Schaltelemente Kurt Maecker GmbH, Neuß für ihre Werbeaufträge an die riw GmbH. Nur etwas mehr als 13 % des Gesamtumsatzes (147.419 DM) wurden von externen Unternehmen, Bundesbehörden, Medien, Verbänden und Privatpersonen bzw. Mitarbeitern erbracht. Besonders auffällig sind neben den Studentenverbindungen noch das Bundeswehramt Abteilung I (Bonn, 7.432 DM), die Euringer Arzneimittel GmbH (Saarbrücken, 13.842 DM), die Feinmechanischen Werke (Mainz-Mombach, 15.014 DM), der Sender Freies Berlin mit einer kleinen Summe (875 DM) und die Rheinmetall-Konkurrenz Wegmann & Co. (Kassel, 6.383 DM).[454]

---

450 Rheinmetall-Archiv B 5307/18 Geschäftsunterlagen der riw GmbH, 1973–1985.

451 Ebenda.

452 Ebenda.

453 Rheinmetall-Archiv B 5307/18 Geschäftsunterlagen der riw GmbH, 1973–1985.

454 Ausführlich in Rheinmetall-Archiv B 5307/18, Rheinmetall Industriewerbung GmbH, Konzernumsätze, fremde Umsätze 1973, Listen, 9.4.1974.

Die beiden folgenden Jahre zeigten bezüglich der Konzerngesellschaften, die die riw GmbH am häufigsten buchten, ein recht ähnliches Bild. Wiederum kamen die größten Aufträge von Meyer, Roth & Pastor GmbH, von der Malmedie GmbH und der Elan-Schaltelemente Kurt Maecker GmbH; zusätzlich erhielt die riw GmbH größere Umsätze durch die Benz & Hilgers GmbH, Düsseldorf. Dagegen sank in diesen Jahren der interne Umsatz der 19 (1975) bzw. 15 (1976) Konzerngesellschaften auf unter bzw. deutlich unter 50 % ab. Der größere Teil des internen Gesamtumsatzes (1.256.736,58 DM 1975 und nur 365.580,28 DM 1976) entfiel auf die Rheinmetall Berlin AG (309.041 DM 1975 bzw. nur 26.527 DM 1976) und v. a. auf die Rheinmetall GmbH (443.500 DM 1975 bzw. nur 120.360 DM 1976). Die wichtigsten externen Kunden stimmten 1975 und 1976 wieder mit denen des Jahres 1973 überein.[455]

Aus den umfassenden Bilanzen gehen auch die Lieferanten, d. h. Presse, Werbebauer und andere Zulieferer, finanzmäßig recht genau hervor. Wie an der Vielzahl der beteiligten Publikationsorgane und Medien abzulesen ist, waren der Entwurf und die Publikation von Rüstungsanzeigen wichtige Aufgaben der riw GmbH. Die Bilanzen der riw GmbH geben unter anderem darüber Auskunft, das verschiedene Zeitungen und Zeitschriften 1975 und im ersten Halbjahr 1976 für solche Inserate bzw. textliche Anteile bezahlt wurden.[456] Daneben nutzte die riw GmbH auch schon früh die modernen Mittel, die Werbe- und Industriefilm boten. So wurden kostspielige Aufträge an Foto- und Filmstudios, Foto- und Filmagenturen und an den Werbefunk-Saar vergeben.[457]

Die riw GmbH war – zumindest in den Jahren 1974 und 1975 – im Konzern auch für den Verkauf und die Verteilung von Werbemitteln zuständig. Bestellt werden

455 Ebenda, undatiert und gestempelt 12.7.1976. Kunden der riw waren das Bundeswehramt Abteilung I (Bonn, 20.958 DM 1975), die Euringer Arzneimittel GmbH (Saarbrücken, 13.842 DM), die Feinmechanischen Werke (Mainz-Mombach, 15.014 DM), der Sender Freies Berlin mit einer kleinen Summe (875 DM) und die Rheinmetall-Konkurrenz Wegmann & Co. (Kassel, 6.383 DM).

456 Ausführlicher in Rheinmetall-Archiv B 5307/18, Rheinmetall Industriewerbung GmbH, Konzernumsätze, fremde Umsätze 1975 und 1976, Listen, 9.4.1974, undatiert und gestempelt 12.7.1976, Umsätze bei Lieferanten – Inland in DM. Anzeigen wurden v .a. geschaltet beim AT-Fachverlag (4.840 DM 1975), bei der Augsburger Allgemeinen, bei der Aluminium Verlag GmbH (1.132 DM 1975), bei der Anzeigengemeinschaft Stuttgarter Zeitung (1.681 DM 1975), der Anzeigenzentrale WAZ (4.511 DM 1975) sowie beim Baltz Verlag und Werbung GmbH (2.345 DM 1975). Weitere Aufträge gingen an Fotografen (z. B. H. J. Wendel, Großfoto, Studio für Fotosatz, Christa Jung, Leistenschneider, Christa Müller, Ferry Menzel, Retuschen Atelier C. Wöe, H. Rindsfüser, Studio Hautmann, Studio v. Noort & Mackenthin).

457 Dies waren Publitrend und z. B. fast 35.000 DM in den Jahren 1975 und 1976 an Intervideo-G. Sidenstein, fast 7.000 DM an die Kultur- und Wirtschaftsfilm GmbH, an Trickfilmstudio H. Hasse. Vgl. ebenda.

konnten v. a. Streuartikel und kleinere Weihnachtspräsente, wobei das teuerste Teil eine kleine Schreibtischuhr für 61,50 DM war und das billigste ein Schlüsselmäppchen für 2,50 DM.[458] Wie aus dem Katalog der riw Werbemittel 1974/75 hervorgeht, wurde die Verteilung dieser Präsente frühzeitig organisiert. Nur bei Bestellung bis zum 30. Juli 1974 konnte die Lieferung bis zum 1. Dezember 1974 garantiert werden. Mit Preisen und Beschreibungen waren im Bestellformular u. a. abgebildet: Kalender, Uhren und Thermometer, Feuerzeuge, Damenartikel, Bürobedarf, Werkzeug- und Autozubehör sowie Bar-Utensilien und Spiele. Ein viereckiger Papierblock mit Rheinmetall-Logo und -Produkten an allen vier Seiten sowie ein Kartenspiel im Kunstlederetui mit aufgedrucktem Rheinmetall-Logo für 3,30 DM stellten die einzigen Produkte dar, die Rheinmetall-spezifisch waren. Die in der Unternehmenskommunikation von Rheinmetall häufig praktizierten humorigen Anspielungen fanden sich u. a. bei einem Radiergummi mit der Aufschrift „Wir reiben uns für Sie auf!“ und einem Holzkasten mit der Aufschrift „If you want me ... “ mit innenliegendem beschrifteten Trillerpfeifen-Kuli, der verkündete: „If you want me – just whistle!“ Wie die zahlreichen erhaltenen Werbe- und Streumittel im Rheinmetall-Archiv belegen, gehörte die Entwicklung und Verteilung von Materialien mit Logo, griffigen Slogans und verknappten Inhalten zum üblichen Repertoire der riw GmbH.[459]

Ausländische Dienstleister wurden von der riw GmbH in den Jahren 1975 und 1976 nur mit einem geringeren Umsatzanteil von jeweils ca. 30.000 DM bedacht. Dabei ging der Hauptanteil mit jeweils über 12.000 DM an die Zeitschrift Interavia, den italo-schweizerischen Militärverlag Interconair AG[460] und den Messebaubetrieb Interfair AG, Schweiz. Weitere größere Summen zwischen 7.500 und 9.000 DM gingen an die Zeitschrift Nato's Fifteen Nations und Wire Industry Ltd. Andere Verlage und Zeitschriften wie die Druck- und Verlagsgesellschaft mbH Wien, Nordisk Tradteknisk Förening, Nordeuropaeisk Mejeri-Tidsskrift, der Österreichische Agrarverlag, Wien, aber auch die Schweizer Mustermesse, Autovermietungen und der Zentrale Logierdienst Basel erhielten kleinere Summen von um und unter 1.000 DM.[461] Vor allem die schon genannten Zeitschriften oder Militärverlage wie die

---

458 Rheinmetall-Archiv B 5307/19 Katalog der riw-Werbemittel.

459 Materialien v. a. in Bestand B 51 Wehrtechnik und B 5307/18 riw.

460 „Le groupe Interconair est une maison d'édition italo-suisse. Elle publie tout d'abord la revue italienne Aviazione e Marina qui apparaît en 1961 puis *Eserciti e Armi* en 1971, *Armies & Weapons* en 1972 et Aviation & Marine International en 1973, ces deux dernières en langue anglaise uniquement.“ Angaben unter URL: http://fr.wikipedia.org/wiki/Interconair (3.4.2010).

461 Ausführlicher in Rheinmetall-Archiv B 5307/18, Rheinmetall Industriewerbung GmbH, Konzernumsätze, fremde Umsätze 1975 und 1976, Listen, 9.4.1974, undatiert und gestempelt 12.7.1976, Umsätze bei Lieferanten – Ausland in DM.

Interavia, die Österreichische Agrarverlag Druck- und Verlagsges. mbH erhielten auch im Jahr 1977 Aufträge.[462]

Insgesamt wird bei einer Sichtung der Werbekunden der riw GmbH deutlich, dass Mitte der 1970er Jahre die Werbung der Rheinmetall GmbH nicht nur auf einen deutschen Markt, sondern auch auf internationale, v. a. europäische Märkte zielte. Insbesondere fachspezifische Militär-, Technik- und Wirtschaftsverlage im In- und Ausland wurden mit Werbeanzeigen bedacht. Daneben zeigen die riw-Bilanzen deutlich, dass auch die Messeauftritte von Rheinmetall, Werbe- und Streumaterial sowie die Entwicklung von Werbefilmen und die Zusammenarbeit mit entsprechenden Agenturen zum Tätigkeitsfeld der unternehmensinternen Werbeagentur gehörten. Anders als vorgesehen entwickelte sich aber v. a. in den frühen 1980er Jahren kein umfassenderes Werbegeschäft mit externen Kunden. Die Umsatzerlöse der Rheinmetall-Tochter zeigen deutlich, dass die Kooperationen in der Rüstungsproduktion mit Vickers und Oto Melara ausliefen und keine neuen Kunden gewonnen werden konnten. Die Erlöse, die durch Konzernfremde erzielt wurden, gingen von 1979 bis 1982 um etwa die Hälfte zurück und halbierten sich in den folgenden beiden Jahren nochmals (Tab. 18).

Tab. 18: Umsatzerlöse der riw GmbH, 1978–1984. Umsatzerlöse wurden erzielt aus Werbeleistungen in TDM*:

	1984	1983	1982	1981	1980	1979	1978
A Konzernunternehmen	1.087	929	1.137	1.470	2.110	1.382	872
B Konzernfremde							
Werbemaßnahmen						435	318
Sonstige Leistungen						3	5
Gesamt B	94	91	251	367	272	438	323
	1.181	1.020	1.388	1.837	2.382	1.820	1.295

Quelle: Rheinmetall-Archiv B 5307/18, Rheinmetall Industriewerbung GmbH.
*Rheinmetall-Archiv B 5307/18, Rheinmetall Industriewerbung GmbH, Bericht über die Prüfung der Jahresabschlüsse jeweils zum 31.12. der Jahre 1979 bis 1985 inklusive Anhängen zum Bericht der Treuarbeit (Berlin/Frankfurt am Main) Niederlassung Düsseldorf, über den Konzernabschluß der Rheinmetall Berlin AG.

462 Interavia S. A. im Wert von 4.633 DM, Officine Galileo, Firenze/Italien, S. A.B.C.A. Société Anonyme Belge de Constructions Aéronautiques, Brüssel/Belgien und der Agrarverlag jeweils knapp 1.500 DM. Vgl. Ebenda.

Für die riw GmbH bedeutete dieser Rückgang im Werbegeschäft mit externen Kunden auch einen Rückgang des Umsatzes insgesamt und ein Legitimationsproblem für ihre Tätigkeit im Konzern selbst, wie noch gezeigt werden wird (s. Kap. 3.3.).

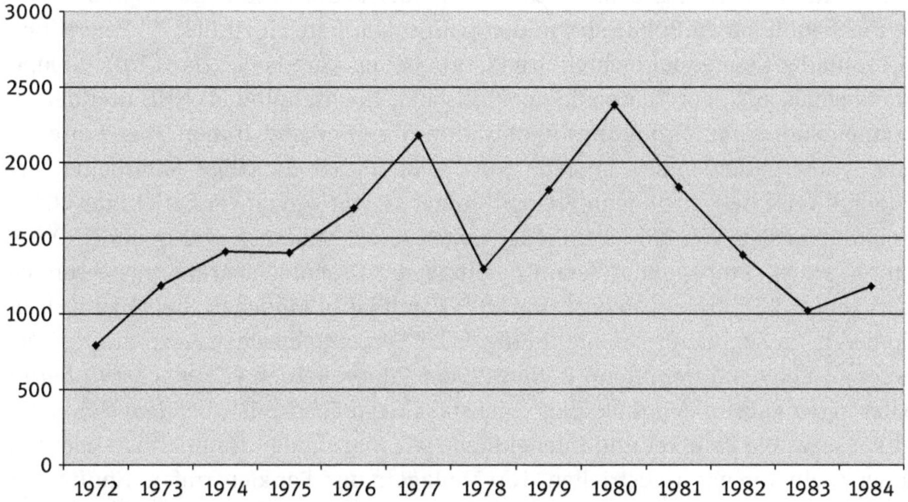

Abb. 15: Umsatz Rheinmetall Industriewerbung GmbH, 1972–1984 in TDM.
Quelle: Eigene Darstellung nach Rheinmetall-Archiv B 5307/18. Vgl. A 21.

Ab 1981 sanken die Umsätze des Rheinmetall-Tochterunternehmens beständig, und bis 1983 sollten sie fast wieder auf den Wert des Gründungsjahres 1972 abfallen (Abb. 15). Zwar lagen die Umsätze der riw GmbH immer noch im einstelligen Millionenbereich, aber der Auftragsrückgang war einer der Gründe, die zur Auflösung der internen Werbeagentur führten. Die riw GmbH sollte im Jahre 1984 in den Konzern reintegriert werden, worüber ein Konflikt zwischen Konzernleitung und Leitung des Tochterunternehmens ausbrach, der tiefe Einblicke in die Interessenlagen gewährt.[463] Dieser Konflikt wird ausführlicher dargestellt werden (s. Kap. 3.3.), um die Bedeutung der internen Öffentlichkeitsarbeit für das Unternehmen genauer auszuloten zu können.

3.2.5 Public Relations als Stabsaufgabe – „Feuerwehr“ im Unternehmen?

Schon im Jahre 1979 war auf der Konzernebene – bei der Rheinmetall Berlin AG – eine Stabsabteilung für Public Relations eingerichtet worden, die in gewisser Weise

463 Ausführlich in Rheinmetall-Archiv B 5307/18, Rheinmetall Industriewerbung GmbH.

in Konkurrenz zu der konzerneigenen Werbeagentur, der riw GmbH, agierte. Dieser Stabsabteilung stand der ehemalige Journalist und rechtsnationale Politiker Hans-Ulrich Pieper vor. Pieper war zuvor für die Republikaner Stadtrat-Kandidat in München gewesen. Nach seiner Tätigkeit bei Rheinmetall kehrte er zunächst als Referent der Bonner CDU-Zentrale unter Generalsekretär Kurt Biedenkopf, später in der rechts-nationalen Publizistik in den politischen Bereich zurück.[464] Peter Kratz, ein profunder Kenner der rechten Szene, urteilte im Jahre 1995: „Hans-Ulrich Pieper kam ehemals aus dem ‚Nationaldemokratischen Hochschulbund' NHB und der nationalrevolutionären Gründungsorganisation der 60er und frühen 70er Jahre namens ‚Außerparlamentarische Mitarbeit' APM, deren damalige Mitarbeiter sich heute teilweise bei der ‚Jungen Freiheit' finden. (...) Nach einem Bericht des ‚Berliner Extradienstes' von 1968 war Pieper wegen seiner Militanz sogar in der NPD umstritten, wo er ‚Propagandareferent der Jungen Nationaldemokraten' gewesen sei. Dann war er REP-Pressesprecher und REP-Kandidat in München, heute ist er FDP-Mitglied beim Zitelmann-von Stahl-Flügel."[465] Seiner politischen Ausrichtung blieb Pieper anscheinend treu, denn in den 1990er Jahren betrieb er zunächst in Berlin, später in der ganzen Republik, den „Dienstags-Gesprächskreis", bei dem sich national-konservative Politiker und Intellektuelle wie Jörg Haider, Heinrich Lummer und Rainer Zitelmann mit Industriellen, Top-Managern und Bankiers trafen. Häufig nahmen auch Redakteure der rechts-nationalen Zeitung „Junge Freiheit" teil.[466]

Welche Rolle Piepers politische Tätigkeiten vor und nach seiner PR-Tätigkeit für Rheinmetall gespielt haben, kann auf der Grundlage des vorliegenden Quellenmaterials nicht geklärt werden.[467] Zweifelsfrei steht aber fest, dass Pieper nach seinem Engagement für die Republikaner zunächst Angestellter des wehrtechnischen Konzernteils, der Rheinmetall GmbH, und nicht der Rheinmetall Berlin AG, also des

464 Siehe Who's who und diverse Websites über seine politische Tätigkeit nach 1990.

465 Peter Kratz: Rechte Genossen. Neokonservativismus in der SPD, Berlin 1995, S. 195, vgl. auch S. 212. Der genannte Zitelmann-von Stahl-Flügel zählte zum äußerst rechten Spektrum der FDP. Die Wochenzeitung „Junge Freiheit" (JF) wurde 2004 im Verfassungsschutzbericht des Bundes wie folgt beschrieben (S. 103): „Bisweilen finden sich in Beiträgen von Redakteuren und Stammautoren gängige rechtsextremistische Argumentationsmuster oder positive Kommentare zu rechtsextremistischen Organisationen, Personen oder Publikationen. Besonderes Augenmerk scheint die JF auf die Relativierung der deutschen Schuld am Zweiten Weltkrieg zu legen."

466 Ebenda, S. 196. Kratz ist der Ansicht, dass Pieper mit diesem Kreis an historische Vorläufer der 1920er und 1930er Jahre, aber auch an jüngere national-konservative Beispiele anknüpfen wollte: „Unmittelbares Vorbild war die ‚Düsseldorfer Herrenrunde' der [19]80er und [19]90er Jahre, die Industriemagnaten mit rechtsextremen Politikern – von völkisch-rassistischen Neuheiden wie dem Verleger und Düsseldorfer Gemeindeleiter der ‚Deutschen Unitarier Religionsgemeinschaft', Kurt Winter, bis zu [Manfred] Brunner und [Franz] Schönhuber – zusammenbrachte, wo aber auch z. B. die Präsidenten der deutschen Nachrichtendienste referierten."

467 Personalunterlagen von Pieper wurden nicht eingesehen; keine anderweitige Nennung in den untersuchten Quellen.

Konzerns, wurde. Da der Konzern bis etwa 1985 von der Wehrtechnik massiv dominiert wurde, war diese Art von organisatorischer Zuordnung nur konsequent. Nach dem Erwerb der Jagenberg AG durch die Rheinmetall Berlin AG 1985 kam es durch den Umzug der Hauptverwaltung in das Jagenberg-Verwaltungsgebäude in Düsseldorf am Kennedydamm zur starken Übernahme von Jagenberg-Strukturen.[468] Von Pierburg oder WMF wurde niemand in die PR-Abteilung oder in die zentrale Öffentlichkeitsarbeit übernommen. Bei WMF lag dies nicht nur an der räumlichen Ferne des in Baden-Württemberg beheimateten Unternehmens, sondern auch am bis 1985 schwebenden und letztlich für Rheinmetall erfolglos verlaufenen Kartellstreit.[469]

Pieper entwickelte von Beginn seiner Tätigkeit an großes Engagement. Er baute die Stabsabteilung Öffentlichkeitsarbeit so weit aus, dass sie im Jahr 1981 über 15 Mitarbeiter verfügte.[470] Auffällig an Piepers Tätigkeit sind v. a. eine ganze Reihe von äußerst umfassenden Konzeptstudien für die Public Relations-Strategien der Rheinmetall Berlin AG. Diese Schriften verfasste er auf der Grundlage wissenschaftlicher, fachlich-ratgeberlicher und professioneller Untersuchungen sowie eigener Erfahrungen. Da diese Konzeptionen einen tiefen und äußerst selten gewährten Einblick in die Marketingstrategien und Diskussionen eines großen deutschen Rüstungskonzerns bieten, sollen sie hier ausführlich behandelt werden. Im Archiv der Rheinmetall AG sind insgesamt vier ausführliche PR-Studien aus den Jahren 1979 bis 1987 erhalten geblieben.[471]

Piepers erster Entwurf zu einer eigenständigen Rheinmetall-PR-Konzeption stammt aus dem Januar 1979 und bietet in elf Kapiteln und auf 32 dicht bedruckten Seiten eine *tour d'horizon* über die Anwendungsmöglichkeiten moderner PR. Eine regelrechte „Schwerpunkt-Konzeption“ für die PR bei Rheinmetall verfasste er 1984, eine an die Geschäftsführung gegangene Kurzfassung (13 Seiten), die kopiert im Entwurf erhalten ist, reichte er im Dezember 1983 ein. Eine weitere, mit 47 Seiten wesentlich umfangreichere Konzept-Studie, mit einer kompletten Neuausrichtung der Konzern-Strategie, folgte für das Jahr 1987. Schon der Entwurf vom Oktober 1986 war in neun Kapitel mit zahlreichen Unterkapiteln gegliedert und enthielt zahlreiche Anlagen. Eine kürzere Fassung entstand als Entwurf nur ein knappes halbes Jahr später im Februar 1987. Diese Version mit neun Kapiteln umfasste nur noch 28 Seiten. Als Anlage lag der 1987 entstandenen Studie noch eine aussagekräftige Anweisung des Staatssekretärs im BMVg, Dr. Holger Pfahls, vom 28. Juli 1989 bei, die die Verquickung von Bundeswehr, Bundesbehörden und Rüstungsunternehmen in den 1980er Jahren nicht nur auf der Beschaffungs- sondern auch auf der Vermittlungs- oder Marketingebene deutlich macht. Pfahls handelte hier auf vier

468 Leitzbach: Rheinmetall. Vom Reiz, Bd. 2, S. 723.

469 Information von Dr. Christian Leitzbach am 3.4.2006.

470 Rheinmetall-Archiv B 595, PR-Konzeption Rheinmetall, 23.9.1981 PR für Rheinmetall: Vortragsmanuskript von Pieper, 13 S., hier Bl. 13.

471 Diese Konzepte liegen im Rheinmetall-Archiv B 595, PR-Konzeption Rheinmetall vor.

Seiten die Ziele und Grundsätze für die Presse- und Öffentlichkeitsarbeit im Bereich Rüstung ab. Dieser konzeptionelle und sehr strategisch ausgerichtete Vermerk gelangte auch an die Rheinmetall-Geschäftsführung, wo er am 4. Dezember 1989 abgezeichnet wurde.[472] Die PR-Konzepte 1986/87 sollen weiter unten (3.3.) genauer beleuchtet werden, da es sich um eine konzeptionelle Modifikation der zuvor verfolgten Strategien handelt, die eng mit der Entwicklung der Rüstungsmärkte und der Krise im Konzern verquickt waren.

Darüber hinaus äußerte sich Pieper in zwei überlieferten Referaten, die teilweise einen stark rechtfertigenden Charakter aufweisen, ausführlicher zu seinen Konzepten. Relativ früh, zu Beginn seiner Tätigkeit als Leiter der Rheinmetall-Presse- und Öffentlichkeitsarbeit hielt er am 10. September 1980 im Bonner Hotel Bristol auf dem „Wehrtechnik"-Seminar der DGW als bedeutender *security community* ein Referat mit dem Titel „PR-Perspektiven der deutschen Wehrtechnik". Die ausführliche Textversion des Referats ist auf 16 Seiten im Rheinmetall-Archiv erhalten geblieben. Dies gilt auch für einen weiteren Vortrag, von dem nicht bekannt ist, zu welchem Anlass er von ihm ausgearbeitet wurde. Das Vortragsmanuskript „PR für Rheinmetall" stammt vom 23. September 1981 und umfasst 13 Seiten.[473]

Die erste schriftliche PR-Konzeption Piepers für den Konzern stützte sich auf wissenschaftliche und populärwissenschaftliche Arbeiten der PR-Theoriediskussion („Beraterliteratur") in den Vereinigten Staaten (Head, Buckley), Japan (Micki) und der Bundesrepublik (Oeckl, Neske, Stangl, Bläse). Oeckl hatte zu Beginn der 1960er Jahre eines der Standard-Handbücher für PR verfasst, das moderne US-amerikanische Ansätze ausgiebig rezipierte und für den deutschen Markt aufbereitete.[474] Zudem griff der PR-Mann nach eigenen Angaben auf sozial- und betriebspsychologische Untersuchungen, insbesondere von Eichberg, Lemberg, Gehlen, Holzner, und auf Effektivitätserfahrungen zurück.[475]

Zugeschnitten war dieses erste Konzept einer eigenständigen Presse- und Öffentlichkeitsarbeit v. a. auf das Rüstungsmarketing, d. h. „den wehrtechnischen Bereich des Unternehmens".[476] Pieper war allerdings der Ansicht, dass sich einzelne wichtige Elemente seines Konzepts zukünftig auch auf die anderen, zivilen Bereiche übertragen lassen würden. Es handelte sich zunächst um einen „Vorschlag (...), der eine grobe Strukturierung der PR-Arbeitsbereiche vorgibt". Dieser gewährte trotz seiner

472 Rheinmetall-Archiv B 595, PR-Konzeption Rheinmetall 1987, Entwurf, Oktober 1986, Anlage 28.7.1989 Staatssekretär Dr. Pfahls, Ziele und Grundsätze für die Presse- und Öffentlichkeitsarbeit Rüstung. Im Archiv fehlt dagegen die PR-Konzeption für 1983.

473 Beide Vorträge im Rheinmetall-Archiv B 595, PR-Konzeption Rheinmetall.

474 A. Oeckl: Handbuch der Public Relations, München 1964.

475 Rheinmetall-Archiv B 595 Vgl. u. a. Kleinschmidt: Der produktive Blick und Ruth Rosenberger: Experten für Humankapital. Die Entdeckung des Personalmanagements in der Bundesrepublik Deutschland, München 2008.

476 Rheinmetall-Archiv B 595 NR. 1–2, PR-Konzeption Rheinmetall, hier: PR-Konzeption Rheinmetall Z-2 Pieper, Januar 1979, Entwurf, Bl. 1.

mittelfristig ausgerichteten Anlage eine größtmögliche Flexibilität, die kurzfristige Anpassungen an eine veränderte Geschäftspolitik erlauben sollte. Pieper eröffnete der Geschäftsführung zudem die Möglichkeit, weiterhin steuernd in die PR einzugreifen, denn er verzichtete zunächst auf eine Detailplanung mit konkreten Zeitplänen, Budgetierung oder genauerer Definition eines PR-Etats. Dies gab ihm zudem die Möglichkeit, auf einen Konsens über die Marketingausrichtung hinzuarbeiten und seine Erfahrungen der ersten ein bis zwei Jahre Presse- und Öffentlichkeitsarbeit einzubeziehen. Deutlich machte er auch die schwierige Ausgangslage seines Unterfangens, denn er sollte hier schon „nach besonders kurzer Mitarbeit im Unternehmen die ‚Unternehmens-Philosophie' zu ergründen und in geeignete Aktionsvorschläge umzusetzen" suchen. Widerstände im Konzern deutete er ebenfalls an, denn „in Teilbereichen des Unternehmens [wird] die beste PR in gar keiner gesehen". Er verstand daher die Studie auch als einen Versuch, diese für die Branche typische Abwehrhaltung zu überwinden, weshalb er sich für die Punkte, die den Bundesverband Heerestechnik und die Marktdokumentation betrafen, bei der Geschäftsführung der Rheinmetall GmbH einige Unterstützung durch Anregungen, sogenannte „Aufträge und Denkanstöße", einholte. Möglicherweise ist die Geschäftsführung zu einem größeren Teil ideengebend an der Studie beteiligt gewesen, zumindest ist von einer generellen Übereinstimmung mit den Zielen Piepers auszugehen. Durchaus in legitimatorischer Absicht betonte Pieper zudem in seiner Vorbemerkung, dass die PR-Konzeption „Vorstand und Geschäftsführung (GmbH) zur Genehmigung vorgelegt" werde.[477]

Zielsetzung der Rheinmetall-PR 1979

Die Zielsetzung, die Pieper mit seiner Studie verfolgte, beschrieb er – möglicherweise aus demselben Grund – sehr ausführlich. Im Gegensatz zu Fabrys Rechtfertigung der Rheinmetall-Werbekampagnen argumentierte er hier v. a. auf einer ökonomischen Ebene und weniger aus einer sicherheitspolitischen Perspektive. PR bzw. Öffentlichkeitsarbeit definierte er dabei zunächst als „die systematische, zielgruppenorientierte Ansprache der Öffentlichkeit über spezifische, verifizierbare Strategien mit einer gesamtgeschäftliche Aktivitäten fördernden Zielsetzung". Als Ziel dieser, auf spezifische Teilgruppen der Öffentlichkeit ausgerichteten PR sah er v. a. „die Vermittlung und Festigung eines positiven Erscheinungsbildes (Images) des Gesamtunternehmens und seiner Repräsentanten in der Öffentlichkeit" an. Gegenüber den Entscheidungsträgern im Unternehmen argumentierte er hier weiterhin ökonomisch, indem er das Image des Unternehmens als gleichrangigen betriebswirtschaftlichen Erfolgsfaktor neben der Qualität der Erzeugnisse ansah. Die Rheinmetall-PR verstand er als eine wichtige Voraussetzung für positive Umsatzergebnisse: Sie sei „insofern ökonomisch begründet". Zwei Ebenen seien dabei v. a. entscheidend: auf der ersten Ebene das

477 Ebenda.

persönlichkeitsbezogene Image („systematisches, seriöses Erscheinungsbild") und auf der zweiten Ebene das Image der Produkte, die „technologisches Spitzen-know-how" und „Produktüberlegenheit" repräsentieren sollten. Hier spielt Pieper auch auf Oeckl an, mit dem er darin übereinstimmte, dass durch nachhaltige PR „in der Realität unvermeidlich auftretende Konflikte und Antipathien, wie ‚Vertragsdivergenzen, Meinungsunterschiede, Produktionsfehler und -verzögerungen, persönliche Unverträglichkeiten' in der Öffentlichkeit als nachgeordnete Ausnahmesituationen erscheinen" sollten.[478]

Für die Wehrtechnik sei eine solche nachhaltige PR zu diesem Zeitpunkt seiner Ansicht nach besonders wichtig, denn:

> „die jüngsten Aktivitäten des DGB (Loderer-Artikel in ‚Metall', ‚Rüstungsarbeitskreis' beim IGM-Hauptvorstand, Londoner Rüstungskongreß), der SPD (-Fraktion) (§ 4a, Forderung nach Verschärfung des § 4a, Voigt-Beitrag im Vorwärts vom 21.12.78), der Bundesregierung (Gutachten der Stiftung Wissenschaft und Politik über die Rüstungsindustrie) können u.a. nur dahingehend gedeutet werden, eine breite öffentliche Basis für Maßnahmen gegen die wehrtechnische Industrie zu gewinnen. Die so erzeugte öffentliche Meinung kann dann als folgerichtige Begründung für die Notwendigkeit weiterer Einschränkungen der deutschen Wehrtechnik verwandt werden. Dieser Gefahr gilt es, durch sachliche Informationsvermittlung und Argumentationshilfen gegenüber den staatlichen/parlamentarischen Entscheidungsträgern sowie Meinungsbildnern und Multiplikatoren entgegenzuwirken. Wie es multinationalen Konzernen, Maklern, Ärzten und weithin auch Unternehmern gelungen ist, ihr negatives Erscheinungsbild in der Öffentlichkeit – nach massiven Antikampagnen – abzubauen, so ist es für die wehrtechnische Industrie ein existentielles ‚Muß', als Mindestziel die gegen sie wirkenden Interessen zumindest zu neutralisieren."[479]

Pieper strebte also an, ein positiveres Bild der Rüstungsindustrie zu etablieren, die gewerkschaftlichen Aktivitäten zu relativieren oder „zumindest zu neutralisieren" und staatlichen Beschränkungen gegenzusteuern. Um dieses Ziel zu erreichen, analysierte er insbesondere den erwähnten Presse-Artikel von Eugen Loderer. Denn im Gegensatz zum unumstrittenen zivilen Bereich von Rheinmetall (hier nennt Pieper dezidiert den Maschinenbau/die Umform- und Verpackungstechnik) habe es existentielle Kritik an der „Wehrtechnik" „in unvergleichbarem Maße" gehagelt. So habe Loderer diese Sparte des Konzerns als „unproduktiv", „gefährdet Leben und Arbeitsplätze" und „konfliktfördernd" gekennzeichnet.[480]

Auffällig ist hier, dass Pieper die Argumentation von Gewerkschaftsseite gegen die bundesdeutsche Rüstungsproduktion intensiv analysierte und in seinen PR-Strategien berücksichtigte. Den Hintergrund bildete dabei eine Protestwelle gegen weitere Rüstungsbestrebungen der NATO im Allgemeinen und der BRD im Besonderen, die immer breitere gesellschaftliche Schichten erfasste und mit neuen Aktionsformen

478 Ebenda, Bl. 2.
479 Ebenda, Bl. 3 f.
480 Ebenda.

auch das bürgerliche politische Spektrum ansprach.[481] Die Friedensbewegung bildete zusammen mit der Anti-Atomkraft-Bewegung und Frauenbewegung eine breite gesellschaftliche Strömung, die Rüstung, Machbarkeits- und Fortschrittsglauben als Mittel von Außen- und Wirtschaftspolitik in zunehmendem Maße ablehnte und für gewaltfreie Konfliktlösungen in internationaler Politik und Gesellschaft plädierte.[482] Diese Herausforderungen von Seiten der Neuen sozialen Bewegungen an die Rüstungsindustrie können auch als massive Legitimitäts- und Vertrauenskrise von direkten Abnehmern, Mitarbeitenden und Öffentlichkeit interpretiert werden, die durch die Nachrüstungsdebatte und den NATO-Doppelbeschluss ausgelöst und verstärkt wurde.[483]

Somit wird auch die Argumentation Piepers verständlich. Er sah tatsächlich den Absatzmarkt für Rüstungsprodukte in Gefahr: „Es kann kein Zweifel daran bestehen, daß der Einfluß meinungsbildender Zentren (der Friedensforschung, Medien, Gewerkschaften, Schulen, Universitäten), Parlamentarier veranlassen kann, unter öffentlichem Druck Einschnitte am Wehretat vorzunehmen." Dazu sei auch die Forderung „Baut Schulen statt Waffen!" der „sog. Friedens- und Konfliktforschung" besonders angetan.[484] Dies zeigt auch, dass der Bewertung Rainer Falks und Hartwig Hummels gegenüber der Interpretation von Christian Loeck eindeutig der Vorzug gegeben werden muss. Während Loeck nur eine geringe Sensibilisierung der Öffentlichkeit für die Fragwürdigkeit von Rüstungsexporten in Konflikt- und Kriegsgebiete konstatierte, stellten Falk und Hummel fest, dass durch Proteste ein Legitimationsdruck entstanden sei, der die pazifistische Normenbindung der öffentlichen Meinung, angeführt von der Friedensbewegung, auch politisch wirksam werden ließ.[485]

In der Analyse von Pieper war für die Sensibilisierung der öffentlichen Meinung auch die sich selbst als kritisch verstehende Friedens- und Konfliktforschung verantwortlich, die in der BRD in den 1970er und 1980er Jahren orientiert an angelsächsischer Politikwissenschaft allmählich entstand.[486] Denn trotz bislang fehlender

481 Vgl. Holger Nehring: Gewalt, Frieden und soziale Bewegungen, in: Ders. u. a.: Historische Friedensforschung, Hagen 2007, Teil 4; Rucht: Protest und ders.: Modernisierung und neue soziale Bewegungen. Deutschland, Frankreich und USA im Vergleich. Frankfurt a.M./New York 1994.

482 Vgl. Jost Dülffer: Friedensbewegungen in der Bundesrepublik Deutschland 1945–2005. Ein knapper Versuch, in: Detlef Bald (Hg.): Schwellen überschreiten. Friedensarbeit und Friedensforschung. Festschrift für Dirk Heinrichs (Frieden und Krieg. Beiträge zur Historischen Friedensforschung 4), Essen 2005, S. 117–126 und mit einer längerfristigen Perspektive neuerdings Karlheinz Lipp u. a.: Frieden und Friedensbewegungen in Deutschland, 1892–1992, Essen 2010.

483 Siehe dazu auch Kap. 3.1, 3.3. und 4. Vgl. Christina von Hodenberg: Konsens und Krise. Eine Geschichte der westdeutschen Medienöffentlichkeit, 1945–1973, Göttingen 2006.

484 Rheinmetall-Archiv B 595, PR-Konzeption Rheinmetall 1979, Entwurf, Bl. 4 f.

485 Hummel: Rüstungsexportbeschränkungen, S. 266–269.

486 Vgl. Corinna Hauswedell: Friedenswissenschaften im *Kalten Krieg*. Friedensforschung und friedenswissenschaftliche Initiativen in der Bundesrepublik Deutschland in den achtziger Jahren, Baden-Baden 1998.

„umfassender Image-Analyse für die wehrtechnische Industrie" habe sie v. a. zu verantworten, dass die Öffentlichkeit in ein argumentatives Dilemma geraten sei. Diesen „Zielkonflikt" beschrieb Pieper wie folgt: „einerseits wird anerkannt, daß nur durch Rüstungsgüter staatliche Sicherheit gewährleistet werden kann, andererseits werden Kriegswaffen als existenzgefährdend, ihre Produktion und ihr Export als friedensgefährlich empfunden." Letztere, „vor allem im akademischen Bereich verbreiteten Erkenntnisse der ‚Friedensforschung' (‚Waffenproduktion ist unmoralisch und unproduktiv', Senghaas)" hätten auch nicht durch die „offizielle, staatliche Begründung für den ‚Wehretat' (‚Frieden durch Abschreckung')" beseitigt werden können. Verstärkt worden seien Vorbehalte der Öffentlichkeit noch durch „die Wortkargheit der wehrtechnischen Industrie in der Öffentlichkeit, sowie die Abwesenheit jeder gegensteuernden, systematischen PR".[487] Hier werden von Pieper wiederum die Ergebnisse wissenschaftlicher und zugleich kritischer Forschung sehr genau beobachtet und ausgewertet. Interessant ist auch der Hinweis auf die staatliche Begründung für Rüstung, denn hier verwendet Pieper mit der Bezeichnung „Wehretat" wiederholt eine in den 1980er Jahren längst überkommene Begrifflichkeit, als die investiven Verteidigungsausgaben schon jahrzehntelang im „Einzelplan 14" erfasst und mit Beschaffungsausgaben bezeichnet wurden.[488]

Zwei weitere Höhepunkte der Pieperschen Arbeit waren im Herbst und Winter 1981 zu verzeichnen. Sein Engagement richtete sich in einem Aufsehen erregenden Prozess gegen den Polit-Künstler Klaus Staeck und in einer Flugblattaktion gegen die erstarkende bundesdeutsche Friedensbewegung. Bei der größten Friedensdemonstration in der Geschichte der BRD im Bonner Hofgarten am 10. Oktober 1981 charterte Pieper als Schatzmeister des „Bonner Kreis – Vereinigung für Friedens- und Sicherheitspolitik" ein Flugzeug mit dem Banner „Wer demonstriert in Moskau?". In einem Zeitungsartikel wurde der für diese Propaganda-Aktion verantwortliche Bonner Kreis bezeichnet als Lobbyverband, „der zum Beispiel die gesetzliche Einschränkung des Waffenexports beklagt und die totale Enthemmung auf diesem Sektor betreibt. (...) Die Friedensbewegung ist dieser Gruppierung geradezu verhaßt." Klaus Staeck selbst nannte den Kreis, vermutlich die DGW, daher auch „Zweckverband für die Rüstungsindustrie." Der Künstler gewann in zwei Prozessen in Karlsruhe und Frankfurt letztinstanzlich gegen Rheinmetall. Verklagt wurde er vom Konzern wegen eines Plakats,

---

487 Rheinmetall-Archiv B 595, PR-Konzeption Rheinmetall 1979, Entwurf, Bl. 4 f. Vgl. Birckenbach/Wellmann: Thematisierung.

488 Ähnliche Begriffe finden sich häufiger in Piepers Texten und Vortragsmanuskripten, z. B. Wehrwirtschaft, wehrwirtschaftliche Probleme, wehrwirtschaftliche Kapazitäten, Betriebsgemeinschaft. Paul Erker hat eine unternehmerische Denkweise, die sich in den 1950er und 1960er Jahren neuer Formen bediente, aber an den mentalen Dispositionen und Diskursen der NS-Zeit orientierte, als „alter Wein in neuen Schläuchen" gekennzeichnet. Pieper scheint als langjähriges Mitglied der Partei „Die Republikaner" noch bis in die 1980er Jahre einer Denk- und Sprachweise der Vorkriegszeit angehangen zu haben. Vgl. Paul Erker: Einleitung: Industrie-Eliten im 20. Jahrhundert, in: Ders./Pierenkemper (Hg.): Deutsche Unternehmer, S. 1–18, hier S. 17.

dass den versammelten Rheinmetall-Vorstand auf einem Foto breit lächelnd mit Munition und Geschossen zeigte und dem von Staeck hinzugefügten Slogan „Alle reden vom Frieden – Wir nicht.“ Der Konzern suchte die Verbreitung der satirischen Fotomontage privat und öffentlich per gerichtlicher Verfügung zu verbieten, was seine hohe Aufmerksamkeit für Rüstungskritik eindringlich verdeutlicht. Rheinmetall argumentierte öffentlich damit, dass die Rüstungsproduktion des Unternehmens schließlich „der Erhaltung des Friedens“ diene, die Waffenherstellung vom Gesetzgeber vorgegeben sei und die Aktionäre des Konzerns ihre Dividendenzahlungen erwarteten. Eine unabhängige Zeitung berichtete im Dezember 1981 – acht Tage nachdem das Frankfurter Oberlandesgericht Staeck erlaubt hatte, dass Plakat weiter zu vertreiben, weil es keine „geschäftsschädigende Kritik“ sei und dem Recht auf freie Meinungsäußerung entspreche, über die Bilanzpressekonferenz von Rheinmetall am 1. Juli 1981 in Düsseldorf. Hier habe der Vorstandsvorsitzende Dr. Hockel betont „Rheinmetall betreibt die Wehrtechnik nicht etwa nur um Geld zu verdienen – natürlich auch um Geld zu verdienen.“ Ein Medienbericht wunderte sich auch, warum Rheinmetall einerseits einer Lobbygruppe wie dem „Bonner Kreis“ angehöre, der sich nach eigenen Angaben als Vereinigung für Frieden und Sicherheit verstehe, auf der anderen Seite aber gegen Friedensaktivisten wie Staeck vorgehe.[489] In gänzlich anderer Richtung argumentierte der Feuilletonist und Romancier Rudolf Krämer-Badoni in der „Welt“, der meinte die Begründung des Gerichts, das Plakat als Kunst für schützenswert zu halten, sei geradezu als „haarsträubend“ zu bezeichnen. Denn: „Der Staat braucht für seine Verteidigungsmacht Waffen, offenbar ohne an die Gefahr für den Frieden zu denken und bestellt diese Waffen bei Leuten, die ebensowenig an diese Gefahr denken. Dächten sie daran, würden sie die Herstellung der Waffen verweigern und sagen: Liebe Bundesregierung, denk doch lieber einmal an die Gefahr für den Frieden! Das ist doch die Logik der Sache. Oder? Man kann demnach mit vollem Recht auch den Staat als eine Institution beschimpfen, die nicht an die Gefahr für den Frieden denkt. Der Staat als Waffenkäufer handelt gedankenlos, friedensgedankenlos.“[490] Somit betonte dieser Artikel stärker die Verantwortung des Staats für Einsatz und Verwendung von Waffen und nahm die Unternehmen damit quasi aus der Schusslinie der öffentlichen Kritik. Dies verweist auch auf den Erfolg von Rüstungs-PR, wie sie Pieper betrieb.

Segmentierung der Zielgruppen für die Öffentlichkeitsarbeit

Ähnlich sorgfältig ging der Chef der Rheinmetall-PR auch weiterhin in seiner Analyse vor. Er nahm in seinem Konzept eine sehr genaue Differenzierung der Zielgruppen

489 Hermann Müller: Rheinmetall, ein Staeck-Plakat und ein Flugzeug. Rüstungskonzern hofft auf neue Profite und agiert gegen die Friedensbewegung, in: die tat Nr. 51 vom 18.12.1981, S. 8.

490 Rudolf Krämer-Badoni: Hören wir also auf, unseren Staat zu verteidigen. Die Kunst, das Grundgesetz und die beiden Seiten der Meinungsfreiheit, in: Die Welt vom 19.12.1981.

vor, die seiner Ansicht nach bevorzugt angesprochen werden müssten. Er begründete dies damit, dass „die direkte Ansprache der breiten Öffentlichkeit (...) aus finanziellen und kommunikationstechnischen Gründen nicht zweckmäßig" sei. Da es sinnvoller sei, nach systematischer Auswertung auf einen eingeschränkten, v. a. aber einflussreichen Personenkreis einzuwirken, identifizierte er für eine gezielte Rheinmetall-PR insgesamt zehn Zielgruppen.[491] Die ersten sieben Gruppen, die angesprochen werden sollten, sind die folgenden klassischen Rezipienten einer Rüstungs-PR:

- Journalisten, Redakteure, Medienvertreter (Intendanten, Aufsichtsgremien), Medienangestellte und Ihre Angehörigen sowie die wehrtechnische Fachpresse (Verleger, Journalisten, Redakteure und ihre Angehörigen),
- Mitarbeiter des BMVg, v. a. der Beschaffungs- und Planungsstellen sowie Stellen der psychologischen Kriegführung („militärpolitische Meinungsbildung"),
- diejenigen Mitarbeiter des BWB, die speziell für die Rheinmetall-Auftragserteilung relevant waren (genannt werden hier z. B. die Verbindungsstelle des Wirtschaftsministeriums beim BWB und dessen Landesauftragsstellen),
- parlamentarische Entscheidungsausschüsse und Ähnliches (hier erwähnt Pieper den Verteidigungs- bzw. Haushaltsausschuss, MdBs, lokale Repräsentanten von Düsseldorf und Celle/Unterlüß sowie den Bundessicherheitsrat),
- Presseoffiziere der Bundeswehr,
- Betriebsöffentlichkeit und
- ausländische Kunden.[492]

Neben einer breiten, aber spezifischen Medienauswahl sollten also v. a. direkte Abnehmer im In- und Ausland, Entscheidungsträger und Rheinmetall-Mitarbeiter von der Rheinmetall-PR angesprochen werden. Ungewöhnlicher, aber aufgrund der oben dargestellten politischen Herausforderungen für den Konzern verständlich sind die weiteren Zielgruppen. Es sollten nämlich alle Hochschulen der Bundeswehr in die Rheinmetall-PR einbezogen werden, zudem „insbesondere die naturwissenschaftlichen, politologischen und volkswirtschaftlichen Fachbereiche" von Gymnasien und Hochschulen.[493] Die letzte, aber besonders wichtige Zielgruppe von Pieper waren rüstungswirtschaftliche, strategische und militärpolitische Stiftungen, Forschungseinrichtungen und Institute. Hier führte er eine Reihe von Instituten namentlich auf, so das IISS, Battelle, SIPRI, das Bonner AA-Forschungs-Institut sowie die Friedensforschungsinstitute in Frankfurt am Main, Berlin und München. Dies begründete Pieper damit, dass „der Einfluß dieser Institutionen als zentrale Meinungsbildner (...) nicht zu unterschätzen [sei]; hier werden Daten und Fakten ermittelt und aufgearbeitet, die

---

491 Rheinmetall-Archiv B 595, PR-Konzeption Rheinmetall 1979, Entwurf, Bl. 5–7.
492 Ebenda, Bl. 5f.
493 Entwurf.

schließlich – in Argumentationsketten verdichtet – an Multiplikatoren vermittelt werden".[494] Dies bedeutet, dass die letzte Zielgruppe durch gezielte PR eben nicht nur selbst beeinflusst werden würde, sondern mit ihrem Expertenstatus und ihrem besonderen sprachlichen und rhetorischen Duktus eine erhöhte Multiplikatorenfunktion einnehmen könne. Zudem war diese Zielgruppe von Pieper ja schon als Scharnierstelle in der Vermittlung eines Negativimages an die Öffentlichkeit ausgemacht worden.

Insgesamt strebte er folgende Strategie an: „Diese Zielgruppen sind anhaltend mit ihrem Aufgabenbereich entsprechenden Informationen, Fakten und Meinungen, z. B. durch Hintergrundgespräche oder Auftragszuteilungen zu versorgen. Hintergrundgespräche mit Zielgruppen-Vertretern können Fehldarstellungen vermeiden, Verständnis für Probleme der wehrtechnischen Industrie wecken, persönliche Sympathien aufbauen, einen Meinungswechsel herbeiführen und sachliche Informationsvermittlungen zur Folge haben."[495] Dies zeigt, dass Pieper eine zielgruppengenaue Vermittlung, v. a. an Multiplikatoren, insbesondere an kritische Forschungseinrichtungen und -institute der Friedens- und Konfliktforschung, anstrebte und diese auf die Ziele der Rüstungsproduzenten hin ausrichten wollte.

Das Rheinmetall-Image 1979

Im dritten Kapitel beschrieb Pieper ausführlich die Faktoren, aus denen sich das Rheinmetall-Image seiner Ansicht nach im Idealfall zusammensetzen sollte. Sieben Punkte seien entscheidend für das Bild, das Rheinmetall in der Außen- und Innendarstellung verwenden sollte: erstens technologisches „Spitzen-know-how", zweitens Produktüberlegenheit, drittens konsequentes Wirtschaftlichkeitsdenken bei Produktentwicklung, Produktion und Vertrieb sowie viertens ein „optisch eindruckvolles äußeres Erscheinungsbild der Unternehmenseinrichtungen und der Produkte". Es ist interessant zu sehen, dass Pieper ein „intelligentes, überzeugendes Management" (5), die Fähigkeit zu konsequenter Vertragserfüllung (6) sowie „Seriosität, Selbstbewusstsein und überzeugende Sachlichkeit im persönlichen Beziehungsfeld" (7) erst als letzte Punkte nannte. Zudem „sollten die vorgenannten ‚Werte' als Ausdruck der Rheinmetall-Unternehmensphilosophie (‚corporate identity') dezent, aber anhaltend Verwendung finden." Hier spielte er wiederum auf die PR-Forschung an, denn er betonte auch im Folgenden, dass nur die ständige Wiederholung dieser Grundmotive in wechselnden Feldern, Kontexten und gesellschaftlichen Umfeldern das angestrebte Unternehmensimage erschaffen könne.[496] Ähnliche Instrumente nutzten zu dieser Zeit auch Unternehmen wie Daimler-Benz, Bayer, VW und andere, wie neuere Forschungen von Christian Kleinschmidt, Susanne Hilger und Ingo Köhler deutlich

494 Ebenda, Bl. 6 f.
495 Ebenda.
496 Ebenda.

gemacht haben.[497] Sie sind also keineswegs rüstungsspezifisch, im Gegensatz zu den Inhalten, die sich auch explizit gegen Kritiker richteten.

Die große Bedeutung, die Unternehmen in den 1980er Jahren der öffentlichen Meinung zumaßen, wird auch in den folgenden Abschnitten von Piepers Konzept deutlich. Denn im vierten Kapitel kam Pieper auf die Vermittlungsziele der Rheinmetall-PR in der Öffentlichkeit zu sprechen. Hier baute er eine Argumentationskette gegen mögliche Rüstungsgegner auf, die teilweise an die sicherheitspolitischen Vorstellungen Fabrys – das die Rüstungsindustrie Sicherheit produziere – anknüpfte.[498] Neben dem bewussten Vermitteln des dargestellten Rheinmetall-Images in der Öffentlichkeit sollte darauf geachtet werden, dass im öffentlichen Bewusstsein vier Argumente verankert würden:

> „4.1 Die wehrtechnische Industrie (w.I.) produziert Sicherheit, ihre Produkte dienen der Abschreckung einer potentiellen Aggression und damit zumindest der Erhaltung eines konfliktfreien Zustands. In Europa haben nicht Abrüstungsillusionen den Frieden erhalten, sondern das Gleichgewicht der Kräfte; es gibt keinen Grund, daß das Prinzip der Abschreckung in anderen Regionen der Welt nicht ebenso Geltung finden sollte.
>
> 4.2 Insofern führt der Export von wehrtechnischen Erzeugnissen (w.E.) – nicht, wie von Teilen der sog. Friedensforschung behauptet – zu Konflikten; vielmehr kann er Machtungleichgewichte ausgleichen und militärische Interventionsneigungen hemmen. Der Begriff des Spannungsgebietes, der den w.E. bisher bestimmt, steht deshalb zur Disposition.
>
> 4.3 Exportliberalisierungen für die w.I. führen zu größeren Produktionsstückzahlen, die eine wesentliche Verbilligung der wehrtechnischen Produkte, insbesondere auch für die bundesdeutschen Streitkräfte zur Folge haben können. Der vom Steuerzahler finanzierte Wehretat wird so entlastet.
>
> 4.4 Zur Erhaltung der ca. 200.000 Arbeitsplätze in der w.I. ist die Kapazitätsauslastung notwendig. Eine Umwandlung der w.I. mit dem Ziel, ‚sie in den zivilen Bereich zu integrieren‘ (Voigt) ist aus strukturellen, ausbildungsorientierten und aus Gründen der nationalen Souveränität nicht möglich.[499] (...) Der Kapazitätsausbau infolge von Handelsliberalisierungen würde demgegenüber zu mehr Arbeitsplätzen in der w.I. und damit zu einem Abbau der Arbeitslosigkeit führen. Waffen-Export dient so der Wirtschaftspolitik der Bundesregierung.“[500]

Über die in dieser Argumentationskette verwendeten Begriffe und Diskurse von Sicherheit wird zwar noch ausführlicher im vierten Kapitel dieser Arbeit eingegangen. Dennoch sollen hier die Kernelemente der Pieperschen Argumentation für die Rüstungstechnik kurz skizziert werden. Denn Pieper ging davon aus, dass eine solche PR sogar „die Rheinmetall-Geschäftspolitik wesentlich erleichtern“ würde.[501] Pieper argumentierte hier erstens – genauso wie Fabry zuvor (vgl. Kap. 1 und 3.1.) –, dass die

497 Vgl. Kleinschmidt: Der produktive Blick; Hilger: Amerikanisierung und Köhler: Marketing.
498 Rheinmetall-Archiv B 595, PR-Konzeption Rheinmetall 1979, Entwurf, Bl. 7–9.
499 Vgl. Dr. Falcke, Wehr und Wirtschaft, 12/65. Siehe auch Bestand B 51/47 und B 502, dort Abschrift.
500 Rheinmetall-Archiv B 595, PR-Konzeption Rheinmetall 1979, Entwurf, Bl. 7–9.
501 Ebenda, Bl. 7.

wehrtechnische Industrie der Abschreckung diene und damit Sicherheit und Frieden garantieren könne. Dies gelte zweitens auch für den Export von Rüstungsgütern, der sogar eine Konflikte verhindernde Wirkung erzielen könne. Daher seien auch Exporte in Spannungsgebiete, die ja – wie oben dargelegt – gesetzlich durch AWG und KWKG untersagt waren, zuzulassen. Exporte würden drittens den deutschen Steuerzahler entlasten, denn eine größere Produktivität der wehrtechnischen Industrie verbillige wesentlich die Produkte, die den „Wehretat“ des Bundeshaushalts belasteten. Schließlich sichere die Rüstungsindustrie eine Vielzahl von Arbeitsplätzen, die nicht zivil konvertierbar seien und damit sei auch den wirtschaftpolitischen Zielen der Bundesregierung gedient.

Diese Argumentation, die Pieper im Verlauf der 1980er Jahre noch weiter verfeinerte, sollte seiner Ansicht nach den oben dargestellten Zielgruppen in unterschiedlichen Formen „differenziert“ nahegebracht werden. Dies begründete er – wohl aus der wissenschaftlichen Literatur – damit, dass diese Gruppen „sich überdies häufig in Terminologie, Diktion, Geschmack, Haltung, Habitus“ unterschieden.[502] Auch unterschiedliche Denkformen seien bei den Zielgruppen, die er ausführlich würdigte und bei den Medienvertretern überdies konkret benannte, zu beachten. Den weitaus gewichtigsten Stellenwert schrieb Pieper auch hier wieder den Medienvertretern von Presse, Rundfunk, Fernsehen sowie Schulen/Hochschulen zu, die im weitesten Sinne von der Rheinmetall-PR „bearbeitet“ werden sollten. Herausgehoben aus dieser Gruppe wurden aber nochmals diejenigen Multiplikatoren, die auf sicherheitspolitischem oder rüstungstechnischem Gebiet arbeiteten. Wie sich der PR-Chef von Rheinmetall die „Zielgruppenansprache“ vorstellte, macht ein Zitat aus der Studie eindrucksvoll deutlich: „Die beste, weil ergiebigste Form der Kommunikation/Informationsvermittlung ist der anhaltende persönliche Kontakt zu den Medienvertretern; soll die Öffentlichkeit stets im eigenen Interesse informiert werden, ist er ständig zu pflegen. Die Kontaktpflege erfolgt über ‚Pressemitteilungen‘, Pressekonferenzen, Arbeitsessen, Hintergrundgespräche (Dämmerschoppen, Sektfrühstück ggf. privat bei Vorstandsmitgliedern), Betriebs- oder Produktbesichtigungen, über Treffen der Berufsverbände DJV, dju, DPRG, der Bundes- bzw. der Landespressekonferenz (...)“[503] Bei seiner Beeinflussung der Medienvertreter machte Pieper auch keinen Halt vor dem weit reichenden Eingriff in die Privatsphäre. Denn „private (familiäre) Beziehungen u. a.“ sollten ebenfalls der „Kontaktpflege“ dienen.[504]

Eine ganz ähnliche Strategie in Kommunikation und Diskurspolitik verfolgte auch das Familienunternehmen Diehl. In der internen Unternehmenskommunikation setzte es wie andere traditionelle Rüstungsunternehmen etwa Krupp und Rheinmetall („Kruppianer“, „Rheinmetaller“) auf den Gemeinschaftsgedanken und

502 Ebenda, Bl. 10–17.
503 Ebenda, Bl. 10 f.
504 Ebenda.

auf Mitarbeiterbindung, die mit kultur- und sozialpolitischen Vergünstigungen bewusst gepflegt wurden (Betriebsrente, Ehrung langfristiger Mitarbeiter, Events wie der Diehl-Ball im Frühjahr, betriebliches Vorschlagswesen auf Prämienbasis, Weiterbildungs- und Ausbildungsförderung z. B. eigene Übungsfirma). Zudem wurden die Gewerkschaftsvertreter in den Betrieben in die Unternehmenspolitik der Geschäftsleitung eng eingebunden. Der Betriebsrat engagierte sich z. B. in den 1970er Jahren im „Arbeitskreis Arbeitnehmer wehrtechnische Unternehmen" und trat dabei wie Pieper für eine Aufweichung des Begriffes „Spannungsgebiet" in den Rüstungsexportgrundlagen der Bunderegierung ein. Damit sollten verstärkte Exporte von Waffen auch in Gebiete mit niederschwelligen Konflikten möglich werden. Dieses Ziel wurde 1982 mit den neuen „politischen Grundsätzen der Bundesregierung für den Rüstungsexport" zwar partiell erreicht. Die Neuerungen erschienen aber vielen Rüstungsunternehmen nicht als weitgehend genug, wie umfassende Forderungen in wehrtechnischen Fachjournalen zeigen.[505]

Anzeigenwerbung und Medienansprache als Kommunikationsmittel

Erst als zweiter Punkt folgt in der PR-Ansprache die klassische Anzeigenwerbung. Hier sollte sich die Werbeabteilung unter Fabry mit der PR-Leitung unter Pieper zukünftig besser abstimmen und auch bei den Medien deutlich auf „diese Kooperation" hinweisen. In Bezug auf PR-Anzeigen und PR-Spots ging Pieper im Konflikt mit Fabry und der riw noch weiter: „Wegen der damit möglichen Einflußnahme auf den redaktionellen Teil" der Medien sollten sie inhaltlich auf die oben genannten Image- und Vermittlungsziele getrimmt und „von der PR-Leitung direkt geschaltet werden".[506] Damit sollte der riw schon vor ihrer Stilllegung im August 1985 ein wichtiger Arbeitsbereich genommen und der PR-Abteilung Piepers unterstellt werden. Hier waren also bereits frühzeitig die bereits geschilderten Konflikte der beiden konkurrierenden Abteilungen angelegt.

Ähnlich wie für Journalisten und Redakteure schlug Pieper bezüglich der Medien noch eine weitergehende Ansprachestrategie vor. Um auch hierarchisch gegen negative Presse angehen zu können, sollte Tuchfühlung „zu den Verlegern, Intendanten und Chefredakteuren" der im weitesten Sinne sicherheitspolitischen und

---

505 Jürgen Tesarczyk: Firmenporträt Diehl, in: Jo Angerer/Erich Schmidt-Eenboom (Hg.): Rüstung in Weiß-Blau. Politik und Waffenwirtschaft in Bayern, Starnberg 1986, S. 23–37, S. 29, 36. Stefan Aigner/Thomas Rödl: Diehl – Porträt einer deutschen Waffenfabrik, München 2012. Vgl. Berichte und Forderungen in der Zeitschrift „Wehrtechnik" in den 1980er Jahren: O.V.: „Deutsche Wehrindustrie zwischen den Backen; Falcke: Zum berühmt-berüchtigten § 4a; O.V.: Kriegswaffenkontrollgesetz. Diehl-Betriebsräte fordern heute noch im „Arbeitskreis der Betriebsräte in Wehrtechnik, Luft- und Raumfahrt" eine expansive deutsche Rüstungsproduktion. Siehe die Selbstdarstellung unter www.wlr-ak.de. Zur Gründung des Arbeitskreises im Jahr 1977 siehe auch o.V.: Kein Ärger zwischen Rüstungsarbeitnehmern und Gewerkschaften, in: Wehrtechnik 6 (1977), S. 8 f.

506 Rheinmetall-Archiv B 595, PR-Konzeption Rheinmetall 1979, Entwurf, Bl. 10–17.

rüstungstechnischen Medien aufgenommen werden. Diese sehr persönlichen Kontakte sollten allerdings nur auf der Vorstands- und/oder Geschäftsführungsebene gesucht und ausgebaut werden. Dazu sollten persönliche Einladungen zu „exclusiven Veranstaltungen (Rh[einmetall]-Empfängen, Produktübergabe- und Vortragsveranstaltungen, usw.)“ dienen. Piepers erklärtes Ziel bei diesen Aktionen war es, „Hemmschwellen gegen die Aufnahme und Verbreitung von Rheinmetall-PR-Informationen abzubauen“. Auch auf der Ebene der professionellen und schulischen Journalistenverbände (DJV, dju, Schülerpresse/DPRG) suchte der erfahrene Journalist zu überzeugen. So sollten Seminare für Schüler, aber auch für die Mitarbeiter der Rheinmetall-Hauszeitung, organisiert werden und der Landespresseball umfassend gefördert werden. Dazu sollten nicht nur durch Anzeigenschaltung eingeworbene finanzielle Mittel dienen, sondern wie bei anderen Unternehmen auch die direkte Beteiligung an der Organisation dieses Großereignisses mit landespolitischer Bedeutung, v .a. für die Netzwerkpflege.[507]

Für den Aufbau und die Vertiefung persönlicher Kontakte zu Medienvertretern sollten auch die von Rheinmetall zu organisierenden Pressekonferenzen anlässlich der Präsentation von Bilanz oder Halbjahresbericht verstärkt genutzt werden.[508] Angestrebt wurde, mit diesem PR-Mittel „der Börsen-Öffentlichkeit indirekt ein modernes, zukunftsorientiertes Unternehmen [zu] präsentieren, das über eine begehrte Produktpalette verfügt, dessen betriebswirtschaftliche Zukunftserwartungen positiv zu beurteilen sind“. Vermieden werden sollte dagegen eine breitere öffentliche Diskussion. Hier warnte Pieper insbesondere vor einer „unkalkulierbaren Emotionalisierung“, die durch eine solche Diskussion ausgelöst werden könnte. Mittel der Wahl sei daher eine „negative PR“, die v. a. durch Hintergrundgespräche das Unternehmen vor Image-Schäden zu bewahren habe. Die in persönliche Netzwerke eingebundenen einflussreichen Redakteure und Intendanten sollten dafür eingespannt werden, entweder eine negative Berichterstattung zu vermeiden oder zumindest eine „ausgewogene Berichterstattung“ zu veranlassen. Gemeint war damit, „daß der Standpunkt und die Interessenslagen von Rh[einmetall] sachlich dargestellt werden.“[509] Im Grunde sollte also PR für den Konzern betrieben werden.

Die von Pieper vorgesehenen Hintergrundgespräche bildeten ein wichtiges Element der „Zielansprache“. Daher wurden sie vom PR-Chef auch sorgfältig mit einem eigenen Programm versehen und geplant. Er schlug vor, dass der erste Besuch wichtiger Medienvertreter immer mit einer Betriebsbesichtigung verknüpft werden sollte, um das Unternehmen genauer kennenzulernen. Außerdem schwebte Pieper eine

507 Ebenda. Vgl. Simone Derix: Bebilderte Politik. Staatsbesuche in der Bundesrepublik Deutschland 1949–1990, Göttingen 2009 und Dies.: Gruppenbild mit Industrielandschaft: Wie Krupp die Bundesrepublik Deutschland bei Staatsbesuchen bebilderte, in: Johannes Paulmann (Hg.): Auswärtige Repräsentationen. Deutsche Kulturdiplomatie nach 1945, Köln u. a. 2005, S. 165–184.

508 Umfassendes Aktenmaterial in Rheinmetall-Archiv Bestand A 93.

509 Rheinmetall-Archiv B 595, PR-Konzeption Rheinmetall 1979, Entwurf, Bl. 10–17.

weitgehende persönliche Verbindung vor, die durchaus persuasiv wirken sollte. Er meinte nämlich: „Eine besondere Bedeutung erhalten Hintergrundgespräche, die privat, z. B. als ‚Sektfrühstück' oder als ‚Dämmerschoppen' bei einem Vorstandsmitglied durchgeführt werden. Für den Journalisten bietet sich hierdurch u. a. eine erstklassige Möglichkeit der Profilierung gegenüber Chefredaktion und Verleger (‚Unser Mann bei der Rüstungsindustrie'). Für Rheinmetall bietet sich die Möglichkeit, die ‚private Einladung' als besondere Anerkennung darzustellen (Einbindungseffekt)."[510] Dieser Effekt sollte noch dadurch verstärkt werden, dass wichtige Medienvertreter und ihre Angehörigen „selektiv, d. h. der jeweiligen Interessenslage entsprechend" zu Rheinmetall-Informationsveranstaltungen eingeladen werden sollten. Diese Bevorzugung bewirke, dass sich die Journalisten privilegiert und an der gesellschaftspolitischen Aufgabe der „Wehrwirtschaft" beteiligt fühlen könnten.[511]

Für diese Form der grenzüberschreitenden Zusammenarbeit zwischen Wirtschaftsunternehmen einerseits und berichtenden Pressevertretern andererseits war allerdings nur ein kleiner Kreis von Journalisten namentlich vorgesehen. Pieper wollte jeweils nur einen Vertreter einer Redaktion einbinden. Insgesamt sollten es nicht mehr als sieben Medienleute sein, die vom Konzern auf diese Weise bevorzugt behandelt würden.[512] Die auserwählten Zeitungen und Funk- sowie Fernsehorgane mit eigens dafür vorgesehenen Journalisten waren:

> „FAZ (Journalisten W. oder O.)
> Die Welt (Journalisten M./G./D.)
> Handelsblatt (Journalisten B./Sch.)
> ZDF (Journalisten P./R.)
> Tagessschau (Journalist W.)
> Rheinische Post (Journalist M.)
> WAZ (Journalisten K. und K.)
> WDR (Journalist K.)".[513]

Dass diese Form der Einflussnahme nicht nur den Planungen im Unternehmen entsprach, sondern auch tatsächlich durchgeführt wurde, zeigt beispielsweise ein Artikel im Handelsblatt 1982. Einer der beiden von Rheinmetall unterstützten Journalisten berichtete ausführlich unter der Überschrift „Werbemärkte heute. Mit Wehrtechnik

510 Ebenda.

511 Zum Begriff der Wehrwirtschaft siehe weiter unten.

512 Rheinmetall-Archiv B 595, PR-Konzeption Rheinmetall 1979, Entwurf, Bl. 10–17.

513 Ebenda. Die Namen sind im Text genannt, hier aber anonymisiert, da die Struktur des Marketings und nicht die individuelle Beteiligung von Belang ist. Teilweise wurden sie in einem SPIEGEL-Artikel genannt: o.V.: BUNDESWEHR Wertvolle Kräfte. Georg Lebers Generale spielten Krieg. Durch Gespräche mit Journalisten suchten sie jeweils ihre eigenen Waffengattungen als besonders empfehlenswert zu verkaufen, in: DER SPIEGEL 52/1972 (18.12.1972), S. 30.

leben“ in sehr positiver, nahe an den Werbekampagnen (Kap. 4) von Rheinmetall orientierten Worten über die neue PR-Strategie Rheinmetalls.[514]

In der Beeinflussung der Presse und Funkhäuser ging Pieper allerdings noch einen Schritt weiter: „Zu den bedeutenden Festen (Weihnachten/Neujahr, Ostern, Geburtstag) sollten die für Rheinmetall wichtigen Medienvertreter – dezent – angemessene Aufmerksamkeiten, zumindest Glückwunschkarten eines Vorstands oder der Rheinmetall-Pressestelle, erhalten. (s. Abschnitt Gastgeschenke) Die ‚kleine Kanonen-Nachbildung‘ sollte jährlich an 1–2 Medienvertreter übergeben werden, die durch besonders sachliche, objektive Berichterstattung über Rheinmetall bzw. die Rüstungswirtschaft tangierende Themenbereiche aufgefallen sind. Die zu Weihnachten 1978 eingeführte Praxis hat deutliche PR-Effekte gezeitigt.“[515] Damit wird auch noch genauer belegt, dass wesentliche Schritte der Pieperschen Konzepte schon umgesetzt worden waren.

Ähnlich grenzüberschreitend und persuasiv ausgerichtet waren auch Piepers Strategien in Bezug auf die Beeinflussung der jüngsten Bürger. Hier plante er besonders weitgehende Schritte, um ein positives Rheinmetall-Image und Rüstungsklima zu erzeugen: „Der Kontakt zu den wichtigsten Schülerzeitungen, überregional und im Großraum Düsseldorf, ist herzustellen. Das Interesse der Schulzeitungsredakteure an Anzeigen ist – dezent – an den Abdruck von PR-Beiträgen zu koppeln. Die Schulzeitungs-PR sollte im Wesentlichen die Rheinmetall-Vermittlungsziele (s. 4) – schülergerecht aufbereitet –, darstellen.“[516] Positive PR bedeutete bei diesen tatsächlich durchgeführten Aktionen nicht nur, die (sicherheits)politische Einstellung von Schülern zu beeinflussen, sondern Pieper rechnete durch die Darstellung der Rheinmetall-Ausbildungskonditionen in Schülerzeitungen auch damit, sich neue Mitarbeiterkreise und potentielle Auszubildende zu erschließen. Den Hintergrund für diese Aktion bildete ein anhaltender Mangel an Fachkräften, dem Rüstungsunternehmen wie Rheinmetall mit Mitarbeiterwerbung auf verschiedenen Ebenen beizukommen suchten, z. B. auch durch Werbebroschüren und Betriebsbesichtigungen.[517]

Insgesamt wird an den Strategien der Außenwerbung im Konzern auch deutlich, dass sich Pieper intensiv mit den Veränderungen der deutschen Werbewirtschaft beschäftigte, die auch in der folgenden Tabelle deutlich werden (Tab. 19).

---

514 Sch.: Werbemärkte heute. Mit Wehrtechnik leben. Rheinmetall will Vorurteile abbauen, in: Handelsblatt vom 11.2.1982.

515 Rheinmetall-Archiv B 595, PR-Konzeption Rheinmetall 1979, Entwurf, Bl. 10–17.

516 Ebenda.

517 Vgl. Anselm Faust (Hg.): 100 Jahre Arbeitsmarktpolitik in Rheinland-Westfalen vom Ende des 19. Jahrhunderts bis zur Gegenwart, Essen 1997. Broschüren zur Mitarbeiterwerbung v. a. in Rheinmetall-Archiv A 71 und A 90. Siehe auch Rheinmetall-Archiv B 591 Nr. 22 Broschüre/Leporello „Ein sicherer Platz für gute Leute. Rheinmetall – Partner für fortschrittlichen Maschinenbau“. Broschüre zur Rekrutierung von Mitarbeitern, Mitte/Ende der 1960er Jahre.

Tab. 19: Bedeutung von Werbe-Instrumenten 1962–91 (Marktanteile in %).

Werbeträger	1962	1971	1981	1991
Fernsehen	7	14	9	13
Hörfunk	1	4	4	3
Kino	2	1	1	1
Zeitungen	33	51	42	35
Publikumszeitschriften	26	–	18	11
Anzeigenblätter	–	–	–	8
Fachzeitschriften	–	–	8	8
Verzeichnis-Medien	2	4	4	6
Werbung per Post	26	20	11	12
Außenwerbung	2	6	3	3

Quelle: Zentralverband der deutschen Werbewirtschaft, zit. nach: Berghoff: Moderne Unternehmensgeschichte, S. 341.

Waren in den 1960er Jahren Zeitungen, Publikumszeitschriften und Werbung per Post noch die bedeutendsten Werbe-Instrumente gewesen, so änderte sich dies in den 1970er Jahren mit dem Aufkommen des Fernsehens und der zunehmenden Bedeutung von Fachzeitschriften. Diese erlangten eine wichtigere Position, wobei aber die Zeitungen und Zeitschriftenwerbung insgesamt nicht unterschätzt werden darf. Sie hielt bis in die 1990er Jahre noch den größten Marktanteil an der bundesdeutschen Werbewirtschaft.[518] Wie deutlich wurde, bezog Pieper diese Veränderungen im Werbemarkt der Nachkriegszeit in seine Planungen mit ein.

Interne Kommunikation als Ziel der Rheinmetall-PR

Die letzte Zielgruppe, mit der Pieper sich beschäftigte, war „die Betriebsöffentlichkeit", obgleich er betonte, dass sie „ein wichtiger Multiplikator für die Rheinmetall-Botschaft" sei. Besonders gefährdet sah er das Vertrauen der Mitarbeiter in ihren Arbeitgeber durch Kritik von außen. So könne es sein, dass „Rheinmetall-Mitarbeiter in ihrem sozialen Wirkungsfeld zur Begründung und Verteidigung ihrer ‚unproduktiven und unmoralischen Arbeit' aufgefordert werden". Diesem Missstand sollte die Rheinmetall-PR mit verschiedenen Mitteln sogar soweit entgegenwirken, dass sich das Personal nicht nur „zu seinem Unternehmen und seiner Führung bekennt", sondern sich auch „Außeneinflüssen, z. B. Einflussnahmen

518 Dies änderte sich erst nach 2000 mit dem Aufkommen des Internets und einer Renaissance des Werbebriefs als wichtiger Form des Direktmarketings. Berghoff: Moderne Unternehmensgeschichte, S. 341.

jener gewerkschaftlichen Kreise, die der w.I. [wehrtechnischen Industrie] ablehnend gegenüberstehen, kritisch widersetzt.“ Argumentationsmaterial über die Geschäftspolitik sollten die Mitarbeitenden dazu aus der Hauszeitung „Rheinmetall-Info“ erhalten. Die PR-Abteilung sollte zudem die direkte Kommunikation zwischen Vorstand bzw. Geschäftsführung und den Mitarbeitenden nicht nur durch eigene Kolumnen in dieser Hauszeitung stärken, sondern auch durch Betriebsfeste und andere Unterhaltungsveranstaltungen, die noch näher beschrieben wurden. Eines der wichtigsten Ziele war es dabei, „das in der Belegschaft deutlich erkennbare Rheinmetall-Betriebsgemeinschaftsbewußtsein zu erhalten, bzw. zu fördern“.[519]

Die von Pieper vertretene Betriebsgemeinschaftsideologie kommt auch in seinen weiteren Ausführungen zur Hauszeitung zum Ausdruck. Denn „Rheinmetall-Info“ sollte „den Mitarbeitern verdeutlichen, daß die gemeinsame Arbeit im Unternehmen allen Mitarbeitern – nicht Partikularinteressen – dient.“[520] Auch die Jubilarlisten und der übliche Unterhaltungsteil mit Witzen und Rätseln („die letzte Seite“) sollten nach innen dazu dienen, „ein solidarisches Unternehmensbewusstsein zu schaffen bzw. zu erhalten und auszubauen“. Nach außen war zwar vorgesehen, begrenzt Probleme im Konzern und seinen Betrieben zu erwähnen und betont konstruktiv zu debattieren („Leserforum“). Dies diente aber ebenfalls als „Voraussetzungen für eine überzeugende Argumentation und Vertretung unserer Interessen“.[521] Um die Leser im Sinne des Unternehmens optimal erreichen zu können, plante Pieper die Form, Organisation und Gestaltung der Hauszeitung sehr detailliert. So sollten „möglichst große, aussagekräftige Bilder mit einprägsamen Bildunterschriften, dicken, originell/provokativen Head-Lines, ein gefällig-harmonisches Layout“, die Mitarbeitenden von den Inhalten überzeugen. Diese bezogen sich v. a. auf den Konzern, aber auch auf konjunkturpolitische Entwicklungen, die für das Unternehmen von besonderer Relevanz sein könnten, und umfassten militärpolitische Texte z. B. Gastkommentare von Journalisten, Offizieren oder Politikern, rüstungstechnische Problemanalysen und Fachartikel über neue Maschinenbautechnologien. Gastjournalisten sollten im Impressum namentlich gekennzeichnet werden, v. a. bei einer von der Unternehmenslinie abweichenden Haltung. Auswärtige Kolumnisten sollten durch höhere Honorarzahlungen neu hinzugewonnen werden; außerdem sollten die Geschäftsführer der Konzern-Unternehmen jeweils Korrespondenten für die Hauszeitung nominieren, die durch ein- bis zweitägige Seminare vom Verband der Werkzeitungsredakteure Basiskenntnisse für die redaktionelle und journalistische Tätigkeit erhalten konnten. Die inhaltliche Struktur der Hauszeitung orientierte sich an den wichtigen Themen, so sollte Seite 1 (und gegebenenfalls die folgenden Seiten) aktuelle Aufmacher behandeln, Seite 2 die Wehrtechnik, Seite 3 den Maschinenbau bzw. die Umformtechnik und

519 Rheinmetall-Archiv B 595, PR-Konzeption 1979.

520 Ebenda, Bl. 17–20. Vgl. Erker: Alter Wein, und Kleinschmidt: Der produktive Blick, S. 197 ff. und 294 ff. zur Harzburger Akademie.

521 Ebenda, Bl. 17–20.

Seite 4 den Sozialbereich oder allgemeine Themen. Zudem schlug Pieper vor, die „Außenwirkung" von Rheinmetall durch eine Presseschau („Rheinmetall in der Presse") darzustellen und bei Bedarf die ausländischen Werke und deren Mitarbeiter durch kurze Übersetzungen der Hauszeitung in englischer bzw. holländischer Sprache zu informieren („Rheinmetall-Info-Extrakt").[522]

Ähnlich wie bei der Hauszeitung sollten weitere Mittel der PR wie Informations- und Unterhaltungsveranstaltungen nicht nur der vordergründigen Information und dem Amüsement, sondern auch persuasiven und manipulativen Zielen der Unternehmensführung dienen. Hier bezog sich Pieper auf die neueren Forschungen der Sozialpsychologie, von denen er Lemberg, Gehlen, Holzner und Eichberg eigens erwähnte. Ein wichtiges Ziel, das auf diesen Forschungen aufbaute, war die Weckung und Verstärkung eines „widerstandsfähigen Betriebs-(‚Wir'-) bewußtseins". Denn die Sozialpsychologie habe eindeutig nachgewiesen, dass „das ‚ausgeprägte Gruppenbewusstsein, in der Abgrenzung zum Anderen' (Lemberg) als wirkungsvolle Leistungsmotivation und als Resistenzfaktor (Eichberg) gegen den Betriebsfrieden zersetzende Außeneinflüsse sowie innerbetriebliche Störelemente (‚Profilierungsneurotiker, Nörgeler, Klassenkämpfer')" eingesetzt werden könne. Dabei sei aber darauf zu achten, dass solche Veranstaltungstypen nicht zu häufig ausgerichtet würden, in der Regel einmal pro Jahr, und „nicht penetrant wirken sollten". Sie sollten zudem „einen hohen Unterhaltungs- und Erinnerungswert" aufweisen. Daher schlug Pieper vor, Familienangehörige, Freunde der Betriebsangehörigen und eine kleine Auswahl der regionalen Öffentlichkeit einzuladen. Die Außenwirkung auf Lokalpresse, Oberbürgermeister, lokale Bundes- und Landtagsabgeordnete, Kreis- und Stadträte, die Wehrkreisführung und Presseoffiziere sei wichtig, um die „persönlichen Beziehungen zwischen Lokalpolitikern und Unternehmensführung" zu festigen und das Unternehmen attraktiv wirken zu lassen. Hier berief sich der PR-Chef wiederum auf Oeckl, der davon ausging, dass die „Außenwirkung des positiven innerbetrieblichen Klimas" auch erklärende Inhalte über den jeweiligen Arbeitsplatz in das soziale Umfeld transportiere und Verständnis wecke.[523]

Diesem Ziel könne darüber hinaus die Ausrichtung eines Tages der offenen Tür im Rheinmetall-Stammsitz in Düsseldorf dienen.[524] Pieper ging auch bei diesem PR-Mittel sehr detailliert und betont kreativ auf die praktische Ausgestaltung ein. Terminlich sei ein Tag der offenen Tür am besten im Spätsommer nach den Schulferien anzusetzen und mit einem offiziellen Programm zu gestalten. Zu Beginn sollte eine „kurze Informationsansprache" des Rheinmetall-Vorstands der Imagevermittlung dienen. Darauf sollte ein Dankeswort an die anwesende Prominenz gesprochen werden, der sich eine Gastgeschenkübergabe – im Falle seiner Anwesenheit – an den Oberbürgermeister

522 Ebenda.

523 Ebenda, Bl. 20 f.

524 Ebenda, Bl. 21–23.

anschließen sollte. Geplant war als Geschenk die „Übergabe einer Platzpatronen verschießenden Kanone“, was auf den heutigen Betrachter skuril bis zynisch wirken mag. Der Rheinmetall-PR-Chef versprach sich davon „einen nachhaltigen Unterhaltungswert und ein gutes Presseecho“. Als nächsten Programmpunkt wählte Pieper eine „Betriebsführung zu ausgesuchten wehrtechnischen und zivilen Werkseinrichtungen“. Außerdem könnten die Besucher selbständig durch eine „Ausstellung von eindrucksvollen wehrtechnischen und zivilen Rheinmetall-Erzeugnissen“ wandeln. Die ‚open door‘-Veranstaltung im Jubiläumsjahr 1979 („90 Jahre Rheinmetall“) sollte zu weiterer Arbeit an der Unternehmens-Identität in der Öffentlichkeit genutzt werden. Mit Bezug auf Oeckls Personalisierungseffekt schlug Pieper hier vor, „einen Künstler (z. B. den Düsseldorfer Bildhauer Prof. Breker oder Prof. Schatz) mit der Erstellung einer Büste vom Rheinmetall-Firmengründer Ehrhardt zu beauftragen“.[525]

Diese unternehmerische Repräsentation des Gründers von einem bekannten, stark heroisierend und klischeehaft arbeitenden Bildhauer wie Breker sollte dann am Tag der offenen Tür übergeben werden. Neben reiner Unterhaltung und Verköstigung mit Imbiss, Schaubuden und Kinderkarussell waren aber auch unterhaltende Programmpunkte geplant, die bestens geeignet wären, im übertragenen Sinne an die Produktpalette der Rheinmetall GmbH anzuknüpfen. So sollten Schießbuden aufgestellt werden, und die Bundeswehr sollte „um einen PR-wirksamen Beitrag gebeten werden“, z. B. eine Ausstellung zur Nachwuchswerbung. Auch sollte eine „‚Gulaschkanone‘“ eingesetzt werden. Andere Informationsveranstaltungen sollten in ähnlicher Weise den „gesellschaftspolitischen Beitrag (Einfluß) für die öffentliche Meinungsbildung“ des Unternehmens darstellen. Diesem Zweck sollten Vortragsveranstaltungen dienen, die Rheinmetall zusammen mit Medien und Institutionen wie dem Handelsblatt oder dem wehrtechnischen Bundesverband veranstalten sollte. Ein Blick auf die geplante Rednerliste für diese Vorträge lässt das ganze Spektrum der von Pieper vertretenen politischen Ideen deutlich werden: Nach der Vorstandsansprache, die wiederum der Imagevermittlung dienen sollte, waren ein bis zwei prominente Redner von Seiten des Militärs wie z. B. die Generäle Steinhoff und Karst vorgesehen, Politiker wie Wörner und Luns, aber auch aus dem äußerst rechten Spektrum stammende Publizisten wie Carell und Weinstein, daneben Forschungseinrichtungen wie das IISS mit dem Referenten Dr. Bertramm. Ihre Referate sollten „sich mit interessanten und aktuellen militär- und sicherheitspolitischen Themen beschäftigen“.[526]

Zu weiteren Veranstaltungen wie (Podiums-)Diskussionen sollte ebenfalls einmal jährlich eine kleinere Runde (fünf bis sieben) „bekannte militär- und verteidigungspolitisch orientierte Fachleute“ nach Düsseldorf oder Bonn eingeladen werden. Angesprochen werden sollten Zuhörer aus allen oben genannten Rheinmetall-Zielgruppen, im Anschluss war ein Stehempfang oder ein Festessen vorgesehen. Die Moderation

525 Ebenda.
526 Ebenda, Bl. 21–23.

sollte entweder ein Rheinmetall-Vorstand selbst übernehmen, oder sie sollte einem Publizisten angetragen werden. Ziel dieser Imageveranstaltungen war es, die „eigenen Positionen in die öffentliche Diskussion zu heben, mit dem Effekt

a. die öffentliche Bedeutung des Unternehmens zu demonstrieren
b. die eigene Interessenslage (z. B. in der Export- oder § 4a-Frage) darzustellen
c. persönliche Beziehungen aufzubauen, bzw. zu festigen, um geschäftspolitische Aktivitäten zu fördern.“[527]

Der Pressearbeit kam dabei also sowohl die Rolle des Meinungsmachers, als auch des Kontaktvermittlers und des „Feuerwehrmannes“ zu, der in der heiklen Frage der Exporte die öffentliche Meinung beschwichtigen bzw. durch seine Informationspolitik das *Image* der Rüstungsunternehmen bei der Bevölkerung aufpolieren sollte. Daran wird auch deutlich, wie sehr einem PR-Experten wie Pieper die Herstellung von Legitimität durch öffentliches *Agenda-setting* bewusst war.

3.2.6 Neue Instrumente der Interessenpolitik?

Ansprache der direkten Nutzer und Entscheidungsträger: Netzwerkpflege

Nach den Journalisten und Schülerzeitungsredakteuren widmete sich Pieper in seiner PR-Konzeption ausgiebig den direkten Abnehmern, aber auch den potentiellen Konsumenten rüstungstechnischer Produkte. Damit wurden nicht nur die Beschaffungsämter und politischen Spitzen, sondern mit zukünftigen Soldaten und Offizieren der Bundeswehrhochschulen auch die potentiellen Nutzer anvisiert.[528] Wie schon in den Marketingberichten von Rheinmetall deutlich wurde, waren die Beschaffungsstellen ein wichtiges Ziel der Werbung um Aufmerksamkeit, Vertrauen und Kooperationsbereitschaft. Pieper urteilte daher über diese Zielgruppe: „Die Mitarbeiter des BMVg (...) und des BWB (...) sind weithin ständige Ansprechpartner der Rheinmetall-Geschäftsaktivitäten. Hier direkt und mittelbar das Rheinmetall-Image zu vermitteln, ist eine besonders wichtige, den Geschäftserfolg voraussetzende PR-Aufgabe. Während die direkte Ansprache der BWB-Mitarbeiter im wesentlichen dem individuellen Einfühlungsvermögen (persönliche und fachliche Überzeugungsfähigkeit) der Rheinmetall-Projektmanager obliegt, kann diese Aufgabe mittelbar durch verstärkte, aber keineswegs penetrante PR-Arbeit unterstützt werden.“ Was sich Pieper darunter vorstellte, machte er im Folgenden deutlich. Er schlug – ähnlich wie bei den zu beeinflussenden Medienvertretern – vor, dass der Vorstand und die Geschäftsführungen des Konzerns alle Tagungen, Podiumsdiskussionen, Empfänge, Parteiveranstaltungen usw. nutzen sollten, um Beziehungen zu den „politischen Spitzen“ herzustellen

527 Ebenda. Für die Moderation benannte Pieper konservative Publizisten und Journalisten.
528 Rheinmetall-Archiv B 595, PR-Konzeption Rheinmetall 1979, Entwurf, Bl. 10–17.

und zu erweitern.[529] Für den Absatz der Rüstungsgüter sollten wichtige Politiker persönlich zu privaten Events eingeladen werden, „z. B. zu Jagd, Segeltörn, Kamingesprächen, Herrenabenden,[530] politischem Meinungsaustausch – ggf. als Folge gesellschaftlicher Kontakte“. Solche Aktivitäten „haben einen unvergleichbaren PR-Effekt“. Pieper wollte dazu als „hervorragende Aufgabe der Rheinmetall-PR-Leitung“ gerne die nötigen „Kontaktvoraussetzungen (...) schaffen“.[531]

Pieper verstand sich hier also als Intermediär in der Beziehungspflege zwischen Rheinmetall-Unternehmensleitung und Spitzenpolitikern. Dabei profitierte er von beiden Seiten in einem solchen Netzwerk: Er versorgte ggf. die Unternehmensleitung von Rheinmetall mit wichtigen politischen Kontakten; auf der anderen Seite bediente er aber auch die rüstungswirtschaftlichen Interessen der Politiker, die unter Umständen mit materieller Förderung oder Vorabinformationen rechnen konnten. Eine bedeutende Machtposition also, die sich die PR-Abteilung von Rheinmetall unter Pieper damit geschaffen hätte. Diese Position sollte noch dadurch gestärkt werden, dass auch wichtige BMVg- und BWB-Mitarbeiter zu den „Rheinmetall-Informations- und Unterhaltungsveranstaltungen“ hinzukommen sollten. Für die Gestaltung dieser speziellen Events hatte der PR-Chef auch genaue Vorstellungen, die er weiter unten ausführlicher erläuterte.

Die Grenze zu direkter Korruption sollte gewahrt bleiben, denn nur „im Rahmen der administrativen Vorschriften über Geschenkpräsentationen sollten die vorgegebenen Möglichkeiten uneingeschränkt ausgenutzt werden (Weihnachten, Ostern, Geburtstag)“,[532] wie Pieper vorschlug. Bei den Präsenten für Kunden, Gäste und Geschäftsfreunde brachte Pieper detaillierte Vorschläge ein, wie diese Art der Beziehungspflege zu gestalten sei. Insbesondere schlug er vor, neben den normalen Grußkarten und Geschenken zu Feiertagen wie Weihnachten und Ostern diese „Zielgruppen“ auch mit Geburtstagspräsenten zu bedenken. Ziel war „ein besonderer Aufmerksamkeits- und Dankbarkeitseffekt“ bei den Empfängern, die ja schließlich dem Unternehmensabsatz dienlich waren. Für „besonders wichtige Ansprechpartner“ sollten auch speziellere Geschenke ausgewählt werden wie

---

529 Ebenda.

530 Ähnlich wie bei der im weiteren Text vorgeschlagenen „abendlichen ‚Altstadt‘-Betreuung“ für die ausländischen Kunden ist auch bei den „Herrenabenden“ mit Spitzenpolitikern die Möglichkeit exzessiven persönlichen Auslebens gegeben. Solche gemeinsamen Erlebnisse dürften verstärkend auf die Adhäsion im Medien-Unternehmen-Netzwerk gewirkt haben. Aussagekräftig hierzu auch das Zitat von Fritz Schäffer, einem wichtigen Mentor und engen Freund des früheren Verteidigungsministers Franz Josef Strauß, der ebenfalls bei Rheinmetall gesellschaftlich verkehrte: „Nichts bindet fester als gemeinsame Sünden“. Siehe Werner Biermann: Strauß. Aufstieg und Fall einer Familie, Reinbek 2008 (OA Berlin 2006), S. 58.

531 Rheinmetall-Archiv B 595, PR-Konzeption Rheinmetall 1979, Entwurf, Bl. 10–17. Hervorhebung durch Unterstreichung mit grünem Textmarker im Original.

532 Ebenda.

- „Kunstwerke (Malerei, Teppiche, Porzellan)
- Theater-, Konzert- oder Messeabonnements
- Ausgewählte Literatur
- Schallplatten (klass. Musik)".[533]

Auch hier suchte sich Pieper als Schaltstelle im Konzern anzubieten, denn „um unzweckmäßige Aktivitäten, Mehrfachansprachen und Irritationen beim Empfänger zu vermeiden", wollte er eine Zentralkartei über Empfänger, Geschenke und Ausgabestelle anlegen. Diese zentrale Koordination der Rheinmetall-Präsentaktivitäten auf der Ebene des Gesamtkonzerns sollte es zudem ermöglichen, dass die PR-Abteilung für die jeweiligen Geburtstagsfeste und Jubiläen genaue Vorschläge vorlegte. Aber: „Der Geschenkgegenstand sollte nicht reglementiert, sondern den individuellen Beziehungen, bzw. den administrativen Vorgaben angepasst sein."[534] Journalisten und Medienvorstände sollten ebenfalls „kleine Aufmerksamkeiten" zu den Feiertagen und zum Geburtstag neben den privaten Einladungen als Privileg („Unser Mann bei der Rüstungsindustrie") erhalten.[535]

Bei drei weiteren Zielgruppen wurde der Faktor Information als Ansprache-Instrument von Pieper besonders hoch eingeschätzt. Dies galt sowohl bei den Mitgliedern rüstungswirtschaftlicher parlamentarischer Entscheidungsgremien und den Presseoffizieren der Bundeswehr, als auch dem Lehrkörper und den Studenten der Bundeswehr-Hochschulen, die alle bevorzugt Informationen „aus erster Hand" erhalten sollten. Geschäftspolitisch bedeutend waren für den PR-Chef v. a. die Mitglieder der Parlamentsausschüsse, denn sie würden „einen nicht zu unterschätzenden Einfluß auf BMVg, BWB und Öffentlichkeit (bei der Rechtfertigung ihrer Entscheidungen)" ausüben. Falls die Rheinmetall-PR diese Zielgruppe in Hintergrundgesprächen und persönlichen Informationsanschreiben über rüstungswirtschaftliche Novitäten und Rheinmetall-Unternehmenskapazitäten auf dem Laufenden halte, könne dies sogar „geschäftspolitische Impulse auslösen".[536] Bei den Presseoffizieren und den Angehörigen der Bundeswehr-Hochschulen ging es dagegen vielmehr um Austausch und gegenseitige Information mit den Anwendern der Rheinmetall-Produkte. Dies galt auch „für ggf. auftretende Produktprobleme in der Truppe", für die die Rheinmetall-PR Verständnis wecken und Erklärungen bieten sollte.

Eine wichtige Zielgruppe, die Pieper aber erst gegen Ende der Zielgruppenanalyse genauer betrachtete, waren die ausländischen Kunden, Beschaffungsämter und Militärs. In Bezug auf diese Klientel sollte sich die Rheinmetall-PR zukünftig eng mit der Exportabteilung abstimmen. Als Mittel zur Ansprache war insbesondere „eine sachlich-informative Produktwerbung in der internationalen wehrtechnischen Fachpresse"

533 Ebenda, Bl. 23 f.
534 Ebenda.
535 Ebenda, Bl. 16.
536 Ebenda.

vorgesehen, aber auch Besuche, Einladungen, Geschenke und speziellere Events wurden angedacht. Der PR-Chef setzte hier v. a. auf Betriebsbesichtigungen, Filmvorführungen und „Informationsessen“ im Unternehmen selbst, die ja schon seit den 1950er Jahren zum Empfang ausländischer Kunden stattfanden. Aufgabe der PR-Abteilung sollte es zukünftig sein, die Organisationsvorbereitungen des Export- und Werbebereichs zu unterstützen, v. a. was „Terminkoordination, Gastgeschenke, Prospektverteilung, abendliche ‚Altstadt‘-Betreuung“ anginge.[537] Derartige Treffen und Events wurden auch zuvor schon in großzügiger Manier ausgerichtet.[538]

Besonders aussagekräftig ist auch der Versuch der Rheinmetall-PR, Einfluss auf die wissenschaftliche Forschung über Sicherheits- bzw. Verteidigungspolitik, Rüstungstechnik und Frieden zu nehmen, um sie gezielt für ihre Zwecke einzuspannen.[539] Denn „unternehmensdirekte PR“ würde häufig in der Öffentlichkeit als interessengebundene, einseitige und unvollständige Informationsvermittlung wahrgenommen. Insofern könne es sehr nützlich sein, ausgewählte Forschungsarbeiten der oben erwähnten Friedens- und Konfliktforschungsinstitute zu unterstützen. Sehr wahrscheinlich erhoffte sich Pieper, dass der „wissenschaftlich-objektive Anspruch“ solcher Studien eher dazu geeignet wäre, in der Öffentlichkeit ein positiveres Bild von der Rüstungswirtschaft zu zeichnen. Gefördert werden sollten nämlich nur Arbeiten, „die eine sachlich-ausgewogene Analyse und Wertung vermuten lassen“. Der PR-Chef rechnete hier außerdem mit der mangelnden finanziellen Ausstattung von Forschungsinstituten, die ja „von nichtöffentlichen Aufträgen existentiell abhängig“ wären. Daher müssten sie selber daran interessiert sein, „Problem- oder Marktanalysen für Rheinmetall zu erstellen“. Zu einer recht genauen Einschätzung der damaligen Forschungslage kam Pieper im Folgenden, denn von ihm wurde aufmerksam wahrgenommen, dass es auch Forschungsinstitute gab, die der Rüstung kritisch gegenüberstanden. Diese der Branche „kritisch bis böswillig gegenüberstehende[n] Forschungsstätten“ bezeichnete er weiterhin als „sogenannte Friedensforschung“. Diese einschränkende oder abwertende Titulierung bestätigt sich auch in den folgenden Passagen. Denn Pieper sah die Ursachen für die rüstungskritische Haltung in Vorurteilen, Einseitigkeit und Ablehnung. Diesem Missstand sei nur durch „Informations- und Meinungsvermittlung“, über persönliche Kontakte und verstärkte Zusammenarbeit beizukommen. Dadurch würde dem Unternehmen auch die Möglichkeit eröffnet, schon im Vorfeld bessere Kenntnis über geplante Forschungsvorhaben und deren Auftraggeber zu erlangen oder im Falle von ablehnender Haltung über die einseitige Ausrichtung der Einrichtung informiert zu sein.[540]

537 Ebenda, Bl. 10–17 und Gedenkbuch B 503 Nr. 13. Zur „Altstadt-Betreuung“ auch weiter oben.
538 Siehe Kap. 3.1.
539 Rheinmetall-Archiv B 595, PR-Konzeption Rheinmetall 1979, Entwurf, Bl. 10–17.
540 Ebenda.

Der Bundesverband Heerestechnischer Unternehmen als Lobby

Wichtige Mitstreiter für diese Ziele erhoffte sich Pieper durch einen Bundesverband Heerestechnischer Unternehmen (BHU), der neu gegründet und in verschiedensten Formen für die Rheinmetall-PR eingespannt werden sollte.[541] Ein solcher Verband werde seiner Ansicht nach aus verschiedenen Gründen dringend benötigt, denn es gebe „eine effektive, institutionalisierte Interessenvertretung der wehrtechnischen Industrie (z. B. im vorparlamentarischen Raum) (...) derzeit offensichtlich nicht". Als Beispiel für Probleme, die dadurch für die Unternehmen entstehen könnten, nannte er die letzten Änderungen im § 4a des KWKG. Diese Fehlentscheidung sei darauf zurückzuführen, dass es keine funktionierende Interessenvertretung gebe, die ständig mit den Mitgliedern von Haushalts- bzw. Verteidigungsausschuss und Bundessicherheitsrat in Kontakt stehe. Eine gebündelte Interessenvertretung biete sich zudem für Fragen an, deren Lösung für die Einzelunternehmen der Branche finanziell zu aufwendig oder „aus Image-, taktischen- oder geschäftspolitischen Gründen nicht möglich" sei.[542] Diese Einschätzung ist sehr relevant für die Diskussion um militärisch-politisch-industrielle Verflechtungen, denn es zeigt sich hier, dass trotz der oben dargestellten Einflussmöglichkeiten formeller und informeller Art die gemeinsame Lobbytätigkeit der Rüstungsunternehmen, v. a. im Bereich Heerestechnik von Pieper durchaus noch als ausbaufähig angesehen wurde. Erst nach dem Ende des Kalten Kriegs sollte eine solche Lobbyarbeit im 1995 gegründeten Förderkreis Deutsches Heer e.V. aufgenommen werden.

Im Wirtschaftsverband Eisen-Blech u. Metallverarbeitende Industrie e.V. hatte es zwar schon einmal eine „Vereinigung wehrtechnischen Geräts" gegeben. Pieper schlug daher vor, entweder diese Organisation wiederzubeleben oder, falls dies nicht möglich oder sinnvoll erscheine, sollte ein Bundesverband Heerestechnischer Unternehmen (BHU) installiert werden. Er solle eine „ständige Information der mit wehrtechnischen Themen befassten Abgeordneten über die Interessenslage der wehrtechnischen Industrie" gewährleisten und Imageuntersuchungen erstellen (lassen), die den Vorständen bzw. Geschäftsführungen wichtige Informationen über das öffentliche Image der Rüstungsindustrie" geben und „als Grundlage für eine systematische PR der wehrtechnischen Unternehmen dienen können". Zudem könne der geplante BHU eigene Presse-Informationen herausgeben und informative (Hintergrund-)Tätigkeiten gegenüber den Bonner Journalisten leisten. Weitere Ziele einer solchen Lobby sah Pieper in der wissenschaftlichen Widerlegung der gegen die Rüstungsindustrie gerichteten Argumente. Der neue BHU könnte hierfür Untersuchungen über die Friedens- und Konfliktforschung anfertigen lassen, um die Argumente, Interessen, Personen und Hintergründe dieser kritischen Forschung genauer kennenzulernen und einschätzen zu können.

541 Ebenda, Bl. 24-26b.

542 Ebenda. Als Beleg für die politisch schlecht aufgestellte Lobby der Rüstungsindustrie zitierte Pieper hier auch den engen Strauß-Freund Fritz Zimmermann, CSU-MdB: „Die Opposition hat die KWKG-Änderungen schlechthin verschlafen". Zum KWKG siehe Kap. 2.3.

Eine Bedeutung für die Branche insgesamt könnten Informations- und Imageveranstaltungen erlangen, die ein positives Meinungsbild über die Rüstungsindustrie zu verbreiten suchten. Dazu könnten auch gemeinsame Treffen der Geschäftsführungen der Mitgliedsfirmen dienen, die ihre Argumente gegen die Rüstungsgegner periodisch diskutieren und abstimmen könnten. Der Verband sollte zudem die wichtigen in- und ausländischen rüstungsindustriellen Presseerzeugnisse, die Verteidigungsetats, entsprechende Reden und Publikationen auswerten. Insgesamt versprach sich Pieper vom BHU eine Kostenersparnis gegenüber entsprechenden Aktivitäten einzelner Unternehmen.[543]

Bezüglich der Organisation des Verbandes schwebte Pieper „ein vergleichsweise wenige Personen umfassendes Führungsgremium“ vor, damit Entschlüsse schneller gefasst werden könnten. Nach dem Vorbild der Satzungsvorgaben des Bundesverbandes der Deutschen Luft- und Raumfahrtindustrie e.V. (BDLI) könnten weitere Organe und Fragen wie Mitgliedsvoraussetzungen, Rechte und Pflichten der Mitglieder, Beiträge, Feststellung der Führungsgremien und Wahlen, Sitz der Geschäftsstelle usw. geklärt werden. Die grobe Struktur des Verbandes sollte wie folgt aussehen:

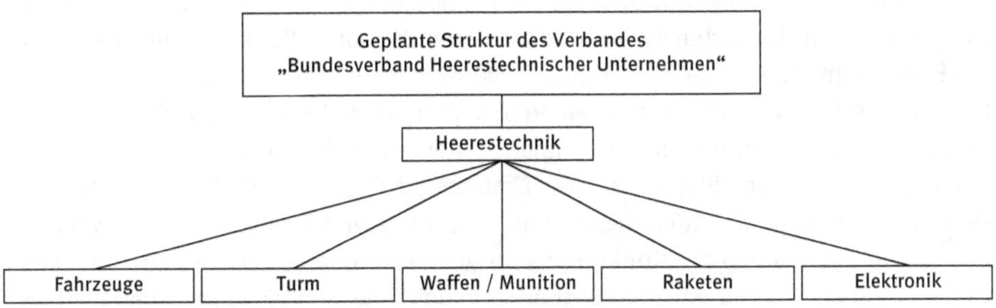

Abb. 16: Der Bundesverband Heerestechnischer Unternehmen.
Quelle: Eigene Darstellung nach Rheinmetall-Archiv B 595, Nr. 1–2 PR-Konzeption 1979.

Trotz der gewichtigen Argumente, die für die Einrichtung eines solchen Heerestechnischen Bundesverbandes (Abb. 16) sprächen, sah Pieper „erhebliche Überzeugungsschwierigkeiten bei den einzelnen Firmenleitungen der sehr unterschiedlich strukturierten Unternehmen“ voraus. Daher schlug er vor, zunächst einzelne Schritte zu verstärkter Kooperation zu gehen. So könnten zunächst PR-Projekte gemeinsam organisiert und finanziert werden, z. B. Imageanalysen oder Aufträge an wissenschaftliche Institute über den fiskalischen Mittelrückfluss, den Rüstungsaufträge für die Volkswirtschaft über die Beschäftigten leisten würden usw. Falls die anderen Unternehmen diese Kooperation als sinnvoll und effizient anerkennen würden, seien sie

543 Rheinmetall-Archiv B 595, PR-Konzeption Rheinmetall 1979, Entwurf, Bl. 24-26b.

anschließend auch leichter zur Gründung einer gemeinsamen Interessenvertretung bereit. Doch die Konkurrenzsituation im heerestechnischen Bereich wog letztlich schwerer als Piepers Argumente: der geplante BHU kam während des Kalten Krieges in dieser Form nicht zustande.

Pflege der Kunden: Marktdokumentation und Recherche

Neben der Lobbyarbeit durch einen neu zu gründenden Fachverband wurden auch Instrumente angedacht, die das Unternehmen Rheinmetall schon im Jahre 1979 gezielt auf Marketing-Strategien im weitesten Sinne ausrichten sollten und schneller zu realisieren waren. In Bezug auf Marketing und Marktdokumentation knüpfte Pieper ebenfalls an die moderne wissenschaftliche Diskussion an, indem er „die 4 klassischen Marketing-Bereiche: Marktforschung, PR, Werbung und Verkaufsförderung" zur Effizienzsteigerung des Konzerns miteinander zu verbinden suchte.[544] Als erster Schritt auf dem Weg zur modernen Marketingorientierung plädierte er für die Anlage und ausgiebige Pflege einer umfassenden Datenbank mit Angaben aus der Marktforschung. Diese Datenbank sollte mindestens in drei große Rubriken aufgeteilt werden, die unterschiedlich recherchiert werden sollten: Wettbewerb, Rüstungstechnik sowie Verteidigungs-Etats und militär-politische Intentionen in Staaten, die für den Absatz des Unternehmens relevant werden könnten. Im ersten Bereich der Datenbank sollten Konkurrenz-Unternehmen des Rüstungsmarktes im In- und Ausland inklusive Anschriften sowie deren Tochterunternehmen erfasst werden. Vom Vorstand bzw. den Geschäftsführungen der Konkurrenz sollten Namen, Anschriften und persönliche Daten gesammelt werden. In puncto Belegschaft interessierte sich Pieper für deren Umfang, Struktur und die Namen von Spezialisten, vermutlich in der Rüstungstechnik. Ein weiterer wichtiger Aspekt waren die Produktionskapazitäten der Konkurrenz, ihr genauer Umfang und die Struktur. Dieses galt auch für deren Produkte, die rückblickend auf die letzten 20 Jahre recherchiert werden sollten. Neben diesen Interna der Wettbewerber sollten auch ihre Aufträge mit Umfang, Dauer und Erfüllung sowie den Auftraggebern in die neue Datenbank aufgenommen werden. Geschäftsberichte und Bilanzen der Konkurrenz sollten dagegen nur für die zurückliegenden drei Jahre durchforstet werden. Insgesamt sollten damit sowohl historisch-rückblickende, als auch prognostische Aussagen über die Entwicklung von konkurrierenden Unternehmen ermittelt werden.[545]

Über entstehende Probleme bei der Informationsbeschaffung in diesem sensiblen, meist geheimen Bereich hatte sich Pieper ebenfalls ausführlicher Gedanken gemacht. Es sollte auf Informationen von Banken zurückgegriffen werden, Journalisten im In- und Ausland sollten in diesem Graubereich der Legalität „zu anhaltender Mitarbeit" für direkte Informationen gewonnen und Medien intensiv ausgewertet werden. Zudem versprach er sich weitere wichtige Daten von kommerziellen Auswertungsfirmen, wie

544 Rheinmetall-Archiv B 595, PR-Konzeption Rheinmetall 1979, Entwurf, Bl. 26b und ff.
545 Ebenda.

z. B. Hoppenstedt, aber auch von Rheinmetall-Mitarbeitern, die umfassendere Kontakte im In- und Ausland besaßen. Dies konnten z. B. Mitarbeiter aus dem Export-, Einkaufs- und Vertriebsbereich sein.[546]

Einen weiteren Einblick in Denk- und Funktionsweisen nicht nur der Rheinmetall-PR-Abteilung, sondern auch des Konzerns insgesamt bietet Pieper im folgenden Teil seiner Darlegungen. In Bezug auf die Rüstungssysteme in möglichen Absatzländern war er nämlich bemüht, bestimmte Produkte herauszufiltern. Im Bereich der Heerestechnik sollte der Schwerpunkt liegen auf: a) Waffen, b) Munition, c) Raketen, d) Elektronik und e) Fahrzeuge, bei der Marinetechnik sollte nur die Minentechnik erfasst werden. Dies spiegelt im Grunde auch die Produktpalette und Prioritäten von Rheinmetall selbst wider.[547] Mit diesem eingeschränkten Fokus sollten Rüstungsunternehmen folgender Staaten analysiert und in die Datenbank aufgenommen werden:

- „Nato-Länder (USA, Großbritannien, Canada, Benelux-Staaten, Norwegen, Portugal, Italien, Dänemark, Türkei, Griechenland, Island, Australien, usw.)
- Frankreich
- Spanien
- Schweiz
- Arabische Staaten: Ägypten, Saudi-Arabien, Kuwait, Oman, VAE, Algerien, Libyen, Jordanien, Dubai u.a.
- Israel
- Afrikanische Staaten
- Asiatische Staaten: Japan, Korea, VR China, National-China, Indien, Bangladesch, Thailand, Indonesien, u.a.
- Persien
- Mittel/Südamerika“.[548]

Entscheidende Probleme bei der Recherche dieser umfassenden, von Pieper hierarchisch nach ihrer Bedeutung zugeordneten internationalen Daten sah er nicht. Er war der Ansicht, dass z. B. die Presseabteilungen der jeweiligen Botschaften sowie Auslandsjournalisten und Militärattachés dabei behilflich sein könnten, an sensible Informationen zu gelangen. Außerdem schlug er eine gezielte Medienauswertung, u. a. der wehrtechnischen Auslandsfachpresse, der Mitteilungen der Rheinmetall-Exportabteilung und der Hausbanken im Ausland vor.[549]

546 Ebenda, Bl. 26b und ff.
547 Ebenda, Bl. 28 f.
548 Ebenda, Bl. 28 f.
549 Ebenda.

Aus diesen Informationsquellen wollte der PR-Mann auch in Bezug auf die Verteidigungs-Etats und militärpolitischen Planungen der für Rheinmetall interessanten Staaten schöpfen. Sie sollten neben den Pressestellen der jeweiligen Verteidigungsministerien über die Beschaffungs-Etats ausgewählter Staaten informieren. Außerdem war geplant, auch die deutschen Auslandskorrespondenten hinzuzuziehen. Doch Pieper sah deutliche Schwierigkeiten bei der Gewinnung oder Beschaffung dieser heiklen Daten: „Zuverlässige Analysen über die militärpolitischen Absichten dürften noch schwieriger zu erhalten sein, da diese Angaben meist klassifiziert sind.“ Ein Ausweg schien ihm darin zu liegen, für wichtige Staaten Auslandskorrespondenten oder Vertriebsagenten der deutschen wehrtechnischen Verlage zu gewinnen, die jährlich einen Basisbericht und möglicherweise auch Ergänzungsberichte bei Veränderungen verfassen sollten. Diese Berichte sollten ausgewertete Reden, Publikationen, Interviews, Etatbeschreibungen usw. der regionalen Politiker und Militärs enthalten. Mittels dieser Berichte könne dann innerhalb von ein bis zwei Jahren ein Überblick „über die militärpolitischen und wehrtechnischen Intentionen“ derjenigen Staaten erzielt werden, die für den Rheinmetall-Export relevant werden könnten. Eine gut begründete und realistische Marketingkonzeption für den Rüstungsbereich des Rheinmetall-Konzerns, die alle vier Elemente des Marketings und damit auch eine stärkere Ausrichtung auf die Käufer enthalte, sei nur auf der Basis einer solchen Datenbank „verantwortbar“, so Pieper.[550]

Hier wird deutlich, dass Pieper die im einleitenden Kapitel vorgestellten Marketing-Konzeptionen („4 P“) nicht nur kannte, sondern auch umzusetzen gedachte. Es wird zudem offenbar, dass er dabei ein erweitertes Marketing-Verständnis vertrat, das nicht nur kommunikationspolitische Instrumente einzusetzen suchte, sondern auch Produkt-, Preis- und Absatzpolitik für das Marketing strategisch nutzen wollte. Damit kann eine Entwicklung hin zum Marketing als integriertes Führungskonzept festgestellt werden, vergleichbar derjenigen, deren Einführung Ingo Köhler für die westdeutsche Automobilindustrie und Harm Schröter für die Spezialchemieindustrie (Nivea) von den 1960er bis in die 1980er Jahre nachgezeichnet haben.[551]

Insgesamt betonte der Rheinmetall-PR-Chef in seiner Zusammenfassung noch einmal die „primär ökonomisch motivierte Zielsetzung“ seiner PR. Zweites und ebenso existentielles Ziel sei es, die Meinungshoheit über die öffentliche Diskussion zu gewinnen, die bislang noch stark von Rüstungskritikern dominiert werde. Zu diesem Zweck müssten alle vorgeschlagenen Zielgruppen differenziert mit „entsprechend angepassten Strategien und Instrumenten“ angesprochen werden. Die Rüstungs-PR insgesamt müsste sich von einer „negativen PR“, d. h. der Vermeidung von Image-Einbrüchen, zu einer „positiven PR“ entwickeln. Hier sei es dringend

550 Ebenda, Bl. 28 f.

551 Köhler: Marketingmanagement als Strukturmodell und Schröter: Marketing als angewandte Sozialtechnik und ders.: Erfolgsfaktor Marketing.

erforderlich, ein nachhaltiges Image der Rheinmetall-Institutionen, Produkte und Personen zu vermitteln. In der internen Unternehmenskommunikation sollte neben der Stärkung des Gruppenbewusstseins und der Argumentationsbildung gegen externe Kritik der Ausbau der Hauszeitung als wesentliches Instrument forciert werden. Für die Zukunft sei zudem ohne den Aufbau und die Pflege einer „wehrtechnischen Marktdokumentation“ eine umfassende und eigenständige Marketing-Konzeption wenig sinnvoll und kaum möglich,[552] was auch auf die Bedeutung von Exporten und Vertrauensnetzwerken verweist. Hier wird nochmals deutlich, wie wichtig die oben dargestellte Schaffung und Aufrechterhaltung von Vertrauen im Unternehmen war. Was Hans-Ulrich Pieper beschreibt, sind eindeutig Prinzipal-Agenten-Asymmetrien im Unternehmen, die sich negativ auf den Unternehmenserfolg auswirken können. Um den Informationsfluss zu gewährleisten, wurde daher von der PR-Stabsabteilung auf Vertrauen als „Schmiermittel“ gesetzt, das die Mitarbeitenden im Konzern positiv beeinflussen und damit Transaktionskosten für Kontrolle oder Informationsbeschaffung minimieren sollte.

Instrumente der Markt- und Meinungsforschung: PR als „Feuerwehr“

Erklären lässt sich die ausführliche, eigenständige und innovative PR-Konzeption nicht nur aus den – vorwiegend kritischen – öffentlichen Debatten der späten 1970er und frühen 1980er Jahre, die nach Beginn der Diskussion um den NATO-Nachrüstungsbeschluss 1979 einen ersten Höhepunkt erreichten.[553] Deutlich wird die Dringlichkeit einer öffentlichen PR-Kampagne eines der größten deutschen Rüstungsunternehmen auch, wenn man sich die Ergebnisse einer Markt- und Meinungsumfrage vergegenwärtigt, die die bundesdeutsche Rüstungsindustrie im November 1979 erstellen ließ. Wie von Pieper in seinem hier untersuchten Konzept vom Januar 1979 vorgeschlagen, waren die Auftraggeber der Umfrage „Die wehrtechnische Industrie im Meinungsbild der deutschen Öffentlichkeit“ neben Rheinmetall folgende elf große Rüstungsunternehmen: MBB, AEG-Telefunken, Diehl, Dornier, Dynamit-Nobel, Heckler & Koch, Krauss-Maffei, Fried. Krupp, Panavia Aircraft, Siemens und Thyssen. Diese zwölf Hauptkontraktoren des BMVg beauftragten die Infratest Marketingforschung GmbH in München damit, eine „bevölkerungsrepräsentative Mehrthemen-Umfrage“ durchzuführen, die „die Einstellungen zur Produktion und zum Export von Waffen durch westdeutsche Firmen“ untersuchen sollte.[554] Die Untersuchung differenzierte die Befragten nach einer Reihe von Kriterien, z. B. Geschlecht, Alter, Informationsstand, Bundesland und Regionen, nach Einwohnergrößen sowie Berufsgruppen. Die Zusammenfassung der Umfrageergebnisse ist im Rheinmetall-Archiv erhalten und macht

552 Rheinmetall-Archiv B 595 Nr. 1–2, PR-Konzeption Rheinmetall 1979, Entwurf, Bl. 30 f.

553 Zum politischen Hintergrund vgl. Dülffer: Europa im Ost-West-Konflikt.

554 Rheinmetall-Archiv B 591, Nr. 21, Betr. Meinungsbefragung Die wt. Industrie im Meinungsbild der dt. Öffentlichkeit – Zusammenfassung der wichtigsten Ergebnisse, o.S. Vgl. Archiv Krauss-Maffei S 1–13.

deutlich, wozu die Rheinmetall-PR dienen sollte. Nur etwas mehr als die Hälfte der Bevölkerung hielt die „Entwicklung und Produktion wehrtechnischer Erzeugnisse durch westdeutsche Firmen" für erforderlich (55 %), wobei sich bei Männern eine deutliche höhere Zustimmung (68 % Befürworter) ergab als bei Frauen. Immerhin knapp ein Viertel der Befragten (24 %) sprachen sich gegen eine bundesdeutsche Produktion und Entwicklung aus, weitere 20 % der Befragten hatten keine oder keine eindeutige Meinung zu dieser Frage. Begründet wurde die Zustimmung zur bundesdeutschen Rüstungsproduktion „meist mit verteidigungspolitischen Erwägungen. Auch technologische Gründe werden häufig angeführt, während wirtschaftliche Aspekte demgegenüber in den Hintergrund treten", so die Zusammenfassung der Umfrage.[555]

Interessant ist auch, welche Länder die Teilnehmenden der Umfrage spontan als bedeutendste waffenproduzierende Nationen nannten: am häufigsten die USA (75 %), gefolgt von der UdSSR (70 %), Frankreich (44 %) und schließlich die BRD (37 %). Ungefähr in der gleichen Reihenfolge wurden spontan die bedeutendsten Länder genannt, die Waffen und Waffensysteme exportierten. Nur der Bekanntheitsgrad wurde wohl jeweils etwas geringer eingeschätzt, z. B. wurde die BRD nur von 29 % der Befragten benannt.[556]

Deutlich kritischer fielen dagegen die Antworten zum Thema Waffenexporte aus. Hier waren nur 25 % der Befragten für bundesdeutsche Exporte, während Gegner (35 %) und Unentschiedene (38 %) die deutliche Mehrheit bildeten. Wichtig für die Auftraggeber war auch, dass Befürworter nur mit wirtschaftlichen Gründen argumentierten. Die Gegner bundesdeutscher Waffenexporte hatten demgegenüber deutlich tiefschürfendere Argumente: „Neben dem Einwand, mit Waffen macht man keine Geschäfte, stehen pazifistische Begründungen ebenso wie Hinweise auf negative politische Konsequenzen, sei es aufgrund der historischen Situation oder wegen der erhöhten Gefahr internationaler Spannungen". Allerdings waren in der Umfrage diejenigen, die „die Bundesrepublik Deutschland für militärisch bedroht halten (37 %), (...) gegenüber der Produktion und dem Export westdeutscher Waffen positiver eingestellt als der etwas größere Anteil von Personen (43 %), nach deren Ansicht eine militärische Bedrohung nicht besteht". In Bezug auf die technologischen Impulse, die von einer eigenständigen westdeutschen Rüstungsproduktion ausgehen würde, bejahte eine knappe Mehrheit von 50 % die – allerdings suggestiv gestellte – Frage „daß die bei der Entwicklung und Produktion von Waffen gewonnenen Erkenntnisse ‚den gesamten techn./wirtschaftlichen Fortschritt in unserem Land' anregen." Ähnliches gilt auch für die Feststellung, dass „die Herstellung von Waffen für die außenpolitische Unabhängigkeit der Bundesrepublik Deutschland wichtig ist", der vom überwiegenden Teil der Befragten zugestimmt wurde. Auch bei der relativ provozierenden These

555 Ebenda.
556 Ebenda.

„Die Herstellung von deutschen Waffen gefährdet den Frieden" lehnten immerhin 54 % ab; der in eine deutlich andere Richtung gewendeten Frage, ob „die wehrtechnische Produktion zum Schutze der Bundesrepublik Deutschland ‚moralisch vertretbar' ist", stimmten dagegen 66 % der Teilnehmenden an der Umfrage zu.[557]

Wichtig für die rüstungsindustriellen Unternehmen war auch die Frage nach ihrem Bekanntheitsgrad in der Bevölkerung. Hier lagen Krupp, MBB und Krauss-Maffei deutlich vorn; Rheinmetall und Diehl folgten mit Abstand und waren in etwa gleich bekannt. Insgesamt konnte Infratest aber feststellen, dass es bezüglich der Haltung zur Rüstungsindustrie deutliche Differenzen zwischen den einzelnen Altersgruppen gab. So konstatierte das Umfrageinstitut „einen signifikanten Meinungsunterschied zwischen den Altersgruppen der 14-19jährigen und der 20-29jährigen". Letztere Gruppe fiel deutlich auf, weil die jungen Erwachsenen „wehrtechnischen Interessen kritischer gegenüberstehen". Zudem gebe es eine *gender*-spezifische Disparität, denn „Frauen sind weit schlechter informiert als Männer". Insgesamt könne „ein ausgeprägtes Informationsdefizit (...) in der Öffentlichkeit offenbar ganz allgemein zu einer Verunsicherung der Urteilsfindung" führen. Dies wurde als eine entscheidende Ursache dafür angesehen, dass 38 % der Befragten sich unentschieden zeigten, ob sie Waffenexporte befürworten oder ablehnen sollten. Pieper wertete dieses Ergebnis direkt für die Rheinmetall-PR aus und beurteilte es als „eine Folge nicht ausreichender Information". Die mangelhafte Informationsbasis eröffne dem Unternehmen und seiner PR-Arbeit aber eine entscheidende Chance.[558] Zwar gab es insgesamt – zumindest bei den in der Infratest-Analyse Befragten – eine deutliche Zustimmung zur Rüstung allgemein, aber bei der Frage der bundesdeutschen Waffenexporte war Ablehnung oder zumindest Gleichgültigkeit vorherrschend.

Obwohl die bundesdeutsche Markt- und Meinungsforschung zu diesem Zeitpunkt methodisch und analytisch den Kinderschuhen noch nicht lange entwachsen war – dies wird auch an den vielen manipulativen Suggestivfragen in den im Archiv erhaltenen Umfragen deutlich[559] – nahmen die Rüstungsunternehmen die Umfrageergebnisse sehr ernst. Sie bildeten eine wichtige Grundlage für die weitere PR-Arbeit, die im Rheinmetall-Konzern schrittweise weiterentwickelt wurde. Nicht nur Rheinmetall, sondern auch die anderen wehrtechnischen Unternehmen verfolgten auch aus diesem Grunde die Kritiker aus der Friedensbewegung mit Argusaugen. Im April 1981 wurde wiederum Infratest beauftragt, eine ähnliche Meinungsumfrage wie schon im November 1979 durchzuführen, worüber auch die Zeitschrift „Wehrtechnik" öffentlich berichtete. Dabei ergaben sich schon erste Verschiebungen, z. B. wurden nun von den Befürwortern stärker wirtschaftliche als technologische Gründe für eine eigene westdeutsche Waffenproduktion angegeben. Die Hauptrolle spielten

557 Rheinmetall-Archiv B 591, Nr. 21, Meinungsbefragung.
558 Ebenda.
559 Vgl. Kruke: Demoskopie.

dabei beschäftigungspolitische Argumente.[560] Dies kann ein Hinweis darauf sein, dass die Sicherung von Arbeitsplätzen auch wegen der konjunkturell schwachen Entwicklung zu Beginn der 1980er Jahre in der öffentlichen Diskussion eine größere Rolle spielte oder aber, dass die Rüstungswerbung der Hersteller erste Früchte trug. Eine dezidierte Zuweisung wird man auf der Grundlage der Meinungsumfrage zwar nicht vornehmen können. Doch dass zudem noch die Zahl der Befürworter von Rüstungsexporten aus der BRD von 25 % auf 33 % in den Umfragewerten angestiegen war, deutet darauf hin, dass die Kampagnen von Unentschiedenen und Befürwortern wahrgenommen und akzeptiert wurden. Allerdings bildeten Frauen und die jüngere Bevölkerung (14–29 Jahre) weiterhin das größte Reservoir für Rüstungs- und Rüstungsexportkritik. Zudem seien „die Argumente der Gegner des Waffenexportes (…) vielfältiger und differenzierter geworden". Dies wurde von Infratest in der Auswertung dahingehend interpretiert, dass möglicherweise „Hinweise auf negative außenpolitische Konsequenzen, auf die historische Verantwortung oder auf die erhöhte Gefahr internationaler Spannungen" vorliegen würden. Bei denjenigen, die die BRD für bedroht hielten, nahm das Potential für die Befürwortung einer eigenen deutschen Waffenproduktion nochmals deutlich zu (von 37 % auf 44 % der sich bedroht Fühlenden). Insgesamt war das politische Klima „positiver zum Rüstungsexport" gestimmt.[561] Dies könnte ebenfalls als Beleg dafür gesehen werden, dass die verschiedenen Kampagnen der Hersteller fruchteten. Zumindest jedenfalls konnten diese Ergebnisse der Markt- und Meinungsforschung von den PR- und Kommunikations-Abteilungen genutzt werden, um auf ihre Relevanz für den wirtschaftlichen Erfolg und die politisch-gesellschaftliche Legitimität von Rüstungsproduktion und Waffenexporten zu pochen.

Damit können diese Analysen von Infratest auch Anhaltspunkte dafür liefern, warum Pieper schon mit seiner ersten umfassenden PR-Konzeption innerhalb des Rheinmetall-Vorstands auf breite Zustimmung stieß. Er wurde daher beauftragt, weitere konzeptionelle Studien zu erstellen, von denen allerdings diejenige des Jahres 1983 in der Überlieferung im Rheinmetall-Archiv fehlt.[562] Dieses Fehlen ist jedoch wenig problematisch, denn die „PR Schwerpunkt-Konzeption Rheinmetall 1984" ist in einer Kurzfassung als Entwurf vom Dezember 1983 noch erhalten. Dieses Dokument, das von Pieper Ende 1983 an die Geschäftsführung des Konzerns versandt wurde, macht die tatsächlich durchgeführten Schritte deutlich. In der Einleitung betonte er die andauernde und unveränderte Gültigkeit der PR-Konzeptionen von 1979 und 1983. Sie hätten sich „erfahrungsgemäß bewährt"

560 O.V.: Meinungsumfrage: Positiver zum Rüstungsexport, in: Wehrtechnik 9 (1981), S. 96.
561 Ebenda.
562 Siehe oben ausführlicher zum Verlust dieser Konzeption; die Studie müsste laut Angabe im elektronisch geführten Findbuch im Rheinmetall-Archiv Bestand B 595 enthalten sein.

und enthielten „grundsätzliche Aussagen über Zielgruppen, Instrumentarien und Methodik der Rheinmetall-Öffentlichkeitsarbeit".[563] Die neue Studie solle keine neuen Festlegungen dieser Punkte treffen, sondern nur aktuelle Anpassungen vornehmen und Schwerpunkte klären. In den dann folgenden Ausführungen wird schnell deutlich, dass die aktuelle Prioritätensetzung mit der externen Vertrauenskrise anlässlich der Ermittlungen gegen leitende Angestellte des Konzerns zu tun hatte, die im Jahr 1983 noch anhielt und sich „in der öffentlichen und veröffentlichten Meinung" zeigte. Pieper sprach hier von einem „öffentlichen Meinungsdruck", der das Unternehmen auch 1984 weiter belasten werde. Als Ursachen dafür nannte er folgende Entwicklungen:

> „– Der ‚Ökopax-Bewegung' ist es im Zuge der Massenaktionen rund um den ‚Heißen Herbst '83' gelungen, ihren auch gegen die wehrtechnische Industrie gerichteten Anwürfen weithin eine bemerkenswerte Medien-Resonanz zu verschaffen.
> – Die Verteilungskämpfe in der bundesdeutschen Gesellschaft, die den Verteidigungshaushalt als Gegenstand kritischer Diskussion nicht aussparen, werden auch zu Fragen nach der Gewinn- und Kostenkalkulation und schließlich nach der Legitimität deutscher wehrtechnischer Unternehmen führen.
> – Die auch nach der politischen Wende noch unzureichende Koordination von staatlicher und unternehmerischer Öffentlichkeitsarbeit in Sachen Verteidigungsbereitschaft.
> – Die juristische Auseinandersetzung zum Thema wehrtechnische Exporte.
> – Der öffensichtliche [sic!] Linksruck der Gewerkschaften, der sämtlichen gewerkschaftlichen Bestrebungen nach Rüstungskonversion neuen Auftrieb geben dürfte.
> – Die nach der ‚Friedenswelle' nach Ansicht von Experten zu erwartende neutral-nationalistische Grundstimmung als Massenerscheinung (Anti-NATO-Effekt)."[564]

Neben den Neuen sozialen Bewegungen mit ihrer Kritik an der Rüstungsindustrie[565] waren es also auch handfeste und direkte ökonomische Interessen, die eine schnelle Reaktion und eine neu austarierte Öffentlichkeitsarbeit notwendig machten. Angesichts der öffentlichen, aber auch internen politischen Diskussionen im Auswärtigen- und Haushaltsausschuss um die Höhe der Rüstungsausgaben und die Gewinne der Rüstungsindustrie sollte die PR wie in den Jahren 1982 und 1983 „im Sinne einer Image-Feuerwehr" tätig werden. Dies glich dem Vorgehen beim Vorreiter Beiersdorf.[566] Dabei war bei Rheinmetall – um im Bild zu bleiben – an verschiedenen „Brandherden zu löschen": bei den Aktionen der Friedens-, Öko-

563 Rheinmetall-Archiv B 595, PR-Konzeption Rheinmetall, hier: PR-Konzeption Rheinmetall 1984, Kurzfassung, Entwurf, Pieper, Dezember 1983, Einleitung.

564 Rheinmetall-Archiv B 595, PR-Konzeption Rheinmetall 1984, Kurzfassung 1983, Einleitung.

565 Ausführlich dazu Dieter Rucht/Roland Roth (Hg.): Handbuch Soziale Bewegungen in Deutschland seit 1949. Frankfurt a.M. 2008.

566 Schröter: Erfolgsfaktor Marketing, S. 1113.

und Anti-AKW-Bewegung, bei den Mitgliedern der entsprechenden Bundestagsausschüsse, in der Öffentlichkeit allgemein, in juristischen Verfahren wegen illegaler Rüstungsexporte, bei den Gewerkschaften und bei friedensbewegten Bürgerinnen und Bürgern, insbesondere jüngeren Menschen.

Für das Jahr 1984 veränderte sich der PR-taktische Ansatz der Rheinmetall-PR daher nur in einigen Punkten. Wichtigste Zielsetzungen waren für Pieper:

> „Neben dem Abfangen aller dem Unternehmen in der Öffentlichkeit schadender Aktivitäten muss weiterhin auch die kontinuierliche Aufladung des Firmennamens mit positiven Assoziationen treten. Dies gilt insbesondere für die Zielgruppen im militärischen und politischen Bereich. Und dies souverän an den jeweiligen scheinbar vorherrschenden Wellen der veröffentlichten Meinung vorbei.
>
> Dies ist auch die Erkenntnis, die sich aus der im Herbst `83 von den Wickert-Instituten durchgeführten Image-Untersuchung ergab. Bei aller Wichtigkeit der Auseinandersetzung mit den publizistischen Gegnern von Rheinmetall darf darüber weder der (potentielle) Kundenkreis noch die schweigende Mehrheit der Bevölkerung außer acht gelassen werden, die – für einige überraschend – unserem Unternehmen gegenüber überaus positiv eingestellt ist.“[567]

Dabei gab es eindeutige Schwerpunkte der Presse- und Öffentlichkeitsarbeit sowie der Werbung, die 1984 verfolgt werden sollten. Bei der Produkt-PR sollten neben den laufenden Maßnahmen v. a. zwei Produkte beworben und in der Öffentlichkeit möglichst positiv dargestellt werden: die Projektile RH 63/RH 49 und der Leopard 1 bzw. das dazugehörige Rheinmetall-Geschütz Rh 120. Im Dezember 1983 war der Kampagnenablauf schon genauer definiert, und die hausinterne Abstimmung für RH 63/RH 49 sogar schon weitgehend erfolgt. Dagegen sollte die Marketing-Kampagne für den Leopard-Panzer noch gezielter im Unternehmen abgestimmt werden. Pieper plante hier erstmals für Rheinmetall das „klassische Instrumentarium des Marketing“ mit Marktforschung, PR, Werbung und Verkaufsförderung einzusetzen, um beide Produkte am Markt und in der öffentlichen Meinung zu etablieren. Um die Kampagnen zu optimieren, sollten nun „einerseits die Abstimmungsverfahren (Konsensbildung) innerhalb des Hauses, d. h. zwischen betroffenen Abteilungen, verstärkt und ggf. institutionalisiert und andererseits abgestimmt eingesetzt“ werden. Somit hatte sich 1983 ein integriertes Marketingkonzept durchgesetzt. Interessant ist die Sicht des PR-Chefs auf die beiden Produkte, die seiner Ansicht nach „eine hohe Medien-Akzeptanz [hätten] und insofern eine gute Chance, auch über die Öffentlichkeit in die Entscheidungsvorgänge der Bedarfsträger Eingang zu finden“. Hier wird die Scharnierfunktion der Öffentlichkeit deutlich, die möglichst eindeutigen Einfluss auf die Entscheidungsträger in Regierung und Administration nehmen sollte.[568]

567 Rheinmetall-Archiv B 595, PR-Konzeption Rheinmetall 1984, Kurzfassung 1983, Einleitung.
568 Ebenda, S. 3.

3.2.7 Marketing zur Krisenbekämpfung im Vergleich

Wie etwa Ingo Köhler am Beispiel der Automobilindustrie, Christian Kleinschmidt bei verschiedenen Unternehmen und Harm Schröter am Beispiel der Spezialchemie übereinstimmend gezeigt haben, wurde Marketing in verschiedenen Branchen nach der ersten Nachkriegsrezession 1967/68 und den Ölkrisen nicht nur ausgebaut, sondern auch zum integrativen Führungsinstrument des Managements.[569] Dies gilt in ähnlicher Weise auch für ein bundesdeutsches Rüstungsunternehmen wie Rheinmetall. Doch spielte Marketing nicht nur in ökonomischen Krisen, sondern auch in Vertrauenskrisen eine Rolle wie sie etwa Rheinmetall nach dem Bekanntwerden verschiedener illegaler Praktiken im Absatz am Ende der 70er Jahre erfuhr.[570] Denn die Exportgeschäfte (intern „E-Vorgänge“) waren ein heikler Punkt in der Rheinmetall-PR, seit sie durch die Untersuchungen der Staatsanwaltschaft öffentlich bekannt geworden waren.[571] Es gibt Anhaltspunkte dafür, dass die Ermittlungen bei Rheinmetall durch eine belastende Aussage der südafrikanischen Anti-Apartheid-Bewegung vor dem Unterausschuss des Weltsicherheitsrates in New York am 13. August 1980 initiiert wurden. Mitglieder der Bewegung hatten dort berichtet, dass „Rheinmetall Düsseldorf“ gegen das 1977 durch den Weltsicherheitsrat verhängte Waffenembargo gegen Südafrika verstoßen habe.[572] Die „Welt“ berichtete dagegen, dass schon seit 1978 „wegen angeblich verbotener Waffenlieferungen ermittelt“ würde.[573]

Übereinstimmend berichteten die Medien über den Fall, dass am 12. August 1981 durch 46 Spezialfahnder des Bundeskriminalamtes die Düsseldorfer Hauptverwaltung des Konzerns wegen illegaler Rüstungsexporte nach Argentinien durchsucht worden sei.[574] Statt in Spanien seien 30-mm-Maschinenkanonen in Argentinien

569 Köhler: Marketing als Krisenstrategie, S. 259 ff. und Ders.: Marketingmanagement als Strukturmodell, S. 217 f.; Kleinschmidt: Der produktive Blick, S. 227; Schröter: Erfolgsfaktor Marketing, S. 1121; Ders.: Marketing als angewandte Sozialtechnik, S. 625 f. und 636.

570 Zu Vertrauen siehe oben und zur kulturwissenschaftlichen Analyse der Krisenkommunikation vgl. Katja Patzel-Mattern/Carla Meyer/Gerrit Jasper Schenk (Hg.): Krisengeschichte(n): „Krise“ als Leitbegriff und Erzählmuster in kulturwissenschaftlicher Perspektive, Stuttgart 2013.

571 Rheinmetall-Archiv B 595, PR-Konzeption Rheinmetall 1984, Kurzfassung 1983, S. 4. Vgl. die Analyse der Berichterstattung unten sowie o.V.: Blitzaktion gegen Düsseldorfer Rüstungsfirma – Das Bundeskriminalamt fahndet bei Rheinmetall, in: Neue Ruhr-Zeitung vom 14.8.1981; Lutz E. Dreesbach: Rheinmetall. Kanonen-Kamellen, in: Handelsblatt vom 15.8.1981; o.V.: Rheinmetall: „Wir sind keine Verbrecher“, in: Bild-Zeitung vom 15.8.1981; Wilm Herlyn: Nessie zur Abwechslung einmal in schimmernder Wehr. Pünktlich im August: Die Vorwürfe gegen Rheinmetall, in: Die Welt vom 27.8.1981 und Heinz Blumenthal: Rheinmetall machte im letzten Jahr 235 Mill. DM Nettoprofit, in: UZ vom 9.10.1984.

572 Hermann Müller: Rheinmetall, ein Staeck-Plakat und ein Flugzeug. Rüstungskonzern hofft auf neue Profite und agiert gegen die Friedensbewegung, in: die tat Nr. 51 vom 18.12.1981, S. 8.

573 Herlyn: Nessie zur Abwechslung einmal in schimmernder Wehr.

574 Dreesbach: Rheinmetall. Kanonen-Kamellen; Müller: Rheinmetall, ein Staeck-Plakat und ein Flugzeug.

aufgetaucht. Bei den Lieferungen hätte es sich um 600 Panzerkanonen gehandelt: „Diese Panzerkanonen wurden dort in argentinische Panzer eingebaut und diese wiederum nach Saudi-Arabien und Pakistan, also in Spannungsgebiete verkauft." Maschinengewehre, die Rheinmetall nach Italien geliefert haben sollte, wurden von den Fahndern in Saudi-Arabien entdeckt. Weitere Lieferungen gingen in ähnlicher Manier nach Südafrika statt nach Paraguay, nämlich „155-Milimeter-Haubitzen und mit einer Anlage zum Füllen der 155er Granaten mit entsprechenden Treibladungen und Sprengstoff, also eine komplette Munitionsfabrik" zusätzlich.[575]

Befürchtet wurde auch, dass die Rheinmetall-Waffen nicht nur im Inneren Südafrikas, sondern auch gegen die Südwestafrikanische Befreiungsorganisation (SWAPO) und bei Überfällen auf das Staatsgebiet Angolas eingesetzt würden.[576] Das Unternehmen verwies gegenüber der „Welt" darauf, dass es sich durch sogenannte „Endverbleibzertifikate" abgesichert habe, „bei denen sich die ausländischen Regierungen, die die von Bonn genehmigten Lieferungen übernehmen, verpflichten, diese nur wieder mit Genehmigung der deutschen Bundesregierung weiterzugeben. Eine Kontrolle darüber kann – naturgemäß – aber nicht von der Rüstungsindustrie geführt werden." Zudem erklärte ein Artikel in der „Welt" der Öffentlichkeit, es handele sich möglicherweise um eine Kampagne gegen das Unternehmen: „Das Thema paßt bestimmten Kreisen in die Zeit, in die Diskussion um die Neutronenwaffe, den Nato-Doppelbeschluß und die Nachrüstung. Da gibt es nämlich Beratungen der SPD – die Bahr-Kommission – und von FDP-Gremien in Bonn, über das Kriegswaffenkontrollgesetz. Daneben steht die Ankündigung von Bundeskanzler Schmidt im Raum, er werde noch in diesem Herbst neue Kriterien zum Rüstungsexport verkünden."[577] Schon 1978 war eine Verschärfung des KWKG auf Initiative des SPD-Abgeordneten Heinz Pensky erfolgt. Danach waren deutsche Unternehmen, die mit ausländischen Partnern gemeinschaftlich Waffen entwickelten, ebenso wie bei rein deutscher Produktion dafür verantwortlich, dass die Endprodukte nicht in Spannungs- und Kriegsgebiete geliefert wurden.[578]

Schließlich mussten sich trotz der öffentlichen Exkulpierungsstrategie des Unternehmens aber vier leitende Mitarbeiter von Rheinmetall in einem Aufsehen erregenden Prozess zunächst wegen illegaler Rüstungsexporte nach dem AWG und KWKG an Südafrika (Munitionsabfüllanlage), später auch nach Saudi-Arabien (MGs) und Argentinien (105mm-Kanone) vor dem Landgericht Düsseldorf verantworten.[579] Zunächst galt die Strafverfolgung bzw. Anklage von BKA und Staatsanwaltschaft Düsseldorf nach Medienberichten einem Rheinmetall-Vorstandsmitglied

575 Zitat Müller: Rheinmetall, ein Staeck-Plakat und ein Flugzeug; Vgl. Herlyn: Nessie.

576 Müller: Rheinmetall.

577 Herlyn: Nessie.

578 Ebenda.

579 Vgl. Hummel: Rüstungsexportbeschränkungen, S. 252 und 271, Müller: Rheinmetall, S. 8 und Der SPIEGEL 17/1986, S. 49–51.

und dem pensionierten Wehrtechnikgeschäftsführer. Sie wurden verdächtigt, über Kontakte mit dem Leiter der staatlichen Rüstungsagentur Armscor im südafrikanischen Pretoria, Granaten und Kanonen ohne Exportgenehmigung verkauft und geliefert zu haben. Der Prozess wurde von Unternehmen und Öffentlichkeit mit gespannter Aufmerksamkeit verfolgt.[580]

Allerdings waren aufgrund der tangierten Sicherheitsinteressen der BRD die Details der Anklageschrift, Verhandlungsschritte und genauere Ergebnisse zunächst unbekannt. So beklagte sich „die tat“ am 8. August 1980: „Die Untersuchungsbehörde verschweigt Einzelheiten des Verdachtes, da Geheimhaltungspflicht bestehe. Diese wird mit der Notwendigkeit begründet, außenpolitischen Schaden von der Bundesrepublik abzuwenden.“[581] Allerdings erschienen während der Ermittlungen und der Anklageerhebung eine Reihe von Artikeln insbesondere im SPIEGEL, die – wie schon gezeigt – die Struktur, aber auch wesentliche Details des „auf Umwegen“ organisierten internationalen Waffenhandels offenlegten.[582] Thematisiert wurde in anhaltenden Berichten dabei auch die unverständlichen, über fast fünf Jahre andauernden Verzögerungen bis zur Eröffnung der Verhandlung, die zunächst sogar eine Amnestie der angeklagten Manager durch Verjährung für möglich erscheinen ließen. Am Ende brachten sie nach einer Kampagne von Rheinmetall tatsächlich eine Aufweichung des KWKG durch die christlich-liberale Regierung. Letztlich kam es zu einer Strafminderung unterhalb der Verbrechensebene.[583]

Bezüglich des Prozesses zielte die Rheinmetall-PR nicht nur auf eine breitere Öffentlichkeit, sondern auch auf die interne Kommunikation mit den Mitarbeitenden. Diese erklärten bei Interviews in der Bild-Zeitung ihre Solidarität mit dem Unternehmen, beispielsweise ein Lehrling, der meinte: „Wenn genehmigte Exporte aus dem

580 Müller: Rheinmetall, S. 8; o.V.: Waffenhandel. Nichts gewußt. Staatsanwälte und Fahnder des Bundeskriminalamtes wurden fündig: Waffen des Rheinmetall-Konzerns gelangten illegal ins Ausland, in: Der SPIEGEL 33/1980 vom 11.8.1980, S. 28 f.; o.V.: Waffenexport. Nachricht von Marais. Diverse deutsche Firmen wärmen sich am Rüstungsgeschäft mit Südafrika, in: Der SPIEGEL 43/1981 vom 19.10.1981, S. 94 f. Rheinmetall forderte daraufhin, eine vom Unternehmen verfaßt Gegendarstellung abzudrucken, die aber die wesentlichen Tatbestände nicht widerlegen konnte. Siehe Dr. Germershausen/Bax: Waffenexport. Nachricht von Marais. Gegendarstellung, in: Der SPIEGEL 49/1981 vom 30.11.1981, S. 112. Vgl. o.V.: Waffenexport. Spur nach Marokko, S. 89 f., mit einer Bestätigung der vorhergehenden Berichterstattung durch die Anklageschrift.

581 Vgl. Müller: Rheinmetall, S. 8.

582 Siehe o.V.: Waffenhandel. Auf Umwegen. Wegen illegaler Waffengeschäfte müssen sich demnächst Manager des Rüstungskonzerns Rheinmetall vor Gericht verantworten, in: Der SPIEGEL 9/1985 vom 25.2.1985, S. 45 f.

583 Beispielsweise das Interview des Rheinmetall-Rechtsberaters Jürgen Waldowski in der Zeitschrift Wehrtechnik (1984) oder das Pieper-Interview in der Bild-Zeitung 1981. Dagegen o.V.: Amnestie für Rheinmetall?, in: Der SPIEGEL 14/1984 vom 2.4.1984, S. 14; o.V.: Rheinmetall-Prozess vertagt, in: Der SPIEGEL 3/1985 vom 14.1.1985, S. 14; o.V.: Prozess im Januar, in: Der SPIEGEL 31/1985 vom 29.7.1985, S. 16 f. In den Artikeln wird von Vertagungen u. a. wegen Personalmangels bei Gericht berichtet, obwohl der Personalbestand de facto erhöht worden sei.

Empfängerland in Drittländer verschwinden, kann man uns doch nicht dafür verantwortlich machen." Bei einer Betriebsversammlung Ende August 1981 wollte der Betriebsrat mit den Beschäftigten in einer Vollversammlung sogar diskutieren, „wie der gute Ruf der Firma geschützt werden kann".[584] Es scheint also, dass die Mitarbeiter entweder per Interviews in der Bild-Zeitung in die Krisenkommunikation des Unternehmens eingespannt wurden oder die Presseabteilung des Konzerns die Medien gezielt mit selbst verfassten Originalbeiträgen von Mitarbeitenden versorgte. Dafür spricht auch die Diktion des angeblich 17-jährigen Lehrlings, der sehr stark Fachwörter aus dem Bereich der Unternehmenskommunikation einsetzte.

Im Jahr 1983 wechselte man die Strategie und erklärte als Ziel der Rheinmetall-PR, beide Ebenen der Unternehmenskommunikation – interne und externe – „mit diesen Vorgängen möglichst wenig zu belasten". Die Informationspolitik richtete der Chef der PR für den Medienbereich insbesondere auf das Instrument der Hintergrundgespräche aus, die v. a. dann genutzt werden sollten, „wenn es erkennbar unvermeidlich ist".[585] Als Modell für dieses Vorgehen diente ihm die August-Kampagne 1983, deren Ablauf gut funktioniert habe. Angestrebt wurde insbesondere, die öffentliche Berichterstattung in Inhalt und zeitlicher Dauer „so kurz wie möglich zu halten", um das öffentliche Image nicht zu beschädigen. Basierend auf Recherchen und externen Untersuchungen kam Pieper zu dem Schluss, dass die bislang aufgedeckten illegalen Exporte „für das Unternehmen sowohl bei Kunden wie in der breiten Öffentlichkeit keine nachhaltigen Image-Einbrüche zur Folge gehabt" hätten. Daher sollte nun zusätzlich versucht werden, die „relativierende Diskussion über die umstrittene Rechtsproblematik durchzuhalten", „den politischen und militärischen Entscheidungsträgern den entsprechenden Rheinmetall-Standpunkt verständlich zu machen" und „den Firmen-Namen soweit als möglich aus den Headlines herauszuhalten". Diese Schritte sah Pieper als unabdingbar an, um „anhaltende Einflüsse auch auf Beschaffungs- und Exportentscheidungen" zu vermeiden.[586] Dies gelang zumindest bezüglich der kritischen Berichterstattung im SPIEGEL, die langsam abebbte.

Obwohl Pieper auch den Bereich der allgemeinen Öffentlichkeit als besonders wichtig ansah, stellte er für die direkten Abnehmer des „politisch-militärischen Bereichs" im Jahr 1984 genaue PR-Regeln auf. Hier ging er von der Prämisse aus, dass „nach abgestimmten und informellen Kommunikationsabläufen über wehrtechnische Beschaffungen" entschieden werde und daher „nahe kommunikative Beziehungen unverzichtbar" seien. Für die aktuellen Planungen bedeutete dies, dass „Mitglieder des deutschen Bundestages, die Rheinmetall bereits persönlich kennen, weiterhin über produktorientierte Absatzinteressen sowie ggf. unternehmenspolitische Entwicklungen persönlich informiert werden". Außerdem sollten die Bundestagsabgeordneten, v. a.

584 O.V.: Rheinmetall: „Wir sind keine Verbrecher", in: Bild-Zeitung vom 15.8.1981.
585 Rheinmetall-Archiv B 595, PR-Konzeption Rheinmetall 1984, Kurzfassung 1983, S. 4.
586 Ebenda.

des Verteidigungs- und Haushaltausschusses, „die Rheinmetall noch nicht persönlich kennengelernt haben, mit der o. g. Zielsetzung eingeladen werden“. Die Informationspolitik des Unternehmens sollte dabei nach dem „Christbaum-Modell“ erfolgen, was auch für den militärischen Bereich galt. Geplant war wohl, die Entscheidungsträger an der Spitze stärker mit Informationen zu bearbeiten als die breitere Schicht der Mitarbeiter in den Referaten und Abteilungen der Ministerien. Offen blieb nach Pieper nur die Frage, welche Stellen im Unternehmen zukünftig den Verteiler mit den anzusprechenden Personen pflegen und die Ansprache der militärischen und politischen Stellen organisieren sollten.[587]

Zu diesen politischen Stellen sollten zukünftig auch die politischen Stiftungen der Parteien zählen, da sie „einen nicht zu unterschätzenden Stellenwert bei der Beeinflussung der öffentlichen Meinung“ hätten. Kontakte sollten im Jahr 1984 systematisch aufgebaut und gepflegt werden, zunächst mit der CSU-nahen Hanns-Seidel-Stiftung, der SDP-nahen Friedrich-Ebert-Stiftung und der FDP-nahen Friedrich-Naumann-Stiftung.[588] Dabei wollte Pieper als Hauptziel bei der mit den politischen Stiftungen ins Auge gefassten Kooperation die „Einflussnahme auf die interne Seminargestaltung zugunsten einer stärkeren Berücksichtigung der sicherheitspolitischen/wehrtechnischen Dimension“ erreichen.[589]

Zwei weitere Teilöffentlichkeiten, die dem Rheinmetall-PR-Leiter am Herzen lagen, waren die Besucher des Hauses und die interne Kommunikation. Das Imageprägende PR-Instrument der *Open-House-Policy* war nach Ansicht Piepers bereits erfolgreich eingeführt worden. Die von Rheinmetall informierte Presse berichtete beispielsweise im Jahr 1982 über insgesamt 10.000 Besucher in der Düsseldorfer Konzernzentrale: „Das Besondere daran ist, daß das Unternehmen jeden zum Besuch einlädt und jedem, der will, einen Blick auf die Waffenproduktion erlaubt. Daß diese Öffnung nicht alles preisgibt, versteht sich – aus Sicherheitsgründen – von selbst.“ Die Termine für weitere Besuchstouren waren schon Mitte Februar für den Rest des Jahres 1982 ausgebucht.[590] Möglicherweise erklärt sich auch daraus Pieper neue Strategie, die Besuchergruppen zukünftig jedoch aus „Sicherheitsgründen“ zahlenmäßig zu reduzieren, womit schon im Jahr 1983 begonnen wurde. Anzustreben sei eine stärkere Konzentration auf „militärnahe Personen“; andere betriebsfremde Besucher sollten nur noch in Ausnahmefällen die Betriebe besichtigen können. Statt der bisherigen Besichtigungstouren durch die Werke schlug Pieper vor, einen „Info-Markt“ zu errichten. Ihm schwebte dabei eine „ständige Ausstellung über die historische und produkt-

587 Ebenda, S. 5f.

588 Ebenda, S. 12. Fälschlicherweise war hier zunächst von der FDP-nahen Fritz-Erler-Stiftung die Rede, was handschriftlich korrigiert wurde. Auffällig ist das Fehlen der CDU-nahen Konrad-Adenauer-Stiftung, zu der möglicherweise bereits Kontakte bestanden.

589 Ebenda.

590 Sch.: Werbemärkte heute. Mit Wehrtechnik leben. Rheinmetall will Vorurteile abbauen, in: Handelsblatt vom 11.2.1982.

orientierte Entwicklung Rheinmetalls, nach dem Modul-System" vor, die dem zunehmenden Bedürfnis nach „Information an Ort und Stelle" entgegenkommen sollte. Diese Ausstellung war schon weitgehend geplant und sollte möglichst noch 1984 eröffnet werden. Zudem plante der unermüdliche Leiter der Rheinmetall-PR eine gemeinsame Kampagne mit dem BMVg und den anderen wichtigen Rüstungskonzernen, um die Kommunikation mit „Schülern und Studenten sowie besonders interessierten Zielgruppen" fortzuführen und auszubauen. Denn Pieper sah bei den jungen Menschen „das potentielle Protestpotential hier am stärksten ausgeprägt", weshalb „nur eine ‚konzertierte Aktion der direkten Ansprache' den erwünschten breiten Überzeugungseffekt zugunsten der deutschen Wehr-Wirtschaft und des gesamten Verteidigungsbereiches erzielen" könne.[591]

Als besonders sensiblen Problembereich der Kommunikation beurteilte Pieper auch den Dialog zwischen Unternehmensleitung und Mitarbeitenden:

> „Nach wie vor gilt, daß die innerbetriebliche Motivation auch im engsten Zusammenhang mit außerbetrieblichen politischen Diskussionen zu sehen ist. Wenn es bisher erkennbar gut gelungen ist, unter den Mitarbeitern eine echte Rheinmetall-Identität zu sichern, so ist diese nicht ungefährdet.
>
> Um zahlreichen Erosionsversuchen einen wirksamen Riegel vorzuschieben, kommt in '84 der Verstärkung des ‚Group feeling' der Rheinmetall-Belegschaft eine erhöhte Bedeutung zu. Es gilt daher, alle zur innerbetrieblichen Verfügung stehenden Kanäle zu nutzen, um den prounternehmerischen Kräften einen breiten Resonanzboden zu erhalten.
>
> Das bedeutet für '84 eine leichte Modifikation der innerbetrieblichen Kommunikation. Ging es bisher vorrangig um die Information mit Fakten und Argumentationslinien, so sollte im vorstehenden Zeitraum die eher gruppenpsychologisch inspirierte ‚Wir-Stimmung' in der Belegschaft stimuliert werden.
>
> Gerade weil das sozialpolitische Umfeld sich zunehmend stimmungsmäßig-emotional auflädt, kommt einem positiven Gruppengefühl der Rheinmetall-Belegschaft in erhöhtem Maße stabilisierende und immunisierende Funktion zu.
>
> Nicht zuletzt sollte sich dies auch in einer partiell modifizierten Informationsstrategie niederschlagen. Es reicht nicht mehr aus, die Medienberichterstattung aus der Presse der Belegschaft zu präsentieren. Es sollten vielmehr auch verstärkt publizistische Erfolgserlebnisse bewusst organisiert und der Belegschaft nahegebracht werden, um zu einer emotional positiven Einstellung beizutragen.
>
> Als Kommunikations- und Meinungsträger bieten sich die bewährten Kanäle an: Führungs- und Betriebsveranstaltungen sowie Hauszeitung und die monatliche Presseschau."[592]

Insbesondere die gemeinsam mit dem Betriebsrat neu gestaltete Hauszeitung galt Pieper als wichtiges Instrument der internen Kommunikation, um Stabilität und Widerstand („Immunisierung") gegenüber einer kritischen bis ablehnenden Öffentlichkeit

---

591 Ebenda, S. 5.

592 Rheinmetall-Archiv B 595, PR-Konzeption Rheinmetall 1984, Kurzfassung 1983, S. 6 f.

zu erzielen. Daher befragte er die Mitarbeitenden auch schon vor einer externen quantitativen Analyse zur Akzeptanz des überarbeiteten Mediums. Gefragt wurde v. a., ob der neue Stil im „Boulevard-Layout“ denn „dem durchaus brisanten Inhalt angemessen wäre“. Nicht nur das neue Format wurde nach Piepers Aussagen durchaus positiv aufgenommen, sondern auch die neuen Inhalte, die die Beschäftigten zu einer aktiven Mitarbeit an der Zeitung bewegen sollten. Solche „bewusst eingesetzten Rücklaufverfahren“ wie Preisrätsel, Meinungsäußerungen und Rückfragen hätten dazu geführt, dass „die rein rezeptive Haltung zur Betriebszeitung zugunsten einer direkten, produktiven Mitarbeit“ aufgegeben worden sei. Geprüft werden sollte aber noch mittels Meinungsumfrage, wie die vierteljährliche Erscheinungsweise und die Bezugnahme auf allgemeine politische Zusammenhänge bei den Mitarbeitenden angekommen seien. Dadurch sollte im Stil einer Markt- und Meinungsumfrage geklärt werden, ob die neuen Inhalte denn auch „auf die innerbetriebliche Motivationslage einen nachweislichen Einfluß“ haben.[593] Dies zeigt noch einmal paradigmatisch, welche Bedeutung dem Aufbau von Vertrauen in der Legitimationskrise des Unternehmens während der Untersuchung illegaler Rüstungsexporte beigemessen wurde.

Pieper wollte während dieser Krise zudem prüfen lassen, ob nicht auch die Werkszeitungen anderer Unternehmen und die bisher bewährten „ausgewählten Journalisten“ von Rheinmetall zur Verfügung gestellte Artikel über Rüstungsforschung und -entwicklung abdrucken lassen könnten. Denn insbesondere die über 1.800 bundesdeutschen Firmenzeitungen hätten ein meinungsbildendes Potential, das mit dem der Tageszeitungen durchaus vergleichbar sei. Solche positiven „objektiven“ Artikel aus anderen Werkszeitungen und der Tagespresse könnten wiederum in der Rheinmetall-Hauszeitung zitiert werden, um „auch intern das Meinungs- und Stimmungsbild wieder gerade [zu rücken].“ Für die Unternehmensleitung von der Abteilungsleiterebene an aufwärts sollte dagegen eher die „monatliche Presseschau“ die positive Berichterstattung übernehmen.[594]

Diese monatliche Presseschau (MP) für die Geschäftsführung konnte nicht – wie noch 1983 geplant – zweimal monatlich erscheinen, da die aufwendige Berichterstattung im Jahr 1983 alle personellen Kapazitäten gebunden hatte. Sie sollte aber zukünftig inhaltlich erweitert werden und weiteren Gruppen im Unternehmen zugänglich gemacht werden. So nutze bereits der Aufsichtsrat der Rheinmetall Berlin AG einen Auszug, der auch als probates Mittel dienen könne, die zivilen Unternehmensbereiche stärker an den Konzern und die Wehrtechnik heranzuführen, so Pieper. Um diese Vorbehalte mithilfe der MP oder eines Auszugs aus derselben abzubauen, sei aber die enge Abstimmung mit dem Vorstand und den Pressestellen der einzelnen Unternehmensbereiche notwendig.[595]

593 Ebenda, S. 7 f.

594 Ebenda, S. 8.

595 Ebenda, S. 9.

Eine wichtige Funktion komme innerhalb der Unternehmensorganisation auch den Hauptabteilungsleitern (HAL) zu, die bereits regelmäßige Treffen abhielten. Zu diesen Treffen sollten nach Ansicht Piepers verstärkt externe Referenten hinzugezogen werden, da sich solche „exklusiven Erfahrungen aus erster Hand" als Anreiz bewährt hätten. Zudem sei als ein solches Event schon „u. a. ein Besuch im Bundeswehrbereich in Vorbereitung, bei dem erstmals die Gelegenheit gegeben ist, der Simulation künftiger Kriegsszenarien beizuwohnen. Die HAL erhalten hier die Gelegenheit, die Anforderungen an die konventionelle Bewaffnung von Morgen in realistischen Simulationen kennenzulernen".[596] Zwar wurde die Möglichkeit, wichtige Kontakte zu knüpfen, nicht explizit erwähnt, aber auch hier wird wieder deutlich, welchen Nutzen die „Netzwerke des Vertrauens" für Informationen, Austausch und Erweiterung von Absatzmärkten erzielen konnten. Zudem konnten durch solche exklusiven Veranstaltungen verschiedene Ziele wie Mitarbeiterbindung, -anreiz und -gratifikationen geschickt miteinander verbunden werden.

Alle diese Mittel der internen und externen Kommunikation sollten zukünftig in ihrer Wirkung verstärkt getestet und überprüft werden, um Effektivität zu gewährleisten. So schlug Pieper vor, Kommunikationskanäle wie Film, Broschüren, Zeitschriften, Seminare, Jahresberichte und Anzeigen-Serien anhand verschiedener Pretests zu überprüfen. Auf der Grundlage dieser Tests durch ein Marktforschungsinstitut sollten Hinweise gewonnen werden, wo Kosten eingespart, die PR-Strategien optimiert und Überschneidungen vermieden werden könnten.[597] Eine solche Praxis war zu dieser Zeit auch in anderen Branchen wie der konsumnahmen Chemieindustrie durchaus üblich, wie Harm G. Schröter gezeigt hat. Die Firma Beiersdorf ließ seit der Absatzkrise 1966/67 immer wieder verschiedene Marktanalysen durchführen z. B. von Prof. Reinhold Bergler.[598]

Laut Hartmut Berghoff lässt sich diese Entwicklung „gut mit Hilfe der Luhmannschen Systemtheorie beschreiben. Der von dem System Unternehmen scharf durch eine organisatorische Grenze getrennte Absatzmarkt hatte eine so hohe Komplexität gewonnen, daß das System seine Umwelt nicht mehr ohne weiteres verstand. Daher mußte es die Umwelt beobachten bzw. beobachten lassen und die so gewonnenen, nach Relevanz gefilterten Informationen in das System zurückspielen. Erst auf Grundlage dieser Daten konnten absatzpolitische Entscheidungen

596 Ebenda.

597 Ebenda, S. 11. Zum Beginn der Marktforschung in der BRD siehe auch Clemens Zimmermann: Marktanalysen und Werbeforschung der frühen Bundesrepublik. Deutsche Traditionen und US-amerikanische Einflüsse, 1950–1965 in: Manfred Berg/Philipp Gassert (Hg.): Deutschland und die USA in der Internationalen Geschichte des 20. Jahrhundert, Stuttgart 2004, S. 473–491.

598 Schröter: Erfolgsfaktor Marketing, S. 1106 ff.; Ders.: Marketing als angewandte Sozialtechnik, S. 619 ff. und 636 ff. Vgl. ders.: Zur Geschichte der Marktforschung in Europa im 20. Jahrhundert, in: Rolf Walter (Hg.): Geschichte des Konsums, Wiesbaden 2004, S. 319–336.

getroffen werden.“[599] Dies erklärt auch, warum sich die Marktforschung, nach ersten Ansätzen in den 1920/30er Jahren und Nutzung von repräsentativen Zufallsstichproben oder Gruppenbefragungen nach 1945 insbesondere nach den Absatzkrisen der 1970er Jahren methodisch stark weiter entwickelte: „Das Sammeln großer Mengen von Kundendaten etwa durch die Erfassung früherer Einkäufe oder die Auswertung von Fragebögen ermöglichte es, die Zielgruppen zunehmend exakter zuzuschneiden und durch Maßnahmen des Direktmarketings (Briefe, Einladungen, etc.) punktgenau anzusprechen.“[600] Allerdings wurden unterschiedliche Zielgruppen im Sinne einer Marktsegmentierung nicht nur bei Rheinmetall sondern auch bei Beiersdorf und Daimler-Benz erst in den 1980er Jahren verstärkt in Planungen einbezogen.[601]

Bei Rheinmetall ging die Markterforschung in dieser Zeit einher mit einer internen Befragung der Mitarbeiter zur PR, die schon in der Konzeption ’83 vorgesehen gewesen war. Diese Befragung sei zeitlich besonders dringend, „angesichts der wachsenden Belastungen des Betriebsklimas durch externe Einflüsse“. Zudem könnte der „Aufhänger ‚Werkzeitung‘“ effektiv „als sehr sinnvoller Einstieg in die Interviews“ genutzt werden. Pieper plädierte insgesamt nun eher für eine qualitative Befragung einzelner Mitarbeiter „mit den Mitteln der modernen Kommunikationspsychologie“, die inhaltsreicher, weniger aufwendig und kostengünstiger als quantitative Massenerhebungen sei. Zudem müsse nur eine geringe Anzahl an Beschäftigten befragt werden, was dazu führe, dass „ein möglicher nicht unwesentlicher Unruhefaktor“ im Betrieb ausgeschaltet werde.[602] Dies deutet insgesamt auf eine gespannte Stimmung während der Krisenzeit des Prozesses im Unternehmen hin, die mit Hilfe der PR bekämpft werden sollte. Sie unterstützte somit Personalpolitik und Mitarbeiterführung, indem sie die Legitimität des Unternehmens wieder herzustellen versuchte und beschränkte sich also keinesfalls auf reine Werbung.

Doch auch der Werbemarkt sollte weiterhin bedient werden. Um sich neue Instrumente der Öffentlichkeitsarbeit zu erschließen, schlug Pieper vor, im Jahr 1984 die „Illustrierten Wochenblätter“ wie Quick, Bunte und Weltbild zu kontaktieren und einzuspannen. Interessant ist die Relevanz, die der PR-Chef diesen Boulevard-Blättern für Rüstungswerbung beimaß. Seiner Ansicht nach „zeichnen sich Tendenzen ab, wonach nicht nur Politiker diesen Medien erhöhte Relevanz zumessen, sondern sich nachgewiesenermaßen auch die öffentlich-rechtlichen Funkmedien bei ihrer Programmgestaltung in zunehmendem Maße der Themen annehmen, die in den Illustrierten Wochenblättern ventiliert und so der öffentlichen Diskussion vorgeschrieben

599 Berghoff: Moderne Unternehmensgeschichte, S. 321.
600 Ebenda, S. 325 f. Vgl. Schröter: Erfolgsfaktor Marketing S. 1106 ff. und Schröter: Geschichte der Marktforschung.
601 Schröter: Erfolgsfaktor Marketing, S. 1126; Köhler: Marketingmanagement, S. 226 ff.
602 Rheinmetall-Archiv B 595, PR-Konzeption Rheinmetall 1984, Kurzfassung 1983, S. 11 f.

werden."[603] Dieses in den 1990er Jahren als *agenda-setting* bezeichnete kommunikationswissenschaftliche Phänomen stellte Pieper also in den 1980ern bereits als entscheidende Chance für die Rheinmetall-PR heraus.[604]

Um diesen Faktor zu nutzen, sollte nicht nur systematisch Kontaktpflege zu den entsprechenden Redaktionen betrieben werden, sondern auch Redaktionsbesuche sollten stets dazu dienen, „redaktionell aufbereitetes und verwertbares ‚Schreibfutter' anzubieten". Geplant war insbesondere, die folgenden Themen bei den Publikumszeitschriften zu lancieren: „Vorstellung der Mitarbeiterzeitung, Beispiele für das Engagement, die Identifikation der Belegschaft mit ihrem Betrieb, Meinungsäußerungen der ‚schweigenden Mehrheit' der Bevölkerung zu den Problemenkreisen [sic!] Wehrtechnik, Sicherheit und Verteidigung." Damit werde insgesamt eine Doppelstrategie unterstützt, die auf der einen Seite Angriffe abzuwehren suche und auf der anderen Seite mit „dem selbstbewussten Ausstreuen von ‚Pro-Informationen'" arbeite. Diese Doppelstrategie sollten auch der Ausbau und die Pflege der Kontakte zu den „bekannten Meinungsführern der nationalen und internationalen Journalistik" unterstützen.[605]

Begleitet wurde die direkte Beeinflussung der Medieninhalte durch die Anzeigen-Strategie des Konzerns, die 1983 neu ausgerichtet worden war. Werbung in den entsprechenden Medien sollte nach dem 2-Jahres-Rhythmus, der 1983 eingeführt worden war, konsequent fortgesetzt werden. Dabei sollten Anzeigen im Inland anders ausgerichtet werden als im Ausland. Pieper differenzierte wie folgt:

> „1. Im Inland werden Produktanzeigen geschaltet, die die strategisch-taktische Begründung unserer Erzeugnisse herausstellen.
> 2. Im Ausland werden Produktanzeigen plaziert, die den hohen technologischen Standard unserer Systeme deutlich machen."[606]

Diese unterschiedliche Behandlung, die damit den inländischen und ausländischen Märkten zuteilwerden sollte, veranschaulicht nahezu paradigmatisch die unterschiedlichen Strategien zur Produktwerbung: Während in der BRD die Legitimation von Waffen über die strategisch-taktische Ausrichtung im Kalten Krieg erzeugt werden sollte, setzte die Rheinmetall-PR im Ausland betont auf technologische Qualität und Perfektion – traditionelle Kriterien von Rüstungswerbung, wie im Folgenden (Kap. 4) noch verdeutlicht werden wird.

Die Betonung von technischen Standards und Qualitätsmerkmalen verweist auch schon auf die Neuausrichtung der Konzern-PR ab Mitte der 1980er Jahre. Der dargestellten Vertrauens- und Legitimitätskrise der Rüstungsproduktion in der öffentlichen Meinung suchte Rheinmetall als einer der größten bundesdeutschen

---

603 Ebenda, S. 10.

604 Vgl. etwa Patrick Rössler: Agenda-Setting. Theoretische Annahmen und empirische Evidenzen einer Medienwirkungshypothese, Opladen 1997.

605 Rheinmetall-Archiv B 595, PR-Konzeption Rheinmetall 1984, Kurzfassung 1983, S. 10.

606 Ebenda, S. 12.

Rüstungskonzerne nicht nur durch eine erweiterte und längerfristig wirksame Palette an PR im Sinne einer „Feuerwehr", sondern auch durch organisationspolitische Maßnahmen beizukommen. Diese Praxis kann auch in anderen Branchen wie der Kosmetikindustrie beobachtet werden. Hier war der Spezialhersteller Beiersdorf seit Ende der 1960er Jahre mit der Abwehr eines Konkurrenzprodukts zum Marktführer Nivea-Creme befasst und etablierte „Marketing (...) in der Art einer ‚Task Force' [um] den Angriff der Creme 21 abzuwehren und darüber hinaus längerfristiges Marketing aufzubauen."[607] Interessanterweise wurde auch hier Marketing als „Feuerwehreinsatz" gegen eine Krise auf dem Absatzmarkt verstanden und entsprechend eingesetzt.[608] Auch bei Rheinmetall bestand durch staatsanwaltliche Ermittlungen und den Prozess eine Vertrauens- oder Legitimitätskrise, die zudem zu einer Zeit des Absatzrückgangs im Export eine zeitlich unglückliche Koinzidenz aufwies. Sicherlich trugen auch die Sensibilisierung der Öffentlichkeit nach dem NATO-Nachrüstungsbeschluß und die Rüstungskritik der Neuen sozialen Bewegungen dazu bei, dass eine solche breite Palette an PR-Mitteln eingesetzt und weiterentwickelt wurde. Marktumfeld und gesellschaftspolitischer Hintergrund sollten stärker als jemals zuvor ausgeleuchtet werden, um Brände löschen und verhüten zu können – wenn man im Bild der PR als Feuerwehr bleiben will. Daneben spiegelte sich bei Rheinmetall auch die von der Unternehmensleitung und dem Hauptaktionär vorangetriebene Diversifikation in zivilen Märkten in den kommunikationspolitischen Instrumenten der „Feuerwehr" wider, die insbesondere in der nun zu behandelnden letzten Phase des Kalten Krieges versuchte, die zivile Seite des Konzerns in der Öffentlichkeit herauszustellen.[609]

3.3 Neue Marketingstrategien am Ende des Kalten Krieges?

3.3.1 Détente, Reagonomics und Legitimitätskrisen

Ein zweites wichtiges Moment gewann ab Mitte der 1980er Jahre an Gewicht, denn die europäischen Rüstungsmärkte waren nun – stärker noch als Ende der 1960er Jahre – nach drei Ausstattungswellen weitgehend gesättigt. Schon Bontrup/Zdrowomyslaw sprachen daher auch von deutlichen Überkapazitäten in der Produktion, die durch zu geringe Auslastung der Serienfertigung bei den Rüstungsproduzenten hervorgerufen wurde. Zwar trafen die NATO-Länder für eine Reihe von Rüstungsgütern schon Vorbereitungen für neue Beschaffungsvorhaben der 1990er, die von der Luftwaffe dominiert

607 Schröter: Erfolgsfaktor Marketing, S. 1107–1109.
608 Ebenda, S. 1113.
609 Rheinmetall-Archiv B 595, PR-Konzeption Rheinmetall 1984, Kurzfassung 1983, S. 13.

wurden.[610] Doch zunehmend gab es durch die Marktsättigung und Absatzkrisen auf den zivilen Märkten härtere Konkurrenz bei den Beschaffungsvorhaben der bundesdeutschen Behörden, aber auch auf den internationalen Märkten. Zudem liefen große Serienprojekte wie das Tornado-Kampfflugzeug, Fregatten, die Leopard-Panzer mit der Ablieferung an die Bundeswehr zunächst aus. Die Begrenzungen des nationalen Rüstungsmarktes versuchte die Rüstungsindustrie zwar mit einer Ausweitung des Exportes zu begegnen, aber auch hier waren enge Grenze durch gesetzliche Regelungen, politische Einschränkungen und Konkurrenz gesetzt. Anders als in der Konjunkturkrise in der ersten Hälfte der siebziger Jahre war das Potential für Gegenmaßnahmen nun begrenzt. Hummel meinte etwa, dass „die Exportmöglichkeiten (...) wegen des weltweit stagnierenden Rüstungsimports trotz der erfolgten Liberalisierung in der Rüstungsexportpolitik ausgeschöpft zu sein“ schienen. Hier spielten die verstärkten Exportaktivitäten der US-amerikanischen Unternehmen unter der Regierung Ronald Reagans eine wichtige Rolle, daneben aber auch die neuen Marktakteure aus den Schwellen- und Entwicklungsländern.[611]

Mit der liberalisierten Wirtschaftspolitik der *Reagonomics* war die Wirtschaftsförderung zentraler Branchen verbunden.[612] Die Reagan-Administration sah Rüstungsexporte als legitimes Mittel ihrer außenpolitischen, militärischen und wirtschaftspolitischen Ziele an. Rasch wurden zuvor aufgeschobene Rüstungsexporte wie z. B. die Lieferung von AWACS-Flugzeugen nach Saudi-Arabien genehmigt, um die stagnierenden Rüstungsexporte anzukurbeln.[613] Die weltweiten Exporte von Großwaffen pendelten sich nach dem Boom der 1970er Jahre auf der Höhe von durchschnittlich 23 Milliarden US-Dollar Umsatz pro Jahr ein. Die Rüstungsexporte an Entwicklungsländer insgesamt beliefen sich in den 1980er Jahren auf 36 Milliarden US-Dollar pro Jahr, mit leicht fallender Tendenz am Ende des Kalten Krieges. Dabei war weniger die Befriedung von Konflikten wie in Marokko und Äthiopien für die Begrenzung von Waffenexporten entscheidend. Vielmehr wirkten sich in vielen unterentwickelten Ländern (v. a. Ägypten, Algerien, Argentinien, Chile, Ecuador, Indonesien, Libyen, Mosambik, Oman und Katar) die immensen Schulden und sinkenden Deviseneinnahmen für Ölexporte bremsend auf den Rüstungsimport aus. In den Exportländern verstärkten andererseits die gesunkenen Exportzahlen die Konkurrenz, wobei v. a. Frankreich, aber auch Großbritannien (5–7 % Weltmarktanteil), die BRD und die VR China ihre Positionen gegenüber UdSSR und USA stark ausbauen konnten. Beide Großmächte erzielten in den 1980er Jahren nur noch Anteile von etwa 30 % am weltweiten Rüstungsmarkt. Eine gewichtige Rolle spielten in diesen Marktverschiebungen auch neue Akteure, die angezogen durch die Rüstungswelle

---

610 Bontrup/Zdrowomyslaw: Rüstungsindustrie, S. 130. Vgl. Tesarczyk: Firmenporträt DIEHL, S. 25.

611 Ebenda, vgl. Hummel: Rüstungsexportbeschränkungen, v. a. S. 223 f. und 296 f.

612 John N. Smithin: Macroeconomics after Thatcher and Reagan. The Conservative Policy Revolution in Retrospect, Aldershot 1990.

613 Wulf: Waffenexport, S. 34 f.

der 1970er Jahre in das Geschäft mit konventionellen Waffen und Großwaffensystemen eingetreten waren. Hierzu zählten neben Schweden, der Schweiz, Österreich, Spanien, Polen und der CSSR auch die vormaligen Entwicklungsländer Brasilien und Israel.[614] Die Internationalisierung der Märkte kennzeichnete das Rüstungsgeschäft in dieser Phase und der intensivierten Konkurrenz wurde zunehmend durch Kooperationen, Fusionen oder durch Konzentration, besonders im Luftfahrtbereich, begegnet.

Dass die Rüstungsindustrie verglichen mit zivilen Branchen noch durchaus stattliche staatliche Aufträge einheimsen konnte, liegt in der sicherheitspolitischen Entwicklung der späten 1970er Jahre begründet. Mit dem Ende der Détente im Jahre 1977 wurde eine neue Phase des Wettrüstens in West und Ost, aber auch in den Entwicklungs- und Schwellenländern eingeleitet. Zwar wird der NATO-Nachrüstungsbeschluss im Jahr 1979 hier als markantes Datum zur Abgrenzung verwendet, doch liegen die Anfänge der neuen NATO-Doktrin in Helmut Schmidts Rede am 28. Oktober 1977 vor dem Londoner *International Institute of Strategic Studies*.[615] Die neuere Forschung hat differenziert dargelegt, dass diese Rede auf eine veränderte Bedrohungslage Westeuropas im Allgemeinen und der Bundesrepublik im Speziellen reagierte und eindeutige militärische Antworten zur Wiederherstellung des strategischen Gleichgewichts von West und Ost auf allen Ebenen forderte. Vorausgegangen war unter Carter eine öffentlich proklamierte Entspannungspolitik gegenüber der Sowjetunion, die nicht nur „die strategische Bedeutung der in Europa stationierten Kernwaffen herunterstufte“ und zu Zugeständnissen im konventionellen Bereich bereit war, sondern durch die Entwicklung der Neutronenbombe speziell für das europäische Gefechtsfeld in den USA zu einer „völlige[n] Entkopplung von amerikanischen und deutschen Sicherheitsinteressen“ führte. Daher bedeutete die Stationierung sowjetischer SS20-Mittelstreckenraketen ohne jegliche Begrenzung durch den SALT II-Vertrag für die bundesdeutsche Militärpolitik eine weitere Verschärfung der politischen Bedrohungslage. Dies hatte sich schon unter der *Flexible response*-Doktrin als Dilemma angedeutet.[616]

Holger Nehring und Benjamin Ziemann haben zu Recht darauf hingewiesen, dass West- und Mitteleuropa von beiden Supermächten als potenzielles nukleares Gefechtsfeld oder als territoriale Verhandlungsmasse gesehen wurden, was sich auch durch die SALT- und START-Verträge zur Rüstungsbegrenzung nicht verändert hatte.

614 Ebenda, S. 34–36, Zitat S. 35.

615 Holger Nehring/Benjamin Ziemann: Führen alle Wege nach Moskau? Der NATO-Doppelbeschluss und die Friedensbewegung – eine Kritik, in: VfZ 59, 1 (2011), S. 81–100, hier S. 94; Bald: Die Bundeswehr, S. 98 f. und Helga Haftendorn: Das doppelte Missverständnis. Zur Vorgeschichte des NATO-Doppelbeschlusses von 1979, in: VfZ 33 (1985), S. 244–287.

616 Nehring/Ziemann: Wege nach Moskau?, S. 94 vgl. Bald: Die Bundeswehr, S. 99 ff. und Kristina Spohr-Readman: Germany and the Politics of the Neutron Bomb, 1975–1979, in: Diplomacy and Statecraft 21, 2 (2010), S. 259–285.

Schmidt trieb daher eher die Sorge an, „dass die von den Vereinigten Staaten und der Sowjetunion angestrebte strategische Rüstungsbeschränkung auf Kosten der Europäer gehen und ihre Sicherheitsinteressen beeinträchtigen könnte.“[617] Der bundesdeutsche NATO-Botschafter Dr. Rolf Friedemann Pauls sah ebenfalls in einem ausführlichen Statement in der Militärfachzeitschrift „Europäische Wehrkunde“ im Herbst 1980, dass die Sowjetunion ein gänzlich anderes Verständnis von Entspannung habe als die westlichen Länder. Nach Lenin sei Entspannung „eine Fortsetzung der Politik zur Durchsetzung des Sozialismus mit allen geeigneten Mitteln unter Ausschaltung des offenen, bewaffneten Konflikts.“ Demgemäß nütze es wenig, „überoptimistische Erwartungen“ zu hegen und von einer „Politik ‚Spannungen zu mindern‘“ zu sprechen. Denn „Überschätzung der Möglichkeiten der Détente hat mancherorts auf unserer Seite den Blick dafür getrübt, daß ohne Machtgleichgewicht Entspannungspolitik bzw. eine Politik, Spannungen zu mindern gar nicht möglich und zum Scheitern verurteilt ist. Den Sowjets ist nicht vorzuwerfen, daß sie das irgendwann im letzten Jahrzehnt verkannt hätten.“[618] Er forderte daher stellvertretend für die Bundeswehr, dass Machtgleichgewicht aufrechtzuerhalten bzw. wo notwendig, erst wiederherzustellen, die Abschreckung nicht zu unterhöhlen und der „sowjetischen Aggression“ entschiedenen – auch militärischen – Widerstand entgegen zu setzen. Ursächlich dafür seien nicht nur das sowjetische Expansionsstreben, sondern auch die Sicherung von Rohstoffreserven sowie von internationalen Verkehrs- und Transportwegen. Sicherlich nicht zu Unrecht sah der bundesdeutsche NATO-Botschafter daher die zukünftige Entwicklung stärker von Konflikten geprägt: „Waren die 60er Jahre solche der Anregung im Ost-West-Verhältnis, der 70er die der Verhandlungen und Vertragsabschlüsse, so scheinen die 80er sich wieder mit mehr konfrontativen als kooperativen Elementen anzulassen.“[619] Helmut Schmidt forderte auf der Grundlage dieses Verständnisses nicht nur einen stärkeren Ausgleich des amerikanisch-sowjetischen Rüstungsgleichgewichts, sondern eine Berücksichtigung deutscher und westeuropäischer Sicherheitsgarantien. Ziel war ein militärisches Gleichgewicht, das im NATO-Doppelrüstungsbeschluss konkret durch die Stationierung von Pershing-Sprengköpfen in Europa bis zum Gleichgewicht erreicht werden sollte. Nachrüstung bedeutete in diesem Sinne einen Ausgleich zwischen den in Europa stationierten Mittelstreckenraketen bis zum Erreichen neuer Abrüstungsbeschlüsse zwischen USA und UdSSR. Zudem sollten neue Waffen unterhalb der Atomschwelle genutzt werden.[620]

617 Nehring/Ziemann: Wege nach Moskau?, S. 93–95, Zitat S. 94. Vgl. Bald: Die Bundeswehr, S. 101.

618 Rolf Friedemann Pauls: Wachsende Herausforderung – Sicherheitsprobleme der 80er Jahre, in: Europäische Wehrkunde 29, 10 (1980), S. 477–482, hier: S. 477.

619 Ebenda, S. 477–480.

620 Nehring/Ziemann: Wege nach Moskau?, S. 94 f.; Bald: Die Bundeswehr, S. 101 f.

Diese neue Aufrüstungspolitik wurde nicht nur durch den bundesdeutschen NATO-Botschafter und die Generalität unterstützt, die schon ihr Ziel der gleichberechtigten nuklearen Teilhabe in greifbarer Nähe sahen, sondern auch durch die NATO. Sie arbeitete in den Jahren 1978/1979 die neue Doktrin mit ihrer eigentümlichen Melange aus Abrüstungsangeboten und atomarer Bedrohung durch Mittelstreckenraketen und konventionelle Waffen intensiv aus: „Im Sommer 1979 lag das diplomatische und militärische Konzept ausformuliert vor." Führend bei der inhaltlichen Entwicklung des Nachrüstungsbeschlusses waren die USA, die somit ihren Status als Hegemonialmacht gegenüber Westeuropa weiterhin behaupteten. Doch, wie Detlef Bald feststellte, war damit das deutsche Sicherheitsdilemma nicht beseitigt: „Jeder, auch ein selektiver Atomwaffen-Einsatz würde die Existenz des Landes mit Sicherheit vernichten."[621] Daran änderte auch die Vielzahl der von den US-Streitkräften durchgespielten Konflikts- und Kriegsszenarien nichts, die zunächst zur *Counterforce*-Doktrin noch unter Präsident Carter, danach zum Prinzip der „horizontalen Eskalation" und zum FOFA-Konzept (Follow On Forces Attack, mit US-Militärkonzeption *AirLand Battle* bzw. Rogers-Plan, 1982) mit Nuklearschlägen bis ins Hinterland unter Präsident Reagan führten.[622] Dass die im Nachrüstungs-Vertrag vorgesehenen Abrüstungsverhandlungen unter Präsident Reagan und Premierministerin Thatcher gezielt vernachlässigt wurden, überrascht wenig, da nach seinem Amtsantritt ein neuerlicher Rüstungsboom initiiert wurde.

Kernstück Reagans am 23. März 1983 verkündeter Doktrin war die Planung einer „Fortress America". Ihr technisch anspruchsvollstes Projekt stellte die „Strategische Verteidigungsinitiative" (SDI) mit einer gezielten Aufrüstung des Weltraums dar.[623] Diese Politik eines neuerlich angefachten Rüstungswettlaufs mit der Sowjetunion wurde in der BRD zunächst unter der sozial-liberalen Koalition mit dem Slogan „Mut zur Rüstung" auch von der Opposition unterstützt, nach der konservativ-liberalen „Wende" des Jahres 1982 vom neuen Verteidigungsminister Wörner erweitert und erst unter der Annäherungspolitik Gorbatschows beendet. Detlef Bald bewertete die Ära Wörner daher als doppeltes *Rollback*: nicht nur die Mittel für die Bundeswehr seien baldmöglichst wieder aufgestockt worden, sondern auch die vergangenheitspolitische Stoßrichtung habe auf eine Restitution der Vorkriegs-Traditionsbestände in Form des „Kämpfermythos einer glorreichen Wehrmacht" abgezielt, sei allerdings durch die alltägliche Praxis

621 Bald: Die Bundeswehr, S. 102f. Vgl. Klaus Naumann: Machtasymmetrie und Sicherheitsdilemma. Ein Rückblick auf die Bundeswehr des Kalten Kriegs, in: Mittelweg 36 Nr. 14, 6 (2005), S. 13–28.

622 Bald: Die Bundeswehr, S. 104f. Zur deutschen Beteiligung am ESECS II, Europäische Sicherheitsstudie: o.V.: Bonns neues 65-Milliarden-Ding. Hochrüstungsprojekt für „Schläge in die Tiefe", in: UZ vom 29.8.1985.

623 Ebenda, S. 106–108. Vgl. Philipp Gassert: Did Transatlantic Drift Help European Integration? The Euromissiles Crisis, the Strategic Defense Initiative, and the Quest for Political Cooperation, in: Kiran Klaus Patel/Kenneth Weisbrode (Hg.): European Integration and the Atlantic Community in the 1980s, NewYork 2013, S. 154–176.

abgemildert worden.[624] Für die Rüstungsmärkte bedeutete die deutliche Unterstützung des NATO-Nachrüstungskurses und das Ende der Apelschen Sparmaßnahmen unter Wörner mit der saloppen Losung „Klotzen statt Kleckern" einen neuen Aufschwung. Seit 1985 kam es zu einer massiven Erhöhung der bundesdeutschen Militärausgaben, v. a. des investiven Anteils. Ursächlich dafür waren die Tornado-, Fregatten- und Leopard-Waffenk äufe (Erhöhung um 43 % von 1981 bis 1985).[625] Unterstützt wurde dieser Anstieg durch um 50 % erhöhte Rüstungsforschungsetats zwischen 1984 und 1987.[626]

Die Reaktionen der westdeutschen Gesellschaft auf die veränderte sicherheitspolitische Lage waren, verglichen mit den Protesten gegen die Wiederbewaffnung der Bundesrepublik in den 1950er Jahren, enorm weitreichend. Neue Aktionsformen, Bilder, Zeitschriften und Publikationsformen wurden von den Protestierenden entwickelt.[627] Den „Krefelder Appell" gegen den Nachrüstungsbeschluss unterzeichneten insgesamt über vier Millionen Bundesbürger, darunter viele prominente Intellektuelle, Wissenschaftler, Künstler und Musikerinnen. Große Friedensdemonstrationen in Bonn und Mutlangen brachten bis zu 300.000 Menschen gegen die Rüstungspolitik, teils in organisierten Gruppen politischer, religiöser oder ökologischer Aktivisten in den Jahren 1980 bis 1982 zusammen. Bezeichnend für die geäußerte Kritik war, dass sie der neuen „Sicherheitspolitik von Grund auf jede Legitimation" entzogen, wie Bald zutreffend feststellte. Ein Aufruf argumentierte etwa, die Nachrüstung sei „militärisch ebenso unnötig, überflüssig und unsinnig wie abrüstungs- und entspannungspolitisch dysfunktional. Opposition (...) ist daher angezeigt."[628] Zweifel an der Verschärfung des Atomkonflikts

---

624 Bald: Die Bundeswehr, S. 107 ff., Zitat S. 107 und 111. Vgl. Leopoldo Nuti (Hg.): The Crisis of Détente in Europe. From Helsinki to Gorbachev, 1975–1985, London/New York 2008 und Axel Schildt: „Die Kräfte der Gegenreform sind auf breiter Front angetreten". Zur konservativen Tendenzwende in den Siebzigerjahren, in: AfS 44 (2004), S. 449–478.

625 Heinz-Gerd Hofschen: Nachschlag, in: DVZ vom 23.8.1985.

626 Bald: Die Bundeswehr, S. 110 f.

627 Belinda Davis/Carla MacDougall/Wilfried Mausbach (Hg.): Changing the World, Changing Oneself. Political Protest and Collective Identities in West Germany and the U.S. in the 1960s and 1970s, New York 2010; Benjamin Ziemann: The Code of Protest. Images in the West German Peace Movements, 1945–1990, in: Contemporary European History 17 (2008), S. 237–261; Dieter Rucht: Peace Movements in Context: A Sociological Perspective, in: Benjamin Ziemann (Hg.): Peace Movements in Western Europe, Japan and the USA during the Cold War, Essen 2007, S. 267–279; Holger Nehring: Diverging Perceptions of Security: NATO and the Protests Against Nuclear Weapons, in: Andreas Wenger/Christian Nuenlist/Anna Locher (Hg.): Transforming NATO in the Cold War: Challenges beyond Deterrence in the 1960s, London 2006, S. 131–147; Thorsten Bonacker/Lars Schmitt: Politischer Protest zwischen latenten Strukturen und manifesten Konflikten. Perspektiven soziologischer Protestforschung am Beispiel der (neuen) Friedensbewegung, in: Mitteilungsblatt des Instituts für soziale Bewegungen 32 (2004), S. 193–213; Lawrence S. Wittner: Toward Nuclear Abolition. A History of the World Nuclear Disarmament Movement, 1971 to the Present, Stanford 2003. Vgl. Philipp Gassert/Christoph Becker-Schaum/Martin Klimke/Wilfried Mausbach/Marianne Zepp (Hg.): „Entrüstet Euch!" Nuklearkrise, NATO-Doppelbeschluss und Friedensbewegung, Paderborn 2012.

628 Bald: Die Bundeswehr, S. 106 f. Der sog. „Krefelder Appell" findet sich zusammen mit anderen Dokumenten zum Nachrüstungsbeschluss abgedruckt als Krefelder Erklärung vom 16.11.1980, in:

reichten bis in die Bundeswehr, wo jüngere Offiziere, organisiert im „Darmstädter Signal", sich kritisch äußerten. Sie wurden daraufhin teilweise degradiert.[629] In der strikten Reaktion des Staates zeigte sich auch ein Unverständnis gegenüber der Infragestellung oder Delegitimierung militärischer Gewaltmittel bis hin zum gewalttätigen Konfliktaustrag per se, wie sie von vielen Protestierenden vertreten wurde. Ihre Dynamik erhielt die Protestbewegung für den Frieden und gegen den Ausbau des Bedrohungspotentials dadurch, dass sich in ihr Studenten-, Friedens- und Anti-AKW- bzw. Umwelt-Bewegung verbanden mit der Frauenbewegung und einer allgemeinen Kapitalismus- und Wirtschaftskritik. Eigentümlich war diesen Neuen sozialen Bewegungen, dass „Proteste gegen Atomwaffen Hand in Hand gingen mit Warnungen vor den Gefahren einer friedlichen Nutzung der Kernenergie. Diese Proteste verstärkten sich nach der Reaktorkatastrophe von Tschernobyl vom April 1986 noch einmal und führten auch in der DDR und in anderen osteuropäischen Staaten zur Stärkung einer unabhängigen Friedens- und Ökologiebewegung", wie Nehring und Ziemann treffend ausführten.[630] Eng verbunden waren die Proteste gegen den Nachrüstungsbeschluss mit der Gründung der „GRÜNEN" als neuer ökologisch-sozial orientierter Partei 1980, die Teile der Neuen sozialen Bewegungen integrierte.[631]

Insbesondere die dem DGB angeschlossenen Gewerkschaften beteiligten sich an einer Rüstungskritik, da Aufrüstung ihrer Ansicht nach der internationalen Entwicklung entgegen liefe und sozio-ökonomische Wachstumstendenzen verhindere. Der IG Metall-Gewerkschaftstag beschloss im Oktober 1986 sogar die Erarbeitung von Konversionsstrategien, um die Abhängigkeit von Waffenaufträgen in Rüstungsbetrieben zu reduzieren.[632] Aber auch Frauengruppen brachten sich mit ihrer Kritik an „männlicher Aggressivität und eines maskulinen Machtbarkeitswahns" in die Friedensbewegung ein, während große kirchliche Gruppen wie „Pax Christi" oder „Ohne Rüstung leben" sich herausbildeten. Sie befürworteten unter dem Motto „Schwerter zu Pflugscharen" einerseits gewaltlose Konfliktlösung, sahen andererseits aber mit einer religiös motivierten Grundierung den Menschen am Rande „einer allumfassenden nuklearen

---

Alfred Mechtersheimer (Hg.): Nachrüsten? Dokumente und Positionen zum NATO-Doppelbeschluß, Reinbek 1981, S. 249 f.

629 Bald: Die Bundeswehr, S. 109 und 120 f.

630 Nehring/Ziemann: Wege nach Moskau?, S. 92 f. Vgl. Kai F. Huenemoerder: Die Frühgeschichte der globalen Umweltkrise und die Formierung der deutschen Umweltpolitik (1950–1973), Stuttgart 2004; Philipp Gassert: Die Entstehung eines neuen Umweltbewusstseins im Kalten Krieg, in: Bernd Greiner (Hg.): Das Erbe des Kalten Krieges, Hamburg 2013, S. 343–363; Anne Bieschke: Die unerhörte Friedensbewegung. Frauen, Krieg und Frieden in der Nuklearkrise (1979–1983), Essen 2018.

631 Stephan Milder: Thinking Globally, Acting (Trans-)Locally: Petra Kelly and the Transnational Roots of West German Green Politics, in: CEH 43 (2010), S. 301–326. Vgl. Jürgen W. Falter/Markus Klein: Der lange Weg der Grünen. Eine Partei zwischen Protest und Regierung, München 2003.

632 Siehe Hummel: Rüstungsexportbeschränkungen, S. 223 f.; Michael Brzoska: Military Trade, Aid and Developing Country Debt, in: Arbeitspapier Nr. 48 des Instituts für Politische Wissenschaft der Universität Hamburg, Forschungsstelle Kriege, Rüstung und Entwicklung, Hamburg 1990, S.12.

Katastrophe, die zur Selbstvernichtung der Menschheit führen werde".[633] Zusammengehalten worden seien diese unterschiedlichen Gruppen laut Nehring/Ziemann vom „Masterframe" des Anti-Amerikanismus, der ein weit verbreitetes latentes Perzeptionsmuster innerhalb der deutschen Gesellschaft dargestellt habe. Wahrgenommen wurde die USA in dieser Perspektive als „eine aggressive politische und kulturelle Großmacht, (...) welche als spezifische Form der modernen Gesellschaft eine Bedrohung für die typischen Vergemeinschaftungsformen der Deutschen darstelle". Diese These ist durchaus überzeugend, denn auch in Meinungsumfragen wurden insbesondere die Außen- und Verteidigungspolitik der Reagan-Administration skeptisch beurteilt.[634]

Die Bedenken galten auch für jüngere kritische Offiziere und Soldaten innerhalb der Bundeswehr oder internationale Offiziere wie den NATO-General Sir John Hackett mit seinem Werk „Welt in Flammen. Der Dritte Weltkrieg – Schauplatz Europa", auf die Nehring und Ziemann mehrfach hinweisen, die in der älteren Forschung aber ausgeblendet blieben. Die Sorgen und Ängste über das nukleare Dilemma Westeuropas und Deutschlands brachten nicht nur Proteste der Bevölkerung hervor, die mit weiteren Diskursen und Narrativen, wie z. B. des westlichen Konsumismus und der Ausbeutung verknüpft wurden.[635] Deutlich artikulierte sich in den Protesten, dass „sich die Sicherheitserwartungen weiter Teile der Bevölkerung zunehmend vom Diskurs der militärischen Experten in Bundesregierung, Bundeswehr und NATO" entfernt hatten – was übrigens auch für die DDR und die dortige Friedensbewegung galt. Daraus resultierte eine „grundsätzliche Skepsis gegenüber den Sicherheitsversprechen des Staates", die sich in Westdeutschland schon in der Auseinandersetzung um Konzepte innerer Sicherheit als Reaktion auf die Rote Armee Fraktion (RAF)

---

633 Nehring/Ziemann: Wege nach Moskau?, S. 88 f. Einen guten Überblick über die katholischen Positionen zum Atomkrieg bietet neuerdings Daniel Gerster: Vom modernen Krieg und wissenschaftlichen Waffen. Katholiken und die Perzeption eines imaginären Atomkrieges in transatlantischer Perspektive 1945–1965, in: Patrick Bernhard/Holger Nehring (Hg.): Den Kalten Krieg denken. Beiträge zur sozialen Ideengeschichte seit 1945 (Frieden und Krieg 19), Essen 2014, S. 235–255.

634 Nehring/Ziemann: Wege nach Moskau?, S. 90. Zum Framing siehe Dieter Rucht/Jürgen Gerhards: Mesomobilization: Organizing and Framing in Two Protest Campaigns in West Germany, in: American Journal of Sociology 98 (1992), S. 555–596. Vgl. auch Philipp Gassert: Amerikanismus, Antiamerikanismus, Amerikanisierung und Ders.: Anti-Amerikaner? Die deutsche Neue Linke und die USA, in: Jan C. Behrends/Árpád von Klimo/Patrice G. Poutrus (Hg.): Anti-Amerikanismus im 20. Jahrhundert: Studien zu Ost- und Westeuropa, Bonn 2005, S. 250–267.

635 Eva Horn: Die apokalyptische Fiktion. Weltende und Zukunftsmodellierung im Kalten Krieg, in Bernhard/Nehring (Hg.): Den Kalten Krieg denken, S. 43–61 und Friederike Brühöfener: „Angst vor dem Atom". Emotionalität und Politik im Spiegel bundesdeutscher Zeitungen, in: Ebenda, S. 285–306: Susanne Schregel: Konjunktur der Angst. „Politik der Subjektivität" und neue Friedensbewegung, 1979–1983, in: Bernd Greiner/Christian Th. Müller/Dierk Walter (Hg.): Angst im Kalten Krieg, Hamburg 2009, S. 495–520; Philipp Gassert: Popularität der Apokalypse: Überlegungen zu einer Kulturgeschichte der Nuklearangst seit 1945, in: Johannes Piepenbrink (Hg.): Das Ende des Atomzeitalters, Bonn 2012, S. 126–141.

abgezeichnet hatten. In Übereinstimmung mit Philipp Gassert sahen Nehring und Ziemann daher auch diese Konflikte nach der Détente-Phase als Zeichen für gesellschaftliche Prozesse der Selbstverständigung, die zu einem veränderten Verhältnis der Bevölkerung zu Staat und Demokratie führten.[636]

Hier wäre von Seiten der wirtschafts- und unternehmenshistorischen Betrachtung hinzuzufügen, dass eben auch das Verhältnis von Gesellschaft und Wirtschaft neu verhandelt wurde. Nicht umsonst bestätigen die Archivalien der Rüstungsunternehmen mit ihrer aufmerksamen Betrachtung der unterschiedlichen Gruppen von Rüstungskritikern und ihren Aktionen, aber auch der Friedens- und Konfliktforschung an Universitäten und außeruniversitären Instituten die Befunde Nehrings und Ziemanns in ökonomischer Hinsicht.[637] Beispielsweise wurde, wie noch ausführlicher gezeigt werden wird, in moderne Umfragemethoden der Markt- und Meinungsforschung investiert, um sich ein besseres Bild über die mangelnde Unterstützung der Bevölkerung für die Rüstungsindustrie (bzw. Wehrtechnik) im Allgemeinen und Rüstungsexporte im Besonderen zu verschaffen, ohne dass allerdings die atomare Bedrohung hier eine explizite Rolle gespielt hätte. Hervorgehoben wurden allerdings bestimmte Teilöffentlichkeiten und Bevölkerungsgruppen mit besonders kritischer Haltung zur Rüstungsindustrie. Dies waren wiederum vorwiegend Jugendliche und junge Erwachsene sowie Frauen, die sich zurückhaltender als gleichaltrige männliche Befragte zur nationalen Rüstungsproduktion äußerten.[638]

Bedenken der Rüstungsunternehmen wegen mangelnder Legitimität der Waffenproduktion wurden politisch insbesondere seit 1982 wieder aufgegriffen, nachdem aufgrund der konservativ-liberalen „Wende" das BMVg wieder an die CDU unter Manfred Wörner übergeben wurde.[639] Schon zuvor war noch unter Hans Apel am 6. November 1978 die Umstellung der Bundeswehr auf die vierte Heeresstruktur verabschiedet worden. Die Neugliederung der Truppenverbände sollte bis 1982 im

636 Nehring/Ziemann: Wege nach Moskau?, S. 96–98. Philipp Gassert: Arbeit am Konsens im Streit um den Frieden: Die Nuklearkrise der 1980er Jahre als Medium gesellschaftlicher Selbstverständigung, in: Archiv für Sozialgeschichte 52, 2012, S. 491–516; Ders.: Zweiter Kalter Krieg und Friedensbewegung: Einleitende Überlegungen zum historischen Ort des NATO-Doppelbeschlusses von 1979, in: Ders./Tim Geiger/Hermann Wentker (Hg.): Zweiter Kalter Krieg und Friedensbewegung. Der NATO-Doppelbeschluss in deutsch-deutscher und internationaler Perspektive, München 2011, S. 7–29 und Ders.: Viel Lärm um Nichts? Die Debatte um den NATO-Doppelbeschluss als Katalysator gesellschaftlicher Selbstverständigung in der Bundesrepublik, in: Ebenda, S. 175–202. Vgl. von politikwissenschaftlicher Seite Thomas Risse-Kappen: Die Krise der Sicherheitspolitik: Neuorientierungen und Entscheidungsprozesse im politischen System der Bundesrepublik Deutschland 1977–1984, Mainz/München 1988.

637 Benjamin Ziemann: A Quantum of Solace? European Peace Movements during the Cold War and their Elective Affinities, in: Archiv für Sozialgeschichte 49 (2009), S. 351–389.

638 Ausführlicher Kap. 3.2. Siehe Rheinmetall-Archiv B 595, PR-Konzeption Rheinmetall, hier: PR-Konzeption Rheinmetall Z-2 Pieper, Januar 1979, Entwurf, Bl. 3 f.

639 Vgl. Andreas Wirsching: Die mediale „Konstruktion" der Politik und die „Wende" von 1982/83, in: Historisch-Politische Mitteilungen 9 (2002), S. 127–140, hier S. 129 ff. und ders.: Abschied vom Provisorium, 1982-1990, München 2006, S. 50 ff.

Wesentlichen abgeschlossen sein. Durchschnittlich wurde seit der Gründung der Bundeswehr alle neun Jahre eine neue Heeresstruktur umgesetzt, um die Streitkräfte an neue außenpolitische, militärische, waffentechnische und wirtschaftliche Anforderungen und Bedürfnisse anzupassen. 1980 ging Jürgen Och, Oberstleutnant i.G. davon aus, „in der derzeitigen Struktur konnte das Heer die Forderungen, die die 80er Jahre an deutsche Landstreitkräfte im Rahmen des Bündnisses stellen (...), nicht mehr erfüllen. Wesentliche Grundlagen der Entscheidung zur Heeresstruktur 4 waren die Entwicklung der Bedrohung, die Veränderung der Umweltbedingungen sowie die absehbare waffentechnische Entwicklung.“ Dies zeigt, dass die Voraussetzungen für den NATO-Nachrüstungsbeschluss im Heer schon zuvor geschaffen worden waren. Anforderungen, die in den 1980er Jahren an das Heer gestellt wurden, waren neben erhöhter Kampfkraft gegen gepanzerte Kräfte, die Verstärkung der Flexibilität, die Stärkung des Territorialheeres, die Aufstellung neuer Brigaden und „die Voraussetzungen für die Aufnahme der in den 80er Jahren zulaufenden neuen Waffensysteme“.[640] Diese Planungen spiegelten sich auch im anhaltend engen Kontakt mit den Rüstungsproduzenten wider.

Neue Großwaffensysteme und Neugliederung des Heeres 1980/81

Insbesondere bei den komplexen Systemen zog sich die geplante Zulaufphase über Jahre hin. Im Detail bedeuteten die Planungen zunächst, dass schon im Jahr 1979 mit der Umstrukturierung des Feld- und Territorialheeres begonnen wurde. Sie sollte weitestgehend bis Mitte der 1980er Jahre abgeschlossen sein. Die Reorganisation einzelner Truppen und Dienststellen dauerte aber bis Ende der 1980er Jahre an. Ursächlich für die lange Dauer der Reorganisation war auch, dass man die Infrastruktur umorganisierte und nicht nur neue Waffen und Geräte für das Heer anschaffte und verteilte, sondern auch alte Waffen umverteilte. Neu erworbene Waffen waren neben der Feldhaubitze 70, der Kampfpanzer Leopard 2, der Transportpanzer und das Flugabwehrsystem Roland. Die Regimenter, die mit Roland ausgestattet wurden, waren zudem erheblichen Strukturveränderungen unterworfen. In den Divisionen, die den Panzer Gepard erhielten, wurden eigens neue Regimenter aufgestellt.[641] Die Neugliederung des Heeres wurde minutiös geplant, allein im Jahr 1979 wurden etwa „250 einzelne Organisationsmaßnahmen für die Aufstellung bzw. Umgliederung geräteaufnehmender Truppenteile“ vorgenommen. Der Zeitplan legte die Verteilung neuer Großwaffensysteme fest. Dabei sollte sich etwa die Verteilung des Kampfpanzers Leopard 2 bis zum Jahr 1986 oder des Transportpanzers bis 1985 hinziehen, was die Komplexität der Maßnahmen eindrucksvoll demonstriert.

---

640 Jürgen Och: Realisierung der Heeresstruktur 4, in: Europäische Wehrkunde 29,6 (1980), S. 276–278, hier: S. 276.

641 Och: Realisierung der Heeresstruktur 4, S. 277 f.

Nach der Heeresstrukturreform von 1978 plante der Inspekteur des Heeres, Generalleutnant Hans-Henning von Sandrat, schon Anfang 1985 eine weitere Änderung der Heeresstruktur. Ursächlich waren wohl nicht nur die veränderte Militär- und Wirtschaftspolitik unter Reagan, Thatcher und Kohl, sondern v. a. die Reaktion auf die „geburtenschwachen Jahrgänge in den 90er Jahren" und die Aufrechterhaltung der „Mobilmachungsfähigkeit", aber auch die Einführung neuer Waffensysteme. Denn von Sandrat berichtete über ein neues „System Gepanzerter Kampftruppen 90", „in dessen Mittelpunkt weiterhin der Kampfpanzer (‚Panzerkampfwagen 2000')" stehen und den veralteten Schützenpanzer Marder ersetzen sollte. Bis 1997 waren für diese konventionelle Rüstungsmaßnahme ca. 24 Milliarden DM eingeplant.[642]

Zudem berichtete die FAZ im August 1985 über weitere kostspielige Rüstungsvorhaben der Bundeswehr wiederum v. a. im Luftwaffen- und Marinebereich sowie 250 Panzer des Typs Leopard 2 für das Heer, die weder im Bundeswehrplan 1985 noch in der gesamtplanerischen Bestandsaufnahme 1984 vorgesehen waren. Das BMVg erklärte diese Aufstockungen einerseits mit der Ergänzung vorhandenen Geräts zur vollen Ausschöpfung der Kampfkraft, andererseits handele es sich „um Korrekturen der tiefen Einschnitte, zu denen man sich bei der Rüstungsklausur im März 1981 gezwungen sah."[643]

Für das Heer standen laut der Frankfurter Nachrichtenredaktion die Chancen, die Leopard-Wünsche zu realisieren, aber wesentlich schlechter als die Beschaffungsaufträge für Luftwaffe und Marine. Sie vermutete daher, die „erforderlichen 1,3 Milliarden Mark müssten durch zusätzliche Mittel oder Eingriffe in die Planung bereitgestellt werden. Da das Heer schon bisher knapp disponieren musste, wären damit aber Kürzungen selbst in so wichtigen Bereichen wie Munition und Fernmeldegerät kaum zu vermeiden. (...) Gerade die fehlende Finanzierung und die konzeptionelle Fragwürdigkeit dieses Projekts führen zu der Frage, ob der Anstoß hierzu tatsächlich vom Heer ausgegangen ist oder ob er von anderer Seite gekommen sein könnte. Daß der wichtigste Produzent des ‚Leopard II', die Firma Krauss-Maffei, in München zu Hause ist, ist ebenso bekannt, wie die Tatsache, daß wegen der restriktiven Politik der Bundesregierung beim Waffenexport dieser Firma Anschlußaufträge fehlen. Das heißt, Ende 1986, spätestens Anfang 1987 droht vielen Beschäftigten Arbeitslosigkeit. Hier könnte ein Anschlußauftrag von 250 Panzern weiterhelfen."[644] Eine ähnliche Vermutung äußerte das Blatt auch bezüglich der 40

642 O.V.: In den nächsten 12 Jahren. 24 Milliarden für neue Waffen, in: RP vom 17.1.1985 (BONN, ap-Bericht).

643 Karl Feldmeyer: Plötzlich ist für zurückgestellte Beschaffungsvorhaben wieder Geld da. Tornados, Panzer, Fregatten für die Bundeswehr/Unterschiedliche Liquidität der Teilstreitkräfte/Politische Anstöße, in: FAZ vom 13.8.1985, Nr. 185, S. 5.

644 Feldmeyer: Plötzlich. Ähnlich berichtet auch Arbeitnehmervertreter Auer aus dem Unternehmen Krauss-Maffei selbst. Vgl. Auer (Hg.): Krauss-Maffei, S. 270 f.

geplanten Tornados.[645] Zudem machte der Artikel darauf aufmerksam, dass es auch am Ende des Kalten Krieges keinen kontinuierlichen Rüstungsabsatz für die Waffenproduzenten gab, die strukturellen Absatzprobleme der Branche also erhalten blieben. Deutlich wurde hier auch, dass sich Abhängigkeiten nicht nur zu militärischen Entscheidern ergaben, sondern auch zu politischen Akteuren und ihren Manövern bestanden. Geschäfte konnten mithin auch von Wahlterminen in Bund und Ländern abhängig sein, andererseits spielte die allgemeine konjunkturelle Entwicklung und bisweilen auch das Nutzen von Stagnationsphasen zur Auftragsgewinnung eine Rolle.

Reaktionen auf das Ende der Nachkriegsprosperität

Die Machtübernahme durch Präsident Reagan in den USA, die von ihm ausgeweiteten staatlichen Maßnahmen der *Reagonomics* beseitigten die konjunkturellen Probleme ähnlich wie der *Thatcherism* auf der anderen Seite des Atlantiks nur kurzfristig. Dies galt auch für das 1986 etablierte SDI-Programm, das mit enorm gestiegenen Rüstungsausgaben – und einem weiteren Aufblähen des US-Schuldenbergs – einherging.[646] Probleme der Erdölversorgung blieben auch nach den Ölkrisen ab der Mitte der 1980er Jahre erhalten. Dies deutet auf einen strategischen Bereich hin, der bislang in der historischen Forschung zum Kalten Krieg nur wenig wahrgenommen wurde: die anhaltenden Konflikte um Ressourcen. Nicht nur die Förderländer von Erdöl wurden für NATO- und Warschauer Pakt-Staaten immer bedeutendere Akteure, sondern auch andere strategische bedeutsame Rohstoffe wie Eisenerze oder Aluminium erlangten in den 1980er Jahren größere militärische Aufmerksamkeit z. B. von Seiten der NATO.[647] Dass die Rohstoffmärkte weltweit über eine zunehmende strategische Relevanz verfügten, verwundert nicht. Aus Bundeswehrkreisen wurde explizit gefordert: „Die führenden westlichen Industrieländer sind gezwungen, zur Sicherung ihrer Rohstoffquellen in Nah-Mittelost und im südlichen Afrika und ihrer Wirtschaftsverbindungen durch den Indischen Ozean um das Kap der Guten Hoffnung und im gesamten Atlantik eine entschlossene Verteidigungspolitik zu betreiben. Sie muß aus realpolitischen, entwicklungspolitischen und militärpolitischen Elementen bestehen" und sollte sich gegen sowjetische Unterstützungs- und Militärhilfe-Projekte richten.[648] Damit war die Stoßrichtung westlicher Militär- und Rohstoffstrategien für die 1980er Jahre deutlich

645 Feldmeyer: Plötzlich.

646 Kubbig: Rüstungssteigerung, S. 81–104 und die Abschnitte von David P. Calleo, Hanns-D. Jacobsen, Helga Haftendorn, in: Carl-Ludwig Holtfrerich (Hg.): Economic and Strategic Issues in U.S. Foreign Policy, Berlin/New York 1989, S. 165–222.

647 Pilster: Westliche Sicherheitsprobleme in den 80er Jahren, S. 546 f.

648 Ebenda, S. 548 f. Vgl. Greiner u. a. (Hg.): Ökonomie im Kalten Krieg, v. a. Beitrag Conteh-Morgan.

markiert: nicht nur politische Verhandlungen und Entwicklungshilfeprojekte sollten Handel und Vernetzung mit den Rohstoffländern intensivieren und stabilisieren, sondern auch militärische Hilfsprojekte oder Waffenlieferungen sollten zukünftig unterstützend eingesetzt werden.

Diese Tendenz zur Internationalisierung zeigte sich auch deutlich in der Ausweitung der Exportmärkte für Waffen und Munition in den 1980er Jahren und den damit einhergehenden Rüstungsskandalen, die die öffentliche Berichterstattung dominierten. Fallbeispiele wie die Rheinmetall Berlin AG, die seit den frühen 1980er Jahren in einen Prozess um illegale Exporte verstrickt war, wurden in zunehmendem Maße nicht nur von journalistischer Seite aufgedeckt, sondern auch von der Friedens- und Konfliktforschung untersucht. Wissenschaftliche Erkenntnisse wurden von Rüstungskritikern in der Friedensbewegung medial vermittelt und bisweilen auch popularisiert. Insgesamt führte dieser Prozess zu einer zunehmenden politischen Sensibilisierung der Öffentlichkeit für Waffenlieferungen in Spannungsgebiete, die, wie Hartwig Hummel gezeigt hat, an die vorhergehende kritische Berichterstattung über bundesdeutsche Militärhilfeprojekte (1963–1968) und Arbeitsplatzabbau in der Rüstungsindustrie (1973–1978) anknüpfen konnte. Zugleich verschärfte sich aber auch der Legitimationsdruck der Regierung, was durch Kampagnen von Friedensbewegung und GRÜNEN noch verstärkt wurde. Zusammen mit ausländischer Infragestellung konnte bisweilen sogar eine Abkehr von geplanten Projekten erreicht werden.[649]

Durchhaltevermögen bewies der Bund dagegen bei den Großprojekten im Luftwaffenbereich, die seit dem „Starfighter“ und seinen Abstürzen immer wieder im Zentrum öffentlicher Kritik gestanden hatten. Beim nachfolgenden Großwaffensystem, dem „Jäger 90“ bzw. dem späteren „Eurofighter 2000“, traten ähnliche Probleme wie beim „Starfighter“, beim „Alpha Jet“ und beim „Tornado“ wieder auf. Er stand daher ebenfalls im Fokus von medial verbreiteten Skandalen. 1983 urteilte das Militärfachblatt Wehrtechnik treffend: „≪Im Flugzeugbauprogramm Jagdflugzeug 90 setzt Verteidigungsminister Wörner auf den lieben Gott, der das Geld schon schicken wird≫. Kalkuliert wird der Jäger 90 von der Bundesregierung offiziell mit einem Stückpreis von 67 Millionen Mark. Experten allerdings ist klar, daß diese Zahl eine Illusion ist. Oder, noch wahrscheinlicher: eine bewußte Irreführung der Öffentlichkeit. Denn alle Erfahrung zeigt – fast nie bleibt ein Rüstungsprojekt in dem von Politikern und Militärs zuvor genannten Kostenrahmen. (...) Dabei ist der Mechanismus immer gleich: Die Industrie formuliert einen günstigen Einstiegspreis, damit das Projekt akzeptabel und politisch durchsetzbar wird. Dann jedoch beginnt die Kostenexplosion – nach Untersuchungen des Friedensforschers Alfred

649 Hummel: Rüstungsexportbeschränkungen, v. a. S. 265–272 und Hauswedell: Friedenswissenschaften. Ausführlicher Kap. 3 und 4.

Mechtersheimer in der Regel mindestens um das Doppelte, häufig sogar um das Vierfache und mehr."[650] Eine Prognose, die durchaus vorausschauend war.

Denn das Projekt „Jäger 90" bzw. „Eurofighter" blieb als „Erbe" des Kalten Krieges eine Belastung für die Bundeshaushalte der 1990er Jahre. Die Auslieferung wurde letztlich für 2002 geplant.[651] Ein ähnliches Bild boten auch die Projekte „Alpha Jet" und der „MRCA-Tornado" als Nachfolger des F-104 „Starfighter", der von Helmut Schmidt als das „größte technologische Programm seit Christi Geburt" bezeichnet wurde. Die deutsche Luftwaffe bestellte 322 Stück des „Tornados" bei den Produzenten Dornier, MBB/Panavia und VFW-Fokker mit Entwicklungskosten von 74 Mio. DM pro Maschine,[652] die sich bis 1988 noch auf 150 Mio. DM Stückpreis verdoppeln sollten. Die Gewinne bei MBB/Panavia stiegen um ca. 165 %.[653]

Probleme gab es aber auch bei der Abstimmung der beim Projekt kooperierenden Partnerländer, die unterschiedliche Ansprüche an das militärische Gerät hatten. Der Luftwaffeninspekteur Einler wies jegliche negativen Berichte über mangelnde Einsatzfähigkeit der „lahmen Ente" oder des „fliegenden Sargs" zurück und berichtete über positive Erfahrungen mit dem „Tornado" im ersten Jahr.[654] Beim „Alpha Jet" mit dem Hauptlieferant Dornier im Rahmen eines deutsch-französischen Kooperationsprojekts, stieg der Stückpreis von anfänglich 3 auf 20 Mio. DM. Die öffentliche Kritik an diesem Prestigeprojekt war eindeutig und sparte auch Korruptionsvorwürfe nicht aus.[655]

Kennzeichnend für diese Phase kostspieliger Rüstungsprojekte im Luftwaffenbereich war auch, dass Bundesregierung und Bundeswehr sich im Unterschied zu anderen europäischen Staaten wie Frankreich und Großbritannien immer noch explizit dafür aussprachen, „keine spezifische Rüstungsindustrie aufzubauen.

---

650 Klaus Bednarz: Der Jäger 90. Rüstung um jeden Preis, in: Georg M. Hafner/Edmund Jacoby (Hg.): Neue Skandale der Republik, Reinbek bei Hamburg 1994, S. 59–65.

651 O.V.: Vom Eurofighter zum Taifun, in: FAZ vom 3.9.1998.

652 Fred Schmidt: Rüstungskonzerne verdienen sich dumm und dämlich. TKF 90 heißt der neue todbringende Kampfbomber, in: UZ 27.7.1979, S. 5. Vgl. Matthias Dohmen: Der Jäger 90: Wörners neues Milliardending, in: UZ 30.8.1985, S. 3.

653 Schmidt: Rüstungskonzerne. Zum Lücken-Diskurs vgl. o.V.: Die Lücke in der Luftverteidigung wird geschlossen. „Patriot" ersetzt „Nike"/Roland-Raketen für die Flugplätze/Beteiligung der deutschen Industrie, in: FAZ vom 23.1.1985, Nr. 19, S. 5.

654 Marlene Roeder, Hamburg: Lahme Ente oder fliegender Sarg. Piloten und Techniker klagen über Tornado-Mängel – „Mehrzweckflugzeug ist ein Nullzweckflugzeug", in: Die ZEIT vom 26.7.1984; o.V.: LUFTWAFFE. Absolut sicher. Britische "Tornado"-Warnungen blieben auf der Hardthöhe unbeachtet. Eine Maschine stürzte ab, in: Der SPIEGEL 30/1984 (23.7.1984), S. 26; Th. [Bonn]: „Der Tornado ist sicher und kampfbereit". Luftwaffe weist Kritik zurück/Inspekteur Eimler warnt vor ‚Kampagne', in: Generalanzeiger vom 28.7.1984; Wolfgang Hoffmann: Tornado: Enttäuschung über die Wunderwaffe, in: Die ZEIT vom 3.8.1984.

655 H.W.: Der hochgelobte „Alpha Jet" wird immer mehr zu einem Faß ohne Boden. Neue Mängel aufgetreten/Rüstungskonzern Dornier profitiert, in: Nachrichten zur Wirtschafts- und Sozialpolitik vom 14.8.1979 (Nachrichten-Verlags-GmbH).

Wehrmaterial soll durch Unternehmen der freien Wirtschaft entwickelt werden, d. h. durch Firmen, die auf zivilem Sektor tätig sind."[656] Diese Festlegung wurde, wie schon dargestellt (Kap. 2.1.), wenige Jahre später im Weißbuch 1985 nochmals besonders hervorgehoben und dabei betont: „Die Bundesregierung kann und will nicht die unternehmerische Verantwortung für die rüstungsgüterproduzierende Industrie übernehmen. Sie ist zwar bemüht, die für die Bundeswehr unverzichtbaren Rüstungskapazitäten möglichst kontinuierlich auszulasten, übernimmt aber keine Beschäftigungs- und Auftragsgarantien."[657] Diese Erklärung bedeutete für die von stetig auftretenden Absatzkrisen betroffenen Rüstungsunternehmen, die sich mit dem Auslaufen von Serienfertigungsreihen abzufinden hatten, dass sie ihre Strategien auf eine stärkere zivile Diversifizierung oder neue Methoden der Krisenbewältigung ausrichten mussten. Neben der Ausweitung des Geschäftsmodells in zivile Bereiche konnte auch der Zusammenschluss mit anderen Produzenten genutzt werden – in allen erdenklichen Spielarten, von lockerer Kooperation und Kartell bis zu Fusion und Kauf.

Konzentration und regionale Varianzen der Rüstungsproduktion

Ein zunehmender Trend zur Unternehmenskonzentration war die Folge, wie die Veränderungen in der Rangfolge der zehn größten bundesdeutschen Waffenproduzenten in den 1980er Jahren verdeutlichen. Zwar muss einschränkend gesagt werden, dass das Auftragsvolumen aufgrund der Großprojekte von Jahr zu Jahr teilweise erheblich schwankte. Aber die wenigen vorliegenden Zusammenstellungen zeigen, dass ein Trend zur Konzentration in den 1980er Jahren deutlich feststellbar ist. Während zu Beginn der 1980er Jahre neben den beiden diversifizierten Konzernen Siemens und AEG-Telefunken vorwiegend Rüstungsspezialisten mit hohem Rüstungsanteil wie MBB, Krauss-Maffei, MTU, Blohm + Voss, Dornier, Rheinmetall, HEKO und Krupp MaK den deutschen Rüstungsmarkt dominierten, so änderte sich dieses Bild in den späten 1980er Jahren (Tab. 20). In der Luftfahrtindustrie fanden in dieser Zeit die größten Konzentrationsprozesse statt, denn die Flugzeug- und Raketenproduktion von MTU, AEG und Dornier wurden nun von der Daimler-Benz AG weitgehend kontrolliert.[658] Der Daimler-Benz Konzern stieg damit, trotz leichten Verlusten an Rüstungsaufträgen im Vergleich mit dem Jahr 1983, zum größten Rüstungsproduzenten der BRD auf. Ein Pendant dazu bildete mit ähnlich großem Auftragsvolumen die MBB-Gruppe als Nr. 2 der Branche, die zudem mit Blohm + Voss sich weiter im

656 Der Bundesminister der Verteidigung (Hg.): Rüstung, Ausrüstung der Bundeswehr. Stichworte und Zahlen, Bonn o.J. (1979), S. 15.

657 Der Bundesminister der Verteidigung (Hg.): Weißbuch 1985. Zur Lage und Entwicklung der Bundeswehr, Bonn 1985, S. 368 f. Vgl. Bontrup/Zdrowomyslaw: Rüstungsindustrie, S. 131.

658 Vgl. Hummel: Rüstungsexportbeschränkungen, S. 291; WSI-Mitteilungen, Köln, 6/1983, und Presseveröffentlichungen. Abdruck in UZ 30.8.1985, S. 3.

Marinebereich diversifizierte. Größte Produzenten der Heeresbewaffnung waren Röchling/Rheinmetall, Diehl, Wegmann und Krauss-Maffei. Die Konzentrationsbewegung kommt damit insgesamt auch in der Verteilung der Rüstungsaufträge durch den Bund zum Ausdruck. Ausgelöst von der Zentralisierung in der Luftfahrtbranche wurden die Marineaktivitäten von MBB vom Bremer Vulkan übernommen. Dies zog eine weitere Konzentration im Marinebereich nach sich. Krauss-Maffei musste nach dem Ende größerer Serienprojekte wie des Kampfpanzers LEOPARD 1 in den 1980ern schwere Verluste im Auftragsvolumen hinnehmen und wurde zeitweise durch Diehl kontrolliert, bevor es dann weiter veräußert wurde.[659]

Tab. 20: Branchenstruktur: Anteile an der bundesdeutschen Rüstungsproduktion i. e.S., 1987.

Unternehmen	%	Mio. DM
Daimler-Benz Konzern	19	4.762
davon Dornier	**3**	**733**
davon MTU	**6**	**1.510**
davon AEG-Elektronik	**8**	**2.074**
MBB-Gruppe	18	4.363
davon Blohm + Voss	**3**	**670**
Siemens	6	1.400
Thyssen Konzern	6	1.380
Röchling	5	1.120
davon Rheinmetall	**4**	**964**
Diehl	4	1.022
Krauss-Maffei	3	807
Wegmann	3	820
Krupp Konzern	3	774
ITT/SEL	2	540
Sonstige	32	8.299
Gesamt	100	24.513

Quelle: Hummel: Rüstungsexportbeschränkungen, S. 291 mit weiteren Quellenangaben.

659 Hummel: Rüstungsexportbeschränkungen, S. 294. Vgl. Bähr/Erker/Rieder: 180 Jahre.

Insgesamt fanden im Bereich der Heerestechnik größere Konzentrationsprozesse allerdings erst nach 1990 statt, wie das Beispiel Rheinmetall zeigt. Am Ende des Kalten Krieges zählte eine Reihe von Rüstungsproduzenten zu den größten deutschen Unternehmen im Maschinenbausektor – sowohl in regionaler als auch in nationaler Hinsicht. Hier sind wiederum nicht nur Rüstungshersteller im engeren Sinne wie Rheinmetall und Diehl zu nennen, sondern auch diversifizierte Großunternehmen wie Thyssen, Mannesmann und Krupp, die über verschiedene Beteiligungen im Rüstungsbereich (STN-Atlas, Henschel, Krauss-Maffei u. a.) verfügten und/oder Vorprodukte für Rüstungsgüter i. e.S. herstellten. Während aber in Nordrhein-Westfalen mit Rheinmetall nur ein Unternehmen des Rüstungsbereichs unter den größten 10 im Jahre 1993 ein familiengeführtes Unternehmen war, so lassen sich mit Schäfer und Diehl in Deutschland insgesamt drei große familiengeführte Unternehmen unter den größten 20 Unternehmen der Maschinenbaubranche finden.[660]

Umsatzmäßig und hinsichtlich der Beschäftigtenzahl gehören aber alle drei Unternehmen nach dem Ende des Kalten Krieges eindeutig zu den Großunternehmen und Großverdienern der Branche: Rheinmetall mit 3,14 Milliarden Umsatz und 15.523 Beschäftigten, FAG Kugelfischer Georg Schäfer AG mit 3,12 Milliarden Umsatz und 16.000 Beschäftigten sowie die Diehl GmbH & Co mit immerhin noch 3,02 Milliarden Umsatz und 14.076 Beschäftigten im Jahre 1993. Allerdings war die Umsatzhöhe und die Beschäftigtenzahl ungefähr 90 % geringer als bei diversifizierten Großkonzernen (Thyssen und Krupp).[661]

Auch zivil dominierte Konzerne wie Thyssen oder die MAN verfügten über nennenswerten Rüstungsumsatz in den 1980er Jahren.[662] Beim Schiffbau waren in den 1970er und 1980er Jahren die mit Rüstungsaufträgen befassten Werften mit Ausnahme von HDW und Vulkan stark von militärischer Nachfrage dominiert. Dazu gehörten die von Thyssen kontrollierte NSW, das Familienunternehmen Lürssen sowie Blohm & Voss mit Werten von 40 bis 100 % Rüstungsnachfrage. In der Luftfahrt- und Motorenindustrie kann fast durchgängig von einer hohen Abhängigkeit von Rüstungsaufträgen gesprochen werden. Unternehmen wie MBB (die spätere DASA), Dornier, VFW, Wegmann und Diehl erzielten häufig 50 % ihrer Aufträge von militärischer Seite. Stärkere Abhängigkeiten wiesen nur noch Rheinmetall,

---

660 „Die großen 500", zit. nach: Gesellschaft für Wirtschaftsförderung mbH/Wirtschaftsministerium NRW (Hg.): Maschinenbau in Nordrhein-Westfalen 1995 (Branchen-Bild 2), o.O. [Düsseldorf] 1995, S. 16.

661 Ebenda. Weitere Unternehmen der Rüstungsbranche finden sich in der erweiterten Liste der 40 größten Maschinenbauunternehmen in Deutschland im Jahre 1998. Hier sind mit Rheinmetall, Schäfer und IWKA (Quandt bzw. Klatten) insgesamt drei familiendominierte Unternehmen unter den großen Branchenführern zu finden. Siehe Luchterhand Verlag (Hg.): Die großen 500: Deutschlands umsatzstärkste Unternehmen, zit. nach: Ministerium für Arbeit, Soziales, Qualifikation und Technologie NRW (Hg.): Technologie in NRW – Strukturdaten für den Maschinenbau, o.O. 1995, S. 10. Zahlen in Klammern von 1993, s. o.

662 Vgl. Berger u. a.: Produktion von Wehrgütern.

MTU und Mainz Industries auf, mit 60 bis 100 % Waffenproduktion. Erst nach 1981 ging bei Rheinmetall die Abhängigkeit von militärischen Motorenaufträgen aufgrund der zivilen Diversifikation zurück. In ähnlichem Maße waren nur die anderen Panzer- und Artillerieproduzenten (Krupp MaK, Dornier, Krauss-Maffei, Wegmann, Mainz Industries, Diehl und MTU) von militärischen Aufträgen abhängig. Allerdings machten sich auch hier deutliche Unterschiede bemerkbar, denn Unternehmen wie Dornier, Diehl und nach den Zukäufen in den 1980er Jahren auch Rheinmetall waren mit Werten zwischen 30 und 40 % militärischer Produktion dann deutlich weniger abhängig als Krauss-Maffei, Wegmann und Mainz Industries mit bis zu 100 % Rüstungsfertigung.[663]

Auffällig ist in dieser Hinsicht auch die minder stark ausgeprägte Abhängigkeit der größten Auftragnehmer des Bundes. Die Daimler-Benz AG erzielte z. B. in den späten 1980er Jahren weniger als 5 % ihres Umsatzes im Rüstungsbereich. Eine ähnlich geringe Abhängigkeit zeigte in diesem Zeitraum auch Siemens, während aus dem Elektronikbereich AEG und SEL mit bis zu 20 % einen deutlich höheren militärischen Umsatzanteil aufwiesen. Auch im Fahrzeugbau hatten die größten Konkurrenten der Daimler-Benz, die MAN und Magirus Deutz/Iveco, in den 1970er und 1980er Jahren niemals über 15 % ihrer Umsätze im militärischen Bereich.[664] Dies verdeutlicht die durchaus heterogene Struktur der Branche: während die traditionellen Rüstungsunternehmen, v. a. in der Heerestechnik und im Kriegsschiffbau, teils sehr stark von Rüstungsaufträgen des Bundes abhängig waren, zeigten sich andere Unternehmen und Sparten mit geringerer Abhängigkeit wesentlich krisensicherer im Falle von ausbleibenden Aufträgen im Rüstungsbereich. Die durch militärische Produktion dominierten Unternehmen mussten daher im Krisenfalle auch andere Strategien in der Unternehmensorganisation und im Absatz entwickeln.

Großen Einfluss auf die Entwicklung der Rüstungsunternehmen nahm nach der Détente die krisenhafte Konjunktur und ihre gesellschaftliche Rezeption. Insbesondere die sicherheits- und militärpolitischen Veränderungen mit dem NATO-Nachrüstungsbeschluss, aber auch die politische „Wende“ nach den Bundestagswahlen 1982 förderte neben neuen Aufträgen auch eine Reihe von grundlegenden, strukturellen Schwächen in den Unternehmen zutage. Dazu gehörte auch das rüstungsindustrielle System der „Maßschneiderei“, das mit dem Sparprogramm unter Verteidigungsminister Apel deutliche Einschnitte in die nationale Auftragssituation gebracht hatte, nach dem Antritt des neuen Verteidigungsministers Wörner aber einen Ausbau in die entgegengesetzte Richtung forderte. Vor dem Hintergrund, dass die Maßschneiderei von den Waffenproduzenten einen überaus langen Planungszeitrahmen für einzelne Waffensysteme von mindestens 10 bis zu 25 Jahren mit Unsicherheit voraussetzte,[665]

663 Hummel: Rüstungsexportbeschränkungen, S. 300. Datenmaterial: Auswertung Wirtschaftspresse.
664 Ebenda, S. 301 f.
665 Rheinmetall-Archiv B 505 Nr. 34 Rheinmetall GmbH Aufsichtsratssitzung, 28.4.1976, Bl. 7.

erlangte die Diversifikation in zivile Bereiche nach dem Amtsantritt Wörners neue Anhänger. Dabei spielten aber auch die Absatzstrukturen und die Entwicklung auf den nationalen und internationalen Rüstungsmärkten eine wesentliche Rolle, die im Folgenden intensiver betrachtet werden sollen.

3.3.2 Rheinmetall: schlanke Monostruktur oder Diversifizierung?

Bei Rheinmetall kam es ab der zweiten Hälfte der 1970er Jahre zu einer umfassenden Neuordnung der Beteiligungen und mit dem Erwerb der WMF zu einem weiteren Schub in der Diversifizierung hin zu zivilen Branchen. Ein Schwerpunkt in dieser Entwicklung waren die konjunkturell eher schwachen Jahre 1979 bis 1985. Einzelne Unternehmen wurden veräußert, Personal abgebaut und die Produktpalette gestrafft. Damit gab es eine finanzielle Erholung im zivilen Bereich des Konzerns.[666]

Zwar umfasste die Neuorganisation eine stärkere Zentralisierung, insbesondere Lenkung und Leitung betreffend, doch blieb der Konzern – obwohl er „schlanker" und „straffer" wurde – als diversifiziertes Maschinenbau-Unternehmen mit einem dominanten Bereich Wehrtechnik bestehen.

Bis 1981 übertraf in der Rheinmetall-Holding die Sparte Wehrtechnik bei Umsatz und Gewinnen deutlich die Sparten Maschinenbau und zivile Elektronik.[667] Eine Vielzahl von Waffen, Waffensystemen und Munition wurde v. a. im heerestechnischen Bereich von Rheinmetall entwickelt, erprobt und in Serie gefertigt. Dazu gehörten in den 1980er Jahren auch eine Reihe neuer Maschinenkanonen wie die Rh 205 und 305, wo die Entwicklung auch an hülsenloser Munition und flüssigen Treibmitteln arbeitete.[668] Im Waffenbereich war in den 1980ern neben der Turm- und Waffenfertigung für den Kampfpanzer Leopard 1 und 2 sowie die Spür- und Spähpanzer (Luchs, TF 20.15) sicherlich die Fertigung von Artilleriegeschützen ein wesentlicher Produktionsschwerpunkt. Hier war die Rheinmetall GmbH zum Generalunternehmer für die trinationale Feldhaubitze FH 155-1 bzw. FH 70 und für die Panzerhaubitze PzH 155-1 geworden. Die Produktion des Sturmgewehrs G 3 und des fortentwickelten G 3e hielt noch an, zudem wurden die Flak-Geschütze Zwilling, Panzerabwehrwaffen und Hubschrauberlafetten mit der Maschinenkanone Rh 202 produziert. Neben verschiedenen Sorten Munition (Automaten-, Panzer- und Artilleriemunition) in Größen von 20 bis 155 mm betätigte sich die Rheinmetall GmbH auch in der Entwicklung von

666 Rheinmetall-Archiv A 21/35, Bl. 4, A 21/37, v. a. Punkt 52 und Bl. 18 ff. sowie A 21/39, Bl. 5 ff. Vgl. auch Helex: Marketing-Report – Firmenporträt Rheinmetall GmbH, S. 42 und o.V.: Rheinmetall: Gut behauptet, in: Wehrtechnik 10 (1988), S. 31.

667 Christian Leitzbach: Das Zentralarchiv der Rheinmetall AG – Geschichte und Tradition in einem sich wandelnden Konzern, in: Archiv und Wirtschaft 37/1 (2004), S. 32–36, hier: S. 32.

668 O.V.: Neue Maschinenkanonen von Rheinmetall, in: Wehrtechnik 8 (1978), S. 71; Flume/Witzke/Pieper: WT Firmenporträt: Rheinmetall GmbH – Das breite Spektrum, S. 77.

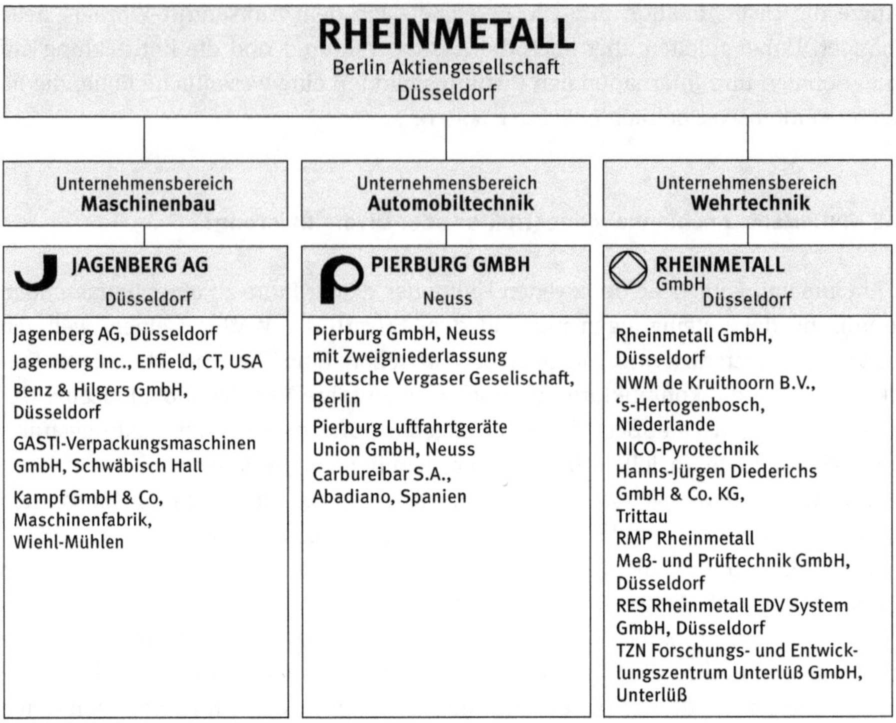

Abb. 17: Organisationsstruktur der Rheinmetall Berlin AG 1988.
Quelle: Rheinmetall-Archiv Bestand A 521. Vgl. Wehrtechnik 2/1988, S. 42.

endphasengelenkten Geschossen und produzierte Sprenggreifer (Minenvernichtungs- und Antisabotageladungen). Eine breite Palette bot das Unternehmen im Bereich ballistische Studien und Logistik an, wo der Kundenservice mit Ersatzteilwesen, Zuverlässigkeits- und Materialerhaltbarkeits-Analysen sowie Industrie-Instandsetzung groß geschrieben wurde.[669] Erst nach 1981 gelang eine erfolgreichere Diversifikation in zivile Branchen mit dem Erwerb der Jagenberg AG, einem Düsseldorfer Papierhersteller,[670] und dem Neusser Automobilzulieferer Pierburg GmbH (1986). Beide hatten allerdings in den Weltkriegen auf Waffenfertigung umgestellt und waren daher ähnlich wie viele bereits vorgestellte Tochterunternehmen auf *dual-use*-Produktion vorbereitet.[671] Die Rheinmetall AG konnte zudem mit ihrem Erwerb eine übersichtlichere

669 Ebenda, v. a. S. 77.
670 Ebenda und Leitzbach: Das Archiv, S. 58; Ders. Rheinmetall. Vom Reiz, Bd. 2, S. 713–724.
671 Leitzbach: Das Archiv, S. 56 und Leitzbach: Rheinmetall. Vom Reiz, Bd. 2, S. 724–735.

Gliederung ihres Portfolios erreichen, wie auch die beiden unternehmenseigenen Übersichten der Organisationsstruktur (Abb. 17 und 18) zeigen.[672]

Dagegen scheiterte die Angliederung einer weiteren Produktgruppe, der Württembergischen Metallwarenfabrik WMF AG, eines bedeutenden international agierenden Erzeugers von Bestecken, Geschirr, Küchengeräten und Getränkeautomaten. Das Unternehmen, das Mitarbeiterzahl und Umsatz der Rheinmetall Berlin AG fast verdoppelte, war von 1980 bis zur endgültigen Entscheidung des Bundeskartellamts 1986 unter Vorbehalt in die Rheinmetall Berlin AG eingegliedert worden. Es musste nach der Ablehnung des Amtes aufgrund der drohenden Marktbeherrschung durch den Röchling-Konzern jedoch verkauft werden.[673] Insgesamt stand die Rheinmetall Berlin AG Mitte der 1980er Jahre dennoch als ein diversifizierter Konzern da, der auch im zivilen oder zivil-militärischen Maschinenbau und der Automobiltechnik reüssierte. Betrachtet man die Anteile am Umsatz, so machte die Wehrtechnik nur 34 % von 2,8 Milliarden DM im Jahr 1986 aus, während der Maschinenbaubereich führend war und auch von der Automobiltechnik fast ein Drittel des Umsatzes erzielt wurde (vgl. Abb. 18).[674]

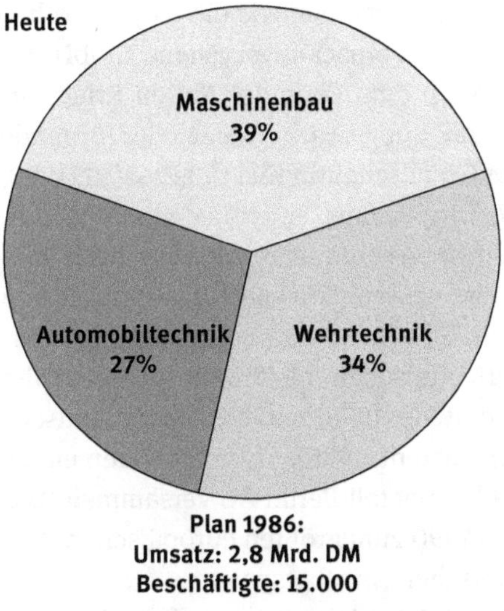

Abb. 18: Umsatzanteile Rheinmetall Berlin AG 1986.
Quelle: Rheinmetall-Archiv Bestand A 521.

672 Rheinmetall-Archiv B 591/5 Broschüre Rheinmetall GmbH – Ein Unternehmen stellt sich vor (o.S.), Sonderdruck aus: Die Bundeswehr in Staat, Gesellschaft, Wirtschaft, Düsseldorf 1986.

673 Ausführlich zu dieser Entwicklung Leitzbach: Rheinmetall. Vom Reiz, Bd. 2, S. 705–713 und 734.

674 Rheinmetall-Archiv Bestand A 521. Vgl. o.V.: Rheinmetall: Gut behauptet.

Erst nach 1981 wurde auch die Konzernneuorganisation wieder aufgenommen. Es wurden neue Holding-Gesellschaften gegründet, die die einzelnen Bereiche führten und kontrollierten: die Rheinmetall Maschinenbau GmbH und die Rheinmetall Verpackungstechnik GmbH in Düsseldorf, die RM Euro B.V. in 's-Hertogenbosch und die RMH Maschinenbau AG in Hünenburg in der Schweiz. In den Jahren 1983 und 1984 wurde der Konzern weiter gestrafft, und es erfolgte eine Strukturbereinigung in den Unternehmensbereichen. Dabei wurde eine Zwischenholding errichtet, in die die Rheinmetall Technik GmbH im Zuge der Kapitalerhöhung eingebracht wurde.[675] Die neu erworbenen Gesellschaften wie die Pierburg-Gruppe wurden nun relativ schnell neu organisiert und gestrafft (1987), wie von einem Vorstandsmitglied in der Auseinandersetzung um die Diversifizierung schon zuvor gefordert worden war. Die Rheinmetall Berlin AG entwickelte sich zu einem immer komplexeren Gebilde mit Holding, Zwischenholdings, einzelnen Beteiligungen im Inland, nicht konsolidierten Beteiligungen im Ausland usw.[676] Nach außen wurde die stärker zivile Ausrichtung des Konzerns zudem mit einem Umzug der Verwaltungszentrale in die ehemalige Jagenberg-Verwaltung (1985) demonstriert.[677]

Diese Entwicklung hielt auch in den späten 1980er und frühen 1990er Jahren an. Nach und nach wurden zwar zu wenig rentable Unternehmen wie die Meyer, Roth & Pastor Maschinenfabrik GmbH (1988) und die PKL Verpackungssysteme GmbH mit ihren Tochtergesellschaften (1989) veräußert. Nach dem Ende des Kalten Kriegs arrondierte Rheinmetall aber die Sparte Wehrtechnik und erwarb Anteile oder führende Unternehmen der Branche wie die MaK System Gesellschaft in Kiel (60 Prozent, 1990, 100 Prozent 1992), die WNC-Nitrochemie GmbH in Aschau, einen bedeutenden Hersteller von Schieß- und Treibladungspulver sowie verbrennbaren Munitionskomponenten (1992), die Mauser-Werke Oberndorf Waffensysteme GmbH (60 Prozent von der Diehl-Gruppe 1995), die STN Atlas Elektronik GmbH, ein international positioniertes Unternehmen auf dem Gebiet der wehrtechnischen Elektronik sowie ziviler Schiffselektronik (51 Prozent der Gesellschafteranteile, 1996) und die niederländische Gesellschaft Eurometaal N.V. in Zaandam (33,3 Prozent, 1996).[678] Damit waren einige der bisherigen Konkurrenten im Portfolio der Rheinmetall Berlin AG versammelt. Das Unternehmen wurde mit diesen Ankäufen nach 1990 zum größten europäischen Rüstungsunternehmen mit einer breiten wehrtechnischen Angebotspalette.

Insgesamt wurde der Konzern zwar in den 1970er Jahren gestrafft und in den 1980er Jahren deutlich schlanker; bis in die 1990er Jahre blieb das Unternehmen aber eher ein diversifizierter Konzern als ein „schlankes Netzwerk".[679] Zwar wechselten die Führungskonzepte innerhalb der Holding von einer nur mittelbar unternehmerisch

675 Rheinmetall-Archiv A 21, mehrere Jge. und Hoppenstedt, mehrere Jge.
676 Ebenda.
677 So interpretiert jedenfalls Leitzbach: Rheinmetall. Vom Reiz, Bd. 2, S. 723 den Umzug.
678 Ebenda, S. 739 ff.
679 Ausführlich van de Kerkhof: Auf dem Weg vom Konzern zum Netzwerk?

tätigen Finanzholding (1950er und 1960er) hin zu einer eher operativen Holding (1970er und 1980er), die nicht nur die strategische Zielrichtung des Konzerns vorgab. Im Zuge der Ausweitung des Rüstungsbereiches wurde der Konzern wieder zu einer Vermögensholding (1990er und folgende). Doch wesentliche Funktionen des Unternehmens wurden bis in die 1990er Jahre nicht ausgelagert, sondern verblieben im Konzern. Dabei wurden neue Beteiligungen planvoll in den bestehenden Konzern integriert. Doch obgleich die Unternehmensstruktur an Werten wie „Straffung" und „Effizienz" orientiert war, wuchs der Konzern zu einem schwer zu durchschauenden Gebilde mit Dachholding, untergeordneten Führungsbereichen, Zwischenholdings und vielfältigen Beteiligungen im In- und Ausland, die selbständig und teilweise auch projektbasiert arbeiteten. Rheinmetall sah freilich das Waffengeschäft wie in der Gegenwart als „Stabilitätsanker" und setzte „in der Krise auf Rüstung".[680]

Gründe dafür liegen auch in veränderten Externalitäten, v. a. den institutionellen und rechtlichen Bedingungen. So wurden etwa das Steuer- und das Gesellschaftsrecht (z. B. Ausbau der Mitbestimmung) von 1960 bis 1980 mehrfach einschneidend verändert. Beispielsweise wurde 1969 das Auslandsinvestitionsgesetz verabschiedet, womit deutsche Investitionen im Ausland steuerlich gefördert wurden.[681] Auch das Gesetz zur Änderung des Körperschaftssteuergesetzes von 1969 brachte weitere steuerliche Vorteile für Konzerne, die sich als Organschaft veranlagen ließen und Ergebnisabführungsverträge (d. h. auch Verlustausgleich) zwischen abhängiger und herrschender Gesellschaft abschlossen.[682] Waren bis Mitte der 1970er Jahre die technische und marktstrategische Eingliederung in einen Konzern (sog. Zweckabhängigkeit) die Voraussetzung für eine Organschaft, so wurde dies 1976 erweitert. Nun

---

680 Ingo Faust: Rheinmetall setzt in der Krise auf Rüstung, in: Westdeutsche Zeitung (WZ) vom 26.3.2009, S. 16. Da in der Krise 2008/2009 der Automobilbereich schlecht lief, das Rüstungsgeschäft dagegen ausgesprochen gut, gab Rheinmetall-Vorstandsvorsitzender Klaus Eberhardt die Parole aus: „Defence ist der Stabilitätsanker für Rheinmetall". Entsprechend titelte die WZ auch in ihrem Wirtschaftsteil „Rheinmetall setzt in der Krise auf Rüstung."

681 Das Gesetz über steuerliche Maßnahmen bei Auslandsinvestitionen der deutschen Wirtschaft vom 18.8.1969 (BGBl I, S. 1214) wurde mehrfach geändert, z. B. durch das Steuerreformgesetz vom 25.7.1988 (BGBl. I, S. 1093). Es gestattete Unternehmen steuerfreie (gewinnmindernde) Rücklagen für das ausländische Betriebsvermögen, einen negativen Progressionsvorbehalt für Verluste ausländischer Betriebsstätten (d. h. diese Verluste konnten auf inländische Einkünfte partiell angerechnet werden) und steuerfreie Rücklagen für Verluste ausländischer Tochtergesellschaften, d. h. eine zeitlich begrenzte Steuerstundung. Vgl. Günter Wöhe u. a.: Grundzüge der Betriebswirtschaftlichen Steuerlehre, München [3]1991, S. 190 ff.

682 Zuvor wurde das Rechtsinstitut der Organschaft v. a. durch Rechtssprechung für die Umsatz- und Gewerbesteuer angewandt, außerdem gab es seit 23.10.1959 einen „Organschaftserlaß" des Finanzministeriums von Nordrhein-Westfalen (BStBl. II, S. 161). Körperschaftssteuergesetze vom 15.8.1969 und Änderung 1977 siehe BGBl I, S. 1182. Vgl. Ludwig Schmidt/Helmut Steppert: Die Organschaft im Körperschaftssteuer-, Gewerbesteuer- und Umsatzsteuerrecht, Berlin [3]1978.

wurde auch die Zusammenfassung von Unternehmen „zum Zwecke der Gewinnmaximierung und des Risikoausgleichs durch Diversifikation" als wirtschaftliche Einheit für die Steuerveranlagung anerkannt.[683]

Diese Änderungen im Steuerrecht waren eine wesentliche Ursache dafür, dass große Konzerne ihre Holdingstruktur mehrfach umwandelten, z. B. wurde im Fall von Rheinmetall eine Struktur mit vielen internationalen Tochterunternehmen steuerlich begünstigt.[684] Außerdem boten sich Holding-Gesellschaften nicht nur an, um Synergieeffekte zwischen den Tochterunternehmen im Maschinenbaubereich zu nutzen und Größen- und Spezialisierungsvorteile (*economies of scale and scope*) im Rahmen der Kapitalanlage zu realisieren. Zusätzlich konnten Kapitalbeteiligungsgrenzen umgangen und Steuervorteile erzielt werden. Zwischenholding-Gesellschaften konnten beispielsweise ihren Firmensitz in ein Land verlegen, in dem attraktivere steuerliche Bedingungen dafür sorgten, dass die von den Tochterunternehmen abgeführten Gewinne günstigeren Steuergesetzen unterlagen. Durch die Einschaltung von Zwischenholdings wie im Fall von Rheinmetall war möglicherweise auch für die Steuerbehörden die tatsächliche Beteiligungsstruktur nur mit erheblichem Aufwand nachvollziehbar.[685] Insbesondere in einem Konzern, dessen Ergebnisse innerhalb der einzelnen Teilbereiche sehr unterschiedlich erzielt wurden, bot die Steuergesetzgebung für Organschaften enorme Vorteile. Investitionen in Beteiligungen und neue Tochtergesellschaften ließen sich für den Konzern relativ günstig gestalten, wenn sie gegen die hohen Gewinne, die in der Wehrtechnik-Sparte des Konzerns erzielt wurden, verrechnet werden konnten. Dagegen wogen die Nachteile einer Holdingstruktur wie Desintegration, Anonymisierung und höherer administrativer Aufwand bis zur Unternehmenskrise der 1970er Jahre anscheinend nur relativ gering. Erst in der Krise wurden die Nachteile eingehender analysiert und diskutiert. Nach den Diskussionen um das *re-engineering* wurden die Beschneidung des Wildwuchses und der Aufbau eines Planungs- und Kontrollsystems vom neuen Rheinmetall-Vorstand zügig angegangen.

---

683 Urteil des Bundesfinanzhofs vom 21.1.1976 (BStBl. II, S. 389). Vgl. Hans-Peter Reuter: Die Besteuerung verbundener Unternehmen, München 1970.

684 Rheinmetall-Archiv A 21, mehrere Jge. Der Begriff „Holding" ist gesetzlich nicht definiert und wird uneinheitlich verwendet. In der Regel wird von Kapital- oder Schachtelgesellschaften gesprochen, die nach dem Schachtelprivileg steuerliche Nachteile für Vermögens- und Gewerbesteuer, bis 1977 auch für die Körperschaftssteuer, vermeiden konnten. Ist ein Beherrschungs- und Gewinnabführungsvertrag abgeschlossen, so spricht man von einem „Konzern" (§ 18 Abs. 1 AktG). Das Schachtelprivileg trat bis 1977 an die Stelle der Organschaft, falls von einer wirtschaftlichen oder organisatorischen Eingliederung des Tochterunternehmens nicht ausgegangen werden konnte. Siehe Wöhe u. a.: Grundzüge der Betriebswirtschaftlichen Steuerlehre, S. 312–317.

685 Allgemein zur Gestaltung und zu den Vor- bzw. Nachteilen von Holding-Strukturen: Thomas Keller: Unternehmungsführung mit Holdingkonzepten, Köln ^{2}1993; Manfred Schulte-Zurhausen: Organisation, München ^{2}2002 und Marcus Lutter/Lenhard Jesse: Holding Handbuch, Köln ^{4}2004.

Steuerung und Planung versus kreatives Chaos?

Wie kam es aber nun zur Neuordnung der 1980er Jahre? Vor der Entwicklung langfristiger Schritte, die erst nach einer umfassenderen Analyse vollzogen werden sollten, hatte der neue Rheinmetall-Vorstand ja schon 1976 zeitlich drängende Sofortmaßnahmen vorgeschlagen, die auch langfristige und übergreifende Bedeutung für die Organisation des Konzerns hatten. Als wichtigsten Schritt sah er die sofortige Einführung eines Planungs- und Berichtssystems in der AG an. Ziel war dabei, eine einheitliche, nach Firmengruppen komprimierbare Unternehmensplanung und betriebswirtschaftliche Plankontrollsysteme aufzubauen. Dazu sei die Unterstützung durch die Wehrtechniksparte des Konzerns, die Rheinmetall GmbH, die Arbeit eines Wirtschaftsprüfers und die Schaffung eines kleinen, aber hochwertigen betriebswirtschaftlichen Stabes in der AG notwendig, der nur in der Linienpraxis erfahrene Mitarbeiter umfassen sollte, also keine reinen Stabsleute.

Anschließend sollte dieses System durch den Stab in allen zivilen Tochterunternehmen per Anweisung durch den Vorstand eingeführt werden. Es sei aber unbedingt sicherzustellen, dass die einzelnen Geschäftsführer aktiv mitwirkten.[686] Erst auf der Grundlage der Ergebnisse des Planungs- und Berichtssystems sollte möglichst kurzfristig ein Gesamtkonzept erarbeitet und nach Genehmigung durch den Aufsichtsrat in Stufen verwirklicht werden. Das Vorstandsmitglied sah dazu vor, dass zwei oder drei homogener strukturierte Firmengruppen je unter vollständiger Führung durch die jeweils geeignetste Firma geschaffen werden sollten. Dieser Führungsfirma der jeweiligen Verbundgruppe (z. B. Wehrtechnik, Maschinenbau, Elektronik oder Automobiltechnik) sollten die übrigen Firmen als Werke oder Tochtergesellschaften zugeordnet werden. Außerdem sollte für Tochterunternehmen wie Laeis oder Tornado, die in keine der drei Verbundgruppen richtig passten, eine neue Konzeption verfasst werden. Die zwei oder drei Verbundgruppen sollten durch Kapitalerhöhungen in ihrem Bestand gesichert und für die Herausforderungen weiterer Umstrukturierungen gestärkt werden. Ein Einkaufsverbund sollte die beiden oder die drei Verbundbereiche zusammenhalten. Innerhalb der Verbundbereiche plädierte das neue Vorstandsmitglied für eine straffe Programmneuordnung. Als wichtige Ertragsstabilisatoren sollten die Finanzbeteiligungen Hottinger sowie Eisen und Metall behalten werden.[687]

Schließlich war eine wichtige Vorbedingung für diese Schritte, dass keine weiteren Zukäufe von zivilen Firmen mehr erfolgten, bis ein vollständiger Überblick über die strukturellen Probleme, Verbesserungsmaßnahmen und alternative Strategien gewonnen worden war.[688] Daneben wurden schon einzelne Maßnahmen für die Tochterunternehmen und Beteiligungen vorgeschlagen, die die jeweiligen Probleme bewältigen

---

686 Rheinmetall-Archiv Bestand A 4, Nr. 50, weiteres Exposé, S. 20.

687 Ebenda. Zunächst waren Alkett und Tornado in den 1950er Jahren auch genutzt worden, um sich an der Produktion des MG 42 zu beteiligen. Siehe Rheinmetall-Archiv Bestand B 5130 Nr. 28 Rheinmetall GmbH, MG 42 Schriftwechsel und Aktennotizen 1957–1959.

688 Ebenda, Bestand A 4, Nr. 50, weiteres Exposé, S. 20 f.

sollten, z. B. Umstrukturierung der Produktpalette, Einführung von Planungs- und Kontrollsystemen oder die Absetzung von Geschäftsführern. Dieses Konzept geriet aber sofort intern in die Kritik. Einen heftigen Schlagabtausch gab es mit dem Aufsichtsratsvertreter des Hauptaktionärs. Dieser war zugleich der Vorgänger des neuen Vorstandsmitglieds und fühlte sich nicht nur in einzelnen Entscheidungen, sondern auch in seiner langjährigen Unternehmens- und Bilanzpolitik insgesamt angegriffen. Besonders stark polemisierte er in Briefen an das neue Vorstandsmitglied und an seine Aufsichtsratskollegen gegen die strukturelle und strategische Ausrichtung der zivilen Beteiligungen am Marktbedarf und gegen die Kontroll- und Planungssysteme.[689] Doch trotz heftiger Angriffe wurde vom Aufsichtsrat einer Reorganisation des Konzerns und einem neuen Planungs-Kontroll-System nach den Vorstellungen des neuen Vorstandsmitglieds zugestimmt. Die Beteiligungen wurden zu Verbundgruppen gestrafft, die Konzernrevision wurde abgeschafft, stattdessen wurden eine kleine Planungs- und Kontroll-Abteilung sowie ein *Cash Management* zusammen mit einer Bank eingeführt.[690]

Im Fall von Rheinmetall kann also mitnichten davon gesprochen werden, dass eine zielorientierte Steuerung im Verlauf der 1970er und 1980er Jahre durch eine netzwerkförmige, projektbasierte und schwer durchschaubare Organisationsstruktur abgelöst worden wäre.[691] Der Konzern wuchs schon in den 1960er Jahren zu einem weit verzweigten Gebilde an, das für Außenstehende nur schwer zu überblicken war. Im Wehrtechnik-Bereich wurde zwar in gewissem Maße projektabhängig an einzelnen großen Rüstungsprojekten zusammen mit anderen Zulieferern gearbeitet, Maßschneiderei statt Massenproduktion war aber für große Projekte in dieser Sparte schon lange gang und gäbe. So urteilte der Vorstand auf einer Sitzung Anfang 1976, dass „auch bei einer Programmbereinigung ein spezielles Problem bleiben wird: von Serienfertigung kann weitgehend nicht gesprochen werden, die ‚Maßschneiderei' wird als Aufgabe bleiben."[692] Als ursächlich für die krisenhaften Einbrüche sowohl in der zivilen als auch in der militärischen Produktion wurde nicht nur der erlahmende inländische Absatz gesehen, sondern auch die steigenden Importe: „Hier also sind die Marktanteile kaum zu vergrößern. Wachstumsmöglichkeiten dürften im Exportgeschäft bestehen; dazu bedarf es jedoch besserer Beratung möglicher Kunden."[693] Die dafür notwendigen neuen Marketing-Mittel mussten noch entwickelt und implementiert werden.

---

689 Rheinmetall-Archiv, Bestand A 4, Nr. 50, Schriftwechsel Rheinmetall-Vorstand mit dem Vertreter der Gebr. Röchling KG 1976.

690 Rheinmetall-Archiv Bestand A 21/31, Bl. 4 und Hoppenstedt 1976/77.

691 Vgl. Luc Boltanski/Ève Chiapello: Die Rolle der Kritik in der Dynamik des Kapitalismus und der normative Wandel, in: Berliner Journal für Soziologie 4 (2002), S. 459–477, hier S. 463 f. zu den französischen Unternehmen.

692 Rheinmetall-Archiv A 24 Nr. 21–23 Protokolle über Vorstands-/Abteilungsleitersitzungen der Rheinmetall Berlin AG, 27. Februar 1976, Düsseldorf, Protokoll über die Vorstands-/Abteilungsleitersitzung am 25. Februar 1976, Bl. 3.

693 Ebenda, Bl. 2f.

Problematisch bei den zivilen Tochterunternehmen war, dass sie in der Expansionsphase der 1950er und 1960er Jahre, die mit hohen Einnahmen aus dem Rüstungsgeschäft einherging, in rascher Folge angekauft worden waren. Sie wirtschafteten in weitgehend selbständigen Einheiten.[694] Häufig wurden die vorhergehenden Besitzer der kleinen und mittelständischen Unternehmen sogar als Geschäftsführer eingesetzt, was zu Prinzipal-Agenten-Asymmetrien führen konnte, die den Konzern benachteiligten. Planungs- und Kontrollinstrumente, also eine zielorientierte Steuerung, wurden ebenso wie eine umfassendere Integration von Beteiligungen in den Konzern erst im Verlauf der 1970er und 1980er Jahre konsequent eingeführt. Am Ende dieser Entwicklung stand zumindest partiell die Umwandlung in eine divisional strukturierte Konzernorganisation. Dazu trugen die wirtschaftlichen Krisenerfahrungen der späten 1960er und frühen 1970er Jahre entscheidend bei.

Zudem trafen die Auswirkungen der Apelschen Sparbeschlüsse nicht nur die Bundeswehr, das BMVg und deren Personalbestand, sondern auch diejenigen Waffenproduzenten, die mitten in der Erprobung neuer Waffen waren und die Serienfertigung noch nicht vertraglich gesichert bekommen hatten oder auf neue Aufträge im Anschluss an ihre auslaufende Serienfertigung spekulierten. Dies hing auch damit zusammen, dass das System der Maßschneiderei für die Bundeswehr von den Unternehmen einen langen Planungszeitrahmen mit Unsicherheit erwartete. Der Vorstand der Rheinmetall GmbH plante daher seit Ende der 1970er Jahre damit, dass „die Einsatzzeiten der Waffensysteme je nach System mit 15–25 Jahren anzusetzen sind. Die Entwicklungszeiten neuer Geräte betragen aufgrund des hohen technischen Standes und der dadurch erforderlichen umfangreichen Erprobungsprogramme mindestens 10, zum Teil bis zu 15 Jahren. Aus diesen Zeitabläufen können die wahrscheinlichen Entwicklungsschwerpunkte für Rheinmetall in den nächsten 10–15 Jahren abgeleitet werden."[695]

Die recht kurzfristig wirksamen Sparbeschlüsse Apels beklagte das Unternehmen daher im Herbst 1982 durchaus nachvollziehbar in einem Artikel in der FAZ mit der Schlagzeile „Wehrtechnik spürt Sparmaßnahmen. Rheinmetall sieht auch den Waffenexport bedroht/Betrieb stillgelegt".[696] Erstaunlich ist, mit welcher Offenheit hier nicht nur über Projekte der Bundeswehr, sondern auch über geplante und durchaus fragwürdige Exportprojekte berichtet wurde. Dies verdeutlicht folgender längerer Auszug:

694 O.V. [K]: Rheinmetall kehrt nur langsam wieder in die Gewinnzone zurück. Neue Vorzugsaktien kommen zu 142 DM/Mauser Waldeck Bürosysteme bleibt das Sorgenkind des Konzerns, in: FAZ vom 22.5.1996.

695 Rheinmetall-Archiv B 505 Nr. 34 Rheinmetall GmbH Aufsichtsratssitzung, 28.4.1976, Bl. 7.

696 O.V. [GM]: Wehrtechnik spürt Sparmaßnahmen. Rheinmetall sieht auch den Waffenexport bedroht/Betrieb stillgelegt, in: FAZ vom 28.10.1982.

„Auch dieses Unternehmen spürt in der Wehrtechnik die Auswirkungen der Haushaltsmisere beim Bund. Als Hersteller von Rohrwaffen sowie ergänzendem Zubehör (Panzertürme) und einschlägiger Munition ist Rheinmetall fast restlos auf den Bedarf des Heeres eingestellt und kann an den Großprojekten der Luftwaffe und Marine partizipieren. (...) Rheinmetall hat in diesem Jahr bis auf weiteres einen Betrieb in Düsseldorf stillgelegt, in dem 600 von insgesamt etwa 4500 Beschäftigten der Wehrtechnik (Konzern insgesamt etwa 16.000 Mitarbeiter) für die Produktion leicht gepanzerter Fahrzeuge tätig waren. Demgegenüber laufen andere Programme weiterhin reibungslos. Das Düsseldorfer Unternehmen ist vor allem am Großprojekt des Heeres, dem Leopard 2, als Lieferant des gesamten Turmsystems einschließlich der 120-Milimeter-Kanone und der dazugehörigen Munition beteiligt. Für die kommenden Jahre erhofft sich Rheinmetall einen stabilisierenden Beschäftigungseffekt von der Serienproduktion einer neuen Panzerhaubitze, die in zwei bis drei Jahren anlaufen könnte. Deren Stückpreis wird gegenwärtig auf etwa 3 Millionen DM veranschlagt. Das Unternehmen ist bei diesem internationalen Projekt (Großbritannien, Italien, Bundesrepublik) alleiniger Generalunternehmer für alle beteiligten Nationen; das ist ein Novum. Rheinmetall sieht für dieses gepanzerte Kettenfahrzeug derzeit in der westlichen Welt kein vergleichbares Projekt. Die Produktionsplanung sieht die Fertigung von 800 bis 1000 Stück vor.

Im enggezogenen Rahmen des Waffenexports knüpfen sich bei Rheinmetall Hoffnungen an das Interesse Spaniens und der Schweiz am Leopard 2. Andererseits muß damit gerechnet werden, dass ein Auftrag aus Malaysia über die Lieferung von 14 radgetriebenen Panzerfahrzeugen aus politischen Gründen doch nicht zustande kommt. Bei diesem Gemeinschaftsprojekt mit Thyssen geht es nach Meinung von Frank Bär nicht nur um den Auftragswert von etwa 300 Millionen DM, an dem Rheinmetall mit knapp der Hälfte beteiligt wäre. Damit wäre auch der Einstieg in einen neuen Exportmarkt verbaut, der laut Bär Aussichten für Bestellungen von weit über 1 Milliarde DM bieten würde. Das Unternehmen fürchtet ferner, daß solche negativen Beispiele das Interesse anderer potentieller Abnehmerländer für deutsche Waffen von vornherein blockieren könnten.“[697]

In diesem Artikel wurde also nicht nur recht offensiv für ein neues Rüstungsprojekt zur Stabilisierung des lahmenden Absatzes, die Panzerhaubitze, geworben, sondern auch deutlich gemacht, welche schwer wiegenden Folgen ein Exportverbot nach Malaysia für das Unternehmen und einzelne Werke, bis hin zur Stilllegung und steigender Arbeitslosigkeit haben könnte. Zwar wurde in den folgenden Jahren immer wieder für eine Ausweitung der Rüstungsexporte öffentlich geworben, doch die Situation des Konzerns entwickelte sich nach dem Amtsantritt Wörners unter vergrößerten Rüstungsetats stetig profitabler.[698] Anlässlich der Ausgabe des Aktionärsbriefs 1984 berichtete die FAZ über das verbesserte Kosten-Leistungs-Verhältnis und die erhöhten Gewinne der Rheinmetall Berlin AG. Alle drei Bereiche, Maschinenbau, Wehrtechnik und Gebrauchsgüter, hätten mit Gewinn gearbeitet. Die Zahl der Mitarbeiter wurde aber zur Konsolidierung des Gewinns weiter abgebaut und fiel wiederum um

697 Ebenda.

698 O.V.: „Deutsche Wehrindustrie zwischen den Backen“ [Ansprache Bär], S. 40–42; Falcke: Zum berühmt-berüchtigten § 4a, S. 43; O.V.: Kriegswaffenkontrollgesetz – Abseitsfalle des Rechts?, in: Wehrtechnik 9 (1983), S. 17–20.

3,9 % auf 14.886, wobei v. a. Fluktuation und Pensionierung genutzt wurden.[699] Zeitungen des linken Spektrums berichteten dagegen von einem Personalabbau um annähernd das Doppelte (1.000 statt 580), weshalb bei diesen Daten durchaus Vorsicht angebracht zu sein scheint.[700] Da man in der Wehrtechnik für 1984 „eine Stabilisierung auf dem Niveau des Vorjahres" erhoffte, rechnete man auch mit einem ähnlichen Umsatz (6, 7 % Steigerung auf 2,53 Mrd. DM, Auftragseingang 5,5 % Steigerung auf 2,45 Mrd. DM, Auftragsbestand 1,72 Mrd. DM Minus von 3,8 %). Einen ungewöhnlich hohen Auslandsanteil, der sich noch leicht von 39,9 auf 40,8 % erhöhte, konnte Rheinmetall am Umsatz verzeichnen.[701]

Die Dividende stieg enorm an (von 1,50 DM auf 7,50 DM pro Aktie), der Konzerngewinn ebenfalls von 10 Mio. DM auf 35,7 Mio. DM 1983. Somit entwickelte sich auch der Börsenkurs von 1982 bis 1984 überaus positiv (von 170 auf 365 DM pro Aktie), was einen Kursgewinn von 340 Mio. DM für die Familien Röchling (über 75 % Anteile) und Diehl (über 10 % Anteile) bedeutete.[702] Die DKP Düsseldorf untersuchte, angeblich „mit Hilfe von Wirtschaftsprüfern die Rheinmetall-Bilanz" des Jahres 1983 genauer. Sie rechnete vor, der Gewinn je Aktie sei von 8,59 DM auf 25,10 DM gestiegen (+ 200 %) und der tatsächliche Profit des Unternehmens habe 235 Millionen DM im Geschäftsjahr 1983 betragen – im Gegensatz zum offen angegebenen Betrag von 35,7 Mio. DM. Verantwortlich für diese enorme Diskrepanz seien zum einen überhöhte Abschreibungen in der Größe von 61 Mio. DM auf Betriebsstätten, Inventar und Maschinen. Maschinen würden innerhalb von drei Jahren abgeschrieben, obwohl man realistisch von einer Nutzungsdauer von zehn Jahren ausgehen müsse. Zum anderen könnten die Rücklagen für Risikomanagement, Pensionskassen u. ä. als steuerfreie und zinsfreie Reserve, im Grund wie Eigenkapital, also Profit, gesehen werden. Hier wurde eine Summe von 97 Mio. DM angesetzt. Schließlich mache man sonstige Aufwendungen in Höhe von 411 Mio. DM steuerlich geltend und erhalte so vorsichtig gewertet 10 %, also 41 Mio. DM als Profit steuerfrei heraus. Zu diesen Aufwendungen zählten nicht nur real anfallender Bedarf wie Versand- und Transportkosten, sondern auch „Spesen, Schmiergelder, überhöhte Vorstandsgehälter (648.712,50 DM pro Kopf) oder die Kosten für Dienstwagen, Chauffeur usw."[703]

Insgesamt thematisierte dieser zweifellos parteiliche Artikel aber eine wesentliche unternehmenshistorische Quellenproblematik, die auch Mark Spoerer grundlegend diskutiert hat: den Konstruktionscharakter von Bilanzen und ihre hohe Interpretationsbedürftigkeit. Zwar scheinen Bilanzen und Geschäftszahlen als quantitative

---

699 O.V. [MV]: Rheinmetall: Gewinne in allen Bereichen. Kosten-Leistungs-Verhältnis wurde verbessert, in: FAZ vom 26.3.1984.

700 Heinz Blumenthal: Rheinmetall machte im letzten Jahr 235 Mill. DM Nettoprofit. Profite größtenteils aus der Waffenschmiede/Musterbeispiel für den legalen Steuerbetrug, in: UZ 9.10.1984.

701 O.V. [MV]: Rheinmetall: Gewinne in allen Bereichen.

702 Blumenthal: Rheinmetall machte im letzten Jahr 235 Mill. DM Nettoprofit.

703 Ebenda.

Quellen eine hohe Faktizität aufzuweisen, sie dienen aber nicht der objektiven Information der Öffentlichkeit, sondern bilanzpolitischen und unternehmensstrategischen Zielen, wozu auch Abschreibungs- und Steuerpolitik, Gewinnminderung bis hin zur -verschleierung zählen können.[704] Dass die Spielräume der Bilanzierung generell zu diesen Zwecken genutzt wurden, gilt sicherlich auch für Rheinmetall, denn insgesamt ist die Tendenz der durchaus enormen und stetig wachsenden Unternehmensgewinne sowohl in der Bilanz als auch in der Berichterstattung durch die Qualitätspresse zu erkennen.

Dies galt auch für die letzten Jahre des Kalten Krieges. Während der Maschinenbau sich 1984 günstig entwickelte und durch den Leopard 2-Anteil von Rheinmetall die Grundauslastung der wehrtechnischen Betriebe gesichert war, bemängelte der Vorstandsvorsitzende Dr. Hockel aber in der FAZ die Zukunftsaussichten: „Beschäftigungsprobleme gebe es weiterhin für Maschinenwaffen und Maschinenwaffen-Munition", denn „in der Wehrtechnik sei der Auftragseingang hinter den Erwartungen zurückgeblieben, so daß die Kapazitäten in Teilbereichen nicht befriedigend ausgelastet worden seien." Nichtsdestotrotz verzeichnete Rheinmetall im Jahresabschluss 1983 ein Gewinnplus von 72,2 % bei einer Umsatzsteigerung von 7,0 %. Der Umsatz der Wehrtechnik hatte mit 13,4 % relativ am stärksten zugelegt, während der Maschinenbau (Jagenberg) nur um 6,6 % zunahm und der Gebrauchsgüterbereich der WMF sogar ein leichtes Minus von 0,9 % schreiben musste. Die Dividende erhöhte sich insgesamt um satte 25 %.[705]

Die negativen Prognosen des Vorstandschefs trafen auch im Jahr 1984 nicht ein. Sogar für das Jahr 1985 war der Geschäftsbericht positiv gestimmt, Wachstum wurde in allen Sparten, „auch im Gebrauchsgüter-Geschäft und in der Wehrtechnik" prognostiziert. Die FAZ vermeldete schon im Frühjahr 1985, das Unternehmen habe „für 1985 schon weitgehend ausgesorgt." Dies lag nicht nur daran, dass sich der Auftragsbestand um enorme 31 % erhöhte, sondern auch die Umsätze stiegen an, insgesamt für den Konzern auf 2,63 Mrd. DM (+ 4 %). Am deutlichsten fielen die Zuwächse im Auslandsgeschäft aus, v. a. bei Maschinenaufträgen, während von der Inlandsnachfrage (60 % des Konzerngeschäfts) erwartet wurde, dass sie noch weiter anziehen werde. Die Höhe der Gewinne wurde nicht bekannt gegeben, nur mitgeteilt sie seien „befriedigend". Dies war möglicherweise auch auf den Personalabbau zurückzuführen, der wiederum 3,5 % betrug.[706]

Im ersten Halbjahr 1985 konnten weitere Auftragssteigerungen erzielt werden, dieses Mal um immer noch passable 15,4 %, wozu v. a. die Wehrtechnik und der

704 Spoerer: ‚Wahre Bilanzen!'.

705 O.V. [Ue]: Kräftige Ertragsbesserung in der Rheinmetall-Gruppe. Vom Eierbecher bis zur Feldhaubitze/Mit Jagenberg-Sanierung noch nicht ganz fertig, in: FAZ vom 17.7.1984, Nr. 155, S. 13.

706 O.V. [Js]: Gute Auftragspolster bei Rheinmetall. Große Nachfrage nach Maschinen in den Vereinigten Staaten, in: FAZ vom 29.3.1985.

Maschinenbau beitrugen. Der Umsatz könne dadurch im Geschäftsjahr voraussichtlich um 4 % wachsen, wie der neue Vorstandsvorsitzende Dr. Brauner mitteilte. Dies stabilisiere auch den Konzern, der durch die Entscheidung des Bundeskartellamts, die WMF aus markt- und wettbewerbsrechtlichen Gründen nicht übernehmen zu dürfen, strukturelle Probleme aufweise. Bei der WMF sei es zwar schon zu Strukturbereinigungen gekommen, aber die Rheinmetall Berlin AG hatte nach der Entscheidung des Kartellamts und der Bundesgerichtshofs zudem eine Ministererlaubnis beim BWM beantragt, um eine Übernahme der WMF doch noch durchzusetzen.[707] Auf politische Unterstützung in Form von Subventionen und Bürgschaften hoffte der Rheinmetall-Vorstand 1985 daher bei einem Großprojekt in der wirtschaftlich strukturschwachen Lüneburger Heide: „Als wichtiges Beispiel für Innovation im Bereich Wehrtechnik nannte [Rheinmetall-Vorstand] Brauner das Projekt Technologie-Zentrum Nord (TZN). Das Land Niedersachsen beabsichtigt, in Unterlüß in Verbindung mit Rheinmetall ein Zentrum für die Entwicklung von Hochtechnologien aufzubauen. Dies sei wichtig, da Entwicklungsrisiken für neue Waffensysteme immer größer würden, die Kapazitätsrisiken sich mit Auslaufen der Leopard-Programme vergrößerten und die Größe der Einzelgeschäfte an die Fähigkeit der Gruppe gehe, das finanzielle, technische und personelle Risiko zu tragen. Die Kumulation dieser Risiken lasse es wünschenswert erscheinen, politische ‚Paten' zu gewinnen, um das Geschäft abzusichern."[708]

Neben dieser Gewinnung politischer Subventionen und der Absicherung privatwirtschaftlicher Risiken durch den Staat wurde weiterhin die Organisationsentwicklung vorangetrieben. Die Diversifizierung der 1960er und 1970er Jahre wurde nun aufgegeben zugunsten der „Konzentration auf Kernarbeitsgebiete mit Entwicklungs- und Ertragspotential". Vorstandschef Brauner plante dazu, „alle Tochterunternehmen und Beteiligungen, deren Umsatz unter 25 Millionen DM und deren Rendite unter 15 Prozent liegt, abzustoßen oder zu schließen". Erste „Opfer" dieser Konzernpolitik waren im Jahr 1985 Metzger und Becker Trocknungsanlagen und Gerätebau, Tuttlingen (Verkauf), Malmedie-Antriebstechnik GmbH, Düsseldorf, und die Fico Fischer Maschinenbau und Kunzmann Werkzeugmaschinenfabrik, Remchingen bei Pforzheim (Übernahme durch ehemalige Beschäftigte) sowie die französische Tochter Plastimécanique in Falaise (Werkschließung).[709] Auch von der geplanten zivilen Großbeteiligung WMF musste sich der Konzern nach der Entscheidung des BMWi Ende 1985 trennen und verkaufte einen Anteil von 47 % an einen im Versicherungsgeschäft

707 O.V. [vwd]: Rheinmetall sucht „politische Paten". Zu hohe Kapazitätsrisiken in der Wehrtechnik/Hauptversammlung, in: FAZ vom 22.8.1985 und Kurzbericht in der FAZ vom 27.6.1985. Vgl. auch O.V. [GM]: Wehrtechnik spürt Sparmaßnahmen zur WMF; Leitzbach: Rheinmetall. Vom Reiz, Bd. 2, S. 711 f.

708 Ebenda. Vgl. Leitzbach: Rheinmetall. Vom Reiz, Bd. 2, S. 573.

709 Leitzbach: Rheinmetall. Vom Reiz, Bd. 2, S. 676 ff. und o.V. [vwd]: Rheinmetall sucht „politische Paten".

tätigen Rechtsanwalt aus Wiesbaden, Dr. Wolfgang Schuppli. Die Restbeteiligung von 10 % hat Rheinmetall auf Wunsch von Schuppli dann nach 1986 weiterveräußert.[710]

Zwar war die WMF als Konsumgüterproduzent angesichts der sinkenden Inlandsnachfrage wirtschaftlich nur wenig erfolgreich: „Der Gruppenumsatz stagnierte bei 634 Millionen DM. Die Dividende mußte wegen des rückläufigen Ergebnisses von sechs auf vier DM gekürzt werden. Im Laufe dieses Jahres musste die Belegschaft dem Umsatz- und Auftragsrückgang angepasst werden." Doch „hielt man das WMF-Engagement bei Rheinmetall nach wie vor für ein wertvolles Gegengewicht zu den beiden anderen Unternehmensteilen und hatte keine Absicht, sich davon wieder freiwillig zu trennen."[711] So hatte Brauner noch 1984 bekräftigt, dass „der Beteiligungserwerb an der WMF AG (...) dem Ausgleich der gesamtunternehmerischen Risiken dienen [sollte], die sich aus der Abhängigkeit von der Wehrtechnik ergaben. (...) Nach dem Verkauf der Mehrheitsbeteiligung von WMF hält der Rheinmetall-Vorstand an seiner Grundsatzentscheidung fest, mit der Rheinmetall GmbH (Wehrtechnik) und der Jagenberg AG (Maschinenbau) den Weg der Diversifikation in Bereiche mit hoher Technologie und guten Wachstumschancen weiter fortzusetzen. Konkrete Akquisitionspläne gibt es allerdings noch nicht."[712] Diese Akquisitionspläne wurden erst mit dem Erwerb der Pierburg GmbH konkreter, die den Konzern wieder auf drei Standbeine setzte.

Das Berliner Kartellamt, das Bundeskartellamt und der Bundesgerichtshof hatten im Verlauf der mehrjährigen Prozesse eine grundsätzlich ablehnende Haltung gegenüber dem Erwerb der WMF eingenommen. Sie begründeten das Verbot damit, „daß die Beteiligung durch Rheinmetall die Finanzkraft der WMF AG und damit die vom Kartellgesetz unterstellte überragende Marktstellung der Gesellschaft auf dem Marktsegment für höherwertige Edelstahlbestecke in der Bundesrepublik verstärke". Auch das BMWi unterstützte letztlich die Rheinmetall Berlin AG nicht und erkannte die von Rheinmetall „vorgetragenen arbeits- und sicherheitspolitischen Argumente nicht als überragende gesamtwirtschaftliche Interessen im Sinne des Paragraphen 24 Absatz 3 des Gesetzes gegen Wettbewerbsbeschränkungen (GWB)" an. Das Unternehmen erhielt auch keine Ministererlaubnis, da „der Wettbewerbsgesichtspunkt in diesem Fall schwerer wiegt als das Diversifikationsinteresse von Rheinmetall". Rheinmetall verzichtete letztlich auf den Erwerb der WMF, zog den Antrag auf

710 O.V. [Js]: Rheinmetall trennt sich wieder von der WMF. Auch Wirtschaftsministerium hat Übernahme abgelehnt/Schuppli-Gruppe als neuer Großaktionär in Geislingen, in: FAZ vom 7.11.1985, Nr. 259, S. 15 und o.V. [hmr]: Erleichterung in Geislingen, FAZ vom 7.11.1985, Nr. 259, S. 15 sowie o.V. [Do.]: „Jetzt auch mal in der Industrie" in: ebenda. Leitzbach: Rheinmetall. Vom Reiz, Bd. 2, S. 711 f.

711 O.V. [Js]: Rheinmetall trennt sich wieder von der WMF. Auch Wirtschaftsministerium hat Übernahme abgelehnt/Schuppli-Gruppe als neuer Großaktionär in Geislingen, in: FAZ vom 7.11.1985, Nr. 259, S. 15. Vgl. o.V. [hmr]: Erleichterung in Geislingen, FAZ vom 7.11.1985, Nr. 259, S. 15 sowie o.V. [Do.]: „Jetzt auch mal in der Industrie" in: ebenda.

712 Ebenda.

Ministererlaubnis zurück und sah sich nach anderen Diversifikationsobjekten um.[713] Da die Pierburg GmbH als mittelständischer Automobilzulieferer keine Gefahr der marktbeherrschenden Wettbewerbsverzerrung darstellte, wurde der Erwerb 1986 gestattet und führte zum Ausbau eines Konzernstandbeines, das sich in der Vergasertechnologie sowohl zivil als auch militärisch nutzen ließ.[714] Damit entsprach der Zukauf wie die WMF AG dem Ziel einer *dual-use*-Nutzung. Zudem boten sich auch hier Synergieeffekte innerhalb des Konzerns.

Die zweite Hälfte der 1980er Jahre war im Rheinmetall-Konzern gekennzeichnet von einer Neuausrichtung der Marketingstrategien, die Auswirkungen insbesondere auf die kommunikationspolitischen Instrumente zeitigte. Ursächlich dafür war einerseits die verstärkte Diversifikation in zivile Sparten und die damit einhergehende Neuausrichtung des Werbeauftritts, andererseits aber auch die anhaltende Vertrauenskrise der Rüstungsindustrie, die durch Rüstungsskandale und Prozesse um illegale Exporte noch verstärkt wurde. Diese Vertrauenskrise wirkte sich nicht nur auf die öffentliche Meinung aus, sondern zog auch Legitimitätskrisen in den Unternehmen nach sich, denen intensiv mit kommunikationspolitischen Maßnahmen begegnet wurde. Dazu wurden neue Instrumente wie die Konstruktion und Implementierung einer *Corporate Identity* und eines *Corporate Images* rezipiert und nach Bedarf in die bestehenden Marketingstrategien integriert.[715] Doch die Anpassungen an die veränderten Märkte der 1980er Jahre verliefen nicht ohne Konflikte innerhalb des Konzerns, wie sich am Beispiel der abgewickelten riw GmbH deutlich zeigen läßt.

3.3.3 Adaption der Marketingstrategien an die Diversifizierung

Diese Entwicklungen spiegeln sich insbesondere in den Konzeptionen bei Rheinmetall wider, sind aber auch, wie an der Umfrage der Hauptkontraktoren im bundesdeutschen Rüstungsgeschäft gezeigt werden konnte, bei anderen Unternehmen vergleichbar gehandhabt worden. Nach der Auflösung der konzerninternen Werbeagentur riw im Jahre 1985 wurde bei Rheinmetall im Oktober 1986 eine neue Studie als Entwurf für die zukünftige Öffentlichkeitsarbeit vorgelegt. Dieses Konzept stammte wiederum von Hans-Ulrich Pieper, war mit 46 Seiten noch umfangreicher als die PR-Konzeption von 1979 und beinhaltete eine Reihe neuer Instrumente. Die anvisierten Elemente des Marketings waren auch vom technischen Fortschritt in

713 Ebenda. Vgl. neuerdings auch Leitzbach: Rheinmetall. Vom Reiz, Bd. 2, S. 710–713.

714 Rheinmetall-Archiv Bestand D 61 Nr. 2 Pierburg GmbH, Corporate Identity, Selbstverständnis der Pierburg GmbH im Rheinmetall-Konzern, verschiedene Briefwechsel, Statements von H.U. Brauner.

715 Ausführlich dazu Rheinmetall-Archiv Bestände A 71, C 7 und D 61 zur *Corporate Identity* des Konzerns und der Töchter Jagenberg und Pierburg. Vgl. Kleinschmidt: Der produktive Blick, S. 219 f.

der elektronischen Informationsverarbeitung beeinflusst, wie beispielsweise dem Aufkommen von BTX zur Datenübertragung und -speicherung oder dem Entstehen neuer Medienkanäle wie des Privatfernsehens.[716] Solche medialen Neuerungen wurden von einem Unternehmen wie Rheinmetall früh aufgenommen und in der PR-Konzeption zu nutzen gesucht.

Zunächst definierte Pieper seinen Begriff von PR, den er in einem Vorwort voranstellte:

> „ÖFFENTLICHKEITSARBEIT ist das Bemühen, die Institution und deren Ziele gegenüber der Öffentlichkeit zu interpretieren, ihren gesellschaftspolitischen Stellenwert festzulegen und die Wertschätzung der Öffentlichkeit zu erzielen.
>
> Öffentlichkeitsarbeit bemüht sich um Sympathieanteile, Werbung zielt auf **Marktanteile**. Die Tätigkeit des Öffentlichkeitsarbeiters ist die geduldige Hinwendung zur Öffentlichkeit, der verständlich zu sagen ist, was man tut, warum man es tut und was daraus werden kann in einer Welt, die nicht gerne zuhört."[717]

Der PR-Chef machte damit in seiner Einleitung deutlich, dass sein Ziel nicht nur die Erhöhung von Marktanteilen war. Ihm ging es um einen weiten Begriff von Öffentlichkeitsarbeit, die langfristig angelegt sein sollte und auf mediale Beeinflussung in Richtung auf eine Imageveränderung des Unternehmens abzielte. Im Jahr 1986 wurde die Öffentlichkeitsarbeit der Rheinmetall Berlin AG in dieser Hinsicht von zwei großen Entwicklungen geprägt, die in der Studie betont wurden: Zum einen fand im Frühjahr 1986 der schon dargestellte Prozess gegen die vier Mitarbeiter der Rheinmetall GmbH statt. Zum anderen wurde die neue Organisationsstruktur des Konzerns auch nach außen stärker vermittelt. Denn die Holding wurde auf der Jahreshauptversammlung der Rheinmetall Berlin AG als Führungsgesellschaft „in prägnanter Weise" präsentiert. Hierzu gehörte, dass das Unternehmen sich vom jahrzehntelang gepflegten *Image* verabschiedete, nachdem „die Rheinmetall Berlin AG eher den Status eines Anhängsels der Rheinmetall GmbH hatte, was zu einer eindeutigen Dominanz der Wehrtechnik und der wehrtechnischen Aussage im Rahmen der PR der Gruppe führte".[718] Um die neue Image-Strategie des Konzerns auch sinnvoll vermitteln zu können, wurde die Diversifikation der AG genutzt, um eine „‚Image-Dreiteilung' in einen wehrtechnischen, einen automobiltechnischen und einen maschinenbauerischen Part" vorzunehmen. Zudem sollte es zu einer „deutlichen Unterrepräsentierung der wehrtechnischen Aussage der gesamten Gruppe in der Zukunft" kommen, die mit dem Rheinmetall-Prozess und der daraus resultierenden „Zurückhaltung bei der

716 Dazu liegen bislang kaum wissenschaftliche Studien vor, eine medienwissenschaftliche Ausnahme ist Jürgen Trimborn: Fernsehen der Neunziger, Köln 1999.

717 Rheinmetall-Archiv B 595, PR-Konzeption Rheinmetall, hier: Konzeption 1987, Entwurf, S. 7.

718 Rheinmetall-Archiv B 595, PR-Konzeption Rheinmetall, hier: PR-Konzeption Rheinmetall 1987, Entwurf, Oktober 1986 P-O/VO-10, 46 S., hier S. 1.

Öffentlichkeitsarbeit der GmbH" zunächst noch verstärkt werden sollte. Geplant war hier, ein neues Unternehmensleitbild zu erstellen, und zwar sollte die *Corporate Identity* der Holding umgestellt werden von einem „von der Wehrtechnik dominierten in die eines High-Tech-Konzerns".[719] Die Konzeption des stärker zivil ausgerichteten Technologiekonzerns zeigte sich auch in der Außendarstellung, wie sie nach dem Erwerb von Jagenberg und Pierburg gepflegt wurde. Denn obgleich der Rheinmetall GmbH als wehrtechnischem Teil des Konzerns durch die vergleichsweise stärkere Umsatz- und Gewinnerzielung eine hohe Bedeutung zukam, wurde insgesamt die Rüstungsabhängigkeit doch deutlich reduziert, was sich auf die *Corporate Identity* des nun stärker diversifizierten Konzerns auswirken musste.[720]

Die Diversifikation in zivile Märkte zog als Konsequenzen für die PR-Arbeit im Jahr 1987 eine Reihe von Änderungen nach sich, die zunächst vorwiegend nach innen gerichtet waren, sowohl bei der Rheinmetall GmbH als auch der Rheinmetall Berlin AG. PR sollte sich dabei als Service verstehen, der nicht nur der internen Kommunikation, sondern auch der Organisation und Information diente. Dagegen sollte die externe Kommunikation stark zurückgefahren werden. Es sollten „insbesondere Aktivitäten mit oder in der Presse nur in ausgesuchten und ausgewählten Fällen stattfinden" und „im übrigen die Aktivitäten der Presse gegenüber vorbeugenden, gegebenenfalls verhindernden, also in jedem Fall einen defensiven Charakter einnehmen".[721] Diese Maßnahmen dienten ähnlich wie die schon vorgestellten Kruppschen Strategien der Vertrauenswerbung dazu, die Rüstungsaktivitäten des Konzerns durch Vernachlässigung in der medialen Darstellung zu relativieren.

Pieper skizzierte entsprechend dieser übergeordneten Zielsetzung insgesamt drei Schwerpunkte der PR-Arbeit im Jahr 1987: erstens eine umfassendere neue tägliche Presseschau für Geschäftsführung und Vorstand („Pressespiegel")[722] sowie die Erweiterung des Adressatenkreises für die vierwöchentlich erscheinende ausführliche Presseschau („MP"), zweitens den Ausbau des internen und externen

---

719 Ebenda.

720 Zur Diversifizierung vgl. Streb: Staatliche Technologiepolitik, S. 25–28 und 171–206 sowie ders.: Möglichkeiten und Grenzen der Schumpeterschen Diversifizierung eines Unternehmens. Die Entwicklung der Firma Freudenberg & Co. Weinheim vom spezialisierten Ledererzeuger zum Kunststoffverarbeiter mit breiter Angebotspalette, in: ZUG 46 (2001), S. 131–159.

721 Rheinmetall-Archiv B 595, PR-Konzeption Rheinmetall, hier: PR-Konzeption Rheinmetall 1987, Entwurf, Oktober 1986 P-O/VO-10, 46 S., hier S. 1.

722 Ausgewertet werden sollten alle überregionalen Tageszeitungen, die Düsseldorfer Regional- und Lokalpresse, die großen Illustrierten sowie der „Spiegel" und die „Zeit". Der Pressespiegel sollte folgende Inhalte umfassen: Aktienstand/Dollarkurs, Börseninfo, Meldungen aus der Gruppe, wirtschaftspolitische Nachrichten, sicherheitspolitische Nachrichten sowie gegebenenfalls außen- und innenpolitische Nachrichten. Zudem sollte der Pressespiegel mit Jagenberg und Pierburg, bei denen ein entsprechender Kriterienkatalog eingeholt werden sollte, abgestimmt, jeden Morgen ab spätestens 8.30 Uhr zur Verfügung gestellt und archiviert werden. Siehe ebenda, S. 1 und 3.

Veranstaltungs- und Besucherwesens (2) und drittens die Übernahme sämtlicher graphischer und werblicher Dienstleistungen für die Hauptabteilung Presse- und Öffentlichkeitsarbeit inklusive der Planung, Organisation und Durchführung von Messen (3).[723]

Die von ihm weiter entwickelte MP sei nach den Erkenntnissen seiner Abteilung Presse- und Öffentlichkeitsarbeit (P-O) in der internen Kommunikation der wehrtechnischen Sparte recht positiv aufgenommen worden. Pieper schlug vor, im Rahmen der „Vereinheitlichung wie auch Vertiefung der Informationsarbeit innerhalb der Gruppe" nun „eine horizontale und eine vertikale Erweiterung der ‚MP'" vorzunehmen. Der horizontale Ausbau sollte v. a. im inhaltlichen Bereich gesucht werden, was bedeutete, dass nicht mehr nur die Nachrichten und Meldungen aus der Wehrtechnik, sondern zusätzlich auch Nachrichten über die Holding, die Jagenberg AG, Pierburg und die drei vom Konzern vertretenen Branchen gesammelt und präsentiert werden sollten. Die Informationen aus der wehrtechnischen Branche sollten dabei schwerpunktmäßig nicht nur wehrtechnische Erzeugnisse, Bundeswehr und Bundeswehr-Beschaffungsvorhaben sowie Brancheninformationen, sondern auch allgemeine sicherheitspolitische Fragen behandeln. Als zusätzliches Angebot schwebten Pieper umfassendere Informationen aus der „maschinen-industriellen" und der automobiltechnischen Branche vor.[724]

Dieses Angebot sollte die MP für einen größeren Empfängerkreis attraktiv machen und somit einer „vertikalen" Verbreiterung der Presseauswertung dienen. Die Abteilungsleiter-Ebene in allen drei Bereichen des Konzerns sollte in die Verteilung einbezogen werden. Die notwendige zusätzliche Arbeit sollte dabei v. a. durch Mitarbeiter von Jagenberg und Pierburg erbracht werden, die entsprechendes Nachrichtenmaterial bereitstellen sollten. Allgemeine Auswahlkriterien für die Presseschau wurden von Pieper genauer festgelegt. Diese sollten „eine umfassende Information der Führungskräfte über die auf Rheinmetall bezogene Medienberichterstattung im In- und Ausland" gewährleisten, die „Rheinmetall-Geschäftspolitik durch ausgewählte Presseverlautbarungen" unterstützen und transparent machen, die Rheinmetall-Wehrtechnik „als anerkannte[n] Beitrag zur Landesverteidigung" und zudem die Rheinmetall Berlin AG als führenden Technologiekonzern darstellen.[725]

Eine Reihe von entscheidenden Neuerungen plante der Chef der Rheinmetall-PR auch für die vierteljährlich erscheinende Werkszeitung, die in „Rheinmetall Report" umbenannt worden war.[726] Deren Layout hatte er zwar kurz zuvor schon leicht modifiziert, was seiner Ansicht nach „durch eine Veränderung des Umfanges

723 Ebenda, S. 1.

724 Ebenda, S. 4.

725 Rheinmetall-Archiv B 595, PR-Konzeption Rheinmetall, hier: PR-Konzeption Rheinmetall 1987, Entwurf, Oktober 1986 P-O/VO-10, 46 S., hier S. 4.

726 Zum Rheinmetall-Report ausführlicher siehe Rheinmetall-Archiv B 593 und B 5931.

und der Spaltenbreite zu einer deutlich verbesserten Lesbarkeit geführt" habe.[727] Trotzdem seien die in seiner ersten Konzeption 1979 angestrebten Ziele nicht erreicht worden, da Design und Inhalte „antiquiert" seien. Pieper klagte nämlich: „Es bleibt – trotz einer zu anderem Ergebnis kommenden Untersuchung – zweifelhaft, ob der ‚Rheinmetall Report' von der Belegschaft ‚angenommen' wird. Das gänzliche Ausbleiben von Leserbriefen, die fehlende – auch telefonische – Resonanz lassen eher vermuten, daß der ‚Rheinmetall Report' noch erheblich attraktiver gemacht werden müsste, um von der Belegschaft als echtes Mitteilungsblatt akzeptiert zu werden."[728] Hier wird deutlich, dass die von Pieper sieben Jahre zuvor vorgeschlagene Ausrichtung der Werkszeitung auf eine Boulevard- oder Publikumszeitung mit vielen Bildern, großen Überschriften und einem Unterhaltungsteil noch nicht sehr weit vorangeschritten war. Dies war wohl auch der Grund dafür, dass er nun forderte, die Abteilung P-O solle, aufbauend auf der erwähnten Studie über die Akzeptanz des „Rheinmetall Reports", eine neue inhaltliche und graphische Konzeption ausarbeiten. Ausgerichtet werden sollte diese Neuorientierung auf das neue Leitbild des High-Tech-Konzerns und daher eine einheitliche Werkszeitung konzipiert werden, „bei der lediglich die Innenseiten Rheinmetall GmbH-, Jagenberg- bzw. Pierburg-spezifisch sind, der Mantel aber, ‚allgemeingültig'".[729]

Der neue Redaktionsstab der Werkszeitung sollte zwar Mitarbeiter aus allen drei Unternehmensbereichen versammeln, aber die verantwortliche Durchführung bliebe weiterhin der Rheinmetall GmbH, d. h. der immer noch dominierenden wehrtechnischen Sparte, vorbehalten.[730] Die Werkszeitung sollte zukünftig aber stärker über „die wachsende Bedeutung unserer zivilen Produkte im Bereich der Meß- und Regeltechnik" und den Konzern als High-Tech-Unternehmen informieren, Verständnis für die Entscheidungen der Geschäftsführung bzw. des Vorstands wecken, „die Rheinmetall-Wehrtechnik als wesentliche Voraussetzung der Verteidigungsbereitschaft unseres Landes erklären" und daneben „den Leser mit Geschichte und Geschichten unseres Unternehmens sowie einem gewissen Maß an Unterhaltung, Kultur und Entspannung unterhalten".[731] Pieper wiederholte hier teilweise seine schon 1979 gemachten Vorschläge zur Modernisierung der Werkszeitung, die anscheinend in den ersten Jahren seiner Tätigkeit nicht genügend berücksichtigt worden waren. Dies war wohl auch einer der Gründe dafür, dass die Pressearbeit den ersten Schwerpunkt seiner PR-Konzeption von 1986 bildete. Bei einer Analyse der neuen Maßnahmen Piepers ist allerdings die starke Betonung der Wehrtechnik erstaunlich, weil diese ja

---

727 Rheinmetall-Archiv B 595, PR-Konzeption Rheinmetall, hier: PR-Konzeption Rheinmetall 1987, Entwurf, S. 6. Die Umstellung erfolgte mit der Ausgabe 2/86.

728 Ebenda.

729 Ebenda, S. 6.

730 Ebenda.

731 Rheinmetall-Archiv B 595, PR-Konzeption Rheinmetall, hier: PR-Konzeption Rheinmetall 1987, Entwurf, S. 7.

sowohl im Außenbild des Konzerns, als auch in der internen Kommunikation eine geringere Rolle spielen sollte. Gleichwohl blieben die *Corporate Identity* und die Unternehmenskultur der „Rheinmetaller" der rüstungsindustriellen Traditionslinie des Unternehmens stark verhaftet.[732]

Ein zweiter, eher organisatorischer Schwerpunkt der neuen Konzeption war die stärkere Koordination und Ausrichtung des Veranstaltungs- und Besucherdienstes auf die neue *Corporate Identity* des Konzerns. Zu diesem Zweck ging Pieper in seiner umfassenden Studie zunächst auf die Neuorganisation eines „Redendienstes" und der HAL-Treffen ein.[733] Der neue Redendienst sollte insbesondere die im Laufe eines Geschäftsjahres im Bereich Wehrtechnik gehaltenen Vorträge, Referate, Präsentationen und Reden in seiner Abteilung zentral sammeln, archivieren und den Managern der mittleren und höheren Ebene auf Wunsch zur Verfügung stellen. Dieses neue Angebot zielte laut Pieper nicht nur auf eine „Arbeitserleichterung", sondern sollte auch dazu führen, dass die intern und extern gehaltenen Reden und Präsentationen auf das neue Unternehmensleitbild hin vereinheitlicht wurden.[734] Das Desiderat wurde von Pieper wie folgt markiert: „Die Erfahrungen der Vergangenheit zeigen, daß insbesondere im grafischen Bereich bislang jeder Bereich individuelle Prokis vorlegt, so daß bei Vortragsreihen keine einheitliche Präsentations- und Informationslinie der Rheinmetall GmbH zu erkennen ist. Diesem soll insbesondere durch eine grafische Vereinheitlichung der Prokivorlagen und einer Optimierung auf den technisch jeweils neuesten und optisch attraktivsten Stand Rechnung getragen werden." Zu diesem Zweck sollten erstens „allgemeine Vorträge, die sich mit der Präsentation der Rheinmetall GmbH, der Geschichte der Firma Rheinmetall oder mit allgemeinpolitischen sowie sicherheitspolitischen Themen befassen, außerdem Ansprachen anläßlich diverser Jubiläen" von der Abteilung P-O erstellt und „auf Wunsch mit Prokis versehen" werden.[735]

Ein zweiter Bereich umfasste die Zusammenarbeit mit sämtlichen Hauptabteilungsleitern sowie der Geschäftsführung, um möglichst alle gehaltenen Fachvorträge sammeln und archivieren zu können. Neben der Vereinheitlichung dieser Vorträge oder der Überarbeitung für weitere Veranstaltungen sollten die archivierten Reden auch für andere Referenten nutzbar gemacht werden, wozu sie jeweils durch die Abteilung P-O auf den neuesten Stand gebracht werden sollten, z. B. was quantitative Daten betraf.[736] Hier scheint eine gewisse Kritik an den didaktischen und gestalterischen Kompetenzen der Rheinmetall-Referenten durch, deren Präsentationen dem neuen Unternehmensleitbild nicht mehr zu entsprechen schienen. Pieper

732 Vgl. dazu das Beispiel Krupp, das Klaus Tenfelde prägnant dargestellt hat: Der „Kruppianer" – Geburt eines Mythos aus dem Geist der „Werksgemeinschaft", in: Ferrum 78 (2006), S. 35–45.

733 Rheinmetall-Archiv B 595, PR-Konzeption Rheinmetall 1987, S. 7–9.

734 Ebenda, S. 7 f.

735 Ebenda, S. 8.

736 Rheinmetall-Archiv B 595, PR-Konzeption Rheinmetall 1987, S. 8.

bemängelte nämlich: „Die Erfahrungen bei Vortrags-Veranstaltungen mit Rheinmetall-Referenten haben 1986 erneut bestätigt, daß es dringend erforderlich ist, für derartige Vortrags-Veranstaltungen bei Proki-Vorträgen für eine einheitliche Gestaltung der Proki-Folien Sorge zu tragen. Nicht nur im Hinblick auf die Vereinheitlichung der Präsentationslinie der Rheinmetall GmbH gegenüber der Öffentlichkeit, sondern aus nicht zuletzt didaktischen Gründen müssen die Prokis dem High-Tech-Image und dem inhaltlichen Anspruch des Vorgetragenen und der Vortragenden insofern Rechnung tragen, als sie optisch perfekt sind und ein einheitliches Erscheinungsbild aufweisen müssen."[737] Die Graphik- und Werbeabteilung des Konzerns sollte daher nicht nur die Gestaltung und Vereinheitlichung der Präsentationen vornehmen. Die Abteilung P-O sollte auch prospektiv tätig werden und rechtzeitig vor Präsentationsterminen nicht nur den Inhalt des Vortrags bei den Geschäftsführern und Hauptabteilungsleitern abfragen, sondern „auch die Wünsche bezüglich der Visualisierung in Prokiform entgegennehmen, die dann von der Abteilung Grafik/Werbung im Sinne eines einheitlichen Erscheinungsbildes umgesetzt werden".[738]

Weitere Veranstaltungen, die von Pieper im Sinne der neuen Leitlinie neu ausgerichtet wurden, waren die vierteljährlich stattfinden HAL-Treffen, auf denen Informationen über die einzelnen Hauptabteilungen und die Unternehmenspolitik ausgetauscht wurden. Diese Treffen gestaltete Pieper um, indem er, wie in der letzten Konzeption vorgesehen, externe Referenten zu den ersten drei Terminen des Jahres einlud. Sie sollten weitergehende Informationen für die leitenden Mitarbeiter des Konzerns zur Verfügung stellen. Im Jahr 1986 konnten bereits drei Referenten für die HAL-Treffen gewonnen werden. Eine erste interne Evaluation dieser Neugestaltung hatte Pieper bereits vorgenommen, denn: „Die Reaktion der Teilnehmer der HAL-Treffen auf die Auswahl der Referenten hat gezeigt, daß insbesondere das Hinzunehmen von Themenkreisen, die nicht unmittelbar mit dem tagtäglichen Beschäftigungsfeld eines ‚Rheinmetallers' zusammenhängt [sic], auf große Akzeptanz stieß. Die Nachfrage nach den Vortragstexten hat überdies gezeigt, daß dieser Service von P-O angenommen wurde." Daher sollten auch im Jahr 1987 wieder externe Referenten gewonnen und die Vorträge anschließend den Hauptabteilungsleitern sowie der Geschäftsführung in der 1986 von Pieper gegründeten und doppeldeutig benannten Broschüren-Reihe „Im Visier" ausgehändigt werden.[739]

Interessant ist dabei ein Blick auf die Vorträge des Jahres 1986, um zu verstehen, womit sich nach Ansicht Piepers die Geschäftsleitung des Konzerns näher beschäftigen sollte. Den Auftakt des neuen Angebots der PR-Abteilung an die Konzernführung machte ein Vortrag von Dr. Harald Rüddenklau von der Deutschen Gesellschaft für Auswärtige Politik zum Thema „Deutschland im Spannungsfeld der

---

737 Ebenda, S. 45.

738 Ebenda, S. 45 f.

739 Rheinmetall-Archiv B 595, PR-Konzeption Rheinmetall 1987, S. 8 f.

Weltmächte“ auf dem HAL-Treffen am 11. April 1986. Zweiter Referent war Professor Dr. Hans-Christian Röglin, der am 11. Juli 1986 vor dem Rheinmetall-Management über „Kommunikation als Führungsaufgabe“ vortrug. Am 5. September fand der letzte Vortrag des Jahres 1986 statt, den der Dissident Professor Dr. Wolfgang Seiffert vom Institut für osteuropäisches Recht der Universität Kiel über „Die Deutschlandpolitik der SED im Spannungsfeld der sowjetischen Interessenlage“ hielt.[740] Die Vorträge von Harald Rüddenklau und Wolfgang Seiffert verfolgten dabei eine andere Stoßrichtung als der Vortrag von Hans-Christian Röglin: Widmete sich Letzterer einem wichtigen Thema der Personalführung, so behandelten die beiden Erstgenannten Schwerpunkte zu allgemeinen außen- und sicherheitspolitischen Themen. Dabei ist auffällig, dass sowohl Rüddenklau, als auch Seiffert zur sogenannten „Neuen Rechten“, einer ideologischen Sammlungsbewegung im äußerst rechten politischen Spektrum zu zählen sind.[741] Beide traten als Referenten bei Vortragsabenden der Burschenschaft Danubia in München auf, die vom Bayrischen Verfassungsschutz wegen der Verbreitung rechtsextremistischen Gedankenguts und entsprechenden Aktionen überwacht wurde.[742] Leider liegen die Manuskripte oder Redetexte beider Referenten nicht mehr vor, so dass sie nicht genauer – auch auf ihren diskursanalytischen Gehalt zum Thema Sicherheit hin – untersucht werden können.

Es lässt sich auch nicht ermitteln, ob weitere Veranstaltungen dieser Art von Pieper für einen seiner Ansicht nach zu gründenden Veranstaltungsdienst im Hause gemeint waren. Ein solcher Dienst war seiner Ansicht nach „dringend erforderlich“, um alle Mitarbeitenden darüber zu informieren, „welche Veranstaltungen von Rheinmetall oder mit Rheinmetall-Beteiligung durchgeführt werden“. Auf diese Weise sollten Termine besser koordiniert und Überschneidungen vermieden werden. Der neue Veranstaltungsdienst sollte an Piepers Abteilung angegliedert sein und Informationen zu Art, Ort und Termin der Veranstaltung, zur Rheinmetall-Beteiligung, zu den Gästen, zum genaueren Inhalt und Zweck der Veranstaltung erfassen. Zudem sollte für mögliche Rückfragen festgehalten werden, wer Verantwortlicher bzw. Durchführender war. Die Organisation dieses Dienstes hatte Pieper schon genau geplant: Es war vorgesehen, dass die Geschäftsführung

740 Rheinmetall-Archiv B 595, PR-Konzeption Rheinmetall 1987, S. 9.

741 Beispielsweise saß Seiffert in den 1980er Jahren im von Franz Schönhuber und Armin Mohler gegründeten national-konservativen „Deutschlandrat“. Der CDU-Politiker Rüddenklau gründete 1988 den „Neuen Deutschen Nationalverein“, der als national-konservatives Sammelbecken Teile des aufgelösten „Deutschlandrats“ aufnehmen sollte. Kratz: Rechte Genossen, S. 217 f. Dort auch zur Tätigkeit Seifferts im Norddeutschen Forum der 1980er Jahre.

742 Die Burschenschaft Danubia ist überdies eng verbunden mit der Innsbrucker Burschenschaft Brixia und der Wiener Teutonia; Erstere bekennt sich auf ihrer Website offen zu ihrer Vergangenheit, in der die „Hauptaufgabe der Burschenschaft in der Betonung des völkischen und großdeutschen Gedanken[s]“ gelegen habe, und zu ihrer Beteiligung am „Südtiroler Freiheitskampf“ 1961. Siehe unter http: www.brixia.at (19.8.2009).

und alle Hauptabteilungen jeweils zum 1. und 15. eines Monats die Terminvorschau an die PR-Abteilung leiten sollten und diesem Kreis danach ein Veranstaltungsdienst in gedruckter Form am 3. und 17. jeden Monats zugehen sollte.[743]

Insgesamt fanden nach Schilderung von Pieper neben den Besuchstouren durch die Werke jährlich noch „eine Fülle von internen Veranstaltungen oder sog. ‚VIP'-Besuchen statt". Diese Veranstaltungen sollten von der PR-Abteilung direkt konzipiert, organisiert und durchgeführt sowie im Unternehmen durch den neuen Veranstaltungsdienst kommuniziert werden.[744] Obwohl Pieper als Ziel für das Jahr 1987 angab, das Besucherwesen und die VIP-Besuche „aufgrund der verschlechterten Sicherheitslage" eher „restriktiv zu handhaben", legte er das Vorgehen für Veranstaltungen und Besuche genau fest. Gründe, die er dafür angab, waren erstens die „Vereinheitlichung der Informationslinie" und zweitens eine „Koordinierung und Vereinheitlichung der Rheinmetall-Präsentation gegenüber Gästen im Sinne einer durchgehenden CI-Aussage".[745] Zu den Vorgaben, die Pieper aufzählte und die die Geschäftsführung erfüllen sollte, gehörte es, die Zielsetzung, die Kernaussage und das Umfeld der Veranstaltung festzulegen, ebenso wie die Zielgruppe bzw. Zielgruppen, die als Ansprechpartner und Einzuladende infrage kamen. Dieses Vorgehen sollte nur bei VIP-Besuchen entfallen, da bei solchen Einladungen die Gästeliste schon vor der Betrauung der PR-Abteilung mit dieser Veranstaltung feststand. Außerdem sollte die Geschäftsführung bestimmen, welche Aufgaben- und Tätigkeitsbereiche von Mitarbeitenden oder bestimmten Abteilungen verantwortet werden sollten. Hier ging es Pieper v. a. um „gemeinsames Briefing und Abstimmung von Geschäftsführung, Referenten und Organisatoren der Veranstaltung", um den Rahmen, die Inhalte, die optischen Hilfsmittel von Vorträgen, den Termin einer eventuellen Generalprobe und den Zeitplan der Veranstaltung festzulegen. Besonderen Wert legte Pieper wiederum darauf, dass „ein gemeinsames Erscheinungsbild im Sinne einer Vereinheitlichung der Informationslinie" von der PR-Abteilung vorgegeben und vermittelt wurde.[746]

Dagegen legte Pieper perspektivisch weniger Wert auf Einladungen von Teilnehmern der Rüstungssparte des Konzerns zu Vortragsveranstaltungen und Podiumsdiskussionen. Seiner Ansicht nach sollten solche Einladungen mit Zurückhaltung behandelt werden, denn „die Wirkung derartiger Veranstaltungen muß im allgemeinen als gering bewertet werden, da sie erfahrungsgemäß nur einen vergleichsweise kleinen Teilnehmerkreis (30–250 Personen) erfassen und zumindest bei Podiumsdiskussionen

743 Rheinmetall-Archiv B 595, PR-Konzeption Rheinmetall 1987, S. 12.
744 Ebenda, S. 29 f.
745 Ebenda, S. 30. Vgl. Klaus-Peter Wiedmann/Hans Raffée: Corporate Identity als strategische Basis der Marketing-Kommunikation, in: Ralph Berndt/Arnold Hermanns (Hg.): Handbuch Marketing-Kommunikation. Strategien – Instrumente – Perspektiven, Wiesbaden 1993, S. 43–67.
746 Rheinmetall-Archiv B 595, PR-Konzeption Rheinmetall 1987, S. 30 f.

die Rheinmetall-Argumentation naturgemäß häufig durch die Anzahl der Diskussionsteilnehmer relativiert wird." Gänzlich absehen wollte Pieper von der Teilnahme an solchen öffentlichen Veranstaltungen aber nicht, da „bei wichtigen Zielgruppen (u. a. des politischen, publizistischen und ‚Jugend'-Bereiches) das Feld nicht allein Vertretern der Wehrtechnik kritisch oder ablehnend gegenüberstehenden Gruppen überlassen bleiben" sollte. Perspektivisch sollte auf solchen deutschlandweit zu bestreitenden Vortrags- oder Diskussionsveranstaltungen der Standpunkt des Unternehmens stärker als bislang vertreten und dabei darauf geachtet werden, „daß der Kreis der Ansprechpartner bzw. der Level der Veranstaltung dergestalt ist, daß für Rheinmetall und die wehrtechnische Industrie ein positiver PR-Effekt zu erwarten ist."[747] Hier fand also eine bewusste und genaue Abwägung von Nutzen und Kosten der eingesetzten kommunikationspolitischen Mittel und der Relevanz der jeweiligen Zielgruppe statt.

3.3.4 Die RIW GmbH als gescheitertes Outsourcing?

Schon auf der Beiratssitzung vom 26. April 1984, an der neben Fabry auch Pieper und einer der Vorstände teilnahmen, zeigten sich Unstimmigkeiten über den Geschäftszweck und die Geschäftsführung der riw GmbH. Zwar erzielte die riw GmbH mit ihren 6 ½ Stellen zusammen mit der zentralen Öffentlichkeitsarbeit des Konzerns (Abt. Z-OW) einen Umsatz von über 4 Millionen DM (4.067.000 DM), was eine Umsatzsteigerung von 15,25 % gegenüber dem Vorjahr bedeutete. Der Gewinn, der an die Rheinmetall GmbH abgeführt werden konnte, betrug jedoch nur 6.900 DM. Fabry informierte auf der Beiratssitzung über die Schwerpunkte des Jahres 1983 und die wichtigsten Planungen für 1984. Aufgrund zunehmender Aufgaben, die die riw GmbH „im Marketingbereich"[748] übernehmen sollte, wurde ihm ein weiterer Mitarbeiter zugestanden. Einen Konflikt gab es v. a. über den Geschäftszweck, der ja neben den konzerneigenen Werbeaktivitäten auch auf die Einwerbung externer Aufträge ausgerichtet war. Während der Sitzung diskutierte Fabry mit Hilfe der Umsatzstatistik 1983 die nicht zufriedenstellende Situation bei der Auftragseinwerbung von externen und v. a. von zivilen Unternehmen. Er merkte dazu kritisch an, dass „seit mehreren Jahren, bedingt durch den dem Agenturvertrag entgegenstehende Beiratsweisungen, eine Rechtsunsicherheit besteht",[749] die dringend auszuräumen sei. Er führte eine ganze Reihe gewichtiger Gründe an, weshalb externe Unternehmen von der riw GmbH betreut werden sollten. Erster und wichtigster Punkt seien die

747 Ebenda, Entwurf, S. 35.

748 Rheinmetall-Archiv B 5307/18 Geschäftsunterlagen der riw GmbH, 1973–1985. Protokoll über die Beiratssitzung vom 26.4.1984.

749 Ebenda.

Gewinnsteigerungen, die nur durch die auf dem freien Markt erzielbaren Preise zu erbringen seien. Ein gewichtiges rechtliches Argument war, dass eine Konzernagentur zur Anerkennung ihres Agenturstatus externe Unternehmen beraten müsse. Diese Aufträge würden zudem nur unwesentlich Kapazitäten binden, da sie v. a. für eine größere Streuung der Tätigkeiten sorgten und viele Routinearbeiten einschlössen. Vierter Punkt Fabrys war die Mitarbeitermotivierung. Er verwies dabei geschickt darauf, dass der Kontakt zu anderen Unternehmen und anderen Branchen für Agentur-Mitarbeiter ein „wichtiges Know-How-Kriterium“ sei,[750] womit Mitarbeiter gebunden werden könnten.

Diese Vielzahl von Argumenten wurde von dem mittlerweile zum Unternehmenssprecher avancierten konzerninternen Konkurrenten Pieper mit einem einzigen Hinweis bei Seite geschoben: Da neue PR-Aufgaben auf die riw GmbH zukämen, seien Kapazitätsprobleme vorprogrammiert. „Deshalb sei die Beschränkung auf den UB WT [Unternehmensbereich Wehrtechnik, die Rheinmetall GmbH, vdK] und die Holding [die Rheinmetall Berlin AG, vdK] zwingend.“[751] Verstärkung in seiner Zielsetzung erhielt Pieper durch den zweiten Beirat, der v. a. auf die geringen Fremdumsätze (1983: 87.000 DM) verweisen konnte. Daraufhin rechtfertigte sich Fabry mit dem Hinweis, „daß der Fremdumsatz gerade deshalb gesunken ist, weil seit drei Jahren wegen der bestehenden Unsicherheit eine Marktbearbeitung unterblieben sei.“[752] Er hatte zudem schon zu Beginn des Gesprächs die im internen Konzern-Vergleich sehr guten Ergebnisse der riw GmbH betont: Sie erziele zusammen mit der Abteilung Z-OW einen Pro-Kopf-Umsatz von 651.000 DM, während der Pro-Kopf-Umsatz der Rheinmetall Berlin AG 1982 nur 145.000 DM betragen habe. Die Wertschöpfung der Z-OW/riw-Mitarbeiter sei sogar dreimal so groß gewesen wie in der gesamten Rheinmetall-Gruppe (pro Kopf ca. 150.000 DM, Rheinmetall-Gruppe nur 54.000 DM).

Abschließend versuchte Fabry, zumindest eine minimale, aber klärende Einigung zu erzielen, indem er vom Beirat einen eindeutigen Beschluss forderte. Dieser stellte zunächst einmal klar, dass die riw GmbH „zukünftig ausschließlich für die Unternehmen des WT-Bereichs und deren Kooperationspartner (Beispiel Rh-Wegmann) und die Rheinmetall Berlin AG“ arbeiten solle.[753] Es wurden zwar Ausnahmen von dieser klaren Vorgabe zugelassen, diese bedurften aber auch im Einzelfall der Zustimmung des Beirats. Zudem wurde angekündigt, dass die Jahresplanungen für die Werbeaufwendungen des Unternehmensbereichs Wehrtechnik zukünftig von der Konzern-Stabsstelle aus, also durch Pieper, vorzugeben seien. Durch diese Maßnahme, die

750 Ebenda.

751 Rheinmetall-Archiv B 5307/18 Geschäftsunterlagen der riw GmbH, 1973–1985. Protokoll über die Beiratssitzung vom 26.4.1984.

752 Ebenda.

753 Ebenda.

die riw GmbH in ihrer Selbständigkeit deutlich beschnitt, sollte laut Beirat „die Budgetabstimmung wesentlich erleichtert" werden.[754]

Weitere Gespräche über die Zukunft der riw GmbH schlossen sich an, nachdem die Geschäftsführung der Rheinmetall GmbH das Thema zur endgültigen Entscheidung vorgesehen hatte. So schrieb der Vorstand am 16. Juli 1985 an Pieper über die zu geringen Überschüsse der riw GmbH: „Nach den vorliegenden Zahlen beträgt der Überschuß der RIW ca. 15.000,- DM/Jahr. Ein derart geringer Betrag rechtfertigt die Aufrechterhaltung eines eigenen Unternehmens aus Rationalisierungsgründen nicht." Er beauftragte ihn daher, zusammen mit seinem Vorstandskollegen „entweder ein Programm zu entwickeln, das die Ergebnisse der RIW signifikant erhöht oder einen Stillegungsbeschluß zu fassen, so daß das Unternehmen spätestens zum Ende 1985 liquidiert oder verschmolzen wird."[755]

Pressesprecher Pieper schrieb daraufhin erst 13 Tage später einen vertraulichen Brief an seinen internen Konkurrenten Fabry, der diesem nur eine geringe Chance zur Rettung der riw GmbH durch ein neues kreatives Unternehmenskonzept für das Tochterunternehmen eröffnete. Der PR-Chef vermittelte ihm die anstehende Liquidierung der Gesellschaft mit einer nur scheinbaren Hoffnung auf Rettung: „Nach unserem letzten Gespräch zur zukünftigen Entwicklung der riw GmbH sehe ich persönlich keine Möglichkeit, die Ergebnisse der riw GmbH signifikant zu erhöhen und darf Sie insofern bitten, einen Stillegungsbeschluß vorzubereiten, der alle notwendigen Maßnahmen umfasst, um das Unternehmen zum 31.12. d.J. zu liquidieren. Sollten aus Ihrer Sicht realistische Möglichkeiten gegeben sein, signifikante Ergebnis-Erhöhungen der riw GmbH zu erreichen, dann bitte ich Sie, ein entsprechendes Programm bis Montag, 5.8., vorzustellen. Ist dies nicht möglich, so wäre m. E. bis zu diesem Zeitpunkt der vorgenannte Stillegungsbeschluß zu formulieren, mir vorzulegen und dann einen entsprechenden Beiratsbeschluß herbeizuführen."[756]

Obwohl die riw GmbH in ihrer Selbständigkeit immer weiter eingeschränkt worden war und daher nur wenige Chancen auf einen alternativen Unternehmensplan bestanden, versuchte Fabry in der kurzen Zeit, die ihm zur Verfügung stand, ein alternatives Konzept zu entwickeln. Er legte dazu ein 2-seitiges Argumentationspapier vor, in dem er zunächst in einer klarstellenden Vorbemerkung auf den Geschäftszweck der riw GmbH als „Serviceunternehmen" des Konzerns einging. Er betonte dabei, dass „mit Billigung der Gesellschafterin und des Beirats (...) die Geschäftspolitik der riw GmbH seit ihrer Gründung 1972 auf Kostendeckung, nicht auf

754 Zum Abschluss bedankte sich der Beirat – wie üblich – bei der riw-Geschäftsführung in Person von Fabry „für die geleistete Arbeit". Rheinmetall-Archiv B 5307/18 Geschäftsunterlagen der riw GmbH, 1973–1985. Protokoll über die Beiratssitzung vom 26.4.1984.

755 Rheinmetall-Archiv B 5307/18 Geschäftsunterlagen der riw GmbH, 1973–1985. Aktennotiz Reuschel GF-Z an Pieper Z-O am 16.7.1985.

756 Ebenda, Vorbereitung Stillegungsbeschluß, internes Schreiben, Pieper Z-O am 29.7.1985 vertraulich an Fabry.

Gewinnmaximierung ausgerichtet" gewesen sei.[757] Diese Passage kann als weiterer Versuch der Rechtfertigung seiner Geschäftsführung gesehen werden, die er damit als dem Geschäftszweck entsprechend darzustellen suchte.

Für eine kreative Neuausrichtung der riw GmbH sah Fabry – ähnlich wie der Beirat des Tochterunternehmens – nur wenig Spielräume: „Eine kurzfristige, erhebliche Ergebnisverbesserung ist wegen der seit Jahren abgebrochenen ‚zivilen' Aktivitäten nicht möglich. Der UB-W [Unternehmensbereich-Wirtschaft] gibt keine Anhaltspunkte für größere Planungen. Da riw kein Personal hat, entfallen Rationalisierungsplanungen."[758] Einziger konstruktiver Vorschlag für eine langfristige Ergebnisverbesserung war ein stärkeres Engagement im internationalen wehrtechnischen Messebau für deutsche Rüstungsgüter („German Street"). Bedarf prognostizierte er in einer eigenen riw-Sparte Messebau, die entscheidende Synergieeffekte biete. Zum einen könne die riw GmbH ein Paketangebot gewährleisten, das Messebau, Gemeinschaftswerbung und Organisation vereine. Zum anderen seien zusätzliche Kapazitäten für diese Neuausrichtung bei der riw GmbH nicht erforderlich.[759]

Dass es für Fabry nicht nur um das Weiterbestehen der riw GmbH, sondern auch um seine Position im Konzern ging, zeigt sich deutlich in den folgenden fünf mit „Trotzdem" betitelten Argumenten, die er gegenüber dem Beirat für den Weiterbestand des Tochterunternehmens stark zu machen suchte. Wichtige Argumente, die Fabry hier anführte, machten v. a. den finanziellen und organisatorischen Nutzen der riw GmbH für die zentrale Öffentlichkeitsarbeit des Konzerns deutlich. In einem ersten Punkt verwies Fabry darauf, dass die Zentralabteilung bislang keinerlei Budget-Defizite vorzuweisen habe. Ihre zusätzlich verfügbaren Finanzmittel schrieb er zu einem guten Teil den Vorteilen der riw GmbH als eigenständiger Werbeagentur zu: „Die 15 %ige Agenturrückvergütung bei Mediaplazierungen sowie die bei Fremdproduktion und Einkauf üblichen 15 %igen Agenturrabatte tragen wesentlich zum Deckungsbeitrag der Kostenstelle Z-OW bei."

Ein gewichtiges Argument war auch der Verweis auf das geringe Einsparpotential bei Schließung der riw GmbH. Da „die riw-Aufgaben (...) kein zusätzliches Z-OW-Personal" bänden, seien „Einsparungen nach Schließung deshalb nicht möglich".[760] Er verwies drittens auch auf die zusätzliche Arbeit, die nach Schließung der riw GmbH auf die Tochterunternehmen des Rheinmetall-Konzerns zukommen würde. So würden z. B. Anzeigenbestellungen bei Zeitungen und Zeitschriften zukünftig wieder dezentral direkt über den Einkauf des jeweiligen Tochterunternehmens abgewickelt werden müssen, da dies nur durch den Agenturstatus der riw GmbH zentral hätte

757 Rheinmetall-Archiv B 5307/18 Geschäftsunterlagen der riw GmbH, 1973–1985. Argumentenliste für das Gespräch mit F-R, undatiert, 1985, unterzeichnet handschriftlich von Fabry, Anlage zum Protokoll vom 16.8.1985.

758 Ebenda.

759 Ebenda.

760 Ebenda, Hervorhebungen im Original.

organisiert werden können. Dies ziehe viertens auch die Konsequenz eines wenig integrierten und koordinierten Werbeauftritts nach sich, denn „mangels riw-Durchführung zerfällt die zentrale Töchterbetreuung“. Dadurch ließe sich das zentrale Budget der Rheinmetall-Öffentlichkeitsarbeit nur um ca. 600.000 DM pro Jahr reduzieren. Das fünfte und letzte Argument von Fabry betraf wiederum die Vorteile für die zentrale Werbung, die durch die riw GmbH mit ihrer flexiblen Organisation entlastet und bestens unterstützt sei: „Die eigenen Beschaffungsmöglichkeiten für Fach- und Personalanzeigen, Produktion, Werbegeschenke und sonstige Werbemittel (Wert ca. 3,5 Mio. DM 1985) entlasten den Einkauf und ermöglichen die erforderlichen schnellen Plazierungen und Beschaffungen.“[761]

Der Beirat der riw GmbH ließ sich von diesen gewichtigen Argumenten Fabrys nur wenig beeindrucken, so dass man sich des Eindrucks nicht erwehren kann, dass die Würfel über das Schicksal des Tochterunternehmens schon länger gefallen waren. Nur 10 Tage nach Einreichung von Fabrys Argumentenliste wurde für den 16. August 1985 eine außerordentliche Beiratssitzung angesetzt. Anwesend war der gesamte riw-Beirat, daneben Fabry als Geschäftsführer. Eine Durchschrift erhielt der Rheinmetall-Vorstand Frank Bär, was nicht zur bisherigen Informationspolitik der riw GmbH und ihres Beirats gehört hatte. Hiermit wird die Wichtigkeit dieser Entscheidung auch innerhalb des Konzerns eindeutig belegt.[762]

Die außerordentliche Beiratssitzung wurde nicht, wie sonst üblich, durch den Geschäftsführer Fabry, sondern durch das Beiratsmitglied Pieper einberufen. Die Sitzung war schon mit dem „Vermerk der Gesellschafterin vom 16.07.85, die riw – falls keine kurzfristige, signifikante Umsatzsteigerung erzielbar sei – zu liquidieren“, angekündigt worden.[763] Neben der Berichtspflicht der riw-Geschäftsführung über das Geschäftsjahr 1984, der Entlastung von Fabry und des Beirats für das Geschäftsjahr 1984, stand die Stilllegung der riw GmbH im Mittelpunkt der Debatte. Nach einer längeren Diskussion über die Argumentenliste von Fabry und die allgemeinen Vor- und Nachteile der riw GmbH in der bestehenden Form, wurde ein grundlegender Beschluss gefasst.

Die Vorschläge von Fabry wurden zurückgewiesen, denn „eine, dem Wunsch der Gesellschafterin entsprechende kurzfristige Lösung zur Steigerung der Rentabilität, erwies sich trotz entsprechender Vorschläge durch die Geschäftsführung [gemeint ist Fabry, vdK] als nicht realisierbar“. Es kam dann auch zur schnellen Liquidation der Gesellschaft: Nachdem innerhalb von 10 Tagen, also bis zum 26.

761 Rheinmetall-Archiv B 5307/18 Geschäftsunterlagen der riw GmbH, 1973–1985. Argumentenliste für das Gespräch mit F-R, undatiert, 1985, unterzeichnet handschriftlich von Fabry, Anlage zum Protokoll vom 16.8.1985. Hervorhebungen im Original.

762 Rheinmetall-Archiv B 5307/18 Geschäftsunterlagen der riw GmbH, 1973–1985. Protokoll Fabry über eine außerordentliche Beiratssitzung der riw vom 16.8.1985, Protokoll datiert 26.8.1985. Anlagen nicht komplett vorhanden, Bilanz fehlt.

763 Ebenda.

August, „die juristischen Möglichkeiten für eine Verschmelzung/Umwandlung" geprüft worden waren, wurde „die Verschmelzung/Umwandlung (...) eingeleitet. Bis zur weiteren Klärung der erforderlichen Tätigkeitsdetails, führt die riw GmbH ihre Geschäfte im vorhandenen Umfang weiter mit auslaufender Tendenz."[764]

Insgesamt zeigt nicht nur die Tätigkeit, sondern auch die Abwicklung der riw GmbH, welche Relevanz der Unternehmenskommunikation im Marketing des Rüstungskonzerns zukam. War die Öffentlichkeitsarbeit bei Rheinmetall – ähnlich wie bei anderen Rüstungsunternehmen z. B. Diehl und HEKO – in den ersten Jahren des Wiederaufbaus eher zurückhaltend betrieben worden, so änderte sich dies seit 1966 mit den ersten krisenhaften Erscheinungen auf den Rüstungsmärkten. Absatzrückgang und zunehmende internationale Konkurrenz bewegten auch Rheinmetall dazu, eine gezieltere Öffentlichkeitsarbeit zu betreiben und hierfür verschiedene Kommunikationsmittel wie Spezialmesseauftritte, Anzeigen, Werbefilme, Streu- und Informationsmaterial sowie Präsente zu nutzen. Dabei spielte bis Anfang der 1980er Jahre das Tochterunternehmen riw GmbH eine entscheidende Rolle. Sie wurde als interne Werbeagentur ausgebaut, die auch externen Kunden oder Kooperationspartnern der Rheinmetall GmbH zur Verfügung stehen sollte. Der Rückgang dieses externen Geschäfts, verbunden mit dem Ausbau internationaler Märkte und der zentralen PR-Abteilung im Konzern unter Leitung von Pieper beendeten diesen frühen Versuch von Outsourcing und internem Profit-Center für Werbung schon 1984 wieder. Wesentlich für die Schließung der riw GmbH war die 1979 auf Konzernebene eingerichtete Stabsabteilung für Public Relations, die später auch verantwortlich für den Umgang mit den direkten Nachfragern im In- und Ausland wurde. Allerdings scheint die Rheinmetall GmbH bzw. die Rheinmetall Berlin AG mit der entstandenen Konkurrenz zwischen Werbung und PR bzw. Marketing beileibe kein Einzelfall gewesen zu sein. Auch in der Spezialchemiebranche gab es mit Beiersdorf einen ganz ähnlichen Konflikt, der somit auch die Verschiebungen hin zum integrierten Marketing markierte. Auch hier führte laut Schröter „die Schaffung eines Marketings naturgemäß von Anfang an auf Vorbehalte in der Werbeabteilung", die „traditionell eine starke Stellung" hatte. Der aufbrechende Gegensatz wurde bei Beiersdorf allerdings nicht durch Schließung, sondern Fusion der beiden Abteilungen aufgelöst.[765] Insgesamt kann damit gezeigt werden, dass sich Marketing als Führungsinstrument in den bundesdeutschen Unternehmen der 1970er und 1980er Jahre also keineswegs geräuschlos und konfliktfrei etablierte, sondern intern zu durchaus umstrittenen Umstrukturierungen führte.

---

764 Rheinmetall-Archiv B 5307/18 Geschäftsunterlagen der riw GmbH, 1973–1985. Protokoll Fabry über eine außerordentliche Beiratssitzung der riw vom 16.8.1985, Protokoll datiert 26.8.1985. Anlagen nicht komplett vorhanden, Bilanz fehlt.

765 Schröter: Erfolgsfaktor Marketing, S. 1116; Ders.: Marketing als angewandte Sozialtechnik, S. 636.

3.3.5 PR-Arbeit als Serviceangebot im Unternehmen

Interessant ist der Versuch Piepers, sich für das gesamte Unternehmen durch verschiedene Serviceangebote unentbehrlich zu machen, auch im Hinblick auf die umfangreichen Presse- und Öffentlichkeitsmaßnahmen, die ja eigentlich das Kerngeschäft seiner Tätigkeit ausmachen sollten. Sie standen zwar im Zentrum seiner neuen Konzeption, wurden aber von vielen anderen Maßnahmen, Aktionen und Instrumenten flankiert. Ein wesentlicher Schwerpunkt der Pressearbeit sollte im Jahr 1987 „eine Intensivierung der Zusammenarbeit mit der wehrtechnischen Fachpresse – insbesondere mit der ausländischen wehrtechnischen Fachpresse" werden. Dabei verfolgte Pieper ganz eindeutig das Ziel, „eine erhöhte Abdruckquote Management- und produktorientierter Beiträge" über Rheinmetall-Produkte und Rheinmetall-Vorhaben wie den Kampfpanzer Leopard 2, die Feldhaubitze FH 70, Bomblet-Munition, die Kampfwertsteigerung Kampfpanzer Leopard 1, Intelligente Munition usw. zu erreichen. Gemeinsam war diesen Produkten nach Auffassung des PR-Profis, dass sie „im militärischen, politischen und administrativen Bereich eine hohe Akzeptanz erfordern". Daher sollten sie „in der Fachpresse als verteidigungspolitisch notwendiger, technisch ausgereifter Beitrag für die Landesverteidigung dargestellt werden, wobei zu verdeutlichen ist, daß Rheinmetall für die Problemstellungen der Bundeswehr in den jeweiligen Bereichen die passenden Antworten technisch zu geben in der Lage ist".[766] Besonderen Wert legte Pieper bei der anstehenden stärkeren Kooperation mit der ausländischen, insbesondere englischsprachigen wehrtechnischen Fachpresse darauf, dass Rheinmetall als „wehrtechnischer High-Tech-Konzern" dargestellt würde, der „Problemlösungen anzubieten hat". Im Unterschied zur deutschen Fachpresse sollte „im wesentlichen auf echte PR-Artikel zurückgegriffen werden, d. h. bezahlte Auftragsarbeit über Produkte, die das Haus gern im Ausland promoted [sic] gesehen hätte".[767] Insbesondere bei den deutschen Militärfachzeitschriften war diese PR-Arbeit sehr erfolgreich, wie ein Interview mit einem ehemaligen Mitarbeiter der Zeitschrift „Soldat und Technik" belegt.[768]

Allgemein sollte in der wehrtechnischen Fachpresse wiederholt und deutlich darauf hingewiesen werden, „daß aufgrund der ungenügenden Auslastung der wehrtechnischen Branche im allgemeinen und Rheinmetall im besonderen Beschäftigungsprobleme auf die Branche zukommen". Dieses Argument bzw. das Drohen mit steigenden Arbeitslosenzahlen sollte also von der Rheinmetall-PR ganz bewusst

766 Rheinmetall-Archiv B 595, PR-Konzeption 1987, Entwurf S. 35.

767 Ebenda, S. 14. Vgl. die wehrtechnische Berichterstattung u. a. in den Militärfachzeitschriften „Wehrtechnik" und „Soldat und Technik", z. B. Wolfgang Flume: Marketing Report: Puma – vielseitig und kostengünstig, in: Soldat und Technik 7 (1991), S. 476–480; Ders./Heinz-Jürgen Witzke/Hans-Ulrich Pieper: WT Firmenporträt: Rheinmetall GmbH – Das breite Spektrum bleibt erhalten, in: Wehrtechnik 8 (1980), S. 74–79; Wolfgang Flume/Heinz-Jürgen Witzke: WT Industrieporträt: Rheinmetall – Waffe und Munition aus einem Guß, in: Wehrtechnik 6 (1977), S. 72–78.

768 Interview mit Jochem Peelen, München, am 24.9.12 in Mannheim, siehe ausführlich Kap. 4.

verbreitet und in den öffentlichen Diskurs eingespeist werden. Es hat sich bis zur Gegenwart allgemein etabliert. Im Gegensatz zur wehrtechnischen Fachpresse sollte die allgemeine Presse-, Funk- und Fernseharbeit – wie schon zu Beginn der Studie vorgeschlagen – eher zurückhaltend betrieben und auf „einem ‚low level'" gefahren werden. Die Pressearbeit wurde hier ein weiteres Mal eher als „Feuerwehr" denn als ständiges Instrumentarium verstanden, allerdings als eine Brandwehr, die schon prospektiv und vorbeugend arbeiten sollte. Nach Piepers Ansicht sollten zumindest „Kontakte mit den sicherheitspolitischen Redakteuren in Tages-, Wochen- und Monatszeitungen sowie bei Funk und Fernsehen" gehalten werden, „um im Sinne eines ‚Frühwarnsystems' rechtzeitig Kenntnis davon zu erhalten, wenn die entsprechenden Medien beabsichtigen, etwas über Rheinmetall zu bringen. Die dann einsetzende Strategie kann am besten mit dem Begriff der ‚Schadenabwehr' oder zumindest ‚Schadenmilderung' bezeichnet werden. Pressearbeit hat 1987 daher einen äußerst defensiven Charakter; im ‚Normalfall' gäbe es außer Bilanzpressekonferenzen, Jahreshauptversammlung keine Veranlassungen, eine offensive Pressearbeit vorzunehmen".[769] Nach den externen Krisen von Rezession und Nachrüstungsbeschluss bzw. der internen Krise des Rheinmetall-Prozesses wurden also einige PR-Mittel bewusst zurückgefahren oder an die aktuelle Lage angepasst.

Pieper führte hier lediglich einen Punkt an, der die auch seiner Ansicht nach „restriktive Pressepolitik" etwas abschwächte: Im Jahre 1987 stand die Einweihung des TZN in Unterlüß an, die auch seiner Ansicht nach „ein Presse- und Medienwirksames Ereignis" sei. Zu diesem Anlass sollten ausgewählte Journalisten zu Hintergrundgesprächen eingeladen werden, die sogar auf höchstem Level, d. h. auf Geschäftsführungs- und VIP-Ebene, vorgesehen waren. Außerdem plante Piepers Abteilung einige Besuchs- und Besichtigungsveranstaltungen für Journalisten auf dem Schießplatz in Unterlüß.[770]

Aufbau eines „Frühwarnsystems"

Insgesamt sah Pieper auch weiterhin ein umfangreiches Betreuungsprogramm für Journalisten der allgemeinen Presse vor, von Funk, Fernsehen und Nachrichtenagenturen, die über einen sicherheitspolitischen Schwerpunkt verfügten. Waren schon in Piepers erster Konzeption eine Reihe von einzelnen Journalisten vorgesehen, die bevorzugt Informationen aus dem Unternehmen erhalten sollten, so wurde nun der Radius der Beeinflussung einzelner Journalisten noch deutlich ausgeweitet. Ziel der neuen Maßnahme, die Pieper als „Journalisten-Infos" bezeichnete, war nicht nur eine Rheinmetall-Präsentation zwecks Kennenlernen des Unternehmens, sondern eine Bevorzugung bei der Kommunikation, die seiner Ansicht nach „in erster Linie der Schaffung eines Vertrauensklimas und damit der Bildung von Ansprechpartnern innerhalb

769 Rheinmetall-Archiv B 595, PR-Konzeption Rheinmetall 1987, S. 14.
770 Ebenda, S. 15.

des jeweiligen Mediums dient".[771] Die vertrauensbildenden Maßnahmen, die Pieper vorschwebten, waren ähnlich gestaltet wie das normale Besuchsprogramm: Alle 14 Tage sollte eine Gruppe von Journalisten ein Programm mit „Einführung in Vergangenheit, Gegenwart und Zukunft der Rheinmetall GmbH, einer Filmvorführung sowie einem Besuch der Fertigungsstätten" erhalten. Auf diese Weise sei es möglich, dass „pro Jahr knapp 30 Journalisten betreut werden könnten". Im Unterschied zu den normalen Touren war vorgesehen, dass den ausgewählten Journalisten während der Kaffeepause und beim Mittagessen von Fachleuten des Konzerns, in der Regel auf Abteilungs- bzw. Hauptabteilungsleiter-Ebene, „dosierte Information über Geschäftsablauf, Produktvorhaben, Auslastung und ggf. Sicherheits- und Wirtschaftspolitik gegeben" werden sollte.[772] Allerdings sollte bei den vertraulichen Mitteilungen die Auswahl dergestalt getroffen werden, dass aufgrund von Zeitpunkt und Art der Informationen eine direkte Verwendung in der Tagespresse ausgeschlossen sei. Dies zeigt nochmals, dass es Pieper nicht um eine direkte Informationsvermittlung für konkrete Presseartikel ging, vielmehr zielte er auf den „Aufbau eines ‚Frühwarnsystems', mit dem P-O in die Lage versetzt werden soll, rechtzeitig in Erfahrung zu bringen, wenn Beiträge über Rheinmetall geplant sind".[773]

Eine ähnliche Zielsetzung verfolgte Pieper auch bei den für das Jahr 1987 geplanten Hintergrundgesprächen, zu denen neben einer „kleinen Gruppe hochrangiger Presse- und Medienvertreter" auch „Repräsentanten aus der Politik" und „in jedem Fall ein Geschäftsführer als Gesprächspartner mit herangezogen werden" sollten. Ein ähnliches Besuchs- und Besichtigungsprogramm war für die Gespräche in den Räumen der Geschäftsleitung vorgesehen, zu denen nach Bedarf Experten aus den Fachabteilungen hinzugezogen werden sollten, „um eine möglichst tiefe Information zu erreichen".[774] Aber auch bei diesen Gesprächen stand die Vermittlung von Informationen beileibe nicht im Vordergrund. Pieper zielte hier v. a. auf „den Aufbau von Beziehungen zu Verlegern und Chefredakteuren von Presse, Funk und Fernsehen, aber auch den Kontakt zu in der Sicherheits- und Wirtschaftspolitik wichtigen Personen". Zu diesen Personen zählte er nicht nur die Redaktionen der großen regionalen Zeitungen, sondern auch die Partei- bzw. Gewerkschaftszeitungen von SPD und IG Metall: „Mit den Chefredakteuren der Regionalzeitungen ‚WZ', ‚NRZ', ‚WAZ' und ‚Rheinische Post' sowie mit führenden Repräsentanten von ‚Vorwärts' und ‚IG-Metall' wurden in den letzten Jahren bereits entsprechende Hintergrundgespräche geführt. Die in diesem Zusammenhang gemachten Erfahrungen im Hinblick auf eine Einflussnahme in Richtung einer positiveren Berichterstattung über Rheinmetall lassen erwarten, daß bei Fortsetzung entsprechender Kontakte auch in Zukunft die Möglichkeit besteht, ungewollte Berichterstattung weitgehend

771 Rheinmetall-Archiv B 595, PR-Konzeption Rheinmetall 1987, S. 15.
772 Ebenda.
773 Ebenda.
774 Rheinmetall-Archiv B 595, PR-Konzeption Rheinmetall 1987, S. 20.

abzufangen." Dies zeigt deutlich, dass es Pieper seit seiner ersten Konzeption 1979 gelungen war, zumindest Zugang zu den wichtigsten Presseorganen in NRW zu erlangen, wenn nicht sogar eine gänzliche Beeinflussung gelang, wie von ihm behauptet wurde.

Die Notwendigkeit solcher gezielten Einflussnahmen ergab sich für Pieper aus dem Rheinmetall-Prozess. Falls der durch die Journalisten-Infos ermöglichte Einfluss auf einzelne Medienvertreter im Falle eines neuerlichen Medienskandals nicht ausreichte, sollte also zum Mittel der Hintergrundgespräche mit Verlegern und Chefredakteuren gegriffen werden, um gezielt Druck von oben auf Redaktionen auszuüben. Pieper meinte nämlich bezüglich der Relevanz dieser Gespräche: „Diese Kontakte können im ‚Ernstfall' wichtig werden, wenn die – im Falle der Medien – ‚redaktionelle Einflußnahme' erschöpft sein sollte". Für das folgende Jahr waren auf der Basis dieser Planungen v. a. Hintergrundgespräche mit den Rheinmetall-Geschäftsführern und „Mitgliedern des Verteidigungs-, Haushalts- und Forschungsausschuß des Deutschen Bundestages, des Haushalts- und Forschungsausschuß des niedersächsischen Landtages (Miteigentümer TZ und Schießplatz Unterlüß), der Chefredakteure und Verleger wichtiger deutscher Medien und Nachrichtenagenturen sowie der Redakteure relevanter Auslands-Redaktionen und Nachrichtenagenturen in Westdeutschland" geplant, so Pieper.[775]

Gewinnung von Vertrauen der kritischen Öffentlichkeit

Andere Ziele als bei der allgemeinen Pressearbeit waren dagegen für eine speziellere Mediensparte vorgesehen: die Jugendpresse. Hier ging es v. a. um eine politische Beeinflussung, sekundär auch um die Gewinnung eines potentiellen Mitarbeiterreservoirs. Dass sich ein eigener Teil der Rheinmetall-PR um Jugendliche kümmern sollte, begründete Pieper recht ausführlich, was gegen mögliche Zweifler im Konzern gerichtet gewesen sein könnte. Er verwies insbesondere darauf, dass „ein Unternehmen, das gewohnt ist, in mittel- bzw. langfristigen Planungsvorhaben zu denken und zu arbeiten, und das darüber hinaus in einem so sensiblen Bereich wie der Wehrtechnik zuhause ist, darauf angewiesen ist, schon frühzeitig Kontakt mit Jugendlichen zu suchen und Einfluß zu nehmen". Denn aus der banalen Tatsache, dass „die Jugendlichen von heute die Wähler und Entscheidungsträger von morgen sind", ergebe sich eine zwingende Notwendigkeit zum strategischen Handeln. Eine Rolle spielte dabei wohl auch die „sehr heftig, überwiegend emotional geführte und hauptsächlich von Jugendlichen getragene öffentliche Auseinandersetzung um die NATO-Nachrüstung". Diese Kritik hätte sich zwar in der Zwischenzeit weitgehend „versachlicht, geblieben aber ist eine Sensibilisierung für den Bereich der Sicherheitspolitik bei einem in der Regel unverändert geringem [sic] Informationsstand". Auf der Grundlage von Umfragen zeige sich des Weiteren deutlich, dass der Verteidigungsauftrag der Bundeswehr

775 Ebenda, S. 20 f.

anders beurteilt werde als die Bündniszugehörigkeit der BRD in der NATO. Vor allem bei jungen Menschen gebe es eine „Mehrheit für Verteidigungsbereitschaft“, die aber nicht zu einer Zustimmung zur NATO führe. Denn wenn man von „einem gesamtdeutschen (verteidigungsfähigen) Neutralitätsmodell“ ausgehe, so spreche sich „die überwiegende Mehrheit der gesamten Bevölkerung bei einem überdurchschnittlich hohen entsprechenden Votum der Jugendlichen für ein Verlassen der NATO“ aus.[776]

Die Rheinmetall-Pressearbeit mit Organen für Jugendliche bzw. die Arbeit in Seminaren mit Jugendlichen selbst sollte daher weniger auf die NATO als wichtiges Bündnis eingehen, sondern vielmehr die Bejahung der Bundeswehr unterstützen. Sie sollte laut Pieper „nicht am verkehrten Ende ansetzen und den Jugendlichen z. B. über ein (von diesen nichtgewolltes) Näherbringen der NATO ihre positive Grundeinstellung gegenüber den Aufgaben der Bundeswehr (...) zerstören“. Schwerpunktmäßig sollten Schüler- und Studentenzeitungen von der Rheinmetall-PR dahingehend „bearbeitet“ werden, dass ihnen die „Notwendigkeit einer funktionierenden Bundeswehr, einer nicht zuletzt im Interesse aller Soldaten liegenden optimalen Ausrüstung und einer dieser zugrunde liegenden wehrtechnischen Forschung, Entwicklung und Produktion“ vermittelt und verdeutlicht würde. Dagegen sollte die „Vermittlung von Verständnis für das NATO-Bündnis zweitrangig und – wo diese kontraproduktiv (...) – unterlassen“ werden. Als Mittel der Wahl sah Pieper wiederum die „Intensivierung bzw. (...) Aufnahme von Kontakten zu Schüler- und Studentenzeitungen“ an, „die bereit sind, PR-Artikel zum Thema Wehrtechnik zu bringen, wobei die Schlußredaktion eines solchen bezahlten Artikels bei Rheinmetall liegt“. Ein wichtiger und „nicht zu unterschätzender Nebeneffekt“ dieser verdeckten Einflussnahme sollte die Personalwerbung sein, mit deren Hilfe „Schülern und Studenten durch entsprechende PR-Artikel Berufsaussichten bei Rheinmetall offenbart“ werden sollten.[777]

Bei der Beeinflussung zumeist jugendlicher Zielgruppen suchte Pieper ganz bewusst die enge Zusammenarbeit mit Bundeswehr und BMVg, die sich seiner Ansicht nach bereits bewährt hatte. Schon im Jahre 1981 wurden nach seinen Angaben „mehrere Aktionen mit dem IP-Stab des BMVg gemeinsam durchgeführt“. Dieser Stab des BMVg war für die Presse- und Öffentlichkeitsarbeit des Ministeriums zuständig und umfasste nach Angaben Piepers bei einem offiziellen Vortrag im Jahr 1980 insgesamt 46 Mitarbeiter, während die Zahl der Jugend- und Presseoffiziere bis dahin schon auf mehr als 1.200 Agitatoren angestiegen war, die „über Sinn und Zweck, Auftrag und Aufgabe der Streitkräfte aufzuklären bemüht sind“.[778] Zu den gemeinsamen Aktionen gehörte das bundesweite Verteilen von Rheinmetall-Autoaufklebern und Postern organisiert über den Informations- und Presse-Stab

776 Ebenda.

777 Rheinmetall-Archiv B 595, PR-Konzeption Rheinmetall 1987, S. 22.

778 Rheinmetall-Archiv B 595, „PR-Perspektiven der deutschen Wehrtechnik“ Referat zum „Wehrtechnik“-Seminar am 10.9.1980 in Bonn, Hotel Bristol, Referent: Hans-Ulrich Pieper, Leiter der Rheinmetall-Presse- und Öffentlichkeitsarbeit [16 S.].

des Ministeriums sowie die Jugendoffiziere der Bundeswehr. Geplant war zudem eine weitere Kollaboration mit dem IP-Stab. So sollte beispielsweise ein Film gemeinsam produziert werden, der allerdings bis 1987 noch nicht realisiert werden konnte.[779]

Nach der Bundestagswahl im Jahr 1986 wurde die Leitung des PR-Bereiches im IP-Stab personell neu besetzt. Daher sollte „1987 unter veränderten Bedingungen [ein] erneuter Dialog mit dem Ziel gesucht werden (...), eine mittel- und langfristige Zusammenarbeit festzulegen".[780] Abgewartet werden sollte zunächst, wie die Konzeption des neuen IP-Stabes aussah und Pieper schlug zudem vor, zunächst „die ‚Erwartungen' des IP-Stabes an die industrielle Öffentlichkeitsarbeit kennenzulernen und auszuwerten." Um die gemeinsame Arbeit voranzutreiben, sollte das Unternehmen dem IP-Stab aber schon bald weitere gemeinsame Projekte vorschlagen, wobei Pieper zum einen an „gemeinsam organisierte Truppenbesuche mit dem Ziel, PR- und Presseberichte über ‚Rheinmetall-Wehrtechnik im Einsatz' zu erhalten", gedachte. Die Berichte sollten dann seiner Ansicht nach nicht nur in der Rheinmetall-Hauszeitung, sondern auch in den Fachzeitschriften für Rüstungstechnik abgedruckt werden. Zum anderen schwebte Pieper eine „gemeinsame Abstimmung und Verbreitung von Postern, Aufklebern und Info-Material, das von Rheinmetall initiiert und erstellt wird", vor. Letzter Vorschlag Piepers für die gemeinsame Arbeit an der Beeinflussung Jugendlicher und junger Erwachsener war „die Integration von Rheinmetall-Referenten in den Ausbildungsgang insbesondere der Jugendoffiziere". Nach seinen Erfahrungen zeigten sich nämlich bei den Besuchen und Info-Veranstaltungen der Jugendoffiziere bei Rheinmetall deutliche Desiderate in der Ausbildungspraxis. Denn die Offiziere hatten erklärt, „zwar eingehend über die ‚Friedensmodelle' der Friedensforschung informiert" zu werden, aber „Informationsdefizite bezüglich wehrtechnischer und industrieller Sachfragen" zu haben.[781] Diesen Defiziten an rüstungswirtschaftlichem Wissen bei den für die Rekrutenwerbung verantwortlichen Jugendoffizieren der Bundeswehr wollte Pieper naturgemäß gerne abhelfen.

Ähnliche Defizite sah der PR-Chef auch bei Schülern und Studenten generell, die ja zu den kritischeren Beobachtern des Unternehmens zählten. Daher sollten die Maßnahmen für die Schüler- und Studentenpresse durch eigene Seminarveranstaltungen noch ergänzt, erweitert und vertieft werden. Erste Seminare mit Schüler- und/oder Studentenzeitungs-Redakteuren hatten schon in den Jahren 1984 und 1985 stattgefunden, weitere waren zudem geplant. Der eigentliche Auftraggeber dieser augenscheinlich manipulativ gedachten Seminare sollte den Teilnehmenden dabei nicht bekannt gemacht werden, denn: „bei diesen Seminarveranstaltungen

779 Rheinmetall-Archiv B 595, PR-Konzeption Rheinmetall 1987, S. 33.

780 Ebenda. Vgl. Michael Schulze von Glaßer: An der Heimatfront. Öffentlichkeitsarbeit und Nachwuchswerbung der Bundeswehr, Köln 2010.

781 Rheinmetall-Archiv B 595, PR-Konzeption Rheinmetall 1987, S. 33.

bleibt Rheinmetall insofern ‚unsichtbar' als die Veranstaltungen von geeigneten Organisationen durchgeführt werden und lediglich zu einem entsprechenden Thema ggf. ein Rheinmetall-Repräsentant als Referent herangezogen werden kann". Vordergründige Veranstalter waren nicht genauer benannte „geeignete Institutionen der Erwachsenenbildung". Sie verfolgten in enger Zusammenarbeit mit Rheinmetall das Ziel, „Informationen über die wehrtechnische Branche im allgemeinen, über die Firma Rheinmetall im besonderen sowie zu sicherheitspolitischen Fragen zu vermitteln, Verständnis für den Verteidigungsauftrag, die Aufgaben und die Notwendigkeit einer optimalen Ausrüstung der Bundeswehr zu wecken und damit Wehrbereitschaft zu fördern. Als Minimalerfolg kann ggf. schon die Schaffung einer kritischen Distanz zu den entsprechenden gesellschaftlichen Gegenpositionen bezeichnet werden." Pieper sah in der Veranstaltung solcher Seminare einen doppelten Gewinn: Die Teilnehmenden erhielten nicht nur direkt den gewünschten „inhaltlichen Input unter Anleitung geschulter Journalisten", sondern, weil diese Inhalte unmittelbar in redaktionelle Beiträge für die jeweiligen Zeitungen der Teilnehmenden einfließen konnten, prognostizierte er auch einen „unmittelbaren Rückkopplungseffekt". Daher sollten die Seminare in Blockform an Wochenenden in einem möglichst zweimonatigen Turnus durchgeführt werden, wobei „jeweils zwischen 30 und 50 Schüler- bzw. Studentenzeitungs-Redakteure" für die Schulungen vorgesehen waren.[782]

Neben Medien für junge Zielgruppen wurden insbesondere Neue Medien oder neue Medienorgane von der Rheinmetall-PR aufmerksam beobachtet und relativ früh auf ihren Nutzen für das Unternehmen hin genauer inspiziert. Hier sind für das Piepersche Konzept des Jahres 1986/87 drei wichtige Organe zu nennen, die verstärkt genutzt werden sollten: erstens neue regionale und lokale Medien wie Stadtteilzeitungen und Bürgerfunk, zweitens Bildschirmtext (Btx) und drittens das neu entstehende Privatfernsehen.[783]

Pieper berichtete in seiner Studie zunächst über die „Zunahme regionaler Presse-, Funk- und Fernseh-Aktivitäten im regionalen Bereich", insbesondere die Zunahme der mehrmals pro Woche verteilten Stadtteilanzeiger mit einer monatlichen Auflage von ca. 40–60 Millionen Exemplaren. Diese wären nicht nur aufgrund der dichten und regelmäßigen Verbreitung bestens für PR geeignet, sondern auch dadurch, dass sie neben „diversen Kleininformationen in der Regel auch allgemeinpolitische Teile (insbesondere auf der Seite 1)" brächten. Die Vorteile für das Unternehmen lägen auf der Hand: „Hier besteht die Möglichkeit, über einen zentralen Artikeldienst PR-Artikel in zumindest einem Teil dieser Stadtteilanzeiger unterzubringen. Da Markterhebungen ergeben haben, daß diese Form der subregionalen Presse äußerst intensiv gelesen und genutzt wird, ist der positive Imageeffekt

782 Ebenda, S. 22f.
783 Ebenda, S. 16–19.

solcher Maßnahmen nicht zu unterschätzen." Als erster Schritt sollte daher im Jahr 1987 ein „zentraler Artikeldienst" beauftragt werden, „PR-Artikel über unser Unternehmen in den Stadtteilanzeigern unterzubringen".[784] Zudem sollten die regionalen und lokalen Hörfunksender durch seine Abteilung P-O kontaktiert werden, „um einerseits kleinere Meldungen, die in der Regel ‚Humantouch'-Inhalte haben sollten, zu lancieren und andererseits rechtzeitig in Erfahrung zu bringen, wenn eine Berichterstattung über Rheinmetall geplant ist". Dabei ging es Pieper darum, das Unternehmen als menschlich, als netten Nachbarn und zuverlässigen Partner vorzustellen, um Verständnis und Interesse bei den Menschen „um die Ecke", kurz gesagt: Vertrauen zu wecken, wie es schon lange zuvor in Hundhausens Konzept vorgesehen war.[785] Die Zunahme von Film- und Fernsehwerbung gegenüber klassischer Printwerbung lag übrigens durchaus im Trend: bei Nivea veränderte sich die Wahl des Medieneinsatzes ähnlich: lagen zunächst 80 % der Ausgaben im Bereich Printmedien, so wurden seit den 1990er Jahren etwa 80 % in TV-Werbung investiert.[786]

Militainment: Btx und Privatfernsehen als Medien für Rüstungs-PR

Ein weiteres neues Standbein wollte Pieper der Rheinmetall-PR durch die Nutzung eines Vorläufers des Internets, dem Btx – Bildschirmtext –, als Medium der Zukunft erschließen: „Btx bietet daher in Unterstützung und in Ergänzung der Presse- und Öffentlichkeitsarbeit für Rheinmetall die Chance, die freigegebenen und gewollten Informationen für die Presse frei zugänglich zur Verfügung zu stellen." Denn die PR-Abteilung des Konzerns sollte, wie andere wichtige Presseorgane, im Jahr 1987 ein Informationspaket über Rheinmetall erstellen und auf Btx anbieten, um „die von ihm gewollte Selbstdarstellung sowie diverse Detailinformationen über einzelne Produkte über Btx anzubieten, um zu verhindern, daß im Falle einer Berichterstattung über ein Unternehmen auf Fehlinformationen zurückgegriffen wird." Ein weiterer wesentlicher Nutzen sollte sich für das Unternehmen durch den Aufbau einer innovativen Stellenbörse per Btx ergeben. Andere Unternehmen wie MBB hätten sehr positive Erfahrungen damit gemacht, dass „insbesondere die Rubrik ‚Stellenangebote' zu den am meist frequentiertesten Rubriken zählt". Pieper nannte hier genauere Zahlen von MBB zur Untermauerung seiner These: 1985 hätten rund 1.200 Interessenten die Stellenangebote des Unternehmens im Btx angewählt. Dadurch sei es zu rund 120 Bewerbungen gekommen, von denen etwa 5 % zu einer Einstellung führten. Zwar zahle MBB für seine etwa 720 Btx-Seiten ca. 27.000 DM an Gebühren pro Jahr, diese würden sich aber trotz der geringen Zahl an erfolgreichen Einstellungen amortisieren, weil Personalanzeigen in Zeitungen kostenintensiver wären. Zudem könnten die dem Unternehmen zugehenden dpa-Meldungen per Btx

784 Ebenda, S. 16 f.
785 Ebenda.
786 Schröter: Marketing als angewandte Sozialtechnik, S. 638, beruhend auf Interviews.

„erheblich kostengünstiger empfangen werden“ und „überdies in einer technisch erheblich praktikableren Form, als dies mit dem Endlos-Ausdruck aller – auch der völlig unnützen – Meldungen der Fall ist“. Daher sollte im Jahr 1987 der alte dpa-Ticker der Abteilung P-O durch Btx ersetzt werden.[787] Zwar wurde dieses technisch anspruchsvolle System Ende der 1990er Jahre vom Internet als kostengünstigere und praktikablere Lösung komplett abgelöst. Der Einsatz von Btx bei MBB und Rheinmetall zeigt aber deutlich die frühe Nutzung neuer Technologien in den deutschen Rüstungsunternehmen.

Dies galt auch für einen weiteren neuen Medienkanal: die „Entdeckung“ des Privatfernsehens als Instrument der Rüstungs- und Maschinenbau-PR von Rheinmetall. Hier erkannte Pieper schon relativ früh die Möglichkeiten der „privaten TV-Sender ‚Sat 1', ‚RTL Plus‘ und ab 1987 ‚tv-SAT‘“, die „sowohl im Zusammenhang mit einer weiteren Verkabelung Westdeutschlands als auch über direkten Satellitenempfang dazu beitragen, daß die Medienlandschaft sich erheblich ändert und erweitert“. Die vielfältigen und langfristig durchgesetzten Perspektiven der neuen privaten Fernsehsender, die ja zunächst mit ihrem Programm nur selten oder sehr beschränkt empfangen werden konnten, analysierte Pieper zutreffend:

> „Eines der Kernprobleme der privat-rechtlichen TV-Anbieter besteht darin, daß einerseits für Neuproduktionen im großen Stil die Mittel fehlen und andererseits aus diesem Grund eine gewisse Materialknappheit für günstig zu erwerbende TV-Filme vorliegt. Dies führt dazu, daß Industrieunternehmen, die in der Regel auf einen großen Fundus von Image- und Produktfilmen zurückgreifen können, die Möglichkeit haben, durch kostenlose zur Verfügungstellung ihrer Filme eine PR-Wirkung zu erreichen, bei der andererseits dem Wunsch der TV-Anbieter nach preisgünstigen Produktionen Rechnung getragen wird.“[788]

Da die privaten Fernsehanbieter also zunächst – und teilweise wohl auch dauerhaft – nicht ausreichend auf eigene inhaltliche Beiträge zurückgreifen konnten, sah Pieper die Gelegenheit günstig, um diese Lücke mit eigenen Angeboten zu füllen. Dazu sollte Rheinmetall bei nächster Gelegenheit „mit dem vorhandenen Fundus von Produkt- und Imagefilmen einen PR-Einstieg bei den privaten Medien zu erreichen“ versuchen. Zukünftig sollten dann „im Zuge von inhaltlichen Absprachen Filme für die privaten TV-Anbieter erstellt werden, die dann als PR-Beiträge im Fernsehen zur Ausstrahlung kommen“. Beispielhaft für dieses Verfahren wurde von Pieper eine Wirtschaftssendung des seit Oktober 1986 in Bayern ausgestrahlten 4. TV-Programms genannt, in der „kostenlose PR durch Beistellung eines Produkt- oder Imagefilmes“ platziert werden könne „oder – wenn ein Neu-Dreh vorgezogen wird – lediglich die Kosten für die Dreharbeiten zu übernehmen“ wären. Die Quintessenz für die Nutzung der privaten Fernsehsender lautete demgemäß: „Rheinmetall wird 1987 in Begleitung und Ergänzung sonstiger PR-Maßnahmen den Kanal

787 Rheinmetall-Archiv B 595, PR-Konzeption Rheinmetall 1987, S. 17 f.
788 Ebenda, S. 18.

der privaten TV-Medien dazu nutzen, um im Sinne der in der Ausgangslage geschilderten Umstellung der Gruppe und ihrer CI sowie zu anfälligen Anlässen, die sich aus den jeweiligen Gegebenheiten herauskristallisieren, eine flankierende Öffentlichkeitsarbeit zu leisten."[789]

Diese Strategie des Unternehmens scheint sich im Programmangebot des deutschen Privatfernsehens langfristig bis in die Gegenwart durchgesetzt zu haben.[790] Eine Reihe neuer medien- und politikwissenschaftlicher Studien kommt zu dem Ergebnis, dass die privaten Sender verschiedene Angebote entwickelt haben, die mit ihrem „Militainment" (Thomas/Virchow) dazu geeignet sind, eine Banalisierung, Gewöhnung und Veralltäglichung militärischer Programmatik im Zivilen herbeizuführen.[791] Dabei werden anstelle selbst produzierter Beiträge auch verschiedene Produkt- und Werbefilme von Rüstungsunternehmen und Bundeswehr eingesetzt. Dies verweist auch auf die Bedeutung von Industriefilmen, die in den letzten Jahren verstärkt in das Blickfeld der wirtschafts- und unternehmenshistorischen Forschung gelangt sind.[792]

Im Rheinmetall-Konzern wurden solche PR-Filme schon früh bei den Besuchsveranstaltungen für Käufer und interessierte Öffentlichkeit eingesetzt. Hier sollten nicht nur Produkte des Unternehmens vorgestellt, sondern auch „das Image von Rheinmetall" präsentiert werden. Weitere Filme sollten 1987 gedreht und eingesetzt werden, denn, so Pieper: „Das Medium Film hat sich als ein sehr geeignetes Mittel herausgestellt, Informationen in visualisierter Form an den Mann zu bringen und einen auch länger haftenden Eindruck zu hinterlassen. Erfahrungen in den vergangenen Jahren haben gezeigt, daß Besuchergruppen, die schon einmal einen bestimmten Film im Rahmen einer Besuchsveranstaltung gezeigt bekamen, häufig den Wunsch äußern, diesen Film noch einmal zu sehen." Einige Filme schnitten dabei in der Gunst der Besuchergruppen besser ab, hatten „einen bleibenden, positiven Image-Effekt für Rheinmetall und Rheinmetall-Produkte" und sollten daher weiterhin eingesetzt werden. Solche Publikumserfolge erzielten nach Piepers Studie die Produkt-Filme „Glattrohrtechnologie", „Kampfwertsteigerung Leopard 2" und „Kampfpanzer Leopard 2". Weitere Produktinnovationen sollten im Jahr 1987 in neue Filme umgesetzt werden, hier führte Pieper beispielsweise die Feldhaubitze FH 70, intelligente und Bomblet-Munition an. Diese Werbefilme waren beileibe keine reinen Produktdarstellungen, sondern beruhten auf einem wohldurchdachten visuellen Konzept. Denn Pieper

---

789 Ebenda, S. 18 f.

790 Vergleiche die Vielzahl von Rüstungsbeiträgen in den Spartensendern ntv und n24. Siehe ausführlich Daniel Jahn: Banal militarism und Privatfernsehen, Master-Thesis Hagen 2009.

791 Grundlegend Tanja Thomas/Fabian Virchow (Hg.): Banal Militarism. Zur Veralltäglichung des Militärischen im Zivilen, Bielefeld 2006 und Schulze von Glaßer: An der Heimatfront.

792 Beispielsweise Horst A. Wessel u. a. (Hg.): Industriefilm – Medium und Quelle. Beispiele aus der Eisen- und Stahlindustrie, Essen 1997 und Karl-Peter Ellerbrock/Manfred Rasch et al. (Hg.): Industriefilm 1948–1959. Filme aus Wirtschaftsarchiven im Ruhrgebiet, Essen 2003.

bestand darauf, dass „bei der Produktion dieser Filme (...) darauf geachtet [werden sollte], daß die ausgesprochen ‚filmische Machart' der drei genannten Produkt-Filme beibehalten wird, um so einerseits eine einheitliche Präsentations- und Informationslinie zu bewahren und andererseits den positiven Image-Effekt für Rheinmetall nicht zu verspielen".[793]

Im Gegensatz zu den Produktfilmen schnitt der seit Frühjahr 1986 bei Werkstouren eingesetzte neue Image-Film „Bereit zum Frieden" bei den Besuchergruppen schlecht ab: „Die Erfahrungen mit diesem Film haben übereinstimmend gezeigt, daß er zur Vermittlung eines positiven Images der Firma Rheinmetall und zur Verdeutlichung dessen, was bei Rheinmetall überhaupt geschieht, gänzlich ungeeignet ist. Besuchergruppen stellen übereinstimmend eine ‚hektische Machart', ‚Informations-Wirrwarr' etc. fest; Hinweise bei den der Filmvorführung sich anschließenden Besichtigungen auf Produkte, die man ja schon im Film gesehen habe, ergaben durchweg, daß schon kurze Zeit später Besucher keine Einzelheiten des Films mehr in Erinnerung haben."[794] Pieper wollte daher schon 1987 einen neuen Image-Film für Rheinmetall produzieren lassen, „der sich im Sinne einer einheitlichen Informationslinie durch eine ‚filmische Machart', eine klare Strukturierung der Rheinmetall-Geschichte und Gegenwart, eine anschauliche Präsentation der Rheinmetall-Produkte und schließlich eine Verdeutlichung der Rheinmetall GmbH in der Rheinmetall Berlin AG auszeichnen" sollte.[795]

Dieser Film sollte den verschiedenen Besuchergruppen in Verbindung mit einer weiteren visuellen Präsentation des Unternehmens vorgeführt werden: der „AV-Show". Sie war eine – wohl schon länger gezeigte – audiovisuelle Dia-Show über das Unternehmen, die ab Anfang 1986 nicht mehr eingesetzt wurde. Zuvor wurde sie auf zweierlei Weise verwendet: Entweder wurde sie den Gruppen im Filmraum als erster Einstieg und „Willkommensgruß bei Rheinmetall" gezeigt, oder sie „diente an der Hauptverwaltung im Besucherzimmer als Überbrückung möglicher Wartezeiten bis zu vereinbarten Terminen". Da die Show „in kurzer und knapper Form einen Überblick über Geschichte und Aktualität der Rheinmetall GmbH sowie deren Einbettung in die Rheinmetall Berlin AG" gebe, sah Pieper sie als erhaltenswertes PR-Mittel an. Sie sollte allerdings im Jahr 1987 an einigen Stellen aktualisiert, ergänzt, erweitert oder gekürzt werden. Danach sollte sie im Besucherprogramm den Gästen nach der Begrüßung als erste Information zum Unternehmen dienen. Auch hier verfolgte der PR-Chef wiederum eine gezielte Strategie: „AV-Show und Image-Film sind so aufeinander abzustimmen, daß beide eine sinnvolle Ergänzung zueinander darstellen und dem Medium entsprechend im ersteren Fall ein größeres Gewicht auf die gesprochene Information und im letzteren Fall auf deren Visualisierung legen".[796]

793 Rheinmetall-Archiv B 595, PR-Konzeption Rheinmetall 1987, S. 23 f.
794 Ebenda.
795 Ebenda, S. 25.
796 Ebenda, S. 27.

Formen klassischer Werbung im diversifizierten Konzern

Ein häufig eingesetztes, eher konventionelles PR-Mittel des Unternehmens waren auch die in verschiedenen Formen und Sprachen gedruckten Werbe-, Informations- und Spezialwerbebroschüren. Trotz der althergebrachten Form urteilte Pieper: „Informationsbroschüren stellen ein wesentliches Mittel dar, sei es bei Besuchergruppen, sei es bei externen Anfragen, Informationen über Teile des Unternehmens, Rheinmetall-Produkte oder einen allgemeinen Überblick über Rheinmetall bleibend zu liefern." Aufgrund seiner Erfahrungen handele es sich bei Broschüren und Produkt-Präsentationen „um ein vom Rheinmetall-Interessent [sic] beliebtes Medium", das neben den persönlichen Eindrücken auf Besuchertouren oder bei Veranstaltungen v. a. dazu diene, Informationen zu vermitteln. Im Jahre 1986 wurden an Interessenten und Besucher erstmals auch Broschüren über das neue TZN und das Technologie-Konzept verteilt, die durchaus „angenommen" worden seien. Daher sollte im Jahr 1987 weiterhin auf Informationsbroschüren gesetzt werden. Zusätzlich sollten aber auch Spezialbroschüren eingesetzt werden, z. B. mit „reinen Produkt-Präsentationen" oder eher technischen Informationen wie im „Technologie-Portrait" und der TZN-Broschüre.[797]

Wichtig erschien dem PR-Chef bei den Produktbroschüren, dass sie „stets in mindestens deutsch und englisch verfügbar sind und hinsichtlich der technischen Aussagen auf dem neuesten Stand gehalten werden".[798] Dies galt auch für eine Reihe weiterer Broschüren, die überarbeitet, erweitert oder neu konzipiert werden sollten. So sollte im folgenden Jahr nicht nur die TZN-Broschüre im Zusammenhang mit der Einweihung inhaltlich und optisch überarbeitet und mit neuem Bildmaterial ausgestattet werden, sondern auch eine eigene Informationsbroschüre für die zunehmend bedeutendere Rheinmetall Meß- und Prüftechnik erstellt werden. Wichtig sei darüber hinaus eine neue Broschüre für die gesamte Rheinmetall Berlin AG, um „die optisch sehr einfache und inhaltlich wenig aussagekräftige momentane Broschüre" zu ersetzen. Dabei sollte das bislang bei Veranstaltungen ausgegebene, ein Programm enthaltende Heftchen „Willkommen bei Rheinmetall" eingebaut werden. Neben diesen Broschüren stellte Pieper besonders heraus, dass eine Rheinmetall-Image-Broschüre ein dringendes Desiderat bleibe, weshalb „schnellstmöglich eine Broschüre zu entwickeln [sei], die den Besuchern oder den sonstigen Interessenten umfassend Informationen optischer und inhaltlicher Natur über das Werden der Firma Rheinmetall bis hin zu einer Übersicht über aktuelle Produktionsvorhaben liefert". Inhaltlich sollte diese Image-Broschüre auf dem von der Geschäftsführung schon 1985 genehmigten Entwurf „Rheinmetall: Ein Unternehmen denkt weiter" aufbauen, als optisches Vorbild sollte wiederum das „Technologie-Portrait" dienen. Wie beim Image-Film sollte die Botschaft des Unternehmens klar gegliedert und strukturiert, in optisch

797 Ebenda, S. 25.
798 Ebenda.

perfekter Form herübergebracht werden. Zwei Fassungen waren zunächst vorgesehen, eine in deutscher und eine in englischer Sprache.[799] Zunächst wurden viele der PR-Kommunikationsmittel wie die Rheinmetall-Broschüren zunächst nur in einer Fremdsprache, nämlich Englisch, aufgelegt. Dennoch legte Pieper großes Gewicht auf eine breitere internationale PR, was die beschriebene Internationalisierung der Märkte in der Zeit von Nachrüstungsbeschluss und Reagonomics eindrucksvoll demonstriert.[800] Die Planung der Rheinmetall-PR entsprach auch einem allgemeinen Trend, wie ihn Schröter für das Nivea-Marketing beschrieben hat: „Seit ca. 1985 agiert das Marketing für die Bundesrepublik nicht mehr weitgehend eigenständig, sondern ist als Teil des Gesamtmarketings in diesen größeren Zusammenhang eingebunden. In den 1990er Jahren ist die globale Ausrichtung noch wichtiger geworden."[801] Auch bei Rheinmetall sollte verstärkt ab 1987 „die Informationstätigkeit gegenüber ausländischen (Fach-)Medien (...) eine weitere Priorität der Rheinmetall-Öffentlichkeitsarbeit darstellen".[802] Dazu waren schon 1986 erste Gespräche geführt worden, die klären sollten, wie PR-Beiträge über Rheinmetall-Produkte in der ausländischen Fachpresse unterzubringen wären. Diese Gespräche waren nach Angaben Piepers „sehr vielversprechend". Auf dieser Basis sollten 1987 konkrete Aufträge erteilt werden, „um – je nach Bedarf und Geschäftslage – bestimmte Produkte zu bestimmten Zeiten im Ausland ins Gespräch zu bringen".[803] Zu den fünf Schwerpunkten zukünftiger „Rheinmetall-Auslands-PR" gehörte erstens die Belieferung der rüstungstechnischen Fachzeitschriften, zweitens die Anzeigenvergabe, drittens die Organisation von VIP-Treffen, viertens die Platzierung von Rheinmetall-Referenten auf internationalen Tagungen und Meetings sowie fünftens die Ausstrahlung von Rheinmetall-TV-Spots im US-Fernsehen. Insgesamt also eine durchaus klassische, breit gestreute Version des Investitionsgütermarketings.

Die ausländischen Fachzeitschriften sollten in intimeren Gesprächen Hintergrundinformationen erhalten, zudem sollten durch die Rheinmetall-PR oder interne und externe Experten, produktorientierte Artikel für die Zeitschriften erstellt werden. Ähnlich klar auf die Produkte orientierte Anzeigen sollten an entsprechende Zeitschriften vergeben werden, allerdings war von Pieper zunächst eine Konsultation und Abstimmung mit dem Export bzw. dem Vertrieb vorgesehen. Wichtiges PR-Instrument waren auch die VIP-Treffen; dabei sollte die Abteilung Auslands-PR des Konzerns nach Ansicht von Pieper „Spitzen-Kontakte" zu hochrangigen Militärs und Entscheidungsträgern organisieren, die z. B. bei den rüstungstechnischen Fachmessen zu einem gemeinsamen Termin mit der Geschäftsführung von Rheinmetall gebeten

799 Rheinmetall-Archiv B 595, PR-Konzeption Rheinmetall 1987, S. 26 f.
800 Ebenda, S. 36 f.
801 Schröter: Marketing als angewandte Sozialtechnik, S. 641.
802 Rheinmetall-Archiv B 595, PR-Konzeption Rheinmetall 1987, S. 36 f.
803 Hierzu und zum folgenden Abschnitt: Ebenda.

werden sollten. Ähnliche Gelegenheiten wie Messen, rüstungstechnische oder sicherheitspolitische Symposien sollten ebenfalls dazu genutzt werden, „führende Rheinmetall-Fachreferenten" in den Programmen zu platzieren.

Eine wiederum sehr innovative PR-Maßnahme war Piepers letztes Projekt, die Verbreitung von Rheinmetall-TV-Spots in den USA. Hierzu wollte Pieper das in den gesamten USA verbreitete TV-System „Hello, this is Germany" nutzen, um „Spots über Rheinmetall in Düsseldorf und Unterlüß und die Präsentation wehrtechnischer Produkte vorzunehmen, um so auf dem amerikanischen Markt einem Millionenpublikum die Leistungsfähigkeit, die Aufgabengebiete und die wehrtechnischen Lösungsvorschläge von Rheinmetall zu präsentieren und dadurch direkt und indirekt auch auf amerikanische Entscheidungsträger einzuwirken". Dieses war eine wesentliche Ausnahme, denn die Auslands-PR sollte insgesamt „in der Regel auf militärische oder militärnahe Zielgruppen beschränkt bleiben" und „nur nach Abstimmung mit den zuständigen Vertriebs- und Exportbereichen vorgenommen werden".[804] Erstaunlich ist bei einer genaueren Betrachtung auch, wie hoch Pieper die Einflussmöglichkeiten solcher TV-Spots auf die US-amerikanische Öffentlichkeit einschätzte, denn ob ein „Millionenpublikum" tatsächlich diese Werbeformate rezipiert hätte, scheint doch fraglich zu sein.

Möglicherweise legte Pieper daher auch so großen Wert auf die Mittel der internen Kommunikation im Konzern. Denn ein wichtiger Punkt, der von Pieper in dieser Studie neu aufgenommen wurde, waren die jährlichen Treffen des „PR-Leiter-Kreises". In dieser kooperativen Institution, die ursprünglich auf Initiative von MBB und Rheinmetall gegründet worden war, hatten sich bis 1985 die PR-Chefs von 15 Rüstungsunternehmen getroffen. Seit 1986 hatte kein PR-Mitarbeiter von Rheinmetall mehr daran teilgenommen, worauf Pieper aber nicht näher einging. Pieper sah diese Institution als besonders wichtig an, da sie erstens einen ständigen Erfahrungs- und Informationsaustausch der PR-Chefs gewährleistet, zweitens demoskopische Untersuchungen des Images der Rüstungsindustrie in Auftrag gegeben und drittens „verschiedene (wissenschaftliche) Publikationen sowie Funk- und Fernsehsendungen vorbereitet und veröffentlicht" habe. Deshalb schlug er vor, wieder an diesen Meetings teilzunehmen und die Kooperation mit den anderen PR-Leitern nicht nur fortzuführen, sondern noch zu intensivieren.[805] Daher kann diese Runde auch als ein gewisser Ersatz für den zunächst nicht zustande gekommenen Bundesverband Heerestechnischer Unternehmen gesehen werden.

Neue Aufgabenfelder: Archiv und Jubiläum als History Marketing?

Neben der Fortführung und Intensivierung dieses schon bestehenden Angebots bemühte sich Pieper intensiv, seiner Hauptabteilung Presse- und Öffentlichkeitsarbeit

804 Rheinmetall-Archiv B 595, PR-Konzeption Rheinmetall 1987, S. 36 f.
805 Ebenda, S. 37.

ein neues Aufgabenfeld zu verschaffen: den Ausbau des Archivwesens. Seit dem 1. Oktober 1986 war er anstelle von Fabry für diesen Bereich zuständig und hatte anderthalb Stellen zugeteilt bekommen, um Konzeptionen für ein zentrales Archiv- und Dokumentationswesen bei der Rheinmetall GmbH erarbeiten zu lassen. Dafür sollten zunächst zu Beginn des Jahres die entsprechenden Bestände an Akten, Publikationen, Artefakten und Materialsammlungen in den Unternehmensniederlassungen in Düsseldorf und Unterlüß gesichtet und zentral erfasst werden. Die Erfassung sollte nicht nur der Vorbereitung des im Jahr 1989 anstehenden und sorgfältig vorbereiteten 100. Gründungsjubiläums des Unternehmens dienen, sondern auch dazu beitragen, „ein für interne und externe (soweit nicht VS-Sachen betreffend) Interessenten zugängliches Rheinmetall-Museum und Rheinmetall-Archiv zu etablieren".[806]

Dies bedeutet also, dass nach der Vorlage von Pieper nur solche Akten in das Archiv gelangen sollten, die nicht von übergeordneten Sicherheitsinteressen der Bundesrepublik geprägt und somit als Verschlusssache klassifiziert waren. Inwieweit sich Pieper mit diesen Vorstellungen durchsetzen konnte, lässt sich nicht zweifelsfrei klären. Fakt ist aber, dass ein modernes Archiv unter der Leitung von Fabry und seinem Nachfolger Leitzbach entstand. Es übernahm neben klassischer Archivarbeit teilweise Aufgaben, die heute als *History marketing* bezeichnet werden.[807]

Sicher geklärt ist auch nicht, ob schon 1987 tatsächlich ein modernes EDV-gestütztes Presse-, Reden- und Vortragsarchiv etabliert werden konnte, wie es Pieper vorschwebte. Seinen Vorstellungen entsprach zum einen der Aufbau eines Fachpressearchivs, „das – auf Datenträger abgespeichert – wesentliche Artikel aus der wehrtechnischen Fachpresse zu Rheinmetall im besonderen aber auch wehrtechnische und sicherheitspolitische Fragen im allgemeinen betreffende Themen" umfassen sollte.[808] Zum anderen sollte mit dem Material aus dem täglichen Pressespiegel „ein ebenfalls auf EDV abgespeichertes Pressearchiv etabliert [werden], in dem sämtliche Nachrichten, die die Rheinmetall-Gruppe oder eines ihrer Standbeine, sicherheitspolitische sowie wesentliche außen- oder innenpolitische Fragen umfassende Artikel" betrafen, erfasst werden sollten. Zusätzlich sollte 1987 immer noch ein weiteres Archiv eingerichtet werden, das „sämtliche (überholte) Reden oder Vorträge beinhaltet, die von Rheinmetallern gehalten wurden und schließlich Reden, die von übergeordnetem wirtschaftspolitischen oder sicherheitspolitischen oder allgemeinpolitischen Interesse sind".[809] Neben diesem Redenarchiv wollte Pieper noch ein Publikationsarchiv – eine Art Bibliothek – etablieren, „das insbesondere die aus historischen Gründen interessanten Publikationen über Rheinmetall bzw. sicherheitspolitische, wehrtechnische

806 Rheinmetall-Archiv B 595, PR-Konzeption Rheinmetall 1987, S. 37 und S. 1 zum Jubiläum.

807 Vgl. Leitzbach: Geschichte des Archivs und Alexander Schug: History Marketing, Bielefeld 2006.

808 Rheinmetall-Archiv B 595, PR-Konzeption Rheinmetall 1987, S. 38 f.

809 Ebenda, S. 38.

oder wehrwissenschaftliche Fragen beinhaltet".[810] Ähnliches Material sollte aus einer weiteren Quelle aufgenommen und in einem eigenen kleinen Archiv gesammelt werden: Seit Ende der 1970er Jahre ließ „Rheinmetall eine immer wieder auf den neuesten Stand gebrachte Studie über die Rüstungsindustrie in aller Welt (...) erstellen". Dieses Datenmaterial sollte auf Wunsch Piepers „nicht verloren gehen" und daher ein Archiv speziell für die weltweite Rüstungsentwicklung begründet werden. Diese Sammlung sollte neben den Daten eines Friedens- und Konfliktforschers auch „internationale Studien anderer Institutionen" berücksichtigen und damit „einen Überblick über die Entwicklung in den letzten Jahren und Jahrzehnten auf dem Rüstungssektor" ermöglichen, zudem „ggf. Trends oder Entwicklungen" für die Zukunft erkennen lassen und Informationsmaterial für Vorträge oder Diskussionsveranstaltungen bereitstellen.[811] Insbesondere diente diese Aktion wohl auch der Gewinnung von Daten, um eine Gegenargumentation gegen die Studien der kritischen Friedens- und Konfliktforschung parat zu haben.

Zur Erhaltung des visuellen Gedächtnisses des Unternehmens dachte Pieper an ein Foto- und Bildarchiv, das ebenfalls im Jahre 1987 begründet werden sollte. Dieses Archiv sollte „insbesondere neben Produktfotos Bilder aus der Rheinmetall-Geschichte sowie Personen und Rheinmetall-Gebäude umfassen". Es sollte zudem der Bebilderung der Festschrift zum 100jährigen Jubiläum Rheinmetalls im Jahr 1989 und dem Aufbau eines Museums dienen. Da nur wenig Exponate vorhanden waren, sollten „ausgewählte Bilder aus dem Foto- und Bildarchiv (...) in vergrößerter Form auf Schautafeln im Museum dort eingesetzt [werden], wo sie zur Verdeutlichung der Rheinmetall-Geschichte notwendig" wären. Die Etablierung eines neuen Rheinmetall-Museums war eines der Ziele dieser aufwendigen Archivarbeiten. Dazu sollten 1987 die in Düsseldorf lagernde wehrtechnische Studiensammlung und Archivalien aus Unterlüß zusammengeführt, und es sollte eine museale Konzeption erarbeitet werden. Das neue Rheinmetall-Museum sollte möglichst bis zum Jubiläum eröffnet und zukünftig als Programmpunkt in die Besuchstouren der normalen Gruppen eingebaut werden.[812]

Das große Jubiläum des Unternehmens bereitete Pieper sorgfältig vor, widmete deshalb diesem Anlass in seiner Studie größeren Raum.[813] Zunächst sollte 1987 ein detailliertes Konzept erstellt werden, damit der vorgesehene Rahmen des Jubiläums genauer geklärt werden konnte. Pieper regte hier an, die Erfahrungen anderer Großunternehmen wie der Bosch GmbH zu nutzen, die 1986 eine 100-Jahr-Feier ausgerichtet hatte.[814] Vorgesehen war in Piepers Planung eine Festschrift, die über „100 Jahre

810 Ebenda, S. 39. Man beachte die Wortwahl („wehrtechnisch" und „wehrwissenschaftlich").

811 Ebenda, S. 40.

812 Rheinmetall-Archiv B 595, PR-Konzeption Rheinmetall 1987, S. 39.

813 Ebenda, S. 40 f.

814 Vgl. Susanne Knabe: Firmenjubiläen. Geschichtsbewußtsein deutscher Unternehmen 1846 bis 1997, Diss. LMU München 2004.

Rheinmetall“ berichten und dabei Beiträge nicht nur aus dem Unternehmen, sondern von „wichtigste[n] Repräsentanten aus Staat und Gesellschaft“ enthalten sollte. Zusätzlich plädierte er für die Publikation eines aufwendig gestalteten Bildbandes zur Rheinmetall-Geschichte und für die Produktion eines speziell zum Jubiläum erstellten Films, der sich an den erwähnten Image-Film inhaltlich anlehnen sollte.[815] Ein drittes Mittel sollte eine aktuelle Produkt-Präsentation sein, „die die technischen Details sämtlicher von Rheinmetall zur Zeit hergestellten Produkte zusammenträgt und optisch und inhaltlich beschreibt und erklärt“. Demgegenüber sollte eine neue PR-Werbeschrift stärker auf die historische Entwicklung des Unternehmens und die 100-Jahr-Feier fokussieren. Ein letzter Punkt waren die öffentlichen Feierlichkeiten, die ebenfalls intensiv konzeptionell vorbereitet werden sollten. Neben einer größeren Feier sollte für „ausgewählte Teile der Bevölkerung“ ein „Tag der offenen Tür“ in den Betrieben in Düsseldorf und Unterlüß veranstaltet werden.[816] Während diese Veranstaltung stattfand, wurde die Festschrift zwar gedruckt, war aber nicht öffentlich erhältlich.[817]

Das überaus großzügig angelegte Programm mit archivalischen Vorarbeiten, Konzepten und Feierlichkeiten, das Pieper hier vorschlug, sollte seiner Ansicht nach auch dem Zuschnitt seiner Abteilung nützen. Denn er argumentierte, dass „aufgrund der in diesem Zusammenhang auf P-O zukommenden Aufgaben (...) ab 1987 die momentane für den Archiv-Bereich vorgesehene Manpower von 1 ½ Personen nicht“ ausreiche. Wie er meinte, sollte „den zusätzlichen Aufgabenstellungen auch strukturell Rechnung getragen“ werden.[818] Hierauf folgte eine umfassende Argumentation Piepers, der noch einmal alle wichtigen Schwerpunkte seiner Abteilung für das Jahr 1987 betonte. Besonders starke neue Arbeitsbelastungen sah Pieper durch die neuen PR-Tätigkeiten und die konzeptionelle Vorbereitung des Jubiläums mit Archiv- und Museumsgründungen gegeben. Bezüglich der Ausweitung der PR- und Pressearbeit verwies er insbesondere auch auf Entscheidungen des Vorstands und Aufsichtsrats, v. a. auf „die veränderte Ausgangslage im Zusammenhang mit dem o. g. manifesten Führungsanspruch der Rheinmetall Berlin AG und den damit verbundenen Aufgaben-Ausweitungen“. Da diese zusätzlichen Arbeiten mit nur 1,5 Mitarbeiterstellen nicht ansatzweise zu bewältigen seien, schlug er vor, die Arbeitsgebiete der Hauptabteilung entsprechend den Aufgaben zu teilen, vier Unterabteilungen zu schaffen und damit wohl zumindest zwei weitere Kräfte unter seiner Leitung einzustellen.[819]

Auch wenn die Graphik- und Werbeabteilung unter Fabry unterstützend tätig werden sollte, grenzte Pieper seine Abteilung hier recht deutlich und in mehreren umfassenden Festlegungen ab. Fabry und seinen Mitarbeitern sollte es obliegen,

---

815 Rheinmetall-Archiv B 595, PR-Konzeption Rheinmetall 1987, S. 40.
816 Ebenda, S. 41.
817 Siehe in Rheinmetall-Archiv A 11/1.
818 Rheinmetall-Archiv B 595, PR-Konzeption Rheinmetall 1987, S. 41.
819 Rheinmetall-Archiv B 595, PR-Konzeption Rheinmetall 1987, S. 46.

die „PR-Maßnahmen, Presse- und Öffentlichkeitsarbeit umzusetzen, logistisch zu begleiten und optisch zu konzipieren und damit zu visualisieren". Während aber die Hauptabteilung Presse- und Öffentlichkeitsarbeit „in erster Linie Service-Funktionen für das gesamte Haus" zu gewährleisten habe, solle die Graphik- und Werbeabteilung lediglich unterstützend als Service-Stelle für die Hauptabteilung dienen.[820] Dazu hatte Pieper bereits einen umfangreichen Katalog parat, der nach Vorlage eines Konzepts der Hauptabteilung 1987 umgesetzt werden sollte. Die Graphik- und Werbeabteilung sollte u. a. das Erstellen von Druckschriften und Werbematerialien für „Info-Packages" des Besucherwesens, „Herstellen von Postern, Sticker für Soldaten, Schüler und Studenten", Produkt- und Image-Broschüren für die Rheinmetall GmbH, für die Meß- und Prüftechnik (RMP) und für die anderen Unternehmensbereiche, Insert-Zuarbeitung für den neuen Image-Film sowie weitere Foto-, Video- und Filmarbeiten, Zuarbeit für den Rheinmetall-Report und Veranstaltungsbetreuung übernehmen. Weitere Aufgaben sollten die Beschaffung von Präsenten für „VIP"s und andere Empfänger sein, daneben aber auch die Zuarbeit zu Einweihungsfeierlichkeiten und die Broschüre für das neue TZN sowie die visuelle Ausgestaltung der Konzeptionen für das Rheinmetall-Museum und das in kleinerem Rahmen durchgeführte Jubiläum.[821]

Bezüglich der Präsente hatte der PR-Chef eine Reihe weiterer Richtlinien ausgearbeitet, die die Arbeit der Graphik- und Werbeabteilung de facto weiter reglementierten.[822] Da er beispielsweise der Vergabe von Gast- und Werbegeschenken einen hohen Stellen- und Aufmerksamkeitswert beimaß, sollten solche Präsente und ihre Empfänger zwar von der Graphik- und Werbeabteilung vorgeschlagen, aber von der Hauptabteilung P-O koordiniert werden. Dazu sollte die anscheinend schon nach der letzen Studie eingerichtete Zentralkartei genutzt werden, damit es nicht zu „Mehrfach-Vergaben" komme. Interessant ist auch die genauere Ausgestaltung der Vergabepraxis: „grundsätzlich sollte sich das Angebot der Rheinmetall-Präsente nach den Wünschen der Empfänger und – bei Ministerien und Ministeriumsangehörigen – nach amtlichen Vorschriften richten. Um dieser Voraussetzung Rechnung zu tragen, ist die eingehende Abstimmung des Rheinmetall-Präsentangebotes für Amtsvertreter, Kunden und Gäste mit dem Vertrieb zwingend erforderlich."[823] Somit verschärften sich die Bestimmungen, um korrupte Praktiken zu verhindern. Als nächste konkrete Schritte für die Weihnachtsgeschenke schlug Pieper vor, dass die Werbeabteilung bis spätestens zum 1. Juli 1987 einen detaillierten Vorschlagskatalog vorlegen solle, „der dann in Abstufung der Empfänger nach Bedeutung, Wichtigkeit für Rheinmetall etc. Rechnung trägt [sic]." Danach sollte der Präsente-Katalog dann endgültig von der PR-Abteilung mit der Geschäftsführung abgestimmt und beschlossen werden. Ein

820 Ebenda, S. 41.
821 Ebenda, S. 42.
822 Ebenda, S. 44 f.
823 Rheinmetall-Archiv B 595, PR-Konzeption Rheinmetall 1987, S. 44.

ähnliches Verfahren schlug Pieper zudem für einen neuen Werbegeschenk-Katalog vor, der Vorschläge für Präsente im Rahmen des Besucherwesens oder bei Veranstaltungen zusammenstellen sollte.[824] Die militärisch-industriellen „Netzwerke des Vertrauens" wurden also auch im stärker diversifizierten Konzern weiterhin bevorzugt gepflegt, wobei gesetzliche Normen bewusst beachtet wurden. Dies weist insgesamt darauf hin, dass die Betonung der zivilen Bereiche des Konzerns in der PR einen Camouflage-Charakter hatte und einer kritischen Öffentlichkeit in der Werbeansprache Legitimität und Sicherheit vermitteln sollte.

3.3.6 Untersuchung der Marketinginstrumente durch externe Forschung

Markt- und Meinungsforschung

Insgesamt strebte Pieper eine genauere Untersuchung der Rheinmetall-PR-Mittel und -Instrumente an, die er auch durch externe Studien abzusichern suchte. Dabei ging es ihm darum, „daß wesentliche Projekte und grundsätzliche konzeptionelle Überlegungen von extern zu erstellenden wissenschaftlichen Studien begleitet werden, um eine Objektivierung des Entscheidungsprozesses durch einen externen, neutralen Beobachter zu ermöglichen". Hier kommt – wie in der gesamten PR-Konzeption – zum Ausdruck, dass Pieper wissenschaftlichen Studien ein hohes Maß an Rationalität und „einen hohen Überzeugungswert" beimaß. Er argumentierte insbesondere damit, dass Studien „renommierter Verfasser" besonders „neutral, nicht interessenorientiert und wissenschaftlich ausgerichtet sind". Neben den schon erwähnten Studien zur Rüstungswirtschaft, die von Rheinmetall intensiv mit Material unterstützt worden waren, hatte Pieper zunächst fünf weitere große Studien vorgesehen, die allerdings nur teilweise wissenschaftlicher Natur waren. Die beiden wissenschaftlichen Studien, die er in den Jahren 1986 und 1987 erarbeiten ließ bzw. lassen wollte, sollten sich zum einen mit der „Ethik der Rüstung", zum anderen mit der Verstärkung konventioneller Waffensysteme beschäftigen. Die moralphilosophische Studie vom Institut für angewandte Philosophie sollte „mit dem Ziel durchgeführt [werden], den politisch und philosophisch hoch interessanten Versuch zu unternehmen, Tätigkeit im Rahmen der Wehrtechnik auf eine allgemeingültige ethische Grundlage zu stellen". Die zweite Untersuchung sollte dagegen Argumente zum Ausbau der konventionellen Rüstung entwickeln. Der Arbeitstitel „Die Anhebung der nuklearen Schwelle durch Ausbau konventioneller Ausrüstung der deutschen Armee" machte schon die beabsichtigte Zielrichtung deutlich. Die Argumentation der Studie sollte nämlich belegen: „das Konzept einer erfolgreicher Vorneverteidigung erfordert eine ‚Renaissance der Rohre', d. h. eine erhebliche Verstärkung der in Westdeutschland eingesetzten Rohrwaffen, um der wachsenden konventionellen Überlegenheit der Warschauer-Pakt-Staaten

824 Ebenda, S. 44f.

auch künftig entsprechen zu können."[825] Beide Studien sollten also den Bedarf an Rüstung, vorwiegend konventioneller Rüstung bzw. Heerestechnik, argumentativ auf verschiedenen Wissenschaftsgebieten, der Ethik und der Militärstrategie bzw. Sicherheitspolitik, absichern und damit grundlegende Argumente und Argumentationsstrukturen für die PR liefern. Insbesondere in der Produktion von Rohrwaffen gehörte die Rheinmetall GmbH zu den führenden Herstellern. Hier ging es Pieper also auch um den indirekten Ausbau des Rüstungsabsatzes und die Erschließung neuer rüstungsindustrieller Märkte, die mittels öffentlichkeitswirksamer Argumente unterstützt und für die Legitimität erzeugt werden sollte.

Neben diesen eher prospektiv zu nennenden wissenschaftlichen Untersuchungen sollten noch drei Analysen der Rheinmetall-PR-Mittel und ihrer Wirkung in Auftrag gegeben werden. Vorgesehen war für das Jahr 1987 zum einen eine Meinungsumfrage, „die unter den spezifischen Interessen der wehrtechnischen Industrie die Einstellung der Bevölkerung zu Bundeswehr, Verteidigungsauftrag, Wehrbereitschaft, Bündnis abfragt und dabei die Akzeptanz überprüft, die die genannten Themen und darüber hinaus andere, ggf. ‚alternative', sicherheitspolitische und bündnispolitische Modell-Varianten insbesondere bei der jüngeren Generation haben".[826] Hier ging es Pieper also um eine intensivere Untersuchung der Wirkungsweisen und möglichen Ansatzpunkte verschiedener PR-Instrumente, die insbesondere wieder auf jugendliche Rezipienten abzielten. Die Rheinmetall-Öffentlichkeitsarbeit befand sich damit einerseits voll im Trend der boomenden Markt- und Meinungsforschung, andererseits waren diese Methoden aber auch schon früher in der Konsumgüterindustrie etabliert und vielfältig eingesetzt worden. Von daher betrat der PR-Chef des Konzerns auch nur bedingt Neuland.[827]

Ein wichtiger Schwerpunkt der PR-Arbeit des darauf folgenden Jahres sollte die Ausweitung verschiedener Presse-Instrumente sein, teilweise begleitet von Experten. So sah der PR-Chef vor, dass die Neukonzeption des „Rheinmetall Reports" im Hinblick auf eine Werkszeitung für die gesamte Gruppe „von einer PR-Agentur fachlich und sachlich begleitet" würde. Überprüft werden sollte insbesondere „die inhaltliche Gewichtung", aber auch „die Frage des neu zu gestaltenden Layouts". Die dritte Studie zielte dagegen auf eine eher ganzheitliche Betrachtung der PR-Arbeit des Konzerns ab. Pieper plante für 1987, stärker mit einer PR-Agentur zu kooperieren, die „den Stellenwert von PR-Arbeit der Rheinmetall GmbH unter der Voraussetzung einer Veränderung der CI der Rheinmetall Berlin AG" untersuchen und dabei „Möglichkeiten und

825 Rheinmetall-Archiv B 595, PR-Konzeption Rheinmetall 1987, S. 33–35.

826 Ebenda.

827 Vgl. Kap. 3.1 und 3.2 sowie Hartmut Berghoff/Phil Scranton/Uwe Spiekermann (Hg.): The Rise of Marketing and Market Research, Houndmills/New York 2012; Kruke: Demoskopie; Schröter: Zur Geschichte der Marktforschung; Ders.: Erfolgsfaktor Marketing, S. 1106 ff.; Zimmermann: Marktanalysen und Werbeforschung, S. 475 ff.

Grenzen einer wehrtechnischen PR im Rahmen einer auf High-Tech-CI ausgerichteten Unternehmensgruppe" ausloten sollte.[828] Zuletzt war also vorgesehen, die neue Gesamtstrategie – nämlich Rheinmetall eher als High-Tech-Konzern und weniger als Rüstungsunternehmen im öffentlichen Bewusstsein zu etablieren – überprüfen und bewerten zu lassen. Dieses sollte – ähnlich wie es in Piepers abschließenden Bemerkungen zum Ausdruck kam – die Rheinmetall-PR absichern und gegenüber der Konzernleitung legitimieren. Denn die neue PR-Konzeption sollte nicht nur „für die PR-Mitarbeiter ‚Richtschnur' und Zielsetzung" sein, sondern auch neben der Aufgabe als „Image-Feuerwehr" im Konzern „im Rahmen des Möglichen ein eigenes Profil der Rheinmetall GmbH in der Öffentlichkeit" positionieren. Pieper versuchte, die Arbeit seiner Abteilung auch gegenüber der Geschäftsführung abzusichern, indem er die neuen PR-Mittel kennzeichnete „als Angebot von P-O an Geschäftsführung und sämtliche Hauptabteilungsleiter (...) die Dienstleistungen von P-O bei der Durchführung von z. B. Veranstaltungen zur Entlastung der eigenen Mitarbeiter in Anspruch zu nehmen, um so in den jeweiligen Bereichen für organisatorische Fragen nicht Manpower einsetzen zu müssen". Legitimation sollte auch durch den Verweis hergestellt werden, dass die Schwerpunkte des neuen PR-Konzepts erst nach „eingehender Diskussionen mit verschiedensten Mitarbeitern der Rheinmetall GmbH" und auf der Grundlage der bisherigen Erfahrungen Piepers gesetzt worden seien. Zudem bot er der Geschäftsleitung an, eine „flexible Anpassung an veränderte Anforderungen" vorzunehmen, die teilweise erfolgte.[829]

Fallbeispiel Open-House-Policy

Ein solcher PR-Effekt sollte nämlich beim Besucherwesen erzielt werden, das Pieper als eine wichtige „Einrichtung im Maßnahmen-Katalog der Öffentlichkeitsarbeit" ansah. Das Besuchsprogramm für Gruppen, die nicht zum VIP-Bereich gehörten, war in den Jahren nach Piepers erstem Konzept stark ausgebaut worden: Im Jahr 1985 waren nach Angabe Piepers in der Studie „insgesamt rund 100 Gruppen mit mehr als 2.000 Besuchern" durch die Betriebe geführt worden. Zum Programm gehörte dabei neben der Begrüßung und einer Präsentation der Rheinmetall GmbH in Geschichte und Gegenwart sowie ihrer Einbindung in die Rheinmetall AG auch eine moderne Filmvorführung und erstaunlicherweise eine Werksbesichtigung einschließlich der Abteilung Großbau von Waffen und der Munitionsfertigung. Am Ende einer solchen Veranstaltung erhielten die Teilnehmenden ein Mittagessen, dem eine Aussprache, eine Diskussion und die Verabschiedung folgten. Wesentliches Ziel dieser Touren war es für Pieper, „Informationen über Rheinmetall und die

828 Rheinmetall-Archiv B 595, PR-Konzeption Rheinmetall 1987, S. 34 f.
829 Ebenda, S. 47. Die von Pieper vorgesehenen Anlagen sind im Konvolut nicht vorhanden: Kurzfassung der Ergebnisse der Image-Untersuchung, Fragebogen für Rheinmetall-Besucher, Übersicht über Rheinmetall-Archivwesen, Messekonzeption.

deutsche Wehrtechnik zu vermitteln“, aber auch Jugendlichen „Rheinmetall als potentiellen Arbeitgeber zu präsentieren“. Daneben verfolgte er aber noch stärker allgemeine politische Ziele, denn die Touren sollten dazu beitragen, „Meinungen zu bilden bzw. zu verändern und dabei insbesondere Personen mit einer kritischen Distanz zur wehrtechnischen Industrie dazu anzuregen, ihren Standpunkt zu überdenken sowie Anhänger [der Wehrtechnik, vdK] in ihrer Meinung zu festigen und ihnen Argumente zu liefern“.[830]

Mit den bisherigen Ergebnissen der Besuchstouren war Pieper relativ zufrieden, denn er konnte der Geschäftsführung berichten, „daß das Angebot insgesamt eine gute Akzeptanz erfährt. (…) Die Produkt-Filme, die Werksbesichtigung, aber auch die Möglichkeit, im Rahmen des Essens Fragen zu stellen, kommen stets sehr gut an.“ Allerdings sollten einige Punkte seiner Ansicht nach noch optimiert werden: Zum einen gab es starke Kritik am gezeigten Image-Film, der ersetzt werden sollte; zum anderen sollte stärker zielgruppenorientiert eingeladen werden. Der PR-Chef dachte dabei an vier Zielgruppen, die stärker berücksichtigt werden sollten als andere: erstens die Bundeswehrangehörigen, hier nannte er „Beschaffer, Anwender, Jugendoffiziere und andere Interessenten“, zweitens „die Jugendgruppen in NRW (insbesondere Schüler und Studenten und hierbei möglichst Schüler- und Studentenzeitungs-Redakteure)“, drittens Parteigruppierungen u. a. sicherheitspolitische Arbeitsgemeinschaften und viertens ausländische Studentengruppen beispielsweise in Verbindung mit Parteistiftungen oder staatlichen Auslands-Gesellschaften.[831] Aufgrund des Erfolges dieser Besucherführungen wollte Pieper im Jahr 1987 „ein vergleichbares Informations-Angebot“ in Unterlüß zur Verfügung stellen, das wohl unter seiner Leitung „ausschließlich von Düsseldorf aus koordiniert, geplant und durchgeführt“ werden sollte. Allerdings wollte er diese Angebote des Besucherwesens noch genauer unter die Lupe nehmen, denn unter PR-Fachleuten sei der „PR-Wert von Betriebsbesichtigungen (…) umstritten“.[832] Für das kommende Jahr plante er daher, einen Fragebogen zu entwickeln und diesen drei Monate lang von allen „geeigneten Besuchergruppen“ am Ende der Touren ausfüllen zu lassen. Auf diese Weise sollten Erfolge des aufwändigen Besucherprogramms stärker kontrolliert und bei „kritischen Anmerkungen“ entsprechende Konsequenzen gezogen werden.[833]

Diese Erfolgskontrolle einer einzelnen PR-Maßnahme verdeutlicht nochmals Piepers Konzeption, die vorsah, ganz im Sinne einer modernen PR die Rezipienten sehr gezielt zu beobachten und bei Erfolglosigkeit die entsprechende Neu-Justierung der gesamten PR oder Neukonzeptionierung einzelner PR-Instrumente vorzunehmen.

830 Rheinmetall-Archiv B 595, PR-Konzeption Rheinmetall 1987, S. 28 f.
831 Ebenda, S. 29.
832 In der untersuchten PR-Literatur finden sich darauf keine Hinweise, im Gegenteil: Unternehmensführungen werden als hervorragendes Mittel der Öffentlichkeitsarbeit präsentiert. Vgl. Schneider: Investitionsgüter-Marketing.
833 Rheinmetall-Archiv B 595, PR-Konzeption Rheinmetall 1987, S. 29.

Dies wird auch in einer Untersuchung zum Image von Rheinmetall deutlich, die er in den Jahren 1983/84 vom Tübinger Wickert-Institut hatte durchführen lassen. Die Ergebnisse dieser Umfrage nahm Pieper so ernst, dass sie beständig weiterentwickelt und im Jahr 1985 einem neuen Markt- und Meinungsforschungszentrum, dem Bielefelder Emnid-Institut, übertragen wurde.[834]

Dem Besucherwesen und der gesamten PR-Arbeit war eine wichtige organisatorische Aufgabe vorgeschaltet, die der Pressechef schon in seiner ersten Studie hatte konsequent umgesetzt sehen wollen: die Anschriftenbearbeitung und -verwaltung. Doch eine moderne elektronische Erfassung solcher wichtigen Daten, aber auch von Texten, war in der PR-Abteilung von Rheinmetall erst ab 1986 möglich. Das neue PC-System zur Anschriften- und Textverarbeitung sollte im Jahr 1987 „nach einer Einarbeitungsphase" auch „sämtliche für Rheinmetall wesentlichen Anschriften im Zusammenhang mit Großaussendungen" langfristig speichern. Mit dieser Maßnahme sollten große Aktionen, wie der seit Jahren übliche Versand von Weihnachtspräsenten an „Rheinmetall-Ansprechpartner, Geschäftspartner und VIPs aller Art" einfacher durchführbar, aber auch besser kontrollierbar sein. Beispielsweise sollte ab 1987 endlich elektronisch gespeichert werden, „wer was erhalten hat". Geführt, ergänzt und v. a. aktualisiert werden sollte diese Liste von Piepers Abteilung in Verbindung mit der Geschäftsführung und den Hauptabteilungsleitern.[835] Dies galt auch für verschiedene weitere Sonderlisten für die Presse, wichtige Ansprechpartner im BWB, im BMVg, im Bundestag, v. a. in seinen Ausschüssen, und in Landtagen, wegen des Schießplatzes besonders im niedersächsischen Landtag. Ab 1987 sollte auf diese Weise „eine Anschriftenliste wichtiger Journalisten aus dem Bundesgebiet erstellt" werden, „die es jederzeit ermöglicht, sei es über Presseerklärungen oder sei es für lokale Veranstaltungen in Düsseldorf oder Unterlüß, die gewünschten Ansprechpartner zu informieren." Zudem sollte neben Listen mit den wichtigen Kontaktpersonen im Verteidigungsministerium und der Beschaffungsbehörde auch eine „Politiker-Liste" neu angelegt werden, die die „für Rheinmetall in Düsseldorf und Unterlüß wichtigen Bundestagsabgeordneten sowie Landtagsabgeordneten und Ausschußmitglieder der für uns relevanten Ausschüsse des Bundestages sowie des niedersächsischen Landtages" erfasste, speicherte und ständig aktualisierte.[836]

Ein wesentlich umfangreicheres Verzeichnis aller wichtigen Namen, Adressen und Telefonverbindungen wollte Pieper mit einer „PR-Plattform" zur Verfügung stellen, die seine Abteilung „in Zusammenarbeit mit der Geschäftsführung und sämtlichen Hauptabteilungsleitern" erstellen sollte. Hier sollten alle möglichen

834 Ebenda, S. 10. Dazu auch ausführlich Kapitel 3.1 und 3.2.

835 Rheinmetall-Archiv B 595, PR-Konzeption Rheinmetall 1987, S. 31.

836 Ebenda S. 32.

Daten und für „alle Fälle" notwendige Personen „von z. B. ‚Antiquariate' bis ‚Zahnärzte'" erfasst sein. Ziel dieser Maßnahme war es nicht nur, durch Bereitstellung aktueller Anschriften eine alltägliche Arbeitserleichterung für das Management zu gewährleisten, sondern das Projekt „ermöglicht P-O darüber hinaus auch die Wahrnehmung einer wesentlichen Service-Funktion für das ganze Haus".[837] Diese Aktion ging mit ihrer Spannbreite somit auch weit über die Zusammenstellung relevanter Beschaffungsakteure in den Marketing-Berichten der 1970er Jahre hinaus, entsprach also einer Erweiterung der unternehmensrelevanten Netzwerke.

Messeauftritte und Präsente des Rüstungsunternehmens

Bei den Präsenten legte Pieper in der letzten Konzeption stärker als zuvor großen Wert auf Originalität und die Schaffung einer eigenständigen *Corporate identity*. Alle Präsente sollten „eine Rheinmetall-typische Präsentation, also ein Rheinmetall-Firmen- und produktspezifisches Styling" aufweisen. Zudem hätten die Erfahrungen der letzten Jahre gezeigt, dass bei den Beschenkten „insbesondere die Rheinmetall-typischen, wehrtechnische Produkte ‚verfremdenden' Präsente auf eine überdurchschnittlich positive Resonanz gestoßen sind". Daher sollten keine Standard-Werbegeschenke angeboten werden, „die keinerlei Bezug zu einem wehrtechnischen Unternehmen haben". Bevorzugt wurden Rüstungsgüter und Waffen, die den Kunden und Besuchern allerdings in einer verfremdeten Form, beispielsweise als Spielzeug oder als Feuerzeug, angeboten werden sollten. Um solche speziellen Werbegeschenke überhaupt produzieren lassen oder erwerben zu können, sollte „die Abteilung Grafik/Werbung (...) diesbezüglich Vorschläge zur Produktverfremdung in Werbegeschenke unterbreiten".[838] Dies verweist einerseits auf eine Faszination durch Technik im Allgemeinen und Waffentechnik im Besonderen, andererseits aber auch auf eine Verfremdung und Banalisierung von Rüstungsgütern, wie sie für das „Militainment" in der jüngeren politik- und medienwissenschaftlichen Forschung konstatiert worden sind.[839] Ob damit auch eine Form von Camouflage, Verniedlichung oder Domestizierung einherging, wird im vierten Kapitel noch genauer zu untersuchen sein.

Weitere kurz- und mittelfristige Maßnahmen der Rheinmetall-PR sollen aber zuvor noch erwähnt werden. Pieper formulierte eine Reihe von weiteren Service-Leistungen, die die Werbe- und Graphikabteilung für seine Abteilung erbringen sollte. Diese Maßnahmen können in zwei Bereiche unterteilt werden: Werbeanzeigen und Messewesen. Zum ersten Mittel hatte der PR-Chef des Konzerns vorgesehen, dass für 1987/88 eine Anzeigen-Basis-Konzeption vorgelegt werden sollte, „nach der Inhalte

837 Rheinmetall-Archiv B 595, PR-Konzeption Rheinmetall 1987, S. 13.
838 Ebenda, S. 45.
839 Vgl. Thomas/Virchow: Banal Militarism.

und Visualisierung von Anzeigen für die Rheinmetall GmbH sowie für die anderen Unternehmensbereiche und die Rheinmetall Berlin AG festgelegt werden". Für die Kampagnen der Jahre 1987/88 sah Pieper auch nur eine begrenzte Zahl von Anzeigen-Organen, die als Ansprechpartner für Image- oder Produktanzeigen der Rheinmetall GmbH infrage kämen. Hier sollten v. a. die Fachjournale für Rüstungstechnik („die wehrtechnische Fachpresse") des In- und Auslandes angesprochen werden, für die Suche nach qualifizierten Mitarbeitern nach Bedarf auch andere, zivil-orientierte Presseorgane. Für die allgemeinen Printmedien sowie die Schüler- und Studentenpresse im Besonderen gab Pieper auch die Zielrichtung genau vor: Hier sollte „das Lancieren von PR-Artikeln, die nur notfalls durch Image-Anzeigen ersetzt werden", im Vordergrund stehen. Für einzelne Teilbereiche der Rüstungssparte des Konzerns, nämlich das TZN, die Nico Pyrotechnik und RMP als Töchter der Rheinmetall GmbH, sollte 1987 „in verstärktem Maße (...) Anzeigen-Image-Werbung betrieben" werden.[840]

Auch zur Betreuung des Messewesens formulierte Pieper ausführlich seine Anforderungen an die Werbeabteilung. Der „Rheinmetall-Messestand" diene seiner Ansicht nach der Information von Kunden bzw. Entscheidungsträgern und offeriere einen Raum zum persönlichen Gespräch. Keinesfalls dürfe der Messestand aber als reiner „Selbstzweck" betrachtet werden – eine Bemerkung, die darauf hindeutet, dass er die frühere Handhabung kritisierte. Der Rheinmetall-PR-Leiter betonte nicht nur die umfassenden Möglichkeiten der Produkt-Präsentation auf Messen, sondern hob auch die Treffen mit und Einladungen von Kooperationspartnern bis hin zu Spitzentreffen hervor, die Gelegenheit zur Besprechung weiterer Zusammenarbeit böten. Zudem ermögliche das Messewesen eine vielfältige Pressearbeit: Es könnten Presseinformationen ausgelegt oder Pressekonferenzen durchgeführt werden, aber auch „Journalisten in- und ausländischer Fachmedien zu Zwecken der Lancierung von PR-Artikeln" angesprochen und gewonnen werden. Aufgrund der besonderen Relevanz des Messewesens für den Konzern, insbesondere die Rüstungssparte, sollte nach Ansicht Piepers „die Koordination der Messe-Aktivitäten der Rheinmetall GmbH (...) konzeptionell von P-O in Zusammenarbeit mit der Geschäftsführung durchgeführt und von der Abteilung Grafik/Werbung umgesetzt" werden. Dies sei notwendig, damit „das Erscheinungsbild der Rheinmetall GmbH auf den Messen von einer einheitlichen Informationslinie gekennzeichnet ist". Der Graphik- und Werbeabteilung wurde hier erneut die Funktion einer reinen Service-Stelle zugewiesen, denn sie sollte für das Jahr 1987 lediglich eine Übersicht über die nationalen und internationalen Messe-Aktivitäten im Rüstungsbereich anfertigen. Dieser Übersichtsplan sollte dann der Geschäftsführung und der PR-Abteilung die Grundlage bieten, um zu entscheiden, „welche Messen mit welcher konzeptionellen Aussage von Rheinmetall besucht werden".[841]

840 Rheinmetall-Archiv B 595, PR-Konzeption Rheinmetall 1987, S. 42.
841 Ebenda, S. 43.

3.3.7 Zusammenfassung: Auswirkungen des Rüstungsmarketings auf die Öffentlichkeitsarbeit des Bundes?

Insgesamt war die Vielzahl der von Pieper entwickelten und angewendeten kommunikations- und absatzpolitischen Mittel des Rüstungsmarketings, die sich wie bei anderen Unternehmen aus der Konsumgüter- oder Investitionsgüterbranche am modernen Investitionsgütermarketing und an der PR-Forschung orientierten, wegweisend. Sie setzten sich nicht nur in der Öffentlichkeitsarbeit und im Direktmarketing des Rheinmetall-Konzerns weitgehend durch, sondern finden sich in modifizierter Form auch in den Zielen und Grundsätzen wieder, die Staatssekretär Dr. Holger Pfahls vom BMVg im Sommer 1989 als „Ziele und Grundsätze für die Presse- und Öffentlichkeitsarbeit ‚Rüstung'" erließ.[842]

Ausgangslage für Pfahls Konzept war dabei die nach den Jahren von Nachrüstungsdebatte, „Wende" und Reagonomics anhaltend kritische oder pazifistische Stimmung der Bevölkerung und der „sog. Friedens- und Konfliktforschung", also der kritischen *Scientific Community*, gegenüber Rüstung im Allgemeinen. Die Presse- und Öffentlichkeitsarbeit in Ministerien und Unternehmen sollte nach seiner Planung daher bei der Behandlung von Rüstung immer einen Gesamtzusammenhang herstellen, den die deutsche Sicherheitspolitik und die militärstrategische Konzeption der NATO bilden sollten. In diesem Kontext sollten Rüstungsanstrengungen immer als berechtigte und notwendige Mittel der bundesdeutschen Sicherheitsanstrengungen dargestellt werden. Weitere Argumente, derer sich auch das Marketing der Rüstungsunternehmen bediente, waren, dass eine nationale Rüstungsindustrie „für die Forschung, das technologische Know-how, die Innovationsfähigkeit und die politische Selbständigkeit" günstig sei und zudem eine enorme „volkswirtschaftliche Bedeutung" habe. Auch in der staatlichen Öffentlichkeitsarbeit für die Bundeswehr sollte das Arbeitsplatzargument besonders hervorgehoben und die Öffentlichkeit besser informiert werden über die Rüstungsplanung, den Beschaffungsgang, die technischen Voraussetzungen, wirtschaftliche bzw. finanzielle Bedingungen und die politischen Kontrollmechanismen. Dabei sollte eine breite Öffentlichkeit erreicht werden, wozu Zielgruppen wie „Journalisten und Medien, Meinungsführer und Multiplikatoren auf dem Felde der Sicherheitspolitik, Pädagogen und Träger der Erwachsenenbildung, Politische Mandatsträger, Hochschullehrer, Wirtschaftsvertreter" dienen sollten.

In der Zielführung stimmten die Grundsätze mit den Marketingkonzepten von Rüstungsunternehmen wie Rheinmetall eindeutig überein. Staatssekretär Pfahls ging es um eine Versachlichung der emotionalisierten Diskussion, den Abbau von Vorbehalten gegenüber dem nationalen Rüstungsbereich und

---

842 Rheinmetall-Archiv B 595, PR-Konzeption Rheinmetall 1987, Entwurf, Oktober 1986, Anlage 28.7.1989 Staatssekretär Dr. Pfahls, Ziele und Grundsätze für die Presse- und Öffentlichkeitsarbeit Rüstung, handschr. am 4.12.1989 abgezeichnet.

darum, „die notwendige Zusammenarbeit von Bundeswehr und Rüstungsindustrie einsichtig zu machen". Zudem sollte allgemein die Anerkennung von Militär und Rüstung in der Bevölkerung erhöht werden, denn das BMVg zielte darauf, die „Diskreditierung der Rüstung als Ursache und Gefahr kriegerischer Verwicklungen zu beseitigen [und die] Akzeptanz von rüstungspolitischen Entscheidungen und militärischen Planungen zu steigern". Waffen und Sicherheit wurden auch in dieser Perspektive untrennbar miteinander verbunden. Die dafür vorgesehenen Mittel waren denen des Rüstungsmarketings der Unternehmen ähnlich. Auch hier sollten Fernsehen, Hörfunk und Presse eingesetzt werden; eigene Publikationen des BMVg, Artikel und Vorträge, audio-visuelle Medien und die Beteiligung an Messen und Ausstellungen sollten der PR dienen. Zudem sollten aber auch externe Projekte, die die gleiche Stoßrichtung verfolgten, gefördert werden und Seminare oder Tagungen zu passenden Themen veranstaltet werden. Nicht nur das Ministerium, sondern auch die entsprechenden Dienststellen der Bundeswehr wie die Jugendoffiziere und die Stabsoffiziere für Öffentlichkeitsarbeit sollten die vorgesehenen Informationsmaßnahmen unterstützen. Bestehende Einrichtungen wie der „Tag der offenen Tür" bei Bundeswehrstellen oder Rüstungsunternehmen sollten ausgebaut werden, und die Teilstreitkräfte sollten dazu über Struktur und Ausrüstung besser unterrichtet werden. Auch „gemeinsame Veranstaltungen von Bundeswehr und Wirtschaft" sollten die vorgesehenen Inhalte der Rüstungs-PR unterstützen. Thematisch entwickelte der Staatssekretär einen bunten Strauß von der Rüstung dienlichen Inhalten.[843] Dargestellt werden sollten v .a. die:

- „politische und ethische Legitimation der Rüstung,
- Anforderungen an die Rüstung durch militärstrategische und taktische Erfordernisse aufgrund sicherheitspolitischer Zielsetzung,
- Nutzung moderner Technologie zur Abschreckung und Friedenssicherung,
- Notwendigkeit nationaler Rüstungskapazitäten,
- Strukturwandel in der Rüstung,
- Ökonomische Bedeutung der Rüstung,
- Der sogenannte ‚militärisch-industrielle Komplex',
- Auseinandersetzung mit dem Thema ‚Konversion der Rüstungsindustrie in sogenannte friedliche Industrie', insbesondere ‚Statt Rüstung Entwicklungshilfe',
- Daten und Fakten zur Rüstung,
- Rüstungsexport,
- Rüstungszusammenarbeit, europäischer Rüstungsmarkt, Bundeswehr als Wirtschaftsfaktor,
- Die politische Dimension von Rüstungskooperation für den europäischen Einigungsprozeß,

843 Ebenda.

- Bedeutung der Rüstung für den technischen Fortschritt,
- Rüstung und Mittelstand,
- Entstehungsgang Wehrmaterial,
- Beschaffungspraxis, Darstellung der Beschaffungsverfahren."

Diese PR-Konzeption des Ministeriums am Ende des Kalten Krieges lehnte sich damit – sowohl in ihren Mitteln, als auch den Inhalten – deutlich an das Rüstungsmarketing von Unternehmen wie Rheinmetall an. Zwar kann aufgrund der Sperrfrist bei staatlichen Quellen nicht genauer untersucht werden, inwiefern das BMVg dabei von den Rüstungsunternehmen beeinflusst wurde oder ob eher von einer Interessenkongruenz auszugehen ist. Interessant ist aber, dass sowohl in den Konzepten Piepers als auch bei den von Pfahls formulierten Grundsätzen eine Reihe spezifischer Diskurse wie Sicherheit, *High-Tech*, Arbeitsplatzsicherung und volkswirtschaftliche Bedeutung von Rüstung in ähnlicher Hinsicht behandelt wurden. Sie sollen im Folgenden genauer bildwissen {\hbox)}schaftlich untersucht werden.[844]

844 Ebenda.

4 Sicherheit in Diskursen des Rüstungsmarketings

4.1 Methode: Marketingforschung in der Erweiterung

Susan Sontag hat in mehreren frühen bildwissenschaftlichen Essays deutlich gemacht, dass zumindest seit dem Zweiten Weltkrieg vor allem visuelle Überlieferungen wie Fotografien die Erinnerung und Beurteilung prägen: *„Das Museum der westlichen Erinnerung ist heutzutage vor allem ein visuelles.“*[1] Insbesondere die öffentliche Verbreitung von bildlichen Quellen wie Fotografien in Medien lassen nach Habbo Knoch „kollektiv verfügbare Bildhaushalte und damit Referenzräume visueller Markierungen [entstehen]. Sie dienen der historischen Selbstverständigung durch die in ihnen gespeicherten Blicke, stehen rituellen Erinnerungspraktiken zur Verfügung und können im Prozeß der kulturellen Selektion normierend auf Bildgedächtnis und Erinnerung einwirken.“[2] Dies gilt eben nicht nur für Konflikte oder Ereignisse von internationaler Bedeutung, sondern – wie die moderne Bildgeschichte gezeigt hat – für historische Zusammenhänge allgemein und mithin auch für die Geschichte der Unternehmen. Moderne Unternehmen können ohne Bilder in Werbung, Öffentlichkeit, Politik und Phantasie, die sie produzieren und prägen, schlechterdings nicht gedacht werden.[3] Wer denkt bei der bloßen Erwähnung von Krupp, Daimler-Benz, Rheinmetall oder der Deutschen Bank schon an Kennzahlen? Unser Gedächtnishaushalt bietet hier doch eher Bilder von der Familie Krupp, ihrem repräsentativen Wohnschloss, der Villa Hügel, vom Flügeltürer und Carl Benz, von Geschützen und Panzern oder von der imposanten Architektur der Banktürme in Frankfurt am Main bis hin zum Victory-Zeichen des Josef Ackermann. Die moderne Hirnforschung hat in dieser Hinsicht sogar nachgewiesen, dass Bilder nicht nur in der historischen Bildwissenschaft eine mittlerweile kaum zu überschätzende Rolle einnehmen, sondern auch für das menschliche Gedächtnis konstitutiv sind. Das Gedächtnis funktioniert nach diesen Forschungen wie ein Assoziativspeicher, in dem die Ablage – anders als bei Computer-Speichern – nur in visueller, bildlicher Form vorgenommen wird.[4]

---

1 Susan Sontag: Das Foltern anderer betrachten, in: Dies.: Zur gleichen Zeit. Aufsätze und Reden, München 2008, S. 168–185, hier: S. 168. Vgl. dies.: Das Leiden anderer betrachten, München/ Wien 2003, mit einer ausführlichen Würdigung der bildlichen Darstellung von Krieg und Gewalt.

2 Habbo Knoch: Die Tat als Bild. Fotografien des Holocaust in der deutschen Erinnerungskultur, Hamburg 2001, S. 24 f.

3 Dies zeigt auch implizit Berghoff, Moderne Unternehmensgeschichte, S. 147–162 und 313–342.

4 Vgl. Wolf Singer: Wahrnehmen, Erinnern, Vergessen. Eröffnungsvortrag zum 43. Deutschen Historikertag, München 2001, S. 18–27 und Hans Markowitsch: Dem Gedächtnis auf der Spur. Vom Erinnern und Vergessen, Darmstadt 2002, S. 145 ff.

https://doi.org/10.1515/9783110541168-004

Will man aber nicht bei einer bloß assoziativen Verknüpfung von medialen Bildern der Unternehmen und ihrer Produkte stehen bleiben, so ist eine gezielte Auswahl von passenden Analysemethoden angebracht. Diese soll hier für die Marketinggeschichte von Rüstungsunternehmen ausgelotet werden. Dabei sollte kultur- und bildwissenschaftliche Methodik nicht länger außer Betracht bleiben. Bislang gilt nämlich die Feststellung der Technik- und Kulturhistorikerin Martina Heßler: „Kaum einmal gerieten Bilder und Medien mit ihrer spezifischen Ästhetik als eigenständige Wirkungsfelder des Politischen, als Deutungsmedien der Geschichte oder gar als publizistische Waffen in politischen und militärischen Auseinandersetzungen und damit die soziale und politische Praxis der visuellen Medien in den Blick."[5] Dies gilt besonders für einen Teil der Wirtschafts- und Unternehmensgeschichte, die sich erst in jüngster Zeit kultur- und bildwissenschaftlichen Zugängen gegenüber geöffnet und die Herausforderungen visueller und diskursanalytischer Verfahren angenommen hat.[6] Diese müssen meines Erachtens allerdings in Bezug gesetzt werden zur spezifischen ökonomischen Logik von Unternehmen, deren Berücksichtigung zu einem tiefergehenden Verständnis ihres Handelns und ihrer Interaktionen zwingend notwendig ist.[7]

Entsprechend der von Heike Talkenberger, Jens Jäger und Gerhard Paul vorgeschlagenen Methodik der Historischen Bildforschung verfolgt diese Arbeit im Folgenden das Ziel, sprachliche und visuelle Diskurse von und in Unternehmen analytisch einzubeziehen. Gewählt wird dabei ein Ansatz, der sich nicht nur ikonologischen und ikonografischen Arbeiten um Aby Warburg und Erwin Panofsky verpflichtet fühlt, sondern die soziale Praxis und gesellschaftlichen Kommunikationszusammenhänge der Bilder in und von Unternehmen einzubeziehen sucht. Dieser historische Kontext des Unternehmens wird dabei vor allem verstanden als engeres sozio-ökonomisches Umfeld, wie es bereits ausführlich analysiert wurde.

4.1.1 *Pictorial Turn, Visual History* und Bilder der Gewalt

Schon vor dem Boom der *Visual History* kamen aus der Geschichtsdidaktik und der Frühen Neuzeitforschung erste Anstöße zur intensiveren Beschäftigung mit visuel-

5 Martina Heßler: Bilder zwischen Kunst und Wissenschaft. Neue Herausforderungen für die Forschung, in: GG 31 (2005), S. 266–291, hier 266. Vgl. Gerhard Paul (Hg.): Visual History. Eine Einführung, Göttingen 2006.

6 Vgl. Annual Conference der European Business History Association 2005 mit dem Thema „Corporate Images – Images of the Corporation"; Berghoff/Vogel (Hg.): Wirtschaftsgeschichte; VSWG-Heft „Kultur in der Wirtschaftsgeschichte" 94, 2 (2007), S. 173–188.

7 Vgl. eingehend zu dieser Debatte Pierenkemper: Unternehmensgeschichte.

len Quellen und ihren Bedeutungsebenen.[8] Doch der Paradigmenwechsel zum *iconic turn* bzw. *pictorial turn* wurde erst in den 1990er Jahren von Gottfried Boehm bzw. W.J.T. Mitchell ausgerufen. Die dezidierte Anerkennung von bildlichen Quellen in der deutschen Geschichtswissenschaft setzte sich danach erst allmählich durch.[9] Es gibt aber immer noch heftige Debatten um die Einbeziehung dieser Quellengattung, denn bisher sind die geschichtswissenschaftlichen Instrumentarien der Quellenanalyse und Quellenkritik für visuelle Dokumente nur partiell geeignet – seien es nun Historiengemälde, Fotografien oder moderne Massenmedien wie Filme und Videos, die mit eigener Methodik analysiert werden müssen.[10] Doch ausgehend u. a. von den Studien, die von Gerhard Paul verfasst oder angeregt wurden, sind eine Reihe ernstzunehmender und methodisch anspruchsvoller Arbeiten entstanden, die die Reichweite visueller Auswertungen für die historische Forschung eindrucksvoll markiert haben. Dies gilt insbesondere für die Analysen von Gerhard Paul, Matthias Rogg, Jost Dülffer und Thorsten Loch, die sich eingehender mit der Repräsentation von Krieg, Kriegsereignissen und Soldaten in visuellen Quellen beschäftigt haben.[11]

Ein gutes Beispiel für den visuellen Umgang mit Kriegsbedrohungen im Kalten Krieg gab Paul mit der Stilisierung der *mushroom clouds*, der Atompilzwolken, zu Ikonen und visuellen Argumenten des 20. Jahrhunderts. Er konnte dabei anknüpfen an ältere Forschungen von Ingrid Wilharm sowie an jüngere theoretische oder methodische Vorüberlegungen zur Analyse von Bildern, etwa von Jens Jäger.[12] Überschneidungen gibt es auch zur Politologie, die sich bislang allerdings stärker auf die

8 Z. B. Brigitte Tolkemitt/Rainer Wohlfeil (Hg.): Historische Bildkunde. Probleme – Wege – Beispiele, Berlin 1991; Theodore K. Rabb/Robert I. Rotberg (Hg.): The Evidence of Art: Images and Meaning in History, Cambridge, Mass. 1988, v. a. Introduction, S. 1–6.

9 Gottfried Boehm: Die Wiederkehr der Bilder, in: Ders. (Hg.): Was ist ein Bild?, München 1994, S. 11–38; W.J.T. Mitchell: Picture Theory. Essays on Verbal and Visual Representations, Chicago/London 1994. Vgl. Jens Jäger/Martin Knauer: Historische Bildforschung oder › Iconic Turn ‹ – das ungeklärte Verhältnis der Geschichtswissenschaft zu Bildern, in: Nicole Wachter/Elke Huwiler (Hg.): Integration des Widerläufigen, Münster 2004, S. 211–221. Der 46. Deutsche Historikertag 2006 in Konstanz befasste sich in über 300 Vorträgen mit dem Thema „Geschichtsbilder" siehe Berichtsband, Konstanz 2007.

10 Jens Jäger: Photographie: Bilder der Neuzeit, Tübingen 2000.

11 Paul (Hg.): Visual History, dort Literaturhinweise und Aufsatz von Jost Dülffer zu Iwo Jima; Thorsten Loch: Das Gesicht der Bundeswehr, München 2008; Matthias Rogg: Landsknechte und Reisläufer: Bilder vom Soldaten. Ein Stand in der Kunst des 16. Jahrhunderts, Paderborn 2002; Ders. u. a. (Hg.): Krieg und Militär im Film des 20. Jahrhunderts, München 2003; Gerhard Paul u. a. (Hg.): Der Krieg im Bild – Bilder vom Krieg, Frankfurt a.M. 2003. Vgl. Ute Daniel (Hg.): Augenzeugen. Kriegsberichterstattung vom 18. zum 21. Jahrhundert, Göttingen 2006; Manuel Köppen: Das Entsetzen des Beobachters. Krieg und Medien im 19. und 20. Jahrhundert, Heidelberg 2005.

12 Jens Jäger: Geschichtswissenschaft, in: Klaus Sachs-Hombach (Hg.): Bildwissenschaft. Frankfurt a.M. 2005, S. 185–195. Vgl. Ingrid Willharm (Hg.): Geschichte in Bildern. Von der Miniatur bis zum Film als historische Quelle, Pfaffenweiler 1995.

kunsthistorischen Konzepte der Ikonographie und Ikonologie eingelassen hat, wie die Arbeiten von Marion Müller stellvertretend zeigen.[13] An ikonischen Darstellungen wie den *mushroom clouds* oder Kriegsbildern lässt sich leicht nicht nur „die wirklichkeitsprägende, sondern überhaupt erst wirklichkeitsproduzierende Macht von Bildern“ verdeutlichen, wie es Landwehr und Bachmann-Medick jüngst postuliert haben.[14] Bildliche Darstellungen besitzen zwar kein grundsätzliches Primat gegenüber dem Text. Sie haben aber ihren eigenen Aussagewert und konkurrieren mit, ergänzen oder karikieren Textaussagen. Anknüpfend an Foucault sollten daher stärker „die vielfältigen Verschränkungen zwischen Bildern und Texten, zwischen dem Sichtbaren und dem Sagbaren in den Blick“ genommen werden.[15]

Der Umgang mit Bildern, das hat die Auseinandersetzung der letzten Jahre um ihren Quellenwert deutlich gezeigt, kann kein rein illustrativer sein. Denn Bildquellen „haben einen eigenständigen Informationswert“.[16] Zudem verfügen einige Gattungen wie z. B. Fotografien über Besonderheiten, die in der Analyse berücksichtigt werden müssen. Sie enthalten beispielsweise „immer ein mehrdeutiges Wahrnehmungsangebot“ und evozieren „variable Bedeutungszusammenhänge“. Ihnen ist auch häufig ein „besonderes emotionalisierendes Potential zu eigen“, weshalb Stilmittel wie übergroße, zentral platzierte Bilder, marktschreierische Überschriften, Dynamiken oder persuasive, affektive und appellative Bildinhalte genauer in den Blick genommen werden müssen. Der Kunsthistoriker Aby Warburg hat für besondere, ritualisierte Darstellungen von emotionalen Zuständen wie beispielsweise Anbetungs- und Unterwerfungsgesten den Begriff der „Pathosformel“ geprägt, der sich von kunsthistorischen Werken auch auf Fotografien gut übertragen lässt und der mit den „Archetypen“ des Psychologen C.G. Jung wie z. B. Schlangenmustern als interkulturell und intertemporal verständlichen Bildsymbolen, in Verbindung gebracht werden kann.[17]

Doch auch wenn eine Bildanalyse solche spezifisch ästhetischen Muster berücksichtigen muss, ist festzustellen, dass Bilder nicht per se emotionaler oder mehrdeutiger sind als sprachliche Quellen. Gerade die „Uneindeutigkeit, (...) Bildhaftigkeit

13 Marion Müller/Thomas Knieper (Hg.): War Visions: Bildkommunikation + Krieg, Köln 2005; Marion Müller: Grundlagen der visuellen Kommunikation. Theorieansätze und Analysemethoden, Konstanz 2003.

14 Doris Bachmann-Medick: Cultural Turns. Neuorientierungen in den Kulturwissenschaften, Reinbek 2006, S. 329–380. Vgl. Landwehr: Historische Diskursanalyse, S. 59.

15 Landwehr: Historische Diskursanalyse, S. 59; Michel Foucault: Schriften in 4 Bd. Dits et Ecrits, Bd. 1: 1954–1969, hg. v. Daniel Defert/Francois Ewald, Frankfurt a.M. 2001, S. 794 ff.

16 Heike Talkenberger: Historische Erkenntnis durch Bilder. Zur Methode und Praxis der Historischen Bildkunde, in: Hans-Jürgen Goetz (Hg.): Geschichte. Ein Grundkurs, Reinbek bei Hamburg 1998, S. 83–98, hier S. 83; Sabine Maasen u. a.: Bild-Diskurs-Analyse, in: Dies (Hg.): Bilder als Diskurse – Bilddiskurse, Weilerswist 2006, S. 7–26, hier S. 8.

17 Knoch: Die Tat als Bild, S. 32–35. Vgl. William S. Heckscher: Die Genesis der Ikonologie, in: Kämmerling (Hg.): Ikonographie und Ikonologie, S. 112–164, hier S. 121 f.

und (...) Metaphorizität" von Texten führten ja zur stärkeren Berücksichtigung von Bildern, der ‚ikonischen Wendung' Boehms. Damit einher ging eine Abkehr von der Geringschätzung des Bildes, die sich über viele Jahrhunderte bis hin zu ikonoklastischen Bewegungen geäußert hatte.[18] Heßler merkt dazu richtigerweise kritisch an, „wir seien heute in ungekannter Weise von Bildern umgeben, ohne dass wir über ein ausreichendes theoretisches Repertoire zu ihrer Beschreibung oder über historisches Wissen über ihre gesellschaftliche Rolle verfügen würden."[19] Aber welche Methoden bieten sich der Historischen Bildwissenschaft an und auf welche Quellen können sie Anwendung finden? Wie können kunsthistorische Verfahren mit den alltäglichen Bildquellen des „Zeitalters der Massenmedien" (Schildt) umgehen?[20]

4.1.2 Historische Bildkunde, visuelle Quellen und ikonographische Methodik

Insbesondere Heike Talkenberger hat in ihren grundlegenden Arbeiten zu einer Systematisierung und methodischen Fundierung der Historischen Bildkunde, wie sie sie nennt, beigetragen.[21] Sie schlägt dabei vor, fünf verschiedene gängige Interpretationsmethoden aus Kunstgeschichte und Semiotik, passend zu Fragestellung und Quellengattung, flexibel zu kombinieren: die Realienkunde (1), die Funktionsanalyse (2), den semiotischen Ansatz (3), den rezeptionsästhetischen Ansatz (4) und die Ikonographie/Ikonologie (5). Allerdings gibt es auch historische Teildisziplinen, wie die Fotogeschichte, die Werbegeschichte und die Filmgeschichte, die sich mit visuellen Quellen des Alltags, allerdings häufig nur deskriptiv oder illustrativ befasst haben. Um die visuell geprägten Produkte des Rüstungsmarketings, v. a. im Bereich der internen und externen Unternehmenskommunikation, gezielt analysieren zu können, scheint es sinnvoll zu sein, diese kunsthistorischen bzw. semiotischen Ansätze nun näher zu betrachten und über die Diskussion zu einer begründeten Methodenauswahl zu gelangen.

Wenig geeignet für eine Analyse von Werbematerial der Rüstungsunternehmen ist die Realienkunde (1) als eine ältere hilfswissenschaftliche Methode der Geschichtswissenschaft, da die Rekonstruktion der materiellen Kultur in der Geschichte die Hauptrolle spielt. Problematisch ist zudem, wie auch Talkenberger

18 Heßler: Bilder zwischen Kunst und Wissenschaft, S. 268. Vgl. Boehm: Die Wiederkehr, S. 11 ff.

19 Heßler: Bilder, S. 270.

20 Axel Schildt: Das Jahrhundert der Massenmedien. Ansichten zu einer künftigen Geschichte der Öffentlichkeit, in: GG 27 (2001), S. 177–206.

21 Sie definiert eingangs Historische Bildkunde als die „methodisch fundierte Bildanalyse zur Erforschung historischer Fragestellungen". Talkenberger: Historische Erkenntnis, S. 94. Vgl. Dies.: Von der Illustration zur Interpretation: Das Bild als historische Quelle, in: Zeitschrift für historische Forschung 21 (1994), S. 289–314.

konzediert, dass hier das Sinn- und Bedeutungsangebot eines Bildes häufig als unverstelltes, „wahres" Abbild einer vergangenen Epoche missdeutet wird.[22]

Im Gegensatz dazu basiert die Methode der Funktionsanalyse (2) auf „einem umfassenderen Verständnis der vorliegenden Kommunikationsprozesse". Sie bezieht generell Produktion und Distribution, den Kontext der künstlerischen Produkte und formale Gestaltungskriterien in die formale und inhaltliche Bildanalyse ein.[23] Einen wichtigen Untersuchungsgegenstand bildet die massenhaft verbreitete Druckgraphik der Frühen Neuzeit. Dies zeigt, dass sich mit dem Ansatz nicht nur Kunstwerke, sondern auch bildliche Alltagsquellen gut untersuchen und im historischen Kontext verorten lassen. Da aber durch den sehr umfangreichen Bildkorpus häufig genauere Angaben und Quellen zur Entstehungssituation und zum Verhältnis zwischen Künstler und Auftraggeber sowie eine sozialhistorische Verortung fehlen, wird die Funktionsanalyse nur punktuell eingesetzt werden.[24]

Dies gilt auch für den v. a. von Umberto Eco weiter entwickelten Ansatz der Semiotik (3), der funktionsanalytische, linguistische und strukturalistische Elemente beinhaltet. Da die Semiotik generell Bilder nur als „Zeichen" sieht, die der visuellen Kommunikation dienen, ist der Ansatz der Ikonologie unterlegen. Zwar können auch neue visuelle Quellen wie Werbung, größere Serien, Fotografien u. ä., in eine Analyse einbezogen werden, aber sowohl die Motivgeschichte als auch die Produktion und Distribution bleiben meist stark unterbelichtet.[25] Dies trifft in ähnlicher Weise auch für den rezeptionsästhetischen Ansatz (4) zu, der davon ausgeht, dass erst der Betrachter die Bildbedeutung herstellt. Demgemäß spielen die Rezeptionsbedingungen und ihre nachträgliche Rekonstruktion eine große Rolle. Dieser Ansatz scheint daher für eine Analyse von Rüstungswerbung nur wenig hilfreich zu sein, v. a. aufgrund der kaum zu rekonstruierenden Rezeption.[26]

Sinnvoller erscheint es, auf die klassische kunsthistorische Methode der Ikonographie bzw. Ikonologie (5) zurückzugreifen. Sie stellt insgesamt den umfassendsten Anspruch zur Analyse von Kunstwerken dar und soll daher ausführlich diskutiert

22 Talkenberger: Historische Erkenntnis, S. 84–92.

23 Ebenda, S. 88 f.

24 Klaus Herding/Rolf Reichardt: Die Bildpublizistik der Französischen Revolution, Frankfurt a.M. 1989, S. 25, vgl. Talkenberger: Historische Erkenntnis, S. 89 f.

25 Ebenda, S. 90 f. Für Werbegraphik hat Eco das Konzept der „Bildrhetorik" entwickelt, das den „Kontext der Wahrnehmungssituation", also die Rezeption zu ermitteln sucht. Vgl. Klaus-Heinrich Meyer: Das Bild ist im Betrachter. Zur Struktur- und Bedeutungskonstruktion durch den Rezipienten, in: Hephaistos 9 (1988), S. 7–42.

26 Siehe unten und Wolfgang Kemp: Kunstwerk und Betrachter. Der rezeptionsästhetische Ansatz, in: Hans Belting u. a. (Hg.): Kunstgeschichte. Eine Einführung, 3. erw. Aufl. Berlin 1988, S. 240–257, hier S. 241 ff., vgl. ders. (Hg.): Der Betrachter ist im Bild. Kunstwissenschaft und Rezeptionsästhetik, Köln 1985 und Talkenberger: Historische Erkenntnis, S. 91 f.

werden.[27] Beeinflusst von den frühen ikonologischen Studien Warburgs,[28] entwickelten Panofsky und später Ernst Gombrich in den 1930er und 1950er Jahren diesen Ansatz, der sich in der Regel auf die Analyse einzelner Kunstwerke (Bildhauerei, Malerei oder Kunstgraphik) bezieht. Panofsky wählte dabei ein dreistufiges Vorgehen, an dem sich viele kunsthistorische Studien auch heute noch orientieren: erstens vorikonographische Beschreibung des Dargestellten inklusive der Stilgeschichte eines Werks, zweitens ikonographische Analyse unter Einbeziehung der literarischen Quellen und kunsthistorischen Typen (z. B. Porträt, Stillleben, Heiligenallegorien) sowie der Bildtradition, drittens die ikonologische Interpretation des eigentlichen, überzeitlichen Gehalts des Kunstwerks.[29] Diese Methode wird auch im Umkreis der Historischen Bildforschung um Rainer Wohlfeil eingesetzt,[30] allerdings häufig ohne Diskussion, wie denn der Dreischritt auf andere, nicht-künstlerische oder serielle Bildquellen zu übertragen wäre.

Für Massenquellen der Frühen Neuzeit wurde in Frankreich von Bernard Cousin die *iconographie sérielle* entwickelt und von Alain Croix erfolgreich auf bretonische Kunst angewendet.[31] Eine hilfreiche Operationalisierung für die Analyse großer Serien von Fotografien bieten aber bislang nur die beiden Sozialwissenschaftlerinnen Ulrike Pilarczyk und Ulrike Mietzner, die sich eingehend mit der Methode der seriell-ikonografischen Fotoanalyse befasst haben. Ihr Vorgehen erfolgt in einem fünfstufigen computergestützten Verfahren und beinhaltet: Klassifizierung (a), prä- bzw. vorikonografische Beschreibung des Dargestellten (b), ikonografische Beschreibung (c), ikonografische Interpretation (d) und ikonologische Interpretation (e).[32] Die Klassifizierung (a) umfasst einerseits als externe Kriterien die Bestimmung von Zeit, Ort, Autorenschaft, Verwendungszweck, Bildagentur und Medium. Dazu treten interne Kriterien wie Themen, Stil, gewählte Motive (z. B. Porträt, Gruppenbilder, Landschaftsaufnahmen, Spiegelbilder), metaphorische Bedeutungsebene,

27 Ein alternativer Ansatz stammt vom Kunsthistoriker Rudolf Wittkower: Die Interpretation visueller Symbole in der bildenden Kunst (engl. 1955), übersetzt in: Kämmerling (Hg.): Ikonographie und Ikonologie, S. 226–256, hier S. 228.

28 Die „ikonologische Methode" Warburgs war zunächst wesentlich stärker interdisziplinär ausgerichtet. Warburg forderte dabei vom Interpreten, fünf Verfahrensschritte zu vollziehen. Kämmerling (Hg.): Ikonographie und Ikonologie, Anhang 2, S. 492. Warburg formulierte diese Methode zum ersten Mal auf dem X. Internationalen Kongress für Kunstgeschichte 1912 in Rom.

29 Erwin Panofsky: Ikonographie und Ikonologie (1955), wiederabgedruckt in: Ekkehard Kämmerling (Hg.): Ikonographie und Ikonologie. Theorien – Entwicklung – Probleme. Bildende Kunst als Zeichensystem, Bd. 1, Köln 1979, S. 207–225, v. a. S. 223.

30 Heßler: Bilder zwischen Kunst und Wissenschaft, S. 271.

31 Bernard Cousin: Iconographie sérielle, statistique et historire des mentalités, in: Iconographie et histoire des mentalités, Paris 1979, S. 87–91; Alain Croix: La Bretagne aux 16e et 17e siècles. La vie – la mort – la foi, 2 Bde, Paris 1983. Vgl. Talkenberger: Historische Erkenntnis, S. 87 f.

32 Ulrike Pilarczyk/Ulrike Mietzner: Das reflektierte Bild. Die seriell-ikonografische Fotoanalyse in den Erziehungs- und Sozialwissenschaften, Bad Heilbrunn 2005, v. a. S. 123–146.

gewählte Symbole (z. B. Sonne, Wasser, Weg) und die technischen Daten. Ferner soll hier das Konzept für die Bildauswahl grob benannt werden. Die prä- bzw. vorikonografische Beschreibung (b) erfasst danach nicht nur das Dargestellte und seine Formen, sondern auch bildbestimmende Elemente wie dominante Linien, Bildaufteilung, Farbgebung, Bildrahmen, Formate, mimische und gestische Reaktionen von Abgebildeten, Körperhaltung, Kleidung, Accessoires sowie die Gestaltung der fotographischen Räume (Rahmung, Linien, Figuren, Flächen, Kontraste und Farben).[33]

Beide Autorinnen konstatieren einen fließenden Übergang von der vorikonografischen zur ikonografischen Beschreibung (c). Gemäß dem von Panofsky, Warburg und Gombrich entwickelten Ansatz soll in der ikonografischen Beschreibung noch vor der Interpretation eine Bezugnahme auf externe, der unmittelbaren Motivwelt des Fotos gar nicht angehörende Systeme erfolgen. Dies bedeutet, dass die manifeste Bedeutung von Fotografien erfasst werden soll und die Einbettung der Bildinhalte in den historischen Kontext vorgenommen wird. Zur Erfassung der „sekundären Sinnschicht“ sollen dabei auch Zusammenhänge zu anderen Bildern hergestellt und eine erste Analyse der im Foto erkennbaren Symbole, Embleme und Zeichen vorgenommen werden. Stärker als in der vorikonografischen Beschreibung geht es um die Hinzuziehung schriftlicher Quellen zur Erklärung des Bildprogramms, der Stil- und Motivgeschichte und der räumlichen Anordnungen. Dabei sollte auch im Hinblick auf den Gesamtkorpus geklärt werden, ob bestimmte Motive und Nebenmotive typisch oder singulär sind bzw. inwiefern sie in einzelnen Abbildungen modifiziert werden.[34] Pilarczyk/Mietzner heben auch hervor, dass im dritten Schritt sowohl die spezifischen Produktionsbedingungen, der Status und die Rolle der Fotografen als auch die Funktion und Verwendung der Fotografien einbezogen werden sollten. Zudem interessieren hier die Kamera und der Einfluss der Technik auf die Gestaltung und Umsetzung des Bildprogramms.[35]

Erst in einem vierten Schritt geht es um die eingehendere Deutung des Bildes, die ikonografische Interpretation (d). Hier soll die sekundäre, d. h. tiefere Bedeutung erfasst werden, vor allem der intendierte Sinn (z. B. anhand der Bildkomposition, besonderer Perspektiven, Aufnahmewinkel, Ausschnitte, Anordnungen der Gegenstände, Horizontlagen, Retuschen, ungewöhnlichen Körnungen und Formaten des Papiers). In diesem Kontext verweisen die Autorinnen darauf, dass beispielsweise Presse-, Werbe- und Modefotografien, aber auch künstlerische Fotografien immer hochintentional sind und damit einen wichtigen Anlass geben, um technische Mittel, Autor/in, Intentionen der Auftraggeber zu analysieren und zu interpretieren.[36] Denn „die Werbefotografie

33 Ebenda, S. 126 und 131 ff.

34 Ebenda. Vgl. Panofsky: Ikonographie und Ikonologie, S. 188.

35 Pilarczyk/Mietzner: Das reflektierte Bild, S. 139.

36 Ebenda, S. 139 f.

will nicht die Wirklichkeit ablichten, sondern ist darum bemüht, eine neue Wirklichkeit zu inszenieren, um den Verkauf eines Produktes zu stimulieren."[37] Einschränkend weisen die Autorinnen jedoch darauf hin, dass Bilder per se vieldeutig sind und auch bei intentionaler Produktion noch Züge des Zufälligen tragen können.[38]

Da der Entstehungszusammenhang und der überlieferte Verwendungskontext wesentlich über den Bildsinn bestimmen, sollten sie intensiv behandelt werden. Ein prägnantes Beispiel ist die Verwendung von verschatteten Passagen in einer bildlichen Darstellung. Erst die ikonografische Interpretation und die Einbeziehung des Kontexts kann darüber Aufschluss geben, ob „das Motiv des Schattens als Symbol für eine abstrakte Idee wie Zeitlichkeit oder Vergänglichkeit gilt oder nur ganz profan eine alltägliche Erscheinung wiedergibt". Dabei sind nach Pilarczyk/ Mietzner die Spielräume möglicher Deutungen „umso größer, je weniger die Fotografen selbst an der Herstellung eindeutiger Bildaussagen interessiert waren" und je stärker die Perspektive des Betrachtenden auf das Bild einwirkt. Insgesamt können sich dabei aber auch Widersprüche zwischen Intendiertem und dem vom Betrachter als intendiert Wahrgenommenen ergeben.[39]

Die ikonologische Interpretation als fünfter Schritt (d) ist nur unter Rückgriff auf die methodischen Erörterungen Panofskys, Warburgs und Gombrichs möglich. Sie verstanden Ikonologie als „dasjenige, welches sich aus der Lektüre des Bildes nachträglich erst ergibt". Durch die Deutung des Nicht-Intendierten gemeinsam mit dem Intendierten offenbaren sich „Wahrnehmungs-, Denk- und Handlungsmuster, die z. T. so tief verinnerlicht sind, dass sie sich zwar äußern (sprachlich, bildlich, musikalisch), doch einer sprachlichen Reflexion zumeist nur schwer zugänglich sind. Es sind vor allem diese auf der letzten Ebene gewonnenen Aussagen, die Hinweise (Hypothesen) auf die tiefere Bedeutung eines fotografischen Bestandes liefern."[40] Dies bedeutet, dass die in der Klassifizierung, der vorikonografischen Beschreibung und der ikonografischen Interpretation erlangten Ergebnisse miteinander in Beziehung gesetzt werden sollen, um in der ikonologischen Interpretation die „eigentliche Bedeutung" zu erschließen. Panofsky verstand in seinem Ansatz Bilder als „Symbol für die ‚Prinzipien' der ‚geistigen Grundeinstellungen' von Menschen und Epochen".[41] Hierin lag für Panofsky der „Dokumentsinn" eines Bildes, den er für historisch unwandelbar ansah.[42] Mittels seiner dreistufigen Methode

37 Pielarczyk/Mietzner, Das reflektierte Bild, S. 87. Vgl. D. Hacker: Profis und Amateure (1974), in: Wolfgang Kemp (Hg.): Theorie der Fotografie III 1945–1980, München 1999 (1. Aufl. 1983), S. 191–204, hier S. 193 f.

38 Pielarczyk/Mietzner, S. 85.

39 Ebenda, S. 140 f.

40 Ebenda, S. 141 f.

41 Panofsky: Ikonographie und Ikonologie, S. 211.

42 Erwin Panofsky: Zum Problem der Beschreibung und Inhaltsdeutung von Werken der bildenden Kunst (1932), wiederabgedruckt in: Kämmerling (Hg.): Ikonographie, S. 185–206, hier S. 200–203.

versuchte er, an tieferliegende, schwer zugängliche Bedeutungsschichten von Kunstwerken zu gelangen und diese allgemein-menschlichen Inhalte quasi herauszuschälen, zu extrahieren.[43] Pilarczyk/Mietzner gehen wie Knoch davon aus, dass dieses endgültig und abschließend gar nicht möglich ist, weshalb es eben nicht nur der „synthetischen Intuition" des Interpretierenden nach Panofsky, sondern auch des Regulativs des historischen Prinzips im Sinne von Cassirers Geschichte der kulturellen Symbole bedarf.[44]

4.1.3 Ikonologie als Symboltheorie und Diskurse des Rüstungsmarketings

Ikonologie kann eben auch bezeichnet werden als „allgemeine kunstwissenschaftliche Symboltheorie".[45] Panofsky, Cassirer und meines Erachtens auch die moderne kulturwissenschaftliche Diskurstheorie verbindet dabei der „Blick auf das Ganze, dies Bemühen um einen Standpunkt über allen einzelnen Formen und Gehalten, die Relativierung aller sachhaltigen Wahrheitsformulierungen".[46] Symbole und Zeichensysteme werden ähnlich wie in der modernen kulturwissenschaftlichen Theorie eher durch gesellschaftliche Konventionen als durch persönliche Intentionen hervorgebracht angesehen.[47] Durch die bewusste Entzifferung und Dechiffrierung von Symbolen kann der Interpret aber nach Cassirer und Panofsky erreichen, „*hinter* den ausgesprochenen, gemeinten Sinn der Inhalte zurückzugreifen".[48] Hilfreich ist hier eine knappe Definition von symbolischen Zeichen vorzunehmen. Symbole sind nach

---

43 Michael Liebmann: Ikonologie (1964), wiederabgedruckt in: Kämmerling (Hg.): Ikonographie, S. 301–328, hier S. 304.

44 Pielarczyk/Mietzner, S. 141. Vgl. Panofsky: Ikonographie und Ikonologie; Knoch: Die Tat.

45 Kämmerling (Hg.): Ikonographie und Ikonologie, Anhang 2: Die unterschiedlichen Bedeutungen des Begriffs > Ikonologie <, S. 489–495, hier S. 494. Dittmann: Zur Kritik, S. 329–339, zit. nach Ernst Cassirer: Wesen und Wirkung des Symbolbegriffs, Darmstadt 1956, S. 174–176. Vgl. Ernst H. Gombrich: Ziele und Grenzen der Ikonologie (1972), wiederabgedruckt in: Kämmerling (Hg.): Ikonographie und Ikonologie, S. 419.

46 Dittmann: Zur Kritik, S. 334.

47 Gombrich: Ziele und Grenzen, S. 418. „Vielleicht entgehen wir am ehesten den Schwierigkeiten, die sich aus dem Problem der Intentionalität ergeben, wenn wir (...) darauf bestehen, daß die beabsichtigte Bedeutung überhaupt keine psychologische Kategorie ist. Wäre sie es, so könnte ja ein von einem Computer geschriebener Satz keinerlei Bedeutung haben. Wir haben es eher mit den Kategorien gesellschaftlicher Konventionen zu tun, wie das bei allen Symbolen und Zeichensystemen der Fall ist. Diese gehen den Ikonologen an, auch wenn ihre Bedeutung manchmal verschwommen sein mag."

48 Dittmann: Zur Kritik, S. 342, vgl. S. 347. Hervorhebung im Original. Vgl. Gombrich: Ziele und Grenzen der Ikonologie, S. 421. Gombrich bringt hier das Beispiel von Niels Bohr, der während des Zweiten Weltkriegs ein Telegramm mit einer Nachricht an „Maud" verschickte. Dekodierer dachten, er spräche von Military Application of Uranium Disintegration, dem geheimen Programm zum Bau der Atombombe – er aber meinte tatsächlich sein altes Kindermädchen Maud.

Knoch „semiotisch offen, wirken generalisierend, reduzieren Komplexität, haben einen hohen Wiedererkennungsgrad, sind intuitiv erfaßbar und lösen Wahrnehmungsreize mit oft emotionalisierender Wirkung aus". Sie erhalten durch die kulturell geformten „Bedeutungsnetze", die sich an sie anlagern, eine wichtige gesellschaftliche Funktion, denn „sie organisieren und homogenisieren gesellschaftliche Selbstdeutungen." Im Vergleich zum Begriff der Ikone oder des *Iconic Picture* findet Knoch den Symbolbegriff zudem nicht nur variabler, sondern er bietet auch den Vorteil, dass die „religiöse Grundkonnotation und eine Personalisierung des Sujets" fehlt. Nimmt man noch den dritten Begriff des „Images" hinzu, so ist dies ein moderner Begriff der nicht nur das Bild bzw. Abbild, sondern auch eine gesellschaftliche Funktion der Selbst- und Fremddeutung bezeichnet. Images unterstützen somit ein Bedürfnis, kognitive Dissonanzen zu vermeiden, und bedingen eine selektive Wahrnehmung.[49]

Der umfassende Ansatz der Ikonologie hat nicht nur in der Kunstwissenschaft, sondern auch von Seiten der Historischen Bildforschung einige Kritik erfahren, die nicht verschwiegen werden soll. Als problematisch beurteilt Talkenberger zu Recht, dass der hohe Anspruch der Methode aufgrund der häufig schlechten Quellenlage kaum eingelöst werden könne. Zudem hält sie das Interpretationsmodell Panofskys für dringend erweiterungsbedürftig für historische Forschungen. Sie schlägt mit Bezug auf Rainer Wohlfeil vor, dass wesentliche sozialhistorische Fragestellungen hinzukommen müssten, z. B. die Funktion der Formalgestaltung, das gesellschaftliche Beziehungsgefüge zwischen Bild, Künstler und Auftraggeber, die Funktion des Bildes und seine Rezeption in einem historischen Kommunikationsprozess.[50] Ältere Kritiken haben v. a. auf die beschränkten Einsatzmöglichkeiten der ikonologischen Methode und auf den hohen Grad an subjektiven Interpretationsleistungen – die auch Panofsky konzedierte – hingewiesen. So hat Michael Liebmann den Kreis der Kunstwerke, auf den die Ikonologie anwendbar sei, bis auf einige spezifische Ausnahmen stark eingeschränkt.[51] Zudem sei die Ikonologie der Ikonographie als deskriptiver Methode keineswegs überlegen, denn sie versuche nur, objektive und exakte Kriterien für die Analyse eines Kunstwerks aufzustellen und den Subjektivismus der ästhetischen Analyse zu überwinden, müsse dabei aber zwangsläufig auf Unmengen nicht immer stichhaltiger schriftlicher Quellen zurückgreifen.[52]

Entkräftet werden kann die Kritik Talkenbergers insofern, dass Panofskys Arbeiten durchaus und dezidiert sozialhistorische Fragen und Problemstellungen wie

---

49 Knoch: Die Tat, S. 33f., 38. Vgl. William J.T. Mitchell: Iconology: Image, Text, Ideology, Chicago 1986.

50 Talkenberger: Historische Erkenntnis, S. 86, vgl. Rainer Wohlfeil: Methodische Reflexionen zur Historischen Bildkunde, in: Ders./Tolkemitt (Hg.): Historische Bildkunde, S. 17–36.

51 Liebmann: Ikonologie (1964), S. 307.

52 Ebenda, S. 318 ff. Kritisch dazu auch Otto Pächt: Kritik der Ikonologie (1977), wiederabgedruckt in: Kämmerling (Hg.): Ikonographie, S. 353–376, hier S. 354.

die Funktion der Formalgestaltung oder das gesellschaftliche Beziehungsgefüge thematisiert haben, da sie historisch-hermeneutisch argumentierten – allerdings ohne Werturteile über Kunst abzugeben.[53] Dies hat sogar zu heftiger kunsthistorischer Kritik am gesunkenen Quellenwert des Bildes an sich geführt, das ohne ergänzende Quellen nur bedingt verständlich zu sein scheint.[54] Aber zwei Einwände gegenüber der Methode sind schwerwiegender und stünden einer Anwendung entgegen, wenn Pilarczyk/Mietzner nicht genauere Hinweise zu ihrer Lösung gegeben hätten: zum einen die äußerst umfassende Einbeziehung schriftlicher Quellen, der für einzelne besonders herausragende Werke, nicht aber für bildliche Repräsentationen in Massenmedien vertretbar zu sein scheint, zweitens die Vorstellung vom überzeitlichen oder zeitlosen tieferliegenden Gehalt von Kunstwerken,[55] die noch stark dem rationalistischen Positivismus und der Vorstellung vom überzeitlichen Genius des Künstlers verhaftet sind.[56]

Aber auch der Wert der Methode Panofskys darf nicht verschwiegen werden, die sie zur klassischen Form der Bildanalyse gemacht hat. Insbesondere die vorurteilsfreie Beschreibung des Gesehenen (vergleichbar der „dichten Beschreibung" von Clifford Geertz),[57] die zur intersubjektiven Überprüfbarkeit führen soll, und die ausführliche Einbeziehung weiterer, bildlicher und schriftlicher Quellen zu Interpretationszwecken haben zum Erfolg der Methode beigetragen und bieten zudem gute Anknüpfungsmöglichkeiten an Historiographie und Soziologie. Denn Panofsky schloss im Unterschied zu Warburg stärker an die soziologischen Arbeiten Karl Mannheims und die Symboltheorie Cassirers an, um seine ikonologische Interpretation theoretisch zu fundieren.[58] Damit diese Interpretation aber nicht in eine subjektivistische oder gar irrational-parawissenschaftliche Betrachtung abdriftete, verlangte Panofsky die strikte Anwendung eines „objektiven Korrektivs". Sowohl Gestaltungs- als auch Typengeschichte sollten für die vorikonographische Beschreibung und ikonographische Interpretation korrigierend herangezogen werden, während für die ikognologische Interpretation des „Wesenssinnes" auf

53 Ekkehard Kämmerling, Vorbemerkung, in Ders. (Hg.): Ikonographie, S. 7–14, hier S. 9.

54 Otto Pächt mit überzogener Kritik der Methode in: Kritik der Ikonologie (1977), wiederabgedruckt in: Kämmerling (Hg.): Ikonographie, S. 353–376, hier S. 373.

55 Kritik z. B. von Hans Fiebig: Die Geschichtlichkeit der Kunst und ihre Zeitlosigkeit. Eine historische Revision von Panofskys Philosophie der Kunstgeschichte, in: Roland Simon-Schaefer/Walther Ch. Zimmerli (Hg.): Wissenschaftstheorie der Geisteswissenschaften. Konzeptionen, Vorschläge, Entwürfe, Hamburg 1975, S. 141–161.

56 Renate Heidt: Erwin Panofsky – Kunsttheorie und Einzelwerk, Köln/Wien 1977, S. 283. Vgl. Lorenz Dittmann: Zur Kritik der kunstwissenschaftlichen Symboltheorie (1967), in: Kämmerling (Hg.): Ikonographie, S. 329–352, hier S. 352.

57 Clifford Geertz: Dichte Beschreibung: Beiträge zum Verstehen kultureller Systeme. Frankfurt a. M. 2002 (OA 1973).

58 Panofsky: Ikonographie und Ikonologie, S. 200–203; Dittmann: Zur Kritik, S. 341f. Vgl. Erwin Panofsky: Meaning in the Visual Arts, Garden City 1957, S. 31.

schriftliche Quellen der allgemeinen Geistesgeschichte zurückgegriffen werden sollte.[59]

Dies bedeutet für die konkrete Anwendung auf visuelle Quellen der Rüstungsunternehmen, dass eine Einbettung von Fotografien und Grafiken in ihren Kontext und Entstehungszusammenhang zwingend notwendig ist, wobei es sich hier nicht um einen geistesgeschichtlichen, sondern sozio-ökonomischen Kontext handelt. Generell sollten Fotografien immer „durch konstruktive Wahrnehmungsakte in bestimmten sozialen Kontexten wahrgenommen" werden.[60] Diese Kontexte müssen zunächst rekonstruiert werden, bevor eine Analyse von Bildinhalten vorgenommen werden kann. Zudem eignet sich das bei Pilarczyk/ Mietzner entworfene Maximalprogramm für eine Arbeit über Rüstungswerbung nur bedingt, denn eine solch' umfassende Analyse kann im Rahmen eines Einzelprojektes nicht vorgenommen werden und muss einem größeren kooperativen Forschungszusammenhang vorbehalten bleiben. Beispielsweise ist es aufgrund der schieren Masse der Quellen nicht möglich, alle Werbeanzeigen von Rüstungsunternehmen zu untersuchen und diese dann noch mit anderen Quellen dieser Gattung, also Werbeanzeigen von anderen Branchen durchgehend zu untersuchen. Hier muss eine pragmatische Lösung gewählt werden, die in gezielten Tiefenbohrungen einzelne, besonders prägnante Fallbeispiele analysiert.

Im Vordergrund stehen neben der Klassifizierung nach inhaltlichen Kriterien, Stil und gewählten Motiven, Symbolen und Metaphern auch die vorikonographische, vorurteilsfreie Beschreibung des Abgebildeten. Mit Bezug auf die in den ersten Kapiteln der Arbeit ermittelte Marktsituation der Rüstungsunternehmen als historischer Kontext sollen die untersuchten Bildquellen in der ikonographischen Interpretation genauer eingeordnet werden. Schließlich werden im Zuge der ikonologischen Interpretation auch weitere bildliche und schriftliche Quellen hinzugezogen, die den tieferen Wesenssinn der Abbildungen verdeutlichen sollen.[61]

Werbefotografie eignet sich dafür besonders gut, weil sie zumindest seit den 1950er Jahren über einen großen Einfluß im öffentlichen Raum verfügt und „in der Ausnutzung der fotografischen Möglichkeiten und der Erfindung visueller Stimulanzien (...) innerhalb der professionellen Fotografie am weitesten entwickelt [ist]. Sie ist hoch inszeniert, Vieldeutigkeiten in der Bildaussage werden vermieden oder geschickt zur Manipulation des Betrachters genutzt."[62] Es handelt sich

59 Panofsky: Ikonographie und Ikonologie, S. 220 ff. Vgl. Dittmann: Zur Kritik, S. 342 f. und Liebmann, Ikonologie, S. 305: „Die *dritte* und nach Meinung Panofskys höchste Stufe des Eindringens in ein Kunstwerk berührt dessen Wesen oder Inhalt."

60 Knoch: Die Tat, S. 35.

61 Dabei wird kein statistisches, computerunterstütztes Verfahren gewählt und auf die Auswertung und Erhebung technischer Daten, der Ermittlung von Bildagenturen, Retuschen, ungewöhnlichen Körnungen und Formaten des Papiers wird genauso verzichtet wie auf die Prüfung von Echtheit.

62 Pielarczyk/Mietzner: Das reflektierte Bild, S. 87.

bei veröffentlichten Werbefotografien wie bei Pressefotografie zudem um einen Teil der öffentlichen Kommunikation, die Rückschlüsse auf den öffentlichen Diskurs – zumindest von relevanten Teilöffentlichkeiten – geben kann.[63]

4.1.4 Diskursanalytische Verfahren und akteurszentrierte Perspektive

Weiterhin ist es methodisch zwingend notwendig, diskursanalytische Verfahren, die mittlerweile als Standard der modernen Kulturgeschichte nach dem *linguistic turn* gelten können, in die Analyse der Rüstungswerbung einzubeziehen.[64] Texte werden hier nicht nur als literarische oder werbliche Meinungsäußerung, sondern als Ausdruck sozialer Praxis verstanden.[65] Zwar führt das Aufkommen der Kulturwissenschaft als dominantes Paradigma der deutschen Geschichtswissenschaft in den 1990er Jahren zu einer weitgehenden „Ent-Ökonomisierung der Geschichtsbetrachtung" (Jürgen Kocka).[66] In jüngster Zeit scheint es u. a. mit der Konsumgeschichte aber wieder eine gewisse Zuwendung zur Ökonomie zu geben.[67] Problematisch bleiben aber die unterschiedlichen Prämissen von Kultur- und Wirtschaftsgeschichte.[68] Insbesondere die dekonstruktivistische Variante der Kulturgeschichte wird heftig kritisiert, da sie die Realität durch ihre

63 Ebenda, S. 85. Zur Geschichte der Werbefotografie allgemein Th. M. Gunther: Die Verbreitung der Fotografie. Presse, Werbung und Verlagswesen, in: M. Frizot (Hg.): Neue Geschichte der Fotografie, Köln 1998 (OA Paris 1994), S. 555–580; zu den Inszenierungen und Bedeutungsebenen der Werbefotografie: Roland Barthes: Rhetorik des Bildes (1964), Abdruck in Wolfgang Kemp (Hg.): Theorie der Fotografie III: 1945–1980, München 1999 (OA 1983), S. 138–149. Zu Stereotypen in der Werbefotografie Erving Goffman: Geschlecht und Werbung, Frankfurt a.M. 1983.

64 Siehe Ute Daniel: Kompendium Kulturgeschichte, Frankfurt a.M. 2001, 5. Aufl. 2006; Achim Landwehr/Stefanie Stockhorst: Einführung in die Europäische Kulturgeschichte, Paderborn u. a. 2004; Christoph Conrad/Martina Kessel (Hg.): Kultur & Geschichte. Neue Einblicke in eine alte Beziehung, Ditzingen 1998; Wolfgang Hardtwig (Hg.): Wege zur Kulturgeschichte, Göttingen 1997. Vgl. Hartwig Hummel: Der neue Westen. Der Handelskonflikt zwischen den USA und Japan und die Integration der westlichen Gemeinschaft, Münster 2000, zugl. Habil. Braunschweig 1999, S. 68.

65 Christoph Conrad: Die Dynamik der Wenden. Von der neuen Sozialgeschichte zum cultural turn, in: Dieter Langewiesche/Jürgen Osterhammel/Paul Nolte (Hg.): Wege der Gesellschaftsgeschichte, Göttingen 2006, S. 103ff.; Peter Schöttler: Wer hat Angst vor dem 'linguistic turn'?, in: Geschichte und Gesellschaft 23, 1 (1997), S. 134–151.

66 Jürgen Kocka: Bodenverluste und Chancen der Wirtschaftsgeschichte, in: VSWG 82 (1995), S. 501–504, hier S. 503. Auch Daniel erwähnt in ihrem Forschungsüberblick keine Themen oder Ansätze aus der Ökonomie siehe dies.: Clio.

67 Vgl. Berghoff/Vogel (Hg.): Wirtschaftsgeschichte und VWSG Heft 94, 2 (2007).

68 Dies betrifft v. a. das Fortschritt-; Wachstums- bzw. Modernisierungsparadigma, das seitens der Kulturgeschichte unter Druck geraten ist. Ziegler: Zukunft; Thomas Welskopp: Die Sozialgeschichte der Väter. Grenzen und Perspektiven der Historischen Sozialwissenschaft, in: GG 24 (1998), S. 173–198, hier S. 188ff.; Thomas Mergel: Geht es weiterhin voran? Die Modernisierungstheorie auf dem Weg zu einer Theorie der Moderne, in: ders./Welskopp (Hg.): Geschichte zwischen Kultur und Gesellschaft, S. 203–232; Daniel: Clio.

Textgebundenheit nur bedingt erfassen und erklären könne. Auch der Verzicht auf quantitative Methoden spielt für manche ablehnende Stimme gegenüber der Kulturgeschichte eine Rolle.[69] Erst in jüngster Zeit treten erste Studien stärker für eine Überwindung der Gräben zwischen den Teildisziplinen ein.[70] Dieses Ziel verfolgt auch die vorliegende Arbeit, die sich mit der Nutzung des Konzepts der „diskursiven Praktiken" um die Aufhebung des Gegensatzes von Diskurs und Handlung bemüht.[71] Diskurs kann mit Achim Landwehr, der sich an Foucault orientiert, definiert werden „als historisches Phänomen (...) [und] als die Menge all jener schriftlichen, mündlichen, bildlichen oder sonstigen zeichenhaften Hervorbringungen und Praktiken (...), die das Thema des Diskurses in irgendeiner Weise behandeln oder auch nur nebenher streifen." Zentrales Kriterium für die Identifizierung eines Diskurses ist dabei die „Wiederholung und Gleichförmigkeit von immer wieder ähnlich Gesagtem oder Geschriebenen".[72] Dabei interessieren „Typen und Regeln von diskursiven Praktiken, die individuelle Werke durchqueren" eher als Intentionen und Motive oder die Wiederherstellung eines „ursprünglichen authentischen Sinns" einzelner Quellen.[73]

Unter Rückgriff auf die Methodik Landwehrs wird dazu gezielt ein Korpus aus den ausgewerteten Quellenbeständen extrahiert. Dabei müssen sich die „ausgewählten Texte (...) als möglichst repräsentativ für den Diskurs erweisen, in ausreichender Anzahl vorhanden sein und sich seriell über einen gewissen Zeitraum erstrecken".[74] Entsprechend der politikwissenschaftlichen Diskursanalyse nach Hummel werden zudem eigenes Vorverständnis und Erkenntnisabsicht deutlich gemacht. Die gefundenen

69 Die Debatten zusammenfassend: Welskopp: Sozialgeschichte, bes. S. 186 und 193; Lars Deile: Die Sozialgeschichte entlässt ihre Kinder. Ein Orientierungsversuch in der Debatte um Kulturgeschichte, in: Archiv für Kulturgeschichte 87 (2005), S. 1–25; van de Kerkhof: Rüstungsindustrie, S. 175 ff.

70 Berghoff/Vogel (Hg.): Wirtschaftsgeschichte als Kulturgeschichte; Sven Reichardt: Soziales Kapital „im Zeitalter materieller Interessen". Konzeptionelle Überlegungen zum Vertrauen in der Zivil- und Marktgesellschaft des langen 19. Jahrhunderts (1780-1914), WZB Discussion Paper Nr. SP IV 03-503, Berlin o.D. [2003].

71 Unter Konzept der „diskursiven Praktiken" wird die Vorstellung der realitätsschaffenden und handlungsleitenden Bedeutung von Diskursen verstanden. Vgl. Hummel: Der neue Westen, S. 69. Konzeptionell folge ich hier auch Ute Daniel: Clio unter Kulturschock. Zu den aktuellen Debatten der Geschichtswissenschaft, in: GWU 48 (1997), S. 195–218, 259–278, hier S. 202 f.

72 Achim Landwehr: Geschichte des Sagbaren. Einführung in die Historische Diskursanalyse, Tübingen 2001, S. 106 f.

73 Michel Foucault: Archäologie des Wissens, 8. Aufl. Frankfurt a.M. 1997, S. 198–200. Vgl. ders.: Die Ordnung des Diskurses, 6. Aufl. Frankfurt a. M. 2001; Hummel: Der neue Westen, S. 68; Landwehr: Historische Diskursanalyse, S. 21.

74 Achim Landwehr: Methode – Das Vorgehen der historischen Diskursanalyse, in: ders.: Geschichte des Sagbaren, S. 103–134, Zitate auf S. 103–107. Weiterführend auch ders.: Theorie – Die Vielzahl der Diskurse, in: ebenda, S. 65–102; Philipp Sarasin: Geschichtswissenschaft und Diskursanalyse, 2. Aufl. Frankfurt a.M. 2003 und Siegfried Jäger: Methode der Diskursanalyse, in: Ders.: Kritische Diskursanalyse. Eine Einführung, Duisburg 2001, S. 158–188.

Aussagen werden als Faktum und Ereignis akzeptiert und nicht danach gefragt, „was hinter dem Papier liegt", wie Intentionen, Mentalitäten oder Interessen.[75] Dies gilt in ähnlicher Weise wie für Texte freilich auch für alle bildlichen Darstellungen.

Einbezogen werden soll in die bildwissenschaftliche Analyse auch die neuere akteurszentrierte Sichtweise, um die Akteure, die den Diskurs aktiv oder unbewusst betreiben, einbeziehen zu können.[76] Mittels dieser Perspektive können auch Fragen bezogen auf die Kategorie „*Gender*", wie z. B. die Verwendung von geschlechterspezifischen Stereotypen, eindeutiger beantwortet werden.[77] Analysen über die Konstruktion von Männlichkeit in Militär und Krieg, die die historische Diskursanalyse nutzen, weisen dabei ebenso wie die Kritische Diskursanalyse auf spezifische Diskurse wie den „Bürger in Uniform" hin.[78] Dabei wird deutlich, dass es eine gesellschaftliche Hierarchie der Diskurse gibt, in der sich einzelne Diskurse stärker durchsetzen als andere und somit einen hegemonialen Status erlangen können.[79]

Versteht man den Diskursbegriff nun auch als „ein Analyseinstrument, das dazu dienen soll, bestimmte Phänomene zu fassen, die mit zuvor vorhandenen begrifflichen Möglichkeiten nicht zu fassen waren", dann ergeben sich daraus wichtige Befunde für eine Untersuchung des Rüstungsmarketings.[80] Zunächst sollen nach der Korpusbildung relevante Diskursstränge identifiziert werden, v. a. jene, die sich mit „Sicherheit" befassen. Es wird in Übereinstimmung mit Hummel davon ausgegangen, dass sich die relevanten politischen Machtkämpfe in der Arena des öffentlichen Diskurses abbilden und somit durch ein diskursanalytisches Verfahren genauer in den Blick nehmen lassen.[81] Eine untergeordnete Rolle spielt demgemäß die Rezeptionsseite, die in diskursanalytischen Verfahren

---

75 Hummel: Der neue Westen, S. 71–74.

76 Ein gutes Beispiel ist: Holger Nehring: Gewalt, Frieden und soziale Bewegungen, in: Ders./Jost Dülffer/Karl Holl/Stefanie van de Kerkhof/Wolfram Wette: Historische Friedensforschung, Hagen 2007, Teil 4. Vgl. Hummel: Der neue Westen, S. 70.

77 Stellvertretend seien hier nur genannt: Gisela Bock: Geschlechtergeschichte auf alten und neuen Wegen. Zeiten und Räume, in: Langewiesche u. a. (Hg.): Wege der Gesellschaftsgeschichte, S. 45–66; Ute Daniel: Frauen- und Geschlechtergeschichte, in: Dies.: Kompendium Kulturgeschichte: Theorien, Praxis, Schlüsselwörter, Frankfurt a.M. 5. Aufl. 2006, S. 313–330.

78 Christian Jansen (Hg.): Der Bürger als Soldat. Die Militarisierung europäischer Gesellschaften im langen 19. Jahrhundert: ein internationaler Vergleich, Essen 2004; Christa Ehrmann-Hämmerle: Von den Geschlechtern der Kriege und des Militärs. Forschungseinblicke und Bemerkungen zu einer neuen Debatte, in: Kühne/Ziemann (Hg.): Was ist Militärgeschichte?, S. 229–262; Thomas Kühne (Hg.): Männergeschichte – Geschlechtergeschichte. Männlichkeit im Wandel der Moderne, Frankfurt a.M./New York 1996.

79 Hummel: Der neue Westen, S. 69 f.

80 Landwehr: Historische Diskursanalyse, S. 20 f. und Zitat bei Reiner Keller: Wissen oder Sprache? Für eine wissensanalytische Profilierung der Diskursforschung, in: Franz X. Eder (Hg.): Historische Diskursanalysen. Genealogie, Theorie, Anwendungen, Wiesbaden 2006, S. 51–69, hier S. 59.

81 Hummel: Der neue Westen, S. 69 f.

ausgeblendet bleibt. Stattdessen stehen die Praxen der gesellschaftlichen Selbstvergewisserung mittels Diskursen im Fokus der Analyse.

Bezüglich der Rezipientenforschung soll noch kurz auf zwei Probleme eingegangen werden, die für eine Herangehensweise mit diskursanalytischen Verfahren sprechen. Denn Rüstungswerbung weist ein unlösbares Quellenproblem auf: Markt- und Meinungsforschung, die die Wirkung auf die Betrachter erforschen könnten, wurde für die Zeit des Kalten Krieges vor allem von den Rüstungsproduzenten und damit den Akteuren selbst betrieben.[82] Eine Befragung von Zeitzeugen mittels *Oral history* wäre zwar prinzipiell möglich, erscheint aber angesichts des hohen Zeitaufwands und der unberechenbaren Ergebnisse als wenig sinnvoll. Generell ist aber auch Skepsis vor der Werbewirkungsforschung angebracht. Schröter hat in seiner Untersuchung des Nivea-Marketings darauf hingewiesen, dass „es nach Aussage von Marketing-Fachleuten kein Instrument [gibt], das die Wirkung von Werbemaßnahmen meßbar machen könnte, ein direktes Gefüge von Ursache und Wirkung ist auch bei Nivea nicht nachweisbar. (...) Das Ausmaß des Erfolgs wird im Unternehmen am Maßstab des Unternehmenswachstums gemessen."[83] Daher werden auch hier neben den schon präsentierten Daten aus den Unternehmen die Rezipiententests der Rüstungsunternehmen einbezogen. Als nützlich zur kritischen Überprüfung erwies sich aber auch eine weitere Quellengattung: die zumeist schriftlich verfassten Kritiken an der Rüstungswerbung von Seiten der Neuen sozialen Bewegungen, die zumeist direkt Bezug auf Rüstungswerbung nahmen.[84] Neben den schon dargestellten kulturwissenschaftlichen Methoden und hermeneutischen Verfahren bieten sich zur Analyse von Rüstungswerbung auch Methoden der qualitativen und quantitativen empirischen Sozialforschung an. Die ältere, aber sehr verdienstvolle Arbeit von Birckenbach/Wellmann zu Mitarbeiterzeitschriften von Rüstungsunternehmen scheint hier beispielsweise hilfreich zu sein, um auf Leerstellen in der medialen Berichterstattung oder im Anzeigenteil aufmerksam zu machen.[85] Im nächsten Schritt erfolgt nun die Auswertung der visuellen Marketingquellen, die in ihrem historischen Kontext verortet und dabei an die Marktsituation und Marketinginstrumente rückgebunden werden sollen.

---

82 Siehe etwa Rheinmetall-Archiv B 522/2 Rheinmetall GmbH/DeTec AG (verschiedene Studien).

83 Schröter: Marketing als angewandte Sozialtechnik, S. 617.

84 Diese Perspektive erscheint für eine erweiterte Marketinganalyse auch erfolgversprechender als die Nachrichtenwerttheorie von Galtung/Ruge oder der dynamisch-transaktionale Ansatz der Nachrichtenrezeption. Vgl. Christiane Eilders: Nachrichtenfaktoren und Rezeption. Eine empirische Analyse zur Auswahl und Verarbeitung politischer Information, Opladen 1991, S. 74 f.

85 Hanne Birckenbach/Christian Wellmann: Die Thematisierung von Rüstung in den Werkzeitschriften von rüstungsproduzierenden Unternehmen in der BRD – Eine Inhaltsanalyse, Frankfurt a.M. 1976 (unveröff. Diplomarbeit, Masch., 326 S.), hier S. 5 ff.

4.1.5 Ikonographie von Waffen und Sicherheit in der Moderne

Die amerikanische Unternehmenshistorikerin Mira Wilkins hat deutlich gemacht, dass Marken eine wichtige, aber früher in der Forschung deutlich unterschätzte Bedeutung für die Entwicklung moderner Unternehmen haben. Diese Sicht hat sich mittlerweile in der Marketing- und Werbeforschung breit durchgesetzt, doch spielten Unternehmen der Investitionsgüter- und Maschinenbauindustrie bislang eine vergleichsweise untergeordnete Rolle gegenüber den Konsumgüterproduzenten.[86] Diese mangelnde Wertschätzung durch die Forschung erstaunt, denn beispielsweise gehörten Waffenproduzenten wie Krupp zu den Pionieren in der Entwicklung eigener Präsentationsformen, *Images* und Marken. So kreierten sie z. B. schon vergleichsweise früh spezielle Events und nutzten wie andere Unternehmen die entstehenden modernen Gewerbe- und Industriemessen ebenso wie die ersten Weltausstellungen als internationale Ereignisse, um ihre Unternehmen und ihre Produkte zu präsentieren. Dabei prägten sich nicht nur Marken, Logos und *Corporate Images* als Marketinginstrumente aus, sondern Messen und Ausstellungen wurden auch zu wichtigen Arenen, in denen eine spezifische Ikonographie von Rüstung und Waffen etabliert und präsentiert wurde. Auf lange Sicht „hat sich gezeigt, daß die Attribute, die der Käufer mit bekannten Marken verbindet, ausgesprochen tragfähig sind“, so Schröter.[87] Somit kann auch davon ausgegangen werden, dass die Waffenrepräsentationen auf den frühen Ausstellungen und Messen eine langfristig prägende Wirkung hatten und daher zu einer ikonologischen Analyse zwingend hinzuzuziehen sind.

Als wichtiges Absatzinstrument wurden moderne Handels-, Gewerbe- und Industriemessen in Frankreich 1798 eingeführt. Sie sollten von Beginn an nationale Größe demonstrieren und mit Modernität, Fortschritt und wirtschaftlicher Stärke verbinden.[88] Eine janusköpfige Erscheinung zeigten auch die frühen Gewerbeausstellungen und Industriemessen in Deutschland, deren symbolische Funktion für eine sich entwickelnde Öffentlichkeit darin lag, sowohl die Einigkeit der Wirtschaftsnation als auch die Überlegenheit der Kulturnation zu demonstrieren.[89] Als bedeutendstes privates Rüstungsunternehmen entdeckte Krupp schon früh die Gewerbemessen als wichtige Institution, um Werbung, Image-Entwicklung und *Networking* voranzutreiben.[90] Hier bildete sich meiner Ansicht nach eine Ikonologie der Waffenpräsentation

86 Mira Wilkins: The Neglected Intangible Asset. The Influence of the Trade Mark on the Rise of the Modern Corporation, in: Business History 34 (1992), S. 66–95. Vgl. auch Ross D. Petty: From Label to Trademark. The Legal Origins of the Concept of Brand Identity in Nineteenth Century America, in: Journal of Historical Research in Marketing 4, 1 (2012), S. 129–153.

87 Schröter: Marketing als angewandte Sozialtechnik, S. 635. Vgl. Gries: Produkte als Medien.

88 Wolbring: Krupp, S. 84 ff. und 122 ff.

89 Hierzu und zum Folgenden: Wolbring: Krupp, S. 86–90; Thomas Großbölting: Im Reich der Arbeit. Die Repräsentation gesellschaftlicher Ordnung in Industrie- und Gewerbeausstellungen 1790–1913, München 2008.

90 Ausführlich zum Folgenden Wolbring: Krupp.

heraus, die mit Images der Solidität, technologischen Fortschrittlichkeit und Sicherheit deutliche Pfadabhängigkeiten bis in die Gegenwart aufweist. Um auf die Qualität und Stärke seiner Produkte, ihre technische Perfektion und die Vertrauenswürdigkeit der Firma hinzuweisen,[91] präsentierte Krupp auf Messen des 19. Jahrhunderts nicht nur seine militärisch nutzbaren Produkte wie Schusswaffen oder Kanonen in Form einer Burg, sondern auch die sozialen Einrichtungen für die Arbeiter.[92] Wolbring meint, dass Krupp die Waffen nicht nur wegen ihrer relevanten Stellung in der Produktpalette auswählte, sondern weil sie mehr Aufmerksamkeit und Publizität in der Öffentlichkeit erhielten als andere Produkte.[93] Neben der Produktpräsentation entwickelte Krupp zu diesem frühen Zeitpunkt eigene Werbematerialien wie Broschüren, Kataloge, Preislisten, Zusammenstellung von Referenzen und ein Buch über die betriebliche Sozialpolitik des Unternehmens. Damit gelang Krupp ein großer Erfolg, der stilbildend wirkte. Seine Produkte wurden weltweit in Zeitungen und Journalen erwähnt.[94]

Obschon die Rolle der Weltausstellungen für Rüstungsunternehmen und deren Marketing– ähnlich wie bei den nationalen Messen – aufgrund einer disparaten Quellenlage bislang nur in Ansätzen erforscht ist,[95] scheinen sie für die privaten deutschen Rüstungsunternehmen bis in das 20. Jahrhundert aber von erheblicher Bedeutung gewesen zu sein. Fast alle großen Waffenproduzenten waren dort mit Präsentationen vertreten, meist an prominenten Stellen in den nationalen Pavillons oder Maschinenhallen.[96] Am Beispiel von Krupp zeigt sich, dass durch diese neue Form von Öffentlichkeit und damit einhergehende Kontakte zu internationalen Massenmedien nicht nur die Absätze deutlich gesteigert werden konnten. Der Waffenhersteller kreierte ein langfristig wirksames Image, mit dem sich der Status und die technologische Reputation weltweit vermarkten ließen.[97] Dies wurde insbesondere durch die Preisverleihungen für besonders innovative oder qualitativ hochwertige Produkte unterstützt. Die Preise, die Krupp etwa auf der ersten

---

91 Ebenda, S. 84 f., 90 ff.

92 Karl Bernd Heppe: Die Industrie- und Gewerbe-Ausstellung von Rheinland, Westfalen und benachbarten Bezirken, verbunden mit einer deutsch-nationalen Kunstausstellung in Düsseldorf, in: Andreas Kuntze (Hg.): Aspekte der Düsseldorfer Industrie 1831–1981, Textband, Düsseldorf 1981, S. 98–113, hier S. 109 f.

93 Wolbring: Krupp, S. 90 ff.

94 Broschüre von Krupp für die Münchner Ausstellung. Vgl. ebenda, S. 98 ff.

95 Kroker, Die Weltausstellungen; Christoph Cornelissen: Die politische und kulturelle Repräsentation des Deutschen Reiches auf den Weltausstellungen des 19. Jahrhunderts, in: Geschichte in Wissenschaft und Unterricht 52 (2001), S. 148–161.

96 Siehe Kretschmer, Geschichte der Weltausstellungen, Wessel: Mit Weltausstellungen fing alles an. S. 9 ff.; Kroker: Die Weltausstellungen.

97 Wolbring: Krupp, S. 145.

Weltausstellung in London 1851 erhielt, führten nicht nur zu enormer öffentlicher Aufmerksamkeit, sondern auch zur symbolischen Aufladung von Ausstellungsobjekten zu „nationalen Monumenten". Sie markierten den erfolgreichen Wettlauf Preußens mit der bis dato deutlich überlegenen Wirtschafts- und Handelsmacht England. Dies gelang Krupp auch mit einer riesigen Kanone, mit der ein individuelles, sorgfältig arrangiertes und strategisch geplantes Unternehmensimage transportiert werden sollte. Die Großwaffe wurde mit künstlerisch arrangierten militärischen Symbolen, v. a. der preußischen Armee, ausgestellt und konnte damit nicht nur die Öffentlichkeit als eine Art kommunikativen Intermediär begeistern, sondern auch die direkten Käufer, europäische Herrscher und hochrangige Militärs vom Kauf überzeugen. Somit nutzte Krupp die Öffentlichkeit als Vehikel, um ein Image des Unternehmens und der Produkte aufzubauen, das Qualität, Haltbarkeit, technischen Perfektionismus, Modernität und ein weitreichendes Verständnis von Innovation mit Patriotismus und Konkurrenzkampf verband.[98]

Betrachtet man bildliche Darstellungen der Kruppschen Waffenpräsentationen, die in dieser Zeit noch in künstlerischer Form der Radierung publiziert wurden, so springt dem Betrachter aber auch das Gewaltige, Bedrohliche, betont Dunkle und fremd Wirkende der überdimensionalen Kanone ins Auge (Abb. 19).[99] Diese Wirkung mag auch dazu beigetragen haben, dass die Präsentationen nicht nur in herrschaftlichen Häusern und adeligen Kreisen, sondern auch in Zeitungen und Zeitschriften ausgesprochen große öffentliche Resonanz erfuhren. Das für Krupp persönlich, publizistisch und ökonomisch äußerst erfolgreiche Auftreten auf der internationalen Szene wurde damit zum ikonographisch stilbildenden Modell für Unternehmenspräsentationen. Im Unterschied zu späteren Weltausstellungen war die erste von Krupp in London präsentierte Kanone kein käuflich erwerbbares Produkt, sondern ein speziell gefertigtes Ausstellungsstück, das benutzt wurde, um ein bestimmtes Image des Unternehmens zu transportieren und neue Abnehmer anzusprechen.[100] Bekanntheitsfördernd und imageprägend war bei allen diesen Ausstellungen, dass Krupp dem staunenden internationalen Publikum sowie bedeutenden Staatsgästen jedes Mal die größte Kanone der Welt präsentierte. Nach der Reichsgründung gewann dieser Prozess der stärkeren Militarisierung und des nationalistischen Auftretens mehr Dynamik. Das Prinzip des vermeintlich „friedlichen Wettkampfes" schwand bis 1914. Obwohl es auf internationaler und nationaler Ebene zu Kritik am militaristischen Gepräge des Kruppschen Auftritts kam, setzte der Unternehmer selber weiterhin auf das Image des

98 Haltern: Die Londoner Weltausstellung von 1851, S. 201. Vgl. Wolbring: Krupp, S. 13 f., 145.

99 Hier wurden wie im zeitgenössischen Exotismus verschiedene Stereotype vom Außergewöhnlichen und Fremden genutzt, um Aufmerksamkeit zu erregen und den Absatz zu steigern. Vgl. Stefanie Wolter: Die Vermarktung des Fremden. Exotismus und die Anfänge des Massenkonsums, Frankfurt a.M. 2005.

100 Wolbring: Krupp, S. 96–110.

Abb. 19: Ausstellungsstück von Krupp auf der Pariser Weltausstellung 1867.
Quelle: Saur: Krupp, S. 42 f.

„Industriefürsten" verbunden mit einer Nobilitierung in der Öffentlichkeit als „Kanonenkönig". Produkte wie die „Dicke Bertha" sorgten für einen hohen Bekanntheitsgrad, ebenso Filmtitel à la „Hart wie Kruppstahl" (1918).[101]

Es gab auch Unternehmen wie den Bochumer Verein, die darauf verzichteten, sich als patriotische Waffenproduzenten zu präsentieren, was teils an den hohen Kosten lag. Auf der Pariser Ausstellung 1878 setzte der französische Konkurrent Schneider-Le Creusot ein Zeichen gegen den Kruppschen Anspruch: Das Unternehmen stellte einen riesigen Dampfhammer für Befestigungsmaterial aus Panzerplatten aus. Damit präsentierte es sich und die *grande nation* als bereit zur Verteidigung gegen die deutschen Kanonen. Dieser Verteidigungsgestus stand in starkem Kontrast zum stets gleichen militaristischen Auftreten Krupps. Insgesamt hielt seine Art der Waffenpräsentation bis weit in das 20. Jahrhundert an. Die letzte Ausstellung deutscher Waffen in diesem prestigeträchtigen Rahmen fand auf der Brüsseler Weltausstellung 1958 statt.[102] Erst danach nahm die Bedeutung derartiger Ausstellungen für Unternehmen wie Krupp zugunsten stärker spezialisierter Fachmessen ab. Dies ist ein Trend, der nicht nur bei Rüstungsproduzenten, sondern in verschiedenen Branchen

101 Cornelissen: Die politische und kulturelle Repräsentation des Deutschen Reiches, S. 148 ff.
102 Wengenroth: Das Gerüst der industriellen Welt, S. 27 ff. und Wolbring: Krupp, S. 121 f.

beobachtet werden konnte. Diese Messen dienten nicht einer weiteren Öffentlichkeit, sondern wurden zu Spezialmessen für Vertragspartner, Wissenschaftler und Lobbyisten. Bisweilen sprachen sie, wie die spätere Internationale Luftfahrtausstellung ILA in Hannover bzw. Berlin, auch beide Seiten an – vergleichbar dem *dual-use*-Charakter der Produkte. Aussteller richteten ihr Augenmerk neben den Vertragsverhandlungen und direkten Verkäufen nun stärker auf Information und Kommunikation mit einer breiten Öffentlichkeit, teils mit ausgesprochenem Event-Charakter.[103] Ihre Rolle müsste letztlich aber noch genauer untersucht werden, insbesondere auch in diskursiver und visueller Hinsicht.

Bei einer weiteren Form von personeller Absatzpolitik können Rüstungsunternehmen zu den Pionieren gezählt werden: beim *Event-Marketing*. Hier entwickelte sich ebenfalls eine spezifische Ikonographie von industriell hergestellten Waffen. Wiederum zählte Krupp zu den deutschen Unternehmen, die früh eigene Besucheraktionen erdachten. Für Staatsgäste, Großkunden und Interessenten wie den Kaiser, den Zar und später den Schah wurden nicht nur in Essen Besuchstouren in Werk und Villa organisiert. Es gab auch Sondervorführungen auf dem Schießplatz, öffentliche Schiffstaufen, Stapelläufe und Treffen mit hoch dekorierten Offizieren.[104] Die immer zahlreicheren Ereignisse wurden kontinuierlich fotografiert und den potentiellen Kunden geschmückte Fotoalben als Erinnerungsgeschenke überreicht. Für die Organisation dieser Gastgeschenke wurde sogar eine eigene Abteilung im Unternehmen gegründet.[105] Schließlich wurde diese moderne Form der Unternehmenskommunikation in der Gegenwart weiter ausgebaut und verfeinert. Nach dem Zweiten Weltkrieg begann man in den 1950er Jahren unter Hundhausen an diese Vorkriegstradition anzuknüpfen.[106] Das Unternehmensimage, das dem Betrachter in zahlreichen Werbematerialien vermittelt werden sollte, ähnelte dabei dem Auftritt auf den Ausstellungen: Krupp als ein modernes, sauberes, innovatives, sozial verantwortliches und vertrauenswürdiges Unternehmen. Die Produkte repräsentierten dagegen stärker eine andere Seite des *Images*: die (wehrtechnische) Überlegenheit der Firma, Macht und Stärke. Krupp persönlich legte allerdings bei den veröffentlichten Fotografien großen Wert darauf, dass Krieg und Aggression nicht dargestellt wurden. Er schrieb als Anweisung für eine Werbefotografie: „die beiden [Kanonen] dürfen nicht als im Kampf begriffen dargestellt werden, sondern als zufällig nebeneinander

---

103 Vgl. die Artikel in ami: Stefan Gose, in: ami 6/00, S. 21–25; Steinmetz, in: ami 6/02, S. 3 f. und Odenwälder, in: ami 7/98, S. 23 f.

104 Krupp-Archiv WA 119 v423 zum Schahbesuch, v559–562 und v1160–1162 versch. Besuche ausländischer Staatsgäste aus Marokko, Tunesien, Tschad, der Türkei, Nepal, Thailand, Griechenland sowie v434 zu Besuchen allgemein. Ausführlich auch Wolbring: Krupp und Derix: Bebilderte Politik.

105 Wolbring: Krupp.

106 Siehe v. a. Krupp-Archiv Bestand WA 119 und Kleinschmidt: Der produktive Blick.

aufgestellt."[107] Dies kann als moderne Form der preußisch-deutschen Waffenrepräsentation gesehen werden, die bis heute von großer Bedeutung ist.

Auch andere Unternehmen orientierten sich nämlich an der Kruppschen Öffentlichkeitsarbeit, wie sich gut an einem bei Rheinmetall erstellten Gedenkbuch ersehen lässt. Hier wurde anlässlich des 65. Geburtstages von Rheinmetall-Vorstand Otto Paul Caesar im September 1971 eine umfassende großformatige Chronik mit Zeitungsausschnitten, Graphiken und kurzen Artikeln erstellt. Sie zeichnet den Aufstieg des Unternehmens vom „Totalverlust" nach dem Zweiten Weltkrieg bis zum Branchenprimus im Kalten Krieg als klassische Erfolgsstory nach und unterstützte damit intern das Image des Unternehmens als verlässliche, vertrauenswürdige Organisation und Gemeinschaft der „Rheinmetaller".[108] Dies zeigt eine deutliche Überschneidung zu den Kruppschen Gedenkbüchern des 19. und frühen 20. Jahrhunderts, markiert also zweifelsohne die ikonologischen Vorbilder.

4.1.6 Krupp als Pionier der modernen Waffenikonographie

In ähnlicher Weise griffen moderne Unternehmen auf die von Krupp geprägte Ikonologie von Marken, Warenzeichen und Logos zurück, die ein Image in der Öffentlichkeit kommunizieren sollen und als Kurzformel oder Code dienen können, um die Geschichte, die Unternehmenskultur und Unternehmensidentität zu versinnbildlichen.[109] Zwar wurden bei der Fried. Krupp AG wie in den meisten deutschen Unternehmen Werbung und Marketing erst sehr spät eingeführt – v. a. im Vergleich zu amerikanischen Konkurrenten. Denn in den deutschen Industrieunternehmen gab es bis 1870 noch keine Werbeabteilungen oder Werbebüros, was nach Dirk Reinhardt, Fritz Blaich, Jürgen Kocka und anderen das Resultat einer langfristigen Fixierung auf den Produktionsbereich war. Demgegenüber wurden Absatz- und Distributionsfragen mindestens bis zur Gründerkrise, teils aber auch bis weit in das 20. Jahrhundert hinein vernachlässigt, weil Konsumenten, Abnehmer oder Vertragspartner eher indirekt, mit Qualitäts- und Preisargumenten, überzeugt werden sollten.[110] Alfred Krupp kann daher zutreffend als einer der Pioniere auf dem Gebiet der Werbung und Kommunikationspolitik gesehen werden, auch wenn seine modern erscheinende Medienpolitik nicht auf eine fortschrittliche Marketingstrategie zurückging, sondern das Ergebnis von Streitigkeiten mit der Presse war. Die Kruppsche Medienpolitik zielte zu Beginn darauf ab, Artikel in den Medien zu platzieren, die die direkten Konsumenten informieren, beeindrucken und zum Kauf beeinflussen sollten, nicht aber

107 FAH Krupp 2 M 78.9, fol. 108. Vgl. Wolbring: Krupp, S. 134.

108 Rheinmetall-Archiv Bestand B 503 Nr. 13 großformatiges Gedenkbuch.

109 Vgl. Kleinschmidt: Der produktive Blick, S. 219 f.

110 Reinhardt: Von der Reklame zum Marketing, S. 24; Blaich: Absatzstrategien, 1982, S. 12–30, v. a. S. 16.

die öffentliche Meinung.[111] Dazu bezahlte Krupp von 1870 bis 1920 sogar einen Journalisten, der speziell für die Beeinflussung der Presse und für Öffentlichkeitsarbeit zuständig war, offiziell aber nicht für das Unternehmen arbeitete.[112] Dies war ein Beispiel, an das andere Unternehmen anknüpfen konnten – und diese Praxis hat sich, wie gezeigt, in modifizierter Form bis heute fortgesetzt.[113]

In diesem frühen Fall sollte die Presse als Einflussfaktor auf die öffentliche Meinung insgesamt eher davon abgehalten werden, über die Unternehmenspolitik zu berichten. Für die Beziehungen zu den direkten Abnehmern waren Berichte in technischen Fachzeitungen und Militärfachzeitschriften von größerer Relevanz.[114] Erst nach einer drastischen Kehrtwende zu einer aktiveren Medienpolitik 1866 unterstrichen Presseartikel bezahlter Journalisten schlagende Verkaufsargumente wie Qualität, Härte, Haltbarkeit und technologische Vorteile. Diese Kampagnen können in Übereinstimmung mit Wolbring als europaweit erste Schritte zu modernen *Public Relations* und zu *Corporate Image*-Entwicklungen gesehen werden. Trotz enormer Vorbehalte gegen jede Form von „Reclame" kann Krupp somit als Pionier auf diesem Gebiet gesehen werden.[115] Schon 1890 richtete er ein „Nachrichtenbureau" als Abteilung im Unternehmen ein, das sich mit Presseauswertung, Kontaktpflege und später auch mit der Organisation von Werkstouren befasste.[116] Ähnlich innovative Schritte zu einer *open house policy* unternahmen die meisten internationalen Großkonzerne erst lange nach dem Zweiten Weltkrieg. Doch im Gegensatz zu den Marketingstrategien des späten 20. Jahrhunderts waren diese frühen Besichtigungstouren bei Krupp beschränkt auf den engeren Kundenkreis.[117]

Zu Beginn war für Krupp die Entwicklung eigener Werbeanzeigen weitaus weniger wichtig als die Auswertung der Presse und die Organisation der Besuchertouren durch die Betriebe. Doch als die Abteilung bis zum Jahre 1906 von vier auf sechzehn Referenten und vierzehn Arbeiter anwuchs, nahm die Werbung an Bedeutung zu. Dennoch wurden erst nach dem Ende des Ersten Weltkriegs und nach der Amerikanisierung des Werbesektors in den frühen 1920er Jahren bei Krupp Überlegungen angestellt, eine eigene Werbeabteilung einzurichten. Bis zu diesem Zeitpunkt hatte das Direktorium der Krupp AG nur wenig Sinn in der Einrichtung einer solchen Fachabteilung gesehen.

111 Wolbring: Krupp, S. 146–155, 169.

112 Ebenda, S. 160–164; Reinhardt: Reklame, S. 25.

113 Vgl. Rheinmetall-Archiv Bestand B 595.

114 Dazu gehörten das Militär-Wochenblatt, die Allgemeine Militär-Zeitung, die Zeitschrift des Vereins für das Eisenhüttenwesen und Eisenbahn Zeitung. Vgl. Wolbring: Krupp, S. 149 und 155.

115 Ebenda, S. 158 ff. und 122 f.; Hans Ludwig Zankl: Public Relations: Leitfaden für die Unternehmens-, Verbands- u. Verwaltungspraxis, Wiesbaden 1975, S. 15; Meffert: Marketing, S. 493; Kunczik: Geschichte der Öffentlichkeitsarbeit in Deutschland. Kunczik argumentiert hier zu Recht v. a. gegen die These, dass der Anfang betrieblicher PR in Deutschland erst nach dem Zweiten Weltkrieg mit dem Einfluss amerikanischer Marketingstrategien anzusetzen sei.

116 Reinhardt: Reklame, S. 26; Mitteilungen des Vereins Deutscher Reklamefachleute 16 (1923), S. 256.

117 Ausführlich Hilger: „Amerikanisierung".

Stattdessen investierte Krupp zunächst in andere Formen der PR, vor allem in Ausstellungen und Messen. Im Werbegeschäft, das sich an eine breitere Öffentlichkeit richtete, folgte Krupp erst 1921 mit dem Aufbau einer eigenen Fachabteilung den Beispielen von Markenartiklern des Nahrungs- und Genussmittelsektors. Sie sollte dem lahmenden Absatz nach dem Ersten Weltkrieg neue zivile Märkte erschließen helfen, hatten also eine ähnliche Funktion wie die Marketingstrategien Rheinmetalls in den 1960er und 1970er Jahren.[118] Im Nahrungs- und Genussmittelbereich waren bereits vor der Investitionsgüterbranche eigenständige Werbeabteilungen eingerichtet worden, die in Deutschland wesentlich von den USA und aus den USA zurückkehrenden kreativen Köpfen wie Hans Domizlaff und Paul E. Sohm beeinflusst und geformt worden waren.[119]

Studien zur Konsumgüterindustrie kamen zu dem Ergebnis, dass es der Finanzbedarf von Zeitungen und Zeitschriften war, der dazu führte, dass Werbeanzeigen entstanden und veröffentlicht wurden. Dagegen vertraten Wolbring und Heidrun Homburg in ihren Forschungen die Ansicht, dass die Initiative häufig eher von den Unternehmen ausging, die sich darum bemühten, größere öffentliche Aufmerksamkeit und Interessen zu wecken.[120] Krupp ist für die letztere These ein überzeugendes Beispiel, weil sich die Werbeabteilung und neu gegründete Unternehmensbereiche wie das Nachrichtenbureau und die Graphische Anstalt in starker Abhängigkeit von der Beziehung zwischen Konsumenten und Produzenten entwickelten. Dazu dienten verschiedene Kommunikationsmittel wie Fotografien, Filme, Artikel, Referenzen, Preislisten, Broschüren und Werbeflyer.[121]

Eine besondere Bedeutung für die Vertrauensbildung der Kunden hatte die eigene „Marke" in Form von speziellen Logos und eingetragenen Warenzeichen – im Rüstungssektor ebenso wie bei anderen Investitions- oder Industriegütern wie den Produkten der Anker-Werke.[122] Kunden und Vertragspartnern sollten in emotionaler Form nicht nur technische Daten, sondern „Werte wie Sachkompetenz, Qualitätsbewusstsein und Bescheidenheit (...) [als] die bestimmenden Faktoren des Unternehmensimages" vermittelt werden.[123] Dies galt auch für Robert Bosch der meinte: „Immer habe ich nach

---

118 Reinhardt: Reklame, S. 26–33. Zu den Kruppschen Absatzproblemen nach dem Ersten Weltkrieg vgl. van de Kerkhof: Krieg als Unternehmenskrise?

119 Reinhardt: Reklame, S. 31–33. Vgl. Berghoff: Moderne Unternehmensgeschichte, S. 331 ff.

120 Ebenda und Peter Borscheid: Am Anfang war das Wort. Die Wirtschaftswerbung beginnt mit der Zeitungsannonce, in: Ders./Wischermann (Hg.): Bilderwelt, S. 20–43; Konstantin Ingenkamp: Werbung und Gesellschaft: Hintergründe und Kritik der kulturwissenschaftlichen Reflexion von Werbung, Frankfurt am Main 1996, S. 154 ff.; Jürgen Habermas: Strukturwandel der Öffentlichkeit. Untersuchungen zu einer Kategorie der bürgerlichen Gesellschaft, Neuaufl. Frankfurt a.M. 1990, S. 248 f.; Wolbring: Krupp, S. 125; Homburg: Werbung, in: JWG, S. 11 ff.

121 Wolbring: Krupp, S. 122 ff.

122 Stücker: „Werbung um Vertrauen durch Schaffung eines positiven Firmenbildes", S. 187.

123 Ebenda.

dem Grundsatz gehandelt: ‚Lieber Geld verlieren als Vertrauen'. Die Unantastbarkeit meiner Versprechungen, der Glaube an den Wert meiner Ware und an mein Wort standen mir stets höher als ein vorübergehender Gewinn."[124] Berghoff ist der Meinung, dass sich hier schon wesentliche Elemente heutiger Vertrauensdefinitionen der sozialwissenschaftlichen Theorie wiederfänden: Vertrauen als Sozialkapital, welches sogar eine größere Bedeutung erlangen könne als das Finanzkapital. Berghoff urteilt dazu treffend: „Die untadelige Reputation und die Glaubwürdigkeit machten für ihn den ‚good will' eines Unternehmens aus, seinen über das materielle Vermögen hinausgehenden Wert."[125]

Ähnlich wie Bosch schätzten auch Waffenhersteller wie Krupp und Rheinmetall durchaus Vertrauen als ökonomische Kategorie. Im Investitionsgütermarketing wird, insbesondere an den Instrumenten von PR- und „Corporate Identity"-Pflege deutlich, wie wichtig es war und ist, das Vertrauen der Abnehmer und die Zustimmung der Rezipienten in der Öffentlichkeit zu gewinnen. Die ausgewählten Mittel, um mit Staatsgästen, Kunden, Lieferanten, Wissenschaftlern und einer breiten Öffentlichkeit in sprachlicher, aber auch in visueller Form zu kommunizieren, waren breit gestreut: Gewerbe- und Spezialmessen, Ausstellungen, Kataloge, Referenzlisten, Events und Logo-Design verbunden mit „Branding", der Bildung von Markenartikeln. Die Rüstungsunternehmen bildeten dabei im 20. Jahrhundert aber keine Ausnahme, wie Stefan Haas und Karl-Peter Ellerbrock mit Studien zur visuellen Kultur von Stahl- und Konsumgüterherstellern demonstriert haben.[126]

Pionier Krupp war dabei stets bestrebt, das Image eines technisch überlegenen, vertrauenswürdigen Gussstahl- und Kanonenproduzenten zu kultivieren. In Bezug auf die visuelle Kommunikation des Unternehmensimages war Krupp mit seinem Logo, den drei ineinander verschlungenen Ringen, im *Branding* wiederum Vorreiter. Schon seit der Einführung des „Reichsgesetzes über den Markenschutz" 1874 gab es erste Überlegungen, wie ein Warenzeichen für Kruppschen Gussstahl und Produkte aussehen könnte. Anfängliche Konzepte, die unter Alfred Krupp entwickelt wurden, waren: eine Muschel mit zwei Blitzen, ein geschwungenes Teil eines Eisenbahnrades, Bilder eines Dampfhammers oder der Turm des gigantischen Dampfhammers „Fritz" sowie ein stark stilisiertes, abstraktes und wenig ornamentales Zeichen – die drei sich überlagernden Ringe. Alfred Krupp selbst wählte dieses Logo – möglicherweise eine Stilisierung des nahtlosen Eisenbahnrades als eine der berühmtesten Innovationen von

124 Hans Konradin Herdt: Bosch 1886–1986. Portrait eines Unternehmens, Stuttgart 1986.

125 Berghoff: Zähmung, S. 143f.

126 Karl-Peter Ellerbrock: Signatur der Zeit. Visuelle Unternehmenskultur bei Hoesch in den „langen 1950er Jahren", in: Wischermann u. a. (Hg.): Unternehmenskommunikation, S. 131–166; Stefan Haas: Die neue Welt der Bilder. Werbung und visuelle Kultur der Moderne, in: Borscheid/Wischermann (Hg.): Bilderwelt, S. 64–77.

Krupp – und ließ es als Marke der Krupp Gußstahlfabrik am 9. Dezember 1875 beim Königlichen Kreisgericht Essen und am 5. April 1895 beim Kaiserlichen Patentamt in Berlin eintragen (Abb. 20). Weltweit wurde es nach und nach in 57 Ländern registriert und als Logo für Krupp-Produkte eingeführt.[127] Krupp wählte eine Stilisierung, die auch als drei Geschützrohre gedeutet werden kann, und als Symbol für Perfektion, die Trinität oder enge Verbindung, Vertrauen und Nähe steht. Wolbring ist zuzustimmen, dass dies auch als Anspielung auf die Idee des Unternehmens als sozialer Institution gesehen werden kann.[128]

Essen. Als Marke ist eingetragen unter Nr. 1 zu der Firma **Fried. Krupp** in Essen zufolge Anmeldung vom 6. Dezember 1875, Mittags 12 Uhr, für „Stahl und Eisen, sowie Stahl- und Eisenwaaren" das Zeichen:

Essen, den 9. Dezember 1875.
Königliches Kreisgericht. I. Abtheilung.

Ein Markenzeichen geschaffen:
Gebrauchsmusterschutz von 1875 und modernes Signet

KRUPP

Abb. 20: Das Logo der Fried. Krupp AG seit 1875.
Quelle: Saur: Krupp, S. 58.

Die „drei Ringe" von Krupp als universales, symbolhaftes Zeichen wurden bis in die Gegenwart zu einer Art Metonym für das Unternehmen und nach der Fusion mit der Thyssen AG in das neue Logo (Thyssen-Bogen mit Krupp-Ringen) integriert.[129]

127 Wolbring: Krupp, S. 14; Elmar Wadle: Fabrikzeichenschutz und Markenrecht. Geschichte und Gestalt des deutschen Markenschutzes im 19. Jahrhundert, 2 Bde., Berlin 1977/1983, v. a. S. 241 ff.
128 Wolbring: Krupp, S. 144 f.
129 Ebenda. Ausführlicher zur Geschichte des Markenschutzes Wadle: Fabrikzeichenschutz, v. a. S. 241 ff. Ein schönes Beispiel für den Gebrauch des Logos als Metonym ist: Gert von Klass, Die drei Ringe. Lebensgeschichte eines Industrieunternehmens, Tübingen 1953.

4.1.7 Rheinmetall als Imitator und *Follower*

Die Rheinmetall AG war in puncto Markenentwicklung und Logodesign – verglichen mit dem Pionier Krupp – ein Imitator. Ungeklärt bleibt auf der Grundlage des vorhandenen Quellenmaterials, ob es die Kruppschen Werbeanzeigen und Auftritte waren, die als Vorbild dienten, oder ob vielmehr andere Unternehmen imitiert wurden. Zwei Jahre nach der Gründung des Unternehmens entwickelte der geschäftsführende Ingenieur Ehrhardt eine Prozessinnovation, das Press- und Ziehverfahren, die den Durchbruch brachte. Durch die patentierte Innovation war es nun möglich, in seinem Betrieb nahtlose Rohre, Röhren und Munition zu fertigen.[130] Seit mindestens 1892 wurde dieses Verfahren von Ehrhardt für die Präsentation des Unternehmens in Werbeanzeigen genutzt und diente ähnlich wie die Kruppschen Ringe als unmissverständliches Erkennungszeichen für den Düsseldorfer Rüstungsproduzenten.[131]

Rheinmetall wählte ebenfalls ein stilisiertes Logo der wichtigsten Entwicklung Ehrhardts. Die abstrakte Darstellung dieser Prozessinnovation wurde früh für Werbeanzeigen und Schriftwechsel genutzt – und ist auch heute noch ein intaktes Logo bzw. ein Warenzeichen für den *Follower* Rheinmetall und seine Produkte (Abb. 21).[132] Das Logo symbolisiert einen viereckigen metallischen Block in einer runden Pressform. Ein Rhombus stellt den Querschnitt des Stahlblocks dar, die Ringform soll die zylindrische Matrize erkennen lassen. Obwohl dieses Logo ebenfalls ein sehr klares, nüchternes und gut wieder erkennbares Zeichen darstellte, erreichte es als Symbol aber nie den Bekanntheitsgrad des Krupp-Logos, das sogar in satirischen oder rüstungskritischen Darstellungen vielfältig genutzt

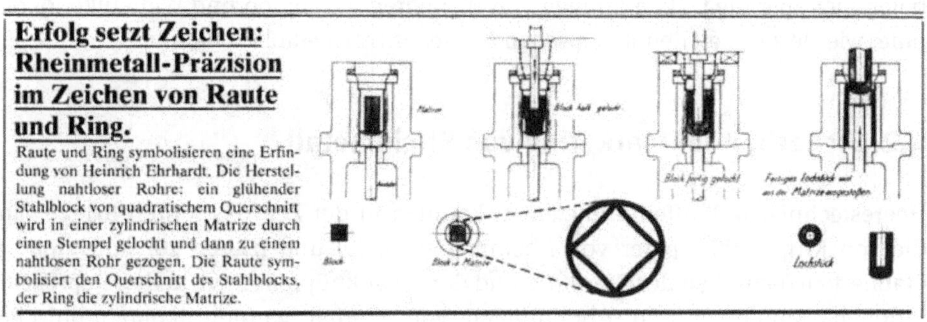

Abb. 21: Ein Markenzeichen entsteht: Die Rheinmetall-Raute seit 1892.
Quelle: Rheinmetall-Festschrift 1975, o.S.

130 Vgl. Leitzbach: Rheinmetall. Vom Reiz, Bd. 1, S. 23 ff.

131 Zum Verfahren auch Leitzbach, S. 12 f. und 26 f.

132 Vgl. Leitzbach, S. 8 mit der Abbildung verschiedener Rheinmetall-Firmenzeichen.

wurde.[133] Die Marke war – ähnlich wie bei Krupp – schon an den Anforderungen moderner Absatzpolitik unserer Gegenwart orientiert. Hier trat „der Gebrauchsnutzen einer Marke im Marketing hinter den Erlebnisnutzen immer weiter zurück." Schröter erklärt in Übereinstimmung mit der modernen Marketinglehre diese Tendenz zu Recht damit, „daß die ökonomischen oder technologischen Unterschiede zwischen den konkurrierenden Produkten tendenziell geringer werden."[134] Dies gilt nicht nur für die Konsumgüterindustrie oder die konsumnahe Chemieproduktion, die Schröter untersucht hat, sondern auch die Rheinmetall-Marke abstrahiert von den Produkten, ihrem Gebrauchsnutzen und Einsatzmöglichkeiten. Sie setzt mit Rhombus und Kreis stattdessen auf Werte wie Präzision, Harmonie und Dauer, die Beschaffungsämter und andere Kunden im In- und Ausland ansprechen sollten.

Leider gibt es für Rheinmetall vor 1945 keine annähernd dichte Quellenüberlieferung zur Gestaltung von Werbung, entsprechender Abteilungen, Kundenbeziehungen und Eventmarketing wie bei Krupp. Es lassen sich nur einige wenige Werbeanzeigen für den zivilen Markt der 1920er Jahre finden. Die frühe Einrichtung einer Graphik-, Werbe- oder Verkaufsabteilung ist nicht belegt.[135] Es scheint so, als sei es dem Unternehmen in den ersten Jahrzehnten seines Bestehens v. a. um das Direktmarketing bei den Nachfragern gegangen. Denn enge Beziehungen unterhielt Rheinmetall von Beginn an zu den Beschaffern v. a. in der preußischen Heeresverwaltung. Nach 1900 führte der erste Auslandsabsatz zu Vorführungen bei der norwegischen Heeresverwaltung, die 1901 den ersten großen Exportauftrag brachten, dem weltweite Aufträge z. B. 1902 von den USA folgen sollten.[136] Neue, kreative Formen des Marketings, der Werbung und der PR musste das Unternehmen allem Anschein nach erst sehr viel später im Kalten Krieg entwickeln. Eine Orientierung boten hier aber die frühen Formen von Waffenrepräsentation und Waffenikonographie, wie sie sich seit den Kruppschen Messeauftritten etabliert hatten.

4.2 Sicherheit im Marketing von Rheinmetall

Heerestechnische Waffenproduzenten konnten in der Zeit des Kalten Krieges an die von Krupp und später von Rheinmetall im 19. und frühen 20. Jahrhundert etablierten Techniken der Werbung und der PR anknüpfen. In visuellen Repräsentationen, Katalogen und Abbildungen von Waffen wurden ikonographische

133 Siehe van de Kerkhof: It's good to have.

134 Schröter: Marketing als angewandte Sozialtechnik, S. 617.

135 Siehe v. a. Leitzbach: Rheinmetall. Vom Reiz, Bd. 1, u. a. S. 85 ff.

136 Ebenda, S. 50 ff. Geringen Absatz von Geschützen gab es vor dem Ersten Weltkrieg auch nach Rumänien, Bulgarien, Serbien, Portugal, Ecuador, Kolumbien, Venezuela und China.

Vorbilder angeboten, die adaptiert, variiert und verfremdet werden konnten. Schröter hat darauf hingewiesen, dass Marketing als angewandte Sozialtechnik „latent vorhandene, grundlegende menschliche Wünsche, wie z. B. nach Harmonie, Sicherheit und Akzeptanz, erst zu aktivieren und dann mit einem Produkt affektiv oder kognitiv zu verbinden" vermag.[137] Dies gilt insbesondere für die Kommunikationspolitik von Unternehmen, in denen diese grundlegenden Wünsche, Bedürfnisse und damit einhergehende bildliche Vorstellungen erst intern und dann an die Öffentlichkeit vermittelt werden. Wir müssen also von einer Wechselwirkung zwischen gesellschaftlichem Kontext und der internen bzw. externen Kommunikation der Unternehmen ausgehen. Marketingexperten griffen dabei grundlegende menschliche Bedürfnisse wie Sicherheit und Harmonie auf, bisweilen auch mit Blick auf den zeitgenössischen Kontext und verbanden sie mit den Produkten, die abgesetzt werden sollten. Im Kalten Krieg boten sich nicht nur allgemeine gesellschaftliche oder kulturelle Phänomene an, sondern es gab auch eine spezifische Kultur einzelner Phasen wie die der späten 1960er und frühen 1970er Jahre (der „68er").[138]

Wie schon am Beginn der Arbeit gezeigt, haben Eckart Conze, Arnold Sywottek, Lothar Brock und andere deutlich gemacht, dass sich Sicherheit nicht nur als grundlegendes menschliches Bedürfnis, sondern auch als dominanter Diskurs nach dem Zweiten Weltkrieg herauskristallisierte.[139] Auch Rüstungsunternehmen bezogen sich im Kalten Krieg auf diesen Diskurs. Neben Bildern von Hightech, ökonomischem Aufschwung und hegemonialer Männlichkeit zielten die Marketingstrategien von Unternehmen wie Rheinmetall aber nicht nur auf das menschliche Streben nach Schutz und Sicherheit, sondern sie griffen m. E. auch als Akteure gezielt in den zeitgenössischen Sicherheitsdiskurs ein.[140] Diese Hypothese ist für die unternehmenshistorische Forschung insofern von Interesse, als Unternehmen der Wehrtechnik im Kalten Krieg entscheidenden Anteil daran hatten, ein Gefühl von Sicherheit und Schutz zu konstruieren und zu verbreiten. Sie wurden zu dominanten Akteuren in der Arena des politischen Diskurses über Sicherheit. Unternehmen wie Rheinmetall, Krauss-Maffei und Krupp in Deutschland, Dassault und Le Creusot in Frankreich, Bell und BAD in Großbritannien oder Bofors und Kongsberg in Skandinavien wuchsen in der und teilweise auch durch die Systemkonfrontation zu riesigen Konglomeraten, die nicht nur

---

137 Schröter: Marketing als angewandte Sozialtechnik, S. 616. Vgl. R. Nieschlag/E. Dichtl/H. Hörschgen: Marketing, Berlin 1988, S. 18–26.

138 Vgl. etwa Werner Faulstich (Hg.): Die Kultur der Siebziger Jahre, München 2004; Edgar Wolfrum: Die 70er Jahre: Republik im Aufbruch, Darmstadt 2007.

139 Ausführlich siehe Kap. 1. Vgl. Lothar Brock/Berthold Meyer (Hg.): Die Zukunft der Sicherheit in Europa, Baden-Baden 1984; Daniel Frei/Peter Gaupp: Das Konzept „Sicherheit". – Theoretische Aspekte, in: Klaus-Dieter Schwarz (Hg.): Sicherheitspolitik. Analysen zur politischen und militärischen Sicherheit, Bad Honnef 3. Aufl. 1981, S. 3–16.

140 Vgl. van de Kerkhof: „It's good to have a reliable navy!", S. 107 ff.

über enorme ökonomische Macht verfügten. Sie betätigten sich darüber hinaus auch als Akteure im Sicherheitsdiskurs, die mit ihren Marketing-Strategien im Feld von Image-Gestaltung und symbolischer Repräsentation aktiv wurden. Sie kreierten ein Bild von sich selbst als Garanten von Sicherheit, ein Bild ihrer Produkte als vertrauenswürdige Beschützer und ein Bild ihrer konkurrenzlosen technologischen Standards. Die Untersuchung dieses Sicherheitsdiskurses unterstreicht die kulturellen und medienbasierten Dimensionen des Kalten Krieges. Rüstungsunternehmen in der BRD, aber auch ihre internationalen Konkurrenten und Kooperationspartner etwa in Frankreich, Großbritannien und Italien nutzten Techniken des *discourse framing* für ihre Marketingstrategien, und Geschichte spielte in den von ihnen genutzten Argumenten ebenfalls eine wichtige Rolle.

Unternehmenshistoriker und Ökonomen haben in neueren Studien gezeigt, dass es für Unternehmen im Laufe des 19. und 20. Jahrhunderts immer wichtiger wurde, ein eigenes *Corporate Image* zu manifestieren.[141] Dabei spielten Marken und Logos eine bedeutende Rolle, denn sie dienten nicht nur dem Schutz geistigen Eigentums, sondern sie wurden auch konstruiert und aufgeladen zu Symbolen mit nationaler oder sogar transnationaler Bedeutung. Hier soll nun die Frage im Mittelpunkt stehen, inwiefern das *Corporate Design* oder sogar die *Corporate Identity* von Rüstungsunternehmen wie Rheinmetall und Krauss-Maffei dazu beitrugen, ein Image von Sicherheit, Schutz und Vertrauen zu konstruieren und in die Öffentlichkeit zu transportieren.

4.2.1 *Branding*, Logo-Design und *Corporate Images* im Kalten Krieg

Den Bekanntheitsgrad, den das Kruppsche Logo schon vor dem Ersten Weltkrieg hatte, erreichte Rheinmetall erst nach dem Zweiten Weltkrieg mit international bekannten militärischen „Markenartikeln“ wie dem „Leopard”, dem „Büffel”, dem „Fuchs” und dem „Wiesel”.[142] Ebenso wie Konkurrent und später Partner Krauss-Maffei warb Rheinmetall mit bildhaften Marken aus dem Tierreich für hoch technisierte Waffensysteme. Das Unternehmen setzte somit in der Bild- und Textansprache auf universal verständliche Werbestrategien mit transnationalem Charakter.

---

141 John T. Balmer/Stephen A. Greyser (Hg.): Revealing the Corporation. Perspectives on Identity, Image, Reputation, Corporate Branding, and Corporate-Level Marketing, London/New York 2003; Roland Marchand: Corporate Soul. The Rise of Public Relations and Corporate Imagery in American big Business, Berkeley 1998; Meffert (Hg.): Strategische Markenführung; Raffée/Wiedmann: Corporate Identity; Hilger: „Amerikanisierung“; Richard Tedlow: Keeping the Corporate Image: Public Relations and Business, 1900–1950, Greenwich/Ct. 1979.

142 Nur kurz dazu: Seibold: Röchling, S. 315 ff.

Das Logo von Rheinmetall war nach dem Zweiten Weltkrieg, ebenso wie die Produkte aus der Vorkriegszeit, im militärischen Bereich weithin bekannt. Aufgrund des Verbots jeglicher Rüstungsproduktion versuchten Waffenproduzenten wie Rheinmetall in den ersten Jahren nach Kriegsende, zivile Märkte zu erschließen und neue Produkte zu entwickeln, was allerdings zunächst wenig profitabel war. Erst 1956 gelang der offizielle Wiedereinstieg in die Produktion von Rüstungsgütern, so dass erst gut zehn Jahre nach dem Ende des Zweiten Weltkriegs wieder mit der Waffenfertigung bei Rheinmetall in Düsseldorf begonnen wurde. Die ersten Produkte, die produziert wurden, waren das Sturmgewehr G 3 und das Maschinengewehr MG 42. Sie waren, wie schon gezeigt, überaus stark nachgefragt und erbrachten hohe Umsätze, so dass Rheinmetall noch Ende der 1950er Jahre im zivilen Bereich diversifizieren und dazu kleinere und mittelständische Unternehmen erwerben konnte. Umfassender Werbestrategien waren bis zu diesem Zeitpunkt auf den Verkäufermärkten nicht notwendig. Im Jahre 1964 gelang der offizielle Wiedereinstieg in die vormalige Hauptproduktionssparte im Bereich der schweren Kriegswaffen: in die Geschütz- und Kanonenproduktion. Parallel zu dieser Unternehmensentwicklung und dem allgemeinen Übergang zu Käufermärkten am Ende der Nachkriegsrekonstruktion wurden ab 1964 sorgfältig durchdachte Werbekampagnen entwickelt und in verschiedenen Massenmedien präsentiert: in Zeitungen, v. a. der Qualitätspresse, in Fach- und Wochenzeitschriften, speziellen Filmpräsentationen, Broschüren und anderem mehr. Diese ersten Anzeigen warben zunächst mit recht traditionellen Motiven, die an die Geschichte und Tradition des Unternehmens erinnern sollten, aber auch mit Bildern, die auf Männlichkeit und Virilität anspielten.

4.2.2 *History Marketing* als Werbestrategie

Erst mit der Einführung neuer Kampagnen in den 1970er Jahren stellte Rheinmetall eine für die Produkte der 1960er Jahre besonders prägende Form der Waffenrepräsentation fast völlig ein: das *History Marketing.*[143] In den ersten Werbeanzeigen nach dem Zweiten Weltkrieg hatte Rheinmetall nämlich nicht nur historische Fotografien von Waffen aus der Vorkriegszeit platziert, sondern in den Textaussagen trotz der deutschen Niederlagen immer wieder auf die erfolgreiche Tradition des Unternehmens als Waffenlieferant zweier Weltkriege angespielt. Zwischen 1964 und 1968 wurden auch in Publikumszeitschriften solche Anzeigentypen veröffentlicht, die Kontinuität versprachen und auf die Weltkriegstradition der neuesten und technologisch fortschrittlichsten Modelle verwiesen. Slogans, die in den Textaussagen genutzt wurden,

143 Vgl. Schug: History Marketing.

waren beispielsweise „Fortschritt durch Erfahrung“, „Bewährtes verbessert“ und „Jede zu Ihrer Zeit die Modernste! RHEINMETALL-Waffen“.[144]

In der Anzeige (Abb. 22), die mit den Slogans „Bewährtes verbessert“ und „Fortschritt durch Erfahrung“ wirbt, wird in der Textaussage nicht nur auf die Verwendungsmöglichkeiten, sondern auch explizit darauf eingegangen, dass das neue MG der Bundeswehr aus dem MG 42 der Wehrmacht entwickelt wurde. Das Bild zeigt – ungewöhnlich für die deutsche Waffenrepräsentation seit den ersten Kruppschen Werbeanzeigen – Kopf und Hand eines jungen Soldaten mit Helm, der mit dem Maschinengewehr auf etwas zielt, allerdings nicht schießt.

Abb. 22: Rheinmetall-Anzeige in Zeitungen und Zeitschriften, 1964–1968.
Quelle: Rheinmetall-Archiv, B 512/12.

144 Siehe Abbildungen aus: Rheinmetall-Archiv, B 512/12.

Der Soldat liegt angestrengt zielend in der freien Natur, vermutlich im Heu; sichtbar ist neben der diagonal angeordneten Waffe, die nicht auf den Betrachter zielt, auch die Munitionszufuhr. Das Bild ist von schwarzen Balken gerahmt – ähnlich einer Traueranzeige – und an den Seiten finden sich links und unten noch zwei Abbildungen des Rheinmetall-Logos, zudem die Anschrift. Insgesamt wird deutlich, dass das Unternehmen mit Text- und Bildaussage in dieser Anzeige Tradition und Gegenwart zu verbinden suchte: Der junge Soldat zeigt aktuelle Einsatzmöglichkeiten der Waffe, die allerdings den Betrachter nicht einbeziehen, während der Text auf die Tradition verweist.[145]

Einen ähnlichen Spagat zwischen dem Verweis auf Kompetenzen der Vergangenheit und den Werbeversprechen der Zukunft demonstriert eine zweite Anzeige (Abb. 23) aus dieser Zeit. Hier wird die Kampagne „Fortschritt durch Erfahrung" mit dem suggestiven Slogan „Jede zu Ihrer Zeit die Modernste! RHEINMETALL-Waffen" fortgesetzt. Die Anzeige zeigt zwei diagonal in das Bild gesetzte Geschütze aus dem Zweiten Weltkrieg („einst") und dem Kalten Krieg („jetzt"). Beide Geschützrohre zielen gemäß der seit Krupp etablierten Waffenikonographie nicht auf den Betrachter,

Abb. 23: Rheinmetall-Anzeige in Zeitungen und Zeitschriften, 1964–1968.
Quelle: Rheinmetall-Archiv, B 512/12. Vgl. auch Technik und Versorgung (1966/67), S. 83.

145 Siehe zum Bild des Soldaten in der neu gegründeten Bundeswehr auch Thorsten Loch: Das Gesicht der Bundeswehr, München 2008. Vgl. auch Ders.: Soldatenbilder im Wandel Die Nachwuchswerbung der Bundeswehr in Werbeanzeigen, in: Paul (Hg.): Visual history, S. 265–281.

sondern in die Bildecke hinten rechts. Zudem bilden die in starken schwarz-weiß-Kontrasten abgebildeten Geschütze mehrere gleichschenklige Dreiecke, was Aufmerksamkeit erzeugt und auf eine durchdachte Bildkomposition hinweist. In dieser Anzeige wird ebenfalls mit der „Garantie" einer 75-jährigen Erfahrung in der Konstruktion und Produktion von Waffen, Waffenanlagen und Munition um das Vertrauen der Kunden geworben. Auffällig ist auch hier das Design der Anzeige, das an Traueranzeigen erinnert.

Eine letzte Anzeige aus dieser Kampagne soll zeigen, dass versucht wurde, auf alle Produkttypen aus der Vorkriegs- und Kriegstradition des Unternehmens anzuspielen und mit ihren modernen Nachfolgern zu werben. Sie geben damit auch Zeugnis von Wiederaufbauboom und völliger Rekonstruktion angestammter heerestechnischer Unternehmensbereiche (Abb. 24).

Abb. 24: Rheinmetall-Anzeige in Zeitungen und Zeitschriften, 1964–1968.
Quelle: Technik und Versorgung (1966/67), S. 123. Ähnlich im Textregister auch eine andere Anzeige ohne Abbildung in Technik und Versorgung (1966/67), S. 61.

Bei der Panzerabwehrkanone ist die Horizontale stark betont, auffälliger ist jedoch die Platzierung des Waffensystems über die Rahmung hinaus, die das von Rheinmetall entwickelte Geschützrohr betont. Nicht angesprochen ist in diesen Anzeigen die Frage nach einer Tradition, die vor dem Hintergrund zweier verlorener Weltkriege nur bedingt positiv und werbewirksam erscheint. Andererseits sprachen diese Anzeigen aber durch ihre Codierung die früheren Nutzer an, die nun in der Bundeswehr dienten und die Waffensysteme aus ihrer Weltkriegsvergangenheit genauer kannten – und möglicherweise auch besonders schätzten. Wie in Kapitel 2 und 3 ausführlich dargestellt, verfügten wesentliche Mitglieder der *security communities* und viele der hochrangigen Beschaffungsakteure über Kampf- und Führungserfahrung im Zweiten Weltkrieg. Sie wurden mit diesen Anzeigen an eine gemeinsame Geschichte und Erfahrungen erinnert, die verbanden und zur Kundenbindung beitragen konnten. Zudem stellten die Anzeigen einen Versuch dar, neue Kunden mit dem Versprechen zu gewinnen, in der Vergangenheit besonders erfolgreiche und moderne, innovative Produkte produziert zu haben und damit für die neuen Herausforderungen stets kompetenter Ansprechpartner zu sein.

4.2.3 Virilität und Dominanz als Diskurs in der Rheinmetall-Werbung

Ein weiterer wichtiger Schritt auf dem Weg, einer der bedeutendsten Hauptvertragspartner der Bundeswehr zu werden, war die Auslieferung des ersten Leopard 2-Kampfpanzers mit dem von Rheinmetall konzipierten neuen 120-mm Rohr und der passenden Munition im Jahre 1979. Diese Produktinnovation bezeichnet Rheinmetall immer noch als eine der wichtigsten „technological innovations from Rheinmetall".

Der „Leopard"-Panzer wurde schnell weltweit in Fachkreisen und öffentlich für seine hohe Qualität geschätzt. Zudem konnte das Waffensystem nahezu zum Synonym für die erstklassige und technologisch fortschrittliche Ausstattung der deutschen Bundeswehr werden, die dank deutscher Wehrtechnik nun durchaus mit dem Technologieführer USA mithalten konnte. Der Name „Leopard" kombinierte dabei die Fähigkeiten eines starken, intelligenten und äußerst schnellen Raubtiers mit der Leistungsfähigkeit und Stärke der bundesdeutschen Armee. Zugleich knüpfte er an ältere Traditionen der Benennung von Waffen und Waffensystemen an, die schon in der Frühen Neuzeit, insbesondere aber im Deutschen Kaiserreich und im nationalsozialistischen Deutschland zu finden waren.[146]

In einigen Werbekampagnen für den Leopard-Panzer aus den 1970er Jahren, aber auch für Geräte wie die Feldhaubitze 155, werden neben der Stärke des Tiers zudem menschliche Eigenschaften implizit oder explizit angesprochen: Virilität und Dominanz (z. B. in Abb. 25).

Der deutlich binäre *Gender*-Code, der damit angesprochen war, sollte von früheren, v. a. aber wohl von zukünftigen jugendlichen Nutzern erkannt werden. Dies war womöglich auch der Grund, weshalb Sticker entworfen, danach massenweise produziert und verteilt wurden, die männliche Virilität („Unser stärkstes Stück

146 Vgl. Mary R. Habeck: Die Technik im Ersten Weltkrieg – von unten gesehen in: Dies./Geoffrey Parker/Jay Winter (Hg.): Der Erste Weltkrieg und das 20. Jahrhundert, Hamburg 2002, S. 101–132.

Abb. 25: Rheinmetall Stickerkampagnen, 1970er Jahre.
Quelle: Rheinmetall-Archiv, B 521.

(Leopard 2) – Stück für Stück Sicherheit" auf eine humorvolle und zugleich doppeldeutige Weise adressierten.[147] In einem Kurzinterview im SPIEGEL berichtete ein Rheinmetall-Sprecher Anfang 1983, dass diese Aufkleber in einer Auflage von etwa 40.000 Stück verteilt worden seien, „nachdem ‚waschkörbeweise Anfragen aus Schüler- und Studentenkreisen oder von Bundeswehr-Fanklubs eingegangen waren'. Einzeln oder als Bestandteil von Informationsmappen, die Besuchergruppen überreicht werden, gehen die Embleme, so ein Rüstungslobbyist, ‚weg wie warme Semmeln'."[148] Hier wird deutlich, dass die Werbekampagne die in den Studien der Rheinmetall-Öffentlichkeitsarbeit vorgesehenen Zielgruppen durchaus erreichte bzw. die geplanten

147 Siehe Sticker in: Rheinmetall-Archiv, B 521.
148 O.V.: „Unser stärkstes Stück", in: Der SPIEGEL 2/1983 vom 10.1.1983, S. 16.

Besuchertouren im Werk genutzt werden konnten, um sehr günstige Werbeartikel (Stückpreis von rund 3 Pfennig)[149] mit einem identifikationsstiftenden Image passend zum anvisierten Segment (Öffentlichkeit, Jugendliche) zu verteilen.

Verschiedene weitere Werbeanzeigen und Kampagnen wurden danach zunächst von der Rheinmetall Industriewerbung GmbH unter Fabry und später von der Stabsabteilung Öffentlichkeitsarbeit unter Pieper entwickelt und veröffentlicht. Obwohl sie bezüglich ihrer formalen, ästhetischen und sprachlichen Aspekte kontinuierlich weiterentwickelt wurden oder sich dem Zeitgeist entsprechend wandelten, blieben einige Themen und Bilder während des Kalten Krieges vorherrschend. Wenig überraschend war „Sicherheit" in Anzeigen, Aufklebern und Plakaten ein dominanter Diskursstrang, der allerdings in verschiedenen Aspekten und Spielarten immer weiter ausdifferenziert und instrumentalisiert wurde.

4.2.4 Sicherheit als Diskurs und Praxis

In Zeitungen, Zeitschriften und in größeren Kampagnen deklinierte Rheinmetall das Thema Sicherheit in verschiedenen Varianten durch: „Sicherheit des Friedens", „Sicherheit der Freiheit", „der freien, sozialen Marktwirtschaft, der Grundlage unseres Wohlstandes". Wie Bernd Greiner gezeigt hat, hatte sich diese Entfaltung des Begriffsfeldes Sicherheit schon seit der Ära Roosevelt herausgebildet: „Die Karriere des Begriffs ‚nationale Sicherheit' illustriert diesen Zusammenhang auf eine bis heute gültige Weise. Im Grunde blieb kein Bereich des politischen und gesellschaftlichen Lebens, keine private oder öffentliche Aktivität ausgespart: Schlechterdings alles war ein Problem ‚nationaler Sicherheit'."[150] In ähnlicher Weise wurden auch in den Anzeigenkampagnen verschiedene Teilbereiche menschlicher Sicherheit breit aufgefächert und dem Betrachter offeriert.

Die Forderung in einer der veröffentlichten Anzeigen (Abb. 26) gipfelte in „Nur ein geschützter Frieden ist ein sicherer Frieden." Damit wurden Frieden, Schutz und Sicherheit in der Werbeansprache untrennbar mit der Waffenproduktion verbunden. Die groß angelegte Kampagne „Argumente für die Sicherheit" wurde seit der NATO-Nachrüstungsdebatte 1979 und zunehmender Rüstungskritik in Tageszeitungen und Wochenzeitschriften lanciert. Sie sollte Informationen und Argumente der Rüstungsindustrie an die breite Öffentlichkeit vermitteln und bot teilweise die Möglichkeit, zusätzliches Informationsmaterial beim Unternehmen zu bestellen. Es wurden neben dem Sicherheitsdiskurs auch andere Diskurse der Zeit angesprochen, die eng mit diesem verknüpft waren, z. B. das Thema Abschreckung. Hier wurde im Zusammenhang mit der Forderung, neue Panzer bereitzustellen, argumentiert, dass „das Prinzip der Abschreckung funktioniert". Laut Bernd Greiner „schärfte ausgerechnet die

149 Ebenda.
150 Vgl. Greiner: Antikommunismus, Angst und Kalter Krieg, S. 46 f.

Abb. 26: Rheinmetall-Anzeige in Zeitungen und Zeitschriften, nach 1979.
Quelle: Rheinmetall-Archiv B 521/1: Rheinmetall Wehrtechnik. Argumente für die Sicherheit. Abgebildet in Soldat und Technik (1981), S. 171.

Ausweitung des Sicherheitsversprechens [in den USA unter Roosevelt, vdK] die Sensibilität für reale und imaginierte Unsicherheiten und wurde folglich zum Nährboden neuer und im Wortsinn entgrenzter, maßloser Angst.“[151]

151 Greiner: Antikommunismus, Angst und Kalter Krieg, S. 46.

Auf das Dilemma der nuklearen Abschreckung spielte das Unternehmen in seiner Anzeige daher durchaus in beruhigender Absicht an, denn es ging zwar „von jenen Mitteln, die für die Gewährleistung größtmöglicher Sicherheit aufgeboten wurden, (...) die größtmögliche Gefahr aus – die Selbstvernichtung im Falle eines Versagens der Abschreckung. Wirksame Abschreckung aber setzte voraus, dass die Angst vor der Bombe nicht als Verängstigung in Erscheinung trat. Wer glaubwürdig abschrecken wollte, musste den Gegner einschüchtern, verunsichern und ihm dauerhaft Rätsel aufgeben: Nie sollte er ein klares Bild von den eigenen Kapazitäten und Absichten gewinnen, nie gewiss sein, wie weit die Berechenbarkeit seines Gegenübers reichte."[152] Von daher ergänzte die Behauptung, dass „das Prinzip der Abschreckung" funktioniere, den bisher durchdeklinierten Sicherheitsbegriff in zweierlei Hinsicht nur konsequent: einerseits wurde hier die Machbarkeit der Abschreckungsdoktrin behauptet, um Sicherheitsbedürfnissen entgegenzukommen, andererseits war eben diese Machbarkeit die Voraussetzung dafür, dass überhaupt konventionelle Waffen im Zeitalter nuklearer Bewaffnung weiterhin in größerem Umfang abgesetzt werden konnten.

Mit dem Sicherheitsdiskurs, der immer wieder in verschiedenen Anzeigen angesprochen wurde, argumentierte die Rheinmetall-Werbung aber nicht nur im militärischen, sondern auch im zivilen Bereich (Abb. 27). So wurde z. B. für Rheinmetall-Stoßdämpfer in den 1960er Jahren mit einer ähnlichen Anzeige geworben wie für das MG 3 und das Geschütz: „Für Fahrkomfort und Sicherheit".[153] Hier versprach man dem Kunden „zusätzliche Sicherheit" durch die Qualität und Präzision der Rheinmetall-Produkte.

Während diese Anzeige noch mit stark reduzierten Formen arbeitete und graphisch wieder in gewisser Weise einer Todesanzeige ähnelte, wurden in den 1970er Jahren Anzeigen entworfen, die eine stärkere Textlastigkeit aufwiesen. Diese Anzeigen hatten einen wesentlich höheren Informationswert als die Anzeigen der 1960er Jahre, spielten aber ebenfalls auf den Sicherheitsdiskurs an (Abb. 28).

Auch die Aviatest-Anzeigen, die einmal in Form einer Weltkugel, ein anderes Mal in Form eines schützenden Regenschirms gestaltet waren, griffen den Sicherheitsdiskurs der Zeit auf.[154] Sie versprachen dem in eine Gemeinschaft einbezogenen Betrachter z. B. „unsere Welt ein Stück sicherer zu machen". Die Rheinmetall-Werbung platzierte den Slogan „Sicherheit ist nicht Glückssache – Sicherheit ist meßbar" zudem über dem Motiv des Schirms als eindeutiges Symbol für Schutz und Sicherheit. Beide Anzeigen vermittelten zwar in den Texten am unteren Rand der Anzeige weitere ausführliche Informationen, auffälliger waren aber die Aussagen

152 Ebenda, S. 47. Vgl. Michael Geyer: Cold War Angst: The Case of West-German Opposition to Rearmament and Nuclear Weapons, in: Hanna Schissler (Hg.): The Miracle Years. A Cultural History of West Germany, 1949–1968, Princeton 2001, S. 376–408.

153 Unter anderem Rheinmetall-Archiv B 521.

154 Eine weitere Anzeige mit ähnlichem Format und Inhalt findet sich in Rheinmetall-Archiv B 521.

Abb. 27: Anzeige aus dem zivilen Produktbereich von Rheinmetall, 1960er Jahre.
Quelle: Rheinmetall-Archiv, B 521.

zum Thema „Sicherheit“. Damit wurde Sicherheit als messbare Leistung von Technologie und Wissenschaft dargestellt und diese Machbarkeitsvorstellungen wurden in den Sicherheitsdiskurs der Zeit eingespeist.

Rheinmetall griff damit auch eine spezifische Konnotation von Sicherheit auf, die sich in vielen Anzeigen der 1970er und 1980er Jahre, z. B. im Automobilsektor, finden lässt: Sicherheit als technologisch machbare Garantie eines angenehmen Lebens. Ähnliche Aussagen haben Ingo Köhler bzw. Thomas Mergel für die deutsche Automobilindustrie bzw. Konsumgüterbranche der 1970er Jahre ausführlich und überzeugend nachweisen können, was somit den Befund für die zivile Sparte von Rheinmetall bestätigt.[155]

Rheinmetall versprach zudem in einer späteren Anzeige, dass das Unternehmen als Produzent und Beschützer die öffentliche Sicherheit garantieren könne. „For your security – Now and in the Future“ – dies war der Titel der in der BRD, aber auch international publizierten Werbeanzeige der Rheinmetall GmbH für das

155 Ingo Köhler: Marketing als Krisenstrategie. Die deutsche Automobilindustrie und die Herausforderungen der 1970er Jahre, in: Berghoff (Hg.), Marketinggeschichte, S. 259–295; Mergel: Propaganda, S. 18 ff.

Abb. 28: Anzeige der Aviatest (Rheinmetall-Beteiligung), 1970er Jahre.
Quelle: Rheinmetall-Archiv, B 521.

Maschinengewehr MG 3 in den 1970er Jahren (Abb. 29). Das Gewehr ist hier sehr nüchtern und klar abgebildet, kein Beiwerk stört den Blick des Betrachters.

Zusammen mit dem umfassenden Sicherheitsbegriff der größeren Informationskampagne sollte mit dieser Anzeige also gezielt auf den Sicherheitsdiskurs eingewirkt werden. „Sichere Waffen für einen sicheren Frieden“ – diese Formel fasst das sicherheitspolitische Dogma des Unternehmens, wie es in den Anzeigen zum Tragen kommt, prägnant zusammen. Die wesentliche Intention hinter dieser direkten Verbindung von Waffen mit Frieden und Sicherheit kann darin gesehen werden, ein Bild von Frieden und Sicherheit zu produzieren und zu stabilisieren, in dem Waffen unverzichtbar sind. Die Rheinmetall GmbH veröffentlichte zu diesen Marketingstrategien die zu Beginn

Abb. 29: Rheinmetall-Anzeige in Zeitungen und Zeitschriften, 1970er Jahre.
Quelle: Rheinmetall-Archiv, B 521.

benannte Stoßrichtung, wie die Anzeigenwerbung öffentlich wirken sollte: „Wehrtechnische Anzeigen wozu? Diese Frage stellt sich berechtigt für den, der an Produktwerbung denkt. Mit der Hardware produziert die wehrtechnische Industrie nicht nur Spitzentechnologie, sie produziert Sicherheit. Mit den aktuellen Wehrtechnik-Anzeigen will Rheinmetall auf diesen Zusammenhang hinweisen: Wer JA sagt zur Bundeswehr, wird auch die Wehr-Industrie nicht zur Disposition stellen können. Diesen Zusammenhang hat deutlich zu machen, wer die Grundlagen unserer Sicherheitspolitik sinnvoll diskutieren will. Die Rheinmetall-Anzeigen sollen hierfür als Denkanstoß dienen."[156]

Andere Rüstungsunternehmen wie das deutsche Familienunternehmen Diehl griffen ebenfalls Sicherheit als wichtiges Thema ihrer Werbebemühungen auf. In den 1980er Jahren starteten sie mit einer Kampagne „Erfahrung und Verantwortung in der Wehrtechnik". Diehl versprach hier der Öffentlichkeit, dass das Unternehmen die „Sicherheit der Freiheit", die „Sicherheit des Rechts" garantieren und sogar „Schutz vor Aggressionen" bieten würde.

Diese Inhalte der verschiedenen Werbekampagnen wurden im Jahre 1984 sehr sorgfältig von einem der Kommunikationsberater untersucht, die Rheinmetall beschäftigte. Er verglich die Anzeigen von Diehl mit denen anderer Unternehmen wie Rheinmetall, MBB und BAD. In dieser Untersuchung, die auf einer Marktumfrage basierte, wurden psychologische, linguistische, technische, visuelle und semantische Aspekte adressiert. Ein Ergebnis der Studie war, dass die Rüstungsproduzenten problematische Fotografien vermeiden sollten, dass sie ein nüchternes, ernstes, klares und ruhiges Auftreten wählen und dabei sowohl direkte Kunden als auch die öffentliche Meinung gezielt ansprechen sollten. In der Ansprache der öffentlichen Meinung bewertete der Kommunikationsexperte die Werbekampagne von Rheinmetall als die überzeugendste. Aber er empfahl, die Sätze in den Textaussagen zu kürzen, um eine Distanzierung des Betrachters von den Inhalten der Anzeigen zu vermeiden.[157]

4.2.5 Rüstungsproduzenten als vertrauenswürdige Partner in der Gemeinschaft

In den späten 1970er Jahren führte Rheinmetall mit den Informationen zum Thema Sicherheit neue Werbeserien ein, die ein anderes bedeutendes Thema der Zeit behandelten: „Sicherheit im Bündnis – NATO heißt Sicherheit" (Abb. 30). Das Thema NATO wurde in den Werbeanzeigen des Rüstungsunternehmens mit der Zeit immer weiter entwickelt. Diese Kampagne sollte ein Image von Vertrauen und von Unterstützung in einem internationalen Team, einer Gemeinschaft, die der Verteidigung diente, herstellen. Rheinmetall präsentierte sich als „Partner von Bundeswehr und Bündnis" – eine vertrauenswürdige und partnerschaftlich arbeitende Firma.[158]

---

156 Rheinmetall-Archiv B 521/1 Rheinmetall Wehrtechnik. Argumente für die Sicherheit. Rheinmetall-Insertionen als Diskussionsgrundlage.

157 Rheinmetall-Archiv B 522/2 Rheinmetall GmbH/DeTec AG, geb. Heft, Detlef Herrmann Unternehmenskommunikation, Qualitative Untersuchung einer ANZEIGEN-SERIE der RHEINMETALL GmbH – kommunikationspsychologischer Vergleich, März/April 1984.

158 Rheinmetall-Archiv B 521/1: Rheinmetall Wehrtechnik. Argumente für die Sicherheit. Rheinmetall-Insertionen als Diskussionsgrundlage.

Abb. 30: Rheinmetall-Anzeige in Zeitungen und Zeitschriften, nach 1979.
Quelle: Rheinmetall-Archiv B 521/1: Rheinmetall Wehrtechnik. Argumente für die Sicherheit.

Diese Anzeigen spiegelten damit nicht nur die politische und militärische Bedeutung der NATO während des Kalten Krieges wider, sie demonstrierten vielmehr auf eindrückliche Weise die Integration der bundesrepublikanischen Rüstungsproduktion in internationale Zusammenhänge – und verwiesen zugleich auch auf die internationalen Kooperationsprojekte und vielversprechenden neuen Märkte des Konzerns. Denn im Jahr 1978 wurde bei Rheinmetall mit der Massenproduktion des Waffensystems Feldhaubitze FH 155 für den NATO-Bedarf begonnen. Die Massenhaftigkeit der Produktion spiegelte sich auch in den entsprechenden Werbebildern wider. Die FH 155 stellte, wie oben beschrieben, in einer weiteren Hinsicht ein Novum dar: Sie war von Beginn an als ein trilaterales NATO-Projekt konzipiert, an dem neben Rheinmetall als Hauptkontraktor von Seiten der BRD noch Oto Melara aus Italien und Vickers aus Großbritannien beteiligt waren. Rheinmetall war beim Geschützbau (Rohr, Abfeuerung und Hauptlader) für dieses Waffensystem führend.[159]

159 Vgl. oben Kapitel 3.2; Rheinmetall-Archiv A 21, div. Jge. und o.V.: Heer erhielt Feldhaubitze 155–1, in: Wehrtechnik 12 (1978), S. 40. Siehe auch Sch.: Werbemärkte heute. Mit Wehrtechnik

Die Werbung mit der NATO hatte also zwei Ebenen: zum einen die stärkere Einbindung in das Bündnis, die in der Werbung als politische, militärische, soziale und kulturelle (Werte-)Gemeinschaft proklamiert wurde, zum anderen die internationalisierten Produktionszusammenhänge in trilateralen Rüstungsprojekten wie der FH 155/ FH70. Die deutliche Betonung des Bündnis-Charakters von Rüstung ist auch vor dem Hintergrund einer kritischen Friedensbewegung zu sehen, die sich verstärkt ab Ende der 1970er Jahre gegen die Politik des NATO-Doppelbeschlusses wandte. Wie schon erwähnt (vgl. Kap. 3), wurden potentielle und aktive Rüstungsgegner intensiv durch die Rheinmetall-PR unter Pieper beobachtet. Den Hintergrund bildete dabei eine Protestwelle gegen weitere Rüstungsbestrebungen der NATO im Allgemeinen und der BRD im Besonderen, die immer breitere gesellschaftliche Schichten erfasste und mit neuen Aktionsformen auch das bürgerliche politische Spektrum ansprach.[160] Die Friedensbewegung bildete zusammen mit der Anti-Atomkraft-, Umwelt- und Frauenbewegung eine breite gesellschaftliche Strömung, die Rüstung, Machbarkeits- und Fortschrittsglauben als Mittel von Außen- und Wirtschaftspolitik ablehnte und für gewaltfreie Konfliktlösungen in der internationalen Politik und in der Gesellschaft plädierte.[161] Diese Proteste bekamen eine so heftige Resonanz, „weil sie eine generelle Unzufriedenheit mit dem politischen System kanalisierten. (...) Im Streit um die Nachrüstung manifestierte sich daher auch eine grundlegende Kritik an der Legitimität parlamentarischer Entscheidungsprozesse und Partizipationsformen“, wie Bernhard Gotto zutreffend meint.[162] Die Rüstungsunternehmen sahen sich also zu

---

leben. Rheinmetall will Vorurteile abbauen, in: Handelsblatt vom 11.2.1982. Vgl. Rheinmetall-Archiv B 595 NR. 1–2, PR-Konzeption Rheinmetall 1979, Entwurf, Bl. 10 ff. über die Beeinflußung von Journalisten und Medienvertretern bestimmter Zeitungen/Sender, darunter auch der o. g. Autor.

160 Vgl. Nehring: Gewalt, Frieden und soziale Bewegungen, in: Ders. u. a.: Historische Friedensforschung, Hagen 2007, Teil 4; Dieter Rucht: Protest in der Bundesrepublik Deutschland. Strukturen und Entwicklungen. Frankfurt a.M. 2001 und ders.: Modernisierung und neue soziale Bewegungen. Deutschland, Frankreich und USA im Vergleich, Frankfurt a.M./New York 1994.

161 Philipp Gassert: Viel Lärm um nichts? Der NATO-Doppelbeschluss als Katalysator gesellschaftlicher Selbstverständigung in der Bundesrepublik, in: Ders./Tim Geiger/Hermann Wentker (Hg.): Zweiter Kalter Krieg und Friedensbewegung. Der NATO-Doppelbeschluss in deutsch-deutscher und internationaler Perspektive, München 2011, S. 175–202; Jost Dülffer: Friedensbewegungen in der Bundesrepublik Deutschland 1945–2005. Ein knapper Versuch, in: Detlef Bald (Hg.): Schwellen überschreiten. Friedensarbeit und Friedensforschung, Essen 2005, S. 117–126 und Karlheinz Lipp u. a.: Frieden und Friedensbewegungen in Deutschland, 1892–1992, Essen 2010.

162 Bernhard Gotto: Enttäuschung als Politikressource. Zur Kohäsion der westdeutschen Friedensbewegung in den 1980er Jahren, in: VfZ 61,1 (2014), S. 1–33, Zitat S. 4. Vgl. Andreas Wirsching: Abschied vom Provisorium, S. 98 ff. Auch Proteste abweichlerischer SPD-Genossinnen und Genossen sowie Gewerkschafter, z. B. Erhard Eppler, Arbeitsgemeinschaft sozialdemokratischer Frauen und Jungsozialisten, siehe Gotto, S. 4 f. und Jan Hansen: Zwischen Staat und Straße. Der Nachrüstungsstreit in der deutschen Sozialdemokratie (1979–1983), in: AfS 52 (2012), S. 517–553; Ders./Friedhelm Boll: Doppelbeschluss und Nachrüstung als innerparteiliches Problem der SPD, in: Philipp Gassert/ Tim Geiger/Hermann Wentker (Hg.): Zweiter Kalter Krieg und Friedensbewegung, S. 203–228 sowie

Recht in einer Legitimationskrise, weshalb sie wie die Bundeswehr versprachen, „Sicherheit zu produzieren".[163]

Benjamin Ziemann, Holger Nehring, Philipp Gassert, Ulrich Eith, Susanne Schregel und andere haben gezeigt, dass sich in den Neuen sozialen Bewegungen eigene Interaktions- und Lebensformen (z. B. Sit-ins, Die-ins oder Protestcamps), eigene Codes, Semantiken und visuelle Ausdrücke von Kritik und Protest entwickelten.[164] Dies galt auch für die Gefühle der Angst, die von den Rüstungsproduzenten nur indirekt thematisiert wurden, bei den Rüstungsgegnern aber in allen Aktionsformen sehr präsent waren: „In den ‚Angstsemantiken' (Holger Nehring) der Friedensbewegung wurde auf ‚reale' Fiktionen zurückgegriffen, die in der Presse in Wort und Bild leicht zugänglich waren, drohten doch in NATO-Manövern mit immer höheren Einsätzen an Nuklearwaffen Millionen deutscher Opfer. Hier wurde die Fiktion von der imaginierten Realität zum Teil überholt."[165] Gassert erklärt diese Angstsemantiken vorwiegend ikonologisch durch den in der „Kulturgeschichte und ihren Traditionen gesteckten Rahmen": „Apokalyptische Szenarien gehören zum gesunkenen Kulturgut westlicher Gesellschaften. Sie sind selbst unter nicht bibelfesten Zeitgenossen jederzeit kulturell abrufbar. Nur ein Atomkrieg bietet das Szenario einer massenhaften Vernichtung

Dietmar Süß: Die Enkel auf den Barrikaden. Jungsozialisten in der SPD in den Siebzigerjahren, in: AfS 44 (2004), S. 67–104.

163 Vgl. Ekkehard Lippert/Günther Wachtler: Militärische Arbeit als „Produktion von Sicherheit"? Versuch einer industriesoziologischen Analyse, in: Wolfgang R. Vogt (Hg.): Sicherheitspolitik und Streitkräfte in der Legitimationskrise. Analysen zum Prozeß der Delegitimierung des Militärischen im Kernwaffenzeitalter, Baden-Baden 1983, S. 261–284.

164 Ziemann: The Code of Protest; Holger Nehring: Diverging Perceptions of Security: NATO and the Protests Against Nuclear Weapons, in: Andreas Wenger/Christian Nuenlist/Anna Locher (Hg.): Transforming NATO in the Cold War: Challenges beyond Deterrence in the 1960s, London 2006, S. 131–147; Gassert/ u.a. (Hg.): Zweiter Kalter Krieg; Ulrich Eith: Von Wyhl bis Karlsruhe – Bürgerproteste, Neue Soziale Bewegungen und die Gründung der Grünen, in: Philipp Gassert/Reinhold Weber (Hg.): Mitarbeit von Maike Hausen: Filbinger, Wyhl und die RAF. Die Siegzigerjahre in Baden-Württemberg (Schriften zur politischen Landeskunde Baden-Württembergs 42), Stuttgart 2015, S. 113–135; Matthias Reiss (Hg.): The Street as a Stage. Protest Marches and Public Rallies since the Nineteenth Century, Oxford 2007; Susanne Schregel: Der Atomkrieg vor der Wohnungstür. Eine Politikgeschichte der neuen Friedensbewegung in der Bundesrepublik 1970–1985, Frankfurt a.M. 2011, v. a. S. 139–182; Kathrin Fahlenbrach/Laura Stapane: Mediale und visuelle Strategien der Friedensbewegung, in: Becker-Schaum u. a. (Hg.): „Entrüstet Euch!", S. 229–246; Reinhild Kreis: „Männer bauen Raketen". Frauenfriedensbewegung und Geschlechterdimensionen, in: Ebenda, S. 294–308; Alice Holmes Cooper: Paradoxes of Peace. German Peace Movements since 1945, Ann Arbor 1996.

165 Philipp Gassert: Popularität der Apokalypse: Überlegungen zu einer Kulturgeschichte der Nuklearangst seit 1945, in: Johannes Piepenbrink (Hg.): Das Ende des Atomzeitalters, Bonn 2012, S. 126–141; Ders.: Popularität der Apokalypse: Zur Nuklearangst seit 1945, in: APuZ 61,46–47 (2011), S. 48–54, hier Zitat S. 52.

menschlichen Lebens mit entsprechender postapokalyptischer Katharsis. Nukleare Weltuntergänge eröffnen weite Felder für utopische Zukunftsentwürfe".[166]

Die hier gestellten Herausforderungen von Seiten der Neuen sozialen Bewegungen an die Rüstungsindustrie können insgesamt auch als massive Vertrauenskrise von direkten Abnehmern, Mitarbeitenden und Öffentlichkeit interpretiert werden, die durch die Nachrüstungsdebatte und den NATO-Doppelbeschluss ausgelöst und verstärkt wurde. Es wurden auch Initiativen zur direkten Bekämpfung der privaten deutschen Rüstungsproduktion gegründet. Im Frühjahr 1978 wurde die Aktion Ohne Rüstung Leben ins Leben gerufen, die zunächst ein Arbeitskreis der württembergischen Initiative Pro Ökumene war. Sie war ein wesentlicher Teil der evangelischen Friedensbewegung. Zusammen mit der Aktion Sühnezeichen Friedensdienste, die schon 1958 gegründet worden war, und älteren Initiativen wie der Deutschen Friedensgesellschaft-Vereinigte Kriegsdienstgegner (DFG-VK) wurde sie in verschiedener Weise aktiv: mit Informationsveranstaltungen, Flyern und politischen Stellungnahmen bei Protestveranstaltungen. Auf katholischer Seite bestand als friedensbewegte Organisation Pax Christi. Der Zusammenschluss von katholischen Christen, der sich für eine aktive Friedenspolitik und Friedensbildung aussprach und engagierte, war schon 1948 begründet worden, vertrat aber in den 1960er und 1970er Jahren seine Positionen äquivalent zu den evangelischen Organisationen. Es kam allerdings auch zu Zusammenschlüssen verschiedener christlicher Gruppierungen, die etwa Hummel schon genauer dargestellt hat.[167]

Ausgangspunkt dafür waren die in den Jahren 1982 bis 1984 anhaltenden Diskussionen um die Rüstungsexportpolitik der Bundesregierung unter Bundeskanzler Kohl. Angestoßen durch die öffentliche Kritik versuchten verschiedene parlamentarische Initiativen stärkere Beschränkungen der Waffenexporte zu erreichen, die unter dem bereits dargestellten neuen Kurs Wörners ausgeweitet worden waren. Hummel berichtet von einem symbolischen Akt des Haushaltsausschusses des Bundestages, der im Dezember 1982 die Entwicklungshilfe für Indien wegen zu hoher indischer Militärausgaben kürzte. Letztlich blieben solche Einzelaktionen aber deutlich hinter dem friedenspolitischen Kurs der neu gegründeten Partei DIE GRÜNEN zurück, die 1983 in den Bundestag gewählt wurde: „Gestützt auf die Friedensbewegung und die Dritte-Welt-Bewegung sprachen sie sich für ein vollständiges Verbot der Rüstungsexporte aus. Sie übten im Bundestag vor allem durch unablässige Anfragen zur Rüstungsexportpolitik einen Rechtfertigungsdruck auf die Bundesregierung aus. Bereits 1982/83 gründeten entwicklungspolitische Gruppen eine Kampagne gegen den Rüstungsexport. 1983 schlossen

166 Ebenda, S. 49. Vgl. Judith Michel: „Richtige" und „falsche" Angst in der westdeutschen Debatte um den Nato-Doppelbeschluss, in: Dies./Patrick Bormann/Thomas Freiberger (Hg.): Angst in den internationalen Beziehungen, Göttingen/Bonn 2010, S. 251–272 und Susanne Schregel: Konjunktur der Angst. „Politik der Subjektivität" und neue Friedensbewegung, 1979–1983, in: Greiner u. a. (Hg.): Angst im Kalten Krieg, Hamburg 2009, S. 495–520.

167 Siehe Richard Ackva 1989 und Hummel: Rüstungsexportbeschränkungen, S. 210 ff. Vgl. Müller/Walter (Hg.): „Ich dien' nicht!" Wehrdienstverweigerung in der Geschichte, Berlin 2008.

sich christliche Friedensgruppen zur Kampagne ‚Produzieren für das Leben – Rüstungsexporte stoppen' zusammen."[168] Neben den GRÜNEN wurde aber auch die SPD seit 1985 mehrfach im Bundestag gegen die Rüstungsexportausweitung aktiv, um als Opposition sicherheitspolitische Punkte machen zu können. So brachte ihre Fraktion zunächst eine KWKG-Novelle in den Bundestag ein. Sie sollte „u. a. die direkten Exporte von Kriegswaffen auf die OECD-Länder beschränken, die parlamentarische Kontrolle durch die Einführung eines Beauftragten des Bundestags für die Kriegswaffenkontrolle verbessern und die Strafvorschriften verschärfen". Nachdem die Novelle erstmals abgelehnt worden war, versuchte es die SPD erneut in den Jahren 1988 bis 1990, bis der Bundestag den Entwurf endgültig zurückwies.[169]

Neben den Neuen sozialen Bewegungen mit ihrer Kritik an der Rüstungsindustrie[170] waren es aber auch handfeste ökonomische Interessen, die eine schnelle Reaktion und eine neu austarierte Öffentlichkeitsarbeit notwendig machten. Denn die Rüstungsindustrie trafen auch Angriffe auf das moralische Selbstverständnis und die Ethik ihrer Mitarbeiter. Dies manifestierte sich nicht nur in den Mitarbeiter- und Werkszeitschriften, sondern auch auf einer übergeordneten Ebene, im Dialog mit den Abnehmern. Auf Einladung des Hauptabteilungsleiters Rüstung im BMVg sprachen im Januar 1988 auf einer dreitägigen Konferenz an der Bundesakademie für Verwaltung und Wehrtechnik in Mannheim die Beschaffungsbeamten aus dem Ministerium, dem BWB und den Teilstreitkräften mit Industriellen und Parlamentariern über diese Problematik. Ziel der Aussprachen war u. a. „den Angriffen aus vielen Ecken ausgesetzten Rüstungsmitarbeitern wieder ein gewisses Selbstwertgefühl zu vermitteln (< So schlecht seid ihr doch gar nicht >)". Helfen sollte dabei auch die „Darlegung des Verhältnisses zu dem Bedarfsträger, also den Teilstreitkräften (< Wir sitzen alle in einem Boot >)."[171]

Auch innerhalb der Bundeswehr wurde die Kritik an Rüstung und Sicherheitspolitik deutlich wahrgenommen, wie etwa ein Artikel des Kommandierenden Generals des II. Korps in Ulm anlässlich des 25-jährigen Bestehens der Bundeswehr deutlich macht. Als kritische Punkte im Blick der Öffentlichkeit werden hier zum einen die Wiederbewaffnung und ihre möglichen Auswirkungen auf das Verhältnis zur deutschen Bevölkerung in der DDR (Stichwort: Bruderkrieg), der Einsatz atomarer Waffen und Massenvernichtungsmittel, das Grundrecht zur Kriegsdienstverweigerung, die Notstandsverfassung und die Grundsätze der Inneren Führung

---

168 Ebenda und Brzoska: Rüstungsexportpolitik, S. 208.

169 Hummel: Rüstungsexportbeschränkungen, S. 210 ff. zitiert hier die Bundestagsdrucksachen 10/3342 und 11/2920, FAZ 14.12.1982, Frankfurter Rundschau vom 18.4.1985, FAZ vom 25.5.85, taz vom 25.5.1985 und die Frankfurter Rundschau vom 9.3.1990. Vgl. Brzoska: Rüstungsexportpolitik, S. 208.

170 Ausführlich dazu auch Dieter Rucht/Roland Roth (Hg.): Handbuch Soziale Bewegungen in Deutschland seit 1949. Frankfurt a.M. 2008.

171 Schnell: 30 Jahre Rüstung, S. 15.

genannt. Als besonders positiv für die Bundeswehr wird hier dargelegt, dass die Rechte der Vorgesetzten soweit wie möglich beschnitten wurden, Beschwerdemöglichkeiten massiv ausgeweitert, Vertrauensmänner in den Kompanien eingeführt, Versorgungsleistungen verbessert und Bewegungsfreiheiten in punkto Ausgang und Uniformtragen erweitert wurden.[172]

Die massive Kritik zeigt zudem, dass die These von Conze, in den 1960er und 1970er Jahren sei ein optimistischer Glauben an die „Sicherheit von Wachstum und Fortschritt" abgelöst worden vom wesentlich eingeschränkteren Konzept der „Inneren Sicherheit", noch weiter differenziert werden muss.[173] Schließlich bildeten sich in den späten 1970er Jahren verschiedene Organisationen, die an die breitere ältere Kritik an der Wiederbewaffnung der 1950er Jahre anknüpften und sich intensiver sowohl mit der äußeren als auch der inneren sicherheitspolitischen Situation auseinandersetzten. Daher wurde nicht erst in den 1980er Jahren die Diskussion von „Sicherheit" durch die Entwicklungen nach dem NATO-Nachrüstungsbeschluss angestoßen und durch die Friedensbewegung als zivilgesellschaftlichem Akteur in einem umfassenden Sinne propagiert. Für die Friedensbewegung war allerdings – anders als nach der Jahrtausendwende das umfassende Sicherheitsversprechen der rot-grünen Koalition an die Bürger – weniger Sicherheit allein, sondern der Dreiklang von Frieden – Entwicklung – Gerechtigkeit entscheidend.[174]

Vollständig zutreffend ist daher die Feststellung des Friedens- und Konfliktforschers Lothar Brock und in ähnlicher Weise auch von Conze, die einen historischen Wandel in der Verwendung des Sicherheitsbegriffs in den 1980er Jahren diagnostizierten. Zwar fand Brock paradox, dass der Begriff erst in dem Maße in den Vordergrund der öffentlichen Debatten von Neuen sozialen Bewegungen gerückt worden sei, in dem die Gefahr eines Nuklearkrieges zurückging. Dies reichte sogar so weit, „bis hin zu dem Punkt, an dem der Friedensdiskurs zu einem Sicherheitsdiskurs wurde". Ein vollständiger Umschlag vom Ziel des Friedens hin zum Ziel der Sicherheit sei dann, so die These Brocks, mit dem Ende des Ost-West-Konflikts Anfang der 1990er Jahre erfolgt.[175] Festzustellen ist diese Wendung tatsächlich in den Diskursen der Rüstungsunternehmen, die den Friedensbegriff zwar schon zuvor nur marginal eingesetzt hatten, aber auch den Sicherheitsbegriff nach 1990 weniger inflationär verwandten als zuvor.[176] Insgesamt setzte sich der Sicherheitsdiskurs auch mit Hilfe der Werbung der Rüstungsunternehmen in den 1970er und 1980er Jahren gegenüber dem Friedensdiskurs durch. Im Gegensatz dazu wurden andere konkurrierende Diskurse wie Freiheit und Gerechtigkeit in den

172 Von Ilsemann: 25 Jahre, S. 24.

173 Conze: Sicherheit als Kultur, S. 357 ff. Vgl. Kap. 1.

174 Ebenda, S. 358–361.

175 Ebenda und Brock: Die neuen Sicherheitsdiskurse, S. 18 ff.

176 Siehe ausführlich in Johan Galtung: Frieden mit friedlichen Mitteln. Friede und Konflikt, Entwicklung und Kultur, Opladen 1998.

Werbeauftritten der Unternehmen eher selten angesprochen, teilweise ergänzte der Freiheits- den Sicherheitsbegriff und reicherte ihn um eine innenpolitische und individuelle Komponente an. Gerechtigkeit spielte in den untersuchten Quellen als Diskurs nur eine völlig marginale Rolle.[177]

In der Zeit der Détentepolitik begann Rheinmetall ab den späten 1970er Jahren – wie oben gezeigt – mit einer vorsichtigen Restrukturierung des nicht-militärischen Sektors. Im Jahre 1989, nach dem Fall der Berliner Mauer und dem Ende der Ost-West-Konfrontation, wurde auch die *Corporate Image*-Strategie entsprechend der tiefergehenden Diversifikation in zivilen Produktionssparten neu ausgerichtet. So wurde 1981 mit Jagenberg ein führender Papier- und Verpackungsmaschinenkonzern aufgekauft und in den Konzern integriert; im Jahre 1986 folgte mit Pierburg, einem großen Automobilzulieferer, ein weiteres neues Standbein der Rheinmetall AG.

In den 1990er Jahren veränderte Rheinmetall dementsprechend auf vielen Werbeträgern das Logo, um zu einer moderneren Form zu gelangen. Das Logo bestand nun aus dem stilisierten, klein geschriebenen Buchstaben „r" in weißer und blauer Farbe. Dieser Wechsel sollte dazu führen, dass sich dem Betrachter mehr Interpretationsmöglichkeiten eröffneten. Er sollte Rheinmetall als „financially strong, internationally successful player in the markets for automotive components and defence equipment" darstellen, als stärker diversifizierten Konzern als vor der Restrukturierung im Kalten Krieg. Doch obwohl das neue Logo ein offeneres, variableres Bild von Rheinmetall als das vorhergehende zeigte, kann der nach oben weisende Buchstabe auch als Pistolenlauf oder Geschützrohr interpretiert werden. Dies reflektiert die anhaltend hohe Bedeutung des Rüstungssektors bei Rheinmetall mit den Abteilungen Landsysteme, Waffen und Munition, Luftverteidigungssysteme und *Defence Electronics*. Das Unternehmen bezeichnet sich seit einiger Zeit selbst als „Europe's leading supplier and foremost specialist in the market for land forces equipment".[178]

Wir finden aktuelle Angebote an öffentlicher und privater Sicherheit nicht nur in Werbekampagnen von Rüstungsunternehmen, sondern auch die allgemeine Werbung für verschiedene Produkte und Dienstleistungen beschäftigt sich ausgiebig mit diesen Themen. So wirbt etwa eine große deutsche Versicherung unter dem Slogan „Da bin ich mir sicher" damit, „Sicherheit für Ihre Zukunft" zu gewährleisten. Ein französischer Autoproduzent versteigt sich gar zu der Behauptung „Sicherheit liegt in unserer Natur."[179] Ähnliche Beispiele sind Legion, so widmet sich etwa ein Konzernrepräsentant der Deutschen Post AG, der für die Kontaktpflege mit den Großkunden Bundeswehr und NATO (und den massenhaften Transport von Feldpost) zuständig ist, intensiv der Beschäftigung mit dem

177 Vgl. Conze: Sicherheit als Kultur, S. 357 ff.; Ders.: Suche nach Sicherheit, S. 17, der die Frage nach alternativen Diskursen zum Sicherheitsdiskurs aufgeworfen hat.

178 Rheinmetall-website http://www.rheinmetall.de, 20.7.2005.

179 Werbekampagne der HUK-Coburg vom November 2003 und Werbeanzeige für den neuen Peugeot 308 im Zeit-Magazin 2008.

Thema „Human Security".[180] Sicherheit scheint damit einer der Hauptdiskurse nicht nur der „alten" Bundesrepublik, sondern auch der Gegenwart zu sein. Unternehmen und Werbeagenturen können diese Diskurse auf einfache Weise ansprechen und für ihre Interessen instrumentalisieren, worauf schon Schröter hingewiesen hat.[181]

4.2.6 *Framing* und Domestizierung von Waffen und Waffensystemen

In den letzten Jahren gibt es außerhalb der engeren Fachpresse eine neue Werbekonzeption von Rheinmetall, die anstelle einer Betonung von technischen Daten und Wehrkraft noch stärker auf Wohlbefinden, Vertrauen, Sicherheit und Freundschaft setzt. Dieser veränderte Werbeauftritt wurde nicht nur in den Fachjournalen für Rüstungs- und Sicherheitstechnik, sondern auch in der deutschen und internationalen Qualitätspresse veröffentlicht.[182]

Wie der Bundeswehr-Kampfpanzer „Leopard" nach dem Zweiten Weltkrieg werden auch heute noch die meisten der größeren oder wichtigeren produzierten Waffen und Waffensysteme mit Namen aus Natur und Tierreich versehen, die mittlerweile nicht nur auf dem Rüstungsgütermarkt international bekannt geworden sind. Für die Heeressysteme („Land Systems") wurden die Bezeichnungen „Büffel" (Bergepanzer), „Fuchs" (Transportpanzer) und „Wiesel" (leichtes gepanzertes Fahrzeug) geschaffen; für den Bereich der Marinesysteme („Navy Systems") wurde in einer Anzeige ein Weißer Hai dargestellt, der von Rheinmetall-Technologie frühzeitig aufgespürt wird, versehen mit dem Werbeslogan „It's good to have a reliable navy!"[183] Alle diese neu entwickelten Werbeanzeigen benutzen Analogien und Bilder aus dem Tierreich, während technische Daten oder direkte Verkaufsargumente wie Material, Qualität, Schusskraft und Kompetenz nicht genannt werden. Die Analogien wurden in diesem Fall nicht von einer hoch spezialisierten Werbeagentur entworfen, sondern von zwei jungen Auszubildenden in der Werbeabteilung der STN Atlas Elektronik GmbH in Bremen, die zur Rheinmetall-DeTec-Gruppe gehört. Über dreizehn verschiedene

180 Siehe homepage der Deutschen Post AG.

181 Schröter: Marketing als angewandte Sozialtechnik, S. 616.

182 Die Rheinmetall AG gab 2002 22 Mio. Euro, 2003 19 Mio. und 2004 12 Mio. Euro für Werbezwecke aus. Rechtliche und allgemeine Beratungskosten sanken in den letzten Jahren ebenfalls: Die Ausgaben waren 51 Mio. im Jahr 2002, 43 Mio. 2003 und 30 Mio. 2004. Daneben wurden aber auch Provisionen und andere Verkaufskosten abgeschrieben: 129 Mio. im Jahr 2002, 105 Mio. 2003 und 88 Mio. 2004. Siehe Rheinmetall AG Geschäftsbericht 2003 und 2004, Konzernanhang Erläuterungen zur Konzern-Gewinn- und Verlustrechnung, Sonstige betriebliche Aufwendungen.

183 Das Profil: Die Zeitung des Rheinmetall-Konzerns 1/2002, S. 1. Vgl. Sebastian Reimann: Der „Weiße Hai" als Werbestar, in: Das Profil, Die Zeitung des Rheinmetall-Konzerns 1/2002, S. 9. Anzeigenbild „Der Weiße Hai" auf Umschlagseite 16.

Motive wurden für diese neuen Anzeigen entwickelt und bis jetzt präsentiert, was auch auf die erstaunliche Bedeutung dieser Kampagne hinweist.[184]

Rüstungsunternehmen wie Rheinmetall und Krauss-Maffei knüpften damit nach dem Zweiten Weltkrieg an traditionelle, während des Krieges genutzte Bezeichnungen wie „Tiger", „Königstiger" und „Panther" für Kampfpanzer an. So wurde auch mit dem „Leopard" nach 1945 auf eine Raubtierbezeichnung gesetzt, die an diese traditionelle Namensgebung in verschiedener Hinsicht anspielen konnte. Zum größten Teil stammten diese Namensbezeichnungen – anders als die vom Materialamt vergebene Nummerierung von Schusswaffen – aus den Unternehmen selbst. Es gibt aber auch Beispiele für Namensgebungen, die per Preisausschreiben in der Bundeswehr gesucht und gefunden worden waren, wie zwei Abbildungen (Abb. 31 und 32) demonstrieren. Wenn man davon ausgeht, dass dieses Preisausschreiben tatsächlich zur Namenssuche und nicht nur zur Integration der Truppe genutzt wurde, so wurde hier mit „Wolf" der Name eines Tieres für einen militärisch genutzten Geländewagen aus den Zuschriften ausgewählt. Ähnlich wie das Tier verschiedene ambivalente Aspekte anspricht (einerseits Raubtier, andererseits aber als Vorgänger des Hundes auch enger Bezug zum Menschen), verfügt auch der Geländewagen über *dual-use*-Qualitäten.

Abb. 31: Preisausschreiben für die Namensgebung von Rüstungsgütern.
Quelle: Soldat und Technik (1990), S. 567.

---

184 Ebenda.

An unsere Leser:

Name gefunden!

„Was lange währt, wird endlich gut“,

jetzt haben wir einen Namen für den LKW gl leicht, den Mercedes-Benz-Geländewagen 250 GD:

WOLF

wird er heißen. Der Inspekteur des Heeres hat am 25. 5. 1991 dem Vorschlag zugestimmt.

In SOLDAT UND TECHNIK, 8/90, Seite 587, hatten wir die Leser gebeten, Vorschläge für einen Namen zu machen.

Der Tradition des Heeres folgend, sollte dieses Unterstützungsfahrzeug einen einprägsamen Gebrauchsnamen erhalten.

Das Ergebnis der Umfrage war beachtlich. Insgesamt 219 Einsender machten 411 Vorschläge, 181 verschiedene Namen wurden genannt.

Beginnend bei ACHAT bis zu ZUKORO wurden auch Namen wie BUMMERL, EUMEL und SCHLUMPF angeboten, die Palette war bunt und vielseitig. Favoriten waren GEMSE (23 mal), MULI (17 mal), DINGO und WOLF (je 15 mal).

Allen Einsendern sei herzlich gedankt, die 15 „WÖLFE“ werden gesondert benachrichtigt.

Abb. 32: Preisausschreiben für die Namengebung von Rüstungsgütern.
Quelle: Soldat und Technik (1991), S. 481.

Mit diesen Preisausschreiben wurden nicht nur eingängige und „leicht einprägsame Gebrauchsnamen“ auf humoristische Weise gesucht, es wurde auch eine Identifikation mit den Rüstungsgütern und der soziale Zusammenhalt in der Truppe gefördert. Zudem wurden Bilder genutzt, die auf die Sehgewohnheiten von Konsumenten mit Darstellungen von Stränden, schöner Natur, Ruhe und Well-Being Rücksicht nahmen.[185]

Die aktuellen Marketingstrategien gehen in Bezug auf das *Branding* sogar noch einen Schritt weiter, wenn man die Anzeigen von Waffenproduzenten in technischen Fachzeitschriften, aber auch in Zeitungen und Zeitschriften betrachtet. Hier werden neben großformatigen Sicherheits-Anzeigen immer noch Themen aus dem Tierreich oder Natur und Umwelt benutzt, aber zusätzlich zu den bisherigen *Images* werden in den Werbeanzeigen noch spezielle Analogien eingesetzt. Solche Analogien sind für den Betrachter einfach zu verstehen und haben sogar – wie die eingeführten Marken – einen transnationalen oder gar globalen Charakter.

185 Ethan Pancer/Jay Handelman: The Evolution of Consumer Well-Being, in: Journal of Historical Research in Marketing 4, 1 (2012), S. 177–189.

In der Gegenwart verzichtet Rheinmetall für einzelne Bereiche der elektronischen Wehrtechnik-Produktion sogar gänzlich auf einen Zusammenhang zu Waffen und Rüstung wie untenstehendes Bild (Abb. 33) zeigt und betont stattdessen neben dem Faktor Sicherheit vor allem Wohlstandsdiskurse wie Komfort, *well-being* und Sympathie.

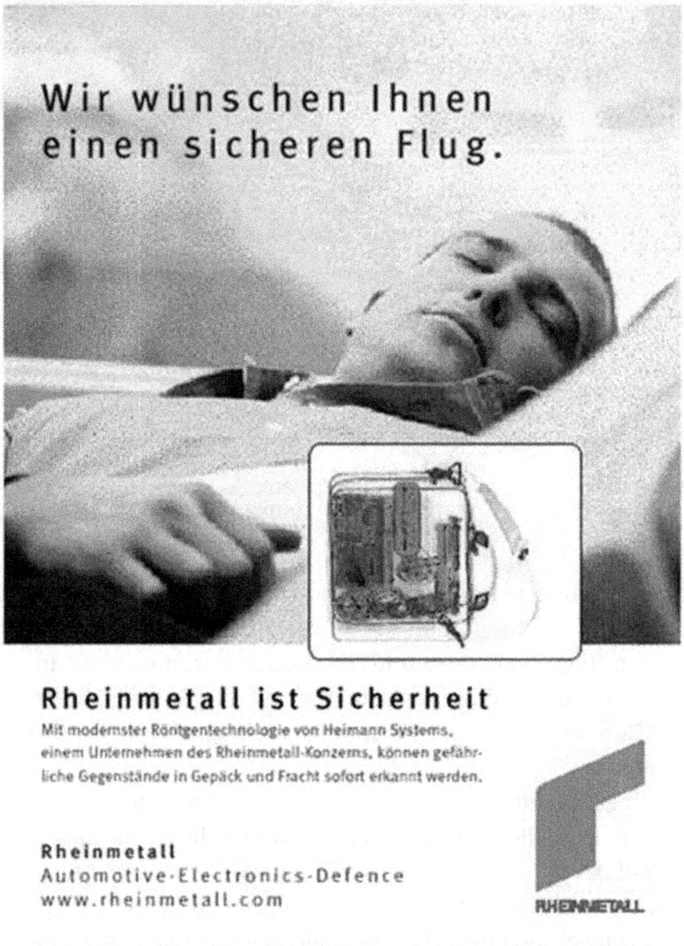

Abb. 33: Rheinmetall-Sicherheitskampagne nach dem 9.11.2001.
Quelle: Rheinmetall-Archiv B 521, veröffentlichte Anzeige im Rh-report 2004.

Gänzlich anders ausgerichtete Unternehmen nutzten seit den 1970er Jahren ganz ähnliche Diskursen und Werte. So sprach z. B. das Kosmetikunternehmen Beiersdorf seit den 1970er Jahren nicht nur Modernität und Qualität in seinen werblichen Aussagen an. Es wurden nun vielmehr „Unkompliziertheit, Sympathie, Überschaubarkeit und Vertrautheit“ in kriselnden Absatzmärkten eingesetzt und gezielt betont. Damit wurde auch hier für ein Hautpflegeprodukt wie Nivea-Creme „weder mit dem Anwendungsnutzen noch der Haut bzw. dem Körper oder Menschen geworben, sondern allein auf Sympathieeffekte gesetzt.“[186] Schröter geht in seinen unternehmenshistorischen Analysen davon aus, dass Marketing allgemein „seinen Aktivitäten immer positive Wünsche bzw. Verhaltensweisen des Menschen, wie z. B. Harmonie, Sicherheit und Liebe, zugrunde [legt] und (...) von diesen eine Beziehung zum Produkt [knüpft]. Ziel des Marketings ist es, daß die Konsumentinnen diese Verknüpfung internalisieren. Da die gewählten positiven Basiswerte des Verhaltens allgemein menschlich sind, bilden sie auch eine geeignete Grundlage für den internationalen Transfer des Marketings.“[187]

Der linguistischen Forschung folgend, die Texte als „a form of social practice“ betrachtet, könnte diese Art von Werbung als Camouflage und als eine spezielle Form des *Framing* verstanden werden.[188] Viele Produkte werden nämlich eingebettet in eine schöne Natur oder angenehme Umwelt dargestellt, die Anzeigen nutzen also Natur und Umwelt als *Frame*.[189] Möglicherweise kann man sogar von konzeptionellen Metaphern sprechen, v. a. im Fall des „Leopard“-Panzers und anderer Raubtier-Bezeichnungen.[190] Da viele der Raubtierbenennungen nicht nur im deutschen Sprachraum, sondern auch in vielen anderen Ländern bekannt sind, könnten sie sogar als transnationale Metaphern gelten. In diesem Natur-*Frame* und in Form der transnationalen Metaphern können die Betrachter der Anzeigen und Kampagnen weltweit eine alltägliche, universal verständliche Bedeutung für diese hoch technisierten und komplexen Waffensysteme finden. So werden die Waffensysteme als Garanten für die persönliche und gesellschaftliche Sicherheit dargestellt, als schnelle und intelligente Tiere, als vertrauenswürdige Freunde. Damit wird der hoch komplexe technologische Charakter der modernen Waffen und Waffensysteme auf

---

186 Schröter: Erfolgsfaktor Marketing, S. 1112 und ähnlich ders.: Marketing als angewandte Sozialtechnik, S. 622f., wo auch auf den Markenkern und die Markenidee hngewiesen wird, S. 627f.

187 Schröter: Marketing als Sozialtechnik, S. 645.

188 Teun van Dijk (Hg.): Discourse as Social Interaction, London 1997; Andreas Reckwitz: Grundelemente einer Theorie sozialer Praktiken, in: Zeitschrift für Soziologie 32,4 (2003), S. 282–301. Vgl. Una Dirks, The de-/construction of war in the international opinion-leading press: The case of Iraq, in: José M. Bernardo u. a. (Hg.): Critical Discourse Analysis of the Mass Media, Valencia 2005.

189 Das erweiterte *frame*-Konzept von Goffman und Minsky untersucht nicht nur lexikalische Semantiken und Perzeptionsstrukturen, sondern auch die Praxis der Erfahrung. Dirks: The de-/construction of war, S. 21. Vgl. Erving Goffman: Frame Analysis. An Essay on the Organization of Experience, New York 1974 und Marvin Minsky: A framework for representing knowledge, in: Dieter Metzing (Hg.): Frame conceptions and text understanding, Berlin 1980, S. 1–25.

190 Nach Lakoff und Chilton/Schäffner „metaphors apply one well-known field of knowledge with another“. Siehe Paul Chilton/Christina Schäffner: Discourse and Politics, in: van Dipper (1997), S. 206–230, hier S. 222; George Lakoff/Mark Johnson: Metaphors we live by, Chicago 1980; George Lakoff: The Contemporary Theory of Metaphor, in: Andrew Ortony (Hg.): Metaphor and Thought, Cambridge ²1993, S. 202–251.

alltägliche und bekannte Tierarten reduziert. Das in der Moderne entstandene Bedürfnis von Konsumenten und Werbebetrachtern nach natürlicher Umgebung und Werten wie Wohlbefinden, Sicherheit, Vertrauen und Freundschaft wird intensiv genutzt.[191] Obwohl als Tierarten häufig Raubtiere gewählt werden, verschleiert die Reduzierung des komplexen Charakters von Waffen und Waffensystemen nicht nur ihre Funktion, sondern führt auch zu einer Art Domestizierung und genereller Akzeptanz, die transkulturell verständlich ist.[192] Diese Benennungen haben aber wie die Waffenwerbung längere historische Vorbilder, auf die hier zurückgegriffen wird.

Die amerikanische Militärhistorikerin Mary R. Habeck hat mit einer wichtigen Studie über die Wahrnehmungen und den sprachlichen Umgang von Soldaten mit Militärtechnik im Ersten Weltkrieg deutlich gemacht, welchen ambivalenten Charakter die neuen, industriell produzierten Waffen und Waffensysteme in sich trugen. Sie zeigte mit ihrer eindrücklichen Analyse europäischer Tagebücher und Frontbriefe, dass insgesamt drei Sichtweisen der Technik vorherrschten, die die Soldaten und Offiziere nutzten, um „sich in einer zugleich vertrauten und sehr, sehr fremden Welt zurechtzufinden."[193] Eine Grundlage für diesen diametralen Gegensatz bildete die rasante Entwicklung der Militärtechnologien, die vom „Denken und Fühlen der Menschen, die sie bedienten" immer stärker abwichen. Erst der massenhafte und flächendeckende Einsatz von Maschinengewehren, Granatwerfern, Mörsern, Giftgas, Flugzeugen und Panzern „ermöglichten das systematische industrialisierte Töten".[194] Der moderne industrialisierte Materialkrieg veränderte damit die Sichtweise des Krieges und der dafür notwendigen Gewaltmittel, was auch Gefühle von Fremdheit und Andersartigkeit hervorrief. Waffen konnten laut Habeck nun entweder für übermenschlich oder übernatürlich, d. h. monströs und dämonisch, gehalten werden, als nichtmenschliche Maschine oder Naturgewalt beschrieben oder als menschlich bzw. mit der menschlichen Welt verbunden gedeutet werden.[195]

Zwar wurden Waffen in den Beschreibungen bisweilen auch nüchtern als „gefühlloses, todbringendes Metall" gesehen. Doch insgesamt versuchten Soldaten sehr häufig, „die Technik zu beherrschen, wenn sie sie mit Gegenständen oder Lebewesen (Tieren oder Menschen) aus ihrem Leben in der Vorkriegszeit verglichen." Habeck ging daher davon aus, dass die Anthropomorphisierung – wie sie es nannte – oder

191 Vgl. Pancer/Handelman: The Evolution.

192 Dirks: The de-/construction of war, S. 14.

193 Mary R. Habeck: Die Technik im Ersten Weltkrieg – von unten gesehen in: Dies./Geoffrey Parker/Jay Winter (Hg.): Der Erste Weltkrieg und das 20. Jahrhundert, Hamburg 2002, S. 101–132, S. 103. Vgl. Samuel Hynes: The Soldier's Tale: Bearing Witness to Modern War, New York 1997.

194 Habeck: Die Technik, S. 104 f. Vgl. Michael Epkenhans: Kriegswaffen – Strategie, Einsatz, Wirkung, in: Rolf Spilker/Bernd Ulrich (Hg.): Der Tod als Maschinist. Der industrialisierte Krieg 1914–1918. Katalog zur Ausstellung des Museums Industriekultur, Bramsche 1998, S. 69–83.

195 Ausführlich dazu Habeck: Die Technik, S. 105 ff.

Domestizierung von Waffen den Soldaten dazu diente, die schwer beherrschbare Technik „in den Griff zu bekommen, indem sie sie mit Dingen aus ihrem früheren Leben in Beziehung setzten. Sahen die Männer in den Kriegswaffen jedoch übernatürliche oder monströse Kräfte, so empfanden sie die Technik als unkontrollierbar und als eine Macht, der ihr eigenes Leben ausgeliefert war.“[196]

Unnatürliche, unbegreifliche und bedrohliche Eigenschaften der militärischen Technik wurden als „teuflisch“, „dämonisch“, „bösartig“, „hinterhältig“ beschrieben; moderne Waffensysteme wie Geschütze und englische Tanks als „Ungetüme“, „Ungeheuer“, „feuerspeiende und fleischfressende Drachen“ oder „Hölle“ bezeichnet. In der Charakterisierung von Technik als nichtmenschliche Naturgewalt wie Gewitter, Orkane, Stürme und Blitze oder übernatürliche Erscheinungen wie Maschinen oder Züge und U-Bahnen sah Habeck ebenfalls das Bestreben, Fremdheit zu überwinden, indem die Soldaten versuchten, „die Kriegstechnik irgendwie in ihr < normales > Vorkriegsleben einzuordnen“, d. h. „diese tödliche Technik in einen Gegenstand des Alltagslebens zu verwandeln und sie dadurch weniger bedrohlich zu machen.“[197] Dieses Ziel verfolgten die Männer an der Front allerdings auch mit ihrer dritten Strategie, die Habeck als die „wahrscheinlich rationalste“ bezeichnete: „um dem sehr unpersönlichen Charakter der modernen Kriegführung entgegenzuwirken, nahmen sie die Waffen nicht als etwas Inhumanes, sondern als etwas mit der menschlichen Welt Verbundenes wahr. Dies geschah entweder direkt, durch eine Personifizierung, oder indirekt, durch Vergleiche mit Tieren oder Gegenständen aus ihrem Vorkriegsalltag.“ Auch hier zielte die Beschreibung von Waffen darauf ab, „ein unbegreifliches und unbeherrschbares Geschehen mit vertrauten und alltäglichen Dingen zu verknüpfen.“[198]

Habeck ist der Ansicht, dass diese Anthropomorphisierung bei den technisch besonders komplexen und schwer verständlichen Waffensystemen, den Panzern und den Flugzeugen, am stärksten ausgeprägt war, wie wir es auch beim Rüstungsmarketing von Krupp und Rheinmetall beobachten konnten. Auch die großen Kanonen erhielten neben den Flugzeugen und einem Teil der Panzer in verschiedenen europäischen Ländern zumeist weibliche Namen, während Artilleriegeschütze und Luftabwehrgeschütze männliche Namen trugen. In Großbritannien setzten sich für leicht bewaffnete Panzerwagen weibliche und für schwer bewaffnete männliche Namen durch, die auch in offiziellen Lehrgängen vermittelt wurden. Den Waffen wurden neben den Namen auch menschliche oder tierische Eigenschaften und Gefühle zugeschrieben. Während Flugzeuge vor allem mit Vögeln verglichen wurden, bezeichnete man Panzer unter anderem als „mechanisches Pferd“, „Elefant“ oder

196 Ebenda, S. 105 f.

197 Ebenda, S. 114 f. Vgl. Urte Evert: Soldatenbraut und Mannesehre. Geschlechtsspezifische Symbolisierungen und Zuordnungen militärischer Waffen, in: Klaus Latzel/Franka Maubach/Silke Satjukow (Hg.): Soldatinnen. Gewalt und Geschlecht im Krieg vom Mittelalter bis heute, Paderborn 2010, S. 65–94, v. a. S. 70 f.

198 Habeck: Die Technik, S. 117.

„unbeholfene Riesenkäfer".[199] Metaphern, Attribuierungen und Charakterisierungen veränderten sich im Verlauf des Krieges und waren nach Habeck stark abhängig von der Lage auf den Kriegsschauplätzen und ob sie vom Kriegsgegner oder dem eigenen Militär eingesetzt wurden. Wesentlich waren auch der Zeitpunkt des Kriegseinsatzes und die Phasen der jeweiligen Materialschlachten, wie Habeck ausführt: „Die ersten Begegnungen mit bis dahin nicht gekannten Schrecken wurden von den Soldaten in vertraute Geräusche von Tieren und Menschen übersetzt; sie verwandelten sich allerdings in dämonische Ungeheuer, wenn der Feind neue Waffen einsetzte."[200]

Besonders betont wird zudem die Rolle einzelner Soldaten, zumeist technische Spezialisten, die neben Respekt, Angst- und Hassgefühlen sogar Liebe und Faszination zu Waffen verspürten: „Sie freuten sich über das < Schauspiel > der Bombardements und Luftkämpfe, und sie schätzten die Schönheit und technische Perfektion der Geräte auch dann, wenn sie dem Feind gehörten." Die Technikbegeisterung dieser Waffenliebhaber, die sich bei allen Kriegsbeteiligten fanden, drückte sich in Zuschreibungen wie „kolossale Maschine", „Gegenstand besonderer Bewunderung", „faszinierend", „kleine Schönheit" oder „schönes Stück" aus.[201] Nach Philip K. Lawrence ist dies ein Beleg dafür, dass Waffen von diesen Soldaten als „ästhetisch ansprechend" empfunden wurden. Habeck sprach sogar von „Liebe zur Technik um der Technik willen".[202] Hingewiesen haben Lawrence und Habeck ebenso wie der Militärhistoriker Eric Leed damit auch auf den Fetischcharakter von Waffen, der zudem begleitet war von abergläubischen oder volksreligiösen Praktiken: „Um dem Tod die reine Zufälligkeit zu nehmen und ihn nicht nur als Ergebnis einer gefühllosen Technik zu sehen, hatten die Soldaten Amulette oder Talismane, und viele gingen mit einem Kreuz, einem Heiligenbild oder einem Glückstein um den Hals in den Kampf."[203] Erzeugt wurden diese Praktiken auch durch das Gefühl, der Militärtechnik ausgeliefert zu sein und ihren Auswirkungen hilflos gegenüberzustehen. Magisches Denken und

199 Ebenda, S. 119–123, 129. Habeck führt hier eine Vielzahl von Beispielen für Namensgebungen an, von denen nur einige wenige genannt werden sollen: die ersten drei britischen Tanks hießen „Mother", „Big Willie" und „Little Willie", die britische 23,3-cm Haubitze ebenso wie der deutsche 4-cm-Mörser „Fat Bertha" bzw. „Dicke Bertha", britische Luftabwehrgeschütze „Archie" und britische Granaten- und Minenwerfer „Black Maria", „Silent Susan" oder „Minnie". Die Deutschen benannten Granaten mit schwarzem Rauch „Amerikaner" oder „Kohlenkästen", zitronenförmige Bomben „Enteneier" und Mörser „Stielbälle", während Franzosen Maschinengewehre als „Kaffeemühlen" bezeichneten. Vgl. zur Dicken Bertha auch Gerhard P. Gross: Art. Dicke Bertha, in: Gerhard Hirschfeld/Gerd Krumeich/Irina Renz (Hg.): Enzyklopädie Erster Weltkrieg, Paderborn 2003, S. 440 f.

200 Habeck: Die Technik, S. 122–132, Zitat S. 131.

201 Ebenda, S. 124 ff., Zitate S. 124 f. Siehe neben Evert: Soldatenbraut auch Cordula Dittmer: Genderdimensionen des Waffengebrauchs, in: APuZ 64,35–37 (2014), S. 34–39.

202 Vgl. Habeck: Die Technik, S. 124 f.; Philip K. Lawrence: Modernity and War: The Creed of Absolute Violence, London 1997, S. 37.

203 Habeck: Die Technik, S. 108 und Zitat S. 131; Eric J. Leed: No Man's Land: Combat and Identity in World War I, Cambridge 1979, S. 126–128.

volkstümliche Praktiken halfen hier den Soldaten, Gefühle von Sicherheit und Halt im Frontalltag zu erlangen.

Allerdings muss festgestellt werden, dass einerseits Praktiken der Anthropomorphisierung oder Domestizierung durchaus schon zu früheren Zeiten angewendet wurden und andererseits auch nach der Gewöhnung der Soldaten an hochtechnisierte Waffensysteme eine Tendenz zu dieser Praxis in einzelnen Ländern anhielt. Beispielsweise war „Feldschlange“ oder „Kolubrine“ (von lat. Colubrinus: schlangenartig) als Bezeichnung für einen Kanonentyp schon im späten Mittelalter und in der Frühen Neuzeit in ganz Europa gebräuchlich. Mittlere Kanonentypen dieser Art wurden zudem als Falken, leichtere als Falkonetts bezeichnet.[204]

Im 20. Jahrhundert ist diese Praxis der Anthropomorphisierung auch für die Zeit nach dem Ende des Ersten Weltkriegs belegt. Insbesondere während des Nationalsozialismus entwickelte die deutsche Industrie eine Vielzahl neuer Waffen und Waffensysteme, die in schöner Regelmäßigkeit auf Tiernamen getauft wurden. Beispielsweise folgten auf Basis des seit 1936 produzierten Panzerkampfwagens IV seit 1941 die deutschen Neuentwicklungen im Panzerbau mit Namen „Panther“, „Jagdpanther“, „Tiger“, „Jagdtiger“, „Sturmtiger“ und „Königstiger“. Auf dem Fahrgestell der Panzer wurden während des Zweiten Weltkriegs weitere Waffensysteme installiert, wie die Selbstfahrlafetten „Nashorn“ und „Hornisse“ oder die schwere Panzerhaubitze „Hummel“. Jagdpanzer erhielten zudem neben der Benennung „Ferdinand“ (nach Ferdinand Porsche) die Namen „Nashorn“ und „Elefant“, später folgte der provisorische „Marder“. Zudem produzierten deutsche Rüstungsunternehmen v. a. in den 1940er Jahren die Panzerhaubitzen „Wespe“ und „Grille“, die Prototypen des schweren Panzerkampfwagens „Mammut“ bzw. „Maus“ (Deckname), den Sturmpanzer „Brummbär“ und den leichten Sprengladungsträger „Goliath“. Neu entwickelte und schon erprobte Panzerabwehrraketen wie „Rotkäppchen“, „Steinbock“, „Pfeifenkopf“, „Rochen“ und „Flunder“ wurden allerdings aufgrund des nahenden Kriegsendes nicht mehr eingesetzt.[205]

Bislang kann nicht genauer geklärt werden, auf wen die einzelnen Benennungen zurückgehen. Obwohl es Hinweise auf Einflüsse vom Generalinspekteur der Panzertruppen, Generaloberst Heinz Guderian, gibt, kann zweifelsfrei nur festgestellt werden, dass er eine neue, humoristische Anleitung für den Gebrauch der Panzer in

---

204 Die Herkunft der Namen ist nicht mit letzter Sicherheit geklärt. Auf der einen Seite wurden Kanonen an ihrer Mündung mit Schlangen- oder Drachenköpfen verziert, auf der anderen Seite waren sie aber auch mit einem schlangenförmigen Band um das Kanonenrohr verziert, woher die Benennung als Feldschlange stammen könnte. Thomas Meyer: Bogen, Armbrust, Hakenbüchse. Entwicklung und Technik der Fernwaffen des Mittelalters, Norderstedt 2009; Erich Egg: Der Tiroler Geschützguss. 1400–1600 (= Tiroler Wirtschaftsstudien 9), Innsbruck 1961.

205 Stadt Munster (Hg.): Deutsches Panzermuseum Munster mit Lehrsammlung gepanzerte Kampftruppen der Panzertruppenschule, bearb. von Oberstabsfeldwebel a.D. und Museumsleiter Walter Grube, 6. Aufl. Munster o.J. [2003], S. 80–95, 126 f., 335, 424 und Hartmut Knittel: Panzerfertigung im Zweiten Weltkrieg. Industrieproduktion für die deutsche Wehrmacht, Herford 1988.

Comic- und Reimform, die „Pantherfibel" bzw. die „Tigerfibel" herausgeben und an die „Panzermänner" verteilen ließ.[206] Beide Panzer, insbesondere aber der schwere Panzer „Tiger" mit seiner gegenüber den sowjetischen Panzern überlegenen Bewaffnung wurden legendenhaft verklärt. So schrieb etwas William O'Neill über ihn, als „the fearsome Tiger tank, a 56-ton monster armed with the legendary 88".[207]

Auch die Bundeswehr griff bald nach ihrer Gründung auf diese Tradition der Benennung von Waffen, Waffensystemen und Munition zurück. Sie verwendet bis heute u. a. die Kampfpanzer Leopard 1 und 2, die Jagdpanzer Jaguar 1 (1978 auf diesen Namen umbenannt) und 2, den Schützenpanzer „Marder", den Luftlandepanzer „Wiesel", den Brückenlegepanzer „Biber", den Transportpanzer „Fuchs", die Panzerabwehrlenkrakete Cobra 810 und die Lenkflugkörper MILAN.[208] Der Experimentalpanzer „Keiler", ein Vorläufer des Leopard 2, gelangte dagegen niemals bis zur Produktionsreife.[209] Namen für diese Waffensysteme und Munition wurden in Absprache mit den Unternehmen, teils auch – wie dargestellt – durch Preisausschreiben in wehrtechnischen Fachjournalen ermittelt.[210] Der Schützenpanzer „Marder" war das bedeutendste Waffensystem, bei dem auf einen traditionellen Namen aus dem Zweiten Weltkrieg zurückgegriffen wurde.[211] Der Lastkraftwagen Ford G 398 SAM, der seit 1957 in der Bundeswehr verwendet wurde und große Kritik aufgrund seiner Mängel erfuhr, wurde dagegen aufgrund des lauten Motorengeräuschs von den Soldaten despektierlich „Nato-Ziege" getauft.[212]

In der DDR und den Warschauer Pakt-Staaten allgemein scheinen diese Tierbenennungen nicht gebräuchlich gewesen zu sein. Stattdessen wurden Baureihenbezeichnungen wie T 34 und T 62 oder andere Abkürzungen zur Benennung genutzt.[213] Andere westeuropäische Waffenproduzenten wie BAD benutzen zwar wie Rheinmetall und seine Vorgänger Marken aus dem Tierreich, z. B. „Sea Urchin", Seeigel, als Name eines komplexen Minensystems für die Marine. Aber in manchen Kampagnen ist das beworbene Image ein gänzlich anderes, denn

---

206 Die Tiger-Fibel, hg. vom Generalinspekteur der Panzertruppen, Heinz Guderian, H.Qu. am 1.8.1943, S. 92: „Der Tiger kostet mit allem Drum und Dran 800.000 RM." Jede Granate kostete dagegen 100 RM. Sogenannte Dienstvorschrift D 656/27, Die Tigerfibel, o.O. 1943 (Reprint: Melchior Verlag 2009) sowie Dienstvorschrift D 655/27, Panther-Fibel, o.O. 1944 (Reprint: Melchior Verlag 2009).

207 William L. O'Neill: A Democracy at War: America's Fight at Home and Abroad in World War II, Harvard University Press 1995, S. 350. Den geradezu legendären Status des Tiger-Panzers betonte auch Walter J. Spielberger: Der Panzerkampfwagen Tiger und seine Abarten, Stuttgart 1997, S. 189.

208 Deutsches Panzermuseum Munster, S. 173 f., 309, 318, 366 f.

209 Ebenda, S. 403.

210 Angabe von Dr. Christian Leitzbach und Soldat und Technik (1991), S. 481.

211 Stephen Hart/Russell Hart: Deutsche Panzer im Zweiten Weltkrieg, Bindlach 1998.

212 Deutsches Panzermuseum Munster, S. 325, wie Oberstabsfeldwebel a.D. Walter Grube berichtete.

213 Vgl. Deutsches Panzermuseum Munster.

dort werden Werte wie Frieden, Vertrauen, Sicherheit und Wohlbefinden nicht vermittelt. In den 1980er Jahren veröffentlichte die britische BAD-Gruppe eine Werbekampagne unter dem Titel „Sea Urchin – The deadly Answer“. In der Textaussage wurde darauf abgehoben, dass diese Mine ein „massive potential of deterrence“ garantieren könne. Diese massive Zerstörungskraft wurde in der Bildaussage der Anzeige auch visualisiert: ein im Vergleich zum Text übergroßes Bild mit einer riesigen Explosion auf dem Meer, die den destruktiven und potentiell tödlichen Effekt des Minensystems demonstrieren sollte. Auch hier ist es hilfreich, die neuesten Forschungen zum Thema *Framing* und Diskursbildung hinzuzuziehen, die darauf hindeuten, dass es verschiedene Möglichkeiten gibt, Werbung im „Natur-*Frame*“ zu gestalten und zu deuten.[214] Während sich Rheinmetall für die Betonung von Werten im Bedeutungsfeld von Sicherheit entschied, betonten andere europäische Produzenten wie BAD eher die bedrohlichen und abschreckenden Facetten von Tieren und ihren Darstellungen.

4.2.7 Nationale Symbole und das *Corporate Image*

Eine Untersuchung mit Hilfe von diskursanalytischen Verfahren und visuellen Analysemethoden ist hilfreich, um zu verstehen, wie Waffen und Waffensysteme zu Symbolen für das Unternehmen und seine Produkte aufgeladen wurden oder sogar zu Symbolen mit nationaler Bedeutung. Wie Reinhardt für die deutsche Werbegeschichte gezeigt hat, wurden nationalistische Argumente oder Stereotypen nahezu von den ersten Anzeigen an genutzt und gezielt eingesetzt, um Kunden zu gewinnen. Es gab zwar eine Entwicklung zu noch stärker anwachsenden nationalistischen Tendenzen, v. a. in den Krisen des Nationalbewusstseins, die genutzt wurden, um die nationale Karte verstärkt auszuspielen. Insgesamt wurden nationale Argumente, Symbole und Stereotypen aber kontinuierlich verbreitet – und zwar unabhängig davon, für welchen industriellen Sektor und für welche Branche Werbung betrieben wurde.[215]

Als ein nationales Symbol kann auch der „Leopard“-Kampfpanzer gelten, der international als technologisch überlegene deutsche Waffenentwicklung bekannt ist. Bei Militärs in der ganzen Welt wird diese Waffe als Symbol für den militärischen und wirtschaftlichen Wiederaufbau Deutschlands nach dem Zweiten Weltkrieg wahrgenommen.[216] Wie die Militärflugzeuge „Jäger“ und „Phantom“ entwickelte sich der „Leopard“ im Verlauf des Kalten Krieges in gewisser Hinsicht sogar zu einem Symbol mit nationaler oder transnationaler Bedeutung. Dabei konnte an ältere Symbole

214 Robert Wuthnow (Hg.): Vocabularies of Public Life. Empirical Essays in Symbolic Structure, London 1992.

215 Reinhardt: Werbung. Vgl. Epple: Wer nicht fühlen kann, muss sehen.

216 Siehe dazu auch internationale (militärische) Fachjournale wie Jane’s Weekly u. ä.

nationaler Stärke, Macht und Wehrfähigkeit angeknüpft werden. Beispielsweise wurden die Kruppschen Produkte hinsichtlich ihrer Qualität, Solidität und ihres Durchhaltevermögens gegen feindlichen Beschuss zum nationalen Charakter der deutschen Bevölkerung in Beziehung gesetzt. Sinnsprüche wie „hart wie Kruppstahl“, transzendierten die Leistung der Produkte in eine Sphäre nationaler Stereotype, die zur Beschreibung von persönlicher Haltung der Deutschen dienen sollten. Bedeutende Rüstungsprodukte mit besonderen militärischen Fähigkeiten wie die Kanonen „Tausendpfünder“ und „Dicke Bertha“ (nach der Krupp-Erbin Bertha Krupp) oder die Artilleriegeschütze „Siegfried“, „42 cm-Mörser“ und „Paris“ wurden auch als Symbole für die deutsche Nation, ihre Wehrhaftigkeit, ihre technologischen und militärischen Fähigkeiten gesehen. Damit zeigten diese Produkte und ihre symbolische Repräsentation auf der einen Seite den hegemonialen, militärisch und politisch expansiven Anspruch des Deutschen Reiches. Auf der anderen Seite waren sie aber auch bestens dazu geeignet, ein modernes, technisch innovatives und fortschrittliches Bild von Krupp und den Deutschen zu zeichnen.

Die Frage, wie die präsentierten Unternehmen und Konzerne ein transnationales oder sogar globales Image für ihre Produkte kreierten und dabei versuchten, auf einem globalen Markt visuelles Marketing zu betreiben, ist teilweise noch offen geblieben. Aktuelle ökonomische Forschungen zur *Corporate Identity* von Unternehmen nach dem Zweiten Weltkrieg haben gezeigt, dass moderne Unternehmen eine Bildpolitik nutzten, um per Differenzierung einen Vorsprung vor der Konkurrenz zu erzielen. Nach Feicht und anderen ist eine *Corporate Identity* allgemein nützlich, um ein Image von Qualität und Vertrauen zu erschaffen, dieses auf Märkten und in der Öffentlichkeit einzuführen und zu bewahren. In manchen Branchen ist es sogar möglich, dass die Produkte oder Dienstleistungen für den oder die Kunden erst durch das vermittelte Image erfahrbar und verständlich werden.[217] In vielerlei Hinsicht war Krupp ein Pionier im Bereich der strategischen *Image*-Entwicklung und *Image*-Vermittlung. *Public Relations*, Werbung, Messen, Ausstellungen, Einflussnahme auf die Massenmedien und andere Instrumente wurden zu einem sehr frühen Zeitpunkt von Krupp entwickelt, angenommen oder eingeführt. Mit diesen Instrumenten konnte ein ambivalentes und äußerst differenziertes Image vom Unternehmen und seinen Produkten aufgebaut werden. Auf der einen Seite wurde grundlegende wirtschaftliche und technische Werte der Zeit angesprochen, wie z. B. Qualität, Solidität, Hochtechnologie und technischer Perfektionismus, Innovationsfähigkeit, Erfindergeist und Modernität. Auf der anderen Seite wurden aber auch politische oder soziale Werte angesprochen und durch das Image transportiert:

217 Thomas Feicht/Markus Gutberlet: IC oder CI. Identity Communication oder Corporate Identity, in: Ulrike Röttger (Hg.): PR-Kampagnen. Über die Inszenierung von Öffentlichkeit. Opladen 1997, S. 223–229, v. a. 224 f. Klaus Birkigt/Marinus M. Stadler: Corporate Identity als unternehmerische Aufgabe, in: Klaus Birkigt (Hg.): Corporate Identity. Grundlagen, Funktionen, Fallbeispiele, Landsberg/Lech 1994, S. 15 ff.

Nationalismus, Patriotismus, Militarismus, Hegemonie bzw. Weltmachtstreben, Überlegenheit, Kampf um politische (und wirtschaftliche) Macht, Stärke, Gigantomanie, Machbarkeit, aber auch Vertrauen, Ordnung, sozialer Zusammenhalt bzw. Verantwortlichkeit (für die Arbeiter und Kunden) und Virilität.

Wie Wolbring in ihrer grundlegenden Arbeit deutlich machen konnte, blieben patriotische Argumente über einen langen Zeitraum im nationalen Rüstungsmarkt von entscheidender Relevanz, für die Kunden von Krupp und die deutsche Öffentlichkeit allgemein. Rheinmetall und andere Produzenten wie Diehl oder Krauss-Maffei konnten ikonographisch an die Kruppsche Waffenrepräsentation, einmal entwickelte Metaphern, Symbole und Bilder von Rüstung anknüpfen. Im Fall der Rheinmetall-Werbung wurde deutlich, dass das Unternehmen wie andere deutsche Rüstungsproduzenten auch ein spezielles Image von sich selbst und insbesondere seinen Produkten, wozu auch die Bewaffnung des Kampfpanzers Leopard zählt, erschaffen hat. Hier deutet die These des *Framing* und der Diskursproduktion (Natur-*Frame* und Sicherheitsdiskurs) darauf hin, wie gewinnbringend diskursanalytische Forschungen in der Wirtschafts- und Unternehmensgeschichte zukünftig genutzt werden können, um die spezifischen *Images* von Unternehmen zu analysieren und ihre Ambivalenzen zu erklären.

Entsprechend der schon in der frühen Phase des Rüstungsmarketings eingeführten Waffenikonographie wurden und werden von Rheinmetall *Frames* genutzt, die Waffen in einem natürlichen oder einem aus dem alltäglichen Leben bekannten Rahmen darstellen. So kann ein attraktives, interessantes und zugleich allgemein vertrautes Bild der von Rheinmetall produzierten Waffen und Waffensysteme geschaffen werden. Die häufig genutzten Bilder, Metaphern und Analogien aus dem Tierreich sollen ein Bild von Sicherheit, Vertrauen, Beherrschbarkeit und Wohlbefinden vermitteln, obwohl die Produkte einen vollständig anderen technischen Charakter aufweisen. Dies gilt in ähnlicher Weise auch für automobile Produkte, die wie Rüstungsgüter in den 1970er und 1980er Jahren eine verstärkte öffentliche Kritik erfuhren.[218]

4.3 Diskurse des Rüstungsmarketings im Vergleich

Anknüpfend an die Untersuchung von zentralen Diskursen im Rüstungsmarketing von Krupp und Rheinmetall stellt sich die Frage, wie andere deutsche und europäische Produzenten im Vergleich agierten. Zwar nahm Schröter an, dass sich das Marketing ähnlicher Güter generell nur unwesentlich voneinander unterscheidet: „Das Nivea-Marketing ist im Grundsatz nicht vom Marketing anderer Markenprodukte des Konsumgütersektors unterschieden. Die an diesem Beispiel

218 Vgl. Markus Nöhl: Automobile Symbole im Umbruch. Automobilkritik und Symbolproduktion am Ende des Booms 1965–1975, in: Tilly/Triebel (Hg.): Automobilindustrie, S. 363–385.

dargestellten Veränderungen hätten auch anhand von anderen Dachmarken dargestellt werden können."[219] Doch galt dies auch bei den direkten Konkurrenten oder Produzenten anderer rüstungsindustrieller Bereiche, z. B. der Luft- und Marinerüstung? War auch hier der Sicherheitsdiskurs zentral oder waren andere Diskurse wie Abschreckung, Verteidigung, High-Tech, Traditionspflege, Freiheit oder Virilität dominant? Wichen andere europäische Rüstungsunternehmen in der Ikonographie, in den Motiven und in den sprachlichen Diskursen stark von den bislang vorgestellten Fallbeispielen ab? Welche Funktionen nahmen Sicherheit und andere Diskurse im europäischen Rüstungsmarketing des Kalten Krieges insgesamt ein? Dabei spielen nicht nur europäische Erinnerungskulturen, sondern auch Semantiken und diskursive Praktiken der Rüstungsunternehmen eine wichtige Rolle.

4.3.1 Werkzeitschriften und Militärfachzeitschriften als Quellen

Neben dem oben vorgestellten Analyseinstrumentarium (vgl. Kap. 4.1) bieten die Friedens- und Konfliktforscher Wellmann und Birckenbach eine hilfreiche Strukturierung und Fundierung für den vorzunehmenden Vergleich an. Sie untersuchten schon in einer älteren, aber wegweisenden Studie die herrschenden Diskurse der „Rüstungsthematisierung" – wie sie es nannten – in den Werkszeitschriften von vier unterschiedlichen Sparten der deutschen Waffenhersteller: bei dem Marineproduzenten Howaldtswerke-Deutsche Werft AG, dem Heereslieferanten Krauss-Maffei AG, dem Sprengstoff- und Munitionshersteller Dynamit Nobel AG und dem Flugzeugbauer MBB.[220] Thematisch waren sie v. a. interessiert am Verschweigen wichtiger Informationen, d. h. es wurde in der Studie danach gefragt, inwieweit in den Werkszeitschriften vom Gebrauchswert, vom gesellschaftlichen Herrschaftszusammenhang und vom Zweck von Rüstung sowie der Zerstörungsqualität abstrahiert wurde. Weitere wichtige Themen waren die „Legende von der Sicherheit der Rüstungsproduktion", Harmonisierung und Beschwichtigung sowie die Propagierung von Expansionsstrategien und die Entstellung der Konfliktkonstellation(en).[221]

Ihre Ergebnisse förderten u. a. zu Tage, dass in den Werkszeitschriften der untersuchten Unternehmen Artikel mit Bezug auf den Problemkreis Militär, Rüstung, Krieg oder Politik deutlich unterrepräsentiert waren. Demgegenüber konstatierten sie eine geradezu „offensive Strategie der Öffentlichkeitsarbeit in Sachen Rüstungsproduktion mit einer allgemeinen PR-Strategie, die sich nicht mit (Unternehmens-) Tradition und Readers' Digest abgibt, bei denen sich am Rande immer auch einmal ein Hinweis auf Krieg und Militär einstellt, sondern technokratisch-dynamisch

219 Schröter: Marketing als angewandte Sozialtechnik, S. 646.
220 Birckenbach/Wellmann: Thematisierung von Rüstung, v. a. S. 190–212 und 311 ff.
221 Ebenda, S. 136 ff.

um das Bild moderner Technik gruppiert ist, das keinen Raum für Bezüge auf Krieg (= Vergangenheit) und aktuelle Konfliktkonstellationen (= Politik) mehr läßt."[222] Ausgespart wurden in den Werkszeitschriften zudem jegliche Bezüge zum Gebrauchswert von Rüstung, indem sowohl in Artikeln als auch in visuellen Darstellungen stark von der Einsatzpraxis abstrahiert wurde. Unter Gebrauchswert fassten Wellmann/Birckenbach im Anschluss an den Friedensforscher Egbert Jahn drei Aspekte von Produkten zusammen, nämlich „der gesellschaftliche Zusammenhang, in dem die Ware gebraucht wird, der Zweck für den sie gebraucht wird, und die Eigenschaften, durch die sie für diesen Zweck im Rahmen der gesellschaftlichen Verhältnisse verwendungsfähig sind."[223]

Werkszeitschriften wiesen insgesamt in einem, „über die Erwartungen weit hinausgehenden Maße" Abstraktionen vom gesellschaftlichen Zusammenhang des Gebrauchswerts auf. Dies ging sogar so weit, dass „der gesellschaftliche Herrschaftszusammenhang nicht einmal mehr in der Reduktion auf außenpolitische Konfliktlagen in den Werkszeitschriften deutlich wird." Darüber hinaus wurde Rüstungsproduktion immer als reaktiver Prozess auf die Bedürfnisse staatlich-militärischer Akteure dargestellt und anstelle der Darstellung von Konflikten, in denen die produzierten Waffensysteme verwendet wurden oder verwendet werden konnten, die Konflikte quasi in die personifizierten Rüstungsgüter hineinverlagert oder auf sie übertragen – im Grunde ein „Kampf der Rüstungsmateriale" miteinander.[224]

Negiert oder abstrahiert wurde in der Berichterstattung auch vom Zweck der Rüstung, sogar insofern, als das Motiv „Rüstung als nationale Fürsorge" zur Herstellung von Sicherheit kaum erwähnt wurde. Mit einem ähnlich hohen Abstraktionsgrad wurden auch die Eigenschaften von Waffen thematisiert. Sowohl die Rüstungsgüter, als auch der Nachfrager Bundeswehr bzw. Armeen weltweit wurden ihrer militärischen Funktion i.d.R. entkleidet. Wie in den von Rheinmetall verteilten humoristischen Stickern und Aufklebern wurden Militär und Waffen eher als für das Entertainment als für die Kriegführung und das Töten des Gegners zuständig präsentiert.[225]

Insgesamt konnte von Birckenbach/Wellmann bei allen untersuchten Werkszeitschriften in ähnlicher Manier eine deutliche „Abstraktion von der Zerstörungsqualität der Rüstungswaren nachgewiesen werden". Dies ging sogar soweit, dass „ihre Zerstörungsqualität (...) – wenn überhaupt – euphemistisch umschrieben" wurde.[226] Diese Erkenntnisse lassen sich für einen europäischen Vergleich von Rüstungsunternehmen gut nutzen. Sie führen einerseits zu der Frage, inwiefern der Gebrauchswert von Rüstung in den untersuchten kommunikationspolitischen Mitteln

222 Birckenbach/Wellmann: Thematisierung von Rüstung, S. 279.
223 Ebenda, S. 290.
224 Ebenda, S. 290–292.
225 Birckenbach/Wellmann: Thematisierung von Rüstung, S. 292ff.
226 Ebenda, S. 294 und 299.

der Großunternehmen eine Rolle spielte. Andererseits ist im internationalen Vergleich von Interesse, inwiefern Zerstörungsqualität überhaupt thematisiert wurde und einen zentralen Bezugspunkt bildete. Am Beispiel von Rheinmetall wurde deutlich, dass Bezüge auf die Vergangenheit zwar durchaus eingesetzt werden konnten, allerdings wurden diese nur indirekt angesprochen und mit positiven Images und Grundwerten verknüpft, wie der Slogan „Fortschritt durch Erfahrung" demonstriert. Welche Bezüge bei anderen deutschen und europäischen Herstellern eine Rolle spielten, sollte daher genauer in den Blick genommen werden. Auch die Frage der außen- und sicherheitspolitischen Einbettung und Kontextualisierung sollte thematisiert werden. Wurden Konfliktlagen und konkrete Bedürfnisse der Staaten oder des Militärs angesprochen, wie wurden diese umgesetzt und welche Diskurse waren dabei zentral bzw. dominant?

Die Untersuchung soll aber nicht auf die Mitarbeiterzeitschriften mit ihrer Ausrichtung auf interne Kommunikation und *Human Ressources*-Ziele in den Unternehmen selbst beschränkt bleiben, sondern sich auf eine größere Rezipientenschaft richten. Daher wurden für den gesamten Erscheinungszeitraum während des Kalten Krieges, also von Ende der 1950er Jahre bis 1990/91, die drei Fachjournale „Soldat und Technik", „Technik und Versorgung" und die „Wehrtechnik" intensiver untersucht. Alle diese Militärfachzeitschriften, deren Quellengehalt bereits an anderer Stelle ausführlich thematisiert wurde,[227] enthielten einen großen Anteil an Rüstungswerbung. Sie wandten sich nicht nur an Mitarbeitende oder den engeren Abnehmerkreis, sondern zielten auch auf eine größere interessierte Öffentlichkeit. Viele der ausgewerteten Anzeigen wurden auch in Publikumszeitschriften veröffentlicht, weshalb die Auswahl der untersuchten Kampagnen als relevanter Querschnitt für alle angesprochenen Segmente der Rheinmetall-PR angesehen werden kann.

Die Zeitschrift „Soldat und Technik. Zeitschrift für technische Ausbildung, Fortbildung und Information in der Bundeswehr" wurde 1958 als Truppenzeitschrift der Bundeswehr gegründet. Als Verlagszeitschrift wurde sie schnell ein wichtiges militärisches Fachorgan für Technik in der Bundeswehr; sie erscheint immer noch monatlich in Frankfurt am Main. Herausgegeben wurde sie vom Verlag „Soldat und Technik" im Umschauverlag, „in Zusammenarbeit mit dem Bundesministerium der Verteidigung" bzw. der Bundeswehr. Die Redaktion unter Chefredakteur Kurt Neher und seinem Stellvertreter Karl Heinz Mende saß in Bonn. Für den Anzeigenteil waren in Frankfurt am Main Wolf Grünert und stellvertretend Wolfgang Hartdegen verantwortlich; es gab aber weltweit Büros, die Anzeigen für die Veröffentlichung entgegennahmen (PR- oder Pressebüros u. ä.). Der Preis war in den 1970er Jahren relativ hoch: 5,50 DM, ermäßigt 4,50 DM für Soldaten, Reservisten, Schüler und Studenten; mit Erkennungsblättern kostete die Zeitschrift sogar 7,35 DM bzw. ermäßigt 6,35 DM. Ab 2001 wurde die Zeitschrift nach Selbstauskunft „zu einer freien

227 Van de Kerkhof: Militärfachzeitschriften als Quellen einer Marketinggeschichte, S. 71 ff.

Verlagszeitschrift in Kooperation mit der Bundeswehr". Ab 2005 erschien sie unter dem neuen Titel „Strategie und Technik" und versteht sich selbst seitdem als „Führungs- und Fachzeitschrift für Sicherheitspolitik, Strategie, Wehrtechnik, Streitkräfte, Rüstung und Logistik." Sie ist im Jahre 2010 die einzige deutschsprachige Monatszeitschrift für Wehrtechnik.[228] Besonders betont wird nicht nur die Unabhängigkeit der Zeitschrift und ihre Kooperation mit dem BMVg, der Bundeswehr, der Deutschen Gesellschaft für Wehrtechnik e.V. (DWT), dem Fraunhofer INT und dem Institut für Strategische Analysen (ISA), sondern auch, dass sie „von einer hochkompetenten Fachredaktion mit Redakteuren aus Heer, Luftwaffe, Marine, Wehrtechnik, Rüstung und Logistik (...) sowie sicherheitspolitischen Fachredakteuren" erstellt wird. Die Zeitschrift hat bis in die Gegenwart einen redaktionellen Umfang von 65 bis 80 Seiten, versammelt neben sechs bis acht Hauptartikeln eine Vielzahl von kürzeren Informationen und Werbeanzeigen. Die Auflage von derzeit (geprüften) 10.000 Exemplaren wird nicht nur an Abonnenten, die Bundeswehr, NATO, EU, Politik (d. h. Parlament), Botschaften, Akademien und Institute abgesetzt, sondern auch an andere Medien und den Zeitschriftenfachhandel. Nach eigenen Angaben erhielt sie für ihre wehrtechnischen, sicherheitspolitischen und militärischen Berichte „Spitzenwerte in allen Akzeptanzuntersuchungen".[229]

Die Zeitschrift „Soldat und Technik" wurde für den Zeitraum von 1965 bis 1992 nahezu vollständig ausgewertet. Zudem wurde mit Jochem Peelen (München) ein ehemaliger freier Mitarbeiter (1977–1987) für ergänzende Informationen ausführlich interviewt, der auch die vorgenannten Informationen – soweit möglich – bestätigt hat. Allerdings war die Redaktion in den 1970er und 1980er Jahren durchaus kleiner, neben Schreibkräften wurde die redaktionelle Arbeit von den zwei ehemaligen Wehrmachtsoffizieren Neher und Mende bzw. später auch Bundeswehrangehörigen vorgenommen. Zudem gab es weitere freie Mitarbeiter, die i. d. R. in losem Kontakt zur Redaktion standen, als Wehrtechnik-Interessierte entweder auf eigene Faust Artikel einsandten oder Themen anboten, aber auch um Recherchen gebeten wurden. Diese wurden im In- und Ausland durchgeführt, auch Interviews in Rüstungsunternehmen wurden von solchen freien Mitarbeitern abgehalten.[230]

Peelen berichtete über die Finanzierung der Zeitschrift, die von Seiten des herausgebenden Verlags zweigleisig gefahren worden sei: zum einen habe „die Bundeswehr (...) einen erheblichen Zuschuss sicherlich dazu gezahlt, es wurde ja auch diese Zeitschrift bis in die Kompanien hinein verteilt."[231] Die Werbung war für den Verlag als zweites Standbein wichtig zur Finanzierung, aber nach Meinung des

228 Aus dem Internetangebot der Zeitschrift (http://www.strategie-technik.de/, 30.9.2010). Vgl. Interview mit Jochem Peelen, München, 2012 in Mannheim.

229 Ebenda.

230 Ebenda.

231 Es gab daneben nach Peelen noch mehrere andere Zeitschriften, die monatlich erschienen und bis auf Kompanieebene verteilt wurden: „Das war die *Information für die Truppe. Wehrausbildung*

Fachautors auch für die Industrie, um Kunden im Ausland zu gewinnen und Entscheidungsträger im Ausland zu informieren bzw. in ihren Entscheidungen über den Kauf neuer Rüstungsgüter zu beeinflussen. Die deutschsprachigen Artikel seien teils für ausländische Truppen, Diplomaten, Politiker u. ä. übersetzt, teils auch wiederabgedruckt worden. Die Werbeanzeigen seien von Seiten der Unternehmen geliefert worden, sie gaben auch die Themen vor, zu denen geworben wurde. Als Beispiele nannte er eine PR-Aktion mit Versuchsschießen für das Gewehr G11 von HEKO und Produkte der Contraves AG, über die zum Unmut des Unternehmens kritisch berichtet wurde. Insgesamt wurde in der Zeitschrift die deutsche wehrtechnische Industrie eher betrachtet als die ausländische, aber trotzdem wurden auch bewusst Artikel über die ausländische Konkurrenz publiziert.[232]

Über die Zensur und Beeinflussung durch staatliche Institutionen berichtete der freie Mitarbeiter von „Soldat und Technik", dass sowohl Bundeswehr als auch BMVg i. d. R. nur ausländische Journalisten bedacht habe. Aus diesen Quellen, also aus der Fachpresse des Auslandes hätten sich dann auch die wehrtechnischen Zeitschriften und ihre Mitarbeiter für ihre Artikel bedient. Auch von Seiten der Politik sei kein Einfluss auf die Heftgestaltung genommen worden, obschon es gelegentlich Einzelpersonen aus den Ministerien gegeben habe, die sich mit Artikeln „dann aber an die Soldaten richtete und weniger an Entscheidungsträger (...) das war eben eine Zeitschrift für die Truppe". Alle Artikel bedurften aber der Freigabe durch die Bundesbehörden und die Autoren erhielten i. d. R. keine geheimen Erkenntnisse aus dem Militär, denn diese fielen ja „in den Bereich der dienstlichen Verschwiegenheit".[233]

Die Wirkung der Zeitschrift insgesamt war nach Angaben des Fachautors sehr gut, sie war unter Soldaten und Offizieren sehr begehrt, denn sie verfügte über dienstlich verwendbare Informationen, war im Dienst nützlich und wartete mit vielen Hintergrundinformationen auf. Er spricht „Soldat und Technik" einen sehr positiven Einfluss zu, der sich für die Bundeswehr gelohnt habe: „Das war auch die beliebteste Zeitschrift und die war immer als erstes weg." Und im weiteren Interview äußerte er: „*Soldat und Technik* galt auch als, (...) Vorzeigestück für deutsche Wehrtechnik. Deswegen enthielt sie auch Anzeigen von wehrtechnischen Unternehmen aller Art, die sich zweifellos an ausländische Leser hauptsächlich richteten, weil also ausländische Militärs, weil wenn Rheinmetall irgendeine oder Diehl irgendeine Annonce aufgibt in *Soldat und Technik*, das richtet sich ja nicht an den Endverbraucher." Nach Meinung von Peelen wurde die Rüstungswerbung von bestimmten Zielgruppen nur wenig betrachtet, was beispielsweise für ihn selbst galt, weil er sich v. a. für Handfeuerwaffen interessierte und diese nicht bzw. in der Werbung nur wenig berücksichtigt

in Wort und Bild, die Zeitschrift richtete sich an die Unteroffiziere. *Die Truppenpraxis*, die richtete sich an die Offiziere und *Soldat und Technik* eben wehrtechnischen Inhalts." Ebenda.

232 Ebenda.

233 Interview mit Jochem Peelen am 24.9.12 in Mannheim.

wurden.[234] Insgesamt lässt sich die Wirkung aber weder in quantitativer noch in qualitativer Hinsicht genauer messen, so dass die Forschung hier auf die in Kapitel 4.1. dargestellten Methoden und Ansätze angewiesen ist.

Eine weitere Zeitschrift, von der einige Ausgaben zur Analyse herangezogen wurden, ist „Technik und Versorgung". Diese „Zeitschrift für die technische Truppe und die Versorgung aller Truppen" erschien seit 1964 in der Wehr und Wissen Verlagsgesellschaft mbH Darmstadt, ihr Beirat war mit hohen Offizieren und Beamten besetzt.

Durchgängig ausgewertet wurde auch das stärker durch rüstungswirtschaftliche Artikel gekennzeichnete Fachmagazin „Die WEHRTECHNIK". Sie erschien ab 1968 teilweise monatlich, teilweise zweimonatlich und war nach Selbstverortung des Verlags das „führende deutschsprachige Fachmagazin für Sicherheits- und Verteidigungstechnik". Adressaten waren „neben Entwicklern und Nutzern von militärischem Gerät (...) die Entscheidungsträger in Ämtern, Streitkräften und der Industrie (...), die die Weichen für die zukünftigen Beschaffungen für Streitkräftebasis, Heer, Luftwaffe, Marine oder Sanitätsdienst in der Bundeswehr und anderen Streitkräften stellen". Neben waffentechnischen, generellen rüstungswirtschaftlichen und rüstungsindustriellen Artikeln enthielt das im deutschsprachigen Raum verbreitete Magazin auch kurze nationale und internationale Nachrichten aus Militärpolitik, Technik und Rüstungsindustrie, teils auch personeller Art. Nach 2000 betrug die Auflage ca. 13.500 Exemplare.[235] Laut Peelen war die „Wehrtechnik" im Gegensatz zu „Soldat und Technik" ein Magazin, „das aber rein privat finanziert wurde. Meines Wissens jedenfalls nicht von der Bundeswehr unterstützt wurde." Beide Zeitschriften orientierten sich u. a. an der Internationalen Wehrrevue, die in der Schweiz veröffentlicht wurde und z. T. über mehrsprachige Ausgaben verfügte. Sie war im Unterschied zu den deutschen wehrtechnischen Zeitschriften aber extrem teuer und eher selten im Fach- und Bahnhofsbuchhandel erhältlich. Im Vergleich der Fachzeitschriften arbeitete die Wehrtechnik stärker mit den PR-Abteilungen der Rüstungsunternehmen zusammen, von daher ließe sich zutreffend in Übereinstimmung mit Peelen festhalten: „*Wehrtechnik* war zweifellos recht industrienah und *Soldat und Technik* mehr bundeswehrnah".[236]

In der ersten groben Analyse des Quellenkorpus der verschiedenen wehrtechnischen Fachzeitschriften zeigt sich, dass diese Medien nicht durchgängig viele Aufträge für Anzeigen von Rüstungsunternehmen erhielten. In einigen Jahren wurden nur wenige Anzeigen veröffentlicht. So wurde z. B. in „Soldat und Technik" in den Jahren der gesteigerten Rüstungsnachfrage 1983/84 nur wenig geworben, Ähnliches gilt auch für die Krisenjahre 1973/74 und 1977/78. In der Zeitschrift „Technik und Versorgung" wiederum wurde in den frühen Jahren der Bundeswehr-Erstausstattung

---

234 Ebenda.

235 Selbstangabe der Mönch-Unternehmensgruppe, in deren Verlag die „Wehrtechnik" erscheint: http://www.monch.com/C125779A003EAE64/vwContentByKey/W28C9TUM435MOEHDE (zuletzt abgerufen am 19.2011, ähnlich auch 2019).

236 Interview Peelen vom 24.9.2012.

1964/65 und 1970 kaum Werbung geschaltet. Das militärisch-industrielle Fachjournal „Wehrtechnik“ hatte dagegen als Aushängeschild der Rüstungsindustrie einen durchgängig hohen Anteil an Werbeanzeigen. Hauptdiskurs war in allen Zeitschriften insgesamt der Sicherheitsdiskurs, der für das Fallbeispiel Rheinmetall im vorangegangenen Kapitel bereits ausführlich analysiert wurde, und nun vergleichend ikonologisch betrachtet (s. Kap. 4.1.) werden soll.

4.3.2 Sicherheit als Hauptdiskurs

Die Werbung mit dem Slogan „Wir produzieren Sicherheit“ muss entsprechend der ikonologischen Methode nach Panofsky in weiteren Kontexten gesehen werden. Zum einen existierte bereits ein internationaler, ausgehend von den USA seit den 1920er Jahren unter Roosevelt und später unter Eisenhower intensiv geführter Diskurs über die nationale, soziale und ökonomische Sicherheit.[237] Zum anderen bezog sich die Werbung direkt auf eine ältere, über mehrere Jahre durchgeführte Kampagne der Bundeswehr zur Nachwuchsrekrutierung und dürfte bewusst an die dort repräsentierten Sicherheitsdiskurse angeknüpft haben. Die Werbelinie „Wir produzieren Sicherheit“ der Bundeswehr war 1968/69 entwickelt und als Plakat sowie in der Zeitschriftenwerbung veröffentlicht worden.[238]

Thorsten Loch, der die Freiwilligenwerbung der Bundeswehr und ihre Kommunikationsstrategien in seiner Dissertation intensiv untersucht hat, geht davon aus, dass die Werbeagentur Dorland diese Werbelinie erstellt hat.[239] Die Berliner Agentur gehörte in den 1970er Jahren mit einem Jahresumsatz von ca. 30 Mio. DM und knapp unter 60 Mitarbeitern zum letzten Drittel der 50 umsatzstärksten deutschen Werbeagenturen (Platz 35, 1976, Platz 38, 1975). Sie verfügte zudem mit der DFS + R Dorland in München über ein zweites Standbein, das es mit 70 Mitarbeitern und einem Jahresumsatz von ca. 40 Mio. DM bis auf Platz 27 (1976) bzw. 30 (1975) der „Agentur-Hitparade“ schaffte. Zusammengenommen wären beide Unternehmen mit einem Umsatzvolumen von 70 Mio. DM auf den 17. Platz vorgerückt, gehörten also insgesamt zum Spitzenfeld der Branche.[240] Am 30. Juni 1969 wurde die von Dorland entwickelte neue Anzeige (Abb. 34) unter dem Motto „Männer für die Bundeswehr“

237 Greiner: Antikommunismus, Angst und Kalter Krieg, S. 44 ff. Vgl. auch Kapitel 1 und 4.3.

238 Loch: Das Gesicht der Bundeswehr, S. 292 f.

239 Loch: Das Gesicht der Bundeswehr, S. 292 f. Zu Dorland siehe auch Alexander Schug: Vom Newspaper Space Salesman zur integrierten Kommunikationsagentur. Die 120-jährige Entwicklungsgeschichte der Werbeagentur Dorland, in: ZUG 49 (2004), S. 3–25.

240 Die Daten der Erhebung des Branchendienstes „Kontakter“ (veröffentlicht in der Wirtschaftswoche) beruhten allerdings auf freiwilligen Angaben der Agenturen selbst. Vgl. Wirtschaftswoche 13 vom 18.3.1977, S. 50. Für die nächste Kampagne wählte die Bundeswehr übrigens die Düsseldorfer Agentur Dr. Hegemann aus, die mit ca. 140 Mitarbeitern und über 130 Mio. DM Umsatz die Nr. 7 der umsatzgrößten deutschen Agenturen darstellte. Vgl. ebenda und Loch: Das Gesicht, S. 296 ff.

Abb. 34: Sicherheitswerbung der Bundeswehr.
Quelle: Meyer u. a.: Wir produzieren Sicherheit, S. 21.

dem Staatssekretär Eduard Adorno im BMVg vorgestellt. Sie erhielt seine volle Zustimmung, obwohl er in der Anzeige zunächst das Wort „Soldat“ vermisst hatte.

Der Slogan „Wir produzieren Sicherheit“, der laut Loch ursprünglich von einem Ausspruch des DDR-Journalisten Karl Eduard von Schnitzler stammen soll, wurde zunächst 1969/70 als Headline einer farbigen Anzeige eingesetzt. Erst um 1972 wurde er dann bis 1974 der „prägende Slogan einer neuen Linie“. Allerdings sei gerade dieser Slogan – stärker als die Kampagne selbst – „vonseiten der kritischen Autoren wie von konservativen Befürwortern als krampfhafter verbaler Versuch, der Bundeswehr ein ziviles Image zu geben, kritisiert“ worden.[241] Loch ist aber der Ansicht, dass der

241 Loch: Das Gesicht S. 292. Vgl. Mathias Jopp: Militär und Gesellschaft in der Bundesrepublik Deutschland. Das Beispiel der Bildungsreform in der Bundeswehr, Frankfurt a.M. u. a. 1983, S. 100,

Spruch trotz vielfacher Kritik und auch Konterkarierungen vonseiten der Friedensbewegung seit 1974 nicht mehr genutzt wurde, weil er als NVA-Slogan Schnitzlers zu stark den Argumenten der ostdeutschen „Konkurrenz“ geähnelt hätte. Dennoch war nach Loch die Werbelinie insgesamt „eine der bekanntesten in der Geschichte der Nachwuchswerbung“. Noch im Jahr 1986 nahm der Wehrbeauftragte des Deutschen Bundestages in einer Rede an der Führungsakademie der Bundeswehr in Hamburg darauf Bezug und kritisierte: „Da erscheinen Soldaten zunächst als ‚Produzenten von Sicherheit rund um die Uhr‘, ein Bild, was von der nutzenorientierten Gesellschaft durchaus akzeptiert wird. Aber ich will das Bild nicht fortspinnen, weil am Ende dieses millionenteuren Missverständnisses stehen könne: *Unternehmen Bundeswehr, ständige Lagerhaltung und Vertrieb von Sicherheit.*“[242]

Mit den in der ersten Anzeige dargestellten, unterschiedlich gekleideten und mit Attributen ziviler Berufe versehenen Soldaten „appellierte diese Anzeige an die Möglichkeit der beruflichen Aus- und Weiterbildung, spricht gleichzeitig aber auch über das Argument der ‚Produktion von Sicherheit‘ durchaus diejenigen an, für die ein ideeller Ansatz oder sportliche Anreize im Vordergrund standen.“ Abschließend wird in der Anzeige aber, wie an anderen Stellen, wiederholt auf die finanziellen Anreize und die Laufbahnmöglichkeiten, also den Statusgewinn, hingewiesen. Die Anzeige erschien in mehrfachen Variationen, u. a. mit den Slogans „Wir produzieren Sicherheit – zu Wasser, zu Lande und in der Luft“, „Wir produzieren Sicherheit – drinnen, draußen, überall“ und „Wir produzieren Sicherheit – in Berufen von morgen“. Die zumeist dreigliedrigen, einfach strukturierten Argumentationsmuster wurden bewusst in den Schulferien veröffentlicht, da sie sich an Schüler im Vorwehrdienstalter richteten. Vorzugsweise wurden Medien ausgewählt, die eine große Leserzahl aufwiesen und mit Themen wie „Sport, Abenteuer und Romantik“ ein positives Bild von der Bundeswehr – und zwar nicht nur als Großunternehmen und Ausbildungsplatz – vermitteln sollten. In späteren Kampagnen bediente man beispielsweise Weltbild, Stern, Quick und Bunte, nahezu alle Fernsehzeitschriften, daneben den Spiegel, Bravo, verschiedene Auto-Zeitschriften und Bild der Wissenschaft.[243]

Der Bezug zum Sicherheitsthema hielt aber auch nach dieser Kampagne an: „Weitere Anzeigen, die den gesicherten Frieden in den Vordergrund stellten, erschienen im Jubiläumsjahr 1980. Der Slogan ‚25 Jahre gesicherter Frieden‘ fand Eingang in mehrere Anzeigenlinien, darunter eine Image-Kampagne für Unteroffiziere der Werbeagentur Slesina Bates. Die Anzeigen präsentierten erneut die Bundeswehr

---

vgl. Berthold Meyer u. a. (Hg.): „Wir produzieren Sicherheit“. Sozialisations- und Integrationsfunktion des Militärs als Unterrichtsthema (Tübinger Beiträge zur Friedensforschung und Friedenserziehung 4), Waldkirch i.Br. 1976, S. 34–38.

242 Loch: Das Gesicht, S. 293. Zitat nach dem Sprechzettel für das Referat vor den Teilnehmern Verwendungslehrgänge Stabsdienst an der Führungsakademie der Bundeswehr am 20./21.10.1986, S. 11, Hervorhebung im Original.

243 Loch: Das Gesicht, S. 296 und 298.

vor einem teilweise militärischen Hintergrund, entweder als sicheren Arbeitgeber, wie die Überschrift ‚Ihr Arbeitsplatz Bundeswehr', zeigt, oder als Möglichkeit des sozialen Aufstiegs, wie im doppeldeutigen Slogan ‚Bundeswehr – Ihr Weg in eine sichere Zukunft'." Bei diesen Kampagnen machte sich also deutlich bemerkbar, dass die Bundeswehr (wie die Rüstungsunternehmen Rheinmetall, Diehl und Krauss-Maffei) bei der Nachwuchsgewinnung vor deutlichen Problemen stand und das Sicherheitsmotiv als Argument auch im Hinblick auf ökonomische Fragen nutzte.[244]

Die Plakate der 1980er Jahren wurden immer abstrakter, spielten aber weiterhin auf „die Technikbegeisterung, die Faszination militärischen Großgerätes, aber auch Motive von Abenteuer und die Erlebniswelt ‚Mann'" an. Dies stimmt auch mit der Auskunft des ehemaligen Mitarbeiters von „Soldat und Technik" überein, der berichtete, dass im Laufe der 1970er und 1980er Jahre die Werbung in den Heften des Militärfachjournals jeweils modernisiert wurde. Seiner Ansicht nach gab es in dieser Zeit „mehr Sprüche, weniger Substanz".[245]

Bei einer genaueren Untersuchung der Kampagnen fällt aber in erster Linie auf, dass bei der Werbung der 1980er (Abb. 35) auf die Technikbegeisterung abgehoben wurde, misst man allein die quantitative Repräsentation dieser Themen. Die stärkere Abstraktion erklärt sich Loch in seiner wissenschaftlichen Untersuchung vor allem mit dem NATO-Doppelbeschluss und der Zuspitzung gewalttätiger Proteste gegen Rüstung, was sich „auch in Großdemonstrationen äußerte, denen sich auch Soldaten, vor allem Reservisten, anschlossen."[246]

Loch deutet den verwendeten Sicherheitsdiskurs „als doppelt zu deutendes Enthymem (...) sowohl in Bezug auf einen ethischen (Wir verteidigen den Frieden) als auch auf einen fiskalisch-faktischen Anreiz (Hier erlernst Du einen Beruf und Deine Zukunft ist gesichert), in welchem die Sicherheit ‚erwirtschaftet', aber auch geboten wird." Obgleich es zeitgenössische Kritik sowohl von Rüstungskritikern als auch von konservativen Bundeswehrbefürwortern gab, sieht Loch den Erfolg dieser Anzeige darin begründet, dass sie „die Motive von ‚Arbeitsplatz Bundeswehr', Ethos und Männlichkeit" in eingängiger Weise miteinander verband.[247] Wichtige Motive und Argumente für den Arbeitsplatz Bundeswehr waren insbesondere die militärischen Geräte, die die Technikbegeisterung von Betrachtenden ansprachen.

Diese motivische Vorbereitung und bestehende Ikonographie nutzte nicht nur Rheinmetall (vgl. Kap. 4.2), sondern eine Vielzahl weiterer Rüstungsunternehmen, die nicht nur bekannte bundesdeutsche Waffenproduzenten, sondern auch andere europäische Hersteller umfasste. Eine der frühesten Kampagnen war im Jahre 1975 eine kooperative Anzeige der MRCA-Kampfflugzeug-Hersteller Aeritalia, British Aircraft und MBB, in der sich die schon dargestellte fortschreitende europäische und

244 Ebenda, S. 303.
245 Interview mit Peelen, München, 2012 in Mannheim.
246 Loch: Das Gesicht, S. 304 ff.
247 Ebenda, S. 295.

Abb. 35: Sicherheitswerbung für den Nachwuchs.
Quelle: Meyer u. a.: Wir produzieren Sicherheit, S. 18.

internationale Kooperation im Rüstungssektor (vgl. Kap. 2 und 3) bildlich und sprachlich manifestierte. Sie wurde zur Zeit der Verhandlungen über dieses Großwaffensystem nicht nur in der Zeitschrift „Sicherheit und Technik", sondern auch mehrfach in der „Wehrtechnik" abgedruckt.[248]

Die großformatige Anzeige (Abb. 36) betonte mit einem aus der Froschperspektive dargestellten MRCA-Jet den Bildteil und legte den sprachlichen Teil geschickt

248 In „Wehrtechnik" erschien sie nur 1975 in fünf Heften und zwar in Heft 5/1975, S. 201, 7/1975, S. 311, 9/1975, S. 441, 11/1975, S. 576 und 12 /1975, S. 673 sowie in Heft 5/1977, S. 95.

korrespondierend an. So ist vom „Unterfliegen der gegnerischen Luftverteidigung" und von „Baumwipfeln" die Rede, die im Bild dargestellt sein könnten. Ein klarer schwarz-weiß-Kontrast betont das Kampfflugzeug und seine pyramidal, phallisch anmutende Silhouette. Einen starken Kontrast zwischen Bild- und Textregister stellt dagegen die Überschrift „Sicherheit" her, die mit dem bedrohlich raketen- oder nadelförmig auf sie zufliegenden Kampfflugzeug nur wenig korrespondiert. Überhaupt wird der Begriff der „Sicherheit" hier nur als Anspielung ohne jegliche weitere inhaltliche Funktion benutzt. Die Anzeige war in ihrer schlichten Form durchaus international einsetzbar, lockte die technikbegeisterten Aviatiker und ließ sich leicht mit anderen sozio-ökonomischen Begriffen und Beitexten versehen, wie

Abb. 36: Kooperative Werbeanzeige Aeritalia, British Aircraft und MBB, 1975.
Quelle: Soldat und Technik (1975), S. 537.

„voller Einsatz (...) bei niedrigstmöglichen Kosten", was ihren universalistischen Anspruch verdeutlicht.

Einen die Emotionen des Betrachtenden wesentlich stärker ansprechenden Werbeauftritt vollzog die Dräger AG im Jahr 1981 (Abb. 37) und verband den Begriff der Sicherheit dabei mit den drei dargestellten Teilstreitkräften. Durch den Slogan „Dräger im Einsatz" konnte ohne umfassendere textliche Erläuterung ein enger Konnex zwischen Militäreinsätzen und den Dräger-Produkten hergestellt werden.

Abb. 37: Werbeanzeige der Dräger AG Anfang der 1980er Jahre.
Quelle: Soldat und Technik (1981), S. 474. Vergleichbare Sicherheitswerbung der Philips GmbH in ebenda (1982), S. 163.

Die drei Fotos aus der Praxis arbeiten stark auf einer emotionalen Ebene: durch ihre hell-dunkel-Kontraste und Motive mit aufgewühlten Wolken, strudelndem Wasser und unwegsamem Boden, in deren Mitte jeweils ein Großwaffensystem bzw. ein Taucher zu sehen ist, der mit Dräger-Produkten ausgestattet sein könnte. Der Slogan „Dräger. Weil Sicherheit über alles geht" fächert den Sicherheitsbegriff zwar wiederum nicht weiter auf und bietet keine genaueren Erklärungen über den Hintergrund der Einsätze, kann aber als Beruhigung für die aufwühlenden Wirkungen der Fotos dienen. Die Anzeige arbeitet hier zudem mit dem schon bekannten dreigliedrigen Argumentationsmuster (zu Lande, zu Wasser, in der Luft), dem aber noch der medizinische Bereich hinzugefügt und damit betont wird. Auch diese Anzeige erschien in beiden wehrtechnischen Militärfachzeitschriften, in der „Wehrtechnik" war Dräger mit der Sicherheitswerbung vor allem in den Jahren 1976 und 1977 sehr präsent.[249]

Stärker harmonisierend und beschwichtigend konnten dagegen die Anzeigen von AEG-Telefunken und Siemens AG im Dienste der Bundeswehr (1981–1983) auf den Betrachter wirken (Abb. 38 und 39). Die Anzeigenkampagnen beider diversifizierter Konzerne, die mehrfach veröffentlicht und modifiziert wurden, setzten auf Erfahrung, Zuverlässigkeit und Seriosität, um bei den Betrachtenden Vertrauen in die Sicherheit schaffenden Funktionen ihrer Produkte zu erzeugen. Es scheint so, als ob der *Goodwill* des Unternehmens in der zivilen Produktion auch für ihre Zuverlässigkeit bei militärischen Aufträgen mit in die Waagschale geworfen wurde. Während der werbliche Auftritt von AEG-Telefunken in moderner Manier stark mit dem visuellen Register der Produktdarstellung arbeitet und sie emotional noch mit einem Slogan anreichert, der die persönliche Unversehrtheit anspricht: „Unsere Erfahrung – Ihre Sicherheit",[250] ist die Sicherheitskampagne der Siemens AG deutlich komplexer und unübersichtlicher gestaltet.

Die Siemens-Kampagne erschien in drei Varianten. Alle arbeiteten mit einer fett gedruckten Überschrift, die die „Sicherheit des Landes" in Gefahr präsentierte und sich im Subtext als wirkungsvollen Partner für Problemlösungen anbot. Auf die elektrotechnische Kompetenz von Siemens spielt auch der Slogan im Untertext an „Siemens-Verteidigungstechnik – Impulse für die Sicherheit". Obwohl in den Kampagnen entweder Einsatzzentralen oder militärisches Großgerät in künstlerischer, in ihrer Kleinteiligkeit aber unübersichtlich wirkender Werbegraphik dargestellt werden, wird auf die Art der Einsätze oder zugrunde liegenden Konflikte nicht näher eingegangen. Auch der Kalte Krieg spielt hier als Hintergrundfolie keine Rolle; es wird auf ihn nur angespielt, indem behauptet wird, die „Sicherheit des Landes" sei in Gefahr und läge dem Unternehmen besonders am Herzen.[251]

Weitere Großunternehmen wie die Krupp Atlas Elektronik GmbH,[252] die Philips AG[253] oder die Blohm & Voss AG[254] veröffentlichten ähnliche Anzeigen, die 1986

249 Anzeigen in zwei Größen u. a. in Heft 6/1976, S. 24 in groß, Heft 4/1977, S. 60, 5/1977, S. 107, 9/1977, S. 61 und 12/1977, S. 22.

250 Alternative Anzeigen mit Werbung für Verteidigung schaltete die AEG u. a. in Wehrtechnik Heft 7/1976, S. 11 und 10/1977, S. 60.

251 Die SIEMENS-Anzeigen „Sicherheit durch Radarsysteme" erschienen u. a. in Wehrtechnik Heft 12/1976, S. 5, 5/1977, S. 99, 6/1977, S. 13 und 10/1077, S. 49.

252 Großformatige Anzeigen, prominent platziert in Soldat und Technik (1986), S. 430, 554 und häufiger.

253 Ebenfalls großformatige Anzeigen, prominent platziert in Soldat und Technik (1987), S. 469.

254 Kleineres Format in Soldat und Technik (1990), S. 695, gleiche Anzeige auch im Band 1991 abgedruckt.

Abb. 38: Anzeige der AEG-Telefunken.
Quelle: Soldat und Technik (1981), S. 472 (Umschlag hinten).

bis 1989, in den Jahren der Reagonomics und des SDI-Aufbaus, Elektronik für die Sicherheit, Kommunikation für die Sicherheit oder Panzerstahlgehäuse für die persönliche Sicherheit anboten. Gänzlich andere Auftritte wählte dagegen die

Abb. 39: Sicherheitswerbung der Siemens AG, Anfang der 1980er Jahre.
Quelle: Soldat und Technik (1981), S. 60 vgl. (1981), S. 604, ähnlich auch im Band 1983, S. 223.

Thyssen Henschel AG, deren Werbung in einer Vielzahl von Anzeigen in „Soldat und Technik" sowie der „Wehrtechnik" erschienen (Abb. 40).[255]

Abb. 40: Werbung für Sicherheit in der Zukunft.
Quelle: Soldat und Technik (1981), S. 487.

Hier wurde durch die Art der verfremdeten Darstellung nicht nur Geschwindigkeit, Technikbegeisterung, Innovationskraft und Qualität der Produkte betont, sondern mit dem Slogan „Sicherheit 2000 – Wehrtechnik, die überlegen macht" auch an Emotionen appelliert. Dabei ist nicht nur an Schutz vor Bedrohung zu denken, sondern ebenso an Überlegenheit durch überragende, für die langfristige Nutzung entwickelte Rüstungsgüter, die durch den Verweis auf das Jahr 2000 auch als zukünftig

255 Die Anzeige wurde in der „Wehrtechnik" von 1981 bis 1986 mehrfach jährlich publiziert, insgesamt 19 Abbildungen in Heft 1/1981, S. 51, 2/1981, S. 2, 5/1981, S. 22, 8/1981, S. 37, 9/1981, S. 62, 1/1982, S. 58, 3/1982, S. 45, 4/1982, S. 75, 6/1982, S. 26, 7/1983, S. 14, 8/1983, S. 10, 9/1983, S. 16, 6/1984, S. 3, 8/1984, S. 97, 2/1985, S. 3, 8/1985, S. 59, 9/1985, S. 80, 12/1985, S. 52 und 1/1986, S. 59.

wegweisend dargestellt werden. Diese Perspektive wird durch die Bildbotschaft, die auf Rasanz und Geschwindigkeit setzt, deutlich unterstrichen. Daher verwundert der Werbeauftritt desselben Unternehmen im Jahre 1986, der sich stark davon abhebt.

Auch diese Annonce erschien mehrfach in beiden wehrtechnischen Fachzeitschriften.[256] Hier wurde nicht nur im Text die wirtschaftliche Produktion von Sicherheit betont, sondern durch die Verwendung von Konstruktionspapier auch im Bildteil auf die Rationalität der Fertigung angespielt (Abb. 41).

Diese Anzeige stellt die einzige Waffenwerbung dar, die die ökonomischen Bedingungen der Produktion überhaupt erwähnt und durch das Millimeterpapier im Hintergrund auch visualisiert. Interessant ist, das hier mit Thyssen-Henschel ein Unternehmen für die Produktion von „Sicherheit" warb, dass im *dual-use*-Bereich tätig war. Zudem traten, wie in der Betrachtung der Marktstruktur, der Auswertung der Marketing-Berichte und bei einzelnen Geschäften deutlich geworden ist, immer wieder Konflikte zwischen den Rüstungsproduzenten und den Abnehmern auf, d. h. Klagen über mangelnde Lieferpünktlichkeit, Effizienz und Kostenstabilität waren und sind bis heute an der Tagesordnung. Dies erklärt auch, warum das Unternehmen besonders die „zeitlichen und wirtschaftlichen Faktoren" der technischen Realisierung bei der Waffenproduktion betonte. Die Probleme von Maßschneiderei und Termineinhaltung thematisierte in den späten 1970er Jahren auch Rheinmetall mit einer Werbung für die 120 mm Glattrohrkanone und die Munition. Der Slogan „Für nur 15 mm mehr und das ganze Drum und Dran haben wir über 10 Jahre gebraucht" versuchte wiederum auf humorvolle Weise die langen Abstimmungsprozesse in der Entwicklung hin zur Serienreife zu thematisieren und augenzwinkernd die verspätet abgelieferten Produkte bei den Abnehmern zu entschuldigen.[257]

Diese Darstellungen unterscheiden sich damit eklatant von der unten abgebildeten Kampagne eines israelischen Rüstungsproduzenten, die 1989 gegen Ende des Kalten Krieges in „Soldat und Technik" erschien (Abb. 42). Diese Anzeige verdeutlicht zum einen, dass die oben dargestellten Rüstungskooperationen zwischen israelischem und deutschem Militär sowie Rüstungsproduzenten auch am Ende der 1980er Jahre fortbestanden.[258]

Zum anderen wird hier der appellative und nahezu hilfesuchende Slogan „Weil unser Leben davon abhängig ist (...)" verknüpft mit verschiedenen, flott gezeichneten Rüstungsgütern nach dem Muster der traditionellen deutschen Waffenikonographie: Flugzeuge, Panzer, Maschinengewehre und Munition werden dargestellt,

256 In der „Wehrtechnik" erschien die Anzeige in 12 Ausgaben schwerpunktmäßig in den Jahren 1986 und 1987, nämlich in Heft 2/1986, S. 43, 3/1986, S. 18, 4/1986, S. 6, 5/1986, S. 20, 7/1986, S. 2, 8/1986, S. 112, 12/1986, S. 17, 1 /1987, S. 42, 3/1987, S. 42, 5/1987, S. 52, 8/1987, S. 19 und 12/1987, S. 26.

257 Rheinmetall-Werbung u. a. in. Wehrtechnik 1/1979, Umschlagseiten und Wehrtechnik 7/1979, S. 29.

258 Siehe auch Serr: Zur Geschichte.

Abb. 41: Werbung für Sicherheit und Wirtschaftlichkeit Mitte der 1980er Jahre.
Quelle: Soldat und Technik (1986), S. 238.

wobei die Geschützrohre jeweils schräg zum Betrachter ausgerichtet sind. Zudem werden im Textregister eher indirekt vergangenheitspolitische Diskurse und Erinnerungsbilder angesprochen, indem mit der geheimen Gründung der israelischen Rüstungsindustrie und der Verteidigung des von Feinden umgebenen jungen Staates Israel argumentiert wird. Da ja Militärs und Mitarbeiter von

Abb. 42: Werbeanzeige der Israel Military Industries Ende der 1980er Jahre.
Quelle: Soldat und Technik (1989), S. 726.

Rüstungsunternehmen in die deutsch-israelische Rüstungskooperation eingebunden waren, wurde hier auf die Vergangenheit und die moralische Verpflichtung Deutschlands nur sehr zurückhaltend angespielt.[259]

259 Vgl. Kaim: Israels Sicherheit und Serr: Zur Geschichte.

Eine wichtige, den bislang dargestellten Sicherheitsdiskurs weiter ausdifferenzierende Kampagne des Münchener Rüstungsproduzenten und Leopard-Hauptkontraktors Krauss Maffei demonstriert wiederum geradezu paradigmatisch die These der Anthropomorphisierung oder Domestizierung von Waffen (siehe Abb. 43 und 44). Eine tief verschattete Raubkatze schaut den Betrachter mit wachsamem, durchdringendem, gleichzeitig aber auch zutraulichem Blick frontal an. Der Kampfpanzer Leopard ist dagegen in der unteren Bildhälfte wesentlich kleiner und unauffällig in der Natur postiert dargestellt (Abb. 43).

Damit verband diese Anzeige, ähnlich wie die Rheinmetall-Kampagnen, die Werbung für den Panzer mit Tiermotiven. Während die erste Anzeige im Textregister stark mit Wachsamkeit und Freiheit als Werte arbeitete, wurde in einer zweiten Annonce der persönliche Schutz durch Waffen und Waffensysteme propagiert.

Beide Anzeigen werben nicht nur mit dem Slogan „High Tech für mehr Sicherheit“, sondern auch mit überdimensionalen Tierdarstellungen für den als Miniatur dargestellten Kampfpanzer Leopard 2. Die dargestellten Tiere – Raubkatze und Igel – wirken dabei durchaus ambivalent auf den Betrachtenden. Durch die niedlich anmutende Silhouette des Igels werden Gefühle von Nähe, Harmonie und Wohlbefinden erzeugt (Abb. 44). Auf der anderen Seite wird aber auch deutlich, dass beide Tiere eine je spezifische Gefährlichkeit besitzen – Wachsamkeit und Kraft bei der Raubkatze, Stacheln beim Igel. Damit wird die Ambivalenz von Waffensystemen auf das Tierreich übertragen und ihre Wirksamkeit wie in einem Logo verknappt dargestellt. Somit fand am Ende des Kalten Krieges eine Ausdifferenzierung des diskutierten Natur-*frames* statt und konnte in der Gegenwart weiter fortwirken, wie schon gezeigt wurde (vgl. Kap. 4.2).

In der am Ende des Kalten Krieges einsetzenden Debatte über Abrüstung und Friedensdividende diskutierten nicht nur Politiker und Militärs intensiv über Sinn und Funktion von Verteidigung, sondern auch verschiedene wissenschaftliche Disziplinen.[260] Dies spiegelte sich auch in den Werbekampagnen wider, die allerdings den Sicherheitsdiskurs weiter betrieben. Eine wahre Flut von Anzeigen erschien, die allerdings häufig außer dem Sicherheitsthema wenig oder gar keinen weiteren Subtext enthielten. Ein aussagekräftiges Beispiel stellt die Kampagne von Krauss Maffei 1991 dar, die von Sprachlosigkeit gekennzeichnet ist und lediglich verschiedene Rüstungsgüter ohne weitere Beschreibung nebeneinander präsentiert (Abb. 45).

260 Vgl. Wolfgang Heydrich u. a. (Hg.): Sicherheitspolitik Deutschlands: Neue Konstellationen, Risiken, Instrumente, Baden-Baden 1992; James Chace: The Consequences of the Peace. The New Internationalism and American Foreign Policy, Oxford 1993. Zur europäischen Debatte siehe Reinhold Brecht/Paul Klein (Hg.): Streitkräfte in der Demokratie. Die Kontrolle des Militärs in Frankreich und in Deutschland, Baden-Baden 1994.

Abb. 43: Sicherheitswerbung mit Tiermotiven, 1989.
Quelle: Soldat und Technik (1989), S. 33.

Ähnliche Kampagnen veröffentlichten im gleichen Jahr auch MBB,[261] Carl Zeiss Geschäftsbereich Sondertechnik[262] und Telefunken System Technik.[263] Die Verunsicherung der Branche demonstriert geradezu paradigmatisch die Anzeige von HEKO, die trotz der veränderten Bedrohungslage geradezu darauf beharrte: „Zur Sicherheit gibt es keine Alternative. – Damit der Friede sicher bleibt“ (Abb. 46).

261 Soldat und Technik (1991), S. 183 und 475.

262 Ebenda, S. 668.

263 Ebenda, S. 465.

Abb. 44: Sicherheitswerbung mit Tiermotiven, 1989.
Quelle: Soldat und Technik (1989), S. 813.

Auch hier wurde lediglich eine Reihe von Produkten, dieses Mal in weiß-schwarz, nebeneinander abgebildet. Dies demonstriert deutlich das Ende des Kalten Krieges und die Suche nach Legitimität angesichts einer veränderten außenpolitischen und militärischen Lage.

Abb. 45: Sicherheit am Ende des Kalten Krieges.
Quelle: Soldat und Technik (1991), S. 177. Wiederabdruck in 1992, S. 16 und 247, 317.

4.3.3 Bedrohung, Kampfkraft, Effektivität und Zerstörungspotential

Neben dem Hauptdiskurs Sicherheit gab es aber auch Anzeigen – v. a. europäischer Unternehmen auf dem deutschen Markt – die andere Diskurse bedienten. Hier wurde nicht nur ein Bedrohungsszenario entworfen und ausformuliert, sondern auch mit Kampfkraft, Effektivität und Zerstörungspotential argumentiert. Genauer zu untersuchen wäre zukünftig noch, inwiefern diese abweichenden Diskurse quasi als Nebenströme des Sicherheitsdiskurses gesehen werden können, die diesen speisten und mit zusätzlichen Ebenen der Argumentation anreicherten. Die intentionale Nutzung von stärker emotional ansprechenden Werbekampagnen hat auch Thorsten Loch für die Bundeswehrwerbung der 1970er und frühen 1980er Jahre

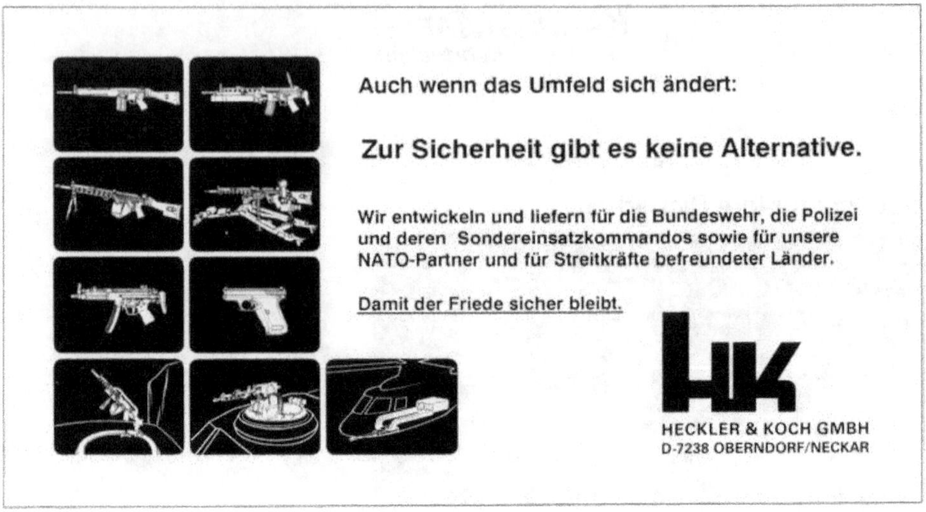

Abb. 46: Sicherheit mit Waffen trotz Ende der Bedrohung.
Quelle: Soldat und Technik (1992), S. 253.

festgestellt, denn „dass sich in diesen Anzeigen verbales und visuelles Register auch weiterhin nicht nur auf militärische oder ausbildungstechnische Aspekte reduzierten, sondern darüber hinaus auch persuasive Strukturen aufwiesen, bleibt anzumerken. So wird im verbalen Register die Aufgabe des Panzergrenadiers beschrieben und mit Adjektiven und Adverbien wie beweglich, gemeinsame Aktion, flexibel, vielseitig belegt und die Soldaten als wendig und intelligent bezeichnet. Dies sind Charakteristika, die auf einer emotionalen Ebene wirken und in Verbindung mit der abgebildeten Fotografie auf den Betrachter zurückwirken sollten. Diese Attribute traten jedoch hinter die Hauptargumente von Ausbildung und ‚Soldatsein' zurück."[264]

Diese emotionale Ebene wurde beispielsweise in einer Anzeigenserie von Rheinmetall angesprochen, die die Bewaffnung betonte und das im Vergleich zum Panzerchassis deutlich überdimensionierte Geschützrohr eines Kampfpanzers Typ Leopard 2 in den Mittelpunkt stellte (siehe Abb. 47).

In dieser Annonce, die in „Technik und Versorgung" im Jahr 1971 erschien, wurde bewusst eine Perspektive von unten gewählt, die den Betrachter vor dem überlangen Geschützrohr klein wirken lässt und damit persuasiv wirkt. Der Slogan „Elektronik-Wehrtechnik-Maschinenbau – Durch Zusammenarbeit besser, schnel-

264 Loch: Das Gesicht, S. 297.

Abb. 47: Virilität und Kampfkraft in der Panzerwerbung.
Quelle: Technik und Versorgung (1971), S. 121.

ler, sicherer" betont dagegen, zusammen mit der Darstellung menschlicher Gehirne, die rationale Seite der Waffenbeschaffung, verbindet sie aber wieder mit emotional wirkenden, manipulativen dreigliedrigen Appellen zum „besser, schneller, sicherer"-Werden.

Ein stärkeres Bedrohungsszenario entwarf dagegen MBB in seiner Anzeigenserie für Abwehrwaffen-Systeme für die Bundeswehr. Hier werden – abweichend von der traditionellen Ikonographie der Waffendarstellung – Kampf und Zerstörung deutlich sichtbar dargestellt (Abb. 48).

Abb. 48: Werbeanzeige der MBB Anfang der 1970er Jahre.
Quelle: Technik und Versorgung (1971), S. 19. Ähnliche Anzeige in: Ebenda 1971, S. 19.

Beschossen wird ein diagonal angreifender Kampfjet knapp über der Horizontlinie, direkt im Fokus des Betrachtenden. Wer der Auftraggeber des modernen Waffensystems ist, wird zwar deutlich erwähnt und dargestellt, die Angreifer in diesem gefährlich und explosiv wirkenden Kampf werden aber nicht genannt. Der gesellschaftliche Zweck der Waffen von MBB bleibt also ebenso unspezifiziert wie eine genauere Erklärung der Wirkungsweise. Stattdessen wird die emotionale Ebene des Betrachtenden über die sichtbare Zerstörung und Kampfkraft angesprochen.

Am Ende der 1980er Jahre erschien in „Soldat und Technik" eine Anzeige des norwegischen Rüstungsproduzenten Kongsberg, die noch stärker persuasiv arbeitete. Hier waren zwei Schützen in ängstlich kauernder Haltung dargestellt und mit der leicht ironisch wirkenden Frage „Worried About Bomb Effectiveness?" betitelt (Abb. 49).

Neben einer näheren Erläuterung ihrer Waffenprodukte, die versprachen, der Sorge der Soldaten abzuhelfen, war eine kurze Beschreibung des Unternehmens mitgeliefert. Mit solchen technischen Daten bezüglich Kampfkraft oder Zerstörungspotential wurde in vielen kleinformatigen Anzeigen, die in beiden Zeitschriften zuhauf erschienen, zwar häufiger geworben. Dennoch lassen sich auch in den plakativen Darstellungen, wie bei Kongsberg, genauere technische Details erkennen. Dies gilt auch für eine Anzeige der schwedischen Bofors-Gruppe, die insbesondere in ihrer visuellen Darstellung die technikinteressierten Betrachter ansprach (Abb. 50). Durch die mächtige Schrift „Bofors Trinity" wird allerdings der Blick des Betrachters auf den emotional wirkenden Appell „Unsere Antwort auf die Bedrohung aus der Luft" gelenkt, ohne dass diese Bedrohung näher erläutert würde. Es entsteht somit eine universell einsetzbare Konstruktion einer Bedrohungslage, der zwingend nur mit dem Einsatz des Bofors Trinity-Waffensystems begegnet werden kann. Die den Betrachter möglicherweise ängstigende Bedrohungslage – v. a. bei einem überraschenden Angriff aus der Luft – wird damit jeglicher Hintergründe entkleidet.

Dies macht insgesamt deutlich, wie solche Kampagnen transnational einsetzbar waren und keiner Bindung an den nationalen Kontext unterlagen. Dies galt auch für einen weiteren Diskursstrang, nämlich den „Auftrag".

4.3.4 „Der Auftrag" als Nebendiskurs

Bezüglich der Ausgestaltung der Öffentlichkeitsarbeit von Bund und Bundeswehr kam Loch zu dem Ergebnis: „Einen Masterplan in den Anzeigenlinien der 1970er-Jahre gab es nicht. Die Entwicklung orientierte sich vielmehr kurzfristig entweder an neuen Vorgaben aus dem Ministerium (Bildungsreform) oder an Ergebnissen der Meinungs- und Motivforschung. Anzeigenlinien hatten in der Regel eine ‚Lebensdauer'

Abb. 49: Anzeige der norwegischen Kongsberg Defence Products Division, 1987. Quelle: Soldat und Technik (1987), S. 21.

von etwa zwei, manchmal auch drei Jahren. Neue Linien wurden meistens erst zu Ende der Vertragslaufzeit einer Agentur oder aber am Ende der Laufzeit einer Linie entworfen. Von einer langfristigen Motivplanung zu sprechen, erscheint nicht möglich. Die Anzeigenlinien wurden vielmehr kurzfristig geplant und hatten

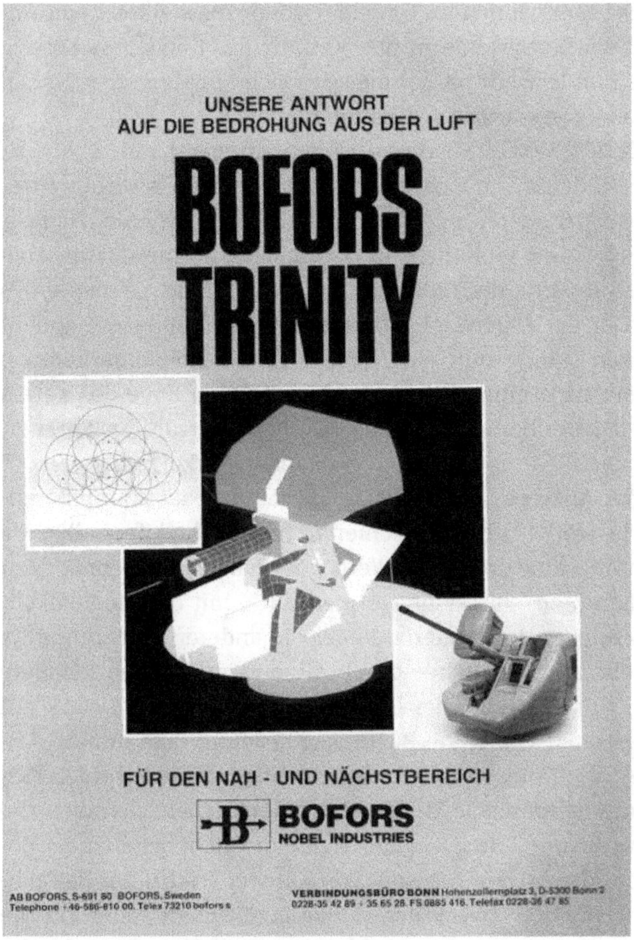

Abb. 50: Bedrohungsszenario von Bofors, 1989.
Quelle: Soldat und Technik (1989), S. 485.

eine höchstens als mittelfristig zu bezeichnende Lebensdauer."[265] Dies galt in ähnlicher Weise für Kampagnen und Motive der untersuchten Rüstungsunternehmen.

Während der Hauptdiskurs „Sicherheit" eine langfristige Lebensdauer von den 1970er Jahren bis nach dem Ende des Kalten Krieges aufwies, war eine weitere Kampagne durchaus mittelfristig angelegt. Die zunächst durch das BMVg konzipierte Freiwilligenwerbung agierte schon zu Beginn der 1980er Jahre mit dem Slogan „Der

265 Loch: Das Gesicht der Bundeswehr, S. 307. Vgl. Volker Ilgen: „Wachsamkeit ist der Preis der Freiheit". Wie man den Bürgern die NATO verkaufte, in: Ders./Gries/Schindelbeck: „In's Gehirn der Masse kriechen!", S. 125–151.

Friede ist unser Auftrag". Die Kampagnen im Umfeld des Slogans stellten nach Ansicht Lochs „die Bilder der Waffensysteme in den Kontext der Friedenssicherung und versuchte[n] somit die Bundeswehr im Rahmen des sich anbahnenden NATO-Doppelbeschlusses als Verteidigungsarmee zu legitimieren."[266]

Dies erschien nach der Kritik von Rüstungsgegnern dringend notwendig zu sein, die in der unten abgebildeten ironisch gewendeten Sicherheitswerbung des Verbandes der Kriegsdienstverweigerer mit den massenhaft zerstörten Häuserblocks, die an das Ende des Zweiten Weltkriegs in Deutschland erinnern, zum Ausdruck kommt (Abb. 51). Erst ab Mitte der 1980er Jahre wurde an das Leitmotiv des passiv dienenden Auftrags in der Nachwuchsrekrutierung der Bundeswehr nicht mehr angeknüpft.[267] Dagegen wählte nun eine Reihe von Rüstungsunternehmen das Bild vom „Auftrag", um von Beginn der 1980er Jahre bis zum Ende des Kalten Krieges Produktwerbung zu betreiben. Zu diesen Unternehmen zählten Kärcher, Diehl und die zeitweise zur Diehl-Gruppe gehörenden Mauser-Werke.

Die abgebildete Kärcher-Anzeige „Der Auftrag: Erhaltung der Kampfbereitschaft von Fahrzeugen und Gerät" (Abb. 52) erschien in „Soldat und Technik". Sie verband wiederum eine einprägsame dreiteilige Werbebotschaft („Die Technik dazu kommt von Kärcher – zu Land, zu Wasser und in der Luft") mit der Möglichkeit, weiteres „wehrtechnisches Informationsmaterial" über die anderen Teilstreitkräfte zu erhalten. Denn dargestellt war lediglich – durch die entsprechenden Symbole deutlich zu erkennen – ein Hubschrauber der Luftwaffe. Im Bildteil wird stark mit hell-dunkel-Kontrasten gearbeitet, wobei die Rüstungsgüter durch die dunkle Farbigkeit, die die zentrierte Ausrichtung noch verstärkt, deutlich betont werden. Sowohl die Faszination für das militärische Gerät wird unterstrichen, als auch die enge Kooperation von Luftwaffe und Kärcher, allein durch die dicht beieinander positionierten Schriftzüge. Über die Art der Tätigkeit von Kärcher erfährt der Betrachtende in der Anzeige nur wenig, der Zweck der „Kampfbereitschaft" oder gar die gesellschaftlichen Hintergründe „des Auftrags" bleiben unerwähnt. Sowohl der sprachliche als auch der bildliche Duktus betonen „den Auftrag" und verstärken diese betont passivische Konstruktion noch.

Wieder aufgegriffen wurde diese Argumentationslinie in einer Kampagne, die Diehl und Mauser seit Herbst 1985 bis in die 1990er Jahre in mehreren Anzeigen auflegte (Abb. 53–55). Die Werbelinie „Auftrag Landesverteidigung" wurde für das Tochterunternehmen Mauser übernommen, das somit in die kommunikationspolitischen Strategien des Rüstungsmarketings im Konzern integriert wurde. In der Zeitschrift „Wehrtechnik" erschienen diese Anzeigen seit 1985, in „Soldat und Technik" wurden am Ende des Kalten Krieges im Rahmen dieser Kampagne insgesamt sieben verschiedene Anzeigen veröffentlicht. Dies markiert einen deutlichen Schwerpunkt

266 Loch: Das Gesicht, S. 302.
267 Ebenda, S. 306.

Abb. 51: Rüstungskritik des Verbandes der Kriegsdienstverweigerer.
Quelle: Meyer u. a.: Wir produzieren Sicherheit, S. 37.

in der Werbeargumentation von Diehl. Die Anzeigen haben jeweils einen unterschiedlichen Fokus, stellen aber über „den Auftrag" einen Gesamtzusammenhang her. Zudem versuchen alle Anzeigen in klar erkennbarem Unterschied zur Kärcher-Werbung, allgemeine militär- und gesellschaftspolitische Aussagen mit technischer Information zu verbinden.

Obwohl Werbeanzeigen seit den 1980er Jahren und verstärkt ab den 1990er Jahren immer geringere Textanteile aufweisen,[268] liegt hier die Betonung bewusst auf dem Text. Die teils zentriert, teils in Streutechnik dargestellten Rüstungsgüter bilden eher einen *Eyecatcher* als einen fokussierten Inhalt der Anzeige.

Der „Auftrag" zur Landesverteidigung wird in diesen Anzeigen eher indirekt konkretisiert. Neben technischen Informationen zum dargestellten Diehl-Produkt propagiert die erste Anzeige „Das Recht in Freiheit zu leben ist verbunden mit der Pflicht, es

268 Vgl. etwa Daniel DiFalco u. a. (Hg.): Bilder vom besseren Leben. Wie Werbung Geschichte erzählt, Bern u. a. 2002.

Abb. 52: Auftrag Erhaltung der Kampfbereitschaft – Kärcher-Werbung, 1980er.
Quelle: Soldat und Technik (1983), S. 219.

gegen Angriffe zu schützen." (Abb. 53) Vom wem diese Angriffe am Ende des Kalten Krieges zu erwarten waren, wird nicht genauer erläutert. Im Unterschied zur Kärcher-Anzeige wird hier aber die allgemeine politische Botschaft „wir sichern das Recht in Freiheit zu leben" mit einer Werbebotschaft für Diehl-Produkte verbunden: „Zur Erfüllung dieser Aufgabe tragen leistungsfähige Systeme bei, wie sie in unserem Hause mit der DIEHL-Systemkette für alle militärischen Kettenfahrzeuge entwickelt wurden." Die technische Erläuterung wird zum Schluss durch den Slogan zusammengefasst „DIEHL-Gleisketten – die besseren Ketten für jeden Einsatz". Die allgemeine Botschaft ist deutlich: Diehl ist mit der Landesverteidigung und der Sicherung der Freiheit beauftragt und fühlt sich dazu verpflichtet, diesen Auftrag anzunehmen. Die Sicherung der Freiheit kann nur mit Diehl-Produkten für militärische Kettenfahrzeuge erfolgreich durchgeführt werden. Ökonomische Interessen oder gesellschaftliche Hintergründe bleiben also auch hier ausgespart, dagegen wird Freiheit eng mit Sicherheit verknüpft.

Weitere Anzeigen variierten diese Werbebotschaft nochmals und verknappten dabei deutlich. Die allgemeine politische Botschaft lautete nun „Zum Recht in Freiheit zu leben gehört die Pflicht, die Freiheit gegen Angriffe zu verteidigen. In einer hochtechnisierten Welt bedarf es hierzu komplexer Waffensysteme." (Abb. 54) Zwar war hier die Verbindung zwischen „dem Auftrag" und dem Produkt des Unternehmens eher indirekter Natur, doch ein neuer Slogan unterstrich die Bedeutung des

Abb. 53: Auftrag: Landesverteidigung –Diehl-Kampagne 1985–1992.
Quelle: Soldat und Technik (1990), S. 110 f. und Wehrtechnik 10/1985. Zweiseitige Anzeige, auf S. 2 in Federzeichnung ein Kampfpanzer frontal dargestellt. Ähnliche Anzeige im Band 1992, S. 791.

Unternehmens als „Partner" der jeweiligen Auftraggeber: „Diehl – Partner der modernen Raketenartillerie" oder „Diehl – Partner der Pioniere", wie es in einer weiteren Anzeige hieß.

Auffällig ist an allen Werbeanzeigen, die hier nur ausschnittsweise wiedergegeben werden können, dass sie zweiseitig angelegt sind und die Annonce damit durch den Bundsteg des Zeitungsheftes in zwei Seiten geteilt wird. Während auf der einen, hier dargestellten Seite die Diehl-Produktwerbung mit den Mitteln der modernen Massenkommunikation arbeitet, ist auf der anderen Seite jeweils ein Großwaffensystem stilisiert in einer künstlerisch anmutenden Tusche- oder Federzeichnung dargestellt. Damit wird sowohl über die zweiseitige Platzierung, als auch über die künstlerisch verfremdete Darstellungstechnik eine zusätzliche Distanzierung vom Auftraggeber erreicht, der hier ebenfalls ungenannt bleibt.[269]

269 Vgl. auch Werbung für den „Auftrag" von Rheinmetall in: Wehrtechnik 12/1982, S. 10.

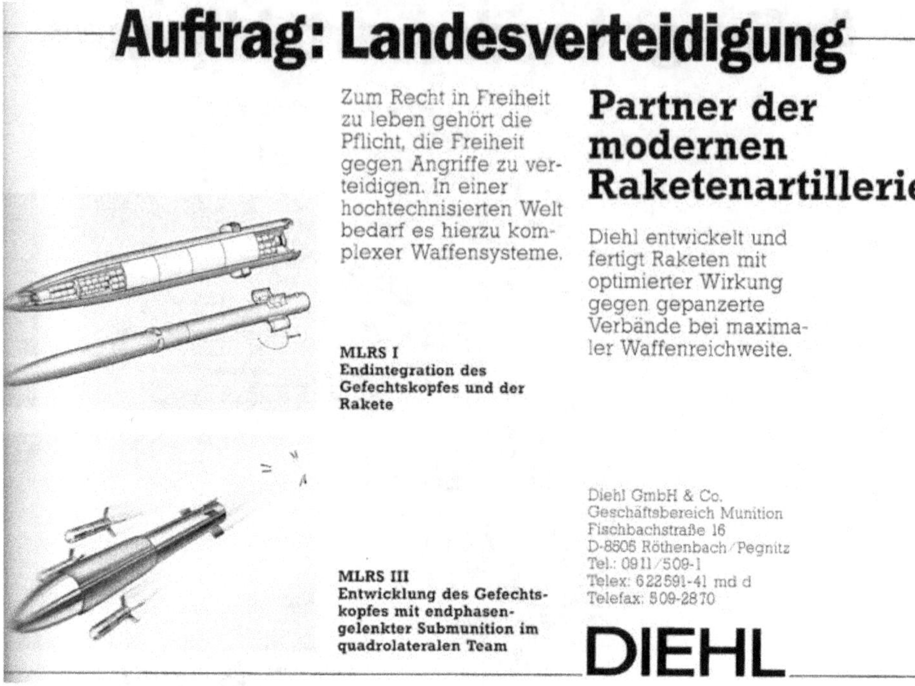

Abb. 54: „Der Auftrag"-Kampagne, Diehl-Werbung.
Quelle: Soldat und Technik (1990), S. 152 f. Zweiseitige Anzeige, verso ein Patriot-System seitlich von hinten dargestellt. Weitere ähnliche Anzeige für Minensuchsystem in Soldat und Technik (1990), S. 507, leicht differenzierte Gestaltung in: Soldat und Technik (1991), S. 755.

Einbezogen in diese Werbestrategie wurde auch die Konzerntochter Mauser-Werke („Ein Unternehmen der Diehl-Gruppe"), deren Anzeige sich nur im Logo und im Slogan deutlich unterschied. Hier wurde der Slogan „Führend in der Waffentechnik" gewählt, der die Waffenproduktion stärker betonte. Außerdem ist hier der allgemeinpolitische Bezug noch stärker passivisch konstruiert, indem von der „Erfüllung des Auftrages zur Landesverteidigung" die Rede ist (Abb. 55).

Mauser sieht sich hier also als Erfüllungsgehilfe eines Auftraggebers, der zwar nicht näher genannt ist, durch die Produkte (MRCA/Tornado und deutsche Version des Alphajets) im Seitentext aber für den kundigen Leser konkretisiert wird. Ähnlich inhaltlich argumentierende, großformatige Anzeigen publizierte Mauser in den Jahren 1991 und 1992 (Abb. 56). Hier werden sowohl in der Bild- als auch in der Textaussage Menschen als direkte Anwender und Produzenten von Waffen in den Mittelpunkt gestellt. Zwar enthalten sie einen Widerspruch zwischen der modernen, hochtechnisierten Maschine und dem Bediener, der durch seine Frisur merkwürdig altmodisch anmutet. Insgesamt werden aber die „verantwortungsbewußten und zuverlässigen Mitarbeiter" des Unternehmens stärker in den „Auftrag Landesverteidigung" einbezogen als in den vorangegangenen Kampagnen.

Abb. 55: „Der Auftrag"-Kampagne, Mauser-Werbung.
Quelle: Soldat und Technik (1990), S. 17 f. Zweiseitige Anzeige, auf der anderen Seite ist in Federzeichnung ein stilisierter Kampfjet diagonal nach links aufsteigend dargestellt.

Hier machte sich das Ende des Kalten Krieges deutlich bemerkbar, der für die Waffenproduzenten in vielerlei Hinsicht eine krisenhafte Situation darstellte: unklare und unübersichtliche militärpolitische Lage, Unsicherheiten über die zukünftige Nachfrage, die verbunden mit der Forderung nach einer Friedensdividende auch eine Legitimationskrise für Rüstungsproduktion in den Unternehmen selbst darstellte. Hier bieten sich für die künftige historische Forschung eine Reihe interessanter Problembereiche an, die nach der Öffnung weiterer Archive einer historischen Untersuchung noch harren.

4.3.5 Eine visuelle Geschichte der Unternehmung?

Insgesamt wird deutlich, dass in Bezug auf Öffentlichkeitsarbeit, Werbung, Kommunikationspolitik, Distribution und Absatzgestaltung für Rüstungsunternehmen wie Krupp, Rheinmetall, Krauss-Maffei, Diehl, BAD, Kongsberg, Bofors und andere im Kalten Krieg unterschiedliche Marketingstrategien eine enorme Bedeutung

Abb. 56: „Der Auftrag"-Kampagne, Mauser-Werbung.
Quelle: Soldat und Technik (1991), S. 26. Ähnliche Anzeige in ebenda, S. 225.

erlangten. Zusätzlich zur Distributions- und Produktpolitik vermittelten Rüstungsunternehmen in der Kommunikationspolitik den direkten Abnehmern und der Öffentlichkeit eine *Corporate Identity* mit *Images* und Symbolen, die nicht nur die Absatzbemühungen auf den Rüstungsmärkten unterstützten. Sie entfalteten aber auch eine politische, soziale und kulturelle Wirkung und prägten damit visuelle Muster und Sichtweisen der Öffentlichkeit auf der Suche nach Legitimität. Die vorgestellten visuellen Diskursstrategien von Rüstungsunternehmen plädieren zudem für eine stärkere Berücksichtigung visueller Quellen in der Unternehmensgeschichtsschreibung. Die beispielhafte Analyse von Werbeanzeigen v. a. deutscher, aber auch anderer europäischer Rüstungsunternehmen verweist auf die Möglichkeiten einer visuellen Geschichte der Unternehmung. Visuelle Quellen von Unternehmen harren insgesamt noch einer genaueren Erforschung, die kultur-, medien- und kunstwissenschaftliche Ansätze rezipiert und für die Wirtschafts- und Unternehmensgeschichte fruchtbar zu machen sucht. Nicht nur Werbeanzeigen und bildliche Quellen, sondern auch die Vielzahl nur ansatzweise rezipierter Industrie- und Werbefilme, Unternehmensarchitektur und Gebäudeausstattung bieten sich für weitere analytisch strukturierte Studien an und lassen einen Gewinn nicht nur für die marketinghistorische Forschung erwarten.

5 Schlussbetrachtung und Ausblick: Rüstungsunternehmen und Marketing im Kalten Krieg

Nachdem die Marketingstrategien heerestechnischer Unternehmen von der frühen Nachkriegszeit bis zum Ende der 1980er Jahre analysiert worden sind, sollen die Ergebnisse resümiert und dabei nachvollzogen werden, wie sich der deutsche Rüstungsmarkt nach 1945 im internationalen Vergleich entwickelte. Dabei wird insbesondere das Fallbeispiel Rheinmetall eingebettet in die Entwicklung der westdeutschen Rüstungsproduktion im Vordergrund stehen. Der schnelle Wiederaufstieg der Waffenfertigung nach dem Ende des Zweiten Weltkriegs wird zu Beginn dargestellt, gefolgt von einem Resümee der wechselvollen konjunkturell bedingten Entwicklung in der Rüstungswirtschaft, die partiell Sonderkonjunkturen folgte. Die Hintergründe dieser Entwicklung werden kurz erklärt, um anschließend die Gegenstrategien der Rüstungsproduzenten, v. a. im Bereich des Marketings, resümieren zu können. Hier wurden von den Herstellern verschiedene Strategien in Produkt-, Distributions- und Kommunikationspolitik gewählt. Auffällig ist, dass auf der formalen Ebene sowohl planende als auch steuernde und kontrollierende Instrumente nach und nach entwickelt wurden. Auf der materialen Ebene ist ein deutlicher Wandel in den Rüstungsunternehmen festzustellen, wobei sowohl die Produkt- als auch die Distributionspolitik, weniger aber die Preispolitik stetig den veränderten Markterfordernissen angepasst und erweitert wurden. Besonders innovativ waren die Rüstungsproduzenten im Bereich der Kommunikationspolitik. Hier wurde eine Vielzahl neuer Mittel entwickelt, eingeführt und genutzt, um gegen krisenhafte Entwicklungen auf den Märkten oder in der öffentlichen Meinung vorgehen zu können. Zu diesem Zweck wurde auf der Diskursebene insbesondere mit einem breiten Verständnis von Sicherheit als Bedürfnis und Gefühl argumentiert. Die Schlussbetrachtung schließt daher ab mit einer Zusammenfassung des Sicherheitsdiskurses im Kalten Krieg und einem Ausblick auf die Gegenwart.

5.1 Entwicklung der deutschen Rüstungsindustrie im internationalen Vergleich

Insgesamt spielten die staatlichen Regelungen für die bundesdeutschen Waffenproduzenten, anders als für ihre europäischen Nachbarn in Frankreich, Italien, den Niederlanden und Großbritannien in der ersten Nachkriegszeit, eine wesentlich größere Rolle. Waren es in den ersten Jahren des Wiederaufbaus der Anlagen und Betriebe noch die Verbote der alliierten Besatzungsmächte, die die Rüstungsproduktion beschränkten, so griffen nach der Gründung der Bundesrepublik 1949 die Waffen- und

https://doi.org/10.1515/9783110541168-005

Exportregelungen des eigenen Staates aus der Sicht der Produzenten restriktiv ein. Am Beispiel Rheinmetall wird ersichtlich, dass bis 1951 ein totales Produktionsverbot des Bundes für Rüstungsgüter i. e.S. galt.

Erst ab 1951 durfte unter der Aktienmehrheit und Kontrolle des Bundes bei Rheinmetall in den drei westlichen Besatzungszonen wieder produziert werden. Zunächst stellte das Unternehmen in der BRD vorwiegend zivile Produkte her, anscheinend gab es aber schon zuvor in den Nachbarländern erste Versuche für neue militärische Projekte. Einige Jahre vor der Gründung und Wiederbewaffnung der Bundeswehr nach den Pariser Verträgen 1954 richtete sich der nach dem Krieg verbliebene Unternehmensrest wieder allmählich auf die militärische Produktion aus, was nach der Übernahme der Aktienmehrheit durch die Röchlingsche Eisen- und Stahlwerke GmbH 1956 weiter forciert wurde.

Nachdem im Frühjahr 1955 erste bundesdeutsche Streitkräfte im Rahmen der NATO aufgestellt worden waren und erste Lieferengpässe bei der Ausrüstung deutlich wurden, erschien es Röchling profitabel, bei Rheinmetall einzusteigen. Zwar wählte der neue Konzern unter der Führung der Familie Röchling schon in den späten 1950er Jahren eine Strategie der Diversifizierung in den zivilen Maschinen- und Anlagenbau. Dies ging aber einher mit einer rasanten Ausweitung der militärischen Produktion, v. a. von Maschinengewehren, Gewehren und Munition für die Bundeswehr, zunächst in Lizenzproduktion, später mit eigenen Entwicklungen. Nachdem schon zuvor schweres Gerät in Lizenz gefertigt worden war, begann Rheinmetall 1964, selbst konstruierte schwere Waffen wie Geschützrohre, Lafetten und entsprechende Munition zu produzieren, die das Kerngeschäft vor 1945 gewesen waren. Eigene Entwicklungen wie die Jagdpanzer-Kanone, der Panzerturm und die Panzer-Haubitze folgten bald und trugen zum expansiven Unternehmenskurs der 1960er Jahre entscheidend bei.

Der Nachkriegsboom in der Rüstungsfertigung bei Rheinmetall zeigt auch deutlich die strategische Ausrichtung der deutschen Außen- und Militärpolitik: Einbindung in das westliche Bündnis, überaus rasche Wiederaufrüstung mit ersten Schritten seit Anfang der 1950er Jahre, militärische Planung einer zahlenmäßig starken Bundeswehr mit vorwiegend konventioneller Bewaffnung und ein Übergewicht der materiellen, material- und technologieintensiven Ausstattung gegenüber der personellen Rüstung. Der Anteil der Militärausgaben am Bundeshaushalt erreichte Werte von über 30 Prozent, wovon ein großer Anteil zunächst auf Geräte entfiel. Hier ist Michael Geyer zuzustimmen, der die Aufrüstung der 1950er und 1960er Jahre als wichtiges Ziel der Außenpolitik Adenauers deutete und Belege für eine – trotz Protesten von Kriegsgegnern – breite gesellschaftliche Zustimmung bei Industrie, Gewerkschaften und Kirchen gefunden hatte.[1] Für die Aufrüstung sprach nicht nur die Einbindung in die NATO und damit eine weitgehende Integration in

1 Geyer: Deutsche Rüstungspolitik, S. 209 f. und 218 f.

Westeuropa und das atlantische Bündnis, sondern auch eine Restitution und Rückkehr in die westliche Staatengemeinschaft. Verbunden damit waren Wiederaufbauhilfen und Förderprogramme wie das *European Recovery Program* und die Marshallplanhilfe. Eine schnelle Einbindung erfolgte insbesondere in den Wiederaufbau der militärischen Strukturen nach dem Zweiten Weltkrieg. Hersteller von Rüstungsgütern i. e.S. wie Rheinmetall, HEKO, Krauss-Maffei, Mauser, Diehl und andere profitierten von der forcierten Wiederaufrüstung und dem an Dynamik gewinnenden Kalten Krieg, v. a. den ersten „heißen" Konflikten in Korea, Algerien und Israel-Ägypten, allerdings in durchaus unterschiedlichem Maße und Geschwindigkeit.

Nach der überhasteten Erstausrüstung der Bundeswehr, die teilweise noch aus Altbeständen und Exportwaffen bestückt werden musste, trat eine Phase größerer und anhaltender Kontinuität ein. Die seitdem vorherrschende Marktstruktur der Rüstungsindustrie ist weniger stark durch allgemeine konjunkturelle Entwicklungen gekennzeichnet als vielmehr durch Sonderkonjunkturen in der Beschaffungspolitik der nationalen Rüstungsbehörden. Die Rüstungsunternehmen mussten daher als Konsequenz, wie gezeigt werden konnte, ihre Produkt- und Programmpolitik auf die nationale Rüstungspolitik, den Verteidigungshaushalt, das Feindbild und die Exportsituation ausrichten. Probleme ergaben sich in dieser komplexen Gemengelage und bei der Vielzahl der beteiligten Akteure vor allem aus dem Produktlebenszyklus der Rüstungsgüter auf der einen und der langwierigen Entwicklung auf der anderen Seite. Die Einsatzzeiten der Waffensysteme betrugen je nach System 15 bis 25 Jahre, während die Entwicklungszeiten für neue Geräte aufgrund der technologischen Komplexität, der Zahl beteiligter Unternehmen und militärischen Behörden sowie der ständig wechselnden Anforderungen der Nutzer in der Erprobungsphase mindestens 10 Jahre, zum Teil sogar bis zu 20 Jahre, betrugen. Diese strukturellen Besonderheiten der Rüstungsgüterproduktion, die zutreffend als Maßschneiderei bezeichnet worden sind, brachten die Unternehmen zwangsläufig in eine enge und langfristige Kooperation mit den nationalen Abnehmern. Dies führte auf der einen Seite zu einer zuverlässigen Auslastung der Produktionskapazitäten bei der erfolgten Bestellung eines Waffensystems oder von Komponenten, auf der anderen Seite aber auch zu einer deutlichen Abhängigkeit von der Nachfrageseite im Inland. Heerestechnikproduzenten wie Rheinmetall, Krauss-Maffei oder Mauser versuchten, dieser Abhängigkeit durch ein erweitertes Marketingkonzept zu entgehen. Dabei sind vier grundlegende Tendenzen deutlich zu erkennen: erstens strebten sie an, ihre Produkt- und Programmpolitik durch Diversifizierung in zivile Märkte zu modifizieren und zweitens ihre Produktpolitik enger mit den Nachfragern abzustimmen und „Netzwerke des Vertrauens" aufzubauen. Ein dritter Schwerpunkt war die Erweiterung ihrer Distributionspolitik durch Exporte und ausländische Militärhilfe. *Last but not least* versuchten die Unternehmen viertens den Absatz und die öffentliche Meinung durch neue Wege der Kommunikationspolitik, d. h. Public Relations, Lobbyismus und

Werbung, stärker in ihrem Sinne zu beeinflussen. Dies galt auch für die öffentlich geführten Diskurse um Sicherheit, Bedrohung und Gemeinschaft im (NATO-) Bündnis.

5.2 Diversifizierung in zivile Märkte

Wie gezeigt werden konnte, hatten Unternehmen wie Rheinmetall in den 1960er Jahren begonnen, zu diversifizieren und ihr Engagement besonders in zivilen Märkten zu verstärken. Sie bauten zum einen zivile Kapazitäten auf, um unabhängiger von den langfristigen, aber unregelmäßigen Bestellungen der Beschaffungsbehörden zu werden. Zum anderen konnten insbesondere im ersten Rüstungsboom der späten 1950er und frühen 1960er Jahre diese Unternehmen als Abschreibungsobjekte oder zur Investition hoher Gewinne genutzt werden. Die zivilen Tochterunternehmen wurden zumeist so ausgewählt, dass sie im Bedarfsfall leicht auf militärische Produktion umgestellt werden konnten, also *dual-use* fähig waren.

Vor allem Rheinmetall kam durch die starke Diversifizierung der 1960er und frühen 1970er Jahre aber in finanzielle Schwierigkeiten, die 1976 eine lang anhaltende Diskussion um die Diversifikation im Konzern auslösten. Dabei spielten nicht nur externe konjunkturelle Ursachen wie die Rezession nach der ersten Ölkrise 1973/74, der stark schwankende Waffenabsatz und eine nachlassende Nachfrage beim Spezialmaschinenbau eine Rolle. Wie deutlich wurde, war der Auslöser für die Diskussion im Konzern vor allem eine interne Veränderung, wobei sich wie bei anderen Unternehmen ein Generationswechsel im Management bemerkbar machte. Zwar war die Rheinmetall Berlin AG in den 1970er Jahren beileibe kein monostrukturiertes Rüstungsunternehmen. Kritik übte die neue Geschäftsführung aber daran, dass die Waffensparte überdurchschnittlich zum Konzernergebnis beitrug – und sogar beitragen musste, um den Umsatz und die Rendite der Eigner zu sichern.

Die heftige Diskussion über Diversifizierung im Konzern machte dabei insgesamt auch deutlich, dass die Unternehmensorganisation nach dem Ende des Booms in den 1970er Jahren zu den umkämpften Feldern gehörte, auf denen nach neuen Wegen gesucht wurde.[2] Die zuvor recht selbständig arbeitenden kleinen Einheiten im zivilen Bereich wurden nun genauer auf ihren Erfolg und ihre Marktposition hin analysiert, danach wurden sie stärker in den Konzern und seine Unternehmenspolitik integriert oder abgestoßen. Mit der Unternehmensorganisation wurde auch die zuvor

---

2 Vgl. Doering-Manteuffel: Nach dem Boom, S. 560 ff.; Ders./Raphael: Nach dem Boom; Reitmayer/Rosenberger (Hg.): Unternehmen. Zur Arbeitswelt auch Doering-Manteuffel/Raphael: Der Epochenbruch in den 1970er-Jahren. Thesen zur Phänomenologie und den Wirkungen des Strukturwandels „nach dem Boom", in: Knud Andresen/Ursula Bitzegeio/Jürgen Mittag (Hg.): „Nach dem Strukturbruch". Kontinuität und Wandel von Arbeitsbeziehungen und Arbeitswelt(en) seit den 1970er-Jahren, Bonn 2011, S. 25–40.

eingeschlagene Unternehmensstrategie des Konzerns kritisiert. Eine lang anhaltende Phase relativ unreflektierter breiter Diversifikation neigte sich dem Ende zu und wich einem planvolleren, strukturellen und strategischen Denken und Lenken. Gleichwohl wurden Diversifizierung und anschließende Integration in das Portfolio des Konzerns nicht in Frage gestellt. Lockere Unternehmenszusammenschlüsse und Ausgliederungen in *Profit-Center* gehörten zu dieser Zeit noch nicht zu den strategischen Mitteln der Wahl. Dagegen wurde auf Planung und stärkere Marktbeobachtung gesetzt, um die breitmaschige Holdingstruktur des Konzerns besser kontrollieren und führen zu können.

Erst zu Beginn der 1980er Jahre wurde die Neuorganisation des Rheinmetall-Konzerns weiter geführt. Es wurden neue Holding-Gesellschaften gegründet, die die einzelnen Bereiche führten und kontrollierten. In den Jahren 1983 und 1984 wurde der Konzern weiter gestrafft, und es erfolgte eine Strukturbereinigung in den Unternehmensbereichen. Die neu erworbenen Gesellschaften wie die Pierburg-Gruppe wurden relativ schnell neu organisiert und gestrafft. Die Rheinmetall Berlin AG entwickelte sich zu einem immer komplexeren Gebilde mit Holding, Zwischenholdings, einzelnen Beteiligungen im Inland, nicht konsolidierten Beteiligungen im Ausland, die für steuer- und kapitalrechtliche Nachforschungen schwer zu durchblicken waren.

Insgesamt wurde der Konzern zwar in den 1970er Jahren gestrafft und in den 1980er Jahren noch deutlich schlanker. Bis in die 1990er Jahre blieb das Unternehmen aber eher ein diversifizierter Konzern als ein verschlanktes Netzwerk. Zwar wechselten die Führungskonzepte innerhalb der Holding von einer nur mittelbar unternehmerisch tätigen Finanzholding (1950er und 1960er) hin zu einer eher operativen Holding (1970er und 1980er), die vor allem die strategische Zielrichtung des Konzerns vorgab – und wieder zurück zu einer Vermögensholding (1990er und folgende). Doch wesentliche Funktionen des Unternehmens wurden bis in die 1990er Jahre nicht ausgelagert, sondern verblieben im Konzern. Neue Beteiligungen wurden planvoll in den bestehenden Konzern integriert. Doch obgleich die Unternehmensstruktur an Werten wie „Straffung“ und „Effizienz“ orientiert war, wuchs der Konzern zu einem schwer zu durchblickenden organisatorischen Gebilde mit Tochtergesellschaften und Beteiligungen an, die selbstständig und teilweise wie die riw GmbH projektbasiert arbeiteten. Generell wurde im Wehrtechnik-Bereich in gewissem Maße projektabhängig an einzelnen Großaufträgen wie dem „Leopard“ oder dem Gewehr der 80er Jahre zusammen mit anderen Zulieferern gearbeitet; Maßschneiderei statt Massenproduktion war aber für große Projekte in dieser Sparte schon lange gang und gäbe.

Eine breite Diversifikation begann mit der raschen bundesdeutschen Wiederaufrüstung und ihren hohen Umsätzen, denn zivile Tochterunternehmen wurden schon in der Expansionsphase der 1950er und 1960er Jahre in rascher Folge angekauft. Sie wirtschafteten in weitgehend selbständigen Einheiten. Häufig wurden die vorhergehenden Besitzer der kleinen und mittelständischen Unternehmen sogar als

Geschäftsführer eingesetzt, was zu Prinzipal-Agenten-Asymmetrien führte, die den Konzern benachteiligten.

Planungs- und Kontrollinstrumente, also eine zielorientierte Steuerung, wurden ebenso wie eine umfassendere Integration von Beteiligungen in den Konzern erst im Verlauf der 1970er und 1980er Jahre durchgreifend eingeführt. Am Ende dieser Entwicklung stand zumindest partiell die Umsetzung hin zu einer divisional strukturierten Konzernorganisation. Dazu trugen die wirtschaftlichen Krisenerfahrungen der 1960er und 1970er Jahre entscheidend bei. Ein ähnlicher Befund bei den Konkurrenten Krauss-Maffei AG in München und der Quandt-Gruppe bestätigen das Ergebnis, dass in den 1960er und 1970er Jahren grundlegende Diskussionen um die Organisationsstruktur in deutschen Rüstungskonzernen stattfanden und tiefgreifende Neuerungen durchgeführt wurden.

Daher ist Berghoff eindeutig zuzustimmen: Der in der Bundesrepublik Deutschland im Verlauf der 1960er Jahre sich verstärkende Trend zu Diversifizierung und Divisionalisierung verebbte zumindest in der Rüstungsbranche erst nach 1990 allmählich.[3] Netzwerkartige Strukturen setzten sich bei Rheinmetall nur bedingt durch. Zwar wurden die Organisationsstrukturen des Konzerns seit den 1970er Jahren intensiv im Vorstand und Aufsichtsrat diskutiert, dies bedeutete aber keine Abkehr vom eingeschlagenen Weg der Diversifizierung. Es wurden zwar einschneidende Modifikationen vorgenommen, etwa eine zielorientierte Planungs- und Kontrollinstanz eingeführt, aber insgesamt blieb die Rheinmetall AG auf dem Pfad einer ausdifferenzierten Holdinggesellschaft, die Skalenvorteile durch ihre Unternehmensstruktur generieren konnte. Erst Ende der 1990er Jahre erlag die Rheinmetall AG dem Charme des Gegentrends, der „Lehre von der Konzentration auf die Kernkompetenzen“. In rascher Folge wurden nun die zivilen Unternehmensteile abgestoßen und konkurrierende oder zuvor kooperierende Waffenhersteller hinzu erworben, um eine marktbeherrschende Position in der Rüstungsbranche zu erlangen. Dieser Konzentrationsprozess hält bis in die Gegenwart an.

5.3 Netzwerke des Vertrauens

Eine zweite Strategie, um die Abhängigkeit von der kritischen Marktstruktur zu mindern bzw. abzufedern, bestand darin, die Produktpolitik eng mit den Nachfragern abzustimmen und „Netzwerke des Vertrauens“ im Marketingbereich aufzubauen. Aus den detailliert ausgewerteten Marketingberichten von Rheinmetall ging hervor, dass in den 1970er Jahren eine Vielzahl von Projekten mit Mitarbeitern des BMVg, den diversen, erstmals genauer untersuchten Beschaffungsstellen und den Nutzern in verschiedenen Besprechungen vorbereitet, geklärt und intensiv abgesprochen wurde. Deutlich

3 Berghoff: Moderne Unternehmensgeschichte, S. 326.

wurde dabei auch, wie stark Unternehmen wie Rheinmetall von Entwicklungen bei den Beschaffungsakteuren im BMVg, BWB und bei den Teilstreitkräften abhängig waren. Re-Organisationen der Beschaffungsstellen wurden in der Marketing-Abteilung des Unternehmens genau vermerkt, die neuen Ansprechpartner wurden ausfindig gemacht, um eine kontinuierliche Arbeit zu gewährleisten. Neue Referatszuschnitte, Änderungen in der Stellenbesetzung, neue Kontaktleute: dies alles war ein Hauptteil der Berichterstattung an die Rheinmetall-Marketing-Abteilung. Hier zeigte sich auch die enge Verflechtung der Rüstungsmitarbeiter mit den Beamten oder Angestellten der Ministerien und der Beschaffungsstellen, die z. T. gemeinsame Lehrgänge an der Führungsakademie der Bundeswehr besucht hatten oder sich aus der militärischen Verwendung kannten. Insgesamt gab es in den über die erste Nachkriegszeit hinaus fortbestehenden *security communities* zumeist ein gegenseitiges Interesse an enger Abstimmung, bisweilen auch eine gemeinsame Begeisterung für Wehrtechnik und ihre Erfordernisse. Auch die direkten Nutzer in der Truppe war daran interessiert, enge Fühlungnahme zu halten, damit einerseits Projekte en detail abgestimmt werden konnten, ihre Interessen also gewahrt blieben, andererseits aber auch *„die Grenzen unrealistischer militärischer Forderungen durch die Industrie aufgezeigt werden könnten."*[4]

Insgesamt tauchen verschiedene wichtige Rüstungsprojekte in den Marketing-Berichten der frühen 1970er Jahre immer wieder auf, z. B. „das Gewehr der 80er Jahre". Die Bezeichnung für die neu zu entwickelnde Waffe macht dabei gleichzeitig deutlich, wie lang die Entwicklungszeit der Waffe eingeschätzt wurde und wie wichtig es daher für das Unternehmen war, mit dem Nachfrager in enger Fühlungnahme zu bleiben. Diese Entwicklungs- und Produktionsbedingungen unterschieden sich in ihrer Dauer dadurch auch von anderen Investitionsgüter- oder Fahrzeugproduzenten. Der neuen Waffengeneration wurde aber auch so viel Gewicht beigemessen, weil die BRD von der NATO als ‚Pilotland' für dieses Gewehr auserkoren worden war. Der genaue Zeitrahmen wurde daher von der NATO festgelegt. So waren beispielsweise allein drei Jahre einkalkuliert worden, um das gemeinsame NATO-Kaliber für die Waffe festzulegen, weitere Spezifikationen und eine Reihe möglicher Produzenten in der BRD wurden diskutiert.[5]

Aufgrund der rückläufigen bzw. stark schwankenden Nachfrage nach dem „Boom" der Wiederbewaffnung galt es für die Hersteller auch, sich entweder neue Märkte zu erschließen oder im Servicebereich, zum Beispiel der Umrüstung alter Waffen mit neuen Teilen, bzw. in der Kampfwertsteigerung tätig zu werden. Die Nachfrage nach Maschinengewehren war nach den Ausrüstungswellen jeweils zurückgegangen. Um an zusätzliche Aufträge zu gelangen, versuchte Rheinmetall beispielsweise, bei weiteren Ausstattungswellen berücksichtigt zu werden. Der Verfasser der Marketing-Berichte informierte sich deshalb im Mai 1973 ausführlich

4 Rheinmetall-Archiv B 522/3 Rheinmetall GmbH Marketingberichte 1972–1979.
5 Ebenda.

beim zuständigen Oberstleutnant von der Inspektion Heeresrüstung im Heeresamt über ein weiteres langfristiges Großprojekt: das „MG der 1980er Jahre". Der Mitarbeiter des Heeresamtes berichtete, dass „wie Deutschland Pilotland für das Gewehr, ... Belgien Pilotland für das MG der 80er Jahre" sei. Dies bedeutete zwar, dass die Entwicklungsarbeit und die Entscheidungen in Belgien vollzogen werden sollten, nicht jedoch, dass deutsche Hersteller grundsätzlich von der Produktion ausgeschlossen waren. Eine Möglichkeit, deutsche Hersteller trotz der zunächst nachteiligen Vorentscheidung über das Pilotverfahren in einem anderen Land ins Spiel zu bringen, bestand darin, die NATO-Abstimmungen im Vorfeld zugunsten der deutschen Hersteller und ihrer möglichen Produkt-Spezifikationen zu beeinflussen. Rheinmetall konnte dabei recht zuversichtlich sein, denn gute Aussichten und die verschiedenen Anforderungen an das MG wurden Rheinmetall auf den bereits erprobten Wegen vertraulich mitgeteilt. Rheinmetall wurde von der Inspektion Heeresrüstung nun bei diesen Mitteilungen an Belgien und die NATO insofern begünstigt, als die Inspektion nicht nur beabsichtigte, das MG 3 für ihre Anforderungen zugrunde zu legen, sondern auch noch über die Vorteile und Anpassungen des Unternehmens und seiner Produkte zu berichten. Hier zeigte sich also deutlich, wie nützlich die engen „Netzwerke des Vertrauens" für die Rüstungsproduzenten sein konnten: Sie wurden im Vorfeld über wichtige Änderungen in der Spezifikation benachrichtigt, über die Verhandlungen unterrichtet und im Falle von wirtschaftlichen Interessen der BRD auch bevorzugt vor der internationalen Konkurrenz berücksichtigt. Insgesamt kann somit für die bundesrepublikanische Rüstungsindustrie nach dem Zweiten Weltkrieg eine große Expansion von öffentlichen Verträgen und vertraulichen Netzwerken zwischen militärischem und industriellem Sektor in den Marketingberichten der 1960er und 1970er Jahre nachgewiesen werden. Der Faktor „Vertrauen" spielte somit auf jeden Fall als „Schmiermittel" in den Produzenten-Abnehmer-Verhältnissen eine wichtige Rolle, senkte er doch die Kosten der Informationsbeschaffung, die Gefahr erfolgloser oder kritisch begutachteter Projekte und sicherte somit nachhaltig den Absatz.[6]

5.4 Exporte und die Ökonomie des Kalten Krieges

Die bundesdeutschen Interessen wurden auch bei der Frage der legalen und illegalen Exporte von Waffen, Waffensystemen und Munition sowie bei der Einbeziehung in ausländische Militärhilfeprojekte häufig tangiert. Wollten die Rüstungsunternehmen ihre Spielräume in der Distributionspolitik auf den internationalen Märkten erweitern, so stießen sie schnell an politische Grenzen. Dabei spielte die Marktstruktur

6 Dies belegt auch die diesbezüglichen Thesen u. a. von Arrow, Berghoff und Pierenkemper. Vgl. Kap. 1 und Berghoff: Vertrauen, S. 60 ff.; Pierenkemper: Unternehmensgeschichte, S. 258 f.; Fiedler: Vertrauen ist gut, S. 576 ff.

eine bedeutende Rolle. Die Unternehmen versuchten, der monopsonistischen Struktur, dem Nachfragemonopol des Staates, zu entkommen, indem sie auf Exporte setzten. Inwieweit der internationale Waffenhandel eine für die Produzenten und ihre Planungssicherheit kritische Größenordnung überschritt, ist aufgrund mangelnder quantitativer Daten nur schwer einzuschätzen. Ein freier Welthandel existiert in diesen Märkten, wie gezeigt werden konnte, aber de facto nicht, denn nationalstaatliche oder internationale Normen griffen regulierend ein. Dies wurde auch daran deutlich, dass Waffen häufig mit illegalen oder nur bedingt legalen Praktiken exportiert wurden, um staatliche Regulierungen zu umgehen. Bedingt legale Praktiken konnten zumindest in den oben dargestellten Einzelfällen nachgewiesen werden, z. B. wurden Teile von Waffen oder Produktionsanlagen verschifft und in Drittländern zusammengebaut und somit gesetzliche Restriktionen umgangen.

Deutlich wurde in der Analyse der deutschen Rüstungsindustrie von den 1950er bis in die 1980er Jahre, dass sowohl die nationalen als auch die internationalen Märkte einem Wandel unterlagen. Während die bundesdeutschen Waffenexporte bis zum Vietnamkrieg aufgrund der hohen Inlandsnachfrage und der gesetzlichen Beschränkungen durch das Kriegswaffenkontrollgesetz und das Außenwirtschaftsgesetz stagnierten, war seit den späten 1970er Jahren ein signifikanter Anstieg deutlich festzustellen. Hier manifestierten sich für die Unternehmen im Übergang von Verkäufer- zu Käufermärkten neben den internationalen Militärhilfeprojekten auch die Kooperationsbestrebungen der europäischen Staaten über bi- und trilaterale Projekte oder im NATO-Zusammenhang. Dies galt vor allem für die Luft- und Raumfahrtindustrie sowie die Antriebsmotoren- und Schiffsbauindustrie, aber auch bei der intensiver betrachteten konventionellen Rüstung, d. h. Heerestechnik wie Panzern, Geschützen, Kleinwaffen oder der notwendigen Munition und Ausstattung. Auf der anderen Seite versuchten Waffenproduzenten aber abseits von der staatlichen Nachfrage im Inland oder internationalen Kooperationsprojekten auch, ihre internationalen Verträge und Verkäufe zu steigern, wozu sie auch das Potential oder Interesse der sogenannten „Dritte Welt"-Länder benutzten. Wie gezeigt werden konnte, wurden seit den 1950er Jahren Rüstungsgüter und Ausrüstungshilfe wie Personal und Maschinen an eine Vielzahl von Ländern in Südamerika, Afrika, Asien und dem prosperierenden Nahen Osten geliefert. Dies galt in besonderem Maße für heerestechnische Güter wie Maschinengewehre, Kleinwaffen und Munition, aber auch für Panzertechnik. Staatliche Militärhilfe wurde dabei von verschiedenen Ländern eingesetzt, um ausländische Märkte für Rüstungsunternehmen wie Rheinmetall oder HEKO zu erschließen, zu entwickeln oder zu stabilisieren. Dies galt insbesondere in den Jahren der Ölkrisen und der Rezession der frühen 1980er Jahre.[7]

7 Allgemein zur konjunkturellen Entwicklung der Nachkriegszeit vgl. Spoerer/Streb: Neue deutsche Wirtschaftsgeschichte, S. 215–233.

Zudem wurden Militärhilfeprojekte für die NATO-Staaten zu einem Instrument, um stärkeren internationalen Einfluss und wichtige geostrategische Sphären zu sichern – insbesondere in der Rivalität mit dem Warschauer Pakt bzw. der Sowjetunion. Hier zeigte sich auch deutlich die Verschränkung zwischen Emanzipations- und Dekolonisationsbewegungen auf der einen und Kalter-Krieg-Strategien auf der anderen Seite. Insbesondere durch die Aufrüstung sich industrialisierender Staaten in Südamerika, Afrika und Asien entstand ein neu dimensionierter globaler Markt für Waffen und Munition, der in den 1980er Jahren durch die Vielzahl internationaler Akteure beinahe zum „Rüstungsbasar" (H. Wulf) mutierte.[8] Die detaillierte Betrachtung weiterer Fallbeispiele muss gesonderten nationalen Studien vorbehalten bleiben. Deutlich gezeigt werden konnte aber an einem Fallbeispiel wie Saudi-Arabien die Struktur dieser Geschäfte. Soweit nötig und möglich wurden ausländische Militärhilfe und staatliche Unternehmen genutzt, um eigene Absatzinteressen auf den immer stärker segmentierten Märkten zu verfolgen. Die Internationalisierung der Märkte und des Rüstungsmarketings zeigte sich dabei auch in der Werbung und auf speziellen Rüstungsmessen im In- und Ausland.

5.5 Kommunikationspolitische Innovationen

Die Entfaltung einer Reihe klassischer und neuer, innovativer Instrumente des Marketings zeigte sich am deutlichsten im Bereich der Kommunikationspolitik der Rüstungsunternehmen. Auf der Grundlage des erstmals zugänglichen, dichten Quellenmaterials zum Rüstungsmarketing ließ sich zeigen, dass im Rheinmetall-Konzern die ersten Ansätze zur gezielten Öffentlichkeitsarbeit vom Bereich Forschung und Entwicklung ausgingen. Der nach dem Bedarf der Ingenieure organisierte Bereich Waffenkonstruktion zeigte sich 1966 außerstande, den kaufmännischen Herausforderungen zu begegnen. Ursächlich dafür war vor allem die rasante technische Entwicklung, komplizierter designte Waffensysteme mit unterschiedlichsten und komplexen Anforderungen wie Radartechnik und Telemetrie, aber auch neue betriebswirtschaftliche und organisationswissenschaftliche Methoden wie die Systemanalyse, v. a. Operations Research-Verfahren und Netzplantechniken. Um die langfristige Waffenentwicklung für die Zukunft prospektiv zu organisieren und besser zu koordinieren, wurden daher neue Organisationsformen bei Rheinmetall geschaffen. Vor dem Hintergrund der krisenhaften Stockungen beim militärischen Absatz ab Mitte der 1960er Jahre entschied sich der Konzern somit von der reinen Konstruktionsleistung, die bisher im Mittelpunkt gestanden hatte, abzurücken zugunsten einer stärkeren Vernetzung und Arbeit

8 Die Verschränkung zeigen auch deutlich Anja Kruke (Hg.): Dekolonisation: Prozesse und Verflechtungen 1945–1990, Bonn 2009 sowie Greiner u. a. (Hg.): Ökonomie im Kalten Krieg. Zum „Rüstungsbasar" siehe maßgeblich Wulf: Waffenexport, S. 34–36; Hummel: Rüstungsexportbeschränkungen, S. 223 f.; Brzoska 1990, S. 12.

in Projekten.[9] Hier stand für das Unternehmen nicht die Herausforderung durch die kritische Öffentlichkeit im Vordergrund, sondern der reine ökonomische Zwang durch kurzfristigere Entwicklungszeiten und beschränkte Finanzmittel bei wachsender Konkurrenz auf segmentierten Märkten. Dies mag auch einer der Gründe für das Ansiedeln der Abteilung Öffentlichkeitsarbeit und Projektkoordination in diesem Bereich gewesen sein: Auch das Marketing und der Auftritt in der Öffentlichkeit wurden als Verkaufsargumente im Wettstreit mit den Konkurrenten immer wichtiger. Aussagekräftig ist es daher, dass die Abteilung Öffentlichkeitsarbeit und Projektkoordination im Bereich Waffenkonstruktion/Abteilung Betriebswirtschaft angesiedelt und ab Februar 1967, d. h. in der ersten Nachkriegsrezession, aufgebaut wurde.

Ein weiterer wichtiger Schritt zu einer selbständigen und professionellen Medienpolitik im Konzern war die Gründung der „riw Rheinmetall Industriewerbung GmbH" Düsseldorf. Das 1972 gegründete Tochterunternehmen der wehrtechnischen Sparte Rheinmetall GmbH sollte als eine Art frühes Profit-Center für den Konzern und außenstehende Interessenten, d. h. Unternehmen und Verbände, fungieren. Seit 1977 war die riw finanziell, wirtschaftlich und organisatorisch in die Rheinmetall GmbH eingegliedert und übernahm mit Agenturstatus alle Werbemaßnahmen für den gesamten Konzern.[10] Kerngebiete dieses kleinen Konzern-internen Betriebs waren Werbung, Medienforschung und PR – nicht nur für den Konzern selbst, sondern auch für Externe, sowohl Unternehmen wie Vickers, Oto Melara, die Röchling-Bank, aber auch für konservative Interessenverbände bzw. Studentenverbindungen, die bis zu 30 % des Fremdumsatzes der riw beisteuerten. Obwohl viele Werbemittel und Werbemaßnahmen durch die firmeneigene Werbeagentur erfolgreich entwickelt und durchgeführt wurden, blieb das externe Geschäft so gering und der Kundenstamm von so geringer ökonomischer Relevanz, dass sie 1984 ohne großen Widerspruch wieder in den Konzern reintegriert wurde. Dazu trug sicherlich bei, dass sich die konkurrierende Stabsabteilung Öffentlichkeitsarbeit der Konzernmutter Rheinmetall Berlin AG in einem internen Konflikt deutlich gegen die riw und ihre Leitung durchsetzte.[11] Seit 1979 bestand das interne Konkurrenzverhältnis, seitdem auf der Konzernebene eine Stabsabteilung für Public Relations eingerichtet worden war. Ihr stand der rechtsnationale Journalist Hans-Ulrich Pieper vor, der sich sogleich intensiv in der Kommunikationspolitik des Konzerns engagierte. Nach und nach baute er die Stabsabteilung weiter auf, bis er 1981 über 15 Mitarbeiter verfügte. Inhaltlich entwickelte und implementierte er von 1979 bis 1986 vier äußerst umfassende und wissenschaftlich fundierte Konzeptstudien, mittels derer die

9 Dies bestärkt die These von Boltanski und Chiapello, die den Übergang zur Netzwerkökonomie in den späten 1960er und frühen 1970er Jahren ausmachten. Vgl. Boltanski/Chiapello: Der neue Geist des Kapitalismus und van de Kerkhof: „It's good to have a reliable navy".

10 Siehe Kapitel 3.

11 Vgl. Kap. 4.2 und Rheinmetall-Archiv B 5307/18 Geschäftsunterlagen der riw GmbH, 1973–1985.

Public Relations-Strategien der Rheinmetall Berlin AG zügig ausgebaut und professionalisiert wurden.[12]

Die detaillierte Auswertung dieser erstmals zugänglichen Strategiepapiere aus einem Rüstungsunternehmen erlaubt tiefe Einblicke in Planung und Entwicklung auf den kriselnden Waffenmärkten. Zugeschnitten war vor allem das erste Konzept auf das Rüstungsmarketing der Rheinmetall GmbH und der wehrtechnischen Tochtergesellschaften. Einzelne wichtige Elemente sollten sich nach Ansicht der Stabsabteilung aber leicht auf die zivilen Bereiche des Konzerns übertragen lassen. Das flexibel gehaltene Memorandum suchte die Zustimmung der Geschäftsführung, denn zuvor war in einigen Unternehmensteilen – ähnlich wie bei den familiengeführten Rüstungsunternehmen Diehl und Krauss-Maffei unter Flick – „die beste PR in gar keiner gesehen" worden. Vor allem mit ökonomischen Argumenten suchte daher der Leiter der Stabsabteilung den Vorstand des Konzerns zu überzeugen. Denn als Ziel seiner auf spezifische Teilgruppen der Öffentlichkeit ausgerichteten PR gab er vor allem „die Vermittlung und Festigung eines positiven Erscheinungsbildes (Images) des Gesamtunternehmens und seiner Repräsentanten in der Öffentlichkeit" an. Das Image des Unternehmens beschrieb er als gleichrangigen betriebswirtschaftlichen Erfolgsfaktor wie die Qualität der Erzeugnisse, ein stichhaltiges Argument zur Umsetzung seiner von ihm wissenschaftlich fundierten Marketingstrategien im Konzern. Werben konnte er für seine umfassenden Pläne auch mit der Gefahr einer breiten „öffentlichen Basis für Maßnahmen gegen die wehrtechnische Industrie". Die existentielle Kritik des DGB, der IG Metall und von Teilen der SPD an den Rüstungsunternehmen verstand er ebenso wie die Herausforderungen der Neuen sozialen Bewegungen zu Recht als massive Vertrauenskrise. Diese war wie dargestellt durch die Nachrüstungsdebatte und den NATO-Doppelbeschluss ausgelöst und verstärkt worden.[13]

Vor allem die kritische Friedens- und Konfliktforschung sah Pieper als Verursacher eines argumentativen Dilemmas der Rüstungsunternehmen. Er befürchtete die Unterlegenheit im Sicherheits-Diskurs, denn „einerseits wird anerkannt, daß nur durch Rüstungsgüter staatliche Sicherheit gewährleistet werden kann, andererseits werden Kriegswaffen als existenzgefährdend, ihre Produktion und ihr Export als friedensgefährlich empfunden." Um diesen Diskurs positiv für die Rüstungsunternehmen zu beeinflussen, sei nun eine deutlich „gegensteuernde, systematische PR" notwendig.[14]

---

12 Siehe Kap. 3.2 und 3.3. Die folgenden Zitate alle aus: Rheinmetall-Archiv B 595, PR-Konzeption.

13 Vgl. etwa Gassert/Becker-Schaum u. a. (Hg.): „Entrüstet Euch!" Nuklearkrise, NATO-Doppelbeschluss und Friedensbewegung oder Gassert/Geiger/Wentker (Hg.): Zweiter Kalter Krieg.

14 Rheinmetall-Archiv B 595, PR-Konzeption Rheinmetall, hier: PR-Konzeption Rheinmetall Z-2 Pieper, Januar 1979, Entwurf, Bl. 4 f.

5.6 Rüstungsmarketing als segmentiertes Marketing

Die erste Maßnahme, nachdem die Rheinmetall-Stabsabteilung die öffentliche Meinung sorgfältig analysiert hatte, war ein zielgenaues und punktuelles Eingehen auf zehn einflussreiche Zielgruppen. Klassisch für eine Rüstungs-PR waren die ersten sieben Gruppen, wie Medienvertreter oder die in der Beschaffung und der psychologischen Kriegführung einflussreichen Mitarbeiter des BMVg und des BWB, parlamentarische Entscheidungsausschüsse, lokale MdBs, Presseoffiziere, die Betriebsöffentlichkeit und ausländische Kunden. Zusätzlich richtete sich die Einflussnahme nun aber auf alle Hochschulen der Bundeswehr, eher männlich dominierte Fachbereiche von Gymnasien, Hochschulen und Universitäten sowie rüstungswirtschaftliche, strategische und militärpolitische Stiftungen, sogar einzelnen Forschungseinrichtungen bis hin zu Friedensforschungsinstituten. Diese nahmen durch ihren Expertenstatus und ihren rhetorischen Duktus eine erhöhte Multiplikatorenfunktion ein und wurden von den Waffenproduzenten als Scharnierstelle ausgemacht, die ein Negativimage an die Öffentlichkeit vermitteln könnte. Deshalb sollten sie gezielt durch finanziell lukrative Forschungsaufträge, Hintergrundgespräche und Wecken von Verständnis für die Probleme der Rüstungsindustrie beeinflusst werden. Zudem sollte das Unternehmen prospektiv arbeiten und schon im Vorfeld Kenntnis über geplante Forschungsvorhaben und deren Auftraggeber zu erlangen versuchen oder im Falle von ablehnendem Verhalten über die kritische Ausrichtung informiert sein.

Im Verlauf der 1980er Jahre änderte sich diese Ausrichtung. Nun schrieb die Stabsabteilung den gewichtigsten Stellenwert den Medienvertretern von Presse, Rundfunk, Fernsehen und Schulen/Hochschulen zu, die mit allen erdenklichen Instrumentarien bearbeitet und beeinflusst werden sollten. Die Kontaktpflege erfolgte über Pressekonferenzen, Arbeitsessen, private oder heimliche Hintergrundgespräche, Betriebs- oder Produktbesichtigungen, Treffen der Berufsverbände und sogar „private (familiäre) Beziehungen“ zur „Kontaktpflege“. Diskrete Tuchfühlung „zu den Verlegern, Intendanten und Chefredakteuren“ aller relevanten Medien sollte mittels exklusiver Einladungen aufgebaut werden, um negative Presse über die oberste Hierarchieebene notfalls verhindern zu können und „Hemmschwellen gegen die Aufnahme und Verbreitung von Rheinmetall-PR-Informationen abzubauen“. Hier zielte die Kommunikationspolitik auf einen klaren Einbindungseffekt, der mittels Privilegierung einzelner Journalisten über deren Konkurrenzverhalten verstärkt werden sollte. Es handelte sich dabei i. d. R. um Journalisten, die sich durch ihre positive Berichterstattung für die Bundeswehr oder einzelne Truppengattungen bereits so stark exponiert hatten, dass ihre Tätigkeit öffentlich diskutiert worden war. Sie wurden bevorzugt mit Neuigkeiten aus dem Unternehmen bedient und zu einzelnen Events eingeladen.[15]

Erst an dritter Stelle der PR-Ansprache stand bei Rheinmetall dagegen die klassische Anzeigenwerbung. Sie sollte immer stärker in die zentrale Öffentlichkeitsarbeit des Konzerns eingebunden werden. PR-Anzeigen und Werbe-Spots sollten nicht mehr von Tochterunternehmen oder der Werbeabteilung, der riw, sondern „von der PR-Leitung direkt geschaltet werden". Damit wurde der selbständigen Rheinmetall-Tochter riw schon vor der Stilllegung im August 1985 ein wichtiger Arbeitsbereich genommen und stattdessen der zentralen PR-Abteilung des Konzerns unterstellt, womit bis zum endgültigen Ende der riw anhaltende interne Konflikte vorprogrammiert waren.

Die Zentrale war auch für die direkten Abnehmer, potentiellen Käufer und späteren soldatischen Nutzer von Rüstungsgütern zuständig. Wie schon in den detailliert ausgewerteten Marketingberichten der 1970er Jahre deutlich wurde, waren die beschaffungsrelevanten Referate des BMVg, die Beschaffungsstellen und die Truppe insgesamt ein wichtiges Ziel der diskreten Werbung um Aufmerksamkeit, Vertrauen und Kooperationsbereitschaft. Der Vorstand und die Geschäftsführungen von Rheinmetall sollten Tagungen, Podiumsdiskussionen, Parteiveranstaltungen, Empfänge u. ä. nutzen, um eine Beziehung zu den „politischen Spitzen" und den Entscheidern herzustellen und zu erweitern. Für den Absatz der Rüstungsgüter wichtige Politiker sollten persönlich eingeladen werden zu privaten Events, „z. B. zu Jagd, Segeltörn, Kamingesprächen, Herrenabenden, politischem Meinungsaustausch". Die PR-Abteilung verstand sich dabei als Intermediär, um die „Beziehungspflege" zwischen der Rheinmetall-Unternehmensleitung und Spitzenpolitikern zu unterstützen. Grenzen wurden wohl gesetzt, um direkte Korruption auszuschließen, denn nur „im Rahmen der administrativen Vorschriften über Geschenkpräsentationen sollten die vorgegebenen Möglichkeiten uneingeschränkt ausgenutzt werden". Auffällig ist aber, dass die vorgesehenen Präsente wie Malerei, Teppiche und Porzellan diese leicht zu überschreitende Grenzlinie möglicherweise nicht immer einhielten.[16]

In der Vermittlung von Kontakten und bei der Geschenkvergabe suchte sich die PR-Abteilung nach und nach zu einer mächtigen Schaltstelle im Konzern zu wandeln. Hier sollte eine Zentralkartei über Empfänger, Geschenke und Ausgabestelle, also ein enormer Wissensbestand, angelegt werden. Nicht nur für die inländischen Abnehmer, sondern auch für die ausländischen Kunden, Beschaffungsämter und Militärs sollte – in enger Abstimmung mit der Exportabteilung des Konzerns – eine ähnlich strukturierte und in der Stabsabteilung zentralisierte PR aufgebaut werden. Neben „sachlich-

15 Vgl. ebenda und o.V.: BUNDESWEHR. Wertvolle Kräfte. Georg Lebers Generale spielten Krieg. Durch Gespräche mit Journalisten suchten sie jeweils ihre eigenen Waffengattungen als besonders empfehlenswert zu verkaufen, in: DER SPIEGEL 52/1972 (18.12.1972), S. 30.

16 Vgl. Kapitel 3.2 und 3.3.

informative Produktwerbung in der internationalen wehrtechnischen Fachpresse" traten Besuche, Einladungen, Geschenke und speziellere Events wie Produktvorführungen und abendliche „ ‚Altstadt'-Betreuung".[17]

Eine weitere wichtige Zielgruppe der Rheinmetall-PR waren die Beschäftigten, da der Leiter der Stabsabteilung das Vertrauen in den Arbeitgeber durch Kritik von außen als durchaus gefährdet ansah. Um zu erreichen, dass die Mitarbeitenden sich auch gegen moralische Anwürfe aus dem Umfeld oder aus Gewerkschaftsreihen „kritisch widersetzen", wurde eine Reihe von Maßnahmen konzipiert und durchgeführt. Argumentationsmaterial und ein Wir-Gefühl sollte nicht nur über die neu gestaltete Hauszeitung „Rheinmetall-Info", sondern auch über Betriebsfeste, Unterhaltungsveranstaltungen und einen „Tag der offenen Tür" vermittelt werden, Instrumente, die durchaus in der an US-Trends orientierten Konsumgüterindustrie, weniger aber im Bereich der Rüstungsproduktion – außer bei Krupp – bislang üblich gewesen waren.[18] Dabei wurde eine recht konservativ ausgerichtete Betriebsgemeinschaftsideologie vertreten, denn die Mitarbeitenden sollten persuasiv und manipulativ von der Argumentation und den Interessen der Unternehmensleitung überzeugt werden. Die interne Unternehmenskommunikation diente damit neben der Stärkung des Gruppenbewusstseins und der Argumentationsbildung gegen externe Kritik auch dazu, um Prinzipal-Agenten-Probleme im Unternehmen zu überwinden. Insgesamt können hier also wie in den Studien von Erker und Kleinschmidt sowohl moderne, an amerikanischen Marketing- und Personalführungspraktiken ausgerichtete Instrumente ausgemacht als auch rückwärtsgewandte Ideen aus dem Arsenal der NS-Wehrwirtschaft nachgewiesen werden. Bisweilen war es auch „alter Wein in neuen Schläuchen", wie Erker zu Recht konstatiert hat.[19]

Wie neuere Studien über die Betriebspsychologie gezeigt haben, wurde auch bei Rheinmetall spezifisches Wissen aus der Sozialpsychologie einbezogen, um dosiert gegen Vertrauenskrisen im Unternehmen wirken zu können. Eingeladen wurden auch Lokalpolitiker und regionale Presse, denn nach neuesten PR-Forschungen sollte die „Außenwirkung des positiven innerbetrieblichen Klimas" auch erklärende Inhalte über den jeweiligen Arbeitsplatz in das soziale Umfeld transportieren und Verständnis für die Rüstungsunternehmen und ihre Interessen wecken. Berührungsängste zu den produzierten Waffen und Waffensystemen abzubauen, dies war auch das Ziel einer groß angelegten ‚open door'-Veranstaltung im 90. Jubiläumsjahr der Rheinmetall-Gründung 1979. Der von der PR-Forschung propagierte Personalisierungseffekt sollte durch Erstellung einer Büste vom Firmengründer Ehrhardt durch den bekannten Bildhauer Breker für den Tag der

17 Ebenda.

18 Deutlich wird dies etwa bei Hilger: Die „Amerikanisierung" deutscher Unternehmen oder Stücker: „Werbung um Vertrauen durch Schaffung eines positiven Firmenbildes".

19 Paul Erker: Einleitung: Industrie-Eliten im 20. Jahrhundert; Ders.: „Amerikanisierung" der westdeutschen Wirtschaft?; Kleinschmidt: Der produktive Blick.

offenen Tür genutzt werden. Neben reiner Unterhaltung und Verköstigung sollten Vortragsveranstaltungen dem militärischen Image dienen, denn als prominente Redner von Seiten der Bundeswehr waren die Generäle Steinhoff und Karst vorgesehen, Politiker wie Wörner und Luns, aber auch aus dem äußerst rechten Spektrum stammende Publizisten wie Carell und Weinstein. Auch hier wird also die Verknüpfung moderner und traditionell-konservativer Elemente deutlich. Dies sollte der Entwicklung von einer „negativen PR", d. h. der Vermeidung von Image-Einbrüchen, zu einer „positiven PR" dienen. Hierzu sei es dringend erforderlich, ein nachhaltiges Image zu vermitteln und eine „wehrtechnische Marktdokumentation" mit potentiellen Kunden aufzubauen.[20]

5.7 Public Relations als „Feuerwehr im Unternehmen"

Dringlich gemacht wurde diese groß angelegte PR-Kampagne, nachdem die Ergebnisse einer Meinungsumfrage der bundesdeutschen Rüstungsindustrie in Zeiten von zweiter Ölkrise und Kritik am NATO-Nachrüstungsbeschluss im November 1979 diskutiert wurden. Auftraggeber waren neben Rheinmetall die elf bedeutendsten deutschen Rüstungsunternehmen wie Daimler-Tochter MBB, AEG-Telefunken, Diehl, Dynamit-Nobel, HEKO, Krauss-Maffei, Krupp, Thyssen und Siemens. Die differenzierte und professionell durchgeführte Umfrage prüfte die Einstellung der Öffentlichkeit zur Produktion und zum Export von Waffen durch westdeutsche Unternehmen und bietet der unternehmens- und sicherheitshistorischen Forschung somit wertvolle Erkenntnisse. Denn das Ergebnis der Umfrage brachte die Skepsis der Öffentlichkeit differenziert zu Tage. Nur knapp die Hälfte der Befragten hielt die „Entwicklung und Produktion wehrtechnischer Erzeugnisse durch westdeutsche Firmen" für erforderlich, wobei Männer im Durchschnitt etwas stärker zustimmten als Frauen. Insgesamt sprach sich ein Viertel sogar deutlich dagegen aus. Die Zustimmung erfolgte zumeist mit verteidigungs- und technologiepolitischen Argumenten, während wirtschaftliche Aspekte kaum genannt wurden. Deutlich kritischer stand die Öffentlichkeit den Waffenexporten gegenüber, hier gab es nur ein Viertel Befürworter mit wirtschaftlichen Argumenten, während Gegner, häufig mit pazifistischen oder besorgten politischen Standpunkten, und Unentschiedene die deutliche Mehrheit bildeten. Die Befragten, die der Produktion und dem Export westdeutscher Waffen nur wenig kritisch gegenüber standen, sahen die BRD als militärisch bedroht an und vermuteten außenpolitische und technologische Vorteile der eigenen nationalen Waffenproduktion. Allerdings differierten die einzelnen Altersgruppen bezüglich ihrer Haltung zur Rüstungsindustrie stark. Insbesondere die Jugendlichen und jungen Erwachsenen waren besonders kritisch gegenüber den Rüstungsunternehmen eingestellt. Zudem zeigte eine genderspezifische Disparität der

20 Vgl. Kapitel 3.2 und 3.3 sowie Rheinmetall-Archiv B 595.

Umfrage, dass „Frauen (…) weit schlechter informiert als Männer“ waren. Insgesamt attestierte Infratest den Befragten „ein ausgeprägtes Informationsdefizit“, das die PR-Abteilungen der Rüstungsunternehmen als Chance für eine erweitere PR-Arbeit sahen. Die teils durchaus kritischen Umfrageergebnisse bildeten somit eine wichtige Grundlage für die weitere PR-Arbeit, die im Rheinmetall-Konzern schrittweise weiterentwickelt wurde.[21] Sie zeigt damit auch deutlich, dass für die traditionell-konservativen Unternehmen der Heerestechniksparte durchaus moderne, aus den US-Unternehmen adaptierte Methoden der Markt- und Meinungsforschung Eingang fanden – wenn auch zu einem eher späten Zeitpunkt in den 1970er Jahren.[22] Eine Erklärung dafür bieten nicht nur die ökonomischen Krisen und die Marktstrukturen der Rüstungsbranche mit schwankender Nachfrage. Denn nachdem das Unternehmen durch illegale Rüstungsexporte in das Visier der Staatsanwaltschaft geraten war, sollte die PR-Abteilung nach dem Vorbild anderer Unternehmen aus dem Konsumgüterbereich wie z. B. Beiersdorf zu einer Art „Feuerwehr“ werden.

Vor allem das Abfangen aller dem Unternehmen in der Öffentlichkeit schadenden Aktivitäten und die kontinuierliche Aufladung des Firmennamens mit positiven Assoziationen wurden nun zum Kern der Marketingarbeit. Wie gezeigt, waren weitere Schwerpunkte der Presse- und Öffentlichkeitsarbeit sowie der Werbung 1984 die Kampagnen für das neue Geschütz RH 63/RH 49 und den Leopard 1-Kampfpanzer mit der Rheinmetall-Kanone. Die PR-Abteilung plante hier erstmals für Rheinmetall das „klassische Instrumentarium des Marketing“ mit Marktforschung, PR, Werbung und Verkaufsförderung einzusetzen, um beide Produkte am Markt und in der öffentlichen Meinung zu etablieren. Der PR-Chef sah für beide Waffen „eine hohe Medien-Akzeptanz und insofern eine gute Chance, auch über die Öffentlichkeit in die Entscheidungsvorgänge der Bedarfsträger Eingang zu finden“.[23] Somit wird auch die Scharnierfunktion der Öffentlichkeit deutlich, die möglichst eindeutig für Rüstungsgüter Stellung beziehen und damit auf die Entscheidungsträger in Regierung und Beschaffungsstellen einwirken sollte.

Ein heikler Punkt in der Rheinmetall-PR waren die Exportgeschäfte (intern „E-Vorgänge“), die seit den Untersuchungen der Staatsanwaltschaft in den Blick der Öffentlichkeit geraten waren.[24] Hier zielte die PR nicht nur auf eine breitere mediale Zielgruppe, sondern auch auf die interne Kommunikation mit der Belegschaft ab. Erklärtes Ziel des PR-Chefs war es, beide Rezipientengruppen „mit diesen Vorgängen möglichst wenig zu belasten“, das Thema also weitgehend aus

21 Rheinmetall-Archiv B 591, Nr. 21, 20.12.1979, Betr. Meinungsbefragung Die wt. Industrie im Meinungsbild der dt. Öffentlichkeit – Zusammenfassung der wichtigsten Ergebnisse, o.S.

22 Vgl. etwa Schröter: Zur Geschichte der Marktforschung; Zimmermann: Marktanalysen und Werbeforschung der frühen Bundesrepublik; Kruke: Demoskopie; Berghoff/Scranton/Spiekermann (Hg.): The Rise of Marketing and Market Research.

23 Rheinmetall-Archiv B 591, o.S.

24 Siehe auch Leitzbach: Rheinmetall. Vom Reiz, Bd. 2, S. 628–634, ohne Quellennachweis.

der Berichterstattung zu halten. Dies galt eben nicht nur für die öffentlich verbreiteten Medien, sondern auch entsprechend den Mitteln anderer Unternehmen für die unternehmensinternen Kommunikationsmittel wie verschiedene Werkzeitungen für Konzern und Töchter, Informationsblätter und entsprechende Veranstaltungen.[25] Somit bietet die Untersuchung der Rheinmetall-PR auch einen Ansatz, um die aktuelle Argumentation von Mitarbeitern rüstungsindustrieller Unternehmen, dem „Arbeitskreis der Betriebsräte in Wehrtechnik, Luft- und Raumfahrt", ebenso wie die von Arbeitskreisen der Rüstungsunternehmen entwickelte Argumentationslinie nachvollziehen und erklären zu können.[26]

Die Betriebsräte der deutschen Rüstungsunternehmen verbanden und verbinden auf ähnliche Weise wie die Rüstungsunternehmen selbst friedliches Zusammenleben mit der Affirmation von Bundeswehr und rüstungswirtschaftlicher Produktion.[27] Dies unterstreicht die Thesen der kritischen Friedens- und Konfliktforschung der 1970er Jahre, vor allem Birckenbachs und Wellmanns, dass die „Arbeiter (vornehmlich Betriebsräte) rüstungsproduzierender Konzerne sich für die weitere Ausdehnung der Rüstungsproduktion in der BRD (...) instrumentalisieren lassen und für die rüstungsproduzierenden Unternehmen lobbyistische Funktionen ausüben."[28]

Neben der Wirkung der unternehmensinternen PR führten aber auch andere Ursachen zum Lobbyismus der organisierten Arbeiterschaft der Rüstungskonzerne. Die Angst um den Arbeitsplatz, gesellschaftlich-politischer Druck und bisweilen auch die Faszination an der Technologie sowie Unterdrückung kritischer Positionen traten hinzu. Bei einigen dieser Faktoren zeigt sich allerdings deutlich die Wirkung unternehmensinterner PR. Technologie, Arbeitsplatzsicherheit, Rüstungskonjunkturen und ähnliche Themen wurden gegenüber der Belegschaft in Flugblättern und Werkszeitschriften deutlich kommuniziert. Sie dienten nicht nur der Information und Unterhaltung, sondern formten auch Diskurse und Mentalitäten in den Unternehmen. Die Wirkung von Waffen in Kriegs- und Krisengebieten, ihre Einsatzmöglichkeiten wurden diskret verschwiegen, heikle Themen bisweilen bewusst verleugnet (s. Kap. 4.).

Die Werbung von Rüstungsunternehmen griff aber durchaus weiter aus und richtete sich nicht nur an die Unternehmensöffentlichkeit, sondern auch an die deutsche Öffentlichkeit insgesamt bzw. verschiedene Teilöffentlichkeiten wie z. B. direkte Nachfrager, Politiker, Wehrtechnik-Begeisterte, Anwohner, aber auch Schüler und Studenten. Wie gezeigt werden konnte, wurde vor allem in den Absatzkrisen und

25 Vgl. etwa Wischermann/Borscheid/Ellerbrock (Hg.): Unternehmenskommunikation.

26 Zu den Positionen z. B. Stellungnahme der Betriebsräte der großen deutschen wehrtechnischen Unternehmen, dokumentiert in: Evangelische Akademie Arnoldshain u. a. (Hg.): Militärpolitik Dokumentationsdienst, Nr. 1 Rüstungswirtschaft und Dritte Welt. Vgl. http://www.gmmb.de/wlr-ak/ (15.1.2016) „Wer Frieden will ... ".

27 Ebenda.

28 Birckenbach/Wellmann: Thematisierung von Rüstung, S. 2. Vgl. Kap. 1 und 3.3.

Vertrauenskrisen der späten 1960er bis 1980er Jahre besonders intensiv mit kommunikationspolitischen Marketinginstrumenten gearbeitet. Neben der Präsentation auf Weltausstellungen und speziellen Rüstungsmessen waren Waffenproduzenten in einer weiteren Form von personeller Absatzpolitik innovative Pioniere: beim *Event-Marketing*. Die von Krupp im 19. und frühen 20. Jahrhundert eingeführten Aktionen für Kunden und Nutzer, wie Besuchstouren, Vorführungen auf dem Schießplatz, Schiffstaufen und Treffen mit hoch dekorierten Offizieren, wurden auch von Unternehmen wie Rheinmetall weiterentwickelt und genutzt. Wie deutlich wurde, folgte auch die Weiterentwicklung der Organisationsform dem Kruppschen Vorbild. Es wurden wie in der Automobil- und Konsumgüterindustrie immer größere Abteilungen für Marketing und PR gegründet, die zumeist dem Vorstand direkt unterstellt wurden und zentral operierten, insbesondere in Zeiten von Krise bzw. Stagflation. Hier wurde auch langsam ein integratives Marketingmanagement eingeführt.[29]

Mittels der ikonologischen Analyse nach Panofsky konnte gezeigt werden, dass das in den Werbeinstrumenten vermittelte Unternehmensimage, auf historische Vorbilder zurückgriff. Rheinmetall-Werbung im Kalten Krieg ähnelte dabei dem frühen Auftritt z. B. von Krupp auf Ausstellungen und Messen des 19. Jahrhunderts: auf das Image von Rüstungsproduzenten als moderne, saubere, technologisch innovative, sozial verantwortliche und vertrauenswürdige Unternehmen wurde klar zurückgegriffen. Die Produkte repräsentierten dagegen stärker eine andere Seite des *Images*: die (wehrtechnische) Überlegenheit von Nation und Unternehmen, Macht und Stärke. Anders als bei anderen europäischen Herstellern blieb bei den bundesdeutschen Rüstungsunternehmen eine Form, die schon Krupp persönlich gewählt hatte, die vorherrschende: Auf allen Veröffentlichungen wurden Krieg, Gewalt und Aggression verschwiegen. Häufig blieb die Kampfkraft moderner Waffen in den Produktkatalogen und Prospekten der Hersteller in der BRD völlig ausgeblendet.

5.8 Produktion von Sicherheit

Stattdessen setzten die Produzenten in Marketing, PR und Werbung gezielt darauf, ein Image von Sicherheit zu verbreiten. Für moderne Unternehmen insgesamt gilt, dass sie durch gezielte Marketingstrategien versuchen, Marken, Warenzeichen und Logos zu entwickeln und in der Öffentlichkeit zu kommunizieren. Diese können als Kurzformel oder *Code* dienen, um Inhalte und *Images* zu transportieren. Die verschiedenen Funktionen und Intentionen hinter solchen Marketingstrategien, ihrer Werbe- und Kommunikationspolitik, reichen von einfachen Verkaufstechniken bis zu ausgefallener Markenbildung und zu politischem Manövrieren. Mittels dieser *Codes* oder Diskurse

29 Vgl. Schröter: Erfolgsfaktor Marketing; Berghoff: Marketinggeschichte; Köhler: Overcoming Stagflation; ders.: Marketingmanagement.

wurden verschiedene weitere Werbeanzeigen und Kampagnen zunächst von der Rheinmetall Industriewerbung GmbH und später von der Stabsabteilung Öffentlichkeitsarbeit entwickelt und veröffentlicht. Obwohl sie in Details bezüglich formaler, ästhetischer und sprachlicher Aspekte kontinuierlich weiterentwickelt wurden oder sich dem Zeitgeist entsprechend wandelten, blieben einige Themen und Bilder stabil von der Wiederaufnahme der Rüstungsproduktion bis zum Ende des Kalten Krieges. Als Hauptdiskursstrang kristallisierte sich „Sicherheit" mit ihren verschiedenen Aspekten und Spielarten heraus.

In Zeitungen, Zeitschriften und in größeren Kampagnen deklinierte Rheinmetall das Thema in verschiedenen Varianten durch: „Sicherheit des Friedens", „Sicherheit der Freiheit", „der freien, sozialen Marktwirtschaft, der Grundlage unseres Wohlstandes". Die Forderung in einer der veröffentlichten Anzeigen gipfelte in: „Nur ein geschützter Frieden ist ein sicherer Frieden."[30] In der groß angelegten Kampagne „Argumente für die Sicherheit" wurden seit 1979 neben dem Sicherheits-Diskurs auch andere Diskurse der Zeit angesprochen, die eng damit verknüpft waren, z. B. das Thema Abschreckung. Hier wurde in Bezug auf die Forderung, neue Panzer bereitzustellen, verkürzend argumentiert, dass „das Prinzip der Abschreckung funktioniert". Mit dem Sicherheits-Diskurs, der immer wieder in verschiedenen Anzeigen angesprochen wurde, argumentierte die Werbung von Rheinmetall und anderen Produzenten aber nicht nur im militärischen, sondern auch im zivilen Produktionsbereich, z. B. für Rheinmetall-Stoßdämpfer oder für Aviatest-Systeme. Sie versprachen dem in eine Gemeinschaft einbezogenen Betrachter z. B. „unsere Welt ein Stück sicherer zu machen".[31] Sicherheit wurde dabei als messbare Leistung von Technologie und Wissenschaft dargestellt und diese Form von Sicherheitsvorstellungen in den Sicherheits-Diskurs der Zeit eingespeist.[32]

Rheinmetall griff damit auch eine spezifische Konnotation von Sicherheit auf, die sich in vielen Anzeigen der 1970er und 1980er Jahre, z. B. im Automobilsektor, finden lassen: Sicherheit als technologisch sinnvolle, machbare Garantie eines angenehmen Lebens. Rheinmetall versprach zudem in einer zeitlich späteren international veröffentlichten Anzeige hinsichtlich des Maschinengewehrs MG 3, dass es als Produzent und Beschützer die öffentliche Sicherheit garantieren könne.[33]

Zusammen mit dem umfassenden Sicherheitsbegriff der größeren Informationskampagne wurde auf den Sicherheitsdiskurs also gezielt eingewirkt. „Sichere Waffen für einen sicheren Frieden" – diese Formel fasst das sicherheitspolitische Dogma des Unternehmens, wie es in den Anzeigen zum Tragen kam, prägnant zusammen. Die wesentliche Intention hinter dieser direkten Verbindung von Waffen mit Sicherheit kann darin gesehen werden, ein Bild von Frieden und Sicherheit zu produzieren und

---

30 Rheinmetall-Archiv B 521/1 Argumente für die Sicherheit. Ausführlich siehe Kap. 4.

31 Werbemittel aus dem Rheinmetall-Archiv, Bestand B 521.

32 Dies galt auch für die Automobilindustrie in ähnlicher Form vgl. Köhler: Marketingmanagement.

33 Werbemittel aus dem Rheinmetall-Archiv, Bestand B 521.

zu stabilisieren, in dem Waffen unverzichtbar sind. Die Rheinmetall GmbH publizierte zu diesen Marketingstrategien eine gezielte Stoßrichtung, wie die Anzeigenwerbung öffentlich wirken sollte. Sie sollte demonstrieren, dass „die wehrtechnische Industrie nicht nur Spitzentechnologie", sondern auch „Sicherheit produziert", ganz nach dem Vorbild der zuvor in der Bundeswehr-Nachwuchswerbung angesprochenen jungen Männer und Jugendlichen.

Andere Rüstungsunternehmen wie das Familienunternehmen Diehl griffen Sicherheit als wichtiges Thema ihrer Werbebemühungen ebenfalls auf. In den 1980er Jahren starteten sie mit einer ähnlich angelegten Kampagne „Erfahrung und Verantwortung in der Wehrtechnik". Diehl versprach hier der Öffentlichkeit, dass das Unternehmen die „Sicherheit der Freiheit", die „Sicherheit des Rechts" garantieren und sogar „Schutz vor Aggressionen" bieten würde, obwohl die Öffentlichkeit die Produkte des Unternehmens nicht einmal zu Abwehrzwecken käuflich erwerben konnte.[34] Öffentliche Legitimation in Zeiten der NATO-Nachrüstungsdebatte war hier das Ziel.

Die verschiedenen Werbekampagnen von Diehl, Rheinmetall, MBB und BAD, die 1984 von einem der Kommunikationsberater Rheinmetalls untersucht wurden, zeigten Übereinstimmungen in psychologischer, linguistischer, visueller und semantischer Hinsicht. Insbesondere Rheinmetall war dem ikonologischen Beispiel Krupps und dem Rat des Experten gefolgt: Das Unternehmen vermied problematische Fotografien mit Bildern von Zerstörung und Aggression und wählte stattdessen ein nüchternes, ernstes, klares und ruhiges Auftreten, was die Positionen im Sicherheitsdiskurs deutlich unterstützte.[35]

Dazu trug auch eine Kampagne der späten 1970er Jahre bei, die die „Sicherheit im Bündnis" einführte. Die NATO als Thema von Werbeanzeigen des Rüstungsunternehmens wurde zwar stetig weiter entwickelt. Allen Kampagnen gemein war aber, dass sie ein *Image* von Vertrauen und Unterstützung in einem internationalen Team, einer Gemeinschaft, die der Verteidigung diente, erschaffen sollten. Das Unternehmen Rheinmetall präsentierte sich dabei als „Partner von Bundeswehr und Bündnis" – eine vertrauenswürdige und partnerschaftlich arbeitende Firma. Diese Anzeigen spiegelten somit nicht nur die politische und militärische Bedeutung der NATO während des Kalten Krieges wider. Sie demonstrierten vielmehr auf eindrückliche Weise die Integration der bundesrepublikanischen Rüstungsproduktion in internationale Zusammenhänge – und zugleich auch viel versprechende neue Märkte für den Konzern, wie mit dem trinationalen NATO-Rüstungsprojekt FH 155 gezeigt werden konnte.

In der Zeit der Détentepolitik begann Rheinmetall in den 1970er Jahren mit einer vorsichtigen Restrukturierung des nicht-militärischen Sektors, die im Konzern intensiv diskutiert wurde. Im Jahre 1989 nach dem Fall der Berliner Mauer und dem Ende der Ost-West-Konfrontation wurde auch die *Corporate Image*-Strategie

34 Rheinmetall-Archiv B 522/2 Rheinmetall GmbH/DeTec AG.

35 Vgl. Kap. 4 und Rheinmetall-Archiv B 521.

entsprechend der tiefer gehenden Diversifikation in zivile Produktionssparten neu ausgerichtet. Nach dem Kauf von Jagenberg und Pierburg in den 1980er Jahren wurde in den 1990er Jahren auf vielen Werbeträgern das Logo von Rheinmetall dem diversifizierten Konzern angepasst. Das Logo bestand nun aus einem stilisierten klein geschriebenen Buchstaben „r" in weißer und blauer Farbe. Dieser Wechsel sollte dazu führen, dass der Betrachter mehr Interpretationsmöglichkeiten erhielt. Es sollte zeigen, das Rheinmetall ein „financially strong, internationally successful player in the markets for automotive components and defence equipment" ist, ein stärker diversifizierter Konzern als vor der Restrukturierung im Kalten Krieg. Doch obwohl das Logo ein offeneres, variables Bild von Rheinmetall zeigt, kann der nach oben weisende Buchstabe auch als Pistolenlauf oder Geschützrohr interpretiert werden. Dies reflektiert die anhaltend hohe Bedeutung des Rüstungssektors bei Rheinmetall, das später – auch nach eigener Aussage zu „Europe's leading supplier and foremost specialist in the market for land forces equipment" wurde.[36] Heute ist das Unternehmen der größte Waffenproduzent für Heerestechnik in Europa.

In den letzten Jahren setzt eine neue Werbekonzeption Rheinmetalls außerhalb der engeren Fachpresse noch stärker auf Wohlbefinden, Vertrauen, Sicherheit und Freundschaft, während technische Daten und Wehrkraft weiterhin vernachlässigt werden. Dieser veränderte Werbeauftritt wurde nicht nur in den Fachjournalen für Rüstungs- und Sicherheitstechnik, sondern auch in der deutschen und internationalen Qualitätspresse veröffentlicht. Alle neu entwickelten Werbeanzeigen benutzen Analogien und Bilder aus dem Tierreich, während technische Daten oder direkte Verkaufsargumente wie Qualität und Kompetenz nicht angegeben werden. Die Analogien wurden in diesem Fall nicht von einer hoch spezialisierten Werbeagentur entworfen, sondern von zwei jungen Auszubildenden in der Werbeabteilung der STN Atlas Elektronik GmbH in Bremen, die zur Rheinmetall-DeTec-Gruppe gehört. Über 13 verschiedene Motive meist mit Urlaubsidyllen wurden für diese neuen Anzeigen entwickelt und bis jetzt präsentiert, was auch auf die erstaunliche Bedeutung dieser Kampagne hinweist.[37]

Wie schon bei den Beispielen aus dem Kalten Krieg deutlich wurde, ist es hilfreich, in die Analyse solcher Texte und Bilder linguistische und visuelle Verfahren einzubeziehen und für eine erweitere Marketinggeschichte zu nutzen. Denn die Entwicklung eines spezifisch gestalteten *Corporate Image* wurde für die Öffentlichkeitsarbeit von Unternehmen nach dem Zweiten Weltkrieg immer wichtiger und sollte in unternehmenshistorische Analysen zukünftig stärker einbezogen werden. Denn so lässt sich beispielsweise feststellen, dass Rüstungsunternehmen wie Rheinmetall in aktuellen Marketingstrategien mit Bezug auf das *Branding* sogar noch einen Schritt weiter

36 Verschiedene Ausgaben von „Das Profil. Die Zeitung des Rheinmetall-Konzerns" und Rheinmetall-website http://www.rheinmetall.de (20.7.2005).

37 Siehe „Das Profil" 1/2002, S. 1 und van de Kerkhof: It's good to have a reliable navy.

gehen. Neben großformatigen Sicherheits-Anzeigen werden immer noch Themen aus dem Tierreich oder der Natur und Umwelt benutzt, aber zusätzlich zu den bisherigen *Images* werden noch spezielle Analogien eingesetzt. Die linguistische Forschung hinzuziehend, die Texte als „a form of social practice" betrachtet, könnte diese Art von Werbung als Anthropomorphisierung oder gar Camouflage und damit als eine spezielle Form des „Framing" verstanden werden. Alle Produkte werden wie bei den Werbemitteln des Kalten Krieges in schöne Natur eingebettet dargestellt. Die Anzeigen nutzen also Natur oder Umwelt als „Frame". Möglicherweise kann man sogar von konzeptionellen Metaphern sprechen, vor allem im Fall des „Leopard"-Panzers und anderer Raubtier-Bezeichnungen. In diesem Natur-„Frame" und in Form der transnationalen Metaphern können Betrachter weltweit ein persönliches Verständnis für diese hoch technisierten, komplexen und dem alltäglichen Gebrauch unzugänglichen Waffensysteme herstellen. So werden Waffen als Garanten für die persönliche und gesellschaftliche Sicherheit vermittelt, als schnelle und intelligente Tiere, als vertrauenswürdige oder auch abschreckende Freunde bzw. Bekannte. Der hoch komplexe technologische Charakter wird reduziert auf alltägliche und bekannte Tierarten, die natürliche, freundliche Umgebung und Werte wie Wohlbefinden, Sicherheit, Vertrauen und Freundschaft. Diese Reduzierung des komplexen Charakters verschleiert nicht nur die Funktion der Waffen und Waffensysteme, sondern führt auch zu einer Art Domestizierung und generellen Akzeptanz, die transkulturell verständlich ist.

Andere europäische Waffenproduzenten wie die britische BAD benutzten ebenfalls Marken aus dem Tierreich, zum Beispiel „Sea Urchin", Seeigel, als Name eines komplexen Minensystems für die Marine. Aber hier ist das beworbene *Image* ein gänzlich anderes, denn Werte wie Frieden, Vertrauen, Sicherheit und Wohlbefinden werden nicht vermittelt, sondern massive Zerstörungskraft wird visualisiert. Wendet man nun den im vierten Kapitel (4.1.) dargestellten und in der Kunstgeschichte etablierten Ansatz der Ikonologie nach Panofsky und Warburg an, so ist davon auszugehen, dass auch das Rüstungsmarketing im Kalten Krieg und in der Gegenwart verschiedene Elemente der schon mindestens seit dem Ersten Weltkrieg in Bild und Sprache etablierten Anthropomorphisierung von Waffen und Großwaffensystemen nutzte.[38] Das bekannte Raubtier als komplizierter und technologisch hoch entwickelter Panzer, der Seeigel als komplexes Minensystem oder der Weiße Hai als Marinesystem stellen somit keine beliebigen, naiv platzierten *Images* oder malerische Werbebotschaften dar, sondern stellen sicher, dass Waffen auch in Zeiten des Nuklearkrieges und der konstant hohen Bedrohung einer *war-like economy* durchaus für Menschen beherrschbar wirken sollten. Sie dienten damit auch der Reduzierung von Angst, Bedrohungsgefühlen und Zweifeln an der Waffenproduktion und der

38 Vgl. Habeck: Die Technik im Ersten Weltkrieg, S. 105 f.

Legitimierung des international immer stärker verbreiteten Exports, zumal in die Entwicklungs- und Schuldenländer des Südens.[39]

5.9 Ausblick auf die Gegenwart

Aktuelle Angebote von öffentlicher und privater Sicherheit finden sich aber nicht nur in den Werbekampagnen der Rüstungsunternehmen, sondern auch die allgemeine Werbung für verschiedene Produkte und Dienstleistungen beschäftigt sich ausgiebig mit diesem Diskurs. So wirbt etwa eine große deutsche Versicherung unter dem Slogan „Da bin ich mir sicher“ damit, „Sicherheit für Ihre Zukunft“ zu gewährleisten oder ein französischer Autoproduzent versteigt sich gar zu der Behauptung „Sicherheit liegt in unserer Natur.“[40] Ähnliche Beispiele sind Legion und lassen sich regelmäßig finden, bis hin zu der intensiven Beschäftigung mit dem Thema „Human Security“. Ihr widmet sich z. B. ein Konzernrepräsentant der Deutschen Post AG, der für die Kontaktpflege mit den Großkunden Bundeswehr und NATO (und den Transport der Feldpost in die Einsatzgebiete) zuständig ist.[41]

Sicherheit scheint damit einer der Hauptdiskurse nicht nur der „alten“ Bundesrepublik während des Kaltes Krieges, sondern auch der Gegenwart zu sein.[42] Unternehmen und Werbeagenturen können diese Diskurse auf einfache Weise ansprechen und für ihre Interessen instrumentalisieren, ohne selbst aufwändig Trends initiieren zu müssen.[43] Dies entspricht der Diagnose des Politologen Glaeßner, der in der Gegenwart eine deutliche sicherheitstheoretische und -politische Veränderung feststellte, die kritisch zu betrachten sei. So zeigten sich erstens im Bereich der inneren Sicherheit zwar stärkere, vor allem aber inter- und transnationale Bedrohungen. Doch auch der Staat greife immer weiter in den Freiheitsbereich von Bürgern ein. Zweitens sieht er das staatliche Gewaltmonopol partiell außer Kraft gesetzt oder zunehmend in Gefahr, denn private Sicherheitsunternehmen und privat gesicherte Stadtviertel zeigten die Tendenz zur Aushöhlung moderner Staatlichkeit. Zudem werde Sicherheit zu „einem Gut, dessen Erwerb von der individuellen wirtschaftlichen Lage abhängt.“ Drittens könnten zivilgesellschaftliche und zwischenstaatliche Organisationen insbesondere im Bereich der EU dafür sorgen, die Rechte von Bürgern gegenüber dem Staat und den repressiven Funktionen von Sicherheitsspezialisten zu

---

39 Vgl. Greiner/Müller/Walter (Hg.): Angst im Kalten Krieg; Gassert: Popularität der Apokalypse: Zur Nuklearangst seit 1945; Geyer: Cold War Angst und Bormann/Freiberger/Michel (Hg.): Angst in den internationalen Beziehungen. Die zeitgenössische Verknüpfung spiegelt McNamara: Die Sicherheit des Westens. Bedrohung und Abwehr, wider.

40 Werbung der HUK-Coburg, November 2003 und für den Peugeot 308 im Zeit-Magazin 2008.

41 Siehe homepage der Deutschen Post AG (November 2008).

42 Vgl. Conze: Die Suche; Mergel: Propaganda, S. 18 versus Greiner: Antikommunismus.

43 Schröter: Marketing als Sozialtechnik, S. 647.

stärken. Schließlich sei viertens ein anhaltender Wandel wahrscheinlich, denn auch der Sicherheitsdiskurs bedürfe „einer steten Neujustierung, Infragestellen von sicher Geglaubtem (...), aber ebenso Unsicherheit wie Furcht vor Neuem, Unbekanntem."[44] Die ökonomische Verfügbarkeit bzw. Aneignung von Sicherheit stelle dabei eine entscheidende Neuerung dar, denn in der Moderne werde seit Thomas Hobbes Leviathan Sicherheit nicht als „die bloße Erhaltung des Lebens verstanden, sondern auch alle anderen Annehmlichkeiten des Lebens, die sich jedermann durch rechtmäßige Arbeit ohne Gefahr oder Schaden für den Staat erwirbt." Glaeßner ist dabei zuzustimmen, dass das Gewaltmonopol und damit das Sicherheitsversprechen in den Händen des Staates sich stets „mit der Behauptung legitimieren [konnte], Ruhe und Ordnung zu gewährleisten."[45] Die Legitimierung von Waffenproduktion in Form von Rüstungswerbung und PR diente damit auch der Absicherung des staatlichen Gewaltmonopols und zwar unabhängig von den Konjunkturen.

Ein wichtiges Problem, der sich weitere unternehmenshistorische Forschungen widmen sollten, ist die ungeklärte Frage nach dem allgemeinen Anteil von Rüstungsunternehmen an den öffentlichen Diskursen im Kalten Krieg. Denn sie waren und wurden teilweise wieder zu mächtigen und dominanten Akteuren in der Arena des politischen Diskurses. Unternehmen wie Rheinmetall, Kraus-Maffei, Krupp in Deutschland, Le Creusot in Frankreich, Bell und BAD in Großbritannien wuchsen teilweise durch die Systemkonfrontation zu riesigen Konglomeraten, die nicht nur über enorme ökonomische Macht verfügten. Sie betätigten sich darüber hinaus auch als Akteure in öffentlichen Diskursen, wobei sie im Feld der Image-Gestaltung und symbolischer Repräsentation aktiv wurden, wie anhand des Sicherheitsdiskurses eingehender gezeigt werden konnte.

Waffenhersteller kreierten von sich selbst ein Image als Sicherheitsproduzent oder sogar als Sicherheitsgarant, von ihren Produkten als sicheren, vertrauenswürdigen „Freunden" und von ihren konkurrenzlosen technologischen Standards. Damit ist das Rüstungsmarketing der wehrtechnischen Unternehmen auch als ein Beitrag zu einer Kultur des Kalten Krieges zu werten.[46] Neben Bildern von *High-tech*, ökonomischem Aufschwung und hegemonialer Männlichkeit war es vor allem ein Feld des

---

44 Glaeßner: Sicherheit und Freiheit, S. 12 f. Ders./Astrid Lorenz (Hg.): Europäisierung der inneren Sicherheit. Eine vergleichende Untersuchung am Beispiel von organisierter Kriminalität und Terrorismus, Wiesbaden 2005.

45 Glaeßner: Sicherheit und Freiheit, S. 7.

46 Vgl. Giles Scott-Smith/Hans Krabbendam (Hg.): The Cultural Cold War in Western Europe 1945–1960, London 2003; Rana Mitter/Patrick Major (Hg.): Across the Blocs: Cold War Cultural and Social History, London 2004; Thomas Lindenberger/Marcus Payk/Annette Vowinckel (Hg.): Cold War Cultures. Perspectives on Eastern and Western European Societies, New York/Oxford 2012; Jessica C. E. Gienow-Hecht: Culture and the Cold War In Europe, in: Leffler/Westad (Hg.): The Cambridge History of the Cold War, Vol. I, S. 398–419; Frank Schumacher: Kalter Krieg und Propaganda. Die USA, der Kampf um die Weltmeinung und die ideelle Westbindung der Bundesrepublik Deutschland, 1945–1955, Trier 2000.

Diskurses, auf das die immer stärker ausdifferenzierten Marketingstrategien von Rüstungsunternehmen abzielten: Sicherheit.

Die dargestellte Verschmelzung von politischer, sozialer und wirtschaftlicher Sicherheit – in den Diskursen wie auch in der Außen-, Sozial- und Wirtschaftspolitik – war kennzeichnend für die Epoche des Kalten Krieges, besaß aber eindeutige Vorbilder etwa im New Deal und *National Security State* Roosevelts.[47] Die Verflechtung unterschiedlicher Dimensionen von Sicherheit prägte nicht nur die Wirtschafts- und Sozialpolitik, sondern auch die konjunkturellen Entwicklungen, die internationalen Wirtschaftsverflechtungen im Systemkonflikt sowie die Unternehmen und ihre Märkte, ihre Führung und ihre Beschäftigten. Besondere Bedeutung kam dabei den Rüstungsunternehmen zu, die mithilfe von Marketing versuchten, ihre Produkte auf den heimischen Märkten, aber auch in Krisen-, Konflikt- und Kriegsgebiete weltweit abzusetzen. Sicherheit diente dabei als Argument und konnte ebenso als Diskurs wie auch als Bedürfnis gegen die permanente Bedrohung des Rüstungswettlaufs beständig angesprochen und genutzt werden. Wie gezeigt werden konnte, wurden andere Diskurse wie Bedrohung, Abschreckung, Frieden, Freiheit oder Verteidigung dagegen in marginaler Weise adressiert. Auch vom Einsatzzweck, vom gesellschaftlichen und ökonomischen Kontext wurde im Rüstungsmarketing völlig abstrahiert. Langfristig wäre daher zu fragen, ob die Diskurs- und Imagepolitik der Rüstungsunternehmen die „Grenzen des Sagbaren" nicht insofern verschoben, als Rüstungskritik oder Zweifel am sicherheitsstiftenden Charakter von Waffen und Großwaffensystemen in deutlich geringerem Maße öffentlich artikuliert werden können.[48]

5.10 Marketinggeschichte in der Erweiterung

Das Defizit der deutschen Wirtschaftsgeschichte gegenüber der internationalen Marketingforschung anhand eines prägnanten Fallbeispiels und einer bislang nur wenig erforschten Branche auszugleichen, war eines der wichtigsten Ziele dieser Arbeit. Mit der Untersuchung von Marketingkulturen und der Einbeziehung kulturwissenschaftlicher Ansätze wie der Diskursanalyse zielte diese Studie außerdem darauf, der Entökonomisierung der Kulturwissenschaften im Allgemeinen und der Geschichtswissenschaften im Besonderen entgegenzuwirken. Hier konnte durch die genauere Analyse von Berichten, Werbematerialien, Zeitschriftenwerbung und Ausstellungen gezeigt werden, dass es nicht nur für die Konsumgüterindustrie, sondern auch für Rüstungsunternehmen ein Bedürfnis nach einer erweiterten Palette von

47 Vgl. Greiner: Antikommunismus, S. 46.

48 Siehe dazu neben Birckenbach/Wellmann: Thematisierung, v. a. S. 190 ff. und 311 ff. auch Landwehr: Geschichte des Sagbaren.

personalen, visuellen und diskursiven Marketingstrategien gab. Insbesondere spielten häufig persönliche Verbindungen und Verkaufsverhandlungen eine prominentere Rolle als in der Konsumgüterbranche. Die Ursache dafür ist vor allem im komplexen und technologisch ambitionierten Charakter der Produkte zu sehen, weshalb Instrumente der persönlichen Kommunikation einen höheren Stellenwert einnahmen. Neben Verhandlungen und speziellen Kundenseminaren waren geführte Werksbesichtigungen, „Events“, Messen, Ausstellungen und Treffen tatsächlich „Klassiker“ der PR in dieser Branche. Werbung in Fachzeitschriften und Zeitungen haben in diesem Sektor zwar eine eher unterstützende als bedarfsweckende Funktion. Allerdings darf die Bedeutung der Produktwerbung trotzdem nicht unterschätzt werden, wie die intensiv diskutierten und kleinteilig entwickelten kommunikationspolitischen Instrumente des Rheinmetall-, Diehl und des Krauss-Maffei-Marketings belegen. Insbesondere ging es hier um eine semantische Aufwertung des Produktes, der militärischen Markenartikel und der Rüstungsindustrie generell.[49] Dazu wurden gezielt Argumentationsmuster entwickelt und verbreitet, aber auch auf die gesellschaftlichen Diskurse eingewirkt, um den Rüstungsabsatz zu forcieren bzw. in den Krisen zu stabilisieren.

Die Frage des Übergangs von Verkäufer- zu Käufermärkten und seiner Periodisierung konnte ebenfalls entschieden werden. Er verlief nicht nur branchenspezifisch unterschiedlich – wie Kleinschmidt, Triebel und andere zu Recht vermutet hatten – sondern ist auch unternehmensspezifisch zu differenzieren. Zwar hatten Forscher des internationalen Friedensforschungsinstitutes SIPRI die These vertreten, für die internationale Rüstungsindustrie sei dieser Übergang erst in den 1980er Jahren anzusetzen. Dies hielt einer genaueren Überprüfung jedoch nicht stand. Vielmehr fanden für die Teilsegmente der Rüstungsproduktion, die die Erstausstattung der Bundeswehr und anderer europäischen Streitkräfte nach dem Zweiten Weltkrieg herstellten, schon Ende der 1960er/Anfang der 1970er ein solcher Übergang statt. Für modernere Waffensysteme mit rechnerbasierter Technologie, aber auch für den seit den 1980er Jahren enorm boomenden Munitionsmarkt ist dieser Übergang noch später, teilweise erst in den 1990er Jahren, anzusetzen.

Wie gezeigt werden konnte, wurden diesen konjunkturellen Entwicklungen entsprechend verschiedene Marketinginstrumente wie Direktwerbung, Lobbyismus oder Event-Marketing entwickelt und eingeführt. Dabei wurden neue Diskurse und visuelle Strategien gewählt, insbesondere um ein Bild von Sicherheit und Frieden zu entwerfen, das unhinterfragbar mit Waffen und Waffensystemen verbunden war, wie durch die kulturwissenschaftlichen Analysemethoden demonstriert werden konnte. Eine so verstandene Marketinggeschichte in der kulturwissenschaftlichen

49 Vgl. Werner Plumpe: Ökonomisches Denken und wirtschaftliche Entwicklung. Zum Zusammenhang von Wirtschaftsgeschichte und historischer Semantik der Ökonomie, in: JWG 2009/1, S. 27–52.

Erweiterung bietet somit die Möglichkeit, die bisherige Trennung der eng miteinander verwobenen Phänomene in Wirtschaft, Gesellschaft und Kultur integrativ zu überwinden, wie dies jüngst auch Patrick Bernhard u. a. für die Zeit des Kalten Krieges vorgeschlagen haben.[50]

Als Themenfeld offeriert die Marketinggeschichte den Geschichtswissenschaften damit nicht nur die Möglichkeit, Sphären von Wirtschaft, Politik und Gesellschaft auf der einen und Kultur auf der anderen Seite verschränkt zu denken, sondern gleichfalls diese mit wirtschafts- wie mit kulturhistorischen Methoden und Analyseinstrumenten zu untersuchen. Eine Bindung an zwei Kulturen kann damit durchaus fruchtbar wirken, wie Toni Pierenkemper für die Wirtschafts- und Sozialgeschichte mit ihrer Bindung an Wirtschafts- und Sozialwissenschaften auf der einen, Geschichtswissenschaften auf der anderen Seite so treffend postuliert hat.[51]

50 Patrick Bernhard/Holger Nehring/Anne Rohstock: Der Kalte Krieg im langen 20. Jahrhundert. Neue Ansätze, Befunde und Perspektiven, in: Bernhard/Nehring (Hg.): Den Kalten Krieg denken, S. 11–39.

51 Toni Pierenkemper: Gebunden an zwei Kulturen. Zum Standort der modernen Wirtschaftsgeschichte im Spektrum der Wissenschaften, in: JWG 1995/2, S. 163–176.

Quellen- und Literaturverzeichnis

1 Quellen in Archiven

Archiv der Rheinmetall AG, vormals Rheinmetall Berlin AG, Düsseldorf/Neuss

A	11
A	21
A	23
A	24
A	4
A	71
A	90
A	93
B	51
B	300
B	302
B	344
B	503
B	505
B	512
B	513
B	520
B	521
B	522
B	5121
B	5130
B	5131
B	5307
B	591
B	593
B	5931
B	595
C	7
D	61

https://doi.org/10.1515/9783110541168-006

Bayerisches Wirtschaftsarchiv München

Bestand Krauss-Maffei	
Archiv Krauss-Maffei, Veranstaltungen nach 1945	D 1–12
Archiv Krauss-Maffei, Prospekte nach 1945, Wehrtechnik	PW 1–12
Archiv Krauss-Maffei, Vorhaben zur Entwicklung und Einführung neuer Produkte	N 1–6
Archiv Krauss-Maffei, Image- und Werbeanzeigen	S 1–13

Archiv der Thyssen-Krupp AG, Standort Historisches Archiv Krupp (Essen)

FAH Krupp 2 M 78.9
WA Krupp 7 f 1424
WA 46/141
WA 66/102
WA 66/104 -/105
WA 94/32
WA 118/v96
WA 119v423, v434, v559–562, v1160–1162
WA 152/v419-/v422
WA 152/v467

Hessisches Wirtschaftsarchiv Darmstadt

Bestand Nr. 2017: Nachlass Familie Quandt (vormals Familienarchiv Quandt)
Nr. 30
Nr. 41
Nr. 45

Politisches Archiv des Auswärtigen Amtes (PA AA), Berlin

Nr.	Bestand
B 14	NATO, Verteidigung und Abrüstung
B 21	Europarat u. ä., ständiger Rüstungsausschuß
B 43	Abrüstung und Sicherheit
B 57	Verkehr, darin III A4
B 201	Europa-Abteilung

Landesarchiv Nordrhein-Westfalen, Abteilung Rheinland

Bestand NW 203
Bestand NW 91

2 Gedruckte Quellen, Zeitungsartikel und sog. „graue" Literatur

Broschüre Rheinmetall GmbH – Ein Unternehmen stellt sich vor (o.S.), Sonderdruck aus: Die Bundeswehr in Staat, Gesellschaft, Wirtschaft, Düsseldorf 1986.
Jürgen Bruhn: Der Kalte Krieg, zit. nach: Fred Schmid/Claus Schreer: NATO. Rüstung. Krieg. Grafiken, Fakten und Karten zur Militarisierung, in: isw-Grafik-Report 12 (2009), S. 5.
Bundesminister der Verteidigung (Hg.): Weißbuch 1985. Zur Lage und Entwicklung der Bundeswehr, Bonn 1985.
Bundesminister der Verteidigung (Hg.): Rüstung, Ausrüstung der Bundeswehr. Stichworte und Zahlen, Bonn o.J. (1979).
Bundeszentrale für politische Bildung, Mitgliederzahlen der großen Parteien, siehe unter: http://www.bpb.de/politik/grundfragen/parteien-in-deutschland/138672/mitgliederentwicklung-cdu-und-spd
Wirtschaftsnachrichten, in: Chemie Ingenieur Technik 1955, S. 61.
Wirtschaftliches aus der Chemischen Technik, in: Chemie Ingenieur Technik 1960, S. 250.
Dienstvorschrift D 656/27, Die Tigerfibel, o.O. 1943 (Reprint: Melchior Verlag 2009) [hg. vom Generalinspekteur der Panzertruppen, Heinz Guderian, H.Qu. am 1. August 1943].
Dienstvorschrift D 655/27, Panther-Fibel, o.O. 1944 (Reprint: Melchior Verlag 2009) [hg. vom Generalinspekteur der Panzertruppen, Heinz Guderian, H.Qu. am 1. Juli 1944]
Hans Domizlaff: Typische Denkfehler der Reklamekritik (1929).
Ders.: Die Gewinnung des öffentlichen Vertrauens. Ein Lehrbuch der Markentechnik 1. Aufl. 1939, 2. überarb. Aufl. 1951, 7. Aufl. Hamburg 2005.
Gesetz Nr. 52 unter http://nst-archiv.com/Buecher/Nach-1945/heil.php
Hoppenstedt: Großunternehmen, mehrere Jge.
Carl Hundhausen: Public Relations, in: Zeitschrift für Betriebswirtschaft 36 (1966), S. 76–94.
Ders.: Public Relations, in: Handwörterbuch der Sozialwissenschaften, Göttingen 1964, S. 653–658.
Ders.: Wirtschaftswerbung, Essen 1963.
Ders.: Werbung um öffentliches Vertrauen, „Public Relations", Essen 1. Aufl. 1951.

Ders.: Werbung und Public Relations der Eisen- und Stahlindustrie in den Vereinigten Staaten von Amerika, in: Stahl und Eisen 70 (1950), S. 1049 ff.
Ders.: Public Relations, in: Zeitschrift für Betriebswirtschaft 15 (1938), S. 48–61, hier 60 ff.
Institut für Demoskopie Allensbach (Hg.): Die Ablehnung des Militärs. Eine psychologische Studie der Motive, Allensbach 1961.
Krauss-Maffei AG (Hg.): Krauss Maffei – 150 Jahre Fortschritt durch Technik – 1838–1988, Fürstenfeldbruck 1988.
Krefelder Erklärung vom 16.11.1980, abgedruckt in: Alfred Mechtersheimer (Hg.): Nachrüsten? Dokumente und Positionen zum NATO-Doppelbeschluß, Reinbek 1981, S. 249 f.
Rheinmetall AG Geschäftsbericht 2003 und 2004, Konzernanhang Erläuterungen zur Konzern-Gewinn- und Verlustrechnung, Sonstige betriebliche Aufwendungen.
Rheinmetall GmbH – Ein Unternehmen stellt sich vor (o.S.), Sonderdruck aus: Die Bundeswehr in Staat, Gesellschaft, Wirtschaft, Düsseldorf 1986.
Rheinmetall-Geschichte „100 Jahre Rheinmetall 1889–1989“, Düsseldorf 1989, unveröffentlichte Druckschrift.
Rüstungsexportbericht 2010 der Bundesregierung.
Sachverständigenrat zur Begutachtung der gesamtwirtschaftlichen Entwicklung (Hg.): Jahresgutachten 1973/74. Mut zur Stabilisierung, Stuttgart 1973.
Ders. (Hg.): Jahresgutachten 1982/83. Gegen Pessimismus, Stuttgart 1982.
Stellungnahme der Betriebsräte der großen deutschen wehrtechnischen Unternehmen, dokumentiert in: Evangelische Akademie Arnoldshain u. a. (Hg.): Militärpolitik Dokumentationsdienst, Nr. 1 Rüstungswirtschaft und Dritte Welt.
U.S. Arms Control and Disarmament Agency, World Military Expenditures and Arms Trade, Washington, Years 1955 ff.
Weißbuch der Bundesregierung, versch. Jge.

3 Ausgewertete Zeitungen und Zeitschriften

der arbeitgeber
BARETT. Internationales Militärmagazin
Bild-Zeitung
DVZ
Europäische Wehrkunde
Frankfurter Allgemeine Zeitung (FAZ)
Frankfurter Rundschau (FR)
Generalanzeiger Bonn
Handelsblatt
Jane's Defence Review
Jane's Defence Weekly
Jane's Defence Weapon Systems
DIE NEUE
Neue Ruhr-Zeitung
Das Parlament
Das Profil: Die Zeitung des Rheinmetall-Konzerns
Rheinische Post (RP)
Der SPIEGEL

Soldat und Technik
Südwest Presse Online
die tat
Technik und Versorgung
Die ZEIT
Unsere Zeit (UZ)
Wehrdienst
Wehrtechnik
Die Welt
Westdeutsche Zeitung (WZ)
WSI-Mitteilungen

4 Interviews

mit Dr. Christian Leitzbach, Düsseldorf, CLhistoria
mit Melanie Buss, Berlin, Deutsche Dorland (2012)
mit Jochem Peelen, München, ehemaliger freier Mitarbeiter, „Soldat und Technik" (2012).

5 Literatur

Werner Abelshauser: Deutsche Wirtschaftsgeschichte seit 1945, München 2004.
Ders.: The Burden of Power. Military Aspects of International Financial Relations During the Long 1950s, in: Carl-Ludwig Holtfrerich/Harold James (Hg.): The International Financial System: Past and Present, Cambridge 2003, S. 197–212.
Ders. (Hg.): Neue Institutionenökonomik als Historische Sozialwissenschaft (Themenheft), Geschichte und Gesellschaft 27 (2001), Heft 4.
Ders.: Wirtschaft und Rüstung in den Fünfziger Jahren, in: Militärgeschichtliches Forschungsamt (Hg.): Anfänge westdeutscher Sicherheitspolitik 1945–1956, Bd. 4/1, München 1997.
Ders.: The Re-Entry of West Germany into the International Economy and Early European Integration, in: C. Wurm (Hg.): Western Europe and Germany. The Beginnings of European Integration 1945–1960, Oxford/Washington 1995, S. 27–53.
Ders.: Wirtschaftsgeschichte der Bundesrepublik Deutschland, 1945–1980, [1. Aufl. Frankfurt a.M. 1983], 7. Aufl. Frankfurt a.M. 1993.
Ders.: Rüstung, Wirtschaft, Rüstungswirtschaft: Wirtschaftliche Aspekte des Kalten Krieges in den fünfziger Jahren, in: Klaus A. Maier/Norbert Wiggershaus (Hg.): Das Nordatlantische Bündnis 1949–1956, München 1993, S. 89–108.
Ders.: The Causes and Consequences of the 1956 West German Rearmament Crisis, in: F. H. Heller/J. R. Gillingham (Hg.): NATO: The Founding of the Atlantic Alliance and the Integration of Europe, Oxford 1992, S. 311–334.
Ders.: Hilfe und Selbsthilfe. Zur Funktion des Marshallplans beim westdeutschen Wiederaufbau, in: Vierteljahrshefte für Zeitgeschichte 37,1 (1989), S. 85–113.
Ders.: Die Langen Fünfziger Jahre: Wirtschaft und Gesellschaft der Bundesrepublik Deutschland 1949–1966, Düsseldorf 1987.
Ders.: Wiederaufbau vor dem Marshallplan. Westeuropas Wachstumschancen und die Wirtschaftsordnungspolitik in der zweiten Hälfte der vierziger Jahre, in: Vierteljahrshefte für Zeitgeschichte 29 (1981), Heft 4, S. 545–578.

Werner Abelshauser/Walter Schwengler: Wirtschaft und Rüstung, Souveränität und Sicherheit, München 1997.
G. Aberle/W. Hänsel: Langfristig effizienter Einsatz öffentlicher Mittel durch Sicherung wettbewerblicher Marktstrukturen – Zur Problematik der öffentlichen Auftragsvergabe auf Verteidigungsmärkten, in: Jahrbuch für Sozialwissenschaft 34 (1983), S. 165–183.
Gordon Adams: The Iron Triangle. The Politics of Defense Contracting, New York 1981.
Willi Paul Adams: Die Vereinigten Staaten von Amerika, Frankfurt a. M. 1977.
Ralf Ahrens/Boris Gehlen/Alfred Reckendrees (Hg.): Die „Deutschland AG". Historische Annäherungen an den bundesdeutschen Kapitalismus (Bochumer Schriften zur Unternehmens- und Industriegeschichte 20), Essen 2013.
Stefan Aigner/Thomas Rödl: Diehl – Porträt einer deutschen Waffenfabrik, München 2012.
Ulrich Albrecht: Rüstung und Inflation, in: Philipp Sonntag (Hg.): Rüstung und Ökonomie (Arnoldshainer Schriften zur interdisziplinären Ökonomie 5), Frankfurt a.M. 1982, S. 209–236.
Ders.: Das Tabu ‚Sicherheitspolitik', in: Frankfurter Hefte 12 (1974), S. 867–874.
Ders.: Der Handel mit Waffen, München 1971.
Ders./Randolph Nikutta: Die sowjetische Rüstungsindustrie, Opladen 1989.
Armen A. Alchian/Harold Demsetz: Production, Information Cost and Economic Organization, in: American Economic Review 62,2 (1972), S. 777–795.
Hans Ambos: Wehrtechnische Planung unter Berücksichtigung von Entspannungspolitik und Budgetschere, in: Wehrtechnik 1974/4, S. 131–134.
Christopher Magnus Andres: Die bundesdeutsche Luft- und Raumfahrtindustrie 1945–1970: Ein Industriebereich im Spannungsfeld von Politik, Wirtschaft und Militär, Frankfurt a.M. 1996, zugl. Diss. Univ. München 1995.
Jo Angerer/Erich Schmidt-Eenboom: Rüstung in Weiß-Blau. Politik und Waffenwirtschaft in Bayern, Starnberg 1986.
J. Anspach/H. Walitschek: Die Bundeswehr als Auftraggeber, Koblenz 1984.
Kenneth J. Arrow: The Economics of Agency, in: John W. Pratt/Richard J. Zeckhauser (Hg.): Principals and Agents: The Structure of Business, Boston/Mass. 1985, S. 37–51.
Ders.: The Limits of Organization, New York 1974.
Robert J. Art/ Vincent Davis/Samuel P. Huntington (Hg.): Reorganizing America's Defense. Leadership in War and Peace, Washington u. a. 1985.
Alois Auer (Hg.): Krauss-Maffei. Lebenslauf einer Münchener Fabrik und ihrer Belegschaft. Bericht und Dokumentation von Gerald Engesser, München 1988.
Doris Bachmann-Medick: Cultural Turns. Neuorientierungen in den Kulturwissenschaften, Reinbek 2006.
Klaus Backhaus: Investitionsgütermarketing, München 1982.
Johannes Bähr/Paul Erker/Maximiliane Rieder (Hg.): 180 Jahre KraussMaffei. Die Geschichte einer Weltmarke, München 2018.
Detlef Bald: Politik der Verantwortung. Das Beispiel Helmut Schmidt: Das Primat des Politischen über das Militärische 1965–1975, Berlin 2008.
Ders.: Die Macht- und Militärpolitik der Bundesrepublik, Bonn 2006, Beilage zu „Wissenschaft und Frieden".
Ders.: Die Bundeswehr: eine kritische Geschichte 1955–2005, München 2005.
Ders.: Bundeswehr und gesellschaftlicher Aufbruch 1968. Die Widerstände des Militärs in Unna gegen die Demokratisierung, in: Westfälische Forschungen, 48/1998, S. 297 ff.
Ders./Wolfram Wette (Hg.): Alternativen zur Wiederbewaffnung, Essen 2008.
Ders./Andreas Prüfert (Hg.): Innere Führung. Ein Plädoyer für eine zweite Militärreform, Baden-Baden 2002.

Ders./Johannes Klotz/Wolfram Wette: Mythos Bundeswehr. Nachkriegsdebatten und Traditionspflege in der Bundeswehr, Berlin 2001.
J. S. Ballard: The Shock of Peace: Military and Economic Demobilization after World War II, Washington D.C. 1983.
John T. Balmer/Stephen A. Greyser (Hg.): Revealing the Corporation. Perspectives on Identity, Image, Reputation, Corporate Branding, and Corporate-Level Marketing, London/New York 2003.
Ralf Banken: Der Nationalsozialismus in der Unternehmensgeschichte. Hinterlässt die Sonderkonjunktur Spuren?, in: Akkumulation 20/2004, S. 1–18.
Frank Barnaby: Arms Industry – A Sellers' Market, in: Bulletin of Atomic Scientists 37,5 (1981), S. 10 ff.
Richard J. Barnet: Der amerikanische Rüstungswahn oder Die Ökonomie des Todes, Reinbek 1971.
Peter Barth: Rüstung und Öffentlichkeit in den fünfziger und sechziger Jahren – das Beispiel HS 30, in: Jost Dülffer (Hg.): Parlamentarische und öffentliche Kontrolle von Rüstung in Deutschland 1700–1970. Beiträge zur historischen Friedensforschung, Düsseldorf 1992, S. 219–240.
Roland Barthes, Rhetorik des Bildes (1964), in: Wolfgang Kemp (Hg.): Theorie der Fotografie III 1945–1980, München 1999 (1. Aufl. 1983), S. 138–149.
Otto Basler/Fritz Redlich: Reklame. Die Bezeichnung und ihre Geschichte, in: Preußische Jahrbücher 234 (1933), S. 244 ff.
Karl Bauer: Deutsche Verteidigungspolitik 1948–1967, Dokumente und Kommentare, Boppard 4. Aufl. 1968.
Roger A. Beaumont: Quantum Increase: The MIC in the Second World War, in: Cooling, S. 118–132.
Klaus Bednarz: Der Jäger 90. Rüstung um jeden Preis, in: Georg M. Hafner/Edmund Jacoby (Hg.): Neue Skandale der Republik, Reinbek bei Hamburg 1994, S. 59–65.
Rebecca Belvederesi-Kochs: Von der ≪moralischen Anstalt≫ zum vertriebsorientierten Finanzdienstleister. Der unternehmenskulturelle Wandel des Deutschen Sparkassen- und Giroverbands im Spiegel seiner Marketingstrategie, in: ZUG 53, 2 (2008), S. 192–215.
Theodor Benecke/Günther Schöner: Wehrtechnik für die Verteidigung. Bundeswehr und Industrie – 25 Jahre Partner für den Frieden (1956–1981), Koblenz 1984.
Günther Bentele/Romy Fröhlich/Peter Szyszka (Hg.): Handbuch der Public Relations, Wiesbaden 2005.
Wolfgang Benz: Von der Besatzungsherrschaft zur Bundesrepublik. Stationen einer Staatsgründung 1946–1949, Frankfurt a.M. 1989.
Ders. (Hg.): Deutschland unter alliierter Besatzung. Ein Handbuch, Berlin 1999.
C. C. Berg: Beschaffungsmarketing, Würzburg/Wien 1981.
Manfred Berger/Konrad Faust/Wolfgang Gerstenberger u. a.: Produktion von Wehrgütern in der Bundesrepublik Deutschland (ifo studien zur industriewirtschaft 42), München 1991.
Volker Berghahn: Unternehmer und Politik in der Bundesrepublik, Frankfurt a.M. 1985.
Hartmut Berghoff (Hg.): Marketinggeschichte. Die Genese einer modernen Sozialtechnik, Frankfurt a.M./New York 2007.
Ders.: Moderne Unternehmensgeschichte. Eine themen- und theorieorientierte Einführung, Paderborn 2004.
Ders.: Die Zähmung des entfesselten Prometheus? Die Generierung von Vertrauenskapital und die Konstruktion des Marktes im Industrialisierungs- und Globalisierungsprozess, in: Ders./Jakob Vogel (Hg.): Wirtschaftsgeschichte als Kulturgeschichte – Dimensionen eines Perspektivenwechsels, Frankfurt 2004, S. 143–168.
Ders.: Vertrauen als ökonomische Schlüsselvariante. Zur Theorie des Vertrauens und der Geschichte seiner privatwirtschaftlichen Produktion, in: Karl-Peter Ellerbrock/Clemens Wischermann (Hg.): Die Wirtschaftsgeschichte vor der Herausforderung durch die New

Institutional Economics (Untersuchungen zur Wirtschafts-, Sozial- und Technikgeschichte 24), Dortmund 2004, S. 58–71.
Ders.: Wozu Unternehmensgeschichte? Erkenntnisinteressen, Forschungsansätze und Perspektiven des Faches, in: ZUG 2004, S. 131–148.
Ders.: Von der Reklame zur Verbrauchslenkung. Werbung im nationalsozialistischen Deutschland, in: Ders. (Hg.): Konsumpolitik. Die Regulierung des privaten Verbrauchs im 20. Jahrhundert, Göttingen 1999, S. 77–112.
Ders./Berti Kolbow: Konsumgütermarketing im Rüstungsboom. Wachstumsstrategien der IG-Farben-Sparte Agfa, 1933 bis 1945, in: ZUG 2010, 2, S. 129–160.
Hartmut Berghoff/Jörg Sydow (Hg.): Unternehmerische Netzwerke. Eine historische Organisationsform mit Zukunft?, Stuttgart 2007.
Hartmut Berghoff/Phil Scranton/Uwe Spiekermann (Hg.): The Rise of Marketing and Market Research, Houndmills/New York 2012.
Patrick Bernhard/Holger Nehring (Hg.): Den Kalten Krieg denken. Beiträge zur sozialen Ideengeschichte seit 1945 (Frieden und Krieg 19), Essen 2014.
Carola Bielfeldt: Rüstungsausgaben und Staatsinterventionismus, Frankfurt 1977.
Werner Biermann: Strauß. Aufstieg und Fall einer Familie, Reinbek 2008 (OA Berlin 2006).
Anne Bieschke: Die unerhörte Friedensbewegung. Frauen, Krieg und Frieden in der Nuklearkrise (1979–1983), Essen 2018.
Elisabeth Binder: Die Entstehung unternehmerischer Public Relations in der Bundesrepublik Deutschland, Münster 1983.
Hanne Birckenbach/Christian Wellmann: Die Thematisierung von Rüstung in den Werkzeitschriften von rüstungsproduzierenden Unternehmen in der BRD – Eine Inhaltsanalyse, Frankfurt a.M. 1976 (unveröff. Diplomarbeit, Masch.).
Eberhard Birk/Heiner Möllers/Wolfgang Schmidt (Hg.): Die Luftwaffe in der Moderne (Schriften zur Geschichte der Luftwaffe 1), Essen o.J. [2012].
Klaus Birkigt/Marinus M. Stadler: Corporate Identity als unternehmerische Aufgabe, in: Klaus Birkigt (Hg.): Corporate Identity. Grundlagen, Funktionen, Fallbeispiele, Landsberg/Lech 1994, S. 15–26.
Ove Bjarnar/Mathias Kipping (Hg.): The Americanisation of European Business. The Marshall Plan and the Transfer of US Management Models, London/New York 1998, S. 18–34.
Ders./Mathias Kipping: The Marshall Plan and the Transfer of US Management Models to Europe. An introductory Framework, in: Dies. (Hg.): The Americanisation of European Business. The Marshall Plan and the Transfer of US Management Models, London/New York 1998, S. 1–17.
Ders.: The Big Push: the Export of American Business Education to Western Europe after the Second World War, in: V. Zamagni/L. Engwall (Hg.): Management Education in Historical Perspective, Manchester/New York 1998, S. 50–65.
Fritz Blaich: Absatzstrategien deutscher Unternehmen im 19. und in der ersten Hälfte des 20. Jahrhunderts, in: Hans Pohl (Hg.): Absatzstrategien deutscher Unternehmen. Gestern – Heute – Morgen, Wiesbaden 1982, S. 5–46.
Fedor Bochow: Domizlaff, Hans Wilhelm, in: Sächsische Biografie, herausgegeben vom Institut für Sächsische Geschichte und Volkskunde e.V., bearbeitet von Martina Schattkowsky, online unter http://saebi.isgv.de/biografie/Hans_Domizlaff_1892–1971.
Hans-Günther Bode: Rüstung in der Bundesrepublik Deutschland, Regensburg 1978.
Matthias Bode/Ursula Hansen: Marketing & Konsum – Theorie und Praxis von der Industrialisierung bis ins 21. Jahrhundert, München 1999.
Ragna Boden: Soviet Aid to Indonesia, in: Journal of Cold War Studies 10 (2008), S. 110–128.
Dies.: Die Grenzen der Weltmacht. Sowjetische Indonesienpolitik von Stalin bis Breznev, Stuttgart 2006.

Gottfried Boehm: Die Wiederkehr der Bilder, in: Ders. (Hg.): Was ist ein Bild?, München 1994, S. 11–38.
Hartmut Böhme/Jürgen Barkhoff/Jeanne Riou: Netzwerke. Eine Kulturtechnik der Moderne, Köln 2004.
Andreas Böhn/Andreas Seidler: Mediengeschichte, Tübingen 2008.
Willi A. Boelcke: Rüstungswirtschaft I: Kriegswirtschaft, in: HdWW, Bd. 6, Stuttgart u. a. 1981, S. 503–513.
Luc Boltanski/Ève Chiapello: Der neue Geist des Kapitalismus, Konstanz 2003.
Dies.: Die Rolle der Kritik in der Dynamik des Kapitalismus und der normative Wandel, in: Berliner Journal für Soziologie 4 (2002), S. 459–477.
Thorsten Bonacker: Virus und Subjekt. Zur Sicherheitssemantik im AIDS-Diskurs, in: Körper-Verständnis-Erfahrung, Hessische Blätter für Volks- und Kulturforschung 31 (1996), S. 103–122.
Ders./Lars Schmitt: Politischer Protest zwischen latenten Strukturen und manifesten Konflikten. Perspektiven soziologischer Protestforschung am Beispiel der (neuen) Friedensbewegung, in: Mitteilungsblatt des Instituts für soziale Bewegungen 32 (2004), S. 193–213.
Wolfgang Bonß: Die gesellschaftliche Konstruktion von Sicherheit, in: Ekkehard Lippert u. a. (Hg.): Sicherheit in der unsicheren Gesellschaft, Opladen 1997, S. 21–41.
Ders.: Vom Risiko. Unsicherheit und Ungewissheit in der Moderne, Hamburg 1995.
Heinz-Ludger Borgert/Walter Stürm/Norbert Wiggershaus: Dienstgruppen und westdeutscher Verteidigungsbeitrag. Vorüberlegungen zur Bewaffnung der Bundesrepublik Deutschland (Militärgeschichte seit 1945, hg. vom MGFA, Bd. 6), Boppard am Rhein 1982.
Peter Borscheid/Clemens Wischermann (Hg.): Bilderwelt des Alltags. Werbung in der Konsumgesellschaft des 19. und 20. Jahrhunderts, Stuttgart 1995.
Peter Borscheid: Am Anfang war das Wort. Die Wirtschaftswerbung beginnt mit der Zeitungsannonce, in: Ebenda, S. 20–43.
Gerhard Brandt: Rüstung und Wirtschaft in der Bundesrepublik (Studien zur politischen und gesellschaftlichen Situation der Bundeswehr 3), Witten/Berlin 1966.
Heiko Braun: „Die „Pharmamarketing-Revolution“? – Eine Marketinggeschichte der Pharmabereiche von Bayer, Merck und Schering in den 1950er bis 1970er Jahren, in: akkumulation 32/2012, S. 1–12.
Klaus-Jürgen Bremm/Hans-Hubertus Mack/Martin Rink (Hg.): Entschieden für Frieden. 50 Jahre Bundeswehr, Freiburg/Br. 2005.
Heinz Brill: Bogislaw von Bonin im Spannungsfeld zwischen Wiederbewaffnung-Westintegration-Wiedervereinigung. Ein Beitrag zur Entstehungsgeschichte der Bundeswehr (Militär, Rüstung, Sicherheit 49), Baden-Baden 1987.
Lothar Brock: Der erweiterte Sicherheitsbegriff. Keine Zauberformel für die Begründung ziviler Konfliktbearbeitung, in: Die Friedens-Warte, 79, 3–4 (2004), S. 323–344.
Ders./Berthold Meyer (Hg.): Die Zukunft der Sicherheit in Europa, Baden-Baden 1984.
Michael Brzoska: Rüstungsexportpolitik. Lenkung, Kontrolle und Einschränkung bundesdeutscher Rüstungsexporte in die Dritte Welt, Frankfurt a.M. 1986.
Ders./Anton-Andreas Guha/Christian Wellmann: Das Geschäft mit dem Tod. Fakten und Hintergründe der Rüstungsindustrie, Frankfurt a.M. 1982.
Ders./Peter Lock (Bearb.): Militärpolitik Dokumentation Jg. 11, Heft 59–61. Rüstungsproduktion und Nuklearindustrie in der Dritten Welt, Berlin 1987.
Bruce G. Brunton: Institutional Origins of the Military-Industrial Complex, in: Journal of Economic Issues 22 (1988), S. 599–606.
Roland Bubik: Geschichte der Marketing-Theorie. Historische Einführung in die Marketing-Lehre, Frankfurt a.M. 1996.
Heinz Bude/Bernd Greiner (Hg.): Westbindungen. Amerika in der Bundesrepublik, Hamburg 1999.
Lutz Budraß: Flugzeugindustrie und Luftrüstung, Düsseldorf 1997.

Ders./Stefan Prott: Demontage und Konversion. Zur Einbindung rüstungsindustrieller Kapazitäten in technologiepolitische Strategien im Deutschland der Nachkriegszeit, in: Johannes Bähr/ Dietmar Petzina (Hg.): Innovationsverhalten und Entscheidungsstrukturen. Vergleichende Studien zur wirtschaftlichen Entwicklung im geteilten Deutschland 1945–1999, Berlin 1996, S. 303–340.
Werner Bührer: Unternehmer und Frieden. Internationale Kooperation als Friedenskonzeption deutscher Unternehmer im ersten Nachkriegsjahrzehnt?, in: Detlef Bald/Wolfram Wette (Hg.): Friedensinitiativen in der Frühzeit des Kalten Krieges 1945–1955, Essen 2010, S. 33–48.
Ders.: Der Bundesverband der Deutschen Industrie und die Wirtschaftskrise der 1970er Jahre, in: Laurent Commaille (Hg.): Entreprises et Crises Économiques au XXe Siècle, Metz 2009, S. 245–263.
Ders.: Westdeutschland in der OEEC. Eingliederung, Krise, Bewährung 1947–1961, München 1997.
Ders. (Hg.): Die Adenauer-Ära. Die Bundesrepublik Deutschland 1949–1963, München 1993.
Ders.: Der BDI und die Außenpolitik der Bundesrepublik in den fünfziger Jahren, in: VfZ 40 (1992), S. 241–261.
Ders./Ludolf Herbst/Hanno Sowade (Hg.): Vom Marshall-Plan zur EWG. Die Eingliederung der Bundesrepublik Deutschland in die westliche Welt (Quellen und Darstellungen zur Zeitgeschichte 30), München 1990.
Uwe Burghardt: Verkehr, in: Wolfgang Benz (Hg.): Die Geschichte der Bundesrepublik Deutschland, Bd. 2: Wirtschaft, Frankfurt a.M. 1989, S. 248–293.
Barry Buzan/Ole Waever/Jaap de Wilde: Security: A New Framework for Analysis, Boulder 1998.
Berenice A. Carroll: Design for Total War. Arms and Economics in the Third Reich, Den Haag/Paris 1968.
Karl Carstens/D. Mahnke (Hg.): Westeuropäische Verteidigungskooperation, München/Wien 1972.
Elmar Caspar: Das Bundesamt für Wehrtechnik und Beschaffung und sein Geschäftsbereich, Bonn 1969.
Michael Checinski: The Warsaw Pact/COMECON and the Polish and Czechoslovak Military-Industrial Complex, in: Osteuropa-Wirtschaft 33,1 (1988), S. 37–56.
Bernhard Chiari/Magnus Pahl (Hg.): Auslandseinsätze der Bundeswehr, Paderborn u. a. 2010.
Paul Chilton/Christina Schäffner: Discourse and Politics, in: Teun van Dijk (Hg.): Discourse as Social Interaction, London 1997, S. 206–230.
Robert M. Collins: The Business Response to Keynes, 1929–1964, New York 1981.
Christoph Conrad/Martina Kessel (Hg.): Kultur & Geschichte. Neue Einblicke in eine alte Beziehung, Stuttgart 1998.
Eckart Conze: Die Suche nach Sicherheit. Eine Geschichte der Bundesrepublik Deutschland von 1949 bis in die Gegenwart, Berlin 2009.
Ders.: Sicherheit als Kultur: Überlegungen zu einer „modernen Politikgeschichte" der Bundesrepublik Deutschland, in: Vierteljahrshefte für Zeitgeschichte 53, 3 (2005), S. 357–380.
Werner Conze: Sicherheit, Schutz, in: Ders./Otto Brunner/Reinhard Koselleck (Hg.): Geschichtliche Grundbegriffe. Historisches Lexikon zur politisch-sozialen Sprache in Deutschland, Stuttgart 1984, Bd. 5, S. 831–862.
James S. Corum (Hg.): Rearming Germany, Leiden/Boston 2011.
Christoph Cornelissen: Die politische und kulturelle Repräsentation des Deutschen Reiches auf den Weltausstellungen des 19. Jahrhunderts, in: Geschichte in Wissenschaft und Unterricht 52 (2001), S. 148–161.
Bernard Cousin: Iconographie sérielle, statistique et historire des mentalités, in: Iconographie et histoire des mentalités, Paris 1979, S. 87–91.
Alain Croix: La Bretagne aux 16e et 17e siècles. La vie – la mort – la foi, 2 Bde., Paris 1983.

Ute Daniel (Hg.): Augenzeugen. Kriegsberichterstattung vom 18. zum 21. Jahrhundert, Göttingen 2006.
Dies.: Kompendium Kulturgeschichte. Theorien, Praxis, Schlüsselwörter, Frankfurt a.M. 5. Aufl. 2006.
Dies./Wolfram Siemann (Hg.): Propaganda, Meinungskampf, Verführung und politische Sinnstiftung 1789–1989, Frankfurt a.M. 1994.
Belinda Davis/Carla MacDougall/Wilfried Mausbach (Hg.): Changing the World, Changing Oneself. Political Protest and Collective Identities in West Germany and the U.S. in the 1960s and 1970s, New York 2010.
Lars Deile: Die Sozialgeschichte entlässt ihre Kinder. Ein Orientierungsversuch in der Debatte um Kulturgeschichte, in: Archiv für Kulturgeschichte 87 (2005), S. 1–25.
Simone Derix: Bebilderte Politik. Staatsbesuche in der Bundesrepublik Deutschland 1949–1990, Göttingen 2009.
Dies.: Gruppenbild mit Industrielandschaft: Wie Krupp die Bundesrepublik Deutschland bei Staatsbesuchen bebilderte, in: Johannes Paulmann (Hg.): Auswärtige Repräsentationen. Deutsche Kulturdiplomatie nach 1945, Köln u. a. 2005, S. 165–184.
Elena Dickert, Die Rolle der Auto Union AG bei der „Nutzbarmachung“ ausländischer Unternehmen. Auftragsverlagerungen in die besetzten Gebiete während des Zweiten Weltkrieges, in: ZUG 58, 1 (2013), S. 28–53.
Jeffry M. Diefendorf/Axel Frohn/Hermann-Josef Rupieper (Hg.): American Policy and the Reconstruction of West Germany 1945–1955, Cambridge u. a. 1993.
Daniel DiFalco/Peter Bär/Christian Pfister u. a. (Hg.): Bilder vom besseren Leben. Wie Werbung Geschichte erzählt, Bern u. a. 2002.
Teun van Dijk (Hg.): Discourse as Social Interaction, London 1997.
Christof Dipper/Wolfgang Schieder: Propaganda, in: Conze/Brunner u. a. (Hg.): Geschichtliche Grundbegriffe, Bd. 5, S. 69–112.
Una Dirks: The de-/construction of war in the international opinion-leading press: The case of Iraq, in: José M. Bernardo/Guillermo López/Pelegri Sancho (Hg.): Critical Discourse Analysis of the Mass Media, Valencia 2005 [masch. Manuskript].
Cordula Dittmer: Genderdimensionen des Waffengebrauchs, in: APuZ 64,35–37 (2014), S. 34–39.
Anselm Doering-Manteuffel: Nach dem Boom. Brüche und Kontinuitäten der Industriemoderne seit 1970, in: Vierteljahrshefte für Zeitgeschichte 55 (2007), S. 559–581.
Ders./Lutz Raphael: Nach dem Boom. Perspektiven auf die Zeitgeschichte seit 1970, 3. Aufl Göttingen 2012.
Dies.: Der Epochenbruch in den 1970er-Jahren. Thesen zur Phänomenologie und den Wirkungen des Strukturwandels „nach dem Boom“, in: Knud Andresen/Ursula Bitzegeio/Jürgen Mittag (Hg.): „Nach dem Strukturbruch“. Kontinuität und Wandel von Arbeitsbeziehungen und Arbeitswelt(en) seit den 1970er-Jahren, Bonn 2011, S. 25–40.
Martin Doerry/Hauke Janssen (Hg.): Die SPIEGEL-Affäre. Ein Skandal und seine Folgen, München 2013.
Jost Dülffer: Europa im Ost-West-Konflikt 1945–1991 (= Oldenbourg Grundriss der Geschichte 18), München 2004.
Ders.: Friedensbewegungen in der Bundesrepublik Deutschland 1945–2005. Ein knapper Versuch, in: Detlef Bald (Hg.): Schwellen überschreiten. Friedensarbeit und Friedensforschung. Festschrift für Dirk Heinrichs (Frieden und Krieg. Beiträge zur Historischen Friedensforschung 4), Essen 2005, S. 117–126.
Konrad Dussel: Hörfunk in Deutschland. Politik, Programm und Publikum, Potsdam 2002.
Ders.: Deutsche Rundfunkgeschichte. Eine Einführung, Konstanz 1999.
Erich Egg: Der Tiroler Geschützguss. 1400–1600 (= Tiroler Wirtschaftsstudien 9), Innsbruck 1961.

Christiane Eilders: Nachrichtenfaktoren und Rezeption. Eine empirische Analyse zur Auswahl und Verarbeitung politischer Information (Studien zur Kommunikationswissenschaft 20), Opladen 1991.

Karl-Peter Ellerbrock/Clemens Wischermann (Hg.): Die Wirtschaftsgeschichte vor der Herausforderung durch die New Institutional Economics (Untersuchungen zur Wirtschafts-, Sozial- und Technikgeschichte 24), Dortmund 2004.

Karl-Peter Ellerbrock: Signatur der Zeit. Visuelle Unternehmenskultur bei Hoesch in den „langen 1950er Jahren", in: Ders./Clemens Wischermann/Peter Borscheid (Hg.): Unternehmenskommunikation im 19. und 20. Jahrhundert. Neue Wege der Unternehmensgeschichte (Untersuchungen zur Wirtschafts-, Sozial- und Technikgeschichte 19), Dortmund 2000, S. 131–166.

Ders./Manfred Rasch et al. (Hg.): Industriefilm 1948–1959. Filme aus Wirtschaftsarchiven im Ruhrgebiet, Essen 2003.

Alexander Engel: Farben der Globalisierung. Die Entstehung moderner Märkte für Farbstoffe 1500–1900, Frankfurt a.M./New York 2009.

W. H. Engelhardt/B. Günter: Investitionsgütermarketing, Stuttgart u. a. 1981.

Bernt Engelmann: Das neue Schwarzbuch: Franz Josef Strauß, Köln 1980.

Ders.: Schützenpanzer HS 30, Starfighter F 104 G oder Wie man einen Staat zugrunde richtet, München 1967.

David C. Engerman: Ideology and the Origins of the Cold War, in: Melvyn P. Leffler/Odd Arne Westad (Hg.): The Cambridge History of the Cold War, Vol. I, Cambridge u. a. 2010, S. 20–43.

Michael Epkenhans: Kriegswaffen – Strategie, Einsatz, Wirkung, in: Rolf Spilker/Bernd Ulrich (Hg.): Der Tod als Maschinist. Der industrialisierte Krieg 1914–1918. Katalog zur Ausstellung des Museums Industriekultur, Bramsche 1998, S. 69–83.

Angelika Epple: Das Unternehmen Stollwerck. Eine Mikrogeschichte der Globalisierung, Frankfurt a.M./New York 2010.

Dies.: Wer nicht fühlen kann, muss sehen. Wirtschaftswerbung am Beginn des 20. Jahrhunderts, in: Gerhard Paul (Hg.): Das Jahrhundert der Bilder, Göttingen 2009, S. 84–92.

Dies.: Das Auge schmeckt Stollwerck. Die Bildsprache einer „Weltmarke" zwischen Imperialismus und Globalisierung, in: Globale Waren, Themenheft von Werkstatt Geschichte, 2007, Heft 1, S. 13–32.

Heinrich Ehrhardt: Hammerschläge, Leipzig 1922.

Paul Erker: "Externalisierungsmaschine" oder "Lizenznehmer der Gesellschaft"? Trends, Themen und Theorien in der jüngsten Unternehmensgeschichtsschreibung, in: Archiv für Sozialgeschichte 46 (2006), S. 605–658.

Ders.: „A new business history"? Neuere Ansätze und Entwicklungen in der Unternehmensgeschichte, in: AfS 2002, S. 557–604.

Ders.: Einleitung: Industrie-Eliten im 20. Jahrhundert, in: Ders./Toni Pierenkemper (Hg.): Deutsche Unternehmer zwischen Kriegswirtschaft und Wiederaufbau. Studien zur Erfahrungsbildung von Industrie-Eliten, München 1999, S. 1–18.

Ders.: „Amerikanisierung" der westdeutschen Wirtschaft? Stand und Perspektiven der Forschung, in: Konrad Jarausch/Hannes Siegrist (Hg.): Amerikanisierung und Sowjetisierung in Deutschland 1945–1970, Frankfurt a.M./New York 1997, S. 137–145.

Urte Evert: Soldatenbraut und Mannesehre. Geschlechtsspezifische Symbolisierungen und Zuordnungen militärischer Waffen, in: Klaus Latzel/Franka Maubach/Silke Satjukow (Hg.): Soldatinnen. Gewalt und Geschlecht im Krieg vom Mittelalter bis heute, Paderborn 2010, S. 65–94.

Stuart W. Ewen: Captains of Consciousness. Advertising and the Social Roots of Consumer Culture, New York 1976.

Jürgen W. Falter/Markus Klein: Der lange Weg der Grünen. Eine Partei zwischen Protest und Regierung, München 2003.
Werner Faulstich (Hg.): Die Kultur der Siebziger Jahre, München 2004.
Thomas Feicht/Markus Gutberlet: IC oder CI. Identity Communication oder Corporate Identity, in: Ulrike Röttger (Hg.): PR-Kampagnen. Über die Inszenierung von Öffentlichkeit. Opladen 1997, S. 223–229.
Andrew Feinstein: Waffenhandel. Das globale Geschäft mit dem Tod, Hamburg 2012 (engl. OA 2011).
Benjamin B. Ferencz: Lohn des Grauens. Die verweigerte Entschädigung für jüdische Zwangsarbeiter. Ein Kapitel deutscher Nachkriegsgeschichte, Frankfurt a.M./New York 1979.
Robert H. Ferrell: The Merchants of Death, Then and Now, in: Journal of International Affairs 26 (1972), S. 29–39.
Hans Fiebig: Die Geschichtlichkeit der Kunst und ihre Zeitlosigkeit. Eine historische Revision von Panofskys Philosophie der Kunstgeschichte, in: Roland Simon-Schaefer/Walther Ch. Zimmerli (Hg.): Wissenschaftstheorie der Geisteswissenschaften. Konzeptionen, Vorschläge, Entwürfe, Hamburg 1975, S. 141–161.
Martin Fiedler: Vertrauen ist gut, Kontrolle ist teuer. Vertrauen als Schlüsselkategorie wirtschaftlichen Handelns, in: Geschichte und Gesellschaft 2001, S. 576–592.
Patrick Fitzgerald: Rowntree and the Marketing Revolution, 1862–1969, Cambridge 1995.
Roger Ford: Panzer von 1916 bis heute, Erlangen o.J. [2000].
Michel Foucault: Schriften in vier Bänden. Dits et Ecrits, Bd. 1: 1954–1969, hg. v. Daniel Defert/ Francois Ewald, Frankfurt a.M. 2001.
Ders.: Die Ordnung des Diskurses, 6. Aufl. Frankfurt a. M. 2001.
Auguste Francotte/Claude Gaier/Robert Karlshausen: Ars Mechanica. Le grand livre de la FN, une aventure industrielle extraordinaire, Herstal 2008.
Daniel Frei/Peter Gaupp: Das Konzept „Sicherheit“. – Theoretische Aspekte, in: Klaus-Dieter Schwarz (Hg.): Sicherheitspolitik. Analysen zur politischen und militärischen Sicherheit, Bad Honnef 3. Aufl. 1981, S. 3–16.
Norbert Frei: Vergangenheitspolitik. Die Anfänge der Bundesrepublik und die NS-Vergangenheit, München 1996.
Ders. /Ralf Ahrens/Jörg Osterloh/Tim Schanetzky: Flick. Der Konzern, die Familie, die Macht, München 2009.
Ute Frevert (Hg.): Vertrauen – historische Annäherungen, Göttingen 2003.
Hauke Friederichs: Bombengeschäfte. Tod made in Germany, St. Pölten 2012.
Fritz Werner Werkzeugmaschinen AG: Gestern-Heute-Morgen, Berlin 1987.
Henner Fürtig: Das Haus Saud und die Wahhabiyya, in: APuZ 64,46 (2014), S. 3–11.
Lothar Gall (Hg.): Krupp im 20. Jahrhundert. Die Geschichte des Unternehmens vom Ersten Weltkrieg bis zur Gründung der Stiftung, Berlin 2002.
Johan Galtung: Frieden mit friedlichen Mitteln. Friede und Konflikt, Entwicklung und Kultur, Opladen 1998.
O. Gandenberger: Öffentliche Auftragsvergabe, in: HdWW Bd. 5, Stuttgart 1980, S. 405–412.
Jacques Gansler: The Defense Industry, Cambridge 1980.
Philipp Gassert/Reinhold Weber (Hg.), Mitarbeit von Maike Hausen: Filbinger, Wyhl und die RAF. Die Siegzigerjahre in Baden-Württemberg (Schriften zur politischen Landeskunde Baden-Württembergs 42), Stuttgart 2015.
Philipp Gassert: Die Entstehung eines neuen Umweltbewusstseins im Kalten Krieg, in: Bernd Greiner (Hg.): Das Erbe des Kalten Krieges, Hamburg 2013, S. 343–363.
Ders.: Did Transatlantic Drift Help European Integration? The Euromissiles Crisis, the Strategic Defense Initiative, and the Quest for Political Cooperation, in: Kiran Klaus Patel/Kenneth

Weisbrode (Hg.): European Integration and the Atlantic Community in the 1980s, New York 2013, S. 154–176.
Ders.: Arbeit am Konsens im Streit um den Frieden: Die Nuklearkrise der 1980er Jahre als Medium gesellschaftlicher Selbstverständigung, in: Archiv für Sozialgeschichte 52, 2012, S. 491–516.
Ders.: Popularität der Apokalypse: Überlegungen zu einer Kulturgeschichte der Nuklearangst seit 1945, in: Johannes Piepenbrink (Hg.): Das Ende des Atomzeitalters, Bonn 2012, S. 126–141.
Ders.: The Specter of Americanization: Western Europe in the American Century, in: Dan Stone (Hg.): Oxford Handbook of Postwar European History, Oxford 2012, S. 182–200.
Ders.: Popularität der Apokalypse: Zur Nuklearangst seit 1945, in: APuZ 61,46–47 (2011), S. 48–54.
Ders.: Anti-Amerikaner? Die deutsche Neue Linke und die USA, in: Jan C. Behrends/Árpád von Klimo/Patrice G. Poutrus (Hg.): Anti-Amerikanismus im 20. Jahrhundert: Studien zu Ost- und Westeuropa, Bonn 2005, S. 250–267.
Ders./Christoph Becker-Schaum/Martin Klimke/Wilfried Mausbach/Marianne Zepp (Hg.): „Entrüstet Euch!" Nuklearkrise, NATO-Doppelbeschluss und Friedensbewegung, Paderborn 2012.
Philipp Gassert/Tim Geiger/Hermann Wentker (Hg.): Zweiter Kalter Krieg und Friedensbewegung. Der NATO-Doppelbeschluss in deutsch-deutscher und internationaler Perspektive, München 2011.
Clifford Geertz: Dichte Beschreibung: Beiträge zum Verstehen kultureller Systeme, Frankfurt a. M. 2002 (OA 1973).
Erhard Geißler: Biologische Waffen – nicht in Hitlers Arsenalen, Münster 1988.
Barbara Gerstein: Art. Pohle, Wolfgang, in: Neue Deutsche Biographie 20 (2001), S. 587 f. (Onlinefassung: URL: http://www.deutsche-biographie.de/pnd124953921.html).
Geschichtsbilder: 46. Deutscher Historikertag in Konstanz September 2006, Berichtsband, Konstanz 2007.
Michael Geyer: Cold War Angst: The Case of West-German Opposition to Rearmament and Nuclear Weapons, in: Hanna Schissler (Hg.): The Miracle Years. A Cultural History of West Germany, 1949–1968, Princeton 2001, S. 376–408.
Ders.: Deutsche Rüstungspolitik 1890–1980, Frankfurt a.M. 1981.
Jessica C. E. Gienow-Hecht: Culture and the Cold War In Europe, in: Melvyn P. Leffler/Odd Arne Westad (Hg.): The Cambridge History of the Cold War, Vol. I, Cambridge u. a. 2010, S. 398–419.
Klaus Gietinger: Der Konterrevolutionär. Waldemar Pabst – eine deutsche Karriere, Hamburg 2009.
Gert-Joachim Glaeßner: Sicherheit und Freiheit, in: APuZ B 10–11/2002, S. 3–13.
Ders./Astrid Lorenz (Hg.): Europäisierung der inneren Sicherheit. Eine vergleichende Untersuchung am Beispiel von organisierter Kriminalität und Terrorismus, Wiesbaden 2005.
Manfred Görtemaker/Gerhard Wettig (Hg.): USA – UdSSR: Dokumente zur Sicherheitspolitik, Opladen 1987.
Erving Goffman, Geschlecht und Werbung, Frankfurt a.M. 1983.
Ders.: Frame Analysis. An Essay on the Organization of Experience, New York 1974.
Claudia D. Goldin: War, in: Encyclopedia of American Economic History. Studies of the Principal Movements and Ideas, hg. v. Glenn Porter (EAEH), Bd. 3, New York 1980, S. 935–957.
Steven M. Gorelick: Oil Panic and the Global Crisis. Predictions and Myths, Hoboken u. a. 2009.
Stefan Gose, ILA 2000: Öffentlichkeit bezahlt zweitklassige Rüstungsmesse, in: ami 6/00, S. 21–25.
Jürgen Grässlin: Schwarzbuch Waffenhandel. Wie Deutschland am Krieg verdient, München 2013.
Rüdiger Graf: Making Use of the "Oil Weapon". Western Industrial Countries and Arab Petropolitics in 1973/74, in: Diplomatic History 36.1 (2012), 185–208.

Ders.: Das Petroknowledge des Kalten Krieges, in: Tim B. Müller/Bernd Greiner (Hg.): Macht und Geist im Kalten Krieg, Hamburg 2011, S. 201–222.

Ders.: Gefährdungen der Energiesicherheit und die Angst vor der Angst. Westliche Industrieländer und das arabische Ölembargo 1973/74, in: Patrick Bormann/Thomas Freiberger/Judith Michel (Hg.): Angst in den internationalen Beziehungen, Göttingen/Bonn 2010, S. 73–92.

Ders.: Between National and Human Security: Energy Security in the United States and Western Europe in the 1970s, in: Historical Social Research 35.4 (2010), S. 329–348.

Ders.: Die Grenzen des Wachstums und die Grenzen des Staates. Konservative und die ökologischen Bedrohungsszenarien der frühen 1970er Jahre, in: Dominik Geppert/Jens Hacke (Hg.): Streit um den Staat. Intellektuelle Debatten in der Bundesrepublik, Göttingen 2008, S. 207–228.

Mark Granovetter: Economic Action and Social Structure. The Problem of Embeddedness, in: American Journal of Sociology 91 (1985), S. 481–510.

Ders.: The Strength of Weak Ties, in: American Journal of Sociology 78,6 (1973), S. 1360–1380.

Victoria de Grazia: Irresistible Empire. America's Advance through 20th-Century Europe, Cambridge, Mass./London 2005.

Bernd Greiner/Tim B. Müller/Klaas Voß (Hg.): Erbe des Kalten Krieges (Studien zum Kalten Krieg 6), Hamburg 2013.

Bernd Greiner/Christian Th. Müller/Claudia Weber (Hg.): Ökonomie im Kalten Krieg (Studien zum Kalten Krieg 4), Hamburg 2010.

Bernd Greiner/Christian Th. Müller/Dierk Walter (Hg.): Angst im Kalten Krieg (Studien zum Kalten Krieg 3), Hamburg 2009.

Dies. (Hg.): Krisen im Kalten Krieg (Studien zum Kalten Krieg 2), Hamburg 2008.

Dies. (Hg.): Heiße Kriege im Kalten Krieg (Studien zum Kalten Krieg 1), Hamburg 2006.

Bernd Greiner: Antikommunismus, Angst und Kalter Krieg, in: APuZ 61,51–52, S. 44–49.

Ders.: Krieg ohne Fronten. Die USA in Vietnam, Hamburg 2007.

Christian Greiner: Die Dienststelle Blank. Regierungspraxis bei der Vorbereitung des deutschen Verteidigungsbeitrages von 1950–1955, in: MGM 17 (1975), S. 99–124.

Ders./Klaus A. Maier/Heinz Rebhan: Die NATO als Militärallianz (Entstehung und Probleme des Atlantischen Bündnisses, Bd. 4), München 2003.

Die Grenzen des Wachstums. Bericht des Club of Rome zur Lage der Menschheit. Aus dem Amerikanischen von Hans-Dieter Heck, Stuttgart 1972 und Reinbek 1973.

Rainer Gries: Produkte als Medien. Kulturgeschichte der Produktkommunikation in der Bundesrepublik und der DDR, Leipzig 2003.

Ders./Volker Ilgen/Dirk Schindelbeck (Hg.): „Ins Gehirn der Masse kriechen!" Werbung und Mentalitätsgeschichte, Darmstadt 1995.

Dies.: Hans Domizlaff, eines Werbeberaters Geschichte, in: Dies.: „Ins Gehirn der Masse kriechen!" Werbung und Mentalitätsgeschichte, Darmstadt 1995, S. 45–73.

Gerhard P. Gross: Art. Dicke Bertha, in: Gerhard Hirschfeld/Gerd Krumeich/Irina Renz (Hg.): Enzyklopädie Erster Weltkrieg, Paderborn 2003, S. 440 f.

Thomas Großbölting: Im Reich der Arbeit. Die Repräsentation gesellschaftlicher Ordnung in Industrie- und Gewerbeausstellungen 1790–1913, München 2008.

Timothy W. Guinnane: Trust: A Concept Too Many, in: Jahrbuch für Wirtschaftsgeschichte (JWG) 2005/1, S. 77–92.

Th. M. Gunther: Die Verbreitung der Fotografie. Presse, Werbung und Verlagswesen, in: M. Frizot (Hg.): Neue Geschichte der Fotografie, Köln 1998 (OA Paris 1994), S. 555–580.

Stefan Haas: Sinndiskurse in der Konsumkultur. Die Geschichte der Wirtschaftswerbung von der ständischen bis zur postmodernen Gesellschaft, in: Michael Prinz (Hg.): Der lange Weg in den

Überfluss. Anfänge und Entwicklung der Konsumgesellschaft seit der Vormoderne, Paderborn u. a. 2003, S. 291–314.

Ders.: Die neue Welt der Bilder. Werbung und visuelle Kultur der Moderne, in: Peter Borscheid/Clemens Wischermann (Hg.): Bilderwelt des Alltags. Werbung und Konsumgesellschaft des 19. und 20. Jahrhunderts, Stuttgart 1995, S. 64–77.

Mary R. Habeck: Die Technik im Ersten Weltkrieg – von unten gesehen in: Dies./Geoffrey Parker/Jay Winter (Hg.): Der Erste Weltkrieg und das 20. Jahrhundert, Hamburg 2002, S. 101–132.

Jürgen Habermas: Strukturwandel der Öffentlichkeit. Untersuchungen zu einer Kategorie der bürgerlichen Gesellschaft, Neuwied, Berlin 1962, NA Frankfurt a.M. 1990.

D. Hacker: Profis und Amateure (1974), in: Wolfgang Kemp (Hg.): Theorie der Fotografie III 1945–1980, München 1999 (1. Aufl. 1983), S. 191–204.

Georg M. Hafner/Edmund Jacoby (Hg.): Die Skandale der Republik, Hamburg 1990.

Helga Haftendorn: Sicherheit und Stabilität. Außenbeziehungen der Bundesrepublik zwischen Ölkrise und NATO-Doppelbeschluß, München 1986.

Dies.: Das doppelte Missverständnis. Zur Vorgeschichte des NATO-Doppelbeschlusses von 1979, in: VfZ 33 (1985), S. 244–287.

Dies.: Sicherheit und Entspannung. Zur Außenpolitik der Bundesrepublik Deutschland 1955–1982, Baden-Baden 1983.

Dies.: Militärhilfe und Rüstungsexporte der BRD, Düsseldorf 1971.

Morton Halperin/Jacob A. Stockfisch/Murray L. Weidenbaum: The Political Economy of the Military-Industrial Complex, Berkeley 1973.

Helmut R. Hammerich/Dieter H. Kollmer/Martin Rink/Rudolf J. Schlaffer u. a.: Das Heer 1950 bis 1970 (Sicherheitspolitik und Streitkräfte der Bundesrepublik Deutschland, Bd. 3), München 2006.

Helmut R. Hammerich/Rudolf J. Schlaffer (Hg.): Militärische Aufbaugenerationen der Bundeswehr 1955 bis 1970. Ausgewählte Biografien, München 2011.

P. Hammann/W. Lohrberg: Beschaffungsmarketing, Stuttgart 1985.

Reinhardt Hanf: Veröffentlichte Jahresabschlüsse von Unternehmen im deutschen Kaiserreich. Bedeutung und Aussagewert für wirtschaftshistorische Analysen, in: Zeitschrift für Unternehmensgeschichte 23 (1978), S. 145–172.

Ernst Willi Hansen: Reichswehr und Rüstungsindustrie. Rüstungswirtschaftliche Zusammenarbeit und wirtschaftliche Mobilmachungsvorbereitungen 1923–1932, Boppard 1978.

Jan Hansen: Zwischen Staat und Straße. Der Nachrüstungsstreit in der deutschen Sozialdemokratie (1979–1983), in: AfS 52 (2012), S. 517–553.

Niels Hansen: Geheimvorhaben „Frank/Kol“. Zur deutsch-israelischen Rüstungszusammenarbeit 1957–1965, in: Historisch-politische Mitteilungen 6 (1999), S. 229–264.

Gerd Hardach: Der Marshall-Plan. Auslandshilfe und Wiederaufbau in Westdeutschland 1948–1952, München 1994.

Ders.: Der Marshall-Plan in Deutschland 1947–1952, in: Dietmar Petzina (Hg.): Ordnungspolitische Weichenstellungen nach dem Zweiten Weltkrieg, Berlin 1991, S. 67–100.

Stephen Hart/Russell Hart: Deutsche Panzer im Zweiten Weltkrieg, Bindlach 1998.

Corinna Hauswedell: Erweiterte Sicherheit und militärische Entgrenzung, in: Blätter für deutsche und internationale Politik 51, 6 (2006), S. 723–732.

Dies.: Friedenswissenschaften im *Kalten Krieg*. Friedensforschung und friedenswissenschaftliche Initiativen in der Bundesrepublik Deutschland in den achtziger Jahren, Baden-Baden 1998.

Renate Heidt: Erwin Panofsky – Kunsttheorie und Einzelwerk, Köln/Wien 1977.

Peer Heinelt: „PR-Päpste“. Die kontinuierlichen Karrieren von Carl Hundhausen, Albert Oeckl und Franz Ronneberger, Berlin 2003, zugl. Diss. rer. pol. Marburg.

Bruno Heini: Public Relations. Die Vertrauenswerbung der Privatunternehmung. Mit besonderer Berücksichtigung amerikanischer Auffassungen und Methoden, Winterthur 1960.
Martin Held (Hg.): Reputation und Vertrauen, Marburg 2005.
Klaus-Dieter Henke: Die amerikanische Besetzung Deutschlands, München 1995.
Karl Bernd Heppe: Die Industrie- und Gewerbe-Ausstellung von Rheinland, Westfalen und benachbarten Bezirken, verbunden mit einer deutsch-nationalen Kunstausstellung in Düsseldorf, in: Andreas Kuntze (Hg.): Aspekte der Düsseldorfer Industrie 1831–1981, Textband, Düsseldorf 1981, S. 98–113.
Ulrich Herbert: Best. Biographische Studien über Radikalismus, Weltanschauung und Vernunft 1903–1989, Bonn 1996.
Ders.: „Generation der Sachlichkeit". Die völkische Studentenbewegung der frühen zwanziger Jahre, in: ders.: Arbeit, Volkstum, Weltanschauung. Über Fremde und Deutsche im 20. Jahrhundert, Frankfurt a.M. 1995, S. 234–242.
Nicolai O. Herbrand/Stefan Röhrig (Hg.): Die Bedeutung der Tradition für die Markenkommunikation. Konzepte und Instrumente zur ganzheitlichen Ausschöpfung des Erfolgspotenzials Markenhistorie, Stuttgart 2006.
Jan-Otmar Hesse: Medienunternehmen in der deutschen Unternehmensgeschichte, in: Knut Hickethier (Hg.): Mediengeschichte als Unternehmensgeschichte. Überlegungen zu einem neuen Paradigma (Hamburger Hefte zur Medienkultur 03), Hamburg 2006, S. 29–38 (auch abgedruckt in akkumulation 23/2006, S. 1–8).
Ders.: Intentionalisten und Funktionalisten in der Unternehmensgeschichte, in: akkumulation 17/2003, S. 1–6.
Ders./Christian Kleinschmidt/Karl Lauschke (Hg.): Kulturalismus. Neue Institutionenökonomik oder Theorienvielfalt (Bochumer Schriften zur Unternehmens- und Industriegeschichte 9), Essen 2002.
Martina Heßler: Bilder zwischen Kunst und Wissenschaft. Neue Herausforderungen für die Forschung, in: GG 31 (2005), S. 266–291.
Rudolf Hickel: Eine Kaderschmiede bundesrepublikanischer Restauration. Ideologie und Praxis der Harzburger Akademie für Führungskräfte der Wirtschaft, in: M. Greiffenhagen (Hg.): Der neue Konservativismus der siebziger Jahre, Reinbek 1974, S. 108–154.
Knut Hickethier: Geschichte des deutschen Fernsehens, Stuttgart/Weimar 1998.
Robert Higgs: Introduction, in: Ders. (Hg.): Arms, Politics, and the Economy: Historical and Contemporary Perspectives, Oakland 1990.
Susanne Hilger: Die „Amerikanisierung" deutscher Unternehmen. Wettbewerbsstrategien und Unternehmenspolitik bei Henkel, Siemens und Daimler Benz 1945–1975 (Beihefte zur VSWG 173), Stuttgart 2004, zugl. Habil. Schr. Erlangen-Nürnberg.
Gerulf Hirt: Verkannte Propheten? Zur Diskrepanz zwischen Status und Einfluss der Gründergeneration deutscher Werber in der westdeutschen Werbewirtschaft 1945 bis 1966/67, in: ZUG 56,1 (2011), S. 48–74.
Christina von Hodenberg: Konsens und Krise. Eine Geschichte der westdeutschen Medienöffentlichkeit, 1945–1973, Göttingen 2006.
Karlheinz Höfner: Die Aufrüstung Westdeutschlands. Willensbildung, Entscheidungsprozesse und Spielräume westdeutscher Politik 1945–1950, München 1990, S. 181–259.
Peter Hoeres: Von der „Tendenzwende" zur „geistig-moralischen Wende". Konstruktion und Kritik konservativer Signaturen in den 1970er und 1980er Jahren, in: VfZ 1/2013, S. 93–119.
Lutz Hoeth: Die Wiederbewaffnung Deutschlands in den Jahren 1945–1958 und die Haltung der Evangelischen Kirche, o.O. [Books on demand] 2008.
Jens Hohensee: Der erste Ölpreisschock 1973/74. Die politischen und gesellschaftlichen Auswirkungen der arabischen Erdölpolitik auf die Bundesrepublik Deutschland und Westeuropa, Stuttgart 1996.

Alice Holmes Cooper: Paradoxes of Peace. German Peace Movements since 1945, Ann Arbor 1996.
Douglas B. Holt: How Brands Become Icons. The Principles of Cultural Branding, Boston, Mass. 2004.
Carl-Ludwig Holtfrerich (Hg.): Economic and Strategic Issues in U.S. Foreign Policy, Berlin/New York 1989.
Heidrun Homburg: Werbung – „eine Kunst, die gelernt sein will". Aufbrüche in eine neue Warenwelt 1750–1850, in: Jahrbuch für Wirtschaftsgeschichte 1997/II, S. 11–52.
Kai F. Huenemoerder: Die Frühgeschichte der globalen Umweltkrise und die Formierung der deutschen Umweltpolitik (1950–1973), Stuttgart 2004.
Peter Hug: Schweizer Rüstungsindustrie und Kriegsmaterialhandel zur Zeit des Nationalsozialismus, Zürich 2002.
Hartwig Hummel: Rüstungsexportbeschränkungen in Japan und der Bundesrepublik Deutschland, Hamburg/Münster 1991.
Ders.: Der neue Westen. Der Handelskonflikt zwischen den USA und Japan und die Integration der westlichen Gemeinschaft, Münster 2000, zugl. Habil. Braunschweig 1999.
Samuel Hynes: The Soldier's Tale: Bearing Witness to Modern War, New York 1997.
Volker Ilgen: „Wachsamkeit ist der Preis der Freiheit". Wie man den Bürgern die NATO verkaufte, in: Gries/Ilgen/Schindelbeck: „In's Gehirn der Masse kriechen!", S. 125–151.
Konstantin Ingenkamp: Werbung und Gesellschaft: Hintergründe und Kritik der kulturwissenschaftlichen Reflexion von Werbung, Frankfurt am Main 1996, zugl. Diss. FU Berlin 1995.
Hans G. Jaeger: Wirtschaftliche Auswirkungen der Verteidigungsausgaben. Ein Problembeitrag am Beispiel der Bundesrepublik Deutschland, der Vereinigten Staaten von Amerika und Großbritanniens, Diss. Darmstadt 1967.
Hans Jäger: Unternehmensgeschichte in Deutschland seit 1945, in: Geschichte und Gesellschaft 18 (1992), S. 107–132.
Jens Jäger: Geschichtswissenschaft, in: Klaus Sachs-Hombach (Hg.): Bildwissenschaft. Frankfurt a. M. 2005, S. 185–195.
Ders./Martin Knauer: Historische Bildforschung oder 'Iconic Turn' – das ungeklärte Verhältnis der Geschichtswissenschaft zu Bildern, in: Nicole Wachter/Elke Huwiler (Hg.): Integration des Widerläufigen, Hamburg 2004, S. 211–221.
Ders./Jens Baumgarten/Martin Knauer (Hg.): Der Krieg im Bild – Bilder vom Krieg, Frankfurt a. M. 2003.
Ders.: Photographie: Bilder der Neuzeit, Tübingen 2000.
Siegfried Jäger: Kritische Diskursanalyse. Eine Einführung, Duisburg 2001.
Uli Jäger/Wolfgang Schwegler-Rohmeis/Wolfgang Berger: Rüstung ohne Grenzen? Die bundesdeutsche Rüstungsexportpolitik und die Militarisierung der Welt. Ein Hand- und Materialienbuch, Tübingen 1989.
Daniel Jahn: Banal militarism und Privatfernsehen, masch. Master-Thesis Hagen 2009.
Jahrbuch für Friedens- und Konfliktforschung Band 6, Frankfurt a.M. 1976.
Christian Jansen (Hg.): Der Bürger als Soldat. Die Militarisierung europäischer Gesellschaften im langen 19. Jahrhundert: ein internationaler Vergleich, Essen 2004.
Konrad H. Jarausch: Krise oder Aufbruch? Historische Annäherungen an die 1970er Jahre, in: Zeithistorische Forschungen 3 (2006), S. 334–341.
Yeshayahu A. Jelinek: Zwischen Moral und Realpolitik. Deutsch-israelische Beziehungen 1954–1965, Göttingen 1997.
Johann Jirasek/Rosemarie Münzel: Marktorientierte Unternehmensführung. Erfahrungen aus der amerikanischen Praxis, Stuttgart 1962.

Hervé Joly: Kontinuität und Diskontinuität der industriellen Elite nach 1945, in: Dieter Ziegler (Hg.): Großbürger und Unternehmer. Die deutsche Wirtschaftselite im 20. Jahrhundert, Göttingen 2000, S. 54–72.
D.G. Brian Jones/Alan J. Richardson: The Myth of the Marketing Revolution, in: Journal of Macromarketing 1 (2007), S. 15–24.
Tony Judt: Postwar. A History of Europe since 1945, London 2007.
Rüdiger Jungbluth: Die Quandts. Ihr leiser Aufstieg zur mächtigsten Wirtschaftsdynastie Deutschlands, 4. Aufl. Bergisch Gladbach 2006.
Hartmut Kaelble: Kalter Krieg und Wohlfahrtsstaat: Europa 1945–1989, München 2011.
Ders. (Hg.): Der Boom 1948–1973. Gesellschaftliche und wirtschaftliche Folgen in der Bundesrepublik Deutschland und in Europa, Opladen 1992.
Markus Kaim: Israels Sicherheit als deutsche Staatsräson, in: APuZ 65,6 (2015), S. 8–13.
Mary Kaldor: The Weapons Succession Process, in: World Politics 38,4 (1986), S. 577–595.
Ekkehard Kämmerling (Hg.): Ikonographie und Ikonologie. Theorien – Entwicklung – Probleme. Bildende Kunst als Zeichensystem, Bd. 1, Köln 1979.
Rainer Karlsch/Jochen Laufer (Hg.): Sowjetische Demontagen in Deutschland 1944–1949. Hintergründe, Ziele und Wirkungen, unter Mitarbeit von Friederike Sattler, Berlin 2002.
Peter Karmann: Militärhilfe der Bundesrepublik Deutschland in Afrika, München 1988.
Franz-Xaver Kaufmann: Sicherheit als soziologisches und sozialpolitisches Problem. Untersuchungen zu einer Wertidee hochdifferenzierter Gesellschaften, Stuttgart 1970, 2. Aufl. 1973.
William W. Kaufman: The McNamara Strategy, New York/London 1964.
Kevin Lane Keller/Philip Kotler: Marketing Management, Upper Saddle River 2006.
Reiner Keller: Wissen oder Sprache? Für eine wissensanalytische Profilierung der Diskursforschung, in: Franz X. Eder (Hg.): Historische Diskursanalysen. Genealogie, Theorie, Anwendungen, Wiesbaden 2006, S. 51–69.
Thomas Keller: Unternehmungsführung mit Holdingkonzepten, Köln 2. Aufl. 1993.
Wolfgang Kemp: Kunstwerk und Betrachter. Der rezeptionsästhetische Ansatz, in: Hans Belting u. a. (Hg.): Kunstgeschichte. Eine Einführung, 3. erw. Aufl. Berlin 1988, S. 240–257.
Ders. (Hg.): Der Betrachter ist im Bild. Kunstwissenschaft und Rezeptionsästhetik, Köln 1985.
M. S. Kendrick: A Century and a Half of Federal Expenditures, New York u. a. 1955.
Gavin Kennedy: Defense Economics, London 1983.
Stefanie van de Kerkhof: Rüstungsexporte in Spannungsgebiete – Die Außenwirtschaftsbeziehungen westdeutscher Waffenhersteller zum Nahen Osten, in: Christian Kleinschmidt/Dieter Ziegler (Hg.): Dekolonisierungsgewinner. Deutsche Außenpolitik und Außenwirtschaftsbeziehungen im Zeitalter des Kalten Krieges, Berlin 2018, S. 103–126.
Dies.: Militärfachzeitschriften als Quellen einer Marketinggeschichte der europäischen Rüstungsindustrie im Kalten Krieg, in: Markus Pöhlmann (Hg.): Militärfachzeitschriften im 20. Jahrhundert (Potsdamer Schriften zur Militärgeschichte), Paderborn 2012, S. 71–91.
Dies.: Public-Private Partnership im Ersten Weltkrieg? Kriegsgesellschaften in der schwerindustriellen Kriegswirtschaft des Deutschen Reiches, in: Hartmut Berghoff/Jürgen Kocka/Dieter Ziegler (Hg.): Wirtschaft im Zeitalter der Extreme. Beiträge zur Unternehmensgeschichte Deutschlands und Österreichs. Im Gedenken an Gerald D. Feldman (Schriftenreihe zur Zeitschrift für Unternehmensgeschichte 20), München 2010, S. 106–132.
Dies.: Auf dem Weg vom Konzern zum Netzwerk? Organisationsstruktur der Rheinmetall Berlin AG im Kalten Krieg, 1956–1989, in: Morten Reitmayer/Ruth Rosenberger (Hg.): Unternehmen am Ende des ‚goldenen Zeitalters'. Die 1970er Jahre als Gegenstand der Unternehmens- und Wirtschaftsgeschichte, Essen 2008, S. 67–89.

Dies.: "It's good to have a reliable navy!" – Zur Rolle von Vertrauen und Sicherheit im Marketing deutscher Rüstungsunternehmen, in: Christian Hillen (Hg.): „Mit Gott!“ Zum Verhältnis von Vertrauen und Wirtschaftsgeschichte, Köln 2007, S. 107–124.
Dies.: Werbung für Waffen. Marketingstrategien deutscher Rüstungsunternehmen, in: W & F 2006/1, S. 36–39.
Dies: Krieg als Unternehmenskrise? Wahrnehmung und Verhalten schwerindustrieller Unternehmer und Manager im Ersten Weltkrieg und in der Nachkriegszeit, in: Jahrbuch für Wirtschaftsgeschichte 2/2006, S. 31–61.
Dies.: How to sell Weapons – How to Analyse Marketing Strategies. International Fairs and Communication Policy of Arm Producers in the 19th and 20th Century, Conference Paper, 9th Conference of the European Business History Association "Corporate Images – Images of the Corporation", Johann-Wolfgang-Goethe-University, Frankfurt am Main, 1.–3. September 2005, posted on http://www.unternehmensgeschichte.de/ebha2005/.
Dies.: Von der Friedens- zur Kriegswirtschaft. Unternehmensstrategien der deutschen Eisen- und Stahlindustrie vom Kaiserreich bis zum Ende des Ersten Weltkrieges (Bochumer Schriften zur Unternehmens- und Industriegeschichte, Bd. 15), Essen 2006, zugl. Diss. Köln 2004.
Dies.: Rüstungsindustrie und Kriegswirtschaft, in: Thomas Kühne/Benjamin Ziemann (Hg.): Was ist Militärgeschichte?, Paderborn 2000, S. 175–194.
Dies.: Der „Military-Industrial Complex" in den USA, in: JWG 1999/1, S. 103–134.
Manfred Kersten/Walter Schmid: HK Heckler & Koch. Die offizielle Geschichte der Oberndorfer Firma Heckler & Koch. Einblicke in die Historie – Beschreibung der Waffenmodelle – Darstellung der Technik, Wuppertal 1999.
Michael Kidron: Rüstung und wirtschaftliches Wachstum. Ein Essay über den westlichen Kapitalismus nach 1945, Frankfurt 1971.
Alfred Kieser: Moden und Mythen des Organisierens, in: Die Betriebswirtschaft 56,1 (1996), S. 21–39.
Hans Werner Kilz/Joachim Preuss: Flick. Die gekaufte Republik, Reinbek 1983.
Mathias Kipping: American Management Consulting Companies in Western Europe 1920 to 1990: Products, Reputation, and Relationships, in: Business History Review 73,2 (1999), S. 190–220.
Ders.: The hidden Business Schools. Management Training in Germany since 1945, in: V. Zamagni/L. Engwall (Hg.): Management Education in Historical Perspective, Manchester/New York 1998, S. 95–110.
Ders.: Consultancies, Institutions and the Diffusion of Taylorism in Britain, Germany and France 1920s to 1950s, in: Business History 39 (1997), S. 67–83.
Ders./Ove Bjarnar (Hg.): The Americanization of European Business. The Marshall Plan and the Transfer of US Management Models, London/New York 1998.
Günter Kirchhoff: Betriebswirtschaftliche Sicht der Rüstungsproduktion und der militärisch-industriellen Zusammenarbeit, in: Philipp Sonntag (Hg.): Rüstung und Ökonomie (Arnoldshainer Schriften zur interdisziplinären Ökonomie 5), Frankfurt a.M. 1982, S. 48–63.
Werner Kirsch/Michael Kutschke: Das Marketing von Investitionsgütern, Wiesbaden 1978.
Manfred Kittel: Nach Nürnberg. „Vergangenheitsbewältigung“ in Japan und Westdeutschland 1945 bis 1968, München 2004.
Gert von Klass: Die drei Ringe. Lebensgeschichte eines Industrieunternehmens, Tübingen 1953.
Ernst Klee: Das Personenlexikon zum Dritten Reich, Wer war was vor und nach 1945, Frankfurt a.M. 2003.
Christian Kleinschmidt: Von der Autarkie zur Weltwirtschaft. „Werbung um öffentliches Vertrauen“ am Beispiel von I. G. Farben-Nachfolgeunternehmen, in: Werner Abelshauser u. a. (Hg.): Wirtschaftsordnung, Staat und Unternehmen. Neue Forschungen zur Wirtschaftsgeschichte

des Nationalsozialismus: Festschrift für Dietmar Petzina zum 65. Geburtstag, Essen 2003, S. 205–219.
Ders.: Der produktive Blick. Wahrnehmung amerikanischer und japanischer Management- und Produktionsmethoden durch deutsche Unternehmer 1950–1985 (Jahrbuch für Wirtschaftsgeschichte Beihefte 1), Berlin 2002, zugl. Habil. Bochum.
Christian Kleinschmidt/Florian Triebel (Hg.): Marketing. Historische Aspekt der Wettbewerbs- und Absatzpolitik (Bochumer Schriften zur Unternehmens- und Industriegeschichte 13), Bochum 2004.
Christian Kleinschmidt/Dieter Ziegler (Hg.): Dekolonisierungsgewinner. Deutsche Außenpolitik und Außenwirtschaftsbeziehungen im Zeitalter des Kalten Krieges, Berlin 2018.
Susanne Knabe: Firmenjubiläen. Geschichtsbewußtsein deutscher Unternehmen 1846 bis 1997, Diss. LMU München 2004.
Frank H. Knight: Risk, Uncertainty and Profit, New York 1921.
Hartmut Knittel: Panzerfertigung im Zweiten Weltkrieg. Industrieproduktion für die deutsche Wehrmacht, Herford 1988.
Habbo Knoch: Die Tat als Bild. Fotografien des Holocaust in der deutschen Erinnerungskultur, Hamburg 2001.
Martina Köchling: Demontagepolitik und Wiederaufbau in Nordrhein-Westfalen, Essen 1995.
Paul A. Koistinen: The Military-Industrial Complex, New York 1980.
Wolfgang König: Geschichte der Konsumgesellschaft, Stuttgart 2000, S. 394–406.
Ingo Köhler: Overcoming Stagflation. Innovative Product Policy and Marketing in the German Automobile Industry of the 1970s, in: Business History Review 84 (2010), S. 53–78.
Ders.: Marketingmanagement als Strukturmodell. Der organisatorische Wandel in der deutschen Automobilindustrie der 1960er bis 1980er Jahre, in: ZUG 53,2 (2008), S. 216–239.
Ders.: Marketing als Krisenstrategie. Die deutsche Automobilindustrie und die Herausforderungen der 1970er Jahre, in: Hartmut Berghoff (Hg.): Marketinggeschichte. Die Genese einer modernen Sozialtechnik, Frankfurt a.M./New York 2007, S. 259–295.
Lutz Köllner/Raimund Grafe u. a.: Rüstung und Entwicklung. Politische, wirtschaftliche und finanzielle Voraussetzungen und Folgen in Entwicklungsländern, München u. a. 1986.
Lutz Köllner: Militär und Finanzen. Zur Finanzgeschichte und Finanzsoziologie von Militärausgaben in Deutschland, München 1982.
Ders.: Militärausgaben und Militärstruktur in Deutschland, München 1980.
Manuel Köppen: Das Entsetzen des Beobachters. Krieg und Medien im 19. und 20. Jahrhundert, Heidelberg 2005.
Dieter H. Kollmer (Hg.): Militärisch-Industrieller Komplex? Rüstung in Europa und Nordamerika nach dem Zweiten Weltkrieg. Freiburg 2015.
Ders.: Power, Preferences or Ideas? Explaining Germany's Arms Strategy, 1955–1972, in: Journal of Cold War Studies 15, 4 (2013), S. 55–103 (gem. mit Michael Creswell).
Ders.: Rüstungsgüterbeschaffung in der Aufbauphase der Bundeswehr. Der Schützenpanzer HS 30 als Fallbeispiel (1953–1961) (Beiträge zur Wirtschafts- und Sozialgeschichte 93), Stuttgart 2002.
William E. Kovacic: The Sorcerer's Apprentice: Public Regulation of the Weapons Acqusition Process, in: Robert Higgs (Hg.): Arms, Politics, and the Economy: Historical and Contemporary Perspectives, Oakland 1990, S. 104–131.
Peter Kratz: Rechte Genossen. Neokonservativismus in der SPD, Berlin 1995.
Gert Krell (Hg.): Die Rüstung der USA: gesellschaftliche Interessen und politische Entscheidungen, Baden-Baden 1981.
Winfried Kretschmer: Geschichte der Weltausstellungen, Frankfurt/New York 1999.
Bernhard R. Kroener: Militär, Staat und Gesellschaft im 20. Jahrhundert (1890–1990), München 2011.

Evelyn Kroker: Die Weltausstellungen im 19. Jahrhundert. Industrieller Leistungsnachweis, Konkurrenzverhalten und Kommunikationsfunktion unter Berücksichtigung des Ruhrgebietes zwischen 1851 und 1880 (Studien zu Naturwissenschaft, Technik und Wirtschaft im Neunzehnten Jahrhundert 4), Göttingen 1975, zugl. Diss. Bochum 1973.
Herman E. Krooss: American Economic Development. The Progress of a Business Civilization, Englewood Cliffs, N.J. 1974.
Dieter Krüger: Das Amt Blank. Die schwierige Gründung des Bundesministeriums für Verteidigung (Einzelschriften zur Militärgeschichte 38), Freiburg 1993.
Anja Kruke (Hg.): Dekolonisation: Prozesse und Verflechtungen 1945–1990, Bonn 2009.
Dies.: Demoskopie in der Bundesrepublik Deutschland. Meinungsforschung, Parteien und Medien 1949–1990, Düsseldorf 2007.
Bernd W. Kubbig: Rüstungssteigerung oder Arbeit und Wohlfahrt. Die USA in der ersten Amtszeit Reagans, in: Peter Steinweg (Red.): Rüstung und soziale Sicherheit, Frankfurt a. M. 1985, S. 81–104.
Thomas Kühne (Hg.): Männergeschichte – Geschlechtergeschichte. Männlichkeit im Wandel derModerne, Frankfurt a.M./New York 1996.
Michael Kunczik: Public Relations. Konzepte und Theorien, Köln 2002 (1. Aufl. 1993).
Ders.: Geschichte der Öffentlichkeitsarbeit in Deutschland, Köln 1997.
James R. Kurth: The Political Economy of Weapons Procurement: The Follow-On Imperative, in: AER 57,2 (1972), S. 304–311.
Jean-Jacques Laffont/Jean Tirole: A Theory of Incentives in Procurement and Regulation, Cambridge, Mass. u. a. 1. Aufl. 1993.
George Lakoff: The Contemporary Theory of Metaphor, in: Andrew Ortony (Hg.): Metaphor and Thought, 2. Aufl. Cambridge 1993, S. 202–251.
Ders./Mark Johnson: Metaphors we live by, Chicago 1980.
Christiane Lamberty: Reklame in Deutschland. 1890–1914. Wahrnehmung, Professionalisierung und Kritik der Wirtschaftswerbung, Berlin 2000.
Christine Landfried: Parteienfinanzen und politische Macht. Eine vergleichende Studie zur Bundesrepublik Deutschland, zu Italien und den USA, Baden-Baden 2. Aufl. 1994.
Achim Landwehr: Historische Diskursanalyse, Frankfurt a.M. 2008.
Ders.: Geschichte des Sagbaren. Einführung in die Historische Diskursanalyse, Tübingen 2001.
Ders./Stefanie Stockhorst: Einführung in die Europäische Kulturgeschichte, Paderborn u. a. 2004.
Conrad F. Latour/Thilo Vogelsang: Okkupation und Wiederaufbau. Die Tätigkeit der Militärregierung in der amerikanischen Besatzungszone Deutschlands 1944–1947, Stuttgart 1973.
Philip K. Lawrence: Modernity and War: The Creed of Absolute Violence, London 1997.
Eric J. Leed: No Man's Land: Combat and Identity in World War I, Cambridge 1979.
Eva-Maria Lehming: Carl Hundhaussen: Sein Leben, sein Werk, sein Lebenswerk. Public Relations in Deutschland, Wiesbaden 1997.
Christian Leitzbach: Rheinmetall. Vom Reiz, im Rheinland ein großes Werk zu errichten, 2 Bde., Köln 2014.
Ders.: Das Zentralarchiv der Rheinmetall AG – Geschichte und Tradition in einem sich wandelnden Konzern, in: Archiv und Wirtschaft 37/1 (2004), S. 32–36.
Ders.: Das Archiv der Rheinmetall AG und seine Bestände, in: Archiv und Wirtschaft 32/2 (1999), S. 57–69.
Ders./Danijela Brekalo: Ich träume aus Lager weggehen. Briefe ehemaliger Fremdarbeiter der Rheinmetall-Borsig in Düsseldorf, in: Düsseldorfer Jahrbuch 78 (2008), S. 145–194.
Bernd Lemke/Dieter Krüger/Heinz Rebhan/Wolfgang Schmidt (Hg.): Die Luftwaffe 1950 bis 1970. Konzeption, Aufbau, Integration (Sicherheitspolitik und Streitkräfte der Bundesrepublik Deutschland 2), München 2006.

Edward P. Levine: Methodological Problems in Research on the Military-Industrial Complex, in: Steven Rosen: Testing the Theory, Lexington 1973, S. 291–307.
Stanley Lieberson: An Empirical Study of Military-Industrial Linkages, in: Steven Rosen: Testing the Theory, Lexington 1973, S. 61–83.
Thomas Lindenberger/Marcus Payk/Annette Vowinckel (Hg.): Cold War Cultures. Perspectives on Eastern and Western European Societies, New York/Oxford 2012.
Hilmar Linnenkamp/Dieter S. Lutz (Hg.): Innere Führung. Zum Gedenken an Wolf Graf von Baudissin, Baden-Baden 1995.
Karlheinz Lipp/Reinhold Lütgemeier-Davin/Holger Nehring: Frieden und Friedensbewegungen in Deutschland, 1892–1992, Essen 2010.
Ekkehard Lippert/Günther Wachtler: Militärische Arbeit als „Produktion von Sicherheit"? Versuch einer industriesoziologischen Analyse, in: Wolfgang R. Vogt (Hg.): Sicherheitspolitik und Streitkräfte in der Legitimationskrise. Analysen zum Prozeß der Delegitimierung des Militärischen im Kernwaffenzeitalter, Baden-Baden 1983, S. 261–284.
Thorsten Loch: Das Gesicht der Bundeswehr (Sicherheitspolitik und Streitkräfte der Bundesrepublik Deutschland, Bd. 8), München 2008.
Ders.: Soldatenbilder im Wandel. Die Nachwuchswerbung der Bundeswehr in Werbeanzeigen, in: Gerhard Paul (Hg.): Visual history. Ein Studienbuch, Göttingen 2006, S. 265–281.
Bernhard Löffler: Soziale Marktwirtschaft und administrative Praxis. Das Bundeswirtschaftsministerium unter Ludwig Erhard, Stuttgart 2003.
Bernhard Lorentz: Industrieelite und Wirtschaftspolitik 1928–1950. Heinrich Dräger und das Drägerwerk, Paderborn u. a. 2001.
Niklas Luhmann: Vertrauen – ein Mechanismus der Reduktion sozialer Komplexität, Stuttgart 4. Aufl. 2000.
Marcus Lutter/Lenhard Jesse: Holding Handbuch, Köln 4. Aufl. 2004.
Sabine Maasen/Torsten Mayerhauser/Cornelia Renggli: Bild-Diskurs-Analyse, in: Dies (Hg.): Bilder als Diskurse – Bilddiskurse, Weilerswist 2006, S. 7–26.
Gunther Mai: Westliche Sicherheitspolitik im Kalten Krieg. Der Korea-Krieg und die deutsche Wiederbewaffnung 1950 (Militärgeschichte seit 1945, 4), Boppard 1977.
Helmut Maier: „Wehrhaftmachung" und „Kriegswichtigkeit". Zur rüstungstechnologischen Relevanz des Kaiser-Wilhelm-Instituts für Metallforschung in Stuttgart vor und nach 1945 (= Ergebnisse. Vorabdrucke aus dem Forschungsprogramm „Geschichte der Kaiser-Wilhelm-Gesellschaft im Nationalsozialismus", hg. von Carola Sachse), Berlin 2002.
Bert-Oliver Manig: Die Politik der Ehre. Die Rehabilitierung der Berufssoldaten in der frühen Bundesrepublik. Göttingen 2004.
Siegfried Mann: Das Bundesministerium der Verteidigung, Bonn 1971.
Roland Marchand: Corporate Soul. The Rise of Public Relations and Corporate Imagery in American big Business, Berkeley 1998.
Hans Markowitsch: Dem Gedächtnis auf der Spur. Vom Erinnern und Vergessen, Darmstadt 2002.
Ann Markusen: The Rise of the Gunbelt: The Military Remapping of Industrial America, New York 1991.
Dies.: The Militarized Economy, in: World Policy Journal 3, 3 (1986), S. 495–516.
Jacqueline McGlade: The US Technical Assistance and Productivity Program and the Education of Western European Managers, 1948–1958, in: Terry Gourvish/Nick Taratsoo (Hg.): Missionaries and Managers: American Influences on European Management Education, 1945–1960, Manchester/New York 1998, S. 13–33.
Robert S. McNamara: Die Sicherheit des Westens. Bedrohung und Abwehr, Wien u. a. 1969.
Alfred Mechtersheimer: Bestechende Beschaffungskonzepte. HS 30, Starfighter und so weiter, in: Georg M. Hafner/Edmund Jacoby (Hg.): Die Skandale der Republik, Hamburg 1990, S. 44–52.

Monika Medick: Waffenexporte und auswärtige Politik der Vereinigten Staaten. Gesellschaftliche Interessen und politische Entscheidungen, Meisenheim am Glan 1976.
Heribert Meffert: Marketing. Grundlagen der Absatzpolitik, Wiesbaden 1991.
Ders. (Hg.): Strategische Markenführung und Marketing – Beiträge zur marktorientierten Unternehmenspolitik, Wiesbaden 1988.
Seymour Melman: The Permanent War Economy: American Capitalism in Decline, New York 1974.
Ders.: Our Depleted Society, New York 1965.
Thomas Mergel: Propaganda nach Hitler. Eine Kulturgeschichte des Wahlkampfs in der Bundesrepublik 1949–1990, Göttingen 2010.
Ders./Thomas Welskopp (Hg.): Geschichte zwischen Kultur und Gesellschaft. Beiträge zur Theoriedebatte, München 1997.
Klaus Merten: Kommunikation. Eine Begriffs- und Prozessanalyse, Opladen 1977.
Gabriele Metzler: Krisenbewusstsein, Krisendiskurse und Krisenbewältigung. Die Frage der „Unregierbarkeit" in Ost und West nach 1972/73, in: Zeitgeschichte 34, 3 (2007), S. 151–161.
Dies.: Konzeptionen politischen Handelns von Adenauer bis Brandt. Politische Planung in der pluralistischen Gesellschaft, Paderborn 2005.
Berthold Meyer u. a. (Hg.): „Wir produzieren Sicherheit". Sozialisations- und Integrationsfunktion des Militärs als Unterrichtsthema (Tübinger Beiträge zur Friedensforschung und Friedenserziehung 4), Waldkirch i.Br. 1976.
Georg Meyer: Adolf Heusinger. Dienst eines deutschen Soldaten, 1915 bis 1964, Hamburg u. a. 2001.
Klaus-Heinrich Meyer: Das Bild ist im Betrachter. Zur Struktur- und Bedeutungskonstruktion durch den Rezipienten, in: Hephaistos 9 (1988), S. 7–42.
Thomas Meyer: Bogen, Armbrust, Hakenbüchse. Entwicklung und Technik der Fernwaffen des Mittelalters, Norderstedt 2009.
Gundolf Meyer-Hentschel: Art. Werbung, in: Gabler Wirtschaftslexikon, 12. Aufl. Wiesbaden 1988, Bd. 6, Sp. 2660–2663.
Stephan Milder: Thinking Globally, Acting (Trans-)Locally: Petra Kelly and the Transnational Roots of West German Green Politics, in: CEH 43 (2010), S. 301–326.
Militärgeschichtliches Forschungsamt (Hg.): Anfänge westdeutscher Sicherheitspolitik, 4 Bde., München 1982–1997 (Bd. 1: Von der Kapitulation bis zum Pleven-Plan, München/Wien 1982; Bd. 2: Die EVG-Phase, München 1990; Bd. 3: Die NATO-Option, München 1993; Bd. 4: Wirtschaft und Rüstung – Souveränität und Sicherheit, München 1997).
Gertrud Milkereit: Mommsen, Ernst Wolf, in: NDB Bd. 18, Berlin 1997, S. 28 f.
Geofrey T. Mills/Hugh Rockoff: The Sinews of War. Essays on the Economic History of World War II, Ames 1993.
Alex Mintz: The Military-Industrial Complex: American Concepts and Israeli Realities, in: JCR 29, 4 (1985), S. 623–639.
Marvin Minsky: A framework for representing knowledge, in: Dieter Metzing (Hg.): Frame conceptions and text understanding, Berlin 1980, S. 1–25.
Peter Miska: Das Geschäft mit der Rüstung (I-XI), in: Frankfurter Rundschau, 12. 4.-12.9.1957 und ders.: Das Geschäft seines Lebens, in: Frankfurter Rundschau, 6.-16.12.1958.
William J.T. Mitchell: Picture Theory. Essays on verbal and visual representations, Chicago/London 1994.
Ders.: Iconology: Image, Text, Ideology, Chicago 1986.
Rana Mitter/Patrick Major (Hg.): Across the Blocs: Cold War Cultural and Social History, London 2004.
Heiner Möllers: Auswege aus der „Starfighter-Krise". General Steinhoffs Ringen um Befugnisse, in: Ders./Eberhard Birk/Wolfgang Schmidt (Hg.) im Auftrag der Interessegemeinschaft Deutsche

Luftwaffe e.V.: Die Luftwaffe zwischen Politik und Technik, Berlin 2012 (Schriften zur Geschichte der Deutschen Luftwaffe 2), S. 124–144.
Bernhard Moltmann: Rechtliche Normen für den deutschen Rüstungsexport: Stand – Antinomien – Optionen, in: Anne Jenichen/Natascha Marks/Tome Sandevski (Hg.): Rüstungstransfers und Menschenrechte. Geschäfte mit dem Tod, Münster 2002, S. 19–36.
William H. Mott: United States Military Assistance: an Empirical Perspective, Westport 2002.
Ders.: Soviet Military Assistance: an Empirical Perspective, Westport 2001.
Marion Müller/Thomas Knieper (Hg.): War Visions: Bildkommunikation + Krieg, Köln 2005.
Dies.: Grundlagen der visuellen Kommunikation. Theorieansätze und Analysemethoden, Konstanz 2003.
Frank Nägler: Der gewollte Soldat und sein Wandel. Personelle Rüstung und Innere Führung in den Aufbaujahren der Bundeswehr 1956 bis 1964/65, München 2010.
Jun Nakata: Der Grenz- und Landesschutz in der Weimarer Republik 1918–1933. Die geheime Aufrüstung und die deutsche Gesellschaft (Einzelschriften zur Militärgeschichte 41), Freiburg im Breisgau 2002, zugleich Diss. Univ. Hamburg 1999.
Ottfried Nassauer: Besondere Beziehungen. Die deutsch-israelische Rüstungskooperation, Berlin 2010.
Ders./Christopher Steinmetz: Rüstungskooperation zwischen Deutschland und Israel, 2. überarb. Aufl. Berlin 2004.
Klaus Naumann: Ein zäher Wandel: Deutsche Sicherheits- und Militärpolitik, in: Bernd Greiner/Tim B. Müller/Klaas Voß (Hg.): Erbe des Kalten Krieges, Hamburg 2013, S. 209–226.
Ders.: The Battle over "Innere Fuehrung", in: James S. Corum (Hg.): Rearming Germany, Leiden u. a. 2011, S. 205–220.
Ders.: The Great Tradition and the Fates of Annihilation. West German Military Culture in the Aftermath of the Second World War, in: Frank Biess/Robert G. Moeller (Hg.): Histories of the Aftermath. The Legacies of the Second World War in Europe, New York u. a. 2010, S. 251–268.
Ders.: Generale in der Demokratie. Generationsgeschichtliche Studien zur Bundeswehrelite, Hamburg 2007.
Ders.: Ein staatsbürgerlicher Aristokrat. Wolf Graf von Baudissin als Exponent der militärischen Elite, in: Rudolf J. Schlaffer/Wolfgang Schmidt (Hg.): Wolf Graf von Baudissin 1907–1993. Modernisierer zwischen totalitärer Herrschaft und freiheitlicher Ordnung, München 2007, S. 37–54.
Ders.: Machtasymmetrie und Sicherheitsdilemma. Ein Rückblick auf die Bundeswehr des Kalten Kriegs, in: Mittelweg 36 Nr. 14, 6 (2005), S. 13–28.
Ders.: Kriegserfahrung und Streitkräftegründung: Russlandheimkehrer als Generäle der Bundeswehr, in: Thomas Jäger, u. a. (Hg.): Sicherheit und Freiheit. Außenpolitische, innenpolitische und ideengeschichtliche Perspektiven, Baden-Baden 2004, S. 254–267.
Ders.: "Brave Nazis" für die Bundeswehr? Rußlandheimkehrer als Generäle und Offiziere der bundesdeutschen Streitkräfte, in: Zeitgeschichte 30, 4 (2003), S. 211–224.
Ders.: Integration und Eigensinn – Die Sicherheitseliten der frühen Bundesrepublik zwischen Kriegs- und Friedenskultur, in: Thomas Kühne (Hg.): Von der Kriegskultur zur Friedenskultur? Zum Mentalitätswandel in Deutschland seit 1945, Münster u. a. 2000, S. 202–218.
Ders.: Sicherheitselite und außenpolitischer Stil. Elitenwandel und Konsensbildung in der Frühgeschichte der Bundesrepublik, in: Mittelweg 36 Nr. 8, 5 (1999), S. 4–22.
Ders.: Und „gegebenenfalls Gewaltmaßnahmen" … Die Traditionen des Flick-Konzerns im Umgang mit der Politik, in: Blätter für deutsche und internationale Politik 12 (1984), S. 1459–1471.
Holger Nehring: Gewalt, Frieden und soziale Bewegungen, in: Ders./Jost Dülffer/Karl Holl/Stefanie van de Kerkhof/Wolfram Wette: Historische Friedensforschung, Hagen 2007, Teil 4.

Ders.: Diverging Perceptions of Security: NATO and the Protests Against Nuclear Weapons, in: Andreas Wenger/Christian Nuenlist/Anna Locher (Hg.): Transforming NATO in the Cold War: Challenges beyond Deterrence in the 1960s, London 2006, S. 131–147.

Ders./Benjamin Ziemann: Führen alle Wege nach Moskau? Der NATO-Doppelbeschluss und die Friedensbewegung – eine Kritik, in: VfZ 59, 1 (2011), S. 81–100.

Karl-Volker Neugebauer (Hg.) im Auftrag des Militärgeschichtlichen Forschungsamtes: Grundkurs deutsche Militärgeschichte, Bd. 3: Die Zeit nach 1945, München 2008.

Stephen Nicholas: The New Business History: Theory, Quantification and Institutional Change, in: Graeme Donald Snooks (Hg.): Historical Analysis in Economics, London 1993, S. 143–157.

R. Nieschlag/E. Dichtl/H. Hörschgen: Marketing, Berlin 1988.

Markus Nöhl: Automobile Symbole im Umbruch. Automobilkritik und Symbolproduktion am Ende des Booms 1965–1975, in: Stephanie Tilly/Florian Triebel (Hg.): Automobilindustrie 1945–2000. Eine Schlüsselindustrie zwischen Boom und Krise, München 2013, S. 363–385.

Alexander Nützenadel: Stunde der Ökonomen. Wissenschaft, Politik und Expertenkultur in der Bundesrepublik 1949–1974, Göttingen 2008.

Leopoldo Nuti (Hg.): The Crisis of Détente in Europe. From Helsinki to Gorbachev, 1975–1985, London/New York 2008.

Nina Odenwälder: ILA 1998: Auch eine Rüstungsmesse, in: ami 7/98, S. 23 f.

Albert Oeckl: Handbuch der Public Relations, München 1964.

William L. O'Neill: A Democracy at War: America's Fight at Home and Abroad in World War II, Harvard University Press 1995.

Vance Packard: Die geheimen Verführer. Der Griff nach dem Unbewussten in jedermann, Düsseldorf 1958 (am. OA 1957).

Ethan Pancer/Jay Handelman: The Evolution of Consumer Well-Being, in: Journal of Historical Research in Marketing 4, 1 (2012), S. 177–189.

Erwin Panofsky: Meaning in the Visual Arts, Garden City 1957.

Ders.: Ikonographie und Ikonologie (1955), wiederabgedruckt in: Ekkehard Kämmerling (Hg.): Ikonographie und Ikonologie. Theorien – Entwicklung – Probleme. Bildende Kunst als Zeichensystem, Bd. 1, Köln 1979, S. 207–225.

Ders.: Zum Problem der Beschreibung und Inhaltsdeutung von Werken der bildenden Kunst (1932), in: Ders.: Aufsätze zu Grundfragen der Kunstwissenschaft, hg. von H. Oberer und E. Verheyen, 2. Aufl. Berlin 1974, S. 85–97, wiederabgedruckt in: Ekkehard Kämmerling (Hg.): Ikonographie und Ikonologie. Theorien – Entwicklung – Probleme. Bildende Kunst als Zeichensystem, Bd. 1, Köln 1979, S. 185–206.

Michel Pastoureau: Couleurs, Images, Symboles. Etudes d'Histoire et d'Anthropologie, Paris 1989.

Katja Patzel-Mattern/Carla Meyer/Gerrit Jasper Schenk (Hg.): Krisengeschichte(n): „Krise" als Leitbegriff und Erzählmuster in kulturwissenschaftlicher Perspektive (Beihefte der VSWG), Stuttgart 2013.

Gerhard Paul (Hg.): Visual History. Eine Einführung, Göttingen 2006.

Frank Pauli: Wehrmachtsoffiziere in der Bundeswehr. Das kriegsgediente Offizierskorps der Bundeswehr und die Innere Führung 1955 bis 1970, Paderborn u. a. 2010.

Ross D. Petty: From Label to Trademark. The Legal Origins of the Concept of Brand Identity in Nineteenth Century America, in: Journal of Historical Research in Marketing 4, 1 (2012), S. 129–153.

Ulrich Pfister/Werner Plumpe: Einleitung: Plädoyer für eine theoriegestützte Geschichte von Unternehmen und Unternehmern, in: Westfälische Forschungen 50 (2000), S. 1–21.

Toni Pierenkemper: Unternehmensgeschichte. Eine Einführung in ihre Methoden und Ergebnisse (GMWG 1), Stuttgart 2000.

Ders.: Gebunden an zwei Kulturen. Zum Standort der modernen Wirtschaftsgeschichte im Spektrum der Wissenschaften, in: JWG 1995/2, S. 163–176.

Ulrike Pilarczyk/Ulrike Mietzner: Das reflektierte Bild. Die seriell-ikonografische Fotoanalyse in den Erziehungs- und Sozialwissenschaften, Bad Heilbrunn 2005.

Werner Plumpe: Ökonomisches Denken und wirtschaftliche Entwicklung. Zum Zusammenhang von Wirtschaftsgeschichte und historischer Semantik der Ökonomie, in: JWG 2009/1, S. 27–52.

Ders.: Nützliche Fiktionen? Der Wandel der Unternehmen und die Literatur der Berater, in: Ruth Rosenberger/Morten Reitmayer (Hg.): Unternehmen am Ende des „goldenen Zeitalters". Die 1970er Jahre in unternehmens- und wirtschaftshistorischer Perspektive (Bochumer Schriften zur Unternehmens- und Industriegeschichte 16), Essen 2008, S. 251–269.

Ders.: Unternehmen, in: Gerold Ambrosius/Dietmar Petzina/Werner Plumpe (Hg.): Moderne Wirtschaftsgeschichte, München 1996, S. 47–68.

Ders.: 1968 und die deutschen Unternehmen. Zur Markierung eines Forschungsfeldes, in: Zeitschrift für Unternehmensgeschichte 49 (2004), S. 44–65.

Ders.: Vom Plan zum Markt. Wirtschaftsverwaltung und Unternehmerverbände in der britischen Zone, Düsseldorf 1987.

Ders.: Wirtschaftsverwaltung und Kapitalinteresse im britischen Besatzungsgebiet 1945/46, in: Dietmar Petzina/Walther Euchner (Hg.): Wirtschaftspolitik im britischen Besatzungsgebiet 1945–1949, Düsseldorf 1984, S. 121–152.

Hans Pohl: Günther Quandt, in: NDB 21 (2003), S. 34 f. [Online-Version]

Manfred Pohl/Andrea H. Schneider: VIAG Aktiengesellschaft 1923–1998. Vom Staatsunternehmen zum internationalen Konzern, München u. a. 1998.

Kim Christian Priemel: Industrieunternehmen, Strukturwandel und Rezession. Die Krise des Flick-Konzerns in den siebziger Jahren, in: VfZ 57 (2009), S. 1–34.

Ders.: Flick. Eine Konzerngeschichte vom Kaiserreich bis zur Bundesrepublik, Göttingen 2007.

Ders.: Gekaufte Geschichte. Der «Freundeskreis Albert Vögler», Gert von Klass und die Entwicklung der historischen Unternehmensforschung nach 1945, in: Zeitschrift für Unternehmensgeschichte 52 (2007), S. 177–202.

Ders./Alexa Stiller (Hg.): Reassessing the Nuremberg Military Tribunals. Transitional Justice, Trial Narratives, and Historiography (War and Genocide 16), Oxford/New York 2012.

William Proxmire: Report from Wasteland. America's Military-Industrial Complex, New York u. a. 1970.

Theodore K. Rabb/Robert I. Rotberg (Hg.): The Evidence of Art: Images and Meaning in History, Cambridge, Mass. 1988.

Hans Raffée/Klaus-Peter Wiedmann: Corporate Identity als strategische Basis der Marketing-Kommunikation, in: Ralph Berndt/Arnold Hermanns (Hg.): Handbuch Marketing-Kommunikation. Strategien – Instrumente – Perspektiven, Wiesbaden 1993, S. 43–67.

Manfred Rasch: Von Festschrift und Hagiographie zur theorie- und methodengeleiteten Darstellung? Unternehmens- und Unternehmergeschichtsschreibung zur Stahlindustrie im Ruhrgebiet in den letzten hundert Jahren, in: Ferrum 74 (2002), S. 1–48.

Hans-Jürgen Rautenberg/Norbert Wiggershaus: Die „Himmeroder Denkschrift" vom Oktober 1950. Politische und militärische Überlegungen für einen Beitrag der Bundesrepublik Deutschland zur westeuropäischen Verteidigung, Karlsruhe 1985.

Andreas Reckwitz: Grundelemente einer Theorie sozialer Praktiken, in: Zeitschrift für Soziologie 32,4 (2003), S. 282–301.

Andrea Rehling: Die deutschen Wirtschaftseliten in der öffentlichen Wahrnehmung am Beispiel von „Spiegel", „Stern" und „Quick", in: Akkumulation 18 (2003), S. 1–13.

Sven Reichardt: Soziales Kapital „im Zeitalter materieller Interessen". Konzeptionelle Überlegungen zum Vertrauen in der Zivil- und Marktgesellschaft des langen 19. Jahrhunderts (1780–1914), WZB Discussion Paper Nr. SP IV 03–503, Berlin o.J. [2003].

Dirk Reinhardt: Von der Reklame zum Marketing. Geschichte der Wirtschaftswerbung in Deutschland, Berlin 1993, zugl. Diss. Münster 1991.

Matthias Reiss (Hg.): The Street as a Stage. Protest Marches and Public Rallies since the Nineteenth Century, Oxford 2007.

Morten Reitmayer/Ruth Rosenberger (Hg.): Unternehmen am Ende des ‚goldenen Zeitalters'. Die 1970er Jahre als Gegenstand der Unternehmens- und Wirtschaftsgeschichte, Essen 2008.

Hans-Peter Reuter: Die Besteuerung verbundener Unternehmen, München 1970.

Thomas Risse-Kappen: Die Krise der Sicherheitspolitik: Neuorientierungen und Entscheidungsprozesse im politischen System der Bundesrepublik Deutschland 1977–1984, Mainz/München 1988.

Ron Robin: The Making of the Cold War Enemy: Culture and Politics in the Military-Intellectual Complex, Princeton 2001.

Patrick Rössler: Agenda-Setting. Theoretische Annahmen und empirische Evidenzen einer Medienwirkungshypothese, Opladen 1997.

Matthias Rogg: Landsknechte und Reisläufer: Bilder vom Soldaten. Ein Stand in der Kunst des 16. Jahrhunderts (Krieg in der Geschichte 5), Paderborn 2002.

Ders./Bernhard Chiari/Wolfgang Schmidt (Hg.): Krieg und Militär im Film des 20. Jahrhunderts (Beiträge zur Militärgeschichte 59), München 2003.

Franz Ronneberger/Manfred Rühl: Allgemeine Theorie der Public Relations, Opladen 2001.

Franz Ronneberger/Heinz Flieger (Hg.): Public Relations Anfänge in Deutschland, Festschrift zum 100. Geburtstag von Carl Hundhausen (Studien zu Theorie und Praxis der Public Relations 23), Wiesbaden 1993.

Steven Rosen: Testing the Theory of the Military-Industrial Complex, Lexington 1973.

Ruth Rosenberger: Experten für Humankapital. Die Entdeckung des Personalmanagements in der Bundesrepublik Deutschland, München 2008.

Roman Rossfeld: Unternehmensgeschichte als Marketinggeschichte. Zu einer Erweiterung traditioneller Ansätze in der Unternehmensgeschichtsschreibung, in: Kleinschmidt/Triebel (Hg.): Marketing, S. 17–39.

Jürgen Roth: Die illegalen deutschen Waffengeschäfte und ihre internationalen Verflechtungen, Frankfurt a.M. 1988.

Dieter Rucht/Roland Roth (Hg.): Handbuch Soziale Bewegungen in Deutschland seit 1949, Frankfurt a.M. 2008.

Dieter Rucht: Protest in der Bundesrepublik Deutschland. Strukturen und Entwicklungen, Frankfurt a.M. 2001.

Ders.: Peace Movements in Context: A Sociological Perspective, in: Benjamin Ziemann (Hg.): Peace Movements in Western Europe, Japan and the USA during the Cold War, Essen 2007, S. 267–279.

Ders.: Modernisierung und neue soziale Bewegungen. Deutschland, Frankreich und USA im Vergleich, Frankfurt a.M./New York 1994.

Ders./Jürgen Gerhards: Organizing and Framing in Two Protest Campaigns in West Germany, in: American Journal of Sociology 98 (1992), S. 555–596.

Bernd-A. Rusinek (Hg.): Kriegsende 1945. Verbrechen, Katastrophen, Befreiungen in nationaler und internationaler Perspektive, Göttingen 2004.

H. Sabel: Absatzorganisation im Westen, in: Hans Pohl (Hg.): Geschichte der Organisationsformen im Absatzbereich von Unternehmen in den alten und neuen Bundesländern (ZUG-Beiheft 93), Stuttgart 1996, S. 25–36.

Adelheid von Saldern: Bürgerliche Werte für Führungskräfte und Mitarbeiter in Unternehmen. Das Harzburger Modell, 1960–1975, in: Gunilla Budde u. a. (Hg.): Bürgertum nach dem bürgerlichen Zeitalter. Leitideen und Praxis seit 1945, Göttingen 2010, S. 165–184.
Anthony Sampson: Die Waffenhändler. Von Krupp bis Lockheed. Die Geschichte eines tödlichen Geschäfts, Reinbek 1977.
Philipp Sarasin: Geschichtswissenschaft und Diskursanalyse, 2. Aufl. Frankfurt a. M. 2003.
Bernhard Sauer: Schwarze Reichswehr und Fememorde. Eine Milieustudie zum Rechtsradikalismus in der Weimarer Republik (Zentrum für Antisemitismusforschung der Technischen Universität Berlin – Reihe Dokumente, Texte, Materialien 50), Berlin 2004, zugleich Diss. TU Berlin 2003.
Jürgen Schäfer: Deutsche Militärhilfe an Südamerika, Düsseldorf 1974.
Jonas Scherner/Jochen Streb/Stephanie Tilly: Supplier Networks in the German Aircraft Industry during World War II and their Long-Term Effects on West Germany's Automobile Industry during the 'Wirtschaftswunder', in: Business History 56, 6 (2014), S. 996–1020.
Axel Schildt: „Die Kräfte der Gegenreform sind auf breiter Front angetreten". Zur konservativen Tendenzwende in den Siebzigerjahren, in: AfS 44 (2004), S. 449–478.
Ders.: Das Jahrhundert der Massenmedien. Ansichten zu einer künftigen Geschichte der Öffentlichkeit, in: GG 27 (2001), S. 177–206.
Otto Schily: Politik in bar. Flick und die Verfassung unserer Republik, München 1986.
Dirk Schindelbeck: Marken, Moden und Kampagnen. Illustrierte deutsche Konsumgeschichte, Darmstadt 2003.
Peter Schlotter: Rüstungspolitik in der Bundesrepublik Deutschland. Die Beispiele Starfighter und Phantom, Frankfurt a.M. 1975.
Hans-Jürgen Schmahl: Der lange Weg von der Stabilisierungskrise zum selbsttragenden Aufschwung, in: Armin Gutowski/Bruno Molitor/Werner Krone (Hg.): Hamburger Jahrbuch für Wirtschafts- und Gesellschaftspolitik, Tübingen 1980, S. 111–121.
Daniel C. Schmid: „Quo vadis, Homo Harzburgensis?", in: ZUG 59,1 (2014), S. 73–98.
Dorothea Schmidt: Denn sie wissen, was sie tun. Das Geschäft mit Kleinwaffen, in: Prokla 36, 143 (2006), S. 185–202.
Dies.: Kleinwaffen in „alten" und „neuen" Kriegen, in: Prokla 31, 127 (2002), S. 271–295.
Eberhard Schmidt: Die verhinderte Neuordnung 1945–1952. Zur Auseinandersetzung um die Demokratisierung der Wirtschaft in den westlichen Besatzungszonen und in der Bundesrepublik Deutschland, Frankfurt a.M. 2. Aufl. 1977.
Ludwig Schmidt/Helmut Steppert: Die Organschaft im Körperschaftssteuer-, Gewerbesteuer- und Umsatzsteuerrecht, Berlin 3. Aufl. 1978.
Dieter J.G. Schneider: Investitionsgüter-Marketing, in: Gabler Wirtschaftslexikon, 12. Aufl. Wiesbaden 1988, Bd. 3, Sp. 2634–2639.
Ders.: Ansatzpunkte für ein internationales Marketingkonzept, in: Der Markt 23, 3 (1984), S. 69 ff.
Gregor Schöllgen: Karl Diehl – Unternehmer, Bürger, Mäzen, veröffentlicht am 25.04.2007 von der Diehl Holding zum 100. Geburtstag vom Karl Diehl am 4. Mai 2007, im Netz abrufbar unter http://www.diehl.com, auch in: Diehl-Geschäftsbericht 2006, S. 50–53.
Ders.: Diehl. Ein Familienunternehmen in Deutschland, 1902–2002, Berlin/München 2002.
Ders.: Die Außenpolitik der Bundesrepublik Deutschland. Von den Anfängen bis zur Gegenwart, München 1999.
Joachim Scholtyseck: Der Aufstieg der Quandts. Eine deutsche Unternehmerdynastie, München 2011.
Susanne Schregel: Der Atomkrieg vor der Wohnungstür. Eine Politikgeschichte der neuen Friedensbewegung in der Bundesrepublik 1970–1985, Frankfurt a.M. 2011.

Dies.: Konjunktur der Angst. „Politik der Subjektivität“ und neue Friedensbewegung, 1979–1983, in: Bernd Greiner/Christian Th. Müller/Dierk Walter (Hg.): Angst im Kalten Krieg, Hamburg 2009, S. 495–520.

Peter Schöttler: Wer hat Angst vor dem ‘linguistic turn’?, in: Geschichte und Gesellschaft 23, 1 (1997), S. 134–151.

Harm G. Schröter: Zur Geschichte der Marktforschung in Europa im 20. Jahrhundert, in: Rolf Walter (Hg.): Geschichte des Konsums, Wiesbaden 2004, S. 319–336.

Ders.: Marketing als angewandte Sozialtechnik und Veränderungen im Konsumverhalten: Nivea als internationale Dachmarke 1960–1994, in: Hartmut Kaelble/Jürgen Kocka/Hannes Siegrist (Hg.): Europäische Konsumgeschichte. Zur Gesellschafts- und Kulturgeschichte des Konsums (18. bis 20. Jahrhundert), Frankfurt a.M./New York 1997, S. 615–647.

Ders.: Erfolgsfaktor Marketing. Der Strukturwandel von der Reklame zur Unternehmenssteuerung, in: Wilfried Feldenkirchen/Frauke Schönert-Röhlk/Günther Schulz (Hg.): Wirtschaft, Gesellschaft, Unternehmen. Festschrift für Hans Pohl zum 60. Geburtstag, 2. Teilband, Stuttgart 1995, S. 1099–1127.

Alexander Schug: Vom Newspaper Space Salesman zur integrierten Kommunikationsagentur. Die 120-jährige Entwicklungsgeschichte der Werbeagentur Dorland, in: ZUG 49 (2004), S. 3–25.

Ders.: History Marketing, Bielefeld 2003.

Manfred Schulte-Zurhausen: Organisation, München 2. Aufl. 2002.

Michael Schulze von Glaßer: An der Heimatfront. Öffentlichkeitsarbeit und Nachwuchswerbung der Bundeswehr, Köln 2010.

Frank Schumacher: Kalter Krieg und Propaganda. Die USA, der Kampf um die Weltmeinung und die ideelle Westbindung der Bundesrepublik Deutschland, 1945–1955, Trier 2000, zugl. Diss. Köln 1997.

Hartmut Schustereit: Deutsche Militärverwaltung im Umbruch, Berlin 2000.

Heinz Schwalbe/Ernst Zander: Vertrauen ist besser. Kontaktpflege, Imagebildung und Öffentlichkeitsarbeit in der modernen Industriegesellschaft, Wiesbaden 1989.

Stefan Schwarzkopf: A Radical Past? The Politics of Market Research in Britain, 1900–1950, in: Kerstin Brückweh (Hg.): The Voice of the Citizen Consumer. A History of Market Research, Consumer Movements, and the Political Public Sphere, Oxford u. a. 2011.

Ders.: Ernest Dichter and Motivation Research: New Perspectives on the Making of Post-War Consumer Culture, London 2010.

Giles Scott-Smith/Hans Krabbendam (Hg.): The Cultural Cold War in Western Europe 1945–1960, London 2003.

Alaric Searle: Wehrmacht Generals, West German Society, and the Debate on Rearmament, 1949–1959, Westport, Conn./London 2003.

Wolfgang Seel: Mauser. Von der Waffenschmiede zum Weltunternehmen, Dietikon-Zürich 1986.

Gerhard Seibold: Röchling – Kontinuität im Wandel, Stuttgart 2001.

Jürgen Seidl: Die Bayerischen Motorenwerke (BMW) 1945–1949. Staatlicher Rahmen und unternehmerisches Handeln, München 2002.

Florian Seiller: Rüstungsintegration. Frankreich, die Bundesrepublik und die Europäische Verteidigungsgemeinschaft 1950–1954 (Entstehung und Probleme des Atlantischen Bündnisses 9), Berlin/Boston 2015, zugl. Diss. Mainz 2011.

Dieter Senghaas: Rüstung und Militarismus, Frankfurt a.M. 1972.

Marcel Serr: Zur Geschichte der deutsch-israelischen Rüstungskooperation, in: APuZ 65, 6 (2015), S. 23–28.

Shlomo Shpiro: Shadowy Interests. West German-Israeli Intelligence and Military Cooperation, 1957–1982, in: Clive Jones/Tore T. Petersen (Hg.): Israel’s Clandestine Diplomacies, Oxford 2013, S. 169–188.

Claas Siano: Der Starfighter als größtes Rüstungsprojekt der BRD, Masch. Diss. Bochum 2009.
Ders.: Die Entwicklung eines Rüstungsprojektes – Die militärische und wirtschaftliche Eigendynamik des Waffensystems F-104 G Starfighter, in: Akkumulation 23 (2006), S. 8–17.
Wolf Singer: Wahrnehmen, Erinnern, Vergessen. Eröffnungsvortrag zum 43. Deutschen Historikertag, München 2001, S. 18–27.
John N. Smithin: Macroeconomics after Thatcher and Reagan. The Conservative Policy Revolution in Retrospect, Aldershot 1990.
Wolfgang Sofsky: Das Prinzip Sicherheit, Frankfurt a.M. 2005.
Philipp Sonntag (Hg.): Rüstung und Ökonomie (Arnoldshainer Schriften zur interdisziplinären Ökonomie 5), Frankfurt a.M. 1982.
Susan Sontag: Das Foltern anderer betrachten, in: Dies.: Zur gleichen Zeit. Aufsätze und Reden hg. von Paolo Dilonardo und Anne Jump, München 2008 (engl. OA 2007), S. 168–185.
Dies.: Das Leiden anderer betrachten, München/Wien 2003.
Walter J. Spielberger: Der Panzerkampfwagen Tiger und seine Abarten, Stuttgart 1997.
Mark Spoerer: ‚Wahre Bilanzen!' Die Steuerbilanz als unternehmenshistorische Quelle, in: Zeitschrift für Unternehmensgeschichte 40 (1995), S. 158–179.
Ders./Jochen Streb: Neue deutsche Wirtschaftsgeschichte des 20. Jahrhunderts, München 2013.
Kristina Spohr-Readman: Germany and the Politics of the Neutron Bomb, 1975–1979, in: Diplomacy and Statecraft 21, 2 (2010), S. 259–285.
Stadt Munster (Hg.): Deutsches Panzermuseum Munster mit Lehrsammlung gepanzerte Kampftruppen der Panzertruppenschule, bearb. von Oberstabsfeldwebel a.D. und Museumsleiter Walter Grube, 6. Aufl. Munster o.J. [2003].
Guido Steinberg: Saudi-Arabien als Partner deutscher Politik, in: APuZ 64,46 (2014), S. 48–53.
Ders.: Saudi-Arabien. Politik – Geschichte – Religion, München 2004.
Konrad Steinbrink: Wehrtechnik und Beschaffung. Aufgabe und Organisation des Geschäftsbereiches des Bundesamtes für Wehrtechnik und Beschaffung, Hamburg/Berlin 1965.
André Steiner: Bundesrepublik und DDR in der Doppelkrise europäischer Industriegesellschaften. Zum sozialökonomischen Wandel in den 1970er Jahren, in: Zeithistorische Forschungen 3 (2006), S. 242–262.
Rolf Steininger: Die Entscheidung für einen westdeutschen Verteidigungsbeitrag: Adenauer und die Westmächte 1950. Eine Darstellung auf der Grundlage unveröffentlichter britischer und amerikanischer Akten, Erlangen 1989.
Christopher Steinmetz: ILA: Brandenburger Erdnüsse, in: ami 6/02, S. 3f.
Reiner Steinweg: Zur Situation der Militärpublizistik in der BRD, in: ami 3/76, S. III-59 und III-155–165.
David W. Stewart: The Evolution of Market Research, in: Pauline Maclaran (Hg.): The SAGE Handbook of Marketing Theory, Los Angeles u. a., S. 74–88.
Stiftung Haus der Geschichte der Bundesrepublik Deutschland (Hg.): Skandale in Deutschland nach 1945. Begleitbuch zur Ausstellung im Haus der Geschichte der Bundesrepublik Deutschland, Bonn, Dezember 2007 bis März 2008, im Zeitgeschichtlichen Forum Leipzig der Stiftung Haus der Geschichte der Bundesrepublik Deutschland, Mai bis Oktober 2008, Bonn/ Bielefeld/Leipzig 2007.
Jacob A. Stockfisch (Hg.): Planning and Forecasting in the Defense Industries, Belmont 1962.
Bernd Stöver: Geschichte des Koreakriegs. Schlachtfeld der Supermächte und ungelöster Konflikt, München 2013.
Ders.: Der Kalte Krieg 1947–1991. Geschichte eines radikalen Zeitalters, München 2007.

Jochen Streb: Negotiating Contract Types and Contract Clauses in the German Construction Industry during the Third Reich, in: The RAND Journal of Economics 40 (2009), S. 364–379.

Ders.: Staatliche Technologiepolitik und branchenübergreifender Wissenstransfer. Über die Ursachen der internationalen Innovationserfolge der deutschen Kunststoffindustrie im 20. Jahrhundert (Jahrbuch für Wirtschaftsgeschichte, Beihefte 4), Berlin 2003.

Ders.: Möglichkeiten und Grenzen der Schumpeterschen Diversifizierung eines Unternehmens. Die Entwicklung der Firma Freudenberg & Co. Weinheim vom spezialisierten Ledererzeuger zum Kunststoffverarbeiter mit breiter Angebotspalette, in: Zeitschrift für Unternehmensgeschichte 46 (2001), S. 131–159.

Karl-Heinz Strothmann: Investitionsgütermarketing, München 1979.

Studiengruppe Militärpolitik: Ein Anti-Weißbuch. Materialien für eine alternative Militärpolitik, Hamburg 1974.

Britta Stücker: „Werbung um Vertrauen durch Schaffung eines positiven Firmenbildes" – die Öffentlichkeitsarbeit der Bielefelder Anker-Werke, in: Clemens Wischermann/Peter Borscheid/Karl-Peter Ellerbrock (Hg.): Unternehmenskommunikation deutscher Mittel- und Großunternehmen. Theorie und Praxis in historischer Perspektive (Untersuchungen zur Wirtschafts-, Sozial- und Technikgeschichte 23), Dortmund 2003, S. 181–213.

Dietmar Süß: Die Enkel auf den Barrikaden. Jungsozialisten in der SPD in den Siebzigerjahren, in: AfS 44 (2004), S. 67–104.

Pamela E. Swett/S. Jonathan Wiesen/Jonathan R. Zatlin: Selling Modernity. Advertising in Twentieth-Century Germany, Durham, NC u. a. 2007.

Arnold Sywottek: „Wohlstand" – „Sicherheit" – „Frieden". Beobachtungen zur westdeutschen Entwicklung, in: Thomas Kühne (Hg.): Von der Kriegskultur zur Friedenskultur? Zum Mentalitätswandel in Deutschland seit 1945, Münster 2000, S. 243–261.

Alexander Szandar: Die Rüstungslobby. Korruption und Skandale im militärisch-industriellen Komplex, in: Norbert F. Pötzl/Rainer Traub (Hg.): Der Kalte Krieg. Wie die Welt den Wahnsinn des Wettrüstens überlebte, München 2009, S. 283–291.

Margit Szöllösi-Janze: Wissensgesellschaft in Deutschland: Überlegungen zur Neubestimmung der deutschen Zeitgeschichte über Verwissenschaftlichungsprozesse, in: Geschichte und Gesellschaft 30 (2004), S. 275–311.

Peter Szyska (Hg.): Auf der Suche nach Identität. PR-Geschichte als Theoriebaustein, Serie Öffentlichkeitsarbeit, Public Relations und Kommunikationsmanagement 6, Berlin 1997.

Heike Talkenberger: Historische Erkenntnis durch Bilder. Zur Methode und Praxis der Historischen Bildkunde, in: Hans-Jürgen Goetz (Hg.): Geschichte. Ein Grundkurs, Reinbek bei Hamburg 1998, S. 83–98.

Dies.: Von der Illustration zur Interpretation: Das Bild als historische Quelle, in: Zeitschrift für historische Forschung 21 (1994), S. 289–314.

Richard Tedlow: New and Improved. The Story of Mass Marketing in America, Oxford 1990.

Ders.: Keeping the Corporate Image: Public Relations and Business, 1900–1950, Greenwich/Connecticut 1979.

Ders./Geoffrey Jones (Hg.): The Rise and Fall of Mass Marketing, London 1993.

Peter Temin: The Golden Age of European Growth Reconsidered, in: European Review of Economic History 6, 1 (2002), S. 3–22.

Ders.: The Koreaboom in West Germany: Fact or Fiction?, in: Economic History Review 48, 4 (1995), S. 737–753.

Klaus Tenfelde: Der „Kruppianer" – Geburt eines Mythos aus dem Geist der „Werksgemeinschaft", in: Ferrum 78 (2006), S. 35–45.

Ders.: „Krupp bleibt doch Krupp". Ein Jahrhundertfest: Das Jubiläum der Firma Fried. Krupp AG in Essen 1912, Essen 2005.

Jürgen Tesarczyk: Firmenporträt Diehl, in: Jo Angerer/Erich Schmidt-Eenboom (Hg.): Rüstung in Weiß-Blau. Politik und Waffenwirtschaft in Bayern, Starnberg 1986, S. 23–37.

Guido Thiemeyer: Europäische Integration. Motive – Prozesse – Strukturen, Köln u. a. 2010.

Tanja Thomas/Fabian Virchow (Hg.): Banal Militarism. Zur Veralltäglichung des Militärischen im Zivilen, Bielefeld 2006.

Bruno Thoß: NATO-Strategie und nationale Verteidigungsplanung (Sicherheitspolitik und Streitkräfte der Bundesrepublik Deutschland, Bd. 1), München 2006.

Richard Tilly: Trust and Mistrust: Banks, Giant Debtors, and Enterprise Crises in Germany, 1960–2002, in: Jahrbuch für Wirtschaftsgeschichte (JWG) 2005/1, S. 107–135.

Stephanie Tilly/Florian Triebel (Hg.): Automobilindustrie 1945–2000. Eine Schlüsselindustrie zwischen Boom und Krise, München 2013.

Stephanie Tilly/Dieter Ziegler (Hg.): Jahrbuch für Wirtschaftsgeschichte 2010/ 1, Themenheft: Automobilwirtschaft nach 1945: Vom Verkäufer- zum Käufermarkt?

Brigitte Tolkemitt/Rainer Wohlfeil (Hg.): Historische Bildkunde. Probleme – Wege – Beispiele (Zeitschrift für historische Forschung Beiheft 12), Berlin 1991.

B. Treis: Beschaffungsmarketing, in: Marketing Enzyklopädie Bd. 1, München 1974, S. 249 ff..

Frank Trentmann: Herrschaft der Dinge. Die Geschichte des Konsums vom 15. Jahrhundert bis heute, München 2017 (engl. Ausgabe 2016).

Ders.: Beyond Consumerism. New Historical Perspectives on Consumption, in: Journal of Contemporary History 39, 3 (2004), S. 373–401.

Jürgen Trimborn: Fernsehen der Neunziger, Köln 1999.

Helmuth Trischler: Nationales Sicherheitssystem – nationales Innovationssystem. Militärische Forschung und Technik in Deutschland in der Epoche der Weltkriege, in: Bruno Thoß/Hans-Erich Volkmann (Hg.): Erster Weltkrieg – Zweiter Weltkrieg. Ein Vergleich, Paderborn u. a. 2002, S. 107–133.

Anne Trotter: Development of the Merchants-of-Death Theory, in: B.F. Cooling (Hg.): War, Business, and American Society. Historical Perspectives on the Military-Industrial Complex, London u. a. 1977, S. 93–104.

Kazuo Usui: Precedents for the 4Ps Idea in the USA, 1910s-1940s, in: European Business Review 23,2 (2011), S. 136–153.

Fritz Vilmar: Rüstung und Abrüstung im Spätkapitalismus. Eine sozioökonomische Analyse des Militarismus in unserer Gesellschaft, Frankfurt a. M. 1970.

VSWG-Heft „Kultur in der Wirtschaftsgeschichte“ 94, 2 (2007), S. 173–188 mit Beiträgen von Margrit Grabas (Einführung, S. 173–177), Hartmut Berghoff (Nutzen und Grenzen des kulturwissenschaftlichen Paradigmas für die Wirtschaftsgeschichte, S. 178–181), Mark Spoerer (Kultur in der Wirtschaftsgeschichte: Explanandum, Explanans oder Label?, S. 182–185) und Christoph Boyer (Kulturwissenschaft in der Wirtschaftsgeschichte, S. 186–188).

Elmar Wadle: Fabrikzeichenschutz und Markenrecht. Geschichte und Gestalt des deutschen Markenschutzes im 19. Jahrhundert, 2 Bde., Berlin 1977 und 1983.

Günter Walpuski: Verteidigung + Entspannung = Sicherheit. Texte und Materialien zur Außen- und Sicherheitspolitik, Bonn 1973.

Douglas B. Ward: A New Brand of Business: Charles Coolidge Parlin, Curtis Publishing Company and the Origins of Market Research, Philadelphia 2010.

Isabel Warner: Steel and Sovereignty. The Deconcentration of the West German Steel Industry 1949–54, Mainz 1996.

Frederick E. Webster/Yoram Wind: Organizational Buying Behavior, Englewood Cliffs, N.Y. 1972.

Bernd Wegner: Erschriebene Siege. Franz Halder, die „Historical Division“ und die Rekonstruktion des Zweiten Weltkrieges im Geiste des deutschen Generalstabes, in: Ders./Ernst Willi Hansen/Gerhard Schreiber (Hg.): Politischer Wandel, organisierte Gewalt und nationale

Sicherheit. Beiträge zur neueren Geschichte Deutschlands und Frankreichs. Festschrift für Klaus-Jürgen Müller im Auftrag des MGFA (Beiträge zur Militärgeschichte 50), München 1995, S. 287–302.

Bernd Weisbrod: Generation und Generationalität in der Neueren Geschichte, in: APuZ 8 (2005), S. 3–9.

Jan-Philipp Weisswange: Handwaffen und Panzerabwehrhandwaffen der Bundeswehr. Geschichte, Taktik, Technik, Hamburg 2011.

Christian Wellmann: Gewerkschaftliche Interessenvertretung zwischen Lobbyismus und Alternativplanstrategie, in: Ders./Michael Brzoska/Anton-Andreas Guha: Das Geschäft mit dem Tod. Fakten und Hintergründe der Rüstungsindustrie, Frankfurt a.M. 1982, S. 123–163.

Thomas Welskopp: Die Sozialgeschichte der Väter. Grenzen und Perspektiven der Historischen Sozialwissenschaft, in: Geschichte und Gesellschaft 24 (1998), S. 173–198.

Ulrich Wengenroth: Das Gerüst der industriellen Welt. Stahltechnik auf Weltaustellungen, in: Ruprecht Vondran (Hg.): Stahl ist Zukunft. Von der Weltausstellung London 1851 bis zur EXPO 2000 in Hannover, Essen 1999, S. 27–60.

Ekkehard Wenger/Eva Terberger: Die Beziehung zwischen Agent und Prinzipal als Baustein einer ökonomischen Theorie der Organisation, in: Wirtschaftswissenschaftliches Studium 17 (1988), S. 506–514.

Werner und Kolb Werkzeugmaschinen GmbH: Hundertfache Kompetenz, Berlin 1989.

Horst A. Wessel/Karl-Peter Ellerbrock/Renate Köhne-Lindenlaub/Manfred Rasch (Hg.): Industriefilm – Medium und Quelle. Beispiele aus der Eisen- und Stahlindustrie. Bearbeitet von Manfred Rasch. Essen 1997.

Ders.: Mit Weltausstellungen fing alles an. It all began with World Fairs, in: H. Fach (Hg.): Die Messen der Maschinenbauer, The Fairs of the Machine Manufacturers, Frankfurt 1987, S. 9–35.

Uwe Westphal: Werbung im Dritten Reich, Berlin 1989.

Wolfram Wette: Die Bundeswehr im Banne des Vorbildes Wehrmacht, in: Ders./Detlef Bald/ Johannes Klotz: Mythos Wehrmacht. Nachkriegsdebatten und Traditionspflege Berlin 2001, S. 66–115.

Gerhard Wettig: Entmilitarisierung und Wiederbewaffnung in Deutschland 1943–1955: internationale Auseinandersetzungen um die Rolle der Deutschen in Europa, München 1967.

S. Jonathan Wiesen: Overcoming Nazism: Big Business, Public Relations, and the Politics of Memory, 1945–50, in: Central European History 29, 2 (1996), S. 201–226.

Michael Wildt: Generation der Unbedingten. Das Führungskorps des Reichssicherheitshauptamtes, Hamburg 2002.

Ders./Ulrike Jureit (Hg.): Generationen. Zur Relevanz eines wissenschaftlichen Grundbegriffs. Hamburg 2005.

Ingrid Willharm (Hg.): Geschichte in Bildern. Von der Miniatur bis zum Film als historische Quelle, Pfaffenweiler 1995.

Jürgen Wilke: Grundzüge der Medien- und Kommunikationsgeschichte, Köln u. a. 2008.

Ders. (Hg.): Mediengeschichte der Bundesrepublik Deutschland, Köln, Weimar, Wien 1999.

Ders. (Hg.): Pressepolitik und Propaganda. Historische Studien vom Vormärz bis zum Kalten Krieg, Köln u. a. 1997.

Mira Wilkins: The Neglected Intangible Asset. The Influence of the Trade Mark on the Rise of the Modern Corporation, in: Business History 34 (1992), S. 66–95.

Andreas Wirsching: Abschied vom Provisorium, 1982–1990, München 2006.

Ders.: Die mediale „Konstruktion“ der Politik und die „Wende“ von 1982/83, in: Historisch-Politische Mitteilungen 9 (2002), S. 127–140.

Clemens Wischermann: Kooperation, Vertrauen und Kommunikation – ein Rahmenmodell des Unternehmens auf institutionenökonomischer Grundlage, oder: Was macht ein Unternehmen handlungsfähig?, in: Clemens Wischermann/Peter Borscheid/Karl-Peter Ellerbrock (Hg.): Unternehmenskommunikation deutscher Mittel- und Großunternehmen. Theorie und Praxis in historischer Perspektive (Untersuchungen zur Wirtschafts-, Sozial- und Technikgeschichte 23), Dortmund 2003, S. 76–92.

Ders.: Unternehmensgeschichte als Geschichte der Unternehmenskommunikation: Von der Koordination zur Kooperation, in: Ders./Peter Borscheid/Karl-Peter Ellerbrock (Hg.): Unternehmenskommunikation im 19. und 20. Jahrhundert. Neue Wege der Unternehmensgeschichte (Untersuchungen zur Wirtschafts-, Sozial- und Technikgeschichte 19), Dortmund 2000, S. 31–40.

Ders.: Einleitung: Der kulturgeschichtliche Ort der Werbung, in: Peter Borscheid/Clemens Wischermann (Hg.): Bilderwelt des Alltags. Werbung in der Konsumgesellschaft des 19. und 20. Jahrhunderts, Stuttgart 1995, S. 8–19.

Franz-Josef Wissing: Das Beschaffungswesen der Bundesrepublik Deutschland, Diss. Bonn 1967.

Walter Wittmann: Rüstungswirtschaft II: Verteidigungsausgaben, in: HdWW, Bd. 6, Stuttgart u. a. 1981, S. 513–522.

Ders.: Militärausgaben und wirtschaftliche Entwicklung, in: Zeitschrift für die gesamte Staatswissenschaft 122 (1966), S. 109–129.

Lawrence S. Wittner: Toward Nuclear Abolition. A History of the World Nuclear Disarmament Movement, 1971 to the Present, Stanford 2003.

Günter Wöhe/Hartmut Bieg/Christoph Kneip: Grundzüge der Betriebswirtschaftlichen Steuerlehre, München 3. Aufl. 1991.

Rainer Wohlfeil: Methodische Reflexionen zur Historischen Bildkunde, in: Ders/Brigitte Tolkemitt (Hg.): Historische Bildkunde. Probleme – Wege – Beispiele (Zeitschrift für historische Forschung Beiheft 12), Berlin 1991, S. 17–36.

Ders.: Das Bild als Geschichtsquelle, in: Historische Zeitschrift 243 (1986), S. 91–100.

Günter Wollert/Reiner Lidschun/Wilfried Kopenhagen: Schützenwaffen heute (1945–1985), Bd. 1, 1. Aufl. Berlin [Ost] 1986, 4. überarb. u. aktual. Aufl. Berlin 1996.

Barbara Wolbring: Krupp und die Öffentlichkeit im 19. Jahrhundert. Selbstdarstellung, öffentliche Wahrnehmung und gesellschaftliche Kommunikation, München 2000.

Edgar Wolfrum: Die 70er Jahre: Republik im Aufbruch, Darmstadt 2007.

Stefanie Wolter: Die Vermarktung des Fremden. Exotismus und die Anfänge des Massenkonsums, Frankfurt a.M. 2005.

Hermann Wündrich: Wirtschaftswerbung während der NS-Zeit. Versuch einer Analyse, in: Werbung als Geschichte – Geschichte der Werbung, Geschichtswerkstatt 25, Bonn 1992, S. 5–12.

Herbert Wulf: Waffenexport aus Deutschland. Geschäfte mit dem fernen Tod, Reinbek 1989.

Robert Wuthnow (Hg.): Vocabularies of Public Life. Empirical Essays in Symbolic Structure, London 1992.

Daniel Yergin: Shattered Peace: The Origins of the Cold War and the National Security State, Boston 1977.

Hans Ludwig Zankl: Public Relations: Leitfaden für die Unternehmens-, Verbands- und Verwaltungspraxis, Wiesbaden 1975.

Norbert Zdrowomyslaw/Heinz-J. Bontrup: Die deutsche Rüstungsindustrie. Vom Kaiserreich bis zur Bundesrepublik. Ein Handbuch, Heilbronn 1988.

Ders.: Wirtschaft, Krise und Rüstung. Die Militärausgaben in ihrer wirtschaftlichen und wirtschaftspolitischen Bedeutung in Deutschland von der Reichsgründung bis zur Gegenwart, Bremen 1985.

Ansgar Zerfaß: Unternehmensführung und Öffentlichkeitsarbeit. Grundlegung einer Theorie der Unternehmenskommunikation und Public Relations, 2., erg. Aufl. Wiesbaden 2004.

Dieter Ziegler (Hg.): Großbürger und Unternehmer. Die deutsche Wirtschaftselite im 20. Jahrhundert, Göttingen 2000.

Benjamin Ziemann: A Quantum of Solace? European Peace Movements during the Cold War and their Elective Affinities, in: Archiv für Sozialgeschichte 49 (2009), S. 351–389.

Ders.: The Code of Protest. Images in the West German Peace Movements, 1945–1990, in: Contemporary European History 17 (2008), S. 237–261.

Ders.: Perspektiven der historischen Friedensforschung, in: Ders. (Hg.): Perspektiven der historischen Friedensforschung, (Frieden und Krieg. Beiträge zur Historischen Friedensforschung, Bd. 1) Essen 2002, S. 13–39.

Clemens Zimmermann: Marktanalysen und Werbeforschung der frühen Bundesrepublik. Deutsche Traditionen und US-amerikanische Einflüsse, 1950–1965 in: Manfred Berg/Philipp Gassert (Hg.): Deutschland und die USA in der Internationalen Geschichte des 20. Jahrhunderts. Festschrift für Detlef Junker, Stuttgart 2004, S. 473–491.

Namensverzeichnis

https://doi.org/10.1515/9783110541168-007

Unternehmensverzeichnis

https://doi.org/10.1515/9783110541168-008

Ortsverzeichnis

https://doi.org/10.1515/9783110541168-009

www.ingramcontent.com/pod-product-compliance
Lightning Source LLC
LaVergne TN
LVHW080801011026
849160LV00015B/1501
* 9 7 8 3 1 1 0 5 3 9 0 7 3 *